제7판

생애발달 II

청소년기에서 노년기까지

제7판

생애발달 II

청소년기에서 노년기까지

Laura E. Berk 지음

김민희 · 김연수 · 김지연 · 노수림 · 맹세호 · 이승진 · 이정윤 옮김

Pearson

Σ 시그마프레스

생애발달 II : 청소년기에서 노년기까지, 제7판

발행일 | 2020년 3월 5일 1쇄 발행

지은이 | Laura E. Berk
옮긴이 | 김민희, 김연수, 김지연, 노수림, 맹세호, 이승진, 이정윤
발행인 | 강학경
발행처 | (주)시그마프레스
디자인 | 우주연
편 집 | 문승연

등록번호 | 제10-2642호
주소 | 서울특별시 영등포구 양평로 22길 21 선유도코오롱디지털타워 A401~402호
전자우편 | sigma@spress.co.kr
홈페이지 | http://www.sigmapress.co.kr
전화 | (02)323-4845, (02)2062-5184~8
팩스 | (02)323-4197

ISBN | 979-11-6226-256-6

Development Through the Lifespan, 7th Edition

＊ 책값은 책 뒤표지에 있습니다.

이 도서의 국립중앙도서관 출판시도서목록(CIP)은 서지정보유통지원시스템 홈페이지(http://seoji.nl.go.kr)와 국가자료공동목록시스템(http://www.nl.go.kr/kolisnet)에서 이용하실 수 있습니다.(CIP제어번호 : CIP2020006312)

역자 서문

로라 E. 버크의 *Development Through the Lifespan*은 4판이 2009년 국내에서 처음으로 번역되어 그동안 발달심리학 교재로 사용되어 왔다. 물론 전 생애 발달 관점에서 저술된 발달 교재들이 많지만, 버크의 *Development Through the Lifespan*은 이 분야를 선도하는 교재이다. 버크는 발달심리학 영역에서 뛰어난 학자일 뿐 아니라 저술가로도 명망이 높은 사람으로, 특히 이 책은 평자들로부터 최고 평점을 받고 있다. 이 책은 발달의 순서에 따라 심리학 및 인접 학문 분야의 흥미로운 연구 결과들을 친절하게 소개하였으며, 사회적 이슈, 문화적 영향, 생물학적 영향과 환경적 영향 등을 관련지어 논의하였다. 지난 10년 동안 이 책을 교재로 학생들과 공부하면서 매우 만족스러웠으며 동시에 최신의 연구들을 포함한 개정판에 대한 필요성을 느끼게 되었다.

그동안 몇 차례의 개정판이 나왔지만 그때마다 역서를 발간하기에는 어려움이 있어 미루고 있던 차에 2017년에 시그마프레스로부터 7판이 출판되었는데 번역해보는 게 어떻겠냐는 제안을 받고, 번역을 하기로 결정하였다. 역자진이 4판과는 달라졌는데, 4판 번역에 참여하였던 선생님들의 대다수가 퇴임을 하셨고, 선생님들이 당신들보다는 오히려 젊은 선생님들이 번역에 참여하는 것이 좋겠다는 아이디어를 주셨기 때문이다. 이에 발달심리학을 전공하는 선생님 몇 분에게 함께 번역해보는 것이 어떻겠느냐고 의논을 했고 흔쾌히 동의해주셔서 번역에 착수하게 되었다. 최종적으로 7명의 역자진이 구성되었고, 역자진의 바쁜 일정 때문에 좀 늦어지기는 했으나 드디어 7판의 번역본이 나오게 되었다.

4판과 마찬가지로 7판도 내용이 상당히 방대해서 두 권으로 나누어 발간하기로 하였다. 첫 번째 권은 원서의 1장부터 10장까지로 발달이론과 연구방법, 그리고 발달의 초기부터 아동기까지를 포함하였고 두 번째 권은 원서의 11장부터 19장까지로 청소년기, 성인 초기, 중년기, 노년기, 그리고 죽음을 포함하였다. 많은 대학의 교과과정에서 발달 과목이 아동 발달, 청소년 발달, 성인 발달, 중·노년 발달 등으로 세분화되어 있다. 따라서 강의를 하는 강사들은 해당 교과목에 적합하게 『생애발달 I』혹은『생애발달 II』를 선택해서 사용할 수 있으므로 효율적일 것이다. 학부 수업에서 발달심리학에 두 학기를 할당하여 첫 학기에『생애발달 I』을, 다음 학기에『생애발달 II』를 강의한다면 인간의 전 생애 발달을 모두 다루는 것이 된다.

각 역자들이 담당한 부분은 다음과 같다.

I권의 제 1, 2, 3장은 맹세호 교수, I권의 제 4, 5, 6장은 김연수 교수, I권의 제 7, 8, 9 장은 이승진 교수, I권의 제10장과 II권의 제1, 2장은 김지연 박사, II권의 제 3, 4, 5장은 이정윤 박사, II권의 제 6, 7장은 노수림 교수, II권의 제 8, 9장은 김민희 교수가 번역하였다. 끝으로 이 책이 나올 수 있도록 많은 도움을 주신 (주)시그마프레스 관계자 분들에게 감사드린다.

역자 대표

저자 서문

나는 30년 이상 아동 발달을 강의해 오면서, 여러분과 마찬가지로 전공, 미래 목표, 관심사와 욕구가 다양한 수천 명의 대학생들을 만나 왔다. 그중 일부는 나의 전공 분야인 발달과 관련 있는 학생이었지만, 많은 학생들은 교육학, 사회학, 인류학, 가족학, 사회복지학, 간호학, 생물학 등 다른 전공 분야의 학생들이었다. 매 학기, 내 강의를 듣는 학생들의 포부는 그들의 전공 분야만큼 다양하였다. 많은 학생들은 상담, 보육, 간호, 사회복지, 학교 심리학, 프로그램 관리자와 같은 응용 분야의 직업을 갖기를 기대한다. 어떤 학생은 가르치는 일을, 소수는 연구하기를 원한다. 대부분은 언젠가는 부모가 되기를 원하는 반면, 어떤 사람들은 이미 부모로서 자녀들을 더 잘 이해하고 양육하기를 원하여 수업을 듣는다. 그리고 대부분은 어떻게 자신이 작은 영아에서 오늘날의 자신과 같이 복잡한 인간으로 발달하였는지에 관해 깊은 호기심을 가지고 있다.

이번 7판을 준비하는 동안 나의 목표는 여러분의 개인적 관심사와 욕구뿐 아니라 여러분을 가르치는 강사의 목표도 충족시킬 수 있는 교과서를 쓰는 것이었다. 이러한 목표를 이루기 위해, 나는 고전적인 그리고 최근의 이론과 연구를 신중하게 골랐다. 게다가 이 교재는 발달의 전 생애 관점과 생물학과 환경이 상호작용하여 한 개인의 발달에 미치는 영향을 강조하였다. 또한 인종 집단과 문화 간의 유사성과 차이점을 설명하였고, 우리가 발달해 가는 넓은 사회적 맥락에 대해서도 논의하였다. 이 책은 독특한 교육 프로그램을 제공하고 있는데, 여러분이 정보를 숙달하고, 발달의 다양한 측면을 통합하고, 논쟁적인 주제를 비판적으로 고찰하고, 배운 것을 적용하고, 여러분 자신의 삶에 그 정보를 관련짓는 데 도움을 줄 것이다.

내가 수년에 걸쳐 발견했던 것처럼 인간 발달에 대해 배우는 것이 여러분에게도 도움이 될 것으로 기대한다.

Laura E. Berk

요약 차례

차례

제2부 성인 초기

제3장
성인 초기의 신체 및 인지 발달

제4장
성인 초기의 정서 및 사회성 발달

제3부 **중년기**

제5장

중년기의 신체 및 인지 발달

제6장

중년기의 정서 및 사회성 발달

제4부 노년기

제7장
노년기의 신체 및 인지 발달

제8장
노년기의 정서 및 사회성 발달

제5부   인생의 마지막

제9장
죽음, 죽음과정, 그리고 사별

생애발달 II

청소년기의 신체 및 인지 발달

극적인 신체 및 인지 변화가 나타나는 청소년기는 발달 기간 중 즐거우면서도 걱정되는 시기이다. 비록 그들의 신체는 다 자라고 성적으로 성숙해지지만, 10대들은 어른의 역할을 온전히 이행하기 전에 여러 가지 기술을 획득하고, 장애물들을 극복한다.

사브리나의 친구 조이스는 사브리나의 열한 번째 생일을 맞아 그녀에게 깜짝 파티를 열어 주었지만 사브리나는 파티 내내 우울해 보였다. 사브리나와 조이스는 3학년 때부터 친한 친구였지만, 그들의 관계는 흔들리고 있었다. 사브리나는 다른 6학년 소녀들보다 머리 하나는 더 크고 체중은 9kg 정도 더 나갔다. 가슴이 풍만해졌고 엉덩이와 허벅지가 커졌으며 월경을 시작하였다. 이에 반해, 조이스는 아직도 작고 가냘프고 납작한 가슴을 가진 학령기 소녀였다.

조이스와 다른 여자친구들이 식탁에 케이크와 아이스크림을 놓고 있는 동안에, 사브리나는 욕실로 들어가 거울 속에 비친 자신을 바라보며 얼굴을 찌푸렸다. "난 너무 크고 뚱뚱해." 그녀는 속삭이듯 말했다. 일요일 오후에 교회 유년부에서 사브리나는 조이스와 떨어져서 8학년 소녀들과 시간을 보냈다. 그들과 함께 있을 때 사브리나는 그렇게 크다고 느끼지 않았고 그다지 불편하지도 않았다.

© DANIEL GRILL/TETRA IMAGES/CORBIS

부모들은 자녀 양육에서 생기는 고민을 상의하기 위해 사브리나와 조이스의 학교에 격주로 모인다. 사브리나의 이탈리아계 미국인 부모인 프랑카와 안토니오는 가능한 한 이 모임에 참석하였다. "자녀가 10대가 되어 간다는 것을 어떻게 압니까?" 안토니오가 자발적으로 말을 시작한다. "방문을 잠그고 혼자 있고 싶어 할 때지요. 또 그 애들은 반박하고 이의를 제기해요. 저는 사브리나에게 말합니다. '가족과 함께 저녁 먹으러 지나 이모네 가야 해.' 그러면 그다음에 저는 사브리나와 입씨름을 하고 있지요."

사브리나는 아동기와 성인기 사이의 전환기인 **청소년기**(adolescence)로 접어들고 있었던 것이다. 산업화된 사회에서 젊은이들이 숙달해야 할 기술은 너무 복잡하고, 선택해야 하는 것들도 너무 다양해서 청소년기가 확장될 수밖에 없다. 그러나 이 시기가 요구하는 기본 과제는 전 세계 어디서나 많이 비슷하다. 사브리나는 자기 신체의 성숙된 모습을 받아들여야 하고, 어른처럼 생각하는 방법을 습득해야 하고, 가족으로부터 더 독립적이 되어야 하고, 자아정체감을 형성하기 시작해야 한다. 자아정체감은 성적, 직업적, 도덕적, 인종적, 종교적, 그 밖의 다른 삶의 가치나 목표에서 자신이 누구인지에 대한 안정된 의식이다.

신체를 성인처럼 성장시키고 성적 성숙을 일으키는 무수한 생물학적 변화가 일어나는 **사춘기**(puberty)는 청소년기 시작을 알려준다. 사브리나의 반응이 보여주듯이, 청소년기로 들어가는 것은 일부 젊은이들에게 특별히 어려운 시간이 될 수도 있다. 이 장에서는 사춘기의 사건을 살펴보고 영양, 성행위, 물질남용, 그리고 성숙 과정에서 어려움을 겪는 10대들에게 영향을 주는 건강과 관련된 다양한 문제를 다룰 것이다.

청소년기에는 중요한 인지발달이 일어난다. 10대들은 복잡한 과학 원리를 알게 되고, 정치적 이슈에 대해 논쟁하고, 시나 소설 속에 숨겨진 깊은 의미를 찾으려 한다. 이 장에서는 이러한 현저한 변화를 피아제와 정보처리 관점에서 다루어볼 것이다. 그다음에, 정신능력에서의 성차를 자세히 살펴볼 것이다. 마지막으로 청소년들의 사고를 형성해주는 1차적 환경인 학교로 돌아가본다. ●

신체 발달

청소년기의 개념

1.1   지난 세기를 지나면서 청소년기 개념은 어떻게 변화했는가?

왜 사브리나는 자의식이 강하고, 논쟁적이고, 가족 모임에 빠지려 하는 것일까? 역사적으로 이론가들은 심리 발달에 대한 사춘기의 영향을 생물학적 또는 사회적 설명의 양극단적인 관점으로 설명하였다. 오늘날 연구자들은 생물학적 힘과 사회적 힘이 결합하여 청소년의 심리적 변화를 결정해준다는 것을 깨닫게 되었다.

생물학적 관점

현대 성인들에게 10대 청소년들이 무엇과 같은지를 물어보라. 그러면 아마도 '반항적이고 경솔하다' 또는 '격정과 분노로 가득 차 있다'라는 답을 얻을 것이다. 이와 같이 널리 퍼져 있는 폭풍과 스트레스 견해는 20세기 초반의 주요 이론가들도 가지고 있었다. 가장 영향력 있는 학자인 그랜빌 스탠리 홀(G. Stanley Hall, 1904)은 발달에 대한 이러한 생각을 다윈의 진화이론에 근거하여 설명하였다. 홀은 청소년기를 아주 격동적인 시기로 기술하였는데, 이것은 인간이 야만인에서 문명인으로 진화하는 시대와 닮아 있다고 보았다. 마찬가지로 지그문트 프로이트(Sigmund Freud)의 사회성적이론에서는 생식기(Genital stage)에 성적 충동이 다시 일어나는데, 이것은 심리적 갈등과 변덕스러운 행동을 유발한다고 보았다. 청소년들이 친밀한 상대를 만나면서 내적인 충동은 점차 새롭고 성숙한 조화를 이루게 되고, 결혼, 출산, 자녀 양육으로 이 단계를 마무리 짓게 된다. 이런 식으로 젊은이들은 성적 재생산과 종의 생존과 같은 생물학적 임무를 이행한다.

사회적 관점

현대 연구는 청소년기에 대한 폭풍과 스트레스 관점이 과장되었다고 제안한다. 섭식장애, 우울증, 자살, 법률 위반 등 특정 문제들은 이전보다 더 자주 일어난다. 그러나 심리적 불안이 일어나는 전반적인 비율은 아동기에서 청소년기까지 약 15~20% 증가할 뿐이다(Merikangas et al., 2010). 비록 성인보다는 높은 수치기는 하지만(약 6%), 정서적 불안이 10대들에게 의례적으로 일어나는 것은 아니다.

청소년들의 적응이 아주 다양하다는 것을 지적한 첫 번째 연구자는 인류학자인 마거릿 미드(Margaret Mead, 1928)이다. 그녀는 태평양의 사모아 섬에서 놀라운 결과를 가지고 돌아왔다. 느긋한 사회적 관계를 맺고 성에 대해 개방적인 문화 때문에, 사모아 소년 또는 소녀의 청소년기는 "아마도 가장 즐거운 시간이 될 것이다"(p. 308). 미드는 10대들이 이상하고 흥분된 경험으로부터 조용하고 스트레스 없는 경험까지 다양한 경험을 할 수 있는데, 이러한 광범위한 경험을 사회적 환경이 전적으로 책임진다는 대안적인 관점을 제안하였다. 이후의 연구자들은 사모아의 청소년기는 미드가 가정했던 것처럼 문제가 없는 게 아니라는 것을 발견하였다(Freeman, 1983). 그래도 미드는 청소년 발달을 이해하기 위해 연구자들은 사회적·문화적 영향에 더 많은 관심을 기울여야 한다는 것을 보여주었다.

절충적 관점

오늘날 우리는 생물학적, 심리적, 사회적 힘이 결합하여 청소년 발달에 영향을 준다는 것을 안다(Hollenstein & Lougheed, 2013). 생물학적 변화는 모든 종족과 모든 문화에서 발견되는 보편성을 보인다. 젊은이들이 더 이상 어린아이처럼 행동하지 않고, 새로운 대인관계를 발달시키고, 더 큰 책임을 지게 될 때 갖게 되는 이러한 내적 스트레스와 그에 수반되는 사회적 기대는 모든 10대에게 불확실성, 자기회의, 실망의 순간을 불러일으킬 가능성이 있다. 청소년들의 이전 경험과 현재 경험이 이러한 도전을 성공적으로 극복하도록 도와준다.

청소년기 기간과 청소년 요구와 압력은 문화마다 크게 다르다. 대부분의 부족사회와 촌락사회에서는 아동기에서 성인 역할을 충분히 감당하는 시기로 넘어가는 단계가 아주 짧다(Lancy, 2008). 산업화된 나라에서는 젊은이들이 생산적인 직업을 가질 수 있을 때까지 더 오랫동안 부모에 의존하고 성적 만족을 지연시켜야 한다. 그 결과, 청소년기는 훨씬 더 연장되어 연구자들은 보통 그 기간을 세 국면으로 구분한다.

1. **청소년 초기(11~14세)** : 빠른 사춘기 변화가 일어난다.
2. **청소년 중기(14~16세)** : 사춘기 변화가 거의 완성된다.
3. **청소년 후기(16~18세)** : 젊은이들은 완전히 성인과 같은 외모를 갖게 되고 성인의 역할을 감당할 것이 기대된다.

사회적 환경이 젊은이들에게 성인의 책임을 갖도록 도와줄수록 그들은 더 잘 적응한다. 대부분의 10대들은 이 시기에 자기들이 느끼는 생물학적 긴장과 미래에 대한 불안을 성공적으로 처리한다. 이러한 특성들을 마음에 두면서 청소년 발달의 시작인 사춘기를 자세히 살펴보자.

사춘기 : 성인으로의 신체적 전환

1.2 사춘기 동안의 신체 성장, 운동 수행, 성적 성숙을 기술하라.
1.3 어떤 요인들이 사춘기 시기에 영향을 미치는가?
1.4 청소년기 동안 뇌에서는 어떠한 변화가 일어나는가?

사춘기 변화는 극적이다. 몇 년 내에 학령기 아동의 신체는 안전히 성숙된 성인의 모습으로 변환된다. 유전적 영향을 받는 호르몬 과정은 사춘기 성숙을 조절한다. 태아기 이후로 신체적으로 더 빨리 성숙되어 온 여자아이들은 남자아이보다 평균 2년 먼저 사춘기에 도달한다.

호르몬 변화

사춘기의 기초가 되는 복잡한 호르몬 변화는 점진적으로 일어나 아동기 중기까지 진행된다. 성장 호르몬(GH)과 티록신의 분비가 증가하여 신체 크기가 놀랄 정도로 커지고 골격이 완전히 성장한다.

성적 성숙은 성호르몬이 관장한다. 에스트로겐은 여성 호르몬, 안드로겐은 남성 호르몬으로 알려져 있지만, 두 유형의 호르몬 모두 각 성에 존재한다. 그러나 양이 다르다. 성호르몬은 신체적 변화가 눈에 띄기 오래전부터 증가하는데, 일반적으로 양쪽 신장 위에 자리 잡고 있는 안드로겐 선(glands)이 아드레날 안드로겐(adrenal androgen)을 많이 분비하기 시작하는 6~8세에 시작된다. 10세 정도 되면 아드레날 안드로겐은 10배로 늘어나며, 몇몇 어린이들은 최초로 성적인 매력의 느낌을 경험하게 된다(Best & Fortenberry, 2013).

아드레날 안드로겐은 여자아이의 키를 크게 해주고 겨드랑이 밑의 털과 음모를 나게 해준다(이 호르몬은 남자아이에게는 눈에 띄는 영향을 거의 주지 않고, 남자아이의 신체적 특성은 주로 고환에서 분비되는 안드로겐에 의해 영향을 받음). 여자아이의 성숙된 난소로부터 분비되는 에스트로겐은 GH의 분비를 자극하여 빠른 키 성장에 기여하며, 유방, 자궁, 질을 성숙하게 해주고, 여성다운 신체 모습을 갖게 해주고 지방을 축적하게 해준다. 에스트로겐은 또한 월경주기를 조절해준다.

남자아이의 고환은 안드로겐인 테스토스테론을 많이 분비하여 근육을 만들어주고, 몸과 얼굴에 털이 나게 하고, 또 다른 남성 특징을 유발한다. 안드로겐(특히 남자아이에게는 테스토스테론)은 GH 증진 효과를 가져와 신체를 크게 해준다. 고환은 또한 적은 양의 에스트로겐을 분비한다. 이것이 남자아이의 50%가 잠시 유방이 커지는 것을 경험하는 이유이다. 두 성 모두에서, 에스트로겐은 안드로겐과 더불어 뼈 밀도를 증가시키도록 자극을 주는데, 이것은 성인 초기까지 계속된다(Ambler, 2013; Cooper, Sayer, & Dennison, 2006).

여러분이 볼 수 있듯이, 크게 두 가지 유형의 사춘기 변화가 있다—(1) 전체적인 신체 성장, (2) 성 특징의 성숙. 이러한 변화를 구분하여 논의할 것이지만, 이 두 변화는 서로 연결되어 있다. 성적 성숙에 필요한 호르몬은 신체 성장에 영향을 주어, 남자아이와 여자아이를 이 두 가지 면에서 다르게 해준다. 사실 사춘기는 태아기 이래로 가장 성적 차이가 두드러지는 시기이다.

신체 성장

사춘기에서 첫 번째 눈에 띄는 신호는 키와 몸무게의 빠른 성장인데, 이는 **성장 급등**(growth spurt)으로 알려져 있다. 평균적으로 북미 여자아이들은 10세가 지나자마자, 남자아이들은 12세 반경에 사춘기가 시작된다. 에스트로겐이 안드로겐보다 GH 분비를 촉진하고 더 쉽게 억제하므로 일반적으로 초기 청소년기에는 여자아이들이 남자아이들보다 더 크고 몸무게가 많이 나간다. 그러나 13세 반경이 되면 여자아이들

사춘기 성장에서의 성차는 이 11세 아이들에게서 명백하게 나타난다. 소년들보다 소녀들이 조금 더 키가 크고, 더 성숙해보인다.

마리엘(18세)

마리엘(11세)

스티븐(13세)

마리엘(14세)

스티븐(16세)

스티븐(18세)

그림 1.1   청소년기 신체 성장   사춘기 성장 급등이 소년보다 소녀에게 더 일찍 나타나기 때문에 마리엘은 스티븐보다 자신의 성인 신체 크기에 더 일찍 도달했다. 빠른 사춘기 성장은 신체 비율에서의 큰 성차를 만들어낸다.

은 성장이 거의 끝나게 되는 데 반해 남자아이들은 성장 급등이 시작되어서, 남자아이의 신체 성장이 여자아이를 능가하게 된다(Ambler, 2013). 신체 크기의 성장은 여자아이들은 대부분은 16세에 끝나며, 남자아이들은 17세 반경에 끝나는데, 이 시기에 긴 뼈 끝에 있는 골단이 완전히 닫힌다. 청소년들은 키가 25~27cm 정도 크고 몸무게는 약 22~34kg이 증가하는데, 이것은 성인 몸무게의 거의 50%에 해당한다. 그림 1.1은 일반적인 신체 성장에서의 사춘기 변화를 보여준다.

신체 비율   사춘기 동안에는 영아기와 아동기의 두미방향 성장이 역전된다. 손, 다리, 발이 먼저 성장하고, 그다음에 몸통이 커지는데, 이것은 청소년들 키의 성장과정을 설명해준다. 이 패턴은 왜 초기 청소년들이 비율이 맞지 않는, 긴 다리와 큰 발과 손을 가지는 이상한 모습을 보이곤 하는지를 설명해준다.

신체 비율에서도 성차가 크게 나타나는데, 이것은 골격에 대한 성호르몬의 작용으로 일어난다. 소년의 어깨는 엉덩이에 비해 더 크고, 반면에 소녀의 엉덩이는 어깨나 허리에 비해 더 커진다. 물론 소년은 소녀보다 더 크고, 소년의 다리는 신체의 나머지 부분보다 더 길다. 이런 현상이 나타나는 주된 이유는 소년들이 청소년기에 도달하기 전에 2년 정도의 추가 성장을 필요로 하기 때문인데, 이때가 다리가 가장 빠르게 자라는 시기이다.

근육-지방 구성과 다른 내적 변화   8세경에 소녀들은 팔, 다리, 몸통에 지방이 축적되기 시작하여 11~16세에 급속도로 증가하는 경향이 있다. 이에 반해, 청소년기 소년들의 팔과 다리의 지방은 감소한다. 소년과 소녀 모두 근육이 생기지만, 소년에게서 훨씬 더 많이 증가하여, 골격 근육, 심장, 폐 기능 등이 더 많이 발달한다(Rogol, Roemmich, & Clark,

2002). 또한 적혈구의 수가 소년에게서는 증가하지만 소녀에게서는 증가하지 않는다. 그래서 폐에서 근육으로 산소를 운반하는 능력이 소년에게서 증가한다. 소년은 소녀보다 근육 힘이 더 강하고, 이 차이 때문에 10대 소년들은 운동을 잘하게 된다(Greydanus, Omar, & Pratt, 2010).

운동 발달과 신체 활동

사춘기 동안 대근육 수행이 점진적으로 증가하지만 소년과 소녀의 변화는 다르다. 소녀는 느리고 점진적인 발달을 보이다가 14세에 안정된다. 이에 반해 소년의 힘, 스피드, 지구력은 급격히 증가하는데, 이것은 10대 시기 동안 지속된다. 청소년 중기가 되면, 달리기 속도, 멀리뛰기, 멀리 던지기에서 소년의 평균 정도로 수행하는 소녀는 거의 없고, 실제로 소녀의 평균 수행 정도로 낮은 점수를 받는 소년들도 없다(Greydanus, Omar, & Pratt, 2010; Haywood & Getchell, 2014).

소년들 사이에서 운동 능력은 또래의 찬사와 자존감과 강하게 관련되어 있다. 일부 청소년들은 운동 기록에 지나치게 집착하여 수행을 증진시키는 약물을 복용하기도 한다. 최근의 대규모 조사에 의하면 북미 고등학교 상급생의 9%가량이 (이들은 대부분 소년들임) 처방전 없이 살 수 있고, 단기간 근력을 증가시켜 줄 수 있는 크레아틴을 복용한다고 보고했는데, 이 약물은 근육 조직 감소, 뇌 발작, 심장의 불규칙한 박동과 같은 심각한 부작용을 가지고 올 수 있다. 약 2%의 상급생은(대부분 소년들임) 근육량과 강도를 증진시키는 강력

고등학생들이 교내 크로스컨트리 초청대회에서 달리고 있다. 조직화된 팀이나 특별한 시설이 필요하지 않은 지구력 스포츠는 특히 성인기까지 유지될 가능성이 높다.

한 처방약인 아나볼린 스테로이드나 관련 약물인 안드로스테네디온을 복용한다(Johnston et al., 2015). 10대들은 보통 스테로이드를 불법적으로 복용하는데, 여드름, 지나치게 몸에 털이 많이 나는 것, 고혈압, 기분 변화, 공격 행동, 간, 순환기, 생식기 손상 등의 다양한 부작용은 생각하지 않는다 (Denham, 2012). 코치와 건강 전문가들은 10대들에게 스테로이드와 다른 수행 증진 약물의 위험성에 대해 알려주어야 한다.

미국 연방정부는 1972년에 운동 교육 프로그램에서 남자와 여자에게 동등한 기회를 제공하기 위해 학교가 공적 기금을 조성할 것을 요구하였다. 그때 이래로 미국과 캐나다에서 모두 남학생에 비해서는 떨어지지만 여고생의 스포츠 참여가 증가하였다. 미국의 50개 주를 대상으로 한 최근의 조사에 따르면 스포츠에 참여하는 학생 중 42%는 소녀이고, 58%는 소년이었다(National Federation of State High School Associations, 2016). 소녀들은 운동 성취에 대한 격려와 인지를 덜 받는데, 이러한 패턴은 초기 청소년기부터 시작하여 10대 동안 지속된다.

게다가 9세부터 17세까지의 미국 아동을 대표하는 대규모 표본에 대한 조사에 따르면 9세부터 17세까지 매일 자유시간에 하는 신체활동은 연령이 증가하면서 점차 감소하는데, 이 패턴은 소년보다 소녀에게서 더 크게 나타난다. 그리고 모든 연령에서 학교 바깥에서 하는 규칙적 운동에 참여하는 참여자 수는 소녀가 소년보다 더 적었다(그림 1.2 참조)(Wall et al., 2011). 고등학교에서 미국의 55%의 소년과 48%의 소녀만이 체육 수업을 듣고 있으며, 전체 학생의 30%만이 매일 체육 수업을 받는다(Kann et al., 2016).

스포츠와 운동은 운동 근육 수행을 증진시킬 뿐만 아니라 인지발달과 사회성 발달에도 영향을 준다. 학교 간 운동경기와 교내 운동경기는 팀워크, 문제 해결, 적극성, 경쟁에 중요한 교훈을 제공해준다. 규칙적이고 지속적인 신체활동은 오랫동안 신체 및 정신건강에 유익을 준다(Brand et al., 2010).

청소년기에 스포츠와 운동을 즐기는 정도는 개인차가 있는데, 이러한 차이가 참여에서의 차이로 연결된다. 한 연구에서 팀 종목 혹은 개인 종목의 스포츠에 일주일에 적어도 한 번 참여하는 14세 소녀와 일주일에 적어도 두 번 참여하는 14세 소년이 31세가 되어서도 높은 신체활동 비율을 보였다. 달리기, 사이클링과 같이 팀을 조직하거나 특별한 도구가 필요없는 인내 스포츠(eudurance sport) 활동은 특히 성인

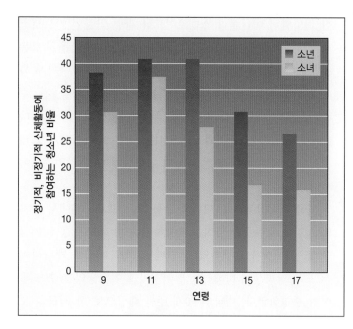

그림 1.2 9~17세의 미국 소년과 소녀의 자유시간 중 신체활동의 감소
1,600명의 9~17세 미국을 대표하는 표본을 대상으로 한 종단계열 연구에 따르면 지난 한 주 자유시간에 일상적 운동(스포츠, 자유시간 일상적 운동, 친구와 활동적으로 노는 것)에 적어도 7번 참여한 비율은 소년의 경우 38%에서 27%로, 소녀의 경우 31%에 16%로 감소하였다. 청소년기 전반에 걸쳐서 소년은 소녀보다 정기적인 일상적 운동을 더 많이 하였다(Wall et al., 2011).

기까지 이어지는 것으로 나타났다(Tammelin et al., 2003). 또한 흘리는 땀의 양과 내쉬는 호흡으로 정의할 수 있는 운동을 하는 동안 청소년들이 가하는 노력은 성인이 되었을 때의 신체 운동을 예측하는 강력한 요인 중 하나인데, 이것이 운동을 유지할 수 있는 개인적 능력에 대한 믿음인 **신체적 자기효능감**(physical self-efficacy)을 향상시키기 때문이다(Motl et al., 2002 ; Telama et al., 2005).

성적 성숙

빠른 신체적 성장과 더불어 성적 기능과 관련된 신체 특질이 변화한다. **1차 성징**(primary sexual characteristics)은 생식기(여성의 난소, 자궁, 질/남성의 남근, 음낭, 고환)의 변화와 관련된다. **2차 성징**(secondary sexual characteristics)은 신체 외부에서 볼 수 있고 성적 성숙을 보여주는 또 다른 신호이다(예 : 여성의 유방 발달과 남성과 여성 모두에게서 겨드랑이 털과 음모가 생기는 것). 표 1.1이 보여주듯이, 이러한 특징들이 시작되고 완성되는 연령은 매우 다르지만, 일정한 순서를 거쳐 발달한다. 보통 사춘기 발달은 4년이 걸린다. 하지만 일부 청소년들은 2년 만에 완성되는 반면에 일부 청소년들은 5~6년이 걸리기도 한다.

소녀의 성적 성숙 여성의 사춘기는 보통 젖가슴이 올라오고 성장 급등이 일어나면서 시작된다. 보통 북미 소녀들은 12세 반경에, 서유럽 소녀들은 13세경에 **초경**(menarche)을 경험한다. 그러나 월경을 시작하는 연령 범위는 10세 반에서 15세 반 사이로 조금 넓다. 초경이 있은 후에 젖가슴과 음모가 완전히 성장하고, 겨드랑이에 털이 난다.

소녀의 몸이 출산을 할 수 있을 정도로 충분히 커질 때까지, 성적 성숙은 자연 법칙에 의해 지연된다는 것을 표 1.1에서 주목해보라. 키 성장이 정점에 다다른 후에 초경을 한다. 인체의 안전을 보여주는 또 다른 증거는 초경 후 12~18개월 동안 난소로부터 난자가 방출되지 않은 채 월경을 하게 된다는 점이다(Fuqua & Rogol, 2013). 그러나 이 잠정적인 불임 기간이 모든 소녀들에게 일어나지 않기에, 임신을 막는 보호 기간으로 간주될 수는 없다.

소년의 성적 성숙 소년의 사춘기 첫 신호는 고환이 커지고 [정자를 만드는 선(gland)], 이와 더불어 음낭의 감촉과 색이 변화하는 것이다. 그 후 곧 음모가 생기고, 남근이 커지기 시작한다(Fuqua & Rogol, 2013).

표 1.1을 다시 보면, 사춘기에 일어나는 변화 중에서 성장 급등이 소녀보다 소년에게 더 늦게 일어난다는 것을 알게 될 것이다. 성장이 (14세경에) 정점에 달할 때, 고환과 남근의 성장이 거의 완성되고, 그 후 곧 겨드랑이에 털이 나기 시작한다. 얼굴과 신체의 털 또한 몇 년 동안 점진적으로 증가한다. 남성의 신체 성숙을 보여주는 다른 표지는 후두가 커지고 성대가 길어지면서 목소리가 굵어지는 것이다(소녀의 목소리 또한 약간 굵어진다). 목소리 변화는 남성의 성장 급등이 정점에 달하면서 일어나서, 사춘기가 끝날 때까지도 완성되지 않는다(Archibald, Graber, & Brooks-Gunn, 2006).

남근이 성장하는 동안 (정자를 담고 있는 액체인 정액을 생산하는) 전립선과 정액 소낭이 커진다. 그래서 13세 반경에는 **첫 사정**(spermarche)을 하게 된다(Rogol, Roemmich, & Clark, 2002). 한동안 정액에는 살아 있는 정자가 거의 없다. 따라서 소녀와 마찬가지로, 소년들은 초기에는 생산성이 감소된다.

사춘기 성장에서의 개인차

실질적으로 사춘기 시작은 유전에 달려 있다. 일란성 쌍생아는 이란성 쌍둥이보다 대부분의 사춘기 이정표가 비슷하다

표 1.1 북미 소녀와 소년의 사춘기 발달

소녀	평균 연령	연령 범위	소년	평균 연령	연령 범위
가슴이 봉긋해짐	10세	8~13세	고환이 커지기 시작함	11.5세	9.5~13.5세
키의 급등이 시작됨	10세	8~13세	음모가 나기 시작함	12세	10~15세
음모가 나기 시작함	10.5세	8~14세	성기가 커지기 시작함	12세	10.5~14.5세
근력 급등의 최절정	11.6세	9.5~14세	키의 급등이 시작됨	12.5세	10.5~16세
키 급등의 최절정	11.7세	10~13.5세	첫 사정이 시작됨	13.5세	12~16세
초경 시작	12.5세	10.5~15.5세	키 급등의 최절정	14세	12.5~15.5세
몸무게 급등 최절정	12.7세	10~14세	몸무게 급등의 최절정	14세	12.5~15.5세
성인 키에 도달	13세	10~16세	수염이 자라기 시작함	14세	12.5~15.5세
음모 형성 완성	14.5세	14~15세	변성기 시작	14세	12.5~15.5세
가슴 발달 완성	15세	10~17세	성기와 고환의 발달 완성	14.5세	12.5~16세
			근력 급등 최절정	15.3세	13~17세
			성인 키에 도달	15.5세	13.5~17.5세
			음모 형성 완성	15.5세	14~17세

출처 : Boswell, 2014; Herman-Giddens, 2006; Rogol, Roemmich, & Clark, 2002; Rubin et al., 2009.
사진 : (왼쪽) ⓒ Laura Dwight Photography; (오른쪽) Bill Aron/PhotoEdit

(Eaves et al., 2004; Jahanfar, Lye, & Krishnarajah, 2013).

영양과 운동 또한 영향을 미친다. 몸무게와 지방의 급격한 증가는 소년들에게 성적 성숙을 일으킨다. 지방 세포는 사춘기에 소녀의 에너지를 저장하라고 뇌에 신호를 주는 렙틴이라는 단백질을 방출한다. 이 때문에 체중이 많이 나가는 비만 소녀들의 유방과 음모가 더 일찍 성숙되고 초경이 더 일찍 시작된다. 이에 반해, 어릴 때 심한 운동 훈련을 시작하거나 거의 먹지 않는 소녀들(이 둘은 모두 신체 지방 비율을 감소시킨다)은 보통 사춘기를 더 늦게 경험한다(Kaplowitz, 2008; Rubin et al., 2009). 그러나 소년의 경우, 몸의 지방과 사춘기가 관련된다고 보고되는 연구는 거의 없다.

사춘기 성장은 지역, 사회경제적 지위, 민족에 따라 달라진다. 신체 건강이 주요한 역할을 한다. 초경은 영양실조와 전염병이 많이 도는 가난한 지역에서 많이 지체되는데, 아프리카와 아시아의 일부 지역에서는 14세까지 지연되기도 한다. 개발도상국에서 고소득 가정의 소녀들은 경제적으로 어려운 가정의 소녀들보다 6~18개월 먼저 초경을 시작한다 (Parent et al., 2003; Zhu et al., 2016).

그러나 음식이 풍부한 산업화된 나라에서 사춘기 성장에 대한 유전과 환경의 복합적 역할은 분명하게 나타난다. 예를 들어 유방과 음모 발달은 흑인 소녀는 백인 소녀보다 1년 먼저인 9세경에 시작된다. 또한 흑인 소녀들은 백인 소녀들보다 6개월 먼저인 약 12세경에 초경을 시작한다(Ramnitz & Lodish, 2013). 흑인 집단에 널리 퍼져 있는 과체중과 비만이 이런 빠른 성숙에 일조를 하지만, 유전 또한 빠른 비율로 신체적 성숙이 일어나는 데 영향을 준다. 흑인 소녀들은 같은 연령의 백인 소녀보다 먼저 초경을 시작하고 신체 몸무게도 더 빨리 는다(Reagan et al., 2012).

초기의 가족 경험 또한 사춘기 시작에 영향을 준다. 한 이론은 인간이 아동기 환경의 정서적인 질에 민감하도록 진화되어 왔다고 제안한다. 아동의 안전과 안정이 위협될 때, 그들이 일찍 생산할 수 있는 것은 적응적이다. 일부 연구들은 가족 갈등, 부모와의 분리, 한부모와만 사는 것과 같은 사건을 겪은 소녀들(일관적이지 않지만 소년들)이 일찍 사춘기에 접어든다는 것을 보여준다. 반면에 따뜻한 가족관계를 가지면 사춘기에 늦게 진입한다(Belsky et al., 2007a; Boynton-Jarrett et al., 2013; Ellis & Essex, 2007; Ellis et al., 2011; Webster et al., 2014). 2개의 종단연구가 밝히듯이 소녀의 경우 아동기 불우한 가족 환경은 사춘기의 이른 시작, 그리고 청소년기의 성적 위험 감수의 증가까지 영향을 끼친다(Belsky et al., 2010; James et al., 2012).

지금까지 살펴본 연구에서 정서적 건강에 대한 위협이 사춘기를 촉진하고, 반면에 신체적 건강에 대한 위협은 사춘기를 지연시킨다는 것을 알 수 있었다. 사춘기 시작과 관련하여 세대에 따른 **경향**(secular trend) 또는 세대 변화 또한 사춘기 발달에서 신체적 안녕감이 중요한 역할을 한다는 것을 보여준다. 산업화된 나라에서 영양, 건강 감독, 공중위생, 전염병 관리가 매우 개선되었던, 1900~1970년 사이에 10년마다 초경 연령은 3~4개월가량 점진적으로 낮아졌다. 소년들 역시 최근 수십 년 동안 더 빨리 사춘기에 도달하고 있다(Herman-Giddens et al., 2012). 개발도상국에서도 사회경제가 발전하면서 이러한 세대에 따른 경향성이 나타난다.

대부분의 산업화된 국가에서는 이와 같이 사춘기가 앞당겨지는 경향이 멈추거나 오히려 반대로 지연되는 경향이 나타나고 있다(Sørensen et al., 2012). 그러나 북미와 일부 유럽 국가에서 과체중과 비만 비율의 급증이 이러한 사춘기가 앞당겨지는 경향을 계속 유지시킨다(Gonzalez-Feliciano, Maisonet, & Marcus, 2013; Henk et al., 2013). 이러한 경향은 10세나 11세에 성적으로 성숙되는 소녀들이 실제보다 훨씬 노숙한 행동을 하도록 압력을 받는다는 우려스러운 결과를 가져온다. 간단히 살펴보겠지만, 일찍 성숙하는 소녀들은 성적 행동 등에서 또래들에게 호감을 얻지 못하는 위험을 갖게 된다.

대뇌 발달

청소년기의 신체적 변형은 뇌의 주요한 변화를 포함한다. 대뇌 영상 연구는 대뇌피질에서, 특히 사고와 활동을 지배하는 전두엽에서 사용되지 않는 시냅스가 계속 제거된다는 것을 보여준다. 그 밖에 여러 뇌 영역들 사이의 연결이 강화되면서, 자극을 받는 신경 섬유의 성장과 수초화가 촉진된다. 특히 전두엽과 다른 대뇌 영역들이 연결되면서 의사소통이 확대되고 빨라진다(Blakemore, 2012; Chavarria et al., 2014; Goddings & Giedd, 2014). 결과적으로 청소년 뇌에서의 이러한 변화는 집행기능, 추론, 문제 해결, 의사결정 등의 인지발달을 도와준다.

하지만 인지 제어에서의 이러한 발달은 10대 시기에 점진적으로 나타난다. fMRI 결과에 따르면 청소년들은 전두엽 피질과 뇌의 다른 영역 간의 연결이 성인들보다 덜 효과적이다. 전두엽 인지 제어 네트워크가 여전히 미세한 조정이 필요하기 때문에 청소년들은 억제, 계획, 만족지연(이후에 있을 더 큰 보상을 위해 즉각적으로 받을 수 있는 더 작은 보상을

거절하는 것)이 필요한 과제에서 완전히 성숙된 수행을 하지 못한다(Luna, Padmanabhan, & Geier, 2014; Smith, Xiao, & Bechara, 2012; Steinberg et al., 2009).

이러한 집행 기능과 자기조절의 어려움에 더해지는 것은 뇌의 정서/사회 네트워크의 변화이다. 인간과 다른 포유동물에서 뉴런은 사춘기 동안 흥분성 신경전달물질에 대해 더 반응적이 된다. 그 결과, 청소년들은 스트레스 상황에 더 강하게 반응하고, 즐거운 자극을 더 강하게 경험하기도 한다. 정서/사회 네트워크에서의 변화는 또한 청소년들의 사회적 자극에 대한 민감성을 증가시켜서, 이들은 또래의 영향과 평가에 매우 반응적이게 된다(Somerville, 2013).

인지 제어 네트워크가 아직 최적 상태로 기능하지 않기 때문에 대부분의 10대들은 그들의 에너지 넘치는 감정과 충동을 관리하는 데 어려움을 겪는다(Albert, Chein, & Steinberg, 2013; Casey, Jones, & Somerville, 2011). 이러한 불균형은 약물 복용, 난폭한 운전, 위험한 성관계, 비행행동과 같은 새로운 행동을 하도록 하는 데 기여한다. 미국의 청소년을 대표하는 표본을 대상으로 한 한 종단연구에서 12세부터 24세까지 자기보고된 충동성과 감각추구를 조사하였다(Harden & Tucker-Drob, 2011). 그림 1.3에서 볼 수 있듯이, 충동성은 나

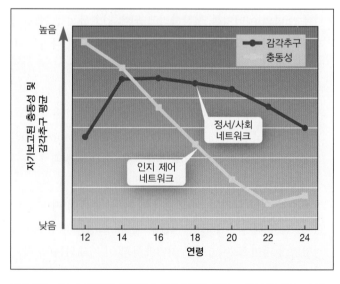

그림 1.3   12~24세까지 충동성과 감각추구의 발달 미국 젊은이의 7,600명을 대상으로 한 이 종단연구에서 충동성은 꾸준히 감소한 반면 감각추구는 초기 청소년기에 증가하다가 점진적으로 감소했다. 그 결과는 정서적/사회적 연결이 인지 제어 네트워크에 가하는 도전을 확신시켜줬다(K. P. Harden and E. M. Tucker-Drob, 2011, "Individual Differences in the Development of Sensation Seeking and Impulsivity During Adolescence: Further Evidence of a Dual Systems Model," *Developmental Psychology, 47,* p. 742. Copyright © 2011 by the American Psychological Association. Adapted with permission of the American Psychological Association).

뇌의 정서/사회 네트워크의 변화가 전두엽의 인지 제어 네트워크의 발달을 앞지르는데, 이것은 10대가 보이는 새로운 경험에 대한 추동, 또래 영향력 수용, 위험추구 행동에 기여한다.

이가 들면서 줄어드는데, 이는 인지 제어 네트워크가 점차적으로 향상된다는 증거이다. 그러나 감각 추구는 12~16세 사이에 증가하다가 24세까지 점진적으로 감소하는데, 이것은 정서/사회 네트워크에 의해 제기된 도전을 반영한다.

종합하면 청소년기 뇌의 정서/사회 네트워크의 변화는 인지 통제 연결의 발달을 앞지른다. 시간이 지나면 청소년들은 자신의 정서와 보상추구 행동을 효과적으로 관리할 수 있다. 물론 10대들이 부주의하고 위험한 행동으로 위험 추구를 나타내기 시작하는 시점은 개인차가 있다. 기질, 양육방식, 사회경제적 지위(SES), 위험자원이 이러한 개인차를 만들어낸다(Hollenstein & Lougheed, 2013). 그럼에도 불구하고 청소년기 뇌의 변화는 이 시기에 나타나는 인지 향상과 우려스러운 행동을 이해할 수 있도록 해주며, 어른들이 이들을 위해서 인내심을 가지고 관리하고 지도해야 함을 보여준다.

변화하는 각성상태

사춘기에는 저녁 빛에 대한 신경학적 민감성이 증가하기 때문에, 뇌가 잠드는 시간을 조절하는 방식이 달라진다. 그 결과, 청소년들은 아동이었을 때보다 더 늦게 잠자리에 든다.

그러나 그들은 여전히 아동 중기만큼의 수면량(약 9시간)을 필요로 한다. 학교에 가기 위해 일찍 일어나야만 할 때, 필요한 만큼의 수면량이 충족되지 않는다.

이렇게 늦게 잠자리에 드는 것은 사춘기 성장으로 강화된다. 오늘날 10대들은 저녁에 사회적 활동이나 아르바이트를 하고, 침실에서 사용할 수 있는 여러 가지 미디어를 사용하면서 이전 세대의 10대들보다 잠을 훨씬 적게 잔다. 잠이 부족한 청소년들은 오전 시간에 인지 과제를 할 때와 인지적, 정서적 자기조절을 할 때 특히 저조한 수행을 보인다. 그들은 학교 성적이 좋지 않고, 불안과 짜증을 느끼며, 음주나 부주의한 운전 등 위험한 행동을 할 가능성이 높다(Bryant & Gómez, 2015; Carskadon, 2011; Meldrum, Barnes, & Hay, 2015). 그들은 또한 주말에 부족한 수면을 보충하는데, 수면이 보충되면 그다음 날 저녁에 잠들기 어렵게 되고, 이로써 늦게 자는 수면 패턴이 지속된다. 학교가 늦게 시작되면 수면 부족이 완화되지만 완전히 없어지지는 않는다. 수면의 중요성에 대해 10대를 교육하는 것이 중요하다.

사춘기 사건의 심리적 영향

1.5 사춘기 신체적 변화에 대한 청소년의 반응을 설명하라.

1.6 사춘기 시기가 청소년기 적응에 미치는 영향을 성차를 중심으로 설명하라.

여러분의 초등학교 고학년이나 중학교 시절을 회상해보라. 사춘기가 되었을 때 여러분은 자신에 대해 어떤 느낌을 가졌고 다른 사람과의 관계는 어떻게 변화했는가? 연구는 사춘기 사건이 청소년들의 자기이미지, 기분, 부모나 또래와의 상호작용에 영향을 준다고 보고하고 있다. 어떤 결과는 신체적 변화가 언제 일어났는지에 관계없이 그러한 극적인 변화에 대한 반응으로 나타난다. 또 어떤 결과들은 사춘기가 언제 시작되었는지와 관련되기도 한다.

사춘기 변화에 대한 반응

두 세대 전에, 초경은 굉장한 정신적 충격을 주었다. 오늘날 소녀들은 초경이 갑자기 시작되는 것에 대해 보통 '놀라는' 정도의 반응을 보인다. 보통 긍정적 정서와 부정적 정서가 복합된 감정을 보고하기도 한다. 이전에 초경에 대해 알고 있었는지 또는 가족들로부터의 지원을 받는지에 따라 개인차가 크게 나타난다.

사전 지식이 없는 소녀에게 초경은 충격적이고 불안한 사건이다. 월경을 불결하고, 당혹스럽고, 활동에 제한을 가져다주는 유약함으로 보는 문화적 혹은 종교적 관점은 월경을 싫어하는 관점을 가지도록 한다(Marván & Alcalá-Herrera, 2014). 1950~60년대와 달리 오늘날은 초경에 대해 사전에 듣지 못한 소녀는 거의 없는데, 이러한 변화는 아마도 현대 부모들이 성에 대해 더 많이 의논하고 건강 교육 수업이 널리 보급되어 있기 때문일 것이다(Omar, McElderry, & Zakharia, 2003). 대부분의 소녀들은 엄마로부터 초경에 대한 얘기를 듣는다. 백인 가정에 비해 흑인 가정이 소녀의 초경을 더 잘 준비하고, 그것을 중요한 생의 이정표로 취급하며, 소녀들이 성적으로 성숙해지는 것에 대해 덜 갈등하는데, 이러한 요인이 흑인 소녀들이 월경에 대해 더 긍정적으로 반응하는 데 기여한다(Martin, 1996).

소녀의 초경에 대한 반응처럼, 소년의 첫 사정에 대한 반응도 복합적인 감정을 보여준다. 실제로 모든 소년들은 사춘기 전에 사정에 대해 미리 알고 있었지만, 누군가가 사춘기 전이나 사춘기 동안에 신체 변화에 대해 말해주어서 안 경우는 별로 없었다고 말한다(Omar, McElderry, & Zakharia, 2003). 그들은 보통 책이나 웹사이트에서 이것에 대한 정보를 갖게 된다. 정보를 미리 갖고 있는 소녀들조차도 첫 번째 사정은 그들이 기대했던 것보다 더 먼저 일어났고, 그것에 대한 준비가 되어 있지 않았다고 종종 말한다. 그러나 대부분의 소녀는 자기가 월경을 하고 있다고 친구에게 말하는 반면에, 소년들이 자신의 첫 사정에 대해 다른 사람에게 말하는 경우는 훨씬 더 적다(DeRose & Brooks-Gunn, 2006; Downs & Fuller, 1991). 대체로 소년들은 사춘기의 신체 변화에 대해 소녀들보다 훨씬 적은 사회적 지원을 받는다. 공감해줄 수 있는 부모나 건강 전문가에게 질문을 하고 자신들이 느낀 것에 대해 이야기할 기회를 가지는 것이 소년들에게 도움을 줄지 모른다.

많은 부족사회나 촌락사회들은, 특권과 책임에서 중요한 변화가 있다는 것을 지역사회에 알리는 의식인 통과의례를 통해 사춘기 시작을 축하해준다. 그 결과, 젊은이들은 그들 문화가 사춘기에 도달하는 것을 소중히 여긴다는 것을 알게 된다. 이에 반해 서구 사회에서는 아동기에서 청소년기, 또는 청소년기에서 성인기로의 이동에 대한 형식적인 의식을 거의 갖지 않는다. 유대인 빗장이나 소녀의 유대교 성인식, 라틴아메리카계 공동체의 퀸시아네라(15세 소녀가 성인기로 들어서는 것을 축하하는 의식)와 같은 특정 민족이나 종교 의식은 통과의례와 비슷하다. 그러나 그것들로 인해 사회적 지위가 의미 있게 달라지지는 않는다.

서구 청소년들에게 성인의 지위가 주어지는 연령은 매우 다르다. 예를 들어 일자리를 갖게 되고, 운전을 하고, 고등학교를 졸업하고, 투표를 하고, 술을 마시는 연령이 각각 다르다. 어떤 경우에 청소년들은 (가정과 학교에서) 여전히 아이들로 취급된다. 누가 봐도 알 수 있는 신체적 성숙과 사회적 성숙이 뚜렷하게 나타나지 않으면 성인이 되는 과정은 더욱 혼란스러워진다.

사춘기 변화, 정서, 그리고 사회적 행동

사춘기 동안에 청소년들은 변덕스럽고 부모와 신체적으로나 심리적으로 더욱 멀어지려 한다는 것이 일반적인 생각이다. 이에 대한 연구 결과들을 살펴보자.

청소년들의 변덕스러움   연구들은 사춘기의 호르몬 수준이 더 높으면 높을수록 변덕을 더 많이 부릴 것이라는 결과를 제

히스패닉 사회에서는 소녀가 15세가 되면 어린이에서 성인이 되는 여정에 있다는 것을 인정하는 의식을 치른다. 그러나 이러한 의식이 더 큰 사회에서의 의미 있는 사회적 지위의 변화를 나타내는 것은 아니다.

시하지만, 연관성이 그렇게 강하지는 않다(Graber, Brooks-Gunn, & Warren, 2006). 무엇 때문에 청소년이 변덕스러워 보이는가? 몇몇 연구에서 아동, 청소년, 성인들에게 호출기를 가지고 다니게 하면서 그들의 기분을 탐지하였다. 일주일 동안 호출기가 무작위로 울렸고, 그때마다 그들이 무엇을 하고 있었는지, 누구와 함께 있었는지, 어떻게 느꼈는지를 쓰게 하였다.

예상했던 대로, 청소년들은 학령기 아동이나 성인들에 비해 기분 좋음을 보고하는 경우가 더 적었다(Larson & Lampman-Petraitis, 1989; Larson et al., 2002). 부정적 기분은 부모와의 어려움, 학교에서의 훈련활동, 남자친구나 여자친구와의 결별과 같은 부정적인 삶의 사건들과 주로 연결되어 있었다. 부정적 사건은 아동기부터 청소년기까지 계속 증가하였고, 10대들은 아동보다 정서적 반응을 더 많이 보이는 듯하였다(Larson & Ham, 1993). (청소년기 동안 뇌의 신경전달물질의 활동이 변화하면서 스트레스 반응이 높아진다는 것을 기억하라.)

나이 든 청소년과 성인의 기분과 비교할 때, 어린 청소년들(12~16세)의 기분은 덜 안정적이어서, 즐거워하다가 슬퍼하고, 그러다 다시 즐거워하는 변화를 종종 보인다. 이러한 기분 변화는 상황 변화와 강하게 관련되어 있었다. 청소년들의 일상에서 가장 기분이 좋을 때는 친구들과 함께 시간을 보낼 때, 그리고 자기가 선택한 여가활동을 할 때였다. 기분이 저조할 때는 어른이 만들어 놓은 상황, 즉 학급, 일, 종교 활동을 할 때였다. 10대들의 기분이 가장 고양될 때는 금요일과 토요일 저녁이었고, 특히 고등학교 때 그러하였다. 친구와 연인을 만나러 나가는 것이 청소년기 동안 현저하게 증가하여 당연한 '문화적 도식'이 되었다(Larson & Richards, 1998). 그 결과, 집에서 주말을 보낸 10대들은 심하게 외로움을 느꼈다. 다행스럽게도 부정적인 기분에 대한 빈번한 보고는 후기 청소년기에는 줄어든다(Natsuaki, Biehl, & Ge, 2009).

부모-자녀 관계 사브리나의 아버지는 자기 자녀들이 청소년기에 들어섰을 때, 방문을 닫고, 가족과 시간을 보내기 싫어하고, 더 잘 따지곤 한다고 느꼈다. 사브리나와 엄마는 사브리나의 방이 지저분한 것에 대해 서로 다투곤 하였다("엄마, 이건 내 방이야. 엄마가 여기 사는 게 아니잖아!"). 그리고 사브리나는 가족이 주말마다 지나 이모 댁을 정기적으로

방문하는 것을 거부하였다("왜 내가 매주 가야 하는데?"). 많은 연구들은 사춘기가 부모와 자녀 사이 갈등 및 부모와 자녀의 상호작용이 긍정과 부정 사이에서 변동하는 것과 관련이 있다는 것을 보여주며, 이러한 경향은 청소년 중기까지 지속된다(Gure, Ucanok, & Sayil, 2006; Marceau, Ram, & Susman, 2015; McGue et al., 2005).

왜 성인처럼 보이는 젊은이들이 이러한 논쟁을 더 많이 일으키는가? 이 답은 적응적 가치와 관련되어 있을 것이다. 인간이 아닌 영장류의 경우, 새끼들은 보통 사춘기 즈음에 가족 집단을 떠난다. 많은 촌락과 부족문화에서도 마찬가지다(Lancy, 2008; Schlegel & Barry, 1991). 젊은이가 떠남으로써 가까운 친족 간의 성관계를 맺는 것이 감소된다. 그러나 산업화된 국가의 청소년들은 부모에게 경제적으로 의존하고 있기 때문에 가족을 떠날 수 없다. 그 결과, 심리적으로 거리두기와 같은 현대적 대체물이 출현하였다.

아동은 신체적으로 성숙하면서 성인처럼 취급되기 원한다. 앞으로 보겠지만 청소년들의 새로운 추론 능력은 가족 간 긴장을 일으킨다. 부모와 청소년들 간의 갈등은 운전하기, 이성친구와 데이트하기, 통행금지 등과 같이 주로 일상적인 일에서 일어난다(Adams & Laursen, 2001). 이러한 논쟁은 부모들의 심각한 염려 때문에 일어난다. 이 논쟁의 이면에는 물질남용, 자동차 사고, 이른 성경험으로부터 10대 자녀들을 보호하려는 부모의 애쓰는 마음이 있는 것이다. 10대들이 새로운 책임을 감당할 준비가 되어 있는지에 대해

사춘기에는 부모 자녀 간의 갈등이 증가하는데, 이러한 심리적 거리두기는 부분적으로 가족으로부터 물리적으로 떠나는 것을 대체하는 것일 수 있다. 부모와 청소년은 종종 젊은이들이 새로운 책임감을 가질 준비가 되어 있는지에 대하여 논쟁한다.

부모와 청소년의 관점이 다르면 더 많은 싸움이 일어난다 (Deković, Noom, & Meeus, 1997).

부모는 딸들을 더 많이 제약하기 때문에 부모와 딸 간의 갈등이 아들과의 갈등보다 더 크게 나타나는 경향이 있다 (Allison & Schultz, 2004). 그러나 대부분의 논쟁은 가볍게 일어나며, 후기 청소년기까지 나타나고, 오직 소수의 가족만이 마찰을 경험한다. 초기 청소년기에서 후기 청소년기까지의 부모와 자녀 간 갈등 및 해결 전략에 관한 한 종단연구에 의하면 청소년은 분노행동을 점점 적게 표현하며, 부모의 분노 반응 역시 점점 감소한다. 동시에 10대들과 그들의 부모는 타협, 추론과 같은 긍정적 문제 해결을 많이 사용하게 된다(Van Doorn, Branje, & Meeus, 2011). 그리고 청소년기 전반에 걸쳐서 긍정적 문제 해결이 분노에 찬 대결을 초과하게 된다.

살펴보기

> 몇 명의 부모와 12~14세의 청소년들을 대상으로 최근의 부모 – 아동의 관계에서의 변화에 대해 인터뷰하라. 갈등의 강도가 증가했는가? 어떤 문제에 대한 갈등인가?

사춘기 시작 시기

부모들의 토론 집단에서 프랑카는 "우리 아이들은 모두 조숙했어요"라고 말했다. "세 아들의 키는 12, 13세까지 컸어요. 그렇게 큰 게 그 애들에게는 이점이 되기도 했어요. 이 아이들은 자신이 크고 중요하다고 느꼈거든요. 사브리나는 어렸을 때 말랐었지만, 이제는 자기가 너무 뚱뚱해서 다이어트를 해야겠다고 말해요. 사브리나는 남자아이들에 대해 생각하고 학업에 집중하지 않아요."

일부 연구들은 사브리나와 그녀의 남자 형제들의 경험과 일치하는 결과를 제시하고 있다. 성인과 또래들은 모두 일찍 성숙한 남자아이를 여유 있고, 독립적이며, 자기확신이 있고, 신체적으로 매력이 있다고 생각한다. 조숙한 남자아이들은 또래 아이들에게 인기가 있기에 학교에서 리더십을 발휘하고 운동 경기를 할 때에는 스타가 되는 경향이 있었다. 이에 반해 성숙이 늦은 소년들은 또래의 성장 수준과 비슷해질 때까지 일시적으로 정서적인 어려움을 겪는다(Brooks-Gunn, 1988; Huddleston & Ge, 2003). 조숙한 소년들이 잘 적응하는 것처럼 보이지만, 오히려 성숙이 평균적이거나 늦은 또래들보다 심리적 스트레스, 우울한 기분, 문제행동(성적 행동,

흡연, 음주, 폭력, 비행)을 조금 더 많이 보고한다(Natsuaki, Biehl, & Ge, 209; Negriff, Susman, & Trickett, 2011; Susman & Dorn, 2009).

이에 반해, 조숙한 소녀들은 인기가 없고, 위축되며, 자기확신이 부족하고, 불안해하며, 리더의 위치에 서는 경우가 거의 없다(Blumenthal et al., 2011; Galvao et al., 2014; Ge, Conger, & Elder, 1996; Graber, Brooks-Gunn, & Warren, 2006; Jones & Mussen, 1958). 그들은 조숙한 소년들처럼 술 취하거나 일찍 성 경험을 하는 비행행동을 더 많이 저지른다(Arim et al., 2011; Mrug et al., 2014; Negriff, Susman, & Trickett, 2011). 이에 반해, 성숙이 늦은 또래들은 신체적 매력이 있고, 활발하며, 사교적이고, 학교에서 리더로 간주된다.

두 가지 요인이 이 경향성을 설명한다 – (1) 그 문화가 이상적으로 생각하는 신체적 매력과 청소년들의 신체가 얼마나 일치하는가, (2) 젊은이들의 신체가 또래와 어느 정도 적합함을 보이는가.

신체적 매력의 역할 여러분이 좋아하는 인기 잡지를 넘겨 보라. 여러분은 우리 사회에서 마르고, 다리가 긴 여성을 매력적으로 보고, 키가 크고, 어깨가 넓고, 근육이 있는 남성을 미남으로 본다는 것을 알게 될 것이다. 여성의 이미지는 발달이 늦은 소녀들의 모습이다. 남성의 이미지는 조숙한 소년의 모습과 일치한다.

이러한 현상을 반영해주듯이, 조숙한 소녀들은 제때 또는 성숙이 늦은 또래들보다 긍정적인 **신체 이미지**(body image, 자신의 신체적 외모에 대한 개념이나 태도)를 적게 보고한다. 흑인 소녀와 히스패닉계 소년에 비해 백인 소녀들은 문화가 이상적으로 생각하는 마른 여성의 몸을 더 내면화하는 경향이 있다(Rosen, 2003; Williams & Currie, 2000). 소녀들의 결과는 다소 일관성이 떨어지지만, 일찍 그리고 빠르게 성숙한 소년들이 자신의 신체적 특성에 더 만족하는 경향이 있다(Alsaker, 1995; Sinkkonen, Anttila, & Siimes, 1998).

자신의 신체 이미지를 어떻게 생각하는지는 젊은이의 자존감에 영향을 준다(Harter, 2012). 그러나 앞으로 보겠지만 사춘기 시작 시점이 신체 이미지와 정서적 적응에 미치는 영향의 부정적 영향은 다른 스트레스원과 결합될 때 더 증폭된다(Stice, 2003).

또래와의 적합성의 중요성 남자와 여자 모두 조숙한 청소년

들은 같은 나이대 친구들과 있으면 신체적으로 '부적절하게' 느껴지기 때문에 더 나이 든 상대를 찾곤 하는데, 이것은 그들이 아직 다룰 준비가 되어 있지 않은 행동을 하도록 할 수도 있다. 그리고 뇌의 정서적/신체적 연결에 미치는 사춘기 호르몬의 영향력은 조숙한 청소년들에게 더 강하게 나타나기 때문에 성적 활동, 약물 및 알코올 사용, 비행행동에 대한 수용성이 더 증가한다(Ge et al., 2002; Steinberg, 2008). 아마도 그래서 조숙한 청소년들은 정서적인 스트레스를 많이 보고하고, 학업 성취에서의 하락을 보인다(Mendle, Turkheimer, & Emery, 2007; Natsuaki, Biehl, & Ge, 2009).

동시에 청소년들의 환경은 조숙한 사춘기가 부정적인 결과를 야기할 가능성을 더 증가시킨다. 경제적으로 궁핍한 지역에 사는 조숙한 청소년들은 특히 탈선한 친구들과 연결될 가능성이 큰데, 이것은 반항적이고 적대적인 행동을 강화한다(Obeidallah et al., 2004). 그리고 이러한 지역의 가족들은 장기적이고 심각한 스트레스원에 노출되어 있고, 사회적 지지가 거의 없기 때문에 이러한 조숙한 청소년들은 가혹하고 비일관적인 양육을 경험했을 가능성이 큰데, 이것은 탈선한 친구와 사귈 가능성뿐만 아니라 반사회적인 행동과 우울 증상을 예측해준다(Benoit, Lacourse, & Claes, 2013; Ge et al., 2002, 2011).

장기적 결과 사춘기가 시작되는 시점의 효과는 지속되는가? 추후 연구들은 특히 조숙한 소녀들이 계속해서 어려움을 겪

조숙함은 종종 더 나이 든 청소년들과의 교제를 추구하도록 하는데, 이것은 이른 성적 활동, 약물 사용, 비행행동의 위험을 증가시킨다. 경제적으로 취약한 동네, 조숙함은 특히 비행 청소년과의 결속 형성에 취약하다.

묻고 대답하기

연관지어보기 청소년기의 기분이 어떻게 부모와 청소년 간 심리적 거리에 기여할까? (힌트 : 부모–아동 관계에서의 양방향적 영향력에 대해 생각해보라.)

적용해보기 학령기 아동일 때, 클로에는 부모님과 함께하는 레저 활동을 즐겼다. 현재 14세인 그녀는 그녀의 방에서 시간을 보내며 주말 가족 여행에 가는 것에 저항한다. 클로에의 행동을 설명해보라.

생각해보기 사춘기의 신체적 변화에 여러분이 어떻게 반응했었는지를 회상해보라. 연구 결과와 같았는가? 설명해보라.

을 경향이 있다는 것을 보여준다. 한 연구에서, 조숙한 소년의 우울증과 빈번한 성적 파트너 교체는 성인 초기까지 지속되었는데, 우울은 청소년기의 심각한 품행장애의 주요한 요인이기도 하다(Copeland et al., 2010). 14~24세 사이의 청소년들을 추적한 다른 연구에서, 조숙한 소년들은 다시 잘 적응한다는 것을 보여주었다. 그러나 조숙한 소녀들은 정상적으로 성숙한 또래들보다 가족이나 친구들과의 관계가 질적으로 더 낮았고, 사회적 망을 더 작게 형성했으며, 성인 초기에 들어서서도 생의 만족도가 더 낮았다(Graber et al., 2004).

아동기 가족 갈등과 가혹한 양육이 이른 사춘기 시작과 관련된다는 것을 기억해보자. 소년들보다 소녀들에게서 더 그러한 양상이 나타난다. 아마도 많은 조숙한 소녀들은 정서적 그리고 사회적 어려움을 갖고 청소년기를 시작한다. 사춘기의 스트레스는 학업수행을 방해하고 불리한 또래 압력을 줌으로써 부적응이 확대되고 심화된다.

위험에 처해 있는 조숙한 젊은이를 대상으로 하는 중재 프로그램이 분명히 필요하다. 여기에는 부모와 교사를 교육시키고 청소년들을 상담해주고 사춘기 전환기의 정서적 · 사회적 도전을 다룰 수 있게 준비시키는 사회적 지원이 포함된다.

건강 관련 이슈

1.7 청소년기에 필요한 영양을 설명하고, 섭식장애와 관련된 요인들을 인용하라.

1.8 청소년기 성적 태도와 행동에 영향을 미치는 사회적, 문화적 요인을 설명하라.

1.9 성적 지향의 발달과 관련된 요인을 인용하라.

1.10 성 매개 감염, 10대 임신과 부모 되기와 관련된 요인을 예방과 중재 전략을 중심으로 논하라.

1.11 청소년기 약물 사용 및 남용과 연관된 개인적, 사회적 요인은 무엇인가?

사춘기 시작과 더불어, 젊은이들이 신체적 · 심리적 욕구를 충족하려고 애쓰면서 건강과 관련된 이슈가 새로이 등장한

다. 청소년들이 더욱더 자율적이 되면서 개인적 의사결정은 다른 영역뿐만 아니라 건강에서도 중요해진다. 우리가 논의하려는 건강 관련 문제는 단일한 원인으로 추적될 수 없다. 대신 생물학적, 심리적, 가족, 또래, 문화적 요인들이 복합적으로 영향을 미친다.

영양의 필요성

프랑카와 안토니오는 아들들이 사춘기가 되었을 때 부엌에서 '진공청소기 효과'를 보고하였는데, 이것은 아들들이 일상적으로 냉장고를 비워버렸기 때문이다. 빠른 신체 성장은 음식 섭취를 엄청나게 증가시키는데, 이 시기가 많은 청소년들에게 음식 섭취가 가장 열악할 때이기도 하다. 모든 연령 집단 중에서 청소년들은 아침을 가장 많이 거르고(비만 관련 습관), 대충 먹고, 영양가는 없고 열량만 높은 음식을 섭취한다(Piernas & Popkin, 2011; Ritchie et al., 2007).

10대들이 즐겨 모이는 장소인 패스트푸드 음식점에서 건강식 메뉴를 제공하기 시작하였고, 많은 학교에서 이제 더 영양가 있는 선택을 제공하고 있다(French & Story, 2013). 그러나 청소년들에게 이러한 대안을 선택하도록 지도할 필요가 있다. 사탕, 탄산음료, 피자, 감자튀김은 여전히 많은 청소년들이 주요하게 찾는 음식이며, 특히 사회경제적 지위가 낮은 가족의 청소년들일수록 그러하다(Poti, Slining, & Popkin, 2014; Slining, Mathias, & Popkin, 2013).

청소년기에 나타나는 일반적인 영양 문제 중 하나는 철분의 부족이다. 성장 급등기 동안 철분이 최대로 요구되고, 특히 여자아이들은 월경을 하는 동안 철분 손실이 있어서 철분 요구량이 더욱 많아진다. 10대들은 불행해서라기보다는 빈혈을 앓고 있기 때문에 피곤해하고 짜증을 내는 것일지 모른다. 그래서 건강 검진을 받아야만 한다. 대부분의 10대들(특히 소녀들)은 칼슘 섭취가 충분하지 않고, 또한 신진대사를 도와주는 리보플라빈(비타민 B2)과 마그네슘이 결핍되어 있다(Rozen, 2012).

가족들과 자주 함께 식사를 하는 것은 과일, 야채, 곡물, 칼슘이 풍부한 음식을 더 많이 먹고 탄산음료 섭취를 줄이는 것과 관련된다(Burgess-Champoux et al., 2009; Fiese & Schwartz, 2008). 그러나 어린 아동이 있는 가족과 비교했을 때, 청소년들의 가족이 함께 식사를 하는 경우가 더 적다. 가족과 함께 식사하는 것은 다른 이점도 있지만(제9장 참조), 10대들의 음식 섭취를 많이 개선할 수 있다는 이점이 있다.

섭식장애

프랑카는 체중을 줄이려는 사브리나가 염려스럽다. 프랑카는 사브리나에게 청소년기 소녀로서 평균 몸매를 가지고 있고, 이탈리아 조상들은 마른 여자보다 통통한 여자의 몸매를 더 아름답다고 생각했다는 것을 말해주었다. 일찍 사춘기를 맞고, 자기 신체 이미지에 만족하지 못하고, 체중과 마른 것을 염려하는 가정에서 자란 소녀들은 심각한 섭식 문제를 일으킬 위험이 높다. 청소년기 신체불만족과 심각한 다이어트는 섭식장애를 강력하게 예측한다(Rohde, Stice, & Marti, 2014). 섭식장애는 서구 국가에서 가장 심하지만, 서구 미디어와 문화 가치가 퍼지면서 아프리카, 아시아, 중앙아시아에서도 증가하고 있다(Pike, Hoek, & Dunne, 2014). 가장 심각한 세 가지 경우는 신경성 식욕부진증, 신경성 폭식증, 폭식장애이다.

신경성 식욕부진증 신경성 식욕부진증(anorexia nervosa)은 젊은이들이 뚱뚱해지는 것을 강박적으로 두려워하기 때문에 굶는 비참한 섭식장애이다. 북미와 서유럽 10대 소녀들의 약 1%가량이 신경성 식욕부진증을 앓고 있다. 지난 50년 동안 이 사례들은 급격히 증가해 왔고, 여성의 마른 것을 갈망하는 문화 가치에 의해 더욱 촉진되었다. 신경성 식욕부진증은 아시아계 미국인, 유럽계 미국인, 라틴아메리카계 소녀들이 아프리카계 미국 소녀들보다 더 큰 위험을 갖고, 아프리카계 소녀들은 자신의 키와 모습에 만족하는 경향이 더 크다(American Psychiatric Association, 2013; Martin et al, 2015; Ozer & Irwin, 2009). 소년들은 식욕부진증의 10~15% 정도를 차지한다. 이 중 반 정도는 강한 근육질의 모습을 싫어하거나, 마른 근육형 몸매를 이상적으로 생각하는 문화의 영향을 받았다(Darcy, 2012; Raevuori et al., 2009).

식욕부진증을 가진 이들은 극단적으로 왜곡된 신체 이미지를 가지고 있다. 그들은 극도로 체중미달이 된 후에도 자기 체중이 너무 많이 나간다고 생각한다. 대부분은 자진해서 엄격한 다이어트를 하고 배가 고파도 먹지 않으려고 애쓴다. 그들은 체중 감소를 위하여 열심히 운동을 한다.

'완벽한' 마른 몸매를 갖기 위해 식욕부진증 환자들은 자기 체중의 25~50%를 감소시킨다. 정상적으로 월경을 하기 위해서는 약 15%의 지방을 필요로 하기 때문에, 여자아이들은 초경을 하지 않거나 월경이 없어진다. 영양실조 때문에 피부가 창백해지고, 손톱이 부서지고 색이 변화하고, 몸 전체에 가는 검은 털이 나고, 추위에 극히 민감해진다. 계속되면 심장 근육이 수축될 수 있고, 신장이 기능을 하지 못하며, 회복할 수 없는 뇌손상과 뼈 밀도의 감소가 일어날 수 있다. 식욕부진증의 5%가량이 신체 합병증이나 자살로 사망한다(American Psychiatric Association, 2013).

개인, 가족, 더 큰 문화 내에서 신경성 식욕부진증을 일으키는 요인들이 있다. 일란성 쌍생아가 이란성 쌍생아보다 이 장애를 더 많이 공유하는 것은 유전적 영향이 있음을 보여준다. 그리고 어떤 사람들은 불안과 충동 통제와 연결된 뇌의 신경전달물질의 비정상성 때문에 식욕부진증을 더 많이 겪게 된다(Phillipou, Rossell, & Castle, 2014; Pinheiro, Root, & Bulik, 2011). 많은 식욕부진증 환자들은 자신의 행동이나 수행에 대해 극도로 높은 기준을 가지고 있고, 정서적으로 억제되고, 가족 밖에서 친밀한 관계를 맺지 않으려 한다. 그 결과, 이 여자아이들은 책임감 있고 반듯하게 행동하는 등, 여러 면에서 이상적인 딸이다. 앞에서 보았듯이 '마른 사람이 아름답다'는 사회적 이미지 때문에 조숙한 소녀들은 잘못된 신체 이미지를 갖게 되고, 이들이 식욕부진증이 될 위험이 가장 크다(Hoste & Le Grange, 2013).

또한 부모와 청소년의 상호작용이 청소년의 자율성과 관련된 문제를 보여준다. 식욕부진증 소녀들의 엄마는 신체적 외모, 성취, 사회적 수용에 대해 높은 기대를 가지고 있고 과

© LAUREN GREENFIELD/INSTITUTE

(a)　　　　　　　(b)

신경성 식욕부진증 환자인 16세의 아이바는 치료에 들어가는 날 왼쪽 사진과 같이 몸무게가 단지 35kg이었으나 10주간의 치료 프로그램 직후에는 오른쪽 사진처럼 되었다. 이 프로그램으로 50퍼센트 미만의 식욕부진증 청소년만이 완전히 회복되었다.

잉보호하고 통제적이다. 아버지 역시 통제적이거나 정서적으로 가깝지 않은 경향이 있다. 이러한 양육 특성은 식욕부진증 소녀들이 지속적으로 불안해하면서 완벽한 성취, 훌륭한 행동, 마름을 강렬하게 추구하도록 하는 데 기여할 수 있다(Deas et al., 2011; Kaye, 2008). 그럼에도 불구하고 부적응적인 부모-자녀 관계가 장애보다 먼저 일어나는지, 반응으로 나타나는지, 또는 둘 다인지는 불분명하다.

식욕부진 청소년들은 보통 어떤 문제가 있다는 것을 부정하기 때문에, 이 장애를 치료하는 것이 어렵다. 생명을 위협하는 영양실조를 방지하기 위해 병원에 입원하는 것이 필요하다. 일반적으로 치료에는 불안과 신경전달물질의 불균형을 감소시키는 약물과 함께 가족치료가 포함된다(Hoste & Le Grange, 2013). 그러나 채 50%가 되지 않는 환자만이 완전히 회복된다. 대부분에게서는 덜 극단적인 형태로 식이 문제가 지속된다. 약 10%의 환자는 덜 심각하지만 쇠약하게 만드는 장애인 신경성 폭식증의 징후를 보인다.

신경성 폭식증 신경성 폭식증(bulimia nervosa) 청소년(역시 대부분이 소녀들이지만 동성애자 혹은 양성애자 소년들 역시 취약함)은 폭식을 한 후 체중이 증가하는 것을 피하기 위해서 일부러 토를 하고, 설사약으로 장을 비우고, 과도하게 운동하거나 금식을 하는 것과 같은 보상행동을 한다(American Psychiatric Association, 2013). 폭식증은 청소년 후기에 나타나며, 신경성 식욕부진증보다 더 일반적이어서 10대 소녀의 약 2~4%가 이것을 경험하며 이전에 신경성 식욕부진증을 경험했던 환자의 5%가 가지고 있다. 폭식증은 민족과 일관적 관련성을 가지고 있지는 않다.

쌍생아 연구들은 식욕부진증처럼 폭식증이 유전의 영향을 받는다는 것을 보여준다(Thornton, Mazzeo, & Bulik, 2011). 과체중과 사춘기를 빨리 맞는 것이 위험을 증가시킨다. 식욕부진증과 마찬가지로 일부 폭식증 환자들은 완벽주의자들이다. 일부 폭식증 환자들은 먹는 것뿐만 아니라 삶의 다른 영역에서도 자기통제를 못하여, 상점에서 들치기를 하거나 알코올 남용을 하기도 한다(Pearson, Wonderlich, & Smith, 2015). 폭식증 환자들도 식욕부진증 환자들처럼 체중 증가를 병적으로 불안해하지만, 그들은 부모가 통제적이라기보다는 참견하지 않고 정서적으로 도움이 되지 않는다고 느낀다(Fassino et al., 2010).

식욕부진증과는 달리 폭식증 환자는 보통 비정상적으로

먹는 습관에 대해 우울해하고 죄책감을 느끼며, 자살 생각을 많이 한다(Bodell, Joiner, & Keel, 2013). 환자들이 절박하게 도움을 갈구하기 때문에 폭식증은 식욕부진증보다 치료가 더 쉬운데, 지원 집단, 영양섭취 교육, 먹는 습관을 바꾸는 훈련, 항불안제, 항우울제, 식욕 통제 약물을 통해 치료할 수 있다(Hay & Bacaltchuk, 2004).

폭식장애 2~3%의 청소년기 소녀와 약 1%의 청소년기 소년이 적어도 3개월 이상 적어도 일주일에 한 번 보상행동 없이 폭식을 하는 삽화를 보이는 **폭식장애**(binge-eating disorder)를 경험한다(American Psychiatric Association, 2013; Smink et al., 2014). 폭식증과 마찬가지로 폭식장애 역시 민족과 관련은 없다. 이것은 전형적으로 과체중과 비만을 야기하지만, 폭식장애 환자들은 신경성 식욕부진증이나 신경성 폭식증 환자가 보이는 오래 지속되는 엄격한 다이어트에는 참여하지 않는다.

다른 섭식장애와 마찬가지로 폭식장애는 사회적 적응 어려움과 연관되는데, 많은 폭식장애 환자들은 폭식증 환자와 마찬가지로 심각한 정서적 고통과 자살 생각을 경험한다(Stice, Marti, & Rohde, 2013). 이를 위한 효과적 치료 방법은 폭식증 치료 방법과 유사하다.

성행위

사브리나의 오빠인 16세의 루이스와 그의 여자친구 캐시는 성관계를 가질 계획이 없었다. 그냥 '그렇게 됐을 뿐이다.' 캐시는 루이스와 2개월 동안 데이트를 해 왔고 '내가 루이스와 성관계를 맺지 않으면 루이스는 나를 정상이라고 생각할까? 루이스가 원했는데 내가 거부한다면 루이스가 떠나갈까?'라는 생각이 들기 시작하였다. 이 두 젊은이는 자신의 부모들이 인정해주지 않을 것이라는 것을 알았다. 사실 프랑카와 안토니오는 루이스가 캐시와 가까워졌다고 눈치챘을 때, 루이스에게 기다림의 중요성과 임신의 위험에 대해 말해주었다. 그러나 그 금요일 저녁에 루이스와 캐시는 서로에 대한 감정을 통제할 수 없는 듯하였다. 관계가 계속되면서 루이스는 '진전시키지 않는다면 그녀는 내가 겁쟁이라고 생각할까?'라고 생각하였다.

사춘기가 되면 호르몬이 변화한다. 특히 젊은 남녀 모두에게서 안드로겐 생산이 성적 추동을 증가시킨다(Best & Fortenberry, 2013). 이에 대한 반응으로, 청소년들은 사회적

관계에서 성욕을 어떻게 통제하는지에 대해 많은 관심을 갖게 된다. 조망 수용과 자기반영을 포함하는 인지 능력이 성적 욕구를 통제하려는 노력에 영향을 미친다. 앞에 논의했던 섭식행동과 마찬가지로, 청소년의 성욕은 젊은이의 사회적 맥락에 의해 많은 영향을 받는다.

문화의 영향 여러분은 언제 처음 그리고 어떻게 '생식에 대한 사실'을 배웠는가? 여러분 가정에서 성은 공개적으로 논의되었는가 아니면 비밀로 다루어졌는가? 성에 대한 노출, 성교육, 아동과 청소년의 성적 호기심을 제한하려는 노력은 매우 다르다.

현대 청소년들은 성적으로 자유로운 이미지로 알려져 있지만, 북미에서 성에 대한 태도는 상대적으로 제한되어 있다. 부모는 아동에게 성에 대한 정보를 거의 또는 전혀 주지 않고, 성적인 놀이를 하지 못하게 하고, 아동과 같이 있을 때 성에 대한 언급을 거의 하지 않는다. 젊은이가 성에 관심을 갖게 될 때, 오직 반 정도가 자기 부모들과 성교, 피임, 성적으로 전염되는 질병에 대해 이야기를 나누었다고 보고한다. 많은 부모들은 당혹스러운 것이 두려워서 또는 청소년들이

문화적 태도는 이제 막 서로의 성적 매력을 탐색하기 시작한 이 10대들에게 사회적 관계에서 성생활을 관리하는 방법에 깊은 영향을 끼칠 것이다.

심각하게 받아들이지 않을 것이라는 우려 때문에 성에 대해 말하는 것을 꺼린다(Wilson et al., 2010). 따뜻하고 열린 마음을 주고받을 때, 10대들은 부모의 관점을 받아들이고 성적으로 위험한 행동을 적게 한다(Commendador, 2010; Widman et al., 2014).

자기 부모로부터 성에 대한 정보를 얻지 못한 청소년들은 친구, 책, 잡지, 영화, TV, 인터넷을 통해 배울 가능성이 있다(Sprecher, Harris, & Meyers, 2008). 청소년들이 선호하는 TV 프로그램의 80%가 성적인 내용을 담고 있다. 대부분은 자발적이고 열정적이지만, 서로에 대한 책임을 거의 지지 않고, 임신이나 성관계로 얻게 되는 질병을 피하려는 시도를 하지 않고, 어떤 부정적 결과도 경험하지 않는 모습으로 파트너를 묘사하였다. 성적인 미디어에 노출된 청소년은 성적 활동, 임신, 그리고 성희롱을 더 많이 하였는데, 이러한 경향은 관련 요인을 통제하고도 나타났다(Brown & L'Engle, 2009; Roberts, Henriksen, & Foehr, 2009; Wright, Malamuth, & Donnerstein, 2012).

일찍 성관계를 한 청소년이 성적인 미디어를 택하는 것은 놀랄 만한 일이 아니다(Steinberg & Monahan, 2011; Vandenbosch & Eggermont, 2013). 여전히 인터넷은 위험한 '성 교육자'이다. 인터넷을 이용하는 10~17세 미국 청소년의 대규모 표본을 대상으로 한 연구에 따르면 42%가 지난 1년간 웹 서핑을 하면서 온라인 포르노 웹사이트(전라 사진 혹은 성관계를 하고 있는 사진)를 보았다고 답했다. 이 중 66%는 우연히 그 사진을 봤고, 그것을 보고 싶지 않았다고 답했다(Wolak, Mitchell, & Finkelhor, 2007). 우울하거나, 또래에게 따돌림을 당하거나, 비행을 저지르는 청소년들은 인터넷 포르노를 접할 가능성이 컸는데, 이것은 그들의 적응 문제를 악화시킨다.

청소년들에게 전달되는 성에 대한 메시지는 다분히 모순적이다. 한편으로 성인들은 젊은 시절의 혼전 성경험은 잘못이라고 강조한다. 다른 한편, 사회의 다양한 환경에서는 성적 흥분과 낭만을 찬미하는 듯하다. 북미의 10대들은 성과 관련된 문제에 맞닥뜨렸을 때 어찌할 줄 모르고, 잘못된 정보를 받고, 성생활을 어떻게 책임져야 하는지에 대한 조언을 거의 얻지 못한다.

청소년의 성적 태도와 행동 하위 문화집단에 따라 다소 차이가 있지만, 북미 청소년과 성인들의 성적 태도는 지난 40년 동안 더 자유로워졌다. 한 세대 전과 비교할 때, 더 많은 사람들이 혼전 성경험도 괜찮다고 생각한다(Elias, Fullerton, & Simpson, 2013; Rifkin, 2014). 지난 15년 동안 성에 대한 생각이 다소 보수적인 방향으로 돌아섰는데, 성적으로 전염되는 질병(특히 AIDS)에 대한 반응이기도 하며, 학교와 종교 기구의 후원을 받는 10대를 위한 금욕 프로그램에 의한 것이기도 하다(Akers et al., 2011; Ali & Scelfo, 2002).

청소년들의 성행동은 성에 대한 태도와 일관됨을 보여준다. 미국과 캐나다의 젊은이들 사이에서 혼전 성경험의 비율은 몇십 년 동안 증가하다가 최근 감소하고 있다(Martinez & Abma, 2015). 그럼에도 불구하고 그림 1.4가 보여주듯이, 미국의 젊은 사람들의 상당수가 15~16세에 성적 활동을 시작한다.

성경험은 환경에 따라 질적으로 다르다. 성생활을 하는 10대 중 약 70%가 첫 번째 대상이 오래 연애했던 상대라고 보고하며, 대부분은 고등학생 기간 동안 오직 1명 혹은 2명의 파트너만 가진다. 그러나 고등학생 중 12%는 4명 이상의 파트너와 성적인 관계를 맺었다고 보고한다(Kann et al., 2016; Wildsmith et al., 2012). 후기 청소년기에 안정적이고 배려적인 로맨틱한 관계에서의 상호 동의한 성적 행동은 긍정적이

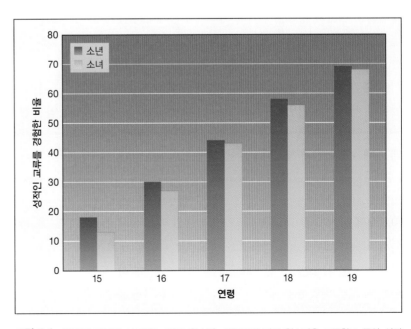

그림 1.4 성적인 교류를 보고하는 미국 청소년 대부분의 미국 청소년은 고등학교 동안 성적으로 활동적으로 된다. 소년들은 소녀들보다 첫 번째 교류를 더 일찍 하는 경향이 있지만 일반적으로 소년과 소녀의 성적 교류 비율은 비슷하다(Martinez & Abma, 2015).

고 만족스러운 경험이 될 수 있다. 그러나 가벼운 성관계나 술이나 약물을 복용하면서 가진 성관계는 죄책감과 우울과 같은 부정적인 감정을 가져다준다(Harden, 2014).

성에 대해 적극적인 청소년들의 특징 일찍, 그리고 자주 성관계를 갖는 10대들이 가지고 있는 성격, 가족, 또래, 교육적 특징이 있다. 이들은 아동기에 충동성을 보였고, 일상에서의 여러 가지 사건에서 개인적 통제를 잘 하지 못하며, 사춘기를 일찍 맞고, 부모가 이혼했거나, 편부 또는 편모 가정, 재혼 가정, 대가족에서 자라고, 종교가 없고, 부모의 관심을 적게 받고, 부모와 자녀 사이의 의사소통이 파괴되고, 성에 적극적인 친구나 손위 형제를 갖거나, 성적이 나쁘거나, 교육에 대한 열망이 낮고, 알코올, 약물 사용, 비행과 같은 법을 위반하는 행동을 하는 경향 등을 보인다(Conduct Problems Prevention Research Group, 2014; Diamond, Bonner, & Dickenson, 2015; Zimmer-Gembeck & Helfand, 2008).

이러한 요인들은 저소득 가정에서 성장하는 것과 관련되기 때문에, 경제적으로 어려운 가정의 젊은이들이 더 자주, 일찍 성관계를 맺는 것은 놀랍지 않다. 신체적 위협, 범죄, 폭력 등의 위협을 받는 위험한 동네에서 살고 있는 것 또한 10대들이 성에 대해 적극적일 가능성을 높인다(Best & Fortenberry, 2013). 이런 환경에서 자란 청소년들은 사회적 결속력이 약하며, 또래로부터 부정적인 영향을 빠르게 받고, 성인들은 이들의 행동을 간과해 버리거나 통제하지 않으며, 일찍 부모가 되는 것이 그들의 현재와 미래의 삶에 미칠 영향을 거의 고려하지 않는다. 사실 아프리카계 미국 10대들 사이에 혼전 성관계가 높은 비율로 나타나는 것은 흑인들이 가난하기 때문으로 설명된다(Kann et al., 2016; Kaplan et al., 2013). 미국 전체 청소년의 13세 이전 성관계 비율은 4%인데 반해 아프리카계 청소년들은 8%인 것으로 나타났다.

피임약 사용 최근에 청소년들의 피임이 증가하기는 했지만, 성관계를 가진 미국 10대의 14%가 의도하지 않은 임신의 위험에 처해 있다. 이것은 그들이 지속적으로 피임을 하지 않았기 때문이다(그림 1.5 참조)(Kann et al., 2016). 왜 이 젊은이들은 임신 예방에 실패하는가? 그들은 종종 다음과 같이 대답한다. "오래 지속될 남자친구를 가질 때까지 기다리고 있었어요." "성관계를 맺을 생각이 없었어요."

청소년의 인지발달을 다룰 때 보겠지만, 청소년들은 문제

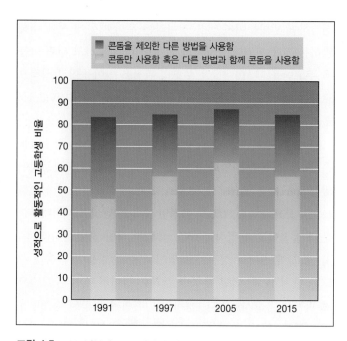

그림 1.5 1991년부터 2015년까지 성적으로 활동적인 미국 고등학생들의 최근 성적 교류 시 피임기구 사용 청소년의 피임기구, 특히 콘돔의 사용은 1990년대와 2000년대 초 전반에 걸쳐 증가했다. 최근에는 전반적인 피임기구 사용 비율이 안정화되었다. 동시에 청소년들은 콘돔보다 더 효과적인 다른 방법을 사용하는 비율이 증가하고 있는데, 대부분은 일반적으로 알약, 패치, 질내 고리와 같은 호르몬 옵션이다(Kann et al., 2016에 근거함).

에 직면했을 때 많은 가능성을 고려할 수 있지만 이러한 추론을 일상 상황에 적용하지 못한다. 매일매일의 사회적 압력과 강렬한 감정 속에서 10대들이 자기조절을 잘하는 것은 어려우며, 따라서 위험한 행동을 해서 나타난 결과를 간과해 버리는 일이 종종 있다. 신뢰하고 사랑하고 자주 성관계를 가지는 비교적 새로운 관계에서 콘돔을 사용할 가능성이 가장 적다(Ewing & Bryan, 2015).

성과 피임에 대해 부모와 터놓고 이야기하는 10대들은 피임을 할 가능성이 더 높다(Widman et al., 2014). 그러나 자신의 부모가 이해하고 지지할 것이라고 생각하는 청소년은 거의 없다. 학교의 성교육 수업은 종종 아이들에게 불완전하고 부정확한 지식을 전달한다. 일부 젊은이들은 어디에서 피임 상담을 받고 피임기구를 얻을 수 있는지 알지 못한다. 그러한 상담을 하려 할 때, 의사들이 그들의 방문을 비밀에 부치지 않을지도 모른다고 걱정한다(Lehrer et al., 2007). 대부분의 젊은이들이 기본적인 건강 관리를 포기하고 피임 없는 성관계를 지속한다.

성 지향성 지금까지 우리는 이성 간의 성행위에 대해서만 논의해 왔다. 미국 고등학생의 약 5%가 레즈비언, 게이, 또는

양성애자로 간주되며, 약 2~3%가 자신의 성 정체성에 아직 확신이 들지 않는다고 보고한다(Kann et al., 2011). 동성에게 매력을 느낀 사람 중 친구나 가족에게 공개하지 않고 있는 사람의 수가 얼마인지는 알 수 없다(뒤페이지 '사회적 이슈 : 건강' 글상자 참조). 청소년기는 이러한 젊은이의 성적 발달에도 똑같이 중요하고, 사회관습적 태도는 그들이 얼마나 잘 지낼 수 있는지와 관련하여 매우 중요하다.

동성애에는 유전이 중요한 영향을 준다. 같은 성의 일란성 쌍생아가 이란성 쌍생아보다 동성애적 성향을 공유할 가능성이 더 많다. 또 입양된 친척보다는 생물학적 친척에게서 동성애 경향이 더 많이 발견된다(Kendler et al., 2000; Långström et al., 2010). 더구나 남자 동성애는 가족 중 아버지 쪽보다는 엄마 쪽에서 출현할 경향이 더 빈번하다. 이것은 동성애가 X염색체와 연결되었을 가능성을 제안해준다. 실제로 한 유전자 짝 맞추기 연구에서 동성애자 형제의 40쌍 중에서 33쌍(82%)이 X염색체에서 DNA의 동일한 부분을 가지고 있다는 사실을 발견하였다(Hamer et al., 1993). 그 부분 중 하나 또는 몇 개의 유전자가 남성이 동성애자가 되게 하는 소인을 제공할지도 모른다.

유전은 어떻게 동성애를 만드는가? 일부 연구자들에 따르면 어떤 유전자가 태내 성호르몬의 수준이나 효과에 영향을 주는데, 그 효과가 뇌 구조를 동성애적 감정과 행동을 일으키도록 바꾸어 놓는다(Bailey et al., 1995; LeVay, 1993). 그러나 유전적 요인과 환경적 요인 모두가 태아기의 호르몬을 바꿀 수 있다는 것을 명심하라. 유전적 결함이나 또는 유산을 방지하기 위해 엄마가 복용한 약 때문에, 태아기에 아주 높은 수준의 안드로겐이나 에스트로겐에 노출된 소녀들이 동성애자나 양성애자가 될 가능성이 더 높다(Hines, 2011b). 더욱이 동성애 남자들은 출생순서가 늦고, 형이 더 많은 경향이 있다(Bogaert & Skorska, 2011; VanderLaan et al., 2014). 이를 설명할 수 있는 한 가지 가능성은 남자아이를 가진 엄마들이 안드로겐에 대한 항체를 만드는데, 이 항체 때문에 나중에 태어나는 소년의 뇌는 태아기에 남성 호르몬이 주는 충격을 적게 받게 된다는 것이다.

동성애와 양성애에 대한 고정관념과 오해는 계속된다. 예를 들어 일반적인 믿음과는 달리 대부분의 동성애 청소년들은 옷을 입거나 행동을 하는 데 '성 이탈'적이지 않다. 더욱이 같은 성 구성원에 대한 매력은 10대 게이나 레즈비언에 국한되지 않는다. 최근 조사에 따르면 동성과의 성경험이 있다고

보고한 10대의 17~78%가 이성애자라고 보고하였다(Kann et al., 2011). 또한 레즈비언과 양성애자와 명명되지 않는 젊은 여성들에 대한 한 연구에 따르면 일반적인 생각과 달리 양성애는 과도기적 상태가 아니다(Diamond, 2008). 10년 동안 동성 대 이성 매력에 대한 비율이 안정적으로 보고되고 있다.

지금까지의 증거는 유전적인 영향과 태내의 생물학적 영향이 상당히 동성애 성향에 기여하는 것으로 보인다. 양성애의 기원은 아직 알려지지 않았다.

성 매개 감염

성에 대해 적극적인 청소년들은, 동성애자와 이성애자 모두 성 매개 감염(sexually transmitted infections, STIs)의 위험에 노출되어 있다. 모든 연령집단 중 15~24세의 청소년들의 STIs 비율이 가장 높다(Centers for Disease Control and Prevention, 2015I). 최근 몇 년간 미국의 STIs의 비율은 증가하였다. 성적으로 적극적인 청소년의 1/5이 매년 STI에 걸리는데, 이 수치는 캐나다와 서유럽의 3배 이상이다(Greydanus et al., 2012; Public Health Agency of Canada, 2015). STI 노출에 가장 취약한 청소년은 책임감 없는 성적 행위를 할 가능성 역시 높다. 즉 희망이 없다고 느끼는, 경제적으로 혜택을 받지 못한 청소년들이다. STIs가 치료되지 않을 때, 불임과 생명을 위협하는 합병증이 생길 수 있다.

가장 심각한 STI는 HIV/AIDS이다. 다른 서구 국가에서 30세 이하인 사람들의 AIDS 발병은 비교적 낮다. 이에 반해, 미국의 경우에는 AIDS의 1/4이 13~24세 사이의 젊은이들에게서 발병한다. AIDS 증상은 HIV 바이러스에 감염된 후 출현하기까지 보통 8~10년이 걸리기 때문에, HIV나 AIDS로 진단받은 대부분의 젊은 성인은 거의 모두가 청소년기 때 시작된 것이다. HIV에 양성 반응을 보이는 파트너와 성관계를 가진 남성들이 대부분 이 경우에 해당한다. 하지만 1/4은 이성 간 접촉으로 발병하며, 대부분 남자가 여자에게 감염시킨다(Centers for Disease Control and Prevention, 2015h). 여자가 남자를 감염시키는 것보다 남자가 여자를 감염시키는 것이 적어도 2배 정도 쉽다.

대부분의 청소년들이 학교 수업과 미디어 캠페인을 통해 AIDS에 대한 기본 지식을 갖고 있다. 하지만 대부분은 다른 STIs에 대해서는 잘 모르고, 자신도 감염될 수 있다는 것을 심각하게 생각하지 않고, 자신을 어떻게 보호해야 하는지를 잘 모른다(Kann et al., 2014). 게다가 고등학생들은 더 많

사회적 이슈 : 건강

게이, 레즈비언, 그리고 양성애 젊은이 : 자신과 타인에게 커밍아웃하기

문화마다 성적 소수자에 대한 수용 정도는 다양하다. 미국에서는 게이, 레즈비언, 양성애에 대한 사회적 태도가 점차 수용적으로 변하고 있으나, 여전히 차별은 만연해 있다(Pew Research Center, 2013d). 이러한 이유 때문에 이성애자들보다 성적 소수자들은 성적 정체감을 형성하는 데 더 도전을 받는다.

성 정체감 형성은 개인, 가족, 지역공동체에 따라 많이 다르다. 게이와 레즈비언 젊은이와 성인들과의 인터뷰는 (모두는 아니지만) 그들의 대다수가 자신과 타인에게 커밍아웃하기까지 세 단계를 거친다는 것을 보여준다.

다르게 느끼기
많은 게이와 레즈비언은 그들이 어렸을 때 다른 아이들과 다르다고 느꼈다고 말한다. 보통 그들은 흥미를 갖는 놀이가 반대 성의 아이들과 가깝다는 점에서, 자신들의 생물학적 성 지향성을 6~12세 사이에 처음으로 느낀다(Rahman & Wilson, 2003). 소년들은 다른 소년들보다 스포츠에 관심이 적고, 조용한 활동에 더 많이 끌리고, 정서적으로 더 민감하다는 것을 깨닫고, 소녀들은 다른 소녀보다 운동을 더 많이 하고 더 적극적이라는 것을 깨닫는다. 이 아이들 중 대부분은 10세가 되면서, 왜 그들에게는 이성을 향한 관심이 생기지 않는지와 같은 의문을 갖기 시작한다.

혼란
사춘기가 도래하면서 그들은 분명히 성적으로 다르다는 것을 느낀다. 비록 개인차가 크지만 평균적으로 소년들은 약 10세 정도에 자신이 게이라고 생각하기 시작하고, 15세에 확신을 가진다(Pew Research Center, 2013d). 소녀들은 약 13~18세로 몇 년 더 늦게 자각을 시작하는 경향이 있다. 소녀들이 늦게 의식하게 되는 것은 상대적으로 이성애로 향하게 하는 청소년 사이의 사회적 압력이 소녀들에게 특히 강하기 때문이다.

개인적으로 동성애에 빠질 수밖에 없다고 인식하면서 또 다른 혼란을 겪게 된다. 소수의 청소년들은 그들이 다른 사람들과 다르다는 것을 깨닫고, 게이, 레즈비언, 양성애적인 정체성을 빠르게 굳힘으로써 내면의 갈등을 해결하려 한다. 그러나 대부분은 역할 모델이나 사회적 지원이 부족하여 갖게 된 내적인 분투와 깊은 고독감을 경험한다(Safren & Pantalone,

2006).

일부 청소년들은 이성애자들이 주로 하는 활동을 함께 하려 하기도 한다. 소년들은 운동경기를 하러 가고, 소녀들은 소프트볼이나 배구를 그만두고 춤추러 간다. 동성애적 젊은이들은(남성보다 여성이 더 많이) 보통 이성과 데이트를 하려 시도하고, 때로는 자신의 성적 성향을 감추려 하기도 하고, 나중에 동성과 관계를 맺을 때 적용할 친밀한 기술을 발달시키려 하기도 한다(D'Augelli, 2006). 극히 힘들어하고 죄의식을 갖는 사람들은 알코올, 약물, 자살하려는 생각으로 도피할 수도 있다. 제6장에서 살펴보겠지만, 게이, 레즈비언, 양성애 젊은이들 사이에서는 자살 시도가 유난히 많다.

자기수용
청소년기 후반이 되면 게이, 레즈비언, 양성애 10대들의 대다수가 자신의 성적 정체성을 받아들인다. 그리고 나면 그들은 다른 사람에게 말할 것인지를 고민하는 또 다른 갈림길에 놓이게 된다. 몇몇 청소년들은 성적 성향에 대해 치명적인 낙인이 찍힐까 봐 드러내지 않기로 결정한다. 동성애 젊은이는 커밍아웃을 할 때 종종 신체적 공격과 언어적 학대를 포함한 강한 적대감에 직면한다. 이러한 경험은 강렬한 정서적 고통, 우울, 학교 무단결석, 약물 사용을 촉발한다(Dragowski et al., 2011; Rosario & Schrimshaw, 2013).

그럼에도 불구하고 많은 젊은이들은 결국 믿을 만한 친구들에게 처음 말함으로써 그들의 성적인 성향을 공개적으로 시인한다. 10대들이 동성애적이거나 낭만적인 관계를 갖게 되면, 보통 부모들에게 털어놓는다. 심한 거부 반응을 보이는 부모들은 거의 없다. 대부분은 긍정적이거나 또는 약간 부정적으로 반응하고 믿으려 하지 않는다. 여전히 레즈비언, 게이, 양성애자인 젊은이들은 이성애자 젊은이에 비해 가족의 지지를 적게 받는다고 보고한다(McCormack, Anderson, & Adams, 2014; Needham &

레즈비언, 게이, 양성애자, 트랜스젠더 고등학생과 그들의 친구들이 연례 청년 긍지 페스티벌(Youth Pride Festival)에 참여해 행진하고 있다. 친구들이 수용하는 반응을 보이면 커밍아웃은 젊은이들의 성적 정체성을 유효하고 의미 있게 강화한다.

Austin, 2010). 그러나 부모의 이해는 호모포비아를 내면화하는 것을 줄여주고, 사회적 편견을 거스르도록 하는 것과 같은 긍정적 적응을 예측해주는 핵심적인 요인이다(Bregman et al., 2013).

커밍아웃할 때 사람들이 긍정적으로 반응해주면, 젊은이들은 자신의 성적 정체성을 타당하고, 의미 있고, 만족스럽게 볼 수 있다. 이런 생각을 하기 위해서 다른 게이와 레즈비언을 만나 보는 것이 중요하고, 사회적 변화 덕분에 도시에 사는 많은 청소년들은 몇십 년 전보다 더 일찍 이런 생각을 하게 된다. 대도시에는 특별한 취미집단, 사회클럽, 종교집단, 신문, 잡지와 함께 게이와 레즈비언 공동체가 존재한다. 하지만 아직도 작은 마을과 시골에서는 동성애자를 만나거나 지지적인 환경을 찾기 어렵다. 이러한 시골에서 10대들은 스스로 그리고 사회적으로 수용될 수 있다는 것을 알게 해주는 성인이나 또래가 특별히 필요하다.

자신과 다른 사람들에게 성공적으로 커밍아웃한 게이, 레즈비언, 양성애 젊은이들은 자신들의 성적 성향을 좀 더 넓은 정체감으로 통합하는데, 이것은 제2장에서 살펴볼 것이다. 그 결과, 그들은 다른 심리적 성장을 위해 남은 에너지를 쓴다. 요약하면, 커밍아웃하는 것이 자존감, 심리적 행복감, 가족과 친구와의 관계 등 청소년 발달의 여러 가지 면을 고양한다.

은 파트너와 구강 성교를 더 자주 한다고 보고한다. 그러나 구강 성교는 몇몇 STIs 전염의 중요한 통로임에도 불구하고, 대부분은 구강성교 동안 STIs 보호물을 일관되게 사용하지 않는다(Vasilenko et al., 2014). 젊은이들에게 다양한 범위의 STIs와 위험한 성적 행위를 교육하기 위해 다각적인 노력을 기울일 필요가 있다.

청소년 임신과 부모 되기

캐시는 루이스와 성관계를 가진 후에 임신하지 않았다는 점에서 행운아였지만, 그녀의 고등학교 교우들 중 일부는 그런 행운을 갖지 못했다. 가장 최근의 보고에 따르면 약 625,000명의 미국 10대 소녀들(이들 중 11,000명이 15세 미만임), 즉 성관계를 가졌던 소녀 중 약 13%가 임신을 한다(U.S. Department of Health and Human Services, 2016a). 미국의 청소년 임신 비율은 1990년 이래로 점차 감소하고 있지만 대부분의 다른 산업 국가에서보다 더 높다(Sedgh et al., 2015).

미국에서 청소년 임신의 약 1/4가 낙태로 끝나기 때문에, 10대 출산 수는 50년 전보다 낮아졌다(Guttmacher Institute, 2015). 그러나 대부분의 선진국보다 미국의 10대 출산율은 높다(그림 1.6 참조). 그러나 청소년들이 출산 전에 결혼할

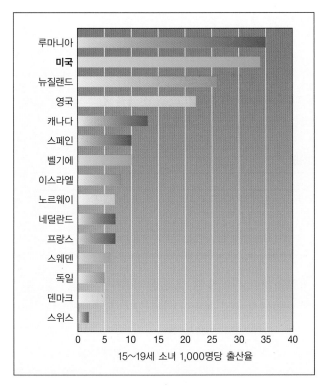

그림 1.6 15개의 산업화된 국가의 15~19세 출산율 미국 청소년 출산율은 대부분의 다른 산업화된 국가에서의 비율을 초과한다(Sedgh et al., 2015에 근거함).

가능성이 아주 적기 때문에 오늘날 10대가 부모가 되는 것은 문제가 크다. 1960년에는 10대 출산의 오직 15%만이 결혼하지 않은 여성인 반면에, 오늘날은 89%가 이에 해당된다(Child Trends, 2015a). 많은 10대 소녀들이 아기가 자기 삶의 빈 곳을 채워줄 것이라고 생각하고, 사회가 점차 싱글맘을 수용하게 되면서, 오직 적은 수의 소녀들만이 아기를 포기하고 입양을 보낸다.

청소년 부모 되기의 상관관계와 결과 부모가 되는 것은 누구에게나 어려운 일이지만, 청소년들에게는 더욱 그렇다. 10대 부모들은 자신의 삶의 방향을 분명하게 설정하지 못하고 있다. 그들은 바람직한 부모가 되기에는 삶의 조건이나 개인적인 속성 모두가 적절하지 못하다.

10대 부모들은 늦게 출산을 하는 또래 친구들보다 가난할 가능성이 더 많다. 이 아이들은 부모의 따뜻한 사랑이나 관심을 덜 받고, 가정폭력과 아동학대를 받고, 부모가 이혼과 재혼을 반복하고, 주변에 혼전 부모가 된 사람이 있고, 이러한 위험을 보이는 다른 청소년들이 이웃에 살고 있을 가능성이 많다. 일찍 임신할 위험에 놓인 소녀들은 학교생활이 전반적으로 좋지 못하고, 알코올이나 약물을 복용하고, 아동기에 공격적이고 반사회적 행동을 한 경험이 있고, 비행 친구와 어울리고, 우울감을 자주 경험한다(Hillis et al., 2004; Luster & Haddow, 2005; Noll & Shenck, 2013). 10대 출산율은 경제적으로 어려움을 겪는 소수민족 10대들에게서 높게 나타난다. 학교 교육이나 직업 교육을 받기 어려울 때 많은 사람들은 일찍 부모가 되면서 성인기로 접어든다.

이미 많은 어려움을 겪고 있는 출산을 앞둔 10대들의 삶은 아이가 태어난 후에 몇 가지 면에서 더 악화되는 경향이 있다. 청소년 엄마는 또래보다 고등학교를 마치고, 결혼을 하고, 안정적인 직장에 다닐 가능성이 더 적다. 이들 중 35%가 약 2년 내에 또 임신을 한다. 이들 중 약 절반이 두 번째 아이를 입양 보낸다(Child Trends, 2015a; Ruedinger & Cox, 2012). 결혼한 10대 엄마는 이혼할 가능성이 커서 결과적으로 편모로서 아이를 키우는 시간이 많아진다. 낮은 교육 수준, 결혼 불안정성, 가난으로 인하여 많은 10대 엄마들은 만족스럽지 않은 낮은 봉급의 직장에 다니며 생활 보조비를 받는다.

많은 청소년 아버지들 역시 실업자가 되거나 막노동을 한다. 그들은 너무 적게 벌기 때문에 자기 자녀들에게 기본적

으로 필요한 것들조차도 해주지 못한다(Futris, Nielsen, & Olmstead, 2010). 50%로 추정되는 숫자가 불법을 저질러서 감옥에 간다(Elfenbein & Felice, 2003). 엄마와 아빠 양쪽 모두 낮은 학업 및 직업적 성취는 성인이 될 때까지 지속된다(Taylor, 2009).

임신한 많은 10대 소녀들은 부적절한 다이어트를 하고, 알코올이나 약물을 복용하고, 조기에 태아 관리를 받지 않기 때문에, 그들의 아기들은 태아나 출산에서 문제를 일으키곤 한다. 특히 저체중아를 출산한다(Khashan, Baker, & Kenny, 2010). 성인 엄마에 비해 청소년 엄마들은 아동 발달에 대한 지식이 적고, 영아에 대해 비현실적으로 높은 기대를 하고, 자기 아기들을 더 까다롭다고 지각하고, 아기들과 상호작용하는 방법이 효과적이지 않고, 냉혹하거나 방관적인 양육을 한다(Lee, 2013; Ruedinger & Cox, 2012). 그들의 아이들은 지능검사에서 낮은 점수를 받고, 학교 성적이 나쁘고, 파괴적인 사회 행동을 하는 경향이 있다.

게다가 청소년 부모는 장기간에 걸쳐서 발달에 부정적인 영향을 주는 불리한 가정 조건과 개인적 특성과 연결되기 때문에, 이것은 다음 세대로 이어진다(Meade, Kershaw, & Ickovics, 2008; Wildsmith et al., 2012). 한 가지 영향력 있는 요인은 아버지의 부재이다. 특히 딸의 이른 성적 활동과 임신은 10대인 엄마가 결혼하지 않은 상태라면 세대에서 세대로 이어질 가능성이 크다.

10대 엄마의 자녀가 미성년 부모가 되지 않더라도 그들의 발달은 종종 위협을 받는다. 많은 아이들이 학교를 중퇴하고, 경제적으로 어려움을 겪으며, 장기간의 신체적·정신적 건강상의 어려움을 경험한다. 청소년이 부모 역할을 하도록 하는 환경은 그것과 관련된 많은 부정적 결과를 야기할 수 있다(Morinisk, Carson, & Quigley, 2013; Ruedinger & Cox, 2012). 심각하게 불리한 배경 출신의 젊은이들은 10대에 부모가 되던지 20대에 부모가 되던지 사회적, 교육적, 경제적으로 안 좋은 경험을 하는 경향이 있다. 육아의 어려움에 고군분투하고, 인지, 정서, 행동적인 문제를 가진 아이를 가진다.

하지만 결과는 다양하다. 만약 10대 엄마가 고등학교를 졸업하고, 안정적인 직장을 잡고, 추가적인 출산을 피하고, 안정적인 파트너를 찾는다면 엄마 자신과 자녀의 발달상의 장기적 손상은 덜 심각해질 것이다.

예방 책략 10대들의 임신을 예방하는 것은 왜 10대들이 조기

성경험을 하거나 피임약을 사용하지 않는지에 초점을 맞출 필요가 있다. 이미 성경험을 한 후에 성교육을 받거나, 받아도 오직 몇 회기 정도로 끝나고, 해부학이나 생식에 대한 사실만을 담고 있는 카탈로그를 보여주는 정도이다. 일부 반대자가 주장하듯이, 이보다 조금만 더 적극적으로 성교육을 하면 조기 성경험이 늘어나지는 않는다(Chin et al., 2012). 이러한 성교육은 책임감 있는 성행위에 필요한 것이 무엇인지 등, 성과 관련된 사실을 더 잘 인식하게 해준다.

그러나 성에 대한 지식만으로 충분한 것은 아니다. 성교육은 또한 10대들이 알고 있는 것을 행동할 수 있도록 도와주어야 한다. 오늘날 보다 더 효과적인 성교육 프로그램은 다음과 같은 주요한 요소들을 모두 포함해야 한다.

- 위험한 성적 행동을 피하기 위한 거절 기술과 피임을 위한 커뮤니케이션 기술과 같이 성적 상황을 다룰 수 있는 기술을 가르치기. 역할극이나 청소년들이 이러한 행동을 연습할 수 있는 다른 행동을 통해 가르치기
- 참여하는 청소년들의 문화나 성적 경험을 고려하여 명확하고 정확하게 메시지 전달하기
- 영향을 끼칠 수 있도록 충분히 길게 가르치기
- 피임에 대한 정보를 주고, 그것에 접근할 수 있도록 해 쉽게 피임할 수 있게 해주기

많은 연구들은 이렇게 성교육을 시킴으로써 성경험을 늦추고, 피임 사용을 증가시키고, 임신율을 감소시킨다는 것을 보여준다(Chin et al., 2012; Kirby, 2002, 2008).

살펴보기

가까운 공립학교에서 시행하는 성교육 커리큘럼 자료를 요청하라. 연구 결과를 고려했을 때, 그 교육이 성적 활동의 시작 시기를 늦추고 청소년의 임신율을 줄이는 데 효과적이라고 생각하는가?

피임을 보다 손쉽게 할 수 있게 해주자는 제안은 청소년기 임신 예방에서 가장 논란이 되고 있다. 많은 성인들은 10대들 손에 피임약이나 콘돔을 쥐어 주는 것이 조기 성경험을 허용하는 것과 마찬가지라고 주장한다. 절제만을 강조하고 피임을 알려주지 않는 성교육 프로그램은 10대의 성경험을 늦추거나 임신을 예방하는 데 도움이 되지 않는다(Rosenbaum, 2009; Trenholm et al., 2008). 지역사회와 학교 보건소에서

피임약을 주고 광역 건강보험이 그 약값을 지불해주는 캐나다와 서유럽에서 10대들의 성경험은 미국보다 높지 않지만, 임신, 출산, 유산 비율은 더 낮다(Schalet, 2007).

청소년 임신과 자녀 출산을 예방하려는 노력은 성교육을 증진시키는 것을 넘어서서 이들의 학업적, 사회적 역량을 키우기 위한 교육으로까지 이어져야 한다(Cornell, 2013). 한 연구에서, 연구자들은 위험에 놓인 고등학생들을 '10대 봉사활동'이라는 1년 동안 실시되는 지역사회 봉사 교실이나, 정규적으로 개설하는 건강 연구나 사회 연구에 무작위로 보내 교육을 받도록 하였다. '10대 봉사활동'에서 청소년들은 관심 있는 봉사활동에 일주일에 적어도 20시간 참여하였다. 그들은 학교로 돌아와서 일상생활에서 부딪히는 문제들을 해결하는 능력과 지역사회 봉사 기술을 증진시키는 데 초점을 맞추는 토론에 참여하였다. 학년이 끝날 무렵에 사회적 기술, 지역사회와의 연계, 자존감을 길러준 '10대 봉사활동'에 등록한 집단에서 임신, 학교생활의 실패, 정학이 훨씬 적게 나타났다(Allen et al., 1997; Allen & Philliber, 2001). 이 프로그램은 특히 정학 기록에 근거하였을 때 학업에 실패하고 문제행동을 일으킬 위험이 높은 학생들에게 가장 유익하였다.

마지막으로 전도유망한 미래를 기대하는 10대들은 일찍 책임감 없는 성행위를 할 가능성이 훨씬 적다. 사회는 교육, 직업, 고용 기회를 늘림으로써 젊은이들의 출산을 지연시킬 수 있다.

청소년 부모 중재하기   가장 어렵게 그리고 가장 큰 대가를 지불하면서, 청소년들이 부모가 되는 것을 다루는 방법은 그것이 일어날 때까지 기다리는 것이다. 어린 부모들은 건강관리를 받고, 계속 학교에 다닐 것을 독려받고, 직업훈련을 받고, 부모가 되고 삶을 관리하는 방법에 대한 교육을 받고, 높은 질의 보육을 받을 필요가 있다. 이러한 서비스를 제공하는 학교들은 저체중 아기를 출산할 가능성을 감소시키고, 교육적 성공을 증가시키고, 또다시 임신하는 것을 예방한다(Cornell, 2013; Key et al., 2008).

청소년 엄마는 그들의 발달에 필요한 것을 민감하게 알아차리는 가족이나 다른 어른들과의 관계를 통해 도움을 받는다. 사회적 지지를 더 많이 받는 청소년 엄마들이 출산 후 1년간 우울 수준이 낮다(Brown et al., 2012). 한 연구에서, 정서적 지원이나 지도를 해주는 이모나 고모, 이웃, 교사 등과 장기적인 '멘토' 관계를 맺는 아프리카계 미국인 10대 엄

청소년이 부모가 되는 것은 청소년 부모와 그들의 새로 태어난 아기에게 지속적인 어려움을 야기한다. 그러나 다정한 아버지의 관여와 부부간의 안정적인 파트너십은 젊은 가족의 결과를 향상시킬 수 있다.

마들은 멘토가 없는 사람들보다 학교를 졸업할 가능성이 훨씬 더 높았다(Klaw, Rhodes, & Fitzgerald 2003). 가정방문 프로그램 역시 효과적이다.

아버지에게 초점을 맞추는 프로그램들은 아버지가 아기에 대해 재정적으로나 정서적으로 더 많은 지원을 할 수 있도록 도와주려 한다. 젊은 아버지 중 거의 반 정도는 출생 후 첫 몇 년 동안 자녀를 방문하지만, 그러한 만남은 점차 줄어든다(Ng & Kaye, 2012). 엄마와 마찬가지로 가족의 지지는 아버지가 계속 관여하는 데 도움이 된다. 아이의 아버지로부터 재정적 도움과 양육 도움을 받는 엄마는 덜 고통스러워하며 그와 관계를 더 유지하는 경향이 있다(Eaterbrooks et al., 2016; Gee & Rhodes, 2003). 그리고 자신의 10대 아버지와 유대관계를 유지하는 아동이 장기적으로 볼 때 더 적응을 보인다(Martin, Brazil, & Brooks-Gunn, 2012).

약물복용과 남용

루이스는 14세에 집에 혼자 남을 때까지 기다렸다가 삼촌 담배를 한 개비 꺼내 피웠다. 루이스와 캐시는 파티에서 모든 사람이 맥주를 마시고 있었기에 맥주 몇 캔을 마셨다. 루이스는 이전에 이러한 경험을 한 적이 거의 없었다. 그는 모범생이었고, 또래들에게 인기 있었고, 부모와도 잘 지냈다. 그는 일상생활로부터 도피하기 위해 약물을 필요로 하는 그런 학생이 아니었다. 그는 알코올과 담배로 시작해서 보다 더 강력한 약물로 옮겨 가다가 결국 그 덫에 걸려 버린, 자기와

는 다른 10대들에 대해서 알고 있었다.

산업 국가에서 10대들의 알코올과 약물복용은 아주 만연해 있다. 가장 최근에 미국 고등학생들을 대상으로 전국적으로 실시된 대표적인 조사연구에 따르면 10학년까지 미국 젊은이의 20%가 담배를 피워본 적이 있고, 47%가 술을 마셨고, 37%가 적어도 한 번 불법 약물(보통 마리화나)을 복용한 적이 있다. 고등학교를 마칠 무렵이 되면, 6%가 정기적으로 담배를 피우고, 17%가 지난 2주 동안 심하게 술을 마신 적이 있으며, 21% 이상이 마리화나를 경험한 적이 있다. 21%가량이 적어도 한 번 암페타민, 코카인, 펜시클리딘(PCP), 흥분제(MDMA), 흡입제, 헤로인과 같은 고도로 중독성이 있고 해로운 약물을 복용해본 적이 있다(Johnstone et al., 2015).

약물복용의 위험에 대한 부모, 학교, 미디어의 관심이 더 커지면서, 이러한 수치는 1990년대 중반 이래로 실질적으로 감소했다. 하지만 마리화나의 경우에는 예외적인데, 2000년대 중반부터 증가하기 시작하여서 최근에 감소세로 돌아섰다. 많은 주에서 의료적 목적의 사용을 허용하고 오락적 목적의 사용은 합법화하지 않았는데, 이것이 젊은이들이 마리화나를 쉽게 접하도록 한다(Johnston et al., 2015).

부분적으로 약물복용은 이 시기가 감각을 추구하는 시기라는 것을 반영해준다. 10대들은 또한 약물이 범람해 있는 문화적 맥락 속에서 살고 있다. 청소년들은 어른들이 아침에 깨어나기 위해 카페인을 찾고, 일상적인 골칫거리를 해결하기 위해 담배를 피우고, 저녁에 안정을 찾기 위해 술을 마시고, 스트레스 · 우울 · 신체적 질병을 해결하기 위해 치료법을 찾는 것을 본다. 또한 그들은 TV 프로그램, 영화, 광고에서 담배, 술, 약물을 빈번하게 사용하는 것을 본다(Strasburger, 2012). 10년이나 20년 전에 비해, 오늘날 의사들도 아동의 문제를 치료하기 위한 약을 더 많이 처방해주지만 부모들도 더 자주 요구한다(Olfman & Robbins, 2012). 이런 아이들이 청소년기에 들어서면 스트레스에 대해 쉽게 '자기 치료'를 할지도 모른다.

알코올, 담배, 마리화나를 장난 삼아 해본 10대들 중 대다수는 자신의 삶을 방종과 중독으로 이끌지는 않는다. 오히려 이렇게 한두 번 실험 삼아 해본 청소년들은 심리적으로 건강하고, 사회적이고, 호기심이 많은 젊은이들이다. 그럼에도 불구하고 약물 유형에 관계없이 청소년들이 한두 번 해본 것을 가볍게 받아들여서는 안 된다. 대부분의 약물이 지각이나 사고 과정을 손상시키기 때문에, 한 번의 약물 과용은 영구

적인 손상이나 죽음을 가져올 수 있다. 걱정스러운 점은 소수의 10대들이 약물복용에서 남용으로 진행된다는 점이다. 약물을 정기적으로 복용하다가, 동일한 효과를 얻기 위해 더 많은 양의 약물을 필요로 하고, 더 강력한 약물로 옮겨 가고, 학교, 직장, 또는 다른 책임을 지는 능력을 손상시킬 정도로 약물을 사용하게 된다.

청소년 약물 남용의 상관계수와 결과 호기심으로 한두 번 경험한 자들과는 달리, 약물 남용자들은 심각한 문제가 있는 사람들이다. 그들의 충동적, 파괴적, 적대적인 스타일은 아동기 초기에도 분명히 나타나는데, 그들은 자신의 불행함을 반사회적 행동으로 표현하는 경향이 있다. 다른 젊은이들에 비해 그들은 약물복용을 더 일찍 시작하는데, 그 원인은 유전에서 찾을 수 있다(Patrick & Schulenberg, 2014). 다양한 민족의 초기 청소년을 대상으로 한 종단연구에 따르면 뇌의 인지 통제 연결과 정서/사회 네트워크의 불균형이 심하면 청소년기 중기에 술, 담배, 마리화나 사용이 빠르게 증가한다(그림 1.7 참조)(Khurana et al., 2015). 물질남용자가 될 위험이 높은 이러한 10대들은 약물을 최소한만 사용하거나 사용하지 않는 비슷한 감각추구 성향을 보이지만 인지 제어를 더 잘하는 아이들과 대비된다.

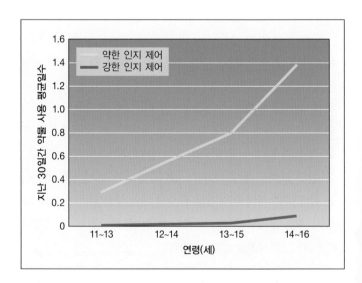

그림 1.7 약한 인지 제어는 초기부터 중기 청소년기까지의 약물 사용의 빠른 증가를 예측해준다 다양한 민족 배경을 가진 수백 명의 젊은이들을 초기 청소년기부터 중기 청소년기까지 추적했을 때, 뇌의 인지 제어 네트워크와 정서/사회 네트워크 간의 심각한 불균형(강렬한 감각추구에 대항하는 약한 집행 기능)은 약물 남용으로 빠질 위험을 보여주는 약물 복용의 급격한 증가를 예측하였다. 강력한 인지 제어에 반하는 높은 감각추구는 시간이 지난 후 최소한의 사용 혹은 비사용을 예측하였다(Khurana et al., 2015).

그러나 많은 환경적 요인들이 약물복용에 기여한다. 이것은 낮은 사회경제적 지위, 가족의 정신건강 문제, 부모와 손위 형제의 약물 사용, 부모의 온정감이나 관여의 결핍, 신체적 또는 성 학대, 낮은 학교 수행 등을 포함한다. 특히 가족 문제가 있는 10대들 사이에서, 약물을 복용하거나 구입 경로를 알려주는 친구들이 있다면 그것 또한 약물 남용을 증가시킨다(Ohannessian & Hesselbrock, 2008; Patrick & Schulenberg, 2014).

발달이 진행 중인 청소년의 뇌가 약물을 접하면, 뉴런과 연결 네트워크에 크고 지속적인 손상을 가져올 수 있다. 동시에 10대들이 일상적인 스트레스를 다루기 위해 알코올이나 강력한 약물에 의존할 때, 그들은 책임감 있는 의사결정을 하거나 대안을 찾는 방법을 배우지 못한다. 이 젊은이들은 심각한 적응 문제를 보이는데, 만성 불안, 우울, 반사회적 행동 등이 심각한 약물 복용의 원인이 되기도 하고 그 결과로 나타나기도 한다(Kassel et al., 2005; Luciana et al., 2013). 그들은 미숙한 상태에서 결혼을 하고, 아이를 낳고, 직업을 갖기에 그 모든 일에 대해 실패하게 된다. 이러한 실패는 추가적인 중독행동을 일으키는 고통스러운 결과를 가져온다.

예방과 치료 호기심으로 하는 약물 복용을 줄이려는 학교와 지역사회 프로그램은 다음과 같은 몇 가지 특성을 종합적으로 고려하면서 실시한다.

- 10대들의 활동 점검과 같은 효과적인 자녀 양육을 조성하기
- 또래 압력에 저항하는 기술 가르치기
- 건강과 안전감 위험을 강조함으로써 약물복용에 대한 사회적 수용을 감소시키기(Stephens et al., 2009)

강한 아프리카계 미국인 가족(Strong African American Families, SAAF)라는 한 중재 프로그램에서 부모들에게 자신의 청소년 자녀의 행동을 관찰하고, 자신의 기대를 명백하게 전달하고, 논쟁을 해결하기 위해 협력적 문제 해결 방법을 사용하도록 가르쳤다. 그 결과, SAAF가 아프리카계 미국 청소년들의 약물 사용을 감소시키는 것으로 나타났으며, DRD4 7-repeat 또는 짧은 H-5TTLPR 유전자를 가지고 있는 청소년들에게서 가장 효과적인 것으로 나타났다(Brody et al., 2009, 2014).

강한 아프리카계 미국인 가족(SAAF) 프로그램은 이와 같은 논의를 통해 부모와 청소년 간 관계를 강화하여 커뮤니케이션, 명확한 기대치 이행, 협력적인 문제 해결을 통한 논쟁 해결과 같은 더 효과적인 양육 방법의 기틀을 마련하고 있다.

일상의 스트레스를 다루는 효과적인 전략을 가르치는 것과 커뮤니티 서비스를 통해 유능감을 기르는 프로그램은 고위험 청소년들이 알코올과 약물을 사용하는 것을 감소시켜준다. 매력적인 대체 활동을 제공하는 것 역시 도움이 된다. 운동은 특히 흡연의 좋은 대체 활동의 역할을 한다. 10대 청소년의 금연을 돕는 것을 목표로 하는 한 프로그램에서 운동을 더 자주 하게 했더니 참여자들이 흡연을 줄이거나 금연에 더 많이 성공하였다(Horn et al., 2013).

청소년이 약물 남용자가 되면, 가족치료와 개인 심리치료는 부정적인 부모-자녀 관계, 충동성, 낮은 자존감, 불안, 우울 등을 치료할 필요가 생긴다. 성공적인 삶을 증진시키는 학업 또는 직업 훈련도 차이를 가져온다. 그러나 포괄적인 프로그램조차도 35~85%에 이르는 높은 재발률을 보인다(Brown & Ramo, 2005; Sussman, Skara, & Ames, 2008).

치료를 시작해야겠다는 동기를 가진 청소년들이 더 좋은 결과를 갖는다(Joe et al., 2014). 약물 사용을 줄이는 것에 초점을 둔 지지집단 회기를 통해 점진적으로 치료하는 것을 추

묻고 대답하기

연관지어보기 일찍 빈번한 성적 활동을 하는 10대와 약물 남용을 하는 10대들이 공동으로 가지고 있는 불리한 개인적 특성과 삶의 조건은 무엇인가?

적용해보기 베로니카가 17세에 벤을 낳은 후, 그녀의 부모는 그녀에게 아기를 위한 방이 없다고 말했다. 베로니카는 학교를 그만두고 남자친구와 함께 살았지만 곧 헤어졌다. 베로니카와 벤이 오랫동안 곤경에 빠질 가능성이 있는 이유는 무엇인가?

생각해보기 알코올과 약물을 권하는 또래 압력 경험을 이야기해보라. 어떤 요인들의 여러분의 반응에 영향을 미쳤는가?

천한다. 조금이라도 개선되면 청소년들은 행동 변화에 대한 자기효능감이 높아지는데, 이것이 결과적으로 오래 지속되는 변화를 가지고 올 강력한 치료에도 참여해야겠다는 동기를 높여준다.

인지발달

어느 12월 중순 저녁에, 현관문을 두드리는 소리가 났다. 이는 대학에서 2학년 가을 학기를 마치고 집으로 돌아오는 프랑카와 안토니오의 장남인 쥘이 도착했다는 것을 알리는 소리였다. 가족은 식탁에 둘러앉았다. "쥘, 어떻게 지냈니?" 사과파이 조각을 건네주며 안토니오가 물었다.

"글쎄요, 물리학과 철학은 너무 좋았어요." 쥘은 열의에 차서 대답했다. "지난 몇 주간 물리학 교수님은 아인슈타인의 상대성 이론을 소개해주었어요. 너무 반직관적이어서 믿을 수 없었어요."

"반-뭐라고?" 열한 살 난 사브리나가 물었다.

"반직관적이라고. 네가 보통 기대하는 것과는 다르다는 거야." 쥘이 설명하였다. "네가 1초에 16만 마일 정도로 믿을 수 없을 만큼 빠르게 달리는 기차를 타고 있다고 상상해봐. 빛의 속도에 접근할 정도로 빨리 가면 갈수록, 땅 위에서의 시간은 더 천천히 흐르고, 밀도는 더 높아지고, 물체는 더 무거워지는 것 같이 상대적으로 된다는 거야. 이 이론은 우리가 시간, 공간, 물질, 전 우주에 대해 생각하는 방식을 혁명적으로 바꾸어 놓았어."

사브리나는 쥘의 희한한 추론을 이해할 수 없다는 듯이 미간을 찌푸렸다. "나는 어딘가 재미있는 곳을 가려고 기차에 탔을 때가 아니라 지금같이 지루할 때 시간이 느리게 가는데. 빨리 달리는 기차가 나를 더 무겁게 하는 게 아니라, 사과파이를 더 먹는다면 그게 나를 더 무겁게 할 거야." 사브리나가 식탁에서 일어나면서 말했다.

열여섯 살 된 루이스는 다르게 반응하였다. "정말 근사하네. 쥘, 철학에서는 뭘 배웠어?"

"기술 철학 과목이었어. 미래에 사용될 인간의 재생산 방법의 윤리학을 배웠어. 예를 들어 모든 태아가 인공 자궁에서 발달하는 세상에 대한 찬성과 반대의 논쟁을 다뤘지."

"그게 무슨 말이야?" 루이스가 물었다. "실험실에 아기를 주문한다는 거야?"

"맞아. 난 그 주제에 대해 리포트를 썼어. 나는 그것을 정

의와 자유의 원리에 입각해서 평가해야 했어. 몇 가지 이득을 찾을 수도 있었지만 많은 위험이 있다는…"

이러한 대화가 보여주듯이, 청소년기는 추론의 힘이 방대하게 확장되는 시기이다. 11세의 사브리나는 자신이 직접적으로 경험한 것 이상으로 가능성의 세계에 대해 추론하는 것이 어려웠다. 몇 년이 지나면, 그녀는 오빠처럼 질적으로 향상된 복잡한 인지 특성을 보여주는 사고를 하게 될 것이다. 쥘은 다양한 변인을 동시에 고려하고 실제 세상에서 쉽게 볼 수 없거나 존재하지 않는 상황에 대해 생각한다. 그 결과 발전된 과학 원리와 수학 원리를 알게 되고 사회적·정치적 쟁점을 이해할 수 있다. 학령기 아동의 사고에 비해 청소년 사고는 더 계통적이고, 상상력이 있으며, 합리적이다.

청소년기 인지발달에 대한 체계적인 연구는 피아제의 생각을 검증하면서 시작되었다(Keating, 2012; Kuhn, 2009). 최근에 정보처리 접근으로 청소년기 인지에 대한 이해는 더욱 증진되었다.

 ## 피아제 이론 : 형식적 조작기

1.12 형식적 조작기의 주요한 특징은 무엇인가?

1.13 형식적 조작 사고에 대한 사후 연구와 그것이 피아제의 형식적 조작 단계의 정확성에 미치는 함의를 논하라.

피아제(Piaget)에 따르면 11세경의 젊은이는 **형식적 조작기**(formal operational stage)에 들어서는데, 이 시기에 그들은 추상적, 체계적, 과학적으로 사고하는 능력을 발달시킨다. 구체적 조작기 아동이 '현실에 대해 조작할' 수 있는 데 반해, 형식적 조작기 청소년들은 '조작에 대해 조작할' 수 있다. 다시 말해 그들은 더 이상 사고의 대상으로 구체적 물체나 사건을 필요로 하지 않는다. 대신 그들은 내적인 반영을 통해 새롭고 보다 더 일반적인 논리 규칙을 알아채게 된다(Inhelder & Piaget, 1955/1958). 형식적 조작기의 두 가지 주요 특질을 살펴보자.

가설 연역적 추론

피아제는 젊은이들이 청소년기에 들어서면서 처음 **가설 연역적 추론**(hypothetico-deductive reasoning)을 할 수 있다고 믿었다. 문제에 부딪혔을 때, 그들은 가설이나 결과에 영향을 줄 수 있는 변인에 대한 예측으로 시작한다. 그리고 나서 실제 세상에서 어떤 추론이 확인될 수 있는지를 보기 위해 변인들

을 체계적으로 분리하거나 결합시키면서, 그 가설로부터 논리적이고 검증할 수 있는 **연역적 추론**을 한다. 이러한 형태의 문제 해결이 가능성에서 시작하여 어떻게 현실로 진행되는지를 주지하라. 이에 반해, 구체적 조작기 아동들은 상황에 대한 가장 분명한 예측으로, 즉 현실로 시작한다. 이것들이 입증되지 않을 때 그들은 대안을 생각해내지 못하고 문제 해결에 실패한다.

피아제의 유명한 진자운동 문제에 대한 청소년들의 수행은 피아제의 생각을 잘 보여준다. 학령기 아동과 청소년들에게 길이가 다른 줄, 그 줄에 무게가 다른 물체가 달려 있고, 그리고 그 줄이 달린 막대기를 보여준다고 생각해보자(그림 1.8 참조). 그러고 나서 그들에게 활 모양으로 움직이는 진자의 속도에 무엇이 영향을 주는지를 알아보게 한다.

형식적 조작기 청소년들은 4개의 변인이 영향을 줄 것이라고 가정한다ㅡ(1) 줄의 길이, (2) 그 줄에 달린 물체의 무게, (3) 물체가 움직이기 전에 얼마나 높이 올라갔는지, (4) 물체를 어느 정도의 힘을 주어 밀었는지. 그러고 나서 그들은 각 변인을 따로따로 검증하고, 필요하다면 그 변인들을 조합하여 검증하고, 결국 오직 줄의 길이가 차이를 만든다는 것을

그림 1.8 피아제의 진자 문제 가설 연역적 추론을 하는 청소년들은 활 모양으로 흔들리는 진자의 속도에 영향을 미칠 가능성이 있는 요인들을 생각한다. 그 후 그들은 그 요인들의 효과를 각각 독립적으로 검사해보고, 또 결합하여 검사해본다. 결국 그들은 물체의 무게, 그것이 놓이는 높이, 그것을 미는 힘은 진자의 활 모양의 흔들림 속도에 영향을 미치지 않는다고 추론한다. 줄의 길이만이 속도의 차이를 만든다.

발견한다.

이에 반해, 구체적 조작기 아동들은 각 변인의 효과를 분리해낼 수 없다. 그들은 무게를 고정시키지 않고 줄 길이의 효과를 검증한다. 예를 들어 짧고 가벼운 진자와 길고 무거운 것을 비교한다. 또한 그들은 구체적으로 보이지 않는 변인들, 예를 들어 진자가 움직일 때 미는 힘이나 높이 같은 것을 주목하지 못한다.

명제적 사고

피아제의 형식적 조작기의 두 번째 중요한 특징은 실제 세계 상황을 참조하지 않고 명제의 논리(언어적 진술)를 평가하는 청소년기의 능력인 **명제적 사고**(propositional thought)이다. 이에 반해, 아동들은 진술의 논리를 평가할 때 실제 세계의 구체적인 증거만을 고려한다.

명제적 추론 연구에서, 연구자는 아동과 청소년들에게 한 무더기의 포커용 칩을 보여주고 그 칩에 대한 진술이 참인지, 거짓인지, 확실치 않은지를 물었다(Osherson & Markman, 1975). 한 조건에서 연구자는 칩을 손에 감추고 다음과 같은 명제를 제시하였다.

"내 손에 있는 칩이 녹색이거나 녹색이 아니다."(either-or)
"내 손에 있는 칩이 녹색이고 녹색이 아니다."(and)

다른 조건에서 실험자는 빨간색 칩이나 녹색 칩을 완전히 보이게 쥐고 같은 진술을 하였다.

학령기 아동들은 칩의 구체적인 특성에 초점을 맞추었다. 칩이 보이지 않을 때 그들은 두 진술이 확실치 않다고 대답하였다. 칩이 보일 때, 그들은 칩이 녹색이면 두 진술이 다 참이라고 판단했고 빨간색이면 거짓이라고 판단했다. 이에 반해 청소년들은 진술의 논리를 분석하였다. 그들은 칩의 색깔에 상관없이 'either-or' 진술은 항상 참이고 'and' 진술은 항상 거짓이라는 것을 이해하였다.

피아제는 언어가 아동의 인지발달에 중심적인 역할을 한다고 보지 않았지만, 청소년기에서 언어의 중요성을 인정하였다. 형식적 조작은 언어에 기초하고 실제 사물을 지시하지 않는 고등 수학에서의 상징과 같은 그런 상징체계를 요구한다. 중학교 학생들은 대수와 기하에서 그러한 체계를 사용한다. 형식적 조작기 사고는 또한 추상적 개념에 대한 언어적 추론을 포함한다. 쥘이 물리학에서 시간, 공간, 물질 사이의

관계를 그리고 철학에서 정의와 자유에 대해 고심할 때 이러한 방식으로 사고할 수 있다는 것을 보여주었다.

형식적 조작기 사고에 대한 추후 연구

형식적 조작기 사고에 대한 연구는 피아제의 앞 단계에 대해 제기되었던 것과 비슷한 질문을 제기한다. 형식적 조작기 사고는 피아제가 생각했던 것보다 더 일찍 나타나는가? 모든 사람들은 10대에 형식적 조작기에 도달하는가?

아동들은 가설 연역적 사고와 명제적 사고를 할 수 있는가?
학령기 아동들은 청소년들만큼은 아니지만 약간의 가설 연역적 추론을 보인다. 예를 들어 2개 이상의 인과적 변인을 포함하지 않는 단순한 상황에서 6세 아동들은 가설이 적절한 증거로 입증되어야만 한다는 것을 이해한다(Ruffman et al., 1993). 그러나 학령기 아동들은 직접적 지시 없이는 한 번에 3개 이상의 변인과 관련된 증거를 분류하지는 못했다(Lorch et al., 2010; Matlen & Klahr, 2013). 그래서 정보처리 연구에서 보겠지만, 아동들은 관찰 패턴이 가설을 지지하는 이유를 설명하는 데 어려움을 갖는다. 이 관찰과 가설이 연결되었다는 것을 인식할 때조차도 그 이유를 설명하지 못한다.

명제적 사고에 관하여, 단순한 전제들이 실제 세상 지식과 맞지 않을 때("모든 고양이가 멍멍 짖는다. 렉스는 고양이다. 렉스는 멍멍 짖을까?"), 4~6세 사이의 아동들은 가장 놀이를 할 때에는 논리적 추론을 할 수 있다. 자신이 왜 그런 답을 했는지 그 이유를 말할 때, 그들은 "우리는 고양이가 멍멍 짖는 것처럼 가장할 수 있어!"라고 말할 가능성이 있다(Dias & Harris, 1988, 1990). 그러나 전적으로 언어적 양식으로, 아동들이 현실이나 자신의 믿음과 모순된 전제로부터 추론하는 것은 아주 어려워한다.

다음과 같은 진술을 생각해보자. "만약 개가 코끼리보다 더 크고 코끼리는 쥐보다 더 크다면, 개가 쥐보다 더 크다." 10세 이하인 아동들은 모든 관계가 실제 생활에서 일어나지 않기 때문에 그러한 추론이 거짓이라고 판단한다(Moshman & Franks, 1986; Pillow, 2002). 그들은 이미 잘 알고 있는 지식을 염두에 두기에('코끼리는 개보다 더 크다'), 자동적으로 전제가 옳다는 것에 의문을 갖는다. 아동은 청소년보다 이미 알고 있는 지식을 억제하는 것이 더 어렵다(Klaczynski, Schuneman, & Daniel, 2004; Simoneau & Markovits, 2003). 부분적으로 이러한 이유 때문에, 그들은 명제적 추론의 논리

청소년들의 명제적 사고는 점차적으로 향상한다. 이 청소년들이 공부 모임에서 문제를 논의하는 것처럼 청소년들은 명제의 내용과 독립적으로 명제의 논리를 분석할 수 있다.

적 필연성을 파악하지 못한다. 즉 전제로부터 도출된 결론의 정확성은 실제 세상의 확인에 근거하는 것이 아니라 논리의 규칙에 근거해야 한다는 사실을 알지 못한다.

가설 연역적 추론과 함께 초기 청소년기에 젊은이들은 내용과 관련 없는 명제의 논리를 더 잘 분석하게 된다. 나이가 들수록 그들은 보다 더 복잡한 정신적 조작을 필요로 하는 문제를 다루게 된다. 더 나아가 왜 그렇게 추론했는지에 대한 이유를 말할 때, 그들은 그 추론에 기초가 되는 논리적 규칙을 더 자주 설명한다(Müller, Overton, & Reese, 2001; Venet & Markovits, 2001). 그러나 이러한 능력이 사춘기 즈음에 갑자기 나타나는 것은 아니다. 대신 아동기부터 서서히 발달하게 된다. 이러한 결과는 청소년기에 새롭게 구별되는 인지발달 단계가 출현한다는 사실에 의문을 제기하기도 한다(Kuhn, 2009; Moshman, 2005).

모든 사람이 형식적 조작기에 도달하는가? 여러분의 친구에게 형식적 조작기 과제를 한두 문제 정도 풀게 해보라. 그들은 얼마나 잘할까? 교육을 많이 받은 어른들조차도 그러한 추론을 어려워한다(Kuhn, 2009; Markovits & Vachon, 1990).

왜 그렇게 많은 성인들도 형식적 조작을 완전하게 수행하지 못하는가? 한 가지 이유는 사람들이 이러한 추론을 많이 연습하고 지도받은 과제에서 추상적이고 체계적으로 생각할 가능성이 많다는 점이다(Kuhn, 2013). 대학 수업을 받았을 때 그 수업과 관련된 형식적 추론이 증진된다는 증거가 이러한 결론을 지지해준다. 예를 들어 수학과 과학 수업은 명제

적 사고를 하도록 도와주는 반면에 사회과학 수업은 통계적 추론을 촉진한다(Lehman & Nisbett, 1990). 형식적 조작은 아동기 구체적 조작처럼 모든 맥락에서 한 번에 나타나지 않으며, 상황과 과제에 따라 특정적으로 발달한다(Keating, 2004, 2012).

많은 촌락사회나 부족사회의 사람들은 이러한 전형적인 형식적 조작 과제를 잘 해내지 못한다(Cole, 1990). 피아제는 일부 사회의 사람들은 가설적인 문제를 해결할 기회를 갖지 못하기에 형식적 조작을 할 수 없을 수도 있다는 것을 인정하였다. 이러한 결과는 여전히 피아제의 단계 순서에 대해 의문을 제기한다. 형식적 조작기 사고는 아동과 청소년들이 세상을 이해하려는 노력의 결과로 나타나는가? 아니면 문자 사회에서만 볼 수 있고 학교에서 배우는 사고방식이 문화적으로 전달되는 것인가?

7~9학년 학생을 대상으로 한 이스라엘의 한 연구에서 연구자들은 참여자의 나이를 통제한 후에도 학년이 초기 청소년의 명제적 사고를 전적으로 예측해준다는 것을 발견하였다(Artman, Cahan, & Avni-Babad, 2006). 연구자들은 학교 과제가 일상적 대화에서 의도, 약속, 위협을 전달하는 데 종종 사용하는 '만약~라면 ~이다'의 논리(예 : "만약 네가 집안일을 하지 않는다면 너에게 용돈을 주지 않을 것이다")와 상충하는 학문적인 추론 논리 습득에 중요한 경험을 제공한다고 보았다. 그러므로 학교에서 청소년들은 생각을 더 효과적으로 하기 위한 신경학적 잠재력을 깨달을 풍부한 기회를 맞닥뜨린다.

청소년의 인지발달에 대한 정보처리 관점

1.14 정보처리 관점의 연구자들은 어떻게 청소년기의 인지발달을 설명하는가?

정보처리 이론가들은 청소년기의 집행 기능과 같이 인지적 변화에 내재된 다양한 기제를 언급하는데, 앞 장에서 살펴본 바처럼 이 기제들은 다른 것들의 발전을 촉진한다(Keating, 2012; Kuhn, 2009, 2013; Kuhn & Franklin, 2006). 이제 그것들을 함께 살펴보자.

• 작업기억이 증가한다. 그 결과로 더 많은 정보를 한 번에 작업기억에 담을 수 있고 더 복잡하고 효율적인 표상으

로 결합된다. 이것은 앞에서 열거한 능력의 '성장을 위한 가능성을 열어 놓고' 또한 이러한 능력이 획득되는 결과로 증진된다(Demetriou et al., 2002, p. 97).

• 부적절한 상황에서 관계없는 자극과 잘 학습된 반응의 억제가 증가되어, 더 잘 주의하고 추론하도록 도와준다.

• 주의는 (적절한 정보에 집중되도록) 보다 더 선택적이 되고 변화하는 과제의 요구에 더 적응적이 된다.

• 몇 가지 단계로 되어 있는 복잡한 과제를 계획하는 것이 향상되어, 더 잘 조직화되어 있고, 효율적인 계획을 세울 수 있다.

• 책략은 더 효과적이 되어 정보의 저장, 표상, 회상을 증진시킨다.

• 지식이 증가해 책략 사용을 용이하게 해준다.

• 상위인지(사고에 대한 자각)가 확대되어, 정보 습득과 문제 해결을 위한 효과적인 책략을 발견하는 새로운 통찰력을 갖게 해준다.

• 인지적 자기조절이 증진되어, 사고를 매 순간 탐지하고 평가하고 새로운 방향을 제시하게 해준다.

정보처리 관점으로부터 나온 중요한 결과들은 행동에서 나타나는 이러한 변화 기제들을 보여준다. 연구자들은 그것들 중 하나인 상위인지를 청소년기 인지발달의 핵심으로 간주한다.

과학적 추론 : 이론을 증거에 통합하기

사브리나는 체육 과목의 자유시간 동안, 특정 회사 제품의 공을 사용했을 때 왜 자기의 테니스 서브와 리턴이 네트를 넘어서 반대편 코트로 떨어지는지를 궁금해했다. "그게 색이나 크기와 관련에 있을까?"라고 스스로에게 물어보았다. "으음… 또는 표면의 질 때문일까? 그게 공이 튀는 것에 영향을 줄지도 모르겠네."

과학적 추론의 핵심은 이론을 증거와 통합하는 것이다. 연구자들은 피아제의 과제와 같이 하나 혹은 여러 개가 결과에 영향을 끼칠 수도 있는 몇 가지 변인이 포함된 문제를 사용하여 과학적 추론의 발달에 대한 연구를 수행했다(Lehrer & Schauble, 2015). 증거를 기반으로 한 이론에 대한 평가가 나이에 따라서 어떻게 변하는가?

일련의 연구들에서 3, 6, 9학년생과 성인들에게 때로는 이론과 일관된 증거를, 때로는 이론과 모순된 증거를 제시하

였다. 그리고 나서 각 이론의 정확성에 대해 질문을 하였다 (Kuhn, 2002). 예를 들어 참가자들에게 사브리나가 가졌던 의문과 아주 비슷한 문제를 주었다. 그들은 크기(크거나 작다), 색(밝거나 어둡다), 질감(거칠거나 부드럽다), 또는 표면에 올라온 부분이 있거나 없는 것 등 스포츠 공의 몇 가지 특질 중 어느 것이 선수의 서브 질에 영향을 주는지를 이론화하라는 요구를 받았다. 그다음에, 그들에게 공 크기가 중요하다고 생각하는 X씨의 이론과 색깔이 차이를 만든다고 생각하는 Y씨의 이론을 들려주었다. 마지막으로, 인터뷰하는 사람은 '좋은 서브'와 '나쁜 서브'라는 푯말이 붙은 2개의 바구니에 특정한 특성의 공을 놓음으로써 증거를 보여주었다(그림 1.9 참조).

가장 어린 참가자들은 종종 모순된 이론을 무시하거나 선호하는 이론 쪽으로 증거를 왜곡시켰다. 아동들은 증거를 이론과 분리시키거나 이론에 영향을 미치는 것으로 보는 대신, 증거와 이론을 '물체들이 존재하는 방식'에 대한 단일한 표

그림 1.9 공의 어떤 특징, 즉 사이즈, 색깔, 표면 질감, 표면의 돌기 유무가 선수의 서브에 영향을 끼치는가? 밝은색 공 대부분이 좋은 서브 바구니에 있고, 어두운색 공 대부분이 나쁜 서브 바구니에 있으므로 색깔이 중요할 수 있다고 보여준다. 그러나 동시에 질감도 마찬가지다! 좋은 서브 바구니에 있는 공 대부분은 부드럽고, 나쁜 서브 바구니에 있는 공 대부분은 거칠다. 밝은색 공이 모두 부드럽고, 어두운색 공이 모두 거칠기 때문에 우리는 색깔과 질감 중 어떤 것이 차이를 만들어낸다고 말할 수 없다. 그러나 우리는 크기와 표면의 돌기 유무는 중요하지 않다고 결론 낼 수 있는데, 이러한 특징들이 좋은 서브 바구니와 나쁜 서브 바구니에 동일하게 나타났기 때문이다(Kuhn, Amsel, & O'Loughlin, 1988).

상으로 결합시키는 것 같았다. 아동들은 특히 인과적 변인을 믿기 어렵거나(예 : 공의 색이 수행에 영향을 미침) 과제의 요구 수준이 높을 때(예 : 평가해야 될 변인 수가 많음) 자신의 이전 믿음과 맞지 않는 증거를 간과하는 경향이 있었다 (Yang & Tsai, 2010). 여러 변인이 있는 복잡한 상황에서 이론과 증거를 구별하거나 그것들 간의 관계를 밝히는 논리적 규칙을 사용하는 능력은 아동기부터 청소년기, 그리고 성인기에 이르면서 점차적으로 증진된다(Kuhn & Dean, 2004; Zimmerman & Croker, 2013).

과학적 추론은 어떻게 발달하는가?

어떤 요인들이 이론을 증거와 통합하는 청소년들의 기술을 지원해주는가? 작업기억 용량의 증가가 중요한데, 이는 이론과 몇 가지 변인의 효과를 한 번에 비교할 수 있게 해준다. 그 밖에 청소년들은 점점 더 복잡한 문제를 풀어보고 과학적 추론의 핵심적 특질을 배운다. 예를 들어 왜 특정한 상황에 대한 과학자들의 기대가 일상의 기대 및 경험과 다른지를 배운다(Chinn & Malhotra, 2002). 이는 왜 과학적 추론이 학교를 다닌 시간에 많은 영향을 받는지를 설명해준다. 즉 개인이 (스포츠 공 문제처럼) 전통적인 과학 과제와 씨름하거나 또는 비형식적인 추론 경험을 했기 때문이다. 비형식적 추론의 예로는 무엇이 아동의 학업 실패를 가져오는지에 대한 이론의 타당성을 검증하는 것이 있다(Amsel & Brock, 1996).

연구자들은 정교한 상위인지 이해가 과학적 추론의 핵심이라고 믿는다(Kuhn, 2011, 2013). 청소년들은 몇 주 동안 계속해서 이론이 증거와 대립될 때, 그 이론들을 여러 가지 책략으로 실험해보고, 숙고하여 수정해보고, 그러면서 논리의 본질을 깨닫게 된다. 시간이 지나면서 그들은 논리에 대해 이해한 바를 점차적으로 다양한 상황에 적용한다. 이론에 대해 생각하고, 심사숙고하여 변인들을 추려내고, 적극적으로 반증하는 증거를 찾아내는 능력은 청소년기 전에는 거의 나타나지 않는다(Kuhn, 2000; Kuhn et al., 2008; Moshman, 1998).

그러나 청소년과 성인들의 과학적 추론 기술은 아주 다르다(Kuhn, 2011). 많은 사람들은 선호하는 아이디어보다는 의심을 갖는 아이디어에 더 효과적으로 논리를 적용한다는 점에서 주관적인 편중성을 보인다. 과학적으로 추론하기 위해서는 객관성을 평가하는 상위인지 능력이 필요하다. 주관적이기보다는 편견을 갖지 않는 것이 필요하다(Moshman,

2011). 제2장에서 보겠지만, 이렇게 유연하고 개방적으로 접근할 수 있는 것은 인지적 획득과 성격 기질이 모두 작용한 결과이다. 성격 기질은 10대들이 자아정체감을 형성하고 도덕적으로 발달하는 데 크게 도움을 준다.

청소년들은 유형이 다른 과제들에 대한 과학적 추론 기술을 비슷한 양식으로 차례로 발달시킨다. 일련의 연구에서 10~20세 사이의 청소년들에게 난이도가 다른 일련의 문제를 제시하였다. 예를 들어 한 세트는 그림 1.8의 진자 문제와 같이 양 관계를 알아보는 과제로 구성되어 있었다. 다른 세트는 앞에서 칩 문제와 같은 명제적 과제를 담고 있었다. 그리고 또 다른 세트는 그림 1.9의 스포츠 공 문제와 같은 인과적 실험과제였다(Demetriou et al., 1993, 1996, 2002). 각 유형의 과제에서 청소년들은 상위인지적 인식을 확대시키면서 연쇄적인 순서로 구성적인 기술을 획득하였다. 예를 들어 인과 실험과제에서 그들은 결과에 영향을 줄 수 있는 많은 변인들을 처음으로 인식하게 되었다. 이러한 인식 덕분에 그들은 가설을 형성하고 검증할 수 있게 되었다. 시간이 흐르면서 청소년들은 주어진 문제 유형의 많은 예들에 적용할 수 있는 일반적인 모델을 만들면서, 각각의 기술이 유연하게 기능할 수 있는 시스템으로 통합하였다.

살펴보기

여러분의 과학적 추론을 향상시키는 데 도움이 되었던 고등학교 수업의 경험을 한 가지 이상 이야기해보라.

피아제 또한 형식적 조작기의 사고를 '조작에 대해 조작하는 것'이라고 한 것은 상위인지의 역할을 강조한 것이다. 그러나 정보처리 결과들은 과학적 추론이 갑작스럽게 단계로 변화하는 결과가 아니라는 증거를 제시한다. 대신 아동과 청소년들이 이론을 증거에 대해 점검해보고, 그들의 사고를 숙고하고 평가하게 하는 수많은 특정적인 경험을 통해 과학적 추론이 발달한다.

청소년기 인지 변화의 결과

1.15 청소년기 인지 향상의 결과로 나타나는 전형적인 반응을 설명하라.

청소년들이 점차 복잡하고 효과적으로 사고하게 되면서 자신, 타인, 일반적인 세상을 보는 방식이 급격하게 변화한다. 그러나 청소년들이 변화된 신체를 받아들이는 것이 때로 서툰 것처럼, 그들은 처음에는 추상적인 사고를 하는 것을 주저한다. 10대들의 자기 관심, 이상주의, 비판주의, 우유부단함은 종종 성인들을 당황시키고 염려하게 하지만, 그것들은 궁극적으로는 청소년들에게 유익을 준다. 뒤페이지의 '배운 것 적용하기' 글상자에서는 일상에서 10대들의 새로 발견된 인지 능력이 가져오는 결과를 다루는 방법을 제시한다.

자의식과 자기 집중하기

청소년들에게서 자신의 사고에 대해 숙고하는 능력이 증진된다는 것은, 신체적·심리적 변화가 진행되는 것과 더불어 스스로에 대해 더 많이 생각하기 시작한다는 것을 의미한다. 피아제는 청소년들에게 자신의 관점과 다른 사람의 관점 구별이 다시 어려워지는, 새로운 형태의 자아중심성이 일어난다고 믿었다(Inhelder & Piaget, 1955/1958). 피아제의 추종자들은 자기와 다른 사람과의 관계에 대해 두 가지 왜곡된 이미지가 나타난다고 제안하였다.

첫 번째는 **상상적 청중**(imaginary audience)이다. 청소년들은 모든 사람의 주의와 관심이 자신에게 모인다고 생각한다(Elkind & Bowen, 1979). 그 결과, 그들은 자의식이 유난히 강해져서 창피한 상황을 쉽게 잊지 못한다. 이러한 상상적 청중을 생각하면 청소년들이 자기 외모의 세세한 부분까지 왜 그렇게 살펴보는지를 이해할 수 있다. 또한 이것은 그들이 다른 사람의 비판에 왜 그렇게 민감한지도 설명해준다. 모든 사람이 그들의 일거수일투족을 쳐다보고 있다고 믿는 10대들은 부모나 교사의 비판적인 말에 굴욕을 느낄 수 있다.

두 번째 인지적 왜곡은 **개인적 우화**(personal fable)이다. 10대들은 다른 사람이 자기들을 예의주시하고 또 자신들에 대해 많은 생각을 하고 있다고 확신하기 때문에, 자신의 중요성을 과장하여 생각하는 경향이 있다. 10대들은 자기들이 특별하고 독특하다고 느끼기 시작한다. 많은 청소년들은 성공의 절정에 있다고 의기양양해하기도 하고 절망의 깊은 늪에 빠져 있는 것으로 생각하기도 하는데, 이런 경험은 다른 사람들이 이해할 수 없는 것들이다(Elkind, 1994). 한 10대가 일기장에 다음과 같이 적었다. "우리 부모의 삶은 너무 평범하고 판에 박힌 듯하다. 내 삶은 다를 것이다. 난 내 희망과 야망을 실현시키고 말 것이다." 남자친구의 애정을 받지 못해서 화가 난 딸을 달래는 엄마에게 이렇게 말하기도 한다. "엄

이 10대는 자신감을 드러내며 다른 사람이 모두 자신을 보는 것을 즐긴다. 개인적 우화가 자기 자신을 능력 있고 영향력 있는 사람으로 보이게 할 때, 이것은 청소년기의 도전들을 대처하도록 하는 데 도움이 될 것이다.

마, 엄마는 사랑이 무엇인지 모르시잖아요!"

비록 상상적 청중과 개인적 우화는 청소년기에 공통적으로 나타나는 특징이기는 하지만 자신에 대한 왜곡된 모습은 피아제가 제안했듯이 자아중심성 때문에 나타나는 것은 아니다. 오히려 그것들은 젊은 10대들이 다른 사람이 생각하는 것에 더 많은 관심을 갖게 해주는 조망 수용이 가능해지면서 나타난 결과이다(Vartanian & Powlishta, 1996). 또한 뇌의 정서/사회 네트워크가 강화되면서 사회적 피드백에 대한 민감성도 증가한다는 것을 다시 상기하자.

사실 상상적 청중의 어떤 측면은 긍정적, 보호적 기능을 갖는다. 청소년들에게 다른 사람의 견해를 왜 그렇게 걱정하는지를 물어보면, 그들은 다른 사람의 평가가 자존감, 또래 수용, 사회적 지지에서 실제적으로 중요하기 때문이라고 대답하였다(Bell & Bromnick, 2003). 다른 사람이 자신의 외모와 행동에 관심을 갖는다는 생각은 정서적 가치를 가지는데, 이 생각은 10대들이 독립된 자기감을 만들려고 분투하는 동시에 중요한 관계를 유지하도록 하는 데 도움이 된다(Galanki & Christopoulos, 2011).

개인적 우화와 관련하여 6~9학년 대상의 한 연구에서 전능한 느낌을 갖는 것이 자존감과 전반적인 긍정적 적응을 예측하였다. 스스로 능력이 뛰어나고 영향력이 있다고 보는 관점은 젊은이들이 청소년기의 도전에 대처하는 데 도움이 된다. 이에 반해 자신이 독특하다는 느낌은 우울과 자살 생각과 다소 관련되었다(Aalsma, Lapsley, & Flanner, 2006). 자신의 경험의 독특성에 초점을 맞추면 스트레스를 경험할 때 사회적으로 지지해주는 가깝고 보상적인 관계를 형성하는 데 방해가 될 수 있다(Alberts, Elkind, & Ginsberg, 2007). 높은 개인적 우화 점수와 높은 감각추구 점수를 받은 젊은이는 또래보다 위험한 성적 관계를 더 많이 갖고, 약물을 더 자주 복용하며, 비행을 저지르는 일이 더 많았다(Greene et al., 2000).

이상주의와 비판주의

청소년들이 가능성을 생각할 수 있게 되면서 그들의 생각은 완벽한 이상의 세계로 향하게 된다. 10대들은 대안이 되는

배운 것 적용하기

10대들의 새로운 인지 능력의 결과 다루기

~으로 표현된 생각	제안
공적 비판에 대한 민감성	다른 사람들 앞에서 청소년 개인의 잘못을 지적하지 마라. 만약 그 문제가 중요하다면, 그 10대에게 홀로 이야기를 할 수 있을 때까지 기다려라.
개인의 독특함에 대한 과장된 생각	청소년의 독특한 특징을 이해하라. 적절한 때에 다른 10대들과 비슷한 느낌을 느끼고 있다는 것을 알려주어서 균형된 관점을 갖도록 도와주어라.
이상주의와 비판주의	청소년의 큰 기대와 비판적 발언에 인내하면서 반응하라. 대상에 대한 긍정적 특징을 알려주어서 모든 사회와 사람이 장점과 부족한 면을 모두 가지고 있다는 것을 알 수 있도록 도와주어라.
일상에 대한 결정을 내리는 것에서의 어려움	청소년을 위해 결정을 내리는 것을 삼가라. 효과적인 의사결정의 모델이 되고, 대안의 장점과 단점, 다양한 결과들의 가능성, 나쁜 선택으로부터의 학습에 대하여 재치 있게 의견을 제시하라.

가정, 종교적·정치적·도덕 시스템을 상상할 수 있고 그것들을 탐색하기를 원한다. 그 결과, 그들은 불법, 차별, 몰상식한 행동이 없는 완벽한 세상에 대한 원대한 비전을 세우곤 한다. 10대들의 이상주의와 성인들의 현실주의 간 차이가 부모와 아동 사이에 갈등을 일으킨다. 청소년들은 자신의 부모 형제가 부응할 수 없는 완벽한 가족을 의식하며, 가족 흠잡기를 일삼는다.

그러나 대체로 10대의 이상주의와 비판주의는 유익하기도 하다. 일단 청소년들이 다른 사람이 장점과 약점을 모두 가지고 있다고 보게 되면, 건설적으로 사회적 변화를 일으키고, 긍정적이고 지속적인 관계를 형성할 수 있는 능력이 더 커진다(Elkind, 1994). 부모들은 자녀들에게 모든 사람은 장점과 불완전함을 동시에 가지고 있다는 것을 상기시키고 그들의 비판주의를 인내하면서, 자녀들이 이상과 현실 사이에서 균형을 잡을 수 있도록 도울 수 있다.

의사결정

사춘기가 대뇌의 정서/사회 네트워크를 촉진하며 이것이 전두엽 인지 통제 연결 발달을 앞지른다고 했던 것을 다시 한번 상기해보라. 결과적으로 청소년들은 이성적으로 생각하기 위하여 정서와 충동을 억제해야 하는 의사결정에서 종종 성인보다 나쁜 수행을 보인다.

좋은 의사결정은 다음을 포함한다 – (1) 가능한 반응 범위를 인지하기, (2) 각 대안의 찬성과 반대를 찾아내기, (3) 여러 가지 결과의 가능성을 평가하기, (4) 그들의 목적이 맞는지 여부로 선택을 평가하기, 만약 그렇지 못하면, (5) 실수로부터 배우고 미래에 더 나은 결정하기. 의사결정을 살펴본 한 연구에서, 연구자들은 청소년과 성인들에게 득과 실을 즉각적으로 피드백해주어 강력한 정서를 유발하는 변형된 카드게임을 하도록 했는데, 10대들이 20대 성인보다 더 위험 감수를 많이 하였고, 비이성적으로 행동하였다(Figner et al., 2009). 의사결정 맥락에서 청소년들, 특히 초기 청소년들은 즉각적인 보상의 가능성에 더 유인되는 경향이 있다는 또 다른 증거도 있다. 즉 이들은 위험을 더 감수하고 잠재적 손실을 더 피하는 경향이 있다(Christakou et al., 2013; Defoe et al., 2015).

10대들은 침착한 비정서적인 상태에서도 성인보다 덜 효과적인 의사결정을 한다(Huizenga, Crone, & Jansen, 2007). 이들은 종종 대안을 신중하게 고려하지 않으며 지금까지

해 오던 직관적 판단에 빠지곤 하였다(Jacobs & Klaczynski, 2002). 두 가지 주장에 기초하여 전통적인 강의와 컴퓨터 기반의 강의 중 어떤 것을 선택할지에 대한 가설적 문제를 생각해보라. 한쪽에서는 150명 학생 중 85%가 컴퓨터 수업을 좋아한다고 평가했다는 큰 표본에 근거한 정보를 주었다. 다른 쪽에서는 컴퓨터 수업을 싫어하고 전통적인 수업을 좋아했던 2명의 우등생의 보고에 근거한 정보를 주었다(Klaczynski, 2001). 대부분의 청소년들은, 심지어 큰 표본의 주장이 '더 지적'이라고 생각하는 청소년도 소수 표본 주장에 근거해 선택을 하였다. 이것은 이들이 일상생활에서 따르는 비공식적인 의견과 닮아 있다.

의사결정처럼 전두엽의 인지 제어 네트워크의 지배를 받는 과정 기술은 점진적으로 증가한다고 이야기했었다. 다른 인지발달과 마찬가지로 의사결정도 경험의 영향을 받는다. 많은 것을 처음 해보는 사람으로서 청소년들은 장점과 단점을 고려하고 가능한 결과를 예측할 충분한 지식을 가지고 있지 않다. 부정적 결과로 이어지지 않았던 위험한 행동에 참여한 이후에, 10대들은 그것을 시도해보지 않은 또래에 비해 위험한 행동의 장점은 더 높고, 단점은 더 낮게 평가한다(Halpern-Felsher et al., 2004). 이러한 잘못된 판단은 지속적으로 위험 감수 행동을 하도록 한다.

시간이 흐르면서 젊은이들은 그들의 성공과 실패로부터 배우고, 의사결정에 영향을 미치는 요인들에 대해서 타인들로부터 정보를 얻는다(Reyna & Farley, 2006). 효과적인 의사결정기술을 가르치는 학교와 지역사회의 중재는 청소년들이 의사결정 과정을 관찰하고 숙고하여 그들의 상위인지 능

대학 박람회에 참석한 이 고등학생들은 앞으로 몇 년간 많은 선택들에 직면할 것이다. 그러나 의사결정을 할 때, 10대들은 성인보다 각 대안의 장단점을 주의 깊게 따지지 않는다.

묻고 대답하기

연관지어보기 청소년기 의사결정에 관한 증거들은 10대들이 성적 활동과 약물 사용에서 보이는 위험 감수를 이해하는 데 어떻게 도움이 되는가?

적용해보기 14세인 클라리사는 홈커밍 댄스파티에 초대받지 못해서 자신이 얼마나 상처 받았는지 아무도 이해하지 못할 것이라고 확신하였다. 한편, 15세인 저스틴은 그녀의 방에서 혼자서 자신이 깜짝 놀라 바라보는 부모님 앞에서 학생회장으로 임명되는 상황극을 했다. 각각의 아이들이 보인 것은 개인적 우화의 어떤 측면인가? 어떤 아이가 더 잘 적응하고, 어떤 아이가 더 잘 적응하지 못할 가능성이 있을까? 설명해보라.

생각해보기 당신이 10대 때 했던 이상적 생각이나 나쁜 의사결정의 예를 들어보라. 어떻게 당신의 생각이 변화했는가?

력을 적용하도록 하는 데 도움이 될 수 있다(Bruine de Bruin, 2012). 그러나 나쁜 결과로 이어지지 않았던 위험 감수 경험은 다치지 않을 것이라는 청소년들의 믿음을 강화하기 때문에, 의사결정 능력이 향상될 때까지는 위험으로부터 이들을 감독하고 보호할 필요가 있다.

정신 능력에서의 성차

1.16 어떤 요인들이 청소년기 정신 능력의 성차에 기여하는가?

정신 능력에서의 성차는 IQ에 대한 인종 간 또는 사회경제적 지위에 따른 차이만큼이나 많은 논쟁을 불러일으킨다. 소년과 소녀는 지능을 포함하여 대부분의 인지 기능에서 유사함을 보인다(Hyde, 2014). 그러나 읽기, 쓰기, 수학, 공간적 기술과 같은 특정 정신 능력에서는 차이를 보인다.

언어 능력

소녀들은 학령기 동안 읽기와 쓰기 성취 검사에서 더 높은 점수를 받고, 읽기 보충수업을 받는 아동들 중 낮은 비율을 차지한다. 소녀들은 아동기 중기부터 청소년기까지 일반적인 언어 능력 검사에서도 계속해서 조금 더 높은 점수를 받으며, 이러한 경향성은 모든 국가에서 나타난다(Reilly, 2012; Wai et al., 2010). 그리고 쓰기 점수가 가중되는 언어 시험의 경우, 소녀들의 이러한 이점이 더 커진다(Halpern et al., 2007).

소녀가 읽기와 쓰기에서 수행이 더 나은 것이 청소년기 동안에 증가되고, 소년들은 특히 쓰기에서 수행이 낮다는 점이 특별히 주목을 끈다. 이것은 미국과 다른 산업 국가에서 분명히 나타나는 경향이다(Stoet & Geary, 2013; U.S. Department of Education, 2012a, 2016). 문해기술에서 이러

한 차이는 대학 진학에서의 성차를 가져오는 중요한 요인으로 생각된다. 40년 전에 남자들은 북미 대학 졸업생의 60%를 차지했다. 오늘날 남자들은 44% 정도를 차지하며 소수로 전락하였다(U.S. Department of Education, 2015).

소녀들의 대뇌피질의 좌반구는 생물학적으로 더 일찍 발달하는 이점이 있다. 이 부위에 언어가 편재화되어 있다고 알려져 있다. 한 fMRI 실험에 따르면 아이들에게 방해 언어 과제(들리는 단어 혹은 쓰여진 단어의 운율을 맞추는 과제처럼)를 하도록 하면, 9~15세의 소녀들은 언어 특정 뇌 부위가 집중적으로 활동한다. 이에 반해 소년들의 뇌는 언어 영역뿐만 아니라 언어가 어떻게 제시되는지에 따라서 청각 영역과 시각 영역도 상당 부분 활성화된다. 이것은 소녀들이 감각 뇌 영역에 과하게 의존하고 청각 단어와 시각 단어를 뇌의 서로 다른 영역에서 처리하는 소년들보다 더 효율적인 언어처리자라는 것을 의미한다.

그러나 소녀들은 또한 초기 아동기부터 청소년기 전반에 걸쳐 더 많은 언어 자극을 받는다(Peterson & Roberts, 2003). 더 나아가, 아동들은 언어 과목을 '여성적인' 과목으로 본다. 그리고 학생들은 책상에 앉아서 획일화된 동일한 방식으로 배운다. 이러한 방법은 소년들의 더 높은 활동 수준, 주장성, 학습 문제 발생과 특히 맞지 않는다. 분명히 소년들의 저조한 문해기술을 증진시키는 것이 급선무인데, 이를 위해서는 가족과 학교, 그리고 지원을 해주는 지역사회가 협력하여 노력하는 것이 필요하다.

수학적 능력

수학적 기술에서 성차는 저학년 때는 일관적이지 않다. 어떤 사람은 차이를 찾지 못하고, 어떤 사람은 평가하는 수학 기술에 따라서 약간의 차이가 있다고 이야기한다(Lachance & Mazzocco, 2006). 소녀들은 계산, 연산, 기본적 개념의 숙달에서 이점을 보이는데, 이것은 소녀들이 더 좋은 구술 능력을 갖고 있고 문제를 체계적으로 해결하는 접근법을 보이기 때문일 것이다(Wei et al., 2012). 그러나 수학 개념이 더 추상적이고 공간적인 개념을 다루게 되는 아동기 후기부터 청소년 초기가 되면 소년들이 소녀들보다 더 나은 수행을 보인다. 이러한 차이는 복잡한 추론을 테스트할 때 특히 명백하게 나타난다(Lindberg et al., 2010; Reilly, Neumann, & Andrews, 2016). 과학에서 소년들의 성취는 문제가 어려워질 때 더 증가한다.

모든 청소년을 대상으로 생각해볼 때, 수학에서의 남성 우세는 남녀 모두가 동등하게 중등교육을 받는 모든 나라에서 명백하게 나타난다. 동시에, 이 차이는 크지 않았고 지난 30년 동안에 감소해 왔다(Else-Quest, Hyde, & Linn, 2010; Halpern, 2012; Reilly, 2012). 그러나 가장 우수한 학생들 사이에서는 이 차이가 더 크게 나타난다. 12학년의 경우, 소녀보다 2배 이상 많은 수의 소년이 높은 수학 점수를 받았고, 이러한 차이는 과학 점수에서도 나타난다(Reilly, Neumann, & Andrews, 2016; Wai et al., 2010).

일부 연구자들은 유전이 실질적으로 수학에서의 성차, 특히 소년들이 우수한 수학 재능을 가지는 경향에 관여한다고 믿는다. 소년들이 근본적으로 다음의 두 가지 영역에서 이점을 가진다는 축적된 증거가 많이 있다 — (1) 더 빠른 숫자 기억(numerical memory). 이것은 복잡한 정신 조작에 필요한 작업기억 자원에 더 접근할 수 있도록 한다. (2) 더 우수한 공간 추론 능력. 이 능력은 수학 문제 해결을 향상시킨다(Halpern et al., 2007). 10년 이상 미국의 고등학생을 추적한 종단연구에 따르면 청소년기의 높은 공간 추론 능력은 수학에서의 높은 교육적 성취로 연결되며, 과학, 기술, 엔지니어링, 수학과 관련된 직업을 갖도록 하고, 언어와 수학 능력의 기여를 뛰어넘는다(Wai, Lubinski, & Benbow, 2009). 이 쟁점에 대한 논의는 '생물학적 영향과 환경적 영향' 글상자를 참조하라.

사회적 압력 또한 많은 영향을 미친다. 수학 성취에서 성차가 나타나기 오래전부터 소년과 소녀는 모두 수학을 '남성적' 과목이라고 생각해 왔다. 부모들 역시 전형적으로 소년들이 수학을 더 잘할 것이라고 생각하는데, 이것은 소녀들이 수학이 미래의 삶에 별로 쓰이지 않을 것이라 생각하고, 자신들이 보이는 오류를 능력 부족이라고 자책하는 태도와 연관된다. 이러한 믿음은 소녀들의 수학에 대한 자신감과 흥미, 그리고 수학이나 과학과 관련된 직업을 가지려는 의지를 감소시킨다(Ceci & Williams, 2010; Kenney-Benson et al., 2006; Parker et al., 2012). 더 나아가 부정적인 고정관념에 근거하여 판단되는 것에 대한 공포인, 고정관

념 위협 때문에, 여성들은 어려운 수학 문제를 풀 때 실제 자신의 능력보다 더 저조한 수행을 보인다(Picho, Rodriguez, & Finnie, 2013). 이러한 여러 영향의 결과로서, 우수한 능력을 가진 소녀들조차도 효과적인 수학 추론 기술을 발달시키기 어려워진다.

긍정적인 것은 오늘날 미국에서 소년과 소녀가 고등학교에서 고급 수준의 수학과 과학을 학습하는 비율은 비슷하다는 것인데, 이것이 지식과 기술에서 성차를 줄이는 중요한 요인이 될 것이다(U.S. Department of Education, 2015). 고등학교 남학생과 여학생이 컴퓨터를 하는 데 보내는 시간 또한 같다. 그러나 컴퓨터를 사용하는 경향은 다르다. 소년들은 비디오 게임을 하고, 홈페이지를 만들고, 컴퓨터 프로그램을 짜고, 데이터를 분석하고, 그래픽 소프트웨어를 더 자주 사용하는 반면에, 소녀들은 주로 영상을 보는 데 컴퓨터를 사용한다(Lenhart et al., 2010; Looker & Thiessen, 2003; Rideout, Foehr, & Roberts, 2010). 그 결과, 소년들은 컴퓨터와 관련된 지식을 더 많이 습득한다.

소녀가 수학과 과학에 흥미와 자신감을 갖게 하기 위해서는 또 다른 노력이 분명히 필요하다. 그림 1.10에서 볼 수 있

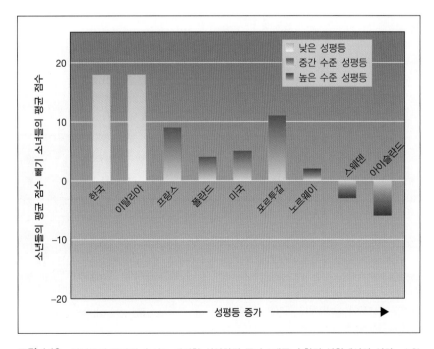

그림 1.10 성평등이 증가된 순서로 배치한 산업화된 국가 9개국 수학적 성취에서의 성차 수학적 성취 점수는 각 국가에서 15세 청소년을 대상으로 동일하게 실시한 검사의 수행에 근거하였다. 국가 성평등은 여성에 대한 문화적 태도, 정치와 정부에서의 여성의 노동 참여, 여성의 교육과 경제적 기회를 합산한 측정치이다. 국가 성평등이 증가할수록 소년들의 수학적 성취에서의 이점은 줄어드는 경향이 있다. 스웨덴과 아이슬란드에서 소녀들은 소년들보다 더 높은 수학 점수를 받았다(Guiso et al., 2008; OECD, 2012).

생물학적 영향과 환경적 영향

공간 능력에서의 성차

공간 능력은 수학적 추론의 성차를 설명하는 연구자들이 관심을 기울이는 주요한 주제이다. 남성이 잘하는 과제는 *정신 회전 과제*이다. 이 과제에서 성차가 가장 크게 나타난다. 이 과제에서 사람들은 자기 머릿속에서 3차원 그림을 빠르고 정확하게 회전시켜야 한다(그림 1.11 참조). 남자들은 주변 환경의 방향을 고려하여 공간 관계를 결정해야만 하는 *공간 지각 과제*에서 더 좋은 수행을 보인다. 복잡한 시각적 형태를 분석해야 하는 *공간적 시각화 과제*에서 성차는 약하거나 거의 없다. 이러한 과제를 해결하는 데 많은 책략이 사용될 수 있기 때문에 남성과 여성 모두 효과적인 절차를 만들어낸다(Maeda & Yoon, 2013; Miller & Halpern, 2014).

공간 능력에서의 성차는 생애 첫 몇 달 안에 나타나는데, 남아가 정신적 회전이 요구되는, 익숙한 물체를 새로운 관점에서 알아보는 데 더 우수한 능력을 보인다(Moore & Johnson, 2011; Quinn & Liben, 2014). 남성의 공간 능력에서의 이점은 많은 문화권에서 아동기, 청소년기, 성인기 전반에 걸쳐 나타난다(Levine et al., 1999; Silverman, Choi, & Peters, 2007). 하나의 가설은 유전이 아마도 태아 때 안드로겐 호르몬에 노출되게 한다는 것인데 이 가설에 대한 많은 연구 결과는 서로 일치하지 않았다(Hines, 2015). 비록 유전이 역할을 할 가능성이 있지만 어떤 경로로 영향을 미치는지는 여전히 불명확하다.

경험이 남자들로 하여금 우세한 공간 수행을 하도록 해준다는 증거들이 증가하고 있다. 블록 놀이, 모델 만들기, 목공과 같은 조작적인 활동을 하는 아동들은 공간 과제를 더 잘한다(Baenninger & Newcombe, 1995). 비디오 게임을 하면 공간 능력에 중요한 시각식별, 사고속도, 주의전환, 여러 개의 물체를 추적하는 것, 정신적 회전, 길찾기와 같은 많은 인지적 과정을 배우고, 유지하고, 다양한 상황에서 일반화하는 능력이 향상된다(Spence & Feng, 2010). 소년들이 소녀들보다 이러한 과제에 더 많은 시간을 쓴다.

게다가 성인들은 성유형화되지 않은 활동에서조차도 소녀보다 소년의 공간적 추론을 더 격려하는 경향이 있다. 예를 들어 연구자들이 집에 있는 유치원생들을 관찰했는데, 남아와 여아 모두 퍼즐을 가지고 놀고 싶어 하였다. 그러나 부모들은 퍼즐을 맞추다가 어려움에 봉착한 아들에게 더 공간적 개념을 자주 설명하였다(Levine

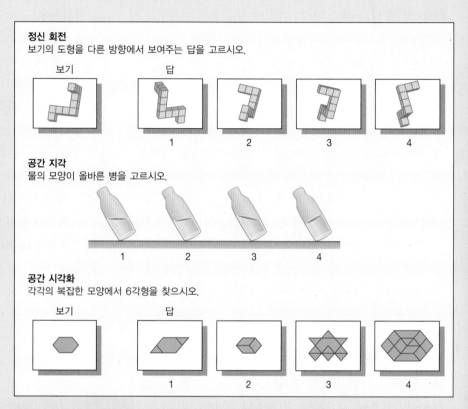

정신 회전
보기의 도형을 다른 방향에서 보여주는 답을 고르시오.

보기　답
1　2　3　4

공간 지각
물의 모양이 올바른 병을 고르시오.

1　2　3　4

공간 시각화
각각의 복잡한 모양에서 6각형을 찾으시오.

보기　답
1　2　3　4

그림 1.11　공간 과제 유형　정신 회전에서 남성이 우세한 큰 성차가 나타나며, 남성은 여성보다 공간 지각을 상당히 잘한다. 반대로, 공간 시각화에서의 성차는 약하거나 존재하지 않는다.

이 10대들은 고등학교 3학년 학생을 위한 과학연구 경진대회에 참석 중이다. 지지적인 경험을 통해 소녀들은 수학과 과학을 잘할 수 있다.

et al., 2012). 복잡한 퍼즐 놀이는 몇 달 후 아동의 공간 능력 검사 수행 점수를 예측하였다.

공간 능력은 훈련에 꾸준히 반응하는데, 훈련에 의한 향상은 성차에 따른 차이보다 더 크게 나타난다. 그러나 소년과 소녀들이 일반적으로 비슷한 수준의 훈련 효과를 보이기 때문에 성차는 지속된다(Uttal et al., 2013). 그러나 한 연구에서 1학년에게 이전보다 더 집중적으로 정신 회전 전략을 훈련시켰더니 소녀들의 수행 수준이 소년들의 수준에 다다랐다(Tzuriel & Egozi, 2010). 이 결과는 초기에 적확한 종류의 중재를 하면 공간 능력에서의 성차에 근거한 유전적인 차이를 극복할 수 있다는 것을 보여준다.

듯이 성평등의 가치가 중시되는 문화에서 수학 점수의 성차가 더 적으며, 두 나라에서는 성차가 여전되었다! 스웨덴과 아이슬란드의 고등학교 소녀들은 소년들보다 수학점수가 더 높다(Guiso et al., 2008; OECD, 2012). 유사하게, 수학과 과학에서의 성차는 여성이 연구 관련 직업에 종사하는 비율이 높고 수학을 '남성적'이라고 생각하는 사람이 거의 없는 국가에서 더 작게 나타난다.

마지막으로 유치원에서 시작하는 도표를 그리고, 시각 이미지를 정신적으로 조작하고, 수의 패턴을 찾고, 그래프를 그리는 것과 같이 효과적인 공간 전략을 적용하는 방법을 가르치는 수학 커리큘럼이 중요하다(Nuttall, Casey, & Pezaris, 2005). 소녀들은 언어적 처리에 편향되어 있으므로 그들이 어떻게 공간적으로 생각하는지를 특별히 배우지 않는다면 수학과 과학적 잠재력을 이루지 못할 것이다.

학교에서 학습하기

1.17 상급학교 진학이 청소년기 적응에 미치는 영향을 논하라.
1.18 가족, 또래, 학교, 직장이 청소년기 학업 성취에 미치는 영향을 논하라.
1.19 고등학교 중퇴의 위험을 높이는 요인은 무엇인가?

복잡한 사회에서, 청소년기는 중등학교에 진학하는 시기와 일치한다. 대부분의 젊은이들은 중학교에 들어가고 그리고 고등학교에 진학한다. 상급학교로의 진학과 더불어 학업 성적은 대학 선택과 직업 기회에 영향을 주기 때문에 더 중요해진다. 다음 절에서 중등학교 생활의 다양한 요소를 다룰 것이다.

상급학교 진학

사브리나가 중학교로 진학했을 때, 그녀는 규모가 더 큰 학교에서의 생활을 위해 친밀하고, 모든 것이 완비된 작은 단위의 6학년 학급을 떠나야만 했다. "난 우리 반에 있는 대부분의 학생들을 잘 모르고, 우리 선생님도 나를 잘 몰라요." 사브리나는 첫 주가 지날 무렵에 엄마에게 이렇게 불평을 했다. "게다가 숙제는 너무 많아요. 한 번에 모든 과목에서 숙제를 내줘요. 나는 이걸 다 할 수 없어요!" 그녀는 소리를 치며 울음을 터뜨렸다.

상급학교 진학의 영향 사브리나의 반응에서 볼 수 있듯이 상급학교 진학은 적응 문제를 일으킨다. 초등학교에서 중학교,

또는 중학교에서 고등학교로 진학할 때마다 청소년들의 성적이 떨어진다(Benner, 2011; Ryan, Shim, & Makara, 2013). 이렇게 성적이 떨어지는 것은 부분적으로는 성적에 대한 기준이 더 엄격해지기 때문이지만 동시에 상급학교 진학 역시 성적 및 출석률 하락과 연관된다(Benner & Wang, 2014; Schwerdt, & West, 2013). 중급학교로 진학한다는 것은 개인적 주의를 덜 받게 되고, 과목 수가 많아지고, 학급의 의사결정에 참여할 기회가 줄어든다는 것을 의미한다.

이러한 변화의 관점에서 볼 때, 학생들이 초등학교에서의 학습보다 중·고등학교에서의 학습을 좋게 평가하지 않는 것은 놀랍지 않다. 또한 중학교 선생님들이 그들을 잘 돌보지 않고, 덜 친절하고, 공정하게 점수를 주지 않고, 경쟁에 대한 스트레스를 더 많이 준다고 보고한다. 그 결과, 많은 젊은이들의 학업에 대한 자신감이나 동기가 감소된다(Barber & Olsen, 2004; De Wit et al., 2011; Otis, Grouzet, & Pelletier, 2005).

청소년들이 중등학교 진학과 더불어 가족 불화, 가난, 부모의 낮은 관여, 부모와의 심한 갈등, 사회적 지지의 부족, 학업에 대한 학습된 무기력과 같은 압박에 직면하는 것은 자존감이나 학업 어려움에 가장 큰 위험 요소이다(de Bruyn, 2005; De Wit et al., 2011; Seidman et al., 2003). 게다가 고등학교 진학 시, 아프리카계와 히스패닉 학생들은 특히 자신과 같은 민족의 친구들이 거의 없는 새로운 학교에 가야 하는 도전적 상황에 봉착한다(Benner & Graham, 2009). 이러한 환경에서 소수민족 청소년들은 소속감과 학교에 대한 애정을 적게 느끼고, 성적이 급격하게 하락한다.

상급학교 진학 후에 성적이 낮게 유지되거나 급격히 하락하는 괴로움을 겪는 젊은이들은 일관적으로 낮은 자존감, 동기, 성취의 패턴을 보인다. 또 다른 연구에서 연구자들은 고등학교로 진학하는 시기에서 '다중 문제'를 가진 젊은이(학업 성적 문제와 정신건강 문제를 다 가지고 있는 사람)를 오직 한 영역에서만 문제를 가진 젊은이(학업 성적 문제나 정신건강 문제 중 하나만 가지는 사람)와 잘 적응하는 젊은이(두 영역을 다 잘하는 사람)와 비교하였다. 평균 점수는 모든 집단에서 내려갔지만, 잘 적응하는 학생들이 계속 높은 점수를 받았고 다중 문제를 가진 젊은이들은 낮은 점수를 받았고, 또 다른 집단은 그 중간이었다. 게다가 다중 문제를 가진 젊은이들은 무단결석이나 학교 밖에서 문제행동을 훨씬 더 많이 일으켰다.

학업과 정서에서 어려움을 겪는 청소년들은 삶의 다른 영역에서 부족한 지지를 얻기 위해 자신들과 비슷하게 소외되어 있는 친구를 찾는다(Rubin et al., 2013). 이러한 취약한 젊은이의 고등학교 진학은 학업 수행을 나선형으로 하락시키고 자퇴하는 결과를 가져오기도 한다.

청소년들이 상급학교 진학에 적응하는 것 도와주기 앞의 결과가 보여주듯이, 상급학교 진학은 종종 청소년들의 발달적 요구를 충족시키지 않는 방향으로 환경 변화를 가져온다(Eccles & Roeser, 2009). 청소년들은 성인의 도움이 필요한 이 시기에 교사와 친밀한 관계를 깨뜨린다. 자기가 주목받으려는 바람이 커지면서 더욱 경쟁적이 된다. 자율성에 대한 욕구가 증가하기도 하지만, 의사결정이나 선택은 잘 하지 않으려 하기도 한다. 또래 수용에 관심이 많기도 하지만, 또래 네트워크를 방해하기도 한다.

살펴보기

중학생들에게 중학교 진학 후 그들의 경험에 관해 물어보라. 교사와 학교가 진학의 스트레스를 완화하는 데 어떤 도움을 주었는가?

부모, 교사, 또래가 도와주면 상급학교 진학 때문에 갖게 되는 긴장은 완화된다(Waters, Lester, & Cross, 2014). 부모가 관심을 갖고 관리해주고, 서서히 자율성을 주고, 좋은 성적을 받는 것보다는 숙달을 더 강조하면 적응을 더 잘하게 된다(Gutman, 2006). 또한 친밀한 친구가 있는 청소년들이 상급학교 진학 후에도 이 우정을 유지할 가능성이 큰데, 이러한 관계가 새로운 학교에서의 사회적 통합과 학업적 동기를 향상시킨다(Aikens, Bierman, & Parker, 2005).

몇몇 학군에서는 초등학교와 중학교를 K-8 빌딩(K-8 building)으로 통합함으로써 상급학교 진학 횟수를 줄인다. 중학교로 진학하는 또래와 비교하여, K-8의 6, 7학년 학생들은 성적이 더 우수하다(Kleffer, 2013; Schwerdt & West, 2013). 게다가 K-8 빌딩의 교사와 직원은 모두 사회적 환경이 더 좋다고 이야기한다. 즉 덜 혼란스럽고, 문제도 적으며, 전반적인 업무 환경이 좋다(Kim et al., 2014). 이러한 요인은 학생들이 학업적, 사회적으로 학교에 대해 갖는 호의적 태도를 예측해준다.

큰 변화가 아니라도 효과를 볼 수 있는 방법이 있다. 큰 학

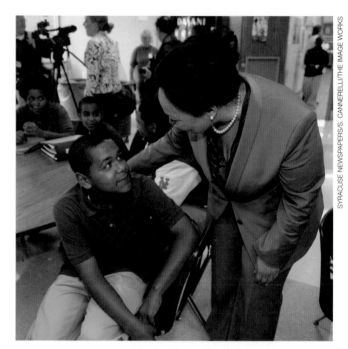

등교 첫날 교사의 배려와 관심은 이 6학년 학생이 작은 초등학교 교실에서 더 큰 중학교로 진학하면서 겪는 스트레스를 다루는 데 도움을 준다.

교 내 작은 조직을 형성하는 것이 선생님과 또래들과 모두 더 가까운 관계를 맺는 데 도움이 되며, 방과 후 학습 참여도 늘어난다(Seidman, Aber, & French, 2004). 그리고 자신과 같은 민족의 또래가 있는 '중요한 무리'는 10대들이 사회적으로 수용된다는 느낌을 갖고, 외집단 적대감의 두려움을 없애는 데 도움이 되는데, 혹자는 같은 민족의 또래가 적어도 총학생의 15% 정도는 되어야 한다고 제안한다(National Research Council, 2007). 상급학교 진학 후 첫해에, 교사는 학업이나 개인 문제에 대해 상담을 해줄 수 있다. 정서적 안정감과 사회적 지원을 증진할 수 있는 구성을 염두에 두고, 친한 또래들이 있거나 안정적인 새로운 또래가 있는 학급에 학생들을 배치할 수 있다. 이런 식의 배려가 있는 학교에서, 학생들은 학업 성적이 떨어질 가능성이 적고, 다른 부적응 문제를 보일 가능성이 적다(Felner et al., 2002).

학업 성취

청소년의 학업 성취는 오랫동안 축적된 효과의 결과이다. 가정과 학교에서 일찍부터 긍정적인 교육 환경을 제공하면, 지능, 자신의 능력에 대한 자신감, 성공하려는 욕구, 높은 교육을 받으려는 열망을 성취하도록 도와주는 성격 특질을 갖게 된다. 또한 바람직하지 못한 환경을 개선하는 것은 수행이 낮은 젊은이들이 회복할 수 있는 적응유연성을 줄 수 있다.

10대 시기 동안 성취를 도와주는 환경 요인들을 요약한 '배운 것 적용하기' 글상자를 참조하라.

아동 양육 스타일 권위 있는 자녀 양육이 아동기 동안에 성취하려는 행동을 예측해준 것처럼, 청소년기의 성취도 예측해준다. 연구들은 권위 있는 양육을 받은 젊은이들의 성적이 높다고 보고하는데, 이는 다양한 사회경제적 지위에서 나타난다(Collins & Steinberg, 2006; Pinquart, 2016). 이에 반해 독재적 양육, 허용적인 양육, 혹은 방관적 양육을 받은 젊은이들의 성적은 낮고, 시간이 지날수록 더 나빠지는 경향이 있다.

권위 있는 자녀 양육이 청소년들의 학업 역량과 관련이 있다는 것은 아르헨티나, 호주, 중국, 네덜란드, 파키스탄, 영국 등의 다양한 가치 체계를 가지는 나라에서 증명되고 있다(Chan & Koo, 2011; de Bruyn, Dković, & Meijnen, 2003; Steinberg, 2001). 권위 있는 부모는 아동이 스스로의 행동에 대해 책임지는 능력을 가질 것을 기대한다. 온정적이고, 열린 마음으로 의논하고, 흔들리지 않는 확고부동함을 보이고, 청소년들이 어디 있는지 무엇을 하는지를 점검해주면, 젊은이들은 자기들이 관심을 받고 있고 가치 있게 여겨진다고 느끼게 되고, 사려 깊게 사고하고 자기조절을 하게 되며, 학교 생활을 잘하는 것이 중요하다고 인식하게 된다. 이러한 요인들은 다시 성취 지향적인 속성, 노력, 성취, 높은 교육을 향한 갈망과 관련된다(Gauvain, Perez, & Beebe, 2013; Gregory & Weinstein, 2004).

부모-학교 간 협력 자율성에 대한 10대들의 강렬한 소망에 응하여, 부모들의 교내 자원봉사나 교사와의 접촉은 청소년기에 걸쳐서 줄어드는 경향이 있다. 그렇지만 학업 성적이 우수한 학생들의 부모는 일반적으로 자녀 교육에 지속적으로 투자한다(Hill & Taylor, 2004). 이 부모들은 자기 자녀들의 발전을 주시하고, 교사들과 의견을 나누고, 도전적이고 잘 가르치는 학급에 자녀를 등록시키며, 학교에서 잘하는 것의 중요성을 강조하고 학업 계획에 참여한다.

미국의 10학년을 대상으로 한 대규모 표본의 연구에 따르면 교육과 높은 성취를 장려하는 부모를 둔 학생들이 제 시간에 과제를 끝마치며, 수업에 덜 빠지고, 학교 수업에 더 큰 흥미와 즐거움을 표현하는 것으로 나타났다(Wang & Sheikh-Khalil, 2014). 약 2년 뒤에 이들은 관여를 덜 하는 부모를 둔

남편이 퇴근하기를 기다리는 동안 이 어머니는 아들이 옆에서 놀고 있는 편의점 앞에 앉아서 딸의 숙제를 도와주고 있다. 황폐하고 위험한 동네에서 사는 부모들은 비록 일상의 스트레스로 자녀 교육에 쏟을 에너지가 부족함에도 불구하고, 자녀들에게 교육의 가치를 더 열심히 전달한다.

동급생들보다 평균 점수가 늘었으며, 이러한 효과는 사회경제적 지위와 이전의 학업 수행 수준의 효과를 넘어서는 것이었다. 학업에 관여하는 부모들은 그들의 자녀에게 교육의 가치, 학업적 문제를 건설적으로 해결하는 모델에 관한 메시지를 전달하며, 지혜롭게 교육적인 결정을 하도록 장려한다.

풍족한 자원이 있는 이웃을 둔 부모에 비해, 침체되어 있고 위험한 이웃을 둔 부모가 집에서 10대 자녀에게 학업적인 관여를 더 많이 하는 것으로 보고한다. 그들은 비록 일상의 스트레스로 에너지가 부족하기는 하지만 아이들에게 교육의 가치를 전달하는 일을 더 열심히 하는 것처럼 보인다(Bhargava & Witherspoon, 2015; Bunting et al., 2013). 그러나 가정과 학교의 강력한 관계가 이러한 스트레스를 줄일 수 있다. 학교는 교사와 부모의 관계를 강화하고 상호 도움을 주는 부모들의 커뮤니티를 조직하고, 학교 행정에 부모들을 참여시킴으로써 부모와 학교의 파트너십을 만들 수 있다. 이것은 부모들이 학교의 목표를 이해하고, 그 목표에 투자하도록 해준다.

또래 영향 또래는 가정과 학교를 연결해주며 청소년들의 성취에 중요한 역할을 한다. 성취를 가치 있게 생각하는 부모를 가진 10대들은 그러한 가치를 공유하는 친구를 선택한다(Kiuru et al., 2009; Rubin et al., 2013). 예를 들어 사브리나가 중학교에서 새로운 친구를 사귀기 시작했을 때, 그녀는

배운 것 적용하기

청소년기 높은 성취 지지하기

요인	기술
아동 양육 실천	권위적인 양육 부모–청소년 공동의 의사결정 청소년 교육에 대한 부모의 관여
또래 영향	높은 성취를 가치 있게 여기고 지지하는 친구들
학교 특징	부모와 개인적 관계를 맺고, 그들에게 어떻게 10대들의 학습을 지지해줄 수 있는지 보여주는 따뜻하고 　지지적인 교사 고차원의 사고를 고취시키는 학습활동 학습활동과 학급 의사결정에 적극적으로 참여하는 학생
취업 계획	주당 15시간 미만의 근무시간 대학진학을 원하지 않는 청소년을 위한 높은 수준의 직업 교육

종종 자기 여자친구들과 함께 공부하였다. 이 소녀들은 각자 잘하고 싶어 했고 다른 친구들도 자기들처럼 같은 바람을 가지도록 독려하였다.

또래들이 성취를 높이기 위해 도와주는 것은 또한 또래 문화의 전반적인 분위기에 따라 달라지는데, 또래 문화에서 소수민족 젊은이들은 주변의 사회 질서에 의해 많은 영향을 받는다. 한 연구에 따르면 학교 내의 또래 네트워크가 백인 청소년과 히스패닉 청소년들의 높은 성적에 도움이 되었으나, 아시아계 청소년과 흑인 청소년에게는 그렇지 않았다(Faircloth & Hamm, 2005). 아시아 문화는 가까운 또래적 결속보다 가족과 교사의 기대를 존중하는 것을 강조한다. 흑인 청소년들은 그들의 민족이 교육적 성취, 직업, 수입, 주거에서 백인보다 더 나쁜 조건에 있는 것을 목격한다. 그리고 그들이 '똑똑하지 않다'는 고정관념에서 비롯된 교사와 또래들의 차별적 대우는 분노, 불안, 자기의심을 촉발하여 동기와 성취를 감소시키고, 학교에 관심이 없는 친구들과 어울리고, 문제행동을 많이 하도록 한다(Wong, Eccles, & Sameroff, 2003).

교사와 또래 간의 긴밀한 네트워크를 구축하는 학교는 이러한 부정적인 결과를 예방한다. 재학생의 대부분이 저소득의 소수민족 학생인 한 고등학교는(65%가 아프리카계 미국인이었음) '직업 학교'로 재조직해 학교 내에 학습 공동체를 만들고, 각각에 서로 다른 직업 관련 커리큘럼을 제공하였다

(예를 들어 한편에서 건강, 의료, 생명과학에 초점을 맞추고, 다른 한편에서는 컴퓨터 테크놀로지에 초점을 맞춤). 교사와 학생 간 배려하는 관계와 결합된 직업 기반의 학업 프로그램은 이들이 학교에 참여하는 것을 중요하게 여기고, 프로젝트에 협력하고, 학업적으로 잘 해야겠다는 동기가 생기는 학교 분위기를 만들어냈다(Conchas, 2006). 고등학교 졸업과 대학 입학률은 소수에서 90% 이상까지 올라갔다.

마지막으로 10대들이 심지어 수업시간이나 과제를 할 때에도 친구들과 지속적으로 연락하기 위해 사용하는 문자 메시지, 이메일, 소셜미디어 사이트들은 성취에 위험을 가져다주는 현대 10대의 또래집단 생활의 한 측면이다. '미디어 멀티태스킹'이 학습에 미치는 영향에 관해서는 '사회적 이슈 : 교육' 글상자에 실린 글을 보라.

학교의 특징 청소년들은 그들의 증가하는 추론력과 정서적, 사회적 욕구에 걸맞은 학교 환경을 필요로 한다. 적절한 학습 경험 없이 그들의 인지적 잠재력은 실현될 수 없다.

학급 학습 경험 앞에서 언급한 바와 같이 크고 분업화된 중등학교에서 많은 청소년들은 그들의 학급이 따뜻함, 지지가 부족하다고 보고하며, 이것이 이들의 동기를 약화시킨다. 물론 각 과목을 분리된 교실에서 듣는 것은 학생들의 고차원 사고를 장려하고, 효과적인 학습 전략으로 가르치고, 학생들의

사회적 이슈 : 교육

미디어 멀티태스킹이 학습을 방해한다

"엄마, 저 생물 시험 공부할 거예요." 16세인 애슐리는 자신의 침실문을 닫으면서 소리쳤다. 책상에 앉으면서 그녀는 노트북으로 유명한 소셜미디어 사이트에 접속하고, 헤드폰을 쓰고, 태블릿에서 가장 좋아하는 노래를 듣기 시작했다. 그리고 휴대전화를 팔꿈치 옆에 두어서 메시지 도착 알람이 울리면 언제든지 들을 수 있게 했다. 이렇게 한 후 비로소 교과서를 읽기 시작했다.

미국의 8~18세 청소년을 대상으로 한 조사에 따르면 2/3 이상의 청소년들이 한 번에 2개 이상의 미디어 활동을 하는 것으로 나타났다(Rideout, Foehr, & Roberts, 2010). 가정에서 15분간 관찰연구를 하였더니 평균적으로 매 5~6분마다 문자 메시지, 소셜미디어 사이트, 전화 통화, TV 보기를 바꿔 가며 했다(Rosen, Carrier, & Cheever, 2013). 젊은이들의 침대에 TV가 있는 것은 모바일 기기, 특히 스마트폰에 접속하는 것과 마찬가지로 이러한 행동의 강력한 예측 요인이었다. 미국 청소년의 약 3/4이 스마트폰을 가지고 있고, 1/4이 '거의 계속' 온라인에 접속해 있다고 보고하였다(Foehr, 2006; Pew Research Center, 2015g).

연구는 미디어 멀티태스킹은 학습을 약화시킨다는 것을 검증했다. 한 실험에서 참여자들은 두 가지 과제를 했다. 한 가지 과제는 색상이 입혀진 형태를 단서로 사용해 서로 다른 두 도시의 날씨를 예측하는 것을 학습하는 것이었

고, 또 다른 과제는 헤드폰을 통해 들리는 고음의 부저 소리가 몇 번 울리는지를 마음 속으로 세는 것이었다. 표본의 반은 이 과제를 동시에 수행했고, 나머지 반은 두 과제를 각각 따로 수행했다(Foerde, Knowlton, & Poldrack, 2006). 두 집단은 두 도시 상황의 날씨를 예측하는 방식을 배웠지만, 멀티태스킹을 한 집단은 그들의 학습을 새로운 날씨 문제를 학습하는 데 적용하지 못했다.

fMRI 결과에서는 날씨 과제만 한 참여자는 해마, 즉 외현적 기억에 중요한 역할을 하는 부위가 활성화되었는데, 이 기억은 의식적이고 전략적인 회상으로 새로운 정보의 맥락에 맞는 유연하고 적응적인 사용을 가능하게 해준다. 반대로 멀티태스킹을 한 참여자들은 내현적 기억을 담당하는 피질하 영역이 활성화되었는데, 이 기억은 무의식적인 얕고 자동적인 형태의 학습이다.

미디어 멀티태스킹을 자주 사용하는 청소년들은 일상생활에서의 각 집행 기능의 측면과 관련된 문제를 보고한다 – 작업기억("내가 뭘 하고 있었는지 기억이 안 나."), 억제("내 순서를 기다리는 게 너무 힘들어."), 유연한 주의 전환("한 활동에서 다른 활동으로 전환하는 게 어려워.")(Baumgartner et al., 2014). 결과적으로 생물학 시험을 피상적으로 준비하는 것을 넘어서 애슐리는 전자기기를 끈 이후에 집중하고 새로운 정보에 전략적으로 접근하는 게 어려울 가능성이 크다.

숙제를 하는 동안 미디어 멀티태스킹을 하는 것은 주의를 분산시켜서 피상적인 학습을 야기한다. 자주 멀티태스킹을 하는 학생은 멀티태스킹을 하지 않는 동안에도 적절하지 않은 자극을 걸러내는 데 어려움을 겪을 가능성이 크다.

경험이 많은 선생님들은 이전 학생들에 비해 오늘날의 10대들이 쉽게 주의가 분산되며 깊게 학습하지 않는다고 불평한다. 한 선생님은 이렇게 이야기했다. "한 번에 많은 것을 짧은 시간 안에 하는 것, 이것이 그들이 자라온 방식이다"(Clay, 2009, p. 40).

경험에 기반한 내용을 강조하는 전문가로부터 수업을 들을 수 있다는 중요한 이점이 있다. 이러한 전문가의 수업은 흥미, 노력, 성취에 기여한다(Crosnoe & Benner, 2015; Eccles, 2004). 그러나 많은 학급이 끊임없이 자극적인, 도전적인 강의를 제공하는 것은 아니다.

강의 질의 편차가 크면 기본적인 학업능력이 부족한 채 고등학교를 졸업하는 사람의 수가 증가한다. 비록 백인 학생들과 아프리카계 미국인, 히스패닉, 미국 원주민 간 학업 성취의 간격이 1970년대 이래로 줄어들고 있지만, 사회경제적 지

위가 낮은 계층에서의 읽기, 쓰기, 수학, 과학의 수준은 여전히 실망스럽다(U.S. Department of Education, 2012a, 2012b, 2016). 이 젊은이들은 종종 낡은 건물, 오래된 장비, 시험지 부족과 같이 재정적으로 열악한 환경의 학교에 다닌다. 일부는 가르침과 학습보다 범죄와 규율 문제에 더 주의를 기울인다. 중학교 때까지 사회경제적 지위가 낮은 다수의 소수민족 학생들은 낮은 학업적 수준에 머물고, 학습에 어려움을 겪는다.

추적 초등학교 기간 동안 능력으로 집단을 구분하는 것은 해

롭다. 적어도 중학교에서의 우열혼합반이 바람직하다. 그것은 학업 진척도가 다양한 학생들의 동기와 성취를 도와준다(Gillies, 2003; Gillies & Ashman, 1996).

교육의 어떤 측면은 학생들의 미래의 교육 계획과 직업 계획에 들어맞아야 하므로 고등학교까지 어느 정도 집단을 분류하는 것은 피할 수 없다. 미국에서는 고등학생들이 대학 준비 트랙, 직업 준비 트랙, 일반 교육 트랙으로 구분해 상담을 받는다. 안타깝게도 사회경제적 지위가 낮은 소수민족 학생들은 대부분이 대학 트랙으로 배정받지 않으며, 어린 시절의 교육 불평등이 영속화된다.

일단 낮은 수준의 학업 트랙(low academic track)에 배정되면 다음 학년에서 상급 과정으로 가지 못하게 되는데, 낮은 수준의 학업 트랙 커리큘럼에서는 상급 과정에 필요한 선수강 과목을 듣는 것이 제한되기 때문이다(Kelly & Price, 2011). 공식적인 트랙 프로그램이 없는 중등학교에서조차 사회경제적 지위가 낮은 학생들은 대부분 혹은 모든 과목에서 낮은 수준의 코스에 배정이 된다(Kalogrides & Loeb, 2013).

낮은 수준의 학업 트랙을 빠져나오는 것은 어려우며, 심지어 학생이 그러기 위해 노력할 때에도 그렇다. 아프리카계 미국인 학생들을 대상으로 한 인터뷰에서 이들은 그들의 이전 수행이 그들의 능력을 반영한다고 생각하지 않았다. 그러나 다른 과중한 업무도 함께 맡고 있는 교사와 상담가는 개개인의 사례를 재고할 시간이 거의 없다(Ogbu, 2003). 높은 수준의 학업 트랙에 있는 학생들과 비교하여, 낮은 수준의 학업 트랙에 있는 학생들은 학업적 자기효능감이 낮고, 노력도 상당히 덜 기울이는데, 고무적이었던 수업 경험이 적고, 교사가 기대가 적은 것이 일정 부분 이러한 차이에 기여한다(Chiu et al., 2008; Worthy, Hungerford-Kresser, & Hampton, 2009).

사실상 모든 산업화된 국가에서 고등학생들은 학업 트랙과 직업 트랙으로 구분된다. 중국, 일본, 그리고 대부분의 서유럽 국가에서는 국가 시험으로 학생들을 배정하는데, 이것이 이 젊은이들의 미래 가능성을 설정한다. 미국에서는 대학 준비 트랙으로 배정받지 못했거나, 성적이 좋지 않은 학생들도 대학에 진학할 수 있다. 그러나 근본적으로 많은 젊은이들이 더 개방적인 미국 시스템으로부터 혜택을 받지 못한다. 대부분의 다른 산업화된 국가보다 미국에서 청소년기까지의 교육과 학업성취 질에서의 사회경제적 지위의 차이가 더 크다. 그리고 미국은 스스로를 교육 실패자로 생각하고 고

등학교를 자퇴하는 젊은이의 비율이 높은 나라이다(OECD, 2013c).

파트타임 근무 미국에서는 학교 다니면서 일을 하는 고등학생의 수가 나이가 들수록 증가하는데, 10학년에서는 40%이고, 12학년이 되면 거의 50%가 된다. 이것은 다른 선진국의 청년 고용을 초과한 수치이다(Bachman, Johnston, & O'Malley, 2014). 대부분은 사회경제적 지위가 중간인 학생들로 직업 탐색 및 트레이닝의 필요성보다는 자신들이 쓸 돈을 벌기 위해서 한다. 가족들 수입에 보탬이 되거나 자기 스스로를 부양해야 하는 사회경제적 지위가 낮은 학생들은 직업을 찾기 더 어렵다(Staff, Mont'Alvao, & Mortimer, 2015). 그러나 경제적으로 어려운 아프리카계 미국인과 히스패닉 10대들이 일을 시작하면, 일반적으로 이들이 더 많은 시간 일을 한다.

청소년들은 전형적으로 비숙련의 단순반복 업무의 일을 하며, 성인 슈퍼바이저와의 접촉은 거의 없다. 이러한 일에 과도하게 전념하는 것은 해롭다. 학생들의 근무 시간이 길수록 출석을 덜하게 되고, 성적이 더 낮고, 교외 활동에 덜 참여하게 되고, 자퇴를 할 가능성이 높아진다(Marsh & Kleitman, 2005). 이러한 일에 많은 시간을 쓰는 학생들은 또학 약물과 알코올을 사용하고, 비행행동을 한다고 보고한다(Monahan, Lee, & Steinberg, 2011; Samuolis et al., 2013). 반대로 꾸준하게 적정한 시간 일하는 것은 높은 성적과 높은 출석률과 대학을 끝까지 마치는 것을 예측해주며, 특히 학업 성적이 좋지 않은 채로 고등학교를 시작했던 학생일수록 그렇다(Staff & Mortimer, 2007). 유급 노동은 이러한 젊은이들에게 효과적으로 시간을 관리하고, 책임감을 기르고, 자신감을 기르도록 장려한다.

일-학업 프로그램 혹은 학업과 직업 학습 기회를 제공하는 다른 직업 역시 긍정적 결과와 관련된다. 즉 학교와 일에 대한 긍정적 태도를 갖고, 학업 수행이 향상되고, 문제행동이 감소한다(Hamilton & Hamilton, 2000; Staff & Uggen, 2003). 그러나 대학에 진학하지 않은 미국 청소년들을 위한 질 높은 직업 준비 교육은 드물다. 12학년 중 단지 6%만이 일-학업 프로그램에 참여하고 있다고 보고하였다(Bachman, Johnston & O'Malley, 2014). 몇몇 유럽 국가와 달리 미국은 젊은이들이 전문 기술, 산업 직업, 노동 업계를 준비할 수 있는 널리 퍼진 트레이닝 시스템이 없다. 비록 미국 연방정부

와 각 주정부가 몇 가지 직업 트레이닝 프로그램을 제공하고 있지만, 대부분은 도움이 필요한 젊은이들에게 기여를 하기에는 너무 짧다.

중도포기

수학 교실에서 루이스의 한 분단 옆에 앉는 노먼은 공상을 하고, 수업이 끝나면 노트를 주머니에 구겨 넣고, 숙제를 거의 하지 않았다. 시험 당일에 그는 대부분의 문제에 답을 하지 않았다. 루이스와 노먼은 4학년부터 같은 반 친구였지만 함께 하는 것은 거의 없었다. 학교 공부가 빠른 루이스에게 노먼은 다른 세계에 사는 것처럼 보였다. 일주일에 한두 번 노먼은 수업에 오지 않았고, 어느 봄 날 그는 학교 오는 것을 완전히 그만두었다.

노먼은 고등학교를 중퇴하고 졸업장이나 GED(고졸학력 인증서 – 역주) 없이 학교에 남아 있는 미국의 16~24세의 7% 중 한 사람이다(U.S. Department of Education, 2015). 2000년대 중반부터 전반적인 중퇴 비율은 줄어들고 있는데, 대체로 히스패닉 10대의 졸업률이 상당히 높아졌기 때문이다. 그럼에도 불구하고 그림 1.12에서 볼 수 있듯이 중퇴 비율은 사회경제적 지위가 낮은 소수민족 청소년, 특히 네이티브 미국인과 히스패닉 젊은이 사이에서는 높게 유지되고 있다. 또한 소년들이 소녀들보다 중퇴 비율이 상당히 더 높다.

학교를 떠나겠다는 결정은 심각한 결과로 연결된다. 상급 중등교육을 받지 않은 젊은이들이 고등학교 졸업생들보다 읽기와 쓰기 검사에서 더 낮은 점수를 보이며, 오늘날 지식 기반의 경제에서 고용주들이 중시하는 기술이 부족하다. 결과적으로 중퇴자들은 고등학교 졸업생들보다 취업률이 훨씬 낮다. 고용이 되었더라도 하찮고 적은 보수의 일을 하는 데 머무를 가능성이 높으며, 이따금씩 실직한다.

중도포기와 관련된 요인 많은 중퇴자들은 낮은 학업 수행과 문제행동의 지속적인 패턴을 보인다(Hawkins, Jaccard, & Needle, 2013). 그러나 노먼과 같은 다른 아이들은 문제행동을 거의 보이지 않는다. 그들은 단지 학업에서의 어려움을 겪고, 학교로부터 상당히 떨어져 나와 있다(Balfanz, Herzog, & MacIver, 2007). 중퇴의 경로는 이른 시기에 시작된다. 1학년 때의 위험요소가 중등학교에서의 위험요소만큼이나 중퇴를 예측해준다(Entwisle, Alexander, & Olson, 2005).

다른 중퇴자들처럼 노먼은 경계 수준에서 낙제 수준의 학교 성적과 낮은 학업 자기효능감의 긴 역사를 가지고 있다(Wexler & Pyle, 2013). 나이가 들면서 노먼은 수업에 덜 규칙적으로 출석하였고, 주의를 많이 끌지 못했으며, 숙제를 거의 하지 않았다. 학교 클럽이나 스포츠에도 참여하지 않았다. 결과적으로 그를 잘 아는 교사나 학생들이 별로 없었다. 그가 떠나는 날까지 노먼은 학교생활의 거의 모든 면으로부터 소외감을 느꼈다.

다른 중퇴자와 마찬가지로 노먼의 가족 배경이 그의 문제에 기여하였다. 다른 학생들, 심지어 같은 성적의 학생들에 비해서 중퇴자들의 부모는 10대 자녀의 교육에 관여하지 않고, 자녀들의 일상 활동을 거의 관리하지 않는다. 대부분은 한부모이고, 본인 스스로도 고등학교를 졸업하지 않았고, 실직 상태에 있다(Pagani et al., 2008; Song, Benin, & Glick, 2012).

학교를 중퇴한 학생들은 대체로 성공의 기회를 약화시켰던 학교 경험이 있다. 이들을 학업 실패로 표시하였던 성적 잔류, 비지지적인 교사, 적극적 참여의 기회 없음, 빈번한 또래 괴롭힘이 그것이다(Brown & Rodriguez, 2009; Peguero, 2011). 이러한 학교에서 규율 위반은 일상적이고 종종 수업으로부터 학생을 배제해서 정학이라는 결과로 이어지고, 학업 실패에 기여한다(Christie, Jolivette, & Nelson,

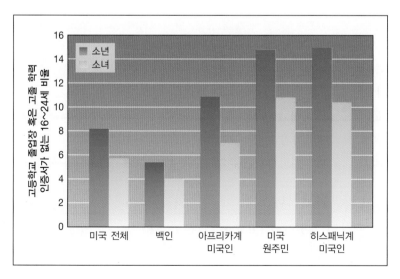

그림 1.12 성별과 민족에 따른 미국 고등학생 중퇴 비율 많은 아프리카계 미국인, 히스패닉, 미국 원주민 젊은이들은 가정환경이 경제적으로 어렵고, 재원이 충분하지 않으며, 질 낮은 학교에 다니기 때문에 이들의 중퇴율은 국가의 평균을 상회한다. 미국 원주민과 히스패닉 젊은이의 중퇴 비율이 특히 높다. 모든 민족에서 소년들이 소녀들보다 중퇴율이 더 높다(Stark & Noel, 2015).

2007). 일반 교육과 직업 트랙의 수업은 별로 활기 있지 않아서, 이 트랙의 학생들은 대학 준비 트랙의 학생들보다 중퇴할 가능성이 3배 더 높다(U.S. Department of Education, 2015). 초기 아동기부터 학습 및 행동 문제 비율이 소년에게서 더 높이 나타나는 것은 소녀보다 학교를 더 많이 떠나도록 하는 데 기여한다.

예방 전략 중퇴의 위험이 있는 10대들을 도울 수 있는 다양한 전략 가운데 몇 가지 공통된 주제가 성공적이었는데, 그것은 다음과 같다.

- 보충 지도학습 및 개인적인 관심을 기울이는 상담. 대부분의 잠재적인 중퇴자들은 따뜻하고 지지적인 교사–학생의 관계를 유지하는 소규모의 학급에서 집중적인 보충 지도가 필요하다(Wilson & Tanner-Smith, 2013). 한 가지 성공적이었던 접근법에서는 중퇴 위험이 있는 학생들과 은혜한 성인들을 짝지어주었는데, 이 어른들은 청소년들에게 학업과 직업적 요구에 대해서 알려주는 교사, 멘토, 그리고 롤모델이 되었다(Prevatt, 2003).
- 수준 높은 직업 교육. 경계선에 서 있는 많은 학생들에게 실질적 삶과 관련된 직업 교육이 순수한 학문적 교육보다 더 수월하고 효과적이다(Levin, 2012). 교육이 잘 이루어지기 위해서는 학생들이 학교에서의 경험이 자신의 미래 목표와 관련된다는 것을 이해시키기 위해서 직업 교육에서 반드시 학업적 지도와 직업 관련 지도가 조심스럽게 통합되어야 한다.
- 학생들의 삶에서 학교를 일찍 그만두는 것과 관련된 많은 요인들을 다루기 위한 노력. 부모 참여를 강조하고, 일과 학업을 모두 유연하게 배치할 수 있도록 하고, 10대 부모들을 위한 현장 아동 돌봄 서비스를 제공하는 프로그램은 중퇴 위험이 있는 청소년들이 학교에 더 머물 수 있도록 해준다.
- 커리큘럼 외 활동에 참여하기. 경계선에 있는 학생들을 돕는 또 다른 방법은 이들을 학교의 공동체 생활로 끌어들이는 것이다. 커리큘럼 외 활동에 참여시키는 것에 가장 강력한 영향을 미치는 요인은 작은 학교 크기이다(Crosnoe, Johnson, & Elder, 2004; Feldman & Matjasko, 2007). 고등학교 학생 수가 감소할수록(2,000명에서 500~700명으로 감소할수록) 중퇴 위험이 있는 청소년

이 10대 청소년은 세심한 퇴직 교사로부터 추가적으로 학업적인 도움을 받는다. 이것은 학생들이 학교를 중퇴하는 것을 막는 성공적인 전략이다.

들이 교직원의 활동을 돕는 데 필요할 수 있다. 결과적으로, 이들은 자신의 학교에 더 애착을 가지게 된다. 큰 학교에서는 더 작은 '학교 안의 학교'를 만들면 작은 학교의 효과와 같은 효과를 갖게 된다.

예술, 지역사회 서비스, 혹은 직업개발활동에 적절하게 참여하는 것은 적응의 다양한 측면을 촉진한다(Fredricks, 2012; Fredricks & Eccles, 2006). 이러한 참여는 학업 수행의 향상, 반사회적 행동의 감소, 자존감과 주도성의 향상, 또래 수용의 증가를 가지고 온다.

학업 성취도에 대한 논의를 마무리하면서 역사적 관점에서 학업 중단 문제를 살펴보겠다. 20세기 후반에 미국에서는 24세까지 고등학교를 마친 젊은이의 비율은 50% 미만에서 90% 이상까지 꾸준히 증가하였다. 비록 고교 신입생의 25%

묻고 대답하기

연관지어보기 학교 중퇴를 예방하는 교육 실천이 청소년들의 학습을 전반적으로 향상시키는 교육 실천과 어떻게 유사한가?

적용해보기 타니샤는 6학년을 마쳤다. 그녀는 지금 있는 학교에서 8학년까지 다닐 수도 있고, 7학년부터 9학년까지 있는 더 큰 중학교로 옮길 수도 있다. 여러분은 어떤 선택을 제안하겠는가? 그 이유는 무엇인가?

생각해보기 중학교로의 진학과 고등학교로의 진학과 관련한 여러분의 경험을 이야기해보라. 무엇에서 스트레스를 경험했는가? 무엇이 여러분이 적응하는 데 도움을 주었는가?

에 해당하는 많은 중퇴자들이 자신감과 기술의 부족으로 더 많은 교육과 트레이닝을 받지 못하는 악순환에 빠지지만, 이들 중 2/3 이상이 20대 중반에 다시 학교로 돌아와서 중등교 육을 마친다(U.S. Department of Education, 2015). 그리고 일부는 교육이 좋은 직업과 만족스러운 삶을 위해 필수적이라는 것을 깨달으면서 학교 교육을 더 받는다.

요약

신체 발달

청소년기의 개념

1.1 지난 세기를 지나면서 청소년기 개념은 어떻게 변화했는가?

■ **청소년기**는 아동기에서 성인기로 전환되는 시기이다. 초기 이론가들은 청소년기가 생물학적으로 결정되는 폭풍과 스트레스의 기간이라고 보거나 전적으로 사회적 환경에 의해 영향을 받는다고 보았다. 현대의 연구자들은 청소년기를 생물학적, 심리적, 사회적 힘이 공동으로 작용한 산물이라고 본다.

■ 산업화된 사회에서 청소년기는 상당히 길어졌다.

사춘기 : 성인으로의 신체적 전환

1.2 사춘기 동안의 신체 성장, 운동 수행, 성적 성숙을 기술하라.

■ 아동기 중기에 호르몬 변화가 시작되는데, **사춘기**는 소녀가 소년보다 평균적으로 약 2년 먼저 시작된다. **성장 급등기** 동안 신체가 커지면서, 소녀들의 엉덩이와 소년들의 어깨가 넓어진다. 소녀들은 지방이 더 증가하고, 소년들은 근육이 더 증가한다.

■ 사춘기 동안 대근육 운동 수행은 소녀들의 경우 천천히, 점진적으로 증가하고, 소년들의 경우 급격하게 증가한다.

■ 사춘기에 빠른 신체 성장과 함께 **1차 성징**과 **2차 성징**이 나타난다. 소녀들은 성장 급등의 정점을 지난 후, 후반 사춘기 사건인 **초경**을 경험한다. 소년들은 성적 기관이 커지고, **첫 사정**을 경험한다.

1.3 어떤 요인들이 사춘기 시기에 영향을 미치는가?

■ 유전, 영양, 운동, 전반적인 신체적 건강이 사춘기 시기에 영향을 미친다. 가족 경험의 정서적 질이 역할을 할 수도 있다.

■ 산업화된 국가에서는 신체적 건강이 향상됨에 따라 사춘기가 더 일찍 시작하는 경향을 보인다. 몇몇 국가에서는 비만율이 이러한 경향성을 확대한다.

1.4 청소년기 동안 뇌에서는 어떠한 변화가 일어나는가?

■ 대뇌 피질에서 시냅스의 가지치기가 계속되며, 자극을 받은 신경섬유의 성장과 수초화가 가속화되고, 특히 전두엽을 포함한 뇌 부위 간 연결이 강화된다. 결과적으로 청소년기에 다양한 인지적 기술을 획득하게 되지만 이러한 획득은 점진적으로 이루어지기 때문에 자기조절은 완전히 성숙되지는 않는다.

■ 뉴런은 흥분성 신경전달물질에 더 반응적으로 되며, 정서적 반응성과 보상 추구가 높아진다. 뇌의 정서/사회 네트워크의 변화는 전두엽의 인지 제어 네트워크의 변화를 앞서기 때문에 정서와 충동의 통제에서 어려움을 겪게 된다.

■ 수면 시간의 대뇌 조절에서 변화가 나타나 수면의 '단계 지연'을 야기한다. 수면 박탈은 낮은 성취, 불안, 짜증, 우울한 기분, 높은 위험 행동을 야기한다.

사춘기 사건의 심리적 영향

1.5 사춘기 신체적 변화에 대한 청소년의 반응을 설명하라.

■ 소녀들은 일반적으로 초경에 대해 혼합된 감정을 경험하지만, 가족들로부터 자세한 정보와 지지를 받은 아이들은 더 긍정적으로 반응한다. 소년들의 경우, 사춘기 변화에 대해 사회적 지지를 거의 받지 못하면 첫 번째 사정에 혼합된 느낌을 경험한다.

■ 높은 호르몬 수준 이외에도 부정적인 일상 사건과 성인 구조적인 상황은 청소년들의 부정적인 기분과 연관된다. 사춘기에 나타나는 부모와 아동의 심리적 거리는 아마도 가족으로부터 물리적으로 멀어지는 것을 대신하는 현대적 대체물일 것이다.

1.6 사춘기 시기가 청소년기 적응에 미치는 영향을 성차를 중심으로 설명하라.

■ 조숙한 소년들과 늦게 성숙한 소녀들이 더 긍정적인 **신체이미지**를 가지며, 일반적으로 적응을 잘한다. 반대로 조숙한 소녀들과 늦게 성숙한 소년들은 정서적, 사회적 어려움을 경험하는 경향이 있으며, 소녀들의 경우 이것은 성인 초기까지 이어진다.

건강 관련 이슈

1.7 청소년기에 필요한 영양을 설명하고, 섭식장애와 관련된 요인들을 인용하라.

■ 빠른 신체 성장에 따라 영양학적 요구가 증가한다. 비타민과 미네랄의 부족은 안 좋은 식이 습관으로부터 비롯될 수 있다. 가족이 함께 자주 식사를 하는 것은 건강한 식이와 관련된다.

■ 이른 사춘기, 특정 성격 특질, 부적응적인 가족 간 상호작용, 마른 것에 대한 사회적 강조는 **신경성 식욕부진증, 신경성 폭식증, 폭식장애**와 같은 섭식장애를 높인다. 유전 역시 역할을 한다.

1.8 청소년기 성적 태도와 행동에 영향을 미치는 사회적, 문화적 요인을 설명하라.

■ 청소년의 성에 대한 북미의 태도는 상대적으로 제한적이다. 부모와 매스미디어는 서로 모순되는 메시지를 전달한다.

■ 이른, 빈번한 성적 활동은 경제적 어려움과 관련된 요인들과 연결된다. 청소년의 인지

과정과 책임 있는 성적 행동에 대한 약한 사회적 지지는 성적으로 활동적인 많은 청소년들이 꾸준한 피임에 실패하도록 하는 기저가 된다.

1.9 성적 지향의 발달과 관련된 요인을 인용하라.

■ 유전, 태아기 호르몬 수준을 포함한 생물학적 요인이 성적 지향에 중요한 역할을 한다. 레즈비언, 게이, 양성애자 10대들은 긍정적인 성적 자기정체감을 형성을 위한 특별한 도전에 직면한다.

1.10 성 매개 감염, 10대 임신과 부모 되기와 관련된 요인을 예방과 중재 전략을 중심으로 논하라.

■ 이른 성적 활동은 비일관적인 피임과 결합되어 미국 청소년들의 높은 비율의 성 매개 감염을 야기한다.

■ 가난과 개인적 특질과 결합된 삶의 조건들이 함께 청소년기의 아동 양육에 기여한다. 10대에 부모가 되는 것은 학교 중퇴, 결혼 가능성의 감소, 이혼 가능성의 증가, 장기간의 경제적 어려움과 연결된다.

■ 효과적인 성교육, 피임기구에 대한 접근, 학업적, 사회적 효능감을 만드는 프로그램은 10대들이 임신하는 것을 예방하는 데 도움이 된다. 청소년 엄마들은 직업 훈련, 일상 관리기술에 관한 지도, 아동 양육에 관한 학교 프로그램이 필요하다. 10대 아빠들이 참여한다면 더욱 긍정적으로 아동 발달이 가능하다.

1.11 청소년기 약물 사용 및 남용과 연관된 개인적, 사회적 요인은 무엇인가?

■ 산업화된 국가에서 10대들의 알코올과 약물 사용은 만연해 있다. 약물 섭취는 청소년기 감각추구와 약물 의존적 문화 맥락을 반영한다. 약물 남용으로 가는 소수민족은 약물을 일찍 사용하기 시작하고, 심각한 개인, 가족, 학교, 또래 문제를 가지고 있는 경향이 있다.

■ 가족 내 역경을 줄이고, 양육 기술을 강화하고, 10대들의 유능감을 향상시키기 위한 효과적인 예방 프로그램은 부모와 함께 한다.

인지발달

피아제 이론 : 형식적 조작기

1.12 형식적 조작기의 주요한 특징은 무엇인가?

■ 피아제의 **형식적 조작기**에 청소년들은 **가설 연역적 추론**을 할 수 있게 된다. 문제를 풀기 위해 그들은 가설을 세우고, 논리적이고 검증 가능한 추론을 생각하고, 추론이 옳은지 알기 위하여 체계적으로 변인들을 개별로 혹

은 혼합한다.

■ 청소년기에는 또한 실제 세계 상황을 참조하지 않고 명제의 논리(언어적 진술)를 평가하는 청소년기의 능력인 **명제적 사고**를 발달시킨다.

1.13 형식적 조작 사고에 대한 사후 연구와 그것이 피아제의 형식적 조작 단계의 정확성에 미치는 함의를 논하라.

■ 개인들은 자신이 폭넓은 지침을 가지고 연습한 상황에서 더 추상적, 체계적으로 생각하는 경향이 있다. 학교에서의 학습 활동은 청소년에게 형식적 조작을 획득할 수 있는 풍부한 기회를 제공한다. 이러한 획득은 갑자기 단계가 변동되는 것이 아닌 점진적으로 이루어진다.

청소년의 인지발달에 대한 정보처리 관점

1.14 정보처리 관점의 연구자들은 어떻게 청소년기의 인지발달을 설명하는가?

■ 정보처리 관점의 연구자들은 향상된 작업기억, 향상된 억제, 더 선택적이고 유연한 주의, 향상된 계획, 더 효과적인 전략, 향상된 지식, 확장된 상위인지, 향상된 인지적 자기조절을 포함한 다양하고 구체적인 기제들이 청소년기의 인지발달의 기저에 있다고 믿는다.

■ 청소년기에는 복잡한 문제 해결 능력이 증가하고, 더욱 구체적인 상위 인지 이해 능력이 증가하는 것과 동시에 증거를 이론과 대응시키는 능력인 과학적 추론이 증가한다.

청소년기 인지 변화의 결과

1.15 청소년기 인지 향상의 결과로 나타나는 전형적인 반응을 설명하라.

■ 청소년기에는 자신의 사고에 대해 숙고하는 능력이 증진되면서 자기와 다른 사람과의 관계에 대한 두 가지 왜곡된 이미지, 즉 상상적 청중과 개인적 우화가 나타난다. 두 가지 모두 사회적 민감성이 높아지고, 조망 수용이 증가한 결과로 나타난다.

■ 청소년의 가능성에 대해 생각하는 능력은 현실과 조화되지 않는 이상적 비전을 촉진해서, 10대들은 종종 잘못을 찾아서 비판한다.

■ 청소년들은 성인보다 의사결정에서 덜 효과적이다. 그들은 정서적 측면을 내포한 상황에서 더 큰 위험성을 가지는데, 대안에 무게를 덜 두고, 종종 직관적 판단으로 돌아간다.

정신 능력에서의 성차

1.16 어떤 요인들이 청소년기 정신 능력의 성차에 기여하는가?

■ 소녀들은 읽기와 쓰기 성취의 증가에서 이점을 보이는데, 이는 아마도 더 효과적인 인지적 과정과 더 많은 언어적 자극을 경험하기 때문이다. 언어 과목이 여성적이라는 성 고정관념과 엄격한 교수법이 소년들의 언어기술을 약화시킬 것이다.

■ 초기 청소년기에 개념이 더 추상적이고 공간적일수록 수학적 수행에서 소년들은 소녀들을 능가한다. 전반적으로 성차는 작지만, 그것은 대부분의 능력에서 더 크다. 소년들의 공간적 추론에서의 우수성은 그들의 수학적 문제 해결을 향상시킨다. 수학이 남성적이라는 미국의 성 고정관념은 소년들이 STEM 직업을 추구하는 데 더 큰 자신감과 흥미를 갖도록 하는 데 기여한다.

학교에서 학습하기

1.17 상급학교 진학이 청소년기 적응에 미치는 영향을 논하라.

■ 진학은 더 크고 더 비인격적인 학교 환경을 가지고 오는데, 이러한 변화는 성적과 유능감을 하락시킨다. 더 많은 스트레스원에 대처하는 10대들은 자존감과 학업적 문제와 관련된 큰 위험에 놓여 있다.

1.18 가족, 또래, 학교, 직장이 청소년기 학업 성취에 미치는 영향을 논하라.

■ 권위 있는 자녀 양육과 부모가 학교에 참여

하는 것이 높은 성취를 촉진한다. 성취를 가치 있게 여기는 부모를 둔 10대들은 전반적으로 이러한 가치를 공유할 수 있는 친구를 선택한다. 학교는 학교 참여에 가치를 두는 또래 문화를 촉진함으로써 도울 수 있다.

© LAURA DWIGHT PHOTOGRAPHY

- 학생들의 상호작용과 고차원의 사고를 고취시키는 따뜻하고 지지적인 학급 환경은 청소년들이 그들의 학업 잠재력에 도달할 수 있게 해준다.
- 고등학생 시기 쯤에는 학생들의 미래 계획에 딱 들어맞는 분리된 교육 과정이 필요하다. 그러나 미국의 과정은 종종 이전의 교육 불평등을 심화시킨다.
- 꾸준하고, 적절한 시간 동안의 파트타임 일은 대학에서의 높은 점수와 높은 참석률 및 졸업률을 예측해준다. 그러나 성인의 감독이 거의 없는 낮은 수준의 일을 과하게 하는 것은 학교 참석, 학업 수행, 과외활동 참석을 방해할 수 있다.

1.19 고등학교 중퇴의 위험을 높이는 요인은 무엇인가?

- 중퇴와 관련된 요인은 성취에 대한 부모의 지지 부족, 좋지 않은 학교 성적 이력, 비지지적인 교사가 있는 학급, 빈번한 또래에 의한 따돌림을 포함한다.

주요 용어 및 개념

가설 연역적 추론	성장 급등	첫 사정	1차 성징
개인적 우화	세대에 따른 경향	청소년기	2차 성징
명제적 사고	신경성 식욕부진증	초경	
사춘기	신경성 폭식증	폭식장애	
상상적 청중	신체 이미지	형식적 조작기	

CHAPTER 2

청소년기의 정서 및 사회성 발달

청소년기에는 가족과 더 적은 시간을 보내면서 또래집단에서 더 끈끈한 무리를 형성한다. 남녀가 뒤섞인 무리(clique)에서 10대들은 이후 연애에서 서로 어떻게 상호작용하는지를 배우는 기회를 가진다.

에릭슨 이론 : 자아정체감 대 역할 혼란

자기이해

- 자기개념에서의 변화
- 자존감에서의 변화
- 자아정체감으로의 경로
- 자아정체감 상태와 심리적 행복감
- 자아정체감 발달에 영향을 미치는 요인

■ 문화적 영향 – 소수민족 청소년들 사이에서의 정체감 발달

도덕 발달

- 도덕 발달에 관한 콜버그의 이론
- 도덕적 추론에 성차가 있는가?
- 도덕적, 사회인습적, 개인적 관심을 조화시키기
- 도덕적 추론에 대한 영향
- 도덕적 추론과 행동
- 종교적 참여와 도덕 발달
- 콜버그 이론에 대한 미래의 도전

■ 사회적 이슈 : 교육 – 시민으로서의 책임 (의무)의 발달

가족

- 부모 – 자녀 관계
- 가족 상황
- 형제자매 관계

또래관계

- 친구관계
- 무리와 큰 무리
- 데이트하기

발달 문제

- 우울증
- 자살
- 비행

■ 생물학적 영향과 환경적 영향 – 청소년 비행으로 가는 두 가지 길

루이스는 제일 친한 친구인 대릴을 기다리며 고등학교가 내려다보이는 풀냄새 나는 언덕에 앉아 있었다. 이 두 소년은 종종 함께 점심을 먹곤 했다.

학교 운동장으로 쏟아져나오는 수백 명의 학생들을 바라보면서, 루이스는 그날 정치 과목에서 배웠던 것을 생각해보았다. '내가 중국에서 태어났다고 가정해보자. 와! 나는 다른 언어를 말하면서 다른 이름으로 불리며 다른 방식으로 세상에 대해 생각하면서 여기에 앉아 있겠지.' 루이스는 생각했다. '내 운명은 매우 달라져 있겠지.'

자기 앞에 서 있는 대릴을 보곤 루이스는 그런 생각에서 깨어났다. "헤이, 몽상가! 언덕 밑에서 5분 동안 소리치며 손을 흔들었어. 루이스, 최근에 왜 그렇게 정신이 나가 있어?"

"내가 뭘 원하는지, 무엇을 믿고 있는지, 난 요즈음 그런 게 궁금해. 난 우리 형 칠이 부러워. 형은 자기가 어디로 가고 있는지를 잘 알고 있는 것 같아. 나는 공중에 떠 있는 것 같거든. 너는 그렇게 느껴 본 적이 있니?"

"응, 많이." 대릴은 루이스를 심각하게 바라보면서 고백했다. "난 내가 정말로 좋아하는 게 무얼까, 내가 무엇이 될까, 이런 게 정말 궁금해."

루이스와 대릴의 자성적인 담소 내용은 청소년기에 자기에 대한 재구조화인 자아정체감의 발달을 보여준다. 이 두 젊은이는 자신이 누구인지, 즉 개인적 가치와 살아가면서 추구해야 할 방향을 찾으려고 한다. 청소년기에 시작하는 자기에 대한 재구조화는 근본적이다. 빠른 신체 변화는 10대들로 하여금 그들 자신이 누구인지에 대하여 다시금 고려하도록 만든다. 그리고 가정하면서 생각할 수 있는 능력은 그들로 하여금 먼 미래를 계획할 수 있도록 해준다. 그들은 자신의 이후 삶을 위한 가치, 믿음, 목표를 선택하는 것이 중요하다는 것을 깨닫는다.

이 장은 자아정체감 발달에 대한 에릭슨의 설명과 연구들로 시작되는데, 이러한 연구들은 10대들이 스스로에 대해 어떤 생각을 하고 어떤 감정을 갖는지에 대한 관심을 불러일으켰다. 자아정체감에 대한 질문은 발달의 많은 요소들로 확대된다. 문화적 소속감, 도덕적 이해가 청소년기 동안 어떻게 정교화되는지를 볼 수 있다. 부모 – 자녀 관계가 달라지고 젊은이들이 점차 가족으로부터 독립하게 되면서 우정과 또래 네트워크는 아동기와 성인기를 연결하는 중요한 맥락이 된다. 우울, 자살, 비행과 같은 심각한 청소년기 적응 문제의 논의로 이 장을 마무리지을 것이다. ●

에릭슨 이론 : 자아정체감 대 역할 혼란

2.1 에릭슨에 따르면 청소년기 주요한 성격 달성은 무엇인가?

에릭슨(Erikson, 1950, 1968)은 **자아정체감**(identity)을 청소년기의 주요한 성격 달성으로, 그리고 생산적이고 행복한 성인이 되기 위한 중요한 단계로 인식한 첫 번째 사람이다. 자아정체감은 자기가 누구인지, 자신이 가치 있다고 생각하는 것이 무엇인지, 생에서 추구하려는 방향이 무엇인지 등으로 정의된다. 한 전문가는 자아정체감을 이성적으로 행동하는 사람과 같은 외현적 이론으로 기술하였다. 이성적으로 행동하는 사람이란 이성에 근거하여 행동하고, 자기 행동에 대해 책임을 지고, 그 행동을 설명할 수 있는 사람을 말한다(Moshman, 2011). 진정한 자신의 모습을 알려고 할 때 수많은 선택을 하게 되는데, 도덕적·정치적·종교적인 이상형을 선택하는 것뿐만 아니라 직업, 대인관계, 지역사회 참여, 인종집단에 대한 소속감, 성적 지향성의 표현 등을 선택할 필요가 생긴다.

자아정체감 형성의 씨는 일찍 뿌려지지만, 청소년 후기와 성인 초기가 되어야 젊은이들은 이러한 과업에 몰두하게 된다. 에릭슨에 따르면, 복잡한 사회에서 10대들은 가치나 목표를 설정하기 전에 대안을 실험하는 고통스러운 시기인 정체감 위기를 경험한다. 그들은 내적인 영혼을 찾아가는 과정을 경험하는데, 아동기 때 정의한 자아 특성을 가려내어 그것들을 새로 출현하는 특질, 능력, 그리고 갈등을 해결하려는 시도와 결합시킨다. 이것들은 성숙한 자아정체감의 기반이 되는 내적인 핵심이 된다. 일상생활에서 다양한 역할을 경험하면서 자기 연속감을 형성하는 것이다. 일단 자아정체감이 형성되면, 사람들은 앞서 해결한 결과와 선택을 재평가하면서 성인기 동안 계속 정교화된다.

에릭슨은 청소년기의 심리적 갈등을 **자아정체감 대 역할 혼란**(identity versus role confusion)이라고 불렀다. 그는 유아기와 아동기에 성공적인 심리사회적 결과를 얻는 것은 다음 단계에서의 갈등을 긍정적으로 해결할 수 있는 길을 열어준다고 믿었다. 만약 젊은이의 이전 갈등이 부정적으로 해결되거나 사회적 제한 때문에 그들의 선택이 능력이나 바람에 맞지 않게 된다면, 그들의 정체감은 가볍고, 방향이 없으며, 성인기의 심리적 도전을 감당할 준비가 되어 있지 않은 것으로 보일 수 있다.

현대의 이론가들은 성숙한 정체감을 위해서 가치, 계획, 선호에 대한 질문이 필요하다는 에릭슨의 주장에 동의하지만, 이들은 더 이상 이러한 과정을 '위기'로 부르지는 않는다. 사실 에릭슨은 청소년기에 명확하고 통일된 자기정체감 형성을 위해서 반드시 심각한 내적 갈등이 필요하다고 보지는 않았다(Kroger, 2012). 대부분의 젊은이들에게 정체감 발달은 트라우마적이거나 고통스러운 과정이라기보다는 해결에 뒤따르는 탐색의 과정에 가깝다. 젊은이들은 삶의 가능성들을 시도해보면서 자기 스스로와 자신의 환경에 대한 중요한 정보를 모으고 지속적인 결정을 하는 방향으로 나아간다(Moshman, 2011). 다음 절에서, 우리는 청소년들이 에릭슨이 기술하는 식으로 자신들을 정의한다는 것을 보게 될 것이다.

자기이해

2.2 청소년기 자기개념과 자존감의 변화를 기술하라.
2.3 자아정체감 발달을 촉진하는 요인과 함께 네 가지 자아정체감 상태를 설명하라.

청소년기 동안 젊은이가 자신에 대해 가지는 비전은 더 복잡해지고, 잘 구조화되고, 일관성을 갖게 된다. 어린 아동들과 비교할 때 청소년들은 자신의 여러 면에 대해 점점 더 긍정적으로 생각하게 된다. 시간이 흐르면서 그들은 자신의 장점과 단점을 절충한 통합된 표상을 형성한다(Harter, 2012). 자기개념과 자존감의 변화는 통합된 개인 정체감을 발달시키는 시발점이 된다.

자기개념에서의 변화

아동기 중기 말에, 아동들은 자신에 대해 기술할 때 성격 특질을 사용할 수 있다. 청소년 초기에 그들은 각각의 개별 특질들('똑똑하다', '재능 있다')을 보다 추상적인 기술('지적인')로 통합한다. 그러나 이렇게 일반화할 때 개별 특질들은 서로 연결되지 않거나 때로는 모순되기도 한다. 예를 들어 12~14세 사이의 아동들은 반대 특질을 언급할 수도 있다. 예를 들어 '지적'이고 '머리가 비었다'든가, '수줍어하고' '사교적이다'라고 기술하기도 한다. 청소년들의 사회적 세계가 확장되면서 이러한 괴리가 나타나는데, 청소년들은 부모, 학급 친구, 친한 친구, 사랑하는 사람 등 여러 관계를 맺게 되면서 각 관계마다 자신의 다른 모습을 보여야 한다는 압력을 느낀다. 10대들은 일치하지 않는 자신의 모습을 점차로 깨닫게 되면서, 실제 자신의 모습이 무엇인지에 대해 고민하게 된다 (Harter, 2012).

청소년 후기까지 일어나는 인지적 변화로 인해 10대들은 여러 특질들을 구조화된 체계로 결합하게 된다. 그들이 "나는 **상당히** 성질이 급해", "나는 **완전히** 정직하지 않아"와 같이 수식어를 사용하는 것은 심리적인 기질이 상황에 따라 변할 수 있다고 인식하고 있음을 보여준다. 나이 든 청소년들은 또한 이전의 까다로운 모순의 의미를 이해하는 통합된 원리를 추가로 갖게 된다. "나는 아주 적응적인 것 같아"라고 한 젊은이가 말했다. "내 말을 중요하게 생각하는 친구들이 주변에 있을 때 나는 말이 많아지지만, 가족들과 있을 때에는 별로 말을 하지 않아. 왜냐하면 가족들은 나한테 관심이 없고 내 말을 듣지 않기 때문이야"(Damon, 1990, p. 88).

학령기 아동들과 비교해볼때, 10대들은 우호적이고, 사려가 깊으며, 친절하고, 협력적인 것과 같은 사회적 미덕을 더 중요하게 여긴다. 그들이 자신에 대해 진술한 내용을 보면 다른 사람에게 긍정적으로 보이는지를 중요하게 여기고 있음을 알 수 있다. 나이 든 청소년들 사이에서 개인적 가치와 도덕적 가치는 중요한 주제로 부각된다. 젊은이들은 자신이 지속적인 믿음과 계획을 가지고 있다고 보게 되면서, 자아정체감 발달의 핵심이 되는 자아 통합을 향하게 된다.

자존감에서의 변화

자아 개념의 평가적 측면인 자존감은 청소년기 동안 계속 분화된다. 젊은이들은 아동 중기에 자아 평가 차원에 친한 우정, 낭만적인 매력, 직업 수행 역량 등 몇 가지 새로운 차원을 추가시킨다(Harter, 2012).

자존감 수준 또한 변화한다. 일부 청소년들은 상급학교에 진학한 후에 일시적으로 자존감이 감소하는 것을 경험하지만(제1장 참조), 또래관계, 외모, 운동 능력이 좋다고 보고하는 젊은이들의 자존감은 대부분 높아진다(Birkeland et al., 2012; Cole et al., 2001; Impett et al., 2008). 10대들은 과거보다 자신들이 더 성숙하고, 유능하며, 용모가 아름답고, 매력적이라고 주장한다. 미국 청소년을 대상으로 한 종단연구에 따르면 숙달감, 즉 자신의 삶에 대한 유능감과 통제감의 증가가 자존감의 증가를 강력하게 예측해준다(Erol & Orth, 2011). 후기 청소년들은 독립성이 증가하고 성공을 경험할 수 있는 분야에 종사할 기회를 많이 얻게 되면서, 그들이 부적절하게 느끼는 분야에서 잘하는 것의 중요성을 좀 더 낮게

인식하게 된다.

주로 양호한 자존감 프로파일을 가지는 청소년들이 적응을 잘하고, 사교적이며, 성실한 경향이 있다. 그러나 어떤 자존감 요인들은 적응과 더 강하게 관련된다. 공부에 대한 자존감이 낮은 청소년들은 불안하고 집중하지 못하고, 부정적인 또래관계를 가지는 청소년들은 불안하고 우울한 경향이 있다(Marsh, Parada, & Ayotte, 2004; Rudolph, Caldwell, & Conley, 2005).

어떤 요인들이 자존감에 영향을 끼칠까? 제1장에서 우리는 심각하게 약물을 사용하는 학생과 학교에서 낙제한 학생들이 자기 스스로에 대해서 안 좋게 느낀다는 것을 보았다. 그리고 아동기 중기와 청소년기에 여자아이들은 비록 그 차이는 작지만 남자아이들에 비해 전반적으로 낮은 점수의 자기가치감을 보인다(Bachman et al., 2011; Shapka & Keating, 2005). 소녀들은 자신의 외모, 운동 능력, 수학과 과학적 능력을 더 부정적으로 느끼는 경향이 있다. 동시에 소녀들은 언어, 친밀한 친구관계, 사회적 수용 분야에서는 소년들보다 자존감이 더 높다.

그러나 젊은이들이 자기 자신을 찾는 맥락이 이러한 집

청소년기 중기부터 후기에는 새로운 능력을 배우고 자신감이 커지면서 자존감은 일반적으로 높아진다. 이 10대 소녀는 농업박람회에서 수상하고 받은 블루리본을 보이면서 활짝 웃고 있다.

단 차를 변경시킬 수도 있다. 권위가 있는 부모(authoritative parenting)와 격려하는 교사의 존재는 안정적이고 긍정적인 자존감을 예측해준다(Lindsey et al., 2008; McKinney, Donnelly, & Renk, 2008; Wilkinson, 2004). 반대로 비판적이고 모욕을 일삼는 부모를 둔 10대들은 불안정하고 전반적으로 낮은 자존감을 보인다(Kernis, 2002). 또래 수용은 부모에게 따뜻함과 인정을 받지 못한 10대들의 전반적 자존감을 보호하는 효과를 가진다(Birkeland, Breivik, & Wold, 2014). 그러나 부모에게 심하게 부정적인 피드백을 받는 청소년들은 그들의 자기가치감을 확인하기 위해 과도하게 친구에게 의존하는 경향이 있는데, 이 요인이 적응상의 어려움을 야기하기도 한다(DuBois et al., 1999, 2002).

사회적 환경의 크기가 크면 이것도 자존감에 영향을 준다. 미국에서 흑인 아동들이 확대된 가족의 지원을 받거나 인종적 자부심을 갖게 되면 백인 아동들에 비해 더 높은 자존감을 갖게 된다(Gray-Little & Hafdahl, 2000). 이러한 경향은 청소년기까지 이어진다. 아시아인들은 백인에 비해 청소년기에 자존감이 낮은데, 이것은 개인적 유능감보다는 자기 자랑을 비난하고 겸손을 강조하는 이들의 문화적 가치가 반영된 결과이다(Bachman et al., 2011). 마지막으로 학교에 다니고 있고, 자신과 같은 인종들이 이웃에 살고 있는 젊은이들은 더 높은 자존감을 보고한다.

자아정체감으로의 경로

청소년들의 잘 조직화된 자기 기술과 분화된 자존감은 자아정체감 형성에 인지적 기반을 제공한다. 연구자들은 제임스 마르시아(James Marcia, 1980)가 고안한 임상적 면접 절차나 더 간단한 질문지 측정을 사용하여 자아정체감 발달의 진전 정도를 측정하였는데, 이 평가는 에릭슨 이론에 기반을 둔 2개의 주요한 기준인 탐색(exploration)과 해결(commitment)을 위한 시도를 근거로 하였다. 이 두 기준을 여러 가지로 결합했을 때 4개의 자아정체감 상태가 나온다. 가치와 목표를 탐색한 다음에 갈등 해결을 위한 시도를 하는 **자아정체감 성취**(identity achievement), 해결하려는 시도를 하지 않은 채 탐색만 하는 **자아정체감 유예**(identity moratorium), 충분히 탐색하지 않고 결론을 내어 버린 **자아정체감 폐쇄**(identity foreclosure), 탐색도 해결을 위한 시도도 하지 않는 **자아정체감 혼미**(identity diffusion)가 바로 그것이다. 표 2.1에 이러한 자아정체감 상태가 요약되어 있다.

자아정체감 발달은 많은 경로로 진행된다. 한 상태에 머물러 있는 젊은이들도 있고, 일부 젊은이들은 수없이 많은 전환 상태를 경험한다. 종종 성적 지향성, 직업, 종교적·정치적 가치와 같은 자아정체감 영역에 따라 다른 패턴이 나타난다. 대부분의 젊은이들은 10대 중반에서 20대 중반 사이에 '낮은' 상태(폐쇄나 혼미)에서 높은 상태(유예나 성취)로 변하

표 2.1 네 가지 자아정체감 상태

자아정체감 상태	설명	예시
자아정체감 성취	대안을 탐색한 결과, 자아정체감 성취 상태의 개인은 자기가 선택한 분명한 가치와 목표에 전념한다. 그들은 심리적 만족감과 자신이 어디로 가고 있는지 알고 있다는 느낌을 갖는다.	로렌에게 만약 더 나은 대안이 있다면 네가 선택한 직업을 추구하는 것을 포기할 생각이 있냐고 물어봤을 때, 로렌은 이렇게 답했다. "글쎄요. 그럴 수 있겠지만, 나는 그러지 않을 거예요. 나는 법률가가 되기 위해 오래 걸리고, 어려울 거라고 생각해 왔어요. 그것이 나를 위한 길임을 확신해요."
자아정체감 유예	유예는 '지연 혹은 선회'를 의미한다. 자아정체감 유예 상태의 개인은 아직 뚜렷한 전념을 하지 않고 있다. 그들은 그들의 삶을 이끌 가치와 목표를 찾겠다는 소망과 함께 정보를 탐색하고 행동을 해보는 과정에 있다.	라몬에게 자신의 종교적 신념에 대해서 의심한 적이 있는지 물어봤을 때, 라몬은 이렇게 답했다. "네. 전 지금 그것을 겪고 있어요. 저는 어떻게 하느님이 계신데 세상에 그렇게 많은 악이 있을 수 있는지 모르겠어요."
자아정체감 폐쇄	자아정체감 폐쇄 상태의 개인은 대안을 탐색하지 않은 채 가치와 목표에 전념한다. 그들은 권위적 인물, 즉 일반적으로는 부모이나 때때로 교사, 종교 지도자, 혹은 애인이 그들 대신 선택해준 자아정체감을 수용한다.	에밀리에게 자신의 정치적 믿음을 다시 고려해본 적이 있는지 물어봤을 때, 에밀리는 이렇게 대답했다. "아니요. 우리 가족은 이러한 생각에 전적으로 동의해요."
자아정체감 혼미	자아정체감 혼미 상태의 개인은 분명한 방향이 부족하다. 그들은 가치와 목표에 전념하지 않으며, 그것에 도달하기 위해 적극적으로 노력하지 않는다. 그들이 아마 대안을 탐색한 적이 없을 것이며, 너무 위협적이고 압도적인 과제를 찾지 않았을 것이다.	저스틴에게 전통적이지 않은 성역할에 대한 그의 태도를 물어봤을 때, 저스틴은 이렇게 대답했다. "전 몰라요. 저에게는 큰 차이가 없어요. 저는 그것을 받아들일 수도 있고, 버릴 수도 있어요."

지만, 일부는 반대 방향으로 움직인다(Kroger, 2012; Kroger, Martinussen, & Marcia, 2010; Meeus et al., 2010).

정체성 형성 과정은 전형적으로 대안의 범위를 탐색하고, 임시로 해결하고, 자신의 선택을 깊게 평가해서 만약 그 선택이 자신의 능력과 잠재력과 잘 맞지 않는다면 가능한 다른 대안을 탐색하는 데 집중하는 것을 포함한다(Crocetti & Meeus, 2015; Luyckx et al., 2011). 결과적으로 젊은이들은 궁극적 해결에 도달하기 전에 면밀한 탐색과 재고려 사이를 왔다갔다 하는데, 이 과정은 불확실성이 강하기 때문에 일시적으로 혼란을 경험할 수 있다.

대학생들은 대학에 다니면서 가치, 직업 선택, 라이프스타일을 탐색할 기회가 많아지기 때문에, 고등학교 때보다 자아정체감을 형성하는 방향으로 움직인다(Klimstra et al., 2010; Montgomery & Côté, 2003). 대학을 졸업한 후에도, 그들은 삶의 방향을 선택하기 전에 폭넓은 경험을 하기도 한다. 고등학교를 졸업하자마자 직장을 다니는 사람들은 대학교육을 받는 젊은이들보다 더 일찍 자신에 대해 정의를 내린다. 그러나 훈련이나 직업 선택이 부족하여 직업에 대한 목표를 실현하는 것이 어려운 청소년들은 자아정체감 혼미를 일으킬 위험에 놓이기도 한다(Eccles et al., 2003).

한때 연구자들은 청소년기 소녀들이 자아정체감 형성을 미루고, 에릭슨의 다음 단계인 친밀감 발달에 초점을 맞춘다고 생각했다. 일부 소녀들은 성적 관심과 가족 대 직업의 우선순위와 같은, 친밀감과 관련된 정체감 영역에서 소년들보다 더 정교한 추론을 한다. 하지만 보통 소년과 소녀들은 모두 관계에서 진정한 친밀감을 경험하기 전에 자아정체감에 대해 많은 걱정을 한다(Arseth et al., 2009; Beyers & Seiffge-Krenke, 2010).

자아정체감 상태와 심리적 행복감

많은 연구들은 자아정체감 성취와 유예가 모두 성숙한 자신의 모습을 찾아가는, 심리적으로 건강한 과정이라는 것을 증명해주었다. 이에 반해, 장기간 폐쇄와 혼미를 경험하는 것은 부적응을 일으킨다.

유예 중에 있는 청소년들은 그들 앞에 놓인 도전에 대해 종종 불안해하지만, 개인적 결정이나 문제 해결을 할 때 적극적으로 **정보를 모으는** 인지 방식을 사용한다는 점에서 자아정체감을 성취한 사람들과 닮아 있다. 즉 그들은 적절한 정보를 찾고, 조심스럽게 평가하고, 자신의 관점에 대해 비판

적으로 생각하고 그것을 수정한다(Berzonsky, 2011). 자아정체감을 성취하거나 탐색하고 있는 젊은이들은 더 큰 자존감을 갖고, 자신의 삶을 통제할 수 있다고 더 많이 느끼며, 학교와 일터를 그들이 갈망하는 것을 실현시키기 위한 방법으로 간주하고, 도덕 추론이 더 발달되어 있고, 사회 정의에 더 관심이 많을 가능성이 더 높다(Beyers & Luyckx, 2016).

폐쇄도 해결을 포함하므로 중요한 삶의 선택 앞에서 안정감을 제공한다(Meeus et al., 2012). 폐쇄된 사람들은 비록 전형적으로 삶에 대한 불안이 적고 삶 만족도가 높지만, 독단적이고 유연성이 없는 인지 방식을 보이는데, 그들은 신중하게 평가하지 않고 부모나 다른 사람의 가치와 믿음을 내면화하고 그들의 위치를 위협하는 정보는 받아들이지 않는다(Berzonsky, 2011; Berzonsky et al., 2011). 대부분은 애정과 자존감을 얻고 싶어 하는 사람들로부터 거부당하는 것을 두려워한다. 가족과 사회로부터 소원해진, 자아정체감이 폐쇄된 10대들은 신흥종교집단이나 다른 극단적인 집단에 들어가서 과거와 아주 다른 삶의 방식을 무비판적으로 받아들인다.

장기간 혼미 상태에 있는 사람들은 정체감 발달이 가장 성숙되지 않는다. 그들은 보통 개인적 결정과 문제를 처리하는 것을 피하는 확산-회피 인지 방식을 사용하고, 현재 상황에서 받는 압력 때문에 반응을 한다(Berzonsky, 2011; Crocetti et al., 2013). 그들은 '나는 상관없어'라는 태도를 취하면서, 행운이나 운명에 자신을 맡기고 '군중'이 하는 것은 무엇이나 따라 한다. 그 결과, 그들은 시간 관리와 학업 수행이 어렵고, 자존감이 낮고, 우울한 경향이 있으며, 젊은이들 중에서 약물을 복용하거나 남용할 가능성이 가장 높다(Meeus et al., 2012). 주로 미래에 대한 무력감 때문에 무관심해진다.

자아정체감 발달에 영향을 미치는 요인

청소년들의 정체감 형성은 전 생애에 걸쳐 일어나는 역동적 과정으로 개인이나 맥락에서의 변화는 정체감을 재형성할 가능성을 열어준다. 다양한 요인이 정체감 발달에 영향을 끼친다.

정체감과 적응에 대한 논의에서 볼 수 있듯이, 정체감 상태는 성격의 원인이 되면서 결과가 되기도 한다. 항상 절대적인 진리에 도달할 수 있다고 가정하는 청소년들은 정체감 폐쇄 상태에 있고, 반면에 무엇에도 확신을 갖지 못하는 청소년들은 정체감 혼미에 있을 가능성이 많다. 호기심 많고, 개방적이며, 장애물에 끊임없이 직면하고, 대안들 중 선택

문화적 영향

소수민족 청소년들 사이에서의 정체감 발달

이로쿼이 투스카로라족 청소년이 뉴욕주 경연대회에서 전통춤을 선보이고 있다. 자기 민족의 문화유산을 존중하는 커뮤니티의 소수민족 젊은이들은 강하고 안정적인 민족 정체감을 형성할 가능성이 크다.

소수민족 10대들은 자신의 인종집단에 속한다는 구성원 의식, 그런 소속감과 관련된 태도와 감정 등의 **민족 정체감**(ethnic identity)을 중심으로 정체감을 탐색하는데, 인지적으로 발달하고 사회적 환경으로부터의 피드백에 더 민감해지면서, 소수민족 젊은이들은 그들의 인종과 민족이 자신의 삶의 기회를 얼마나 타협시키는지를 고통스럽게 인식하게 된다. 이러한 발견은 청소년들이 문화적 소속감과 개인에게 의미 있는 목표를 발달시키는 것을 어렵게 한다.

집단주의 문화에서 이민 온 많은 가정의 경우 그 가족이 이민 온 나라에 더 오래 있으면 있을수록, 청소년들이 부모에게 복종하고 가족 의무를 충실히 수행하는 것이 감소한다. 이러한 환경은 **문화 적응 스트레스**(acculturative stress), 즉 이민 온 국가의 문화와 자신이 속한 소수민족 문화 간 갈등의 결과로 나타나는 심리적 고통을 유발한다(Phinney, Ong, & Madden, 2000). 큰 사회로의 동화가 그들의 문화적 전통을 약화시킬 것이라는 두려움 때문에 이민 온 부모들이 10대들을 강하게 압박할 때, 젊은이들은 종종 자신의 민족적 배경에 대해 반항하고 거부한다.

동시에 차별은 긍정적인 민족 자아정체감 형성을 방해할 수 있다. 한 연구에서 차별을 더 많이 경험했던 멕시칸 미국인 청소년은 자신의 민족성을 탐색하려는 경향성이 적었다(Romero & Roberts, 2003). 민족적 자부심이 낮은 청소년들은 차별을 받을 때 자존감이 현격하게 떨어졌다.

나이가 들면서 많은 소수민족 청소년은 자신의 민족 정체감을 강화한다. 그러나 민족 자기정체감을 구축하는 과정이 고통스럽고 혼란스럽기 때문에, 어떤 이들은 변화를 보이지 않고, 어떤 이들은 퇴보한다(Huang & Stormshak, 2011). 민족이 서로 다른 부모를 둔 10대들은 추가적인 도전에 직면한다. 고등학생을 대상으로 한 대규모 연구에서 흑인 혼혈인 10대들은 흑인 동년배만큼의 차별을 경험했다고 보고했는데, 이들은 자신의 민족성에 대한 긍정적인 느낌이 더 적었다. 그리고 부모가 같은 민족인 청소년들과 비교했을 때, 흑인-백인, 흑인-아시아인, 백인-아시아인, 백인-히스패닉, 백인-히스패닉과 같은 혼혈 청소년들은 민족성을 자신의 자아정체감의 중심으로 보는 경향이 낮았다(Herman, 2004). 아마도 이 청소년들은 자신의 가정과 커뮤니티에서 각 문화에 대한 강한 소속감을 구축할 기회를 거의 얻지 못했을 것이다.

가족 구성원들이 성취가 낮고 반사회적 행동을 하는 것이 인종 때문이라는 편견을 없애주면 젊은이들은 사회적 지지를 구하고, 직접적인 문제 해결 전략을 사용함으로써 차별 때문에 바람직한 민족 정체감 형성이 위협받는 것을 극복해낸다(Scott, 2003). 그 밖에, 가족들이 그들이 속한 인종에 대한 역사, 전통, 가치, 언어를 가르친 적이 있는 청소년들은 민족 정체감 성취를 위해 탐색하고 진전할 가능성이 더 많다(Douglass & Umaña-Taylor, 2015; Else-Quest & Morse, 2015).

같은 민족의 친구와 상호작용하는 것도 필수적이다. 같은 민족 친구 사이에서 민족 정체감의 진전 정도가 유사한 경향이 있으며, 이것은 그들이 민족적, 인종적 이슈에 대해서 얼마나 자주 이야기하는지에 의해 예측될 수 있다(Syed & Juan, 2012). 아시아계 미국인 청소년을 대상으로 한 연구에서 대부분 백인이거나 여러 인종이 섞인 학교에 다니는 아시아계 청소년들은 다른 아시아인과 접촉할 때 자신의 민족집단에 대한 긍정적 느낌이 강화되었으나, 대부분이 아시아인인 학교에 다니는 아시아계 청소년들은 반드시 그렇지는 않았다(Yip, Douglass, & Shelton, 2013). 민족 정체감에 대한 관심은 인종적으로 다양한 환경에서 특히 더 두드러지게 된다.

사회가 소수민족 청소년들이 정체감 갈등을 건설적으로 해결하도록 어떻게 도와줄 수 있는가? 여기에 몇 가지 적절한 접근방법이 있다.

- 아동과 청소년들이 가족의 민족적 자긍심을 자랑스럽게 여기고, 자신의 삶에서 민족성의 의미를 탐색하게 해주는 효과적인 양육법을 증진시킨다.

- 학교에서는 소수민족 청소년들이 사용하는 언어와 높은 질의 교육을 받을 권리를 존중할 것을 보증한다.
- 인종들 간 차이를 인정하면서, 같은 인종의 또래들과 만나는 것을 장려한다.

안전하고 강한 민족 정체감이 형성되면, 높은 자존감, 낙관주의, 높은 학업 동기, 높은 학교 수행을 하게 되고, 친구 관계도 좋아지며, 친사회적 행동도 많이 한다(Ghavami et al., 2011; Rivas-Drake et al., 2014). 청소년들이 역경을 경험할 때, 민족 정체감은 회복탄력성을 위한 강력한 근원이 된다.

청소년들의 하위 문화와 지배 문화 둘 다의 가치를 탐색하고 받아들여서 **양 문화적 정체감**(bicultural identity)을 형성하는 것이 청소년들에게 더 유익하다. 양 문화적으로 정체감을 형성한 청소년들은 다른 영역의 정체감도 성취하는 경향이 있다. 그리고 다른 인종집단의 구성원들과의 관계도 특별히 양호하다(Basilio et al., 2014; Phinney, 2007). 요약하면, 민족 정체감을 성취하는 것이 정서 및 사회성 발달의 여러 면을 고양한다.

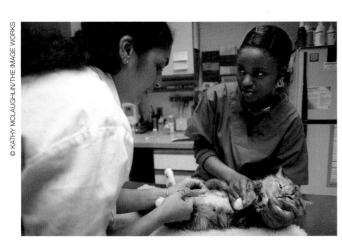

동물병원의 인턴십은 이 10대 청소년의 동물을 사랑하는 마음과 관련된 현실세계의 직업을 탐색하도록 해주어 정체감 발달을 촉진한다.

을 할 때 합리적인 기준을 사용할 수 있는 젊은이들은 정체감 유예나 성취 상태에 있을 가능성이 있다(Berzonsky, 2011; Schwartz et al., 2013).

가족이 청소년들이 보다 넓은 세계로 확신을 가지고 나아갈 수 있는 '안전기지'로 작용할 때 정체감 발달이 고양된다. 부모와 애착을 느끼면서도 자신의 목소리를 자유롭게 내는 청소년들은 자신의 가치와 목표에 전념하고, 정체감 성취 상태에 있는 경향이 있다(Crocetti et al., 2014; Luyckx, Goossens, & Soenens, 2006). 정체감이 폐쇄된 10대들은 부모와 밀착되어 있지만 건강하게 분리될 기회를 갖지 못한다. 그리고 정체감 혼미의 젊은이들은 부모의 지원이나 따뜻하고 개방된 의사소통 수준이 가장 낮다고 보고한다(Arseth et al., 2009).

학교와 지역사회에서 다양한 또래들과 상호작용하면서, 청소년들은 다양한 가치와 역할을 접하게 된다(Barber et al., 2005). 친한 친구는 부모와 마찬가지로 정서적 지지를 주고 정체감 발달의 역할 모델이 된다. 한 연구에서 따뜻하고 신뢰하는 또래관계를 가진 15세 아동들은 친구 관계를 맺는 데 핵심이 되는 것이 무엇인지를 탐색하는 경향이 더 많았다(Meeus, Oosterwegel, & Vollebergh, 2002). 이들은 친한 친구나 삶의 동반자가 가치 있다고 여기는 것이 무엇인지를 알려고 했다.

청소년들이 성숙한 정체감의 특질을 설명하는 방법은 문화에 의해 강한 영향을 받는다. 이것은 정체감 상태만 접근해서는 알 수 없고, 주요한 성격적 변화가 있었음에도 불구하고 자기 연속감을 가지려는 예에서 이 영향을 찾아볼 수 있다. 한 연구에서, 연구자들은 12~20세 사이의 캐나다 원주

묻고 대답하기

연관지어보기 청소년기 자아정체감 발달과 인지 과정의 관계를 설명하라.

적용해보기 이 장 맨 앞에 나왔던 루이스와 대릴의 대화로 돌아가보라. 어떤 자아정체감 상태가 두 소년을 각각 가장 잘 설명하는가? 왜 그런가?

생각해보기 당신의 자아정체감 발전은 성, 가까운 관계, 소명, 종교적 믿음, 정치적 가치의 영역에 따라서 다른가? 중요한 영역에서의 당신의 정체성 발달에 영향을 주는 요인에 대해 설명하라.

민과 문화적 주류를 차지하는 청소년들에게 과거와 현재의 자기 모습을 기술하고, 그리고 왜 자신을 과거나 현재에 같은 모습을 가진 연속적인 존재로 생각하는지를 설명하게 했다(Lalonde & Chandler, 2005). 이 두 집단의 반응은 연령이 증가하면서 더 복잡해졌지만, 사용하는 책략은 달랐다. 문화적 주류에 속하는 대다수의 청소년들은 개인주의적으로 접근했다. 그들은 변화에도 불구하고 동일하게 남아 있는 핵심적 자기인, 지속되는 성격의 본질을 기술했다. 이에 반해, 원주민 청소년들은 끊임없이 변화하는 자신의 모습을 강조하는 상호의존적 접근을 취했는데, 이것은 새로운 역할과 관계를 갖게 되면서 나타난 결과이다. 그들은 자신들이 의미 있는 방식으로 어떻게 변화했는지를 설명하기 위해, 삶의 여러 시간 조각들을 실로 엮어서 응집력 있는 이야기를 구성하였다.

마지막으로, 게이, 레즈비언, 양성애적 청소년들(제1장 참조), 일부 소수민족 청소년들(56쪽의 '문화적 영향' 글상자 참조)이 안정된 정체감을 형성할 때 직면하는 특수한 문제들은 사회적 압력 때문에 생긴다. 58쪽의 '배운 것 적용하기' 글상자는 어른들이 청소년들의 정체감 탐색을 지원해줄 수 있는 방법을 요약하고 있다.

 도덕 발달

2.4 도덕 발달에 관한 콜버그의 이론을 설명하고, 그것의 정확성을 평가하라.
2.5 도덕적 추론에 영향을 미치는 요인과 도덕적 행동과의 관계를 기술하라.

11세의 사브리나는 일요판 신문을 읽으면서 식탁에 앉아 있었다. 그녀의 눈은 호기심으로 커졌다. "이것 좀 봐." 사브리나는 시리얼을 씹으며 앉아 있던 16세의 루이스에게 말했다. 사브리나는 70세 할머니가 자기 집에 앉아 있는 커다란 사진이 실린 면을 펴 보였다. 마루와 가구에 신문더미, 종이 상자, 깡통, 유리병, 음식, 옷이 쌓여 있었다. 기사는 또한 벽에

건강한 자아정체감 발달 지지하기

전략	설명
따뜻하게, 개방적으로 커뮤니케이션하라.	가치와 목표를 탐색하기 위한 정서적 지지와 자유를 제공한다.
가정과 학교에서 높은 수준의 사고를 촉진하는 논의를 시작하라.	이성적이고, 신중하게 믿음과 가치를 선택하도록 독려한다.
과외 활동과 직업 훈련 프로그램에 참여할 기회를 제공하라.	젊은이들이 성인 직업의 실제 세계를 탐색할 수 있도록 해준다.
비슷한 자아정체감 질문을 겪었던 성인 및 친구와 이야기할 기회를 제공하라.	자아정체감 성취의 모델을 제공하고, 어떻게 자아정체감 고민을 해결할지에 대한 충고를 듣는다.
성 고정관념을 주입하거나 성역할에 맞도록 압력을 가하는 일을 삼가라. 대신 가치, 흥미, 재능에 근거해 대안을 탐색하도록 강조하라.	젊은이들이 사회적 기대보다는 자신의 내면에 근거해 성 정체성을 형성하도록 한다. 그럼으로써 성에 대한 만족감과 심리적 안녕감을 촉진할 수 있다.
성 소수자 젊은이를 위한 안전하고 확실한 학교와 지역사회 환경을 만들어라.	성적 지향을 더 큰 개인의 자아정체감과 통합할 수 있도록 해준다(제1장 참조)
존중하는 분위기 속에서 민족의 유산을 탐색하고, 다른 문화를 배울 기회를 제공하라.	민족 다양성의 가치뿐만 아니라 모든 영역에서의 자아정체감 성취를 촉진한다. 이것은 타인의 자아정체감 탐색을 돕는다.

부서진 석고, 얼어붙은 파이프, 고장 난 싱크대와 변기와 가구에 대해 언급하고 있었다. 제목은 '로레타 페리 : 내 삶은 그들과 아무 상관이 없다'라고 쓰여 있었다.

"이 가엾은 할머니한테 이 사람들이 뭘 하려고 하는지를 봐." 사브리나가 소리쳤다. "이 사람들은 할머니를 집에서 끌어내고 그 집을 부수려고 해! 시청 직원들은 조금도 개의치 않아. 이런 말도 있네. '페리 부인은 사람들을 도와주는 데 자신의 삶을 바쳤다.' 왜 그 할머니를 도와주는 사람은 없는 것일까?"

"사브리나, 넌 모르는 게 있어." 루이스가 대답하였다. "페리 부인은 30개의 건축 법규 기준을 위반하고 있어. 법은 자기 집을 깨끗하게 유지하고 수선하도록 규정하고 있어."

"하지만 루이스, 그 할머니는 늙었고 도움이 필요하잖아. 자기 집을 부수면 자기 생명도 끝난다고 그 할머니는 말하고 있어."

"사브리나, 건물 조사관이 나쁜 게 아니야. 페리 부인이 고집을 부리고 있는 거지. 그 할머니는 법을 따르지 않고 있어. 그래서 그 할머니는 자기만을 위협하는 게 아니야. 이웃들도 위험하게 하고 있어. 그 집에 불이 난다고 생각해봐. 다른 사람이 네 주변에서 살 수가 없다면 그게 너와는 상관없다고 말할 수 없는 거야."

"그렇다고 다른 사람 집을 부술 수는 없어." 사브리나는 화를 내면서 대답했다. "친구나 이웃들은 왜 그 집을 고쳐주지 않는 거야? 오빠는 그 건물 조사관과 마찬가지야. 오빠는 감정이 없어."

페리 할머니의 곤경에 대한 루이스와 사브리나의 견해가 다른 것에서 볼 수 있듯이, 청소년들은 인지가 발달하고 넓은 사회적 경험을 함으로써 보다 더 큰 사회적 구조, 즉 사회제도와 입법 체계를 더 잘 이해하게 된다. 이러한 사회적 구조는 도덕적 책임을 기반으로 구성된다. 청소년들이 사회적 제도를 더 많이 이해하게 되면서, 사람들의 필요와 바람이 갈등을 일으킬 때 어떻게 해야 하는지를 새롭게 생각할 수 있게 된다. 그 결과, 그들은 도덕적 문제에 대해 공정하고 절충적인 해결을 할 수 있게 된다.

도덕 발달에 관한 콜버그의 이론

아동의 도덕 판단에 관한 피아제의 초기 연구는 로렌스 콜버그의 도덕 이해와 관련된 종합적인 인지발달 이론에 영감을 주었다. 도덕 발달을 연구하기 위해 콜버그는 임상적 면접 절차를 사용하였다. 콜버그는 10~16세 사이의 유럽계 미국인 소년들을 표집하여, 그들에게 2개의 도덕적 가치 사이에서 갈등하게 되는 가설적인 도덕적 딜레마를 들려주고 주인

공이 어떻게 해야 하는지, 또 왜 그렇게 해야 하는지를 물어보았다. 그러고 나서 추후 20년 동안 3~4년 간격으로 참가자들을 다시 인터뷰하면서 종단적으로 추적하였다. 콜버그의 딜레마 중 가장 잘 알려진 '하인즈 딜레마'에서는 죽어가는 사람을 살려야 한다는 인간 생명에 대한 가치와 훔쳐서는 안 된다는 법 준수 사이에서의 가치 충돌을 볼 수 있다.

> 유럽에서 암으로 죽어가는 부인이 있었다. 의사들이 그녀를 살릴 수 있다고 생각하는 약이 하나 있었다. 같은 마을에 사는 약사가 개발한 것인데, 약사는 그 약을 만들었을 때 들었던 비용의 10배 정도의 약값을 받았다. 아픈 아내를 둔 하인즈는 돈을 빌리러 자기가 알고 있는 사람을 모두 찾아갔지만 약값의 반 정도만을 모을 수 있었다. 약사는 그 약값을 깎아 주지 않았고, 하인즈가 나중에 갚겠다고 한 것도 거절했다. 그래서 하인즈는 절망한 끝에 자기 아내를 위해 그 약을 훔치러 약국에 침입했다. 하인즈는 그렇게 해야만 했을까? 왜 그래야만 했을까, 또는 왜 그래서는 안 되었을까? (Colby et al., 1983, p. 77에서 재구성)

콜버그는 도덕적 성숙도를 결정하는 것은 대답한 내용이 아니라(훔쳤는지 여부), 딜레마에 대해 **추론하는 방식**이라는 것을 강조하였다. 하인즈가 약을 훔쳐야 했다는 사람과 훔쳐서는 안 된다고 생각하는 사람은 콜버그의 첫 4단계에서 발견될 수 있다. 가장 높은 두 단계에서만 도덕적 추론과 내용이 응집력 있는 윤리적 체계를 가지고 함께 나타난다(Kohlberg, Levins, & Hewer, 1983). 법을 지키는 것과 인간의 권리를 존중하는 것 사이에서 선택하게 했을 때, 가장 발전된 도덕적 사고(하인즈 딜레마에서 생명을 구하기 위해 약을 훔치는 것)를 하는 사람들은 개인의 권리를 지지한다. 이것은 청소년들이 자아정체감을 구성할 때 잘 구조화된 명확한 개인적 가치들을 형성하려 한다는 점을 생각나게 해주지 않는가? 일부 이론가들에 따르면, 정체감과 도덕적 이해의 발달은 같은 과정에 속한다(Bergman, 2004; Blasi, 1994).

도덕적 이해의 콜버그 단계 콜버그는 도덕 발달이 일반적인 세 수준으로 편성되었고, 각 수준은 2단계로 구성되어 총 6단계로 구성된다고 보았다. 콜버그는 피아제가 인지적 성장에 중요하다고 생각했던 요인들 역시 도덕적 이해를 증진시킨다고 생각했다－(1) 적극적으로 도덕적 쟁점을 파악하고 사람들의 현재 추론에서의 약점을 주목하기, (2) 도덕적 갈등

상황을 보다 더 효과적으로 해결하게 해주는 조망 수용 능력의 획득.

전인습적 수준 전인습적 수준(preconventional level)에서 도덕성은 외적으로 통제된다. 아동들은 권위적인 인물이 제시하는 규칙을 그대로 수용하여 그것의 결과로 행동을 판단한다. 벌을 받는 행동은 나쁘고, 상을 받는 행동은 좋은 것으로 간주된다.

- 단계 1 : 처벌과 복종 지향. 이 단계 아동은 도덕적 딜레마에서 두 가지 관점을 고려하는 것을 어려워한다. 그 결과 그들은 사람들의 의도를 무시하고, 대신 도덕적으로 행동하는 이유로서 권위에 대한 두려움과 처벌을 피하려는 것에 초점을 맞춘다. 하인즈 딜레마에서 훔치는 것에 반대하는 사람은 이렇게 말할 것이다. "당신이 약을 훔친다면 붙잡혀서 감옥에 갈 것이기 때문에 그래서는 안 된다. 당신이 달아난다고 해도 경찰에게 붙잡힐 것이 두려울 것이다."
- 단계 2 : 도구적인 목적 지향. 아동들은 도덕적 딜레마에서 사람들이 다른 견해를 가질 수 있다는 것을 알게 되지만, 처음에는 이러한 이해가 매우 구체적이다. 그들은 자신에게 이익이 되는 행위를 옳은 것으로 보고, 호의를 똑같이 교환하는 것이 서로에게 이익이 된다고 이해한다. "당신은 나를 위해서 이것을 하고 나는 당신을 위해서 저것을 할 거야." 그들은 '하인즈가 아내와 함께 할 수 있기 때문에' 하인즈가 약을 훔쳐야만 한다고 말할 것이다.

인습적 수준 인습적 수준(conventional level)에서 사람들은 계속해서 사회적 규칙을 따르는 것을 중요하게 생각하지만 자신의 이익 때문이 아니다. 그들은 현재 사회 시스템을 적극적으로 유지하는 것이 긍정적 관계와 사회적 질서를 지킬 수 있다고 믿는다.

- 단계 3 : '좋은 소년/소녀' 지향, 또는 대인 간 협동의 도덕성 규칙을 지키는 것. 규칙 준수는 사회적 조화를 증진시키기 때문에 개인적으로 가까운 사람들 사이에서 처음으로 규칙을 따르려는 바람이 나타난다. 단계 3 사람들은 친구와 친척들로부터 애정과 신뢰를 얻고, 성실하고, 공

손하고, 유용하고, 훌륭한 '좋은 사람'이라고 인정받기를 원한다. 공정한 외부 관찰자의 관점으로 두 사람 간 관계를 보는 능력이 생김으로써 이 같은 접근으로 도덕성을 이해할 수 있다. 이 단계에서 사람들은 이상적 상호관계를 이해한다. 사람들은 자신의 행복을 고려하는 것처럼 타인의 행복에 대해서도 똑같이 관심을 가진다. 이것은 '남이 너에게 했으면 하는 행동을 남에게 하라'라는 황금률에 의해 요약되는 공정성의 기준이다. 하인즈가 약을 훔치는 것에 찬성하는 사람은 이렇게 설명할 것이다. "당신이 한 일을 보고 가족들은 당신을 좋은 남편이라고 생각할 것이다."

- 단계 4 : 사회적 질서를 유지하려는 지향성. 이 단계에서 사람들은 사회적 법과 같은 보다 큰 관점을 취한다. 도덕적 선택은 다른 사람들과 가까운 관계라는 것에 더 이상 의존하지 않는다. 대신, 규칙은 모든 사람에게 똑같이 공평하게 집행되어야 하고, 사회의 각 구성원은 규칙을 준수하기 위해 담당해야 할 개인적 의무가 있다. 단계 4 사람들은 법은 사회질서와 개인들 간의 협력관계를 확인하는 데 중요하기 때문에 불복종해서는 안 된다고 믿

© STEVE SKJOLD/ALAMY

이 10대 청소년이 다른 사람에게 칭찬받을 것을 기대하면서 놀이터에서 사다리를 오르는 아이를 도와주었다면 콜버그의 전인습적 수준에 있는 것이다. 만약 '남이 너에게 했으면 하는 행동을 남에게 하라'는 이상적인 상호호혜의 법칙에 근거하여 도와주었다면 인습적 수준에 있는 것이다.

는다. 하인즈가 약을 훔치는 것에 반대하는 사람들은 이렇게 말할 것이다. "다른 사람들처럼 하인즈 역시 법을 준수할 의무가 있다. 만약 상황이 여의치 않다는 이유로 하인즈가 법을 어기는 것을 허락하면 다른 사람들은 자신들 역시 그럴 수 있다고 생각할 것이다. 그렇게 되면 우리 사회는 법을 준수하지 않고 혼돈에 빠질 것이다."

후인습적 또는 원리적 수준   후인습적 수준(postconventional level)에 있는 사람들은 자신의 사회 규칙과 법을 절대적으로 지지하지 않는다. 그들은 도덕성을 모든 상황과 사회에 적용하는 추상적 원리와 가치로 정의한다.

- 단계 5 : 사회적 계약 지향. 단계 5에서 사람들은 사회적 질서에 대한 대안을 생각해내고, 법을 해석하고 변화시키기 위한 공정한 절차를 강조한다. 법이 개인의 권리와 다수의 이득에 맞을 때, 개개인은 사회적 계약 지향 때문에 그것들을 따른다. 사람에게 보다 더 많은 선을 가져다주기 때문에 시스템에 자유 의지로 참여한다. 하인즈가 약을 훔치는 것에 찬성하는 사람은 이렇게 말할 것이다. "비록 법에서는 도둑질을 금지하고 있지만, 법이 생명에 대한 개인의 권리를 위반한다는 것을 의미하지는 않는다. 하인즈가 훔친 것에 대해 기소된다면, 법은 생존을 유지하기 위한 인간의 자연권에 어긋나는 상황을 설명하기 위해 재해석될 필요가 있다."

- 단계 6 : 보편적 윤리적 원리 지향. 이 가장 높은 단계에서, 옳은 행위는 모든 사람에게 가치가 있는 스스로 선택한 양심의 윤리적 원리로 정의되는데, 이것은 법이나 사회적 동의와 상관이 없다. 단계 6에 있는 사람들은 전형적으로 모든 인간의 가치와 존엄을 존중함으로써 이러한 추상적 원리들을 언급한다. 이들은 하인즈가 약을 훔치는 것에 대해서 이렇게 정의할 것이다. "생명에 대한 존중을 넘어서 재산을 존중하는 것은 의미가 없다. 사람들은 사유재산 없이 함께 살 수 있을 것이다. 인간 생명과 인격을 존중하는 것은 절대적이고, 따라서 사람들은 죽음에서 서로를 구해야 하는 공동의 의무를 가지고 있다."

콜버그 단계 순서에 대한 연구   콜버그의 연구와 다른 종단연구들은 콜버그의 단계 순서에 대해 가장 확실한 증거를 제공한다(Boom, Wouters, & Keller, 007; Dawson, 2002; Walker &

Taylor, 1991). 도덕 발달은 느리고 점진적으로 일어난다. 단계 1과 2의 추론이 청소년 초기에 감소하고, 반면에 단계 3은 청소년 중기 동안 증가하고 그러고 나서 감소한다. 단계 4의 추론은 10대 동안에 일어나서 성인 초기에 전형적인 반응이 된다.

단계 4를 넘는 사람은 거의 없다. 사실, 후인습적 도덕성은 아주 드물어서 콜버그 단계 6이 실제로 단계 5 다음에 온다는 분명한 증거는 없다. 이것은 콜버그 이론을 공격하는 핵심이 된다. 사람들이 도덕적으로 성숙하다고 생각되기 위해서 단계 5와 6에 도달해야 한다면, 이 기준에 부합하는 사람은 어디에서도 찾아보기 어려울 것이다! 콜버그 단계를 재검토한 연구에 따르면, 도덕적 성숙은 단계 3과 4를 수정하여 이해할 때 발견될 수 있다(Gibbs, 2014). 이 단계들은 콜버그가 가정했던 것처럼, 사회적 동조에 기반을 두는 '인습적'인 성질을 가지지 않는다. 대신, 그들은 관계를 기반으로 이상적 상호관계를 이해하고(단계 3), 널리 수용되는 도덕 기준으로 규칙과 법을 설명하는(단계 4), 보다 깊은 도덕적 구성을 요구한다. 이러한 관점에서 보면 '후인습적' 도덕성은 깊게 사고한 노력의 결과로, 보통 철학과 같은 학문 영역에서 높은 교육을 받은 소수의 사람들에게만 제한적으로 나타날 것이다.

하인즈의 딜레마를 읽으면서 여러분은 여러분만의 결론에 도달했을 것이다. 실제 삶에서 갈등을 겪을 때 실천이라는 측면을 고려해야만 하기 때문에 개인의 실제 능력보다 낮은 도덕적 추론을 하게 된다. 청소년과 성인들은 추론을 이러한 딜레마를 해결하는 책략으로 가장 자주 사용하지만, 다른 책략들도 사용한다. 예를 들어 다른 사람과 논쟁하고, 직관에 의존하며, 종교와 영성의 개념을 사용하여 해결하기도 한다. 사람들은 정서적인 면이 포함된 일상생활에서 딜레마를 겪을 때 진이 빠지고, 혼란스러우며, 유혹에 의해 찢겨지는 느낌을 느낀다고 보고한다(Walker, 2004). 가설적 딜레마는 개인적 위험에 대한 해석을 배제한 도덕적 판단을 반영하므로 최상위 수준의 도덕 판단을 유발한다.

도덕 판단에 대한 상황 요인들의 영향을 고려해볼 때, 피아제의 인지 단계와 마찬가지로 콜버그의 도덕 단계의 구성도 느슨하며, 서로 겹치는 부분이 있다는 것을 알 수 있다. 일부 연구자들은 도덕 개념의 분명히 구별된 단계보다는 맥락에 따라 달라지는 도덕 반응의 범위를 생각해본다. 연령이 증가하면 미성숙한 도덕 추론이 보다 발전된 도덕적 사고로 점진적으로 대치되면서 이 범위가 변화한다고 본다.

도덕적 추론에 성차가 있는가?

지금까지 보아 왔듯이, 실제 삶에서 도덕적 딜레마는 도덕 판단에서 정서의 역할을 강조한다. 이 절을 시작할 때, 사브리나의 도덕적 항변이 다른 사람을 돌보아야 한다는 점에 초점이 맞추어져 있음을 보았다. 캐롤 길리건(Carol Gilligan, 1982)은 콜버그 이론이 남자들과의 인터뷰를 기초로 만들어졌기 때문에 소녀나 여자들의 도덕성을 적절하게 보여주지 않는다고 주장한 사람으로 가장 잘 알려져 있다. 길리건은 여성들의 도덕성은 콜버그 이론이 평가 절하했던 '돌봄의 윤리'를 강조한다고 생각했다. 예를 들어 사브리나의 추론은 상호 신뢰나 정서에 기반을 두기 때문에 단계 3에 속하지만, 루이스의 추론은 법을 따르는 것을 강조하기 때문에 단계 4에 해당한다. 길리건에 따르면, 다른 사람을 배려하는 것은 일반적인 권리에 초점을 맞추는 것보다 가치가 떨어지는 것이 아니라 단지 성질이 다를 뿐이라는 것이다.

많은 연구들은 콜버그의 접근방법이 여성의 도덕적 성숙도를 과소평가한다는 길리건의 주장을 검증했다. 대부분은 길리건의 주장을 지지해주지 않았다(Walker, 2006). 일상적인 도덕적 문제뿐만 아니라 가설적 딜레마에 대해, 청소년기 여성이나 성인 여성 모두 남성과 같거나 또는 더 높은 단계의 추론을 보여준다. 또한 남성과 여성 모두 정의와 돌보는 것에 대한 반응을 보였고, 소녀들이 다른 사람을 배려하는 것이 콜버그 체계에서 경시되지 않았다(Walker, 1995). 이러한 결과는 콜버그가 돌봄보다는 정의를 최고의 도덕적 이상으로 강조했지만, 둘을 모두 가치 있게 다루고 있음을 보여준다.

그럼에도 불구하고 일부 증거는 남성과 여성의 도덕성은 이 두 성향을 다 보이지만, 여성은 배려를 강조하는 경향이 있는 반면에 남성은 정의를 강조하거나 정의와 돌봄을 동등하게 강조한다는 결과를 보여준다(You, Maeda, & Bebeau, 2011). 어느 면을 강조하는가는 가설적인 상황보다는 실제 생활 딜레마에서 더 차이를 보이는데, 이러한 차이는 여자들이 일상에서 다른 사람을 돌보거나 배려하는 활동을 더 많이 한다는 점에서 나타난다.

실제로 맥락은 배려를 강조하는 데 깊게 영향을 끼친다. 한 연구에서 18~38세 대학생들에게 세 가지 버전의 도덕적 딜레마를 제시했는데, 세 버전은 주인공의 친숙성 정도에서 다음과 같은 차이가 있었다―(1) 학급에서 친한 친구, (2) 같은 학급의 안면 있는 친구, (3) 관계가 특정되지 않는 같은 반 친구(Ryan, David, & Reynolds, 2004). 주인공이 낙제할 위기에 처했을 때, 그 친구가 부정행위를 할 위험을 감수하고 네가 최근에 완성한 숙제의 복사본을 빌려줄지를 물어보았을 때, 남성과 여성 모두 사회적으로 거리가 있는 친구보다 친한 친구에게 더 빌려줄 것이라고 대답했다. 성차는 오직 불특정 상황에서만 나타난다. 즉 여성이 더 친밀한 관계를 만들어서 친근함을 더 많이 느끼게 되는 상황에서 여성이 더 배려를 표현하는 경향이 있다.

도덕적, 사회인습적, 개인적 관심을 조화시키기

청소년들의 도덕적 발전은 도덕적 쟁점, 사회관습적 쟁점, 개인적 쟁점이 상충되는 상황에 대해 추론할 때 명백해진다. 다양한 서구 문화와 비서구 문화에서 10대들은 개인적 선택의 문제에 커다란 관심을 표현한다. 정체성에 대한 의문이나 독립성의 강화에서 이러한 특성이 반영된다(Rote & Smetana, 2015). 청소년들은 옷 입는 것, 머리 스타일, 일기 쓰기, 우정이 자기만의 문제이지, 부모나 권위 있는 인물들이 관여할 사안이 아니라고 어릴 때보다 더 강하게 주장한다. 자녀의 일에 자주 참견하는 부모를 둔 10대들은 강한 심리적 스트레스를 보고한다. 반대로, 청소년들은 일반적으로 부모들이 도덕적 상황과 사회관습적 상황에서 어떻게 행동할지 그들에게 말해줄 권리가 있다고 생각한다(Helwig, Ruck, & Peterson-Badali, 2014). 그리고 이러한 쟁점이 의견충돌을 만들어내면, 10대들이 부모의 권위에 거의 도전하지 않는다.

청소년들은 개인적 문제라고 생각하는 주제의 범위를 확대하면서, 개인의 선택과 지역사회의 의무 사이의 갈등에 대해 더 열심히 생각한다. 예를 들어 법은 말하는 것, 종교, 결혼, 출산, 집단 회원자격, 그 밖의 개인적 권리를 제한할 수 있는지, 제한할 수 있다면 어떤 상황에서 할 수 있는지를 생각한다. 예를 들어 또래집단에서 인종이나 성이 다른 한 아동을 따돌리는 것이 괜찮은지를 물었을 때, 4학년생들은 모든 상황에서 따돌림은 부당하다고 말한다. 그러나 10학년생들은 공정성을 생각해야 하지만 특정한 상황에서, 예를 들어 친한 친구들 사이에서, 집이나 소규모 클럽과 같은 사적인 맥락에서, 또는 성이 다를 때 따돌릴 수 있다고 말한다(Killen et al., 2002, 2007; Rutland, Killen, & Abrams, 2010). 그들은 집단이 효과적으로 기능하는 것을 고려해야 할 뿐만 아니라 개인이 선택의 권리가 있다는 것을 언급하며 그 이유를 설명한다.

청소년들이 개인 권리를 이상적인 상호관계와 통합할 때,

보스턴 10대 청소년들은 대중교통 비용 인상에 반대하고 청소년권 할인에 찬성했다. 청소년기 도덕성 발달은 자신이 원하는 보호가 다른 사람에게까지 확장되기를 요구하는 것을 포함한다.

그들은 스스로가 받고 싶은 보호를 다른 사람에게도 해줄 것을 요구한다. 예를 들어 나이 든 고등학생들은 어린 학생들보다 학교에서 게이나 레즈비언 학생들이 차별로부터 자유로워야 한다고 믿는데, 이들은 다음과 같은 도덕적 추론으로 자신들의 믿음을 정당화한다. "우리는 다른 사람들이 우리에게 대접해주길 원하는 것처럼 다른 사람을 대해야 합니다"(Horn & Heinze, 2011). 그리고 나이가 들면서 10대들은 점차적으로 흡연, 음주와 같이 건강을 위협하는 행동에 참여하는 개인적 자유를 정부가 제한할 권리는 공공의 이익 증진을 위해 필요하다고 변호하게 된다(Flanagan, Stout, & Gallay, 2008).

마찬가지로 그들은 도덕적 의무와 사회적 인습이 일치하는 부분을 점점 더 염두에 두게 된다. 결국 그들은 티셔츠를 입고 예식장에 나타나거나 학생 상담 모임에서 순서를 기다리지 않고 말하는 것 등 관습을 위배하는 행동은 다른 사람을 곤란하게 하거나 공정한 대우를 못하게 되어, 결국 다른 사람에게 해를 끼칠 수 있다는 것을 깨닫게 된다. 시간이 지나 공정성을 좀 더 깊게 이해하게 되면서, 젊은이들은 사회적 관습이 정의와 평화로운 사회를 유지하기 위해 중요한 도덕적 함의를 갖는다는 것을 알게 된다(Nucci, 2001). 어떻게 이러한 이해가 청소년기가 끝날 무렵에 획득되는 콜버그 단계 4의 중심이 되는지를 주목하라.

도덕적 추론에 대한 영향

자녀 양육 방법, 또래와의 상호작용, 학교 교육, 문화 등 많은 요인들이 도덕적 이해에 영향을 미친다. 콜버그가 생각했

던 것처럼, 젊은이들에게 보다 복잡한 방식으로 도덕적 문제를 생각하게 하는 인지적 도전을 주었을 때 이러한 경험이 도덕 추론에 영향을 준다는 증거가 점차 많아지고 있다.

자녀 양육 방법 도덕적 이해를 도덕적 논의에 참여하고, 친사회적 행동을 고무하고, 타인을 대할 때 존중하고 공정할 것을 강조하고, 민감하게 경청하는 지지적 분위기를 형성하고, 명확한 질문을 하고, 높은 수준의 추론을 보여주는 부모를 둔 청소년들은 도덕적 이해 수준이 높다(Carlo, 2014; Pratt, Skoe, & Arnold, 2004). 한 연구에서 11세 아동들에게 거짓말하지 마라, 도둑질하지 마라, 약속을 어기지 마라와 같은 도덕 규칙을 정당화하기 위해 어른들이 말할 것이라고 생각하는 것을 물었다. 따뜻하고, 커뮤니케이션을 강조하는 부모를 둔 아이들은 그렇지 않은 또래들보다 "내가 너한테 하면 넌 그것을 좋아하지 않을 거야"와 같이 이상적 상호호혜를 강조하는 경향이 컸다(Leman, 2005).

또래 상호작용 서로 다른 견해로 대치하는 또래들 사이의 상호작용이 도덕적 이해를 촉진한다. 아동과 청소년들이 자기 또래들과 협상하거나 타협할 때, 그들은 동등한 관계 사이에서 협동을 통해 사회생활을 할 수 있다는 것을 깨닫는다. 친밀한 우정을 많이 보고하고 친구들과 자주 대화하는 젊은이들은 더 발전된 도덕적 추론을 한다(Schonert-Reichl, 1999). 서로 동의하여 결정하게 해주는 우정의 상호성과 친밀성은 도덕 발달에 특별히 중요하다.

집단 간 접촉, 즉 학교와 지역사회에서의 인종을 뛰어넘는 우정과 상호작용은 인종편견 및 민족편견을 감소시킨다. 이것은 또한 젊은이들이 인종을 이유로 한, 성적 지향을 이유로 한, 그리고 다른 형태의 따돌림이 잘못되었다는 그들의 신념을 강화한다(Horn & Sinno 2014; Ruck et al., 2011).

도덕적 문제에 관한 또래 간 논의와 역할극은 고등학생과 대학생의 도덕적 이해를 향상시키는 것을 목적으로 하는 중재의 기본이 된다. 이러한 논의가 효과적으로 진행되기 위해서는 사브리나와 루이스가 페리 부인의 상황에 대해 논쟁을 했던 것처럼 젊은이들은 정면으로 맞서고, 비판하고, 서로의 관점을 명확하게 이해하기 위한 시도를 적극적으로 해야 한다(Berkowitz & Gibbs, 1983; Comunian & Gielen, 2006). 그리고 도덕 발달은 점진적으로 일어나기 때문에 도덕적 변화를 일으키기 위해서는 또래 상호작용 회기를 여러 주나 여러

달 동안 계속하는 것이 필요하다.

학교 교육 차별과 따돌림을 반대하는 정책과 소수자 권리를 지지하는 학생 조직(예 : 동성애자-이성애자 연합 단체)이 갖추어져 있는 중등학교는 청소년들의 차별에 관한 도덕적 추론을 향상시킨다. 한 연구에서 고등학교에서 이러한 활동에 참여했던 학생들이 참여하지 않았던 학생들보다 게이와 레즈비언을 배제하고 괴롭히는 것을 더 부당하다고 느꼈다(Horn & Szalacha, 2009). 공정과 존중의 학급 분위기를 조성하는 교사 역시 비슷한 영향력을 가진다. 10학년을 대상으로 한 조사에서 선생님이 공정하다고 지각하는 학생들이 선생님이 부당하게 처벌을 하거나 낮은 성적을 부여했다고 생각한 학생들에 비해 인종을 근거로 친구를 배제하는 것을 도덕적으로 잘못된 것이라고 여겼다(Crystal, Killen, & Ruck, 2010). 학교가 편견과 괴롭힘의 유해성에 대한 명시적인 메시지를 전달하면 학생들은 그러한 행동을 윤리적인 측면에서 생각하게 된다.

뿐만 아니라 학교에 오래 남아 있을수록 도덕적 추론은 일반적으로 콜버그의 상급 단계로 발전한다(Gibbs et al., 2007). 대학에 다니는 것은 젊은이들에게 개인적 관계 이상의 사회적 쟁점을, 그리고 정치적 집단과 문화적 집단에 접할 수 있는 기회를 준다. 보다 더 많은 학업 조망 기회를 보고하고(예 : 의견에 대해 열린 토론을 강조하는 수업) 사회적 다양성을 더 많이 인식하게 된다고 말하는 대학생들은 더 발전된 도덕 추론을 하는 경향이 있다(Comunian & Gielen, 2006; Mason & Gibbs, 1993a, 1993b).

문화 산업국가의 사람들은 촌락사회의 사람들보다 콜버그 단계를 더 빠르게 진행하고 더 높은 수준까지 발달한다. 촌락사회의 사람들은 거의 단계 3을 넘지 못한다. 이러한 문화적 차이에 대한 한 가지 설명은 촌락사회에서는 도덕적 협동이 사람들 사이의 직접적 관계에서 일어나고, 발전된 도덕적 이해(단계 4~6)에는 사용되지 않기 때문이라는 것이다. 보다 발전된 도덕적 이해는 법과 큰 사회 구조의 역할을 인식하면서 생긴다(Gibbs et al., 2007).

문화적 차이에 대한 두 번째 가능한 설명은 촌락사회와 집단주의 문화 모두 도덕적 딜레마에 대한 반응은 서구 유럽이나 북미에서보다 더 타인 지향적이라는 것이다(Miller & Bland, 2014). 한 연구에서, 돌보는 것과 정의를 모두 통합하

상호의존에 높은 가치를 부여하는 국가인 일본에서 도덕적 딜레마에 대한 반응은 공동체 책임으로 돌봄을 강조하는 경향이 있다. 이 고등학생들은 2011년 쓰나미로 파괴된 학교에 방문해서 학생회 공동의 공감을 표현하고 있다.

여 추론하는 일본의 청소년기 남자와 여자들은 돌보는 것이 공동체의 책임이라고 생각하기 때문에 돌보는 것에 더 큰 비중을 둔다(Shimizu, 2001). 마찬가지로 인도에서 수행된 연구에서, (콜버그 단계 4와 5를 획득할 것으로 기대되는) 교육을 많이 받은 사람들조차도 도덕적 위반을 개인과 관련하여 설명하지 않았다. 그들은 도덕적 딜레마의 해결을 개인이 아닌 사회 전체의 책임으로 보았다(Miller & Bersoff, 1995).

이러한 결과는 콜버그의 가장 높은 도덕 수준이 개인주의를 강조하고 내적이고 개인적인 양심에 호소하는 서구 사회에 국한된, 문화 특정적인 사고방식을 보여줄지도 모른다는 의문을 제기해준다. 동시에 100편이 넘는 연구를 검토한 결과, 다양한 사회에서 나이가 증가함에 따라서 콜버그의 단계 1부터 단계 4까지 일관되게 나타난다는 것이 확인되었다. 정의에 기반을 둔 보편적인 도덕성은 여러 다른 문화의 사람들의 딜레마 반응에서 공통적으로 나타난다.

도덕적 추론과 행동

인지발달 관점의 핵심적 가정은 도덕 이해는 도덕적 행동에 영향을 끼쳐야만 한다는 것이다. 콜버그에 따르면, 성숙된 도덕적 사고를 하는 사람은 자신의 믿음대로 행동하는 것이 정의로운 사회를 만들고 유지하는 데 핵심임을 깨닫는다(Gibbs, 2014). 이러한 생각과 일치하는 결과들이 있는데, 더 높은 도덕 단계에 있는 청소년들이 자신이 속한 커뮤니티에서 자원봉사에 참여함으로써 도와주고, 함께 나누고, 불공평한 대우를 받는 사람들을 보호하는 친사회적 행동을 더 자

주 한다(Carlo et al., 2011; Comunian & Gielen, 2000, 2006). 그들은 또한 속이기, 공격행동, 다른 반사회적 행동을 더 적게 한다(Raaijmakers, Engels, & van Hoof, 2005; Stams et al., 2006).

그렇지만 도덕적 추론이 항상 행동과 직접적으로 연결되는 것은 아니다. 지금까지 보았듯이, 도덕적 행동은 인지 외에 많은 요인의 영향을 받는데, 이러한 요인들에는 공감, 연민, 죄의식 등의 정서, 기질의 개인차, 도덕적 의사결정에 영향을 주는 문화적 경험들과 직관적 믿음이 포함된다. 아동기와 비교해서 청소년기에는 부도덕한 행동을 저지른 후 부정적 느낌을 느끼고, 도덕적 행동을 한 후 긍정적 느낌을 느낀다고 말하는 경향이 커진다(Krettenauer et al., 2014). 도덕적 결정과 예상되는 정서는 시간이 지나면서 더 함께 작용하여 10대들이 도덕적 행동에 동기를 갖도록 하는 데 기여한다.

도덕성이 자기개념에 어느 정도 중요한지를 보여주는 **도덕적 정체성**(moral identity) 또한 도덕 행동에 영향을 준다(Hardy & Carlo, 2011). 사회경제적 지위가 낮은 흑인계와 라틴아메리카계 10대들을 대상으로 한 연구에서, 자기를 기술할 때 도덕적 특질과 목표를 강조하는 청소년들은 예외적으로 지역사회에서 봉사를 많이 한다(Hart & Fegley, 1995). 10~18세 청소년들이 각 도덕적 특질에 대하여 얼마나 자기 자신이 되고 싶은 특질인지를 평가하도록 했을 때, 도덕적 이상적 자기가 강한 청소년일수록 부모가 윤리적이고 이타적인 행동을 많이 하는 아이라고 생각하는 경향이 있었다(Hardy et al., 2012).

연구자들은 도덕적 정체성을 강화하는 요인이 무엇인지 검증하고 있다. 특정 양육 방법, 즉 유도적 훈육과 도덕적 기대를 명확하게 전달하는 것이 청소년들의 도덕 정체성을 높인다(Patrick & Gibbs, 2011). 또한 지역사회 서비스를 통해 도덕적 행동을 시행할 기회를 갖는 것이 청소년의 자기이해에 도움이 되고, 결과적으로 도덕적 정체성을 강화하고 도덕 동기를 높이는 데 기여한다(Matsuba, Murzyn, & Hart, 2014). 다음 페이지에 수록된 사회적 이슈에서 밝히고 있는 것처럼 사회 참여는 젊은이들이 자신의 이해와 공공의 이해를 연결시키는 데 도움이 되고, 이러한 통찰은 거의 모든 측면의 도덕성을 촉진할 수 있다.

종교적 참여와 도덕 발달

실제 생활의 도덕적 딜레마를 해결할 때, 종교와 영혼에 대

한 관점을 말하는 사람이 많다는 것을 기억하라. 비록 지난 몇십 년 동안 미국의 무신론자 비율은 증가했지만, 미국인의 약 70%가 종교가 자신의 삶에서 매우 중요하다고 대답한다. 50%인 캐나다와 독일, 40%인 영국, 30%인 스웨덴에 비해 미국은 서구 국가에서 가장 종교적인 나라이다(Pew Research Center, 2012, 2015a; Pickel, 2013). 자녀를 가진 부모 중에 예배에 정기적으로 참석하는 사람들이 많다. 그러나 청소년들이 개인적으로 정체감을 찾으려 하면서, 형식적인 종교적 참여는 감소하여, 미국 젊은이들의 경우 13~15세에는 55%이나 18세가 되면 36%로 떨어진다(Pew Research Center, 2010c, 2015a).

그럼에도 불구하고 종교적 공동체의 일원으로 남아 있는 10대들은 도덕적 가치와 행동이 더 발달되어 있다. 종교와 관련이 없는 젊은이들에 비해, 그들은 어려운 사람들을 도와주려는 지역사회 봉사활동에 더 많이 참여한다(Kerestes, Youniss, & Metz, 2004). 종교적 참여는 책임 있는 학업과 사회 행동을 증진시키고 비행을 감소시킨다(Dowling et al., 2004). 이는 약물이나 알코올 사용, 조기 성경험, 비행 감소와도 관련된다(Good & Willoughby, 2014; Salas-Wright, Vaughn, & Maynard, 2014).

이러한 바람직한 결과에는 다양한 요인이 관여된다. 대도시 빈민가 고등학생들을 대상으로 한 연구에서 보면, 종교 활동을 하는 젊은이들은 부모, 다른 어른들, 비슷한 세계관을 가지는 친구들과 신뢰할 수 있는 관계를 맺을 가능성이 더 많다. 이러한 사람들과 함께하는 활동이 많으면 많을수록 공감과 친사회적 행동에서 더 높은 점수를 받았다(King

교회 성가대에 속한 이 청소년들은 자신과 비슷한 가치를 지향하는 어른과 또래와 연결된 느낌을 가진다. 종교 활동에 참여하는 청소년은 지역사회 활동에 참여하고, 책임감 있는 학업·사회적 행동을 할 가능성이 높다.

& Furrow, 2004). 더욱이 종교 교육과 청소년들의 활동은 타인에게 배려하는 것을 직접적으로 가르치고 도덕적 논의와 시민 참여를 위한 기회를 제공한다. 그리고 종교심이 더 높다고 느끼는 청소년들은 사고를 행동으로 전환해주는 자기효능감, 친사회적 가치, 강한 도덕적 정체성과 같은 특정한 내적 힘을 발달시킨다(Hardy & Carlo, 2005; Sherrod & Spiewak, 2008).

동시에 소수자에 대한 고정관념과 편견에 관한 종교적이거나 정치적인 메시지는 젊은이들의 도덕적 성숙을 방해한다. 종교가 자신의 삶에 미치는 영향을 다룬 포커스 그룹에서는 미국 이민 가정의 이슬람 청소년들은 자신의 종교 커뮤니티가 제공하는 지지를 이해한다고 말하는 동시에 비이슬람인에 의한 정보 수집과 다른 형태의 차별에 대한 부정적 경험을 자주 언급했다(Abo-Zena & Barry, 2013).

마지막으로 젊은이들을 잠재적인 구성원으로 소외시키고, 이들에게 집단의 믿음을 엄격하게 주입시키고, 이들이 이전의 사회적 유대관계로부터 멀어지게끔 하고, 개성을 억압하는 종교 단체는 도덕적 진보를 포함한 사실상 청소년기의 모든 발달 과제를 방해한다(Scarlett & Warren, 2010). 비록 종교 커뮤니티가 특별히 10대의 도덕적 헌신과 친사회적 헌신을 촉진하지만, 모두 이러한 효과를 갖는 것은 아니다.

콜버그 이론에 대한 미래의 도전

비록 인지발달적 접근이 도덕성과 연관된다는 많은 증거들이 있지만 콜버그 이론은 주요한 도전에 직면하고 있다. 가장 근본적으로 반대하는 학자들은 상황에 따라서 도덕적 추론의 편차가 심하다는 것을 언급하면서 콜버그의 단계 순서가 일상생활의 도덕성을 설명하는 데 적절하지 않다고 주장한다. 이들은 도덕성에 실용적으로 접근하기 위해서 콜버그의 단계를 버려야 한다고 주장한다(Krebs, 2011). 이들은 사람들이 개인의 현재 상황과 동기에 따른 다양한 성숙도 수준에 따라서 도덕적 판단을 내린다고 본다. 즉 비즈니스 거래에서의 갈등은 단계 2의 추론을 유발하지만, 친구나 연인과의 논쟁은 단계 3의 추론을 유발하고, 계약 위반에 관해서는 단계 4의 추론을 유발한다.

실용적 관점에 따르면 일상의 도덕적 판단은 공정한 해결책에 도달하려는 노력이기보다는 사람들이 자신의 목표를 성취하기 위해 사용하는 실용적 도구라고 볼 수 있다. 개인적 이익을 위해서 사람들은 종종 다른 사람들과의 협력을 옹

사회적 이슈 : 교육

시민으로서의 책임(의무)의 발달

추수감사절에 쥘, 마틴, 루이스, 사브리나는 무료급식소에서 가난한 사람들에게 저녁을 대접하기 위해 부모님 집에 모였다. 사브리나는 1년 동안 토요일 아침마다 양로원에서 자원봉사를 하였는데, 거기서 그녀는 쇠약해진 노인들과 대화를 나누곤 하였다. 국회의원 선거가 있기 몇 달 전, 이 네 젊은이들은 후보자들과 함께하는 특별한 모임에 참석하여 질문하였다. 학교에서 루이스와 그의 여자친구인 캐시는 민족과 인종 포용을 고취하는 조직을 만들었다.

이 젊은이들은 인지, 정서, 행동의 복잡한 결합체인 강력한 *시민참여* 의식을 보여준다. 시민참여는 사회적 이슈와 정치적 이슈에 대한 지식, 지역사회를 다르게 만들겠다는 신념, 공정하게 서로 다른 의견을 어떻게 해결하는지와 같은 시민의 목표를 달성하기 위한 기술을 포함한다(Zaff et al., 2010).

젊은이들이 도움이 필요한 사람이나 공적 이슈를 알 수 있는 지역사회 서비스에 참여할 때, 그들은 특히 미래 서비스를 위한 전념을 표현하는 경향이 있다. 그리고 더 진전된 도덕적 추론을 보이는 젊은 지원자들은 시민참여의 결과로서 더 성숙된 도덕적 추론을 한다(Gibbs et al., 2007; Hart, Atkins, & Donnelly, 2006). 가족, 학교, 지역사회 경험은 청소년의 시민참여에 기여한다.

가족의 영향

어려운 처지의 사람에 대한 연민을 강조하고, 지역사회 서비스에 참여하는 것을 강조하는 부모를 둔 청소년들은 사회적 책임의 가치를 따르는 경향이 있다. 무엇이 실직이나 가난을 야기하냐고 물어보면, 이러한 10대들은 개인적 요인(낮은 지능, 개인적 문제)보다 상황적, 사회적 요인(교육의 부족, 정부 정책, 경제 상태)을 언급하는 경향이 있다. 이렇게 상황이나 사회적 원인을 생각하는 젊은이들은 가난을 근절하거나, 다음 세대를 위해 지구를 보호하는 활동과 같은 보다 더 이타적인 삶의 목표를 갖는다(Flanagan & Tucker, 1999).

부모들의 개방적인 대화, 사회문제에 대한 논의, 시민참여는 청소년 자녀의 시민참여와 행동으로 이어진다(van Goethem et al., 2014). 이 젊은이들은 자원봉사를 할 뿐만 아니라 특히 자주 한다.

학교와 지역사회의 영향

논란이 많은 이슈에 대한 정중한 논의를 독려하는 교사가 있는 민주적 분위기의 학교는 사회와 정치적 문제에 대한 비판적 분석, 시민 단체에의 참여를 촉진한다(Lenzi et al., 2012; Torney-Purta, Barber, & Wikenfeld, 2007). 또한 성인들이 젊은이를 보호하고, 더 나은 지역사회를 만들기 위해 일한다고 생각하는 지역에 사는 고등학생들이 더 높은 수준의 시민참여를 보였다(Kahne & Sporte, 2008). 사회변화 유도를 주목적으로 하는 학교에서의 과외활동에 참여하는 것은 성인기에도 지속되는 시민참여와 연관된다(Obradović & Masten, 2007).

이러한 관여의 두 가지 측면이 그들의 지속적인 영향력을 설명하는 것으로 보인다. 첫째, 성숙한 시민참여에 요구되는 비전과 기술을 청소년들에게 소개한다. 학생회, 정치와 직업 동아리에서, 자원봉사 조직에서, 학생신문사에서 젊은이들은 그들의 행동이 어떻게 더 큰 학교와 지역사회에 영향을 끼치는지 알게 된다. 그들은 혼자보다는 집단으로 원하는 결과를 성취할 수 있다는 것을 깨닫는다. 그리고 그들은 함께 일하는 것을 배우고, 타협과 함께 강한 신념을 배운다(Kirshner, 2009). 둘째, 이러한 활동에 참여하면서 젊은이들은 정치적, 도덕적 이상을 탐색한다. 종종 그들은 자신의 정체성을 타인의 불행에 맞서는 책임감을 포함시켜서 재정의하고, 더 열심히 시민활동에 참여한다(Crocetti, Jahromi, & Meeus, 2012).

이 고등학생은 자신이 시작한 봉사학습 프로젝트의 일환으로 호스피스 병동에서 음악 연주를 한다. 지역사회에서의 봉사활동은 청소년들의 도덕성을 향상시키며, 이러한 청소년들은 이후에 봉사활동을 할 가능성이 높다.

미국 공립학교의 대부분은 학생들이 지역 봉사활동에 참여할 기회를 제공한다. 많은 학교들이 봉사활동을 교육과정에 통합시킨 봉사학습 프로그램을 운영한다. 학교에서 봉사를 요구받은 학생들도 자원해서 봉사하는 학생들과 마찬가지로 봉사를 계속하고 싶은 강한 소망을 표현한다. 그리고 성인 초기가 되었을 때도 이들은 똑같이 지역사회 활동에 참여하는 경향이 있다(Hart et al., 2007).

여전히 대부분의 미국 학교들은 이런 프로그램에 등록하도록 권장하는 정책을 가지고 있지 않다. 더욱이 사회경제적 지위가 낮고, 빈민지역의 젊은이들은 시민 훈련 기회가 거의 없는 지역에서 살고, 그러한 학교를 다닌다. 대학에 갈 계획이 없는 학생들은 봉사학습 프로그램에 등록할 동기가 아마 별로 없다. 결과적으로 이러한 젊은이들은 사회경제적 지위가 높고 대학 진학 동기가 있는 젊은이들보다 시민 지식과 참여가 상당히 낮다(Lenzi et al., 2012; Syvertsen et al., 2011). 시민으로서 품성을 함양시키기 위해 사회적으로 해야 할 일은 이러한 젊은이들을 위한 학교지원과 지역사회 경험에 특별한 주의를 기울이는 것이다.

©ST PETERSBURG TIMES/DOUGLAS R. CLIFFORD/THE IMAGE WORKS

묻고 대답하기

연관지어보기 조망 수용의 향상이 이상적 상호호혜의 이해에 무엇을 기여하는가, 그리고 그러한 이해가 성숙한 도덕적 추론에 왜 필수적인가?

적용해보기 탐은 작은 부족사회에서 자랐고, 리디아는 서구의 산업화된 도시에서 자랐다. 15세가 되었을 때, 탐은 콜버그의 단계 3으로 추론을 하고, 리디아는 단계 4로 추론했다. 어떠한 요인이 이러한 차이를 설명할 수 있을까?

생각해보기 여러분은 도덕성에 관한 인지발달적 접근과 실용적 접근 중 어떤 것을 찬성하는가? 혹은 두 가지를 모두 찬성하는가? 연구 결과와 개인적 결과를 근거로 설명하라.

호해야만 한다. 그러나 사람들은 종종 일단 행동한 뒤에 그들의 행동을 합리화하기 위해서 도덕적 판단을 내리기도 한다. 그 행동이 자기중심적이건 친사회적이건 말이다(Haidt, 2013). 그리고 때때로 사람들은 자신의 죄에 대한 변명을 만드는 것과 같이 부도덕한 목적으로 도덕적 판단을 사용한다.

사람들이 그들 자신이 잃을 것이 없을 때에만 도덕적 갈등에서 공정한 해결책을 내려고 한다는 실용적 관점은 옳은가? 인지발달 관점 지지자들은 사람들이 자신의 이익에 굴하지 않고 다른 사람의 권리를 방어한다는 점을 지지한다. 또한 청소년과 성인들은 부패한 환경임에도 불구하고 더 높은 단계의 도덕적 추론에 따르는 행동의 적절성을 이해한다. 갑자기 이타적 행동이 나타날 때도 있는데, 이것은 아마도 이들이 이전에 관련된 도덕적 쟁점에 대해 깊게 고민했기 때문에 즉각적인 반응이 촉발되어 자동적으로 도덕적 판단이 활성화되는 것이다(Gibbs, 2014; Gibbs et al., 2009). 이러한 경우, 사후 도덕적인 정당성을 보이는 사람들은 실제로 사전에 미리 깊게 숙고한 행동을 하는 것이다.

요약하면 도덕성에 관한 인지발달 접근은 우리의 심층적인 도덕적 잠재성을 명확하게 해준다. 그리고 반대에도 불구하고 연령에 따라서 도덕적 행동을 이끄는 공정성과 정의에 대한 이해가 깊어진다는 콜버그의 중심적 가정은 여전히 아주 큰 영향력을 가진다.

가족

2.6 청소년기 부모-아동 관계와 형제 관계에서의 변화를 논하라.

프랑카와 안토니오는 아들 루이스가 고등학교 1학년 때가 가장 어려운 시기였다고 기억한다. 직장에서 요구하는 프로젝트 때문에 프랑카는 저녁과 주말에도 집에 들어가지 못했다. 프랑카가 없을 때, 안토니오가 집안일을 맡았지만, 하드웨어 사업이 바빠져서 그도 가족과 함께 많은 시간을 보내지 못했다. 그해에 루이스와 친구 둘은 컴퓨터로 같은 반 친구의 사적인 비디오 게임 소프트웨어에 접속하는 방법을 알아내었다. 루이스는 성적이 떨어졌고, 행선지를 말하지 않고 집을 나가는 일이 종종 있었다. 루이스가 컴퓨터를 사용하는 시간이 길어지고 만나기가 어렵게 되면서 프랑카와 안토니오는 불안을 느끼기 시작하였다. 어느 날, 프랑크와 안토니오는 루이스의 컴퓨터에서 비디오 게임 아이콘을 발견했고, 불안의 원인을 알게 되었다.

청소년기에는 **자율성**(autonomy) 발달을 추구하는데, 자율성은 자신을 독립적이고 자율적인 존재로 보는 생각이다. 청소년기 자율성은 두 가지 필수적인 면을 갖는다. 첫째는 정서적인 요인으로 지지와 지도에 부모보다는 자기 자신을 더 의존한다. 둘째는 **행동적 요인**으로 개인적인 만족과 잘 설명되는 행동에 도달하기 위해서 주의 깊게 자기 자신의 판단과 다른 사람의 조언을 저울질해 독립적인 결정을 내린다(Collins & Laursen, 2004). 그럼에도 불구하고 부모와의 관계는 청소년이 자율적이면서, 책임감 있는 개인이 될 수 있도록 도움을 주는 데 필수적이다.

부모-자녀 관계

청소년 내부의 다양한 변화로 인해 자율성이 생긴다. 제1장에서 사춘기가 부모와 심리적으로 거리감을 두게 한다는 것을 보았다. 그 밖에 젊은이가 더 성숙해 보이면, 부모들은 그들에게 더 많은 독립성과 책임을 부여하고, 그들 자신의 행동을 조절할 수 있는 기회를 부여한다(McElhaney et al., 2009). 인지발달 또한 자율성으로 향하는 길이 되는데, 청소년들은 더 효과적으로 문제를 해결하고 결정을 하게 된다. 사회적 관계에 대해 추론하는 능력이 증진되면서 10대들은 이상화시켰던 자기 부모의 모습이 깨지며, '그냥 보통 사람'이라고 보게 된다. 그 결과, 그들은 어릴 때처럼 부모의 권위에 쉽게 굴복하지 않는다. 그러나 프랑카와 안토니오가 경험한 루이스와의 에피소드에서 볼 수 있듯이, 10대들은 여전히 지도가 필요하고, 때로는 위험한 상황으로부터 보호받을 필요가 있다.

효과적인 육아 육아의 유형이 학업 성취, 정체성 형성, 도덕적 성숙을 촉진한다는 점을 생각해보라. 여러분은 효과적인 양육이 청소년기 연결과 분리 사이에서의 균형을 가져다준다는 공통된 주제를 찾을 수 있을 것이다. 자율성은 민족, 사회경제적 지위, 국가, 가족 구조(한부모 가족, 두부모 가족, 양부모 가족 포함)와 상관없이 젊은이들이 아이디어와 사회적 역할을 탐색하도록 허락하는 동시에 성숙을 위해 적절히 요구되는 것으로써, 따뜻하고 지지적인 부모-청소년의 관계가 자율성을 촉진한다. 자율성은 높은 자기의존, 자기조절, 학업 성취, 긍정적 일 지향성, 긍정적 자존감, 대학 진학 시의 쉬운 분리를 예측한다(Bean, Barber, & Crane, 2007; Eisenberg et al., 2005; Supple et al., 2009; Vazsonyi, Hibbert, & Snider, 2003; Wang, Pomerantz, & Chen, 2007).

반대로 강압적이거나 심리적으로 통제하는 부모는 자율성의 발달을 방해한다. 이러한 전략은 낮은 자존감, 우울, 약물 및 알코올 사용, 반사회적 행동과 관련되며, 종종 성인 초기까지 지속되는 결과를 야기한다(Allen et al., 2012; Barber, Stolz, & Olsen, 2005; Lansford et al., 2004).

가족은 그 안의 구성원의 변화에 맞게 적응해야 하는 체계이다. 청소년기의 빠른 신체적, 심리적 변화는 부모-아동 관계 기대에 대한 갈등을 촉발한다. 앞서 우리는 청소년기에 자신의 개인적 일에 대한 결정을 내리는 것에 흥미가 증가한다고 언급했다. 부모와 10대들(특히 어린 10대들)은 옷 입는 것, 학교 수업, 친구와 만나는 것 등을 누가 결정해야 하는지에 대해 서로 아주 다른 생각을 하고 있다(Smetana, 2002). 청소년들이 부모에게 정보를 공개하는 협력적인 관계를 가진다면, 부모가 지속적으로 젊은이들의 일상적인 활동을 잘 보

연결과 분리를 조화시킨 효과적인 양육은 청소년기 자율성을 촉진한다. 10대 청소년은 자유로운 상태에서 아이디어를 탐색하고, 스스로의 결정을 내릴 수 있지만, 여전히 지도와 위험한 상황으로부터의 보호가 필요하다.

중국 청소년들은 꾸준히 부모의 결정을 수용하는 경향이 있는데, 이것은 부모의 의견을 따라야 한다는 압박 때문이 아니라 부모의 의견을 존중하기 때문이다.

살펴 주는 것이 바람직한 적응을 예측해준다. 이것은 비행을 예방해주는 것 외에 다른 긍정적인 결과, 즉 성관계를 줄이고, 학교 성적을 올리고, 긍정적인 심리적 행복감을 갖게 되는 것과도 관련된다(Crouter & Head, 2002; Lippold et al., 2014).

살펴보기

초기 청소년과 그들의 부모에게 몇 살부터 연애를 시작해도 되는지 물어보라. 청소년과 부모들의 관점이 다른가?

문화 관계성을 우선시하는 문화에서도 자율성은 청소년의 핵심적인 동기지만, 이러한 문화권의 10대들은 서구 국가와는 다른 방식으로 자율성을 인지한다. 자율성을 독립적인 의사결정과 동일시하는 대신, 그들은 자율성을 자기지지적(self-endorsed)인 의사결정, 즉 진정한 개인적 가치를 따르는 행동에 참여하는 것으로 본다. 중국의 시골과 도시 지역의 청소년을 조사한 연구에서 독립적인 의사결정과 부모의 조언에 따르는 '의존적인' 의사결정 모두를 위한 자기지지적 동기는 높은 자존감과 긍정적 세계관과 관련되었다(Chen et al., 2013). 중국의 청소년들은 종종 부모의 결정을 수용하는데, 그것은 그들이 순종해야 한다는 압박을 받아서라기보다는 부모의 의견을 가치 있게 여기기 때문이다.

권위에 대한 복종을 강조하는 문화에서 온 이민자 부모는 10대 자녀들이 독립적인 의사결정을 밀어붙이는 것에 적응하는 데 더 큰 어려움을 겪는다. 10대 자녀들이 서구 문화의

언어를 습득하고 개인주의적 가치에 노출되면서 부모는 더 비판적으로 되는데, 이것은 10대 자녀들이 사회적 지지를 가족에게 기대하지 않게 하고, 개인적인 감정, 또래관계, 잠재적인 위험 행동에 관한 정보를 개방하지 않는 결과를 초래한다(Yau, Tasopoulos-Chan, & Smetana, 2009). 이러한 문화적인 스트레스는 자존감 하락과 불안, 우울 증상, 알코올 사용과 비행행동 같은 일탈행동과 관련된다(Park, 2009; Suarez-Morales & Lopez, 2009; Warner et al., 2006).

그러나 이민자 가족의 대부분 청소년들은 건강한 심리적 발달을 가능하게 하는 수준으로 부모로부터의 심리적 분리를 경험한다(Fuligni & Tsai, 2015). 동시에 이들은 고향 문화에 따라서 가족 의무를 지켜야 한다는 강한 느낌을 받는데, 자율성을 추구하는 것과 이러한 의무를 준수하는 것 사이에서 유연하게 균형을 맞춘다.

재구성된 관계 청소년기 동안의 부모-아동 관계의 질은 정신건강을 예측해주는 가장 일관된 단일 요인이다(Collins & Steinberg, 2006). 가족 사이에서의 가벼운 마찰은 각 구성원들이 다른 생각을 표현하고 또 그것을 받아들이게 도와주면서 청소년들의 정체감과 자율성을 촉진한다. 갈등은 부모-자녀 관계에서의 적응이 필요하다는 신호로, 10대들의 욕구와 기대가 변화한다는 것을 부모에게 알려준다.

대부분의 부모와 자녀들은 청소년 중기에서 청소년 후기까지 화목하게 상호작용한다. 서구 10대들이 부모와 함께 보내는 시간이 줄어드는 것(아동기 중기에 비해 1/3이 줄어듦)은 갈등과 거의 관계가 없다. 오히려 북미와 서유럽에서 10대들의 갈등은 자유롭게 보내는 시간이 많음으로 해서 나타나는데, 이들은 평균적으로 깨어 있는 시간의 거의 반 정도를 이렇게 보낸다(Larson, 2001; Milkie, Nomaguchi, & Denny, 2015). 젊은이들은 집을 떠나서 하는 활동, 즉 파트타임 일, 여가생활, 자원봉사, 친구와 보내는 등 자유롭게 시간을 보내는 경향이 있다.

부모와 자녀가 함께 하는 시간보다 함께 하는 활동의 유형이 더 중요하다. 백인 중산층 가족을 대상으로 한 연구에 따르면 부모와 함께 레저 활동을 하거나 함께 식사를 하는 것은 (특히 두 부모와 함께 하는 식사) 10대들의 행복 수준을 향상시켰다(Offer, 2013). 이러한 상황은 아마 부모와 청소년 자녀가 편안한 분위기에서 중요한 고민 거리를 의논하고, 가치를 강조하는 기회를 제공할 것이다.

마지막으로 가족과 보내는 시간이 줄어드는 것이 보편적이지는 않다. 한 연구에서, 도시에 사는 사회경제적 지위가 낮거나 중간 정도인 흑인 젊은이들은 집에서 가족과 보내는 시간이 감소되지 않는다는 것을 보여주었다. 이것은 집단주의적 가치를 가진 문화에서 전형적으로 나타나는 패턴이다(Larson et al., 2001). 더욱이 위험한 이웃이 있는 10대들은 부모가 더 엄격하게 통제하고 염려스러운 행동을 못하게 압력을 가할 때 부모를 더 신뢰하게 된다(McElhaney & Allen, 2001). 주변 상황이 위험할 때 부모가 청소년들에게 자율성 부여를 신중하게 하는 것은 부모가 그만큼 자신들을 생각하기 때문이라고 젊은이들은 해석하는 듯하다.

가족 상황

프랑카와 안토니오가 루이스를 통해 경험한 것에서 볼 수 있듯이, 성인이 삶에서 스트레스를 받을 때, 자녀를 따뜻하게 양육하지 못하고, 그것은 어느 단계의 발달에서도 아동의 적응을 방해할 수 있다. 경제적으로 안정되고, 직장의 압력이 지나치지 않고 만족스러운 결혼생활을 하는 부모는 10대들에게 쉽게 적절한 자율감을 주고 갈등도 적게 경험한다(Cowan & Cowan, 2002). 프랑카와 안토니오가 직장에서 받는 스트레스가 적어지고 루이스에게 더 많은 관심과 지도를 할 필요가 있다고 인식하면서 루이스의 문제는 진정되었다.

부모-청소년의 관계에 심각하게 문제가 있는 가족은 소수이며, 이 중에 대부분은 아동기 때 시작된 어려움이다(Collins & Laursen, 2004). 앞 장에서 청소년기에 위협이 되는 경제적 어려움, 이혼, 한부모, 재혼가족, 아동학대와 같은 가족 환경을 언급했던 것을 다시 상기해보라. 가족 스트레스에도 불구하고 잘 발달하는 10대들은 어릴 때 적응유연성을 키워주는 요인들로부터 계속적으로 도움을 받는다. 예를 들어 매력적이고 느긋한 경향, 따뜻하며 높은 기대를 가진 부모, (특히 부모 지원이 없다면) 청소년들의 행복감을 심히 염려하는 가족 외의 다른 어른들과 친사회적인 관계를 가지는 것 등이 이러한 요인이 된다(Luthar, Crossman, & Small, 2015).

형제자매 관계

부모-자녀 관계와 마찬가지로, 형제들과의 상호작용도 청소년기의 변화에 적응하는 방향으로 변한다. 동생이 성숙하여 점점 더 자기충족적이 되면서, 형이나 누나로부터 지시를 적게 받고 그 결과 형제로부터 받는 영향이 감소된다. 또한 10대들이 더 깊은 우정이나 애정 관계를 맺게 되면서, 형제들과 보내는 시간이나 에너지가 줄어드는데, 이들은 가족의 일원인 형제들로부터 떨어져 자율적이 되려고 한다. 그 결과, 형제 관계는 긍정적 감정도 부정적 감정도 크게 느끼지 못한다(Kim et al., 2006; Whiteman, Solmeyer, & McHale, 2015).

청소년기에 형제 사이가 다소 소원해지기도 하지만, 대부분의 젊은이들의 형제 간 애착은 강하게 유지된다. 아동기 초기에 서로 좋은 관계를 가진 형제들이 학업 참여, 공감, 친사회적 행동의 향상을 포함하여 지속적인 애착과 배려를 보여주며, 이것은 청소년기 긍정적인 적응과 관련된다(Lam, Solmeyer, & McHale, 2012; McHale, Updegraff, & Whiteman, 2012). 반대로 자주 싸우고 공격적이었던 부정적인 형제 관계는 내재화된 증상(불안과 우울)과 외현화된 어려움(비행 행동, 따돌림, 약물 사용)과 관련된다(Criss & Shaw, 2005; Solmeyer, McHale, & Crouter, 2014).

마지막으로 문화는 청소년기 형제 관계의 질에 영향을 끼친다. 예를 들어 히스패닉 문화의 가족주의 이상은 가족 간의 끈끈한 유대 관계를 가치 있게 여기는데, 이것은 조화로운 형제 관계를 촉진한다. 한 연구에서 멕시코 문화를 강하게 지향하는 멕시코-아메리칸 청소년들은 미국 문화를 강하게 지향하는 청소년들보다 형제 간 갈등을 더 협력적으로 해결했다(Killoren, Thayer, & Updegraff, 2008).

또래관계

2.7 청소년기 우정, 또래집단, 데이트 관계, 그리고 발달의 결과에 대해 기술하라.

청소년들이 가족과 보내는 시간이 줄어들면서 또래가 점차 중요해진다. 산업국가에서 젊은이들은 학교 친구들과 주중의 대부분 시간을 보내며, 학교 바깥에서도 함께 시간을 보낸다. 다음 절에서 또래는 가족과 성인의 사회적 역할을 연결하는 중요한 가교의 역할을 한다. 그러나 부모와 형제 관계와 마찬가지로 또래관계의 질과 10대의 행복과 적응에 미치는 결과 역시 다양하다.

친구관계

'가장 친한 친구'의 수는 청소년 초기에는 4∼6명이지만 성인기에는 1∼2명으로 감소한다(Gomez et al., 2011). 동시에 관계의 성질도 변한다.

청소년기 우정의 특징 우정의 의미에 대한 질문을 받을 때, 10대들은 세 가지 특성을 강조한다. 첫 번째로 가장 중요한 것은 친밀감(intimacy)으로 서로 간에 가치, 믿음, 느낌을 상호 이해(mutual understanding)함으로써 유지된다. 다음으로 10대들은 어릴 때보다 친구가 의리를 지켜주기를 더 많이 원한다. 그들은 친구들에게 밀착되고, 그 친구들이 누군가 때문에 자기를 떠나지 않기를 원한다(Collins & Madsen, 2006).

10대들의 친밀한 우정에 대한 강한 갈망은 왜 그들이 친구가 사회적 지지를 제공하는 가장 중요한 자원이라고 이야기하는지를 설명해준다(Brown & Larson, 2009). 점점 더 솔직해지고 신의를 지키면서 친구 간에 자기개방(자신의 개인적 생각과 느낌을 나누는 것) 역시 청소년기 동안 증가한다. 그 결과, 10대 친구들은 인격적으로 서로를 더 잘 알게 된다. 학령기 친구들이 공유했던 많은 특성들 외에, 청소년 친구들은 정체감 상태, 교육 목표, 정치적 신념, 약물을 복용하거나 위법 행위를 하려는 의향 등이 비슷한 경향이 있다. 이러한 방식으로 이들은 비슷해지며, 또한 유사성이 많을수록 우정은 더 오래 지속된다(Bagwell & Schmidt, 2011; Hartl, Laursen, & Cillessen, 2015). 그러나 때때로 10대들은 태도나 가치가 다른 또래와 친구가 되기도 한다. 이것은 그들이 안정적으로 공존할 수 있는 관계 안에서 새로운 관점을 탐색할 수 있는 기회를 제공한다.

청소년기 동안 친구 간 협력과 상호 애정은 증가하고 부정적인 상호작용은 감소한다. 이러한 변화는 관계를 유지하는 기술과 친구의 욕구와 소망에 대한 민감성의 증가를 반영한다(De Goede, Branje, & Meeus, 2009). 청소년기에는 아동기와 달리 그들의 친구에 대한 소유욕 역시 감소한다(Parker et al., 2005). 그들 자신에 대한 자율성에 대한 소망을 이해하면서, 친구 역시 그러한 욕구가 있을 것이라는 점을 이해한다.

우정에서의 성차 몇몇 청소년들에게 친한 친구를 기술하라고 해보라. 여러분은 성차를 발견할 것이다. 소녀들은 소년들보다 정서적으로 가까운 느낌을 일반적으로 보고한다(Hall, 2011). 소녀들은 '그냥 수다 떨기' 위해 함께 있고, 자기 속마음을 많이 보여주며(가장 깊은 사고와 느낌을 서로 나누며), 서로 격려하는 말을 해주면서 상호작용을 한다. 이에 반해, 소년들은 보통 스포츠나 게임과 같은 활동을 하기 위해 모인다. 소년들은 주로 성취에 대해 토론하고 경쟁과 갈등을 많이 갖는다(Brendgen et al., 2001; Rubin, Bukowski, & Parker, 2006).

성역할이 기대하는 것처럼, 소녀의 우정에는 공동의 관심사가 중요하고, 소년들에게는 성취와 지위가 중요하다. 소년들은 가까운 우정 관계를 맺지만, 그들의 우정의 질은 소녀들보다 더 다양하다. 소득 수준이 낮은 가정의 다양한 인종의 소년들이 우정을 기술할 때, 아프리카계 미국인, 아시아계 미국인, 히스패닉 소년들은 백인 소년들보다 친밀함, 상호지지, 자기개방을 더 많이 언급했다. 그러나 중기 청소년기에서 후기 청소년기로 가면서 소수민족 소년들 중 많은 수가 우정에서의 친밀감 감소를 보고하였다(Way, 2013). 강인하고 감정적이지 않아야 한다는 남성에 대한 고정관념이 이러한 연결을 방해하는 것으로 보인다. 그러나 아마 남자 친구들 간의 정서적 표현에 대한 문화적 가치 때문에 히스패닉 소년들은 다른 소년들에 비해 성 고정관념에 순응하는 것에 저항했다(Way et al., 2014). 이러한 저항은 소년들이 친밀한 친구로부터 사회적 지지를 얻도록 하며, 이것은 긍정적 적응과 관련된다.

가까운 우정은 보통 유익하지만 대가도 치른다. 청소년 친구들은 더 깊게 사고하고 감정을 느끼게 되면서, 때때로 함께 깊은 생각에 잠기거나, 함께 문제를 반복적으로 너무 깊이 생각하여(corumination) 불안과 우울을 일으키는 부정적인 정서를 경험하기도 하는데, 소년들보다 소녀들이 더 이런 경향이 있다(Hankin, Stone, & Wright, 2010; Rose et al., 2014). 또한 친한 친구 사이에서 갈등이 일어날 때, 관계적 공격성을 통해 한쪽이 다른 쪽을 해칠 가능성이 많다. 서로만이 알고 있는 민감한 개인 정보를 다른 사람에게 누설하는 것이 그 예이다. 이런 이유로, 소녀들이 가장 친한 여자친구와의 우정을 지속시키는 기간이 소년들보다 더 짧은 경향이 있다(Benenson & Christakos, 2003).

우정, 휴대전화, 그리고 인터넷 10대들은 의사소통을 하기 위해 휴대전화와 인터넷을 자주 사용한다. 미국의 13~17세 청소년 중 약 73%가 스마트폰을 가지고 있거나 사용할 수 있고, 약 15%가 일반 휴대전화를 가지고 있거나 사용할 수 있고, 약 58%가 태블릿을 가지고 있거나 사용할 수 있다. 비록 스마트폰과 태블릿은 경제적으로 부유한 가족의 10대들이 가지고 있지만, 이러한 모바일 기기는 널리 퍼져 있다. 이 기

소녀들은 우정에서 정서적 친밀감을 강조하는 반면 소년들은 종종 스포츠나 경쟁적인 게임과 같은 활동을 함께 하는 것을 강조하는 경향이 있다. 이 청소년은 가장 큰 물고기를 잡고 친구들에게 상을 받았다.

기들은 청소년들이 인터넷에 접속하는 주요 경로이다. 94%의 청소년들이 매일 혹은 더 자주 온라인에 접속한다(Lenhart & Page, 2015).

문자 메시지는 10대 친구 사이의 상호작용에 주요하게 선호되는 수단이 되었다. 대부분의 청소년들이 평균적으로 30개의 메시지를 주고받는다. 2위는 전화이고, 소셜미디어와 채팅이 그 뒤를 이었다. 페이스북이 가장 선호되지만 많은 10대들은 다른 플랫폼도 사용한다. 사용빈도는 더 적지만 이메일, 비디오 채팅, 온라인 게임도 10대들이 친구와 온라인에서 시간을 보내는 또 다른 방법이다(그림 2.1 참조). 소년들은 소녀들보다 친구들과 문자 메시지와 전화를 더 많이 하고, 소셜미디어 사이트에서 정보 공유를 더 많이 한다(Lenhart et al., 2015). 소년들은 친구들과 게임을 더 많이 한다.

온라인 상호작용은 친밀한 우정에 기여할 수 있다. 한 예로 몇몇 연구에서 메시지를 주고받는 양이 증가할 때, 젊은이들은 서로를 더 친밀하다고 지각하고, 행복감이 높았다(Reich, Subrahmanyam, & Espinoza, 2012; Valkenburg, & Peter, 2009). 이러한 효과는 아마도 걱정, 비밀, 로맨틱한 느낌과 같은 개인적 정보를 친구 간에 온라인상에서 개방하기 때문일 것이다. 그러나 온라인 활동을 함께 하는 것 역시 우정을 높이는 데 기여할 수 있다. 대부분의 10대 게이머들은 친구와 함께 온라인 게임을 하는 것은 그 친구와 연결되었다는 느낌을 가져다준다고 이야기한다(Lenhart et al., 2015). 게임을 하는 동안 그들은 종종 대화하고 협력하기 위해서 보이

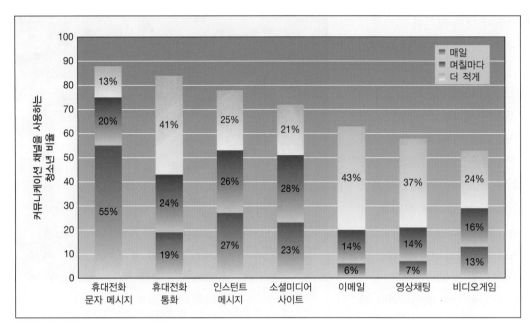

그림 2.1   미국의 13~17세 청소년들이 커뮤니케이션 채널을 사용하면서 친구와 시간을 보내는 비율 1,000명 이상의 청소년 표본이 친구와의 커뮤니케이션하는 방법에 대한 설문조사에 응답했다. 휴대전화 문자 메시지는 전자 커뮤니케이션에서 가장 선호되는 수단이었고, 반 이상이 그것을 매일 사용한다고 답했다(Lenhart & Page, 2015에 기반함).

미디어 사이트에 너무 자주 성적인 내용과 친구의 데이트 상대에 대한 질투심과 관련된 내용이 포스팅 된다고 말했다(Rueda, Lindsay, & Williams, 2015). 그리고 몇몇 학생들은 문자 메시지와 소셜미디어 사이트를 통한 대화는 축약되어 있으며, 비언어적 단서가 수반되지 않으므로, 오해와 갈등을 낳는다고 말했다.

비록 미국 청소년 페이스북 사용자의 60%가 그들의 프로필을 사적으로 유지하며, 70%가 친구와

스 챗이나 비디오 챗을 한다.

페이스북, 트위터 같은 소셜미디어는 10대들이 새로운 친구를 만나는 주요한 통로이다. 1/3 이상의 미국 청소년들이 이러한 방식으로 친구를 사귀며, 이미 알고 있는 친구와 연락한다고 보고하고 있다(Lenhart et al., 2015). 소녀들이 특히 소셜미디어를 통해 새로운 우정을 만들며, 소년들은 온라인 게임을 하면서 그렇게 한다.

청소년들의 면대면 관계의 질은 소셜미디어 커뮤니케이션을 통해 재생산되는 경향이 있다. 민족과 사회경제적 지위가 다양한 중학교 학생들을 대상으로 한 미국의 한 연구에서 긍정적인 면대면 친구 관계를 맺고 있는 친구들이 지지적인 이야기를 자주 해주는 소셜미디어 친구 수가 많았다(Mikami et al., 2010). 비행행동을 하는 10대들은 적대적인 이야기를 올리는 경향이 있었다. 이에 관해서는 '나에 관하여' 섹션에 언급하였다. 그리고 우울 증상이 있는 친구들은 부적절한 행동을 하는 그들 자신의 사진을 자주 올리는 경향이 있다.

온라인 커뮤니케이션이 우정을 쌓을 수 있도록 해주는 반면, 10대 소셜미디어 사용자들이 보고하는 바대로 그것은 명백하게 위험성을 가지고 있기도 하다. 커뮤니케이션 기술을 다루는 한 포커스 그룹 인터뷰에서 한 고등학생은 "항상 문자 메시지를 보내기 때문에 사람들과 어떻게 상호작용하는지 더 이상 알지 못한다"고 말했고, 또 다른 학생은 소셜

부모와 공유하지만, 대부분은 상대적으로 그들이 공유하는 정보에 자신들이 모르는 제3자가 접근할 수 있다는 것을 고려하지 않는다. 반 이상이 자신의 이메일 주소를 포스팅하고, 1/5 이상이 자신의 휴대전화 번호를 포스팅한다. 그리고 1/5이 친구들과 소셜미디어 비밀번호를 공유한다. 약 17%의 학생이 모르는 사람들로부터 연락이 와서 무섭고 불편했다고 보고하고 있다(Lenhart et al., 2015; Madden et al., 2013).

마지막으로, 청소년들이 소셜미디어를 사용하는 시간이 증가하고 있다. 한 예로 미국 10대 중 거의 1/4이 인터넷을 거의 계속 사용하고 있다고 보고했고, 30%가 하루에 100개 이상 보낸다고 답하였으며, 이 중 절반 이상은 200개를 초과했다. 평균적으로 소셜미디어 청소년 사용자들은 하루 평균 40분 이상을 소셜미디어 사이트에 접속해 있다. 소셜미디어를 너무 자주 사용하는 것은 면대면 사회적 경험에 불만족하고, 지루하고 우울해하는 것과 관련된다(Madden et al., 2013; Pea et al., 2012; Smahel, Brown, & Blinka, 2012). 한 종단연구에서 충동적인 인터넷 사용자(인터넷 사용을 그만두는 것을 어려워하고, 인터넷에 접속하지 못할 때 좌절감을 느끼는 사람들)는 8~11학년 사이에 정신적인 문제를 경험할 가능성이 증가했으며, 이러한 경향성은 이전의 정신건강 수준과는 상관이 없었다. 소년들에 비해 소녀들이 더 소셜미디어에 중독되고, 정신건강이 손상되는 경향이 있다(Ciarrochi et al.,

2016). 이러한 결과는 과도한 인터넷 사용, 특히 소셜미디어의 과도한 사용이 적응상의 어려움을 증폭시킴을 보여준다.

요약하면 10대 친구 사이에 편리하고 만족스러운 상호작용을 가능하도록 해주는 인터넷의 가치는 강조되어야 하지만, 그것이 잠재적으로 부정적인 정서적, 사회적 결과를 야기할 수 있다는 점도 알아야 한다. 부모들은 슬기롭게 자녀들이 괴롭힘, 착취, 과도한 사용을 포함한 인터넷의 위험에 주목하고, 인터넷 안전 규칙을 준수하도록 해야 한다.

우정과 적응 청소년들의 우정이 깊은 신뢰, 친밀한 공유, 지지에 기반하고, 관계적 공격성과 반사회적 행동에 대한 끌림에 기반하지 않는다면, 우정은 성인 초기의 다양한 측면의 심리적 건강과 유능감에 기여한다(Bagwell & Schmidt, 2011; Furman & Rose, 2015). 이렇게 기여하는 데는 몇 가지 이유가 있다.

- 가까운 우정은 자신을 탐색하고 다른 사람을 깊게 이해하는 능력을 발달시키는 기회를 준다. 솔직하고 개방적인 의사소통을 통해, 친구들은 서로의 장점과 단점, 욕구와 바람, 자아 개념, 조망 수용, 정체감 발달을 지원해주는 과정 등에 민감하게 된다.
- 가까운 우정은 미래의 친밀한 관계의 기반이 된다. 10대 친구들과 성과 로맨스에 대해 대화를 나누는 것은 친밀한 우정 그 자체와 더불어 청소년들이 사랑하는 관계에서의 문제를 해결하도록 도와준다(Connolly & Goldberg, 1999).
- 가까운 우정은 젊은이들이 청소년기의 스트레스를 해소하도록 도와준다. 지원적이고 친사회적인 우정은 다른 사람에 대한 민감성과 배려를 증진시키기 때문에, 그것은 공감, 연민, 친사회적 행동을 촉진한다. 그 결과, 우정을 통해 젊은이들은 구성적인 활동에 참여하고, 반사회적 행동을 하지 않고, 심리적 행복감을 갖게 된다(Barry & Wentzel, 2006; Lansford et al., 2003).
- 가까운 우정은 학교생활에 대해 우호적인 태도와 참여를 증진시킬 수 있다. 가까운 우정은 학업적, 사회적인 학교 적응을 높인다(Wentzel, Barry, & Caldwell, 2004). 10대들이 학교에서 친구들과 상호작용하는 것을 즐길 때, 그들은 학교생활의 모든 면을 더 긍정적으로 보기 시작한다.

살펴보기

> 몇 명의 청소년을 대상으로 그들의 가장 친한 친구들이 가장 가치 있게 생각하는 우정의 질이 무엇인지 인터뷰하라. 우정이 어떻게 그들이 스트레스에 대처하도록 돕고, 다른 개인적 이익을 가져다주는지 물어보라.

무리와 큰 무리

청소년 초기에 또래집단은 더욱 흔해지고 더 밀착된다. 그들은 5~7명 정도의 좋아하는 친구로 **무리**(clique)를 형성하는데, 이들은 가족 배경, 태도, 가치, 관심사가 닮아 있다(Brown & Dietz, 2009). 우선 무리는 동성 구성원으로 제한된다. 그 무리에 속한 소녀들은 학업이나 사회적 역량을 예측해주는데, 소년들은 그렇지 않다. 그 무리에 속한다는 것이 소녀들에게는 중요한데, 그들은 그 무리를 통해 정서적으로 가깝다는 것을 표현한다(Henrich et al., 2000). 청소년 중기가 되면 남자와 여자가 섞인 무리가 많아진다.

복잡한 사회적 구조를 가진 고등학교에 다니는 서구 청소년기에는 비슷한 가치를 가진 몇 개의 무리는 **큰 무리**(crowd)라고 불리는 더 크고 느슨하게 구성된 집단을 형성한다. 친밀한 관계로 구성된 무리와는 달리, 큰 무리는 평판과 고정관념에 근거하여 구성되고, 청소년들에게 학교와 같이 더 큰 사회적 구조 안에서 정체감을 갖게 한다. 북미와 유럽 고등학교에서 일반적으로 주목을 끄는 큰 무리로는 '대뇌파(공부를 좋아하고 운동을 안 하는 사람)', '힘만 센 운동파(운동을 아주 많이 하는 사람)', '인기파(아주 사교적이고 활동적인 학급 리더들)', '파티파(사교에 가치를 두고 학업에는 거의 관심을 두지 않는 사람)', '반항파(인습에 얽매이지 않는 옷을 입고 그런 음악을 좋아하는 사람)', '폐인파(알코올과 약물 사용을 자주 하고, 성적인 위험을 감수하고, 그렇지 않으면 문제를 일으키는 사람)', '정상파'(대부분의 다른 또래와 함께 잘 어울리는 평균적으로 괜찮은 학생들)이 있다(Stone & Brown, 1999; Sussman et al., 2007).

무엇 때문에 10대들은 무리와 큰 무리의 일원이 되려 하는가? 무리에 가입하는 것은 청소년들의 흥미와 능력을 보여주는 자기개념의 강도와 연관된다(Prinstein & La Greca, 2002). 민족성 역시 중요한 역할을 한다. 민족적으로 정의되는 무리와 연관된 소수민족 10대들은 자신들의 능력과 흥미에 의해 정의되는 무리에 속한 10대들에 비해 학교나 이웃에서 때때

이 연극 동아리 고등학생들은 공통의 취미를 바탕으로 큰 무리의 관계를 형성했다. 큰 무리 멤버십은 학교 내 큰 사회적 구조 안에서 정체감을 갖도록 해준다.

로 차별의 대상이 된다. 대안적으로 그들은 아마 강한 민족 정체감을 표현할 것이다(Brown et al., 2008). 가족 요인 역시 중요하다. 청소년들의 자율성 표현을 억압하는 부모와의 부정적인 관계는 긍정적 관계를 형성하는 것과 친구와의 자율성을 얻는 것에서의 어려움을 예측한다(Allen & Loeb, 2015). 결과적으로 10대들은 관습적 가치를 거절하고 위험 감수와 반항적 행동을 촉진하는 또래집단에 속할 가능성이 크다.

일단 청소년들이 한 무리 혹은 큰 무리의 일원이 되면, 그것은 그들의 믿음과 행동을 수정시킬 수 있다. 독일의 한 종단연구에서 반항파와 펑크파와 같은 비인습적 무리에 속하는 것은 내재화된 문제와 외현화된 문제를 예측해주었다(Doornwaard et al., 2012). 아마도 비인습적 젊은이들이 더 높은 지위의 무리 구성원들이 자신들을 비호감으로 생각하는 것에 불안과 우울 증상으로 반응할 것이다. 그리고 그들이 속한 무리에서 그들은 또래 모델링을 경험하고, 반사회적 행동을 지지받는다.

비록 인습적인 대뇌파, 힘만 센 운동파, 인기파와 같이 무리에 속하는 것이 더 나은 적응과 연관되는 경향성이 있지만, 학업적, 사회적으로 세련된 친구들과 함께 하면서 나타나는 긍정적인 영향은 부모가 권위적 양육 스타일을 보이는 10대들에게서 가장 크게 나타난다. 반사회적이고 약물을 복용하는 친구와 사귀면서 갖게 되는 부정적인 영향은 부모의 자녀 양육 유형이 별로 효과적이지 않은 10대들에게 가장 강하게 나타난다(Mounts & Steinberg, 1995). 요약하면, 가정에

서의 경험은 시간이 지나면서 청소년들이 또래와 닮아 가는 정도에 영향을 준다.

이성애자 10대에서는 데이트에 대한 관심이 증가하면서, 소년과 소녀의 무리가 합쳐진다. 성이 섞인 무리는 소년과 소녀들에게 상호작용하는 방법에 대한 모델을 보여주고, 이성으로서의 만남을 갖지 않으면서 상호작용할 기회를 제공해준다(Connolly et al., 2004). 큰 집단은 점차적으로 커플로 나뉘어서, 이들 중 일부는 함께 나가서 시간을 보낸다. 청소년 후기에 소년과 소녀들은 성이 섞인 무리가 사라져도, 서로에게 직접 다가가는 것을 편안하게 느낀다.

청소년들이 개인적 가치와 목표를 갖게 되면서 옷, 언어, 좋아하는 활동을 통해 자신이 누구인지를 보여줄 필요가 없다고 느끼고, 자신이 속한 큰 무리가 덜 중요하게 된다. 10~12학년까지, 젊은이의 반 정도는 자신이 속한 큰 무리를 바꾸는데, 대부분은 바람직한 방향으로 전환된다(Doornwaard et al., 2012; Strouse, 1999). 10대들이 미래에 대해 더 많이 생각하면서, '대뇌파', '인기파', '정상파'의 큰 무리는 증가하고 일탈된 행동을 하는 큰 무리의 구성원은 줄어든다.

데이트하기

사춘기의 호르몬 변화는 성적인 관심을 증가시키지만, 언제 어떻게 데이트가 시작되는지는 문화적 기대에 따라 달라진다. 아시아 젊은이들은 서구 젊은이들보다 데이트를 더 늦게 시작하고 데이트하는 상대의 수가 더 적다. 서구에서는 중학교 때부터 10대들이 사랑하는 것을 관대히 봐주고 또는 격려까지 해준다(그림 2.2 참조). 12~14세까지 이러한 관계는 아주 짧게 지속되지만, 16세가 되면 평균적으로 거의 1~2년 정도 관계를 지속하고, 이 중 약 1/3은 관계가 깨진다(Carver, Joyner, & Udry, 2003; Manning et al., 2014). 젊은 청소년들은 기분전환을 하기 위해 또는 또래 사이에서 지위를 획득하기 위해 데이트를 한다는 이유를 댄다. 청소년 후기에 젊은이들이 심리적 친밀감을 감당할 준비가 되면서 우의, 애정, 사회적 지원을 줄 수 있는 누군가를 찾는다(Collins & van Dulmen, 2006b; Meier & Allen, 2009).

친구들과 친밀감을 형성한 뒤에 데이트하는 상대와 친밀감을 갖게 된다. 부모와 친구와의 긍정적 관계는 따뜻한 로맨틱한 관계에 기여하지만 갈등이 많은 부모-청소년 자녀와 또래관계는 적대적인 데이트 상호작용을 촉진한다(Furman & Collins, 2009; Linder & Collins, 2005).

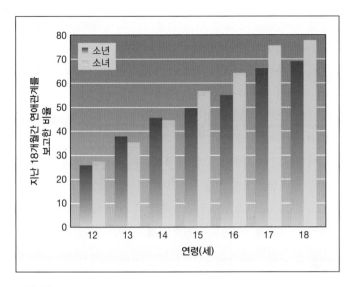

그림 2.2 청소년기 연애관계의 증가 16,000명 이상의 미국 청소년들이 지난 18개월 동안 연애관계를 가졌는지를 묻는 인터뷰에 응답했다. 12세 청소년의 1/4이 연애를 했다고 대답했고, 그 숫자는 18세 청소년에게서 3/4으로 증가했다(Carver, Joyner, & Udry, 2003; Connolly & McIsaac, 2011에 기반함).

동물행동학 이론에 따르면 초기 애착 형성은 내적 작동 모델이나 또는 애착 대상에 대한 기대를 갖게 해주는데, 이것이 후에 사람들과 가까운 관계를 맺게 해주는 기반이 된다. 이러한 생각과 일치하게, 유아기와 아동기에 형성한 안정적 애착은 10대의 우수한 질의 친구관계와 로맨틱한 관계를 예측해준다(Collins & van Dulmen, 2006a; Collins, Welsh, & Furman, 2009).

부모의 결혼생활 역시 모델링을 통해 관계에 대한 기술에 중요하게 영향을 끼친다. 한 종단연구에 따르면 부모들이 결혼생활에서의 갈등을 해결하는 접근방법은 1년 후 10대들이 친구와의 갈등을 해결하는 방법과 7년 후 이들이 로맨틱 파트너와의 갈등을 해결하는 방법을 예측해주었다(Miga, Gdula, & Allen, 2012). 인상적인 것은 부모의 결혼생활 갈등-해결 전략은 17년 후에 자녀들이 자신의 배우자와의 결혼 생활 갈등-해결 방법을 예측해주었다(Whitton et al., 2008).

아마도 청소년 초기의 데이트는 가볍고 상투적이기 때문에 일찍 데이트하는 것은 약물 복용, 비행, 나쁜 성적과 연관된다(Miller et al., 2009). 이러한 요인들이 있고 무관심한 부모를 두고 있으며, 가족과 또래관계에서의 공격성 경험이 있다면 데이트할 때에도 폭력을 휘두를 가능성이 크다. 약 10~20%의 청소년들이 데이트 상대에 의해서 신체적으로나 성적으로 학대당한 적이 있다. 소년과 소녀 모두 동등

한 비율로 피해자였다고 보고하며, 한쪽에서 폭력을 저지르면 종종 다른 쪽에서도 폭력을 쓰게 된다(Narayan, Englund, & Egeland, 2013; Narayan et al., 2014). 데이트 폭력 피해는 남성과 여성 모두에게 불안, 우울, 자살 시도 증가와 같은 심각한 정신건강 결과를 초래하며, 남성의 경우에는 반사회적 행동, 여성의 경우 건강하지 못한 체중 조절(구토, 완화제 사용)을 유발한다. 젊은 10대들은 지속적으로 만나는 남자친구나 여자친구를 갖기 전에 파티와 댄스와 같은 집단 활동에 빠져 보는 것이 더 낫다.

동성애적 젊은이들이 공개적으로 연애를 시작하고 유지하기 위해서는 특별한 시련을 이겨내야 한다. 강한 편견 때문에 동성애적 청소년들이 종종 이성과의 데이트를 시도한다는 것을 제1장으로부터 기억해보라. 그 밖에 많은 동성애자들은 자기 또래의 동성애자들이 아직 커밍아웃하지 않았기 때문에 동성 파트너를 찾는 것이 어렵다. 이성애자 청소년과 비슷하게 부모와 친구와의 안정적 애착은 동성애자 및 양성애자 청소년들 간의 로맨틱 관계에서의 만족을 예측해준다(Starks, Newcomb, & Mustanski, 2015). 10대들의 부모에 대

이 젊은 미국 원주민 커플은 연애를 한 지 일주일이 됐다. 다른 또래관계의 질을 강화하는 것에 더해 친밀한 연애는 세심함, 공감, 자존감, 사회적 지지, 정체감 진보를 촉진한다.

묻고 대답하기

연관지어보기 청소년의 부모관계와 친구관계 간의 많은 연결에 대해 논의하라.

적용해보기 13세인 매티의 부모님은 따뜻하고, 자신의 기대에 대해 엄격하고, 자녀의 활동에 대해 일관적으로 관리한다. 학교에서 몇몇 여자친구들이 매티에게 부모님께 친구의 집에 간다고 말씀드리고 대신 해변에서 열리는 파티에 함께 가자고 말했다. 매티는 친구들의 말에 따를까? 설명해보라.

생각해보기 고등학교에서 어떤 요인들이 여러분의 큰 무리 멤버십에 영향을 끼쳤는가? 큰 무리 멤버십이 여러분의 가치와 행동에 어떻게 영향을 끼쳤는가?

한 애착의 영향력은 지속적이어서 성인 초기 성 소수자 커플의 연애 만족도로 이어진다.

고등학교 졸업 후, 대부분의 청소년의 연애는 끝이 나며, 지속되어도 점점 만족감이 낮아진다(Connolly & Mclsaac, 2011). 젊은이들은 계속 정체성을 형성하고 있는 과정에 있기 때문에, 고등학생 커플은 그들이 나중에 공통점이 별로 없다는 것을 발견한다. 그럼에도 불구하고 10대 후반의 친밀한 연애 관계는 섬세함, 공감, 자존감, 사회적지지 정체성의 진전을 촉진한다. 또한 데이트 상대를 배려하고 그(녀)와 타협하는 능력이 증가하면서 다른 또래 관계의 질도 향상된다(Collins, Welsh, & Furman, 2009). 그러므로 데이트가 따뜻하고 지지적인 연애관계로 이어지는 한, 데이트는 적응을 촉진시키고 사랑들과의 관계에 대한 유익한 수업이 된다.

발달 문제

2.8 청소년기 우울과 자살과 관련된 요인을 기술하라.
2.9 비행행동과 관련된 요인을 기술하라.

대부분의 젊은이들은 거의 문제없이 청소년기를 보내지만, 일부는 미숙한 상태로 부모가 되기도 하고, 약물 남용, 학업 실패 등 주요한 발달장애를 겪는다는 것을 보았다. 각 예에서, 생물학적 그리고 심리적 변화, 가족, 학교, 또래, 지역사회, 문화가 결합하여 특별한 결과를 가져온다. 심각한 문제가 하나씩 일어나는 경우는 드물고 보통 서로 연결된다. 우울증, 자살, 비행의 세 가지 문제는 10대 시기에 연결되어 일어난다.

우울증

슬프고, 좌절하고, 생에 대해 절망감을 느끼는 우울감은 청소년기의 가장 흔한 심리 문제인데, 이들은 대부분의 활동에서 즐거움을 느끼지 못하고, 수면장애나 입맛, 집중, 에너지가 떨어지는 것을 느낀다. 미국 10대 중 20~50%가 약한-중

간 수준의 우울을 짧은 시간 경험하고 다시 돌아온다. 한 번 또는 그 이상의 주요 우울 삽화를 경험한 15~20%의 청소년들이 더 우려스러운데, 그 비율은 성인과 비교할 만하다. 약 5%는 만성적인 우울 상태로 수개월 혹은 몇 년간 우울하고 자기비판적인 상태에 있다(American Psychiatric Association, 2013; Tharpar et al., 2012).

아동들의 1~2%만이 심한 우울증을 겪는데, 이들의 대부분은 청소년기에도 우울증을 보이며, 성인기에도 그러하다(Carballo et al., 2011). 우울증 증상은 산업 국가에서 12~16세에 급격하게 증가한다. 청소년기 소녀는 소년들보다 지속적인 우울을 보고하는 비율이 2배 더 높다. 이 차이는 전 생애 동안 지속된다(Hyde, Mezulis, & Abramson, 2008).

우울증이 계속된다면 사회적, 학업, 직업 기능이 손상될 것이다. 불행히도, 청소년기가 폭풍과 스트레스의 시기라는 고정관념이 있기 때문에, 교사와 부모들은 청소년들이 보이는 우울 증상의 심각성을 가볍게 여기는 경향이 있다. 그들은 종종 우울증을 단지 지나가는 단계로 잘못 생각한다. 결과적으로 우울한 기분에 압도된 10대들이 적절한 치료를 받지 못한다.

우울 관련 요인 우울증을 일으키는 생물학적 요인과 환경적 요인들이 결합되는 양상은 사람마다 다르다. 친족관계 연구들은 유전이 중요한 역할을 한다는 것을 보여준다. 소녀의 경우 우울의 발병은 나이보다 사춘기 호르몬의 변화와 연관된다(Angold et al., 1999). 이러한 생각은 에스트로겐이 청소년기 뇌에 미치는 영향력을 포함한다.

그러나 사춘기 호르몬 변화 그 하나만으로는 우울 유발을 거의 설명하지 못한다. 그보다는 유전과 호르몬의 위험 요인은 뇌가 스트레스 경험에 좀 더 강하게 반응하도록 예민하게 만드는 것처럼 보인다(Natsuaki, Samuels, & Leve, 2014). 짧은 5-HTTLPR 유전자가 우울과 관련된 자기조절의 어려움을 유발하는데, 오직 부정적인 삶 스트레스가 존재할 때만 그렇다는 증거들이 쌓이면서 이러한 관점을 지지하고 있다(Karg et al., 2011; Li, Berk, & Lee, 2013). 이 유전-환경의 상호작용은 청소년기 소년보다 소녀에게 더 일관적으로 작동한다.

유전적 위험은 부모로부터 아동에게 전달되지만, 앞 장에서 우리는 우울하거나 다른 스트레스를 받는 부모들이 종종 부적응적인 자녀 양육을 한다는 것을 보았다. 그 결과, 아동

청소년기 우울은 종종 그냥 지나가는 단계라고 오해받는다. 결과적으로 우울에 압도된 청소년들은 적절한 치료를 받지 못한다.

의 정서적 자기조절, 애착, 자존감이 손상되어, 많은 인지기술과 사회성 기술에 대한 심각한 결과를 가져온다(Yap, Allen, & Ladouceur, 2008). 우울한 젊은이들은 보통 귀인 양식에서 학습된 무기력을 보이고, 학업이나 사회적 관계에서 긍정적인 결과를 얻기 어렵다(Graber, 2004). 취약한 젊은이들에게는 중요한 일에서의 실패, 부모의 이혼, 친한 친구나 연인과의 이별, 따돌림 대상이 되는 것, 또는 다른 학대 경험과 같은 사건들이 우울을 촉발할 수 있다.

성차 왜 소녀들이 소년보다 우울증을 더 많이 겪는가? 스트레스 반응성이 더 크다는 것 이외에도 소녀들의 성 유형적 대처 양식, 즉 수동적, 의존적, 불안과 각종 문제에 대해 반추를 많이 하는 경향성이 원인이 되는 것 같다. '여성' 특질에 강하게 동일시하는 청소년들은 그들의 성에 관계없이 더 우울해한다는 결과는 이러한 설명에 부합한다(Lopez, Driscoll, & Kistner, 2009; Papadakis et al., 2006). 반대로 양성적 혹은 남성적 정체성을 가진 소녀들은 더 낮은 비율의 우울 증상을 보인다(Priess, Lindberg, & Hyde, 2009).

우울 증상이 있는 친구와 함께 하는 것은 10대들의 우울 증상을 증가시키는데, 아마도 이러한 관계에서는 함께 반추하는 비율이 높기 때문일 것이다(Conway et al., 2011). 삶의 도전에 반복적으로 압도되는 소녀들은 스트레스에 더 크게 생리적으로 반응하며, 더 형편없이 대처한다(Hyde, Mezulis,

& Abramson, 2008; Natsuaki, Samuels, & Leve, 2014). 이러한 방법으로 스트레스 경험과 스트레스 반응은 서로를 키우고 우울을 유지한다.

청소년기의 깊은 우울은 성인기의 우울과 직장, 가족, 사회적 삶에서의 심각한 손상을 예측한다. 그리고 우울은 너무 자주 행동으로 연결되는 자살 생각을 이끈다.

자살

미국에서 자살 비율은 아동기부터 노인기까지 전 생애를 통해 증가하지만, 청소년기에 급격히 늘어난다. 현재 자살은 미국 젊은이들을 죽음에 이르게 하는 세 번째 원인이다(자동차 사고와 살인 다음). 북미 10대들은 과거보다 더 많은 스트레스를 받고 지원은 적게 받기 때문에, 청소년의 자살 비율은 1960년대 중반에서 1990년대 중반 사이에 3배가 증가하였다. 그 후 비율에서의 변동은 없다가 2000년대 중반부터 약간 증가하였다(Centers for Disease Control and Prevention, 2015k, 2016d). 동시에, 청소년들의 자살 비율은 산업국가들 간에 큰 차이를 보인다. 덴마크, 그리스, 이탈리아, 스페인에서는 낮고, 호주, 캐나다, 일본, 미국에서는 중간 정도이고, 핀란드, 아일랜드, 뉴질랜드, 노르웨이, 러시아에서는 높다(Patton et al., 2012; Värnik et al., 2012). 이러한 국가 간 차이는 아직 설명되지 않고 있다.

청소년 자살 관련 요인 우울증 비율은 여자들이 더 높지만, 자살하는 비율은 여자보다 남자가 4 대 1로 더 높다. 소년들은 약물 남용이나 공격성과 같이 자살에 위험한 요소들을 더 많이 갖고 있다. 소녀들은 수면제 과다 복용처럼 살아날 가능성이 높은 방법을 사용하여 자살 시도가 불발로 끝날 가능성이 높다. 이에 반해, 소년들은 분신이나 목을 매는 것과 같이 즉시 죽음에 이르는 방법을 선택하는 경향이 있다(Esposito-Smythers et al., 2014). 성역할에 대한 기대도 이러한 성차를 일으킨다. 남성이 여성보다 무기력감과 실패한 노력에 대한 인내심이 더 적다.

흑인계, 아시아계, 라틴아메리카계 미국인들은 확대가족의 지원을 받기 때문에 백인 미국인보다 더 낮은 자살 비율을 보인다. 그러나 최근에 흑인계 미국 청소년 남자들 사이에서 자살이 늘어나서 백인계 미국 남성들의 비율에 다다른다. 아메리카 원주민의 젊은이들은 국가 평균의 2~7배 정도 자살을 시도한다(Centers for Disease Control and Prevention, 2015k).

아마도 심각한 가정 빈곤, 학업 실패, 알코올과 약물 복용, 우울 비율이 높은 것이 이러한 경향의 원인이 될 것이다.

게이, 레즈비언, 양성애자 젊은이들 또한 위험이 높아서 다른 청소년들보다 3배 정도 많이 자살 시도를 한다. 자살하려는 사람들은 가족 갈등, 연애관계에서의 문제, 또래 거부가 더 많다(Liu & Mustanski, 2012).

젊은이들에게 자살은 두 가지 유형으로 나타난다. 첫 번째 집단은 머리는 아주 좋지만, 고독하고, 위축되고, 자신이나 삶에서 중요한 사람들이 설정한 높은 기준을 충족시킬 수 없는 그런 청소년들을 포함한다. 두 번째 집단의 구성원들은 반사회적 경향을 보이고 자신의 불행감을 약한 사람을 못살게 굴고, 싸우고, 훔치고, 위험을 무릅쓰고, 약물을 남용하는 것으로 표현한다(Spirito et al., 2012). 적대적이고 파괴적인 것 외에, 그들은 분노와 절망을 내적으로 쏟아 넣는다.

정서장애와 반사회적 장애는 종종 자살하는 10대들의 가정 배경에서 나타나며, 이들은 일반적으로 만성 우울, 불안, 해결되지 않은 분노로 고통 받는다. 그 밖에, 청소년은 경제적 어려움, 부모의 이혼, 빈번한 부모-자녀 갈등, 남용과 태만 같은 다중적인 스트레스를 주는 삶의 사건들을 경험할 가능성이 있다. 스트레스를 일으키는 인자들은 자살 시도 혹은 자살 완료 전 시기 동안에 증가한다(Kaminski et al., 2010). 가족 문제에 대해 부모가 10대를 비난하는 것, 주요한 또래 관계가 깨지는 것, 또는 반사회적 행동을 했다는 것에 대한 수치심 등이 사건을 일으키기도 한다.

문화적 붕괴를 초래하는 공공정책이 미국 원주민 젊은이들의 자살률을 증가시켰다. 1800년대 말부터 1970년대까지 원주민 가족들은 그들의 자녀들을 정부에서 운영하는 거주 학교에 보내야만 했는데, 이 학교는 부족과의 연맹을 지우도록 고안되었다. 이러한 억압적 제도 안에서 아동들은 문화적, 언어적, 예술적, 정신적 어떠한 방식으로도 '인디언'이 되는 것이 허용되지 않았다(Goldston et al., 2008). 이 경험은 많은 젊은이들이 학업적으로 준비가 되지 않고, 정서적으로 두려우며, 현재와 다음 세대의 가족과 지역사회의 해체를 가지고 왔다(Barnes, Josefowitz, & Cole, 2006; Howell & Yuille, 2004). 결과적으로 알코올 남용, 청소년 범죄, 자살률이 증가하였다.

왜 자살이 청소년기에 증가하는가? 우울한 기분의 증가와 더불어서 미리 계획하는 능력이 10대에 증가하는 것과 관련되는 것 같다. 일부 청소년들은 충동적으로 자살을 시도하지만, 많은 젊은이들은 자살을 목표로 일정한 단계를 밟는다. 다른 인지적 변화도 영향을 준다. 개인적 우화에서의 믿음(제1장 참조)을 보면 많은 우울한 젊은이들이 어느 누구도 자신들의 심한 고통과 깊은 절망감을 이해하지 못한다는 결론에 도달하고 있음을 알게 된다. 결과적으로 절망, 무력감, 고립감은 깊어진다.

예방과 치료 자살을 방지하기 위해서, 부모와 교사들은 고민하는 10대들이 보내는 신호를 알아챌 수 있는 훈련을 받아야만 한다(표 2.2 참조). 학교, 레크리에이션 조직, 종교조직은 그들과 문화적 유산과의 연결을 강화하고, 지식이 풍부하고, 접근 가능하고, 공감 가능한 상담자, 또래 지지 집단, 전화 상담에 대한 정보를 제공함으로써 이들을 도울 수 있다(Miller, 2011; Spirito et al., 2012). 10대가 자살로 한 걸음 다가서면, 전문가의 도움이 있을 때까지 젊은이들과 함께 지내고, 경청하고, 동정과 염려를 표현하는 것이 기본적으로 필요하다.

우울한 청소년들과 자살하는 청소년들을 치료하는 방법은 항우울제를 투여하는 것부터 개인치료, 가족치료, 집단치료에 이르기까지 다양하다. 청소년들이 좋아질 때까지, 무기, 칼, 면도날, 가위, 약을 가정에서 치우는 것이 중요하다. 미국에서 청소년들을 가장 자주 그리고 치명적인 자살로 이끄는 총기에 대한 규제 법안은 자살 수와 10대 살인 비율 모두

표 2.2 자살의 경고 표지

개인적인 일을 정리하려는 노력을 한다. 문제가 있던 관계를 바로잡고, 아끼던 물건을 버린다.
언어적 단서를 보인다. 가족과 친구에게 작별인사를 하고, 자살과 관련된 직접적 혹은 간접적 언급을 한다("나는 이 문제에 대해서 더 이상 걱정하지 않아도 될거야.", "난 죽었으면 좋겠어.").
슬픔을 느끼고, 낙담하고, 더 이상 배려심이 있지 않다.
극도로 피곤해하고, 에너지가 부족하고, 지루해한다.
사교에 대한 바람이 없다. 친구와 가족으로부터 떨어진다.
쉽게 좌절한다.
울거나, 웃고, 갑자기 화를 낸다.
기분이 변덕스럽다.
집중하지 못하고, 주의가 분산된다.
성적이 하락하고, 학교에 결석하고, 문제 행동을 한다.
수면이 변한다. 잘 자지 못하거나, 과도하게 잔다.
무기나 혹은 약물을 처방받는 것과 같이 자신을 해칠 수 있는 다른 수단을 획득한다.

를 상당히 감소시킨다(Lewiecki & Miller, 2013).

자살 후에는 남아 있는 가족과 또래들이 죽은 자를 도와줄 수 없었다는 데 대한 슬픔, 분노, 죄책감을 해결할 수 있도록 도와줄 필요가 있다. 10대 자살은 종종 연쇄적으로 일어난다. 한 젊은이의 죽음은 그를 알거나 매체를 통해 그 자살 소식을 들은 다른 또래들의 자살 시도를 일으킬 가능성을 증가시킨다(Feigelman & Gorman, 2008). 이러한 경향이 있기 때문에, 자살이 일어나면 상처 받기 쉬운 청소년들을 주의해서 살펴주어야 한다. 기자들이 10대 자살의 기사화를 자제하는 것도 예방에 도움이 된다.

비행

비행 청소년은 불법행위를 하는 아동이나 청소년들이다. 미국 젊은이들의 범죄는 1990년대 중반부터 감소되었다. 최근 미국에서 12~17세 사이의 젊은이들이 경찰에 체포된 비율은 9% 정도인데, 이것은 20년 전에 비해 1/3 감소한 비율이다(U.S. Department of Justice, 2015). 그러나 10대들에게 직접적으로 또는 은밀하게 법을 어긴 적이 있는지를 물어보았을 때, 거의 모든 사람들은 하찮은 절도와 치안 방해 같은 경범죄 등 어떤 종류의 위반을 한 적이 있다는 것을 인정했다(Flannery et al., 2003).

대부분의 서구 국가에서는 경찰에 체포된 경험이나 자기보고는 모두 비행이 청소년기 동안 일어나고 성인 초기에 들어가면서 감소하는 경향성을 보인다(Eisner & Malti, 2015). 젊은 10대들 사이에서 반사회적 행동의 증가는 또래로부터 인정받기를 바라는 결과라는 것을 기억하라. 시간이 지나면서 또래들의 영향이 줄어들고, 보다 성숙한 도덕적 추론을 하게 되고, 젊은이들은 위법행위를 덜 하게 만드는, 결혼, 직장, 경력과 같은 사회적 맥락 속으로 들어간다.

청소년들이 보이는 대부분의 법률 위반 행동은 장기적인 반사회적 행동을 예측해주지 못한다. 그러나 반복적으로 체포된다면 염려할 필요가 있다. 폭력을 쓰는 위법행위에 대해 10대들이 차지하는 비율은 미국에서는 11%이다(U.S. Department of Justice, 2015). 이 중 소수는 이러한 범죄를 다시 저지르는 재범자가 되고, 또 일부는 범죄자의 삶으로 들어가 버린다. '생물학적 영향과 환경적 영향' 글상자에서 보여주듯이, 아동기에 시작되는 품행 문제는 청소년기에 처음 나타나는 품행 문제보다 지속적으로 나타날 가능성이 훨씬 더 높다.

비행행동은 청소년기에 증가하다가 점차 감소한다. 약물, 화기, 비행 친구들을 쉽게 접할 수 있는 가난한 동네의 10대들이 범죄를 더 많이 저지른다.

비행 관련 요인 청소년기에는 공격성의 성차가 커진다. 비록 폭력으로 체포되는 청소년의 1/5이 소녀지만, 그들의 공격은 대체로 밀거나 침 뱉는 것과 같은 단순한 폭행이다. 심각한 폭력 범죄는 대부분 소년들에게서 나타난다(U.S. Department of Justice, 2015). 사회경제적 지위와 민족성이 체포를 강하게 예측해주지만, 10대들의 반사회적 행동 보고와 크게 관련되지는 않는다. 이러한 차이는 사회경제적 지위가 높은 백인과 아시아인들보다 사회경제적 지위가 낮은 소수민족 젊은이들이 체포되고, 기소되고, 처벌되는 경향이 더 높기 때문에 나타나는 것으로 보인다(Farrington, 2009; Hunt, 2015).

까다로운 기질, 낮은 지능, 낮은 성적, 아동기 때 또래로부터의 거부, 반사회적 또래와의 관계가 만성적인 비행과 관련된다(Laird et al., 2005). 이러한 요인들은 어떻게 연결되는가? 비행 청소년들에 대한 가장 일관된 결과 중 하나는 민족과 사회경제적 지위와 관계없이 가족들이 온정적이지 않고, 갈등이 많으며, 가혹하고 일관적이지 않은 훈육을 하고, 통제와 관리가 약하다는 점이다(Deutsch et al., 2012; Harris-McKoy & Cui, 2013). 결혼관계가 변하면 가족 불화나 자녀 양육이 붕괴되기 때문에, 부모 별거나 이혼을 경험한 소년들은 특히 비행을 저지르게 되는 경향이 있다(Farrington,

생물학적 영향과 환경적 영향

청소년 비행으로 가는 두 가지 길

지속적인 청소년 비행은 두 가지 경로로 발달되는데, 그 하나는 아동기에 품행 문제가 시작되고, 다른 하나는 청소년기에 시작된다. 일찍 시작되는 유형이 전 생애에 걸쳐 공격성과 범행이 일어날 가능성이 더 많다(Moffitt, 2007). 늦게 시작되는 유형은 보통 성인 초기를 지나서 지속되지 않는다.

아동기에 시작되는 비행 젊은이와 청소년기에 시작되는 비행 젊은이들은 모두 심각한 죄를 저지른다. 이탈하는 또래와 어울리고, 약물 남용을 하고, 안전하지 못한 성관계를 맺고, 위험하게 운전하고, 교도소에서 시간을 보낸다. 왜 두 번째 집단보다 첫 번째 집단에서 반사회적 행동이 폭력으로 계속되거나 확대되는 경우가 더 많은가?

지금까지 대부분의 연구들이 연구 대상으로 삼은 소년들에게서 가장 분명한 결과를 얻을 수 있었다. 그러나 일부 연구들은 아동기에 신체적 공격을 보인 소녀들 또한 후의 폭력적인 비행을 저지를 위험이 있고, 규준을 위반하는 행동과 심리적 장애를 더 자주 일으킨다고 보고한다(Broidy et al., 2003; Chamberlain, 2003). 그리고 초기 관계적 공격성은 청소년 품행 문제와 관련된다.

일찍 시작되는 유형

일찍 시작되는 젊은이들은 그들에게 공격적인 특질이 유전되는 듯하다(Eisner & Malti, 2015). 폭력적인 성향의 아동들(대부분 남아들)은 2세 아동들처럼 부정적인 감정을 보이고, 경솔하고, 고집이 세고, 신체적인 공격성을 보인다. 그들은 또한 언어, 집행 기능, 정서적 자기

조절, 도덕 기반의 정서인 공감과 죄책감에 기반되는 인지 기능에서의 미묘한 결함을 보여준다(Malti & Krettenauer, 2013; Moffitt, 2007; Reef et al., 2011). 일부는 학습 문제와 자기통제 문제가 결합되는 주의력결핍 과잉행동장애(ADHD)를 보인다.

그러나 일찍 시작하는 소년들 중 대부분은 성인 범죄로 이어지는 심각한 비행을 보이지 않는다. 성인 범죄로 이어지는 사람들 중에는 제대로 양육을 받지 못해서 통제되지 않은 행동 양식이 반항과 지속적 공격성으로 변해 버린 경우도 있다(Beyers et al., 2003). 학업에서 실패하고 또래로부터 거부당할 때, 그들은 비행 청소년들과 친해지는데, 외로움을 해소하면서 서로의 폭력행동을 촉진한다(그림 2.3 참조)(Dodge et al., 2008; Hughes, 2010). 일찍 시작된 10대들은 인지기술과 사회적 기술이 제한되어 있기 때문에 학교를 중퇴하고 직업을 못 갖는 비율이 높은데, 이것이 반사회적 행동에 더 기여하도록 한다.

관계적 공격성을 많이 보이는 아동들 또한 과잉행동이 되는 경향이 있고, 냉혹한 양육을 받았으며, 또래나 성인들과 갈등을 자주 보인다(Spieker et al., 2012; Willoughby, Kupersmidt, & Bryant, 2001). 이러한 행동이 또래로부터 거부를 당할 때, 관계적 공격성을 보이는 소녀들은 관계적 적대감을 많이 보이는 소녀들과 친해지고, 그들의 관계적 공격성이 상승한다(Werner & Crick, 2004). 관계적 공격성이 높은 청소년들은 화를 내고, 성인의 규칙에 반항한다. 신체적 적대감과 관계적 적대감을 다 가지고 있는 10대들에게서 이러한 반

항행동이 심하게 나타나서 심각한 반사회적 행동이 일어날 가능성을 증가시킨다(Harachi et al., 2006; McEachern & Snyder, 2012).

늦게 시작된 유형

또 다른 젊은이들은 사춘기 즈음에 반사회적 행동을 보이기 시작하고 점차적으로 그런 행동을 증가시킨다. 그들의 품행 문제들은 청소년 초기의 또래관계 때문에 일어난다. 가족 스트레스나 제멋대로인 10대를 다루기가 어려워서 부모들이 일시적으로 양육을 제대로 못하는 경우가 있다(Moffitt, 2007). 철이 들어 성인으로서의 책임을 깨닫게 되면서, 이 젊은이들은 이전에 습득했던 친사회적 기술을 사용하고 반사회적 행동을 버리게 된다.

그러나 늦게 시작된 젊은이들 중 소수는 계속해서 반사회적 행동을 한다. 청소년기에 저지른 심각한 범죄 때문에 그들은 책임 있는 행동을 할 수 없는 덫에 빠져 버린다. 만족스러운 직업, 긍정적이고 가까운 관계는 20~25세에 범죄행동을 더 이상 하지 않는 것을 예측해 준다(Farrington, Ttofi, & Coid, 2009). 반대로 반사회적 젊은이가 교도소에 머무는 시간이 길수록 일생 동안 범죄를 저지를 가능성은 커진다.

이러한 결과를 보면 젊은이 범죄를 멈추게 하는 정책을 재고할 필요가 있다. 젊은 범죄자들을 여러 해 동안 가두어 놓는 것은 교육과 직업생활을 방해하고, 발달의 중요한 기간에 성인과 긍정적이면서 따뜻한 관계를 맺는 것에 접근하는 것을 막는다(Bernstein, 2014). 청소년 투옥은 그들을 어두운 미래로 몰아넣는다.

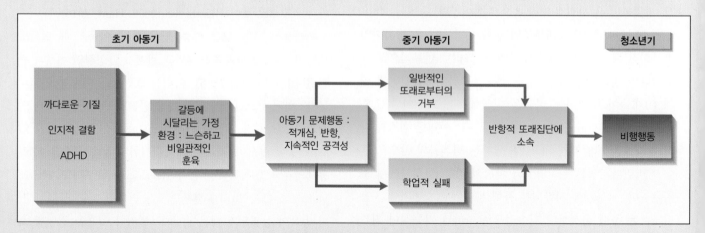

그림 2.3 아동기에 반사회적 행동이 시작된 청소년들의 만성적 비행행동 경로   까다로운 기질과 인지적 결함이 이러한 청소년들 대부분의 초기 아동기 특징이다. 몇몇은 ADHD를 가지고 있다. 서투른 양육은 생물학적으로 자기통제의 어려움을 적개심과 반항으로 바꾼다.

2009). 많은 10대들의 청소년 범죄는 감독이 소홀한 시간인 주중 오후 2시에서 8시 사이에 가장 많이 일어난다(U.S. Department of Justice, 2015).

비효과적인 자녀 양육은 아동의 공격성을 촉진하거나 지속시킨다. 소년들은 더 활동적이고 충동적이어서 통제하기가 더 어렵기 때문에 부모는 소녀보다 소년을 향해 화를 내고, 신체적으로 체벌하고, 비일관적으로 대할 가능성이 더 많다. 이러한 아동의 기질이 정서적으로 부정적이고, 서투른 양육과 결합되면 공격성은 아동기에 가파르게 증가하여, 청소년기에 폭력 범죄로 이어지고, 성인기까지 지속된다('생물학적 영향과 환경적 영향' 글상자 참조).

학교의 질이 나쁘고, 기분전환이나 취업을 할 기회가 적고, 성인 범행이 많은 가난한 이웃이 있는 환경에서 10대들은 더 많은 범죄를 저지른다(Leventhal, Dupéré, & Brooks-Gunn, 2009). 그런 환경에서 청소년들은 이탈된 또래, 약물, 총기 사용을 쉽게 가까이 할 수 있고, 단원들 대다수가 폭력 비행을 저지르는 반사회적 갱단에 들어갈 가능성이 있다. 더구나 이런 장소에 있는 학교는 학생들의 발달적 요구를 충족시키지 못한다(Chung, Mulvey, & Steinberg, 2011). 학급이 크고, 교육이 부실하며, 규칙을 제대로 적용하지 않고, 학업에 대한 기대와 기회가 없는 것은 다른 영향 요인을 통제하고도 높은 범죄율과 연관된다.

예방과 치료 비행은 아동기에서 그 근원을 찾을 수 있는데, 여러 상황에서 사건을 경험한 결과이기 때문에 예방은 일찍 그리고 다양한 수준에서 시작되어야 한다(Frey et al., 2009). 긍정적인 가족관계, 권위적인 자녀 양육, 학교에서의 양질의 교수방법, 건강한 경제적·사회적 조건을 가진 지역사회가 청소년의 범행을 줄이는 길이 된다.

효과적인 개입을 위한 자원이 없기 때문에 많은 미국 학교들은 주요하거나 사소한 모든 문제행동과 위협행동을 정학이나 퇴학으로 엄격하게 처벌하는 **무관용** 정책을 시행한다. 그러나 이러한 정책은 비일관적으로 시행된다. 사회경제적 수준이 낮은 소수민족 학생들은 특히 사소한 문제행동으로 인해 2~3배 더 많이 처벌받는다. 무관용 정책이 젊은이의 공격성과 다른 형태의 비행행동을 줄이려는 목적을 달성했다는 증거는 없다(Reppucci, Meyer, & Kostelnik, 2011; Teske, 2011). 반대로 몇몇 연구에 의하면 무관용 정책은 학교로부터 학생들을 이탈시킴으로써 학교 중퇴와 반사회적 행동을

강화한다.

심각한 범죄자를 다루기 위해서는 비행의 다양한 원인을 찾는, 강력하고 장기간의 접근이 필요하다. 가장 효과적인 방법은 의사소통, 관리, 훈련 책략을 부모에게 가르치고, 또래나 학교에서의 어려움을 극복하기 위해 젊은이들에게 인지, 사회적 기술, 도덕 추론 기술, 분노 조절을 포함한 정서적 자기조절기술을 가르치는 것이다(DiBiase et al., 2011; Heibrun, Lee, & Cottle, 2005). 그러나 만약 젊은이가 여전히 적대적인 가정 환경, 질 낮은 학교, 반사회적인 또래집단, 폭력적인 이웃에 노출되어 있다면 이러한 다차원적인 치료 역시 부족할 수 있다.

다중체계 치료 프로그램에서 치료자들은 가족 중재 프로그램과 함께 폭력적인 젊은이들에게 바람직한 학교, 직장, 여가활동을 하게 하고 폭력적인 또래들로부터 떨어뜨린다. 전형적인 지역사회 서비스나 개인 치료에 비해 중재 프로그램은 4년 동안 부모-자녀 관계를 더 크게 개선하고 체포되는 경우를 급격하게 감소시켰으며, 이러한 효과는 치료 후 20년간 지속되었고, 범죄를 저지른 경우에도 그 심각성은 낮아졌다(그림 2.4 참조). 가족의 불안정성은 이혼, 친자확인, 자녀 양육에 대한 민사소송으로 측정할 수 있는데, 다중체계 치료 프로그램은 청소년 범죄자들이 성인이 되었을 때 이러한 가

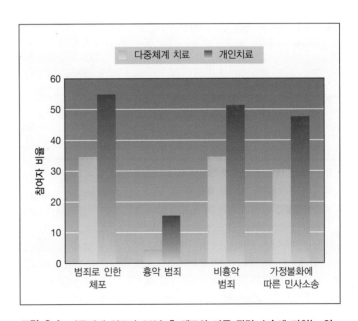

그림 2.4 다중체계 치료가 22년 후 체포와 가족 관련 소송에 미치는 영향 폭력적이었던 청소년들은 개인 치료를 받은 참여자에 비해 다중체계 치료 20년 후에 전반적으로 범죄로 체포되는 수가 적었고, 덜 폭력적인 범죄를 저질렀다. 다중체계 치료는 또한 가족 불안정성을 감소시켜 주는 것으로 보인다 (Sawyer & Borduin, 2011에 기반함).

족의 불안정성을 제한하는 데도 도움이 되었다(Henggeler et al., 2009; Sawyer & Borduin, 2011). 비행 젊은이들을 도와주고 모든 젊은이들의 건강한 발달을 촉진하기 위해 가족, 지역사회, 문화적 수준에서 비공격적인 환경을 만들려는 노력이 필요하다.

묻고 대답하기

연관지어보기 왜 청소년기 소녀들은 우울에 대한 위험성이 가장 크고, 청소년기 소년들은 자살에 대한 위험성이 가장 큰가?

적용해보기 제크는 초등학교에서 모범적으로 행동했지만 13세가 되면서 '잘못된 무리'들과 어울리기 시작했다. 16세가 되었을 때는 재물 손괴로 경찰에 붙잡혔다. 제크는 이후에 오랫동안 범죄자로 남을 것인가? 왜 그런가? 혹은 왜 그렇지 않은가?

생각해보기 청소년기 동안 여러분 혹은 여러분 친구들은 범법행위를 한 적이 있는가? 그렇다면 몇 살 때였는가? 흥분을 느끼고, 친구들의 인정을 받고 싶은 동기가 있었는가?

요약

에릭슨 이론 : 자아정체감 대 역할 혼란

2.1 에릭슨에 따르면 청소년기 주요한 성격 달성은 무엇인가?

- 에릭슨은 **자아정체감**을 청소년기에 중요하게 달성할 성격이라고 보았다. **자아정체감 대 역할 혼란**의 심리적 갈등을 성공적으로 해결한 젊은이는 자신이 선택한 가치와 목표를 기반으로 통일된 자기정의를 만든다.

자기이해

2.2 청소년기 자기개념과 자존감의 변화를 기술하라.

- 인지적 변화는 청소년들로 하여금 사회적, 개인적, 도덕적 가치를 주요 주제로 한 더 조직화되고 일관된 자기기술을 발달시키도록 한다.
- 자존감은 더 구별되며, 대부분의 청소년들에게서는 상승한다. 사춘기, 학업수행, 또래 수용, 양육 스타일, 더 큰 사회적 환경 모두 자존감에 영향을 끼친다.

2.3 자아정체감 발달을 촉진하는 요인과 함께 네 가지 자아정체감 상태를 설명하라.

- **자아정체감 성취**(가치, 믿음, 목표를 탐색 후 전념)과 **자아정체감 유예**(전념에 도달하지 않은 탐색)은 심리적으로 건강한 자아정체감 상태이다. 장기간의 **자아정체감 폐쇄**(탐색 없는 전념)와 **자아정체감 혼미**(탐색과 전념 모두 부족)은 모두 적응상의 어려움과 관련된다.
- 정보 수집 인지 전략, 건강한 부모와의 애착, 다양한 또래와의 상호작용, 가까운 친구, 풍

부하고 다양한 기회를 제공하는 학교와 지역사회는 건강한 자아정체감 발달을 촉진한다. 지지적인 가족과 지역사회는 **문화 적응 스트레스**를 극복해야만 하는 소수민족 청소년들 사이에서 강력하고 안정적인 **민족적 정체성**을 형성시켜 줄 수 있다. **양 문화적 정체감**은 추가적인 정서적, 사회적 이익을 가져다준다.

도덕 발달

2.4 도덕 발달에 관한 콜버그의 이론을 설명하고, 그것의 정확성을 평가하라.

- 콜버그의 **전인습적 수준**에서 도덕은 외적으로 통제되며, 행동은 그것의 결과로 평가된다. **인습적 수준**에서는 법과 질서에 순응하는 것은 긍정적인 인간관계와 사회적 질서를 위해서라고 여겨진다. **후인습적 수준**에서 도덕은 추상적이고 보편적인 원리로 정의된다.
- 콜버그 단계 재검증은 도덕적 성숙이 단계 3, 4에서 발견될 수 있다는 것을 보여준다. 후인습적 수준에 도달하는 사람은 거의 없다. 상황적 요인이 도덕적 판단에 영향을 미치기 때문에 콜버그 단계는 느슨하게 조직화되고 서로 겹쳐진 것으로 이해하는 게 가장 좋다.
- 길리건의 주장과 달리 콜버그의 이론은 여성들의 도덕적 성숙을 과소평가하지 않았으며, 대신 정의 지향과 배려 지향을 모두 다룬다.
- 아동들과 비교하면 10대들은 개인적 선택과 지역사회 의무 간의 갈등에 대해 더 미묘한 추론을 표현하며, 사회관습에 따르는 도덕적

함의에 대한 이해가 증가한다.

2.5 도덕적 추론에 영향을 미치는 요인과 도덕적 행동과의 관계를 기술하라.

- 도덕적 성숙에 기여하는 요인은 따뜻함, 합리적인 양육, 도덕적 이슈에 대한 또래 간 논의, 차별반대 정책을 가지고 있는 학교 환경을 포함한다. 도덕적 협력이 사람들 간의 직접적인 관계에 기반하는 부족사회에서 도덕적 추론은 콜버그의 단계 3을 넘어서는 경우가 거의 없다. 상호의존을 중시하는 부족사회 문화와 산업화된 사회에서는 모두 도덕적 딜레마에 대한 반응이 서구 사회보다 더 타인 지향적이다.

- 도덕적 추론의 성숙도는 단지 약한 정도로 도덕적 행동과 관련 있다. 도덕적 행동은 또한 공감과 죄책감, 기질, 문화적 경험, **도덕적 정체성**에 영향을 받는다. 비록 청소년기에 공식적인 종교적 참여가 줄어들지만, 종교적 믿음은 대부분의 10대들에게 도덕적 가치와 행동을 하도록 하는 데 유리하게 작용한다.

- 도덕에 대한 실용적 접근을 강조하는 연구자들은 도덕적 성숙은 맥락과 동기에 따라 다르다고 주장한다.

가족

2.6 청소년기 부모-아동 관계와 형제 관계에서의 변화를 논하라.

- **자율성**에 대한 요구로 청소년기에는 의사결정을 할 때 자기 자신을 더 의지하고, 부모를 덜 의지한다. 10대들이 부모를 더는 이상화하지 않으면서 종종 부모의 권위에 대해 의구심을 품는다. 연결과 분리 사이의 균형을 맞추는 따뜻하고 지지적인 양육은 성숙에 대한 적절한 요구를 만들며, 지속적인 관리는 긍정적 결과를 제공한다.
- 청소년기 가족으로부터 분리되고 친구들을 향하면서 형제의 영향은 감소한다. 여전히 형제 간 애착은 대부분의 젊은이들에게 강력하게 남아 있다.

또래관계

2.7 청소년기 우정, 또래집단, 데이트 관계, 그리고 발달의 결과에 대해 기술하라.

- 청소년기 우정은 친밀감, 상호이해, 충성을 기반으로 하며, 자기개방을 포함한다. 소녀들은 정서적 친밀감을 강조하고, 소년들은 활동과 성취를 함께하는 것을 강조한다.

- 온라인상의 상호작용은 우정을 확장할 수 있지만, 위험도 내포하고 있다. 소셜미디어를 자주 사용하는 것은 면대면 사회적 관계에 대한 불만족과 관련되며, 과도한 인터넷 사용은 적응상의 어려움을 증폭시킨다.
- 관계적 공격성 혹은 반사회적 행동에 대한 끌림이 아닐 때, 청소년기 우정은 자기개념, 조망 수용, 정체감, 친밀한 관계에 대한 능력을 촉진한다. 그들은 또한 젊은이들이 스트레스를 다루고, 학교에 대해서 긍정적인 태도를 갖고 참여하도록 돕는다.
- 청소년 또래집단은 특히 소녀들에게 중요한 **무리**와, 학교의 더 큰 사회 구조 안에서 10대들이 정체성을 인정하도록 하는 **큰 무리**로 구성된다. 데이트에 대한 관심으로 성별이 섞인 무리가 증가한다. 무리와 큰 무리 모두 10대들이 개인적 가치와 목표에 정착하면서 감소한다.

© SYRACUSE NEWSPAPERS/PETER CHEN/THE IMAGE WORKS

- 데이트 관계에서의 친밀감은 친구 간의 친밀감보다 더 뒤떨어진다. 부모와 친구와의 긍정적 관계는 안정적인 연애관계에 기여한다.

발달 문제

2.8 청소년기 우울과 자살과 관련된 요인을 기술하라.

- 우울은 청소년기의 가장 보편적인 심리적 문제이며, 산업화된 국가의 소녀들에게 더 큰 위험성을 가진다. 유전, 비적응적인 양육, 학습된 무기력의 귀인 양식, 부정적인 생활 사건과 같이 생물학적 요인과 환경적 요인의 결합이 원인이다.

2.9 비행행동과 관련된 요인을 기술하라.

- 비행행동은 청소년기에 증가하고, 그 후 감소한다. 그러나 오직 소수의 10대들만 심각한 공격행동을 반복한다. 이 소년들은 대체로 아동기에 품행 문제를 보였다.
- 따뜻함이 부족하고, 갈등이 많고, 훈육이 일관적이지 않고, 관리가 잘 되지 않는 가족 환경은 일관적으로 비행행동과 관련되는데, 이러한 환경은 범죄율이 높고 교육이 효과적이지 않은 학교가 있는 빈곤한 동네에 많다.

주요 용어 및 개념

도덕적 정체성	양 문화적 정체감	자아정체감 성취	자율성
무리	인습적 수준	자아정체감 유예	전인습적 수준
문화 적응 스트레스	자아정체감	자아정체감 폐쇄	큰 무리
민족 정체감	자아정체감 대 역할 혼란	자아정체감 혼미	후인습적 수준

이정표

청소년기 발달

초기 청소년기 : 11~14세

신체 발달

- 소녀의 경우, 성장 급등의 정점에 도달한다.
- 소녀의 경우, 신체에 근육보다 지방이 더 증가한다.
- 소녀의 경우, 생리를 시작한다.
- 소년의 경우, 성장 급등이 시작한다.
- 소년의 경우, 사정 시 정액을 분출하기 시작한다.
- 성적 소수자의 경우, 성적 지향에 대한 자각이 시작된다.
- 소녀의 경우, 운동 수행이 14세 정도까지 점진적으로 증가한다.
- 스트레스 사건에 더 강하게 반응한다. 높아진 자극추구와 위험감수 행동을 보인다.
- 수면 '단계 지연'이 강화된다.

인지발달

- 가설 연역적 추론과 명제적 사고가 증가한다.

- 복잡하고, 다변인적 과제에 대한 증거와 이론을 함께 고려하는 과학적 추론이 증가한다.
- 더 자기의식적이고 자기에게 몰두하게 된다.
- 더 이상적, 비판적이 된다.
- 집행 기능, 초인지, 인지적인 자기조절이 증가한다.

정서 · 사회성 발달

- 자기개념에 서로 분리된 성격특질을 통합하는 추상적인 기술이 포함되는데, 이것은 서로 연결되지 않고, 때로는 모순적이다.
- 변덕과 부모−아동 갈등이 증가하는 경향이 있다.
- 자율성에 대한 갈망으로 부모와 형제와 보내는 시간이 줄어들고, 대신 친구와 보내는 시간이 증가한다.

- 우정은 친밀감, 상호 이해, 충성을 기반으로 한다.
- 또래집단은 동성 무리로 조직화된다.
- 복잡한 사회 구조를 가진 고등학교에서는 무리는 같은 가치를 보이는 더 큰 무리를 형성한다.

중기 청소년기 : 14~16세

신체 발달

- 소녀의 경우, 성장 급등이 완성된다.
- 소년의 경우, 성장 급등의 정점에 도달한다.
- 소년의 경우, 목소리가 깊어진다.
- 소년의 경우, 신체 지방은 감소하고 근육은 증가한다.
- 소년의 경우, 운동 수행이 급격하게 향상된다.
- 아마 성적으로 활동적일 것이다.

- 성적 소수자인 소년의 경우, 성적 지향이 확실해질 것이다.

인지발달

- 가설 연역적 추론과 명제적 사고의 향상이 지속된다.

- 집행 기능, 초인지, 인지적 자기조절에서의 향상이 지속된다.
- 서로 다른 유형의 과제에 대해서 유사한 일련의 숙달을 통해 과학적 추론의 향상이 지속된다.
- 자의식과 자기에 몰두하는 경향이 줄어든다.
- 의사결정이 향상된다.

정서 · 사회성 발달

- 자기의 특징을 조직화된 자기개념과 결합시킨다.
- 자존감이 더 분화되고, 증가하는 경향이 있다.
- 많은 경우, 자아정체감이 낮은 상태에서 높은 상태로 향상된다.
- 도덕적 딜레마를 해결하기 위한 기초로서 이상적 상호 호혜와 사회적 법을 강조하는 것이 증가한다.

- 도덕적, 사회인습적, 개인적 선택 간의 갈등에 관한 미묘한 추론에 참여하는 것이 더 증가한다.
- 서로 다른 성이 함께 무리를 짓는 것이 보편화된다.
- 아마 데이트를 시작할 것이다.

후기 청소년기 : 16~18세

신체 발달

- 소년의 경우, 성장 급등이 완성된다.
- 소년의 경우, 운동 수행 향상이 지속된다.

- 성적 소수자인 소녀의 경우, 성적 지향이 확실해진다.

인지발달

- 집행 기능, 초인지, 인지적 자기조절, 과학적 추론의 증가가 지속된다.
- 의사결정이 향상된다.

정서 · 사회성 발달

- 자기개념이 개인적, 도덕적 가치를 강조한다.
- 더 높은 상태를 향해 자아정체감을 지속적으로 만들어간다.
- 도덕적 추론의 성숙이 지속적으로 향상되며, 도덕적으로 행동하려는 동기가 증가한다.
- 무리와 큰 무리의 중요성이 감소한다.
- 연애관계에서 오래 유지되는 심리적 친밀감을 추구한다.

성인 초기의
신체 및
인지 발달

성인 초기는 중대한 변화 ─ 직업의 선택, 직장에서의 업무 시작, 경제적 독립 달성 ─ 를 가져온다. 컴퓨터 게임 디자이너이자 제작자인 이 네덜란드 청년은 게임에 대한 관심과 예술적 능력을 결합하는 분야에서 일하고 있다.

뒷좌석과 트렁크에 짐을 가득 싣고, 23세의 샤리즈는 엄마와 동생을 껴안고 작별 인사를 한 후 재빨리 자동차에 올라탔다. 약간 걱정되는 마음과 새로 얻은 해방감이 뒤섞인 채 다른 주를 향해 출발했다. 3개월 전 가족들은 샤리즈가 집에서 64km 떨어진 곳에 있는 작은 대학의 화학과를 졸업하는 것을 자랑스럽게 지켜보았었다. 대학 시절은 샤리즈가 경제적으로 또 심리적으로 가족과 서서히 분리될 수 있는 시기였다. 샤리즈는 주말에 정기적으로 집에 돌아왔고 여름 방학에는 내내 집에 머물렀다. 샤리즈의 어머니는 샤리즈가 학자금 대출받은 것을 매달 보조해주었다. 그러나 이날은 전환점이 되는 날이었다. 샤리즈는 석사 과정 진학을 위해 1,280km 떨어진 도시의 자신만의 아파트로 이사 가는 길이었다. 샤리즈는 조교로 일하면서 학자금 대출을 받을 것이었기 때문에 과거 어느 때보다 독자적인 인생을 사는 것처럼 느꼈다.

샤리즈는 대학 시절 삶의 방식을 변화시켰고 진로를 결정했다. 고등학교 시절 내내 과체중이었지만 대학 2학년 때 9kg을 감량했고, 식이 조절을 했으며, 운동을 위해 가입한 대학의 프리스비 팀에서는 나중에 주장으로까지 활동했다. 만성 질환이 있는 아이들을 위한 여름 캠프에서 상담자로 일한 경험은 샤리즈로 하여금 자신의 과학 지식을 공중 보건 분야에 활용할 수 있다는 확신을 갖게 했다.

떠나기 2주 전까지도 샤리즈는 자신의 결정이 옳은지 회의적이었고 이 사실을 어머니에게 털어놓았었다. 어머니는 "얘야, 우리는 인생의 결정이 자신에게 딱 맞는 것인지 결코 알 수 없고 대부분의 경우 그 결정은 완벽하지 않단다. 우리의 결정을 성공으로 만드는 건 바로 우리가 그 결정을 어떻게 활용하는지에 달려 있는 거야"라고 조언했다. 그래서 샤리즈는 여행에 나섰고 수많은 도전과 기회를 마주할 수 있었다.

이 장에서는 18~40세까지 성인 초기의 신체적, 인지적 측면에 대해 살펴볼 것이다. 성인기는 아동기나 청소년기에 비해 중요한 이정표적 사건이 생기는 시기가 개인마다 크게 다르므로, 성인기를 몇 개의 시기로 구분하기는 어렵다. 그러나 성인 초기에는 대부분의 사람들이 공통적으로 해야 할 몇 가지 과업이 있다. 그것은 집을 떠나고, 학업을 마치고, 직장에서 업무를 시작하고, 경제적으로 독립하고, 성적ㆍ정서적으로 한 사람과 장기간 친밀한 관계를 형성하고, 자신의 가정을 꾸리는 것이다. 이 시기는 인생의 다른 어떤 시기보다도 중요한 결정을 내려야 하는 활기찬 시기이다. ●

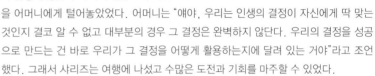

신체 발달

아동기와 청소년기 동안 신체는 크고 강해지며, 신체 협응이 향상되고, 감각기관이 정보를 더 효율적으로 받아들일 수 있음을 보았다. 신체 구조가 최대 역량과 효율성에 도달하면 **생물학적 노화**(biological aging, senescence)—모든 종에서 신체 기관과 체계의 기능이 유전자의 영향으로 쇠퇴하는 현상—가 시작된다. 그러나 신체가 성장하는 것과 같이 생물학적 노화의 속도도 신체 부분에 따라 달리 나타나며 개인차도 크므로 **전 생애 관점**에서 살펴보는 것이 이해하는 데 도움이 된다. 각 개인의 유전적 성향, 생활양식, 생활환경, 시대적 배경과 같은 여러 요인이 노화를 촉진하거나 늦출 수 있다(Arking, 2006). 결과적으로 성인기의 신체적 변화는 다차원적이고 다방향적이다.

다음 절에서는 생물학적 노화의 과정에 대해 살펴볼 것이다. 그리고 성인 초기에 이미 진행되고 있는 신체 변화와 운동 변화에 대해 살펴볼 것이다. 앞으로 보게 되겠지만 생물학적 노화는 행동과 환경의 중재를 통해 상당히 수정될 수 있다. 지난 세기 동안 산업화된 국가에서는 개선된 영양 상태, 의료적 치료, 공중위생, 안전성이 **평균 기대 수명**을 25~30년이나 연장시켰다. 이에 대해서는 제7장에서 보다 자세히 살펴볼 것이다.

성인 초기에 생물학적 노화가 진행된다

3.1 DNA, 체세포 수준과 신체 조직 및 기관 수준에서의 생물학적 노화와 관련된 최근 이론들에 대해 설명한다.

대학 토너먼트 경기에서 샤리즈는 자기 쪽으로 날아오는 프리스비를 잡으려고 높이 뛰며 운동장을 뛰어다녔다. 20대 초반의 샤리즈는 체력, 지구력, 감각민감성, 그리고 면역 체계의 반응성이 정점에 달했다. 그러나 다음 40년간 샤리즈는 나이가 들 것이고 중년기와 노년기로 옮겨 감에 따라 더욱 눈에 띄게 쇠약해질 것이다. 생물학적 노화는 DNA 수준, 세포 수준, 신체 조직과 기관, 그리고 전체 유기체 수준에 작용하는 여러 요인의 영향이 결합되어 나타난다. 이를 설명하기 위한 수백 가지 이론과 수많은 연구자들의 노력이 있어 왔지만 생물학적 노화의 기제를 이해하기에는 아직 불충분하다.

DNA와 체세포 수준에서의 노화

생물학적 노화에 대한 DNA와 체세포 수준의 설명에는 두 가지 형태가 있다. (1) 특정 유전자의 프로그램된 영향을 강조하는 것과 (2) 유전자 물질과 세포 물질을 손상하는 우연한 사건의 누적된 영향을 강조하는 것이다. 두 입장을 지지하는 증거가 모두 있으며, 이 둘의 조합이 옳은 것으로 밝혀질 가능성이 있다.

유전적으로 프로그램된 노화 가설은 장수하는 것이 그 가족의 특성임을 보여주는 친족 연구에 근거한다. 장수한 부모의 자녀도 장수하는 경향이 있다. 또한 이란성 쌍생아에 비해 일란성 쌍생아 간 수명이 매우 유사하다. 그러나 장수의 유전 정도는 별로 크지 않아서 사망 연령에서 .15~.50이며 악력, 폐활량, 혈압, 골밀도, 전반적인 신체 건강과 같은 생물학적 연령의 여러 측정치에서 .15~.55이다(Dutta et al., 2011; Finkel et al., 2014). 이는 장수를 직접적으로 물려받기보다는 일찍 사망하거나 늦게 사망할 확률에 영향을 미치는 위험요인이나 보호요인을 물려받는 것이라고 볼 수 있다.

한 '유전적 프로그램' 이론은 폐경, 운동 기능의 효율성, 체세포의 퇴화와 같은 생물학적 변화를 통제하는 노화 유전자가 존재한다고 제안한다. 이 견해에 대한 가장 강력한 증거는 인간의 세포가 실험실의 배양 접시에서 40~60회 분열한다는 것을 보여주는 연구에서 찾을 수 있다(Hayflick, 1998). 한 번 분열할 때마다 염색체 끝에 위치하는 **텔로미어**(telomeres)—끝부분이 손상되는 것을 보호하는 '뚜껑' 역할을 하는—라는 특정 유형의 DNA가 짧아진다. 궁극적으로는 세

급류에서 카약을 타는 20대 초반의 이 남성은 체력, 지구력, 감각민감성이 정점에 달해 있다.

한 청년이 85세의 할머니와 셀프카메라를 찍고 있다. 장수는 집안 내력인 경향이 있지만, 사람들은 수명 자체보다는 수명에 영향을 미치는 위험요인과 보호요인을 물려주는 것으로 보인다.

포가 더 이상 분열할 수 없을 정도로 작아진다. 텔로미어의 축소는 (암세포에 포함된 것과 같은) 체세포 변형을 막는 작용을 하는데, 세포가 분열함에 따라 더욱 그렇다. 그러나 노화세포(텔로미어가 짧은 세포) 수의 증가는 연령과 관련된 질병, 기능의 손실, 조기 사망을 초래한다(Epel et al., 2009; Tchkonia et al., 2013). '생물학적 영향과 환경적 영향' 글상자에 소개한 것처럼, 연구자들은 텔로미어 축소를 앞당기는 건강 습관과 심리적 상태에 대해 알아내고자 한다. 즉 장수하는 것을 가로막는 특정한 생활환경에 대한 강력한 생물학적 증거를 찾고 있다.

대안적인 '우연히 일어나는 사건' 이론에 따르면, 체세포의 DNA는 내부 혹은 외부에서 촉발된 변화로 인해 점차적으로 손상된다. 손상이 누적됨에 따라 세포의 재생과 교체가 비효율적이 되며 비정상적인 암세포가 생성된다. 동물 연구 결과를 통해 나이가 듦에 따라 DNA 파손과 결실, 다른 세포 물질의 손상이 증가한다는 것을 확인할 수 있다. 인간의 경우에서도 유사한 증거를 찾을 수 있다(Freitas & Magalháes, 2011).

연령 관련 DNA와 세포 이상에 대해 추측되는 원인 중 하나는 **유리기**(free radicals) — 산소가 있을 때 자연적으로 발생하고 매우 반응적인 화학물질 — 의 방출이다. 산소 분자가 세포 내에서 파괴되면 전자가 제거되는 반응이 일어나서 유리기를 생성한다. 유리기는 주변에서 전자를 다시 획득하기 위해 세포 기능에 필수적인 DNA, 단백질, 지방과 같은 주변의 세포 물질을 파괴한다. 그로 인해 심혈관 질환, 신경장애,

암, 백내장, 관절염과 같이 노화와 관련된 광범위한 장애에 대한 개인의 취약성을 증가시킨다(Stohs, 2011). 일부 연구자들은 장수에 관여하는 유전자가 유리기를 방어함으로써 작용한다고 추측하고 있다.

그러나 유리기가 DNA 변형, 세포 손상, 수명 감소의 주요 원인이 아니라는 증거도 많다. 반대로 어떤 종에서는 상승된 유리기 활동 — 유독한 수준에 도달하지 않는 선에서 — 이 세포 내 DNA 재생 체계를 활성화시키는 '스트레스 신호' 역할을 하기 때문에 장수와 관련 있다(Shokolenko, Wilson, & Alexeyev, 2014). 이러한 결과는 비타민 A, 베타카로틴, 비타민 E 같은 노화방지를 위한 건강보조제가 왜 질병의 발병률을 줄이거나 수명을 연장하지 못하는지 설명해준다(Bjelakovic, Nikolova, & Gluud, 2013).

이뿐만 아니라 연구자들은 유리기 활동에 대한 유전적 방어력이 낮지만 수명이 긴 종이 있다는 것을 밝히기도 했다(Liu, Long, & Liu, 2014). 설치류 중 가장 수명이 긴 벌거숭이두더지쥐는 4년 이상 살지 못하는 평범한 쥐보다 일부 장기의 연령 관련 DNA가 더 많이 손상되어 있지만 최대 31년까지 산다.

요약하면, 유리기는 연령이 증가함에 따라 손상되지만 유리기의 손상이 생물학적 노화를 촉발한다는 뚜렷한 증거는 없다. 오히려 유리기는 때로는 장수에 기여할 수 있다.

신체 조직과 기관 수준에서의 노화

연령 관련 DNA와 세포 손상이 신체 기관과 조직의 전반적 구조와 기능에 어떤 결과를 가져올까? 여러 가능성이 있지만 그중 확실하게 지지받는 것은 **노화의 교차결합이론**(cross-linkage theory of aging)이다. 신체의 결합 조직을 구성하는 단백질 섬유들은 시간이 지나면서 서로 연결된다. 정상적으로는 분리되어 있는 섬유들이 교차결합하면 조직이 덜 유연하게 되어 여러 부정적인 결과를 초래하게 된다. 이러한 부정적인 결과에는 피부와 다른 기관의 유연성이 상실되는 것, 수정체가 흐려지는 것, 동맥이 막히고 신장이 손상되는 것이 포함된다(Diggs, 2008; Kragstrup, Kjaer, & Mackey, 2011). 노화의 다른 측면처럼 교차결합도 규칙적인 운동과 건강한 식습관과 같은 외적 요인으로 감소될 수 있다.

호르몬을 생산하고 조절하는 내분비체계의 점진적 기능 저하도 노화의 또 다른 경로이다. 여성에서 에스트로겐 생성의 감소가 폐경으로 이어지는 것을 명백한 예로 들 수 있다.

생물학적 영향과 환경적 영향

텔로미어의 길이 : 생활환경이 생물학적 노화에 미치는 영향의 표식

머지 않은 미래에 *텔로미어*–염색체 끝에 위치하는 DNA–길이가 건강검진 항목에 포함될지도 모른다. 텔로미어는 체세포를 안정적으로 보호하고 세포가 분열할 때마다 짧아진다. 텔로미어 길이가 일정 수준 이하로 짧아지면 세포는 더 이상 분열하지 못하고 노화한다(그림 3.1 참조). 텔로미어는 나이가 들어 감에 따라 짧아지지만 그 속도는 각기 다르게 나타난다. *텔로머라제*라는 효소는 텔로미어가 짧아지는 것을 예방할 뿐만 아니라 텔로미어를 길게 하여 노화하는 세포를 보호할 수 있다.

지난 10년 동안 생활환경이 텔로미어에 미치는 영향을 다루는 연구들이 폭발적으로 늘어났다. 심혈관 질환이나 암 같은 만성질환이 면역 반응에 중요한 역할을 하는 백혈구의 텔로미어를 축소시킨다는 것이 연구들에서 잘 확립된 결과이다(Corbett & Alda, 2015). 텔로미어의 축소는 결국 질병의 빠른 진행과 조기 사망을 예측한다.

텔로미어의 축소는 흡연, 과도한 음주, 부족한 신체활동, 그리고 2형 당뇨병으로 이어질 수 있는 비만과 인슐린 저항성을 유발하는 과식처럼 여러 건강에 해로운 행동과 연관되어 있다(Epel et al., 2006; Ludlow, Ludlow, & Roth, 2013). 좋지 않은 건강 상태는 태아기 때부터 텔로미어 길이를 변화시킬 수 있고 장기적으로도 생물학적 노화에 부정적인 영향을 줄 수 있다. 생쥐를 대상으로 한 연구에서는 임신 중 영양상태가 좋지 않았을 때 새끼 쥐가 저체중으로 출생하고 신장과 심장 조직의 텔로미어 길이가 짧았다는 결과를 얻었다(Tarry-Adkins et al., 2008). 인간에서도 저체중으로 태어난 아동과 청소년의 백혈구 텔로미어

길이가 정상 체중으로 태어난 동년배보다 짧다는 연구가 있다(Raqib et al., 2007; Strohmaier et al., 2015).

지속적인 정서적 스트레스–아동기에 학대, 따돌림, 가정 폭력에 노출되는 것, 성인기에 만성질환이 있는 아이를 양육하거나 치매 노인을 보살피거나 인종 차별과 폭력을 경험하는 것–도 백혈구와 얼굴 세포의 텔로미어 축소와 관련 있다(Chae et al., 2014; Drury et al, 2014; Price et al., 2013; Shalev et al., 2013). 다른 연구에서는 여성의 임신 중 극심한 정서적 스트레스가 출생 시 저체중과 아동기, 성인기 때의 스트레스 수준 같은 요인을 통제한 후에도 자녀의 출생 시와 성인 초기의 백혈구 텔로미어 길이 축소에 영향을 준다는 결과를 얻었다(Entringer et al., 2011, 2012).

다행히도 성인기에 삶의 방식을 긍정적으로 변화시키면 텔로미어는 그에 반응한다. 건강한 식습관, 체력을 증진시키는 신체 활동, 적은 음주와 흡연, 정서적 스트레스의 감소는 모두 텔로머라제의 활동과 텔로미어 길이의 증가와 관련 있다(Lin, Epel, & Blackburn, 2012; Shalev et al., 2013).

최근에는 연구자들이 텔로미어가 변화에 민

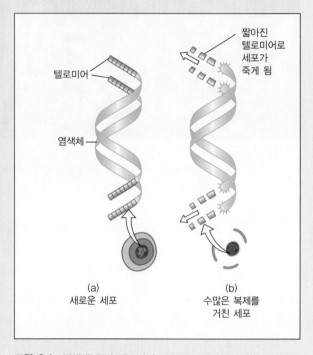

그림 3.1 염색체 끝의 텔로미어 (a) 새로 만들어진 세포의 텔로미어. (b) 각 세포 분열마다 짧아진 텔로미어. 너무 짧아지면 DNA가 손상되고 세포가 죽게 된다.

감한 기간을 알아내기 위해 노력하고 있다. 아동기 비만과 스트레스 요인에의 노출을 줄이기 위한 산전 진료와 치료 같은 조기 개입이 특히 효과적일 수 있다. 그러나 텔로미어는 노년기까지도 개입을 통해 변화할 수 있다(Epel et al., 2009; Price et al., 2013). 텔로미어 길이의 예측변인과 결과에 대한 우리의 지식이 확장됨에 따라 텔로미어가 건강과 노화의 중요한 지표가 될 수 있을 것이다.

호르몬이 여러 신체 기능에 영향을 주기 때문에 내분비체계의 붕괴는 건강과 생존에 광범위한 영향을 미치게 된다. 예를 들어 성장 호르몬(GH)의 점진적인 감소는 근육과 뼈의 질량 감소, 체지방 증가, 얇은 피부, 심혈관 기능 저하와 연관 있다. 성장 호르몬의 수준이 비정상적으로 낮은 성인의 경우 호르몬 요법으로 이러한 증상을 늦출 수 있지만, 조직 내 체

액 체류 위험 증가, 근육통, 암과 같은 심각한 부작용이 동반된다(Ceda et al., 2010; Sattler, 2013). 현재까지는 식이조절과 신체 활동이 생물학적 노화의 이 같은 측면을 제한하는 안전한 방법이다.

마지막으로, 면역체계 기능의 저하는 전염병과 암 발생 가능성의 증가, 심혈관 질환과 관련된 혈관벽의 변화, 조직 손

상을 초래하고 여러 질병으로 이어지는 신체 조직의 만성 염증을 포함하는 노화의 여러 조건들에 기여한다. 면역 반응의 활력이 감소되는 것은 유전적으로 프로그램 되는 것처럼 보이지만, 앞서 살펴보았던 노화 과정(예 : 내분비체계의 약화)이 이를 더욱 강화시킬 수 있다(Alonso-Fernández & De la Fuente, 2011; Franceschi & Campisi, 2014). 생물학적 노화의 복잡성을 설명하기 위해서는 지금까지 살펴본 이론들과 그 밖의 이론들을 조합하는 것이 필요하다. 이를 염두에 두고 이제는 노화의 신체 징후와 그 외 다른 특징들에 대해 살펴보자.

신체 변화

3.2 노화로 인한 신체 변화 중에서 특히 심혈관계와 호흡계, 운동 수행, 면역체계, 생식능력에 집중해 설명한다.

2, 30대에는 신체적 외양의 변화와 신체 기능의 감소가 서서히 진행되기 때문에 거의 눈에 띄지 않는다. 그 이후에는 변화의 속도가 빨라진다. 노화의 신체적 변화를 표 3.1에 요약했다. 이 중 몇 가지는 이 장에서 다루고 일부는 다음 장들에서 살펴볼 것이다. 들어가기 앞서 이러한 노화의 경향은 대부분 횡단연구를 통해 나온 것임을 주목하자. 보다 젊은 집단의 건강과 영양상태가 더 좋기 때문에 횡단적 증거는 노화와 관련된 손상을 과장할 수 있다. 다행히 종단적 증거들이 최근 늘어나서 이러한 그림이 수정되고 있다.

심혈관계와 호흡계

대학원에서의 첫 달 동안 샤리즈는 심혈관 기능에 대한 논문들을 탐독했다. 아프리카계 미국인인 샤리즈의 가족 중 아버지, 삼촌, 그리고 3명의 고모가 40대와 50대에 심장마비로 사망했다. 이러한 비극은 샤리즈가 아프리카계 미국인들의 건강 문제를 돕기 위한 방안을 찾겠다는 희망으로 공중보건 분야에 진학하는 계기가 되었다. 미국에서 고혈압의 유병률은 백인보다 흑인에서 13% 높게 나타난다. 또한 심장질환으로 사망하는 비율은 아프리카계 미국인이 40% 높다(Mozaffarian et al., 2015).

샤리즈는 심장질환이 성인 사망의 주된 원인임에도 불구하고 심장에서 연령과 관련된 변화가 생각보다 적게 나타난다는 것에 놀랐다. 20~34세 미국 남성 사망의 10%와 미국 여성 사망의 5%가 심장질환 때문인데, 이 수치는 이후 10년

간 2배가 되며 그 이후에도 연령 증가에 따라 계속 증가한다(Mozaffarian et al., 2015). 건강한 사람들의 경우 일반적인 조건(혈액의 양과 관련된 심박 수)에서 신체의 산소 요구량을 충족시키는 심장의 능력은 성인기 동안 변하지 않는다. 연령 증가에 따라 심장 기능이 떨어지는 것은 심한 운동을 할 때인데, 이는 최대 심장박동률과 심장 근육의 유연성이 감소하기 때문이다(Arking, 2006). 따라서 신체가 활발히 활동하거나 긴장에서 회복하는 동안 심장이 충분한 산소를 공급하는 데 어려움이 생긴다.

심혈관계에서 가장 심각한 질환은 죽상동맥경화증(atherosclerosis)인데, 이는 대동맥의 벽에 콜레스테롤과 지방을 포함하는 플라크가 많이 쌓이는 것이다. 죽상동맥경화증이 생기는 경우라면, 대개 생애 초기에 시작되고 중년기에 진행되어 심각한 질환을 초래한다. 죽상동맥경화증은 복합적인 원인에 의해 결정되기 때문에 개인의 유전적, 환경적 영향과 생물학적 노화의 영향을 구분 짓기 어렵다. 원인의 복잡성은 사춘기 이전에는 고지방식이 동맥벽에 지방층만을 생성한다는 연구에서 잘 드러난다(Oliveira, Patin, & Escrivao, 2010). 그러나 성적으로 성숙한 성인의 경우 고지방식이 심각한 플라크 축적을 초래하는데, 이는 성호르몬이 고지방식의 폐해를 증가시킬 수 있다는 것을 시사한다.

심혈관 질환은 20세기 중반부터 크게 감소했는데, 흡연 감소, 위험집단에서의 개선된 식이와 운동, 고혈압과 고콜레스테롤의 조기 발견과 치료로 인하여 특히 지난 20년간 크게 감소했다(Mozaffarian et al., 2015). 미국의 18~30세 백인과 흑인을 대상으로 한 종단연구가 보여주듯이, 저위험군(흡연하지 않고, 정상적인 체중과 식습관을 가지며 규칙적으로 운동하는)은 이후 20년간 심장질환 진단을 받을 확률이 훨씬 낮았다(Liu et al., 2012). 이후 건강과 신체단련에 대해 살펴볼 때 왜 샤리즈의 가족에서 심장마비가 흔하게 나타났는지, 왜 아프리카계 미국인에서 심장마비 발병률이 높은지 알아볼 것이다.

폐도 심장처럼 휴식할 때에는 연령에 따른 기능 변화가 거의 없지만, 운동을 할 때에는 연령이 증가하면서 폐활량이 감소하고 호흡률은 증가한다. 최대 폐활량(폐로 들어갔다 나오는 최대 공기량)은 25세 이후부터 10년에 10%씩 감소한다. 폐, 가슴 근육, 갈비뼈의 결합조직은 나이가 듦에 따라 뻣뻣해지기 때문에 폐가 최대치로 팽창하기 어려워진다(Lowery et al., 2013; Wilkie et al., 2012). 다행히도 정상적인 상황에

표 3.1 노화로 인한 신체 변화

기관, 체계		변화 시점	설명
감각			
	시각	30세부터	수정체가 딱딱해지고 두꺼워지면서 가까운 물체에 초점을 맞추는 능력이 쇠퇴한다. 수정체가 노랗게 되고, 동공 주변의 근육이 약해지고, 유리체(눈을 채우고 있는 젤라틴 같은 물질)가 흐려지면서 망막에 닿는 빛이 감소한다. 이는 색깔 구분 능력과 야간 시력을 손상시킨다. 시력은 70~80세 사이에 급격히 떨어진다.
	청각	30세부터	고주파 소리에 대한 민감성이 특히 쇠퇴하고, 다른 주파수에 대한 민감성도 점차적으로 떨어진다. 변화는 남성에서 2배 이상 빠르게 나타난다.
	미각	60세부터	혀의 미뢰 수와 분포가 줄어듦에 따라서 네 가지 기본적인 맛(단맛, 짠맛, 신맛, 쓴맛)에 대한 민감성이 감소한다.
	후각	60세부터	수용체가 줄어들어 냄새를 감지하고 식별하는 능력이 떨어진다.
	촉각	점차적으로	수용체가 줄어들어 손, 특히 손끝의 민감성이 떨어진다.
심혈관		점차적으로	심장 근육이 경직되면서 최대 심박 수가 떨어지고, 이는 운동으로 인한 신체의 산소요구량을 충족시키는 심장의 능력을 감소시킨다. 동맥벽이 뻣뻣해지고 플라크가 축적되면서 체세포로의 혈류가 감소된다.
호흡		점차적으로	격렬한 신체 운동 시에 폐활량은 감소하고 호흡률은 증가한다. 폐의 결합조직과 가슴 근육이 뻣뻣해지면서 폐가 최대치로 확장하는 것이 어려워진다.
면역		점차적으로	흉선이 수축되며 T세포와 질병에 대항하는 B세포의 성숙이 제한되고, 이는 면역 반응을 손상시킨다.
근육		점차적으로	근육을 자극하는 신경이 죽으면서 지근섬유(지구력과 관련)보다 속근섬유(속도와 폭발적인 힘과 관련)의 수와 크기가 더 광범위하게 쇠퇴한다. 힘줄과 인대(근육의 움직임을 전하는 역할)가 뻣뻣해지면서 움직임의 빠르기와 유연성이 감소된다.
골격		30대 후반에 시작, 50대에 빨라지고 70대에 느려짐	관절의 연골이 얇아지면서 연골 밑 뼈의 끝부분이 약화된다. 새로운 세포는 뼈의 바깥층에 계속 쌓이고 뼈의 무기질 함량은 감소한다. 결과적으로 넓지만 다공성인 뼈는 골격을 약화시키고 골절에 더 취약해진다. 변화는 남성보다 여성에서 더 빠르게 나타난다.
생식		여성에서 35세 이후 빨라짐. 남성에서 40세 이후 시작	불임 문제(임신과 정상 분만기간까지 임신을 유지하는 데서 생기는 어려움을 포함)와 염색체 이상이 있는 아기를 임신할 위험이 증가한다.
신경		50세부터	일반적으로 대뇌피질에서 뉴런의 수분 함량이 작아져서 뉴런이 사라지고, 뇌의 뇌실(공간)이 확대되는데 이로 인해 뇌의 무게가 줄어든다. 새로운 시냅스의 발달과 새로운 뉴런의 제한된 생성은 이러한 쇠퇴를 어느 정도는 보완할 수 있다.
피부		점차적으로	표피(외층)는 진피(중간 층)에 덜 단단하게 붙어 있게 되고, 진피와 하피(내층)의 섬유는 얇아진다. 하피의 지방 세포가 줄어든다. 결과적으로 피부는 느슨해지고, 탄력이 떨어지며, 주름지게 된다. 변화는 남성보다 여성에서 더 빠르게 나타난다.
머리카락		35세부터	흰머리가 나고 얇아진다.
키		50세부터	뼈의 힘이 없어지면 척추의 디스크가 무너지고, 이에 따라 70, 80대가 되면 키가 약 5센티미터 줄어든다.
몸무게		50세까지 증가하고 60세부터 감소	체중 변화는 지방의 증가와 근육, 뼈의 무기질의 감소를 반영한다. 근육과 뼈가 지방보다 무겁기 때문에 결과적으로 체중은 증가했다가 감소하게 된다. 체지방은 몸통에 축적되고 팔다리에서는 감소한다.

출처 : Arking, 2006; Feng, Huang, & Wang, 2013; Lemaitre et al., 2012.

서 우리는 폐활량의 반도 사용하지 않는다. 그럼에도 불구하고 노인들은 폐의 노화로 인해 운동할 때 신체가 요구하는 산소를 충족하는 데 어려움을 겪게 된다.

운동 수행

운동할 때 심장과 폐 기능이 떨어지면 근육이 점진적으로 감소되고, 이는 운동 수행에서의 변화를 초래한다. 대부분의 사람들에게 생물학적 노화가 운동 수행에 미치는 영향과 동

기와 연습의 감소로 인한 영향을 구분 짓는 것은 어렵다. 따라서 연구자들은 최고의 수행을 위해 노력하는 운동선수를 대상으로 연구한다(Tanaka & Seals, 2008). 운동선수가 집중 훈련을 계속하는 한, 각 연령에서의 수행은 생물학적으로 가능한 최고 수준에 가깝다고 볼 수 있다.

많은 운동기술은 20~35세 사이에 정점에 다다른 후 점차적으로 쇠퇴한다. 몇몇 연구에서는 다양한 종목의 올림픽 선수나 프로 선수들이 최고 기록을 세운 평균 연령을 조사했

다. 대부분의 경기에서 절대적 수행은 지난 세기 동안 향상되어 왔다. 선수들은 계속해서 세계 기록을 경신해 왔는데, 이는 훈련 방법이 개선되었다는 것을 시사한다. 그러나 최고 기록을 세운 나이는 비교적 일정하게 유지되었다. 단거리 종목, 높이뛰기, 테니스처럼 사지 움직임의 속도, 폭발적인 힘, 큰 신체 협응이 요구되는 종목의 경우 20대 초반에 최고 기록에 도달한다. 그러나 장거리 달리기, 야구, 골프처럼 지구력, 팔-손의 안정성, 조준에 의존하는 종목의 경우는 대개 20대 후반에서 30대 초반에 최고 기록에 도달한다(Morton, 2014; Schulz & Curnow, 1988). 이러한 기술은 체력과 정확한 운동 조절을 요구하기 때문에 완벽한 수준에 도달하는 데 더 많은 시간이 걸린다.

뛰어난 운동선수들을 대상으로 한 연구들에서 운동능력의 생물학적 상한선은 성인 초기 전반에 도달하는 것으로 나타났다. 그 후 운동기술이 얼마나 빨리 약화될까? 달리기 선수에 대한 종단연구에서는 연습을 계속하는 한 30대 중반부터 60대까지 속도가 약간만 떨어지는 것으로 나타났다. 60대부터는 수행이 빠른 속도로 떨어진다(그림 3.2 참조)(Tanaka & Seals, 2003, 2008; Trappe, 2007). 달리기, 수영, 사이클링을 포함하는 장거리 철인 3종 경기의 경우 속도가 떨어지는 것

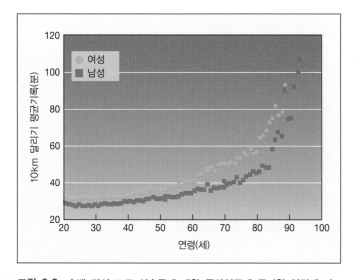

21~30세 사이의 이 프로 선수들은 남자 200미터 달리기 결승에서 2015년 세계 챔피언 타이틀을 획득하기 위해 경쟁하고 있다. 사지 움직임의 속도와 폭발적인 힘이 요구되는 단거리 종목은 대개 20대 초반에 최고 기록에 도달한다.

은 보다 점진적으로 나타난다. 수영이나 사이클링은 중량의 부하가 걸리지 않으므로, 가속을 내는 수행은 70대가 되어서야 떨어진다(Lepers, Knechtle, & Stapley, 2013).

실제로 지속적인 훈련은 신체 구조가 운동능력 저하를 최소화하도록 적응하게 해준다. 예를 들어 건강하지만 활동적이지 않은 사람에 비해 적극적으로 운동하는 사람의 폐활량이 모든 연령대에서 1/3 더 컸다(Zaccagni, Onisto, & Gualdi-Russo, 2009). 또한 훈련은 근육의 손실을 늦추고, 근육 수축의 속도와 강도를 증가시키고, 속근섬유를 지근섬유로 전환시켜 장거리 달리기 수행과 다른 지구력이 필요한 기술을 좋게 한다(Faulkner et al., 2007). 방대한 수의 아마추어 마라톤 참가자를 대상으로 한 연구에서 65~69세 참가자의 25%가 20~54세 참가자의 50%보다 더 빨리 달렸다(Leyk et al., 2010). 예외적으로 연령이 증가하면서 놀랄 만큼 수행이 좋아지는 나이 많은 운동선수들도 있다. 예를 들어 2010년 철인 3종 경기 세계 선수권 대회 70~74세 그룹에서 우승했던 남성은 2012년에 한 시간 가까이 더 나은 수행을 보였다(Lepers, Knechtle, & Stapley, 2013). 약간의 수행 개선은 80세 참가자들에서도 나타났다.

요약하면, 운동기술은 성인 초기에 최고 수준이지만 아주 고령이 되기 전까지는 생물학적 노화가 연령에 따른 수행 저하의 일부만을 설명한다. 60대와 70대에 진입한 건강한 사람의 수행이 낮은 것은 신체 활동이 덜 요구되는 삶의 방식에 적응함으로써 능력이 감소되었음을 반영한다.

그림 3.2 수백 명의 프로 선수들에 대한 종단연구에 근거한 연령에 따른 10km 달리기 기록 선수들은 30대 중반까지 기록을 유지하고, 달리기 기록은 60대까지 완만하게 증가하며 그 후에는 계속해서 가파르게 증가한다. (H. Tanaka & D. R. Seals, 2003, "Dynamic Exercise Performance in Masters Athletes: Insight into the Effects of Primary Human Aging on Physiological Functional Capacity," *Journal of Applied Physiology*, 5, p. 2153. © The American Physiological Society (APS). All rights reserved. Adapted with permission.)

면역체계

면역 반응은 신체의 항원(이물질)을 중화하거나 파괴하는 전
문화된 세포의 작용이다. 두 종류의 백혈구가 중요한 역할
을 한다. 골수에서 생겨나서 흉선(흉부의 상부에 위치한 작
은 선)에서 성숙하는 T세포는 항원을 직접 공격한다. 골수에
서 만들어지는 B세포는 항체를 혈류에 분비하여 항원을 잡고
혈액체계가 항원을 파괴하도록 한다. 이들의 표면에 있는 수
용기들은 오직 하나의 항원만을 인식하기 때문에 T세포와 B
세포는 매우 다양하다. 이들은 면역력을 생산하기 위해 다른
세포와 결합한다.

　질병으로부터 보호하는 면역체계의 능력은 청소년기까지
증가하다가 20세 이후부터 감소한다. 이러한 경향은 부분적
으로 흉선의 변화 때문인데, 흉선은 10대에 가장 컸다가 줄
어들기 시작하여 50세가 되면 거의 확인할 수 없을 정도가
된다. 그 결과 흉선 호르몬의 생성이 감소되고, 흉선은 T세
포의 성숙과 분화를 촉진하기 어려워진다(Denkinger et al.,
2015). B세포는 T세포가 존재할 때 더 많은 항체를 방출하므
로 면역 반응은 더 나빠진다.

　신체가 질병을 물리치는 능력이 점진적으로 떨어지는 것
이 흉선의 축소 때문만은 아니다. 면역체계는 신경계 및 내
분비계와 상호작용한다. 예를 들어 심리적 스트레스는 면역
체계를 약화시킬 수 있다. 학기말 시험 기간에 샤리즈는 감
기에 잘 저항하지 못했다. 또 아버지가 돌아가시고 한 달 후
독감으로 많이 고생했다. 갈등 많은 관계, 부모님 간병, 수
면 결핍, 만성적인 우울도 면역력을 떨어뜨릴 수 있다. 오
염, 알레르기 항원, 부실한 영양섭취, 황폐한 주거환경과 같
은 물리적 스트레스도 성인기 동안 면역 기능을 손상시킨다
(Cruces et al., 2014; Fenn, Corona, & Godbout, 2014). 물리
적 스트레스와 심리적 스트레스가 합쳐지면 질병의 위험은
크게 늘어난다.

생식능력

샤리즈의 어머니는 20대 초반에 샤리즈를 낳았다. 한 세대가
지나고 샤리즈가 20대 초반이 되었을 때, 그녀는 교육과 커
리어를 우선순위에 두고 몇 년이 걸리는 대학원 과정을 시작
했다. 많은 사람들은 20대에 임신하는 것이 이상적이라고 생
각하는데, 이는 유산과 염색체 이상의 위험이 낮을 뿐만 아
니라 젊은 부모가 활동적인 아이를 키우기 위한 에너지를 더
많이 갖고 있기 때문이다. 그러나 그림 3.3과 같이 30대에 첫

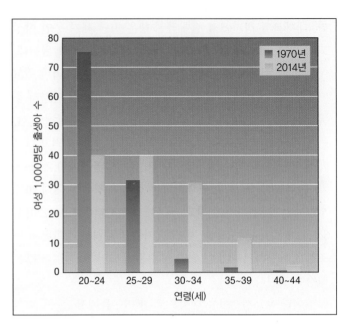

그림 3.3 1970년과 2014년 다양한 연령의 미국 여성의 초산 20~24세
여성의 출산율이 감소한 반면 25세 이상 여성의 출산율은 증가했다. 30대 여성
의 출산율은 6배, 40대 초반 여성의 출산율은 2배 증가했다. 다른 선진국에서
도 유사한 경향이 나타난다(Hamilton et al., 2015).

출산을 하는 경우가 지난 30년간 크게 증가했다. 많은 사람
들이 교육을 마치고, 확실한 직업을 가지고, 자신이 아이를
키울 수 있다는 생각이 들 때까지 출산을 미루고 있다.

　그러나 생식능력은 연령에 따라 감소한다. 미국의 아이가
없는 결혼한 여성들 중 15~29세에서는 11%, 30~34세에서
는 14%, 35~39세에서는 39%, 40~44세에서는 47%가 불임
문제를 겪는다. 35세 이후에는 생식기술의 성공이 연령에 따
라 급격하게 떨어진다는 사실을 기억하자(Chandra, Copen,
& Stephen, 2013). 30대 후반부터 40대까지 자궁에 일관된
변화가 일어나는 것은 아니므로, 여성의 생식능력 감소는 주
로 난자의 수와 질의 감소에 기인한다. 인간을 포함한 많은
포유동물의 경우, 수정되기 위해서는 난소에 일정 수준의 저
장된 난자가 필요하다(American College of Obstetricians and
Gynecologists, 2014; Balasch, 2010). 일부 여성은 정상적으로
월경을 하지만 저장된 난자가 너무 적기 때문에 임신을 하지
못한다.

　남성의 경우 정액의 양과 정자 운동성이 35세 이후에 점
차적으로 줄어들어 생식능력이 감소된다. 게다가 비정상적
인 정자의 비율이 늘어나 임산부의 연령에 관계없이 유산율
이 높아지고 생식기술의 성공 확률이 떨어진다(Belloc et al.,
2014). 성인기에서 부모가 되기에 가장 적합한 시기가 따로
있는 것은 아니지만, 30대 후반이나 40대까지 출산을 미루는

묻고 대답하기

연관지어보기 심혈관, 호흡, 면역체계 기능의 연령 관련 변화에 유전과 환경이 어떻게 공동으로 기여하는가?

적용해보기 페니는 대학 육상경기팀의 장거리 선수이다. 어떤 요소가 30년 후 페니의 달리기 수행에 영향을 주겠는가?

생각해보기 이 장을 읽기 전에 성인 초기를 노화하는 기간이라고 생각해본 적 있는가? 젊은 성인들이 생물학적 노화의 영향에 대해서 아는 것이 왜 중요한가?

사람들은 자신이 바라는 것보다 적은 수의 아이를 갖거나 전혀 가지지 못하게 될 위험이 있다.

건강과 신체단련

3.3 사회경제적 지위, 영양, 운동이 건강에 미치는 영향에 대해 기술하고, 성인기의 비만에 대해 논의한다.

3.4 가장 흔하게 남용되는 물질은 무엇이며, 그것이 건강에 끼칠 수 있는 위험은 무엇인가?

3.5 젊은 성인의 성적 태도와 행동에 대해 기술하고 성병과 성 강요에 대해 논의한다.

3.6 어떻게 심리적 스트레스가 건강에 영향을 미치는가?

그림 3.4는 미국의 성인 초기의 주요 사망 원인을 보여주고 있다. 모든 원인에 의한 사망률은 다른 여러 선진국의 사망률을 넘어선다(OECD, 2015d). 이는 미국에서 높게 나타나

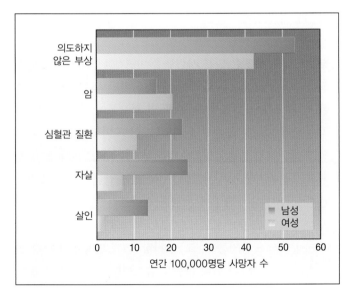

그림 3.4 25~44세 미국인의 주요 사망 원인 의도하지 않은 부상의 반 정도는 자동차 사고이다. 이후 장에서 살펴보겠지만, 의도하지 않은 부상은 고령에서도 여전히 주요 사망원인이며 노년기에 급격히 증가한다. 암과 심혈관 질환의 비율은 중년기와 노년기 동안 꾸준히 증가한다. 남성은 여성보다 암을 제외한 모든 주요 원인에 더 취약하다. 이전 장에서 배운 내용에 근거해서 이러한 성차를 설명할 수 있는가? (Heron, 2015)

는 빈곤과 극단적인 비만의 비율, 관대한 총기제한 정책, 건강보험의 부족과 같은 요인들의 조합에 기인하는 것으로 보인다. 이후의 장에서 살인의 비율은 연령에 따라 감소하지만 질병과 신체장애의 비율은 증가한다는 것을 살펴볼 것이다. 생물학적 노화는 분명 이러한 경향의 원인이다. 그러나 앞서 살펴보았듯이, 신체 변화의 광범위한 개인차, 집단차는 환경적인 위험과 건강 관련 행동과 연결되어 있다.

전 생애에 걸쳐 사회경제적 지위에 따른 건강의 차이는 이러한 영향을 반영한다. 아동기에서 성인기로 전환되며 사회경제적 지위와 관련된 건강 불평등은 증가한다. 소득, 교육, 직업의 지위는 거의 모든 질병 및 건강지표와 강력하고 지속적인 관계를 나타낸다(Agigoroaei, 2016). 또한 사회경제적 지위는 미국의 소수인종에 비해 백인이 갖는 상당한 건강적인 이점을 설명한다(Phuong, Frank, & Finch, 2012). 따라서 건강에서 인종의 차이를 좁히려면 사회경제적 조건을 개선하는 것이 필수적이다.

건강 관련 상황과 습관(스트레스가 되는 인생 사건, 높은 인구밀도, 오염, 식습관, 운동, 과체중과 비만, 물질남용, 수많은 건강 위험요인을 수반하는 직업, 지지적인 사회적 관계의 가용성)은 사회경제적 지위에 따른 건강 격차의 바탕이 된다(Smith & Infurna, 2011). 더구나 낮은 사회경제적 지위와 관련 있는 아동기의 좋지 않은 건강상태는 성인기의 건강에 영향을 미친다. 사회경제적 지위가 개선되면 아동기 요인의 전반적인 영향은 줄어든다. 그러나 대부분의 경우 아동과 성인의 사회경제적 지위는 상당히 일정하게 유지되어 누적된 영향을 미치므로 사회경제적 지위에 따른 건강의 차이는 연령에 따라 증폭된다(Matthews & Gallo, 2011; Wickrama et al., 2015).

사회경제적 지위에 따른 건강과 사망률의 차이가 다른 선진국에 비해 미국에서 크게 나타는 이유가 무엇일까? 부족한 건강보험 외에도, 미국의 저소득층과 빈곤층 가정은 다른 국가에서 저소득층으로 분류된 가정보다 재정적으로 더 열악하다(Avendano & Kawachi, 2014). 게다가 미국의 사회경제적 지위에서 차이가 나는 집단들은 주택, 오염, 교육, 지역 서비스와 같이 건강에 영향을 주는 환경적 요인에서 더 큰 불평등을 경험한다.

이러한 결과들은 국가와 지역사회가 제공하는 생활 조건이 사람들이 스스로 만들어내는 조건과 합쳐져서 신체 노화에 영향을 준다는 것을 다시 한 번 보여준다. 건강 문제의 발

미국에서 사회경제적 지위에 따른 건강의 차이—다른 선진국보다 차이가 크다—는 건강 관련 상황과 습관이 다양하고 저렴하지만 질 좋은 의료 서비스를 충분히 받을 수 없기 때문에 일어난다. 이 LA의 무료 진료소는 하루 1,200명이 넘는 환자들에게 시력 검사를 포함하는 예방 서비스를 제공함으로써 이런 문제를 해결할 수 있도록 돕는다.

생률은 20, 30대에서 낮게 나타나기 때문에 성인 초기는 이후의 문제를 예방하기 위한 좋은 시기이다. 다음 절에서는 영양, 운동, 물질남용, 성, 심리적 스트레스와 같은 주요한 건강 문제에 대해서 살펴보자.

영양

음식에 대한 광고가 넘쳐나고 음식 선택의 폭이 엄청나게 다양해지면서 성인들이 식사와 관련하여 현명한 결정을 내리는 것이 점차 어려워지고 있다. 매우 바쁜 생활 속에서의 풍부한 음식은 대부분의 미국 사람들이 신체 기능을 유지하기 위해서가 아니라 먹고 싶기 때문에, 혹은 먹을 시간이 되어서 먹는다는 것을 의미한다(Donatelle, 2015). 그 결과 많은 사람들이 잘못된 종류의 음식을 섭취하거나 지나치게 많거나 적은 양의 음식을 섭취한다. 과체중, 비만, 그리고 설탕, 지방, 가공식품을 많이 먹는 식습관은 성인 건강에 장기적인 결과를 초래하는 영양 문제이다.

과체중과 비만   비만(연령, 성별, 신체 구조에 기초한 평균 체

중보다 20% 초과한 경우)은 많은 서양 국가에서 급격하게 증가했고, 개발도상국에서도 마찬가지로 증가하고 있다. 성인에서 신체질량지수(BMI)가 25~29이면 과체중, 30 이상이면 비만으로 간주한다. 미국의 성인 비만율은 지속적으로 올라 최근에는 38%에 달한다. 비만은 미국 원주민(41%), 히스패닉(43%), 아프리카계(48%)를 포함하는 특정 소수인종에서 더 흔히 나타난다(Ogden et al., 2014). 아프리카계와 히스패닉 여성이 남성보다 더 비만이 많다.

비만보다 덜 극단적이지만 건강에 해로운 상태인 과체중은 추가로 34%의 미국인에서 나타난다. 과체중과 비만 비율을 더하면 72%인데, 이로써 미국인은 세계에서 가장 풍뚱한 사람들이 된다(OECD, 2015c; Ogden et al., 2014). 미국의 비만율이 과체중 비율을 초과한다는 것에 주목하자. 이는 비만이 유행하는 규모를 보여주는 분명한 지표이다.

과체중인 아동과 청소년은 과체중인 성인이 될 가능성이 매우 높다. 그러나 상당수의 사람들은 성인기, 특히 25~50세에 큰 체중 증가를 보이기도 한다. 이미 과체중이거나 비만이었던 젊은 성인은 보통 더 풍뚱해지는데, 이로 인해 20~60세의 비만율이 꾸준히 증가한다(Ogden et al., 2014). 이민자들의 과체중 비율과 비만율은 미국에서 지낸 시간이 길어질수록 증가한다(Singh & Linn, 2013). 이민자 부모가 미국에서 낳은 이민 1세대 성인은 외국에서 태어난 성인에 비해 비만이 될 확률이 훨씬 높다.

원인과 결과   유전은 일부 사람들을 비만에 더 취약하게 한다. 그러나 선진국에서는 환경의 압력이 비만율의 상승에 일조한다. 가정과 직장에서 육체노동의 필요성이 감소하면서 우리는 점점 앉아서 생활하게 되었다. 한편 미국인이 소비하는 평균 칼로리와 설탕, 지방의 양은 20세기와 21세기 초에 지속적으로 증가했으며, 1970년 이후에는 급격하게 증가했다(Cohen, 2014). 이때부터 저렴하고 칼로리가 높은 즉석식품과 대용량의 음식이 보편화되었다. 여성의 노동 참여가 증가하면서 외식도 증가했고, 교통, 직장, 여가 활동에서 앉아 있는 시간이 늘어나며 신체 활동은 감소했다. 사람들은 운전해서 출퇴근하고 종종 컴퓨터 앞에 하루 종일 앉아 있으며 평균적으로 하루 4시간 TV를 본다.

25~50세 사이에 어느 정도 체중이 증가하는 것은 노화의 정상적인 부분인데, 이는 완전한 휴식 상태에서 신체가 사용하는 에너지양인 **기초대사율**(basal metabolic rate, BMR)이 활

동적인 근육세포(가장 큰 에너지를 요구한다)의 수가 감소함에 따라 점차적으로 떨어지기 때문이다. 그러나 과체중은 2형 당뇨병, 심장질환, 대부분의 암을 포함하는 심각한 건강 문제, 그리고 조기 사망과 강하게 연관되어 있다.

더구나 과체중인 성인은 막대한 사회적 차별을 받는다. 정상 체중인 동년배와 비교했을 때 배우자를 찾거나 집을 구하거나 대학에서 재정 지원을 받거나 직장을 구할 가능성이 더 낮다. 또 이들은 가족, 친구, 동료, 의료인들로부터 자주 부당한 대우를 받았다고 보고한다(Ickes, 2011; Puhl, Heuer, & Brownell, 2010). 과체중인 미국인이 경험하는 차별은 1990년대 중반부터 증가했고, 이는 신체적, 정신적 건강에 심각한 결과를 초래했다. 뚱뚱하다는 오명은 불안, 우울, 낮은 자존감을 야기하고, 이는 건강에 해로운 식습관이 악화될 가능성을 높인다. 과체중인 사람들이 많은 차별을 당할수록 이들이 비만이 되거나 비만을 유지할 가능성도 커진다(Sutin & Terracciano, 2013). 비만은 개인이 선택한 것이라는 매체가 만들어낸 보편적이지만 틀린 믿음이 비만인 사람에 대한 부정적인 고정관념을 촉진한다.

치료   비만은 성인 초기와 중년기에 증가하기 때문에 치료는 가능한 한 일찍, 20대 초반에 시작해야 한다. 약간의 체중 감소로도 건강 문제를 상당히 줄일 수 있다(Poobalan et al., 2010). 그러나 성공적으로 비만을 치료하는 것은 어렵다. 체중감량 프로그램을 시작한 대부분의 사람은 2년 이내에 원래의 체중으로 돌아가거나 그 이상의 체중이 된다(Wadden et al., 2012). 정상적인 신체가 체중의 기준점을 유지하는 데 필요로 하는 복잡한 신경, 호르몬, 신진대사 요인을 비만이 어떻게 방해하는지에 대한 불충분한 지식이 실패 확률을 부분적으로 높인다. 연구자들은 더 많은 정보를 얻기 위해 치료와 성공한 사람들의 특징을 조사하고 있다. 행동 변화가 지속되도록 촉진하는 요소에 다음과 같은 것들이 있다.

- 저칼로리의 영양가 있는 식습관과 규칙적인 운동. 체중을 감량하고 이를 유지하기 위해서 샤리즈는 식사의 칼로리를 급격하게 줄이고 규칙적으로 운동했다. 단백질, 탄수화물, 지방이 정확하게 균형 잡힌 식사가 성인의 체중감량에 가장 좋다는 의견은 많은 논란을 불러일으킨다. 여러 다이어트 서적들이 각기 다른 권고를 하고 있지만, 한 접근법이 다른 접근법에 비해 장기적으로 낫다는 명

확한 증거는 없다(Wadden et al., 2012). 설탕과 지방을 제한하는 것이 상당한 건강상 이점이 있음에도 불구하고 식품 구성보다는 칼로리를 줄이는 것이 체중 감소를 예측한다.

과체중에 대한 유전적 경향성을 막기 위해서는 신체 활동을 증가시키면서 칼로리 섭취를 제한하는 생활 습관으로 영구적으로 변경하는 것이 필수적이다. 높은 수준의 신체 활동(매일 1시간씩 빨리 걷기와 같은)을 정기적, 지속적으로 하는 것이 생활의 일부가 될 때 대부분의 다이어트하는 사람들이 경험하는 요요현상은 급격히 감소한다(Kushner, 2012). 그러나 대부분의 사람들은 일시적인 생활 방식의 변화만 필요하다고 잘못 생각한다(MacLean et al., 2011).

- 음식 섭취량과 체중을 정확하게 기록하는 것을 훈련하기. 비만인 사람들 중 약 30~35%가 실제로 그들이 먹는 것보다 적게 먹는다고 확신한다. 그리고 미국의 성인들은 계속해서 살이 쪄도 일반적으로 체중이 감소한다고 보고하는데, 이는 이들이 자신의 체중 상태의 심각성을 부인한다는 것을 시사한다(Wetmore & Mokdad, 2012). 게

한 젊은 성인이 90일의 체중 감량 프로그램이 끝날 무렵 영양 상담가로부터 몸무게를 체크받고 있다. 음식 섭취량과 체중을 정확하게 지속적으로 기록하는 것이 살을 빼고 다시 찌지 않는 데 중요한 요소이다.

다가 30% 정도는 체중 감량 실패와 관련된 행동인 폭식 문제도 갖고 있다(Pacanowski et al., 2014).

샤리즈는 자신이 실제로 배고프지 않을 때에도 얼마나 자주 먹었는지 알고 규칙적으로 체중을 기록함으로써 음식 섭취를 더 잘 제한할 수 있었다. 섭취 조절을 돕기 위해 식사량을 정해 놓은 식단을 따르는 것은 상당히 큰 체중 감소와 관련이 있다(Kushner, 2012).

- **사회적 지원.** 집단 상담 또는 개인 상담 그리고 친구나 친지의 격려는 자기존중감과 자기효능감을 가지도록 함으로써 체중 감량을 위한 노력을 지속할 수 있도록 돕는다(Poobalan et al., 2010). 샤리즈가 가족과 체중 감량 상담사의 지원으로 체중 감량을 결심하고 나자, 1kg가 빠지기도 전에 스스로에 대해 더 긍정적으로 느낄 수 있었다.

- **문제 해결 기술 가르치기.** 대부분의 과체중 성인은 자신의 몸이 과체중에 적응했기 때문에 성공적인 체중 감량을 위해서 높은 자제력과 인내를 요구하는 어려운 시기가 불가피하다는 것을 깨닫지 못한다(MacLean et al., 2011). 유혹적인 상황과 진전이 느린 시기에 대처하는 인지 및 행동 전략을 습득하는 것은 장기적인 변화와 연관 있다(Poelman et al., 2014). 감량한 체중을 유지하는 사람들은 그렇지 못한 사람에 비해 자신의 행동을 돌이켜보고 사회적 지원을 잘 활용하며 문제에 직접적으로 대처한다.

- **장기적인 중재.** 여기에서 언급한 여러 요소를 포함하는 보다 긴 치료(25~40주)로 새로운 습관이 생길 수 있다.

체중 감량을 위해 식이조절을 하는 많은 미국인들이 과체중이기는 하지만, 정상 체중인 사람의 약 25~65%도 스스로를 뚱뚱하다고 생각하고 살을 빼려고 한다(Nissen & Holm, 2015). 마른 것에 가치를 두는 것은 바람직한 체중에 대한 비현실적인 기대를 조장하고, 성인 초기에 흔하게 나타나는 거식증, 과식증, 폭식증을 유발할 수 있다는 제1장의 내용을 기억해보자. 성인기 동안 저체중과 비만은 모두 사망률 증가와 관련 있다(Cao et al., 2014). 지나치게 낮지도 높지도 않은 적절한 체중은 신체적, 심리적 건강과 장수를 예측한다.

식이지방 샤리즈는 대학에 다니는 동안 붉은 고기, 달걀, 버터, 튀긴 음식을 크게 제한함으로써 아동기와 청소년기의 식사습관을 바꾸었다. 미국의 식생활 권장사항에서는 포화지방이 섭취하는 총칼로리의 10%를 넘지 않도록 하고 있는데, 포화지방은 일반적으로 육류와 유제품에 포함되어 있고 상온에서 고체이다(U.S. Department of Agriculture, 2016). 대부분의 식물성 기름에 있는 건강한 불포화지방 섭취에는 어떠한 제한도 두지 않고 있다.

연구 결과는 특히 육류에서 나오는 포화지방이 심혈관 질환, 유방암, 대장암의 연령에 따른 증가에 영향을 준다는 것을 시사한다(Ferguson, 2010; Sieri et al., 2014). 반면, 불포화지방을 리놀레산—옥수수, 콩, 홍화유, 견과류, 씨앗에 풍부함—의 형태로 섭취하는 것은 심혈관 질환으로 인한 사망의 감소와 연관 있다(Guasch-Ferré et al., 2015; Wu et al., 2014).

포화지방을 지나치게 소비하면 일부가 콜레스테롤로 전환되는데, 이는 죽상동맥경화증 환자의 대동맥 벽에 플라크로 쌓이게 된다. 이 장의 앞부분에서 죽상동맥경화증은 다양한 생물학적, 환경적 요인에 의해 결정된다는 것을 언급했다. 그러나 포화지방의 소비(다른 사회적 조건과 함께)는 아프리카계 미국인의 높은 심장질환 발병률의 주요한 원인이다. 그림 3.5에서 알 수 있듯이 서아프리카, 카리브해 지역, 미국의 아프리카계 인종을 비교했을 때(노예무역의 역사적 경로) 식이지방이 증가하면 고혈압과 심장질환도 증가했다(Luke et al., 2001). 재정 문제를 포함한 스트레스를 경험하고 도심에 거주하는 큰 표본의 아프리카계 미국인을 대상으로 한 조사에서, 지방이 적은 음식을 소비하는 사람들은 지역의 가용성과 가격이 어떤 식사를 선택할지에 영향을 주었다고 보고했다(Eyler et al., 2004).

영양상태를 개선하고 만성질환의 위험을 줄이는 것을 목표로 하는 공중보건 전략의 중요한 목표는 포화지방을 심혈관 건강에 유익하고 대장암을 예방하는 불포화지방과 복합 탄수화물(통밀, 과일, 채소)로 대체하도록 유도하는 것이다(Kaczmarczyk, Miller, & Freund, 2012). 나아가, 규칙적인 운동은 몸에서 콜레스테롤을 제거하는 것을 돕는 화학적 부산물을 생성하기 때문에 포화지방의 해로운 영향을 줄일 수 있다.

운동

샤리즈는 일주일에 세 번 정오가 지난 시간에 도시의 그림 같은 지역을 가로지르는 숲이 우거진 길을 즐겁게 달렸다. 그녀는 규칙적인 운동으로 인해 날씬해졌고, 운동하지 않고 과

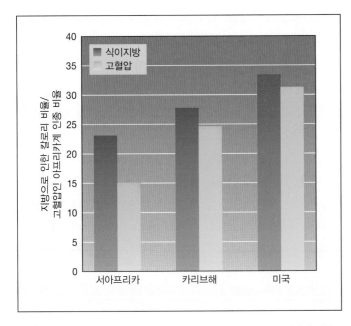

그림 3.5 식이지방과 서아프리카, 카리브해 지역, 미국의 아프리카계 인종의 고혈압 유병률 세 지역은 노예무역의 역사적 경로를 나타내므로 유전적으로 유사하다. 식이지방이 증가할수록 고혈압과 심장질환도 증가한다. 두 질병은 특히 아프리카계 미국인에게서 높게 나타난다(Luke et al., 2001).

살펴보기

지역 공원과 레크리에이션 부서에 연락하여 신체 활동을 증가시키기 위한 지역사회 지원 및 서비스에 대해 알아보자. 사회경제적 지위가 낮은 사람들에게 다가가기 위한 특별한 노력이 있는가?

역 반응이 강화되어 감기나 독감에 걸릴 위험이 낮아지고 이러한 질병에 걸렸을 때에도 빨리 회복할 수 있다(Donatelle, 2015). 뿐만 아니라 신체 활동은 몇 종류의 암 발병률 감소와 연관 있었는데, 특히 유방암과 대장암에서 그 관계가 명확했다(Fedewa et al., 2015). 신체적으로 활동적인 사람들은 당뇨나 심혈관 질환을 가지게 될 확률 또한 적다(Mehanna, Hamik, & Josephson, 2016). 만약에 질병에 걸리더라도, 운동을 하지 않는 동년배에 비해 늦게 발병하고 덜 심하게 나타난다.

어떻게 운동이 이와 같은 심각한 질병을 예방할 수 있을까? 첫째, 운동은 심장병, 당뇨, 암의 위험요인인 비만 발생률을 감소시킨다. 그리고 운동을 하는 사람들은 건강한 행동을 취할 가능성이 있으므로 고지방 식사, 음주, 흡연과 관련된 질병의 위험을 낮출 것이다. 동물 연구에서 운동은 식이요법, 체지방, 면역 반응의 영향 이상으로 종양의 성장을 직접적으로 억제했다(de Lima et al., 2008). 또한 운동은 심장 근육을 강화하고, 혈압을 낮추고, '나쁜 콜레스테롤(저밀도 지질단백질 또는 LDLs)'을 동맥벽에서 제거하는 데 도움이 되는 '좋은 콜레스테롤(고밀도지질단백질 또는 HDLs)'을 생성함으로써 심혈관 기능을 촉진한다(Donatelle, 2015).

그렇지만 운동이 질병으로부터 보호할 수 있는 또 다른 기제는 정신건강 증진을 통해서이다. 신체 활동은 불안과 우울을 감소시키고 기분, 기민성, 에너지 수준을 개선한다. 나아가 EEG와 fMRI 연구 결과는 운동이 대뇌피질의 신경 활동을 강화하고 전반적인 인지 기능을 향상시킨다는 것을 시사한다(Etnier & Labban, 2012; Kim et al., 2012). 샤리즈가 표현한 것처럼 운동이 '긍정적인 관점'에 미치는 영향은 운동 직후에 가장 분명하고 몇 시간 동안 지속될 수 있다(Acevedo, 2012). 스트레스를 감소시키는 운동의 특성은 의심할 여지없이 병에 대한 면역력을 강화한다. 신체 활동은 인지 기능과 심리적 안녕감을 향상시킴으로써 직무생산성, 자존감, 스트레스 대처 능력, 삶의 만족을 촉진한다.

여러 증거들을 전체적으로 고려해보면, 신체 활동이 현저

체중이었던 지난 시절에 비해 호흡기 질환을 덜 앓았다. 샤리즈는 친구에게 "운동을 하면 긍정적인 관점을 갖게 되고 안정돼. 무엇보다 에너지가 넘쳐서 하루를 잘 지낼 수 있어"라고 말했다.

대부분의 미국인이 운동이 건강에 유익하다는 것을 알지만, 성인 중 절반 정도만이 국가에서 권장하는 주당 150분 이상의 적당한 강도의 신체 활동을 한다. 그리고 단지 24%가 일주일에 두 번 각각의 주요 근육에 적당한 하중을 주는 웨이트 트레이닝을 한다. 성인 초기의 미국인 중 약 40%는 규칙적인 가벼운 운동조차도 하지 않는다(U.S. Department of Health and Human Services, 2015d). 남성보다 여성이 더 운동하지 않는다. 그리고 사회경제적 지위가 낮은 성인들이 더 운동을 하지 않는데, 이들은 덜 안전한 지역에 살고, 더 많은 건강 문제가 있고, 규칙적인 운동에 대한 사회적 지원을 덜 받고, 스스로의 건강에 대해 통제하기 어렵다고 느낀다. 자기보고된 나쁜 건강이 수반되는 과체중과 비만은 사회경제적 지위와 관계없이 비활동성의 강한 예측변인이다(Valle et al., 2015). 신체 활동의 증가는 일반적인 건강을 증진시키는 가장 강력한 방법 중 하나이다.

운동은 체지방을 줄이고 근육을 키우는 것 외에 질병에 대한 저항력을 강화한다. 적당한 강도의 운동을 자주 하면 면

적어도 중간 강도로 규칙적으로 운동하는 것은 더 건강하고 긴 삶을 예측한다. 헬스 프로그램의 일환으로 박스 점프를 하는 이 젊은이들은 신체적, 정신적 건강 이점을 모두 얻는다.

히 낮은 사망률과 연관이 있다는 것은 놀라운 일이 아니다. 운동이 장수에 미치는 영향은 운동하지 않는 사람이 이미 갖고 있던 질병으로 설명할 수 없다. 20~79세의 건강한 덴마크인 7,000명을 대상으로 수십 년간 추적한 종단연구 결과, 운동을 꾸준히 하지 않은 사람보다 신체 활동을 적당히 또는 많이 늘린 사람의 사망률이 더 낮았다(Schnohr, Scharling, & Jensen, 2003).

물질남용

미국에서 음주와 약물 사용은 19~25세에 정점에 달했다가 연령이 증가하며 꾸준히 줄어든다. 이 연령의 젊은이들은 책임이 필요한 성인기에 정착하기 전에 다양한 경험을 해보기를 열망하기 때문에, 더 어리거나 나이 든 사람들에 비해 흡연하거나 입담배를 씹거나 대마초를 피우거나 인지적, 신체적 수행을 향상시키기 위해 흥분제를 사용할 가능성이 높다(U.S. Department of Health and Human Services, 2015a). 폭음, 음주운전, 처방약(중독성이 강한 진통제인 옥시콘틴 등)과 '파티약물(LSD, 엑스터시, 그리고 이와 유사한 효과를 내는 새로운 물질 등)'의 사용도 증가하는데 때때로 비극적인 결과를 초래하게 된다. 약물의 위험에는 뇌손상, 인지 및 정서 기능의 지속적인 손상, 그리고 사망에 이르는 간, 신장, 심장 부전이 포함된다(Karila et al., 2015; National Institute on Drug Abuse, 2016a).

더욱이 음주와 약물 사용이 만성적이 되면 중독의 근원이 되는 심리적인 문제가 심해진다. 19~25세 미국인의 16%

가 물질남용자이고, 치료를 원하는 남녀의 비율은 유사했다(U.S. Department of Health and Human Services, 2014, 2015). 제1장으로 돌아가서 청소년기에 음주와 약물남용에 이르게 하는 요인들을 복습하자. 동일한 개인적, 상황적 조건이 성인기에서도 물질남용을 예측한다. 담배, 대마초, 술은 가장 흔히 남용되는 물질이다.

담배와 대마초 흡연의 폐해에 관한 정보를 보급하는 것은 흡연율 감소에 도움이 되는데, 50년 전 미국 성인의 40%가 흡연하던 것이 오늘날에는 17%로 줄었다(Centers for Disease Control and Prevention, 2015d). 그럼에도 흡연율은 매우 천천히 감소했는데, 대학졸업자에서 가장 많이 감소했으며 고등학교를 졸업하지 않은 집단에서는 변화가 훨씬 적었다. 남성이 여성보다 더 많이 흡연하지만 성차는 과거보다 오늘날 더 적은데, 이는 고등학교 졸업 이전 여성의 흡연이 크게 늘어난 것을 반영한다.

대학생의 흡연은 지난 15년간 줄어들었지만, 다른 형태의 담배(전자담배와 시가)와 특히 대마초의 사용은 늘어났다(Johnston et al., 2014). 젊은이들이 담배가 건강상 위험하다는 메시지는 받아들인 것 같지만 담배의 대체제가 갖는 위험성은 최소화한다. 그리고 미국의 일부 주에서 기분전환용으로 대마초를 하는 것이 합법화되어 있기 때문에 많은 젊은이들이 대마초가 안전하다고 생각한다. 그러나 대마초 사용자의 30%는 의존성을 야기하는 금단 증상을 경험한다(National Institute on Drug Abuse, 2016b). 또한 보통에서 높은 수준의 대마초 사용은 성인 초기에 만성 흡연자가 되는 것을 예측한다(Brook, Lee, & Brook, 2015).

담배는 대마초에 비해 훨씬 더 중독성이 있다. 흡연자인 젊은이들 중 압도적 다수가 21세 이전에 흡연을 시작한다(U.S. Department of Health and Human Services, 2015a). 그리고 흡연을 일찍 시작할수록 일일 흡연량과 흡연을 지속할 가능성이 커지는데, 이는 청소년과 젊은이에 대한 예방 노력이 필수적인 이유이다.

담배 연기의 성분인 니코틴, 타르, 일산화탄소와 그 밖의 화학물질은 신체에 해로운 흔적을 남긴다. 담배 연기를 마시면 조직에 전달되는 산소가 줄어들고 심박 수와 혈압이 올라간다. 장기간의 독소에의 노출과 불충분한 산소는 망막 손상, 고통스러운 혈관 질환으로 이어지는 혈관의 수축, 조로, 상처가 잘 아물지 않는 것, 탈모를 포함하는 피부 이상, 뼈의 질량 감소, 여성의 경우 저장된 난자의 감소, 자궁 이상, 조기폐경, 남성의 경우 정자 수 감소와 발기부전을 초래한다(Carter et al., 2015; Dechanet et al., 2011). 다른 치명적인 결과는 심장마비, 뇌졸중, 급성 백혈병, 흑색종, 그리고 입, 목, 후두, 식도, 폐, 위, 췌장, 신장, 방광의 암 발생 위험이 높아지는 것이다.

흡연은 선진국에서 예방이 가능한 가장 중요한 사망 원인이다. 정기적으로 흡연을 하는 젊은이 3명 중 1명은 흡연과 관련된 질병으로 사망하게 되고, 대다수는 적어도 하나의 심각한 질병으로 고통 받게 된다(Adhikari et al., 2009). 조기 사망 가능성은 흡연을 시작한 이른 나이와 소비한 담배의 수에 따라 증가한다. 동시에, 성인 초기에 금연하는 것의 이점은 1년에서 10년 이내에 대부분의 질병 위험이 비흡연자 수준으로 돌아오는 것이다. 120만 명의 영국 여성을 대상으로 한 연구에서, 정기적으로 흡연했지만 30세 이전에 금연한 사람들은 담배로 인한 조기 사망의 97%를 피했다(Pirie et al., 2013). 성인기 내내 흡연을 계속하면 평균 수명이 11년 단축되었다.

미국 흡연자의 약 70%가 1년 전 금연을 시도한 적이 있다고 보고하지만, 의사를 찾아간 사람 중 절반만이 금연을 위한 조언을 받았다(Centers for Disease Control and Prevention, 2015o; Danesh, Paskett, & Ferketich, 2014). 수백만의 사람들이 특별한 도움 없이 스스로 금연하지만, 금연용 약제(예 : 점진적으로 의존성을 줄이도록 만들어진 니코틴 껌, 비강 스프레이나 패치)를 사용하거나 치료 프로그램을 시작하는 사람들은 종종 금연에 실패한다. 90%의 사람들이 6개월 이내에 다시 흡연을 시작한다(Jackson et al., 2015). 불행히도 니코틴 금단 증상을 줄이는 약과 상담을 효과적으로 결합하고 재발을 피하는 기술을 가르치는 치료가 충분히 오래 지속되는 경우가 매우 적다.

술 조사에 의하면 미국 남성의 9%와 미국 여성의 5%가 과음을 하는데, 이는 남성의 경우 주당 15잔 이상, 여성의 경우 주당 8잔 이상 술을 마시는 것을 의미한다(U.S. Department of Health and Human Services, 2015a). 과음하는 사람의 약 1/3은 음주를 통제할 수 없는 알코올중독이다.

술 소비는 10대 후반과 20대 초반에 정점에 달하고 연령이 증가함에 따라 꾸준히 감소한다. 지나친 음주는 18~22세의 대학생에서 특히 높게 나타난다 : 지난 한 달 동안 14%가 과음을, 39%가 폭음을 했다고 보고했는데 이는 같은 연령의

다른 사람들 중 9%가 과음을, 33%가 폭음을 한 것과 비교할 수 있다(National Institute on Alcohol Abuse and Alcoholism, 2015). 알코올중독은 대개 이 연령대에 시작되어 이후 10년 동안 악화된다.

과음하는 비율은 남성과 여성 대학생에서 유사하지만, 여성이 남성보다 더 늦게 해로운 수준의 음주에서 빠져나오는 경향이 있다(Hoeppner et al., 2013). 여성은 남성보다 빨리 알코올중독으로 발전하기도 하는데, 이는 부분적으로 여성의 신체가 알코올을 천천히 대사시켜서 낮은 수준의 음주에서도 술과 연관된 문제를 경험하기 때문이다. 또한 남성이 사회적 상황에서 긍정적인 기분을 향상시키기 위해 더 자주 술을 마시는 반면에 여성은 스트레스와 부정적인 기분에 대한 반응으로 더 자주 술을 마신다(Brady & Lawson, 2012). 이후 다루겠지만, 삶의 문제를 외면하기 위해 알코올을 소비하는 것은 지속적이고 증가된 알코올 소비와 더 밀접한 관련이 있다.

쌍둥이 및 입양 연구들은 유전이 알코올중독에 보통 수준의 영향을 준다는 것을 뒷받침한다. 알코올 대사에 영향을 주는 유전자와 충동성과 감각 추구(알코올과 기타 중독과 연관 있는 기질적 특질)를 촉진하는 유전자가 이에 관여한다(Iyer-Eimerbrink & Nurnberger, 2014). 그러나 알코올중독자의 절반은 음주 문제의 가족력이 없다.

알코올중독은 사회경제적 지위, 인종과 모두 관련 있지만, 일부 집단에서는 다른 집단에서보다 그 정도가 더 크다. 술이 종교나 의식 활동의 전통적인 부분인 문화에서는 술을 남용할 가능성이 적다. 술을 접하는 것이 통제되고 성인의 지표로 간주되는 문화에서는 술에 대한 의존성이 더 높다. 이는 왜 대학에 다니지 않는 젊은이에 비해 대학생들이 더 과음하는지를 부분적으로 설명해준다(Slutske et al., 2004). 빈곤과 절망, 아동기의 신체적 또는 성적 학대 경험도 과도한 음주 위험을 급격히 증가시키는 요인들이다(Donatelle, 2015; U.S. Department of Health and Human Services, 2015a).

술은 사고와 행동을 통제하는 뇌의 능력을 손상시키는 진정제 역할을 한다. 문제 있는 음주를 하는 사람들의 경우, 술은 처음에는 불안을 경감시키지만 효과가 사라지면서 다시 불안을 유도하므로 종종 더 높은 수준의 음주를 하게 된다. 만성적인 음주는 광범위하게 신체를 손상시킨다. 가장 널리 알려진 문제는 간 질환이지만, 심혈관 질환, 췌장염, 장염, 골수 문제, 혈액과 관절의 장애, 그리고 몇몇 형태의 암과도

대학생들이 즉석 봄 파티에 모인다. 알코올 소비는 10대 후반과 20대 초반에 정점에 달한다. 과음하는 사람들 중 여성의 알코올 의존도가 남성에 비해 더 빨리 진행된다.

연관된다. 시간이 지나면서 음주는 뇌를 손상시켜 혼란, 무관심, 학습장애, 기억 손상을 초래한다(O'Connor, 2012). 사회에 드는 비용은 엄청나다. 미국에서 일어나는 치명적인 자동차 충돌 사고의 약 1/3이 음주 운전자를 포함한다(U.S. Department of Transportation, 2014). 유죄 판결을 받은 흉악범들의 거의 절반이 알코올중독자이고, 대도시 경찰 활동의 약 절반은 음주 관련 범죄를 포함한다(McKim & Hancock, 2013). 술은 데이트 강간을 포함하는 성 강요와 가정 폭력과도 자주 관련된다.

가장 성공적인 치료는 개인 상담, 가족 상담, 집단 지원, 혐오 요법(구역질과 구토 같이 술에 대해 신체적으로 불쾌한 반응을 유발하는 약물을 사용하는 것)을 결합하는 것이다. 지역사회 지원 접근법인 금주모임은 자신과 유사한 문제를 가진 다른 사람들의 격려를 통해 자신의 인생을 더 잘 통제할 수 있도록 돕는다. 그럼에도 불구하고 한 사람의 인생을 지배하고 있는 중독에서 벗어나는 것은 어려운 일이어서, 약 50%의 알코올중독자는 수개월 내에 다시 술을 마신다(Kirshenbaum, Olsen, & Bickel, 2009).

성

10대 말에 미국 젊은이의 70% 정도가 성관계를 가진다. 25세에는 거의 모든 사람이 성관계를 가지며, 청소년기에 명백하게 나타나는 성적 활동과 경제적 어려움 사이의 연관성(제1장 참조)은 줄어든다(Copen, Chandra, & Febo-Vazquez, 2016). 이전 세대들에 비해 현대의 성인은 동거, 결혼, 이성

애 또는 동성애 성향을 포함하는 다양한 성적 선택과 삶의 형태를 보여준다. 이 장에서는 성 행동이 젊은이들의 일상사가 되면서 발생하는 태도, 행동, 건강염려에 대해 살펴볼 것이다. 제4장에서는 친밀한 관계의 정서적인 측면에 중점을 둘 것이다.

이성애자들의 태도와 행동 어느 금요일 저녁, 샤리즈는 룸메이트인 헤더를 따라서 술집에 갔고 곧 젊은 남성 2명이 합류했다. 대학에서 만났고 지금은 다른 도시에서 일하고 있는 남자친구인 어니에게 충실한 샤리즈는 그들과 거리를 두었다. 반면 헤더는 말을 많이 했고 리치라고 하는 남자에게 전화번호도 알려주었다. 다음 주말 헤더와 리치는 데이트를 했다. 두 번째 데이트 날에는 성관계를 가졌지만 로맨스는 겨우 몇 주 지속되었다. 헤더의 모험적인 성생활에 대해 알게 되면서, 샤리즈는 자신의 성생활이 정상인지 궁금해졌다. 어니 한 사람과만 몇 달간 데이트한 후에야 샤리즈는 그와 함께 잤다.

1950년대 이후 영화와 언론에 성이 공개적으로 표현되는 것이 꾸준히 증가하면서, 미국인들이 그 어느 때보다 성적으로 활발하다는 인상을 심어주고 있다. 현대 성인의 성적 태도와 행동은 진정 어떤 것일까? 이에 대한 답을 찾는 것은 1980년대 후반에 전국을 대표하는 큰 표본을 대상으로 미국 성인의 성생활을 다룬 인터뷰를 처음으로 실시하기 전까지는 쉽지 않았다. 오늘날, 미 연방정부는 1~3만 명에 이르는 참가자를 대상으로 이러한 정보를 규칙적으로 수집한다(Copen, Chandra, & Febo-Vazquez, 2016; Smith et al., 1972~2014). 그 밖의 보다 작은 규모의 연구들 또한 우리의 지식을 향상시킨다.

대부분의 10대의 성생활이 매체에서 나타나는 흥미로운 이미지와 일치하지 않는다는 제1장의 내용을 기억하자. 이와 비슷하게, 성인들의 성 행동이 다양하긴 하지만 우리가 생각하는 것보다 성적으로 훨씬 덜 활발하다. 샤리즈와 어니처럼 한 사람에게만 정서적으로 전념하는 커플이 헤더와 리치 같은 커플보다 더 전형적이고 더 만족해한다.

데이트 중이거나 동거하거나 결혼한 성적 파트너들은 나이(5년 이내의 나이차), 교육 수준, 민족, 종교(그 정도가 약간 덜하다)에서 유사한 경향이 있다.

또한 지속적인 관계를 맺는 사람들은 대개 관습적인 방식으로, 즉 가족이나 친구를 통하거나 학교나 비슷한 사람들이

온라인으로 데이트 상대를 찾는 것이 점점 더 인기가 많아지지만, 잠재적인 파트너가 얼마나 적합한지 평가하는 데는 직접적인 사회적 상호작용이 필수적이다.

모이는 사회적 행사에서 서로를 만난다(Sprecher et al., 2015). 성적 선택에 미치는 사회적 네트워크의 강력한 영향은 적응적이다. 서로 흥미나 가치를 공유하고, 주변 사람들이 두 사람이 잘 어울린다고 생각할 때 친밀한 관계를 지속하는 것이 보다 수월하다.

지난 10년 동안 인터넷이 관계를 시작하기 위한 인기 있는 방법이 되었다. 2,200명의 미국인 표본 중에서 11%가 데이트를 하기 위해서 온라인 사이트나 모바일 앱을 사용했었다고 말했다. 이 중 1/4이 이런 방식으로 배우자나 오랜 연인을 만났고, 인터넷은 친구를 통해 만나는 것 다음으로 파트너를 만나는 두 번째로 흔한 방법이 되었다. 나아가, 응답자 중 거의 30%는 인터넷을 통해 지속적인 관계를 맺고 있는 사람을 알고 있다고 했다(Pew Research Center, 2013b). 온라인상에서 파트너를 성공적으로 만난 사람을 아는 것은 개인의 인터넷 데이트에 참여하려는 의지를 강하게 예측한다(Sprecher, 2011). 25~34세의 젊은이는 데이트 사이트와 앱을 가장 많이 이용하는 사람들인데, 20%가 사용한 적이 있다고 보고한다.

그러나 온라인 데이트 서비스는 때때로 성공적인 관계를 형성할 기회를 강화하기보다는 약화시킨다. 인터넷 프로필이나 온라인 의사소통에 의존하는 것은 잠재적인 파트너가 얼마나 적합한지 평가하는 데 필수적인 직접적인 사회적 상호작용의 측면을 빠트리는 것이다. 특히 온라인 의사소통이 긴 시간(6주 이상) 동안 지속될 때, 사람들은 종종 실제 만남에서 실망으로 이어질 수 있는 이상적인 인상을 받는다(Finkel et al., 2012). 나아가 선택할 수 있는 잠재적인 파트너 수가 많으면 '쇼핑 심리'가 지속적으로 촉진될 수 있는데,

이로 인해 상대방에게 헌신할 의지가 줄어들게 된다(Heino, Ellison, & Gibbs, 2010). 마지막으로, 파트너를 짝지어주기 위해 사이트에서 사용한다고 주장하는 기술—사용자가 제공하는 정보를 정교하게 분석하는 것—이 기존의 오프라인 방식으로 사람을 소개하는 것보다 더 성공적이라는 것을 보여주지 못했다.

흔히 생각하는 바와 같이 미국 성인들이 평생 동안 성관계를 가졌다고 보고한 상대의 수(18세부터)는 지난 수십 년간 꾸준히 증가했는데, 1980년대 후반 평균 7명에서 2010년대 초반 평균 11명으로 증가했으며 남성이 여성보다 3배 많았다. 현재는 남성이 18명, 여성이 6명이다. 그림 3.6에서 볼 수 있듯이, 혼전 성관계에 찬성하는 비율이 2000년대 중반 이후 급격하게 증가했다(Twenge, Sherman, & Wells, 2015). 그럼에도 불구하고 모든 연령대의 성인들—18~25세를 포함하여—에게 지난해 몇 명의 파트너가 있었는지 질문하면 흔한 답은 오직 1명이라는 것이다(Copen, Chandra, & Febo-Vazquez, 2016; Lefkowitz & Gillen, 2006).

보다 많은 사람과 성관계를 가지는 이러한 경향을 설명하는 것은 무엇일까? 과거에는 몇몇 사람과 데이트를 한 후 한 사람과 결혼을 했다. 오늘날에는 데이트가 동거로 이어지는데, 동거는 전형적으로 결혼이나 이별로 이어진다. 그 밖에도 결혼이 늦어지고 이혼율은 여전히 높다. 이러한 요인들이 모두 새로운 상대를 만날 기회를 만든다.

대학 시절은 헌신적이지 않은 성적 만남이 증가하는 특징을 보이는데, 감정이 섞이지 않은 가벼운 성관계나 친구 사이에서의 가벼운 성관계도 이에 포함된다. 현재 미국 대학생의 2/3 이상은 적어도 1번, 1/4은 10번 이상의 가벼운 성관계를 경험했을 것이라고 추정된다(Halpern & Kaestle, 2014). 일부 젊은이들이 긍정적인 반응을 보이기는 하지만, 이러한 만남은 종종 낮은 자존감, 후회, 우울한 기분과 같은 부정적인 정서적 결과를 동반한다(여성에서 더 많다)(Lewis et al., 2012). 대학생들의 가벼운 성관계가 보편화된 것은 젊은이들이 아직 친밀한 관계에 투자할 준비가 되어 있지 않은 시기에 성적 욕구를 충족시키기 위해 성관계를 한다는 것을 의미한다.

그럼에도 18~29세 미국인의 대다수는 궁극적으로 한 사람의 성 파트너와 안정되고 싶다고 말한다(Halpern & Kaestle, 2015). 이러한 목표대로 대부분의 사람들은 1명의 파트너와 대부분의 시간을 보낸다. 그리고 그림 3.6에 나타난 것처럼

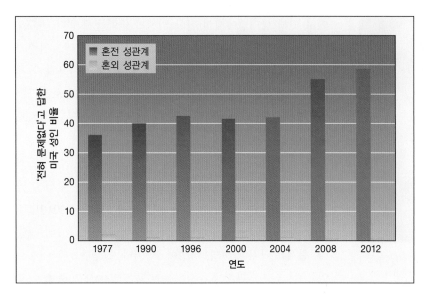

그림 3.6 혼전 성관계와 혼외 성관계가 '전혀 문제없다'고 생각하는 미국 성인의 비율 지난 40년간 18세 이상 미국인 수천 명의 표본을 대상으로 한 조사에서 혼전 성관계에 찬성하는 비율이 2000년대 중반 이후 급격하게 증가했다. 반면 혼외 성관계를 인정하는 비율은 꾸준히 낮았고, 심지어 최근에는 감소했다(Smith et al., 1972–2014).

모든 연령의 미국 성인에서 혼외 성관계를 인정하는 비율은 낮으며 심지어 최근에는 약간 감소했다.

미국인은 얼마나 자주 성관계를 가질까? 매체에 나타나는 것만큼 자주는 아니다. 18~59세의 1/3은 일주일에 2회, 다른 1/3은 한 달에 몇 번, 나머지 1/3은 1년에 몇 번 혹은 전혀 가지지 않는다. 성 행동의 빈도에 영향을 주는 세 가지 요인은 연령, 동거 혹은 결혼했는지 여부, 두 사람이 사귄 기간이다. 독신이 더 많은 파트너를 가지지만 그것이 성관계를 더 많이 한다는 것을 의미하지는 않는다! 성 행동은 사람들이 동거하거나 결혼하는 20대와 (남성의 경우) 30대에 증가한다. 그 후 호르몬의 수준이 많이 변화하지 않음에도 성 행동은 감소한다(Herbenick et al., 2010; Langer, 2004). 일, 출퇴근, 가정과 아이 돌보기 같은 일상적인 일거리가 아마도 성 행동 감소의 원인일 것이다. 성적 관습이 사회집단에 따라 크게 다를 것이라는 일반적인 추측과는 달리 방금 기술한 양상은 교육 수준, 사회경제적 지위, 민족에 따라 다르지 않다.

뿐만 아니라 성관계 빈도는 만족스러운 관계의 맥락에서만 삶의 만족을 예측한다. 그러나 일주일에 한 번 이상의 빈번한 성관계는 행복을 더 증진시키지 않는다(Muise, Schimmack, & Impett, 2015). 성관계 빈도의 범위가 다양한, 헌신적인 관계에 있는 성인들 중 80% 이상이 자신의 성생활이 "신체적, 정서적으로 매우 만족스럽다"고 보고했으며, 이 수치는 결혼한 커플에서 88%까지 올라간다. 반면 성 파트너의 수가 증가할수록 성적 만족은 크게 감소한다(Paik, 2010). 이러한 결과는 결혼이 성적으로 지루하다는 고정관념과 가벼운 데이트를 하는 사람들이 '가장 열렬한' 성관계를 갖는다는 고정관념을 반박하는 것이다.

미국 성인 중 소수—여성이 남성보다 더 많다—는 지속적인 성적 문제를 보고한다. 여성의 경우 성에 대한 관심 부족과 오르가슴에 도달하지 못하는 것이 가장 흔한 두 가지 문제다. 남성이 가장 자주 언급하는 것은 절정에 너무 일찍 도달하는 것과 성 행동 수행에 대한 불안이다. 성적 문제는 죽상동맥경화증, 당뇨 같은 만성질환과 여러 가지 약을 사용하는 것을 포함하는 일련의 생물학적 요인들과 연관되어 있다. 또한 성적 문제는 낮은 사회경제적 지위와 심리적 스트레스와 관련되며, 결혼하지 않은 사람들이나 파트너가 많은 사람들, 그리고 아동기 때 성적 학대를 경험했거나 성인기에 성 강요를 경험한 사람들 사이에서 더 흔하다(Wincze & Weisberg, 2015). 이러한 결과들이 시사하듯이 바람직하지 않은 관계와 성경험은 성 기능 장애의 위험을 높인다.

그러나 전반적으로 아무런 문제도 없는 신체 경험이 성적 행복에 필수적인 것은 아니다. 만족스러운 성관계는 기술 이상의 것을 포함하는 것으로, 상대에 대한 사랑과 신의의 맥락에서 얻어지는 것이다. 종합하면, 파트너와의 성에서 얻는 행복은 정서적으로 만족스러운 관계, 건강한 정신 상태, 삶에 대한 전반적인 만족과 관련되어 있다.

성 소수자의 태도와 행동 미국인의 대다수는 여성 동성애자, 남성 동성애자, 양성애자의 시민으로서의 자유와 평등한 고용기회를 지지한다. 그리고 동성 간 연애와 성관계에 대한 태도는 점차 수용적으로 되었다. 전반적으로, 미국 성인의 절반 이상은 동성 커플이 합법적으로 결혼하여 그들의 성적 관계에 대해 사회가 공식적으로 인정하는 것을 찬성한다(Pew Research Center, 2015f). 그림 3.7에서 제시하듯이, 동성 결혼을 찬성하는 비율이 모든 세대에서 크게 늘어났지만, 1980년 이후 출생한 밀레니얼 세대가 동성 결혼에 가장 수용적이다.

성 소수자의 정치적 활동과 그들의 성적 성향에 대한 솔

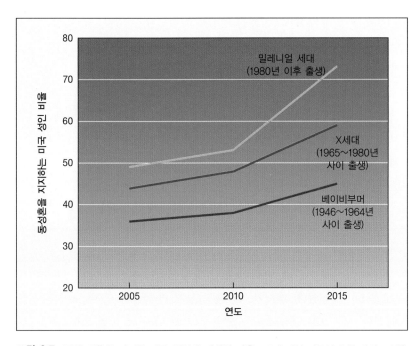

그림 3.7 동성 결혼을 지지한 미국 성인의 세대별 비율 18세 이상 미국인 수천 명의 표본을 대상으로 한 조사에서 동성 커플이 합법적으로 결혼하는 것을 찬성하는 비율이 2005년에서 2015년 사이 모든 세대에서 증가했다. 젊은 집단이 가장 수용적인데, 밀레니얼 세대의 3/4 정도가 동성 결혼 합법화를 찬성한다(Pew Research Center, 2010b, 2015f).

직함이 사회로부터 수용되는 데 기여했다. 자신이 성 소수자임을 노출하고 대인관계를 가지는 것이 이들에 대한 부정적인 태도를 감소시켰다. 여성 동성애자와 남성 동성애자를 많이 알고 있는 사람은 이들에 대해 매우 수용적이다. 성 소수자 수용에서 성차를 보이지 않는 밀레니얼 세대 이외에서는 남성 이성애자가 여성 이성애자에 비해 성 소수자(특히 남성 동성애자)를 더 부정적으로 평가하는데, 이는 특히 남성이 성역할과 일치하는 것이 중요하다고 생각하기 때문이다 (Clarke, Marks, & Lykins, 2015; Pew Research Center, 2010). 성 소수자에 대한 수용은 종교가 없고 교육 수준이 높은 경우가장 크다.

미국 남성과 여성의 3.8%(800만 명 이상)가 여성 동성애자, 남성 동성애자, 양성애자, 트랜스젠더로 추정되는데, 양성애 성향의 경우 여성이 남성보다 훨씬 더 많다(Gallup, 2015a). 그러나 많은 성 소수자들은 조사연구에서 자신의 성적 성향을 밝히지 않는다. 성 소수자를 차별하는 분위기 때문에 이들이 질문에 응답하는 것을 꺼리게 되는데, 이로 인해 연구자들이 남성 동성애자와 여성 동성애자의 성생활에 대한 정보에 접근하는 것이 제한된다.

이용할 수 있는 일부 증거에 따르면, 동성 간 관계는 이성 간 관계와 동일한 양상을 따른다. 자신과 교육 수준과 배경

이 유사한 파트너를 찾으려고 하고, 헌신적인 관계에 있는 커플이 더 자주 성관계를 가지며 더 만족스러워한다. 그리고 전반적인 성관계 빈도는 보통 정도인데, 성인 초기에는 남성 동성애자 커플의 빈도가 여성 동성애자 커플보다 높다 (Joyner, Manning, & Prince, 2015; Laumann et al., 1994). 가장 최근의 성 파트너가 남성이었던, 인종적으로 다양한 2만 명 이상의 남성을 대상으로 한 조사에서는 사랑을 느낀다고 보고한 사람들이 성관계가 보다 즐겁다고 평가했다. 뿐만 아니라 파트너, 특히 1명의 고정된 파트너에게 사랑이나 애정을 표현하는 것은 모든 인종(아프리카계 미국인, 아시아인, 유럽계 미국인, 히스패닉)의 남성 동성애자 사이에서 흔하게 나타났다(Calabrese et al., 2015). 이러한 결과들은 남성 동성애, 특히 흑인 남성 간 관계가 따뜻함과 부드러움 없이 성적 만족에만 초점을 둘 것이라는 부정적인 고정관념을 반박하는 것이다.

성 소수자들은 성적 성향을 공유할 수 있는 사람들이 많은 대도시나 성 소수자에 대한 태도가 보다 수용적인 대학 도시에서 사는 경향이 있다(Hubbard, Gorman-Murray, & Nash, 2015). 편견이 심하고 동성 파트너를 찾을 수 있는 사회적 네트워크가 존재하지 않는 작은 지역사회에서 사는 것은 고립

남성 동성애자와 여성 동성애자 연인들은 이성애자 연인처럼 교육 수준과 배경이 유사한 경향이 있다. 이들의 높은 개방성과 정치적 활동으로 인해 동성 관계에 대한 태도가 점점 수용적으로 변화하고 있다.

되고, 외롭고, 정신건강 문제를 가져올 수 있다(Swank, Frost, & Fahs, 2012). 스스로를 남성 동성애자, 여성 동성애자, 양성애자라고 답하는 사람들은 교육 수준이 높은 경향이 있다(McGarrity, 2014). 이는 아마도 고등교육을 받은 사람들의 사회적, 성적 자유주의가 더 강하기 때문에 소수의 성적 성향을 밝히려는 의지가 더 큰 것을 반영하는 것일 것이다.

성 매개 감염 미국에서 4명 중 1명은 삶의 어떤 시점에서 성 매개 감염(sexually transmitted infection, STI)에 걸릴 가능성이 있다. 발생률은 15~24세 사이에 가장 높지만(제1장 참조), 성 매개 감염은 사람들이 성 파트너의 대부분을 만나지만 종종 질병의 전염을 예방하기 위한 적절한 조치를 취하지 않는 20대에도 내내 계속된다(Centers for Disease Control and Prevention, 2015b). 감염으로 인해 남성과 여성 모두 심각한 영향을 받지만, 여성에서 장기적인 건강상 위험이 더 크다. 이들은 치료되지 않았을 때 불임, 임신합병증을 야기하는 가장 흔한 감염의 증상을 경험할 가능성이 적다.

HIV/AIDS는 여전히 심각한 위험으로 남아 있는데, 남성 동성애자들이 이 질병으로 인한 가장 큰 부담을 안고 있다. 많은 남성 동성애자들은 성관계를 가지는 파트너의 수를 제한하고, 파트너를 더 신중하게 고르고, 콘돔을 꾸준히 바르게 사용하는 등 성 행동을 바꿈으로써 질병에 대응했다. 과거에 많은 파트너를 만났던 고위험 이성애자도 이와 똑같이 함으로써 일부 하위집단에서 HIV 진단을 받는 정도가 감소했다. 그럼에도 미국에서 매년 새로 HIV에 감염되는 사람은 약 5만 명으로 1990년대 후반부터 일정하게 유지되어 왔다(Centers for Disease Control and Prevention, 2015g). 그리고 HIV 양성 반응을 보이는 성인의 발생률은 다른 어떤 선진국에서보다 미국에서 높다(OECD, 2015d).

HIV는 정맥주사 약물남용의 높은 비율이 나쁜 건강, 부족한 교육, 높은 생활 스트레스, 무력감과 공존하는 가난에 시달리는 소수집단의 이성애자 접촉과 남성과 성관계를 갖는 남성을 통해 주로 확산된다. 이러한 문제들에 압도된 사람들은 예방 조치를 취할 가능성이 가장 적다. 저소득층 아프리카계 미국인과 히스패닉이 HIV 진단을 받는 비율은 지난 10년간 20% 증가했다(Centers for Disease Control and Prevention, 2016a).

그러나 아동기부터 성인기까지의 성교육, 의료 서비스와 콘돔의 이용, 고위험군에서의 깨끗한 바늘과 주사기 사용을 통해 HIV/AIDS를 억제하고 감소할 수 있다. 북미, 서유럽에서는 1/4, 개발도상국에서는 절반 이상의 환자가 여성인데, 질병에 민감한 여성의 특성을 고려했을 때 이들을 위한 예방책이 특히 필요하다(Wiringa, Gondwe, & Haggerty, 2015). 바이러스를 죽이거나 비활성화하는 약물 기반의 질내고리나 질내 사용하는 겔이 좋은 결과를 보였으며 추가적인 테스트를 거치고 있다.

성 강요 큰 대학의 2학년에 재학 중인 켈시는 기말시험이 끝난 것을 기념하기 위해 캠퍼스에서 떨어진 아파트에 사는 친구의 집에서 열리는 파티에 갔다. 술을 마시고 정신이 몽롱해졌는데, 깨어나 보니 침실이었고 한 남학생이 그녀 위에 있었다. 켈시가 "안 돼"라고 소리 지르고 밀어내려고 했지만 그는 강제로 계속했다. 그리고 나서 남자 몇 명이 끼어들었다(Krakauer, 2015). 몇 시간 후, 켈시는 경찰에 신고했지만 경찰에서는 그녀가 부분적으로 의식이 있었기 때문에 성관계가 합의에 의한 것이었을 수 있다고 판단했다.

미국 여성의 약 19%는 일생 중 어느 시점에 강간을 당하는데, 강간은 강제로 해를 끼치려 위협해서 혹은 피해자가 동의할 수 없는 경우(음주, 정신질환, 지적장애로 인하여)에 질, 항문, 구강에 신체 부위나 물체를 삽입하는 것이라고 법적으로 정의된다. 여성의 약 45%는 다른 형태의 성 강요도 경험한다. 피해자의 대다수(거의 10명 중 8명)는 25세 이전에 처음 피해를 입는다. 대학 캠퍼스에서 특히 발생률이 높다(Centers for Disease Control and Prevention, 2014d; Fedina, Holmes, & Backes, 2016). 켈시처럼 여성들은 지인이나 낯선

성 고정관념과 폭력에 대한 사회적 용인을 포함하는 문화적 힘은 성 강요의 높은 발생률에 영향을 준다. Take Back the Night과 같은 단체는 성적 폭력에 대한 인식을 증가시킴으로써 지역사회를 더 안전하게 만드는 것을 목표로 한다.

사람으로부터 당하기 쉬운데, 대부분의 경우 가해자는 피해 여성이 잘 알고 있는 남성이다. 성 강요는 사회경제적 지위, 인종과 무관하다. 모든 계층의 사람들이 가해자이자 피해자이다.

가해자의 개인적 특성이 피해자의 특성보다 성 강요를 훨씬 더 잘 예측한다. 이러한 행동을 저지르는 남성들은 타인을 조종하려고 하고, 공감과 후회를 느끼지 못하고, 정서적으로 친밀한 관계보다는 가벼운 성적 관계를 추구하고, 여성에 대한 폭력에 찬성하고, 강간 통념('여자들은 실제로 강간당하는 것을 즐긴다'와 같은)을 믿는 경향이 있다. 또한 가해자는 여성의 사회적 행동을 잘못 해석하는데, 친절한 것을 유혹하는 것으로, 주장하는 것을 적대적인 것으로, 저항하는 것을 원하는 것으로 해석한다(Abbey & Jacques-Tiura, 2011). 뿐만 아니라 아동기의 성적 학대, 청소년기의 문란한 성생활, 성인기의 알코올 남용은 성 강요와 연관된다. 모든 성폭행의 약 절반은 사람들이 술에 취해 있는 동안 발생한다(Black, 2011).

살펴보기

> 대학 캠퍼스의 학생 서비스 센터나 경찰서에 가장 최근 연도에 보고된 성폭행 사건 수를 물어보라. 술이 관련된 비율이 얼마나 되는가? 여러분의 대학은 어떤 예방과 개입 서비스를 제공하는가?

문화적 힘도 성 강요에 영향을 준다. 남성은 지배적이고 경쟁적이고 공격적이어야 하고 여성은 순종적이고 협동적이어야 한다고 어린 시절부터 배우면 강간은 강화된다. 폭력에 대한 사회의 용인도 강간의 기초가 되는데, 강간은 다른 형태의 공격도 흔히 일어나는 관계에서 전형적으로 발생한다. 여성이 성폭행 당하는 것을 원하고 즐기는 것으로 묘사하는 성적으로 공격적인 포르노물과 기타 매체에 노출되는 것도 성 강요의 해로운 결과에 둔감하게 하여 성 강요를 촉진한다.

미국 남성의 약 2%는 강간의 피해자이고, 23%는 다른 형태의 성 강요의 피해자이다. 여성들과 마찬가지로 25세 이하의 남성이 가장 위험하다(Centers for Disease Control and Prevention, 2014d). 강간 피해자들은 대부분 가해자가 남성이라고 보고하지만, 여성은 남성에 대한 다른 형태의 성 강요에 크게 책임이 있다. 피해 남성들은 이러한 행동을 저지르는 여성들이 물리적인 힘을 사용하고, 술에 취하도록 했으며, 동의하지 않으면 관계를 끝내겠다고 위협했다고 보고한

다(French, Tilghman, & Malebranche, 2015). 남성 피해자에 대한 사회적 태도는 특히 매정하고 남성에게 책임을 지운다. 놀랄 것도 없이, 피해를 신고하는 남성은 거의 없다.

결과 강간에 대한 여성과 남성의 심리적 반응은 극심한 정신적 외상을 겪은 사람의 반응과 유사하다. 강간에 대한 반응은 충격, 혼란, 외상 후 스트레스장애(PTSD) 증상—사건이 재발하고 있는 것 같은 착각, 악몽, 과민함, 심리적 마비, 집중 곤란—을 포함하며 만성 피로, 우울, 물질남용, 사회 불안, 성과 친밀함 관련 문제, 자살 생각으로 이어진다(Gavey & Senn, 2014; Judson, Johnson, & Perez, 2013). 성 강요가 진행될 때 피해자는 극단적으로 수동적이 되거나 어떤 행동을 취하는 것에 대한 두려움에 빠질 수도 있다.

여성 강간 피해자의 1/3에서 1/2은 신체적 상해를 입는다. 4~30%는 성 매개 질환에 감염되고 약 5%는 임신한다. 뿐만 아니라 강간 피해자(기타 성범죄 피해자도)는 거의 전신에 질병의 증상을 보인다. 그리고 흡연이나 음주 같은 부정적인 건강행동을 할 가능성이 많다(Black, 2011; Schewe, 2007).

예방과 치료 강간을 당한 많은 여성 피해자는 또 다른 공격을 유발할지 모른다는 공포로 인해 신뢰하는 가족이나 친구에게도 솔직하게 털어놓지 않기 때문에 도움을 청하지 않게 된다. 안전 가옥, 긴급 상담 전화, 협력 단체, 법률 상담을 포함하는 다양한 지역사회 서비스는 피해 여성이 가해자를 피할 수 있도록 돕기 위해 만든 것이지만 대부분은 자금이 부족하고 도움이 필요한 모든 사람에게 손이 미치지 못한다. 남성 피해자를 위한 서비스는 사실상 없는 실정인데, 이들은 너무 창피하여 나타나지 않으려 한다.

강간으로 인한 정신적 외상은 심각하므로 심리치료가 필수적인데, 개인 치료는 불안과 우울을 감소시키고 집단 치료는 다른 피해자와 만남으로써 고립과 자책에 대응할 수 있도록 돕는다(Street, Bell, & Ready, 2011). 회복을 돕는 다른 중요한 특징들은 다음과 같다.

- 피해자가 의료센터에 방문했을 때 지역사회 서비스에 의뢰하고 향후 피해로부터 보호하기 위해 피해자에 대해 **정규화된 검사하기**.
- 다른 많은 사람들도 비슷하게 신체적, 성적으로 공격받았다는 것, 그러한 공격은 광범위한 지속적인 증상을 초

성 강요 예방하기

제안	설명
성 고정관념과 성 불평등 감소	여성에 대한 남성의 성 강요의 근원은 역사적으로 남성에 종속되었던 여성의 지위에 있는데, 이는 여성이 남성에 경제적으로 의존하고 남성의 폭력을 피할 수 있도록 제대로 준비하지 못하게 한다.
남녀 가해자에 대한 강제 치료	효과적인 개입 요소들은 피해자들이 '원했고' 비난받아야 한다는 강간 통념을 막는 것, 강압적인 행동에 대한 개인의 책임감을 유도하는 것, 사회의식, 사회적 기술, 분노조절을 가르치는 것, 향후 공격을 예방하기 위한 지원 체계를 개발하는 것을 모두 포함한다.
부모 사이의 폭력을 목격한 아동, 청소년에 대한 개입 확대	비록 부모의 폭력을 목격하는 대부분의 아동이 성인이 되어서 폭력적인 관계를 갖는 것은 아니더라도 위험성은 증가한다.
남녀 모두에게 성폭행의 위험을 낮추는 예방책 가르치기	성폭행의 위험은 데이트 상대에게 성적으로 허용할 수 있는 한계를 명확하게 전달하기, 이웃과 도와주는 관계를 만들기, 직접적인 환경을 안전하게 만들기(예 : 자물쇠 설치하기, 차에 타기 전 뒷좌석을 확인하기), 인적이 드문 곳을 피하기, 어두워진 후에 혼자 걷지 않기, 과한 음주를 하는 파티에서 일찍 나오기 등으로 줄어들 수 있다.
강간의 정의를 성 중립적으로 확대하기	신체 부위로 질 혹은 항문에 삽입하는 것을 강간의 정의로 규정하는 미국의 몇몇 주에서는 여성이 남성을 강간하는 것이 법적으로 불가능하다. 여성을 피해자와 가해자로 모두 포괄하는 보편적으로 적용되는 정의가 필요하다.

래하며, 불법적이고 부적절하며 묵인되어서는 안 된다는 것, 정신적 외상은 극복할 수 있다는 것을 인정함으로써 경험을 받아들이기.

• 가해자와 다시 접촉하고 공격받는 것을 방지하기 위해서 가해자가 더 이상 가까이 있지 않더라도 안전 계획을 세우기. 안전 계획에는 경찰의 보호, 법적 개입, 안전한 피신처, 피해자가 다시 위험에 처하게 되었을 때 받을 수 있는 도움에 대한 정보가 포함된다.

마지막으로, 성 강요를 예방하기 위해서 개인, 지역사회, 사회 수준에서 많은 조치를 취할 수 있다. 일부를 '배운 것 적용하기' 글상자에 제시했다.

심리적 스트레스

앞 절에서 계속 살펴보았던 여러 건강 문제들 중 마지막 문제는 광범위한 영향을 미치는 것으로 이에 대해 따로 살펴볼 필요가 있다. 불리한 사회적 조건, 정신적 외상을 주는 경험, 부정적인 인생 사건, 일상적인 성가신 일들로 측정되는 심리적 스트레스는 건강에 대한 여러 불리한 결과들과 연관된다.

심리적 스트레스는 건강에 해로운 행동과 관련되는 것 이외에도 분명한 신체적 결과를 가져온다. 출생하기 전 강하고 지속적인 스트레스를 받으면 스트레스를 관리하는 뇌의 타고난 능력이 장기적으로 손상될 수 있다는 이전 장의 내용을 기억하자. 아동기에 스트레스를 받은 전력이 있는 사람들의 경우, 스트레스에 대처하는 능력의 손상이 계속되는 스트레스 경험과 결합하면 성인기에 건강상 장애를 가질 위험이 높아진다.

사회경제적 지위가 낮아지면 다양한 스트레스 요인에 대한 노출이 증가하는데, 이는 낮은 사회경제적 지위와 나쁜 건강 사이의 강한 상관관계에서 중요한 역할을 하는 연관성이다. 만성 스트레스는 과체중과 비만, 당뇨, 고혈압, 죽상동맥경화증과 관련되어 있다. 그리고 예민한 사람들의 경우 급성 스트레스는 심장박동 리듬 이상과 심장마비 같은 심장 문제를 일으킬 수 있다(Bekkouche et al., 2011; Kelly & Ismail, 2015). 이러한 관련성은 저소득층, 특히 아프리카계 미국인에서의 높은 심장질환 발병률의 원인이 된다. 사회경제적 지위가 높은 사람에 비해 낮은 사람은 스트레스에 대해 강한 심혈관 반응을 보이는데, 이는 아마도 그들이 스트레스 요인을

묻고 대답하기

연관지어보기 비만의 확산에 기여한 역사적 시점의 영향을 기술해보자.

적용해보기 톰은 퇴근 후 일주일에 세 번 헬스장에 갔지만 근무 압박이 심해서 더 이상 규칙적인 운동을 할 수 없다고 생각한다. 왜 규칙적인 운동을 계속해야 하는지 톰에게 설명하고, 바쁜 생활에 그것을 맞출 방법을 제안해보자.

생각해보기 데이트를 하기 위해서 온라인 사이트나 모바일 앱을 사용해본 적이 있는가? 이런 것들을 사용해본 적이 있는 사람을 아는가? 연인을 찾기 위한 방법으로 인터넷을 사용하는 것의 강점과 한계점은 무엇이라고 생각하는가?

해결할 수 없다고 지각하기 때문인 것으로 보인다(Carroll et al., 2007). 앞서 스트레스가 면역체계 기능을 방해한다고 언급했는데, 이 관련성이 심각한 형태의 암의 기저가 될 수 있다. 그리고 스트레스를 받으면 혈액이 뇌, 심장, 손발로 흘러가서 소화 활동이 감소되는데, 이로 인해 변비, 설사, 대장염, 궤양을 포함하는 위장장애가 생길 수 있다(Donatelle, 2015).

성인 초기의 많은 도전적인 과제들로 인해 이 시기는 인생에서 특별히 스트레스가 많은 시기이다. 젊은이들은 직업적으로 성공하고 경제적으로 안정적이며 양육의 책임이 감소해서 자유시간을 즐길 수 있는 중년들보다 더 자주 우울 증상을 보고한다(Nolen-Hoeksema & Aldao, 2011). 또한, 제5장과 제6장에서 보게 되겠지만 중년과 노년에는 많은 인생 경험으로 인해 젊은 시절보다 스트레스에 더 잘 대처한다.

이전 장에서 우리는 사회적 지원이 스트레스를 완충하는 효과가 있으며 이는 전 생애에 걸쳐 지속된다는 것을 반복적으로 언급했다. 젊은이들이 만족스럽고 서로 배려하는 사회적 관계를 만들고 유지하도록 돕는 것은 위에서 언급한 건강 개입만큼이나 중요하다.

인지발달

성인 초기의 인지 변화는 대뇌피질, 특히 전전두엽 피질과 다른 뇌 영역과의 연결이 보다 발달되면서 일어난다. 자극을 받은 신경 섬유의 성장, 수초화와 함께 시냅스의 가지치기는 계속되는데, 이 속도는 청소년기에 비해 느려진다. 이러한 변화는 **전두엽 인지 제어 네트워크**의 지속적인 미세 조정으로 이어지며, 이는 감각추구가 점차적으로 약해지면서 뇌의 **정서/사회 네트워크**와 더 균형을 이루게 된다(제1장 참조). 결과적으로 고등교육을 받고, 입사하고, 결혼과 자녀 양육에 필요한 것에 대처하는 것과 같은 이 시기의 인생 주요 사건들을 경험하며 계획, 추론, 의사결정이 향상된다(Taber-Thomas & Perez-Edgar, 2016). 나아가 젊은이들이 노력하기로 선택한 분야에 점점 능숙해짐에 따라, 그러한 활동에 특화된 대뇌피질 영역이 경험 의존 뇌 성장을 더 겪게 된다는 것을 fMRI 연구 결과 알 수 있다. 기능이 보다 효율적으로 되는 것 이외에도, 기술에 대한 지식과 정교함이 향상되면서 작업에 쓰이는 피질 조직이 증가하며 구조적인 변화가 생기는데, 활동을 통제하는 뇌 영역이 재구성되는 경우도 있다(Lenroot & Giedd, 2006).

성인 초기의 인지는 어떻게 변화할까? 전 생애 발달 이론가들은 이 질문을 세 가지 친숙한 관점에서 연구한다. 첫째, 사고 구조의 변화를 제안한다. 즉 청소년기의 인지발달적 변화를 넘어선 질적으로 다른 새로운 방식의 사고를 제안한다. 둘째, 성인기는 특정 분야의 진보된 지식을 획득하는 시기이다. 이는 정보처리와 창의성에 중요한 시사점을 가지는 성취이다. 마지막으로 연구자들은 지능 검사로 측정되는 다양한 정신 능력이 성인기 동안 얼마나 안정적인지 혹은 변화하는지에 관심을 가진다. 이에 대해서는 제5장에서 다룰 것이다.

사고 구조의 변화

3.7 성인 초기에 사고가 어떻게 변화하는지 설명한다.

샤리즈는 대학원에서의 첫해가 '인지적 전환점'이었다고 말했다. 그녀는 공중보건 병원에서 인턴으로 일하면서 건강과 관련된 행동에 영향을 미치는 많은 요인을 직접 관찰했다. 샤리즈는 한동안 일상적인 딜레마에 분명한 해결책이 없다는 사실이 극도로 불편했다. "이렇게 엉망인 현실에서 일하는 건 학부 수업 시간에 했던 문제 해결과는 너무 달라요"라고 전화로 어머니에게 말하기도 했다.

피아제(Piaget, 1967)는 형식적 조작의 성취 이후 사고에 중요한 진전이 생긴다는 것을 인식했다. 그는 청소년이 세상에 대한 애매하고 모순되고 특정 상황에 맞추어 바뀌는 관점보다는 이상적이고, 내적으로 일치하는 관점을 선호한다는 것을 관찰했다(제1장 참조). 샤리즈의 생각은 피아제의 형식적 조작 단계를 넘어서는 인지발달인 **후형식적 사고**(postformal thought)를 다룬 연구자들의 관찰과 일치한다. 성인기에 사고가 어떻게 재구성되는지 밝히기 위해 몇몇 중요한 이론과

이를 뒷받침하는 연구들에 대해 살펴보자. 이 이론과 연구들은 개인적인 노력과 사회적 경험이 어떻게 결합하여 불확실성을 수용하고 상황에 따라 변화하는 합리적이며 유연하며 실용적인 사고방식을 점차적으로 이끌어내는지를 보여준다.

인식적 인지

윌리엄 페리(William Perry, 1981, 1970/1998)의 연구는 인식적 인지의 발달에 관한 여러 연구 문헌의 출발점이 되었다. '인식적'이란 '지식에 관한' 것을 의미하며, **인식적 인지**(epistemic cognition)는 우리가 어떻게 사실, 신념, 생각을 가지게 되었는지에 대한 생각을 가리킨다. 성숙하고 합리적인 사상가는 다른 사람들과 다른 결론에 도달할 때 그 결론의 정당성을 고려한다. 자신의 결론을 정당화할 수 없으면 지식을 얻기 위해 보다 균형 있고 적절한 길을 찾아서 결론을 수정한다.

인식적 인지의 발달 페리는 왜 젊은이들이 대학에서 접하게 되는 다양한 생각들에 극적으로 다른 방식으로 반응하는지에 대해 의문을 가졌다. 이에 대한 답을 찾기 위해 하버드대학교 학부생들이 학년을 마칠 때마다 지난해에 '무엇이 눈에 띄었는지' 인터뷰했다. 대학생활의 복잡함을 경험하고 성인의 역할에 가까이 감에 따라 본인이 알고 있는 것에 대한 생각이 바뀌었다는 것을 학생들의 응답에서 알 수 있었다. 이 결과는 많은 후속 연구에서도 확인되었다(King & Kitchener, 2002; Magolda, Abes, & Torres, 2009; Magolda et al., 2012).

어린 학생들은 지식이 구분되는 단위(믿음과 명제)로 구성된 것이라고 생각하며, 각 단위의 진실은 그것을 생각하는 사람이나 그의 상황과는 분리되어 존재하는 객관적인 기준과 비교하여 결정되는 것으로 생각한다. 그 결과 어린 학생들은 **이원적 사고**(dualistic thinking)를 하게 되어 정보, 가치, 권위를 옳은 것과 그른 것으로, 선한 것과 악한 것으로, 너와 나로 구분한다. 한 대학 신입생은 "첫 강의에 들어갔을 때, 그 사람이 말한 것은 신의 말처럼 들렸어요. 그 사람은 교수이고, 교수는 존경받는 자리니까 나는 그가 말한 모든 것을 믿었어요"라고 말했다(Perry, 1981, p. 81). "만약 어떤 시의 해석에 대해 두 사람의 의견이 다르다면 누구의 말이 옳은지 어떻게 결정할 것입니까?"라는 질문에 한 2학년 학생은 "시인에게 물어봐야지요. 그 사람의 시니까요"(Clinchy, 2002, p. 67)라고 답했다. 이원적 사고를 하는 사람들은 주어진 것을

받아들임으로써 학습한다.

반면 보다 나이가 많은 학생들은 모든 지식을 사고의 틀 안에 포함된 것으로 보는 **상대적 사고**(relativistic thinking)로 옮겨 간다. 이들은 여러 주제에 대한 의견이 다양할 수 있다는 것을 알고, 절대적 진리의 가능성을 포기하고 맥락과 관련된 여러 가지 진리가 존재한다고 생각한다. 그 결과 사고는 더 유연해지고 관대해졌다. 한 4학년 학생은 "유명한 철학자들이 모든 것을 아우르는 대답을 하지 못하는 것을 보면 생각이 정말로 개인적이라는 것을 깨닫는다. 그리고 이들의 생각이 절대적이지 않더라도 얼마나 위대한 것인지 존경하게 된다"라고 말했다(Perry, 1970/1998, p. 90). 상대적 사고는 자기 자신의 신념이 종종 주관적이라는 것을 깨닫게 한다. 왜냐하면 내적인 논리적 일관성의 기준을 충족하는 틀이 몇 가지가 될 수 있기 때문이다(Sinnott, 2003). 따라서 상대적 사고를 하는 사람은 각 사람들이 어떤 위치에 도달했을 때 자신만의 '진리'를 만들어낸다는 것을 안다.

궁극적으로 가장 성숙한 사람은 **상대적 사고 전념**(commitment within relativistic thinking)으로 나아가게 된다. 서로 반대되는 관점들 중 하나를 택하는 대신에 모순을 통합하는, 보다 개인적으로 만족스러운 관점을 만들기 위해 노력한다. 대학 강의에서 공부한 두 이론 중 어떤 것이 더 나은지 또는 몇 개의 영화 중 어떤 것이 가장 오스카상을 받을 만한지 생각할 때, 모든 것이 의견의 문제라는 입장에서 더 나아가서 여러 의견을 평가할 수 있는 합리적인 기준을 만들어낸다(Moshman, 2013). 동시에, 성숙하게 사고하는 사람들은 적절한 증거가 있을 때 기꺼이 자신의 내적 믿음 체계를 수정한다.

대학을 졸업할 때쯤 일부 학생들은 이러한 상대적 사고의 확장된 수준까지 도달한다. 이 수준에 이른 사람들은 일반적으로 더 정교한 학습 방법을 보이는데, 자신의 지식과 이해 수준을 깊게 하고 자신만의 관점의 기반을 명확히 하기 위해 다양한 관점을 적극적으로 추구한다. 상대적 사고 전념이 어떻게 정보를 모으는 인지 방식(제2장 참조)과 건강한 정체성 발달에 필수적인 개인적으로 의미 있는 믿음, 가치, 목표의 추구를 수반하는지에 주목하라. 성숙한 인식적 인지는 효과적인 의사결정과 문제 해결에도 큰 영향을 준다.

또래 상호작용과 숙고의 중요성 인식적 인지의 발달은 상위 인지가 증가하는 것에 달려 있는데, 메타인지는 젊은이들의 관점에 도전하고 그들의 사고 과정의 합리성을 고려하도록

한 대학생 팀이 에볼라 바이러스 관련 근로자들을 보다 잘 보호할 수 있는 가볍고 편안한 작업복을 디자인하기 위한 국제대회에 참가하고 있다. 도전적이고 현실적인 문제들을 함께 푸는 것은 인식적 인지의 발달을 이끈다.

유도하는 상황에서 나타나기 쉽다(Barzilai & Zohar, 2015). 인식적 인지 점수가 높거나 낮은 대학 4학년생들을 대상으로 한 대학 교육 경험 연구에서, 고득점자는 지식이 어떻게 구성되었고 왜 수정되어야 하는지 이해하도록 교수가 도와주는 지원적인 상황에서 현실적이지만 애매한 문제를 해결하기 위해 애쓰는 활동을 자주 보고했다.

예를 들어 한 공대 학생은 높은 수준의 인식적 인지가 요구되는 비행기 디자인 프로젝트에 대해 설명할 때, '30가지 다른 비행기를 설계하면 각각 장점이 있지만 그마다 문제도 가지고 있다'는 발견을 했다고 말했다(Marra & Palmer, 2004, p. 116). 점수가 낮은 학생은 이러한 경험을 거의 언급하지 않았다.

도전적이고 체계적이지 않은 문제를 풀 때에는 지식과 권위의 정도가 비슷한 사람들 간 상호작용이 도움이 되는데, 이는 다른 사람의 더 큰 권위나 전문성으로 인해 그의 추론을 받아들이는 것을 방지할 수 있기 때문이다. 대학생들이 어려운 논리 문제에 대해 가장 효과적인 해결책을 고안하라는 질문을 받았을 때, '혼자 푸는' 조건에서는 32명 중 3명(9%)만이 성공했다. 그러나 '함께 푸는' 조건에서는 20개의 작은 그룹 중 15개 그룹(75%)이 폭넓은 논의를 거쳐 가장 좋은 답을 찾아냈다(Moshman & Geil, 1998). 혼자 푸는 조건의 학생은 자신의 답에 대해 깊이 생각하는 경우가 거의 없었던 반면, 대부분의 그룹은 각 구성원이 추론을 정당화하기 위해 서로 이의를 제기하고 가장 효과적인 답을 찾기 위해 협력하는 '집단적 합리성'의 과정에 참여했다.

물론 자신의 생각에 대해 숙고하는 것은 혼자서도 가능하다. 그러나 또래 상호작용은 대립되는 생각과 전략들에 대해 스스로 논쟁하고, 반대되는 관점들을 새롭고 보다 효과적인 구조로 조직화하는 것처럼 개인적인 숙고에 필요한 것들을 촉진한다. 성인 초기에도 그 이전 시기와 마찬가지로 또래와의 협력이 교육의 매우 효과적인 기반으로 작용한다.

살펴보기

> 인식적 인지를 향상시킨 대학 수업에서의 학습 경험에 대해 설명해 보자. 여러분의 생각은 어떻게 변화했는가?

페리의 이론과 이로 인해 촉발된 연구들은 고등교육을 받은 젊은이들을 대상으로 하고 있다. 연구자들은 인식적 인지의 향상은 아마도 대학교육에서 전형적으로 접하게 되는 다양한 관점에 직면하는 사람에게로 제한되며, 가장 높은 수준인 상대적 사고 전념은 보통 고급의 대학원 교육을 필요로 한다는 것을 인정했다(Greene, Torney-Purta, & Azevedo, 2010; King & Kitchener, 2002). 그러나 질문에 대한 한 가지 답을 찾는 것이 아닌, 맥락에 보다 반응적인 사고라는 근본적인 주제는 성인 인지에 관한 다른 이론에서도 명백히 다루고 있다.

실용적 사고와 인지정서적 복잡성

기셀라 라부비-비에(Gisella Labouvie-Vief, 1980, 1985)의 성인 인지에 대한 묘사도 페리 이론의 특징을 상기시킨다. 그녀는 청소년이 가능성의 세계에서 작용한다고 언급한다. 성인기에는 가설적 사고에서 **실용적 사고**(pragmatic thought)로 구조적으로 발전하는데, 이를 통해 논리가 현실 세계의 문제를 해결하는 도구가 된다.

전문화에 대한 필요성이 이러한 변화가 생기도록 동기부여한다. 성인은 여러 대안 중 한 가지 길을 선택함으로써 일상생활의 제약을 더 잘 알게 된다. 또 여러 역할 간의 균형을 잡는 과정에서 이들은 모순을 인생의 일부로 받아들이게 되고, 불완전함과 타협이 무성한 사고방식을 발전시키게 된다. 샤리즈의 친구인 크리스티는 결혼한 대학원생이고 26살에 첫 아이를 낳았는데 다음과 같이 설명했다.

> 저는 항상 페미니스트였고, 가정과 직장에서 나의 신념을 지키고 싶었어요. 그렇지만 개리가 고등학교에서 가르치기 시작한 첫해인데 개리는 네 과목을 준비해야 하고 학교의 농구부도 지도해야 해요. 적어도 지금은, 그이가 새로운 직

업에 익숙해지는 동안 내가 학교에 시간제로 나가고 대부분의 육아 책임을 지면서 '타협하는 페미니즘'에 만족해야 돼요. 그렇게 하지 않으면 경제적으로 감당할 수 없지요.

라부비-비에(2003, 2005, 2015)는 젊은이들의 향상된 숙고 능력이 그들의 정서적 삶의 역동을 변화시킨다는 것도 언급했다. 이들은 인지와 정서를 통합하는 데 보다 능숙해지며, 그렇게 함으로써 인지와 정서의 모순을 이해하게 된다. 다양한 사회경제적 지위에 속하는 10~80세를 대상으로 자신에 대해 기술하게 한 결과, 청소년기부터 중년기까지 인지정서적 복잡성을 갖게 되는 것을 발견했다. **인지정서적 복잡성**(cognitive-affective complexity)이란 상반되는 긍정적 느낌과 부정적 느낌을 인식하고, 이들을 개별적인 경험의 독특함을 인식하는 하나의 복잡하고 조직화된 구조로 통합하는 것을 의미한다(그림 3.8 참조)(Labouvie-Vief, 2008; Labouvie-Vief et al., 2007). 예를 들어 한 34세의 성인은 자신의 역할, 성격특성, 다양한 정서를 결합하여 다음과 같이 일관성 있게 자신에 대해 기술했다. "최근에 첫아이를 출산하면서, 그 어느 때보다 더 성취감을 느끼지만 어떤 면에서는 힘든 점이 있어요. 욕구와 바람을 가지고 있는 개인적인 한 사람으로 존재하는 동시에 내 모든 책임을 만족스럽게 충족해야 한다는 격

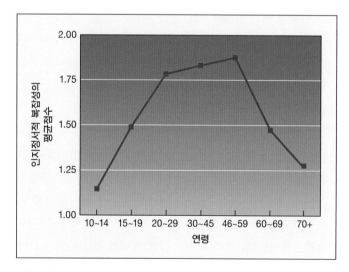

그림 3.8 청소년기부터 노년기까지 인지정서적 복잡성의 변화 자신의 역할, 성격특성, 정서에 대한 몇백 명의 10~80세의 응답에 기초했을 때, 인지정서적 복잡성의 수행 점수는 청소년기부터 성인 초기까지 꾸준히 증가하다가 중년에 가장 높고 기초적인 정보처리기술이 감소하는(다음 장에서 살펴볼 것처럼) 노년기에 감소한다(G. Labouvie-Vief, 2003, "Dynamic Integration: Affect, Cognition, and the Self in Adulthood," *Current Directions in Psychological Science*, 12, p. 203, copyright © 2003, Sage Publications. Reprinted by permission of SAGE Publications).

정에 들뜬 마음이 가라앉지요."

인지정서적 복잡성은 자신과 타인의 관점과 동기를 더 잘 알 수 있게 한다. 라부비-비에가 언급한 것처럼, 인지정서적 복잡성은 성인의 정서지능의 필수적인 측면이고 여러 실용적 문제를 해결하는 데 있어 중요하다. 인지정서적 복잡성이 높은 사람은 사건과 사람을 관대하고 열린 마음으로 본다. 그리고 인지정서적 복잡성은 긍정적 느낌과 부정적 느낌을 모두 수용하고 이해하는 것을 포함하기 때문에 강한 정서를 조절하는 데 도움이 되며, 따라서 부정적인 정보가 가득한 현실의 딜레마까지도 합리적으로 생각할 수 있게 해준다(Labouvie-Vief, Grühn, & Studer, 2010).

여러 가지 진리가 존재함을 아는 것, 논리와 현실을 통합하는 것, 인지정서적 복잡성은 모두 성인 초기에 진행되는 사고의 질적 변화를 보여준다. 앞으로 살펴보겠지만, 점점 더 전문화되고 맥락에 따른 사고는 어떤 선택권은 차단하기는 하지만 보다 높은 수준의 역량으로 나가는 문을 연다.

 ## 전문성과 창의성

3.8 전문성과 창의성이 성인의 사고에서 어떤 역할을 하는가?

아동의 지식 확장은 이미 알고 있는 것과 관련된 새로운 정보를 기억하는 능력을 향상시킨다. 젊은이의 경우, **전문성**(expertise)—어떤 분야나 시도에서 확장된 지식을 획득하는 것—은 어떤 복잡한 분야라도 숙달하는 데 여러 해가 걸리므로 대학의 전공이나 직업을 선택하는 전문화 과정에서 시작된다고 할 수 있다. 전문가들의 분야에 대한 호기심과 열정이 이러한 지속적인 학습을 북돋는다. 전문성이 획득되면 정보처리에 막강한 영향을 주게 된다.

전문가는 초보자에 비해 보다 빠르고 효과적으로 기억하고 추론한다. 전문가는 영역 특정적인 개념을 더 많이 알고 이를 더 풍부한 방법으로, 즉 더 깊고 추상적인 수준으로 많은 특징들을 다른 개념과 연결시켜서 표현한다. 그 결과 이해 수준이 피상적인 초보자와는 달리, 전문가는 마음속의 근본적인 원칙에 따라 문제에 접근한다. 예를 들어 고도로 훈련된 물리학자는 에너지 보존을 다루는 여러 문제들을 모두 유사하게 해결할 수 있다는 것을 안다. 반면 물리학에 입문한 학생은 문제에 바퀴, 도르래, 용수철이 포함되어 있는지와 같은 문제의 표면적 특성에만 주목한다(Chi, 2006; Mayer,

시인, 음악가뿐만 아니라 시각예술가들은 대가 수준의 창조적인 작품을 만들기 위해서 10년이나 그 이상의 시간이 필요할지도 모르지만, 전형적으로 초기에 높은 창의성을 보인다.

2013). 전문가는 쉽고 빠른 기억력으로 자신이 아는 것을 활용하여 여러 해결책에 자동적으로 도달할 수 있다. 문제가 어려울 때는 먼저 계획을 세우고, 문제의 요소들을 체계적으로 분석하고 범주화해 여러 가능성 중 가장 좋은 해결책을 선택한다. 이에 반해 초보자는 보다 시행착오적으로 접근한다.

전문성은 문제 해결뿐만 아니라 창의성에도 필요하다(Weissberg, 2006). 성인기의 창의적인 성과는 독창적일 뿐만 아니라 사회적, 심미적 요구를 겨냥한다는 점에서 아동기의 창의적인 성과와 다르다. 성숙한 창의성은 독특한 인지적 능력, 즉 새롭고 문화적으로 의미 있는 문제를 만들고 이전에 제기되지 않았던 중요한 질문을 하는 능력을 필요로 한다(Rostan, 1994). 문제 해결에서 문제발견으로의 전환은 매우 창의적인 예술가와 과학자에게서 명백히 드러나는 후형식적 사고의 핵심적인 특징이다.

사례 연구들은 대가 수준의 창의성이 발달하는 데 10년이 걸린다는 규칙 — 그 분야에 처음 입문하고 나서 창의적인 작업을 할 수 있을 정도의 충분한 전문성을 갖출 때까지 — 을 뒷받침한다. 뿐만 아니라 한 세기 동안의 연구 결과에 의하면, 창의적인 성과는 전형적으로 성인 초기에 증가하여 30대 후반이나 40대 초반에 정점에 도달하고 점차적으로 감소하지만 경력이 거의 끝나가는 창의적인 사람들이 경력을 막 시작한 사람들보다 더 생산적이다(Simonton, 2012). 그러나 예외도 존재한다. 창의성이 보다 일찍 발현된 사람들은 일찍

정점에 도달하고 일찍 줄어드는 반면, 창의성을 늦게 꽃피우는 사람들은 보다 나이가 들어서 정점에 도달한다. 이는 창의성이 실제 연령이 아닌 경력의 연륜과 관련된다는 것을 시사한다.

또한 창의성의 과정은 훈련 방법과 개인 특성에 따라 달라진다(Simonton, 2012; Simonton & Damian, 2013). 예를 들어 시인, 시각예술가, 음악가는 전형적으로 창의성을 일찍 나타내는데, 이는 창의성을 발휘하기 이전에 광범위한 정규 교육이 필요하지 않기 때문일 것이다. 가치 있는 업적을 내기 위해서 높은 수준의 학위를 취득해야 하고 상당 기간의 연구를 해야 하는 학자나 과학자는 더 늦게, 그리고 더 오랫동안 업적을 나타내는 경향이 있다. 그리고 어떤 창작자들은 매우 생산적인 반면 다른 창작자들은 평생 단 한 번의 업적만을 낸다.

창의성은 전문성에 기초하지만 모든 전문가가 창의적인 것은 아니다. 창의성은 다른 자질도 요구한다. 중요한 요소는 창조 과정 동안 활용할 수 있는 수많은 색다른 연관성을 생각해내기 위해 생각을 적게 걸러내고 '직관적으로 사고' 하는 능력이다. 언뜻 보기에 상관없는 정보를 무시하지 않는 것은 다른 형태의 인지에는 방해가 될 수 있지만, 창작자들이 고정관념에서 벗어나 생각하는 능력에 영향을 준다(Carson, Peterson, & Higgins, 2003; Dane et al., 2011).

창의적인 사람들은 성격적으로 모호한 것을 잘 받아들이고, 새로운 경험에 개방적이고, 끊임없이 성공을 추구하고, 작업에 깊게 몰두할 수 있고, 실패 후에도 다시 시도하고자 한다(Zhang & Sternberg, 2011). 마지막으로, 창의성은 시간과 에너지를 요구한다. 특히 여성에서 창의성은 양육, 이혼, 도움을 주지 않는 배우자로 인해 지연되거나 방해받을 수 있다.

종합하면, 창의성은 복합적으로 결정된다. 개인적 요인과 상황적 요인이 함께 촉진될 때 창의성은 노년이 될 때까지 수십 년간 지속될 수 있다.

묻고 대답하기

연관지어보기 왜 창의성에 전문성이 필요할까? 창의적인 생각을 하기 위해 필요한 추가적인 요소에는 무엇이 있는가?

적용해보기 마사는 생애발달 수업에서 교육에 관한 피아제와 비고츠키 이론의 시사점을 논하는 보고서를 작성했다. 그리고 그녀는 어느 한쪽 이론에만 의존하는 것보다 두 관점을 결합하는 것이 더 효과적이라고 생각했다. 마사의 추론이 어떻게 높은 수준의 인식적 인지를 보여주는 것인지 설명해보자.

생각해보기 상대적 사고를 촉진했던 대학 수업 중 경험이나 과제에 대해 기술해보자.

대학 경험

3.9 젊은이의 삶에 대학교육이 미치는 영향을 기술하고 중퇴의 문제점을 논의한다.

많은 사람들이 자신의 생을 돌이켜봤을 때 대학 시절이 성인 기의 다른 어떤 시기보다 영향력 있는 중요한 시기였다고 생각한다. 이는 놀라운 일이 아니다. 대학은 여러 가치, 역할, 행동을 탐색하는 데 전적으로 주의를 기울이는 '발달적 시험장'의 기능을 한다. 이러한 탐색 과정을 촉진하기 위해서 대학은 학생들이 새로운 생각과 신념, 새로운 자유와 기회, 새로운 학문적 요구와 사회적 요구를 접하게 하여 '문화 충격'에 노출시킨다.

최근 미국 고등학교 졸업생의 70% 정도가 고등교육기관으로 진학한다. 대학생들 중 60%가 고등학교를 마치자마자 대학에 가서 24살까지 학사학위를 받는 일반적인 경로를 따른다. 나머지 40%는 연령대가 다양한데, 재정 문제, 가족 부양이나 기타 생활환경으로 인해 대학에 늦게 입학한다(U.S. Department of Education, 2015). 대학 재학이 주는 영향에 관한 대부분의 연구는 18~24세 사이의 일반적인 대학생을 대상으로 한다. 일반적이지 않은 대학생에 관해서는 제5장에서 살펴볼 것이다.

대학 재학이 주는 심리적 영향

수많은 연구들이 대학 1학년부터 4학년까지 광범위한 심리적 변화가 나타난다는 것을 보여준다(Montgomery & Côté, 2003; Pascarella & Terenzini, 1991, 2005). 인식적 인지에 대한 연구 결과처럼, 학생들은 명확한 해결책이 없는 문제에 대해 추론하고, 복잡한 주제에 대한 반대되는 의견들의 장단점을 알아내고, 자신의 사고의 질에 대해 숙고하는 것을 보다 잘하게 된다. 학생들의 태도와 가치도 폭넓어진다. 문학, 공연 예술, 철학적·역사적 문제에 대해 더 많은 관심을 가지게 되고, 인종과 민족의 다양성에 대해서도 더 관대해진다. 제2장에서 언급한 것과 같이 대학생활에서 높아지는 개인의 권리와 인간 복지에 대한 관심은 도덕 추론에 영향을 주며, 이는 때로 정치적 활동으로 표현된다. 마지막으로, 다양한 세계관에 노출되는 것은 젊은이들로 하여금 자신을 좀 더 자세히 들여다보도록 고무한다. 학생들은 대학 시절 동안 더 큰 자기이해, 향상된 자존감, 더 확고한 정체성을 발달하게 된다.

지역 전문대학의 학생들이 드럼 서클의 박자에 맞추어 평화 주간 활동에 참여하고 있다. 학생들이 학문적 환경과 학과 이외의 환경에서 다양한 또래와 상호작용할수록 대학생활에서 인지적으로 더 많은 이득을 보게 된다.

이렇게 상호 연관된 변화들이 어떻게 일어날까? 대학의 영향력은 학업과 학업 이외에서 제공되는 것이 얼마나 풍부한지 그리고 그러한 경험에 학생들이 얼마나 참여하는지에 의해 영향을 받는다. 학생들이 학문적 환경과 학과 이외의 환경에서 교수, 다양한 또래 모두와 더 공부하고 상호작용할수록 인지적으로 더 많은 이득을 보게 되어 사건의 복잡한 원인을 파악하고, 비판적으로 생각하고, 효과적인 문제 해결책을 생각해낼 수 있게 된다(Bowman, 2011a). 또한 다양성 문제를 탐구하는 수업이나 수업 외 환경에서 인종적으로, 민족적으로 다양한 또래와 상호작용하는 것은 증가된 시민 참여를 예측한다. 그리고 사회봉사 경험을 수업에서의 학습과 연결시키는 학생들은 인지적으로 큰 이득을 얻는다(Bowman, 2011b; Parker & Pascarella, 2013). 이러한 연구 결과들은 통학하는 학생들을 수업 이외의 대학생활에 참여시키는 프로그램의 중요성을 강조한다.

미국의 대학생들이 노동 시장으로 성공적으로 이행하기 위해서 교육적으로 의미 있는 경험을 얼마나 충분히 하고 있는가? 이 질문에 대한 연구들을 '사회적 이슈 : 교육' 글상자에서 참고하자.

중퇴

미국은 1970년대에 학사학위를 가진 젊은이들의 비율이 세계 1위였다. 현재는 12위인데, 25~34세의 44%만이 대학을 졸업했다. 이는 대학 졸업생의 비율이 66%로 세계적 선두에 있는 캐나다, 일본, 한국에 훨씬 뒤떨어지는 것이다(OECD,

사회적 이슈 : 교육

대학에서의 수업 참여가 노동 시장으로 성공적으로 이행하는 데 얼마나 중요할까?

교육자와 고용주가 21세기 경제의 성공에 결정적이라고 지목한 기술인 비판적 사고, 복잡한 추론, 문서를 사용한 의사소통이 정말로 대학 졸업생이 원하는 만족스럽고 연봉이 높은 직업을 얻는 데 중요할까? 연구자들은 이를 알아보기 위해 미국의 4년제 대학 25개에 재학 중인 1,600명의 학생을 대상으로 대학에서 배우는 일반적인 내용을 테스트했고, 이는 학생들의 첫 학기와 졸업 즈음에 진행되었다(Arum & Roksa, 2014). 학생들은 대학 경험의 중요함에 대한 설문과 심층 인터뷰에도 응답했다. 졸업하고 2년이 지난 후 학생들은 취업 결과에 대해 보고했다.

연구 참여자의 졸업 후 진로는 매우 다양했다. 일부는 도전적인 업무 역할로 성공적으로 전환하여 경력을 시작했다. 그러나 절반 이상은 실력 이하의 일을 하거나(대학 교육이 필요없는 직장) 무직이었다. 입학요건이 다양한 여러 학교 모두에서, 4학년 때의 수업에서 받은 점수가 학사학위 수준의 기술을 요하는 직장에의 취직과 더불어 업무가 인지적으로 도전적이고 만족스럽다는 학생들의 자기보고를 예측했다.

성공적인 졸업생들은 대학 수업과 졸업 후 성공의 관계에 대해 잘 알고 있었다. 노인복지관의 프로그램 코디네이터로서 높은 연봉을 받는 애슐리는 대학 시절 수업 안팎에서 경험한 것들이 어떻게 '집단에서 일하는 것, 비판적으로 사고하고 문제를 해결하며 다양한 관점을 이해하는 것'을 가르쳐주었는지 언급했다(Arum & Roksa, 2014, p. 77). 반면, 수업에서 낮은 점수를 받은 학생들은 대학 경험의 장점을 명확히 말하기 어려워했다. 네이슨은 자신의 경영학 학위와 관련된 일자리 찾기에 실패한 후, 한 체인점의 배달원으로서 낮은 보수를 받는 직업을 갖게 되었다. 그는 높은 학점으로 졸업했음에도 많은 파티에 다녔다고 언급했고, 수업에서 눈에 띄었던 것을 거의 생각해내지 못했고, 교육적으로 관련 있는 수업 외 활동에 전혀 참여하지 않았다.

대부분의 연구 참여자는 네이슨처럼 대학 4년 동안 학습한 것이 적었다. 1970년대부터 미국의 대학생이 공부하는 데 쓴 시간은 반으로 줄어든 반면, 사교와 오락에 쏟은 시간은 극적으로 증가했다(Brint & Cantwell, 2010). 대학이 학생을 소비자로 재정의하면서 학문적인 요구는 줄어들고 학점 인플레이션은 증가했다.

고용주를 대상으로 한 설문조사 결과는 뛰어난 기량으로 노동 시장에 진입하는 미국 대학 졸업생이 전체의 1/4이 채 되지 않는다는 것을 시사한다(Fischer, 2013). 비판적 사고, 복잡한 추론, 문서를 사용한 의사소통이 노동 시장에서 상당한 이득이 된다는 뚜렷한 증거는 대학

베일러대학교의 과학수사 교수(가운데)와 학생들이 법적 서류 없이 미국으로 입국하려다 사망한 신원 미상 이주자들의 유해를 확인하고 있다. 교과 과정을 인지적으로 도전적이고 만족스럽다고 생각하는 학생들이 대학 이후 경력에서 성공을 경험할 가능성이 높다.

이 학문적 경험과 직업과 연관된 수업 외 경험에 학생들이 개입하도록 촉진하고 강의의 엄격함을 개선할 필요성을 강조한다.

2014). 주요 원인은 미국의 높은 아동 빈곤율, 저소득층 지역의 열악한 수준의 학교들, 경제적으로 어려운 소수인종 10대들의 높은 고등학교 중퇴 비율이다(제1장 참조). 대학을 그만두는 것도 영향력이 크다. 4년제 대학에 입학하고 6년 후 미국 학생의 42%가 학위를 받지 못했다. 대부분의 중퇴자는 1년 이내에, 그중 상당수는 첫 6주 이내에 학교를 떠난다. 중퇴율은 입학 요건이 덜 까다로운 대학에서 더 높다(U.S. Department of Education, 2015). 그리고 사회경제적 지위가 낮은 소수인종 가정 학생의 중퇴 위험이 높다.

중퇴에는 개인적 요인과 대학 요인이 모두 작용한다. 대부분의 신입생들은 대학생활에 대해 큰 희망을 가지고 입학하지만 적응하는 데 어려움을 느낀다. 동기 부족, 학습기술의 부족, 경제적 압박, 부모에 대한 정서적 의존 등으로 인해 적응하는 데 어려움을 느끼는 학생들은 대학 환경에 대한 부정적인 태도를 빠르게 발전시킨다. 이렇게 떠나기 쉬운 학생들은 보통 지도교수를 만나지 않는다(Stewart, Lim, & Kim, 2015). 동시에, 발달 방침이나 기타 지원 서비스를 통해 중퇴 위험이 높은 학생을 돕는 일을 거의 하지 않는 대학의 중퇴 비율이 더 높다.

대학생활에 필요한 시야와 기술에 대한 준비를 초기 청소년기에 시작하면 대학생활을 성공적으로 향상시키는 데 많은 보탬이 될 수 있다. 약 700명의 학생을 6학년부터 고등학

교 졸업 2년 후까지 추적한 연구에서 일련의 요인들—평균 학점, 학업 관련 자기개념, 도전 상황에서의 인내, 부모의 사회경제적 지위와 대학 교육 중시—은 20세에 대학에 재학 중일 것을 예측했다(Eccles, Vida, & Barber, 2004). 부모의 사회경제적 지위는 바꾸기 어렵지만, 부모의 태도와 행동, 학생의 학업 동기와 교육에 대한 열의는 제1, 2장에서 살펴본 다양한 책략을 통해 바꾸는 것이 가능하다.

학생들이 일단 대학에 입학하면, 특히 첫 몇 주에서 1년 동안 이들에게 다가가는 것이 중요하다. 선생님과 학생 간 유대를 강화하고 학생 서비스에 지원을 아끼지 않는 프로그램—학문적 지원 제공, 학문적 및 개인적 문제를 해결하기 위한 상담, 시간제 근무 기회, 의미 있는 수업 외 역할—은 학생들을 학교에 머무르게 한다. 캠퍼스의 사회적, 종교적 모임은 소수집단 학생의 소속감을 강화하는 데 특히 도움이 된다(Chen, 2012; Kuh, Cruce, & Shoup, 2008). 대학 사회가 한 개인으로서의 학생을 걱정한다고 느끼는 학생들이 졸업할 가능성이 훨씬 높다.

직업 선택

3.10 직업 선택의 발달을 기술하고, 이것에 영향을 주는 요인들을 제시한다.
3.11 대학을 다니지 않는 미국의 젊은이들이 직업을 준비할 때 직면하는 문제에 어떤 것들이 있는가?

젊은 성인은 대학에 다니건 다니지 않건 적절한 업무 역할의 선택이라는 주요한 인생 결정에 직면한다. 생산적인 근로자가 되는 것은 적극적인 시민과 책임 있는 가족 구성원이 되기 위해 필요한 자질(판단력, 책임감, 헌신, 협동)과 동일한 자질을 요구한다. 경력에 관한 젊은이들의 결정에 영향을 주는 것은 무엇일까? 학교에서 직장으로의 변화는 어떠하고, 이를 쉽거나 어렵게 만드는 요인에는 어떤 것이 있을까?

직업 선택하기

가능한 직업이 다양하게 존재하는 사회에서 직업 선택은 청소년기 이전부터 시작되어 종종 20대 중반까지 이어지는 점진적인 과정이다. 여러 이론가들은 젊은이가 직업 발달의 여러 시기를 거치는 것으로 본다(Gottfredson, 2005; Super, 1994).

1. **공상의 시기**(fantasy period) : 초기 아동기와 중기 아동기의 아동은 직업 선택에 대해 공상하며 통찰을 가지게 된다(Howard & Walsh, 2010). 주로 친숙성, 매력, 흥미로 인해 생기는 선호도는 이들이 궁극적으로 내릴 결정과는 거의 관련이 없다.

2. **시험적 시기**(tentative period) : 11~16세 사이의 청소년은 직업에 대해 보다 복잡하게 생각하게 된다. 처음에는 흥미의 차원에서 생각하지만 곧 여러 직업이 요구하는 개인적, 교육적 조건을 알게 되면서 능력과 가치의 차원에서 생각하게 된다. 샤리즈는 고등학교를 졸업할 무렵 "나는 과학과 무엇인가를 발견하는 과정을 좋아해" "그렇지만 나는 사람들과 지내는 것도 좋아하고 다른 사람들을 돕기 위해 뭔가 하고 싶어. 그래서 교육이나 약학이 나에게 맞을 것 같아"라고 생각했다.

3. **현실적 시기**(realistic period) : 10대 후반에서 20대 초반까지, 바로 코앞에 있는 성인기의 경제적·실제적 현실로 인해 젊은이들은 선택의 범위를 좁혀가기 시작한다. 첫 단계는 종종 추가적인 탐색으로, 자신의 개인적 특성과 잘 어울리는 가능성들에 대한 더 많은 정보를 수집한다. 마지막 단계인 결정화 단계에서는 일반적인 직업 범주에 초점을 맞추고 한동안 실험을 해서 한 가지 직업을 선택하게 된다(Stringer, Kerpelman, & Skorikov, 2011). 샤리즈는 대학 2학년 때 과학에 계속해서 관심을 두었지만 전공을 선택하지는 않았다. 화학을 전공으로 선택한 후에는 교육, 약학, 공중보건 중 어떤 것을 해나가야 할지 고민했다.

직업 선택에 영향을 주는 요인

대부분의 젊은이들은 위와 같은 직업 발달 과정을 거친다. 어릴 때부터 자신이 무엇이 되고 싶은지 알고 그 목표를 향해 직행하는 사람은 소수이다. 어떤 사람들은 결정했다가 후에 마음을 바꾸기도 하고 어떤 사람들은 오랫동안 결정하지 않은 상태로 있기도 한다. 대학생들에게는 다양한 선택을 탐색하기 위한 부가적인 시간이 주어진다. 반면 사회경제적 지위가 낮은 여러 젊은이들의 생활 조건은 선택의 범위를 제한한다.

직업 선택을 하는 것은 여러 직업에 비추어 자신의 능력, 관심사, 가치를 따져보는 단순히 합리적인 과정은 아니다. 다른 발달 단계와 같이 개인과 환경 간 역동적인 상호작용의 결과이다(Sharf, 2013). 성격, 가족, 선생님, 성 고정관념과 기타 수많은 영향력이 결정에 반영된다.

성격 사람들은 자신의 성격을 보완해주는 직업에 끌린다. 존 홀랜드(John Holland, 1985, 1997)는 직업 선택에 영향을 미치는 여섯 가지 성격 유형에 대해 언급했다.

- 탐구적인 사람은 아이디어를 가지고 일하는 것을 즐기는 데, 과학과 관련된 직업(예 : 인류학자, 물리학자, 공학자)을 선택할 가능성이 높다.
- 사회적인 사람은 사람들과 상호작용하는 것을 좋아하는 데, 복지와 관련된 일(상담, 사회사업, 교사)에 끌린다.
- 현실적인 사람은 현실세계의 문제와 사물을 다루는 것을 선호하는데, 기계 관련 직업(시공, 배관, 측량)을 선택하는 경향이 있다.
- 예술적인 사람은 감성적이고 자신을 표현하려는 욕구가 높은데, 예술적인 분야(글쓰기, 음악, 시각 예술)를 찾는다.
- 관습적인 사람은 구조화된 업무를 좋아하고 물질의 소유와 사회적 지위를 중시하는데, 특정 사업 분야(회계, 은행, 품질 관리)에 잘 맞는다.
- 진취적인 사람은 모험적이고 설득력 있고 강한 리더로서 영업직, 관리직, 정치 분야에 끌린다.

연구들은 성격과 직업 선택 간의 관계가 다양한 문화에서 나타난다는 것을 확인했지만, 그 정도는 크지 않다(Spokane & Cruza-Guet, 2005; Tang, 2009). 많은 사람들은 몇 가지 성격 유형이 섞여 있으며 한 가지 이상의 직업에서 잘할 수 있다.

로스앤젤레스가 2106년에 어떤 모습일지 보여주는 작품으로 수상한 젊은 건축가들이 작품을 만들고 있다. 직업 선택은 성격과 더불어 육아, 교육, 직업 기회, 생활환경 같이 중요한 역할을 하는 외적 요인들의 영향을 보통 정도로 받는다.

게다가 직업 선택은 가족의 영향, 재력, 교육과 직업의 기회, 현재 생활환경의 맥락에서 이루어진다. 예를 들어 샤리즈의 친구인 크리스티는 홀랜드의 탐구적인 차원에서 높은 점수를 받았다. 그러나 결혼하고 첫 아이를 출산하여 재정적인 압박에 직면하고는 대학 교수가 되고 싶었던 꿈을 미루고 필요한 교육 기간이 짧으며 졸업 후 취업 가능성이 괜찮았던 복지 관련 직업을 선택했다. 이처럼 성격은 직업 선택의 일부분만을 설명한다.

가족의 영향 젊은이가 희망하는 직업은 부모의 직업과 크게 연관 있다. 사회경제적 지위가 높은 가정에서 자란 사람은 의사, 변호사, 과학자, 공학자와 같이 지위가 높은 화이트칼라 직업을 선택한다. 반면 사회경제적 지위가 낮은 사람은 배관공, 건설노동자, 식당 직원, 사무원 같이 사회적으로 덜 인정받는 블루칼라 직업을 선택하는 경향이 있다. 부모 자녀 간 직업 유사성은 부분적으로 성격, 지적 능력, 그리고 특히 교육 수준의 유사성에 기인한다(Ellis & Bonin, 2003; Schoon & Parsons, 2002). 교육을 받은 기간은 직업의 지위를 강력하게 예측한다.

다른 요인들도 직업 선택에서의 가족 유사성을 높여준다. 사회경제적 지위가 높은 부모는 교육과 직업 세계에 대한 중요한 정보를 자녀에게 더 많이 주고 자녀가 높은 지위에 올라갈 수 있도록 도와줄 수 있는 인맥이 있을 가능성이 높다(Kalil, Levine, & Ziol-Guest, 2005; Levine & Sutherland, 2013). 딸의 학업과 직업 목표에 영향을 미치는 아프리카계 미국인 어머니에 대한 연구에서, 대학교육을 받는 어머니들은 딸의 발전을 위해 대학과 전공 분야에 대한 정보를 수집하고 도움을 줄 만한 전문가를 찾아주는 등 광범위한 전략을 쓰는 것으로 나타났다(Kerpelman, Shoffner, & Ross-Griffin, 2002).

양육 방식 또한 직업과 관련된 선호에 영향을 준다. 사회경제적 지위가 높은 부모가 여러 높은 지위의 직업에서 요구되는 호기심과 자발성을 촉진하는 경향이 있다. 그러나 모든 부모는 더 높은 포부를 길러줄 수 있다. 부모의 지도, 학교생활을 잘하라는 압력, 대학 진학에 대한 기대, 높은 지위의 직업 권유는 사회경제적 지위의 영향을 넘어서 자녀의 직업 선택에 대한 자신감과 교육·직업에서의 성취를 예측한다(Bryant, Zvonkovic, & Reynolds, 2006; Gregory & Huang, 2013; Stringer & Kerpelman, 2010).

선생님 광범위한 교육을 요하는 직업을 준비하고 있거나 종사하는 젊은이들은 선생님이 자신의 교육적 포부와 직업 선택에 영향을 주었다고 흔히 보고한다. 대부분의 선생님이 배려심 있고 다가가기 쉬우며, 자신의 장래에 관심이 있고, 열심히 하기를 요구한다고 말하는 고등학생들은 개인적으로 잘 맞는 직업을 선택하고 성공하는 것에 대해 더 자신감을 느낀다(Metheny, McWhirter, & O'Neil, 2008). 그리고 종단 연구에서 교육적 성취에 대한 선생님의 기대는 부모의 기대보다 더 강하게 고등학교 졸업 2년 후의 학생들의 대학 재학을 예측했다(Gregory & Huang, 2013; Sciarra & Ambrosina, 2011). 선생님의 기대는 사회경제적 지위가 낮은 학생들에서 가장 중요했다.

이러한 결과는 긍정적인 사제관계를 촉진해야 할 이유를 제공하는데, 특히 사회경제적 지위가 낮은 가정의 고등학생의 경우 더욱 그렇다. 학생들을 격려하고 가능성에 대해 의사소통하는 선생님은 이들의 탄력성의 중요한 원천이 될 수 있다.

성 고정관념 지난 40년간 젊은 여성들은 주로 남성들이 차지하던 직업에 점점 더 많은 관심을 나타냈다(Gati & Perez, 2014; Gottfredson, 2005). 전통적이지 않은 직업에 대한 여성들의 관심은 딸에게 직업 지향적 본보기 역할을 하는 일하는 어머니 수가 급증한 것과 동시에 성역할 태도가 변화한 것으로 흔히 설명할 수 있다.

그러나 남성 지배적인 직종에 여성이 진출하고 역량을 발휘하는 것은 느리게 진전되었다. 표 3.2에서 볼 수 있듯이, 지난 30년간 미국의 여성 건축가, 엔지니어, 변호사, 의사, 경영자의 비율이 증가했음에도 여전히 전체 성비에 비하면 한참 못 미치는 정도이다. 여성은 여전히 보수가 더 적고 전통적으로 여성적인 분야인 사회복지사, 교육직, 도서관 사서, 간호직 등에 집중되어 있다(U.S. Department of Labor, 2016a). 사실상 모든 분야에서 여성의 성취는 남성의 성취보다 뒤떨어지는데, 남성들이 더 많은 책을 쓰고 더 많은 발견을 하며 더 많이 리더의 자리를 차지하고 더 많은 예술 작품을 만들어낸다.

이러한 극적인 성차는 능력의 차이로 설명할 수 없다. 제1장에서 보았듯이 여학생이 읽기와 쓰기를 더 잘하고, 수학은 남학생이 잘하지만 성차가 작고 점점 줄어들고 있다. 능력의 차이보다는 성 고정관념적 메시지가 핵심적인 역할을 한다.

표 3.2 1983년, 2015년 미국의 다양한 직업에서의 여성 비율

직업	1983년	2015년
건축가, 엔지니어	5.8	15.1
변호사	15.8	34.5
의사	15.8	37.9
경영자	32.4	39.2[a]
작가, 예술가, 연예인	42.7	47.6
사회복지사	64.3	83.8
초등학교, 중학교 선생님	93.5	80.7
고등학교 선생님	62.2	59.2
대학 교수	36.3	46.5
도서관 사서	84.4	83.0
간호사	95.8	89.4
심리학자	57.1	70.3

출처 : U.S. Department of Labor, 2016a.

[a] 모든 직급의 실무자와 관리자도 이 비율에 포함되었다. 2016년 현재, 포춘(Fortune)이 선정한 500대 기업의 최고경영자 중 여성 비율은 4%에 불과하지만 이는 10년 전에 비해 2배 많은 수치이다.

여학생이 남학생보다 더 좋은 성적을 받지만 자신의 능력에 대해 자신감을 덜 가진 채로 중학교에 입학하고 자신의 성취를 과소평가하며 STEM 관련 직업에 흥미를 덜 보이는 경향이 있다.

대학에서 많은 여성들의 진로에 대한 열망은 남성이 우세한 분야에서 성공하기 위한 자신의 능력과 기회에 대해 의문을 갖고 고된 일과 가정에서의 책임을 병행하는 것에 대해 걱정함에 따라 더 줄어들게 된다(Chhin, Bleeker, & Jacobs, 2008; Sadler et al., 2012). 수학과 과학에 재능이 있는 많은 여대생들은 과학 이외의 전공이나 STEM 이외의 분야를 선택한다. 과학적인 성향을 가진 50개국의 젊은이들에 대한 연구는 동일한 결과를 얻었는데, 모든 국가에서 여학생들은 생물학, 농업, 의학과 다른 건강 관련 직업을 선호한 반면 남학생들은 컴퓨터, 공학, 수학을 선호했다. 그리고 거의 예외 없이 남성은 자신의 과학 능력에 더 큰 자신감을 보였고, 성차는 개발도상국보다 선진국에서 상당히 크게 나타났다(Sikora & Pokropek, 2012). 경제적으로 발전된 국가에서 성별에 따른 과학 능력에 대한 믿음이 훨씬 더 깊이 뿌리내리고 널리 퍼진 것이라고 연구자들은 추측한다.

이러한 결과들은 여성들이 높은 직업적 포부를 발달, 유지하고 비전통적인 직업을 선택할 때 직면하는 특별한 문제

문화적 영향

직장에서의 남성성 : 전통적이지 않은 직업을 선택한 남자들

로스는 항상 공학을 전공하려고 계획했었지만, 대학 2학년 때 간호학 학위를 받겠다고 결심해서 가족과 친구들을 깜짝 놀라게 만들었다. 로스는 "나는 뒤돌아보지 않았어요"라고 말했다. "나는 그 일을 정말 좋아해요." 그는 빠른 승진과 여성 동료들의 높은 평가 같이 여성 직업 세계에서 남성이 갖는 몇 가지 장점을 언급했다. "하지만 다른 남성들은 내가 뭘 하는지 알자마자 내 능력과 남성성에 의문을 제기했어요"라고 실망하여 말했다.

로스처럼 여성이 우세한 직종에 진입하는 남성의 수가 천천히 증가하는 데 영향을 주는 요인은 무엇일까? 전통적인 직업을 갖는 남성들과 비교했을 때, 이들은 사회적 태도에 있어 더 자유롭고, 성역할을 덜 구분하고, 자신의 직업의 사회적 지위에 덜 초점을 맞추며, 사람들과 함께 일하는 것에 더 흥미를 느끼는 경향이 있다(Dodson & Borders, 2006; Jome, Surething, & Taylor, 2005). 자신이 만족하는 직업이 일반적으로 남자들에게 적절하다고 여겨지지 않는 직업이더라도 선택할 수 있는 것은 아마도 이들의 성 고정관념이 유연하기 때문일 것이다. 그렇다고 해도 이들은 자신의 선택으로 인한 가능한 재정적 이익은 고려한다(Hardie, 2015). 그들은 보다 높은 평균 소득의 비전통적인 직업을 지향한다.

남자 간호사, 승무원, 초등학교 교사, 도서관 사서들과의 인터뷰는 로스의 관찰을 확인시켜준다—남성의 승진과 리더십에 대한 욕망이 크다는 고정관념에 따라 동료들은 이들이 실제보다 더 아는 것이 많다고 생각했다. 이러한 남성들은 직무 배치를 선택하거나 감독직으로 빨리 옮길 수 있는 기회를 제안받았다고 보고하지만, 대부분은 이런 승진을 추구하지 않았다(Simpson, 2004; Williams, 2013). 한 선생님은 이렇게 말했다. "나는 그저 교실에서 좋은 선생님이 되고 싶어요. 그게 무슨 문제가 있나요?"

그러나 이들의 선택에 대해 다른 사람들이 어떻게 반응했는지 물어보면, 많은 남성들은 대개 다른 남성으로부터 오명을 쓰는 것에 대해 걱정한다. 이런 감정을 가라앉히기 위해 이들은 종종 여성적인 이미지를 최소화하는 방식으로 자신의 직업에 대해 설명한다. 예를 들어 몇몇 도서관 사서는 자신의 직함을 '정보과학자'나 '연구원'이라고 언급하며 기술적 요건을 강조했다. 간호사들은 때때로 사고나 응급상황 같이 매우 자극적인 분야를 전문으로 하여 여성적인 업무 정체성과 거리를 둔다(Simpson, 2005). 이러한 압박에도 불구하고, 로스의 경우와 같이 직업 선택으로 인한 높은 수준의 개인적인 편안함이 업무가 여성적이라는 대중적인 이미지에 대한 불안감보다 큰 것으로 보인다.

그럼에도 남성들은 전통적이지 않은 직업을 준비하는 여성들이 겪는 것과 유사한 장애물에 직면하게 된다. 예를 들어 간호대학의 남학생들은 남자 멘토가 부족하다는 점과 여성 교육자들의 암묵적 차별과 비협조적 행동으로 인한 냉정한 교육 환경을 종종 언급한다(Meadus & Twomey, 2011). 그리고 대부분은 섬세함과 보살핌을 요하는 직업에서처럼 전형적으로 '여성적'인 측면을 수행하는 데 있어 여성보다 능

이 초등학교 선생님은 여성이 우세한 직장에 들어가는 증가하는 남성들 중 하나이다. 전통적인 직업을 갖는 남성들과 비교했을 때 성 역할을 덜 구분하고 사람들과 함께 일하는 것에 더 흥미를 느낄 것이다.

력이 떨어진다는 견해에 직면한다. 이러한 경험은 업무 관련 스트레스를 증가시킬 수 있다(Sobiraj et al., 2015). 이러한 결과들은 남성들에서도 동일한 성별의 역할 모델과의 지지적인 관계와 더불어 성 차별적인 생각과 행동을 끝내는 것이 비전통적인 직업으로의 진입을 용이하게 할 것이라는 점을 드러낸다.

들을 교육자들이 민감하게 받아들이게 할 수 있는 프로그램이 몹시 필요하다는 것을 보여준다. 젊은 여성들의 열망은 그들의 능력에 맞는 목표를 설정하도록 돕는 진로 지도와 수학, 과학 과목에서의 경험을 쌓아주기 위한 방법을 강구하는 교수들에 대응하여 증가한다. 여성 과학자, 공학자와의 접촉은 STEM 분야에 대한 여학생들의 관심과 성공에 대한 기대를 증가시킨다(Holdren & Lander, 2012). 그리고 이러한 멘토링은 특히 여성에게 중요한 이타적인 가치가 어떻게 STEM 직업에서 충족될 수 있는지 여학생들이 알도록 도울 수 있다.

여성에 비해 남성에서 비전통적인 직업에 대한 관심은 거의 변하지 않았다. 여성이 우세한 직업을 선택하는 남성의 동기와 경험에 대한 연구는 '문화적 영향' 글상자에서 확인할 수 있다.

대학에 다니지 않는 청년의 직업 준비

샤리즈의 남동생인 레온은 실업계 고등학교를 졸업했다. 고등학교 졸업장이 있는 미국 젊은이의 약 1/3과 같이, 레온은 대학에 진학할 계획이 없다. 레온은 학교에 다닐 때 지역의 쇼핑몰에서 아르바이트로 사탕을 판매하는 일을 했었다. 졸업 후에는 데이터 처리 관련 직장에 가길 희망했지만, 6개월이 지난 후에도 사탕 가게의 아르바이트생이다. 레온은 많은 취업 지원서를 냈지만 면접 기회조차 얻지 못했다.

레온이 학생 때 가졌던 직장 이외의 다른 직장을 찾지 못하는 것은 대학에 진학하지 않은 미국 고교 졸업생들이 전형적으로 처하는 상황이다. 이들은 고등학교를 중퇴한 젊은이들보다는 직장을 찾을 가능성이 높지만, 수십 년 전의 고등학교 졸업생에 비해 직장을 구할 기회가 적다. 계속 교육을 받지 않는 최근 미국 고등학교 졸업생의 약 20%는 무직이다(U.S. Department of Labor, 2015a). 직장을 구한 경우에도 대부분은 보수가 적고 특별한 훈련이 필요하지 않은 일을 한다. 게다가 이들은 학교에서 직장으로 옮길 때 직업 상담이나 직업 소개에 대한 대안이 거의 없는 실정이다.

미국의 고용주들은 최근의 고등학교 졸업생들이 숙련된 사업, 제조업, 수공업에 필요한 준비가 안 되어 있다고 생각한다. 실제로 이는 어느 정도 사실이다. 제1장에서 언급한 것처럼, 유럽의 국가와는 달리 미국에서는 대학에 가지 않는 젊은이들을 훈련하는 체계가 널리 보급되어 있지 않다. 결과적으로 대부분은 일과 관련된 기술을 배우지 못하고 졸업한다.

독일에서는 김나지움(대학 준비를 위한 고등학교)에 가지 않는 젊은이들이 경제 및 산업 분야에 진입하기 위한 세계에서 가장 성공적인 실무 경험 견습 시스템 중 하나를 이용할 수 있다. 독일 젊은이들의 약 60%가 여기에 참여한다. 이들은 15세나 16세에 정규 교육을 마친 후 나머지 2년을 베루프슐레에서 의무교육으로 보내게 되는데, 여기에서는 시간제 직업 교육과정을 교육자와 고용주가 공동으로 기획한 견습과정과 결합한다. 학생들은 300개가 넘는 블루칼라와 화이트칼라 직업의 업무 환경에서 훈련을 받는다. 프로그램을 마치고 자격시험에 통과한 견습생은 숙련된 직원으로 인정받으며 노조에서 정한 임금을 받는다. 프로그램이 유능하고 헌신적인 노동력을 보장한다는 것을 알기 때문에 기업에서는 재정 지원을 제공한다. 많은 견습생들은 그들을 훈련시킨 회사에 높은 보수를 받고 고용된다(Audretsch & Lehmann, 2016). 이 견습 시스템으로 인해 독일의 실업률은 8% 이하로 유럽의 18~25세 중 가장 낮다.

독일의 성공적인 시스템과 이와 유사한 오스트리아, 덴마크, 스위스, 그리고 몇몇 동유럽 국가의 시스템은 미국 젊은이들에서도 국가 차원의 견습 프로그램이 고등학교에서 직장으로 효과적으로 이행하는 데 도움이 될 수 있다는 것을 시사한다. 학교와 직장을 결합시키는 것은 대학에 가지 않는 젊은이들이 졸업 직후 생산적인 삶을 살도록 돕는 것, 위기에 있는 젊은이가 학교에 머무르도록 동기를 부여하는 것, 국가의 경제 성장에 기여하는 것과 같은 장점이 있다. 그러나 견습 시스템을 시행하는 것은 고용주가 직업 훈련에 책임감을 갖지 않으려 하는 것을 극복하는 것, 학교와 기업 간 협력을 보장하는 것, 사회경제적 지위가 낮은 젊은이들이 가장 숙련이 필요 없는 견습직에 집중되거나 아무 견습직도 찾지 못하는 것처럼 독일에서도 아직 완전히 극복하지 못한 주요 당면 과제들을 갖는다(Lang, 2010). 최근 미국에서 시행되고 있는 소규모의 학교와 직장 협력 프로젝트는 이러한 문제들을 해결하고 학습과 업무 간 다리를 형성하고자 시도하고 있다.

직업 발달은 평생의 과정이나 청소년기와 성인 초기는 직업 목표를 설정하고 경력을 시작하는 데 있어 결정적인 시기이다. 경제적으로 또 개인적으로 만족스러운 직장생활을 하기 위한 준비가 잘 되어 있는 젊은이는 보다 생산적인 시민, 헌신적인 가족, 만족한 사람이 될 가능성이 훨씬 높다. 가족, 학교, 기업, 지역사회 그리고 사회 전체의 지지는 긍정적인 결과에 크게 기여할 수 있다. 제4장에서는 진로를 설정하고 다른 인생 과업과 통합하는 문제에 대해 살펴볼 것이다.

묻고 대답하기

연관지어보기 여성이 남성 지배적인 직업으로 진입하고 능력을 발휘하는 것이 천천히 진행되는 것을 설명하는 데 도움을 주는 성 고정관념의 발달에 관해 이전 장에서 무엇을 배웠는가?

적용해보기 대학교 1학년 학생인 다이앤은 자신이 사람들과 함께 일하기를 원한다는 것을 알지만 아직 특정한 직업을 생각하고 있지 않다. 그녀의 아버지는 화학과 교수이고 어머니는 사회복지사이다. 다이앤이 직업 세계에 대한 인식을 넓히고 직업 목표에 집중하도록 돕기 위해 그녀의 부모님이 무엇을 할 수 있을까?

생각해보기 직업을 선택하는 과정에 영향을 준 개인적, 상황적 요인에 대해 설명해보자.

요약

신체 발달

성인 초기에 생물학적 노화가 진행된다

3.1 DNA, 체세포 수준과 신체 조직 및 기관 수준에서의 생물학적 노화와 관련된 최근 이론들에 대해 설명한다.

- 10대와 20대에 신체 구조의 능력과 효율성이 최대치에 도달하면 생물학적 노화가 시작된다.

- 특정 유전자의 프로그램된 효과가 연령과 관련된 어떤 생물학적 변화를 통제할 수 있다. 예를 들어 **텔로미어**의 단축은 질병과 기능 상실의 원인이 되는 세포의 노화를 초래한다.
- DNA는 일정하지 않은 변화가 누적됨에 따라서도 손상될 수 있는데, 이에 따라 세포의 재생과 교체가 비효율적이 되며 비정상적인 암세포가 생긴다. 한때 연령과 관련된 DNA와 세포 손상의 주범으로 여겨졌던 **자유라디칼**의 방출은 세포 내 DNA 재생 체계를 활성화시켜 수명을 연장할 수 있다.
- **노화의 교차결합이론**은 단백질 섬유들이 시간이 지나면서 서로 연결되고 덜 유연하게 되어 여러 기관에서 부정적인 변화를 초래한다는 것을 시사한다. 내분비체계와 면역체계의 기능 저하도 노화의 원인이 된다.

신체 변화

3.2 노화로 인한 신체 변화 중에서 특히 심혈관계와 호흡계, 운동 수행, 면역체계, 생식능력에 집중해 설명한다.

- 점진적인 신체 변화는 성인 초기에 일어나고 후에 가속화된다. 심장과 폐 활동의 감소는 운동하는 동안 명백하게 나타난다. 심장병은 생활양식의 변화와 의학의 진보로 20세기

이후 감소했음에도 불구하고 성인들의 주된 사망 원인이다.

- 속도, 힘, 큰 신체 협응이 요구되는 운동기술은 20대 초반에 정점에 도달한다. 지구력, 팔-손의 안정성, 조준이 요구되는 운동기술은 20대 후반에서 30대 초반에 정점에 도달한다. 생물학적 노화보다는 비활동성이 연령과 관련된 운동 수행 저하의 주된 원인이다.
- 흉선의 수축과 신체적, 심리적 스트레스에 대처하는 것의 어려움 때문에 20세 이후에 면역 반응이 감소한다.
- 여성은 생식능력은 난자 수와 질의 감소 때문에 연령이 증가함에 따라 저하된다. 남성의 경우, 정액의 부피와 정자 운동성이 35세 이후 점차적으로 감소하고 비정상적인 정자의 비율이 높아진다.

건강과 신체단련

3.3 사회경제적 지위, 영양, 운동이 건강에 미치는 영향에 대해 기술하고, 성인기의 비만에 대해 논의한다.

- 사회경제적 지위와 연관된 건강상 불평등은 성인기에 증가한다. 건강 관련 환경과 습관이 이러한 불균형의 바탕이 된다.
- 앉아서 생활하는 방식과 설탕, 지방이 많은 식단이 미국에서 유행하는 과체중과 비만의 원인이 된다. 과체중은 심각한 건강 문제, 사회적 차별, 조기사망과 연관이 있다.
- 성인기의 체중 증가는 **기초대사율**(BMR)의 감소를 반영하지만 많은 젊은이들이 과체중이다. 효과적인 치료는 규칙적인 운동과 칼로리가 낮은 건강한 식습관의 병행, 섭취한 음식과 몸무게를 기록하는 것, 사회적 지지, 그리고 문제 해결 기술을 가르치는 것을 포함한다.
- 규칙적인 운동은 체지방을 감소시키고 근육을 키우며 질병에 대한 저항력을 기르고 인지 기능과 심리적 안녕감을 향상시킨다.

3.4 가장 흔하게 남용되는 물질은 무엇이며, 그것이 건강에 끼칠 수 있는 위험은 무엇인가?

- 담배, 대마초, 알코올은 가장 흔하게 남용되는 물질이다. 대부분의 흡연자들은 21세 이전에 흡연을 시작하는데, 뼈의 질량 감소, 심장마비, 뇌졸중, 여러 종류의 암을 포함하는 여러 건강 문제의 위험이 증가한다.
- 과음하는 사람의 약 1/3은 알코올중독으로 고통 받는데, 유전과 환경이 모두 알코올중독에 영향을 준다. 알코올은 간 및 심혈관 질환, 특정 암 및 기타 신체 질환, 자동차 사고로 인한 사망, 범죄, 성 강요와 관련되어 있다.

3.5 젊은 성인의 성적 태도와 행동에 대해 기술하고 성병과 성 강요에 대해 논의한다.

- 대부분의 성인은 매체에서 시사하는 것만큼 성적으로 활발하지 않지만, 더 넓은 범위의 성적 선택과 생활방식을 보여주며 이전 세대보다 많은 성 파트너를 갖는다.
- 헌신적인 관계에 있는 성인들은 성생활이 매우 만족스럽다고 보고한다. 단지 소수만이 지속적인 성 문제를 보고하는데, 이러한 어려움은 생물학적 요인, 낮은 사회경제적 지위, 심리적 스트레스와 관련 있다.

- 동성 커플에 대한 태도는 보다 수용적이 되었다. 동성 연인은 이성 연인처럼 교육 수준과 배경이 유사한 경향이 있고, 헌신적인 관계에서 보다 만족스러워한다.
- 성 매개 감염(STIs)은 20대 전반에 걸쳐 지속적으로 일어난다. 여성에서 장기적인 건강상 위험이 더 크다. 가장 치명적인 성 매개 감염인 AIDS는 빈곤한 소수집단의 이성애자 접촉과 남성과 성관계를 갖는 남성을 통해 가장 빠르게 확산된다.

- 대부분의 강간 피해자는 25세 이하 여성으로, 잘 아는 남성에 의해 피해를 입는다. 가해자의 개인적 특성, 그리고 강한 성 고정관념과 폭력에 대한 문화적 수용이 성 강요의 원인이 된다. 자주 보고되지 않고 당국의 눈에도 잘 띄지 않지만, 남성 또한 피해자이다. 강간 생존자는 성별에 관계없이 극심한 정신적 외상을 경험한다.

3.6 어떻게 심리적 스트레스가 건강에 영향을 미치는가?

- 만성적인 심리적 스트레스는 심혈관 질환, 여러 종류의 암, 위장장애를 초래하는 신체 반응을 유도한다. 성인 초기의 도전적인 과제들은 스트레스를 증가시킨다. 젊은이들은 지지적인 사회적 관계를 형성함으로써 스트레스를 감소시킬 수 있다.

인지발달

사고 구조의 변화

3.7 성인 초기에 사고가 어떻게 변화하는지 설명한다.

- 성인 초기 대뇌피질의 발달로 전두엽의 인지 제어 네트워크의 미세 조정이 지속되어 뇌의 정서/사회 네트워크와 더 좋은 균형을 이루게 되는데, 이로 인해 계획, 추론, 문제 해결이 향상된다.
- 피아제의 형식적 조작 단계를 넘어서는 인지 발달은 **후형식적 사고**로 알려져 있다. 성인 초기에 개인적 노력과 사회적 경험이 결합되어 점점 더 합리적이고 유연하며 실용적인 사고방식을 촉발한다.
- **인식적 인지**에 관한 페리의 이론에서, 대학생은 정보를 옳고 그름으로 나누는 **이원적 사고**에서 진리가 여러 개라는 것을 인식하는 **상대적 사고**로 옮겨 간다. 가장 성숙한 사람은 모순을 통합하는 **상대적 사고 전념**으로 나아간다.
- 인식적 인지의 발달은 상위인지가 증가하는 것에 달려 있다. 도전적이고 체계적이지 않은 문제를 동료들과 협력하여 해결하는 것이 특히 도움이 된다.
- 라부비-비에의 이론에서, 전문화에 대한 필요성은 성인들이 가설적 사고에서 실용적 사고로 옮겨 가도록 동기부여한다. 실용적 사고는 현실 세계의 문제를 해결하는 도구로서 논리를 이용하고, 모순, 불완전함, 타협을 수용하는 것이다. 성인들의 숙고 능력이 향상되면 긍정적, 부정적 느낌을 하나의 복잡하고 조직화된 구조로 통합하는 **인지정서적 복잡성**이 증가한다.

전문성과 창의성

3.8 전문성과 창의성이 성인의 사고에서 어떤 역할을 하는가?

- 대학과 직장에서의 전문 분야는 **전문성**으로 이어지는데, 전문성은 문제 해결과 창의성에 필수적이다. 창의성은 성인 초기에 증가하여 30대 후반이나 40대 초반에 정점에 달하는 경향이 있기는 하지만, 발달의 양상은 각 분야와 개인에 따라 다양하게 나타난다. 다양한 개인적, 상황적 요인들이 함께 창의성을 촉진한다.

대학 경험

3.9 젊은이의 삶에 대학교육이 미치는 영향을 기술하고 중퇴의 문제점을 논의한다.

- 대학생들의 학문적, 비학문적 탐색은 모두 지식과 추론 능력의 향상, 태도와 가치의 확장, 자기이해와 자존감의 향상, 확고한 정체성을 가져온다.
- 개인 요인과 학교 요인이 대학 중퇴의 원인이 되는데, 중퇴는 입학 요건이 까다롭지 않은 대학과 사회경제적 지위가 낮은 가정의 소수인종 학생에서 보다 흔하다. 중퇴 위험이 높은 학생들에게 관심을 보여주는 개입이 그들에게 도움이 된다.

직업 선택

3.10 직업 선택의 발달을 기술하고, 이것에 영향을 주는 요인들을 제시한다.

- 직업 선택은 아동이 공상하며 직업 선택을 탐구하는 **공상의 시기**, 10대들이 자신의 흥미, 능력, 가치로 직업을 평가하는 **시험적 시기**, 젊은이들이 직업 범주를 정하고 특정한 직업을 선택하는 **현실적 시기**를 거쳐 간다.

- 직업 선택은 성격, 부모가 제공해주는 교육 기회·직업 관련 정보·격려, 그리고 높은 교육적 기대를 갖는 선생님과의 가까운 관계의 영향을 받는다.
- 남성이 우세한 직업에 여성이 진입하는 것은 더디게 진행되고 있으며, 사실상 모든 분야에서 여성의 업적은 남성의 업적에 뒤처진다. 성 고정관념적 메시지가 핵심적인 역할을 한다.

3.11 대학을 다니지 않는 미국의 젊은이들이 직업을 준비할 때 직면하는 문제에 어떤 것들이 있는가?

- 대학에 가지 않은 대부분의 미국 고등학교 졸업생은 보수가 적고 숙련된 기술이 필요 없는 직업을 갖고 있고, 무직자도 많다. 유럽에서 널리 이용되고 있는 실무 경험 견습은 이러한 젊은이들이 학교에서 직장으로 이행하는 데 도움을 줄 수 있다.

주요 용어 및 개념

공상의 시기	상대적 사고 전념	유리기	전문성
기초대사율	생물학적 노화	이원적 사고	텔로미어
노화의 교차결합이론	시험적 시기	인식적 인지	현실적 시기
상대적 사고	실용적 사고	인지정서적 복잡성	후형식적 사고

CHAPTER 4

성인 초기의 정서 및 사회성 발달

니카라과 비영리 단체의 19세 봉사자가 어느 작은 마을의 아이들에게 쓰는 법을 가르치고 있다. 선진국의 많은 젊은이들에게 있어 성인 초기로의 이행은 태도, 가치, 삶의 가능성을 오랫동안 탐험하는 시간이다.

26세에 석사학위를 마친 후 샤리즈는 고향으로 돌아갔고, 그곳에서 어니와 곧 결혼할 것이다. 1년간의 약혼 기간 동안 샤리즈는 관계를 지속해야 할지 망설이기도 했었다. 때로는 아직 마음을 정한 사람이 없어서 그녀 앞에 놓인 여러 가지 선택들을 자유롭게 고를 수 있는 헤더가 부럽기도 했다. 대학을 졸업한 후 헤더는 평화 봉사단에서 가나의 외딴 지역으로 파견되었고 다른 봉사자와 사랑에 빠졌지만 근무가 끝날 때 그 관계도 끝났다. 그러고 나서 다음 단계에 대해 생각하기 위해 미국으로 돌아오기 전 8개월을 여행했다.

샤리즈는 크리스티와 그녀의 남편인 게리의 생활환경에 대해서도 곰곰이 생각해보았다. 이들은 20대 중반에 결혼하고 첫아이를 낳았다. 게리는 수업을 잘했지만 고등학교 교장과의 관계가 나빠져서 첫해가 끝날 때 학교를 그만두었다. 치열한 취업시장에서 게리가 다른 자리를 찾는 것이 어려웠고, 경제적 압박과 자녀 양육 때문에 크리스티는 자신의 학업과 장래계획을 중단할 수밖에 없었다. 샤리즈는 가정생활과 직장생활을 모두 잘하는 것이 과연 가능한지 의문을 갖게 되었다.

결혼식이 다가오면서 샤리즈의 갈등은 더욱 심해져 그녀는 어니에게 아직 결혼할 준비가 되지 않은 것 같다고 털어놓았다. 샤리즈를 사랑하는 어니의 마음은 교제 기간 동안 더 강해졌고, 그는 그런 마음을 샤리즈에게 확인시켜 주었다. 어니는 회계사로 2년간 일해 왔고, 28세가 되어 결혼해서 가정을 꾸리려는 것이었다. 확신이 없고 갈등되는 상태로, 친지와 친구들이 도착하자 그녀는 결혼식장으로 쓸려가는 것 같이 느꼈다. 심지어 결혼식 날에도 그렇게 느꼈다.

이 장에서는 성인 초기의 정서적, 사회적 측면에 대해서 살펴볼 것이다. 샤리즈, 어니, 헤더가 때때로 길을 헤매면서 성인의 역할로 서서히 나아간 것에 주목하자. 이들은 20대 중반에서 후반이 되어서야 지속적으로 경력을 쌓고 연인을 선택하고 완전한 경제적 독립을 이루었다. 이전 세대의 젊은이들은 대략적인 성인기의 표시로 여겨지는 이러한 상태에 보다 일찍 도달했다. 이들 각각은 부모님과 다른 가족들로부터 재정적 지원과 다른 형태의 지원을 받았고, 이 때문에 성인의 역할을 맡는 것을 미룰 수 있었다. 인생 선택권들을 오랜 기간 탐색하는 것이 매우 광범위하게 나타나서, 이를 설명하고 이해할 수 있는 새로운 발달 단계 ─ 성인기 진입 단계(emerging adulthood) ─ 로 구분할 가치가 있는지 생각해볼 것이다.

정체성 발달은 10대 후반에서 20대 중반까지 계속해서 가장 중요한 중심이라는 제2장의 내용을 기억하자. 젊은이들이 단단한 정체성을 획득하면 친밀하고 애정 어린 관계를 찾게 된다. 그렇지만 20대는 삶의 사건들에 대한 개인적인 통제감이 증가하는 시기인데, 사실 이들이 살면서 다시 경험할 수 있는 것보다 더 강한 통제감이다(Ross & Mirowsky, 2012). 아마도 이러한 이유 때문에, 샤리즈와 같이 많은 젊은이들은 자유를 잃는 것을 종종 두려워한다. 이 갈등이 일단 해결되면 성인 초기는 새로운 가정과 부모 되기(parenthood)로 이어지는데, 이는 다양한 생활방식의 맥락에서 이루어진다. 동시에 젊은이들은 자신이 선택한 직업의 과제들을 숙달해야 한다.

우리의 논의는 정체성, 사랑, 그리고 일이 서로 엮여 있다는 것을 보여줄 것이다. 젊은이들은 이 세 가지를 타협하는 과정에서 선택하고 계획하고 방향을 바꾸는 것을 인생의 다른 어떤 시기보다 더 많이 하게 된다. 자신이 내린 결정이 스스로와 잘 맞고 또 사회적, 문화적으로도 잘 맞을 때 젊은이들은 많은 새로운 역량을 가지게 되고 인생이 충만하고 보람 있게 된다. ●

점진적 이행 : 성인기 진입 단계

4.1 성인기 진입 단계 동안의 정서적, 사회적 발달과 문화적 영향, 개인차에 대해 논의한다.

여러분 자신의 발달에 대해 생각해보자. 여러분은 스스로가 성인기에 도달했다고 생각하는가? 사회경제적 지위와 인종이 다양한 18~29세의 미국인 1,000명에게 이 질문을 하면, 18~21세 사이의 대다수는 '그렇기도 하고 그렇지 않기도 하다'라고 애매하게 답한다. 이렇게 응답하는 비율은 '그렇다'고 확신 있게 답하는 수가 연령이 증가함에 따라 늘어나면서 감소한다(그림 4.1 참조)(Arnett & Schwab, 2013). 유사한 발견들이 다양한 선진국에서 명백하게 나타난다(Arnett, 2007a; Buhl & Lanz, 2007; Nelson, 2009; Sirsch et al., 2009). 많은 현대 젊은이들이 추구하는 삶과 그에 대한 주관적인 판단은 성인 역할로의 이행이 매우 늦어지고 길어져서 10대 후반부터 20대 중, 후반까지 이어지는 **성인기 진입 단계**(emerging adulthood)라는 새로운 과도기를 낳았다는 것을 시사한다.

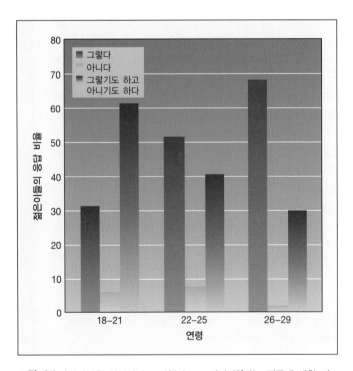

그림 4.1 '여러분은 성인기에 도달했다고 느낍니까?'라는 질문에 대한 미국 젊은이들의 응답 18~21세 사이의 대다수는 '그렇기도 하고 그렇지 않기도 하다'라고 답했다. 30%는 20대 후반이 되어서도 성인기로의 이행을 완수하지 못했다고 판단했다(J. J. Arnett & J. Schwab, 2013, *Clark University Poll of Emerging Adults, 2012: Thriving, Struggling, and Hopeful*, p. 7, Worcester, MA: Clark University. Adapted by permission of Jeffrey Jensen Arnett).

전례 없는 탐색

심리학자 제프리 아넷(Jeffrey Arnett, 2011)은 성인기 진입 단계를 구별되는 하나의 시기로 간주해야 한다고 주장하는 대표적인 학자이다. 청소년기와 성인기 사이의 이 새로운 단계는 다섯 가지 특징－사이에 끼어 있는 느낌(청소년도 성인도 아닌 느낌), 정체성 탐색(특히 사랑, 일, 세계관에서), 자기초점(자기중심적이 아닌 타인에 대한 의무가 없는 것), 불안정성(거주형태, 관계, 교육, 직장에서의 빈번한 변화), 가능성(다양한 삶의 방향을 선택할 수 있는 것)－으로 정의된다. 아넷이 설명하는 것처럼, 성인기로 진입하는 이들은 청소년기를 떠나지만 성인으로서의 책임을 지는 것에서도 어느 정도 거리를 둔다. 대신 경제력이 있는 젊은이들은 10대 때보다 더 열심히 교육, 일, 개인적 가치와 행동에서 대안적 선택들을 탐색한다.

　아직 성인 역할에 몰두하지 않은 성인기로 진입하는 젊은이들은 가능한 가장 넓은 범위의 활동에 참여할 수 있다. 사회적으로 기대되는 것이 아주 적기 때문에, 책임감 있는 성인으로 가는 길은 그 시기나 순서에 있어서 개인차가 매우 크다(Côté, 2006). 예를 들어 많은 대학생들이 진로를 탐색하는 과정에서 전공을 바꾸거나, 아르바이트를 하면서 수업을 듣거나, 일, 여행 혹은 국내나 해외 봉사에 참여하기 위해 학업을 중단하는 것처럼 과거 세대에 비해 직선 코스에서 벗어난 방식으로 학업을 진행해 나간다. 미국 대학 졸업생의 약 1/3이 대학원에 진학하여 그들이 원하는 진로에 정착하는 데 훨씬 더 오랜 시간이 걸린다(U.S. Department of Education, 2015).

　이러한 경험들의 결과로서 젊은이들의 관심사, 태도, 가치는 넓어진다. 다양한 관점에의 노출은 젊은이들이 스스로를 더 가까이 볼 수 있게 도와준다. 따라서 이들은 시간이 지남에 따라 변화하는 자신의 특질과 가치에 대한 인식을 포함하는 보다 복잡한 자기개념을 발달시키게 되고, 자존감이 높아진다(Labouvie-Vief, 2006; Orth, Robins, & Widaman, 2012). 종합하면, 이러한 발달은 정체성의 발전에 기여한다.

정체성 발달　대학 시절 동안, 젊은이들은 정체성을 형성하기 위한 방법을 다듬는다. 폭넓은 탐색(여러 가능성을 저울질하고 전념하는 것)뿐만 아니라 깊이 있는 탐색(기존의 전념을 평가하는 것)도 늘어난다(Crocetti & Meeus, 2015; Luyckx et al., 2006; Schwartz et al., 2013). 예를 들어 전공을 아직 선택하지 않았다면 광범위한 과목의 수업을 들어볼 수 있을 것이다. 일단 전공을 선택하고 나면 자신의 관심사, 동기, 수행과 그 분야의 추가적인 수업을 들었을 때의 직업 전망을 생각하는 것처럼 심층 평가에 착수할 것이다. 평가 결과에 따라 전공에 더욱 전념하여 자기감에 통합시키거나, 전념할 다른 대안을 찾으며 선택권을 재고하게 된다.

유럽, 중동, 아시아의 다양한 문화권의 대학생 6,000명 이상을 대상으로 실시한 연구에서 대부분은 전념에 대한 깊이 있는 평가와 재고-자신의 재능, 잠재력과 잘 맞지 않거나 다른 이유로 불만족스러울 때-를 되풀이했다(Crocetti et al., 2015). 여러분의 정체성 발달에 대해 생각해보자. 자신의 선택에 확신을 가질 때까지 깊이 있는 탐색과 재고의 피드백을 반복하며 정체성을 형성하는 **이중 사이클 모델**에 들어맞는가? 제2장에서 기술한 많은 젊은이들이 보여주는 정체성 수준의 변화를 설명하는 데 이 모델이 어떻게 도움이 되는지에 주목하라. 깊이 있는 탐색에서 전념에 대한 확신으로 이동한 대학생들은 자신에 대해 보다 일관성 있는 설명을 하고, 자존감, 심리적 안녕감, 학문적·정서적·사회적 적응 수준이 높다. 지속적으로 전념하지 않으면서 탐색하는 데 시간을 보내거나 정체성이 분산된(아무런 탐색도 하지 않는) 사람은 잘 적응하지 못하는 경향이 있어서, 불안하고 우울하며 알코올과 약물 사용, 콘돔을 사용하지 않은 가벼운 성관계 및 기타 건강을 해치는 행동을 많이 한다(Kunnen et al., 2008; Schwartz et al., 2011).

결혼, 부모가 되는 것, 종교적인 믿음, 진로처럼 한때 사회적으로 구조화되었던 인생의 여러 측면이 이제는 개인이 스스로 결정할 문제로 남겨졌다. 그 결과 성인기로 진입하는 젊은이들이 자신의 정체성을 '개별화'하는 것이 필요한데, 이 과정은 자기효능감, 계획능력과 목적, 장애물을 극복하기 위한 투지, 결과에 대한 책임감을 요구한다. **개인적 주체성** (personal agency)으로 불리는 이러한 자질들은 다양한 인종, 사회경제적 지위의 젊은이들에게서 정보를 수집하는 인지 양식, 그리고 전념에 대한 확신으로 이어지는 정체성 탐색과 연관이 있었다(Luyckx & Robitschek, 2014).

그럼에도 불구하고 어떤 문화에서는 지속적으로 전념하는 데까지 더 오래 걸린다. 예를 들어 이탈리아 젊은이들은 자립할 만큼 충분히 벌어도 보통 약 30세까지 집에서 산다. 대부분은 결혼할 때에만 집을 떠난다. 20대의 이탈리아인은 흔히 정체성 전념을 보류하는데, 이들에게 자유와 인정, 그리고 정체성의 대안을 실험하기 위한 경제적 지원을 허락하는

부모로 인해 이 기간이 늘어난다(Crocetti, Rabaglietti, & Sica, 2012). 그 결과, 장기간의 깊이 있는 탐색을 한 성인기로 진입하는 이탈리아인은 다른 문화의 젊은이들보다 잘 적응하는 경향이 있다.

세계관 성인기로 진입하는 대부분의 젊은이들은 세계관 혹은 살아갈 일련의 신념과 가치를 구성하는 것이 성인의 지위를 얻기 위해 필수적이라고 말한다. 심지어 교육을 마치고 직장과 결혼생활에 정착하는 것보다 중요하다고 말한다(Arnett, 2007b). 오늘날의 젊은이들은 '자기 중심주의 세대 (generation me)'라는 말이 시사하는 것처럼 자기중심적인 세계관을 구축할까?

이 주제는 열띤 논쟁을 불러일으켰다. 전국을 대표하는 큰 규모의 젊은 미국인 표본에게서 수십 년 동안 반복적으로 모은 자료를 분석한 결과, 밀레니얼 세대는 이전 세대보다 나르시시즘(자기중심적 자아도취)과 물질주의(돈과 여가를 가치 있게 생각하고 불우한 사람에 공감하지 못하는 것)를 더 많이 보고했다(Gentile, Twenge, & Campbell, 2010; Twenge, 2013).

그러나 다른 연구자들은 자기중심주의와 다른 특성에서의 세대 변화가 의미 없을 정도로 작다고 주장한다(Paulsen et al., 2016). 그리고 청소년기에서 성인기 진입 단계로 그리고 중년기까지 확대되는 연령과 관련된 점진적인 자존감의 증가는 모든 세대에서 유사하게 나타난다. 오늘날 젊은이들의 평균 자존감 점수는 과거의 동일한 연령집단의 점수보다 높지 않다(Orth, Robins, & Widaman, 2012; Orth, Trzesniewski, & Robins, 2010). 이 기간에 걸쳐 성인들은 정체성을 형성하기 위해 전념하고, 직장에 진입하여 성공하고, 가정을 꾸리고, 지역사회에 속하는 것에서 유능감을 얻는다.

나아가, 대학생들에게 있어 물질적 부를 획득하는 것의 중요성은 지난 30년간 증가하지 않았다(Arnett, Trzesniewski, & Donnellan, 2013). 한 연구에서 18~29세 미국인 표본의 압도적 다수는 일을 즐기는 것이 돈을 많이 버는 것보다 중요하고, '세상에 도움이 되는' 일을 하는 것이 중요하다고 보고했다(Arnett & Schwab, 2013). 성인기로 진입하는 젊은이들은 직업적인 성공과 삶의 목적을 찾는 것과 같은 개인주의적 목표를 중요하게 여기지만, 이는 좋은 결혼생활과 강한 우정을 포함하는 관계 목표에 높은 가치를 둠으로써 균형을 이루게 된다(Trzesniewski& Donnellan, 2010).

살펴보기

대학에서 같은 수업을 듣는 친구들 10~15명에게 다음의 질문에 답해 달라고 해보자. 만약 여러분에게 10억 원이 있다면 무엇을 할 것인가? 응답자들이 얼마나 자주 자기중심적인 행동과 반대되는 친사회적 행동을 언급하는가?

시민적 및 정치적 헌신 연구 결과들은 또한 성인기로 진입하는 많은 젊은이들이 지역사회, 국가, 그리고 세계를 보다 나아지게 하기 위해 헌신한다는 견해를 지지한다. 200개가 넘는 미국 대학에 입학한 신입생 165,000명을 대상으로 한 조사에서, 기록적인 수의 학생이 지역사회 봉사에 참여할 것이라고 답했고 약 35%는 '그럴 가능성이 매우 높다'라고 말했다. 이는 한 세대 전보다 2배 늘어난 것이다(Eagan et al., 2013). 봉사하려는 사람들 중에 압도적 다수는 실제로 1학년 때 봉사를 한다(DeAngeleo, Hurtado, & Pryor, 2010). 전반적으로 성인기에 진입하는 젊은이들은 보다 나이 많은 성인들만큼이나 지역사회의 사업을 위해 다른 사람들과 협력하고 자선기금을 모을 가능성이 있다(Flanagan & Levine, 2010).

나아가 오늘날의 성인기에 진입하는 젊은이들은 이전 세대의 젊은이들과 비교했을 때 더 강한 다원적 성향(pluralistic orientation) — 인종, 민족, 성별, 성적 성향에 관계없이 개인에 대한 존중과 기회의 평등을 증진하는 다양한 사회에서 살아가는 성향 — 을 갖는다. 이들은 세계적인 문제를 해결하는 것에도 더 관심이 있다(Arnett, 2013). 전반적으로 성인기에 진입하는 젊은이들의 의도와 행동은 타인과 시민 참여에 대

집이 없는 참전용사들을 위해 봉사하는 지역사회 행사에서 한 미용학 전공 학생이 노인에게 자신이 잘라준 머리를 보여주고 있다. 성인기에 진입하는 많은 젊은이들은 지역사회 봉사에 참여하고 그들의 세계를 개선하기 위해 헌신한다.

한 상당한 배려와 관심을 반영하는데, 이를 통해 자존감, 목적의식과 의미, 사회적 기술, 사회적 네트워크의 향상과 스트레스, 불안, 우울, 반사회적 행동의 감소 같은 광범위한 이익을 얻는다(Núnez & Flanagan, 2016).

마지막으로, 현재 미국의 18~29세는 투표에 관해서는 '무관심한 불참'이라는 꼬리표가 붙어 있다. 투표율은 1990년대에 걸쳐 감소한 이후 2000년대에 올라가서 2008년에는 51%에 도달했고, 2012년에는 45%로 떨어졌지만 2016년에 다시 올랐다. 참여율은 내내 30세 이상 시민의 66% 이하로 유지되었다(Circle, 2013; Pew Research Center, 2016b). 성인기에 진입하는 젊은이들이 성인으로 가는 긴 여정은 비교적 낮은 투표율의 원인이 될 수 있다. 결혼, 진로, 재정적 안정에 대한 헌신과 책임감은 정치적 절차에 대한 이해관계를 증가시켜 유권자의 참여를 강화할 수 있다(Flanagan & Levine, 2010). 거의 모든 민주주의 국가에서 젊은이들의 투표율은 나이 많은 성인의 투표율보다 낮다. 투표하는 젊은이들의 대부분은 적어도 대학교육을 받았다. 모든 연령대에서 교육 수준이 낮은 성인들은 정치적으로 관련이 없다고 느낀다.

종교와 영성 청소년기의 경향성이 확장되어 젊은이들이 가정에서 배운 신념에 의문을 제기하고 개인적으로 의미 있는 대안을 찾게 되면서, 10대 후반에서 20대까지 종교의식에 참여하는 것이 감소한다. 18~29세 미국인의 1/3 이상은 특별한 신앙을 가지고 있지 않은데, 이는 부모 세대가 동일한 연령이었을 때보다 훨씬 더 많은 것이다(그림 4.2 참조)(Pew Research Center, 2014a, 2015a). 이들 대다수는 베이비부머의 자녀들인데, 이 부모들은 자녀들이 스스로를 생각하도록 격려한다. 종교기관(그리고 기타 다른 기관)이 너무 비판적이고 정치적이며 돈과 권력에 집중하는 것에 대해 걱정을 표현하는 밀레니얼 세대가 증가하고 있다.

그렇지만 미국 젊은이들의 약 절반 정도는 청소년기에서 성인기 진입 단계에 이르기까지 안정적으로 종교를 갖는다(혹은 무교로 남는다)(Pew Research Center, 2015a; Smith & Snell, 2009). 그리고 성인기에 진입하는 미국의 젊은이들은 그들의 종교적 신념과 관습에 있어서 꽤 전통적인 면이 있다. 종교는 다른 선진국의 젊은이들보다 그들의 삶에서 더 중요하다. 이전 세대와 유사하게, 종교가 없는 많은 사람들을 포함한 대부분의 사람들은 신을 믿으며 스스로를 종교적, 영적, 혹은 둘 다라고 말한다. 나아가, 종교가 있는 사람들

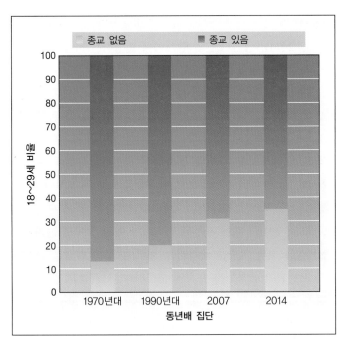

그림 4.2 18~29세 미국인의 세대에 따른 종교성 종교가 없는 젊은이의 비율은 1970년대부터 2014년까지 상당히 증가했다. 그러나 여전히 대다수는 종교를 갖고 있다(Pew Research Center, 2015a).

중 1/3 이상은 자신의 신심이 '깊다'고 말한다(Pew Research Center, 2010c, 2014a). 여성과 소수인종이 더 종교적인 경향이 있다(Barry & Abo-Zena, 2014). 10대 후반과 20대 초반에 신앙심이 깊어지는 소수의 젊은이들 중 대다수가 여성, 아프리카계 미국인, 히스패닉이다.

많은 젊은이들은 종교 단체에 속해 있든 아니든 자신만의 개별화된 신념을 형성하기 시작하고, 만약 대학에 다닌다면 종교적, 영적 신념과 경험에 대해 가족과 다른 어른보다는 친구들과 의논한다. 이러한 또래와의 대화가 영적 발달을 촉진한다(Barry & Abo-Zena, 2016; Barry & Christofferson, 2014). 성인기에 진입하는 젊은이들은 종종 동양과 서양의 종교 전통, 과학, 그리고 음악과 기타 매체 영상을 포함하는 대중문화 같이 다양한 자료를 엮어 신념과 관습을 만든다.

부모님이 권위 있는 방식으로 양육했다고 말하는 성인기에 진입하는 젊은이들은 종교적 또는 영적 신념을 가지고 부모와 유사한 종교 활동에 참여할 가능성이 높다(Nelson, 2014). 권위 있는 부모가 주는 따뜻함, 설명, 자율성이 자녀들에게 부모의 종교적 이데올로기에 대한 완전한 이해와 함께 다른 대안과 비교하여 평가할 수 있는 더 큰 자유를 제공하는 것으로 보인다. 그 결과 이들은 부모의 관점을 자신의 세계관에 통합시킬 가능성이 높다.

살펴보기

같은 수업을 듣는 친구 몇 명에게 그들의 종교적 혹은 영적 신념과 관습이 성인기 진입 단계에서 어떻게 변화했는지, 그러한 변화에 영향을 준 것으로 보이는 요인들은 무엇인지에 대해 인터뷰해보자.

청소년의 경우와 같이, 종교적이거나 영적인 성인기에 진입하는 미국의 젊은이들은 더 잘 적응하는 경향이 있다. 이들은 자존감과 심리적 안녕감이 보다 높고, 물질 사용, 반사회적 행동, 감정이 섞이지 않은 가벼운 성관계나 친구 사이에서의 가벼운 성관계에 덜 관여하며, 사회봉사에 더 자주 참여한다(Barry & Christofferson, 2014; Salas-Wright, Vaughn, & Maynard, 2015). 그러나 결과는 다양하게 나타난다. 심오한 종교적, 영적 갈등을 경험하는 사람들은 신체적, 정신적 건강상의 어려움에 처한다(Magyar-Russell, Deal, & Brown, 2014). 그리고 성 소수자인 젊은이들에게 있어 종교성은 부적응으로부터 보호하는 역할을 잘 하지 못한다. 종교집단이 보통 이들의 성적 성향을 지지하지 않는 것(때로는 비난하는 것)이 가능성 있는 이유이다(Ream & Rodriguez, 2014). 이들은 성 소수자 신분이 집회의 다양성에 기여하는 것으로 존중받는 종교집단으로부터 이익을 얻는다.

문화적 변화, 문화적 차이, 그리고 성인기 진입 단계

빠른 문화적 변화는 최근 등장한 성인기 진입 단계를 설명한다. 첫째, 많은 분야의 신입직은 과거보다 더 많은 교육을 요구해서 기록적인 수의 젊은이들이 고등교육을 받도록 유도한다. 이에 따라 경제적 독립과 직업에 전념하는 것이 지연된다. 둘째, 인구의 수명이 긴 부유한 나라들은 젊은이들의 노동력을 절실히 필요로 하지 않아서, 길고 풍부한 탐색을 할 경제적 여유가 되는 사람들을 자유롭게 한다.

사실 성인기 진입 단계는 성인 역할로 들어가는 것을 20대까지 미루는 문화로 제한된다. 개발도상국에서는 소수의 특권층(보통 대학에 입학한 유복한 집안의 자녀들)만이 성인기 진입 단계를 경험하는데, 흔히 이 기간은 서양의 성인기 진입 단계보다 짧다(Arnett, 2011). 뿐만 아니라 전통적인 경제(경제적 자원이 거의 없고 대체로 시골과 농장에 기반을 둔) 구조의 아프리카, 아시아, 남아메리카 지역 젊은이 중 압도적 다수는 성인기 진입 단계를 경험하지 않는다. 이들은 제한된 교육을 받은 채로 평생의 일, 결혼, 부모가 되는 것에 전형적으로 일찍 진입한다.

선진국에서는 많은 젊은이들이 이러한 과도기를 경험한다. 이들의 가정은 전형적으로 재정적 지원을 해줄 만큼 충분히 형편이 좋은데, 재정적 지원 없이 교육을 지속하고, 가능한 직업을 탐색하고, 성인기에 진입하는 한 젊은이가 말한 것처럼 '가능한 한 많은 경험을 하기 위해' 국내와 해외여행을 할 수 있는 사람은 거의 없다. 그리고 성인기에 진입하는 대부분의 젊은이들이 고등교육을 추구하거나 대학원 이상의 학위를 받지만, 대학에 가지 않는 일부 젊은이들 역시 이와 같은 성인 역할로의 길어진 과도기로부터 혜택을 받는다(Tanner, Arnett, & Leis, 2009). 그러나 그들은 대학 전공이나 여행보다는 다양한 종류의 일을 시도함으로써 이익을 얻는다.

그럼에도 불구하고, 서양 국가의 사회경제적 지위가 낮은 젊은이들 중 일찍 부모가 되어 부담이 있거나, 고등학교를 마치지 못했거나, 그렇지 않으면 학문적으로 대학을 갈 준비가 안 되었거나, 직업훈련을 받지 못하는 이들에게 성인기 진입 단계는 제한적이거나 존재하지 않는다(제1장, 제3장 참조). 이들은 보통 흥분, 탐색, 개인적인 확장 대신에 실직과 낮은 임금을 받는 막다른 직업 사이를 오간다(Arnett & Tanner, 2011).

사회경제적 지위와 높은 교육 수준의 강한 연관성 때문에 일부 연구자들은 성인기 진입 단계를 구별되는 삶의 단계로 간주하는 것에 반대한다('문화적 영향' 글상자를 보라). 다른 연구자들은 동의하지 않는데, 세계화(국가 간 아이디어, 정보, 사업, 이주의 교환)가 가속화되면서 성인기 진입 단계가 점점 더 흔해질 것이라고 예측한다. 세계화가 진행됨에 따라, 고등교육의 증가와 젊은이들 사이의 공통된 '세계적 정체성'의 형성은 성인기 진입 단계의 확산으로 이어질 수 있다(Marshall & Butler, 2016). 그러나 기회가 풍부한 성인기 진입 단계는 사회경제적 조건에 크게 좌우된다.

성인기 진입 단계의 위험요인과 탄력성

성인기 진입 단계의 기회를 접하는 대부분의 젊은이들은 이 시기를 신념과 가치를 확고히 하고, 교육적으로 성공하고, 친사회적 활동에 참여하고, 경력을 시작하는 번성하는 시기로서 경험한다. 그러나 상당수는 허둥댄다. 이들의 방향성이 부족하다는 것은 낮은 자존감, 높은 불안과 우울, 형편없는 학업성적, 높은 수준의 위험행동을 지속적으로 보이는 것에

서 명백하게 나타난다(Nelson & Padilla-Walker, 2013; Smith et al., 2011). 성인기 진입 단계에서 번성하는 사람과 허둥대는 사람을 구별할 수 있는 요인들은 무엇일까?

종단연구 결과는 '배운 것 적용하기'에 제시된 개인적 속성과 사회적 지지가 학위나 직업 관련 자격증을 완료하는 것, 보수가 좋은 직장을 찾고 유지하는 것, 친구·연인과 따뜻하고 안정적인 관계를 구축하는 것, 지역사회에 봉사하는 것, 삶에 대해 전반적으로 만족감을 느끼는 것처럼 이 기간을 성공적으로 지나가는 것을 촉진한다는 것을 시사한다(Tanner, 2016). 표에 제시된 자원들이 이전 장에서 논의했던 탄력성(도전과 역경을 극복하는 능력)을 통한 발달을 촉진하는 자원들과 중복된다는 것에 주목하라. 이러한 자원들을 더 많이 가진 젊은이들, 그리고 세 범주의 자원을 모두 가진 젊은이들은 아마도 특별히 순조롭게 성인기로 이행할 수 있을 것이다. 그러나 적은 자원만을 가진 일부 젊은이들도 성인기로 잘 진입한다.

아동기와 청소년기에서처럼 어떤 자원은 다른 자원을 강화한다. 부모와의 관계는 특히 광범위한 영향을 미친다. 청소년기에 확립된 연결과 분리의 균형이 확장된, 부모와 성인기에 진입하는 자녀의 안정적이고 다정한 유대는 적응적 기능의 여러 측면들(높은 자존감, 정체성 발달, 대학생활로의 성공적인 이행, 높은 학문적 성취, 보다 보람 있는 친구관계와 연인관계)을 촉진한다. 특히 자율성을 지지하는 양육(자녀가 직면하는 중대한 결정들을 부모가 인식하고 개인적으로 소중한 선택을 격려해주는 공감적인 접근 방식)은 성인기에 진입하는 젊은이의 심리적 안녕감과 연관이 있다(Kins et al., 2009). 한 연구의 심사자가 요약한 바와 같이, "성인기에 진입하는 젊은이들이 자립하는 데 도움을 주는 길로 보이는 것은 가정에서 연결되고, 안전하고, 이해받고, 사랑받는 느낌과 기꺼이 부모의 자원을 요청하고자 하는 마음이다"(Aquilino, 2006, p. 201).

반면, 지나친 연락과 심리적 통제(자녀가 도전에 직면했을 때 대신 해결하려는 것을 포함하여)로 표현되는 부모의 과잉보호는 우리가 방금 고려한 부적응의 지표들(낮은 자존감, 정체성 형성에서 전념하지 못하는 것, 높은 불안·우울·알코올 사용)과 관련 있다(Luyckx et al., 2007; Nelson et al., 2011; Patock-Peckam & Morgan-Lopez, 2009). 대중문화에서 헬리콥터 부모라고 불리는 다른 형태의 양육에서는 따뜻하고 선한 의도를 가진 부모가 자녀의 안녕에 대한 지나친 걱정으

문화적 영향

성인기 진입 단계가 정말로 구별되는 발달 단계인가?

만은 젊은이들이 성인 역할로 이행하는 것이 문화적 변화로 지연되었다는 것에 폭넓은 합의가 존재하지만, 이러한 '진입'하는 기간이 새로운 삶의 단계로 지정되어야 하는지에 대해서는 의견 차이가 있다(Côté, 2014; Kloep & Hendry, 2011). 성인기 진입 단계의 개념을 비판하는 사람들은 다음과 같이 주장한다.

첫째, 고등교육을 받는 경우가 급증하고, 직장생활을 시작하는 것이 늦어지고, 결혼과 출산을 늦게 하는 것은 선진국에서 1970년대부터 시작된 문화적 추세인데 점점 눈에 띄는 것뿐이다. 복잡한 사회에서 성인기가 뚜렷이 구별되는 시기였던 적은 없었다. 오히려 과거의 젊은이들도 오늘날과 같이 어떤 영역에서는 성인의 지위에 일찍 도달하고 다른 영역에서는 늦게 도달했다. 이들은 방향을 바꿀 수도 있는데, 예를 들어 대학을 마친 후 방향을 잡기 위해 부모님의 집으로 돌아오거나 새로 공부하기 위해 직장을 그만둔다(Côté & Bynner, 2008; du Bois-Reymond, 2016). 전 생애 관점에 따라, 18~29세 젊은이의 발달은 모든 연령의 성인 발달처럼 다차원적이고 다방향적이다. 이행은 성인 삶의 모든 기간 동안 일어나는데, 사회적 상황이 이행의 시기, 길이, 복잡성에 큰 영향을 미친다.

둘째, 성인기 진입 단계라는 용어는 전 세계 청년 대부분의 경험을 묘사하지 못한다(Nelson & Luster, 2016). 개발도상국에서는 젊은이들의 대다수, 특히 여성들이 교육을 잘 받지 못하고 일찍 결혼해서 아이를 낳는다. 추산에 의하면 약 10억 명(젊은이들의 약 70%)이 성인기로 가는 이와 같은 전통적인 길을 따른다(WHO, 2015h). 우리는 또한 선진국의 사회경제적 지위가 낮은 여러 젊은이들의 경우 성인기 진입 단계를 경험하기 위한 학문적 준비와 재정적 자원이 부족하다는 것을 보았다.

셋째, 성인기 진입 단계에 대한 연구들은 대체로 개인적, 사회적 이득을 강조한다. 그러나 이 시기를 규정하는 확장된 탐색은 대체로 대학 졸업 후에도 보람 있는 직업을 찾을 수 없는 젊은이들의 대응기제일 수 있다. 대학 졸업생들이 재정적 독립을 가능하게 해줄 만족스러운 직장을 찾으면, 대부분은 이 책임감을 미루지 않는 선택을 한다(Arum & Roksa, 2014). 나아가 좋은 선택을 하고 성인기에 필요한 기술을 획득하기 위한 개인적 주체성을 발달시키지 못한 사람들에게 있어 확장된 성인기 진입 단계는 위험하다(Smith et al., 2011). 이러한 젊은이들은 너무 오랫동안 전념하지 못하게 되는데, 이는 성공적인 직장생활에 필요한 집중 학습을 방해한다.

마지막으로, 2000년대 후반의 재정적 격변으로 많은 수의 학사학위 소지자들이 제한된 선택권을 갖게 되었다. 2015년에는 대학 졸업생의 7%가 무직이었고, 15%는 학사학위가 필요 없는 저임금 일자리를 구했다(Davis, Kimball, & Gould, 2015). 따라서 이들은 자신의 기술을 발전시키는 데 필요한 업무 경험을 계속 쌓지 못한다. 졸업생들이 성인 역할로 진입하는 것이 미뤄지는 것은 더없이 좋은 기회가 있는 스스로 선택한 '정상적인' 시기라기보다는 국가적인 경제 위기의 결과이다. 안정적인 경제 상황에서라면 높은 개인적 주체성을 가졌을 한 젊은이는 "무언가를 계속하고 싶게 만드는 직장을 찾는 것은 어려웠어요"라고 언급했다(Kotkin, 2012).

성인기 진입 단계가 구별되는 시기라는 것에 찬성하는 사람들은 이 단계가 보편적이지는 않아도 선진국의 대부분 젊은이들에게 적용되고, 세계 경제에서 주요한 역할을 하는 개발도상국에서도 확산되고 있다고 반응한다(Tanner & Arnett, 2011). 그러나 회의론자들은 빈곤율이 높은 개발도상국의 청년과 선진국에서 교육 수준이 높지 않거나 저소득층인 청년에게서는 성인기 진입 단계가 두드러지지 않을 것이라고 반박한다(du Bois-Reymond, 2016; Kloep & Hendry, 2011). 그리고 대학 졸업생들에게 있어서, 사회적 상황은 이 기간의 전망과 보상을 쉽게 제한할 수 있다.

성인기 진입 단계를 비판하는 사람들은 선진국에서 현대의 성인기에 걸쳐 나타나는 비규준적인 영향으로 인해 연령에 따른 영향이 감소했다고도 강조한다. 그들의 견해에 따르면 성인기 진입 단계는 특별한 것이라기보다는 연령과 관련된 예측을 흐리게 하는 일반적인 경향의 일부이며, 이는 성인기 동안 계속되는 발달을 다양하게 하고 여러 번의 이행을 하도록 만든다.

BLEND IMAGES - DREAMPICTURES/SHANNON FAULK

이 22세의 청년은 숙련이 불필요한 일을 저임금을 받으며 하고 있다. 사회경제적 지위가 낮은 많은 젊은이들은 성인기 진입 단계를 경험하기 위한 학문적 준비와 재정적 자원이 부족하다.

배운 것 적용하기

성인기 진입 단계에서 탄력성을 촉진하는 자원

자원의 종류	설명
인지적 속성	효과적인 계획과 의사결정 정보를 수집하는 인지 양식과 성숙한 인식적 인지 좋은 학교성적 직업 관련 선택권과 필요한 기술에 대한 지식
정서적 및 사회적 속성	긍정적인 자존감 정서적 자기조절 능력과 유연한 대처 전략 갈등 해결 기술 목표에 도달하는 능력에 대한 확신 결과에 대한 개인적인 책임감 지속적이고 효과적인 시간 사용 건강한 정체성 발달 – 깊이 있는 탐색을 위한 행동과 전념의 확실성 강한 도덕적 성품 종교, 영성, 혹은 다른 원인으로 생긴 삶의 의미와 목적에 대한 의식 지역사회에 의미 있게 공헌하고자 하는 욕구
사회적 및 재정적 지지	부모와의 따뜻한, 자율성을 지지하는 관계 또래, 선생님, 멘토와의 긍정적인 관계 부모나 다른 이들로부터의 재정적 지원 학교, 종교 단체, 직장, 지역문화센터 같은 사회적 기관과 연결되어 있는 느낌

로 인해 이들의 주변을 '맴돈다'. 예를 들어 이런 부모들은 자녀를 대학에 데려다주지만 떠나려 하지 않고 교수를 만나 자녀의 학점에 대해 상의하고자 할 수 있다. 헬리콥터 양육이 아마도 부모의 강한 애정과 개입에 의해 동기부여된 것이기 때문에, 방금 언급한 부정적인 결과와 연관되어 있지는 않다. 그러나 헬리콥터 양육은 학교에 참여하는 것(수업에 가고 과제물을 완수하는 것)의 감소와 관련 있다(Padilla-Walker & Nelson, 2012). 그리고 성인기에 진입하는 자녀들이 스스로 행동하는 데 필요한 기술을 습득하는 능력에 방해가 될 수 있다.

마지막으로, 가족 갈등, 학대적인 친밀한 관계, 연인과의 반복적인 이별, 학문 혹은 취업에서의 어려움, 재정적인 압박감 같은 여러 가지 부정적 생활 사건에 노출되는 것은 아동기와 청소년기에 이행을 잘 준비한 성인기에 진입하는 젊은이들의 발달마저도 약화시킨다(Tanner, 2016). 종합하면, 어린 시기에서와 같이 지지적인 가족, 학교, 지역사회 환경이 결정적이다. 이러한 자원을 가진 젊은이들의 대다수는 자신의 미래에 대해 낙관적이다(Arnett & Schwab, 2013). 이제 초기 성인기의 심리사회적 발달에 대한 이론으로 넘어가보자.

한 대학 신입생이 어머니와 함께 가을 학기 시작 전의 오리엔테이션 일정을 확인하고 있다. 자율성을 지지하는 따뜻한 양육 — 젊은이가 개인적으로 가치 있는 선택을 하도록 격려하는 — 은 성인기 진입 단계의 적응적인 기능을 향상시킨다.

EVELYN HOCKSTEIN/FOR THE WASHINGTON POST VIA GETTY IMAGES

묻고 대답하기

연관지어보기 성인기 진입 단계의 탄력성을 발전시키는 자원들과 아동기, 청소년기의 탄력성을 촉진하는 자원들은 어떻게 비슷한가?

적용해보기 여러분의 대학이 성인기 진입 단계의 젊은이들에게 제공하는 건강 및 상담 서비스, 학사 지도, 주거생활, 과외활동 관련 지원 목록을 작성해보자. 젊은이들이 성인 역할로 이행하는 것을 이들 각각이 어떻게 돕는가?

생각해보기 성인기 진입 단계를 구별되는 발달 단계로 고려해야 하는가? 왜 혹은 왜 그렇지 않은가?

에릭슨의 이론 : 친밀감 대 고립감

4.2 에릭슨에 따르면, 성인 초기에 성격이 어떻게 변화하는가?

에릭슨의 견해는 현대의 모든 성인 성격 발달 이론에 영향을 주었다. 에릭슨의 이론에서 성인 초기의 심리적 갈등은 **친밀감 대 고립감**(intimacy versus isolation)인데, 이는 친밀한 배우자와 상호 간 만족스러운 가까운 친구관계에 장기간 전념하는 것에 대한 젊은이의 생각과 감정에서 명백하게 나타난다.

샤리즈가 발견한 것처럼 연인 간에 정서적으로 충족적인 유대를 쌓는 것은 어려운 일이다. 대부분의 젊은이들은 여전히 정체성 문제를 해결하려고 노력한다. 그러나 친밀감은 자신의 독립성을 어느 정도 포기하고 자신과 상대방 모두의 가치와 흥미를 포함하여 정체성을 다시 정의하는 것을 필요로 한다. 10대 후반에서 20대 중반까지의 사람들은 직업, 재정적 안정성과 제한적인 자유를 포함하는 감정적 준비에 대한 걱정을 언급하며 연인과의 영원한 유대관계를 맺을 준비가 되지 않았다고 자주 말한다(Arnett, 2015; Willoughby & Carroll, 2016). 샤리즈는 결혼 첫해에 스스로 결정하고자 하는 욕구와 친밀감을 형성하고자 하는 욕구를 조화시키기 위해 어니와 두 번 별거했다. 성숙은 이러한 두 힘의 균형을 잡는 것을 포함한다. 젊은이가 친밀감을 형성하지 못하면 에릭슨의 성인 초기 단계의 부정적인 결과인 고독감과 자기몰두에 직면하게 된다. 어니의 인내심과 안정감은 상대방에게 전념하는 사랑이란 자신을 완전히 포기하는 것이 아닌 관용과 타협을 요구하는 것임을 샤리즈가 깨닫는 데 도움이 되었다.

에릭슨이 강조한 것처럼, 연구 결과들은 안정된 정체성이 친밀감을 획득하도록 촉진한다는 것을 보여준다. 많은 수의 대학생 표본에서 정체성의 성취는 남성과 여성 모두에서 상대방에 대한 신의(관계에의 충성심), 사랑과 정적 상관관계가 있었다. 반면 정체성 유예(전념하지 않고 탐색하는 상태)

는 상대방에 대한 신의, 사랑과 부적으로 연관되어 있었다(Markstrom et al., 1997; Markstrom & Kalmanir, 2001). 다른 연구들에서도 높은 수준의 정체성 발달이 상대방에 전념하는 깊은 연인 관계에 있거나, 그런 관계를 가질 준비가 되어 있는 것을 강하게 예측하는 것으로 나타났다(Beyers & Seiffge-Krenke, 2010; Montgomery, 2005).

친구관계와 업무관계에서도 친밀감을 획득한 사람은 협동적이고, 우호적이며, 의사소통을 잘하고, 배경과 가치관의 차이에 대해 수용적이다(Barry, Madsen, & DeGrace, 2016). 반면 고립되어 있다고 느끼는 사람은 자신의 정체성을 상실하는 것에 대한 두려움으로 가까운 관계를 형성하는 것을 망설이고, 협력하기보다는 경쟁하려는 경향이 있고, 차이점을 수용하지 못하고, 다른 사람이 가까이 하려고 할 때 쉽게 위협을 느낀다.

에릭슨은 친밀감 대 고립감의 갈등을 성공적으로 해결하는 것은 **생산성**(generativity) — 다음 세대를 염려하고 사회의 발전을 위해 돕는 것 — 에 초점이 맞추어진 중년기를 준비하도록 한다고 믿었다. 그러나 앞서 언급했듯이, 나이에 맞는 일련의 과업을 그대로 따르는 사람은 드물다. 임신, 자녀 양육과 더불어 업무와 사회봉사를 통해 사회에 기여하는 것 같은 생산성의 일부 측면은 20대와 30대에도 진행된다. 그럼에도 불구하고, 에릭슨의 생각과 같이 성인기에 경험하는 친구관계나 연인관계에서의 높은 친밀감은 더 강한 생산적 성향을 예측한다(Mackinnon, De Pasquale, & Pratt, 2015).

종합하면 정체성, 친밀감, 생산성은 성인 초기의 관심사이며, 어떤 것을 먼저 강조하는지는 개인에 따라 달라진다. 에릭슨의 이론이 성인 성격 발달에 대한 대략적인 그림을 제공한다는 것을 인정하고, 다른 이론가들은 에릭슨의 단계적 접근 방식에 세부 내용을 더해 정교화했다.

성인의 심리사회적 발달에 대한 기타 이론들

4.3 레빈슨과 베일런트의 성인 성격 발달에 대한 심리사회적 이론을 설명하고 평가한다.

4.4 사회적 시계는 무엇이고, 어떻게 성인기의 발달에 영향을 주는가?

1970년대에 성인 발달에 대한 관심이 증가하면서 이 주제에 대한 몇몇 책이 널리 읽히게 되었다. 대니얼 레빈슨(Daniel Levinson)의 남자가 겪는 인생의 사계절(*The Seasons of a*

Man's Life, 1978)과 여자가 겪는 인생의 사계절(*The Seasons of a Woman's Life*, 1996), 조지 베일런트(George Vaillant)의 인생 적응(*Adaptation to Life*, 1977), 행복의 조건(*Aging Well*, 2002), 행복의 비밀(*Triumphs of Experience*, 2012)은 에릭슨의 전통에서 심리사회적 이론을 제시했다.

레빈슨의 인생의 사계절

35~45세 남성의 인생사에 대한 심층 인터뷰, 그리고 이후 같은 연령 범위의 여성을 대상으로 실시한 유사한 인터뷰를 기반으로, 레빈슨(1978, 1996)은 성인의 발달을 질적으로 구별되는 시기(혹은 '계절')의 연속으로 묘사했다. 이 시기는 에릭슨의 단계와 일치하고 **전환기**(transitions)로 구분된다. 레빈슨 이론의 핵심 개념인 **인생구조**(life structure)는 한 개인의 인생 기초가 되는 설계로 개인, 집단, 기관과의 관계로 구성된다. 인생구조의 여러 구성요소 중 보통 가족, 가까운 친구, 직업과 관련된 일부 요소만 중심적이다.

레빈슨은 초기 성인기로의 전환기 동안 대부분의 젊은이들이 **꿈**(성인이 되었을 때 의사결정을 이끄는 스스로에 대한 이미지)을 만들어낸다는 것을 발견했다. 남성의 경우 꿈은 대개 직업에서의 성취인 반면, 일을 중시하는 대부분의 여성

한 가구 디자이너가 어린 동료에게 새로운 기술을 가르치고 있다. 직장생활을 시작하는 젊은이들에게 있어서 경험 많은 동료는 특히 효과적인 멘토가 될 수 있고, 역할 모델 및 도전을 극복하는 안내자 역할도 할 수 있다

들은 결혼과 일이 모두 중요한 '분리된 꿈'을 가진다. 후속 연구들에서도 이와 같은 결과가 확인되었다(Heppner, 2013). 젊은이들은 자신의 꿈을 실현하는 데 촉진제가 되는 멘토와의 관계도 형성한다. 멘토는 흔히 직장에서의 선배인 경우가 많지만 간혹 보다 경험이 많은 친구, 이웃, 친척인 경우도 있다. 레빈슨에 따르면 높은 지위의 직업을 지향하는 남성들은 전문적 기술, 가치, 신용을 얻기 위해 20대를 보낸다. 반면, 많은 여성들에게 있어 직업 발달은 중년까지 연장된다.

30세 전후가 되면 두 번째 전환기가 나타난다. 직장에 몰두해 온 독신이 대개 배우자를 찾는 일에 집중하는 반면, 결혼과 가정을 강조했던 여성들은 보다 개인적인 목표를 발달시킨다. 예를 들어 교수가 되는 것이 꿈이었던 크리스티는 30대에 끝내 박사학위를 취득했고 대학에서 강사직을 얻게 되었다.

인생구조의 절정에 이르는 성인 초기를 만들기 위해서 남성들은 대개 특정한 관계와 포부에 초점을 맞추고 '정착'한다. 이 과정에서 부, 명망, 예술적 또는 과학적 성취, 가족 형태, 공동체 참여 등 그것이 무엇이든 자신의 가치와 일치하는 사회적 지위를 만들어내고자 노력한다. 어니는 30대 후반에 회사의 간부가 되었고, 아들의 축구팀을 지도했으며, 교회의 회계사로 선출되었다. 여행가는 것과 기타를 연주하는 것에는 이전보다 덜 신경 쓰게 되었다.

그러나 많은 여성들은 보통 직업이나 관계에 대한 전념을 새로이 해야 하기 때문에 30대에도 정착하지 못한 상태로 머무르게 된다. 샤리즈는 두 아이가 태어났을 때 정부 보건복지부 연구직과 가정 사이에서 갈팡질팡했다. 샤리즈는 각 아이가 태어날 때마다 3개월씩 휴직했다. 직장으로 돌아간 후 그녀는 출장이 필요한 행정직은 매력적이어도 지원하지 않았다. 크리스티는 강의를 시작한 직후 게리와 이혼했다. 자신의 직업생활을 시작하면서 한부모가 되는 것은 새로운 부담을 가져왔다.

베일런트의 인생 적응

베일런트(1977)는 경쟁력 있는 대학에 재학 중일 때 연구를 위해 선정된 1920년대에 태어난 250명에 달하는 남성의 발달을 추적 연구했다. 연구 참여자들은 대학에 재학 중일 때 폭넓은 인터뷰를 했고, 그 후 10년마다 긴 설문지에 응답했다. 그리고 베일런트(2002, 2012)는 이들이 47세, 60세, 70세, 85세가 되었을 때 일, 가족, 신체적·정신적 건강에 대해 주

기적으로 인터뷰했다.

베일런트는 사람들이 인생에 적응하기 위해 그들 자신과 사회적 세계를 어떻게 변화시키는지 살펴볼 때 레빈슨과 같이 에릭슨의 단계를 기초로 했다. 친밀감을 형성하는 데 집중했던 20대 이후, 30대 남성들은 직업을 공고히 하는 데 초점을 두었다. 40대에 이들은 보다 생산적이 되었다. 50대와 60대에는 생산성이 확장되었다. 이들은 '의미지기'가 되어, 문화적 전통과 삶의 경험에서 배운 교훈을 보존하고 전달하는 것이 매우 필요하다고 표현했다. 마지막으로, 노년기의 남성들은 인생의 의미에 대해 보다 종교적, 사색적이 되었다. 베일런트(2002)는 교육 수준이 높은 여성의 일생을 대상으로 한 후속 연구에서 비슷한 일련의 변화를 확인했다.

그럼에도 불구하고, 베일런트와 레빈슨이 설명한 발달 양상은 주로 20세기의 첫 수십 년 동안 태어난, 경제적으로나 교육적으로 혜택을 받은 사람들의 인터뷰에 기초하고 있다. 성인기 진입 단계에 대한 우리의 논의가 보여주듯이, 발달은 오늘날 훨씬 더 가변적이다. 그래서 연구자들은 성인의 심리사회적 변화가 구별되는 단계로 구성될 수 있는지에 대해 점점 더 의문을 갖고 있다. 오히려, 사람들은 생물학적, 심리적, 사회적 힘이 상호작용하는 역동적인 시스템 속에서 이 이론가들이 확인한 주제와 딜레마를 개별화된 방식으로 결합할 수 있다.

사회적 시계

앞서 보았듯이 한 세대에서 다음 세대로의 문화적 변화는 인생 과정에 영향을 줄 수 있다. 그렇지만 모든 사회는 어떤 종류의 **사회적 시계**(social clock) ─ 첫 직장을 시작하는 나이, 결혼하는 나이, 첫아이를 출산하는 나이, 집을 사는 나이, 은퇴하는 나이와 같이 연령에 따른 주요한 인생 사건에 대한 기대 ─ 를 가지고 있다(Neugarten, 1979). 경제적으로 형편이 나은 젊은이들이 학업을 마치고, 결혼하고, 아이를 갖는 것은 한 세대 혹은 두 세대 전보다 그들의 인생에서 훨씬 늦게 일어난다. 뿐만 아니라, 사회적 시계 인생 사건으로부터의 큰 이탈은 점점 흔해지고 있다.

만약 자녀들이 시대에 뒤떨어진 일정에 맞추어 성인이 되었다는 이정표를 달성하기를 부모가 기대한다면, 이러한 상황은 세대 간 갈등을 유발할 수 있다. 젊은이들도 주요 이정표를 세울 자신만의 적기가 동시대인과 널리 공유되지 않거나 현행 공공정책의 지원을 받지 못해서 가용한 비공식적, 공식적 사

VSTOCK LLC/TANYA CONSTANTINE/GETTY IMAGES

사회적 시계가 점점 더 유연해지고 있기 때문에, 힘든 직업에 전념하고 있는 이 30세의 변호사는 결혼이나 부모가 되는 것 같은 주요 인생 사건에 대한 엄격한 시간표를 따라야 한다는 압박을 느끼지 않을지도 모른다.

회적 지지가 약화되기 때문에 괴로워할 수 있다(Settersten, 2007). 그리고 분명하지 않은 사회적 시계는 젊은이들의 삶을 더 유연하고 자유롭게 하지만 남들이 무엇을 기대하는지, 그리고 스스로에게 무엇을 기대할 것인지에 대해 확신이 서지 않는, 부적절하게 자리 잡은 느낌을 받게 할 수 있다.

살펴보기

주요 인생 사건과 함께 각각을 달성하고자 하는 연령을 목록으로 작성하여 여러분의 사회적 시계를 기술해보자. 그리고 부모 그리고/또는 조부모에게 그들 자신의 성인 초기 사회적 시계를 회상해 달라고 부탁해보자. 세대 차이를 분석해보자.

종합하면, 어떤 종류의 사회적 시계를 따르는 것은 젊은이들이 기술을 개발하고, 생산적인 일에 참여하고, 자신과 타인에 대해 이해하는 것을 보장하기 때문에 자신감과 사회적

묻고 대답하기

연관지어보기 제2장으로 돌아가서 탐색과 전념이 성숙한 정체성에 기여하는 바를 복습해보자. 두 가지 기준을 사용하여 왜 정체성의 성취가 친밀감(상대에 대한 신의와 사랑)의 획득과는 정적으로 연관되어 있는 반면 정체성 유예는 친밀감의 획득을 부적으로 예측하는지 설명해보자.

적용해보기 현대에서 사회적 시계가 변화하는 것을 고려하여 샤리즈가 어머니와 결혼하는 것에 대해 느꼈던 상충되는 감정을 설명해보자.

생각해보기 여러분의 성인 초기 꿈에 대해 설명해보자. 다른 성별의 친구나 같은 수업을 듣는 동료에게 그/그녀의 꿈에 대해 설명해 달라고 부탁하고, 이 둘을 비교해보자. 이들이 레빈슨의 연구 결과와 일치하는 정도를 논의해보자.

안정성을 촉진하는 것으로 보인다. 반면 '자신만의 삶을 만드는 것'은 그것이 스스로 선택한 것이든 상황에 따른 결과이든 위험해서 더 실패하기 쉽다(Settersten, 2007, p. 244). 이것을 염두에 두고, 남성과 여성들이 성인 초기의 주요 과업을 어떻게 넘나드는지 자세히 살펴보자.

친밀한 관계

4.5 배우자 선택에 영향을 주는 요인, 낭만적 사랑의 구성요소, 관계가 발전하며 변화하는 사랑의 형태를 문화 차이에 주목하여 기술한다.
4.6 젊은이들의 친구관계와 형제관계, 그리고 이들이 심리적 안녕감에 미치는 영향에 대해 기술한다.

친밀한 관계를 만들기 위해, 사람들은 파트너를 찾아서 오래 지속되는 정서적 유대를 쌓아야 한다. 젊은이들은 특히 낭만적 사랑에 관심을 가지지만, 친밀함에 대한 요구는 친구, 형제, 동료처럼 상호 간 전념을 수반하는 다른 관계에서도 만족될 수 있다.

낭만적 사랑

샤리즈는 대학 3학년 때 있었던 파티에서, 4학년이고 정부 수업에서 가장 뛰어난 학생들 중 하나였던 어니와의 대화에 빠져들게 되었다. 샤리즈는 강의실에서 이미 어니를 알아챘었는데, 그가 멀리서 보았을 때처럼 따뜻하고 재미있는 사람이라는 것을 대화를 하면서 알게 되었다. 어니도 샤리즈가 생기 있고, 지적이고, 매력적이라는 것을 알게 되었다. 파티가 끝날 무렵에는 두 사람이 중요한 사회적 주제에 대해 비슷한 견해를 가지고 있으며 같은 여가활동을 즐긴다는 사실을 알게 되었다. 이들은 꾸준히 데이트를 하기 시작했고, 6년 후 결혼했다.

인생을 함께할 배우자를 찾는 것은 자기개념과 심리적 안녕감에 중요한 결과를 미치는 성인 초기의 주요한 이정표이다. 샤리즈와 어니의 관계가 보여주듯이, 배우자를 찾는 것은 시간이 흐르면서 전개되며 다양한 사건의 영향을 받는 복잡한 과정이기도 하다.

배우자 선택 친밀한 파트너들은 일반적으로 연령, 교육 수준, 인종, 종교가 같은 사람들을 찾을 가능성이 있는 장소에서 서로를 만나거나, 온라인 데이트 서비스를 통해 연결된다는 제3장의 내용을 기억해보자. 사람들은 대개 태도, 성격, 교육 계획, 지능, 정신건강, 신체적 매력, 심지어는 키까지 자신과 유사한 사람을 파트너로 선택한다(Butterworth & Rodgers, 2006; Gorchoff, 2016; Lin & Lundquist, 2013; Watson et al., 2004). 연인은 때로 상호 보완적인 성격 특질을 갖기도 하는데, 예를 들어 한쪽은 자신감 있고 지배적인 반면 다른 쪽은 머뭇거리고 순종적일 수 있다. 이러한 차이점이 각자가 선호하는 행동 양식을 유지할 수 있게 해주기 때문에 양립될 수 있다(Sadler, Ethier, & Woody, 2011). 그러나 다른 면에서 다른 연인들은 일반적으로 상보적이지 않다! 예를 들어 따뜻하고 우호적인 사람과 정서적으로 차분한 사람은 보통 서로에게 불편하게 반응한다. 전반적으로 '반대에 끌린다'는 생각을 지지하는 것은 거의 없다(Furnham, 2009). 오히려 성격과 다른 속성들이 유사한 연인들이 관계에 더 만족하고 관계를 더 오래 유지하는 경향이 있다.

그럼에도 불구하고 평생의 파트너를 고르는 데 있어서 남성과 여성이 중요하게 생각하는 특징은 서로 다르다. 다양한 선진국과 개발도상국에서 수행된 연구에서 여성들은 경제적 지위, 지능, 야망, 도덕적 특징에 더 비중을 둔 반면, 남성들은 신체적 매력과 가사 능력을 더 중시하는 것으로 나타났다. 또한 여성들은 동갑이거나 나이가 약간 많은 파트너를 선호하고 남성들은 나이 어린 파트너를 선호했다(Buss et al., 2001; Conroy-Beam et al., 2015).

진화적 관점에 따르면, 여성은 생식능력이 제한적이기 때문에 자녀의 생존과 안녕을 보장해줄 수 있는 소득 능력이 있고 자신에게 정서적으로 전념하는 짝을 찾는다. 반면 남성은 젊음, 건강, 성적 즐거움, 그리고 자식을 낳고 돌보는 능력을 알리는 특징을 갖는 짝을 찾는다. 이러한 차이에 대한 추가적인 증거로, 남성은 흔히 신체적 친밀감을 빨리 얻을 수 있는 관계를 원한다(Buss, 2012). 반면 여성은 심리적 친밀감을 얻기 위해 시간을 두는 것을 선호한다.

대안적인 관점에서는, 진화적 압력과 문화적 압력 공동의 영향을 받는 성역할이 배우자 선택의 기준에 영향을 준다고 본다. 아동기 때부터 남성은 직업세계에서 성공하기 위해 주장적이고 독립적인 행동을 해야 한다고 배운다. 여성은 돌보는 것을 촉진하는 양육 행동을 습득한다. 그리고 각 성별은 상대방이 전통적인 노동의 분업과 일치하는 특성을 가지고 있는 것을 가치 있게 여기도록 배우게 된다(Eagly & Wood, 2012, 2013). 성 평등을 더 많이 경험하는 문화와 젊은 세대에서 남성과 여성이 선호하는 배우자 상이 유사하다는 것은 이 관점을 지지한다. 예를 들어 중국과 일본의 남성에 비해서 미국 남성은 배우자의 경제적 가능성에 더 중점을 두고 가사 능력에는 덜 중점을 둔다. 또한, 남성 또는 여성 젊은이들이 미래에 가정주부가 된 자신을 상상하도록 요구받았을 때, 좋은 부양자와 나이 많은 파트너에 대한 선호가 강화되었다(Eagly, Eastwick, & Johannesen-Schmidt, 2009).

그러나 남성과 여성 모두 좋은 외모, 소득 능력, 배우자의 나이를 첫 번째 희망사항으로 꼽지는 않는다. 오히려 상호 간의 매력, 배려, 신뢰, 정서적 성숙, 유쾌한 성격 같이 관계의 만족에 기여하는 속성에 더 높은 가치를 둔다(Toro-Morn & Sprecher, 2003). 그럼에도 불구하고 남성은 여전히 여성보다 신체적 매력을 중시하고, 여성은 남성보다 경제적 능력을 중시한다. 더구나 이러한 성차는 배려심 있는 배우자를 원하는 남녀의 유사성과 더불어 남성 동성애자와 여성 동성애자에게서도 나타난다(Impett & Peplau, 2006; Lawson et al., 2014). 종합하면 생물학적 힘과 사회적 힘 두 가지가 배우자 선택에 기여한다.

'사회적 이슈 : 건강' 글상자에 드러난 바와 같이, 젊은이들이 친밀한 파트너를 선택하는 것과 이들 관계의 질은 초기 부모-자녀 간 유대에 대한 기억에서도 영향을 받는다. 마지막으로, 낭만적 사랑이 지속적인 배우자 관계로 이어지기 위해서는 낭만적 사랑이 적절한 시기에 일어나야 한다. 두 사람이 서로에게 잘 맞을지도 모르지만, 만약 한 사람 혹은 두 사람 모두 결혼할 준비가 되지 않았다고 느끼면 그 관계는 끝나게 될 가능성이 높다.

사랑의 구성요소 자신이 사랑에 빠졌다는 것을 우리는 어떻게 알까? 로버트 스턴버그(Robert Sternberg, 2006)의 **사랑의 삼각형 이론**(triangular theory of love)은 사랑이 열정, 친밀감, 전념의 세 가지 요소로 구성되며, 낭만적 관계가 발달함에 따라 강조되는 요소가 변화한다고 본다. 성적 행동과 낭만에 대한 욕구인 **열정**은 신체적, 심리적 각성과 관련된 요소이다. 친밀감은 따뜻하고 부드러운 의사소통과 배려, 자기개방과 배우자가 이에 응답하기를 바라는 욕구로 구성되는 정서적 요소이다. 전념은 인지적 요소로서, 자신들이 사랑에 빠졌으며 이 사랑을 유지하겠다고 결정하도록 이끈다.

관계의 초기에는 강렬한 성적 매력인 **열정적 사랑**(passionate love)이 강하다. 점차적으로 열정이 감소하고 친밀감과 전념이 증가하게 되는데, 이는 두 가지 추가적인 사랑의 형태

의 기초를 형성한다. 첫 번째는 **동반자적 사랑**(companionate love)으로, 상대방에게 따뜻하고 신뢰할 수 있는 애정을 주고 상대를 소중하게 여기는 것이다(Sprecher & Regan, 1998). 두 번째는 아마도 깊은 만족감을 주는 친밀한 관계에서 가장 핵심적인 형태의 사랑일 **연민적 사랑**(compassionate love)으로, 상대방의 안녕에 대한 관심이 그의 괴로움을 덜어주고 성장과 번영을 촉진하려는 노력을 통해 표현된다(Berscheid, 2010; Sprecher & Fehr, 2005).

낭만적인 관계에 있는 두 사람의 자기보고는 이러한 유형의 사랑을 표현하는 것이 각자가 관계를 유지하려고 돕는 것과 중간에서 높은 정도의 상관관계가 있다는 것을 보여준다(Fehr & Sprecher, 2013). 초기의 열정적 사랑은 연인이 만남을 계속할지 여부를 알려주는 강력한 예측변인이다. 그러나 차분한 친밀감, 예측가능성, 동반자적 사랑에 대한 공유된 태도와 가치가 없다면 대부분의 관계는 결국 헤어지는 것으로 끝난다(Hendrick & Hendrick, 2002). 그리고 연민적 사랑에 내재된 친밀감과 전념의 결합은 두 사람의 관계적 행복, 그리고 장기간에 걸쳐 함께할 계획을 하는 것과 강하게 연관되어 있다(Fehr, Harasymchuk, & Sprecher, 2014).

관계를 지속하기 위해서는 두 사람 모두의 노력이 필요하다. 결혼 후 처음 몇 년 동안 신혼부부의 감정과 행동에 대해 연구한 결과는, 부부가 자신들의 결혼만족도가 유지되거나 향상될 것이라고 낙관적으로 예측했음에도 불구하고 점차적으로 덜 사랑하고 있다고 느끼고 결혼생활에 대해 덜 만족하게 된다는 것을 보여준다(Huston et al., 2001; Lavner, Karney, & Bradbury, 2013). 애정 표현과 대화 시간이 급격하게 줄어드는 것을 포함하는 다양한 요인이 이 결과에 작용했다. 함께 여가를 보내는 시간은 더 많은 집안일과 허드렛일로 대체되면서 함께하는 즐거운 시간이 줄어들었다. 또한 갈등에 대해 이야기할 때 상대방의 생각과 감정을 읽는 정확도가 떨어졌다(Kilpatrick, Bissonnette, & Rusbult, 2002). 아마도 이러한 상호작용이 늘어난 후에는 상대방의 관점을 완전히 이해하려는 노력을 덜 하고, 포기하거나 물러나는 것 같이 이미 자리 잡아버린 습관에 기대는 것으로 보인다.

그러나 관계가 지속되는 부부는 일반적으로 서로를 이전보다 더 사랑한다고 보고한다(Sprecher, 1999). 열정적 사랑에서 동반자적, 연민적 사랑으로 변해 가는 과정에서 관계가 지속될지를 결정하는 사랑의 구성요소는 전념일 것이다. 따뜻함, 주의 깊음, 이해, 수용, 존경을 표현하는 것처럼 **친밀감**

사회적 이슈 : 건강

아동기 애착 양상과 성인의 낭만적 관계

볼비(Bowlby)의 애착의 비교행동학 이론에서는, 초기의 애착관계가 *내적작동모델*, 즉 평생 동안의 친밀한 관계에서의 지침 역할을 하는 애착 대상에 대한 기대로 이어진다. 자신의 초기 애착 경험에 대한 성인의 평가는 그들의 양육행동, 특히 자녀들과 쌓는 애착의 질과 관련된다. 추가적인 증거는 아동기 애착 양상에 대한 기억이 성인기의 낭만적 관계를 예측한다는 것을 시사한다.

호주, 이스라엘, 미국에서 수행된 연구에서, 연구자들은 사람들에게 부모와의 초기 유대(애착 이력), 친밀한 관계에 대한 그들의 태도(내적작동모델), 연인과의 실제 경험에 대해 물었다. 연구자들은 몇몇 경우에서 연인들의 행동도 관찰했다. 볼비의 이론과 같이, 아동기 애착 양상에 대한 성인들의 기억과 해석은 내적작동모델과 관계에서의 경험의 좋은 지표였다.

안정애착

자신의 애착 이력이 안정적(따뜻하고 다정하고 지지적인 부모)이라고 말하는 성인들은 이 안정감을 반영하는 내적작동모델을 갖고 있다. 이들은 스스로를 호감이 가고 알고 지내기 쉬운 사람이라고 보고, 다른 사람과 친밀해지는 것을 편안하게 여기며, 버림받는 것에 대해서는 거의 걱정하지 않는다. 이들은 자신에게 가장 중요한 연인관계를 신뢰, 행복, 우정의 측면에서 묘사한다(Cassidy, 2001). 파트너에 대한 이들의 행동은 공감적이고 지지적이며, 갈등을 해결하는 방략은 건설적이다. 또한 이들은 위로받고 도움 받기 위해 파트너에게 의지하는 것을 편안하게 생각한다(Collins & Feeney, 2010; Pietromonaco & Beck, 2015).

회피애착

회피애착 이력(요구가 많고 무례하고 비판적인 부모)을 보고한 성인들은 독립성, 연인에 대한 불신, 너무 가까워지려고 하는 사람들에 대한 불안을 강조하는 내적작동모델을 보여준다. 이들은 다른 사람들이 자신을 싫어하며, 낭만적 사랑은 찾기 어렵고 좀처럼 지속되지 않는다고 확신한다. 이들에게 가장 중요한 연인관계에서는 질투, 정서적 거리, 파트너의 괴로움에 대해 지지하지 않는 것, 신체적인 접촉을 별로 즐기지 않는 것이 만연하다(Pietromonaco & Beck, 2015). 회피적인 성인은 종종 가벼운 성적 만남을 하며 애착의 필요성을 부정한다(Genzler & Kerns, 2004; Sprecher, 2013). 이들은 관계에 대해서 여러 비현실적인 믿음을 가지는데, 예를 들어 상대방이 변화할 수 없다거나, 남성과 여성의 욕구는 다르다거나, '독심술'이 요구된다고 생각한다(Stackert & Bursik, 2003).

저항애착

저항애착 이력(예측할 수 없고 불공정하게 반응하는 부모)을 기억하는 성인들은 다른 사람과 완전히 하나가 되고자 하는 내적작동모델을 보여준다(Cassidy, 2001). 동시에, 이들은 강렬한 친밀감에 대한 자신의 욕구가 실제로는 자신을 사랑하지 않고 자신과 같이 있고 싶어 하지 않는 다른 사람들을 압도할까봐 걱정한다. 이들의 가장 중요한 연인관계는 질투, 감정의 기복, 파트너가 자신의 애정을 되돌려줄 것인지에 대한 필사적인 심정으로 가득 차 있다(Collins & Feeney, 2010). 저항적인 성인은 파트너를 지지하지만, 파트너의 요구에 맞지 않는 방식으로 지지한다. 이들은 공포와 분노를 빠르게 표현하고, 스스로에 대한 정보를 부적절한 시기에 공개한다(Pietromonaco & Beck, 2015).

아동기 애착 경험에 대한 성인들의 설명이 정확할까, 아니면 왜곡되거나 혹은 완전히 지어낸 것일까? 몇몇 종단연구에서, 5~23년 전에 가족 인터뷰를 통해 관찰하거나 평가한 부모-자녀 간 상호작용의 질은 내적작동모델과 성인 초기의 낭만적 관계의 질을 잘 예측하는 변인이었다(Donnellan, Larsen-Rife, & Conger, 2005; Roisman et al., 2001; Zayas et al., 2011). 이러한 결과들은 성인의 기억이 실제 부모-자녀 간 경험과 유사하다는 것을 시사한다. 그러나 현재 파트너의 특성도 내적작동모델과 친밀한 관계에 영향을 준다. 대체적으로 불안정한 사람들이 파트너를 안정적인 사람으로 묘사할 때, 이들은 더 강한 애정과 관심, 그리고 적은 관계에서의 갈등과 불안을 보고한다(Simpson & Overall, 2014; Sprecher & Fehr, 2011).

아버지가 부드럽게 안고 있는 이 아기가 구성한 내적작동모델이 나중에 아내와 맺는 관계에 영향을 줄까? 연구들은 초기의 애착 패턴이 이후의 친밀한 관계의 질과 관련된 몇 가지 요인 중 하나라는 것을 보여준다.

종합하면, 부정적인 부모-자녀 간 경험은 성인기의 친밀한 관계로 이어질 수 있다. 동시에 내적작동모델은 끊임없이 '갱신'된다. 불만족스러운 애정생활을 해 온 성인이 만족스러운 친밀한 관계를 형성할 기회를 얻으면, 그의 내적작동모델은 수정될 수 있다. 새로운 파트너가 안정된 상태의 마음과 민감하고 지지적인 행동으로 관계에 접근한다면, 불안정한 사람은 자신의 기대를 재평가하고 그와 동일하게 반응할 수 있다. 이러한 호혜성은 서로 만족하는 상호작용과 보다 호의적으로 수정된 내적작동모델이 시간이 지남에 따라 유지되는 순환하는 피드백을 만들어낸다.

두 사람이 열정적 사랑에서 동반자적 사랑의 신뢰성 있는 애정과 연민적 사랑의 보살펴주는 유대로 옮겨 가면서, 낭만적 관계는 보다 친밀해지고, 헌신적이 되며, 만족스러워지고, 오래 지속된다.

을 강화하는 방식으로 전념하고 있다는 것을 전하는 것은 관계의 유지 및 만족도를 강하게 예측한다(Lavner & Bradbury, 2012; Neff & Karney, 2008). 예를 들어 결혼하는 것에 대한 샤리즈의 회의는 어니가 전념하고 있다는 것을 표현했기 때문에 가라앉았다. 어니는 자신이 샤리즈의 요구를 이해하고 그녀의 직업에 대한 열망과 개성을 지지할 것이라고 확인시켜주었다. 샤리즈는 어니의 감정에 화답했고, 이들의 유대감은 더 깊어졌다.

전념을 표현하는 것의 중요한 특징은 건설적인 갈등 해결인데, 이는 자신이 바라는 것과 필요한 것을 직접적으로 표현하기, 인내심 있게 경청하기, 설명해달라고 요청하기, 타협하기, 책임을 수용하기, 상대방을 용서하기, 유머를 사용하기, 그리고 비판, 경멸, 방어, 장벽 쌓기로 촉발되는 부정적 상호작용을 피하는 것이다(Dennison, Koerner, & Segrin, 2014; Gottman, Driver, & Tabares, 2015). 한 종단연구에서 신혼부부가 문제를 해결하는 동안 보이는 부정적 성향은 결혼에 대한 불만과 이후 10년 동안의 이혼을 예측했다(Sullivan et al., 2010). 관심과 배려를 적게 표현하는 사람들은 문제를 다룰 때 흔히 분노와 경멸을 경험했다.

건설적으로 갈등을 해결하는 능력이 오래 지속되는 결혼생활의 핵심 요소이기는 하지만, 다정하고 애정 어린 유대가 부부로 하여금 만족스러운 친밀감을 유지하는 방식으로 갈등을 해결하도록 동기부여해서 그러한 능력을 활성화하는 것으로 보인다. 남성은 여성과 비교했을 때 친밀감을 촉진하

는 방식으로 의사소통하는 능력이 부족하고, 친밀한 관계에서 도움이 되는 지지와 편안함을 덜 제공한다. 또한 남성은 논쟁을 자주 피하는 등 갈등을 협상할 때 덜 효과적인 경향이 있다(Burleson & Kunkel, 2006; Wood, 2009).

성 소수자 커플과 이성애자 커플은 전념, 친밀감, 갈등을 표현하는 것과 두 사람 각각이 관계 만족에 기여하는 것에서 유사하다(Kurdek, 2004). 그러나 여성 동성애자 커플과 남성 동성애자 커플에서, 널리 퍼진 사회적 오명은 만족스럽고 전념하는 유대를 구축하는 과정을 복잡하게 만든다. 낙인찍히는 것에 대해 가장 걱정하거나 자신의 성적 성향에 대해 부정적인 태도를 갖는 사람들은 연인관계의 질이 낮고 관계가 오래 가지 않는다고 보고한다(Mohr & Daly, 2008; Mohr & Fassinger, 2006). '배운 것 적용하기'에서는 낭만적 관계에 있는 모든 커플들이 환히 빛나는 사랑의 불씨를 유지하도록 도울 수 있는 방법들을 제시한다.

문화와 사랑 경험 열정적 사랑에서 나타나는 황홀함과 갈망의 강렬한 감정은 사실상 모든 현대 문화에서 알려져 있지만, 그것의 중요성은 각기 다르다. 개인주의적 가치가 강화됨에 따라, 낭만적 사랑의 기초를 형성하는 열정은 상대방의 고유한 특성에 대한 존중과 함께 20세기 서구 국가에서 결혼의 주요한 기반이 되었다(Hatfield, Rapson, & Martel, 2007). 친밀한 관계를 통해 의존 욕구를 충족시키려 하는 것은 미성숙한 것으로 간주되었다.

서양의 이러한 관점은 동양 문화의 관점과 크게 대립된다. 예를 들어 일본에서 평생 동안 의존하는 것은 수용되고 긍정적으로 간주된다. 아마에(amae) 또는 사랑이라는 일본어는 '다른 사람의 호의에 의존하는 것'을 의미한다. 전통적인 중국의 집합주의적 관점에서는 자기를 관계에서의 역할(아들 혹은 딸, 형제 또는 자매, 남편 또는 아내)로 정의한다. 사랑의 감정은 사회적 네트워크에 넓게 분산되어 있어서 한 관계에서의 정서적 강도는 줄어든다.

배우자를 선택하는 데 있어서 중국과 일본의 젊은이들은 다른 사람, 특히 부모에 대한 의무를 고려할 것으로 예상된다. 서양의 대학생들과 비교했을 때, 아시아계 대학생들은 신체적 매력과 깊은 감정에는 덜 비중을 두고 동료애와 배경의 유사성, 직업에서의 장래성, 좋은 부모가 될 가능성 같은 실용적인 문제들에 더 무게를 둔다(Hatfield, Rapson, & Martel, 2007).

배운 것 적용하기

낭만적 관계에서 사랑을 지속시키는 것

제안	설명
관계를 위해 시간을 내기	관계 만족과 '사랑에 빠진' 느낌을 발전시키기 위해 함께할 정기적인 계획을 세운다.
파트너에게 여러분의 사랑을 말하기	매우 효과적인 말인 '사랑해'를 적절한 시점에 하는 것을 포함하여, 따뜻함과 애정을 표현한다. 이러한 메시지는 전념의 인식을 증가시키고, 친밀감을 강화하고, 파트너가 이와 동일하게 반응하도록 한다.
파트너가 필요로 할 때 곁에 있어 주기	파트너가 괴로워할 때 할 수 있는 것을 모두 해주고, 파트너의 개인적 목표를 이루도록 지원하는 정서적 지지를 해준다.
관계에서의 문제에 대해 건설적, 긍정적으로 의사소통하기	여러분이나 파트너가 불만스러울 때 어려움을 극복할 수 있는 방법을 제안하고, 어떤 행동을 할지 선택하고 시행하는 것을 함께 하자고 요청한다. 관계 만족의 네 가지 장애물(비판하기, 경멸하기, 방어하기, 장벽 쌓기)은 피한다.
파트너 삶의 중요한 측면에 관심을 표현하기	파트너의 직장, 친구, 가족, 여가활동에 대해 물어보고, 그/그녀의 특별한 능력과 성취에 대해 감탄을 표현한다. 그렇게 함으로써 여러분은 파트너에게 존중받는 느낌을 주게 된다.
파트너에게 비밀을 털어놓기	가장 사적인 감정을 공유하여 친밀감을 유지한다.
작은 잘못은 용서하고 큰 잘못은 이해하려고 애쓰기	가능할 때마다 용서를 통해 분노의 감정을 극복한다. 이 방법으로 부당한 행동을 인정하면서도 그것에 사로잡히는 것을 피할 수 있다.

그렇지만 중매결혼이 여전히 꽤 흔한 중국, 인도, 일본 같은 동양 국가에서도 부모와 예비 신랑신부는 앞으로 나아가기 전에 서로 상의한다. 부모가 자녀에게 사랑할 가능성이 거의 없는 결혼을 하도록 강요한다면 대부분의 경우 자녀는 사랑의 중요성을 강조하며 저항한다(Hatfield, Mo, & Rapson, 2015). 그럼에도 불구하고, 중매결혼은 가족과 공동체의 더 큰 승인과 지지를 포함하여 그것이 일어나는 문화에서 특정한 장점을 제공한다.

뿐만 아니라 많은 중매결혼이 성공하는데, 이들의 결혼 만족도는 스스로 선택한 결혼의 만족도만큼 높거나, 가끔은 더 높기도 하다(Madathil & Benshoff, 2008; Schwartz, 2007). 시간이 지나면서 사랑이 점점 커졌다고 보고한 여러 국가의 중매결혼 부부의 인터뷰에서, 가장 자주 언급된 기여 요인은 전념이었다(Epstein, Pandit, & Thakar, 2013). 연구 참여자들은 전념이 좋은 의사소통, 상대에게 맞춰주는 것(배려와 관심), 유쾌한 신체적 친밀감처럼 그들의 사랑을 강화해주는 다른 자질들을 유발하는 데 도움이 되었다고 설명했다. 상당수는 그들의 결혼생활에서 사랑을 쌓는 것이 의도적인 행동이었다고 언급했다. 중매결혼을 옹호하는 것은 아니나, 연구 결과들은 스스로 선택하여 결혼한 신혼부부 사이의 사랑이 전형적으로 그러한 것처럼 감소하기보다는 성장하도록 유도할 수 있는 조건들을 시사한다.

친구관계

낭만적 파트너들과 아동기의 친구들과 같이, 성인 친구들은 대개 연령, 성별, 사회경제적 지위가 유사한데, 이 요인들은

인도의 한 브라만(성직자)이 젊은 커플의 주례를 서고 있다. 일부 동양 국가에서는 중매결혼이 여전히 흔하지만, 많은 커플들은 종종 시간이 지나면서 커지는 사랑의 중요성을 강조한다.

공통의 관심사, 경험, 요구에 기여하고 이는 관계에서 얻는 기쁨으로 이어진다. 어린 시절과 같이, 성인기의 친구는 인정하고 수용하고 자율성을 지지(의견차이와 선택권의 허용)하며 어려운 시기에 지지해줌으로써 자존감과 심리적 안녕감을 높여준다(Barry, Madsen, & DeGrace, 2016). 또한 친구는 사회적 기회와 지식과 관점에 대한 접근을 확장해줌으로써 인생을 보다 즐겁게 만들어준다.

성인의 우정에서도 청소년기에 그랬던 것처럼 공통의 관심사와 가치, 함께 시간 보내는 것을 즐기는 것에 덧붙여 신뢰, 친밀감, 충성심이 여전히 중요하다(Blieszner & Roberto, 2012). 생각과 감정을 공유하는 것은 때로 결혼생활보다 친구관계에서 더 많이 일어나지만, 친구는 일생 동안 새로 생겼다 없어지기 때문에 전념은 결혼생활에서보다 강하지 않다. 그렇기는 하지만 성인의 우정은 오래 지속되기도 하며, 어떤 경우에는 평생 지속된다. 자주 만나는 것은 우정을 지속하는 데 도움이 된다. 부분적으로 여성 친구들이 남성 친구들보다 더 자주 만나기 때문에 성인 친구관계는 여성들에서 더 오래 지속되는 경향이 있다(Sherman, de Vries, & Lansford, 2000).

소셜미디어의 사용이 급격하게 증가하면서 오늘날의 친구관계는 더 이상 물리적 근접성에 구속받지 않게 되었다. 18~29세의 90%가 소셜미디어 사이트를 이용한다(Pew Research Center, 2016d). 그 결과 '친구'의 관계망이 확장되었다. 온라인 모임에서 만나 실제로 본 적은 한 번도 없지만 관심사를 공유하고 정서적 지지를 주는 친구도 이 관계망에 포함된다(Lefkowitz, Vukman, & Loken, 2012). 이러한 온라인 관계가 성인의 삶에서 어떤 역할을 하는지 알려진 바는 아직까지 거의 없다.

소셜미디어 사이트가 젊은이들로 하여금 친밀한 친구관계를 잃으면서 많은 수의 지인을 만들게 하고 있을까? 연구들은 페이스북 친구가 500명 이상인 사람들이 실제로는 훨씬 적은 친구와 개인적으로 상호작용(게시물에 '좋아요'를 누르고, 담벼락에 글을 남기고, 채팅하는 것)을 한다는 것을 보여준다. 이러한 대규모 네트워크 사용자 중에서 일대일 대화를 하는 친구의 수는 남성에서 고작 평균 10명, 여성에서 고작 평균 16명인 것으로 나타났다(Henig & Henig, 2012). 페이스북 이용은 가벼운 친구관계에서 소극적으로 흔적을 남기는 것이 증가하는 것과 연관 있었지만, 핵심적인 친구관계의 수에서는 변화가 없었다.

살펴보기

소셜미디어 친구들에게 그들의 온라인 관계망의 규모와 지난 한 달 동안 개인적으로 상호작용한 친구의 수가 몇 명인지 물어보자. 대규모 네트워크 사용자들이 제한된 수의 핵심적인 친구관계를 갖고 있는가?

동성 친구관계 전 생애에 걸쳐서 여성은 남성보다 더 친밀한 동성 친구관계를 가진다. 아동기와 청소년기에 분명하게 나타나는 양상이 확장되어, 여성 친구들은 보통 '그저 이야기하는 것'을 선호한다고 말하는 반면 남성 친구들은 운동을 하는 것처럼 '무언가를 하는 것'을 좋아한다고 말한다. 남성 친구들 사이의 친밀감을 가로막는 것으로 경쟁심이 있는데, 이로 인해 남성들은 약점을 노출하는 것을 꺼린다. 여성의 친밀감이 더 높고 주고받는 것을 더 잘하기 때문에, 이들은 일반적으로 그들의 동성 친구관계를 남성들보다 긍정적으로 평가한다. 그러나 여성은 또한 친구들에 대한 보다 높은 기대를 가지고 있다(Blieszner & Roberto, 2012). 따라서 만약 친구들이 기대를 충족시키지 못하면 여성들이 더욱 못마땅해 한다.

물론 친구관계의 질에는 개인차가 있다. 남성의 친구관계가 오래 지속될수록 서로 더 가까워지고 개인적인 정보를 더 노출한다(Sherman, de Vries, & Lansford, 2000). 가족 내에서의 역할이 친구에 의지하는 정도에도 영향을 미친다. 독신 성인들에게 있어 친구는 마음 맞는 벗이자 절친한 대상이다. 따뜻함, 사회적 지지, 자기개방의 측면에서 젊은이들의

남성 친구들은 주로 '무언가를 같이 하는 것'을 좋아하는 반면, 여성 친구들은 '그냥 이야기하는 것'을 선호한다. 그러나 남성의 친구관계가 오래 지속될수록 서로 더 가까워지고 개인적인 정보도 점점 공개한다.

동성 친구관계가 친밀할수록, 그 관계는 보다 만족스럽고 오래 지속되며 이는 심리적 안녕감에 크게 기여한다(Perlman, Stevens, & Carcedo, 2015). 남성 동성애자와 여성 동성애자의 낭만적 관계는 종종 친밀한 동성 친구관계에서 발전되는데, 특히 여성 동성애자는 연인이 되기 전 사이좋게 지내는 친구관계를 쌓는다(Diamond, 2006).

젊은이, 특히 남성들은 연인관계를 발전시키고 결혼하게 되면서 배우자에게 더 자기개방을 하게 된다. 그래도 친구관계는 성인기 동안 사적인 공유를 하는 중요한 장으로 여전히 존재한다. 가장 친한 친구관계는 결혼생활이 완전히 만족스럽지 않을 때 안녕감을 증진시킬 수 있다(그러나 결혼생활의 질이 낮을 때는 그렇지 않다)(Birditt & Antonucci, 2007).

이성 친구관계 대학시절부터 시작해서 진로를 탐색하고 직업역할에 자리 잡을 때까지 이성 친구관계는 증가한다. 결혼 후, 남성에서는 이성 친구관계가 줄어들지만 여성은 직장에서 종종 이성 친구관계를 형성하기 때문에 지속적으로 늘어난다. 교육 수준이 높은 직장 여성의 이성친구 수가 가장 많다. 이러한 관계를 통해서 젊은이들은 흔히 동료애와 자존감을 얻게 되고 친밀감에서의 남성적 · 여성적 양식을 배우게 된다(Bleske & Buss, 2000). 남성들은 특히 여성 친구에게 쉽게 속마음을 털어놓기 때문에 이러한 친구관계는 남성들에게 자신의 표현 능력을 넓힐 수 있는 특별한 기회를 제공하게 된다. 그리고 여성들은 때로 남성 친구가 여러 문제와 상황에 대한 객관적인 관점을 제공해준다고 말하는데, 이러한 관점은 여성 친구로부터는 얻을 수 없는 것이다(Monsour, 2002).

많은 사람들은 이성 친구관계의 진실성을 보호하기 위해 정신적인 관계를 유지하려고 애쓴다. 그러나 때로는 낭만적 유대로 관계가 변하기도 한다. 단단한 이성 친구관계가 연인관계로 진화하면, 우정에 기초하지 않고 형성된 낭만적 관계보다 더 안정적이고 오래 지속될 수 있다. 그리고 특히 성인기에 진입하는 젊은이들은 자신의 친구관계망에 포함된 사람들에 대해 융통성이 있다(Barry, Madsen, & DeGrace, 2016). 연인과 헤어진 후에도 그를 친구로 둘 수도 있다.

친구로서의 형제 친밀감은 친구관계에서 필수적인 반면, 관계를 유지하고 상대방을 배려하려는 의지인 전념은 가족 간의 유대를 정의하는 특징이다. 젊은이가 결혼을 해서 낭만적

관계에 시간을 덜 투자하게 되면서 형제, 특히 과거에 유대관계가 긍정적이었던 자매들은 청소년기 때보다 더 자주 만나는 친구가 된다(Birditt & Antonucci, 2007). 종종 친구 역할과 형제 역할이 합쳐지기도 한다. 예를 들어 샤리즈는 헤더가 이사를 돕고 아플 때 심부름을 해준 것과 같이 실질적인 도움을 준 것에 대해 혈연관계 용어를 사용하여 설명했다. "헤더는 나한테는 언니 같아요. 나는 항상 헤더에게 의지해요." 또한 성인의 형제관계는 친구관계와 유사해서 주관심사는 연락을 유지하고 사회적 지지를 제공하고 함께 있는 것을 즐기는 것이다.

아동기에 심한 부모의 편애와 형제 간 경쟁이 있었을 경우, 성인기의 형제 간 유대가 무너질 수 있다(Panish & Stricker, 2002). 그러나 가족의 경험이 긍정적이었을 경우 성인이 된 형제의 관계는 특히 가깝고 심리적 안녕감의 중요한 원천이 될 수 있다(Sherman, Lansford, & Volling, 2006). 이들이 공유하는 배경은 가치, 관점의 유사성과 깊은 상호 이해의 가능성을 높여준다.

형제가 5~10명인 가족은 과거 선진국에서 흔했고 일부 문화에서는 여전히 광범위하게 나타나는데, 이런 가정에서의 친밀한 형제관계는 친구관계를 대체할 수 있다(Fuller-Iglesias, 2010). 형제 5명 — 이들의 배우자와 자녀들까지 — 과 작은 도시에서 함께 살고 있는 한 35세 성인이 말하기를, "이런 가족이 있는데 누가 친구를 필요로 하겠어요?"

묻고 대답하기

연관지어보기 친밀한 두 사람이 동반자적 사랑과 연민적 사랑으로 발전할 준비가 되는 것에 아동기 애착에 대한 기억과 평가가 어떻게 영향을 줄까?

적용해보기 민디와 그레이엄은 이들이 만나기 시작했던 2년 전과 비교해서 관계 만족도가 상승했다고 보고한다. 사랑과 의사소통에서의 어떤 변화가 이들의 유대를 깊게 만들었을까?

생각해보기 연애 감정이 없는 친밀한 이성 친구가 있는가? 그렇다면, 그 관계가 여러분의 정서적, 사회적 발달을 어떻게 향상시켜 주었는가?

가족인생주기

4.7 성인 초기에 두드러지는 가족인생주기의 단계를 추적하고, 오늘날 이러한 단계에 영향을 미치는 요인들을 알아본다.

대부분의 젊은이들에게 있어서 인생의 과정은 **가족인생주기**(family life cycle) 내에서 형성되는데, 가족인생주기란 전 세

계 대부분의 가정에서 일어나는 발달을 특징짓는 일련의 단계를 의미한다. 성인 초기의 사람들은 전형적으로 독립해서 살다가 결혼하고 자녀를 낳아 기른다. 중년기에는 자녀가 집을 떠나게 되면서 양육 책임이 줄어든다. 노년기에는 은퇴하고, 나이 들고, (여성에서 더 자주) 배우자의 죽음을 경험하게 된다(McGoldrick & Shibusawa, 2012). 가족 구성원들이 서로의 관계를 재정의하고 재구성하기 때문에, 단계들 사이의 전환기 동안 스트레스가 가장 큰 경향이 있다.

그러나 앞서 논의한 바와 같이, 가족인생주기가 고정된 순서로 진행되는 것이라고 생각하지 않도록 주의해야 한다. 단계가 일어나는 순서와 시기에 있어 큰 차이가 있는데, 특히 혼외 출산, 늦은 결혼과 임신, 이혼, 재혼의 비율이 높다. 그리고 어떤 사람들은 자발적이든 자발적이지 않든 모든 가족인생주기의 단계를 경험하지 않기도 한다. 그래도 가족인생주기 모형은 유용하다. 이 모형은 가족 체계가 시간이 지나면서 어떻게 변화하는지에 대한, 그리고 각 단계가 가족 단위와 각 개인에 미치는 영향에 대한 조직적인 사고방식을 제공한다.

집 떠나기

대학에서의 첫 학기 동안 샤리즈는 자신과 어머니와의 관계에서 변화를 느꼈다. 매일의 경험과 삶의 목표에 대해 이야기하는 것이 더 즐거워졌고 열린 마음으로 조언을 구하고 들었으며 더 자유롭게 애정을 표현했다.

부모의 집을 떠나는 것은 성인의 책임을 향한 중요한 걸음이다. 집을 떠나는 평균 연령은 1960년대 이후 계속 상승했다. 오늘날 집을 떠나는 연령은 20세기 초와 비슷하다. 그러나 부모와 함께 사는 이유는 달라졌다. 20세기 초의 젊은이들은 가족 경제에 도움이 되기 위해 부모와 살았다. 집을 떠나지 않는 21세기의 젊은이들은 전형적으로 부모에 경제적으로 의존적이다. 집을 늦게 떠나는 이러한 경향은 대부분의 선진국에서 분명히 나타나고 있지만 그 시기에는 상당한 차이가 있다. 스칸디나비아 국가들에서는 정부에서 지원을 해주기 때문에 젊은이들이 상대적으로 일찍 독립한다(Furstenberg, 2010). 반면 지중해 국가들의 문화적인 전통은 30대까지 부모와 오래 함께 사는 것을 촉진한다.

교육을 위해 집을 떠나는 것은 보다 어린 나이에 일어나는 경향이 있고, 취업이나 결혼을 위해서는 더 늦게 집을 떠난다. 미국 젊은이의 대다수가 고등교육을 받기 때문에 많은

경우 18세경에 집을 떠나게 된다. 이혼한 한부모 가정의 자녀는 집을 일찍 떠나는 경향이 있는데, 아마도 가족 스트레스 때문인 것으로 보인다(Seiffge-Krenke, 2013). 결혼하기 위해 집을 떠나는 북미와 서유럽 젊은이들의 수는 이전 세대에 비해 적다. 더 많은 사람들이 '독립적'이 되기 위해서, 즉 자신의 성인 지위를 표현하려고 집을 떠난다.

18~25세 미국인의 절반 이상이 처음 집을 떠난 후 짧은 기간 동안 부모의 집으로 다시 돌아온다(U.S. Census Bureau, 2015a). 대개 대학이나 군복무가 끝나갈 때와 같이 역할이 전환되는 시기에 젊은이들은 집으로 돌아온다. 그러나 취직난, 높은 주거비용, 정신건강 문제, 직장이나 사랑에서의 실패, 혹은 경제적 자원을 아끼려고 직장생활을 시작하는 젊은이의 바람도 일시적으로 집에 돌아오는 것을 촉발할 수 있다(Sandberg-Thoma, Snyder, & Jang, 2015). 또한 가족 갈등 때문에 집을 떠난 젊은이들도 종종 돌아오는데, 주로 독립적인 생활을 하기 위한 준비가 되지 않았기 때문이다.

주거의 독립은 연령에 따라 꾸준히 증가한다. 미국 젊은이의 90%가 30대 초까지 독립한다(U.S. Census Bureau, 2015a). 그런데도 오늘날 부모와 함께 사는 미국 젊은이의 비율은 지난 60년 중 그 어느 때보다도 높다. 주요 원인에는 2007년에서 2009년까지의 경기침체 후유증으로 고용기회가 감소한 것과 열성적인 연애와 결혼을 뒤로 미루는 것이 포함된다(Pew Research Center, 2016a). 젊은이들이 독립으로 가는 길에서 예상치 못한 우여곡절을 마주함에 따라 부모의 집은 성인 생활을 시작하기 위한 안전망과 활동을 위한 발판을 제공한다.

이 이탈리아 가정의 저녁식사에는 2명의 다 큰 아들이 있다. 지중해 국가의 문화적 전통은 집을 늦게 떠나는 것을 촉진하여, 많은 젊은이들이 30대까지 집에서 산다.

젊은이들이 결혼 전에 독립하는 정도는 사회경제적 지위와 민족에 따라 다르다. 학사학위가 있고 취직한 사람은 자신의 집을 마련할 가능성이 더 높다. 아프리카계 미국인, 라틴계, 미국 원주민 집단에서, 대가족 생활의 문화적 전통과 빈곤은 집을 떠나는 비율을 현저히 낮아지게 했는데 이는 대학에 다니거나 직장이 있는 젊은이에서조차도 마찬가지였다(Fingerman et al., 2015; Pew Research Center, 2016a). 결혼하지 않은 아시아 젊은이들도 부모와 함께 사는 경향이 있다. 그러나 아시아 가족이 미국에서 오래 살수록 개인주의적 가치에 노출되어 젊은이들이 결혼 전에 집을 떠날 가능성이 더 높다(Lou, Lalonde, & Giguère, 2012).

집에서 사는 젊은이들의 부모는 대개 자녀가 성인의 역할로 이동하는 것을 매우 헌신적으로 돕는다. 많은 부모들은 재정적 지원뿐만 아니라 물적 자원, 조언, 동료애, 정서적 지원처럼 광범위한 도움을 준다. 사회경제적 지위와 인종이 다양한 미국인 부모와 그들의 성인 자녀로 이루어진 큰 표본을 대상으로 한 조사에서, 부모들은 (문제가 있거나 어린 나이 때문에) 더 많은 요구를 가진 자녀들과 교육과 직장 경력이 더 성공적으로 보이는 자녀들에게 더 많은 것을 주는 것으로 나타났다. 또한 대부분의 부모와 그들의 젊은 자녀는 부모의 지지가 적절하다고 판단했지만, 상당수의 소수집단은 강력한 지지(한 주에 여러 번의 도움을 제공하는 것)를 과도한 것으로 보았다(Fingerman et al., 2009, 2012c). 그럼에도 불구하고 강력한 지지를 받는 자녀들이 특히 잘 적응하여 확고한 목표와 더 큰 삶의 만족을 표현했는데, 아마도 강력한 지지가 그들의 요구와 맞았고 독립을 진전시키는데 이를 사용했기 때문일 것이다.

그럼에도 부모와 젊은 자녀가 함께 사는 가정에서는 자녀의 미래와 관련된 개인적, 도덕적 가치에 관한 갈등이 늘어나는 경향이 있다(Rodríguez & López, 2011). 그러나 젊은이가 부모에게 안정 애착을 형성했다고 느끼고 독립을 잘 준비했을 때, 집을 떠나는 것은 더 만족스러운 부모-자녀 간 상호작용과 성공적인 성인 역할로의 이행과 관련 있다. 이는 가족의 충성심과 의무를 강하게 강조하는 소수 인종에서도 마찬가지이다(Smetana, Metzger, & Campione-Barr, 2004; Whiteman, McHale, & Crouter, 2010). 그리고 잘 해나가는 젊은이들과 자녀의 미래가 성공적이기 위한 열쇠라고 생각해서 도움을 주는 부모들의 관계는 흔히 동거 형태와 관계없이 좋다(Fingerman et al., 2012b).

반면 저항애착을 형성한 젊은이들은 일반적으로 부모와 건강하게 분리되는 것에 어려움을 겪는다. 이들은 보통 오랫동안 부모의 집에 머물며, 집을 떠난 후에는 동년배보다 부모와 더 자주 연락한다고 보고한다(Seiffge-Krenke, 2006). 회피애착을 형성한 젊은이들은 집을 떠나는 것에 잘 적응하는 것처럼 보이지만, 때로 스스로를 실제보다 더 자립심 있다고 묘사한다(Bernier, Larose, & Whipple, 2005; Seiffge-Krenke, 2013). 이들은 안정애착을 형성한 사람들보다 잘 적응하지 못하는 경향이 있다.

마지막으로, 매우 일찍 집을 떠나는 것은 부모의 경제적·정서적 지원 부족, 교육보다는 구직, 그리고 이른 출산과 연관 있기 때문에 장기적으로 불이익을 초래할 수 있다. 대학에 진학하지 않아서 10대 후반에 집을 나가는 미국의 청년들이 덜 성공적인 교육, 결혼, 직장 생활을 하는 경향이 있는 것은 놀라운 일이 아니다. 가난에 시달리는 미국의 젊은이들은 그렇지 않은 젊은이들보다 18세까지 집을 떠날 가능성이 더 높다(Berzin & De Marco, 2010). 그러나 그 나이 이후에도 여전히 집에서 산다면 30대로 잘 진입할 가능성이 적은데, 이러한 경향은 스스로 생활할 능력을 갖추고 빈곤에서 빠져나오는 데서 이들이 직면하는 급박한 어려움을 반영하는 것이다.

결혼을 통해 가족이 되기

미국인이 첫 번째 결혼을 하는 평균 연령은 1960년에 여성이 20세, 남성이 23세에서 현재는 여성이 27세, 남성이 29세로 올라갔다. 그 결과 18~29세의 현대 미국인 중 단 16%만이 결혼한 상태인데, 반세기 전 60%였던 것과 비교된다(Gallup, 2015b; U.S. Census Bureau, 2016b). 결혼을 늦게 하는 것은 서유럽에서 더 두드러지는데, 30대 초까지 늦어진다.

첫 결혼과 두 번째 결혼의 수는 사람들이 독신으로 남거나, 동거하거나, 이혼 후 다시 결혼하지 않아서 지난 수십 년 동안 감소했다. 1960년에는 미국인의 85%가 적어도 한 번은 결혼했는데 오늘날에는 70%가 그렇다. 현재, 절반이 약간 안 되는 49%의 미국인이 결혼한 부부로서 함께 산다(U.S. Census Bureau, 2015a). 그럼에도 불구하고 결혼은 여전히 젊은 사람들의 주요한 삶의 목표이다(Pew Research Center, 2013a). 사회경제적 지위와 인종에 상관없이 결혼을 하지 않은 대부분의 미국 젊은이들은 결혼하고 아이를 갖고 싶다고 말한다.

동성 결혼은 20개국[아르헨티나, 벨기에, 브라질, 캐나다,

콜롬비아, 덴마크, 프랑스, 아이슬란드, 아일랜드, 룩셈부르크, 네덜란드, 뉴질랜드, 노르웨이, 포르투갈, 남아프리카공화국, 스페인, 스웨덴, 우루과이, 영국(북아일랜드는 제외), 미국]에서 국가적으로 인정된다. 동성 결혼이 합법화된 것이 최근의 일이기 때문에 결혼의 맥락에서 동성 커플을 다룬 연구는 거의 없다. 그러나 지금까지의 증거들은 이성 간의 결혼에서 행복에 기여하는 요인과 동일한 요인들이 동성 결혼에서도 작용한다는 것을 시사한다. 그리고 결혼은 두 사람의 관계에 공적인 적법성을 부여하고, 헌신한다는 것을 보여주고, 재정적·법적 이익을 제공하기 때문에 이성애자 커플과 성 소수자 커플 모두 이러한 이유로 결혼을 중요하게 생각한다(Haas & Whitton, 2015).

결혼은 두 개인의 결합 그 이상이다. 결혼은 배우자의 가족들 두 체계가 새로운 하위체계를 만들어내기 위해 서로 적응하고 겹쳐지는 것을 필요로 한다. 그 결과 결혼은 복잡한 어려움들을 야기한다. 이는 오늘날 특히 그런데, 남편과 아내의 역할이 교육적, 직업적, 정서적 유대감으로 이루어진 진정한 동반자 관계로 단지 점차적으로 나아가고 있기 때문이다. 동성 커플에서는 부모에게 관계를 인정받는 것, 가족 행사에 파트너를 포함시키는 것, 자신들의 관계를 공개할 수 있는 지지적인 공동체에서 사는 것이 관계에 대한 만족과 관계의 지속에 도움이 된다(Rith & Diamond, 2013).

부부의 역할 신혼여행이 끝나자, 샤리즈와 어니는 전에는 개인적으로 결정했거나 가족들이 미리 정해두었던 수많은 문제들(언제 그리고 어떻게 먹고, 자고, 이야기하고, 일하고, 성관계를 갖고, 돈을 쓸 것인지와 같은 일상적인 문제부터 가족의 전통과 의례 중 무엇을 보존할지, 무엇이 자신들에게 잘 맞을지와 같은 문제까지)로 돌아서게 되었다. 그리고 두 사람이 부부로서 사회적 세계와 관련됨에 따라 부모, 형제, 대가족, 친구, 동료와의 관계를 수정하게 되었다.

성역할의 변화와 가족으로부터 멀리 떨어져 사는 것과 같은 결혼 맥락에서의 최근 변화로 인해, 부부들은 그들의 관계를 정의하기 위해 과거보다 더 많은 노력을 해야 한다. 부부들은 대개 종교와 인종의 배경이 유사하지만, 다른 종교, 인종 간의 결혼은 오늘날 점점 흔해지고 있다. 미국의 신혼부부 중에서 12%는 부부의 인종이 다른데, 이는 1980년의 2배에 이른다(Pew Research Center, 2015d). 대학, 직장, 이웃에서 다른 인종을 만나는 기회가 증가하고 인종이 다른 사람끼리

의 결혼에 대한 태도가 보다 긍정적이 되었기 때문에, 고등교육을 받은 젊은이들은 그렇지 않은 젊은이들보다 다른 인종의 사람과 결혼할 가능성이 더 높다(Qian & Lichter, 2011). 그럼에도 불구하고 배경이 다른 부부는 결혼생활로 전환하는 데 있어 더 많은 어려움에 직면한다.

많은 부부들이 결혼하기 전에 동거하기 때문에 결혼이 가족인생주기의 전환점이 되는 정도가 덜해졌다. 그러나 부부의 역할을 정의하는 것은 여전히 어렵다. 결혼 연령은 결혼 안정성을 가장 일관적으로 예측하는 변인이다. 10대와 20대 중반에 결혼한 젊은이들은 늦게 결혼한 사람들보다 이혼할 가능성이 더 높다(Lehrer & Chen, 2011; Røsand et al., 2014). 일찍 결혼한 사람은 성숙한 부부의 유대를 형성하기 위한 안정된 정체성이나 충분한 독립성을 발달시키지 못한 경우가 많다. 또한 이른 결혼은 낮은 교육 수준 및 낮은 소득과 연관 있는데, 이 요인들은 결혼생활의 파탄과 강력하게 연결되어 있다.

여성의 권리가 신장되고 있음에도 남편과 아내의 역할이 분명하게 구분되어 있는 **전통적인 결혼**(traditional marriage)은 서양 국가에서 여전히 존재한다. 이러한 형태의 결혼에서 남성은 가족의 경제적 안녕을 책임지는 집안의 가장이고, 여성은 가정을 돌보는 주부이다. 그러나 최근 수십 년 동안 이러한 형태의 결혼이 바뀌고 있는데, 자녀가 어릴 때 엄마 역할에 집중했다가 이후 직장으로 되돌아가는 여성이 늘어났다. **평등적인 결혼**(egalitarian marriage)에서는 두 사람이 동등하여 힘과 권위를 공유한다. 두 사람은 직업, 양육, 그리고 부부의 관계에 할애하는 시간과 에너지의 균형을 맞추고자 한다. 대부분의 교육 수준이 높고 출세 지향적인 여성들이 이런 형태의 결혼을 기대한다.

서양 국가에서 맞벌이 가정의 남성들은 과거보다 자녀 양육에 더 많이 참여하지만, 이들이 한 주에 할애하는 평균 시간은 엄마들의 60%에 불과하다. 이와 비슷하게, 최근의 연구는 미국과 유럽 국가들의 여성이 집안일에 쓰는 평균 시간이 남성의 2배 가까이 된다는 것을 보여준다(Pew Research Center, 2015e; Sayer, 2010).

그러나 많은 차이가 존재한다. 결혼했거나, 동거하거나, 동성 결혼한 7,500명이 넘는 유럽 남성과 여성을 대상으로 한 연구에서, 연구자들은 집안일에 쓰는 시간과 성역할 태도에 대한 정보를 수집했다. 보다 평등주의적인 태도는 여성이 집안일을 적게 하는 것과 강한 연관이 있었다(Treas & Tai,

한 아버지가 딸의 머리를 땋아주고 있다. 서양국가에서는 맞벌이 가정의 남성이 과거보다 육아에 훨씬 많이 참여하지만, 여전히 여성들보다는 훨씬 적게 기여한다.

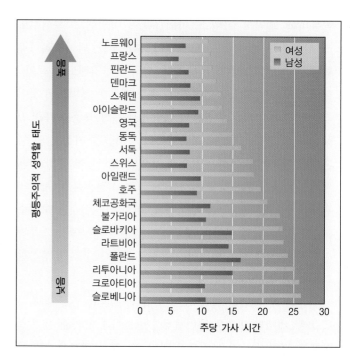

그림 4.3 성역할 태도가 각기 다른 유럽 국가에서의 남녀 가사 시간 7,500명이 넘는 유럽 국가의 남녀가 집안일에 쓰는 시간과 성역할 태도에 대해 보고했을 때, 여성이 매주 집안일에 쓰는 시간은 보다 평등주의적 태도를 가진 국가에서 크게 단축되었다. 모든 국가에서 여성은 남성보다 집안일에 훨씬 더 많은 시간을 할애했다.

2016). 그림 4.3과 같이, 여성이 매주 집안일을 하는 시간은 노르웨이, 핀란드, 스웨덴, 아이슬란드(성 평등을 높이 평가하는 북유럽 국가들)의 11~13시간에서 폴란드, 리투아니아, 크로아티아, 슬로베니아(보다 전통적인 성역할 태도를 갖고 있는 동유럽 국가들)의 24~26시간까지 다양했다. 그러나 성 평등적인 국가에서 여성의 단축된 가사시간을 보충하기 위해 남성이 집안일을 하는 시간이 증가하지는 않았다. 모든 국가에서 대부분의 집안일은 여성에게 떨어졌다.

북미와 유럽에서의 연구는 여성의 근무시간과 소득이 증가함에 따라 집안일을 하는 시간이 보통 정도로 감소한다는 것을 확인시켜준다(Cooke, 2010; Treas & Tai, 2016; Van der Lippe, 2010). 직장 여성이 집안일을 하는 시간이 단축된 것은 시간을 절약해주는 서비스(청소 도우미, 포장된 식사)를 이용하는 것이나 지저분한 집에 대해 참을성이 커진 것 또는 두 가지 모두로 인해 가능할 것이다. 아마도 여성이 직장에서 얼마를 벌든 상관없이 그녀의 일이 남편 일의 부차적인 것으로 여겨지기 때문에 집안일을 계속 더 많이 하는 것으로 보인다. 그리고 특정 동유럽 국가(라트비아, 폴란드, 슬로바키아)에서 남성이 집안일에 더 많은 시간을 쏟는 것은 주로 다른 국가보다 낮은 가계 소득과 열악한 주거환경에 기인한 것일

수 있다. 이러한 요인들은 특히 배우자가 직장에 나가는 경우 남성들이 가사 노동에 더 많은 시간을 쏟도록 요구한다.

미국에서는 아프리카계 미국인과 유럽계 미국인 남성들이 아시아인과 라틴계 남성들보다 집안일에 더 많은 시간을 쏟는다(Wight, Bianchi, & Hunt, 2012). 성역할 태도가 이러한 차이를 설명할 수 있겠지만, 모든 인종집단에서 남성은 여성보다 집안일에 훨씬 덜 관여한다.

마지막으로, 동성 부부에서는 한 명이 전통적인 '남성' 역할을, 다른 한 명이 '여성' 역할을 맡을 것이라는 게 일반적인 가정이지만, 실제로는 드문 일이다. 오히려 동성관계가 이성관계보다 권위와 집안일을 동등하게 나누는 평등한 관계인 경우가 더 흔하다(Patterson, 2013). 종합하면, 이성 간의 결혼에서 진정한 평등은 아직 드물며, 평등을 추구하는 부부들은 대개 전통적인 결혼과 평등적인 결혼 사이에 있는 형태의 결혼을 한다.

결혼만족도 샤리즈와 어니의 결혼은 험난하게 시작되었지만 특별히 행복한 결혼생활로 발전했다. 반면 크리스티와 게리는 점차 불만족스러워했다. 만족스러운 결혼생활과 덜 성공

적인 동반자 관계를 구별하는 것은 무엇일까? 이 두 부부의 차이점은 표 4.1에 요약된 개인적, 맥락적 요인에 대한 대규모의 연구 결과를 반영한다.

크리스티와 게리는 일찍 아이를 낳았고 경제적으로 어려웠다. 부정적이고 비판적인 성격으로 인해 게리는 크리스티의 부모와 잘 지내지 못했으며, 크리스티와 의견 차이가 있을 때는 위협을 느꼈다. 크리스티는 게리를 격려하고 지지하려고 애썼지만, 애정 어린 보살핌과 개성에 대한 자신의 요구는 충족되지 않았다. 게리는 크리스티의 직업에 대한 열망이 불편했다. 크리스티가 꿈에 가까워질수록 두 사람의 사이는 멀어졌다. 반면 샤리즈와 어니는 학업을 마치고 늦게 결혼했다. 두 사람은 직장생활을 할 때까지 아이 가지는 것을 미루었고, 각자 개인으로서 잘 성장하는 것을 가능케 하는 유대감을 구축했다. 인내, 배려, 공통의 가치와 관심사, 유머, 애정, 대화를 통해 개인적 경험을 공유하는 것, 가정의 책무에 협력하는 것, 그리고 갈등을 해결하는 좋은 기술은 두 사람이 함께 지내는 것에 도움을 주었다.

전반적으로 남성은 여성보다 자신의 결혼생활에 대해 약간 더 행복하게 느낀다고 보고하지만, 이 차이는 대체로 부부치료를 받는 커플들에게로 제한된다(Jackson et al., 2014). 결혼생활이 괴로울 때 여성이 불만족을 표현하고 전문적인 도움을 구할 가능성이 더 높다. 여성은 집안일을 분담해야 하는 정도에 대해 남편과 의견이 일치하지 않을 때, 그리고 가정과 직장에서 요구되는 일 사이의 갈등이 너무 크게 느껴질 때 특히 결혼생활에 불만스러워한다. 그러나 역할 과부하

는 결혼생활에 대한 남성의 불만족과도 연관 있다(Minnotte, Minnotte, & Bonstrom, 2015; Ogolsky, Dennison, & Monk, 2014). 서양과 서양 이외의 선진국에서 수행된 연구들은 부부관계에서의 평등한 권력, 그리고 가정의 책무를 나누는 것이 주로 결혼생활의 조화를 강화함으로써 부부 모두의 만족도를 향상시킨다는 것을 보여준다(Amato & Booth, 1995; Xu & Lai, 2004).

물론 사람들은 이따금 배우자의 기분을 상하게 하는 말이나 행동을 할 때도 있다. 이런 경우에는 그 행동에 대한 배우자의 귀인 혹은 설명이 차이를 만들어낸다. 예를 들어 남편이 자신의 몸무게에 대해 비판적으로 한 말을 고의가 아니라고 해석하는 아내는("내가 몸무게에 예민하다는 걸 단지 모르고 한 말일 거야") 그런 말을 악의적으로 보는 아내보다("내 감정을 상하게 하려고 한 말이야") 현재의 결혼만족과 장기적인 결혼만족 모두를 표현할 가능성이 훨씬 더 높다(Barelds & Dijkstra, 2011; Fincham & Bradbury, 2004). 사실 서로의 특성에 대해 매우 긍정적으로 편향되어 있는(그러나 여전히 현실적인) 부부들이 그들의 관계에 대해 더 행복해한다(Claxton et al., 2011). 부부가 서로에 대한 피드백을 주고받으면서, 이러한 '긍정적 환상'은 자존감과 심리적 안녕감을 향상시킨다. 그리고 시간이 흐르면서 부부가 자신의 배우자의 너그러운 인식에 가까워지도록 행동을 수정함에 따라, 긍정적 환상은 행동에 좋은 영향을 미친다.

반면 배우자가 자신을 평가절하한다고 느끼는 사람들은 불안과 불안정성으로 반응하는 경향이 있는데, 자존감이 낮

표 4.1 결혼만족도와 관련된 요인들

요인	행복한 결혼생활	불행한 결혼생활
배경	사회경제적 지위, 교육, 종교, 연령이 비슷한 파트너	사회경제적 지위, 교육, 종교, 연령이 다른 파트너
결혼 연령	20대 중반 이후	20대 중반 이전
첫 임신 시기	결혼 1년 이후	결혼 이전 혹은 결혼 1년 이내
대가족과의 관계	따뜻하고 긍정적	부정적. 거리를 유지하기 바람
대가족에서의 결혼생활 양상	안정적	불안정적. 빈번한 별거와 이혼
재정 및 고용 상태	확실	불확실
가정의 책무	부부가 공유. 공정하다고 인식함	대체로 여성의 책무. 불공정하다고 인식함
성격 특성과 행동	정서적으로 긍정적. 공통된 관심사. 좋은 갈등해결 기술	정서적으로 부정적이며 충동적. 공통의 관심사 부족 서투른 갈등해결기술

참고 : 요인의 수가 많을수록 결혼생활에서 행복하거나 불행할 가능성이 커짐

출처 : Diamond, Fagundes, & Butterworth, 2010; Gere et al., 2011.

사회적 이슈 : 건강

부부폭력

가정에서의 폭력은 모든 문화와 사회경제적 지위 집단에서 발생하는, 광범위하게 나타나는 건강 및 인권 문제이다. 대개 가정폭력의 한 형태는 다른 것과 연관되어 있다. 카렌의 경우를 생각해보자. 그녀의 남편인 마이크는 카렌을 신체적, 성적으로 폭행했을 뿐만 아니라, 그녀를 고립시키고, 굴욕감을 주고, 비난하는 등 심리적으로도 학대했다. 폭력적인 성인들은 배우자가 아끼는 물건을 부수고, 벽을 주먹으로 쳐서 구멍 내고, 물건을 던지기도 한다. "그건 통제의 문제였어요." 카렌이 설명했다. "마이크는 내가 항상 자기가 원하는 것을 하지 않을 것이라고 불평했어요. 내가 도망가면 그가 나를 쫓아와서 더 폭력적으로 변할 거라는 걸 알기 때문에 그를 떠나지 않았어요."

남편이 가해자이고 아내가 신체적으로 다친 부부폭력이 신고될 가능성이 가장 높다. 그러나 많은 국가들에 걸친 연구에서 사람들이 직접 질문을 받으면 남성과 여성이 경험한 폭행의 비율은 비슷했다. 여성 피해자들이 더 자주 신체적으로 다치지만, 폭력의 심각성에서의 성차는 작다(Dutton, 2012; Esquivel-Santoveña, Lambert, & Hamel, 2013). 또한 부부폭력은 동성관계와 이성관계에서 비슷한 비율로 일어

난다(Stiles-Shields & Carroll, 2015).

여성에 의한 가정 폭력의 원인으로 자주 보고되는 것이 정당방위이긴 하지만, 미국의 남성과 여성은 똑같이 '먼저 공격'할 가능성이 있다(Dutton et al., 2015). '배우자의 관심을 끌기 위해', '통제권을 얻기 위해', '분노를 표현하기 위해'는 부부가 서로를 학대하는 것에 대해 전형적으로 대는 이유이다.

부부폭력과 관련된 요인들

폭력적인 관계에서 지배-복종 관계는 때로는 남편으로부터, 때로는 아내로부터 비롯된다. 적어도 절반의 경우에서 두 부부 모두 폭력적이다(Bartholomew, Cobb, & Dutton, 2015). 로이와 팻의 관계는 부부폭력이 어떻게 악화되는지 이해하는 데 도움이 된다. 결혼식을 올리고 얼마 안 되어, 팻은 업무 부담이 큰 로이의 직장에 대해 불평을 하고 자신과 시간을 보내기 위해 집에 일찍 오라고 고집을 부렸다. 로이가 이에 저항하자, 팻은 욕설을 퍼붓고 물건을 던졌으며 그를 때렸다. 어느 날 저녁, 팻의 적대감에 너무 화가 난 로이는 접시를 벽에 던져 박살내고 결혼반지를 팻에게 던지고 집을 나가버렸다. 다음 날 아침 팻은 사과하고 다시는 덤

벼들지 않겠다고 약속했다. 그러나 그녀는 더 자주, 극단적으로 폭발하게 되었다.

이렇게 공격성이 악화되는 폭력-후회의 반복은 여러 폭력적인 관계를 특징짓는다. 왜 이런 일이 생길까? 성격과 발달 이력, 가정환경, 문화적 요인들이 결합되어 부부폭력의 가능성이 높아진다.

폭력을 행사하는 많은 사람들은 질투가 많고, 소유욕이 강하며, 상대를 통제하려고 할 뿐만 아니라 배우자에 대해 지나치게 의존적이다. 예를 들어 카렌이 떠나갈 것이라는 생각은 마이크의 높은 불안감을 유발했고, 그녀의 모든 활동을 감시하게 되었다. 우울, 불안, 낮은 자존감 또한 학대하는 사람들을 특징짓는다. 그리고 이들은 분노를 조절하는 데 많은 어려움을 겪기 때문에, 빨지 않은 셔츠나 늦은 식사 같은 사소한 사건이 폭력적인 사건을 촉발할 수 있다. 이들은 공격에 대해 설명하라고 요구받으면 자신보다 배우자에게 더 큰 책임을 돌린다(Henning, Jones, & Holdford, 2005).

배우자에게 폭력을 행사하는 사람의 상당수는 부모가 적대적인 상호작용을 하고, 강압적인 규율을 사용하고, 자신의 자녀들을 함부로 대하는 가정에서 자랐다(Ehrensaft, 2009). 아마

을 때에는 거절에 대한 두려움이 커지기 때문에 더욱 그렇다. 이들은 스스로를 보호하기 위해 종종 똑같이 비판과 경멸을 돌려주는데, 이는 적대감과 방어적인 태도를 교환하게 해서 자신이 두려워하는 바로 그 거절을 만들게 된다(Murray, 2008). 그렇지 않으면 관계를 망치지 않기 위해 부정적인 감정을 억누르고 정서적으로 분리될 수 있다(Driver et al., 2012). 이러한 과정에서 함께 나누었던 긍정적인 감정 역시 감소되고 친밀감은 무너진다.

최악의 경우에는, 부부관계는 강한 반대, 지배-복종, 정서적·신체적 폭력이 일어나는 맥락이 될 수 있다. '사회적 이슈 : 건강' 글상자에서의 설명처럼, 여성이 더 자주 심각한 부부폭력의 표적이 되지만 남성과 여성 모두 가해자와 피해자가 될 수 있다.

고등학교와 대학교에서의 가정생활 교육과정은 배우자를 더 잘 선택할 수 있도록 돕고, 연인관계와 결혼생활을 만족스럽게 하는 의사소통기술을 가르칠 수 있다. 그리고 부부가 이해와 공감으로 서로에게 귀 기울이도록 돕는 것을 목표로 하고, 긍정적인 특질과 기억에 집중하며, 효과적인 갈등해결 전략을 사용하는 상담은 탄력 있고 지속적인 관계에서 요구되는 자존감, 애정, 존중을 길러줄 수 있다(Gottman, 2011).

부모 되기

과거에는 자녀를 갖는 것이 대부분의 성인에게 있어서 생물학적으로 주어진 것이거나 피할 수 없는 사회적 요구였다. 오늘날 서양의 선진국에서는 자녀를 낳는 것은 개인적인 선택의 문제이다. 효과적인 피임방법으로 인해 성인들은 대부

도 이러한 점들이 왜 청소년기의 폭력적인 범죄 또한 부부폭력을 예측하는지 설명할 수 있을 것이다(Charles et al., 2011). 아동기에 가정 폭력에 노출된 성인들이 이를 반복할 운명에 처한 것은 아니다. 그러나 이들의 부모는 부정적인 기대와 행동을 자녀들에게 제공했기 때문에, 이런 것들은 종종 이들의 친밀한 관계로 옮겨 간다. 실직이나 재정적 어려움 같은 스트레스가 많은 생활사건은 부부폭력의 가능성을 높인다. 아프리카계 미국인과 미국 원주민 사이에서 만연한 빈곤은 폭력의 비율을 높인다(Black et al., 2011). 알코올 남용은 또 다른 관련 요인이다.

사회적 수준에서, 남성의 지배와 여성의 복종을 지지하는 문화적 규범들은 부부폭력을 조장한다(Esquivel-Santoveña, Lambert, & Hamel, 2013). 성 불평등 또한 인정하는 빈곤이 만연한 개발도상국에서는 여성에 대한 부부폭력이 특히 많으며 여성 인구의 거의 절반 또는 그 이상에 영향을 미친다.

피해자들은 만성적인 불안, 우울을 겪으며 빈번한 공황발작을 경험한다(Warshaw, Bashler, & Gil, 2009). 왜 이들은 이러한 파괴적인 관계를 단순히 떠나지 못할까? 다양한 상황적 요인들이 그렇게 하지 못하도록 막는다. 피해자인 아내는 남편의 수입에 의존하거나 자신이나 아이들에게 미칠 더 큰 피해를 두

려워할 수 있다. 살인을 포함하는 극단적인 폭행은 별거 이후에 일어나는 경향이 있다(Duxbury, 2014). 그리고 남녀 피해자 모두, 그렇지만 특히 남성들은 부끄러움 때문에 경찰에 가는 것을 단념한다. 또한 피해자들은 배우자가 바뀔 것이라고 잘못 믿기도 한다.

개입과 치료
구타당한 여성들이 이용할 수 있는 지역사회 서비스에는 익명의 상담과 사회적 지지를 제공하는 위기상담전화와 안전함과 치료를 제공하는 보호소가 있다. 많은 여성들이 폭력적인 배우자를 완전히 떠나기 전에 여러 번 그에게 돌아가기 때문에, 지역사회단체들은 보통 가해자들에게 치료를 제공한다. 대부분은 융통성 없는 성 고정관념에 맞서고, 의사소통·문제 해결·분노조절을 가르치고, 행동 변화를 동기부여하기 위해 사회적 지지를 사용하는 집단 회기에 몇 달에서 1년까지 의지한다(Hamel, 2014).

기존의 치료가 없는 것보다는 낫지만, 대부분의 치료는 관계의 문제와 알코올 남용을 다루는 데 그리 효과적이지 않다. 그 결과 치료를

남편이 아내를 신체적으로 해치는 부부폭력이 신고될 가능성이 제일 높지만, 비슷한 비율로 아내도 남편을 폭행한다. 폭력을 행사하는 사람들이 갖고 있는 정서적 문제에는 분노조절을 잘 못하는 것이 포함된다.

받은 많은 가해자들은 그들의 폭력적인 행동을 같은 배우자 혹은 새로운 배우자에게 반복한다(Hamberger et al., 2009). 현재, 남성 또한 희생자라는 것을 인정하는 개입은 거의 없다. 그렇지만 이들의 요구를 무시하는 것은 가정 폭력을 지속시킨다. 피해자가 폭력적인 배우자에게서 분리되는 것을 원하지 않는 경우에는 배우자 간 상호작용을 변화시키고 높은 삶의 스트레스를 줄이는 데 집중하는 치료에 가족 전체가 참여하는 것이 매우 중요하다.

분의 경우 임신을 피할 수 있게 되었다. 그리고 문화적 가치가 변해서 자녀가 없더라도 한두 세대 이전보다 사회적 비판과 거절에 대해 훨씬 덜 걱정하게 되었다. 그럼에도 불구하고 현재 아이를 원하지 않는다고 말하는 미국인은 18~40세의 6%인데, 이는 25년 전에 그렇게 말한 5%보다 약간 높아졌을 뿐이다(Gallup, 2013).

40세 이상인 미국 성인 중 여성의 85%, 남성의 76%가 부모이다(U.S. Census Bureau, 2015b). 동시에 선진국에서는 부모가 되는 것을 미루거나 자녀를 낳지 않는 젊은이의 수가 점점 증가하고 있다. 이러한 경향, 그리고 대부분의 엄마들이 자신의 에너지를 가정과 직장 사이에서 나누기로 결정한 것에 따라 가족의 크기는 사상 최저로 떨어졌다. 1950년에는 여성당 평균 자녀 수가 3.1명이었다. 현재는 미국과 스웨덴

은 1.9명, 영국은 1.8명, 캐나다는 1.6명, 독일, 이탈리아, 일본은 1.4명이다(World Bank, 2016). 그럼에도 불구하고 결혼한 사람들 중 압도적 다수는 부모가 되는 것을 인생에서 가장 의미 있는 경험으로 받아들이고 있다. 왜 사람들은 부모가 되는 것을 의미 있다고 생각할까? 그리고 자녀 양육의 어려운 점이 성인의 인생 과정에 어떻게 영향을 미칠까?

자녀를 가질 것인지에 대한 결정 부모가 되겠다는 선택은 재정 상황, 개인적·종교적 가치, 직업 목표, 건강 상태, 정부 및 직장의 가족 정책 이용 가능성과 같은 여러 복잡한 요인들의 영향을 받는다. 전통적인 성 정체성을 가진 여성들은 대개 자녀를 갖기로 결정한다. 지위가 높고 부담이 큰 직업을 가진 여성들은 부모가 되는 것을 덜 선택하며, 부모가 되

기로 선택한 경우에도 노력이 덜 드는 직업을 가진 여성보다 시기를 늦추는 경우가 많다. 부모가 되는 것은 보통 출세 지향적인 여성의 업무 시간을 단축시키고 승진을 늦추지만, 남성에게는 아무 영향도 미치지 않는다(Abele, 2014; Abele & Spurk, 2011). 직업여성들은 흔히 부모가 되는 것에 대해 의사결정할 때 이러한 결과들을 고려한다.

이러한 영향 외에 중요한 개인적 요인인 출산 동기(부모가 된다는 생각에 긍정적이거나 부정적으로 반응하는 개인의 성향)도 자녀를 가질 것인지에 대한 결정에 영향을 준다. 서양 국가들에서는 이런 동기가 시간이 지나면서 변화하여 개인적인 성취를 점점 더 강조하고 사회에 대한 의무는 덜 강조하게 되었다(Frejka et al., 2008).

미국과 유럽의 사람들에게 자녀를 낳고 싶은 바람에 대해 질문하면 여러 가지 장점과 단점을 언급한다. 인종적, 지역적 차이가 어느 정도 있지만, 모든 집단에서 아이를 가지는 가장 중요한 이유로 아이가 제공하는 따뜻하고 애정 어린 관계와 돌보고 가르칠 기회 같은 개인적인 보상을 꼽았다. 또한 자녀가 자신의 성인 지위를 확인시켜주며 노년에 돌봐주는 역할을 하는 등 사회적 이익이 있다는 것도 자주 언급되었다(Guedes et al., 2013). 덜 중요하지만 여전히 언급되는 것에 미래 연속성에 대한 의식이 있다. 즉 자신의 죽음 이후에 누군가 계속 이어나가게 하는 것이다. 그리고 가끔 부부들은 부모가 되는 것을 도전적이지만 중요한 삶의 과제를 공유하고 그들의 관계를 깊게 할 수 있는 만족스러운 기회로 여긴다.

대부분의 성인은 아이를 가지는 것이 수년간의 추가적인 부담과 책임을 의미한다는 것 또한 알고 있다. 부모 되는 것의 단점 중 가장 흔히 언급되는 것은 역할 과부하에 대한 염려, 스스로 부모가 될 준비가 되었는지에 대한 의문, 힘든 세상에서 자녀를 양육하는 것에 대한 걱정이다. 자녀 양육의 경제적 부담이 이를 바짝 뒤따른다. 보수적으로 추정했을 때, 미국에서 최근 부모가 된 사람들은 아이가 태어난 때부터 18세까지 양육하는 데 3억 원 이상의 돈을 쓰게 되며, 많은 사람들이 자녀의 고등교육과 성인기 진입 단계 때의 경제적 의존으로 인해 상당한 추가 비용을 부담할 것이다(U.S. Department of Agriculture, 2014).

아이를 가질 것인지, 가진다면 언제 가질지를 선택하는 것이 더 자유로워진 만큼 현대의 가족계획은 과거에 비해 보다 의도적인 동시에 도전적인 일이 되었다. 그렇지만 미국 출산의 35%는 의도하지 않은 임신의 결과인데, 대부분은 수입이 적고 교육을 덜 받은 엄마에게서 태어난다(Guttmacher Institute, 2013). 고등학교, 대학교, 지역사회의 건강 교육 수업과 가족계획 상담을 통해서 출산 동기를 탐구해볼 기회를 갖는 것은 더 많은 성인들이 개인적으로 의미 있고 현명한 결정을 하도록 장려할 수 있는데, 이러한 경향은 부부가 준비가 되었을 때 아이를 가지고 양육이 풍요로운 경험이라는 것을 발견할 가능성을 높여준다.

부모 역할로의 이행 아이가 태어난 후 처음 몇 주는 엄청난 변화가 나타난다. 끊임없이 아이를 돌보고, 재정적 책임감이 늘어나고, 부부의 관계를 위한 시간이 줄어드는 것이 이런 변화에 포함된다. 이러한 변화에 대응하기 위해 남편과 아내의 성역할은 보통 더 전통적이 되는데, 이는 샤리즈와 어니처럼 성 평등이 매우 중요한 부부에서조차도 그렇다(Katz-Wise, Priess, & Hyde, 2010; Yavorsky, Dush, & Schoppe-Sullivan, 2015).

첫 출산과 두 번째 출산 처음 부모가 된 대부분의 사람들에게 있어서 아기의 탄생이 (종종 부부관계와 전반적인 삶의 만족도 약간 떨어지기는 하지만) 결혼생활에 심각한 부담을 가져오지는 않는다(Doss et al., 2009; Lawrence et al., 2008; Luhmann et al., 2012). 만족스럽고 지지적인 결혼생활은 계속 그렇게 유지되는 경향이 있다. 그러나 문제가 있었던 결혼생활은 보통 출산 후에 더욱 고통스러워진다(Houts et al., 2008; Kluwer & Johnson, 2007). 그리고 출산을 앞둔 여성이 배우자가 육아를 잘 돕지 않을 것이라고 예상할 때, 일반적으로 그 예상은 현실이 되어 산후 적응을 특히 어렵게 만든다(Driver et al., 2012; McHale & Rotman, 2007).

맞벌이 가정에서 남성과 여성의 양육 책임의 차이가 클수록 출산 후의 결혼만족도가 크게 감소하는데, 특히 여성의 경우 아기와의 상호작용에 부정적인 결과를 미치게 된다. 반면 공동으로 양육하는 것은 부모의 행복감과 아이에 대한 민감성을 예측한다(McHale et al., 2004; Moller, Hwang, & Wickberg, 2008). 그러나 전통적인 성역할을 가진 사회경제적 지위가 낮은 직장 여성의 경우는 예외이다. 이런 여성들은 남편이 상당한 양육 책임을 맡으면 더 많은 괴로움을 보고하는 경향이 있는데, 아마도 양육을 대부분 도맡고 싶은 바람을 충족할 수 없게 되어 실망하기 때문일 것이다(Goldberg & Perry-Jenkins, 2003).

출산을 20대 후반이나 30대까지 미루는 부부가 증가하고 있다. 부모 역할로의 늦은 이행은 부부에게 직업 목표를 추구하고 다양한 인생 경험을 하고 부부관계를 강화할 시간을 준다.

오늘날 더 많은 부부가 그렇듯이, 20대 후반이나 30대까지 출산을 미루는 것은 부모 역할로의 이행을 용이하게 한다. 출산을 미룸으로써 부부는 직업 목표를 추구하고 다양한 인생 경험을 하고 부부관계를 강화할 수 있다. 이런 상황에서 남성은 아빠가 되는 것에 보다 열광적이 되고, 따라서 육아에 보다 적극적으로 참여하게 된다. 그리고 직장생활을 하고 있고 결혼생활이 행복한 여성들은 남편에게 집안일과 육아를 함께 하자고 장려할 가능성이 더 높은데, 이는 아버지들의 참여를 촉진한다(Lee & Doherty, 2007; Schoppe-Sullivan et al., 2008).

두 번째 출산은 보통 아버지가 양육에서 보다 적극적인 역할을 맡도록 요구하는데, 아내가 산후 조리하는 동안 첫째 아이를 돌본다든지 아기와 첫째 아이를 모두 돌보는 데 요구되는 많은 일을 나누어 하게 된다. 그 결과 둘째 아이가 태어난 가정이 잘 기능하는 경우에는 전형적으로 첫아이 출산 후에 나타난 것과 같은 전통적인 책임 분담이 없어진다. 양육자 역할에 더 중점을 두려는 아버지의 의지는 둘째 아이 출산 후의 어머니의 적응과 크게 연관된다(Stewart, 1990). 그리고 가족, 친구, 배우자의 지지와 격려는 아버지의 안녕감에 결정적이다.

개입 부부를 대상으로 상담가가 이끌어가는 집단상담은 부모 역할로의 이행을 용이하게 하는 데 효과적이다(Gottman, Gottman, & Shapiro, 2010). 치료 전문가들은 많은 부부가 갓난아기를 돌보는 것에 대해 거의 알지 못한다고 보고하는데, 이는 아마도 이들이 형제를 돌보아야 할 책임이 거의 없는 작은 가정에서 자랐기 때문일 것이다. 또한 이들은 새로 태어난 아기가 자신들의 관계에 미칠 잠재적 영향을 알지 못한다.

한 프로그램에서는 첫아이를 임신한 부부들이 4~6개월간 매주 모여서 가정에 바라는 바와 아기의 탄생에 의해 생기는 관계의 변화에 대해 서로 논의했다. 프로그램이 종료되고 18개월 후에 프로그램에 참여했던 아버지들은 참가하지 않았던 아버지들에 비해 아이 양육에 더 많이 참여하고 있다고 말했다. 프로그램에 참여했던 어머니들은 가정과 직장에서의 역할에 대해 출산 이전 수준으로 만족하고 있었는데, 이는 아마도 남편이 양육을 돕기 때문일 것이다. 프로그램에 참여했던 부부들의 결혼생활은 출산 3년 후에도 온전했고 부모가 되기 이전만큼 행복해했다. 반면 아무 개입도 없었던 부부의 15%는 이혼했다(Cowan & Cowan, 1997; Schulz, Cowan, & Cowan, 2006).

가난이나 장애 아동의 출산과 같은 위험요인을 갖고 있는 부부들에게는 사회적 지지와 양육기술을 향상시키는 것을 목표로 하는 보다 집중적인 개입을 하는 것이 필요하다. 아버지의 참여를 유지하는 데 초점을 두는 프로그램은 많은 저소득 여성 한부모에게 혜택을 줄 수 있다(Jones, Charles, & Benson, 2013).

신생아의 부모들에게는 넉넉한 유급휴가가 필수적인데, 많은 선진국에는 이러한 제도가 있지만 미국에는 없다. 재정적 압박으로 인해 많은 출산 여성들은 법이 보장해주는 기간보다 짧은 기간의 무급휴가를 쓰고 있으며, 아내가 출산한 남성들은 거의 휴가를 쓰지 않는다. 직장의 정책이 호의적이고 부모들이 그 정책을 활용한다면 부부가 서로를 지지하고 만족스러운 가정생활을 경험할 가능성이 높다(Feldman, Sussman, & Zigler, 2004). 그 결과, 아이의 출산으로 인해 발생하는 스트레스는 감당할 수 있는 수준으로 유지된다.

어린 자녀가 있는 가정 첫아이가 태어나고 1년 후, 한 친구가 샤리즈와 어니에게 부모로서 어떤 점이 좋은지 물었다. "부모 노릇하는 건 재미있니, 고민되니, 아니면 스트레스 받니? 어떻게 표현할 수 있겠어?"

샤리즈와 어니는 싱긋 웃으면서 동시에 "전부야"라고 답했다.

오늘날과 같이 복잡한 세상에서는 남녀 모두 이전 세대에 비해 어떻게 아이를 키워야 하는지에 대한 확신이 부족할 수밖에 없다. 자녀 양육의 가치를 분명히 하고 육아를 따뜻하고 열의 있고 적절히 요구하는 방식으로 하는 것은 다음 세대와 사회의 복지를 위해 매우 중요하다. 그러나 아동과 가정에 대한 사회적 지원이 부족한 것에서 나타나듯이, 모든 문화가 항상 양육에 높은 우선순위를 두지는 않는다. 더욱이 변화하는 가족 형태는 오늘날의 부모의 삶이 과거 세대의 삶과는 현저히 다르다는 것을 의미한다.

우리는 이전 장에서 자녀와 부모의 개인적 특성, 사회경제적 지위, 인종 등 자녀 양육 방식에 미치는 다양한 영향에 대해 논의했다. 부부의 관계 또한 매우 중요하다. 효과적인 공동육아에 참여하고, 부모 역할에 대해 협동하는 부모들은 부모로서 유능하다고 느끼며, 효과적으로 자녀를 양육하고, 아이 또한 잘 발달할 가능성이 높다. 그리고 이들은 또한 부부 간의 만족감을 얻는다.

직장이 있는 부모들에게 있어서 주요한 어려운 점은 좋은 보육시설을 찾는 것과 아이가 아프거나 응급치료를 받아야 할 때 직장에서 휴가를 내거나 다른 긴급한 결정을 내리는 것이다. 아이가 어릴수록 부모는 더 위험하고 어렵다고 느끼는데, 특히 돈을 내기 위해 더 오랜 시간을 일해야 하고, 흔히 미국에서 건강보험이나 유급병가 같은 직장에서 제공하는 혜택이 없고, 양육비를 감당할 수 없고, 자녀의 안전에 대해 더 즉각적으로 염려하는 저소득층 부모는 더 그렇다 (Nomaguchi & Brown, 2011). 아이를 돌보아줄 편리하고 좋은 기관을 찾지 못할 경우 여성들은 대개 더 심한 압박에 직면하게 된다. 자신의 일을 줄이거나 그만두거나, 아니면 자녀가 불행한 것을 그저 견디거나 급할 때 결근하거나 아이를 돌보아줄 새로운 곳을 끊임없이 찾을 수밖에 없다.

아이를 키우는 것이 어렵기는 하지만 성인 발달의 강력한 원천이다. 부모들은 자녀를 키우는 것이 자신의 정서적 능력을 확장시키고 삶을 보다 의미 있게 만들어주며 심리적 안녕감을 향상시킨다고 보고한다(Nelson et al., 2013; Nomaguchi & Milkie, 2003). 어느는 양육에 참여하는 것을 통해 자신이 한 인간으로서 원숙해진 것 같다고 언급했다. 양육에 참여하는 다른 부모들은 부모가 되는 것이 다른 사람의 감정과 요구에 귀 기울이는 것을 돕고, 그들이 보다 관대하고, 자신감 있으며, 책임감 있게 되기를 요구하고, 가족ㆍ친구ㆍ이웃과

의 유대를 확장해준다고 말한다. 전국을 대표하는 미국의 아버지들로 이루어진 큰 규모의 표본을 대상으로 한 조사에서, 자녀와 많은 시간을 보내는 것은 중년기에 더 많은 봉사활동을 하고 가족들을 돕는 것을 예측했다(Eggebeen, Dew, & Knoester, 2010).

청소년 자녀가 있는 가정 청소년기는 부모 역할에 커다란 변화를 가져온다. 제1장과 제2장에서 부모들은 자녀를 지도하면서도 자유를 주고 통제를 점차 줄여나가는 식으로 청소년 자녀와 새로운 관계를 형성해야 한다는 것을 보았다. 청소년들이 자율성을 획득하고 정체성을 찾기 위해 다양한 가치와 목표를 탐색해 가면서, 부모들은 자녀가 친구에게만 너무 집중하고 가족에게는 더 이상 신경 쓰지 않는다고 종종 불평한다. 일상적인 주제에 대해 부모-자녀 간 말다툼이 증가하는 것은 10대 자녀와 타협을 해야 하는 어머니에게는 특히 타격이 크다.

전반적으로 결혼 만족도와 삶의 만족도가 떨어지는 부모에 비해 청소년 자녀는 이 시기의 도전을 보다 쉽게 탐색하는 것으로 보인다(Cui & Donnellan, 2009). 많은 사람들이 가족 인생주기의 다른 어떤 시기보다도 이 시기에 가족치료를 찾는다.

부모교육 과거에는 가족의 삶이 세대 간에 거의 변하지 않았고, 성인은 모델링이나 직접적인 경험을 통해서 양육에 대해 알아야 할 것을 배울 수 있었다. 오늘날에는 성인들이 부모로서 성공할 수 있는 능력에 지장을 주는 수많은 요인들이 있다.

아버지들은 어머니들보다 자녀 양육에 대해 배울 수 있는 사회적 네트워크를 가질 가능성이 적다. 이 젊은 아버지와 그의 아들은 효과적인 양육의 모델이 되어 주는 이웃과 교류하고 있다.

묻고 대답하기

연관지어보기 청소년 발달의 어떤 측면이 부모가 10대 자녀를 양육하는 것에 스트레스를 주고 결혼과 삶의 만족도를 떨어뜨리는가?(제1장, 제2장 참조)

적용해보기 샤리즈는 결혼 후 자신이 실수를 했다고 확신했다. 샤리즈의 결혼을 지탱하고 매우 만족스럽게 만든 요인들을 제시해보자.

생각해보기 여러분은 부모님과 함께 사는가, 아니면 혼자 사는가? 현재의 거주 형태에 영향을 준 요인들에 대해 설명해보자. 여러분과 부모님 관계의 질을 어떻게 특징지을 수 있는가? 여러분의 대답은 연구 결과와 일치하는가?

지금의 부모들은 아동 양육에 대한 정보를 열심히 찾는다. 새내기 엄마들은 인기 있는 양육 서적, 잡지, 웹사이트 이외에 소셜미디어를 통해서도 육아에 대한 지식을 얻는다. 또한 도움을 얻기 위해 가족 구성원과 다른 여성과의 네트워크도 찾는다. 이에 반해 아버지들은 자녀를 양육하는 것에 대해 배울 수 있는 사회적 네트워크를 덜 가지고 있다. 그 결과 이들은 자녀와 어떻게 관계를 맺는지 알아내기 위해서, 특히 결혼생활이 친밀하고 신뢰성 있는 경우 배우자에게 의지하게 된다(McHale, Kuersten-Hogan, & Rao, 2004; Radey & Randolph, 2009). 조화로운 결혼생활은 부모 모두가 긍정적으로 아기에게 참여하는 것을 촉진하는데, 이는 특히 아버지들에게서 중요하게 작용한다.

부모교육은 부모가 자녀 양육의 가치를 분명히 알고, 가족 간 의사소통을 향상시키고, 아동이 어떻게 발달하는지 이해하고, 보다 효과적인 양육 전략을 적용할 수 있도록 돕기 위해 존재한다. 많은 프로그램이 효과적인 양육을 하기 위한 지식을 향상시키고, 부모 자녀 간 상호작용을 개선하고, 자녀를 교육하는 사람으로서의 부모 역할에 대한 인식을 높여주고, 심리적 안녕감을 증가시키는 등의 긍정적인 결과를 보여주고 있다(Bennett et al., 2013; Smith, Perou, & Lesesne, 2002). 부모교육의 또 다른 이점은 사회적 지지이다. 미래의 사회를 위해 아동 양육보다 더 중요한 일은 없다는 생각을 공유하는 전문가와 다른 헌신적인 부모들과 함께 관심사에 대해 논의할 기회를 가질 수 있다.

성인의 다양한 삶의 형태

4.8 독신, 동거, 무자녀에 초점을 맞추어 성인의 다양한 삶의 형태에 대해 논의한다.

4.9 높은 이혼율과 재혼율에 기여하는 요인들을 제시한다.

4.10 의붓부모, 미혼부모, 동성애자 부모 등 부모가 되는 다양한 방식과 관련된 어려움에 대해 논의한다.

현재 성인의 다양한 삶의 형태는 1960년대로 거슬러 올라간다. 당시의 젊은이들은 이전 세대가 갖고 있는 사회적 통념에 대해 의문을 가지기 시작했고 "행복을 어떻게 찾을 수 있을까? 충만하고 보람 있는 삶을 살려면 어떤 일에 전념해야 할까?"와 같은 질문을 던졌다. 대중이 다양한 삶의 형태에 보다 수용적으로 되면서, 독신으로 남는 것, 동거하는 것, 아이를 낳지 않는 것, 이혼하는 것 등을 선택하는 것이 보다 가능해졌다.

오늘날 미국에서는 전통적이지 않은 가족의 형태를 선택하는 것이 주류가 되었다. 많은 성인들은 하나가 아니라 몇 종류의 가족 형태를 경험한다. 앞으로 살펴보겠지만, 어떤 사람들은 신중하게 삶의 형태를 결정하는 반면 어떤 사람들은 의도치 않게 선택하게 된다. 법적으로 결혼할 수 없는 국가나 지역에서 사는 동성 커플이 동거하는 것처럼, 삶의 형태는 사회적으로 강요된 것일 수 있다. 또는 관계가 틀어져 버린 결혼생활처럼, 다른 사람이 떠민다고 느껴서 특정한 삶의 형태를 선택할 수도 있다. 요약하면 삶의 형태를 선택하는 것은 개인의 통제 범위 내에서 이루어질 수도 있으나 통제 범위 밖에서 이루어질 수도 있다.

독신

헤더는 학업을 마치고 평화봉사단에 가입하여 가나에서 4년을 보냈다. 헤더는 이성과 장기적인 관계를 가질 용의가 있었지만 짧은 연애만 경험해봤다. 미국으로 돌아온 후 계약직으로 직장을 옮기다가 30살이 되었을 때 마침내 큰 국제 여행 회사의 관광 감독으로 안정된 직장을 얻었다. 몇 년 후, 헤더는 관리직으로 승진했다. 35세가 된 헤더는 샤리즈와 점심을 먹으면서 문득 자신의 인생을 되돌아보았다. "나는 결혼을 할 생각이 있었어. 그렇지만 직장생활을 해보니까 결혼을 하면 방해받았을 것 같아. 지금은 독립적인 생활에 너무 익숙해져서 누군가와 함께 사는 것에 적응할 수 있을지 의문이 들어. 누구에게도 물어보지 않고 다른 사람을 돌보는 것에 대해 생각할 필요 없이 내가 가고 싶은 곳을 골라서 내가 가고 싶을 때 갈 수 있는 게 좋아. 그렇지만 대가가 있지. 나는 혼자 잠들고, 대부분의 식사를 혼자서 하고, 많은 여가 시간을 혼자 보내."

친밀한 파트너와 함께 살지 않는 것을 의미하는 독신은 특히 젊은이들 사이에서 최근 증가하고 있다. 예를 들어 미국에서 결혼한 적이 없는 25세 이상의 비율은 1960년 이후 2배 이상 증가했는데, 이는 남성의 23%, 여성의 17%이다. 오늘날 보다 많은 사람들이 늦게 결혼하거나 결혼하지 않으며 이혼이 독신 성인의 수를 증가하게 하는데, 모든 연령의 성인을 고려하면 절반이 약간 넘는다. 이러한 경향에서 볼 때 대부분의 미국인들은 자신의 인생에서 상당 부분을 독신으로 살 가능성이 높고, 8~10%에 이르는 소수는 끝까지 독신으로 살게 된다(Pew Research Center, 2014b).

남성이 여성보다 늦게 결혼하기 때문에 독신인 남성이 여성보다 많다. 그러나 여성들은 여러 해 동안 또는 전 생애 동안 독신으로 있을 가능성이 남성보다 훨씬 높다. 나이가 들수록, 대부분의 여성이 배우자로 선호하는 특성(나이가 같거나 조금 많고, 교육 수준이 같거나 조금 높으며, 직업적으로 성공한)을 가진 남성들이 거의 없어진다. 반면 남성들은 결혼하지 않은 많은 젊은 여성 중에서 배우자를 선택할 수 있다. 여성들은 자신보다 나은 사람과, 남성들은 자신보다 못한 사람과 결혼하려는 경향성 때문에 30세 이상의 독신 중에는 고졸 이하의 남성과 명망 있는 직업을 가진 고학력 여성이 많다.

인종의 차이도 존재한다. 예를 들어 25세 이상의 아프리카계 미국인 중 1/3 이상이 결혼한 적이 없는데, 이는 유럽계 미국인보다 2배 이상 많은 수치이다(Pew Research Center, 2014b). 나중에 살펴보겠지만, 흑인 남성들의 높은 실업률은 결혼에 방해가 된다. 많은 아프리카계 미국인들은 결국 30대

후반과 40대에 결혼하는데, 이때가 되어서야 흑인과 백인의 결혼율이 비슷해진다.

독신은 다양한 의미를 가질 수 있다. 한쪽 극단은 독신으로 살기로 신중하게 선택한 사람들이고, 다른 쪽 극단은 자신의 통제를 벗어난 환경으로 인해 독신이 된 사람들이다. 대부분은 헤더의 경우와 같이 그 중간에 있는데, 결혼하고 싶지만 그와는 다른 방향으로 진행되도록 만든 선택을 했거나 아니면 좋은 사람을 찾지 못했다고 말하는 사람들이다. 결혼한 적이 없는 여성들을 인터뷰한 연구에서, 일부는 결혼 대신에 직업 목표에 더 집중했다고 말했다(Baumbusch, 2004; Pew Research Center, 2014b). 다른 여성들은 실망스러운 친밀한 관계보다 독신이 더 좋다고 보고했다.

독신의 장점으로 가장 흔히 언급되는 것은 자유와 이동성이다. 그러나 독신들은 고독, 끊임없는 데이트, 제한된 성적·사회적 생활, 안정감의 부족, 결혼한 부부들의 세계에서 소외된 느낌과 같은 단점 또한 알고 있다. 동성 친구와의 친밀한 관계를 통해 사회적 지지를 많이 받을 수 있어서 자신의 삶의 형태를 보다 쉽게 받아들이는 여성에 비해, 독신 남성은 신체건강과 정신건강 문제를 더 많이 가지고 있다. 그러나 전반적으로, 항상 독신이었던 35세 이상의 사람들은 자신의 삶에 만족한다(DePaulo & Morris, 2005; Pinquart, 2003). 결혼한 사람들만큼 행복하지는 않지만, 이들은 최근에 사별하거나 이혼한 사람들보다 상당히 행복하다고 보고한다.

그럼에도 불구하고, 많은 독신들은 친구 대부분이 결혼하고 결혼의 사회적 시계에서 스스로가 멀어지는 것을 점점 의식하게 되는 30대 초반에 힘든 시기를 보낸다. 사회에 만연한 결혼에 대한 숭배와 독신은 사회적으로 미성숙하고 자기중심적일 것이라는 고정관념이 이에 기여한다(Morris et al., 2008). 임신이 가능한 생물학적 기한이 다가오는 30대 중반은 또 다른 힘든 시기이다. 28~34세 독신 여성들과의 인터뷰는 이들이 가족들의 압박, 줄어드는 신랑감, 늦은 임신의 위험, 남들과 다르다는 느낌에 대해 몹시 잘 알고 있다는 것을 보여준다(Sharp & Ganong, 2011).

일부 여성들은 인공수정이나 연애를 통해서 부모가 되기로 결정하기도 한다. 또한 해외로부터 아이를 입양하는 여성의 수도 점차 증가하고 있다.

동거

동거(cohabitation)란 성적으로 친밀한 관계를 가지면서 함께

독신 남성과 비교하여, 독신 여성들은 동성 친구와의 친밀한 관계를 통해 사회적 지지를 많이 받을 수 있기 때문에 자신의 삶의 형태를 보다 쉽게 받아들인다.

살지만 결혼하지 않은 커플들의 삶의 형태이다. 1960년대까지 서양 국가에서의 동거는 대체로 사회경제적 지위가 낮은 성인들에서 제한적으로 존재했었다. 그러나 그 이후 동거는 모든 집단에서 증가했는데, 특히 교육 수준이 높고 경제적으로 혜택 받은 젊은이들 사이에서 급격하게 증가했다. 오늘날의 젊은이들은 동거를 통해서 결혼의 첫 단계를 시작할 가능성이 한 세대 이전의 젊은이들보다 훨씬 높다. 미국의 젊은이들 사이에서는 동거가 친밀한 연인관계에 진입하는 방식으로 선호되고 있어서, 30세 이하의 커플 중 70% 이상이 동거를 한다(Copen, Daniels, & Mosher, 2013). 동거하는 비율은 결혼에 실패한 성인들 사이에서는 훨씬 더 높다. 이러한 가정의 약 1/3은 아이도 있다.

어떤 커플에게는 동거가 **결혼**을 준비하는 역할을 한다. 즉 두 사람의 관계를 검증해보고 함께 사는 것에 익숙해지는 시간이다. 다른 커플들에게는 동거가 **결혼의 대안**이 될 수 있는데, 성적 친밀감과 동반자 관계를 가질 수 있는 동시에 만족감이 감소하면 쉽게 헤어질 가능성도 있는 것이다. 이러한 점을 고려하면 돈과 소유물을 공유하고 상대방의 아이에 대해 책임을 지는 정도에 따라 동거의 형태가 매우 다르다는 것은 놀라울 것이 없다.

미국인들이 동거에 대해 점차 호의적으로 되어 60% 이상이 동거를 찬성하지만, 이들의 태도는 서유럽 사람들처럼 긍정적이지 않다. 네덜란드, 노르웨이, 스웨덴에서는 동거가 사회에 완전히 통합되어 있다. 동거하는 사람들은 결혼한 사람들만큼의 법적 권리와 책임을 가지고 있고, 결혼한 부부와 거의 같은 수준의 헌신을 서로에게 표현한다(Daugherty & Copen, 2016; Perelli-Harris & Gassen, 2012). 미국에서는 동거하는 커플의 60%가 3년 이내에 결별하지만 서유럽에서는 6~16%만 결별한다(Guzzo, 2014; Kiernan, 2002). 네덜란드, 노르웨이, 스웨덴의 동거 커플이 결혼하기로 결정하는 경우는 자녀들을 위해 자신들의 관계를 합법화하기 위한 것일 때가 많다. 미국의 동거 커플은 전형적으로 자신들의 사랑과 전념을 확인하기 위해 결혼하는데, 서유럽 사람들은 이러한 감정을 동거할 때 이미 가지고 있다.

미국이 동거에 점차 수용적으로 되면서 동거 관계는 더 깨지기 쉬워졌다. 20년 전에는 약혼을 하고 동거하던 미국인들이 약혼하지 않은 사람들보다 함께 머무르며 지속적인 결혼생활로 옮겨 갈 가능성이 더 많았다. 그러나 오늘날에는 두 유형의 동거 관계 대부분이 비슷하게 높은 비율로(60%) 깨지

고 결혼으로 덜 이어진다(Guzzo, 2014). 또한 동거가 증가하는 반면 동거를 시작할 때 약혼을 하는 것은 감소하고 있다. 이러한 경향은 현대의 동거가 결혼을 준비하는 역할은 덜 한다는 것을 시사한다(Vespa, 2014). 보다 많은 미국의 젊은이들이 결혼에 대한 기대나 계획 없이 동거를 시작하는데, 아마도 현재의 연인과 함께 비용효과와 삶의 편의성을 높이려는 바람이 동거에 대신 동기부여를 하는 것으로 보인다.

더구나 동거를 하다가 결혼하는 커플이 동거하지 않고 바로 결혼하는 커플보다 이혼할 위험이 약간 더 높다. 그러나 그 차이는 동거하는 사람들이 바로 결혼하는 사람들과 비교해서 어린 나이에 함께 살기 시작하는 것으로 대부분 설명할 수 있다(Kuperberg, 2014). 25세 이전의 혼전 동거는 이른 결혼과 마찬가지로, 잘 지낼 수 있는 파트너를 선택하고 연인과의 헌신적인 유대를 형성할 준비가 부족한 것과 관련 있다. 또한 혼전동거하는 젊은이들은 바로 결혼하는 사람들보다 대학교육을 받지 않고, 한부모 가정에서 자라고, 파트너와 연령 및 배경이 다르고, 배우자가 아닌 다른 사람과 이전에 동거한 경험이 있을 가능성이 높다. 커플들 사이에서는 일반적으로 이러한 모든 요소들이 이혼의 위험과 연관되어 있다.

동거하는 여성 동성애자 커플과 남성 동성애자 커플은 위에서 기술한 높은 결별 위험에서 예외이다. 2015년에 미국 전역에서 동성 커플에게 부여된 결혼에 대한 법적 권리는 너무 최근의 일이어서 많은 사람들은 이미 이들의 동거관계를 장기간 전념하는 것의 상징으로 보고 있다(Haas & Whitton,

동거는 서양의 선진국에서 흔하다. 이 동거 커플이 새로 입양한 개를 집에 데려가듯이, 이들 관계가 얼마나 오래가는지는 서로가 얼마나 전념하는지에 달려 있다.

2015). 결혼이 널리 가능해지면서, 4개월 이내에 거의 10만 쌍의 동성커플이 동거에서 결혼으로 전환하여 결혼율이 8% 올랐다(Gallup, 2015c). 이런 경향이 지속된다면 결혼은 헌신적인 이성커플에서 그런 것처럼, 헌신적인 동성커플에서도 보다 흔한 관계 상태로서 동거를 대체할지도 모른다.

요약하면 동거는 친밀한 관계의 보상과 법적인 결혼에 따른 의무를 피할 기회를 결합한 것이다. 그러나 동거 커플들은 정확히 이러한 의무를 가지고 있지 않기 때문에 어려움에 직면할 수 있다. 결혼하지 않은 커플이 헤어질 때 부동산, 돈, 임대 계약, 자녀에 대한 책임에 대해 분쟁이 일어나는 것은 예외라기보다는 오히려 규칙이다.

무자녀

샤리즈는 직장에서 베아트리체와 다니엘을 알게 되었다. 결혼한 지 7년이 되었고 30대 중반인 이 부부는 아이가 없고 앞으로 가질 계획도 없었다. 샤리즈가 보기에 이들의 관계는 특히 다정하고 서로를 아끼는 것처럼 보였다. 베아트리체는 "처음에는 부모가 되는 것에 대해 결정한 것이 없었어요. 그렇지만 우리는 결국 우리의 결혼생활에 집중하기로 결정했어요"라고 설명했다.

자녀가 없는 40대 중반의 미국 여성은 1975년에는 10%였다가 2006년에 20%로 증가했고, 2014년에는 15%로 감소했다(Pew Research Center, 2015b). 어떤 사람들은 부모 역할을 함께할 파트너를 만나지 못했거나 불임치료를 하기 위한 노력이 성공하지 못했기 때문에 비자발적 무자녀이다. 베아트리체와 다니엘은 자발적 무자녀로 다른 부류에 속한다.

그러나 자발적 무자녀가 항상 불변하는 상태인 것은 아니다. 일부 사람들은 일찍부터 부모가 되지 않겠다고 결정하고 자신의 계획을 고수한다. 그러나 대부분의 사람들은 베아트리체와 다니엘처럼 결혼 후에 결정하고 자신들이 포기하고 싶지 않은 삶의 형태를 발전시키게 된다. 후에 일부 사람들은 마음을 바꾸기도 한다. 자발적 무자녀인 사람들은 대개 교육 수준이 높고 명망 있는 직업을 가지고 있으며 자신의 일에 매우 전념하고 덜 전통적인 성역할 태도를 가지고 있다(Gold, 2012). 동시에, 최근 무자녀가 감소한 것은 과거보다 그 수가 많아진 교육 수준이 높은 출세 지향적인 여성이 결국 부모가 되기로 선택하는 것에 기인한다.

서양 국가들에서는 사람들이 다양한 삶의 형태에 대해 보다 수용적이 되면서 자녀가 없는 것이 제멋대로이고 무책임하다는 것을 나타내는 것이라는 부정적인 고정관념이 약화되었다(Dykstra & Hagestad, 2007). 이 추세에 따라 자발적 무자녀인 성인들은 자녀와 따뜻한 관계를 가지고 있는 부모들만큼 자신의 삶에 대해 만족해한다. 그러나 불임을 극복하지 못한 성인들은 불만족스러워할 가능성이 높은데, 일부는 매우 낙담하고 다른 일부는 인생의 다른 부분이 보상해줄 수 있는가에 따라 양가적이다(Letherby, 2002; Luk & Loke, 2015). 자녀가 없는 것은 자신의 의지와 무관할 때에만 적응과 삶의 만족을 방해하는 것으로 보인다.

이혼과 재혼

이혼율은 지난 20년간 감소했는데, 이는 부분적으로는 결혼연령이 늦어지고 있기 때문이다. 결혼을 늦게 하는 것은 더 큰 경제적 안정 및 부부간의 만족과 관련이 있다. 그 밖에 동거의 증가도 이혼을 줄였다. 결혼으로 이어질 수 있었던 많은 관계가 결혼을 하기 전에 끝난다. 그럼에도 여전히 미국에서는 42~45%의 결혼이 이혼으로 끝난다(U.S. Census Bureau, 2015b). 대부분의 이혼이 결혼 7년 이내에 발생하기 때문에 많은 경우 어린 자녀들이 있다. 또한 이혼은 청소년 자녀가 있는, (앞서 언급한 것처럼) 결혼만족도가 떨어지는 시기인 중년기로 이행하는 과정에서도 흔하게 일어난다.

이혼한 사람들의 약 60%는 재혼한다. 그러나 두 번째 결혼의 첫 몇 년간은 결혼이 실패하는 정도가 더 커서, 초혼보다 이혼율이 10% 더 높다. 그 후에는 첫 결혼과 두 번째 결혼의 이혼율이 비슷하다(Lewis & Kreider, 2015).

이혼과 관련된 요인들 왜 그렇게 많은 결혼이 실패할까? 크리스티와 게리의 이혼이 보여주듯이 가장 분명한 이유는 붕괴된 부부관계이다. 크리스티와 게리는 샤리즈와 어머보다 말다툼을 더 하지는 않았다. 그러나 이들의 문제 해결 방식은 효과적이지 않았고 서로에 대한 애착을 약화시켰다. 크리스티가 걱정을 하면 게리는 무시하며 방어적으로 반응했고, 의사소통하기를 거부했다. 이러한 요구–철회 양상은 이혼하는 많은 부부들에게서 나타나는데, 여성은 흔히 변화하기를 고집하고 남성은 이를 거부한다. 다른 전형적인 방식에서는 갈등이 적게 나타난다(Gottman & Gottman, 2015). 오히려 부부는 서로 감정적으로 점점 멀어지고, 가족의 생활에 대한 기대치가 다르고 공통의 관심사, 활동, 친구가 적기 때문에 각자 분리된 삶으로 이어지게 된다.

이러한 부적응적인 의사소통 양상의 기저에는 어떤 문제가 있을까? 9년간의 종단연구에서, 연구자들은 전국을 대표하는 미국의 기혼자 2,000명의 표본에 그들의 결혼 문제에 대해 질문한 후 3년, 6년, 9년 후에 어떤 부부가 별거했거나 이혼했는지 알아보았다(Amato & Rogers, 1997). 여성이 남성보다 더 많은 문제를 보고했는데, 여기에는 분노와 상처 받은 마음 같은 정서 문제가 주로 포함되어 있었다. 남성은 아내의 고통을 잘 느끼지 못하는 것으로 보였고, 이로 인해 아내는 자신의 결혼생활이 불행하다고 생각했다. 부부 중 누가 문제를 보고했는지 혹은 누구에게 책임이 있는지에 상관없이, 이후 10년 동안 이혼을 가장 강력하게 예언하는 요인은 배우자에 대한 부정, 헤픈 씀씀이, 음주나 약물 사용, 질투를 표현하는 것, 거슬리는 습관, 변덕스러운 성미였다.

이혼의 확률을 증가시키는 배경 요인은 이른 나이에 결혼한 것, 이혼한 경력이 있는 것, 그리고 부모가 이혼한 경우인데, 이들은 모두 결혼의 어려움과 관련 있다. 예를 들어 어린 나이에 결혼한 부부들은 배우자에 대한 부정과 질투를 보고할 가능성이 더 높다. 그리고 다양한 선진국에서 수행된 연구들은 부모의 이혼이 자녀의 적응 문제를 촉진하고 평생 동안의 결혼생활이라는 관습에 덜 헌신하게 만들기 때문에 다음 세대의 이혼 위험을 부분적으로 높인다는 것을 반복적으로 보여준다(Diekmann & Schmidheiny, 2013). 그 결과 정신적으로 어른이 되지 못한 성인이 결혼하게 되면 신중하지 못한 행동을 하고 갈등이 들끓는 관계를 갖게 될 가능성이 보다 높고, 이러한 어려움을 극복하려는 시도를 덜 하거나 만약 시도하더라도 어려움을 헤쳐 나갈 기술을 가질 가능성이 적

효과적이지 않은 문제 해결 방식은 이혼으로 이어질 수 있다. 갈라서는 부부들은 종종 한 명이 걱정을 하면, 다른 한 명이 무시하고 방어하며 의사소통을 거부하는 반응을 보이는 패턴을 따른다.

다. 안정된 가정환경을 가진 배려심 있는 배우자와 결혼하는 것은 이러한 부정적인 결과를 감소시킨다.

인생의 여러 스트레스로 고통 받는, 교육 수준이 낮고 경제적으로 어려운 부부들이 특히 헤어질 가능성이 높다(Lewis & Kreider, 2015). 그러나 크리스티의 경우는 교육 수준과 수입이 남편보다 높은, 출세 지향적이고 경제적으로 독립적인 여성들에서 결혼생활이 파탄 나는 또 다른 경향을 보여준다. 이러한 경향은 배우자들의 성역할에 대한 신념이 서로 다른 것으로 설명될 수 있다. 그러나 이러한 부부들이 더 높은 비율로 이혼하는 경향은 줄어들고 있다(Schwartz & Han, 2014). 가능성 있는 원인은 현대의 결혼에서 부부가 보다 평등한 동반자 관계로 가는 문화적 변화이다.

위에서 기술한 요인 외에도, 모든 사람이 자기표현과 개인적인 행복을 추구할 권리가 있다는 신념을 포함하는 미국의 개인주의가 이례적으로 높은 미국의 이혼율에 기여한다(Amato, 2014). 사람들이 그들의 친밀한 관계에 만족하지 않을 때, 개인주의의 문화적 가치는 앞으로 나아가도록 격려한다.

이혼의 결과 이혼은 삶의 방식을 잃는 것이기 때문에 그 방식에 의해 유지되었던 자기 자신의 일부를 상실하는 것도 포함된다. 그 결과 이혼은 긍정적인 변화와 부정적인 변화의 기회를 모두 제공한다. 이혼한 직후 남성과 여성은 모두 사회적 네트워크의 붕괴, 사회적 지지의 감소, 증가하는 불안과 우울을 경험한다(Braver & Lamb, 2013). 대부분의 경우 이러한 반응은 이혼 후 2년 이내에 잠잠해진다. 자신의 정체성을 남편과 관련하여 형성한 직장을 다니지 않는 여성은 특히 힘든 시기를 보내게 된다. 양육권이 없는 일부 아버지들은 아이들과 접촉할 기회가 줄어들게 되어 혼란스럽고 불안정하게 느낀다(Coleman, Ganong, & Leon, 2006). 과한 사회적 활동을 함으로써 잊으려 하는 아버지들도 있다.

새로운 파트너를 찾는 것은 이혼한 성인들의 심리적 안녕감에 가장 크게 기여한다(Gustavson et al., 2014). 그러나 이는 여성에 비해 혼자 사는 것에 잘 적응하지 못하는 남성에게서 보다 결정적이다. 고독감과 수입의 감소에도 불구하고 여성들(특히 결혼생활의 질이 매우 낮았던)은 이혼에서 보다 쉽게 회복하는 경향이 있다(Bourassa, Sbarra, & Whisman, 2015). 예를 들어 크리스티는 새로운 친구와 자립에 대한 만족감을 얻을 수 있었다. 그러나 일부 여성들(특히 불안해하

고 걱정이 많으며 전남편에게 계속 강한 애착을 가지거나 교육과 직업 기술이 부족한)은 자존감의 하락과 지속적인 우울을 경험한다(Coleman, Ganong, & Leon, 2006). 직업훈련, 평생교육, 승진, 가족과 친구에게서 받는 사회적 지지는 이혼한 많은 여성들의 경제적, 심리적 안녕감에 중요한 역할을 한다.

재혼 평균적으로 사람들은 이혼하고 4년 내에 재혼하는데, 남성들이 여성보다 약간 빨리 재혼한다. 앞서 언급했듯이 재혼은 몇 가지 이유로 특히 깨지기 쉽다. 첫째, 경제적으로 안정되고, 자녀를 양육하는 데 도움을 받고, 고독감에서 벗어나고, 사회적으로 수용되는 것과 같은 현실적인 문제는 첫 번째 결혼 상대보다 두 번째 결혼 상대를 선택할 때 더 큰 영향을 미친다. 그 결과, 재혼부부는 초혼부부보다 연령, 교육 수준, 인종, 종교, 그리고 다른 배경 요인이 다를 가능성이 높다. 이러한 조건은 지속적인 동반자 관계에 좋은 기반을 제공하지 않는다. 둘째, 어떤 사람들은 첫 번째 결혼에서 배웠던 부정적인 상호작용 패턴을 두 번째 결혼으로 가져온다. 셋째, 과거에 결혼에 실패한 사람들은 결혼생활에서 문제가 다시 나타났을 때 이혼을 선택 가능한 해결 방법으로 생각할 가능성이 훨씬 더 높다. 마지막으로 재혼부부는 새로운 가족과 관련된 상황에서 더 많은 스트레스를 경험한다(Coleman, Ganong, & Russell, 2013). 앞으로 살펴보겠지만 의붓부모-의붓자녀 간 유대는 결혼의 행복을 강력하게 예측하는 변인이다.

혼합 가정이 온전한 생물학적 가정과 같은 유대감과 안락함을 형성하는 데는 일반적으로 3~5년이 걸린다. 가정생활교육, 부부상담, 집단치료는 이혼하고 재혼한 성인들이 새로운 환경의 복잡한 문제에 적응하는 데 도움이 된다(Pryor, 2014).

다양한 형태의 부모

다양한 가족 형태는 다양한 형태의 부모를 낳는다. 혼합가정, 결혼한 적이 없는 가정, 동성애자 가정 등 각각의 가족 유형은 양육 능력과 심리적 안녕감에 독특한 도전을 제시한다.

의붓부모 의붓자녀가 같이 살건 가끔 방문하건, 의붓부모는 어려운 위치에 있다. 의붓부모는 외부인으로 가족에 들어가고 너무 자주, 새로운 부모 역할로 너무 빨리 옮겨 간다. 따뜻

한 애착 관계를 형성하지 못했기 때문에 의붓부모의 훈육은 대개 효과적이지 못하다. 의붓부모는 생물학적 부모가 지나치게 너그럽다고 자주 비판하는 반면, 생물학적 부모는 의붓부모가 너무 엄하다고 생각한다(Ganong & Coleman, 2004). 재혼한 부모는 초혼부모에 비해 전형적으로 높은 수준의 갈등과 의견충돌을 보고하는데, 대부분은 자녀 양육 문제에 집중되어 있다. 부부가 각각 과거 결혼에서 낳은 자녀가 있는 경우에는 한쪽만 자녀가 있는 경우보다 갈등이 발생할 확률이 더 높으며 관계의 질이 더 나빠지는 경향이 있다.

의붓어머니 중에서도 의붓자녀와 같은 집에서 사는 10%는 특히 갈등을 경험할 가능성이 높다. 결혼한 적이 없고 아이를 가져보지 않은 사람들은 결혼생활에 대해 이상적인 생각을 가지고 있을 수 있는데, 이러한 생각은 쉽게 산산조각 난다. 의붓어머니들에게는 가족 관계를 담당하는 역할이 기대되지만, 이들은 의붓부모-의붓자녀 관계가 당장 발달하지 않는다는 것을 금세 발견한다. 이혼 후에 생물학적 어머니들은 흔히 질투하고 비협조적이다. 남편이 양육권을 가지고 있지 않을 때조차도 의붓어머니는 스트레스를 받는다. 의붓자녀가 집에 왔다 갈 때마다 의붓어머니는 비협조적인 자녀가 없는 삶이 편하다고 생각하게 되고 자신의 '어머니답지 않은' 감정에 죄책감을 느끼게 된다(Church, 2004; Pryor, 2014). 의붓어머니는 부모-자녀 간 유대를 쌓는 데 결국 성공할 수도 있지만, 그 노력은 비교적 단기간 안에 저항에 부딪힐 가능성이 높다.

자신의 친자녀가 있는 의붓아버지들은 의붓자녀와 긍정적인 유대를 형성하는 경향이 있다. 특히 의붓아들과의 관계는 보다 수월한데, 아마도 부모-자녀 간의 따뜻한 유대를 형성한 경험이 있고 의붓어머니보다 양육에 뛰어들어야 하는 압박을 덜 느끼기 때문일 것이다(Ganong et al., 1999; van Eeden-Moorefield & Pasley, 2013). 그러나 생물학적 자녀가 없는 의붓아버지들은(같은 상황의 의붓어머니들과 마찬가지로) 비현실적인 기대를 가질 수 있다. 또는 아내가 이들에게 아버지 역할을 하라고 압박할 수도 있는데, 이는 아이들의 부정적인 반응을 촉발한다. 의붓아버지들은 몇 번 접근을 시도했다가 무시당하거나 퇴짜 맞으면 흔히 양육에서 물러난다(Hetherington & Clingempeel, 1992).

젊은 성인이 된 의붓자녀들이 의붓부모의 관계에 대해 회상하며 설명한 인터뷰 연구에서, 두 사람 간 유대의 질은 따뜻하고 사랑스러운 것에서 양가적인 것, 공존하는 것, 비판

적이고 거부하는 것에 이르기까지 매우 다양했다. 재혼부부나 동거부부의 다정한 관계, 의붓부모의 세심한 관계 구축 행동, 생물학적 부모의 협조, 지지적인 가족 구성원은 모두 의붓부모-의붓자녀 간 유대의 발달에 영향을 주었다. 많은 부부들은 시간이 지나면서 의붓자녀와의 상호작용을 향상시키는 공동양육 동반자관계를 구축했다(Ganong, Coleman, & Jamison, 2011). 그러나 의붓부모-의붓자녀 간 유대를 형성하는 것은 어렵기 때문에, 의붓자녀가 없는 경우보다 의붓자녀가 있는 재혼부부의 이혼율이 더 높다.

결혼한 적이 없는 한부모 선진국에서는 지난 몇십 년간 미혼모들이 출산하는 경우가 극적으로 증가했다. 오늘날 미국에서 출산한 여성 중 약 40%가 미혼모인데, 이는 1980년보다 2배 이상의 비율을 차지하는 것이다. 10대들이 출산하는 것은 1990년부터 꾸준히 감소(제1장 참조)한 반면, 미혼모의 출산은 증가해 왔고 특히 21세기의 첫 10년 동안 급격하게 증가했다(Hamilton et al., 2015).

결혼하지 않은 사이에서의 출산은 동거 커플에서 점점 더 많이 계획되고 나타난다. 그러나 교육 수준이 낮은 젊은이들 사이에서 흔한 이러한 관계는 보통 불안정하다(Cherlin, 2010; Gibson-Davis & Rackin, 2014). 게다가 미국 청소년의 12% 이상이 한 번도 결혼한 적이 없고 현재 파트너가 없는 한부모와 산다. 이러한 부모들 중 약 90%가 어머니고 10%가 아버지다(Curtin, Ventura, & Martinez, 2014).

여성 한부모는 젊은 아프리카계 미국인 여성 중 특히 많은데, 이들은 백인 여성들보다 결혼하지 않고 아이를 낳을 가능성이 상당히 높고 아기의 아버지와 함께 살 가능성은 낮다. 그 결과 20대에 출산하는 흑인 여성의 절반 이상은 파트너가 없는데, 백인 여성의 경우는 14%인 것과 비교된다(Child Trends, 2015a; Hamilton et al., 2015). 흑인 남성의 실직, 지속적인 무직 상태, 이로 인한 부족한 가족 부양 능력은 결혼한 적이 없는 아프리카계 미국인 여성 한부모 가정의 수에 영향을 준다.

결혼한 적이 없는 아프리카계 미국인 여성은 자녀 양육을 위해서 가족에게 도움을 청하는데, 특히 자신의 어머니나 때로는 남자 친척들에게도 도움을 구한다(Anderson, 2012). 사회경제적 지위가 낮은 아프리카계 미국인 여성들은 같은 상황의 백인 여성과 비교해서 늦게—첫아이를 출산하고 10년 이내—결혼하는 경향이 있는데, 그렇다고 꼭 아이의 생물학적 아버지와 결혼하는 것은 아니다(Dixon, 2009; Wu, Bumpass, & Musick, 2001).

그럼에도, 사회경제적 지위가 낮은 여성에게 있어서 결혼하지 않고 부모가 되는 것은 일반적으로 경제적 어려움을 가중시킨다. 약 절반이 가난한 생활을 한다(Mather, 2010). 백인 어머니의 약 50%와 흑인 어머니의 60%는 결혼하지 않은 상태에서 둘째 아이를 가진다. 그리고 양육비를 확보하는 것이 경제적 스트레스를 줄여주는 동시에 아버지의 참여를 촉진함에도 불구하고, 이들은 이혼한 어머니들보다 아버지에게서 자녀 양육비를 받을 가능성이 훨씬 적다(Huang, 2006).

여성 한부모 가정의 많은 자녀들은 경제적 어려움과 관련된 적응 문제를 나타낸다(Lamb, 2012). 더욱이, 아버지가 일관적으로 보여주는 따뜻함과 관심이 부족한 결혼한 적이 없는 어머니의 자녀는 사회경제적 지위가 낮은 초혼 가정의 아이들보다 낮은 수준의 인지발달을 보이며 반사회적 행동을 더 많이 하는데, 이는 어머니의 인생을 보다 힘들게 만든다(Waldfogel, Craigie, & Brooks-Gunn, 2010). 그러나 자녀의 생물학적 아버지와 결혼하는 것은 아버지가 경제적, 정서적 지지를 제공할 때에만 자녀에게 도움이 된다. 예를 들어 함께 살지 않는 아버지에 대해 가깝게 느끼는 청소년들이 부모 두 사람과 함께 살지만 아버지와의 친밀한 유대가 부족한 청소년들보다 학교에서의 수행도 좋고 정서적, 사회적으로도 잘 적응한다(Booth, Scott, & King, 2010).

불행히도 결혼하지 않은 대부분의 아버지들—대개 약간의 교육만을 받고 경제적으로 어려운—이 자녀와 보내는 시간은 점차적으로 줄어든다(Lerman, 2010). 사회경제적 지위가 낮은 부모들의 육아기술, 사회적 지지, 교육, 고용기회를 강화하는 것은 결혼하지 않은 어머니들과 그들의 자녀들의 안녕감을 크게 향상할 수 있다.

동성애자 부모 최근 추산에 따르면, 여성 동성애자 커플의 약 20~35%와 남성 동성애자 커플의 5~15%는 부모인데, 대부분은 과거 이성과의 결혼을 통해서, 일부는 입양을 통해서 부모가 되며 생식기술을 통해 부모가 되는 경우도 점차 증가하고 있다(Brewster, Tillman, & Jokinen-Gordon, 2014; Gates, 2013). 과거에는 동성애자가 적절한 부모가 될 수 없다는 법 때문에 이성 배우자와 이혼한 사람들은 자녀의 양육권을 가질 수 없었다. 오늘날 대다수의 미국 주들은 성적 성향은 양육이나 입양과는 무관하다고 주장하는데, 이는 동성결혼의

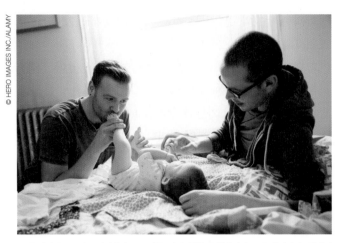

동성애자 부모는 이성애자 부모만큼 자녀 양육에 헌신적이고 효과적이다. 전반적으로 동성애자 가정은 그들을 차별하는 상황에서 사는 것과 관련된 주제에서만 다른 가정과 구별된다.

수용이 늘어나면서 생긴 변화이다. 동성 커플에 의한 양육과 입양은 다른 여러 선진국에서도 합법이다.

동성애자 커플 가정에 대한 대부분의 연구는 지원자를 대상으로 한 것으로 제한되어 있다. 연구 결과들은 동성애자 부모가 이성애자 부모만큼, 때로는 이들보다 더 자녀 양육에 헌신적이고 효과적이라는 것을 보여준다(Bos, 2013). 또한 부모에게서 태어났건 입양되었건 인공수정으로 태어났건 동성애자 가정의 자녀들은 이성애자 부모의 자녀들과 정신건강, 또래관계, 성역할 행동, 삶의 질에서 다르지 않다(Bos & Sandfort, 2010; Farr, Forssell, & Patterson, 2010; Goldberg, 2010; van Gelderen et al., 2012).

지원자로 이루어진 표본과 관련된 잠재적인 편향을 극복하기 위해서, 일부 연구자들은 국가를 대표하는 큰 규모의 데이터뱅크를 이용하여 동성애자 가정을 연구했다. 연구 결과들은 동성부모의 자녀와 이성부모의 자녀가 비슷하게 발달한다는 것과 자녀의 적응은 부모의 성적 성향이 아닌 다른 요소와 관련 있다는 사실을 분명히 보여준다(Moore & Stambolis-Ruhstorfer, 2013). 예를 들어 친밀한 부모-자녀 관계는 더 나은 또래관계와 청소년 비행의 감소를 예측하는 반면, 이혼이나 재혼 같은 가족의 변화는 가족 유형에 상관없이 학업에서의 어려움을 예측한다(Potter, 2012; Russell & Muraco, 2013).

동성애자 부모의 자녀들 중 대다수는 스스로를 이성애자라고 인식한다(Patterson, 2013). 그러나 몇몇 증거는 동성애자 가정의 청소년들이 일시적으로 남녀 파트너를 모두 만나며 실험해본다는 것을 시사하는데, 이는 아마도 관습을 따르

묻고 대답하기

연관지어보기 이혼과 재혼이 아동과 청소년에게 미치는 영향에 대해 알아보자. 이러한 발견들이 성인에서 나타나는 결과와 얼마나 유사한가? 무엇이 그 유사성을 설명할 수 있을까?

적용해보기 완다와 스콧은 3개월간 사귄 후 함께 살기로 결정했다. 이들의 동거 관계가 만족스럽고 결국 지속적인 결혼생활로 이어질 가능성을 예측하기 위해 완다와 스콧에게 어떤 질문을 할 것인가?

생각해보기 여러분의 경험이나 친구들의 경험이 동거, 독신, 결혼한 적이 없는 부모, 동성애자 부모에 대한 연구 결과들과 일치하는가? 한 가지 사례를 골라 논해보자.

지 않는 것과 다름에 대해 특히 관용적인 가정과 사회에서 길러진 결과일 것이다(Bos, van Balen, & van den Boom, 2004; Gartrell, Bos, & Goldberg, 2011).

가족들이 자신을 받아들이지 못할 때, 동성애자 부모들은 종종 자신의 친구로 '선택한 가족'을 구성해서 친척의 역할을 하도록 한다. 그러나 대개 성소수자의 부모들은 영구적인 불화를 견딜 수 없어 한다(Fisher, Easterly, & Lazear, 2008). 시간이 지나면서 부모와의 관계는 보다 긍정적이고 지지적이 된다.

동성애자 부모의 주요 관심사는 자녀가 자신들의 성적 성향으로 인해 낙인찍히게 되는 것이다. 친구들의 놀림과 반감은 일부 동성애자 부모의 자녀들에게서 문제가 되지만, 친밀한 부모-자녀 관계, 지지적인 학교 환경, 다른 동성애자 가족과의 만남은 이러한 경험의 부정적인 영향으로부터 자녀를 보호해준다(Bos, 2013). 전반적으로 동성애자 가정은 그들을 차별하는 상황에서 사는 것과 관련된 주제에서만 다른 가정과 구별된다.

직업 발달

4.11 직업 발달의 양상에 대해 논의하고, 여성, 소수인종, 맞벌이 부부들이 직면하는 어려움을 살펴본다.

가정생활 외에 직업생활도 성인 초기 사회적 발달의 필수적인 부분이다. 젊은이들은 직업을 선택한 후에 어떻게 과업을 잘 수행하고, 동료들과 잘 지내고, 상사에게 반응하고, 자신의 관심사를 보호할지 배워야 한다. 직업 경험이 순조롭게 진행되면 성인들은 새로운 역량을 발달하게 되고, 개인적인 성취감을 느끼고, 새로운 친구를 사귀고, 경제적으로 독립적이고 안정적으로 된다. 그리고 지금까지 살펴본 것처럼 배우자의 직업 발달을 지지하는 남녀, 특히 여성에게 있어서 직

장에서의 포부와 성취는 가정과 서로 관련되어 있다.

직업 찾기

이 장 앞부분에서 직업 발달에 다양한 경로와 일정이 있음을 강조했다. 샤리즈, 어니, 크리스티, 게리 각각이 직업을 찾아가는 과정이 얼마나 다양했는지 다시 한 번 생각해보자. 샤리즈와 크리스티가 다른 여성들처럼 자녀 양육이나 다른 가족의 요구로 인해 직업 생활이 중단되고 연기되는 불연속적인 진로를 경험한 것에 주목하자(Heppner & Jung, 2013; Huang & Sverke, 2007). 더구나 모든 사람이 자신이 꿈꾸던 직업을 가지게 되는 것은 아니다. 예를 들어 2007년에서 2009년까지의 경기침체는 자신의 전공과 맞지 않는 직업을 가진 젊은이들의 수를 크게 증가시켰다.

학사학위나 석사학위가 있는 20대의 성인이 자신이 선택한 분야로 진출한 경우에도 초기 경험은 실망스러울 수 있다. 샤리즈는 보건복지부에서 일하면서 하루 중 많은 시간을 서류작업에 써야 한다는 것을 알게 되었다. 각각의 일에 마감이 있었기 때문에, 그 안에 성과를 내야 한다는 압박이 샤리즈에게 큰 부담을 주었다. 예상치 못하게 실망스러운 급여, 상사, 동료에 적응하는 것은 어려운 일이다. 새 직원이 자신의 기대와 현실 간의 괴리를 인식하게 되면서 흔히 직장을 그만두기도 한다. 또한 승진의 기회가 있는 직장에서는 높은 포부를 종종 낮추어야 하는데, 대부분의 직장 구조는 관리 및 감독직이 더 적은 피라미드 형태이기 때문이다. 이러한 이유들에 재정 위기로 인한 해고까지 더해져 20대의 직장인들은 전형적으로 여러 번 이직한다. 서너 번의 이직은 드문 일이 아니다.

레빈슨의 이론에 대한 논의 중 직업적 성공은 종종 멘토와의 관계의 질에 달려있다는 내용을 기억하자. 영향력 있는 멘토, 즉 부하직원의 직업적 성공에 도움을 주고 그와 신뢰성 있는 유대를 조성하려고 하는 경험과 지식이 풍부한 상사와 접촉할 기회는, 멘토링할 의지가 있는 사람이 주변에 있는지와 그런 적절한 사람을 선택할 수 있는 개인의 능력 공동의 영향을 받는다. 대부분의 경우, 교수들과 직장 선배가 이 역할을 대신한다. 때로는 아는 것이 많은 친구나 친척이 멘토링을 해주기도 한다. 멘토들은 때때로 직업 관련 기술을 향상시키는 선생님 역할을 한다. 다른 때에는 업무 환경의 가치와 관습을 알려주는 가이드 역할을 한다. 젊은이들에게 각각 독특한 형태의 지원을 해주는 다양한 멘토들이

있을 때 직업 관련 학습의 측면에서 더 많은 이익을 얻을 수 있다(Hall & Las Heras, 2011). 또한 직원의 경력 초기에 멘토링을 하는 것은 나중에 멘토링을 할 가능성을 증가시킨다(Bozionelos et al., 2011). 멘토링의 직업적, 개인적 이점은 직원들이 다른 사람들에게 멘토링을 제공하고 스스로를 위해 멘토링을 다시 찾도록 유도한다.

여성과 소수인종

여성과 소수인종은 거의 모든 직업에 진출했지만 이들의 재능은 종종 최고 수준까지 발달되지 못한다. 여성 중에서도 특히 경제적으로 어려운 소수에 속하는 사람들은 승진의 기회가 제한되어 있는 직업에 여전히 집중되어 있고, 경영진이나 관리자 역할에는 이들을 대표할 만한 인물이 부족하다(제3장 참조). 그리고 30년 전에 비해 남성과 여성의 전반적인 임금 차이는 줄어들었지만, 대다수의 선진국에서는 여전히 상당한 차이가 존재한다(OECD, 2015b). 현재 미국에서는 정규직으로 일하는 평균 여성이 평균 남성의 83%만 번다. 학사학위나 그 이상의 학위가 있는 사람들만 고려하면 차이가 줄어들지만 88%로 여전히 상당하다(U.S. Department of Labor, 2015b).

성별에 따른 임금 격차가 광범위하고 지속적인 것에 기여하는 요인들은 무엇일까? 대학에서 여성들은 흔히 교육 및 사회복지 분야를 전공하고 남성들은 더 높은 급여를 받는 과학 및 기술 분야를 전공하는데, 이러한 선택은 성 고정관념적 메시지의 영향을 받는다(제3장 참조). 그리고 고등교육을 받은 대부분의 남성이 연속적인 직업생활을 하는 것과 달리, 많은 여성은 출산과 양육으로 인해 노동시장에 들어왔다 나가는 것을 반복하거나 정규직에서 시간제로 근무시간을 줄인다. 직장에 결근하는 것은 승진을 크게 방해하는데, 이는 명망 있고 남성이 우세한 직업을 가진 여성들이 양육을 미루거나 피하는 주요한 이유이다.

그러나 점차 많은 뛰어난 전문직 여성들이 자녀 양육에 전념하기 위해 직장을 그만두고 있는데, 이러한 경향은 이들의 '선택'에 대해 잘못된 성 고정관념적 해석을 만들어냈다. 이런 여성들과의 인터뷰는 직장을 그만두기로 결정하는 것이 거의 항상 고통스럽다는 것을 보여준다. 직장을 그만두는 가장 흔한 이유는 직장-가정 간 균형을 위한 재량을 제공하지 않는 강압적이고 융통성 없는 업무환경이다(Lovejoy & Stone, 2012; Rubin & Wooten, 2007). 이 여성들이 결국 노동인구로

돌아올 때, 이들은 종종 임금이 낮은 사회복지 분야의 여성이 우세한 직업으로 진입하며 방향을 바꾼다.

게다가 남성 지배적인 분야에 대한 낮은 자기효능감은 여성의 승진을 제한한다. 전통적이지 않은 직업을 추구하는 여성들은 대개 높은 성취 지향성, 독립성, 자신의 노력이 성공으로 이어질 것이라는 신념 같은 '남성적인' 특징을 가지고 있다. 그러나 자기효능감이 높은 여성도 자신이 직업적 성공의 장애물을 극복할 수 있을 것이라는 확신이 남성보다 적다. 전통적으로 남성적인 분야에서, 신입 여성은 신입 남성과 같은 훈련을 받았음에도 불구하고 더 낮은 임금을 받는다 (Lips, 2013). 또한 이러한 여성들은 지지적인 멘토를 찾는 데 어려움을 겪을 수 있다. 한 연구에서, 큰 표본의 미국 대학의 과학 전공 교수들에게 실험실 관리자 자리에 지원하는 학부생들의 지원서를 보냈다. 지원서 중 절반은 남자 이름이었고, 다른 절반은 여자 이름이었다(Moss-Racusin et al., 2012). 여학생의 업적이 남학생과 동일했음에도, 남녀 교수 모두 여학생이 덜 유능하고, 멘토링을 받을 자격이 부족하며, 더 낮은 임금을 받아야 한다고 보았다.

지도자보다는 추종자라는 여성에 대한 고정관념적 이미지가 이들이 최고 수준의 관리직으로 승진하는 것을 더디게 만든다. 남성 경영진의 멘토링은 남성 지배적인 산업에 종사하는 남성보다 여성의 관리자 역할로의 승진과 임금 상승을 강하게 예측한다(Ramaswami et al., 2010). 힘 있는 남성 지도자가 성공할 자질을 가진 사람이라고 지목함으로써 재능 있는 여성의 승진을 후원하면, 고위급 의사결정자들이 주

이 과학자와 같이 남성 지배적인 분야의 여성은 대개 높은 성취 지향성과 독립성 같은 남성적인 특징을 갖는다. 그럼에도 불구하고 많은 여성들이 직업적 성공을 가로막는 장애물에 부딪힌다.

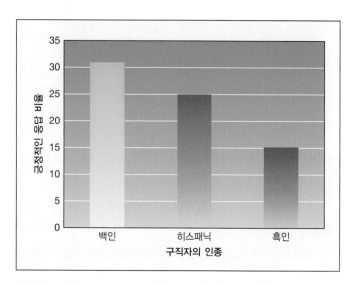

그림 4.4 구직자의 인종과 고용주의 연락 및 일자리 제안의 관계 지원자 3명이 같은 이력서를 제출하고 이들의 언어 및 대인관계기술과 신체적 매력이 비슷하게 맞춰졌음에도 불구하고 백인 지원자가 히스패닉 지원자보다 고용주로부터 약간 더 많은 긍정적인 응답을 받았고, 두 지원자 모두 흑인 지원자를 크게 앞섰다.

의를 기울일 가능성이 훨씬 높다. 그럼에도 불구하고, 그런 위치에 올라가면 여성은 남성보다 더 가혹하게 평가받는다 (Tharenou, 2013). 이는 특히 여성들이 적극적인 리더십 유형처럼 전형적으로 남성적인 행동을 보일 때 그렇다.

법이 동등한 기회를 보장함에도 불구하고, 취업 시의 인종 편견은 여전히 강하다. 한 연구에서 연구자들은 22~26세 사이의 백인, 흑인, 히스패닉 남성 구직자로 구성된 팀 2개를 모집하고, 이들의 언어 및 대인관계기술과 신체적 매력을 비슷하게 맞추었다. 지원자에게는 동일한 가상의 이력서가 할당되었고(두 번째 팀의 백인 남성의 이력서에서는 예외적으로 전과기록을 공개했다), 뉴욕시에서 신입사원을 모집하는 170군데에 지원하기 위해 이력서를 발송했다(Pager, Western, & Bonikowski, 2009). 그림 4.4에 나타나듯이 백인 지원자는 히스패닉 지원자보다 조금 더 많은 고용주의 연락과 일자리 제안을 받았고, 흑인 지원자는 한참 뒤떨어져 있다. 두 번째 팀으로 실험을 반복했을 때, 양쪽 소수인종 지원자 모두 전과가 없음에도 불구하고 백인 전과자가 여전히 약간 더 선호되었다.

이와 비슷한 다른 연구에서는 이력서 내 지원자의 자격을 다양하게 바꾸었는데, 우수한 이력서의 백인 남녀는 이력서가 우수하지 못한 백인 남녀보다 훨씬 더 많은 고용주들의 연락을 받았다. 반면 우수한 이력서는 아프리카계 미국인에서는 큰 차이를 만들지 못했다. 연구자가 지적했듯이, "차별은

두 번의 악영향을 미치는 것으로 나타나는데, 아프리카계 미국인들이 직장을 찾는 것과 취직할 만한 능력을 개선하는 것을 어렵게 만든다"(Bertrand & Mullainathan, 2004, p. 3). 이 결론과 일관적으로, 아프리카계 미국인은 일자리를 찾기 위해 더 많은 시간을 쓰고, 제안받을 확률을 높이기 위해 폭넓은 종류의 직업을 찾고, 덜 안정적인 직장을 경험하고, 동일한 자격을 가진 유럽계 미국인보다 업무 경험을 덜 습득한다(Pager & Pedulla, 2015; Pager & Shepherd, 2008).

소수인종 여성이 자신의 직업적 역량을 실현시키기 위해서는 종종 성차별과 인종차별을 동시에 극복해야만 한다(O'Brien, Franco, & Dunn, 2014). 성공한 여성들은 흔히 유별나게 높은 자기효능감을 가지고 있고, 성취를 방해하는 문제가 반복돼도 정면으로 돌파한다. 다양한 분야에서 리더가 된 아프리카계 미국인을 인터뷰한 연구에서, 이들은 모두 강한 인내심을 가지고 있었으며 선생님과 동료를 포함하는 다른 여성과의 지지적인 관계에서 도움을 받은 것으로 나타났다. 많은 여성들은 자신에 대해 높은 기대 수준을 설정하고 귀중한 조언과 격려를 해준 자신의 어머니가 용기를 주는 역할 모델이었다고 설명했다(Richie et al., 1997). 또 다른 여성들은 아프리카계 미국인 공동체에서 받은 지지를 언급했고, 받은 것을 되돌려주려는 동기가 강했다(Nickels & Kowalski-Braun, 2012). 긍정적인 멘토링을 경험한 성공한 아프리카계 미국인 여성은 특히 무거운 멘토링 의무를 떠맡는다.

일과 가정의 병행

자녀가 있는 여성의 대다수는 직장에 다니며, 이들 대부분은 맞벌이 부부이거나 동거관계에 있다. 남성보다는 더 많은 여성들이 일과 가정의 책임을 다하기 위한 스트레스를 중간에서 높은 정도 수준으로 겪는다고 보고한다(Mitchell, Eby, & Lorys, 2015; Zhao, Settles, & Sheng, 2011).

아이들이 태어난 후 직장으로 돌아갔을 때, 샤리즈는 즉시 역할 과부하를 느꼈다. 대부분의 직장 여성처럼 샤리즈는 도전적인 직장 이외에도 더 많은 집안일과 보육 업무를 짊어졌다. 샤리즈와 어니 모두 직장에서 뛰어나고 싶은 욕구와 부부끼리, 그리고 자녀, 친구, 친척과 더 많은 시간을 보내고 싶은 욕구 사이에서 속이 상했다. 역할 과부하로 인한 지속적인 스트레스는 좋지 않은 부부관계, 덜 효과적인 양육, 자녀의 행동 문제, 업무 수행의 저하, 신체건강 문제와 관련 있다(Saginak & Saginak, 2005; ten Brummelhuis et al., 2013).

직원들이 집에서 일할 수 있도록 해주는 융통성 있는 업무시간 정책은 부모들이 가족의 필요에 맞게 업무 역할을 조정할 수 있도록 돕는다. 그 결과, 직원들은 스트레스를 덜 받고 직장에서 보다 생산적으로 일할 수 있다.

역할 과부하는 일정이 엄격하고 자율성이 거의 없는 낮은 직책에 있는 여성에서 더 커진다(Repetti & Wang, 2014). 좋은 직장에 다니는 부부들은 일과 가정을 보다 통제할 수 있다. 예를 들어 샤리즈와 어니는 아이들과 더 많은 시간을 보낼 수 있도록 방법을 마련했다. 두 사람은 일주일에 한 번 자녀들을 보육원에서 일찍 데리고 오는 대신 직장 업무를 보충하기 위해서 저녁이나 주말에 일을 했다. 그러나 3,000명이 넘는 캐나다의 정규직 맞벌이 부부를 대상으로 한 연구에서, 대부분은 역할 과부하에 집안일을 축소(일을 끝마치지 않은 채로 두기)하거나 가정에서의 역할을 재구성(필요에 따라 서로에게 책임을 넘기기)하는 것으로 대처했는데, 여성이 남성보다 이런 일을 더 많이 했다(Higgins, Duxbury, & Lyons, 2010). 전반적으로 부부들은 직장의 요구에 맞출 수 있는 가정생활을 기대했다. 이들은 가족의 필요를 충족시키기 위해 직장에서의 역할을 조정하는 일은 거의 하지 않았다. 비록 일부 사람들은 직장에서의 유연성이 거의 없었지만, 다른 사람들은 그저 가정생활보다 일을 우선시했다.

직장의 지원은 역할 과부하를 크게 줄여줄 수 있는데, 이는 고용주에게는 상당한 비용이 드는 일이다. 전국을 대표하는 미국의 직장인들로 이루어진 큰 규모의 표본을 대상으로 한 연구에서, 작업 환경에서 근무시간을 유연하게 조절하는 정책을 보다 많이 사용할수록(예 : 아픈 아이를 돌보기 위해 시간을 낼 수 있고, 업무 시작과 종료 시간을 선택할 수 있고, 재택근무의 기회를 주는 것) 연구 참여자가 보고하는 직장-가정 간 갈등은 줄어들고 업무 수행은 향상되었다(Banerjee & Perrucci, 2012; Halpern, 2005). 업무시간을 유연하게 조절할

배운 것 적용하기

맞벌이 부부가 일과 가정에서의 역할을 병행하는 데 도움이 되는 전략들

제안	근거
가사분담계획 세우기	관계에서 가능한 한 빨리, 일과 가정에 대한 상대적 의무와 집안일의 책임 분담에 대해 의논한다. 누가 어떤 일을 할지 정할 때, 성별에 따른 것이 아닌 필요한 기술과 시간을 가진 사람으로 정한다. 계획을 다시 의논할 정기적인 일정을 정한다.
아기가 태어나자마자 육아를 분담하기	아버지의 경우, 일찍부터 아기와 동일한 시간을 보내기 위해 노력한다. 어머니의 경우, 배우자에게 자신의 기준을 강요하는 것을 자제한다. 대신 육아의 가치와 관심사에 대해 자주 의논함으로써 '자녀 양육 전문가' 역할을 분담한다. 부모교육과정에 함께 참석한다.
의사결정과 책임에 관한 갈등에 대해 이야기하기	대화를 통해 갈등을 직면한다. 감정과 요구를 분명히 하여 배우자에게 표현한다. 배우자의 관점에 귀를 기울이고 이해하려고 애쓴다. 그리고 기꺼이 협상하고 타협한다.
일과 가정 간 균형을 잡기	가족의 가치 및 우선순위를 고려하여 업무에 쏟는 시간을 비판적으로 평가한다. 만약 너무 많다면 줄인다.
두 사람의 관계가 정기적으로 애정 어린 보살핌을 받도록 하기	142쪽 '배운 것 적용하기'를 참고하기.
맞벌이 가정의 역할을 지원하는 직장정책과 공공정책을 요구하기	맞벌이 부부들이 직면하는 어려움은 부분적으로는 직장과 사회의 지지가 부족하기 때문이다. 유연한 업무시간, 유급 육아휴가, 가격이 적당하고 우수한 직장 내 보육시설처럼 일과 가정을 병행하는 것을 도와줄 복지를 제공하도록 고용주를 장려한다. 어린이와 가정에 대한 공공정책 개선에 대해 국회의원 및 다른 시민들과 의견을 교환한다.

수 있는 여러 가지 선택권이 있는 직원은 결근일수가 적었고, 지각이나 조퇴 횟수도 적었으며, 고용주에게 더 충성심을 가지고, 더 열심히 일했다. 또한 이들은 스트레스와 관련된 건강 증상도 더 적게 보고했다.

살펴보기

양육을 위해 직장에서 해주는 지원에 대해 한 쌍 이상의 맞벌이 부부와 이야기해보자. 어떤 정책이 있는가? 이들은 어떤 정책이 추가되면 특히 도움이 될 것이라고 말하는가?

일과 가정의 균형을 잘 잡는 것에는 높은 생활 수준, 작업생산성의 개선, 심리적 안녕감의 향상, 높은 자기충족감, 행복한 결혼생활과 같은 많은 이점이 있다. 어니는 가정생활과 직업에 대한 샤리즈의 헌신에 큰 자부심을 가졌다. 그리고

가정에서의 도전에 성공적으로 대처함으로써 얻는 기술, 성숙함, 자존감은 직장에서의 어려움을 극복할 수 있는 능력을 강화시켜주어 직업 만족도와 삶의 만족도를 모두 향상시킨다(Erdogan et al., 2012; Graves, Ohlott, & Ruderman, 2007). 위의 '배운 것 적용하기'는 맞벌이 부부가 직장과 가정의 일모두를 숙달하고 즐거움을 느낄 수 있도록 도와주는 방략들을 제시하고 있다.

묻고 대답하기

연관지어보기 가정에서의 역할(배우자와 부모 모두)에 크게 헌신함으로써 얻은 능력과 기술 중 업무 수행과 만족도를 향상시킬 수 있는 것들의 목록을 작성해보자.

적용해보기 가정친화적인 정책이 직원과 고용주 모두에게 좋은 환경이라는 것을 회사 경영진에게 납득시키기 위한 글을 써보자.

생각해보기 관심 가는 직업에서 성공한 누군가에게 그/그녀의 승진에 도움을 준 멘토 관계에 대해 설명해달라고 요청해보자.

요약

점진적 이행 : 성인기 진입 단계

4.1 성인기 진입 단계 동안의 정서적, 사회적 발달과 문화적 영향, 개인차에 대해 논의한다.

■ **성인기 진입 단계**의 많은 젊은이들은 스스로를 완전한 성인이라고 생각하지 않는다. 오히려, 경제적 자원을 가진 젊은이들은 교육, 일, 개인적 가치에서의 대안에 대해 확장된 탐색을 한다. 젊은이들은 깊이 있게 탐색하고 자신의 재능 및 잠재력과 맞지 않는 것에 전념하는 것에 대해 다시 생각해보며 대학에서도 정체성 발달을 계속 이어간다.

EDUARDO CONTRERAS/U-T SAN DIEGO/ZUMAPRESS.COM

■ 성인기에 진입하는 많은 젊은이들은 그들의 지역사회, 국가, 그리고 세계를 개선하는 것에 강한 의지를 표현하며, 많은 수의 젊은이들이 사회봉사에 참여한다. 그럼에도 불구하고 더 나이 많은 사람들과 비교했을 때 투표율이 낮다.

■ 청소년기에 진행되던 경향성이 계속되어, 10대 후반과 20대 동안에도 종교의식에 참석하는 것이 감소하지만 여성과 소수인종 젊은이들은 더 독실해진다. 종교를 갖는 것과 상관없이 성인기에 진입하는 많은 젊은이들은 개인적인 신념을 구성하기 시작한다. 종교적이거나 영적인 사람들은 더 잘 적응하는 경향이 있다.

■ 선진국에서 신입사원에게 필요한 교육 수준이 높아지고, 경제가 번영하고, 젊은이들의 노동력에 대한 필요성이 감소한 것이 성인기 진입 단계의 등장을 촉진했다. 그러나 사회경제적 지위와 높은 교육 수준의 강한 연관성 때문에 일부 연구자들은 성인기 진입 단계를 구분되는 발달 단계로 간주하지 않는다.

■ 성인기에 진입하는 상당수의 젊은이들은 허둥대고 방향을 잡지 못해 괴로워하고 높은 수준의 위험한 행동을 한다. 그러나 성인기

진입 단계의 기회에 접근할 수 있는 대부분의 젊은이들은 이 시기를 번성하는 시간으로 경험한다. 다양한 개인적 속성과 사회적 지지, 특히 부모와의 따뜻하고 자율성을 지지하는 관계가 탄력성을 촉진한다.

에릭슨의 이론 : 친밀감 대 고립감

4.2 에릭슨에 따르면, 성인 초기에 성격이 어떻게 변화하는가?

■ 에릭슨의 이론에서, 젊은이들은 파트너와 친밀한 관계를 형성하면서 **친밀감 대 고립감**의 갈등을 해결해야 한다. 부정적인 결과는 고독감과 자기몰두이다.

■ 또한 젊은이들은 자녀 양육과 더불어 업무와 사회봉사를 통해 사회에 기여하는 것 같은 생산성의 측면에도 주의를 기울인다.

성인의 심리사회적 발달에 대한 기타 이론들

4.3 레빈슨과 베일런트의 성인 성격 발달에 대한 심리사회적 이론을 설명하고 평가한다.

■ 에릭슨의 단계적 접근 방식을 확장하여, 레빈슨은 사람들이 그들의 인생구조를 수정하는 일련의 시기에 대해 기술했다. 젊은이들은 대개 꿈을 구성하는데, 전형적으로 남성에서는 직업이, 여성에서는 결혼과 직업 모두가 포함된다. 젊은이들은 멘토와의 관계도 형성한다. 30대의 남성은 정착하려고 하는 경향이 있는 반면 많은 여성들은 정착하지 못한 상태로 머무른다.

■ 또한 에릭슨의 전통에서 베일런트는 20대는 친밀감에, 30대는 직업을 공고히 하는 것에, 40대는 생산성을 강화하는 것에, 50대와 60대는 문화적 가치를 전달함으로써 생산성을 확장하는 것에, 그리고 노년기는 삶의 의미에 대해 깊이 생각하는 것에 전념하는 시기로 묘사했다.

■ 오늘날 젊은이들의 발달은 레빈슨과 베일런트의 이론이 묘사하는 것보다 훨씬 더 가변적이다.

4.4 사회적 시계는 무엇이고, 어떻게 성인기의 발달에 영향을 주는가?

■ **사회적 시계**—연령에 따른 주요한 인생 사건에 대한 기대—를 따르는 것은 젊은이들에게 자신감을 준다. 사회적 시계에서 벗어나는 것은 심리적 고통을 초래할 수 있다. 연령에 따른 기대가 점차 유연해짐에 따라 사

회적 시계 인생 사건에서 벗어나는 것은 흔한 일이 되었고 이는 세대 간 긴장을 조성할 수 있다.

친밀한 관계

4.5 배우자 선택에 영향을 주는 요인, 낭만적 사랑의 구성요소, 관계가 발전하며 변화하는 사랑의 형태를 문화 차이에 주목하여 기술한다.

■ 연인관계에 있는 사람들은 연령, 교육 수준, 인종, 종교, 그리고 다양한 개인적 및 신체적 특성에서 서로 유사한 경향이 있다.

■ 진화적 관점에 따르면, 여성은 자녀의 생존을 보장해줄 수 있는 특성을 가진 짝을 찾는 반면 남성은 성적 즐거움과 자식을 가질 수 있는 능력을 알리는 특징을 찾는다. 대안적 관점에서는 진화적 압력과 문화적 압력 공동의 영향을 받는 성역할이 배우자 선택의 기준에 영향을 준다.

■ 스턴버그의 **사랑의 삼각형 이론**에 따르면, 연인관계에서의 열정, 친밀감, 전념의 균형은 시간이 지남에 따라 변화한다. 열정적 사랑이 동반자적 사랑과 연민적 사랑에 자리를 내어줌에 따라 관계는 보다 친밀해지고, 헌신적이며, 만족스럽고, 오래 지속된다.

PEOPLEIMAGES.COM/GETTY IMAGES

■ 동양 문화의 평생의 동반자 관계에서는 낭만적 사랑보다는 의존과 가족으로서의 의무를 강조한다. 많은 중매결혼이 성공하는데, 중매결혼 부부들은 전념이 그들의 사랑을 커지게 했다고 말한다.

4.6 젊은이들의 친구관계와 형제관계, 그리고 이들이 심리적 안녕감에 미치는 영향에 대해 기술한다.

■ 성인의 우정은 어린 시절의 우정처럼 신뢰, 친밀감, 충성심에 바탕을 둔다. 여성의 동성 친구관계는 남성의 동성 친구관계보다 더 친

밀한 경향이 있다. 결혼 후, 남성들은 연령이 증가함에 따라 이성 친구관계가 줄어들지만 여성은 직장에서 종종 이성 친구관계를 형성하기 때문에 늘어난다. 가정에서의 경험이 긍정적이었던 경우, 성인의 형제관계는 흔히 친구관계와 비슷하다.

가족인생주기

4.7 성인 초기에 두드러지는 가족인생주기의 단계를 추적하고, 오늘날 이러한 단계에 영향을 미치는 요인들을 알아본다.

- **가족인생주기**의 순서와 시기에는 큰 차이가 존재한다. 대부분의 선진국에서는 집을 떠나는 시기가 지연되었다. 일반적으로 취업이나 결혼보다는 교육 때문에 집을 떠나는 것이 더 일찍 일어난다. 종종 역할 전환과 재정적 상황으로 인해 다시 집으로 돌아오기도 한다. 집에서 사는 젊은이들의 부모는 대개 자녀가 성인의 역할로 이동하는 것을 매우 헌신적으로 돕는다.
- 미국과 서유럽의 평균 초혼연령이 올라갔다. 동성결혼은 미국을 포함하는 20개국에서 국가적으로 인정된다.
- 결혼은 두 사람의 관계에 공적인 적법성을 부여하고, 헌신한다는 것을 보여주고, 재정적·법적 이익을 제공하기 때문에 이성애 커플과 성 소수자 커플 모두 이러한 이유로 결혼을 중요하게 생각한다.
- **전통적인 결혼**과 **평등적인 결혼**은 모두 여성이 직장에 다니는지에 영향을 받는다. 서양 국가에서는 남성이 과거에 비해 자녀 양육에 훨씬 많이 참여함에도 불구하고 여성이 남성보다 2배 가까이 많은 시간을 집안일 하는 데 보낸다. 가정에서의 책임을 똑같이 분담하는 것이 두 부부의 만족도를 향상시키기는 하지만 역할과부하를 경험하는 여성이 특히 결혼생활에 불만족스러워한다.
- 부모 역할로 이행하는 것은 책임감을 증가시키며, 종종 더 전통적인 역할로의 전환을 유발한다. 둘째 아이가 태어난 후에 이것은 뒤바뀔 수 있다. 만족스러운 결혼생활은 자녀가 태어난 후에도 그렇게 유지되는 경향이 있지만, 문제가 있었던 결혼생활은 대개 보다 고통스러워진다. 자녀를 함께 돌보는 것은 부모의 더 큰 행복과 긍정적인 부모-아기 간 상호작용을 예측한다.

- 효과적인 공동육아를 하는 어린 자녀가 있는 부부들은 효과적으로 자녀를 양육하고, 자녀가 잘 발달하고, 결혼만족도가 높아질 가능성이 높다.
- 청소년의 부모들은 점점 더 자율적으로 되어 가는 10대 자녀들과 새로운 관계를 구축해야 한다. 결혼만족도는 이 시기에 종종 감소한다.

성인의 다양한 삶의 형태

4.8 독신, 동거, 무자녀에 초점을 맞추어 성인의 다양한 삶의 형태에 대해 논의한다.

- 결혼을 미루는 것으로 인해 독신이 많아졌다. 여러 단점에도 불구하고, 독신들은 일반적으로 그들의 자유와 이동성을 높이 평가한다.
- **동거**가 증가하면서, 젊은이들이 헌신적이고 친밀한 동반자관계로 들어갈 때 선호하는 방식이 되었다. 결혼하기 전에 동거하는 미국인들은 같은 상황의 서유럽인들과 비교했을 때 파트너에게 덜 헌신하는 경향이 있고, 이들의 결혼은 실패할 가능성이 높다. 그러나 동거하는 미국의 동성애자 커플은 예외이다. 많은 경우 매우 헌신적이고, 미국에서 동성 결혼이 합법화된 이후 많은 커플이 결혼했다.
- 자발적으로 자녀가 없는 성인들은 교육 수준이 높고, 성취 지향적이며, 자신의 삶에 만족하는 경향이 있다. 그러나 비자발적 무자녀는 적응과 삶의 만족에 지장을 준다.

4.9 높은 이혼율과 재혼율에 기여하는 요인들을 제시한다.

- 부적응적인 의사소통 패턴, 결혼 당시의 어린 연령, 이혼 가족력, 낮은 교육 수준, 경제적 어려움, 그리고 미국의 개인주의는 모두 이혼에 영향을 준다.
- 재혼은 특히 깨지기 쉬운데, 그 이유에는 재혼을 결정할 때 현실적인 문제를 강조한 것, 부정적인 의사소통 패턴이 지속되는 것, 결혼생활에서 어려움이 생겼을 때 이혼을 선택 가능한 해결 방법으로 생각하는 것, 새로운 가족에 적응하는 문제 등이 있다.

4.10 의붓부모, 미혼부모, 동성애자 부모 등 부모가 되는 다양한 방식과 관련된 어려움에 대해 논의한다.

- 의붓부모-의붓자녀 간 유대를 형성하는 것은 의붓어머니와 친자식이 없는 의붓아버지

에게 특히 어렵다. 효과적인 공동양육, 생물학적 부모의 협조, 대가족의 지지를 포함하는 재혼 및 동거 부부의 다정한 관계는 긍정적인 의붓부모-의붓자녀 관계를 촉진한다.

- 결혼한 적이 없는 한부모는 젊은 아프리카계 미국인 여성에서 특히 많다. 흑인 남성의 실직은 이러한 경향에 기여한다. 이러한 어머니들은 가족 구성원의 도움이 있어도 가난을 극복하는 것을 어려워한다.

- 동성애자 부모들은 이성애자 부모만큼 자녀 양육을 효과적으로 하며, 그들의 자녀들은 이성애자 부모가 양육한 자녀만큼 잘 적응한다.

직업 발달

4.11 직업 발달의 양상에 대해 논의하고, 여성, 소수인종, 맞벌이 부부들이 직면하는 어려움을 살펴본다.

- 남성의 진로는 대개 연속적인 반면 여성의 진로는 흔히 가족의 요구로 인해 중단된다. 일단 젊은이들이 직업을 갖게 되면, 이들의 진전은 승진 기회, 전반적인 경제 환경, 효과적인 멘토와 접촉할 기회의 영향을 받는다.
- 여성과 소수인종은 거의 대부분의 직업에 진출했지만, 이들의 승진은 직장을 쉬는 기간, 남성지배적인 분야에서의 낮은 자기효능감, 부족한 멘토링, 성 고정관념 때문에 방해받는다. 인종 편견은 여전히 강하다. 성공한 소수인종 여성은 매우 강한 자기효능감을 드러낸다.
- 직장에 다니는 부모는 흔히 역할과부하를 경험하는데, 이는 시간을 융통성 있게 쓸 수 있는 정책 같은 직장의 지원으로 크게 감소할 수 있다. 일과 가정 간의 균형을 효과적으로 잡는 것은 생활 수준, 심리적 안녕감, 결혼 행복도, 작업 수행을 향상시킨다.

주요 용어 및 개념

가족인생주기	사랑의 삼각형 이론	연민적 사랑	친밀감 대 고립감
동거	사회적 시계	열정적 사랑	평등적인 결혼
동반자적 사랑	성인기 진입 단계	전통적인 결혼	

성인 초기의 발달

18~30세

신체 발달

- 사지 움직임의 속도, 폭발적인 힘, 그리고 큰 신체 협응을 요하는 운동기술은 이 시기의 초기에 절정에 달했다가 그 후에 쇠퇴한다.
- 지구력, 팔–손의 안정성, 조준에 의존하는 운동기술은 이 시기가 끝날 무렵에 절정에 달했다가 그 후에 쇠퇴한다.
- 감각민감성, 심혈관 및 호흡 기능, 면역체계 기능, 피부탄력의 저하는 성인기에 시작해서 계속된다.
- 기초대사율이 떨어짐에 따라 점진적인 체중 증가는 이 10년 동안의 중간쯤 시작되어 중년기까지 지속된다.
- 성적 활동이 증가한다.

인지발달

- 대학교육을 받는다면, 이원적 사고가 감소하고 상대적 사고가 나타나며 상대적 사고 전념으로 발전할 수 있다.
- 가설적 사고에서 실용적 사고로 이동한다.

- 직업 선택의 폭을 좁히고 특정한 직업에 정착한다.
- 인지정서적 복잡성이 증가한다.
- 노력하는 분야에서 전문성을 발달시키는데, 이는 문제 해결을 향상시킨다.
- 창의성이 증가할 수 있다.

정서 · 사회성 발달

- 사정이 허락한다면 성인기 진입 단계의 특징을 나타내는 확장된 탐색을 할 수 있다.
- 자신의 특징과 가치가 변화하는 것을 인식하는 보다 복잡한 자기개념을 형성한다.
- 고등학교를 졸업한다면 고등교육을 받을 가능성이 높다.
- 개인적으로 의미 있는 정체성을 성취할 가능성이 높다.
- 부모의 집을 영원히 떠난다.
- 친밀한 상대에게 장기적으로 헌신하기 위해 노력한다.

- 보통 꿈을 구성한다. 꿈이란 성인 세계에서의 자기상으로 의사결정을 이끈다.
- 보통 멘토와의 관계를 형성한다.
- 만약 높은 지위의 직업을 가졌다면, 전문적인 기술, 가치, 신임을 얻는다.
- 서로 만족스러운 우정과 직장에서의 유대를 발달시킨다.
- 동거하거나, 결혼하거나, 부모가 될 수 있다.
- 형제자매 관계는 더욱 우애가 깊어진다.

30~40세

신체 발달
- 시력, 청력, 골격체계가 쇠퇴하기 시작해서 성인기 동안 계속된다.
- 여성에서 생식능력이 감소하고 이 기간의 중반 이후 불임 문제가 급격히 증가한다.

- 남성에서 정액의 부피와 정자운동성은 이 기간의 후반기에 점차적으로 감소한다. 비정상적인 정자의 비율이 높아진다.
- 이 기간의 중간쯤 머리가 세고 머리숱이 적어지기 시작한다.
- 성적 활동이 감소하는데, 그것은 아마도 바쁜 일상생활의 결과일 것이다.

인지발달
- 전문분야에서 전문성이 계속해서 발달한다.

- 창조적 업적은 흔히 이 기간의 중반 이후 절정에 달하지만, 이것은 각 분야마다 다르다.

정서 · 사회성 발달
- 동거하거나, 결혼하거나, 부모가 될 수 있다.

- 가족, 직업, 그리고 지역사회 활동을 통해서 사회에서의 안정적인 영역을 확립한다.

CHAPTER 5

중년기의 신체 및 인지 발달

네덜란드 국립발레단의 안무가가 리허설 동안 무용수와 함께 작업하고 있다. 비록 그의 몸이 노화의 신체적 징후를 보이기 시작했을지라도, 수십 년간의 훈련을 받은 이 중년의 성인은 그의 분야에서 전문성의 정점에 있다.

눈 내리는 12월의 어느 저녁, 데빈과 트리샤는 부엌 카운터 위에 잔뜩 쌓여 있는 크리스마스 카드를 읽으려고 앉았다. 데빈의 55번째 생일이 막 지났고, 몇 주 후면 트리샤는 48세가 된다. 지난해에는 24번째 결혼기념일을 보냈다. 이러한 인생의 이정표들, 그리고 매년 친구들이 전해주는 새로운 소식들은 중년기 인생의 변화들을 선명하게 부각시켰다.

새로운 출산이나 직장에서의 첫 승진 대신 크리스마스 카드와 편지가 새로운 화젯거리가 되었다. 쥬얼은 지난 한 해를 되돌아보면서 인생의 유한함에 대한 인식이 커지게 되었는데, 이로 인해 자신의 개인적인 삶과 직업의 의미에 대해 재평가하게 되었다. 그녀는 다음과 같이 기록했다.

49번째 생일이 지난 후 내 기분은 계속 좋아졌다. 내 어머니는 48세 때 돌아가셨기 때문에, 지금 모든 것이 선물처럼 느껴진다. 나는 회사를 떠나 나만의 사업을 시작할까 생각 중이다. 때때로 데이트를 하고 있지만, 아직 특별한 누군가를 찾지 못했다.

조지와 아나는 아들이 로스쿨을 졸업하고 딸 미셸이 대학에 입학한 첫해에 이렇게 기록했다.

아나는 간호학 학위를 받기 위해 대학으로 돌아가는 것으로 자녀들이 떠난 빈 자리를 채우고 있다. 가을에 입학한 후, 자신이 미셸과 같은 심리학 수업을 듣는다는 것을 알고 깜짝 놀랐다. 처음에 아나는 공부를 제대로 할 수 있을지 걱정했지만, 한 학기를 성공적으로 마친 후 한결 자신감을 얻게 되었다.

팀의 이야기는 건강이 여전히 좋지만 신체 변화 또한 받아들이고 있으며, 나이 든 부모님을 보살피는 새로운 부담을 갖게 되었음을 보여준다.

나는 대학을 다닐 때 훌륭한 농구선수였지만 최근에는 스무 살이 된 조카 브렌트가 나를 제치고 드리블해서 점수를 낼 수 있다는 것을 알게 되었다. 내 나이 탓임에 틀림없다! 그렇지만 9월에는 지역 마라톤 대회에 출전해서 50세 이상 부문에서 7번째로 들어왔다. 브렌트도 출전했었지만 열심히 달리는 나와 달리 결승선을 불과 몇 킬로미터 남겨두고 피자를 먹겠다고 마라톤을 포기했다. 이것도 역시 내 나이 때문임에 틀림없다!

가장 슬픈 소식은 아버지가 심한 뇌졸중을 앓은 것이다. 아버지의 정신은 맑지만 몸은 부분적으로 마비되었다. 아버지는 최근 내가 마련해드린 컴퓨터로 즐거운 시간을 보내기 시작했고, 뇌졸중을 앓기 전 몇 달 동안 그것에 대해 아버지와 이야기를 나누는 것은 너무 즐거웠기 때문에 정말 속상했다.

40세경에 시작되어 65세경에 끝나는 중년기는 자녀들이 집을 떠나고 진로가 보다 고정되면서 인생에서의 선택의 폭이 좁아지고 미래가 축소되는 특징을 지닌다. 하지만 다

른 면에서 보면 태도와 행동에서의 개인차가 크기 때문에 중년기를 한마디로 정의하기란 어렵다. 어떤 사람들은 65세에도 일과 여가를 즐기며 활동적이고 낙관적이어서 신체적, 정신적으로 젊어 보인다. 반면 어떤 사람들은 40세에도 삶이 절정을 지나 내리막길에 있는 것처럼 나이 들었다고 느낀다.

중년기가 잘 정의되지 않는 또 다른 이유는 그것이 현대에 와서 생긴 삶의 시기이기 때문이다. 20세기 이전에는 성인 초기의 과업과 노년기의 과업 사이의 간격이 짧았다. 여성들은 흔히 가장 어린 자녀가 집을 떠나기 전인 50대 중반에 이미 과부가 되어 있었다. 그리고 힘든 삶의 조건은 사람들이 피폐해진 몸을 인생의 자연스러운 부분으로 받아들이도록 만들었다. 지난 세기에 걸쳐 기대 수명과 더불어 건강과 활력이 증가함에 따라 성인들은 스스로의 노화와 죽음의 필연성을 보다 의식하게 되었다.

이 장에서는 중년기의 신체적 및 인지적 발달에 대해 알아볼 것이다. 이 두 영역에서 점차적으로 진행되는 쇠퇴뿐만 아니라 여전히 유지되는 수행 능력과 보상적인 이득에 대해서도 보게 될 것이다. 이를 통해 이전 장들에서처럼, 변화는 다양한 방향으로 일어난다는 것을 알게 될 것이다. 유전과 생물학적 노화 이외에도 세월에 대한 개인적인 접근이 가족, 지역사회, 문화적 맥락과 결합하여 우리가 노화하는 방식에 영향을 미친다. ●

신체 발달

중년의 신체 발달은 성인 초기부터 진행된 점진적 변화의 연속이다. 매우 건강한 성인이라고 할지라도 거울을 보거나 가족사진을 보면 자신의 신체가 나이 들었다는 것을 깨닫게 된다. 머리카락은 세고 가늘어지며, 얼굴에는 주름이 생기고, 통통하고 더 이상 젊지 않은 몸매가 명백하게 나타난다. 중년기 동안 많은 사람들은 생명을 위협하는 건강 문제를 직접 경험하거나 배우자나 친구가 경험하는 것을 보게 된다. 그리고 주관적인 시간 지향성이 '출생 이후의 시간'에서 '앞으로 살 수 있는 시간'으로 변화하여 노화에 대한 의식을 증가시킨다(Demiray & Bluck, 2014; Neugarten, 1996).

이러한 요인들로 인해 신체적 자기상이 바뀌는데, 얻기를 희망하는 것에 덜 중점을 두고 쇠퇴를 두려워하는 것에 보다 집중하게 된다(Bybee & Wells, 2003; Frazier, Barreto, & Newman, 2012). 40~65세의 가장 두드러진 걱정은 치명적 질병에 걸리는 것, 독립적으로 살 수 없을 만큼 아픈 것, 정신적 능력을 잃는 것 등이다. 불행히도 많은 중년 성인들은 체력이 좋고 건강하고 활력 있는 나이 든 성인으로 발달하는 것과 같은 현실적인 대안을 수용하지 못한다. 비록 노화의 어떤 측면은 통제할 수 없지만, 사람들은 중년의 신체적 활력과 건강을 증진시키기 위해 많은 것을 할 수 있다.

신체 변화

5.1   시력, 청력, 피부, 근육-지방 구성, 골격에 특별히 주의를 기울이면서 중년기의 신체 변화에 대해 설명한다.

5.2   중년기 남녀의 생식능력 변화 및 그와 관련된 신체적, 정서적 증상을 설명한다.

아침에 출근하기 위해 옷을 입으면서 트리샤는 데빈에게 농담을 했다. "주름과 흰머리가 안 보이게 거울에 붙은 먼지를 그냥 둬야겠어." 자신의 모습을 바라보면서 그녀는 보다 심각한 목소리로 말했다. "이 살 좀 봐. 이건 없어지지 않을 것 같아! 규칙적으로 운동을 해야겠어." 이 말을 듣고 데빈은 자신의 뚱뚱해진 몸을 진지하게 내려다보았다.

아침을 먹으면서 신문을 읽는 동안 데빈은 안경을 썼다 벗었다 하고 눈을 가늘게 떴다. "트리샤, 안과 전화번호가 몇 번이지? 안경을 다시 맞춰야 할 것 같아." 두 사람이 각각 주방과 그 옆에 있는 서재에서 대화를 할 때면 데빈은 가끔 트리샤에게 다시 말해보라고 부탁했다. 그리고 그는 계속해서 라디오와 TV 볼륨을 높였다. 트리샤는 "소리가 그렇게 클 필요가 있어?"라고 묻곤 했다. 데빈은 이전만큼 잘 들을 수 없는 것처럼 보인다.

다음 부분에서는 중년의 주요한 신체 변화에 대해 자세히 살펴볼 것이다. 표 3.1의 요약을 참조하면 도움이 될 것이다.

시력

40대에는 가까이 있는 대상에 눈을 조절(초점을 조정)하도록 할 수 있는 근육이 약해지고 수정체가 두꺼워지기 때문에 보통 작은 글씨를 읽기 힘들어진다. 수정체의 표면에 새로운 섬유들이 생기면서 오래된 섬유들을 중앙으로 압축시켜 수정체의 구조가 두꺼워지고, 밀도가 높아지고, 덜 유연해진다. 50세가 되면 수정체의 조절 능력은 20세 때의 1/6이 된다. 60세경에는 수정체가 대상의 거리가 변할 때 완전히 조절하는 능력을 잃게 되는데 이를 **노안**(presbyopia)(말 그대로 '나이 든 눈')이라고 한다. 수정체의 탄력이 없어지면서 40~60세 사이의 눈은 금세 원시가 되어 간다(Charman, 2008). 교정 렌즈(근시인 사람들에게는 이중초점렌즈)는 읽기 문제를 완화해준다.

두 번째 변화는 어두운 조명에서 보는 능력이 제한되는 것인데, 낮 동안의 시력보다 2배 빨리 감퇴된다. 성인기 동안 동공의 크기는 줄어들고 수정체는 노랗게 된다. 게다가 40세가 되면 유리체(눈을 채우고 있는 투명한 젤라틴 같은 물질)에 불투명한 부분이 생겨 망막에 도달하는 빛의 양을 감소시키기 시작한다. 수정체와 유리체의 이러한 변화는 빛이 눈 안에서 분산되는 것도 야기해서 눈부심에 더 민감해진다. 데빈은 늘 밤에 운전하는 것을 좋아했는데, 지금은 표지판과 움직이는 물체를 보는 것이 가끔 어렵다(Owsley, 2011; Sörensen, White, & Ramchandran, 2016). 또한 그의 시력은 앞에서 오는 차의 헤드라이트와 같은 밝은 불빛 때문에 더욱 방해를 받는다. 수정체가 노랗게 변하는 것과 유리체의 밀도가 증가하는 것은 색채 구별도 어렵게 하는데, 특히 스펙트럼의 초록-파랑-자주 끝부분에서 심하다(Paramei, 2012). 데빈은 가끔 자신의 코트와 넥타이와 양말이 잘 어울리는지 물어보아야만 했다.

눈의 구조적 변화 외에 시각 체계의 신경 변화도 일어난다. 망막에 있는 간상체와 추상체(빛과 색채 수용기 세포), 그리고 시신경(망막과 대뇌피질 사이의 경로)에 있는 뉴런이 점차 상실되어 시력 감퇴가 발생한다. 중년이 되면, 간상체(어두운 조명에서 볼 수 있게 해주는)의 절반이 손실된다(Grossniklaus et al., 2013; Owsley, 2011). 그리고 간상체가 추상체(낮 동안의 시력과 색채 식별을 가능하게 해주는)의 생존에 필요한 물질을 분비하기 때문에 추상체도 점차 손실된다. 게다가 망막 혈관의 퇴화 때문에 망막으로의 혈액 공급이 감소되어 망막이 얇아지고 덜 민감해진다.

중년의 성인은 **녹내장**(glaucoma)의 위험이 점차 커지는데, 녹내장은 유체의 배수가 나빠진 것이 눈의 압력을 높여 시신경에 손상을 입히는 질병이다. 녹내장은 40세 이상의 사람들 중 약 2%에서 발생하는데, 남성보다 여성에서 더 많이 발생한다. 녹내장은 보통 뚜렷한 증상 없이 진행되고 실명의 주요 원인이다. 녹내장은 가족 내에서 유전되는데, 녹내장에 걸린 사람의 형제는 위험이 10배 증가하고, 유럽계 미국인보다 아프리카계 미국인과 히스패닉에서 3~4배 더 많이 발생한다(Guedes, Tsai, & Loewen, 2011). 중년기가 시작되면 안과 검사를 할 때 녹내장 검사도 해야 한다. 유체의 방출을 촉진하는 약물과 막혀 있는 배수 채널을 열어주는 수술로 실명을 예방할 수 있다.

청력

45~64세 미국인 중 14%가 청력 상실로 고통 받는다고 추정되는데, 이것은 보통 성인기에 시작되는 청각장애의 결과이

다(Center for Hearing and Communication, 2016). 비록 청력 손상을 일으키는 어떤 조건들은 가족 내에서 전해지는 유전적인 것일 수 있지만, 대부분은 연령과 관련된 것으로 **노인성난청**(presbycusis)('나이 든 청력')이라고 부른다.

나이가 들면서 자연적인 세포 사망이나 죽상동맥경화증으로 인한 혈액 공급 감소로 인해 기계적인 음파를 신경 자극으로 바꾸는 내이 구조가 쇠퇴한다. 또한 청각피질에서 신경 자극을 처리하는 기능도 약해진다. 50세경에 나타나는 청력 상실의 첫 번째 신호는 고주파 음에 대한 민감성이 현저하게 떨어지는 것인데, 이는 점차 모든 주파수로 확대된다. 연속으로 들리는 음을 구별하는 능력도 약해진다. 서서히 사람의 말소리, 특히 빠른 말소리와 웅성대는 곳에서의 말소리를 이해하는 것이 보다 힘들어진다(Ozmerai et al., 2016; Wettstein & Wahl, 2016). 하지만 중년기 동안 대부분의 사람들은 다양한 주파수 영역의 소리를 상당히 잘 들을 수 있다. 그리고 아프리카 원주민들은 연령과 관련된 청력 상실을 거의 보이지 않는다(Jarvis & van Heerden, 1967; Rosen, Bergman, & Plester, 1962). 이러한 결과들은 생물학적인 노화 이외의 다른 요인들이 청력 상실에 관여되어 있음을 시사한다.

남성의 청력이 여성의 청력보다 이른 시기에 더 빨리 감퇴하는 경향이 있는데, 이러한 차이는 흡연, 일부 남성 지배적인 직업에서의 강한 소음과 화학 오염 물질, 그리고 노년기의 고혈압과 뇌혈관 질환 혹은 뇌 조직을 손상시키는 뇌졸중과 관련 있다(Van Eyken, Van Camp, & Van Laer, 2007;

한 근로자가 제강 공장에서 금속의 표면을 매끄럽게 하기 위해 그라인더를 사용하고 있다. 남성의 청력은 여성보다 더 빨리 감퇴하는데, 이 차이는 일부 남성 지배적인 직업에서의 강한 소음을 포함하는 여러 요인들과 관련 있다.

Wettstein & Wahl, 2016). 산업체들이 소음 감시, 귀마개 제공, 오염방지, 정기적인 청력검사와 같은 안전장치를 시행하도록 요구하는 정부의 규제는 청력 손상을 크게 감소시켜 왔다(U.S. Department of Labor, 2016b). 그러나 어떤 고용주들은 이 규칙에 제대로 따르지 않는다.

청력 문제를 가지고 있는 대부분의 중년과 노년 성인은 보청기의 효과를 볼 수 있지만, 소수만이 보청기를 사용한다. 많은 사람들이 보청기를 민망하다고 생각하고, 보청기 사용에 적응하는 것에 시간을 쓰려고 하지 않고, 보청기가 충분히 효과적이지 않다고 여기거나 너무 비싸다고 생각한다(Li-Korotky, 2012). 사람의 목소리를 지각하는 것에 문제가 있을 때에는 소음이 적은 환경에서 참을성 있게, 또박또박, 눈을 잘 맞추면서 말하는 것이 이해하는 데 도움을 준다.

피부

우리의 피부는 3개의 층으로 구성되어 있다 — (1) 표피 혹은 외부 보호층에서는 새로운 피부 세포들이 끊임없이 만들어진다. (2) 진피 혹은 중간 지지층은 늘어났다가 다시 돌아오는 연결조직으로 구성되어 있어서 피부에 탄력을 준다. (3) 하피는 속에 있는 지방층으로 피부에 부드러운 선과 모양을 더해 준다. 나이가 들면서 표피와 진피의 결합이 느슨해지고, 진피의 섬유들이 가늘어지고 탄력을 잃으며, 표피와 진피 세포의 수분 함량이 감소하고, 피하지방이 줄어들어서 피부는 주름지고 처지고 건조해진다.

30대에는 웃거나 눈썹을 찡그리거나 그 외 다른 표정의 결과로서 이마에 주름이 생긴다. 40대에는 이 주름이 더 뚜렷해지고 눈가에 잔주름이 생긴다. 피부는 점차 탄력을 잃고 늘어지기 시작하는데 특히 얼굴, 팔 다리가 그렇다(Khavkin & Ellis, 2011). 50세가 넘으면 피부 아래에 색소가 쌓이는 '검버섯'이 늘어난다. 지방층이 얇아지면서 피부의 혈관도 더 잘 보이게 된다.

햇빛에 노출되는 것이 주름지는 것, 처지는 것, 검버섯이 생기는 것을 앞당기기 때문에 적절하게 피부를 보호하지 않고 야외에서 많은 시간을 보내는 사람들은 같은 나이의 사람들보다 더 나이 들어 보인다. 그리고 부분적으로는 여성의 진피가 남성의 진피만큼 두껍지 않고 에스트로겐 손실은 진피가 얇아지고 탄력이 떨어지는 것을 가속화하기 때문에 여성의 피부가 더 빨리 늙는다(Thornton, 2013).

근육-지방 구성

트리샤와 데빈이 분명히 했듯이, 체중 증가 — '중년의 비만' — 는 남녀 모두의 관심사이다. 일반적인 변화 양상은 체지방이 늘어나고 체질량(근육과 뼈)이 줄어드는 것이다. 지방의 증가는 주로 몸통에 영향을 미치는데, 신체 내 비어 있는 곳에 지방이 축적되며 나타난다. 앞서 언급했듯이, 사지 피부의 밑에 있는 지방은 감소한다. 평균적으로 허리둘레는 7~14% 늘어난다. 비록 대부분은 체중 증가 때문이지만, 근육-지방 구성에서의 연령 관련 변화 또한 여기에 기여한다(Stevens, Katz, & Huxley, 2010). 게다가 지방 분포의 성차도 나타난다. 남성은 등과 상복부에 지방이 더 많이 축적되고, 여성은 허리 주변과 팔의 윗부분에 더 많이 축적된다(Sowers et al., 2007). 40대와 50대에는 주로 속도와 폭발적인 힘을 담당하는 속근섬유의 위축 때문에 근육량이 점차적으로 줄어든다.

하지만 제3장에서 언급한 것처럼, 큰 체중 증가와 근육 힘의 감소는 불가피하지 않다. 나이가 들어 가면서 기초대사율이 감소하기 때문에 이에 적응하기 위해서는 칼로리 섭취를 점차적으로 줄여야만 한다. 인간 이외의 동물들에서 식이를 제한하는 것은 건강과 활력을 유지하면서 수명을 극적으로 증가시켰다. 현재 연구자들은 이와 관련된 생물학적 기제를 밝혀내고 이러한 결과를 인간에게 적용할 수 있을지 알아내기 위해 노력하고 있다('생물학적 영향과 환경적 영향' 참조).

여성은 남성보다 덜 활동적인 경향이 있으며 근육량과 기능에서 연령과 관련된 쇠퇴를 더 빨리 경험한다(Charlier et al., 2015). 그러나 저항력 훈련(근육에 적당한 압박을 주는 것)을 포함하는 체중이 실리는 운동은 과체중과 근육 감소 모두를 보완해줄 수 있다. 데빈의 친구인 57세의 팀을 생각해보자. 팀은 수년 동안 자전거로 출퇴근 했고, 주말에는 조깅을 했고, 일주일에 두 번 역도를 해서 매일 평균 1시간씩 격렬한 활동을 했다. 지구력을 요하는 운동을 하는 많은 선수들처럼, 팀도 성인 초기와 중년기 동안 같은 체중과 근육질의 체격을 유지했다.

골격

외부층에 새로운 세포들이 축적됨에 따라, 뼈는 나이가 들며 커지지만 무기물 함량은 감소해서 뼈에 구멍이 많아진다. 이로 인해 골밀도가 점차 감소하는데, 이는 40세경 시작되어 50

생물학적 영향과 환경적 영향

식이제한의 노화방지 효과

과학자들은 비영장류 동물에서 식이로 칼로리를 제한하는 것이 건강과 신체 기능을 유지하면서 노화를 늦춘다는 것을 오랫동안 알고 있었다. 어릴 때부터 자유롭게 먹을 양보다 30~50% 적은 칼로리를 섭취한 쥐는 다양한 생리적 건강상의 이점, 낮은 만성질환 발생률, 그리고 최대 50%까지 연장된 수명을 보여준다(Fontana & Hu, 2014). 신체가 모두 성숙한 설치류를 대상으로 약한 정도에서 중간 정도까지 칼로리를 제한한 경우에도 비록 정도는 덜하지만 노화가 늦춰지고 수명이 연장되었다. 다른 연구들도 쥐, 벼룩, 거미, 벌레, 물고기, 효모에서 이와 유사한 식이제한 효과를 보여준다.

인간 외의 영장류 연구
영장류, 특히 인간도 식이제한으로 이익을 얻을까? 연구자들은 칼로리를 30% 줄인 식이를 어릴 때부터 성인기까지 유지한 붉은털원숭이의 건강지표를 추적했다. 20년이 넘는 종단연구 결과, 식이를 제한한 원숭이들은 자유롭게 먹는 원숭이들과 비교했을 때 작았지만 너무 마르지는 않았다. 이들은 체지방을 다르게 축적하여 몸통에는 체지방이 적었는데, 이런 유형의 지방 분포는 중년의 인간의 심장병 위험을 줄인다.

칼로리를 제한한 원숭이는 또한 체온과 기초 대사율이 낮았는데, 이러한 변화는 이들이 생리적 과정을 성장에서 유지 및 재생 기능으로 전환했다는 것을 시사한다. 그 결과, 칼로리를 제한한 설치류처럼 이들도 수술과 전염병 같이 심각한 신체적 스트레스를 더 잘 견딜 수 있는 것으로 보인다(Rizza, Veronese, & Fontana, 2014).

이러한 이득을 매개하는 생리적 과정 중 세 가지가 가장 강력한 것으로 보인다. 첫째, 칼로리 제한은 높은 수준에서 세포 기능저하를 야기하는 유리기 생산을 억제한다(제3장 참조)(Carter et al., 2007). 둘째, 칼로리 제한은 조직 손상을 초래하고 많은 노화 관련 질병과 연관 있는 신체 조직의 만성염증으로부터 보호하는 역할을 한다(Chung et al., 2013). 셋째, 칼로리 제한은 혈당을 낮추고 인슐린감수성을 향

상시켜서 당뇨와 심혈관 질환의 위험을 낮춘다(Fontana, 2008). 칼로리를 제한한 영장류에서의 낮은 혈압 및 콜레스테롤과 '나쁜' 콜레스테롤에 대한 '좋은' 콜레스테롤의 높은 비율이 이러한 효과를 강화했다.

원숭이들의 사망 연령에 대한 추적은 칼로리 제한이 수명을 연장시키는지에 대해 일관적이지 않은 결과를 보여주었다. 그러나 음식 섭취를 제한하는 것은 관절염, 암, 심혈관 질환, 당뇨뿐만 아니라 뇌 부피, 감각 기능, 근육량의 감소와 같은 연령과 관련된 질병의 발병률을 극적으로 감소시킨다(Colman et al., 2009; Mattison et al., 2012). 요약하면, 칼로리를 제한한 원숭이들은 몇 년 더 건강한 삶을 사는 명백한 이익을 얻었다.

인간 연구
제2차 세계대전 이전 오키나와 섬에 살던 주민들은 일본 본토의 시민보다 평균 20% 적은 칼로리(건강한 식습관은 유지하면서)를 섭취했다. 이들의 제한된 식단은 암과 심혈관 질환으로 인한 사망률이 60~70% 감소된 것과 관련 있었다. 최근의 오키나와 사람들은 더 이상 이러한 건강과 장수의 이점을 보여주지 않는다(Gavrilova & Gavrilov, 2012). 일부 연구자들은 그 이유가 오키나와에 패스트푸드 같은 서양음식이 소개되었기 때문이라고 추측한다.

이와 유사하게, 1~12년 동안 스스로 칼로리를 제한한 정상체중인과 과체중인은 건강상의 이점을 보였다. 이러한 이점에는 혈당, 콜레스테롤, 혈압, 동맥벽에 축적된 플라크의 감소, 그리고 전형적인 서양 식습관을 가진 사람보다 강한 면역체계 반응이 포함된다(Fontana, Klein, & Holloszy, 2010). 그리고 칼로리를 제한한 조건과 제한하지 않은 조건에 피험자를 무선으로 할당한 실험 결과, 칼로리를 제한한 피험자는 역시 향상된 심혈관 및 기타 건강지

오키나와의 할아버지와 손자가 연을 날리며 즐거운 오후를 보내고 있다. 제2차 세계대전 이전에 오키나와의 주민들은 건강상 이점과 긴 수명과 관련 있는 제한된 식습관을 가지고 있었다. 최근 세대는 더 이상 이러한 이점을 보이지 않는데, 아마 오키나와에 서양음식이 소개되었기 때문일 것이다.

표를 나타내어 연령 관련 질병의 위험이 줄어든다는 것을 시사했다(Redman & Ravussin, 2011; Rizza, Veronese, & Fontana, 2014).

인간을 포함한 영장류에서 수명을 연장하는 효과가 있는지는 여전히 불확실하지만, 칼로리 섭취를 제한하는 것의 다양한 건강상 이점은 현재 충분히 확립되어 있다. 이는 역경에서 생존할 수 있는 신체의 능력을 향상시키기 위해 진화한 식량부족에 대한 생리학적 반응에서 기인한 것으로 보인다. 그럼에도 불구하고, 수명의 대부분을 상당히 줄어든 식단으로 유지하려는 사람은 거의 없을 것이다. 그 결과 과학자들은 *식이제한 유사체*(다이어트를 하지 않고도 칼로리를 제한하는 것과 동일한 건강효과를 나타낼 수 있는 천연 및 합성 화합물)를 연구하기 시작했다(Ingram & Roth, 2015). 이러한 연구들은 아직 초기 단계에 있다.

대에 가속화되며 특히 여성에서 두드러진다(Clarke & Khosla, 2010). 우선 여성의 뼈 무기질 함량은 남성보다 낮다. 그리고 폐경 이후에, 뼈가 무기질을 흡수하는 데 좋은 영향을 주는 에스트로겐이 상실된다. 남성에서는 테스토스테론이 유사하게 보호하는 역할을 하는데, 나이가 들면서 테스토스테론과 골밀도가 감소한다(Gold, 2016). 중년기와 노년기의 골밀도 감소는 상당한데, 남성에서는 약 8~12%이고 여성에서는 20~30%이다.

골 강도의 감소로 인해 척추의 디스크가 무너지게 된다. 그 결과 60세에는 키가 2.5센티미터 정도 줄어들고 그 후에는 줄어드는 속도가 더욱 빨라진다. 게다가 뼈는 약해져서 예전만큼 하중을 감당하지 못한다. 뼈는 더 쉽게 부러지고 더 더디게 회복된다. 체중이 실리는 운동, 적당한 칼슘과 비타민 D 섭취, 흡연과 과음을 피하는 것과 같은 건강한 생활양식은 폐경 이후 나타나는 여성의 골 감소를 30~50%까지 늦출 수 있다(Rizzoli, Abraham, & Brandi, 2014).

골 감소가 매우 크면 심신을 쇠약하게 하는 장애인 골다공증으로 이어질 수 있다. 질병과 장애에 대해 다룰 때 이에 대해 간단히 살펴볼 것이다.

생식계

생식능력이 감소하는 중년의 전환기를 **갱년기**(climacteric)라고 한다. 여성은 이때 생식능력이 끝나는 데 반해 남성은 생식능력이 줄어들기는 하지만 유지된다.

여성의 생식능력 변화 여성의 갱년기 변화들은 에스트로겐 분비가 줄어드는 10년 동안 점차적으로 일어난다. 그 결과, 20대와 30대에 약 28일이었던 월경 주기는 40대 후반에는 23일 정도가 되고, 이후 주기는 더 불규칙적으로 된다. 어떤 경우에 있어서는 배란이 잘 되지 않고, 되더라도 난자에 결함이 많아진다. 갱년기는 월경과 생식능력이 끝나는 **폐경**(menopause)으로 마무리된다. 폐경이 일어나는 연령은 30대 후반에서 50대 후반까지 넓지만 북미, 유럽, 동아시아 여성의 경우 평균적으로 50대 초반에 폐경이 일어난다(Rossi, 2004a; Siegel, 2012). 흡연을 하거나 아이를 낳지 않은 여성이 더 일찍 폐경에 이르는 경향이 있다.

폐경이 일어난 후 에스트로겐은 더욱 감소하여 생식 기관의 크기는 줄어들고, 생식기는 쉽게 자극되지 않으며, 각성되는 동안에도 질의 윤활이 더디게 된다. 그 결과 성 기능에

아프리카계 미국인 여성은 일반적으로 폐경이 정상적인 것이고 불가피하다고 생각하며 심지어는 환영하기 때문에 이 기간을 유럽계 미국인 여성보다 덜 예민하고 변덕스럽게 보낸다.

대한 불만이 늘어 약 35~40%의 여성이 문제를 호소하는데, 특히 건강상 문제가 있거나 파트너가 성적 수행에서 어려움을 가지고 있는 경우에 더욱 그렇다(Thornton, Chervenak, & Neal-Perry, 2015). 또한 에스트로겐의 감소는 피부 노화와 뼈의 질량 손실을 더 이상 막지 못하고, '좋은 콜레스테롤'(고밀도 지질단백질)을 증가시킴으로써 동맥벽에 플라크가 축적되는 것을 방지하는 것도 하지 못한다는 것을 의미한다.

폐경 전후의 시기에는 흔히 정서적·신체적 증상이 동반되는데, 기분의 기복과 일과성 열감(hot flashes, 체온 상승과 얼굴, 목, 가슴이 붉어지는 증상이 동반되는 온감각 이후에 진땀이 나는 것)이 포함된다. 낮 동안 발생할 수 있고 밤에 자는 동안에도 식은땀이 날 수 있는 일과성 열감은 서양의 선진국 여성 중 50% 이상에 영향을 미친다(Takahashi & Johnson, 2015). 일반적으로 심각하지는 않다. 여성 12명 중 1명만이 매일 경험한다. 일과성 열감은 평균적으로 4년 동안 지속되지만 일부 여성에서는 10년 동안 계속된다. 폐경기에 접어든 여성들이 민감함과 덜 만족스러운 수면을 보고하는 경향이 있기는 하지만, EEG와 기타 신경생물학적 측정치들을 사용한 연구에서 폐경과 수면의 양과 질의 변화 사이에는 아무 관련이 없었다(Baker et al., 2015; Lamberg, 2007). 그러나 빈번한 일과성 열감은 밤에 반복적으로 깨는 것과 수면부족과 연관 있었다.

또한 종단적 증거는 갱년기 동안 우울삽화가 증가한다는 것을 보여주는데, 우울증의 병력이 있거나, 매우 스트레스가 많은 생활사건을 경험하거나, 폐경과 노화에 대해 부정적인 태도를 지니는 여성이 가장 큰 위험에 처한다(Bromberger

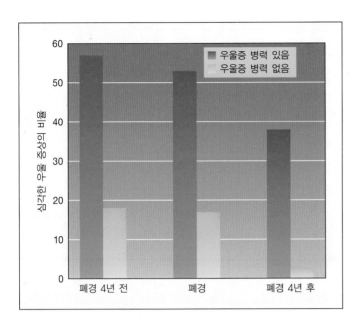

그림 5.1 폐경 전후 몇 년간 심각한 우울 증상을 겪는 여성의 비율 필라델피아에 사는 여성 200명을 무작위로 선정하여 실시한 종단연구는 폐경 이전 몇 년 동안 심각한 우울증의 유병률이 증가하고 폐경 이후 줄어든다는 것을 보여주었다. 이전에 우울증을 앓았던 여성의 위험이 훨씬 더 컸다―갱년기 동안 심각한 우울을 경험한 대부분의 사람들은 폐경 이후에도 계속해서 우울함을 느꼈다. 반면 우울증을 앓은 적이 없는 여성들에서는 우울 증상이 거의 사라졌다 (Freeman et al., 2014).

et al., 2011; Freeman et al., 2006; Vivian-Taylor & Hickey, 2014). 갱년기의 호르몬 변화가 특히 연약한 여성의 우울 증상을 증가시키는 것으로 보인다. 마지막 월경으로 호르몬 수준이 안정되면서 우울증의 발병률은 감소한다(Freeman et al., 2014; Gibson et al., 2012). 그러나 그림 5.1에 나타나듯이, 우울증의 병력이 있는 여성은 병력이 없는 여성보다 폐경 이후에도 계속 우울함을 느낄 가능성이 훨씬 높다. 이들의 어려움은 진지한 평가와 치료를 요한다.

북미, 유럽, 아프리카 그리고 중동의 여성들에 비해, 아시아 여성들은 일과성 열감을 포함하는 폐경기 불만을 덜 보고한다(Obermeyer, 2000; Richard-Davis & Wellons, 2013). 식물성 에스트로겐을 다량 함유하고 있는 콩으로 만든 음식을 많이 먹는 식습관이 이와 관련될지도 모른다.

호르몬 요법 의사들은 폐경기의 신체적 불편을 감소시키기 위해 **호르몬 요법**(hormone therapy) 혹은 소량의 에스트로겐을 매일 복용하도록 처방할 수 있다. 호르몬 요법에는 두 가지 유형이 있는데, (1) 자궁절제술을 한 여성들을 위한 에스트로겐 단독 혹은 에스트로겐 대체 요법(ERT)과 (2) 그 외 여성들을 위한 에스트로겐과 프로게스테론 혹은 호르몬 대체 요법

(HRT)이다. 에스트로겐과 프로게스테론을 혼합하는 것은 호르몬 요법의 심각한 부작용으로 오랫동안 알려져 온 자궁내막암의 위험을 감소시켜 준다.

호르몬 요법은 일과성 열감과 질 건조증을 완화하는 데 매우 효과적이며, 뼈가 약해지는 것도 어느 정도 보호해준다. 그럼에도 불구하고, 약 43,000명의 여성을 호르몬 요법(ERT 혹은 HRT)이나 설탕 알약 복용 집단에 무선할당하고 적어도 1년 동안 실시하여 평균 7년간 추적 연구한 20개가 넘는 실험들은 일련의 부정적인 결과를 보여주었다. 호르몬 요법은 심장마비, 뇌졸중, 혈전, 유방암, 담낭질환, 그리고 폐암으로 인한 사망의 증가와 연관 있었다. ERT는 HRT와 비교했을 때 혈전, 뇌졸중, 담낭질환의 위험이 커졌다. 그리고 HRT를 받은 65세 이상의 여성은 알츠하이머와 다른 치매의 위험이 증가했다(Marjoribanks et al., 2012).

여성들과 이들의 의사들은 이용할 수 있는 증거들에 근거하여 호르몬 요법에 대해 신중하게 결정해야 한다. 호르몬 요법을 사용하기로 선택한 경우, 가능한 한 짧은 시간 동안 가능한 한 적은 양을 복용하는 것이 위험을 최소화한다(Mirkin et al., 2014). 심혈관 질환과 유방암의 가족력이 있는 여성에게는 호르몬 요법을 하지 않을 것을 권한다. 다행히도 대체 치료법이 늘어나고 있다. 부작용이 적은 새로운 에스트로겐 기반 약물은 일과성 열감과 질 건조증을 줄여주면서 뼈를 보호한다(Mintziori, 2015). 비교적 안전한 편두통 약물인 가바펜틴은 일과성 열감을 현저히 줄여주는데, 뇌의 체온조절중추에 작용하는 것 같다. 가바펜틴은 많이 복용했을 때에도 안전한 것으로 보이는데, 거의 호르몬 요법만큼 효과적이다. 몇몇 항우울제도 도움이 된다(Roberts & Hickey, 2016).

폐경에 대한 여성의 태도 여성들이 폐경에 부여하는 의미는 그들이 자신의 과거와 미래의 삶과 관련지어 이 사건을 어떻게 해석하느냐에 따라 큰 차이가 생긴다. 결혼을 하고 가족을 갖기를 원했지만 이 목표를 달성하지 못한 쥬얼에게 폐경은 엄청난 정신적 충격이었다. 자신의 신체적 능력에 대한 그녀의 느낌은 아이를 가질 수 있는 능력과 연관되어 있었다. 신체적 증상 혹은 그 증상에 대한 예상 역시 폐경기의 여성이 '짜증을 잘 내고', '우울하고', '나이 들고', 혹은 '여성성을 잃은' 것이라는 고정관념 같은 부정적인 태도를 촉발할 수 있다(Elavsky & McAuley, 2007; Marván, Castillo-López, & Arroyo, 2013; Sievert & Espinosa-Hernandez, 2003).

그러나 많은 여성들은 폐경기에 문제가 거의 없거나 전혀 없으며, 폐경기를 새로운 시작으로 여기고 향상된 삶의 질을 보고한다(Mishra & Kuh, 2006). 2,000명 이상의 미국 여성에게 더 이상 생리를 하지 않는 것에 대한 느낌을 물었을 때, 월경 주기의 변화를 경험하고 있는 여성의 약 50%와 이미 월경이 끝난 여성의 60%는 후련하다고 말했다(Rossi, 2004a). 대부분은 더 이상의 자녀를 원하지 않았기 때문에 피임 걱정에서 자유로워진 것을 다행스럽게 생각했다. 그리고 교육 수준이 높은 여성은 대개 교육 수준이 낮은 여성보다 폐경에 대해 보다 긍정적인 태도를 가진다(Pitkin, 2010).

베이비부머는 이전 세대보다 폐경기를 더 잘 받아들이는 것으로 보인다(Avis & Crawford, 2006). 이전의 성 고정관념적 견해(폐경을 쇠퇴와 질병의 신호로 보는 것과 같은)를 버리려는 강한 욕구와 보다 적극적으로 건강 정보를 찾는 것, 그리고 성적인 주제에 대해 공개적으로 논의하려는 더 큰 의지가 이들이 일반적으로 긍정적인 적응을 하는 데 기여할 수 있다.

다른 연구들은 아프리카계 미국인 여성들이 폐경에 대해 긍정적인 관점을 가지고 있다는 것을 시사한다. 몇몇 연구들에서 이들은 유럽계 미국인들보다 과민함과 침울함을 덜 보고했다. 이들은 폐경을 신체적 노화의 측면에서 말하지 않고, 대신 정상적이고, 피할 수 없는 것으로 여겼으며 심지어는 기꺼이 받아들이기도 했다(Melby, Lock, & Kaufert, 2005; Sampselle et al., 2002). 몇몇 아프리카계 미국인들은 흔히 폐경기에 일어나는 직장 혹은 가족 내 스트레스 요인에 대한 중년 여성들의 정상적인 반응을 '이상하다'고 꼬리표를 붙이려는 사회에 분노를 표현한다. 그리고 40~55세의 다양한 인종의 미국 여성 13,000명 이상을 대상으로 한 조사에서, 다른 요인들—사회경제적 지위, 신체 건강, 생활양식 요인들(흡연, 다이어트, 운동, 체중 증가), 특히 심리적 스트레스—이 폐경 여부와 폐경의 세 가지 흔한 증상(일과성 열감, 식은땀, 질 건조증)이 자기평정된 삶의 질에 미치는 영향을 무색하게 만들었다(Avis et al., 2004).

신체 증상과 태도에 많은 차이가 있는 것은 폐경이 단순히 호르몬 문제가 아니라 문화적 신념과 관습의 영향을 받는다는 것을 나타낸다. '문화적 영향' 글상자는 여성들의 폐경 경험에 대한 비교문화적 관점을 제공한다.

남성의 생식능력 변화   남성들 또한 갱년기를 경험하지만, 폐경에 맞먹는 경험은 없다. 정자의 양과 운동성은 20대부터 감소하고 정액의 양은 40세 이후 감소하여 중년기의 생식 능력에 부정적으로 영향을 미친다(Gunes et al., 2016). 그러나 정자의 생산은 평생 동안 계속되어 90대의 남성도 아이를 가질 수 있다. 테스토스테론의 생산 역시 연령에 따라 감소하지만 성적 활동을 계속하는 건강한 남성에서는 덜 그러한데, 성적 활동이 테스토스테론을 분비하는 세포를 자극하기 때문이다.

감소된 테스토스테론은 음경으로 가는 혈류의 감소와 음경의 결합조직 변화에 중요한 역할을 한다. 그 결과, 발기하기 위해서는 더 큰 자극이 필요해지고 발기를 유지하기도 더 힘들어진다. 원할 때 발기가 안 되는 증상은 어떤 연령에서도 일어날 수 있지만, 중년에는 보다 흔한 일이 되어서 60세 남성의 20~40%가 어려움을 보고하고 문제의 빈도와 심각성은 연령에 따라 증가한다(Shamloul & Ghanem, 2013).

한두 번의 발기부전은 심각하지 않지만, 잦은 발기부전은 어떤 남성들에게는 성생활이 끝났다는 공포를 주고 자기상을 약화시킬 수 있다. 음경으로 가는 혈류를 증가시키는 비아그라, 시알리스, 그리고 그 외 다른 약물은 발기부전을 일시적으로 완화한다. 이러한 약물에 대한 광고는 발기부전에 대한 보다 공개적인 토론을 촉진하고 보다 많은 남성들이 치료를 받도록 격려한다. 그러나 약물을 복용하는 사람들은 종종 테스토스테론 감소 이외에 발기부전을 일으키는 여러 다른 요인(신경, 심혈관, 내분비계의 장애, 불안과 우울, 골반 부상, 그리고 성적 파트너에 대한 관심이 사라진 것)에 대해서 적절히 선별되지 않는다(Mola, 2015). 발기부전 약이 일반적으로 안전하기는 하지만, 소수는 심각한 시력 또는 청력 손실을 경험한다(Lambda & Anderson-Nelson, 2014; Shamloul & Ghanem, 2013). 고혈압이나 죽상동맥경화증이 있는 남성에서, 약은 망막과 시각 및 청각 신경의 혈관을 수축시켜 영구적인 손상을 일으킬 위험을 높인다.

묻고 대답하기

연관지어보기 폐경에 대한 태도에서의 인종 차이와 초경과 이른 사춘기에 대한 반응에서의 인종 차이를 비교해보자. 유사한 점을 찾았는가? 이에 대해 설명하라.

적용해보기 낸시는 40세와 50세 사이에 몸무게가 10킬로그램 늘었다. 또한 꽉 닫힌 병을 여는 것이 어려워지기 시작했고, 계단을 오른 후에는 종아리 근육이 아팠다. 낸시는 '근육이 지방이 되는 것은 노화의 피할 수 없는 부분임에 틀림없다'고 생각했다. 그녀의 생각이 맞는가? 왜 그런가 혹은 왜 그렇지 않은가?

생각해보기 폐경증상을 완화하기 위한 호르몬 요법을 받기 전에 어떤 요인을 고려할 것인가? 혹은 다른 사람들에게 고려하라고 조언할 것인가?

문화적 영향

생물문화적 사건으로서의 폐경

생물학과 문화가 결합하여 폐경에 대한 여성의 반응에 영향을 주어, 폐경을 *생물문화적 사건*으로 만든다. 서양의 선진국에서 폐경은 '치료되는', 즉 처치가 필요한 신체 및 정서적 증상의 증후군으로 간주된다.

그러나 폐경이 평가되는 환경을 변화시키면 태도 역시 변화한다. 한 연구에서 19~85세 사이의 남녀 600여 명이 세 가지 맥락(의학적 문제, 인생의 전환기, 노화의 상징) 중 하나에 대해 폐경에 대한 자신의 관점을 기술했다(Gannon & Ekstrom, 1993). 의학적 맥락은 다른 두 맥락보다 부정적인 진술을 더 많이 불러일으켰다.

비서구 문화에서 이루어진 연구들은 중년 여성의 사회적 지위 또한 폐경 경험에 영향을 준다는 것을 보여준다. 나이 든 여성들이 존경받고 시어머니와 할머니의 역할이 새로운 특권과 책임을 갖게 하는 사회에서는 폐경 증상에 대한 불만이 드물었다(Fuh et al., 2005). 아마도 부분적으로 이러한 이유 때문에 아시아 국가의 여성들이 불편을 적게 보고하는 것 같다. 또 이들의 증상은 보통 서양 여성의 증상과는 다르다.

아시아 여성들은 일과성 열감에 대해서는 거의 불평하지 않지만 허리, 어깨, 관절의 통증을 가장 빈번하게 겪는데, 이는 다른 인종집단과 생물학적으로 다른 것일 수 있다(Haines et al., 2005; Huang, 2010). 아시아 문화의 여성들은 중년기에 최고의 존경과 책임을 얻게 된다. 이들의 하루는 전형적으로 가정 경제를 감시하고, 손주를 돌보고, 시부모를 보살피고, 직장에 다니는 것으로 채워진다. 아시아 여성들은 폐경으로 인한 괴로움이 사회적으로 가치 있는 이러한 희생들 때문이라고 해석하는 것 같다. 일본의 여성과 의사 모두 폐경이 중년 여성의 중요한 지표라고 생각하지 않는다. 그보다는 중년기를 '사회적으로 인정받는 생산적인 성숙함'의 연장기로 여긴다(Menon, 2001, p. 58).

유카탄의 시골 마야 여성과 에바 섬의 시골 그리스 여성을 비교해보면 폐경 경험에 대한 추가적인 생물문화적 영향을 알 수 있다(Beyene, 1992; Beyene & Martin, 2001; Mahady et al., 2008). 두 사회 모두에서 노화는 지위의 상승과 연관되어 있고, 폐경은 자녀 양육으로부터의 해방과 여가활동을 위한 더 많은 시간을 가져다준다. 하지만 한편으로는 마야 여성과 그리스 여성은 크게 달랐다.

유카탄의 마야 여성은 10대에 결혼을 한다. 35~40세가 될 때까지 많은 자녀를 낳지만 반복되는 임신과 수유로 거의 월경을 하지 않는다. 또한 이들은 선진국의 여성들보다 최대 10년 일찍 폐경을 경험하는데, 이는 아마도 영양부족과 힘든 육체노동 같은 추가적인 신체적 스트레스 요인 때문인 것 같다. 출산이 끝나기를 고대하며 폐경을 기다리고, 폐경을 '행복한', '다시 어린 소녀가 된 것처럼 자유로운'과 같은 표현으로 묘사한다. 일과성 열감이나 다른 증상이 있다고 보고하는 사람은 없다.

시골 그리스 여성들은 미국 여성들과 마찬가지로 가족 수를 제한하기 위해 피임을 하고, 대부분은 폐경기에 일과성 열감과 식은땀을 보고한다. 그러나 이들은 이러한 증상을 치료를 필요로 하는 의학적 증상이 아닌 저절로 끝날 일시적인 불편함으로 간주한다. 일과성 열감에 대

이 유카탄의 시골 마야 여성들에게 있어서 폐경은 자유를 가져다준다. 몇십 년간의 출산 후에 마야 여성들은 폐경이 오기를 기다리며, 폐경을 '행복한', '다시 어린 소녀가 된 것처럼 자유로운'과 같이 묘사한다.

해 어떤 조치를 취했는지 물어보면, 그리스 여성들은 '신경 쓰지 않는다', '신선한 공기를 마시기 위해 밖으로 나간다', '밤에 이불을 차버린다'고 답한다.

마야 여성과 그리스 여성 사이의 차이점이 시사하는 바와 같이, 출산 빈도가 폐경 증상에 영향을 미칠까? 확실하게 말하기 위해서는 더 많은 연구가 필요하다. 동시에 일과성 열감에 대한 태도와 그것을 관리하는 방식에서 나타나는 미국 여성과 그리스 여성의 차이는 인상적이다. 이 결과는 다른 비교문화 결과들과 함께 생물학과 문화가 결합하여 폐경 경험에 영향을 준다는 것을 강조한다.

건강과 신체단련

5.3 중년기의 성과 관계만족도와의 연관성에 대해 논의한다.
5.4 위험 요인과 개입에 주목하여 암, 심혈관 질환, 골다공증에 대해 논의한다.
5.5 적개심 및 분노와 심장병 및 기타 건강 문제의 연관성에 대해 논의한다.

약 85%의 중년 미국인은 그들의 건강이 '매우 좋다' 혹은 '좋다'고 평정한다. 이는 여전히 대다수이지만, 성인 초기의 95%보다는 낮은 수치이다(Zajacova & Woo, 2016). 젊은 사람들은 대개 건강질환이 일시적인 것이라고 생각하는 반면, 중년의 성인들은 만성질환을 더 자주 언급한다. 앞으로 살펴보겠지만, 자신의 건강이 좋지 않다고 평정하는 사람들 중 남성이 치명적인 질병에 더 걸리기 쉽고, 여성은 치명적이지 않지만 건강을 제한하는 문제를 겪기 쉽다.

전형적인 부정적 지표(주요 질병과 장애)에 덧붙여 우리는 건강의 긍정적인 지표인 성으로 논의를 시작할 것이다. 시작하기 전에 중년기와 노년기의 건강에 대해 우리가 이해하고 있는 것이 여성과 소수인종에 대한 불충분한 연구로 인해 제한적이라는 것을 언급하는 것이 중요하다. 질병의 위험 요인, 예방, 치료에 대한 대부분의 연구들은 남성을 대상으로 수행되었다. 다행히도 이러한 상황은 변하고 있다. 예를 들어 Women's Health Initiative(WHI) — 모든 인종집단과 사회경제적 지위의 폐경기 이후 여성 162,000여 명을 대상으로 다양한 생활양식과 의료적 예방 전략이 건강에 미치는 영향을 살펴보기 위해 1993년부터 2005년까지 미국 연방정부가 주관한 연구 — 는 앞서 언급한 호르몬 요법과 관련된 건강상의 위험을 포함하는 중요한 결과들을 내놓았다. 2005~2010년에 WHI 참가자 115,000명과 2010~2015년에 참가자 94,000명의 건강정보를 매년 업데이트한 2개의 5년 연장 연구는 계속해서 중요한 정보를 제공하고 있다.

성

중년기의 성에 대한 연구들 중 압도적 다수는 이성애자 부부에 치중하고 있고, 동거 커플에 대한 연구 수는 이보다 적다. 독신이면서 만나는 사람이 있는 중년 성인의 수는 증가하고 있는데, 이들의 성적 활동에 대해서는 거의 알려진 바가 없다. 데이트 중이거나, 동거하거나, 결혼한 중년 동성 커플에 대한 연구 역시 드물다.

이성애자 커플의 성적 활동 빈도는 중년에 감소하는 경향

이 있지만, 대부분 그 정도는 크지 않다. 전국을 대표하는 큰 규모의 미국 성인 표본을 대상으로 한 조사는 심지어 중년기의 후반(55~64세)에도 결혼했거나 동거하는 성인들의 대부분(대략 90%의 남성과 80%의 여성)이 성적으로 활발하다는 것을 보여준다(Thomas, Hess, & Thurston, 2015; Waite et al., 2009). 그리고 그림 5.2에 드러나듯이, 성적으로 활발한 대부분의 중년들은 규칙적(한 달에 한 번 또는 일주일에 한 번 이상)으로 성관계를 갖는다고 보고한다.

종단연구는 성적 활동의 안정성이 극적으로 변화하기보다는 훨씬 더 전형적이라는 것을 보여준다. 성인 초기에 자주 성관계를 가진 커플은 중년에도 계속 그랬다(Dennerstein & Lehert, 2004). 그리고 성적 활동 빈도를 가장 잘 예측하는 변인은 관계만족도인데, 이 연관성은 아마도 양방향적일 것이다(Karraker & DeLamater, 2013; Thomas, Hess, & Thurston, 2015). 성관계는 행복한 친밀한 관계에서 일어날 가능성이 높고, 자주 성관계를 갖는 커플은 아마 자신들의 관계를 보다 긍정적으로 볼 것이다.

그럼에도 불구하고, 갱년기의 신체 변화로 인해 중년의 성적 반응 강도는 감소한다. 남녀 모두 각성되고 오르가슴에 도달하는 데 더 오랜 시간이 걸린다. 두 사람이 서로를 덜 매

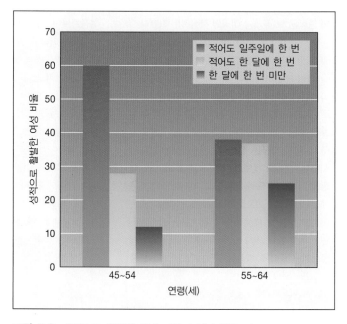

그림 5.2 성적으로 활발한 중년 여성의 성적 활동 빈도 1,000명 이상의 전국을 대표하는 미국 여성 표본을 대상으로 한 조사에서, 성적으로 활발한 여성들이 성관계를 갖는 빈도는 중년기 동안 줄어들었다. 그래도 55~64세의 1/3 이상은 적어도 일주일에 한 번 성관계를 가진다고 보고했고, 적어도 한 달에 한 번 성관계를 가지는 여성의 비율도 이와 비슷했다(Thomas, Hess, & Thurston, 2015).

력적으로 지각한다면, 이것이 성적 욕구의 감소를 가져올 수 있다. 하지만 긍정적인 관점에서 보면 성적 활동은 더 만족스러워질 수 있다. 예를 들어 데빈과 트리샤는 서로의 나이 들어가는 몸을 그들의 관계가 오래가고 깊어지는 표시라고 여기고 수용과 애정으로 바라보았다. 그리고 직장과 가정의 요구로부터 더 자유로워지면서 이들의 성생활은 보다 자연스러워졌다. 50세 이상의 기혼자 중 대다수는 성관계가 건강한 부부관계에서 중요한 요소라고 말한다(Das, Waite, & Laumann, 2012). 그리고 대부분은 성 기능의 어려움을 극복할 방법을 찾는다. 행복한 결혼생활을 하고 있는 한 52세 여성은 "우리는 우리가 무엇을 하고 있는지 알고 있어요. 우리는 수많은 연습을 했고(웃음), 나는 나이가 들수록 더 나아진다는 것을 절대 믿지 않았었는데 정말 나아지더라고요"라고 말했다(Gott & Hinchliff, 2003, p. 1625).

결혼했거나, 동거하거나, 독신인 사람들을 조사에 포함시키면 연령과 관련된 성적 활동에서 놀랄 만한 성차가 나타난다. 전년도에 성적 파트너가 없었던 미국 남성의 비율은 30대에 8%에서 50대 후반에 12%로 약간만 증가한다. 반면 여성은 극적으로 증가하여 9%에서 35~40%가 되는데, 성차는 노년기에 더욱 커진다(Lindau et al., 2007; Thomas, Hess, & Thurston, 2015; Waite et al., 2009). 높은 남성 사망률과 여성이 성적 관계에서 애정과 연속성에 가치를 두는 것 때문에 여성의 파트너가 더 부족하게 된다. 전체적으로 볼 때, 증거들은 중년의 성적 활동이 이전 시기와 마찬가지로 생물학적, 심리적, 그리고 사회적 영향이 결합된 결과라는 것을 드러낸다.

질병과 장애

그림 5.3이 보여주듯이, 암과 심혈관 질환은 미국의 중년 사망의 주요 원인이다. 의도하지 않은 부상은 여전히 건강을 위협하는 주요한 요인이지만 성인 초기에 비해서 발생확률이 낮은데, 이는 대체로 자동차 사고가 감소하기 때문이다. 시력 문제가 증가함에도 불구하고 중년 성인들의 다년간의 운전 경험과 신중함으로 인해 자동차 사고로 인한 사망이 줄어들 수 있다. 반면 넘어져서 골절과 사망에 이르는 것은 성인 초기에서 중년기로 가면서 2배 이상이 된다(CDC, 2014e).

이전의 수십 년과 마찬가지로, 경제적 어려움은 나쁜 건강과 조기 사망의 강력한 예측변인이며 사회경제적 지위의 차

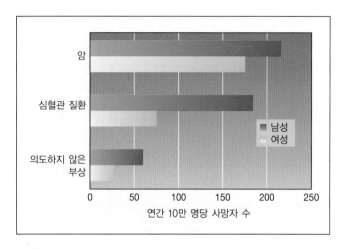

그림 5.3 45~64세 미국인의 주요 사망 원인 남성은 여성보다 각 주요 사망 원인에 대해 더 취약하다. 암으로 인한 사망과 심혈관 질환으로 인한 사망의 차이는 여성보다 남성에서 훨씬 작으며, 암은 남녀 모두에서 사망의 주요 원인이다(Heron, 2015).

이는 중년에 더 벌어진다(Agigoroaei, 2016). 그리고 주로 더 심각한 빈곤과 일반건강보험의 부족으로, 주요 원인에 의한 미국의 사망률은 대부분의 다른 선진국을 계속해서 넘어서고 있다(OECD, 2015d). 게다가 남성은 여성보다 대부분의 건강 문제에 더 취약하다. 중년 남성에서, 암으로 인한 사망은 심혈관 질환으로 인한 사망보다 조금 더 많다. 여성에서 암은 단연코 사망의 주요 원인이다(그림 5.3을 다시 보자). 마지막으로, 우리가 다음 절에서 질병과 장애에 대해 자세히 살펴볼 때 또 다른 친숙한 주제(심리적 안녕감과 신체적 안녕감 사이의 밀접한 관계)를 마주치게 될 것이다. 스트레스를 증폭시키는 성격특질, 특히 적개심과 분노는 중년의 건강을 심각하게 위협한다.

암 성인 초기부터 중년기까지 암으로 인한 사망률은 10배 증가하여 미국의 모든 중년 사망의 약 30%를 차지한다(Heron, 2015). 비록 많은 유형의 암 발병률이 현재 그대로이거나 감소하고 있지만, 암 사망률은 대체로 흡연으로 인한 폐암의 급격한 증가 때문에 수십 년 동안 상승했다. 전 세계적으로 폐암은 남녀 모두에서 암으로 인한 사망의 가장 흔한 원인이다. 지난 25년 동안 남성의 폐암 발병률은 감소했다. 1950년대와 비교해서 오늘날의 흡연율은 60% 낮아졌다. 반면 여성의 폐암은 오랫동안 증가하다가 최근에서야 감소하기 시작했는데, 이는 많은 여성들이 제2차 세계대전 이후 수십 년간 흡연을 했기 때문이다(American Cancer Society, 2015c).

세포의 유전자 프로그램이 붕괴되어 비정상적인 세포가

억제되지 않고 성장 및 확산되어 정상조직과 기관을 밀어낼 때 암이 발생한다. 이런 일이 왜 일어날까? 세 종류의 주요 돌연변이가 암을 일으킨다. 어떤 돌연변이는 직접적으로 비정상적인 세포 복제를 일으키는 **종양유전자**(암 유전자)를 초래한다. 다른 돌연변이는 **종양억제유전자**의 활동을 방해해서 종양유전자가 증가하는 것을 막지 못한다. 세 번째 유형의 돌연변이는 정상세포가 분열하는 동안이나 환경적 동인의 결과로서 발생하는 미묘한 DNA 실수를 수정함으로써 유전자 변형을 최소한으로 유지하는 **안정유전자**의 활동을 방해한다(Ewald & Ewald, 2012). 안정유전자가 기능하지 못할 때, 여러 다른 유전자에서 돌연변이가 높은 비율로 발생한다.

이러한 암과 관련된 돌연변이 각각은 생식세포 돌연변이(유전적 경향에 기인한)거나 체세포 돌연변이(하나의 세포에서 발생하여 증가하는)일 수 있다. 연령에 따라 DNA복제 오류가 증가하고 세포 재생 효율성은 낮아진다는 제13장의 한 이론을 기억하자. 환경독소가 이 과정을 시작하거나 강화할 수 있다.

그림 5.4는 가장 흔한 종류의 암 발병률을 보여준다. 남녀 모두에게 영향을 미치는 암에 있어서, 일반적으로 남성이 여성보다 취약하다. 이 차이는 아마도 유전적 구성, 생활양식이나 직업생활의 결과로서 암을 유발하는 인자에 노출되는 것, 그리고 의사를 찾아가는 것을 미루는 남성들의 경향성 때문인 것으로 보인다. 사회경제적 지위와 암의 관계는 위치에 따라 다르지만(예를 들어 폐암과 위암은 낮은 사회경제적 지위와 관련 있고 유방암과 전립선암은 높은 사회경제적 지위와 관련 있다), 암으로 인한 사망률은 사회경제적 지위가 낮아질수록 급격하게 증가하고 특히 아프리카계 미국인에서 높다(Fernandes-Taylor & Bloom, 2015).

나쁜 의료 서비스, 그리고 높은 생활 스트레스, 부적절한 식습관, 다른 질병이 동시에 발생하는 것과 같이 가난과 관련된 요인들로 인해 암에 대항할 능력이 감소하는 것이 이러한 현상의 원인이 된다. 그 결과, 아프리카계 미국인의 유방암 발병률은 유럽계 미국인보다 낮지만, 아프리카계 미국인이 유방암으로 사망하는 비율이 더 높다.

전반적으로, 유전, 생물학적 노화, 그리고 환경의 복잡한 상호작용이 암의 원인이 된다. 예를 들어 유방암 가족력이 있고 치료에 대한 반응이 좋지 않은 여러 환자들은 특정 종양억제유전자(BRCA1 혹은 BRCA2)에 결함이 있다. 이러한 돌연변이를 가진 여성들은 특히 유방암이 40세 이전에 조기 발생할 수 있다(Haley, 2016). 하지만 위험성은 일반적으로 유방암이 증가하는 중년기와 노년기 동안에도 여전히 높다. 유전선별검사를 할 수 있어 질병을 예방하려는 노력을 조기에 시작할 수 있다. 그럼에도 불구하고, 유방암에 걸리기 쉬운 유전자는 전체 유방암 사례의 5~10%만을 차지한다. 유방암에 걸린 대부분의 여성은 가족력이 없다(American Cancer Society, 2015b). 다른 유전자, 그리고 알코올 섭취, 과체중, 신체활동 부족, 출산 경험이 없는 것, 경구피임약의 사용, 폐경 증상을 치료하기 위한 호르몬 요법 등을 포함하는 생활양식 요인이 유방암의 위험을 높인다.

사람들은 흔히 암을 치료할 수 없다고 믿기 때문에 암을 두려워한다. 그러나 병에 걸린 사람의 60%는 치유되어, 5년 이상 질병에서 벗어났다. 그러나 생존율은 암의 종류에 따라

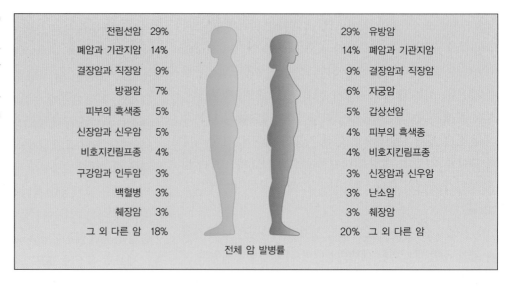

그림 5.4 2012년 미국 남녀의 10개 주요 암 발생률 (R. Siegel, K. D. Miller, & A. Jemal, 2016, "Cancer Statistics, 2016," *CA: A Cancer Journal for Clinicians*, 66, p. 11. Copyright © 2016 American Cancer Society, Inc. Reproduced with permission of Wiley, Inc.

전립선암	29%		29%	유방암
폐암과 기관지암	14%		14%	폐암과 기관지암
결장암과 직장암	9%		9%	결장암과 직장암
방광암	7%		6%	자궁암
피부의 흑색종	5%		5%	갑상선암
신장암과 신우암	5%		4%	피부의 흑색종
비호지킨림프종	4%		4%	비호지킨림프종
구강암과 인두암	3%		3%	신장암과 신우암
백혈병	3%		3%	난소암
췌장암	3%		3%	췌장암
그 외 다른 암	18%		20%	그 외 다른 암

전체 암 발병률

배운 것 적용하기

암 발병률과 사망률을 줄이기

개입	설명
암의 일곱 가지 징후를 안다.	징후는 배변 혹은 배뇨습관의 변화, 아물지 않는 상처, 이상한 출혈 혹은 분비물, 유방이나 신체 다른 부분에 혹이 생기거나 두꺼워지는 것, 소화불량 혹은 연하곤란, 사마귀나 점의 명백한 변화, 계속되는 기침 혹은 쉰 목소리이다. 만약 이 증상들 중 어떤 것이라도 있다면, 즉시 의사와 상담한다.
정기적인 건강검진 및 암 검진 일정을 잡는다.	여성들은 유방촬영과 자궁경부세포검사를 1~2년마다 해야 한다. 남성은 50세부터 매년 전립선 선별 검사를 해야 한다. 남녀 모두 의사의 권고에 따라 정기적으로 대장암 검진을 받아야 한다.
담배를 피한다.	흡연은 폐암으로 인한 사망의 90%와 암으로 인한 모든 사망의 30%를 초래한다. 무연(씹는) 담배는 구강암, 후두암, 인후암, 식도암의 위험을 증가시킨다.
알코올 섭취를 제한한다.	여성에서 하루 한 잔 이상, 남성에서 하루 두 잔 이상 술을 마시는 것은 유방암, 신장암, 간암, 두부암, 경부암의 위험을 증가시킨다.
지나치게 햇빛에 노출되는 것을 피한다.	햇빛에 노출되는 것은 많은 피부암을 야기한다. 장기간 햇빛에 노출될 때에는 선글라스를 쓰고, UVA와 UVB를 모두 막아주는 자외선 차단제를 사용하고, 노출된 피부를 가린다.
불필요하게 엑스레이에 노출되는 것을 피한다.	엑스레이에 지나치게 노출되는 것은 여러 암의 위험을 증가시킨다. 대부분의 의료용 엑스레이는 가능한 한 적은 양을 내보내도록 조정된 것이지만 불필요하게 사용해서는 안 된다.
공업용 화학물질 및 기타 오염물질에 노출되는 것을 피한다.	니켈, 크롬산염, 석면, 염화비닐, 라돈, 그리고 기타 오염물질은 여러 암의 위험을 증가시킨다.
호르몬 요법의 이점과 위험성을 따져본다.	에스트로겐 대체 요법은 자궁암과 유방암의 위험을 증가시키므로, 의사와 신중하게 호르몬 요법을 고려한다.
건강한 식습관을 유지한다.	채소, 과일, 통곡물을 섭취하고 지나친 식이지방과 소금에 절였거나, 훈제했거나, 아질산염이 들어간 음식을 피하는 것은 결장암과 직장암의 위험을 줄여준다.
과도한 체중 증가를 피한다.	과체중과 비만은 유방암, 결장암, 식도암, 신장암, 췌장암, 유방암을 포함하는 여러 암의 위험을 증가시킨다.
신체적으로 활동적인 생활을 한다.	신체활동은 피부를 제외한 모든 신체 부위의 암으로부터 보호해주는데, 유방암, 직장암, 결장암에서 그 증거가 가장 강력하다.

출처 : American Cancer Society, 2015a.

매우 다양하다(Siegel, Miller, & Jemal, 2016). 예를 들어 유방암과 전립선암은 생존율이 상대적으로 높고 자궁암과 대장암은 중간 정도이며 폐암과 췌장암은 낮은 편이다.

유방암은 여성에서, 전립선암은 남성에서 주된 종양이다. 폐암은 남녀 모두에서 두 번째로 흔하며, 다른 어떤 종류의 암보다 더 많은 사망을 일으킨다(금연을 통해 대체로 예방할 수 있다). 대장암과 직장암이 그 뒤를 바짝 따라간다. 매년 건강검진을 받아 이러한 암과 다른 종류의 암을 검사하고 '배운 것 적용하기'에 나열된 추가적인 조치를 취한다면 암과 그로 인한 사망률을 상당히 감소시킬 수 있다. 암을 촉진시키는 돌연변이의 수가 점점 더 많이 밝혀지고 있으며, 이러한 유전자를 표적으로 하는 가능성 있는 새로운 치료법들에 대한 실험이 이루어지고 있다.

암에서 살아남는 것은 큰 성공이지만, 그것은 정서적 도전 또한 가져다준다. 암 치료를 받는 동안 모든 관계는 병에 초점을 맞추게 된다. 치료가 끝나면 이들은 건강과 일상생활에 온전히 참여하는 것에 다시 초점을 맞추어야 한다. 불행히도 암과 연관된 오명이 존재한다(Daher, 2012). 친구, 가족, 동료는 암은 전염되는 것이 아니며, 직장 상사와 동료들이 인내를 갖고 지지해줄 때 암 생존자들이 작업 생산성을 되찾을 수 있다는 것을 상기할 필요가 있다.

배운 것 적용하기

심장마비의 위험을 줄이기

개입	위험 감소
금연한다.	금연하고 5년 후, 비흡연자들은 흡연자에 비해 상당히 낮은 위험을 보여준다. 담배 속의 화학물질은 심장과 혈관을 손상시키고 죽상동맥경화증의 위험을 크게 증가시킨다.
혈중 콜레스테롤 수치를 낮춘다.	건강한 식습관으로 바꾸면 콜레스테롤이 평균 10% 감소된다.
고혈압을 치료한다.	건강한 식습관과 약물요법을 병행하는 것은 혈압을 상당히 낮출 수 있다. 고혈압이 지속되도록 놔두면 동맥벽에 힘이 더해져 손상된다.
정상체중을 유지한다.	정상체중을 유지하는 사람들의 위험이 비만인 사람들과 비교하여 크게 감소된다.
규칙적으로 운동한다.	앉아서 생활하기보다는 활동적인 생활방식을 유지하는 사람들의 위험이 크게 감소된다. 건강한 체중에 기여할 뿐만 아니라 콜레스테롤과 혈압을 낮추고 심장질환과 강한 연관이 있는 2형 당뇨병의 예방을 돕는다.
가끔 와인이나 맥주를 마신다.	소량에서 적당량의 술을 마시는 사람들의 위험이 약간 감소된다. 고밀도지질단백질('나쁜 콜레스테롤'을 낮추는 '좋은 콜레스테롤'의 종류)을 촉진하고 응고를 예방한다고 생각된다.
의학적으로 권고된다면 적은 양의 아스피린을 복용한다.	이전에 심장마비나 뇌졸중을 앓았던 사람들의 혈전 가능성을 낮추어 위험이 약간 감소된다.
적개심 및 다른 형태의 심리적 스트레스를 줄인다.	스트레스를 받는 사람들은 과식과 흡연 같은 고위험 행동에 관여하고 고혈압 같은 고위험 증상을 보일 가능성이 더 높다.

ᵃ 과음은 심혈관 질환뿐만 아니라 다른 여러 질병의 위험을 증가시킨다는 제3장의 내용을 상기하라.

출처 : Mozaffarian et al., 2016.

심혈관 질환 최근 몇십 년 동안 감소했지만(제3장 참조), 매년 사망하는 미국 중년의 약 25%는 심혈관 질환으로 인한 것이다(Heron, 2015). 우리는 심혈관 질환이라면 심장마비를 떠올리지만, 데빈은 많은 중년 성인과 노인들처럼 정기 건강검진에서 자신의 상태에 대해 알게 되었다. 의사는 고혈압, 높은 혈중 콜레스테롤, 죽상동맥경화증(심장을 둘러싸고 있으며 근육에 산소와 영양소를 공급하는 관상동맥에 플라크가 축적된 것)을 발견했다. 심혈관 질환의 이러한 지표들은 흔히 아무런 증상이 없기 때문에 '소리 없는 살인자'라고 알려져 있다.

증상이 분명한 경우에는 다른 양상을 나타낸다. 가장 극단적인 것은 **심장마비**(보통 플라크가 가득 끼어 있는 관상동맥 중 하나 이상에 혈전이 생겨 심장 부위의 정상적인 혈액 공급이 막힌 것)이다. 영향을 받는 부위의 근육이 죽기 때문에 강한 통증이 발생한다. 심장마비는 응급상황이다. 환자의 50% 이상은 병원에 도착하기 전에 사망하고, 15%는 처치를 받는 중에, 그리고 또 다른 15%는 몇 년 내에 사망한다(Mozaffarian

et al., 2016). 덜 극단적인 심혈관 질환 증상 중에는 **부정맥**, 혹은 불규칙한 심장박동이 있다. 부정맥이 지속되면 심장이 충분한 혈액을 내보내는 것을 막아 기절할 수 있다. 또한 부정맥은 심실 내에서 혈전이 형성되도록 하는데, 이것은 떨어져 나가 뇌로 이동할 수 있다. 어떤 사람들에서는 소화불량 같은 통증 혹은 **협심증**이라고 불리는 찌르는 듯한 가슴통증이 생기는데, 이런 증상은 산소가 결핍된 심장에 나타난다.

오늘날 심혈관 질환은 관상동맥 우회로 조성술, 약물치료, 심장의 리듬을 조절하기 위한 심박조율기 등을 포함하는 다양한 방식으로 치료될 수 있다. 데빈은 막힌 동맥을 완화하기 위해 **혈관성형술**을 받았는데, 이것은 외과 전문의가 바늘처럼 가는 카테터를 동맥에 끼워 넣고 카테터 끝의 풍선 모양의 기구를 부풀려 지방침전물을 납작하게 만들어 혈액이 보다 자유롭게 흐르도록 하는 수술이다. 의사는 데빈이 위험을 낮추는 다른 조치를 취하지 않는다면 1년 이내에 동맥이 다시 막힐 것이라고 경고했다. '배운 것 적용하기'에 나온 것처럼, 성인들은 심장질환을 예방하거나 진행을 늦추기 위해 많은 것을 할 수 있다.

유전, 고령, 남성인 것과 같은 어떤 위험요인들은 바꿀 수 없다. 그러나 심혈관 질환은 장애를 초래하고 매우 치명적이기 때문에 사람들은 예상하지 못한 부분(예 : 여성)에서도 이에 대해 경계해야 한다. 중년기 심혈관 질환 사례의 70% 이상을 남성이 차지하고 있기 때문에, 의사들은 흔히 심장마비를 '남성 문제'로 바라보고 여성들의 독특한 증상을 자주 간과한다. 많은 여성들이 가슴통증보다는 극도의 피로, 현기증, 두근거림, 등 위쪽과 팔의 통증, 그리고 강한 불안을 경험하는데, 이런 증상들은 흔히 공황발작 증상으로 오인된다. 여성 스스로도 증상을 인식할 가능성이 적어서 종종 뒤늦게 도움을 구한다. 심장마비 환자들에 대한 추적 연구에서, 여성(특히 위험이 높은 아프리카계 미국인 여성)은 혈전을 치료하기 위한 약물과 혈관성형술 및 관상동맥 우회로 조성술 같은 비용이 많이 드는 침습적 치료를 제공받을 가능성이 낮았다(Mehta et al., 2016). 그 결과, 재입원과 사망 같은 치료 결과는 여성, 특히 흑인 여성에서 더 나쁜 경향이 있다.

골다공증 연령과 관련된 골감소가 심각할 때 **골다공증**(osteoporosis)이 발생한다. 50세 이상 미국인의 10%(1,000만 명에 이르며 대부분은 여성)에 영향을 미치는 이 질병은 골절의 위험을 크게 증가시킨다. 또 다른 44%는 우려할 만큼 골밀도가 낮기 때문에 골다공증에 걸릴 위험이 있다. 골다공증은 중년기부터 노년기까지 여성에서는 7%에서 35%로 5배 증가하고, 남성에서는 3%에서 11%로 3배 증가한다(Wright et al., 2014). 뼈는 여러 해 동안 점차적으로 구멍이 생기기 때문에, 골다공증은 골절(일반적으로 척추, 둔부, 손목에서)이 일어나거나 엑스레이로 발견하기 전까지는 명백하지 않을 수 있다.

골다공증과 관련된 주요 요인은 폐경과 연관된 에스트로겐의 감소이다. 중년기와 노년기에 여성은 골 질량의 약 50%를 상실하는데, 이 중 약 절반은 폐경이 되고 첫 10년 내에 상실되며 60대 후반이 되면 이러한 감소는 남성의 2~5배가 된다(Drake, Clark, & Lewiecki, 2015). 폐경이 일찍 올수록 에스트로겐 상실과 관련된 골다공증이 생길 가능성이 크다. 남성에서도 연령과 관련된 테스토스테론의 감소—여성의 에스트로겐 상실보다는 점차적으로 일어나지만—는 골감소를 일으키는데, 신체가 일부 테스토스테론을 에스트로겐으로 전환시키기 때문이다.

유전은 중요한 역할을 한다. 골다공증의 가족력은 위험을 증가시켜서 이란성 쌍둥이보다 일란성 쌍둥이가 질병을 공유할 가능성이 높다(Ralston & Uitterlinden, 2010). 마르고 체구가 작은 사람이 더 영향을 받기 쉬운데, 이런 사람들은 보통 청소년기에 획득하는 최대 골량이 더 낮기 때문이다. 반면, 골밀도가 높은 아프리카계 미국인은 미국의 다른 인종 집단보다 골다공증에 덜 걸린다(Wright et al., 2014). 건강하지 않은 생활양식도 영향을 미친다. 칼슘과 칼슘 흡수에 필수적인 비타민 D가 부족한 식습관, 나트륨과 카페인의 지나친 섭취, 신체적으로 활동적이지 않은 것 모두 골 질량을 감소시킨다. 흡연과 음주 또한 뼈 세포의 교체를 방해하기 때문에 해롭다(Drake, Clark, & Lewiecki, 2015).

주요 골절(둔부와 같은)이 발생하면, 많은 사람들이 기능과 삶의 질에서 영구적인 손상을 입으며 추가 골절의 위험도 높다. 더구나 심각한 골절은 1년 이내에 사망할 가능성을 3배 높인다(Cauley, 2013). 골다공증은 대개 남성보다 여성에서 일찍 발생하기 때문에 '여성들의 질병'으로 알려지게 되었다. 남성은 심지어 둔부가 골절되었을 때에도 골다공증 검사와 치료를 받을 가능성이 훨씬 낮다. 둔부골절이 된 남성은 여성보다 나이가 많고 골밀도를 지키기 위한 노력을 덜 해온 경향이 있다. 아마도 이러한 이유들 때문에 둔부골절 이후 1년 이내 사망하는 비율은 여성보다 남성에서 더 높다.

의사들은 골다공증을 치료하기 위해 칼슘과 비타민 D가 풍부한 식단, 체중이 실리는 운동(수영보다는 걷기), 저항훈련, 그리고 뼈를 강화하는 약을 추천한다(Drake, Clark, & Lewiecki, 2015). 일생 동안의 위험을 줄이는 더 좋은 방법은

골다공증에 권고되는 개입 중 하나인 저항훈련 프로그램에서 한 물리치료사가 중년의 환자를 지도하고 있다. 여성이 이 질병에 걸릴 확률이 훨씬 높기 때문에, 남성들이 검사와 치료를 받을 가능성은 적다.

조기예방(아동기, 청소년기, 성인 초기에 칼슘과 비타민 D 섭취를 늘리고 규칙적으로 운동함으로써 최대 골밀도를 극대화하는 것)이다.

적개심과 분노

트리샤의 자매인 도티는 전화를 할 때마다 폭발 직전의 화약고처럼 보인다. 도티는 직장에서 그녀의 상사를 비난했고, 일을 할 때 진행을 방해하는 것이라면 어떤 것이든 견디지 못했으며, 성공하기 위해 치열하게 경쟁했고, 불만스러울 때는 폭발했다. 한번은, 아버지가 돌아가신 후 변호사인 트리샤가 가족의 법률 문제를 처리하는 방식에 화가 나 모욕적인 말을 마구 퍼부었다. "어떤 변호사도 다 알고 있어 트리샤. 어떻게 그렇게 멍청하니! 진짜 변호사를 불렀어야 했어."

도티는 53세에 고혈압, 수면 문제, 요통을 겪었다. 지난 5년 동안 다섯 번이나 입원했다. 두 번은 소화장애로, 두 번은 부정맥으로, 한 번은 갑상선의 양성 종양으로 인한 것이었다. 트리샤는 도티의 개인적인 스타일이 그녀의 건강 문제에 부분적으로 책임이 있는 것은 아닐까 궁금했다.

적개심과 분노가 건강에 부정적인 영향을 미칠 수 있다는 것은 굉장히 오래된 생각이다. 수십 년 전, 연구자들은 **A형 행동유형**(Type A behavior pattern) — 지나친 경쟁심, 야망, 조급함, 적개심, 분노 폭발, 열의, 서두름, 시간 압박감 — 을 보이는 35~59세 남성을 발견함으로써 이 생각을 처음으로 실험했다. A유형들이 다음 8년 이내에 심장질환이 생길 가능성은 B유형(보다 느긋한 성향의 사람들)보다 2배 이상 높았다(Rosenman et al., 1975).

그러나 이후에 수행된 연구들은 종종 이러한 결과를 확인하지 못했다. A형 행동유형은 실제로 여러 행동들이 섞인 것인데, 그중 하나 혹은 둘만이 건강에 영향을 준다. 적개심을 전반적인 A형 행동유형으로부터 구분한 것이 흡연, 음주, 과체중, 생활 스트레스 요인처럼 심장질환과 다른 건강 문제를 설명할 수 있는 요인들을 통제한 이후에도 이러한 결과를 일관적으로 예언했기 때문에, 현재의 증거들은 적개심이 A형 행동유형의 '유해한' 성분이라는 것을 정확히 보여준다(Eaker et al., 2004; Matthews et al., 2004; Smith et al., 2004; Smith & Mackenzie, 2006). 적개심 측정에서 높은 점수를 받은 성인들은 낮은 점수를 받은 성인들보다 고혈압, 죽상동맥경화증, 뇌졸중 위험이 몇 배 더 컸다(Räikkönen et al., 2004; Yan et al., 2003).

특히 적개심을 표현하는 것 — 빈번한 분노 폭발, 무례하고 불쾌한 행동, 사회적 상호작용을 하는 동안 노려보는 것을 포함하여 비판적이고 잘난척하는 비언어적 단서, 경멸과 혐오의 표현 — 은 더 큰 심혈관 각성, 관상동맥의 플라크 축적, 심장질환을 예측한다(Haukkala et al., 2010; Smith & Cundiff, 2011; Smith et al., 2012). 심장질환을 예측하는 A형 행동유형과 관련된 또 다른 특징은 사회적으로 지배적인 상호작용 방식인데, 이는 큰 소리로 빠르게 말하는 것과 참지 못하고 남의 말을 가로막는 것에서 뚜렷하게 드러난다(Smith, 2006). 사람들이 이러한 행동을 할 때 심박 수, 혈압, 스트레스 호르몬이 상승한다.

A형 행동유형의 사람들은 직업적 성취로 가장 바쁜 기간 동안에 더 눈에 띈다. 국가를 대표하는 몇천 명의 표본을 추적한 핀란드 연구에서, A유형 행동은 청소년기부터 30대 중반까지 강화되었고, 그 후 40대 중반까지는 소폭 감소되었다(Hinsta et al., 2014). A형 행동유형이 분명해지면서 연령과 관련된 심장질환의 위험도 상승했다.

도티가 적개심을 표현하는 대신 억누름으로써 건강을 지킬 수 있을까? 명백한 분노를 반복적으로 억제하거나 분노를 유발한 과거의 사건을 반추하는 것 또한 고혈압 및 심장질환과 연관 있다(Eaker et al., 2007; Hogan & Linden, 2004). 앞으로 살펴보겠지만, 더 나은 대안은 스트레스와 갈등을 다루는 효과적인 방법을 개발하는 것이다.

중년의 신체적 문제에 적응하기

5.6 중년의 신체적 문제를 효과적으로 다루는 데 있어 스트레스 관리, 운동, 강인성이 갖는 이점을 논의한다.
5.7 노화의 이중 잣대에 대해 설명한다.

중년기는 가장 큰 성취를 이루고 만족을 얻는, 인생에서 생산적인 시기이다. 그럼에도 불구하고 이 시기에 생기는 수많은 변화들에 대처하기 위해서는 상당한 체력이 소모된다. 데빈은 늘어나는 허리둘레와 심혈관 질환의 증상들 때문에 일주일에 두 번 사무실을 떠나 신체에 부담을 덜 주는 에어로빅 강습에 참여했고, 매일 10분간 명상하는 것을 통해 업무 관련 스트레스를 줄이려고 했다. 자매 도티의 어려움을 알게 된 트리샤는 자신의 분노와 참기 어려운 감정을 보다 적응적으로 다루기로 결심했다. 그리고 대체적으로 낙관적인 트리샤의 인생관은 그녀가 중년의 신체적 변화들, 변호사 경력에 대한 압박감, 그리고 데빈의 심혈관 질환에 성공적으로 대처할 수 있도록 해주었다.

스트레스 관리

제3장으로 돌아가서 심리적 스트레스가 심혈관, 면역, 위장 기관에 미치는 부정적인 결과를 복습해보자. 성인들이 가정과 직장에서 문제에 직면하기 때문에, 일상적인 성가신 일들이 쌓여 심각한 스트레스가 될 수 있다. 스트레스 관리는 어떤 연령에서나 중요하지만, 중년기에서는 연령과 관련된 질병의 증가를 제한해주고 질병에 걸렸을 때에는 그 심각성을 감소시켜 준다.

다음의 '배운 것 적용하기'에서 스트레스를 줄여주는 효과적인 방법들을 요약했다. 스트레스 요인을 제거할 수 없을 때조차도 사람들은 스트레스를 다루는 방법과 스트레스에 대한 견해를 바꿀 수 있다. 트리샤는 직장에서 자신이 통제할 수 있는 문제들에 초점을 맞추었다. 과민한 상사가 아닌, 일상적인 일들을 부하 직원에게 위임하는 방법에 초점을 맞추어서 자신의 전문지식과 기술을 요하는 문제에 집중할 수

중년기의 스트레스 관리는 연령과 관련된 질병의 증가를 제한해준다. 이 중년의 성인은 주기적으로 압박감이 심한 사무실을 떠나 햇볕이 잘 드는 편안한 장소에서 일함으로써 스트레스를 줄인다.

있었다. 도티가 전화를 했을 때는 정상적인 정서적 반응과 비합리적인 자기비난을 구별할 수 있게 되었다. 트리샤는 도티의 분노를 그녀 자신의 무능함의 표시로 해석하는 대신에, 도티의 까다로운 기질과 힘든 삶 때문이라고 생각했다. 그리고 다양한 삶의 경험은 변화를 피할 수 없다는 것을 받아들이

배운 것 적용하기

스트레스 관리하기

방략	설명
상황을 다시 평가하기	비이성적인 신념에 근거한 반응과 적절한 반응을 구별하는 법을 배운다.
통제할 수 있는 사건에 집중하기	바꿀 수 없거나 결코 일어나지 않을 일에 대해서 걱정하지 않는다. 통제할 수 있는 사건을 다루는 방략에 집중한다.
인생이 가변적이라고 생각하기	변화를 예상하고 변화가 불가피하다는 것을 수용한다. 그러면 예상치 못한 여러 변화들이 정서적인 영향을 덜 미치게 된다.
대안을 고려하기	성급하게 행동하지 않는다. 행동하기 전에 생각한다.
합리적인 목표를 세우기	목표를 높게 잡되 자신의 능력, 동기, 상황에 대해 현실적으로 생각한다.
규칙적으로 운동하기	신체적으로 건강한 사람은 신체적 및 정서적 스트레스를 더 잘 다룰 수 있다.
휴식하는 방법을 익히기	휴식을 취하는 것은 에너지를 다시 집중시키고 스트레스의 신체적 불편감을 줄여준다. 수업과 자기계발서가 이러한 기술을 가르친다.
건설적인 방법으로 분노를 줄이기	반응을 지연한다("확인해 보고 다시 연락할게"). 화가 나는 것을 억제하기 위해 주의를 딴 곳으로 돌리는 행동(10까지 세는 것을 거꾸로 하기)을 하고 자기교수방법(속으로 "안 돼!"라고 외치기)을 사용한다. 그리고 나서 침착하고 자제력 있게 문제를 해결한다("개인적으로 마주치기보다는 전화해야겠다").
사회적 지지를 구하기	친구, 가족, 동료, 그리고 체계적인 지원단체는 스트레스 상황에 대처하기 위한 정보, 도움, 제안을 제공할 수 있다.

도록 해주었기 때문에, 데빈이 심장질환 치료를 위해 입원한 것과 같은 갑작스러운 사건에 더 잘 대처할 수 있게 되었다.

스트레스에 대처하는 두 가지 일반적인 방략을 트리샤가 어떻게 활용했는지에 주목하자─(1) 문제 초점적 대처로 그녀는 상황을 바꿀 수 있는 것으로 평가하고, 어려움을 확인하고, 그에 대해 무엇을 할지 결정했다. (2) 정서 초점적 대처는 내적이고 사적이며, 상황에 대해 할 수 있는 것이 거의 없을 때 고통을 통제하는 것에 목표를 두는 것이다. 연구들은 스트레스를 효과적으로 줄이는 성인들이 문제 초점적 기술과 정서 초점적 기술을 상황에 따라 유연하게 적용한다는 것을 보여준다(Zakowski et al., 2001). 이들의 접근방식은 신중하고, 사려 깊고, 자신과 타인 모두를 존중하는 것이다.

문제 초점적 대처와 정서 초점적 대처의 즉각적인 목표는 다르지만 서로를 촉진한다는 것에도 주목하자. 효과적인 문제 초점적 대처는 정서적인 고통을 줄여주며, 효과적인 정서 초점적 대처는 사람들이 보다 침착하게 문제에 직면해서 더 나은 해결책을 생각해낼 수 있도록 한다. 반면 효과적이지 않은 대처는 대체로 정서 초점적이고 자기비난적이고 충동적이며 현실 도피적이다.

분노 감소에 건설적으로 접근하는 것은 건강에 필수적인 개입이다('배운 것 적용하기' 참조). 적대적이기보다는 자기주장을 하고, 폭발하기보다는 협상하도록 사람들을 가르치는 것은 심리적 스트레스와 질병 사이를 매개하는 강한 생리적 반응을 차단한다. 때로는 단순히 화를 유발하는 상황을 떠나 이것을 어떻게 다룰지 생각할 시간을 가짐으로써 반응을 지연하는 것이 가장 좋을 때도 있다.

제3장에서 언급한 것처럼, 사람들은 성인 초기에서 중년기로 옮겨 가면서 스트레스에 보다 효과적으로 대처하는 경향이 있다. 이들은 상황을 변화시키는 자신의 능력에 대해 보다 현실적이 되고, 스트레스 사건을 예측하고 그것을 관리할 준비를 하는 데 더 능숙해질 수 있다(Aldwin, Yancura, & Boeninger, 2010). 게다가 중년 성인이 큰 스트레스 경험을 극복했을 때, 이들은 종종 극도로 힘든 상황에서 자신이 성취할 수 있었던 것에 대해 놀라워하며 돌이켜보면서 이것이 오랫동안 지속되는 개인적 이점을 가져다준다고 보고한다. 심각한 병과 죽을 뻔한 고비를 경험하는 것은 보통 보다 명확한 삶의 우선순위, 개인적 강인함, 타인과의 밀접한 관계 같은 가치와 관점의 변화를 가져온다. 정신적 외상이 성장을 촉진한다고 해석하는 것은 현재의 스트레스 요인에 대한 보다 효

과적인 대처와 몇 년 후의 신체적 건강 및 정신적 건강증진과 관련이 있다(Aldwin & Yancura, 2011; Proulx & Aldwin, 2016). 이러한 방식으로, 강한 스트레스를 관리하는 것은 긍정적인 발달을 위한 맥락으로 작용할 수 있다.

그러나 중년기의 도전을 다루는 데 어려움을 겪는 사람들을 위해 지역사회가 제공하는 사회적 지지는 젊은이나 노인을 위한 것보다 적다. 예를 들어 쥬얼은 갱년기에 무슨 일이 일어날지에 대해 아는 것이 거의 없었다. "지원단체가 있었다면 도움이 되었을 거예요. 폐경에 대해 배우고 좀 더 쉽게 겪을 수 있었을 텐데"라고 트리샤에게 말했다. 대학으로 돌아가는 성인학습자와 노부모를 돌보는 사람과 같은 전형적인 중년기 문제를 다루는 지역사회 프로그램들은 이 시기의 스트레스를 낮춰줄 수 있다.

살펴보기

> 심각한 병과 같이 큰 스트레스를 주는 경험을 극복한 중년 성인에게 그/그녀가 어떻게 그 일에 대처했는지 인터뷰해보자. 그 결과 인생에 대한 관점에서 어떤 변화가 일어났는지 질문하자. 이들의 응답이 연구 결과들과 일치하는가?

운동

제3장에서 언급한 것처럼, 규칙적인 운동에는 다양한 신체적, 심리적 이점이 있다. 여기에는 성인들이 스트레스를 보다 효과적으로 다루게 준비시키는 것과 여러 질병의 위험을 낮추는 것도 포함된다. 첫 번째 에어로빅 수업으로 향하면서 데빈은 궁금했다. 나이 50에 운동을 시작하는 것이 그동안의 부족한 신체활동을 보상해줄까? 이 질문에 답하기 위해 연구자들은 21~98세의 유럽과 미국 성인 66만 명에게 여가로 신체활동에 쏟는 시간이 매주 얼마나 되는지 물었던 6개의 종단연구를 결합했다. 연구 참여자가 매주 신체적인 활동으로 소모한 에너지가 클수록 이후 14년 안에 사망할 확률이 낮았다(Arem et al., 2015). 그리고 전혀 운동하지 않는 것과 비교했을 때 조금이라도 운동을 하는 것은 장수하는 데 도움이 되었는데, 이러한 결과를 설명할 수 있는 다른 많은 요인들(사회경제적 지위, 건강 상태, 음주와 흡연, BMI 등)을 통제한 이후에도 마찬가지였다.

그러나 절반 이상의 미국 성인은 주로 앉아서 생활한다. 더욱이 운동 프로그램을 시작하는 많은 사람들이 첫 6개월

내에 그만둔다. 계속 운동하는 사람들 중에서도 18% 이하만이 국가적으로 권고되는 수준의 여가시간 신체활동과 저항운동을 한다(제3장 참조)(U.S. Department of Health and Human Services, 2015d).

중년에 운동을 시작하는 사람은 초기장벽과 계속되는 장애물(시간과 에너지 부족, 귀찮음, 업무갈등, 과체중과 같은 건강요인)을 극복해야 한다. **자기효능감**(성공하기 위한 자신의 능력에 대한 신념)은 경력을 쌓을 때와 마찬가지로 운동요법에서도 스스로 선택하고, 유지하고, 노력하는 데 있어 필수적이다(제4장 참조). 운동 프로그램을 시작하는 것의 중요한 성과는 앉아서 생활하는 사람들이 자기효능감을 갖게 되는 것이고, 이는 신체적 활동을 증진시킨다(McAuley & Elavsky, 2008; Parschau et al., 2014). 향상된 신체 건강 덕분에 중년의 성인들은 자신의 신체적 자기에 대해서 더 긍정적으로 느끼게 된다. 시간이 지나면서 이들의 신체적 자존감(신체 조건과 매력에 대한 느낌)은 향상된다(Elavsky & McAuley, 2007; Gothe et al., 2011).

다양한 집단 및 개별화된 접근법은 중년 성인들의 신체적 활동을 향상시키는 데 성공적이다. 운동 목표를 달성하면 보상을 제공하는 직장 기반 프로그램과 목표설정, 자기점검 및

미국 전역의 도시에서, 신체활동에 대한 장벽은 매력적이고 안전한 공원과 산책로를 만드는 것으로 극복되고 있다. 그러나 사회경제적 지위가 낮은 사람들은 편리하고 쾌적한 운동 환경에 접근할 기회가 더 많이 필요하다.

진행 상황에 대한 피드백을 위한 도구를 사용하는 웹 혹은 휴대전화 기반 개입이 여기에 포함된다(Duncan et al., 2014; Morgan et al., 2011). 한 획기적인 프로그램은 젊었을 때 운동을 많이 했지만 신체활동에서 벗어난 중년 성인에 초점을 맞추었다. 단체 운동의 다양한 이점(건강, 기량 획득, 마음 맞는 사람들과의 우정 등)에 대한 짧은 영상을 본 사람들은 통제집단보다 자신이 희망하는 자기상에서 운동하는 사람이 되는 것에 더 큰 가치를 부여했다(Lithopoulos, Rathwell, & Young, 2015). 제8장에서 살펴보겠지만, 미래지향적인 자기 기술은 중년의 행동 변화를 잘 예측해주는 변인이다.

접근하기 쉽고, 매력적이며, 안전한 운동 환경(공원, 산책로와 자전거 도로, 지역 레크리에이션 센터)과 이를 이용하는 사람들을 관찰할 기회가 많은 것 또한 신체활동을 촉진한다. 사회경제적 지위가 낮은 사람들은 건강 문제와 일상적인 스트레스 요인 이외에도 시설로의 접근이 불편한 것, 비용, 안전하지 않은 주변 환경, 더러운 길거리가 운동에 대한 장벽이라고 언급하는데, 이는 활동 수준이 사회경제적 지위와 함께 급격히 하락하는 주요한 원인이다(Taylor et al., 2007; Wilbur et al., 2003). 사회경제적 지위가 낮은 사람들의 신체활동을 높이는 것을 목표로 하는 개입들은 생활양식과 동기요인 외에 이러한 쟁점들에 대해서도 다루어야 한다.

강인성

어떤 유형의 사람이 피할 수 없는 인생의 변화들로 인한 스트레스에 적응적으로 대처할 가능성이 높을까? 이 질문에 관심을 가진 연구자들은 세 가지 개인적 특성(통제, 전념, 도전)을 발견했고 이 모두를 합하여 **강인성**(hardiness)이라고 부른다(Maddi, 2007, 2011, 2016). 강인성의 세 가지 속성은 사람들이 삶의 스트레스 요인을 회복의 기회로 바꾸기 위해 최선을 다하도록 동기부여한다.

트리샤는 강인한 사람들의 특징에 잘 들어맞는다. 첫째, 그녀는 대부분의 경험을 **통제**할 수 있다고 생각한다. 트리샤는 쥬얼의 폐경 증상에 대해 듣고 난 후 "모든 나쁜 일이 일어나는 걸 막을 수는 없어. 하지만 그런 것에 대해 무언가를 하려고 애쓸 수는 있지"라고 조언했다. 둘째, 트리샤는 일상적인 활동에 **전념**하고 열중하는 모습을 보이며 그중 거의 대부분, 심지어 스트레스를 받는 시간에서도 의미를 찾는다. 마지막으로, 트리샤는 스트레스를 주는 변화를 **도전**, 즉 학습과 자기계발의 기회로 여긴다.

사회적 이슈 : 건강

인생 역경의 긍정적인 측면

인생의 어려웠던 시기를 되짚어본 많은 성인들은 그것이 궁극적으로는 자신을 강하게 만들어줬다고 말한다. 이는 연구들을 통해 확인된 결과이다. 심각한 역경이 자주 일어나거나 압도적이지 않은 한, 이것은 놀랄 만한 개인적 이익을 가져올 수 있다.

프랑스에서 수행된 연구에서, 연구자들은 전국을 대표하는 18~101세 사이의 성인 2,000명의 표본을 4년간 추적했다(Seery, Holman & Silver, 2010). *일생 동안 역경에 얼마나 노출되었는지* 평가하기 위해, 연구 참여자들은 37개의 부정적인 인생 사건 목록 중 어떤 것을 경험했는지, 얼마나 자주 경험했는지, 각 사건이 일어난 나이는 몇이었는지에 대해 질문받았다. 목록은 폭행, 사랑하는 사람의 죽음, 심각한 재정적 어려움, 이혼, 화재·홍수·지진 같은 대규모 재난을 포함하는 심각한 스트레스 요인에 초점을 맞추었다.

1년 후, 연구자들은 *최근에 역경에 얼마나 노출되었는지* 측정하기 위해 연구 참여자들이 지난 6개월간 부정적인 인생 사건을 얼마나 많이 겪었는지 표시하도록 지시했다. 마지막으로, 연구 참여자들의 정신건강과 안녕감을 매년 한 번씩 평가했다.

연구 결과는 보통 수준의 인생 역경에 노출된 사람이 역경이 전혀 없었거나 매우 많았던 사람보다 더 나은 적응—더 적은 전반적인 심리적 고통, 더 적은 기능 손상(나쁜 신체 및 정신건강으로 인해 일과 사회적 활동을 절충하는 것), 더 적은 외상후 스트레스 증상, 더 큰 삶의 만족—을 보고했다는 것을 보여주었다(그림 5.5 참조). 게다가 일생 동안 보통 수준의 역경

을 겪은 사람들은 최근의 역경에서 부정적인 영향을 덜 받았다. 이러한 결과들은 연령, 성별, 인종, 결혼 여부, 사회경제적 지위, 신체건강처럼 역경 경험에 영향을 줄 수 있는 다양한 요인을 통제한 후에도 유지되었다.

보통 수준의 인생 역경을 경험하는 것은 숙달하는 느낌을 발전시켜서, 사람들에게 미래의 스트레스 요인을 극복하기 위해 필요한 강인함, 혹은 단단함을 심어주는 것으로 보인다(Mineka & Zinbarg, 2006). 역경 경험이 없는 성인은 삶의 스트레스 요인을 관리하는 법을 배울 중요한 기회를 얻지 못한 것이기 때문에, 이러한 역경을 마주쳤을 때 최적으로 반응하지 못한다. 그리고 높은 수준의 인생 역경은 사람들의 대처기술을 혹사시켜서 이들이 절망감과 통제력을 상실한 느낌에 사로잡히게 하고 정신건강 및 안녕감을 크게 방해

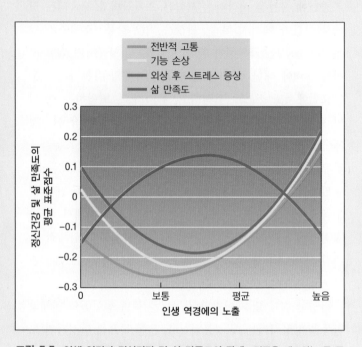

그림 5.5 인생 역경과 정신건강 및 삶 만족도의 관계 전국을 대표하는 큰 규모의 프랑스 성인 표본에서, 보통 수준의 인생 역경은 역경이 전혀 없거나 매우 많은 것과 비교했을 때 더 적은 전반적 고통, 기능 손상, 외상후 스트레스 증상과 더 큰 삶의 만족을 예측했다. (M. D. Seery, E. A. Holman, & R. C. Silver, 2010, "Whatever Does Not Kill Us: Cumulative Lifetime Adversity, Vulnerability, and Resilience," *Journal of Personality and Social Psychology, 99*, p. 1030. Copyright © 2010 by the American Psychological Association. Adapted by permission).

한다.

요약하면, 때때로 부정적인 인생 사건을 해결하려고 애쓰는 것은 탄력성의 중요한 원천이다. 이는 사람들이 미래에 직면할 확률이 높은 삶의 스트레스 요인을 극복하는 데 필요한 개인적인 특성들을 강화한다.

강인성은 사람들이 스트레스 상황을 관리할 수 있고, 흥미로우며, 심지어는 즐거운 것으로 평가하는 정도에 영향을 준다. 이러한 낙관적인 평가는 건강증진 행동, 사회적 지지를 구하는 경향, 스트레스에 대한 생리적 각성의 감소, 적은 신체적 및 정서적 증상을 예측한다(Maddi, 2006; Maruta et al., 2002; Räikkönen et al., 1999; Smith, Young, & Lee, 2004). 게다가 강인성이 높은 사람들은 그들이 통제할 수 있는 상황에

서 적극적인 문제 초점적 대처 방략을 사용할 가능성이 높다. 반면 강인성이 낮은 사람들은 정서 초점적이고 회피적인 대처 방략을 더 많이 사용한다. 예를 들어 "내가 내 기분을 바꿀 수 있었으면 좋겠다"고 말하거나 스트레스 사건을 잊기 위해 먹거나 술을 마신다(Maddi, 2007; Soderstrom et al., 2000).

이 장과 이전 장들에서, 우리는 스트레스에 대항하는 자원

역할을 하는 여러 요인들 중 유전, 식습관, 운동, 사회적 지지, 그리고 대처 방략에 대해 살펴보았다. 강인성에 대한 연구들은 추가적인 요소(인생에 대해 전반적으로 낙천적이고 결단력 있고 열정적으로 접근하는 것)를 강조한다. 적당한 수준의 역경을 경험하는 것은 실제로 삶을 풍요롭게 할 수 있는데, 아마도 이는 강인성을 촉진하기 때문일 것이다. 이를 시사하는 연구들은 '사회적 이슈 : 건강' 글상자를 보라.

성별과 노화 : 이중 잣대

많은 중년의 성인들로 하여금 신체 변화를 두려워하게 만드는 노화에 대한 부정적인 고정관념은 남성보다는 여성에게 더 잘 적용되어 이중 잣대를 만들어낸다(Antonucci, Blieszner, & Denmark, 2010). 많은 중년 여성들은 스스로가 '인생의 절정기에 있다'(확신에 차 있고, 자신감 있으며, 다재다능하고, 인생 문제들을 해결할 능력이 있는)고 말하지만, 사람들은 종종 그들이 중년 남성보다 덜 매력적이고 부정적인 성격특징을 갖는다고 평가한다(Denmark & Klara, 2007; Kite et al., 2005; Lemish & Muhlbauer, 2012).

성적으로 매력적인 여성(부드러운 피부, 단단한 근육, 윤기 나는 머리카락)에 대한 이상은 노화 이중 잣대의 핵심이다. 아이를 낳을 수 있는 여성의 능력이 끝나는 것은 특히 남성이 신체적 외모에 대해 부정적으로 평가하는 것에 영향을 준다(Marcus-Newhall, Thompson, & Thomas, 2001). 사회적 영향력은 이러한 관점을 과장한다. 예를 들어 매체 광고에 등장하는 중년 성인은 대개 노련함과 안정감을 가진 멋진 이미지의 남성 경영자, 아버지, 할아버지들이다. 그리고 노화의 흔적을 숨기기 위해 여성들에게 제공되는 훨씬 많은 화장품과 의학적 치료는 이들이 자신의 나이와 외모를 부끄럽게 생각하도록 만들 수 있다(Chrisler, Barney, & Palatino, 2016).

묻고 대답하기

연관지어보기 전 생애 관점에 따르면 발달은 다차원적이어서 생물학적, 심리적, 사회적 힘의 영향을 받는다. 이 가정이 중년기의 건강을 어떻게 특징짓는지 그 예를 들어보자.

적용해보기 정기적인 신체검사에서, 의사는 55세의 빌에게 심혈관 질환에 대한 검사지를 주었지만 그의 골밀도는 검사하지 않았다. 반면 60세의 카라가 심장이 두근거리는 것과 공황발작에 대해 불평했을 때 의사는 추가적인 검사를 시작하기 전에 '지켜보기로' 결정했다. 빌과 카라에 대해 의사가 다른 접근을 하는 이유는 무엇일까?

생각해보기 개인적으로 가장 걱정되는 중년의 건강 문제는 무엇인가? 그것을 예방하기 위해 현재 어떤 조치를 취할 수 있는가?

우리의 진화 역사에서는 이러한 이중 잣대가 적응적이었을 수 있다. 그러나 많은 커플들이 출산을 제한하고 직업과 여가 생활에 더 많은 시간을 쏟는 오늘날에는 적절하지 않은 것이 되었다. 미디어와 일상생활에서 친밀감, 성취, 희망, 그리고 상상력으로 가득 찬 삶을 사는 나이 든 여성 모델이 등장하는 것은 나이 들어가는 여성에 대한 새로운 문화적 비전(기품, 성취, 정신력을 강조하는)을 만드는 것을 도울 수 있다.

인지발달

중년기에, 일상생활에서의 인지적 요구는 새롭고 때로는 보다 도전적인 상황으로 확장된다. 데빈과 트리샤의 전형적인 하루를 생각해보자. 최근에 작은 대학의 학장으로 임명된 데빈은 아침 7시에 책상에 앉았다. 전략 계획 회의 사이사이에, 그는 새로운 자리에 지원한 사람들의 파일을 검토했고 내년 예산을 짰으며 동문회 오찬에서 연설을 했다. 그동안 트리샤는 민사재판을 준비했고 배심원 선발에 참여했으며 그러고 나서 회사의 다른 수석 변호사들과 만나 경영 문제에 대해 회의했다. 그날 저녁, 트리샤와 데빈은 대학에서 전공을 바꿔야 할지 확신이 들지 않아 의논하려고 들른 스무 살인 아들 마크에게 조언을 했다. 저녁 7시 반에 트리샤는 지역 교육위원회의 저녁 모임에 참석하기 위해 집을 나섰고, 데빈은 자신이 첼로를 연주하는 아마추어 4중주단의 격주 모임에 가기 위해 출발했다.

중년기는 직장, 지역사회, 그리고 가정에서의 책임이 확장되는 시기이다. 다양한 역할을 효과적으로 해나가기 위해서 데빈과 트리샤는 축적된 지식, 언어 유창성, 기억, 빠른 정보 분석, 추론, 문제 해결, 그리고 자신의 전문분야에서의 지식을 포함하는 다양한 지적 능력을 필요로 했다. 중년기에는 사고에서 어떤 변화가 일어날까? 직업생활(인지가 표현되는 주요 무대)이 지적 기능에 어떻게 영향을 주는가? 그리고 지식과 삶의 질을 향상시키려는 희망을 가지고 대학으로 되돌아가는 많은 성인들을 지원하기 위해 무엇을 할 수 있을까?

지적 능력의 변화

5.8 샤이에의 시애틀 종단연구에서 나타난 지능의 동년배 효과에 대해 설명한다.

5.9 중년기의 결정지능 및 유동지능의 변화를 설명하고, 지적 발달의 개인
차와 집단 차이에 대해 논의한다.

50세에 종종 사람들의 이름이 생각나지 않거나 강의나 연설
중간에 다음에 무엇을 말해야 하는지 생각하기 위해 잠시 말
을 멈추어야 했을 때, 데빈은 이런 것이 정신노화의 징후인
것인지 생각했다. 20년 전에 그는 같은 일들에 대해 관심을
가지지 않았었다. 데빈의 의문은 나이 든 성인들이 잘 잊어
버리고 혼동한다는 널리 알려진 고정관념에서 나온 것이다.
인지 노화에 대한 여러 연구들은 인지적 안정성과 이득을 무
시한 채 인지적 결핍에만 초점을 두어 왔다.

중년기의 사고 변화에 대해 알아보면서, 우리는 발달의 다
양성을 다시 다룰 것이다. 인지 기능의 다양한 측면은 다른
변화 양상을 보인다. 비록 어떤 영역에서는 감퇴가 일어나지
만, 대부분의 사람들은 특히 친숙한 맥락에서 인지 유능성을
보이고 일부 사람들은 뛰어난 업적을 달성한다. 앞으로 살펴
보겠지만, 인지적 노화에서 명백한 쇠퇴를 보여주는 어떤 연
구 결과들은 연구 자체의 약점에서 나온 결과이다! 전반적으
로, 증거들은 성인의 인지적 잠재력에 대한 낙관적인 관점을
지지한다.

우리가 지금부터 살펴보려고 하는 연구들은 전 생애 관점
의 핵심 가정을 분명히 보여준다 ─ 발달을 **다차원적**(생물학
적, 심리적, 사회적 영향력이 결합된 결과), **다방향적**(성장과
쇠퇴가 함께 표현되는 것), 그리고 가소성을 가진 것(한 사람
의 생물학적, 환경적 이력이 현재의 삶의 조건과 어떻게 결
합되는가에 따라 변화하는 것)으로 본다.

동년배 효과

지능검사를 사용하는 연구들은 뇌가 점차 나빠지므로 중년
기와 노년기에 지능이 불가피하게 저하된다는 널리 퍼져 있
는 신념을 밝혀낸다. 초기의 여러 횡단연구들은 35세에 수행
이 정점에 달하고 노년기까지 가파르게 하락하는 양상을 보
였다. 그러나 1920년대에 대학생과 군인을 대상으로 이루어
진 광범위한 검사는 종단연구를 수행할 수 있는 편리한 기회
를 제공했고, 연구 참여자들이 중년이 되었을 때 재검사할
수 있었다. 연구 결과들은 지능이 연령에 따라 증가한다는
것을 보여주었다! 이 모순을 설명하기 위해 K. 워너 샤이에
(K. Warner Schaie, 1998, 2005, 2016)는 시애틀 종단연구에
서 종단적 접근과 횡단적 접근을 결합하는 계열설계를 사용
했다.

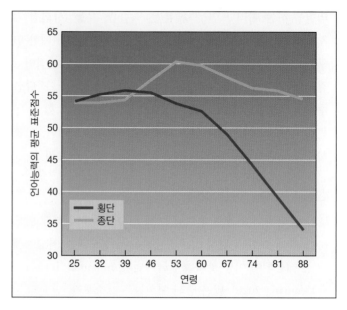

**그림 5.6 동년배 효과를 보여주는 언어적 능력에서의 횡단 및 종단 경향
성** 횡단 자료에서의 가파른 하락은 대체로 젊은 세대의 건강과 교육 수준이
더 낮기 때문이다. 성인들을 종단적으로 추적하면, 언어점수는 성인 초기와 중
년기 동안 상승하고 노년에 점차적으로 하락한다. 하지만 이러한 종단적 경향
성은 모든 능력에 해당되는 것은 아니다. (K. W. Schaie, 1988, "Variability in
Cognitive Functioning in the Elderly," in M. A. Bender, R. C. Leonard,
& A. D. Woodhead [Eds.], *Phenotypic Variation in Populations*, p. 201.
Adapted with kind permission from Springer Science+Business Media
B. V. and K. W. Schaie).

1956년에 22~70세의 사람들이 횡단적으로 검사를 받았
다. 그 후 규칙적인 간격으로 종단적 추적조사를 시행했고
매 검사마다 새로운 표본이 추가되어서, 연구 참여자는 총
6,000명이 되었고 5개의 횡단 비교와 60년 이상에 걸친 종단
자료를 얻었다. 5개의 지적 능력에 관한 횡단 자료는 30대 중
반 이후의 전형적인 하락을 보여준다. 그러나 종단적 경향성
은 이 지적 능력들이 중년에 약간 증가하고 50대와 60대 초
반까지 유지되며 그 이후 수행이 점차적으로 감소한다는 것
을 보여준다.

그림 5.6은 지능 요인 중 하나인 언어적 능력에 대한 샤이
에의 횡단 및 종단 결과를 보여주고 있다. 겉보기에 모순적
인 이 결과를 어떻게 설명할 수 있을까? 이 차이는 대부분 동
년배 효과 때문이다. 횡단연구에서 각각의 새로운 세대들은
이전 세대보다 건강 및 교육 수준이 더 나았고, 일상경험도
보다 인지적으로 자극적이었다(Schaie, 2013). 또한 연구에서
사용된 검사가 나이 든 사람들이 덜 사용하는 능력을 이용한
것일 수 있는데, 이들의 삶에서는 더 이상 정보를 배우는 것
자체가 목적이 아닌 대신 현실 세계의 문제들을 능숙하게 해

결하는 것이 요구되기 때문이다.

결정지능과 유동지능

다양한 지적능력들을 자세히 살펴보면 단지 몇몇 능력만이 그림 5.6에 나타난 종단 패턴을 따른다는 것을 알 수 있다. 이 차이를 이해하기 위해서 두 가지 개괄적인 지적능력을 고려해보자. 이들 각각은 다수의 특정한 지적 요인들을 포함한다.

이와 같은 능력 중 첫 번째는 **결정지능**(crystallized intelligence)으로, 축적된 지식과 경험, 올바른 판단, 사회적 관습의 숙달 여부에 의존하는 기술을 의미한다. 이러한 능력은 개인이 속한 문화에서 가치 있기 때문에 획득된 것이다. 데빈은 동창회 오찬에서 자신의 의견을 분명하게 표현하고 예산 계획에서 돈을 아낄 수 있는 효과적인 방법을 제안할 때 결정지능을 사용했다. 지능검사에서는 어휘, 상식, 언어 이해력, 논리적 추론 문항들이 결정지능을 측정한다.

반면 **유동지능**(fluid intelligence)은 기초적인 정보처리기술(시각 자극 사이의 관계를 알아차리는 능력, 정보를 분석하는 속도, 작업기억의 용량)에 더 많이 의존한다. 효과적인 추론과 문제 해결을 돕기 위해 유동지능이 결정지능과 결합하기도 하지만, 유동지능은 문화보다는 뇌의 조건과 개인의 독특한 학습에 의해 더 많은 영향을 받는다고 여겨진다(Horn & Noll, 1997). 유동지능을 반영하는 지능검사 항목에는 공간 시각화, 숫자 외우기, 순서화, 동형 찾기 등이 있다.

많은 횡단연구 결과는 결정지능이 중년기를 거쳐 꾸준히 높아지는 반면 유동지능은 20대에 낮아지기 시작한다는 것을 보여준다. 이러한 경향성은 동년배 효과를 없애기 위해 교육 및 일반적 건강 상태가 유사한 나이 어린 참여자와 나이 많은 참여자를 대상으로 한 연구에서도 반복적으로 나타났다(Hartshorne & Germine, 2015; Miller et al., 2009; Park et al., 2002). 정신적, 신체적으로 건강한 16~85세의 참가자 약 2,500명을 포함한 한 연구에서, 언어(결정지능) IQ는 45~54세 사이에 정점에 달했고 80대까지도 낮아지지 않았다! 반면 비언어(유동지능) IQ는 전체 연령 범위에 걸쳐서 꾸준히 하락했다(Kaufman, 2001).

성인들은 직장에서, 집에서, 그리고 여가활동에서 그들의 지식과 기술을 끊임없이 늘리기 때문에 결정지능이 중년기에 높아지는 것은 말이 된다. 게다가 많은 결정지능 관련 기술은 거의 매일 연습된다. 하지만 유동지능이 점진적으로 하

미 육군에서 공격 헬기를 조종한 돈 클라크는 응급의료 헬리콥터 조종사가 되었을 때 오랫동안 간직했던 꿈을 이루었다. 비행하며 수색 및 구조를 하는 임무는 60대 초반인 클라크가 중년에 정점에 이르는 복잡한 지적능력들을 사용하도록 요구한다.

락한다는 것을 종단연구 증거들이 확증할까? 만약 그렇다면, 그것을 어떻게 설명할 수 있을까?

샤이에의 시애틀 종단연구 그림 5.7은 샤이에의 종단연구 결과를 자세하게 보여준다. 성인 초기와 중년기에 얻게 되는 5개의 요인(언어 능력, 귀납적 추론, 언어 기억, 공간 방위, 수 능력)은 결정 기술과 유동 기술 모두를 포함한다. 이들이 변화하는 경로를 보면 중년기는 가장 복잡한 지적 능력 중 일부가 정점에 달하는 시기라는 것을 확인할 수 있다(Schaie, 2013). 이러한 결과에 따르면, 중년의 성인은 고정관념처럼 지적으로 '한물간'것이 아니라 '한창때'인 것이다.

그림 5.7은 여섯 번째 능력인 지각 속도(예 : 연구 참여자들이 정해진 시간 내에 5개의 형태가 모델과 동일한지 혹은 여러 자리로 이루어진 숫자 쌍들이 서로 같은지 다른지 구별할 때 쓰이는 유동 기술)도 보여주고 있다. 지각 속도는 20대부터 80대 후반까지 감소한다. 이러한 패턴은 사람들이 나이 들수록 인지적 처리가 느려진다는 것을 보여주는 수많은 연구들과도 일치한다(Schaie, 1998, 2005, 2013). 또한 그림 5.7에서 인생의 후반에 유동요인들(공간 방위, 수 능력, 지각 속도)이 결정요인들(언어 능력, 귀납적 추론, 언어 기억)보다 얼마나 더 크게 감소하는지에 주목하자. 이러한 경향은 다양한 연령의 사람들을 단기 종단 추적한 연구에서도 확인되었다(McArdle et al., 2002).

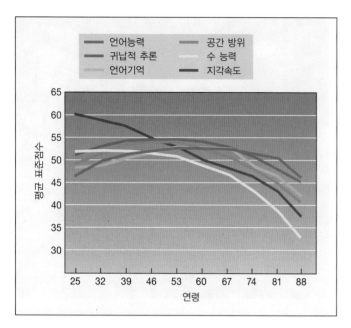

그림 5.7 시애틀 종단연구에서 사용된 여섯 가지 지적 능력의 종단적 경향성 다섯 가지 능력은 50대와 60대 초반까지 약간 늘어났고 그 후 점차 감소했다. 여섯 번째 능력인 지각 속도는 20대부터 80대 후반까지 꾸준히 감소했다. 그리고 인생 후반에 유동요인들(공간 방위, 수 능력, 지각 속도)은 결정요인들(언어 능력, 귀납적 추론, 언어 기억)보다 더 많이 감소했다(K. W. Schaie, 1994, "The Course of Adult Intellectual Development," *American Psychologist*, 49, p. 308. Copyright © 1994 by the American Psychological Association. Reprinted with permission of American Psychological Association).

지적 능력 변화의 설명 어떤 이론가들은 연령에 따라 인지 수행이 나빠지는 것은 거의 대부분 중추신경계 기능이 전반적으로 느려지기 때문이라고 믿는다(Salthouse, 2006). 많은 연구들이 이 주장을 적어도 부분적으로는 지지한다. 예를 들어 빠른 속도를 요하는 과제의 점수는 유동과제 수행의 전반적인 연령 관련 감소를 반영하는 경향이 있다(Finkel et al., 2009). 또한 연구자들은 정보처리에서 다른 중요한 변화들도 발견했는데, 이 중 일부는 속도의 저하로 촉발될 수 있다.

이 증거들에 대해 이야기하기 전에, 유동지능 혹은 기본적인 정보처리기술이 훨씬 초기에 줄어듦에도 불구하고 결정 능력의 안정성으로 인해 얻는 이득을 보여주는 연구 결과가 왜 나타나는지 살펴보자. 첫째, 기본적인 처리에서의 저하는 45세 이후에는 상당히 나타나지만, 인생의 후반이 되기 전까지는 잘 연습된 여러 수행들에 영향을 줄만큼 그 정도가 크지 않을 수 있다. 둘째, 앞으로 곧 다루겠지만 성인들은 종종 자신의 인지적 강점에 의존함으로써 인지적 한계를 보상할 수 있다. 마지막으로, 사람들이 더 이상 어떤 과제를 예전만큼 잘할 수 없다는 것을 스스로 알게 되면, 인지적 효율성보

다는 축적된 지식에 의존하는 활동으로 옮겨 가며 조절을 한다. 그래서 농구선수는 코치가 되고, 한때 민첩했던 영업사원은 관리자가 된다.

개인차와 집단 차이

방금 기술한 연령 경향성은 큰 개인차를 가려버린다. 어떤 성인들은 질병이나 나쁜 환경으로 인해 다른 사람들보다 훨씬 일찍 지적으로 감퇴한다. 반면 어떤 사람들은 나이가 들어서도 유동 능력에서조차 높은 기능을 유지한다.

자신의 지적 기술을 사용하는 성인들은 더 오랫동안 그것을 유지하는 것으로 보인다. 시애틀 종단연구에서, 평균 이상의 교육을 받고, 복잡하고 자발적인 일을 하는 직업을 갖고 있으며, 독서, 여행, 문화 행사에 참여하는 것 등 자극이 많은 여가를 추구하고, 동호회와 전문단체에 참가하는 사람들의 감퇴는 지연되었다. 또한 성격이 융통성 있고, (특히 인지적으로 높은 기능을 가진 배우자와) 결혼생활을 오래 유지하고, 심혈관 질환 및 기타 만성질환이 없는 사람들은 노년기까지 지적 능력을 잘 유지할 가능성이 높았다(Schaie, 2011, 2013, 2016). 그리고 경제적인 형편이 좋은 것이 더 나은 인지발달과 관련 있었는데, 이는 의심할 여지없이 사회경제적 지위가 방금 언급한 여러 요인과 연관이 있기 때문이다.

몇몇 성차 역시 나타났는데, 아동기와 청소년기에 나타난 것과 일치하는 것이다. 성인 초기와 중년기에 여성은 언어과제와 지각 속도에서 남성보다 좋은 수행을 보이는 반면, 남성은 공간기술에서 뛰어났다(Maitland et al., 2000). 그러나 전반적으로 성인기에 걸친 지적능력의 변화는 남성과 여성에서 매우 유사하게 나타나는데, 이는 나이 든 여성이 나이 든 남성보다 덜 유능하다는 고정관념에 위배되는 것이다.

게다가 현재 중년인 베이비부머를 같은 연령시기의 이전 세대와 비교해보면 동년배 효과가 분명하게 나타났다. 베이비붐 세대의 수행은 언어 기억, 귀납적 추론, 공간 방위에서 훨씬 좋았는데, 이는 이 세대에서 교육, 기술, 환경적 자극, 건강관리가 더 향상되었음을 반영하는 것이다(Schaie, 2013, 2016). 이러한 이득은 계속될 것으로 예상된다. 오늘날의 아동, 청소년, 그리고 모든 연령의 성인은 10년 혹은 20년 전에 태어난 같은 연령시기의 사람들보다 높은 지능검사 점수를 받는다. 이러한 차이는 유동 능력 과제에서 가장 크게 나타난다.

마지막으로, 높은 수준의 지각 속도를 유지하는 성인들은

다른 인지 능력에서 유리한 경향이 있다. 중년기의 정보처리에 대해서 이야기할 때 처리 속도가 인지 기능의 다른 측면에 미치는 영향에 특별히 주의해서 살펴볼 것이다.

정보처리

5.10 정보처리는 중년기에 어떻게 변화하는가?
5.11 중년기의 실용적 문제 해결, 전문지식, 창의성 발달에 대해 논의한다.

많은 연구들은 처리 속도가 느려짐에 따라 집행 기능의 기본적인 구성요소들이 감퇴한다는 것을 증명한다. 그렇지만 중년기는 성인들이 일상생활에서의 문제를 해결하는 데 그들의 방대한 지식과 삶의 경험을 적용하기 때문에 인지적 역량이 크게 확장되는 시기이기도 하다.

처리속도

데빈은 스무 살인 아들 마크가 스크린 위의 수많은 신호에 속사포처럼 반응하면서 컴퓨터 게임을 하는 것을 홀린 듯 바라보았다. 데빈도 시도를 했는데, 며칠 동안 연습을 해봤지만 그의 수행은 마크에게 많이 뒤처졌다. 이와 비슷하게, 호주에서 가족 휴가를 보낼 때 마크는 도로 왼편에서 운전하는 것에 금세 적응했지만 트리샤와 데빈은 일주일이 지난 뒤에도 재빨리 반응해야 하는 교차로에서 여전히 혼란스러웠다.

이러한 실생활에서의 경험은 실험 결과와도 일치한다. 단순한 반응시간 과제(불빛에 반응해서 버튼을 누르는 것)와 복잡한 반응시간 과제(파란 불빛에는 왼쪽 버튼을 누르고 노란 불빛에는 오른쪽 버튼을 누르는 것) 모두에서, 반응시간은 20대 초반부터 90대까지 꾸준히 늘어났다. 반응시간 과제가 복잡해질수록 나이 든 성인들은 더 불리했다. 속도의 감퇴는 점진적으로 일어나고 그 정도는 꽤 작지만(대부분의 연구에서 1초 미만으로 나타남) 그럼에도 불구하고 이는 실제로 중요한 의미를 가진다(Dykiert et al., 2012; Nissan, Liewald, & Deary, 2013).

이렇게 인지 처리가 연령에 따라 느려지는 것은 무엇 때문일까? 연구자들은 뇌의 변화가 원인이라는 것에는 동의하지만 정확한 설명에 있어서는 각자 의견이 다르다. 한 가지 관점에 따르면 노화는 대뇌피질 내의 신경섬유를 감싸는 미엘린 막의 약화가 동반되는 것으로, 이는 특히 전전두엽 피질 및 뇌량의 신경 사이 연결을 좋지 않게 만든다. 건강한 노인의 미엘린이 약해지는 정도(fMRI에서 작고 강도 높은 밝은 지점으로 보이는 부분)가 반응시간과 다른 인지 능력의 감소를 예측한다는 것을 보여주는 증거들이 증가하고 있다(Lu et al., 2013; Papp et al., 2014; Salami et al., 2012).

연령과 관련된 인지 둔화에 대한 다른 접근에서는 나이가 들면 정보가 인지체계를 통과할 때 정보 손실이 많이 일어난다고 주장한다. 그 결과 정보를 점검하고 해석하기 위해 전체 체계가 느려지는 것이다. 사진을 복사하고, 그것을 이용해 다시 복사하는 것을 상상해보자. 나중에 복사된 사진은 덜 선명할 것이다. 이와 유사하게, 사고의 각 단계를 거칠 때마다 정보의 질은 떨어진다. 나이가 들수록 이 효과는 더욱 과장된다(Myerson et al., 1990). 더 많은 처리 단계를 거치는 복잡한 과제일수록 정보 손실의 영향을 더 많이 받는다. 아마도 이러한 정보 손실 및 이와 관련된 처리속도 감퇴의 기저에는 개인에 따라 달라지는 여러 신경 변화가 있을 것이다(Hartley, 2006; Salthouse, 2011).

처리속도는 복잡한 능력들을 측정하는 여러 검사에서의 수행을 예측한다. 사람들의 반응시간이 느릴수록 기억, 추론, 문제 해결 과제에서의 점수가 낮은데, 이 관계는 결정능력 문항보다 유동능력 문항에서 더 크게 나타난다(Nissan, Liewald, & Deary, 2013; Salthouse & Madden, 2008). 실제로 사람들의 나이가 많아질수록 처리속도와 다른 인지 수행 간 상관관계는 강해진다(그림 5.8 참조)(Li et al., 2004). 이는 노화할수록 더 광범위해지고 현저해지는 인지기능 감퇴에 처리속도가 폭넓게 영향을 미친다는 것을 시사한다.

그러나 그림 5.8에 나타나듯이, 처리속도는 유동능력 과제를 포함한 노인의 수행과 중간 정도로만 상관이 있었다. 그리고 처리속도는 연령과 관련된 인지 변화를 예측하는 유일한 주요 변인이 아니다. 다른 요인들(시력 및 청력 감퇴, 집행 기능 중 특히 작업기억용량의 저하) 또한 연령과 관련된 다양한 인지 수행을 예측한다(Reuter-Lorenz, Festini, & Jantz, 2016; Verhaeghen, 2016). 그럼에도 불구하고, 다음 절에서 살펴볼 것처럼 처리속도는 작업기억 저하의 원인이 된다. 연령과 관련된 인지 변화에 처리속도라는 하나의 공통된 원인이 있는지, 아니면 다수의 독립적인 원인이 있는지에 대해서는 여전히 의견이 일치하지 않고 있다.

게다가 처리속도는 나이 든 사람들이 일상생활에서 상당히 능숙하게 지속하는 복잡하고 친숙한 과업 수행에 필요한 기술을 강하게 예측하지 못한다. 예를 들어 데빈은 모차르트 4중주에서 10년 후배인 3명의 다른 연주자들에게 뒤처지지

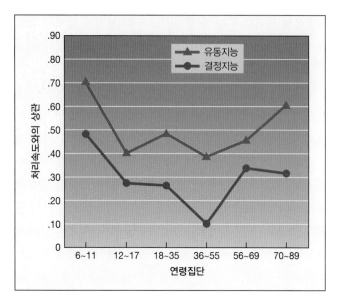

그림 5.8   처리속도와 유동 및 결정지능 측정 간 상관관계에서의 연령과 관련된 변화   상관관계는 어리거나 나이가 많은 경우 더 크다. 아동기 동안, 처리속도의 향상은 지능검사 수행과 관련 있으며 다른 능력의 발달을 돕는다. 사람들이 나이 들면서 처리속도의 저하는 많은 능력들을 제한하지만, 그 정도는 결정기술보다 유동기술에서 더 크게 나타난다. 그러나 가장 높은 연령대에서도 처리속도와 다른 능력들 간 상관이 보통 수준이라는 것에 주목하자(S.-C. Li et al., 2004, "Transformations in the Couplings Among Intellectual Abilities and Constituent Cognitive Processes Across the Life Span," *Psychological Science*, 15, p. 160. Copyright © 2004, Sage Publications. Reprinted by Permission of SAGE Publications).

않고 빠른 속도로 능숙하게 첼로를 연주했다. 그가 어떻게 그렇게 할 수 있었을까? 다른 사람들과 비교했을 때, 데빈은 종종 악보를 미리 보았다(Krampe & Charness, 2007). 그는 이렇게 보상하는 방법을 이용해서 반응을 미리 준비할 수 있었고, 그렇게 함으로써 속도의 중요성을 최소화했다. 한 연구에서, 연구자들은 19~72세의 연구 참여자들에게 타자를 치는 다양한 과제를 수행하도록 부탁하고 반응시간을 검사했다. 반응시간은 연령과 함께 느려졌지만, 타자 속도는 변하지 않았다(Salthouse, 1984). 나이 든 사람들은 데빈처럼 타자를 쳐야 할 내용을 앞당겨 보고 다음번에 쳐야 할 키를 미리 예상했다. 지식과 경험 또한 처리속도의 감퇴를 보상할 수 있다. 데빈이 빠르고 유연하게 연주할 수 있었던 것은 의심할 여지없이 오랫동안 첼로를 해 온 덕분이었다.

나이 든 사람들이 친숙한 과제에서 인지적 둔화를 보상할 방법을 찾기 때문에, 이들의 반응시간은 비언어문항(불빛이나 다른 신호에 반응하는 것)보다는 언어문항(일련의 문자가 단어인지 아닌지 최대한 빨리 말하는 것)에서 훨씬 빨랐다(Verhaeghen & Cerella, 2008). 마지막으로, 제7장에서 보게

되겠지만 나이 든 사람들의 처리속도는 훈련을 통해 향상될 수 있다. 그러나 여전히 연령 차이는 존재한다.

집행 기능

성인기의 집행 기능에 대한 연구들은 아동기 때와 마찬가지로 작업기억에서 개인이 다룰 수 있는 정보의 양이 얼마나 되는지, 관련 없는 정보 및 행동을 어느 정도 무시할 수 있는지, 그리고 상황의 요구에 따라 자유자재로 주의를 옮길 수 있는지에 초점을 둔다. 연구들은 세 가지 집행 기능 구성요소들모두 나이가 들수록 저하된다는 것을 보여준다.

20대부터 90대까지 작업기억은 꾸준히 약화된다. 언어 작업기억 과제와 공간 작업기억 과제 모두에서 중년과 노년 성인들은 젊은이들보다 좋지 않은 수행을 보였다. 그러나 언어 작업기억 수행(예 : 숫자목록을 거꾸로 반복해서 말하는 것)이 공간 작업기억 수행(컴퓨터 화면에 한 번에 하나씩 나오는 X의 위치를 기억하는 것)보다 훨씬 덜 나빠진다. 공간수행은 언어 수행보다 2배 빨리 저하된다(Hale et al., 2011; Verhaeghen, 2014, 2016). 언어문항에서의 반응시간과 마찬가지로, 언어 작업기억도 과제 친숙성으로 인해 더 잘 유지될 수 있다. 나이 든 성인들은 과제에서 다룰 정보에 대한 언어적 표현을 이전에 형성하고 자주 사용했다(Kalpouzos & Nyberg, 2012). 반면 과제에 필요한 공간적 표현은 훨씬 덜 친숙하다.

작업기억의 저하는 앞서 언급한 정보처리 둔화와 강한 관련이 있다(Verhaeghen, 2014). 처리속도의 감소는 한 사람이 한 번에 주의를 기울일 수 있는 정보의 양을 제한한다. 하지만 집행 기능의 다른 구성요소들도 작업기억 제한의 원인이 된다.

성인들이 나이 들수록 억제하는 것(관련 없는 정보 및 자극에 저항하는 것)이 어려워진다(Gazzaley et al., 2005; Hasher, Lustig, & Zacks, 2007). 연구 참여자들에게 컴퓨터 스크린에 나오는 일련의 자극을 보여주고 특정 순서(예 : K 바로 뒤에 A가 나타나는 것)가 나타난 다음에만 스페이스바를 누르도록 요구한 연속 수행 과제에서, 수행은 30대부터 꾸준히 저하되었는데 나이 든 성인들은 더 많은 관여오류(잘못된 순서에 스페이스바를 누르는 것)를 보였다. 그리고 외부 소음이 있을 때는 생략오류(K-A순서 다음에 스페이스바를 누르지 않는 것) 또한 연령과 함께 증가했다(Mani, Bedwell, & Miller, 2005). 억제하는 데 어려움을 겪는 것은 나이 든 사

람들이 일상생활에서 산만하게 보이도록(생각이나 환경의 특징으로 인해서 하고 있던 일에서 부적절하게 주의를 돌리는 것) 한다.

나이와 관련된 억제력 결핍은 작업기억을 관련 없는 내용들로 어지럽혀 작업기억용량을 감소시킨다. 그리고 나이가 많아질수록, 관련 없는 자극을 무시하는 것이 더 어려워질 뿐만 아니라 작업기억에서 더 이상 필요하지 않은 내용들을 제거하는 것도 더 어려워진다(Verhaeghen, 2012; Verhaeghen & Cerella, 2002). 다시 말해 과업의 조건이 변하고 특정 정보가 무관해지는 것에 따라 작업기억을 업데이트하는 데 덜 효과적이 된다.

마지막으로, 나이가 많아지면서 주의초점을 유연하게 옮기는 것이 보다 어려워지고, 이는 특히 사람들이 주의를 두 가지 활동에 나누어야 하는 상황에서 명백하게 나타난다. 트리샤가 전화를 하면서 이메일을 확인하려고 했을 때, 그녀가 각각의 행동을 수행할 때의 속도와 정확도는 상당히 줄어들었다. 트리샤의 경험과 일치하게, 실험실 연구는 두 과제 중 적어도 하나가 복잡할 때 두 가지를 동시에 유지하는 것이 나이가 들면서 더 어려워진다는 것을 보여준다. 나이 든 성인들은 과제들 중 하나에 대해서 광범위한 연습을 해서 수행이 자동적일 것으로 예상될 때조차도 어려움을 겪었다(Maquestiaux, 2016). 그렇게 크지는 않지만, 연령과 관련된 감퇴는 단일과제 내에서 심적 수행 사이의 전환(일부 실험에서는 한 쌍의 숫자 중 하나가 '홀수인지 짝수인지' 판단하고 다른 실험에서는 '더 큰지 작은지' 판단하는 것과 같

중년기에, 사람들은 관련 정보에 집중하고 여러 활동 사이에서 유연하게 주의를 이동시키기 위해 더 많이 노력해야 한다. 몇 가지 활동을 동시에 수행한 수년간의 경험은 이 고등학교 수학 교사가 연령과 관련된 집행 기능 감퇴를 보상할 수 있도록 해준다.

이)이 필요할 때에도 일어난다(Verhaeghen & Cerella, 2008; Wasylyshyn, Verhaeghen, & Sliwinski, 2011). 이러한 유연한 이동을 잘 못하게 되는 것은 덜 효과적인 억제 때문일 가능성이 높은데, 이는 나이 든 성인들이 현재 하고 있는 과제와 관련된 측면에 집중력을 유지하고 필요에 따라 집중력을 회복하는 것에 더 많은 노력을 쏟도록 요구한다.

다시 말하지만 성인들은 이러한 변화를 보상할 수 있다. 항공 교통 관제사와 조종사처럼 결정적인 정보를 처리하는 것과 동시에 여러 과제를 수행하는 데 경험이 많은 사람들은 연령에 따라 억제 및 과제 전환이 저하되는 정도가 작다(Tsang & Shaner, 1998). 이와 유사하게, 나이 든 성인들이 일생 동안 두 가지 활동을 광범위하게 연습한 경우에는 그 둘을 능숙하게 처리할 수 있다(Kramer & Madden, 2008).

마지막으로, 연습은 관련 없는 정보를 억제하고, 두 과제 사이에 주의를 나누며, 심적 수행 사이를 왔다갔다 전환하는 능력을 향상시킬 수 있다. 나이 든 성인들이 이러한 기술들을 훈련받으면 젊은이들만큼 향상되지만, 훈련이 연령집단 간 격차를 줄이지는 못한다(Bherer et al., 2006; Erickson et al., 2007; Kramer, Hahn, & Gopher, 1998).

기억 전략

기억은 정보처리의 모든 측면에 중요하다. 이것이 우리가 중년기와 노년기의 좋은 기억력에 높은 가치를 두는 이유이다. 그러나 공부한 정보를 기억하는 나이 든 성인들의 능력은 젊은이들에 비해 손상되었는데, 이러한 변화는 기억 전략을 덜 사용하게 되기 때문에 일어난다. 나이 든 사람들은 젊은 사람들에 비해 시연을 덜 하는데, 이러한 차이는 나이 든 사람들의 사고의 속도가 느려져서 젊은 사람들만큼 새로운 정보를 빨리 반복할 수 없기 때문이라고 생각된다. 이외 다른 영향으로 작업기억 용량의 감소가 있는데, 이는 기억해야 할 사항을 유지하는 동시에 처리하는 데 어려움을 초래한다(Basak & Verhaeghen, 2011).

이미 저장된 정보와 새로 들어온 정보를 연결시키는 것을 요구하는 조직화 및 정교화 기억 전략 또한 연령이 증가할수록 덜 자주 그리고 덜 효과적으로 적용된다(Hertzog et al., 2010; Troyer et al., 2006). 나이 든 사람들이 이러한 기술을 사용할 가능성이 낮은 또 다른 이유는 이들의 기억을 도와줄 정보를 장기기억에서 인출하는 것이 어려워지기 때문이다. 예를 들어 앵무새와 큰어치를 포함한 단어목록이 주어졌을

때, 나이 든 사람들은 잘 알고 있음에도 불구하고 '새' 범주에 즉각적으로 접근하지 못한다(Hultsch et al., 1998). 왜 이런 일이 일어날까? 의미 있는 정보에 지속적으로 주의하는 것이 매우 어렵기 때문인 것으로 보인다(Hasher, Lustig, & Zacks, 2007). 관련 없는 자극이 작업기억의 공간을 차지하기 때문에, 수행 중인 과제를 기억할 공간이 줄어든다.

그러나 연구에 참여한 성인들 대부분이 학교에 다니지 않기 때문에, 연구자들이 제시하는 기억 과제가 이들이 거의 사용하지 않거나 사용할 동기도 없는 전략들을 요구한다는 점을 유념하자. 단어목록이 뚜렷하게 범주에 기반하는 구조를 가질 때, 나이 든 사람들도 젊은이들만큼 조직화를 잘했다(Naveh-Benjamin et al., 2005). 그리고 전략적으로 기억하는 것을 훈련받은 중년 및 노년 성인들은 기꺼이 전략들을 사용했으며 장기간에 걸쳐 향상된 수행을 보였으나, 연령 차이는 지속되었다(Naveh-Benjamin, Brav, & Levy, 2007).

게다가 과제를 설계할 때, 나이 든 사람들이 연령과 관련된 작업기억 감퇴를 보상하도록 할 수도 있다. 예를 들어 정보가 제시되는 속도를 늦추거나 새로운 정보와 이미 저장되어 있는 정보 간의 연결 단서("이 단어들을 학습하기 위해서 '새' 범주를 생각하도록 해보십시오.")를 주는 것이다. 한 연구에서는 19~68세의 성인들에게 비디오를 보여준 직후 그 내용에 대해서 테스트를 했다(압박감을 주는 교실과 같은 조건). 그리고 나서 이들은 비디오와 같은 주제에 관한 한 묶음의 정보를 받고, 여가시간에 공부한 후 테스트를 받기 위해 3일 후에 돌아오라는 지시를 받았다(스스로 진도를 조절할 수 있는 조건)(Beier & Ackerman, 2005). 압박감을 주는 조건에서만 연령에 따른 수행 감소가 나타났으며 자기조절 조건에서는 나타나지 않았다. 그리고 비록 두 가지 조건 모두에서 주제와 관련된 지식이 더 나은 회상을 예측했지만, 이러한 결과는 참가자들이 자신이 이미 알고 있는 것을 인출하고 적용할 시간이 충분했던 자기조절 조건에서 더 강력하게 나타났다.

살펴보기

> 50대나 60대 초반의 성인 몇 명에게 일상생활에서 가장 기억하기 어려운 것 세 가지는 무엇인지, 그리고 기억을 향상시키기 위해 어떤 노력을 하는지 설명해달라고 요청해보자. 이 중년의 성인들이 효과적인 기억 전략에 대해 얼마나 알고 있는가?

이러한 결과들이 보여주듯이, 나이 든 성인들을 매우 구조

화되고 제한된 조건에서 평가하는 것은 이들이 스스로의 학습 속도를 조절하고 방향을 잡을 수 있는 기회가 주어졌을 때 기억해낼 수 있는 것을 상당히 과소평가한다. 우리가 일상생활에서 기억할 때 필요로 하는 다양한 기술들을 고려해볼 때, 방금 설명한 감퇴는 범위가 제한적이다. 의미기억(일반적인 지식에 기반하는), 절차기억(차를 운전하는 방법이나 수학 문제를 푸는 방법과 같은), 그리고 직업과 관련된 기억은 중년기에도 유지되거나 증가한다.

게다가 어떤 것을 기억하는 데 어려움을 느끼는 중년 성인들은 어떻게 기억을 최대한 활용할 수 있는지에 대해 수십 년간 축적된 상위인지적 지식(중요한 발표 전에 핵심 부분을 검토하고, 문서 및 서류를 정리해서 정보를 빨리 찾을 수 있게 하고, 덜 유용한 정보 대신 유지해야 할 가장 유용한 정보에 집중하는 것)에 종종 의지한다. 연구들은 상위인지적 지식과 그러한 지식을 학습 향상을 위해 적용하는 능력에 노화가 거의 영향을 미치지 않는다는 것을 보여준다(Blake & Castel, 2016; Horhota et al., 2012).

요약하면, 사람들은 일상생활에서의 요구를 충족시키기 위해 인지 능력을 사용하므로 기억에 있어서 연령과 관련된 변화들은 과제와 개인에 따라 크게 달라진다. 똑똑한 사람들은 개인적인 욕구와 환경의 요구에 맞게 정보처리기술을 조정한다. 그래서 성인기의 기억 발달(과 인지의 다른 측면들)을 이해하기 위해서는 이것을 맥락 안에서 보아야 한다. 문제 해결, 전문지식, 창의성에 대해 다룰 때 이 주제를 다시 마주치게 될 것이다.

실용적 문제 해결과 전문지식

어느 아침, 데빈과 트리샤는 지방법원의 법원장에 대한 1면 기사를 발견했다. 베스는 50세에 판사로 선출되어 지난 10년간 일련의 획기적인 프로그램들을 주도했었다. 그녀는 소액배상청구로 법정이 방해받는 것을 막기 위해서 사법부 대표들을 모아 소액배상청구 중재 프로그램을 만들었다. 교도소가 재소자들로 넘쳐나는 것을 줄이고 갱생을 촉진하기 위해, 그녀는 형사사법위원회를 구성하고 폭력적이지 않은 약물남용자들을 위한 마약법정프로그램을 수립하도록 유도했다. 그들은 형량 대신에 치료센터에 보고하고, 약물검사 결과를 자주 제출하고, 정기적으로 보호관찰관들을 만났다. 이러한 방법과 다른 방법들로, 베스는 사법체계를 더 효과적이고 효율적으로 만들었고 수백만 달러의 세금을 절약했다.

베스의 이야기는 인상적이지만 많은 중년 성인들은 실용적 문제 해결 영역에서 지속적인 인지성장을 보여주는데, **실용적 문제 해결**(practical problem solving)은 사람들이 현실세계의 상황을 평가하고 불확실성이 높은 목표를 달성하는 최선의 방법을 분석하도록 요구한다. **전문지식**(높은 수준의 수행을 하게끔 하는 폭넓고 매우 조직적이며 통합적인 지식 기반)의 습득은 왜 실용적 문제 해결이 이러한 도약을 하는지 이해하는 데 도움을 준다.

전문지식은 성인 초기에 발달하기 시작해서 중년기에 절정에 도달하는데, 추상적 원리와 직관적 판단을 중심으로 구성된 문제를 해결하기 위한 매우 효율적이고 효과적인 접근으로 이어진다. 경험이 많은 전문가는 문제에 대한 접근이 효과적일 때와 아닐 때를 직관적으로 느낀다. 이와 같이 신속하고 암묵적인 지식의 적용은 전형적으로 전문분야에서의 높은 능력 및 다년간의 학습, 경험, 노력의 결과이다(Krampe & Charness, 2007; Wai, 2014). 이것은 이러한 지식을 필요로 하지 않는 실험실 과제나 지능검사로는 측정할 수 없다.

전문지식은 단지 교육 수준이 높거나 행정상 지위의 꼭대기까지 올라간 사람들의 영역이 아니다. 식당종업원을 대상으로 한 연구에서, 연구자들은 신체적 기술(힘과 민첩함), 전문적 지식(메뉴, 주문, 음식 소개에 대한), 조직기술(우선순위 설정하기, 고객의 요구 예상하기), 사회적 기술(자신감 있는 말솜씨와 유쾌하고 세련된 태도) 측면에서 전문가 수행의 다양한 요소를 확인했다. 다음으로 2년 미만부터 10년 이상의 경험을 가진 20~60세의 식당종업원을 대상으로 이러한 자질들을 평가했다. 신체적 힘과 민첩함은 연령에 따라 감소했지만, 직업 지식과 조직 및 사회적 기술은 증가했다(Perlmutter, Kaplan, & Nyquist, 1990). 비슷한 햇수의 경험을 가진 젊은 사람들과 비교했을 때, 중년의 종업원들이 특히 능숙하고 세심하게 고객을 응대하며 보다 유능한 수행을 보였다.

중년이 갖는 강점은 일상의 문제를 해결하는 데서도 명백하게 나타난다(Mienaltowski, 2011; Thornton, Paterson, & Yeung, 2013). 중년의 성인들은 그들의 더 큰 삶의 경험을 바탕으로, 여러 관점에서 일상생활의 딜레마를 검토하고 논리적인 분석을 통해 그것들을 해결하는 데 특히 능숙하다. 아마도 이러한 이유들 때문에 중년들은 더 깊이 생각해보면 최선이 아닌, 매력적으로 보이는 선택을 할 가능성이 젊은 사람들과 노인들보다 적으며, 일상생활의 의사결정을 보다 합

리적으로 하는 것 같다. 예를 들어 재정상의 의사결정을 생각해보자—주택, 자동차 대출, 신용카드에 대한 선택권을 평가할 때, 중년의 성인들은 더 낮은 금리로 차입하고 더 낮은 수수료를 지불하는 등 그들보다 젊거나 나이 든 사람들보다 더 나은 선택을 한다. 이는 신용등급이나 소득 같은 다른 관련 요인들을 통제했을 때도 마찬가지였다(Agarwal et al., 2007).

창의성

제3장에서 언급한 것처럼, 창의적인 업적은 30대 후반이나 40대 초반에 정점에 달하고 그 후로 감소하는 경향이 있지만, 개인과 훈련 정도에 따라 상당한 차이가 있다. 어떤 사람들은 인생 후반의 몇십 년 동안 매우 창의적인 작품을 만든다. 마사 그레이엄은 60대 초반에 가장 위대한 대규모 현대무용극 중 하나로 인정받는 클리템네스트라의 안무를 담당했다. 이고르 스트라빈스키는 84세에 그의 마지막 주요 음악작품을 작곡했다. 찰스 다윈은 종의 기원을 50세에 완성하고 60대와 70대에도 계속해서 획기적인 저서와 논문을 저술했다. 이 책 표지의 눈부신 그림을 그린 해롤드 그레고는 87세에도 계속해서 새로운 스타일을 개발하고 있고 여전히 매우 생산적인 예술가이다. 그리고 문제 해결과 마찬가지로, 창의성의 질은 나이가 들면서 적어도 세 가지 방법으로 바뀔 수 있다.

첫째, 문학과 예술에서의 젊은 사람 특유의 창의성은 대개 즉흥적이고 정서적으로 강렬한 반면, 40세 이후에 이루어지는 창의적인 작품은 종종 더 신중하게 보인다. 아마도 이

중년의 성인들은 창의적 성과물이 줄어드는 경험을 할 수 있지만, 이들의 창의성은 종종 보다 신중해질 수 있다. 이 유리직공은 여러 단계, 강한 인내심, 정교한 기술이 수반되는 수공예 예술품을 만든다.

러한 이유 때문에 시인들은 소설과 비소설 작가들보다 더 젊은 나이에 가장 유명한 작품을 만들어내는 것 같다(Kozbelt, 2016; Lubart & Sternberg, 1998). 시는 언어유희와 '강렬한' 감정 표현에 보다 의존하는 반면, 이야기 및 책 길이의 작업에는 광범위한 계획과 조절이 요구된다.

둘째, 많은 창작자들이 젊은 시절에는 흔치 않은 작품을 만드는 것에 중점을 두지만 나이가 들면서 폭넓은 지식과 경험을 독특한 사고방식으로 결합시키는 것에 집중한다(Sasser-Coen, 1993). 나이 든 사람들의 창의적 작품은 대개 아이디어들을 요약하거나 통합한다. 성숙한 학자들은 일반적으로 회고록, 자신 분야의 역사를 집필하고 다른 사색적인 작업들을 하기 위해 새로운 발견에 에너지를 덜 쏟는다. 그리고 나이 든 창작자의 소설, 학문적 저술, 그리고 그들의 그림과 음악작품에 대한 해설에서 인생 경험으로부터 배우고 노년으로 사는 것은 공통된 주제이다(Lindauer, Orwoll, & Kelley, 1997; Sternberg & Lubart, 2001).

마지막으로, 중년기의 창의성은 흔히 자기표현에 대한 매우 자기중심적인 관심으로부터 벗어나 보다 이타적인 목표로 전환되었음을 반영한다(Tahir & Gruber, 2003). 중년의 성인이 인생이 영원하다는 젊은 시절의 환상을 극복하게 되면서, 인류에 공헌하고 타인의 삶을 풍요롭게 하고자 하는 욕구가 증가한다.

종합하면, 이러한 변화들로 인해 인생 후반의 창의적 성과물이 전반적으로 줄어들 수 있다. 그러나 실제로는 창의성이 새로운 모습을 갖추게 된 것이라고 볼 수 있다.

맥락에서의 정보처리

중년기의 인지적 이점은 특히 경험에 기초한 축적과 지식 및 기술의 변형과 관련된 영역에서 나타날 수 있다. 방금 살펴본 증거들에서 알 수 있듯이, 처리속도는 상황에 따라 달라진다. 중년의 성인들에게 그들의 전문지식과 관련된 도전적인 실생활 문제를 제시하면 효율적이고 탁월하게 잘 수행할 가능성이 높다. 게다가 지적이고 인지적으로 활동적인 중년들은 자신이 실생활에서 노력하는 것과 관련된 과제 및 검사 항목에서 젊은 사람들만큼 유능하게 그리고 빠르게 응답했다!

중년기에 이르면 사람들의 과거와 현재의 경험은 이전 수십 년보다 엄청나게 다양해지고, 사람들이 다양한 분야로 진출함에 따라 사고의 전문성이 증가한다. 하지만 인지적 잠재력에 도달하기 위해서 중년기 성인들은 지속적인 성장의 기

묻고 대답하기

연관지어보기 중년 성인의 인지에서 어떤 측면이 일반적으로 감퇴하고, 어떤 측면이 증진되는가? 이러한 변화들이 전생애 관점의 가정을 어떻게 반영하는가?

적용해보기 중년의 영업 직원을 고용하는 것에 대한 질문을 받은 백화점 매니저는 "그 사람들은 내 직원들 중 최고예요!"라고 대답했다. 왜 이 매니저는 나이든 직원의 연령과 관련된 처리속도 및 집행 기능 감퇴에도 불구하고 이들을 좋게 평가할까?

회를 가져야 한다. 직업 및 교육 환경이 중년기의 인지를 어떻게 지원할 수 있는지 살펴보자.

직업생활과 인지발달

5.12 직업생활과 인지발달 간 관계를 기술한다.

직업적 환경은 이전에 습득한 기술을 유지하고 새로운 기술을 배우는 데 필수적인 맥락이다. 하지만 여러 근무 환경은 인지적으로 자극을 주고 자율성을 촉진하는 정도가 다르다. 그리고 연령과 관련된 문제 해결 및 의사결정기술에 대한 부정확하고 부정적인 고정관념은 나이 든 직원들이 덜 어려운 일을 맡게끔 할 수 있다.

특정한 인지 활동에 대한 선호를 포함하는 성격 특징이 직업 선택에 영향을 미친다는 제3장의 내용을 기억해보자. 일단 직업에 몰두하게 되면, 이는 인지에 영향을 미친다. 다양한 직업을 가진 대규모의 미국 남성 표본을 대상으로 한 연구에서, 연구자들은 이들 직업의 복잡성과 자기지향에 대해 질문했다. 연구자들은 또한 인터뷰 동안 논리적 추론, 문제의 양쪽 측면에 대한 인식, 그리고 판단의 독립성에 근거한 인지적 유연성을 측정했다. 20년 후, 직업과 인지적 변인들을 다시 측정하여 각각이 서로에게 미치는 영향을 살펴보았다(Schooler, Mulatu, & Oates, 2004). 연구 결과는 인지적 유연성이 복잡한 일에 대한 선호에 영향을 주는 정도보다 복잡한 일이 이후의 인지적 유연성을 증가시키는 정도가 더 크다는 것을 보여준다.

미국의 문화와 상당히 다른 일본과 폴란드에서 수행된 대규모 연구들에서도 유사한 결과가 나타났다(Kohn, 2006; Kohn et al., 1990). 각 나라에서, 인지적으로 자극을 주고 틀에 박히지 않은 직업을 가지는 것은 사회경제적 지위와 유연하고 추상적인 사고 간의 관계를 설명하는 데 도움이 되었다. 게다가 50대와 60대 초반의 사람들은 20, 30대만큼 도전적인 업무에서 인지적인 이득을 얻었다(Avolio & Sosik, 1999;

Miller, Slomczynski, & Kohn, 1985).

지적으로 자극적인 일은 중년 및 노년의 성인들이 새로운 상황에 대처하도록 요구한다. 복잡하고 새로운 과제에 지속적으로 부딪치는 것은 인지적 유연성의 증가를 예측하고 연령과 관련된 유동능력 저하를 감소시키는데, 이러한 효과는 10년 동안 혹은 은퇴 후에도 이어진다(Bowen, Noack, & Staudinger, 2011; Fisher et al., 2014). 그리고 제2차 세계대전 참전용사들에 대한 조사에서, 성인 초기에 IQ가 낮았던 사람들은 지적 요구가 많은 직장생활에서 더 큰 장기적인 이익을 얻었다(Potter, Helms, & Plassman, 2008). IQ가 높은 동년배들과 비교했을 때, 인지적으로 자극적인 업무와 은퇴 후의 인지적 수행 간 정적 연관이 이들에게서 더 강하게 나타났다.

우리는 발달의 가소성에 대해 다시 한 번 살펴보았다. 인지적 유연성은 중년기에도 충분히 업무 경험에 반응하며 그 이후 시기에도 그럴 수 있다. 지적인 자극과 도전을 촉진하도록 직업을 설계하는 것은 생애 후반의 더 높은 인지 기능을 발전시키기 위한 강력한 수단이 될 수 있다.

성인 학습자들 : 중년기에 학생이 되는 것

5.13 성인들이 대학으로 돌아가서 직면하는 어려움과 이런 학생들을 지원하기 위한 방법들, 그리고 중년기에 학위를 받는 것의 이점에 대해 논의한다.

기록적인 수치의 성인들이 학부 및 대학원으로 돌아가고 있다. 미국 대학에서 25세가 넘는 학생들은 지난 30년 동안 등록한 전체 학생의 27%에서 40%로 증가했고, 특히 35세 이상의 학생들이 급격히 늘어났다(U.S. Department of Education, 2015). 인생의 과도기는 종종 정규교육으로 돌아가는 계기가 되는데, 데빈과 트리샤의 친구인 아냐는 막내 아이가 집을 떠난 후 간호학 과정에 입학했다. (종종 여성의 교육 진로를 방해하는) 이른 결혼, 이혼, 사별, 해고, 전역, 이사, 자녀의 대학 입학, 취업시장의 빠른 변화는 대학에 재입학하기 전에 흔히 일어나는 다른 사건들이다(Hostetler, Sweet, & Moen, 2007; Lorentzen, 2014).

대학으로 돌아가는 학생들의 특징

성인 학생의 약 60%가 여성이다(U.S. Department of Education, 2015). 수업을 따라갈 수 있을지에 대해 아냐가 걱정한 것처럼, 재입학하는 많은 여성들이 남의 시선을 신경 쓰고 부적절한 기분을 느끼며 수업 중에 말하기를 주저한다고 보고한다. 이들의 걱정은 부분적으로는 오랫동안 학문적인 학습을 하지 않은 것과 부정적인 노화 및 성 고정관념(전통적인 연령대의 학생들이 더 똑똑하다거나 남성이 더 논리적이어서 학문적으로 유능하다는 잘못된 신념들)에서 비롯된다(Compton, Cox, & Laanan, 2006). 그리고 소수인종 학생들의 경우에는 인종에 대한 고정관념과 차별적인 대우도 요인이 된다.

학교 밖에서의 역할이 요구하는 것(자녀, 배우자, 다른 가족구성원, 친구, 고용주로부터)들도 대학으로 돌아온 많은 여성들을 다른 방향으로 이끌어낸다. 높은 스트레스를 보고하는 여성들은 일반적으로 한정된 재정적 자원을 가진 한부모이거나 높은 직업적 포부, 어린 자녀, 지원해주지 않는 배우자를 가진 기혼 여성이다(Deutsch & Schmertz, 2011). 여성의 학교생활에 맞추기 위해 부부가 가사 및 양육 책무를 새로이 분담하는 것에 실패하면 결혼만족도는 감소한다(Sweet & Moen, 2007). 한 학급 동료는 아냐에게 말했다. "나는 책을 펼쳐놓고 읽고, 요리하고, 아이들에게 이야기를 하려고 노력했어. 잘 안됐지. 그래서 나는 빌에게 '가끔 세탁기도 좀 돌리고 며칠만이라도 집에 일찍 들어오면 안 될까?'라고 말할 수밖에 없었어. 그런데도 빌은 잊어버려. 나는 그가 대학원에 다니는 것도 다 겪었는데!"

나이 든 여성들이 해야 하는 다양한 요구들 때문에, 특히 자녀가 아직 집에 있는 여성들은 더 적은 학점을 이수하고, 학업에 더 많은 방해를 받고, 나이 든 남성보다 발전이 더딘 경향이 있다. 역할 과부하는 학위를 마치지 못하는 가장 보편적인 이유이다(Bergman, Rose, & Shuck, 2015). 그러나 많은 사람들은 배움의 즐거움, 학문적인 성공이 가져다주는 성취감, 그리고 대학 교육이 직장과 가정생활 모두를 향상시킬 것이라는 희망을 언급하며 그러한 어려움을 헤쳐 나가겠다는 강한 동기를 표현한다(Kinser & Deitchman, 2007).

살펴보기

> 여러분이 다니는 대학의 비전통적인 학생을 대상으로, 늦은 나이에 학위를 받기 위해 노력하는 것의 개인적인 도전과 보상은 무엇인지 인터뷰해보자.

대학으로 돌아가는 학생들에 대한 지원

이러한 결과들이 시사하듯이, 대학으로 돌아가는 학생들을 위한 사회적 지원은 학교를 계속 다니는 것과 중퇴하는 것 간의 차이를 만들 수 있다. 나이 많은 학생들은 그들의 노력을 격려해주고 방해받지 않고 공부할 수 있는 시간을 가지도록 도와주는 가족 구성원과 친구들이 필요하다. 아냐의 학급동료는 "어느 날 남편이 '당신은 책을 가지고 가서 당신 할 일을 해. 저녁은 내가 해 먹고 빨래도 해둘게'라고 자진해서 말했을 때 내 고민이 진정되었어요"라고 설명했다. 대학으로 돌아가는 학생들을 위한 제도적인 지원도 필수적이다.

교수진과의 개인적인 관계, 다른 비전통적인 학생들과의 관계, 야간 수업과 토요일 수업, 온라인 과정, 그리고 시간제로 등록한 학생을 포함한 나이 많은 학생들에 대한 학자금 지원은 학문적 성공의 기회를 높인다.

비전통적인 학생들이 직업 목표를 설정하는 데 있어서 도움을 요청하는 일은 거의 없지만, 이들은 자신에게 가장 적합한 과정을 선택하는 데 도움을 받고, 자신의 학습 및 관계 욕구를 충족시키는 소규모의 토론 수업을 듣는 것에 대한 강한 열망을 보고한다. 학문적 조언과 전문 인턴십 기회는 필수적이며, 학생들의 끈기에 크게 영향을 미친다(Bergman,

마운트홀리오크칼리지의 학부생인 이 50세 여성은 미국 대학의 수많은 비전통적인 학생들 중 하나이다. 적절한 학문적 조언과 가족 구성원, 친구, 교수진의 격려는 중년의 학습자들이 성공하는 것을 돕는다.

Rose, & Shuck, 2015). 사회경제적 지위가 낮은 학생들은 종종 공부 개인지도, 자신감 구축과 자기주장 수업 같은 특별한 지원과 (소수인종 학생의 경우에는) 그들의 문화적 배경과 상충되는 학습방식에 적응하는 데 도움 받는 것을 필요로 한다.

'배운 것 적용하기'는 성인들의 대학 재입학을 촉진하는 방법들을 제시하고 있다. 지원체계가 잘 이루어져 있을 때, 대학으로 돌아온 대부분의 학생들은 많은 개인적 이익을 얻

 배운 것 적용하기

성인의 대학 재입학을 촉진하기

지원의 출처	설명
배우자와 자녀	교육적 노력을 중시하고 격려한다. 방해받지 않고 공부할 시간을 마련해주기 위해 집안일을 돕는다.
가족 및 친구	교육적 노력을 중시하고 격려한다.
교육기관	성인 학생들에게 서비스와 사회적 지원에 대해 알려주는 오리엔테이션 및 서면 정보를 제공한다. 학문적 약점, 성공에 대한 자기회의, 직업 목표에 맞는 과정 등을 다루는 상담 및 개입을 제공한다. 정기적인 만남, 전화 및 온라인 연락을 통한 또래관계를 촉진한다. 교수진과의 개인적인 관계를 증진한다. 수업에의 적극적인 참여와 토론, 그리고 수업내용과 실제 생활 경험을 통합하는 것을 장려한다. 야간수업, 토요일 수업, 교외 수업 및 온라인 과정을 제공한다. 시간제로 등록한 학생들을 포함하여, 학교로 돌아온 학생들에게 학자금 지원을 제공한다. 저소득층 가정과 소수인종집단의 학생들을 포함하는 고령학생을 모집하기 위한 캠페인을 시작한다. 어린 자녀가 있는 학생들이 보육시설을 찾도록 돕고, 캠퍼스 내 보육시설을 공급한다.
직장	교육적 노력을 중시하고 격려한다. 직장, 교육, 가정에서의 책임을 조정할 수 있도록 유연한 근무 일정을 제공한다.

고 학문적으로도 잘 해나간다. 교육, 가족, 직장에서의 요구를 성공적으로 조율하는 것은 자기효능감과 가족 구성원, 친구, 동료로부터의 존경심을 얻게 한다(Chao & Good, 2004). 비전통적인 학생들은 특히 새로운 관계를 형성하고, 의견과 경험을 공유하고, 학업 주제를 자신의 삶과 연관시키는 것을 중요하게 생각한다. 지식을 통합할 수 있는 이들의 뛰어난 능력은 강의실에서의 경험과 과제에 대한 이해를 높여준다(Knowles, Swanson, & Holton, 2011). 그리고 대학 수업에서 이들의 존재는 중요한 세대 간 접촉을 제공한다. 어린 학생들이 나이 든 학생들의 역량과 재능을 관찰하게 되면서 노화에 대한 좋지 않은 고정관념은 줄어든다.

아냐는 학위를 마친 후 교회 간호사가 되어, 대규모 신도들의 건강 문제를 상담하는 창의적인 기회를 갖게 되었다. 그녀는 교육을 통해 자신의 능력들을 재평가함으로써 새로운 인생 선택권, 경제적 보상, 높은 자존감을 얻게 되었다. 때때로 (아냐의 경우는 아니지만) 이처럼 가치가 변하고 자립성이 향상되는 것은 이혼이나 새로운 친밀한 관계 같은 다른 변화를 유발할 수 있다. 이전 시기와 마찬가지로, 교육은 중년기의 발달을 변화시키고 종종 인생 과정을 근본적으로 재편성한다.

묻고 대답하기

연관지어보기 정부 및 기업 고위직의 대부분은 젊은이보다는 중년 및 노년층이 맡고 있다. 어떤 인지 능력이 성숙한 성인들로 하여금 이러한 일들을 잘하게 하는가?

적용해보기 마르셀라는 20대 때 대학 1년을 마쳤다. 42세가 된 지금, 그녀는 학위를 받기 위해 대학으로 돌아갔다. 마르셀라가 첫 학기에 성공할 가능성을 높여줄 일련의 경험들을 계획해보자.

생각해보기 여러분의 학교는 비전통적인 연령의 학생들을 지원하기 위해 어떤 서비스를 제공하는가? 어떤 추가적인 지원을 추천하고 싶은가?

요약

신체 발달

신체 변화

5.1 시력, 청력, 피부, 근육-지방 구성, 골격에 특별히 주의를 기울이면서 중년기의 신체 변화에 대해 설명한다.

- 성인 초기에 시작된 점진적인 신체 변화는 중년기에 계속되어 신체적 자기상이 바뀌는데, 얻기를 희망하는 것에 덜 중점을 두고 쇠퇴를 두려워하는 것에 보다 집중하게 된다.
- 시력은 **노안**(수정체의 조절 능력 상실), 어두운 조명에서의 시력 감퇴, 눈부심에 대한 민감성 증가, 그리고 색채 구별 감소의 영향을 받는다. **녹내장**의 위험이 증가한다.
- 연령과 관련된 청력상실인 **노인성 난청**은 고주파 음을 감지하는 것이 감소하는 것에서 시작되어 다른 주파수로 확대된다. 연속으로 들리는 소리를 구별하는 능력도 약해져서, 결국에는 사람의 말소리를 이해하는 것이 어려워진다.
- 피부는 주름지고, 느슨해지고, 건조해진다. 검버섯은 특히 여성과 햇빛에 노출되는 사람들에게서 생긴다.
- 체질량은 줄고 체지방은 늘어나는데, 지방 분포 양상에는 눈에 띄는 성차가 나타난다.

THOMAS BARWICK/STONE/GETTY IMAGES

저지방 식단과 저항력 훈련을 포함하는 규칙적인 운동은 과체중과 근육 감소 모두를 보완해줄 수 있다.
- 골밀도는 특히 폐경 이후의 여성에서 감소한다. 그 결과 신장이 줄고 골절이 일어날 수 있다.

5.2 중년기 남녀의 생식능력 변화 및 그와 관련된 신체적, 정서적 증상을 설명한다.

- 에스트로겐 분비가 줄어들면서 점차적으로 일어나며 **폐경**으로 마무리되는 여성의 갱년기는 종종 일과성 열감과 우울삽화를 포함하는 신체 및 정서 증상을 동반한다. 그러나 이러한 반응은 인종 및 문화, 사회경제적 지위, 심리적 스트레스, 폐경에 대한 태도, 그리고 기타 요인들에 따라 크게 달라진다.

- **호르몬 요법**은 폐경기의 불편을 감소시킬 수 있지만 심혈관 질환, 특정 유형의 암, 인지력 감퇴의 위험을 증가시킨다.
- 정자의 생산은 평생 동안 계속되지만, 정액의 양이 감소하고 발기하기 위해서는 더 큰 자극이 필요해진다. 자기상을 손상시킬 수 있는 상태인 발기부전을 치료하기 위해 약물을 사용할 수 있다.

건강과 신체단련

5.3 중년기의 성과 관계만족도와의 연관성에 대해 논의한다.

- 중년기 이성애자 커플의 성적 활동 빈도는 약간 감소한다. 성적 반응의 강도도 감소하지만, 50세 이상의 기혼자 대부분은 성관계가 건강한 부부관계에서 중요한 요소라고 말한다.

5.4 위험 요인과 개입에 주목하여 암, 심혈관 질환, 골다공증에 대해 논의한다.

- 성인 초기부터 중년기까지 암으로 인한 사망률은 10배 증가한다. 유전, 생물학적 노화, 환경 모두가 암을 초래할 수 있다. 오늘날, 암에 걸린 사람의 60%는 치유된다. 정기검진과 다양한 예방조치가 암과 그로 인한 사망률을 감소시킬 수 있다.

■ 심혈관 질환은 특히 남성에서 중년기 사망의 주요 원인이다. 증상에는 고혈압, 높은 혈중 콜레스테롤, 죽상동맥경화증, 심장마비, 부정맥, 협심증이 있다. 금연하고, 혈중 콜레스테롤을 낮추고, 운동하고, 스트레스를 줄이는 것이 위험을 줄이고 치료에 도움을 줄 수 있다. 심장마비를 경험하는 여성들의 증상은 자주 간과되고, 오진되며, 불충분하게 치료받는다.

■ 골다공증은 50세 이상 인구의 10%에 영향을 미치는데, 이는 주로 여성이다. 충분한 칼슘과 비타민 D, 체중이 실리는 운동, 저항력 훈련, 그리고 뼈 강화제는 골다공증을 예방하고 치료하는 데 도움을 줄 수 있다.

© HERO IMAGES INC./ALAMY STOCK PHOTO

5.5 적개심 및 분노와 심장병 및 기타 건강 문제의 연관성에 대해 논의한다.

■ **A형 행동유형**의 구성요소인 표현된 적개심과 사회적으로 지배적인 상호작용방식은 심장 질환과 다른 건강 문제들을 예측한다. 분노 억제 또한 건강 문제들과 관련 있다. 더 나은 대안은 스트레스와 갈등을 효과적으로 다루는 방법을 개발하는 것이다.

중년의 신체적 문제에 적응하기

5.6 중년의 신체적 문제를 효과적으로 다루는 데 있어 스트레스 관리, 운동, 강인성이 갖는 이점을 논의한다.

■ 효과적인 스트레스 관리는 문제 초점적 및 정서 초점적 대처, 건설적인 분노 감소 방법, 그리고 사회적 지지를 포함한다. 사람들은 중년기에 스트레스에 보다 효과적으로 대처하는 경향이 있어서 종종 오랫동안 지속되는 개인적 이점을 보고한다.

■ 규칙적인 운동은 신체적, 심리적 이점을 제공하므로 주로 앉아서 생활하는 중년의 사람들에게 운동은 시작할 만한 가치가 있다. 자기효능감을 발달시키고 편리하고 안전하며 매력적인 운동 환경에 접근하는 것은 신체활동을 촉진한다.

■ **강인성**은 삶의 스트레스 요인을 회복의 기회로 바꾸도록 사람들을 동기부여하는 세 가지의 개인적 특성(통제, 전념, 도전)을 포함한다. 적당한 수준의 삶의 역경은 강인성을 촉진하는 것으로 보인다.

5.7 노화의 이중 잣대에 대해 설명한다.

■ 중년 여성은 중년 남성보다 특히 남성에게 좋지 않게 비춰질 가능성이 더 높다.

인지발달

지적 능력의 변화

5.8 샤이에의 시애틀 종단연구에서 나타난 지능의 동년배 효과에 대해 설명한다.

■ 초기의 횡단연구에 따르면 지능검사에서의 수행이 35세에 정점에 달한 후 급격하게 하락했지만, 종단적 증거는 수행이 중년기에 약간 향상된다는 것을 보여준다. 샤이에는 계열설계를 사용하여 횡단연구에서의 급격한 감소가 대체로 동년배 효과 때문이라는 것을 밝혔는데, 동년배 효과는 각각의 새로운 세대가 더 나은 건강 및 교육을 경험하고 인지적으로 보다 자극적인 경험을 하기 때문에 일어난다.

5.9 중년기의 결정지능 및 유동지능의 변화를 설명하고, 지적 발달의 개인차와 집단 차이에 대해 논의한다.

■ 축적된 지식과 경험에 의존하는 **결정지능**은 중년기를 거치며 꾸준히 높아진다. 반면 기초적인 정보처리기술에 보다 의존하는 **유동지능**은 20대에 낮아지기 시작한다.

■ 시애틀 종단연구에서 지각속도는 꾸준히, 지속적으로 감소했다. 그러나 결정능력 이외에 다른 유동기술들도 중년기를 거치며 증가해서, 중년이 다양한 복잡한 능력들이 가장 좋은 수행을 보이는 시기라는 것을 확인시켜주었다.

■ 중년기의 지적발달은 다차원적이고 다방향적이며 가소성이 있다. 질병과 나쁜 환경은 지적 감퇴와 연관 있다. 지적 자극을 주는 직업과 여가생활, 융통성 있는 성격, 오래 유지되는 결혼생활, 좋은 건강, 여유로운 경제형편은 좋은 인지발달을 예측한다.

■ 성인 초기와 중년기에 여성은 언어과제와 지각속도에서 남성보다 좋은 수행을 보이는 반면, 남성은 공간기술에서 뛰어났다. 베이비붐 세대가 이전 세대에 비해 특정한 지적능력에서 좋은 수행을 보이는 것은 교육, 기술, 환경적 자극, 건강관리가 더 향상되었다는 것을 반영한다.

정보처리

5.10 정보처리는 중년기에 어떻게 변화하는가?

■ 인지처리속도는 연령에 따라 느려진다. 한 관점에 따르면, 미엘린 막의 약화로 인해 나빠진 신경 사이의 연결은 반응시간을 줄인다. 다른 접근에서는 나이가 들면 정보가 인지체계를 통과할 때 정보손실이 많이 일어나서 처리가 느려진다고 주장한다.

■ 처리속도가 느려지면서 사람들은 기억, 추론, 그리고 문제 해결 과제 중 특히 유동지능 문항에서 좋지 않은 수행을 보인다. 그러나 다른 요인들도 연령과 관련된 인지 수행을 예측한다.

■ 집행 기능은 나이가 들수록 저하된다. 작업기억은 약화되고, 억제와 주의를 유연하게 옮기는 것이 보다 어려워진다.

© JIM WEST/THE IMAGE WORKS

■ 나이 든 사람들은 젊은 사람들에 비해 기억 전략을 덜 사용하는데, 이로 인해 공부한 정보를 기억하는 능력이 떨어진다. 그러나 훈련, 과제의 설계를 개선하는 것, 상위인지적 지식을 통해 나이 든 사람들의 연령 관련 감퇴를 보상할 수 있다.

5.11 중년기의 실용적 문제 해결, 전문지식, 창의성 발달에 대해 논의한다.

■ 중년의 성인들은 전문지식의 향상으로 인해 **실용적 문제 해결**에서 지속적인 성장을 보인다. 창의성은 보다 신중해지고, 종종 흔치 않은 작품을 만드는 것에서 아이디어를 통합하는 것으로 옮겨 가며, 자기표현에 대한 관심에서 보다 이타적인 목표로 전환된다.

직업생활과 인지발달

5.12 직업생활과 인지발달 간 관계를 기술한다.

■ 중년기까지도, 인지적으로 자극적이고 복잡한 일은 유연하고 추상적인 사고를 증가시킨다.

성인 학습자들 : 중년기에 학생이 되는 것

5.13 성인들이 대학으로 돌아가서 직면하는 어려움과 이런 학생들을 지원하기 위한 방법들,

그리고 중년기에 학위를 받는 것의 이점에 대해 논의한다.

- 학부와 대학원으로 돌아가는 성인들은 대개 여성들이다. 대학으로 돌아가는 학생들은 최근의 학업수행 부족, 노화·성별·인종에 대한 부정적인 고정관념, 그리고 다양한 역할의 요구들에 대처해야 한다.
- 가족과 친구로부터의 사회적 지지와 제도적인 지원은 중년의 학생들이 성공하도록 도울 수 있다. 추가적인 교육은 향상된 역량, 새로운 관계, 세대 간 접촉, 그리고 재편성된 삶의 경로로 이어진다.

주요 용어 및 개념

강인성	골다공증	녹내장	폐경
갱년기	노안	실용적 문제 해결	호르몬 요법
결정지능	노인성 난청	유동지능	A형 행동유형

중년기의 정서 및 사회성 발달

중년기는 생성감 — 젊은 세대들에게 넘겨주거나 이끌어주는 — 이 증가하는 시기이다. 이 중년 남성은 경제적으로 불리한 동네의 한 비영리 자전거 가게에서 자원봉사를 하며 청소년들에게 무료로 자전거를 제공하고 자전거를 관리하는 법을 가르쳐주면서 깊은 만족감을 얻는다.

데빈과 트리샤, 그리고 스물네 살인 아들 마크가 함께 휴가를 보내고 있던 어느 주말에, 중년인 두 부모는 아들 마크의 호텔 방문을 두드렸다. 트리샤는 "아빠와 나는 비행기 전시회를 보러 갈 거야"라고 말하며, 청년인 마크는 그런 전시회에 가는 것을 싫어할 것이라 생각하여 "너는 그냥 여기서 편히 쉬고 있어. 우리는 점심 먹으러 12시쯤 돌아올 거야"라고 말했다.

마크는 "전시회… 좋은 생각인 것 같아요. 로비에서 만나요"라고 답했다.

"가끔 나는 마크가 성인이라는 것을 잊어버려!" 외투를 가지러 자신들의 방으로 되돌아오면서 트리샤가 큰 소리로 외쳤다. "마크와 함께 지낸 요 며칠 동안 너무 좋았어요. 마치 좋은 친구와 시간을 보내는 것 같아요."

40대와 50대에 트리샤와 데빈은 자신들의 강점을 기반으로 그들의 뒤를 이을 후손들을 위한 유산을 남기는 일에 헌신적으로 몰두했다. 마크가 대학을 졸업한 후, 취업 시장이 어려웠을 때 집으로 돌아와 트리샤와 데빈과 함께 살며 몇 년 동안 머물렀다. 부모의 지지로, 마크는 파트타임으로 일하면서 대학원을 다녔고, 20대 후반에 안정된 직장을 찾았고, 사랑에 빠지고, 30대 중반에 결혼했다. 마크가 성취한 각 이정표마다 트리샤와 데빈은

다음 세대의 구성원인 마크가 책임감 있는 성인 역할을 하도록 이끌어 온 것에 대해 자부심을 느꼈다. 마크의 사춘기 시기와 대학 기간에 감소했던 가족 활동이 트리샤와 데빈이 아들과 함께 즐거운 성인 동반자로서 관계를 맺으면서 다시 증가했다. 직업에 도전하고, 지역사회와 관련된 일을 하고, 여가를 즐기고, 그리고 서로를 위해 더 많은 시간을 할애하는 것이 매우 풍요롭고 만족스러운 인생을 만드는 데 공헌했다.

하지만 트리샤와 데빈의 두 친구의 중년기는 그들만큼 순조롭지 않았다. 혼자 늙어갈 것에 대해 공포를 느끼는 쥬얼은 친밀한 파트너를 찾는 일에 매우 열심이었다. 그녀는 독신자 모임에 참석하고, 데이트 서비스에 등록하고, 마음이 맞는 사람을 만나려는 희망으로 여행을 떠났다. 또한 쥬얼은 만족을 주는 다른 것들(점점 의미 깊어지는 우정, 조카들과의 따뜻한 관계, 그리고 성공적인 컨설팅 사업)도 가지고 있다.

대학원 때부터 데빈의 가장 친한 친구였던 팀은 5년 전에 이혼을 했다. 최근에 그는 엘레나를 만났고 그녀를 깊이 사랑하게 되었다. 하지만 엘레나는 중요한 인생 변화의 한가운데에 있었다. 그녀는 자신의 이혼, 문제를 가진 딸, 경력 변화와 같은 여러 가지 문제를 처리하고 있었다. 반면 팀은 경력의 최고 정점에 도달했으며 이제 인생을 즐길 준비가 된 반면, 엘레나는 그녀가 이전 몇십 년 동안 놓친 것(그녀의 재능을 펼칠 수 있는 기회 등)을 다시 잡고자 했다. "나는 엘레나의 어떤 계획에 맞추어야 할지 모르겠어." 팀은 트리샤와 전화를 하면서 큰 소리로 말했다.

중년기에 도달하면, 인생의 반 혹은 그 이상이 끝난 것이다. 앞으로의 시간이 제한되어 있다는 인식이 증가하면, 성인들은 자기 인생의 의미를 다시 평가하고, 자신의 정체감을 재정립하며 강화하고, 또한 미래 세대와 접촉하려고 한다. 대부분의 중년기 성인들은 자신의 관점, 목표, 그리고 일상생활을 약간 조정한다. 하지만 소수의 사람은 깊은 내적 동요를 경험하고 잃어버린 시간을 보상하려는 노력의 일환으로 중요한 변화를 일으킨다. 게다가 나이를 먹는 것, 가족과 직업의 변화가 정서 발달과 사회성 발달에 크게 기여한다.

베이비부머의 대다수가 50, 60대이기 때문에 그 어느 때보다도 많은 중년들이 이런 과제들을 안고 있다. 그리고 현재 중년 세대는 2000년대 후반의 경기 침체에도 불구하고 이전 세대보다 건강하며, 더 나은 교육을 받았고, 이전의 어떤 중년 동시대 집단보다 재정적으로 안정적이다(Mitchell, 2016). 우리의 논의에서 드러날 것처럼, 중년기 성인들은 전 생애에서 이 기간 동안 자신감, 사회적 의식, 활력(엄청난 발전적 다양성과 함께)을 증가시킨다.

1990년대 중반에 실시된 *미국 중년기 발달*(Midlife Development in the United States, MIDUS)이라는 기념비적인 조사는 중년기의 정서 및 사회성 발달에 대한 중년기 특성을 이해하는 데 크게 기여했다. 심리학, 사회학, 인류학, 의학 등 다양한 분야에 걸친 연구원들이 팀이 되어 주도한 MIDUS 연구의 목표는 중년기 성인들이 직면하는 도전에 대한 새로운 지식을 만들어내는 것이었다. 미국인을 대표하는 표본을 구성하기 위해 7,000명이 넘는 25~75세 사이의 미국 성인들을 포함했고, 이를 통해 중년기 성인들을 청년기 및 노년기 성인들과 비교할 수 있게 했다. 이 연구는 전화 인터뷰와 자기기입식 설문지를 통해 참가자들이 광범위한 심리적, 건강 및 배경 요인들을 측정하는 1,100개 이상의 항목에 응답하여 단일 연구에서 전례 없는 광범위한 정보를 수집했다. 이러한 연구 노력의 일환으로 '위성' 연구를 포함하여, 참가자들의 부표본(subsample)을 대상으로 주요 주제에 대해 더 깊이 질문했고, 이는 종단연구로 확장되어 이 표본의 75%가 2000년대 초반에서 중반까지 반복 조사되었다. 2010년대 초에 MIDUS 연구진들은 3,500명 이상의 새로운 미국 참가자들을 연구에 추가했다(Delaney, 2014). 또한 같은 시기에 일본에서 1,000명 이상의 참가자로 구성된 일본 중년기(Midlife in Japan, MIDJA)로 불리는 연구를 개시했다.

MIDUS는 중년기 변화가 *다차원적*이고 *다방향적*이라는 우리의 지식을 크게 확장하는 데 도움을 주었으며, 중년기 성인들과 중년기 이후 생애에 대한 풍부한 정보의 원천이 되고 있다. 따라서 중년기 발달에 대한 우리의 논의는 MIDUS 연구에 반복적으로 의존하며, 때로는 그 결과들을 자세히 살펴보거나 다른 연구들과 함께 그 조사 결과를 인용하기도 할 것이다. 이제 에릭슨의 이론과 MIDUS가 기여한 이와 관련된 연구로 넘어가기로 하자. ●

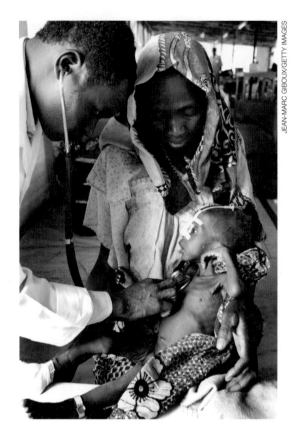

노벨상 수상 기구인 국경 없는 의사회 소속의 이 간호사는 니제르에서 심각한 영양실조에 걸린 아동들을 대상으로 하는 일을 통해, 개인적 목표를 보다 큰 사회의 관심사와 통합시킨다.

에릭슨 이론 : 생성감 대 침체감

6.1 에릭슨에 따르면, 중년기에 성격이 어떻게 변화하는가?

에릭슨의 중년기 심리적 갈등은 **생성감 대 침체감**(generativity versus stagnation)으로 불린다. 생성감은 다음 세대에게 전하고 안내하는 방식으로 다른 사람들과 접촉하는 것을 포함한다. 제4장에서 일반적으로 성인 초기에 출산을 하고 자녀를 양육하고 직업과 지역사회 봉사를 통해 생성감이 생겨난다고 했던 것을 떠올려보라. 생성감은 중년기에 크게 확장되어, 자기 자신(정체감)과 자기 삶의 동반자(친밀감)를 넘어

서 더 큰 집단(가족, 지역사회 혹은 사회)에 대해 책임을 지게 된다. 생성적인 성인은 개인적 목표를 보다 큰 사회적 세상의 복지와 통합시키므로, 자기표현 욕구를 친구들의 욕구와 결합시킨다(McAdams , 2014). 그 결과, 이전의 단계들보다 더 넓은 방식으로 다른 사람들을 보살피는 능력이 생겨난다.

에릭슨(Erikson, 1950)은 자신이 죽은 후에도 살아남고 사회의 연속성과 향상을 보장할 수 있는 생산적인 모든 것(자녀들, 생각들, 작품들, 예술품)을 포함하기 위해 **생성감**이라는 용어를 선택했다. 비록 부모가 되는 것은 생성감을 현실화하는 가장 중요한 방법이지만, 유일한 방법은 아니다. 성인들은 다른 가족관계들(마치 쥬얼과 그녀의 조카, 조카딸과의 관계처럼)을 맺고, 직장에서는 자발적으로 멘토로 노력함으로써, 그리고 다양한 형태의 생산력과 창조성을 통해서 생성적이 될 수 있다.

생성감은 개인적 욕구와 문화적 요구를 함께 불러일으킨다고 지금까지 우리가 말해 왔던 것에 주목해보자. 개인적 측면에서, 중년 성인들은 그들이 죽은 후에도 살아남을 것에 기여함으로써 상징적인 영원불멸을 획득하기 위해, 자신이

JEAN-MARC GIBOUX/GETTY IMAGES

필요한 존재가 되려는 욕구를 느낀다(Kotre, 1999; McAdams, Hart, & Maruna, 1998). 이 욕구는 다음 세대를 보호하고 향상시키고자 하는 뿌리 깊은 진화론적 충동에 기원하는 것 같다. 문화적 측면에서는 사회가 성인들에게 부모, 교사, 스승, 지도자, 그리고 조정자의 역할을 통해 다음 세대에 대한 책임을 지도록 요구함으로써, 중년기 생성감에 대한 사회적 시계를 강요한다(McAdams & Logan, 2004). 그리고 에릭슨에 따르면, 문화의 '종에 대한 믿음'(인간의 파괴와 궁핍에 직면해서조차도 인생은 만족스럽고 살 가치가 있다는 확신)은 생성적 행위의 주된 동기이다. 이러한 낙관적인 세계관이 없다면, 사람들은 인류를 진보시킬 아무런 희망도 갖지 못할 것이다.

이 단계의 부정적인 결과물은 침체감이다. 에릭슨은 사람들이 결혼, 자녀, 그리고 직업에서의 성취와 같은 특정 인생 목표를 얻고 나면, 자기중심적이 되고 제멋대로가 되어 간다는 것을 깨달았다. 침체감에 빠진 성인들은 그들의 자기몰두를 다양한 방식, 즉 젊은 사람들(자신의 자녀를 포함하여)에 대한 관심이 부족하고, 자신이 다른 사람들에게 줄 수 있는 것보다는 다른 사람들로부터 얻을 수 있는 것에 초점을 두고, 그리고 자신의 직업에서 생성적이 되고 자신의 재능을 발전시키거나 다른 면에서 세상을 더 나은 곳으로 만드는 것에는 관심이 거의 없는 것 등을 통해서 표현한다.

어떤 연구자들은 사람들에게 다른 사람들이 도움이 필요할 때 도움을 줘야 한다는 의무감, 시민에게 요구되는 책임감 등과 같은 생성적인 특질에 대해 자기 자신을 평정하라고 요구한다. 또 다른 연구자들은 삶의 목표, 주요 관심사, 가장 만족스러운 활동에 대해 개방형 질문을 하고, 이에 대한 사람들의 응답을 생성적인 기준으로 평가한다. 그리고 또 다른 연구자들은 사람들이 자기 자신에 대해 묘사하는 이야기에서 생성적 주제를 찾는다(Keyes & Ryff, 1998a, 1998b; McAdams, 2011, 2014; Newton & Stewart, 2010; Rossi, 2001, 2004b). 어떤 방법이 사용되었든지 생성감은 다양한 인구사회학적 배경과 민족의 중년기 성인들에게서 상승했다. 뒤페이지의 '사회적 이슈 : 건강' 글상자에서 보여주는 것처럼, 생성감은 또한 중년기 성인의 인생 이야기에서 나타나는 핵심적인 통합된 주제이다.

에릭슨의 이론이 제안하는 것처럼, 매우 생성적인 사람은 특히 잘 적응하는 것으로 보인다. 낮은 불안과 우울, 높은 자율성, 높은 자기수용과 삶의 만족, 다양한 관점들에 더 개방

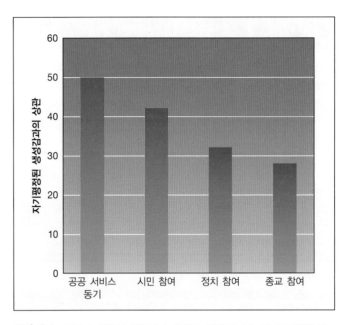

그림 6.1 중년기 성인의 생성감과 시민적, 정치적, 종교적 참여와의 관계 유럽계 및 아프리카계 미국인 55~59세를 대상으로 한 연구에서, 자기평정된 생성감은 지역사회와 사회에 대한 다양한 참여 측정치들과, 특히 공공 서비스 동기(공공정책 수립에 대한 공약과 공익에 대한 관심), 시민 참여(지역 단체 참여, 자선 기금 모금), 정치 참여(선거, 다른 사람에게 정치적 의견 표현)와 종교 공동체 참여, 긍정적 상관이 있었다(Jones & McAdams, 2013에서 인용).

적이고, 성공적인 결혼생활과 친한 친구들을 더 많이 가지고 있다(An & Cooney, 2006; Grossbaum & Bates, 2002; Versey & Newton, 2013; Westermeyer, 2004). 또한 그들은 젊은 동료들의 성공을 높이는 것을 목표로 하는 애쓰는 지도자의 자질을 가지고 있고, 다른 사람들의 복지를 더 많이 보살핀다(Peterson, 2002; Zacher et al., 2011). 예를 들어 생성감은 효과적인 자녀 양육(신뢰, 개방적인 의사소통, 가치를 자녀들에게 전달하는 것, 그리고 권위적 스타일을 더 높게 평가)과도 관련되어 있다(Peterson, 2006; Peterson & Duncan, 2007; Pratt et al., 2008). 또한 중년기 생성감은 지역사회와 사회의 폭넓은 참여와 긍정적 상관관계가 있다(Jones & McAdams, 2013)(그림 6.1 참조).

비록 이러한 결과들은 다양한 배경의 모든 성인들에게 해당되지만, 생성감의 맥락에 있어서 개인차도 존재한다. 자녀를 가지는 것은 여성과 남성에게 다 생성적 발달을 더 촉진하는 것처럼 보인다. MIDUS를 포함한 몇몇 연구에서, 아버지들이 자녀가 없는 남성들보다 생성감에서 더 높은 점수를 받았다(Marks, Bumpass, & Jun, 2004; McAdams & de St. Aubin, 1992). 마찬가지로, 43세부터 63세까지의 교육 수준이 높은 여성에 대한 한 조사에서, (직장이 있건 없건) 가족에

사회적 이슈 : 건강

생성적 성인이 말하는 자신의 인생 이야기

매우 생성적인 성인들이 자신의 삶을 어떻게 이해하는지를 알아보기 위한 조사에서, 연구자들은 두 중년기 집단(생성적인 행동을 자주 하는 사람들과 거의 생성적인 행동을 하지 않는 사람들)을 인터뷰했다. 참가자들은 아동기부터 사춘기, 성인기까지 가장 좋았던 시기, 가장 나빴던 시기, 전환점, 중요한 장면을 포함하여 자신의 이야기를 하도록 요구받았다(McAdams et al., 2011, 2013b). 참가자들의 이야기와 주제를 분석해보니 생성감이 높은 성인과 낮은 성인은 자신의 과거를 재구성하고 자신의 미래를 예상하는 방식이 아주 달랐다.

높은 생성감을 가진 사람들의 이야기는 대개 연구자들이 개입 이야기라고 부르는 규칙적인 일련의 사건들을 포함하고 있는데, 그들은 가족, 지역 공동체, 사회에 환원하는 수단으로서 다른 사람들에게 베푼다. 생성적인 이야기를 하는 성인들은 전형적으로 이른 시기에 특별한 이점들(좋은 가족이나 재능과 같은)을 가졌고 다른 사람들의 고통에 대해 일찍 인식하게 되었다고 묘사한다. 이와 같은 은총과 고난의 충돌로 인해, 자신은 다른 사람들에게 선행을 하도록 '부름을 받았다'거나 자신을 도덕적인 헌신하는 존재로 바라보도록 동기화된다. 개입 이야기에서는 회복의 주제가 두드러진다. 매우 생성적인 성인은 좌절, 실패, 상실, 죽음과 관련된 매우 부정적인 인생 사건들이 있었지만, 그것이 새로운 출발, 향상 그리고 깨달음과 같은 좋은 결과를 가져왔다고 묘사한다.

4학년을 가르치는 선생님인 다이애나(49세)의 이야기를 생각해보자. 작은 마을에서 성직자인 아버지와 어머니 사이에서 태어난 다이애나는 교구민들 사이에 인기가 있었는데 교구민들은 그녀에게 관심과 사랑을 주었다. 하지만 여덟 살이 되었을 때 그녀의 인생은 최악의 순간을 맞이했는데, 그녀의 남동생이 거리로 달려나가다가 차에 치이는 것을 보고 무서움에 떨었고, 동생은 그날 사망했다. 그 이후 다이애나는 아버지의 비통함을 알아차리고 잃어버린 '아들'을 대신해 보려고 노력했으나 이것은 성공적이지 못했다. 하지만 다이애나가 결혼을 하고, 그녀의 남편이 서서히 그녀의 아버지와 따뜻한 유대를 만들어 갔고, 사위가 아닌 '아들'이 되어

줌으로써 그 사건은 행복하게 끝이 났다. 다이애나의 인생 목표 중 하나는 그녀의 교수법을 향상시키는 것인데, 그 이유에 대해, "내가 성장하기 위해서, 그리고 다른 사람들의 성장을 돕기 위해서 무언가를 되돌려주고 싶기 때문이다"라고 했다(McAdams et al., 1997, p. 689). 그녀의 인터뷰 내용은 생성적인 개입의 표현으로 가득했다.

매우 생성적인 성인은 나쁜 사건이 좋은 것으로 바뀌는 이야기를 하는 데 반해, 덜 생성적인 성인들은 오염의 주제에 대해 말하는데, 이것은 좋은 사건이 나쁘게 되는 것이다. 예를 들면 대학에 들어가 1년 동안 행복했는데 교수가 불공정하게 학점을 줌으로써 좋지 않게 끝나거나, 젊은 여성이 체중을 줄여 더 보기 좋게 되었지만 낮은 자존감을 극복할 수 없는 경우 등이다.

왜 생성감은 나쁜 것이 좋은 것이 되는 회복 사건의 인생 이야기와 관련이 있는 것일까? 첫째, 어떤 성인들은 자신들의 생성적 활동을 인생의 부정적인 측면들을 회복하기 위한 것으로 본다. 범죄로부터 벗어나게 된 전과자의 인생 이야기 연구에서, 많은 이들이 자신의 죄에 대한 참회로 좋은 일을 하기를 강렬히 원하고 있다고 말했다(Maruna, LeBel, & Lanier, 2004). 둘째, 생성감은 오늘의 불완전성이 더 나은 내일로 바뀔 수 있다는 확신을 수반하는 것으로 보인다. 다음 세대를 안내하고 다음 세대에게 전달함으로써, 성숙한 성인들은 과거의 실수를 되풀이하지 않을 확률을 높인다. 마지막으로, 회복이라는 용어로 자신의 인생을 해석하는 것은 힘든 생성적 도전들(자녀를 양육하는 것에서부터 발전된 사회를 만들기까지의)을 극복하기 위한 인내를 계속하도록 한다.

헤로인 중독자였던 해리 올슨은 마약 범죄와 다른 범죄로 8년 동안 감옥을 드나들었다. 39세에 풀려났을 때, 그는 사회에 재진입할 가능성에 대한 걱정에 휩싸였지만 자신을 변화시키기로 결심했다. 올슨은 전과자들이 감옥에서 나와 사회에서의 삶으로 이행하는 것을 돕는 비영리 단체를 설립했다.

인생 이야기는 사람들이 어떻게 자신의 인생에서 분명한 의미와 목적을 가지는지에 대한 통찰을 제공해준다. 높은 생성감과 낮은 생성감을 가진 성인들의 이야기에서 긍정적인 사건과 부정적인 사건의 수는 다르지 않았다. 그보다 그들은 그러한 사건들을 다르게 해석한다. 회복으로 채워진 개입 이야기들은 자신에 대해 생각하는 방식에 영향을 주어 다른 사람을 보살피고 연민을 가지도록 촉진시킨다(McAdams & Logan, 2004). 그런 이야기들은 비록 자기자신의 이야기는 언젠가 끝날 것이지만, 어느 정도는 자신의 생성적 노력 덕분으로, 다른 사람의 이야기는 계속될 것이라는 것을 사람들이 깨닫도록 돕는다.

인생 이야기에 더 많은 회복 사건들을 포함하는 성인들일수록 인생 만족, 자존감이 더 높고, 인생의 도전들이 의미가 있으며, 해결할 수 있는 것이고, 보상을 준다는 확신이 더 높다(Lilgendahl & McAdams, 2011; McAdams & Guo, 2015). 사람들이 역경으로부터 생겨나는 좋은 점들을 볼 수 있도록 만드는 데 관여하는 요인들에 대해서 연구자들이 알아야 할 것이 아직도 많다.

헌신하는 사람들은 오로지 직업에만 중점을 두는 아이가 없는 여성들보다 다음 세대에 대한 더 큰 염려를 하는 것으로 나타났다.

아들, 학생, 근로자, 친밀한 파트너로서 문제의 과거를 가진 낮은 사회경제적 지위의 남성들에게는, 아버지가 되는 것이 매우 생성적이고 긍정적인 삶의 변화를 위한 맥락을 제공할 수 있다(Roy & Lucas, 2006). 때때로, 이러한 아버지들은 이러한 생성감을 자신의 힘든 과거를 물려주기를 거부하는 것으로 표현한다. 과거에 갱 단원이었으나 이후 전문대 학위를 받고 자신의 10대 아들들이 거리의 불량배들과 어울리는 것을 막으려고 고군분투했던 한 남성은 이렇게 설명했다. "나는 아버지가 되기 위해 지옥의 깊은 곳을 통과해서 왔다. 나는 내 아들들에게 '너희는 늘 아빠와 함께 할거야. 어느 누구도 너에게 그런 이야기를 하게 내버려 두지 마'라고 알려주었다. 나는 아들들에게 만약 나와 너희 어머니가 헤어지게 되면, 내가 어디를 간 너희가 올 수 있는 무언가를 마련해 놓을 것이라고 말했다"(p. 153).

마지막으로, 유럽계 미국인들과 비교했을 때 아프리카계 미국인은 특정 형태의 생성감에 더 자주 참여한다. 그들은 더 넓은 지역사회에 유산을 남기고 싶은 강한 욕망을 표현하며(그들의 직계가족들보다는), 그 목표와 일관되게 사회 구성원들을 위해 더 많은 사회적 지원을 한다(Hart et al., 2001; Newton & Jones, 2016). 교회로부터 큰 지원을 받았던 삶의 역사와 확대가족이 이러한 생성적 가치와 행위를 강화한 것이다. 유럽계 미국인의 표본에서, 종교성과 영성성은 생성적 행위를 더 많이 하는 것과 관련이 있었다(Son & Wilson, 2011; Wink & Dillon, 2008). 매우 생성적인 중년기 성인들은 흔히 아동기와 청소년기에 종교적 전통에 뿌리를 둔 도덕적 가치를 내면화하고 그 가치들에 대한 그들의 전념을 유지했고, 이것이 그들의 생성적 행위를 위한 평생의 용기를 제공한 것으로 나타났다(McAdams, 2013a). 특히 매우 개인주의적인 사회에서 종교 단체에 속해 있고 더 높은 곳에 있는 존재를 믿는 것은 생성적 개입을 유지하도록 도울 것이다.

중년기 심리사회적 발달에 대한 기타 이론들

6.2 레빈슨과 베일런트의 중년기 심리사회적 발달에 대한 관점을 설명하고, 남성과 여성의 유사점과 차이점을 논의한다.

6.3 '중년기 위기(midlife crisis)'라는 용어가 전형적인 중년의 경험을 반영하고, 중년기를 하나의 단계로 정확하게 특징짓는가?

에릭슨의 중년기 심리사회적 변화에 대한 큰 그림은 레빈슨과 베일런트에 의해 확장되었다. 제4장에서 소개되었던 레빈슨과 베일런트의 이론들을 다시 살펴보자.

레빈슨의 인생의 사계절

레빈슨의 시대(단계 혹은 계절)를 살펴보기 위해 제4장으로 되돌아가자. 그의 인터뷰에 따르면, 중년기로의 이행과 함께 성인들은 지금부터는 지나온 시간보다 앞으로 남은 시간이 더 적다는 것을 깨닫고, 남은 시간을 더 소중하게 여긴다. 그 결과, 어떤 사람들은 인생 구조에서 과감한 수정을 하기도 하는데, 이혼, 재혼, 직업 전환, 혹은 높은 창조성을 보이는 것 등이다. 또 다른 사람들은 결혼생활, 직업과 직장은 유지하면서 작은 변화를 꾀하기도 한다.

이러한 시간들이 돌풍을 가져오든 폭풍을 가져오든, 대부분의 사람들은 개인적으로 의미 있는 생활에 초점을 두면서 당분간 내향적이 된다. 레빈슨에 따르면, 중년기 성인들이 자기 자신과의 관계, 외부 세상과의 관계를 재평가하기 위해서는 4개의 발달 과제에 직면해야만 한다. 각각의 과제는 자기 안에 있는 2개의 대립된 경향을 화해시킴으로써 더 높은 내적 조화를 획득하는 것이다.

- **젊음-늙음** : 중년기 성인은 젊고도 늙은 상태 모두가 되는 새로운 방법을 찾아야 한다. 이것은 어떤 젊음의 특질은 포기하고, 다른 것은 유지하거나 변형하고, 나이 들어가는 것의 긍정적인 의미를 찾는 것을 뜻한다. 아마도 노화의 이중 기준 때문에(제5장 참조), 대부분의 중년기 여성들은 그들이 나이 들어가면서 덜 매력적으로 보이는 것에 더 신경을 쓴다(Rossi, 2004a). 그러나 중년기 남성들은—특히 대학교육을 받지 않은 남성들은 흔히 신체적 힘과 정력을 요구하는 노동직에 종사하기 때문에—신체적 노화에 대한 민감성이 높다(Miner-Rubino, Winter, & Stewart, 2004).

  이전의 중년 동년배 집단과 비교하여, 미국 베이비부머는 특히 신체적 변화를 통제하는 데 관심이 있다—이러한 욕구는 항노화 화장품과 의료 치료의 거대한 산업을 활성화하는 데 도움을 주었다(Jones, Whitbourne, & Skultety, 2006). 그리고 젊은 주관적 연령(실제 나이

보다 젊게 지각하는)을 유지하는 것은 자존감과 심리적 안녕감과 긍정적 상관이 있는데, 이는 특히 미국과 서구 유럽 중년들과 노인들 사이에서 더 강한 연관성이 있는 것으로 나타났다(Keyes & Westerhof, 2012; Westerhof & Barrett, 2005; Westerhof, Whitbourne, & Freeman, 2012). 좀 더 개인주의적인 미국의 맥락에서, 젊은 자아상을 갖는 것은 자신을 독립적이고 능동적이고 성취감을 주는 노년기 계획을 수립할 수 있는 존재로 보게 하는 데 더 중요한 것 같다.

- **파괴-창조** : 도덕성을 더 많이 자각하면서, 중년기 성인들은 자신이 파괴적으로 행동해 왔던 방식에 초점을 둔다. 부모, 가까운 파트너, 자녀, 친구, 경쟁자에게 고통을 주는 과거의 행동들은 자선 기부, 지역 봉사, 젊은 사람들의 멘토가 되거나 창조적인 생산물을 만들어내고자 하는 강한 열망으로 대체된다.

- **남성성-여성성** : 중년기 성인들은 균형을 더 잘 이루면서, 자기의 남성적 부분을 여성적 부분과 타협해야 한다. 남성에게 있어서, 이것은 양육과 보살핌의 '여성적' 특질들을 더 많이 수용하는 것을 의미하는데, 이로 인해 가까운 관계를 더욱 강화하고, 직장에서 권한을 행사할 때 온정적이 된다. 여성은 일반적으로 자율성, 지배력, 그리고 주장성과 같은 '남성적' 특질들에 더 개방적이 된다. 남성적 특질과 여성적 특질을 조합한 사람은 양성적 성 정체감을 가진다. 나중에 우리는 양성성이 많은 바람직한 성격 특질과 관련된다는 것을 보게 될 것이다.

- **참여-분리** : 중년기 성인은 외적 세계에 참여하는 것과 분리 사이의 더 나은 균형을 이루어야 한다. 대부분의 남성들에게 이것은 야망과 성취에 대한 관심을 줄이고 자기 내면에 완전히 귀를 기울여야만 하는 것을 의미한다. 활동적이고, 성공적인 경력을 가지고 있는 여성들도 마찬가지이다. 그러나 자녀 양육에 전념해 온 여성 혹은 만족스럽지 않은 직업을 가진 여성은 전형적으로 반대 방향으로(오랫동안 바라던 야망을 추구하기 위한) 접근한다(Etaugh, 2013). 엘레나는 48세에 소도시 신문사 기자직을 그만두고, 문예 창작 석사학위를 받아 결국에는 대학의 교직을 수락했고, 소설 쓰기를 시작했다. 팀은 반대로 내면을 들여다보게 되었을 때, 그는 만족스러운 낭만적 파트너 관계에 대한 걷잡을 수 없는 자신의 욕망을 깨달았다. 자기가 하는 일의 규모를 줄임으로써 엘레

나가 보람 있는 직장생활을 하는 데 필요한 시간과 공간을 줄 수 있고, 그렇게 함으로써 서로의 애착이 더 깊어질 수 있음을 깨달았다.

나이와 관련된 변화들에 직면해서 자기정체감을 유연하게 수정하면서도 여전히 자기연속감을 유지할 수 있는 사람들은 자기 자신의 사고와 감정을 더 잘 자각하고 더 높은 자존감을 가진다(Sneed et al., 2012). 그러나 인생 구조를 다시 세우는 것은 지원을 제공하는 사회적 맥락에 달려 있다. 사회의 빈곤, 실업 상태, 그리고 좋은 환경의 부족 등이 인생 구조를 지배하면, 나이와 관련된 변화들을 현실적으로 고심하는 것보다는 생존하는 데 에너지를 쓰게 된다. 자신의 직업이 안정적이고 즐거움을 주는 주변 환경에 사는 사람들조차도, 고용 상태는 생산성과 수익을 지나치게 강조하고 직업의 의미를 거의 강조하지 않게 함으로써 성장의 가능성을 제한한다는 것을 알게 될 것이다. 트리샤는 40대 초반에 높은 수임료의 고객을 유치하도록 끊임없는 압력을 가하고 자신의 노력을 인정하지 않는 대형 법률회사를 떠나 작은 회사로 옮겼다.

승진 기회는 성인 초기의 꿈을 실현하게 해줌으로써 중년기로의 이행을 수월하게 한다. 하지만 여성의 승진 가능성은 남성보다 훨씬 낮다. 노동직에 종사하는 남성과 여성도 역시 승진의 기회가 적다. 결과적으로, 산업체 노동자들은 활발히 활동하는 노동조합원이 되거나, 노조간부 혹은 젊은 직원들의 멘토가 되는 것 등 무엇이든 자신이 할 수 있는 직업적 조절을 했다(Christensen & Larsen, 2008). 많은 사람들은 자기

승진의 기회가 거의 없는 노동직 종사자들은 그들의 일을 더 의미 있게 만들기 위한 대안을 모색할 수 있다. 이 건설 노동자는 회사 경영에 있어 동료 노동자들의 이익을 대변하는 노조원이 되었다.

가족 내에서 연장자 세대로 옮겨 가는 것에서 보상이 되는 이점을 발견한다.

베일런트의 인생 적응

레빈슨이 35~45세의 성인들을 인터뷰했기 때문에, 베일런트(Vaillant, 1977, 2002)는 교육을 잘 받은 남성과 여성에 대한 그의 종단연구에서 과거 50년 동안 참가자를 추적했다. 제4장에서 50대 후반과 60대 성인들이 어떻게 그들의 생성감을 확장시킴으로써 궁극적으로 자기 문화의 '의미 유지자' 혹은 수호자가 되는지에 대해 이야기했던 것을 상기해보라. 베일런트는 가장 성공적이고 적응적인 사람들은 더 평온하고 조용한 삶의 시간으로 들어간다고 보고했다. '횃불을 넘겨주는 것'(자기 문화의 긍정적인 측면이 자신이 죽은 후에도 살아남는 것에 대한 관심)이 핵심 임무가 되었다.

세계 곳곳의 사회에서, 나이 든 사람들은 전통, 법률, 그리고 문화적 가치의 수호자이다. 이들의 안정시키는 힘은 사춘기와 젊은 성인들의 호기심과 도전에 의해 야기되는 지나치게 빠른 변화들을 저지한다. 중년기 끝부분에 도달하게 되면, 사람들은 사회 인간관계의 지위와 같은 장기간의, 덜 개인적인 목표에 초점을 둔다. 그리고 보다 철학적이 되어서 자신의 생애 동안 모든 문제가 해결될 수는 없다는 사실을 받아들인다.

중년기 위기가 존재하는가?

레빈슨(Levinson, 1978, 1996)은 그의 표본에서 대부분의 남성과 여성이 중년기로 전환하는 과정에서 상당한 내적 혼란을 경험한다고 보고했다. 하지만 베일런트(Vaillant, 1977, 2002)는 소수에게서만 중년기 위기를 발견했다. 대신, 변화는 전형적으로 천천히 그리고 꾸준히 일어났다. 이러한 대조적인 결과는 다음과 같은 의문을 불러일으킨다. 얼마나 많은 개인적 격동이 실제로 중년기 진입과 동시에 일어나는가? 자기 의심과 스트레스가 40대 동안에 특별히 더 큰가? 자기의심과 스트레스가 **중년기 위기**(midlife crisis)라는 용어가 의미하는 성격의 주요한 재구성을 촉진하는가?

트리샤와 데빈은 중년기로 쉽게 진입한 반면, 쥬얼, 팀 그리고 엘레나는 자신의 상황에 대해 큰 의문을 보였고 대안적인 인생 경로를 찾았다. 이처럼 중년기에 대한 반응에는 광범위한 개인차가 존재한다. 많은 미국인들이 중년기 위기가 40대에서 50대 사이에 발생한다고 생각하는데, 이것은 아마도 문화적으로 초래된 노화에 대한 두려움 때문일 것이다. 그러나 중년기를 격동의 시간으로 뒷받침하는 증거는 거의 없다.

MIDUS 참가자들에게 지난 5년 동안 일어났던 '전환점'(그들의 삶의 중요한 측면에 대해 그들이 느꼈던 주요한 변화)을 설명하라는 요청을 받았을 때, 대부분은 꿈을 이루거나 자신에 대해 좋은 것을 배우는 것을 포함하는 긍정적인 내용을 보고했다(Wethington, Kessler, & Pixley, 2004). 종합해보면, 전환점은 중년기 위기와 거의 닮지 않았다. 부정적인 전환점들조차도 일반적으로 개인적인 성장을 이끌었다—예를 들어 직장에서의 해고는 긍정적인 직업의 변화를 유발하거나, 개인의 에너지를 직업에서 개인의 삶으로 옮겨가게 했다.

중년 성인들에게 직접적으로 중년기 위기라고 생각되는 경험을 하고 있는지를 물어보았을 때, MIDUS 참가자들의 단지 1/4만이 중년기 위기를 경험하고 있다고 보고했다. 참가자들은 연구자들이 정의했던 것보다 훨씬 느슨하게 중년기 위기를 정의했다. 어떤 사람은 40세 훨씬 이전 위기를, 어떤 사람은 50세 훨씬 이후 위기를 보고했다. 그리고 대부분은 위기를 나이 탓으로 돌리는 것이 아니라 도전적인 인생 사건들에 귀인했다(Wethington, 2000). 예를 들어 엘레나는 이혼과 새로운 직업이라는 두 가지 변화를 오래전부터 고려해왔었다. 30대 때 그녀는 남편과 별거했고, 나중에 남편과 화해를 하고 학교로 돌아가고 싶은 욕구를 말했는데 남편은 매우 강하게 반대했다. 그녀는 딸의 학업과 정서적 문제들 그리고 남편의 저항 때문에 자신의 인생을 보류했다.

중년기 의문점을 탐색하는 다른 방법은 성인들에게 인생의 후회(경력이나 인생의 다른 도전적 행위들에서 매력적인 기회였는데 자신들이 추구하지 못한 것이나 자신이 이루지 못한 인생방식의 변화)에 대해 물어보는 것이다. 미국인 대표 표본을 대상으로 한 조사에서, 삶에서 후회되는 사건을 물어보았을 때, 주로 연애와 가족관계가 언급되었으며, 그 뒤로 교육, 직업, 재정, 양육, 그리고 건강 사건의 순서로 언급되었다(그림 6.2 참조)(Morrison & Roese, 2011). 인생의 후회는 낮은 심리적 안녕감과 관련되었다(Schiebe & Epstude, 2016). 하지만 후회는 만약 사람들이 과거에 무엇이 잘못되었는지를 곰곰이 생각하고 새로운 통찰력을 바탕으로 이를 바로잡기 위한 가능한 모든 행동을 할 때 긍정적인 역할을 한다.

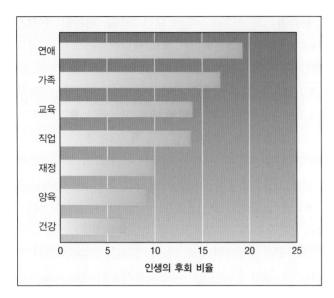

그림 6.2 미국인 대표 표본에서 가장 자주 언급된 인생의 후회들 연구자들은 다양한 사회경제적 지위와 민족 배경을 가진 370명의 미국 성인들에게 전화를 걸어 삶에서 가장 기억에 남는 후회를 기술하도록 요청했다 (Morrison & Roese, 2011).

중년기 말기에는 인생 변화를 이루기에 앞으로 남은 시간이 얼마 없으므로, 후회에 대한 해석이 안녕감에 중요한 역할을 한다. 성숙하고 만족해하는 성인들은 잃어버린 기회들로 특징지어진 과거를 인정하고 그것에 대해 깊이 생각해 왔고 그것 때문에 더 강해짐을 느낀다. 동시에, 그들은 현재 달성 가능하고 개인적으로 보상할 수 있는 목표에 투자하면서 후회로부터 벗어날 수 있다(King & Hicks, 2007). 사회경제적 지위에서 다양한 60~65세의 몇백 명의 표본 중에서, 반 정도가 적어도 한 가지 후회를 보였다. 그들 중 자신의 실망을 해소하지 못했던 사람들과 비교했을 때, 그것과 타협했던(그것을 수용하고 몇 가지 궁극적인 이익들을 찾아낸) 사람들과 '주로 좋은 면을 보려고 노력했던'(이익을 찾아냈지만 약간의 후회가 남아 있는) 사람들은 더 나은 신체적 건강과 더 높은 삶의 만족을 보였다(Torges, Stewart, & Miner-Rubino, 2005).

요약하면, 중년 동안 인생을 평가하는 것은 보편적이다. 대부분의 중년들은 인생의 과감한 변경보다는 '전환점'으로 가장 잘 묘사되는 변화를 경험한다. 중년이 되면, 점점 더 많은 수의 사람들이 자신의 인생 경로를 수정할 수 없다는 것을 알게 되지만, 사람들은 종종 인생의 어려움에서 '밝은 희망'을 찾는다(King & Hicks, 2007; Morrison & Roese, 2011). 위기에 있는 소수의 중년기 성인들은 성역할, 가족 압력, 낮은 수입과 가난 때문에 가정이나 사회에서 자신의 개인적 욕구와 목표를 충족시킬 수 있는 능력을 심각하게 제한받았던 전형적인 성인 초기를 보냈던 사람들이다.

단계 혹은 인생 사건 접근

중년기에 위기와 주요한 재구성이 드문 것이라면, 다시 한 번 제4장에서 했던 질문인 성인의 심리사회적 변화는 실제로 에릭슨, 레빈슨, 베일런트의 이론이 말하는 것처럼 발달의 단계인가? 점점 더 중년기 전환이 단계가 아니라고 생각하는 연구자들의 수가 늘고 있다(Freund & Ritter, 2009; McAdams, 2014; Srivastava et al., 2003). 그보다는, 오히려 그것을 자녀들이 성장하는 것, 경력의 절정에 오른 것, 그리고 은퇴가 임박한 것과 같은 정상적인 인생 사건들에 대한 적응으로 취급한다.

하지만 이제는 더 이상 인생 사건들이 나이에 따라 나뉘는 것으로 취급되지 않는다고 했던 것을 기억하라. 인생 사건들의 시점이 사람에 따라 매우 달라서 더 이상 중년기 변화의 단독 원인이 될 수 없다. 오늘날, 대부분의 전문가들은 중년기 동안의 적응을 나이가 들어가는 것과 사회적 경험의 혼합된 결과로 취급한다(Lachman, 2004; Sneed, Whitbourne, & Culang, 2006). 생성감과 중년기 전환에 대한 논의로 돌아가서, 이제 이 두 요소가 어떻게 관여하는지에 주목하자.

마지막으로, 자신의 삶을 묘사할 때, 많은 중년기 성인들은 새로운 이해와 목표를 촉진하는 어려운 순간들을 보고한다. 중년기의 정서 발달과 사회성 발달을 좀 더 자세히 들여다보면, 우리는 이 시기가 다른 시기와 마찬가지로, 연속성과 단계적 방식의 변화의 특징을 모두 가지고 있음을 보게 될 것이다. 이 점을 명심하면서, 중년기의 심리적 안녕감과 의사결정에 기여하는 다양한 내적 관심들과 외적 경험들에 대해 이야기를 시작해보자.

묻고 대답하기

연관지어보기 중년기 동안의 적응이 나이가 들어가는 것과 사회적 경험의 혼합된 결과라는 것을 말해주는 인생의 후회에 대한 예를 묘사해보라.

적용해보기 직장에서 어느 정도의 개인적 성장 경험을 한 몇 해 후, 42세의 멜은 새로운 직업을 찾다가 다른 도시에서 매력적인 제안을 받았다. 비록 가까운 친구들을 떠나는 것과 오랫동안 기다려 온 경력의 기회를 좇는 것 사이에서 갈등했지만, 몇 주 동안 자기성찰을 한 후에 그는 새로운 직업을 택했다. 멜의 딜레마는 중년기 위기인가? 왜 그런가 아니면 왜 그렇지 않은가?

생각해보기 여러분이 존경하는 중년기 성인을 생각해내라. 그 사람이 생성감을 표현하는 다양한 방법을 묘사해보라.

자기개념과 성격의 안정성과 변화

6.4　중년기 자기개념, 성격, 성 정체감의 변화를 기술한다.
6.5　성인기 '5요인' 성격 특질의 안정성과 변화를 논의한다.

자기개념과 성격에서의 중년기 변화는 수명이 유한하다는 것에 대한 자각이 증가하는 것, 오랜 인생 경험을 가지는 것, 생성적 관심들이 증가하는 것을 의미한다. 하지만 성격의 어떤 측면은 변하지 않고 안정적이어서 초기 시기들 동안 형성된 개인차가 그대로 유지된다.

가능자기

출장 중에 쥬얼은 오후 시간을 내어 트리샤를 방문했다. 커피숍에 앉아 두 여성은 과거에 대해 회상하고 미래에 대해 자문자답했다. "나 혼자 힘으로 살면서 사업을 운영한 것은 힘든 일이었어." 쥬얼이 말했다. "내가 원하는 건 내 일을 더 잘 해내고, 공동체에 더 많은 관심을 가지고, 건강을 유지하고, 친구들에게 필요한 사람이 되는 거야. 물론 혼자 늙어 가지는 않을 거야. 하지만 만약 특별한 사람을 찾을 수 없다면, 이혼이나 사별할 일은 절대로 없을 것이라는 것에 위안을 받을 수 있겠지."

쥬얼은 **가능자기**(possible self)에 대해 이야기하고 있는 것인데, 이것은 자신이 되기를 희망하는 것과 되기를 두려워하는 것의 미래 지향적 표상이다. 가능자기는 자기개념의 시간적 차원으로, 개인이 얻으려고 애쓰고 피하고자 노력하는 것이다. 전 생애 연구자들에게, 사람들의 행동을 설명하는 데 있어서 그들이 가지고 있는 이러한 희망과 두려움들은 자신의 현재 특징을 바라보는 관점만큼 결정적이다. 실제로 시간에 더 많은 의미를 두게 되는 중년기에는 가능자기가 행위의 매우 강력한 동기가 될 것이다(Frazier & Hooker, 2006). 나이 들면서, 우리는 자기가치를 판단하는 데 있어서 사회적 비교에 덜 의존하게 되고, 시간적 비교—과거에 계획했던 것을 지금 잘 해내고 있는지—에 더 의존하게 된다.

성인기를 통해서, 사람들이 현재의 자기에 대해 묘사하는 것은 상당히 안정적이다. 30세 때 자신이 협동적이고, 경쟁적이며, 외향적이고, 성공적이라고 말한 사람은 인생 후기에도 유사하게 보고할 가능성이 높다. 하지만 가능자기의 보고는 상당히 변한다. 20대 초반에 있는 성인들은 많은 수의 가능자기를 언급하고, 그들의 미래상은 매우 높고 이상적이어

서, '완벽하게 행복할 것이고', '부유하고 유명해질 것이고', '전 생애 동안 건강할 것'이고, 그리고 '무일푼으로 몰락하는' 혹은 '중요한 것을 아무것도 하지 못하는 사람'은 아닐 것이라고 언급했다. 하지만 나이가 들면서, 가능자기의 수가 적어지고 보다 겸손하고 구체적이고 현실적이 된다. 대부분의 중년기 사람들은 더 이상 최고가 되거나 최고로 성공할 것을 원하지 않았다. 대신에, 그들은 대개 이미 시작된 역할과 책임의 수행—'직장에서 유능한 것', '좋은 남편과 아버지가 되는 것', '자녀를 대학에 보내는 것', '건강을 유지하는 것', '내 가족에게 짐이 되지 않는 것', '일상적 욕구를 충족시키기 위해 필요한 만큼의 충분한 돈을 가지는 것'—을 언급한다(Bybee & Wells, 2003; Chessell et al., 2014; Cross & Markus, 1991).

가능자기의 이러한 변화를 무엇으로 설명할 수 있는가? 미래에 더 이상의 무한한 기회가 없기 때문에, 성인들은 그들의 희망과 공포를 조정함으로써 정신건강을 유지한다. 그들은 동기화된 상태를 유지하기 위해서 성취되지 않은 것이 아직 가능성이 있다는 느낌을 유지해야만 하는 동시에 실망스러운 결과를 맞더라도 자신과 자신의 삶에 대해 여전히 좋은 느낌을 유지해야만 한다(Lachman & Bertrand, 2002). 예를 들어 쥬얼은 20대에는 대기업의 임원이 되기를 원했지만 이제는 더 이상 원하지 않는다. 대신에 그녀는 현재의 직업에서 성장하기를 원했다. 그리고 비록 노후의 외로움에 대해 두려워했지만, 결혼은 동시에 이혼과 사별과 같은 부정적인 결과도 가져올 수 있다는 것을 스스로에게 상기시킴으로써, 중요한 대인관계 목표를 성취하지 못한 것을 견디기 쉽게 만든다.

끊임없이 다른 사람의 피드백에 민감한 현실 자기개념과는 달리, 가능자기(비록 다른 사람에 의해 영향을 받기는 하지만)는 필요하다면 개인 자신에 의해 정의되고 재정의될 수 있다. 그 결과, 일이 풀리지 않을 때조차도 개인은 자기확증을 허용한다(Bolkan & Hooker, 2012). 중년기와 노년기 성인들을 대상으로 한 연구에서, 균형 잡힌 가능자기—'성장한 아들과 더 나은 관계'와 '며느리를 소외시키지 않기'와 같은 희망하는 것과 두려워하는 것과 관련된—를 가진 사람들은 100일 동안 자기관련 목표에 대한 자기평정에서 더 큰 진전을 보였다(Ko, Mejía, & Hooker, 2014). 균형 잡힌 가능자기는 접근과 회피의 초점을 둘 다 제공하기 때문에, 되고 싶은 가능자기와 되고 싶지 않은 가능자기 단독으로 보다 더 큰 동기원이 된다.

연구자들은 사람들이 원하는 목표와 성취된 목표 사이의 더 나은 조화를 위해 이들 미래 이미지들을 수정해 나가기 때문에, 가능자기가 성인기 동안 유지되는 안녕감의 핵심일 것이라고 믿는다. 많은 연구들은 중년기와 노년기 성인들의 자존감이 젊은 사람들의 자존감 수준이거나 그 이상이라는 것을 보여주는데(Robins & Trzesniewski, 2005), 이는 아마도 가능자기의 방어적 역할 때문일 것이다.

자기수용, 자율성, 그리고 환경 통제

능력과 경험이 발달하면서 조화를 이루게 되는 것이 중년기 동안의 성격의 어떤 측면의 변화를 이끈다. 제5장에서, 우리는 중년기가 전문지식과 실용적 문제 해결의 획득을 가져다준다는 점에 주목했다. 중년기 성인들은 젊은 성인이나 노인들보다 더 복잡하고, 통합된 자기기술을 하는 경향이 있다(Labouvie-Vief, 2003, 2015). 또한 중년기는 일반적으로 사회적 역할ㅡ배우자, 부모, 근로자 및 열심인 지역사회 구성원ㅡ의 수가 가장 많은 시기이다. 그리고 성인들이 리더십과 다른 복잡한 책임의 기회를 이용함에 따라 직장이나 지역사회에서의 지위가 일반적으로 상승한다.

이러한 인지적 변화와 폭넓은 역할에서의 변화가 다른 개인적 기능들을 향상시켰다는 것은 의심의 여지가 없다. 미국과 일본 같은 구분되는 문화권에서 10대 후반에서 70대까지의 성인들을 대상으로 한 연구에서, 다음 3개의 특질이 성인 초기에서 중년기로 가면서 증가했다.

- 자기수용 : 중년인 사람들은 젊은 성인들보다 훨씬 더 자신의 좋은 점과 나쁜 점 모두를 인식하고 수용했으며, 자기 자신과 인생에 대해 긍정적으로 느꼈다.
- 자율성 : 중년인 성인들은 자기 자신이 다른 사람의 기대와 평가에 대해 신경을 덜 쓰고, 대신 자신이 선택한 기준에 더 신경을 쓴다고 생각했다.
- 환경 통제 : 중년인 사람들은 자신이 복잡한 일련의 과제를 더 수월하고 효과적으로 다룰 수 있는 능력이 있다고 보았다(Karasawa et al., 2011; Ryff & Keyes, 1995).

이러한 결과들이 나타내듯이, 전반적으로, 중년기는 자기, 독립심, 주장성, 개인적 가치에의 몰두에 대한 편안함이 증가하는 시기이다(Helson, Jones, & Kwan, 2002; Keyes, Shmotkin, & Ryff, 2002; Stone et al., 2010). 많은 중년기 성

인이 노력과 자기훈련을 통해 그들의 잠재력을 거의 실현했다고 결론을 내리는 것 같다. 이것은 종단연구에서 성인 초기에서 중년기로 가면서 전반적인 삶의 만족도가 증가하는 것의 이유가 된다(Galambos et al., 2015). 자기 자신과 삶의 성취에 대한 만족의 증가는 왜 종종 중년기가 '인생 최고의 시기'라고 언급되는지를 말해준다.

동시에, 심리적 안녕감에 기여하는 요인들은 25세에서 65세까지의 MIDUS 조사 응답자들로부터 수집된 자기보고된 결과에 따르면 동년배 집단마다 상당히 다르다(Carr, 2004). 베이비붐 시대나 그 이후에 태어나서 여성운동의 혜택을 받은 여성들 중에서, 일과 가족 간의 균형은 더 큰 자기수용과 환경 통제를 예측했다. 그러나 또한 제2차 세계대전 전이나 세계대전 중에 태어나, 양육을 위해 경력을 희생한 여성들ㅡ1950년대와 1960년대 젊은 어머니들ㅡ도 자기수용에서 비슷한 혜택을 받았다. 마찬가지로 사회적 기대감이 팽배했던 시대에 그 보조를 맞춘 남성들도 안녕감이 높았다. '좋은 아버지'에 대한 그들의 동년배 집단의 이미지에 맞는 가족 책임에 대한 기대를 충족하기 위해 근무 스케줄을 수정한 베이비붐 세대와 젊은 남성들도 자기수용이 컸다. 그러나 이러한 조절을 했던 노년기 남성들은 일에 집중하고, '좋은 부양자' 이상에 맞는 동년배들보다 자기수용 정도가 훨씬 낮았다(중년기 심리적 안녕감에 영향을 미치는 추가적 요인들에 대해서는 '생물학과 영향과 환경적 영향' 글상자 참조).

행복에 대한 개념은 문화에 따라 다양하다. 한국, 일본 성인들과 같은 연령의 미국 MIDUS 참가자들을 비교했을 때, 한국인과 일본인은 낮은 심리적 안녕감 수준을 보고했는데 대체로 이것은 자기수용과 자율성과 같은 개인주의적 특질들을 자기 자신의 특질로 보지 않으려 하기 때문이었다(Karasawa et al., 2011; Keyes & Ryff, 1998b). 그들의 집단주의적 지향과 일치되게, 한국인들과 일본인들은 다른 사람들과의 관계에서 가장 높은 안녕감 점수를 보였다. 한국 참가자들은 개인적 충족이란 가족, 특히 자녀의 성공을 통해 성취되는 것으로 보았다. 미국인들 또한 가족관계를 안녕감과 관계 있는 것으로 보았지만 자기 자신의 특질이나 성취를 자녀의 성취보다 훨씬 더 강조했다.

대처 전략들

제5장에서 우리는 질병을 예방하는 데 있어서 스트레스 관리가 중요함을 이야기했다. 이것은 또한 심리적 안녕감에도

필수적이다. MIDUS 위성 연구에서 8일 저녁 동안 연속적으로 1,000명 이상의 참가자들을 인터뷰하면서, 연구자들은 일상 스트레스 빈도가 성인 초기에서 중년기 사이에는 정체되고, 그 후 직업과 가족에 대한 책임이 줄고 여가 시간이 증가하면서 감소한다는 것을 발견했다(그림 6.3 참조)(Almeida & Horn, 2004). 여성은 역할 과중(고용인, 배우자, 부모 및 고령 부모의 간병인 역할 간 갈등), 가족 네트워크와 자녀 관련 스트레스원을 더 많이 보고했고, 남성들은 직업 관련 스트레스원을 더 많이 보고했지만, 남성과 여성 모두 이러한 것을 경험했다. 또한 나이 든 사람들과 비교하면, 젊은 성인과 중년기 성인은 자신들의 스트레스원을 훨씬 더 파괴적이고 불쾌한 것으로 지각했는데, 이는 아마도 그들이 한꺼번에 여러 가지를 경험하는 일이 잦고, 많은 일들이 재정적 위험이나 자녀들과 관련되어 있기 때문이다.

하지만 또한 제5장에서 중년기에 효과적인 대처 전략이 생겨난다고 했던 것을 상기해보라. 중년기 성인들은 어려운 상황에서 긍정적 측면을 찾아내고, 대안적인 평가의 여지를 위해 행동을 연기하고, 미래의 불편함을 처리하기 위한 방법을 예상하고 계획하며, 그리고 다른 사람들의 감정을 상하게 하지 않으면서 자신의 생각과 느낌을 표현하기 위해 유머를 사용하는 경향이 있다(Diehl, Coyle, & Labouvie-Vief, 1996; Proulx & Aldwin, 2016). 이러한 노력들이 어떻게 문제 초점적 전략과 정서 초점적 전략을 유연하게 불러오는지에 주목하자.

왜 효과적인 대처가 중년기 동안 증가하는가? 다른 성격 변화들이 이것을 돕는 것으로 보인다. 한 연구에서, 복잡하고 통합된 자기기술─강점과 약점을 조직화된 서술로 융합시키는 능력의 향상을 의미하는 것으로, 이것은 중년기 동안 증가한다─이 결과에 대한 강한 개인적 통제감과 훌륭한 대처 전략을 예언했다(Hay & Diehl, 2010; Labouvie-Vief, 2015). 중년기 정서적 안정감과 인생 문제 처리에 대한 자신감이 커지는 것이 아마도 이러한 대처의 증가에 기여할 것이다(Roberts et al., 2007; Roberts & Mroczek, 2008). 이러한 결과들은 직업과 효과적인 관계(즉 중년의 정교하고 유연한 대처 능력을 반영하는 결과)를 예측한다.

하지만 일부 중년들은 스트레스원의 경험이 너무 강해 대처 능력이 현저히 떨어지기도 한다. 지난 15년 동안 미국 중년 성인들의 자살률이 25% 증가했다. 현재 중년기 성인의 자살률은 85세 이상의 자살률과 거의 일치한다. 45~64세 사

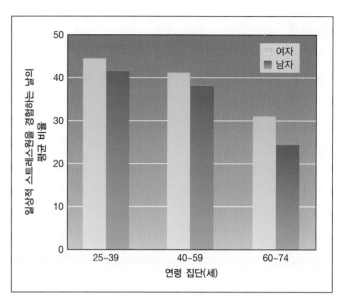

그림 6.3 남성과 여성의 일상적 스트레스원의 연령 관련 변화 MIDUS 위성 연구에서, 연구자들이 8일 저녁 동안 연속으로 1,000명 이상의 미국 성인들 표본을 인터뷰했다. 결과는 스트레스원은 성인 초기에서 중년기 동안은 안정적이다가, 노년기에 직장과 가정에서의 책임감이 줄어들고 여가 시간이 증가하면서 감소함을 보여주었다(D. M. Almeida & M. C. Horn, 2004, "Is Daily Life More Stressful During Middle Adulthood?" in O. G. Brim, C. D. Ruff, and R. C. Kessler [Eds.], *How Healthy Are We? A National Study of Well-Being at Midlife.* Chicago: The University of Chicago Press, p. 438. 허락하에 인용).

이의 백인 남성들이 가장 급격한 증가를 보였고, 또한 마약과 알코올 남용으로 인한 높은 사망률을 보였다. 이들의 대부분은 교육을 제대로 받지 못했고, 경제적으로 힘들었으며, 신체적·정신적 건강 문제로 고통 받았다(American Society for Suicide Prevention, 2016; Centers for Disease Control and Prevention, 2016d). 비록 그 원인이 아직 분명하지는 않지만, 전문가들은 이러한 추세가 미국만의 독특한 빈곤, 건강 악화, 그리고 중년기 절망 간의 강화된 연관성을 반영하는 것이라고 추측한다. 같은 기간 동안 호주, 캐나다, 서유럽에서는 중년 사망률의 꾸준한 감소가 나타났다.

성 정체감

트리샤는 40대와 50대 초반에, 직장에서 더 주장적이고, 회의에서 자유롭게 말을 더 많이 하고, 그리고 특히 복잡한 사건을 다룰 때 변호사팀 내에서 리더의 역할을 하는 것 같아 보였다. 또한 그녀는 10년이나 15년 전보다 남편과 아들에게 자신의 의견을 더 쉽게 표현하고 가족관계에서 더 주도적이었다. 반대로, 데빈은 공감과 보살피는 능력이 더 두드러지게 나타났다. 그는 이전보다 덜 주장적이었고 트리샤가 원하

생물학적 영향과 환경적 영향

중년기 심리적 안녕감을 촉진하는 요인은 무엇인가?

리샤와 데빈의 경우, 중년기는 안도감과 높은 인생 만족을 가져다주었다. 하지만 쥬얼, 팀, 엘레나에게 있어서 행복으로 가는 길은 더 험난했다. 무엇이 중년기 심리적 안녕감의 차이를 가져오는가? 전 생애 관점과 일관되게 생물학적, 심리적, 사회적 힘들이 포함되고 그것들의 영향은 상호 조화를 이루고 있다.

좋은 건강과 운동

좋은 건강은 에너지와 인생 열정에 영향을 준다. 하지만 중년기와 후기 성인기 동안에는 건강을 증진시키고 장애를 예방하기 위한 조치를 취하는 것은 심리적 안녕감을 더 잘 예언한다. 많은 연구들이 규칙적 운동－걷기, 댄스, 조깅, 수영－에 참여하는 것이 젊은 사람들보다는 노인들에게서 자기평정된 건강, 낙관적 전망과 더 강한 관련성을 가진다고 확증한다(Bherer, 2012). 운동 양생법을 계속하는 중년기 성인들은 자신을 나이에 비해 더 활동적이라고 지각하고, 따라서 성취감을 더 잘 느끼는 경향이 있다(Netz et al., 2005). 또한 신체적 활동은 자기효능감과 효과적인 스트레스 관리를 향상시킨다(제5장 참조). 그리고 지속적인, 적당한 강도의 신체활동은 성인 초기보다는 중년기에 더 나은 집행 기능과 관련이 있다 Maxwell & Lynn, 2015; Weinstein, Lydick,

& Biswabharati, 2014). 결과적으로 향상된 집행 기능은 중년의 자기효능감과 자기조절에 공헌한다.

통제감과 개인적 인생 투자

인생의 다양한 측면(건강, 가족, 직장)에서 일어나는 사건들에 대해 높은 통제감을 보고하는 중년기 성인들은 또한 더 나은 심리적 안녕감을 보고한다. 통제감은 나아가 자기효능감에 기여한다(Lang, 2016). 통제감은 또한 사회적 지지를 추구하게 하고 그 결과로 건강, 가족, 직장에서 어려움에 직면했을 때 긍정적인 관점을 유지하는 데 도움이 되는 보다 효과적인 대처 전략의 사용을 예측한다(Lachman, Neupert, & Agrigoroaei, 2011).

개인적 인생 투자(목표에 대한 확실한 개입과 이 목표들을 추구하는 데 관여하는 것) 또한 정신적 건강과 인생 만족을 증가시킨다(Staudinger & Bowen, 2010). 미하이 칙센트미하이(Mihaly Csikszentmihalyi)에 따르면, 행복의 핵심적인 근원은 몰입(flow)으로, 이것은 노력을 요구하는 의미 있는 활동에 너무 열중해서 시간 감각과 자기인식의 느낌을 잃어버린 심리적 상태이다. 사람들은 몰입을 기쁨의 절정, 심지어 활홀경의 상태로 묘사한다. 사람들은 몰입을 많이 경험할수록 자신의 인생

성장의 잠재력을 제공하는 복잡한 노력은 몰입(깊은 몰두의 즐거운 심리적 상태)을 유발한다. 몰입에 필수적인 인내와 기술은 중년기에 잘 발달한다.

을 더 만족스럽다고 판단한다(Nakamura & Csikszentmihalyi, 2002). 비록 창조적인 활동에 종사하는 사람들에게서 몰입은 보편적이

는 것에 더 맞추었다.

많은 연구들은 중년기 동안 여성은 '남성적' 특질이 증가하고 남성은 '여성적' 특질이 증가한다고 보고한다. 여성은 보다 자신만만해지고, 자부심을 가지고, 강력해지며, 남성은 보다 정서적으로 민감해지고, 양육적이 되고, 사려 깊어지고, 의존적이 된다. 이러한 경향은 다양한 사회경제적 지위와 다양한 문화－서구 개인주의 국가들뿐만 아니라 과테말라, 미국의 나바호 인디언족, 그리고 중동지역의 드루즈파와 같은 부락촌도 포함한－의 사람들을 대상으로 한 횡단연구와 종단연구 모두에서 나타난다(Fry, 1985; Gutmann, 1977; James et al., 1995; Jones, Peskin, & Livson, 2011). 중년기의

성 정체감은 더 양성적('남성적'과 '여성적' 특질의 혼합)이 되어 가는데 이는 레빈슨의 이론과도 일치한다.

그러나 보다 최근에 실시된 자기보고 연구들에서는 '남성적' 특질과 '여성적' 특질에 대한 남성과 여성의 응답에서 성인기 동안 변화가 없었다(Lemaster, Delaney, & Strough, 2015; Strough et al., 2007). 동년배 집단 효과는 이러한 상반되는 결과를 설명할 수 있다－최근의 참가자들은 대부분 1970년대와 1980년대 활발했던 여성운동 기간 동안 청소년이거나 청년들이었고, 그 이후에 태어났다. 이 중요한 사회적 변화의 시기에 영향을 받은, 다양한 나이의 성인들, 특히 여성들은 이전 동년배 집단들보다 '남성적' 특질과 '여성적'

지만, 다른 많은 사람들(공부를 좋아하는 학생들, 자신의 일을 좋아하는 근로자들, 도전적인 레포츠를 하는 성인들, 아이들과 함께 즐거운 학습 활동에 참여하는 부모나 조부모들)도 몰입을 보고한다. 몰입은 복잡한 노력을 할 수 있는 인내와 기술에 달려 있고, 이것은 성장의 잠재력을 제공한다(Rich, 2013). 이러한 자질은 중년기에 잘 발달한다.

긍정적 사회적 관계

만족스러운 사회적 유대를 발달시키는 것이 중년기 심리적 안녕감과 관련이 있다. 친척과 친구와의 질 높은 관계는 긍정적 정서를 불러일으키고 스트레스로부터 보호함으로써 정신적 건강을 증진시킨다(Fiori, Antonucci, & Cortina, 2006; Fuller-Iglesias, Webster, & Antonucci, 2015). 즐거운 사회적 유대는 심지어 운동 양생법이 안녕감에 미치는 영향을 더 강화한다. 개인 체육관이나 아프리카 카리브해 지역 센터를 이용하는 인종적으로 다양한 여성을 표본으로 한 연구에서, 마음이 맞는 친구들과 운동을 하는 것은 행복과 삶의 만족에 기여하는 것으로 나타났다(Wray, 2007). 체육관에 가는 것의 사회적 측면은 유럽계 미국인 동년배들보다 신체적 외모의 혜택에 덜 관심이 있는 소수 여성들에게 특히 중요한 것처럼 보였다.

행복한 결혼

비록 친구관계와 동료들과의 긍정적 관계가 중요하지만, 행복한 결혼은 심리적 안녕감을 훨씬 더 증가시킨다. 정신적 건강의 지표로서 결혼의 역할은 나이와 함께 증가하고, 후기 중년기에는 강력한 예언변인이 되었다(Marks & Greenfield, 2009; Rauer & Albers, 2016). 동거관계에 있는 미국의 중년기 성인이 반드시 비슷한 혜택을 받는 것은 아니다. 그러나 동거도 강한 관계 몰입을 의미하는 서유럽에서는 동거자들도 결혼한 사람들과 마찬가지로 긍정적인 안녕감을 보고한다(Hansen, Moum, & Shapiro, 2007).

종단연구들은 결혼은 실제로 안녕감을 가져온다고 주장한다. 예를 들어 중년과 노년 부부들의 표본에 대한 영국의 한 연구에서, 결혼 적응은 결혼 후 적응을 예측하는 것보다 2년 후 삶의 만족도를 더 강하게 예측했다(Be, Whisman, & Uebelacker, 2013). 13,000명이 넘는 성인들을 인터뷰하고 5년 후에 그들을 다시 인터뷰했을 때, 결혼을 유지하고 있는 사람들은 혼자 사는 사람들보다 더 행복하다고 보고했다(Marks & Lambert, 1998). 별거하거나 이혼한 사람들은 덜 행복하게 되었고, 상당한 우울을 보고했다.

비록 결혼한 모든 사람이 더 나은 것은 아니지만, 결혼과 안녕감의 관계는 많은 국가에서 비슷한데, 이것은 결혼이 사람들의 행동을 더 나은 방향으로 변화시킨다는 것을 의미한다(Diener et al., 2000). 결혼한 배우자들은 서로의 건강을 관찰하고, 아플 때 보살펴준다. 또

한 결혼한 사람들은 독신인 사람들보다 더 많이 벌고 더 많이 돈을 모으는데, 수입은 높은 안녕감과 관련이 있다(Sacks, Stevenson, & Wolfers, 2012). 게다가 성적 만족도 정신건강을 예언하고, 결혼한 커플들은 독신보다 더 만족스러운 성생활을 한다(제3장 참조).

다양한 역할의 통제

다양한 역할(배우자, 부모, 직장인, 지역사회 봉사자)을 성공적으로 처리하는 것이 심리적 안녕감과 관련된다. MIDUS 조사에서, 역할 참여가 증가함에 따라, 남성과 여성 모두 더 큰 환경적 지배, 더 보람 있는 사회적 관계, 삶에 대한 높은 목적의식과 더 긍정적 정서를 보고했다. 뿐만 아니라 여러 역할을 맡았고 높은 통제력(효과적인 역할 관리를 의미하는)을 가졌다고 보고한 성인들은 특히 안녕감에서 높은 점수를 받았으며, 이러한 경향성은 교육을 잘 받지 못한 성인들에게 더 높게 나타났다(Ahrens & Ryff, 2006). 역할에 대한 통제는 낮은 교육 수준을 가진 개인에게, 특히 역할 조합에 대한 스트레스가 많고 경제 자원이 부족한 사람들에게 중요할 것이다.

마지막으로, 중년기 후반에 비가족 역할 중에서 지역사회 자원봉사를 하는 것은 특별히 심리적 안녕감에 기여한다(Choi & Kim, 2011; Ryff et al., 2012). 이러한 자원봉사는 자기효능감, 생성감, 이타주의를 강화함으로써 안녕감에 기여하는 것 같다.

특질이 조화롭게 혼합된 것에 응답했을 가능성이 높다.

중년기에 경험하는 요구들은, 이전의 많은 연구에서, 왜 이것이 중년기에 증가하는 양성성과 관련이 있는지를 설명하는 데 도움이 된다. 예를 들어 일부 증거들은 자녀가 가정으로부터 독립하게 되는 것이 남성이 자기 성격의 '여성적' 측면에 개방적이 되는 것과 관련이 있다는 것을 보여준다(Huyck, 1998). 아마도 남성들에게서 경력 승진에 대한 기회가 감소하는 것과 더불어 자녀가 출가한 후에 결혼관계를 풍성하게 하려는 욕구는 정서적으로 민감한 특질의 자각과 관련이 있을 것이다. 다른 연구에서, 직장에서 높은 지위를 성취한 여성들의 경우에 지배성, 주장성, 그리고 솔직함은 50

대 초반에 가장 높았다(Wink & Helson, 1993). 또한, 남성과 비교할 때, 여성들은 경제적 그리고 사회적 불이익에 직면할 가능성이 훨씬 더 높다. 많은 수의 여성이 이혼한 상태이고, 사별했으며, 그리고 직장에서 차별에 직면한다. 이러한 환경에 대처하는 데는 자기신뢰와 주장성이 필수적이다.

요약하면, 중년기 양성성의 증가는 사회적 역할과 삶의 조건의 복잡한 조합의 결과이며, 성평등을 선호하는 문화적 변화에 반응하여 다른 연령대로 퍼져나간 것 같다. 성인기에, 양성성은 또한 인지적 유연성, 창조성, 높은 수준의 도덕적 추론과 심리사회적 성숙과도 관련이 있다(Prager & Bailey, 1985; Runco, Cramond, & Pagnani, 2010; Waterman

이 중년기 아들은 그의 아버지에게 편안하게 애정을 표현한다. 중년기에 남성은 더 '여성적' 특질의 증가를 보이는데, 더 정서적으로 예민하고, 배려심 있고, 이해심 있고, 의존적이 된다.

& Whitbourne, 1982). 자기 성격의 남성적 면과 여성적 면을 통합한 사람은 정신적으로 건강한 경향이 있는데, 이것은 아마도 그들은 인생의 도전들에 대해 유연하게 적응하기 때문이다.

성격 특질의 개인차

비록 트리샤와 쥬얼 둘 다가 중년기에 더 자기확신을 가지게 되었고 주장적이 되었다고 하더라도, 다른 측면에서 그들은 달랐다. 트리샤는 항상 더 조직적이고 근면했으며, 쥬얼은 더 사교적이고 잘 놀았다. 언젠가 두 사람이 함께 여행을 했는데, 매일 저녁마다 트리샤는 계획한 것을 지키지 못하고 모든 관광지를 방문하지 못한 것에 대해 실망했다. 쥬얼은 '발길 가는 대로 가는 것'(거리를 헤매고 다니다가 멈추어 서

서 점원과 주민들과 이야기를 하는 것)을 좋아했다.

앞에서 중년기 성인들에게 성격 변화는 보편적이라고 했지만, 또한 안정적인 개인차도 존재한다. 자기보고식 평정의 요인 분석을 통해 사람들 간 차이를 보이는 수백 개의 성격 특질은 **5요인 성격 특질**(big five personality traits)(신경증 성향, 외향성, 경험에 대한 개방성, 우호성, 그리고 성실성)이라고 불리는 5개의 기본 요소로 조직화되어 왔다. 표 6.1은 각각에 대해 설명하고 있다. 트리샤는 성실성이 높은 반면 쥬얼은 외향성이 높다는 것에 주목하라.

미국의 남성과 여성을 대상으로 한 종단연구와 횡단연구는 청소년에서 중년으로 가면서 우호성과 성실성은 증가하는 반면, 신경증 성향은 감소하고, 외향성과 경험에 대한 개방성은 변하지 않거나 조금 감소한다는 것을 보여주는데, 이러한 변화는 '안정(정착)'과 보다 큰 성숙을 반영한다. 캐나다, 독일, 이탈리아, 일본, 러시아, 그리고 한국을 포함하는 문화적 전통이 다른 다양한 국가들에서도 유사한 경향이 발견되었다(McCrae & Costa, 2006; Roberts, Walton, & Viechtbauer, 2006; Schmitt et al., 2007; Soto et al., 2011; Srivastava et al., 2003).

이러한 횡문화적 결과의 일관성 때문에 몇몇 연구자들은 성인 성격의 변화는 유전적인 영향을 받는다고 결론 내렸다. 그들은 '5요인' 특질에서의 개인차는 크고 매우 안정적이라고 주장한다. 특정 나이에 높거나 혹은 낮은 점수를 받은 사람은 3년에서부터 30년까지의 시간 간격 중 어느 시점에서도 마찬가지이기 쉽다(McCrae & Costa, 2006).

성격 특질이 매우 안정적이면서도 동시에 앞에서 이야기

표 6.1 '5요인' 성격 특질

특질	'5요인'성격 특질
신경증 성향	이 특질이 높은 사람은 걱정하고, 변덕스럽고, 자기연민에 빠지고, 자의식이 강하고, 감정적이며, 취약하다. 이 특질이 낮은 사람은 조용하고, 침착하고, 자기만족을 하고, 편안함을 주고, 감정적이지 않고, 강인하다.
외향성	이 특질이 높은 사람은 애정이 깊고, 말이 많고, 활동적이고, 즐거움을 추구하고, 열정적이다. 이 특질이 낮은 사람은 수줍고, 조용하고, 수동적이고, 침착하고, 정서적으로 민감하지 않다.
경험에 대한 개방성	이 특질이 높은 사람은 상상력이 있고, 창조적이고, 독창적이고, 호기심이 많고, 자유롭다. 이 특질이 낮은 사람은 현실적이고, 창조적이지 않고, 관습적이고, 호기심이 없고, 보수적이다.
우호성	이 특질이 높은 사람은 마음씨가 곱고, 사람을 잘 믿고, 관대하고, 순종하고, 너그럽고, 친절하다. 이 특질이 낮은 사람은 무정하고, 의심이 많고, 인색하고, 적대적이고, 비판적이고, 성마르다.
성실성	이 특질이 높은 사람은 성실하고, 열심히 일하고, 질서정연하고, 시간을 엄수하고, 야심만만하고, 끈기가 있다. 이 특질이 낮은 사람은 부주의하고, 태만하고, 체계적이지 못하고, 목표가 없고, 지속력이 없다.

출처 : McCrae & Costa, 2006; Soto, Kronauer, & Liang, 2016.

묻고 대답하기

연관지어보기 중년기 동안 전형적으로 발생하는 인지적 이득을 열거하라(제5장 참조). 그것이 중년기 성격 변화를 어떻게 지원하는가?

적용해보기 제프가 46세가 되었을 때 그의 아내 줄리아에게 1년에 한 번 자신들의 관계(긍정적 측면뿐 아니라 개선할 방법)에 대해 이야기할 시간을 갖자고 제안했다. 줄리아는 놀랐는데 제프가 그 전에 한 번도 그들의 결혼생활에 대해 관심을 표현한 적이 없었기 때문이다. 중년기의 어떤 발달이 이러한 새로운 관심을 촉진하는가?

생각해보기 되고 싶은 가능자기와 되고 싶지 않은 가능자기를 열거해보라. 그러고 나서 성인 초기와 중년기에 있는 여러분의 가족구성원에게도 똑같이 하도록 해보라. 그들이 보고하는 것이 나이와 관련된 연구 결과와 일치하는가? 설명해보라.

한 성격 측면의 의미 있는 변화가 어떻게 가능한가? 표 6.1의 특질들을 자세히 들여다보라. 그러면 그것들이 이전 부분에서 논의되었던 특징들과 다르다는 것을 알게 될 것이다. 이 특질들은 동기들, 선호되는 과제, 그리고 대체 양식을 고려하는 것이 아닐 뿐만 아니라 남성성과 여성성 같은 성격의 특정 측면이 어떻게 통합되는지에도 관심이 없다. 경험에 따른 변화에 관심이 있는 이론가들은 개인적 욕구와 인생 사건들이 어떻게 새로운 전략과 목표를 불러일으키는가에 초점을 둔다. 그들의 관심은 '복잡한 적응 체계로서의 인간'에 있다(Block, 2011, p. 19). 반대로, 유전에 따른 안정성을 강조하는 사람들은 개인들 간에 쉽게 비교될 수 있고 인생의 어떤 시점에도 나타나는 성격 특질을 측정한다.

이러한 명백한 모순을 해결하기 위해, 우리는 성인들이 성격의 전반적인 조직과 통합에서 변화하지만, 그러한 변화는 사람들이 변화하는 인생 환경에 적응하면서 일관적인 자기감을 가지도록 도와주는 기본적이고 지속적인 성향의 토대 위에서 이루어지는 것으로 생각해볼 수 있다. 하지만 '5요인' 특질도 인생의 경험에 반응하여 변한다. 예를 들어 안정적인 직업과 낭만적인 관계를 가진 사람들은, 이러한 책무가 없는 사람들과 비교하여 성실성과 우호성에서 큰 증가를 보이고 신경증 성향은 감소함을 보인다(Hudson & Fraley, 2016; Lodi-Smith & Roberts, 2007). 이러한 결과들은 성격이 인생 경험들의 압력에 반응하면서 '개방 체계'로 남아 있다는 것을 강조한다.

중년기 관계

6.6 결혼, 이혼, 부모-자녀 관계, 조부모를 포함하는 가족인생주기의 중년기 성인 단계에 대해 기술한다.

6.7 중년의 형제관계와 우정을 기술한다.

중년기의 정서 변화와 사회성 변화는 가족관계와 친구관계의 복잡한 망 안에서 일어난다. 비록 소수의 중년기 성인들은 혼자 살지만, 대부분(미국인의 90%)은 가족 내에서 살고, 65%는 배우자와 함께 살며, 15%는 이전에 결혼했으나 현재 자녀 및/또는 다른 친척과 함께 산다(U.S. Census Bureau, 2016a). 한편으로 그들은 가족 내에서 나이 든 세대들과 젊은 세대들과 유대를 가지고 있고, 다른 한편으로 그들의 우정이 잘 확립되어 있기 때문에, 다른 어떤 시기보다도 중년기 동안 가까운 관계의 수를 많이 가지는 경향이 있다(Antonucci, Akiyama, & Takahashi, 2004).

가족인생주기의 중년기 성인 단계는 흔히 '자녀를 세상에 내보내고 옮겨 가는' 단계로 언급된다. 과거에는 흔히 '빈 둥지'라고 불렸지만, 이 시기는 특히 자기 자신을 자녀에게 완전히 헌신해 온 여성에게는 적극적 양육의 끝은 덧없음과 후회의 느낌을 불러일으킬 수 있다는 부정적인 전환을 의미한다. 하지만 많은 사람들에게 중년기는 시간으로부터 자유롭게 되고, 완성의 느낌을 주고, 사회적 유대를 더 튼튼하게 하고 관심을 다시 불러일으키는 기회이다.

역할 전환과 재정적인 어려움으로 인해 집에서 사는 젊은 성인 자녀들의 증가는 많은 중년 부모들에게 자녀를 내보내기-자녀의 돌아옴-자녀를 다시 내보내기의 패턴을 만들어낸다(제4장 참조). 여전히 출산율의 저하와 길어진 기대 수명으로 인해 많은 현대 부모들은 은퇴 10년 전 혹은 더 이전에 자녀를 떠나보내고, 그러고 나서 다른 보람 있는 활동들을 찾는다. 자녀가 집을 떠나고 결혼을 하면서 중년기 성인들은 시부모(혹은 장인·장모)와 조부모의 새로운 역할에 적응해야만 한다. 동시에, 질병에 걸리거나 허약해지거나 죽게 될 자신의 나이 든 부모님과 다른 형태의 관계를 확립해야 한다.

중년기는 가족 구성원들의 퇴장과 등장의 수가 가장 많은 것으로 기록된다. 이 인생 시기 동안 가족 내에서 그리고 가족을 넘어서서 이 유대들이 어떻게 변하는지 살펴보자.

결혼과 이혼

모든 커플이 경제적으로 안정적인 것은 아니지만 중년기 가구는 다른 연령집단에 비해 경제적으로 유복하다. 미국인들 중 45~54세 사이 사람들의 평균 연간 수입이 최고이며, 현대 중년기 성인들은—그들 중 더 많은 사람들이 대학과 대학원 학위를 취득했고, 맞벌이 가정에서 생활로 인해—이전 중년 세대보다 경제적으로 더 부유하다(U.S. Census Bureau, 2016a). 부분적으로는 더 나아진 교육 수준과 경제적인 안정으로 인해, 현대 사회는 중년기 결혼을 확장과 새로운 지평의 하나로 바라본다.

이러한 영향이 결혼관계를 새롭게 바라보고 적응할 필요성을 더욱 강화시켰다. 데빈과 트리샤에게 이런 변화는 점진적이었다. 중년기에 그들의 결혼생활은 가족과 개인의 욕구 만족을 가능하게 했고, 많은 변화를 견뎠고, 그리고 깊은 사랑의 느낌은 최고조에 달했다. 그와는 반대로, 엘레나의 결혼은 10대인 딸의 문제가 추가적으로 큰 부담을 가져다주었기 때문에 그리고 자녀의 독립이 결혼 문제를 더 두드러지게 만들었기 때문에 더 갈등에 시달리게 되었다. 팀의 결혼 실패는 또 다른 형태를 보여준다. 시간의 흐름과 함께, 부부 사이의 많은 문제들이 감소했지만 사랑의 표현 역시 감소했다(Gottman & Gottman, 2015; Rokach, Cohen, & Dreman, 2004). 좋은 것이든 나쁜 것이든 이제 그들의 관계에서 일어나는 일이 적어지므로, 부부를 함께 묶어 둘 것이 거의 없었다.

앞에 나왔던 '생물학적 영향과 문화적 영향' 글상자가 말해주듯이, 결혼만족은 중년기 심리적 안녕감의 강력한 예언자이다. 결혼행복은 직업, 자녀, 우정, 건강을 포함한 다른 영역에서의 행복보다 삶의 만족과 더 강하게 관련된다. 오직 경력에만 관심을 두어 왔던 중년의 남자는 종종 자신의 일에 한계가 있음을 깨닫는다. 그 시기에, 아내들은 보다 더 만족스러운 관계를 강조할 것이다. 그리고 이제 완전히 성인으로서의 역할을 시작한 자녀들은 부모들이 자신의 결혼생활을 개선할 때가 바로 지금임을 결정하도록 촉구하면서, 중년의 부모들로 하여금 이제는 그들이 인생의 후반부에 있다는 것을 상기시킨다.

성인 초기와 마찬가지로, 동성 중년 커플에 대한 증거는 부족하다. 그러나 어떤 연구는 레즈비언 파트너들이 다른 커플들에 비해 더 효과적인 의사소통 방식을 사용한다는 것을 보여준다(Zdaniuk & Smith, 2016). 40대, 50대, 60대 이성애자 및 동성 커플 200쌍의 면접에서 레즈비언 커플들은 그들의 파트너와 생각과 감정을 공유하는 데 있어서 더 개방적이고 정직한 것으로 기술했다(Mackey, 2000년, Diemer). 이성애자, 레즈비언, 게이 참가자들 모두에게서 신체적 애정, 낮은 갈등, 그리고 지각된 공정성은 더 깊은 심리적 친밀감을

예측했다.

이혼은 점점 더 중년기의 불행한 결혼을 해결하는 경로가 되어 가고 있다. 비록 지난 20년 동안 미국의 전반적인 이혼율은 감소했지만, 50세 이상 성인의 이혼율은 이 기간 동안 2배로 증가했다(Brown & Lin, 2013). 길어진 기대 수명, 결혼 와해에 대한 폭넓은 사회적 수용과 넉넉한 경제적인 상황(불행한 결혼생활을 떠나는 것을 더 쉽게 만들어줌)이 인생 후반부의 이혼 급증에 기여했다.

어떤 연령에서든지 이혼은 엄청난 심리적 손해를 입히지만, 중년기 성인들은 젊은 성인들보다 더 수월하게 적응하는 것 같다. 13,000명 이상의 미국인들을 대상으로 한 조사에서 중년기 남성과 여성은 젊은 사람들보다 이혼 후에 심리적 안녕감의 감퇴를 덜 보고했다(Marks & Lambert, 1998). 중년기의 실용적 문제 해결과 효과적인 대처 전략이 주는 이점이 이혼이 주는 스트레스 효과를 감소시킬 것이다.

몹시 괴로운 결혼생활을 잘 끝내는 중년기 성인들도 있지만, 적응에서의 개인차는 여전히 존재한다(Amato, 2010). 이혼을 선택한 많은 사람들이 궁극적으로 행복의 증가를 보고한다—이는 남성보다 여성에게서 강하게 나타난다(Bourassa, Sbarra, & Whisman, 2015). 앞에서 우리는 권리와 책임을 불공평하게 분담하는 형편없는 결혼생활에서 남성보다 여성이

많은 중년 부부들에게서 가족의 욕구와 개인적 욕구 모두를 만족시키는 관계를 맺는 것은 깊은 사랑의 느낌을 가져온다.

더 불행하다는 것을 알았다(제4장 참조). 이러한 것들과 다른 관계에서의 어려움이 해결될 수 없을 때, 이혼은 결국 정서적인 안도감을 가져다준다.

최근에 이혼한 중년기 성인들은 자신의 결혼생활이 끝난 이유에 대해 어떻게 말하는가? 여성들은 의사소통 문제, 관계에서의 불평등, 간통, 점진적인 거리감, 물질 남용, 신체적·언어적 학대, 혹은 자기 자신의 자율성 욕구를 자주 언급한다. 남성들도 역시 좋지 않은 의사소통 문제를 제기하지만 가끔은 자신의 '일중독'의 삶의 방식 혹은 정서적인 무뚝뚝함이 결혼 실패에 중요한 역할을 했다고 인정한다. 남성들보다 여성들이 이혼 요구를 더 먼저 하고, 그런 여성들이 심리적 안녕감에서 다소 나은 것 같다(Sakraida, 2005; Schneller & Arditti, 2004). 이혼을 먼저 요구하는 남성은 종종 이미 다른 낭만적 관계를 가지고 있다.

재혼한 커플들의 이혼율이 초혼인 커플들의 이혼율의 2배가 넘으므로, 중년기에 이혼하는 사람들의 실제 숫자는 이전에 한 번 이상 결혼에 실패한 사람들을 포함하고 있다. 이혼한 많은 중년기 성인들이 경제적으로 넉넉함에도 불구하고 많은 여성들에게 결혼 와해—특히 그것이 반복될 때는—는 생활 수준을 심각하게 떨어뜨린다. 결과적으로, 중년기와 초기 성인기 동안, 이혼은 **빈곤의 여성화**(feminization of poverty)—연령이나 인종에 관계없이, 자기 자신이나 가족들을 부양하는 여성이 빈곤층 성인 인구의 대다수가 되어 가고 있는 경향성—에 기여한다. 여성의 노동시장 참여 증가로 인해 서구 국가들에서 빈곤의 성별 격차가 줄어들었다(제4장 참조). 공공정책이 빈약하기 때문에, 빈곤의 성차는 다른 서구 산업화된 국가들보다 미국에서 더 높다(Kim & Choi, 2013).

종단연구의 증거는 이혼의 고통을 성공적으로 견딘 중년 여성들이 불확실성, 불일치에 대해 더 참을성 있고 더 편안하게 되고, 그리고 성격에서 더 자기의존적이 되는 성공적 경향이 있다는 것을 보여주었는데, 이러한 특성들은 이혼 때문에 어쩔 수 없이 생긴 독립심 때문이라고 여겨진다. 그리고 남성과 여성 모두 건강한 관계에서 자신이 중요하다고 생각했던 것을 재평가하여, 평등한 우정에 더 높은 가치를 부여하고, 그들이 처음에 중요하다고 여겼던 열정적 사랑에 가치를 덜 두게 된다. 초기 시기들과 마찬가지로, 이혼은 외상의 시간이자 성장의 시기이다(Baum, Rahav, & Sharon, 2005; Lloyd, Sailor, & Carney, 2014; Schneller & Arditti, 2004). 중년기 남성들의 이혼 후 장기적 적응에 관해서는 알려진 것이 거의 없는데, 이것은 아마도 대부분의 남성이 짧은 시간 내에 새로운 관계를 가지거나 재혼을 하기 때문인 것 같다.

부모-자녀 관계의 변화

성장한 자녀와 부모와의 긍정적인 관계는 아동기에 시작하여, 사춘기에 탄력이 붙고 자녀가 독립적 삶을 살게 될 때 절정에 달하게 되는, 점진적으로 '손을 놓는' 과정의 결과이다. 앞에서 언급했듯이, 대부분의 중년기 부모들은, 중년의 어느 시점에 성인 자녀를 '세상에 내보낸다'. 하지만 아이를 갖는 것을 30대 심지어 40대까지 미루는 사람들이 많아지면서 자녀들이 가정을 떠나는 시점에도 광범위한 차이가 있다(제3장 참조). 대부분의 부모들이 잘 적응한다. 단지 소수만이 어려움을 겪는다. 비양육적인 관계들과 역할에 대한 투자, 자녀의 특징들, 부모의 결혼과 경제적 상황들, 그리고 문화적 영향들이 이러한 전환이 개방적이고 가치 있는 것이 되는가 혹은 슬프고 고통스러운 것이 되는가에 영향을 준다.

아들인 마크가 안정된 첫 직장을 가지면서 집을 떠난 후에, 데빈과 트리샤는 다 큰 아들의 성숙함과 성공에 대한 자부심과 함께 그리움의 고통을 느꼈다. 이것을 넘어서서, 보람 있는 그들의 직업과 지역사회 참여로 이야기를 돌렸고, 서로를 위해 더 많은 시간을 가지게 된 것을 기뻐했다. 만족스러운 대안 활동들을 개발한 부모들은 전형적으로 자신의 자녀들이 성인이 된 것을 환영한다(Mitchell & Lovegreen, 2009). 강한 직업 지향은 특히 자녀들이 가정을 떠난 후의 인생 만족을 예언한다.

자녀를 세상에 내보내는 것의 사회적 시계에도 광범위한 차이가 있다. 제3장에서 낮은 사회경제적 지위의 가정을 가진 그리고 확대가족생활의 문화적 전통을 가진 많은 젊은이들은 가정을 일찍 떠나지 않는다고 했던 것을 기억하라. 그리스, 이탈리아, 그리고 스페인과 같은 남부유럽에서, 부모들은 종종 자녀의 독립을 적극적으로 지연시킨다. 예를 들어 이탈리아에서 부모들은 '납득할 수 있는' 이유 없이 떠나는 것은 가족 내에 무언가가 잘못되고 있다는 것을 의미한다고 믿는다. 동시에, 이탈리아 성인들은 성장한 자녀들에게 부모의 집 내에서 광범위한 자유를 준다(Crocetti, Rabaglietti, & Sica, 2012). 부모-자녀 관계가 대개 긍정적이어서 부모와 함께 사는 것을 매력적으로 만든다.

부모 자녀 공동 주거가 끝나는 것과 함께 부모의 권위는 실제적으로 하락한다. 데빈과 트리샤는 더 이상 마크가 들어

배운 것 적용하기

중년기 부모들이 그들의 성인 자녀와 긍정적 유대를 촉진하는 방법

제안	설명
긍정적 의사소통하기	성인 자녀들과 친밀한 파트너가 부모의 관심, 지원, 흥미에 대해 알게 하라. 이것은 애정을 전달할 뿐만 아니라 갈등을 건설적인 맥락에서 처리하는 것을 가능하게 한다.
아동기 유물인 불필요한 의견을 피하기	어린 자녀와 마찬가지로 성인 자녀도 연령에 적절한 관계를 인식한다. 안전, 먹기, 청결과 관련된 잔소리(예 : "고속도로에서 조심해라.", " 그런 음식은 먹지 마라.", " 추운 날에는 스웨터를 꼭 입어라.")는 성인 자녀를 화나게 하고 의사소통을 방해한다.
문화적 가치와 관습들, 그리고 생활양식의 어떤 측면들은 다음 세대에서 수정될 가능성이 있음을 수용하기	개인의 정체감을 구성하는 동안, 대부분의 성인 자녀들은 문화적 가치와 관습의 의미를 자신의 삶에서 평가하는 과정을 거쳐 왔다. 성인 자녀에게 전통이나 생활양식을 강요할 수 없다.
성인 자녀가 어려움에 직면했을 때, 그것을 '처리하라고' 강요하지 않기	성인 자녀의 자발적인 협조 없이는 의미 있는 변화가 일어날 수 없다는 사실을 받아들여라. 참견하거나 대신하는 것은 신뢰와 존중이 없음을 전하는 것이다. 성인 자녀가 여러분의 도움, 조언, 의사결정기술을 원하는지를 간파하라.
부모 자신의 욕구와 선호를 분명하게 하기	방문하거나 아기를 봐주거나 다른 도움을 주는 것이 어려울 때, 그렇다고 말해서 원망이 쌓이게 하지 말고 적당한 절충안을 협상하라.

오고 나가는 것을 알지 못했고, 마크가 알려주기를 기대하지도 않았다. 그럼에도 불구하고 대부분의 젊은 성인들과 마찬가지로, 마크는 규칙적으로 집을 방문하고, 전화하고, 문자하고, 이메일을 자주 보내 자신의 일상에서 일어나는 일들에 대해 부모님께 알려 드리고 조언을 구하며 부모님의 생활에 대한 소식을 계속 접했다. 부모와 자녀의 접촉과 애정이 유지될 때는 자녀가 집을 떠나는 것이 비교적 사소한 사건이다 (Fingerman et al., 2016; Mitchell & Lovegreen, 2009). 자녀와의 의사소통이 거의 없어지거나 부정적일 때, 부모의 심리적 안녕감은 떨어진다.

부모와 함께 살든지 아니든지, 발달의 '정지기' — 부모의 기대에서 벗어나 성인으로서 책임을 지는 길로 갈 조짐을 보여주지 않는 — 에 있는 젊은 성인기 자녀는 양육 부담을 유발할 수 있다(Settersten, 2003). 대학에서 성적이 좋지 않아 졸업하지 못할 위험에 처한 딸을 둔 엘레나를 생각해보자. 지도해야 한다는 더 큰 부모의 의무는 딸이 더 책임감 있고 독립적이길 기대하면서 적극적인 양육기를 끝낼 준비가 된 엘레나에게는 불안과 불행감을 가져다줄 것이다.

한 연구에서 연구자들은 40세에서 60세 사이의 부모들에게 그들 자신의 심리적 안녕감과 함께 성장한 아이들의 문제와 성공에 대해 보고해달라고 요청했다. 부모는 '자녀가 행복한 만큼 행복하다'라는 믿음과 일관되게 문제가 있는 자녀한 명이라도 있으면 부모의 안녕감은 낮아졌다. 하지만 성공한 자녀 한 명이 부모에게 보상이 되는 긍정적 효과는 없었다(Fingerman et al. 2012a). 반대로, 부모의 안녕감을 좋은 방향으로 틀기 위해서는 성공한 다수의 자녀가 필요했다. 결혼과 마찬가지로, 성인 자녀들과 부정적이고 갈등에 시달리는 경험은 현저한 사건으로 남아 중년 부모의 심리 상태에 큰 영향을 미친다.

중년기 동안, 계속해서 부모는 그들이 받는 것보다 더 많은 지원을 자녀에게 하는데, 특히 자녀들이 결혼 상태에 있지 않을 때나 결혼이 깨지거나 실직을 당하는 것과 같이 자녀들이 어려움에 직면했을 때는 더욱 그러하다(Ploeg et al., 2004; Zarit & Eggebeen, 2002). 서구 국가들에서 부모의 지원은 일반적으로 아래 세대로 '하향'한다 — 비록 인종 간 차이가 존재하지만, 대부분의 중년기 부모들은 그들의 나이 많은 부모들보다, 부모의 건강 악화나 기타 위기사항으로 긴급히 도움이 필요하지 않은 경우라면, 자신의 성인 자녀들에게 더 많은 경제적·실제적·정서적·사회적 지원을 제공한다(Fingerman & Birditt, 2011; Fingerman et al., 2011a). 성인 자녀들에 대한 관대한 지원을 설명할 때, 부모들은 보통 부모-자녀 관계의 중요성을 언급한다. 그리고 성인 자녀들에게 도움을 주는 것은 중년의 심리적 안정을 향상시킨다(Marks & Greenfield, 2009). 분명히, 중년기 성인들은 성인 자녀들의 성장에 계속 투자하고 부모의 역할을 하면서 엄청난 개인적 보람을 지속적으로 얻는다.

그러나 중년기 성인들이 제공하는 지원의 양과 종류는 사회경제적 지위에 따라 다르다(Fingerman et al., 2012b). 교육을 잘 받고 수입이 넉넉한 부모들은 더 많은 경제적 원조를 제공한다(Fingerman et al., 2012b). 그러나 낮은 사회경제적 지위의 부모들은 대개 공동주거와 함께 다양한 무형의 지원(육아 지원, 정서적 격려, 그리고 동료애)을 제공한다. 그럼에도 불구하고, 낮은 사회경제적 지위의 부모들은 한부모 역할을 하거나 대가족 생활 문화 때문에 자신의 지원 자원을 더 많은 자손들에게 분배해야 한다. 그 결과, 평균적으로, 사회경제적 지위가 낮은 부모들은 높은 사회경제적 지위를 가진 부모들보다 자녀들에게 유형/무형의 지원을 덜 줄 수밖에 없다(Fingerman et al., 2015). 여러 군데로 많은 시간을 쏟아 지원을 하다 보니 자녀들이 자신의 인생을 시작하는 것을 돕는 것에 비효율적이라는 것을 깨닫는 것은 많은 낮은 사회경제적 지위의 부모들을 지치고 실망스럽게 만든다.

자녀들이 결혼할 때, 부모들은 사위나 며느리를 포함하여 가족망을 넓히는 또 다른 문제에 직면한다. 부모가 자녀의 파트너를 인정하지 않거나 젊은 커플이 부모의 가치와 일치하지 않는 삶의 방식을 택할 때 어려움이 발생한다. 미래의 며느리나 사위와 긍정적인 관계를 맺기 위해 조취를 취하는 부모들은 일반적으로 자녀의 결혼 후 더 가까운 관계를 경험한다(Fingerman et al., 2012d). 그리고 온정적이고 지지적인 관계가 지속된다면, 부모와 자녀 간의 친밀감은 성인기를 걸쳐 증가하며, 이것은 부모의 삶의 만족에 큰 이득이 된다(Ryff, Singer, & Seltzer, 2002). 젊은 성인들이 자기 힘으로 새로운 시작을 하려고 할 때는 언제라도 중년 세대 구성원, 특히 어머니들은 **가족 지킴이**(kinkeeper)—축하하기 위해 가족을 모으고 모든 사람들의 접촉을 유지하도록 하는 것—로서의 역할을 한다.

자녀들이 성인이 되면서, 부모들은 자녀들과 평온과 만족의 성숙한 관계를 기대한다. 하지만 그 목표가 달성될 수 있을지는 많은 요인들—자녀 쪽과 부모 쪽의 그리고 가정환경의—의 영향을 받는다. '배운 것 적용하기' 글상자는 중년의 부모들이 성인 자녀와의 유대를 정답고 보람 있는 것으로 만들고 또 개인적 성장의 맥락으로 도움이 되는 기회를 증가시

킬 수 있는 방법을 제시하고 있다.

조부모 시기

마크가 결혼하고 2년 뒤, 데빈과 트리샤는 손녀가 곧 태어난다는 것을 알고 흥분했다. 한 세대 전에 비해, 결혼과 출산 시기의 지연 때문에 조부모 되는 시점이 10년 이상 늦춰졌다. 평균적으로 미국 여성들은 49세에, 미국 남성들은 52세에 조부모가 된다. 캐나다와 많은 서구 유럽 국가들에서는 조부모 되는 시기가 50대 중반에서 후반으로 훨씬 더 늦춰졌는데, 이것은 아마도 감소한 빈곤율, 의도하지 않은 출산, 그리고 종교적 이유 등을 포함한 출산율 감소와 관련된 요인 때문일 것이다(Leopold & Skopek, 2015; Margolis, 2016). 더 길어진 기대 수명은 성인들이 조부모의 역할로 그들 인생의 1/3 이상을 보낼 것임을 의미한다.

조부모 시기의 의미 중년기 성인들은 일반적으로 조부모 시기를 중요한 것으로 평가하는데, 직장인, 아들, 딸, 형제자매로서의 역할보다 중요하며 부모나 배우자의 역할과 근접하게 중요한 것으로 본다(Reitzes & Mutran, 2002). 같은 연령대의 다른 사람들과 마찬가지로 트리샤와 데빈은 손자녀의 소식을 왜 그렇게 열광하며 반기는가? 대부분의 사람들은 의미 있는 이정표로서 조부모 시기를 경험하는데, 그들은 아래에 나오는 하나 혹은 그 이상의 만족을 이야기한다.

- 존중받는 연장자—현명하고, 도움을 주는 사람으로서 지각되는 것
- 자손을 통한 영원한 생명—죽은 후에 단지 한 세대가 아닌 두 세대를 남기는 것
- 개인의 과거와의 새로운 관계—새로운 세대에게 가족 역사와 가치를 넘겨줄 수 있는 것
- 부담없는 사랑—일차적 자녀 양육자로서의 책임 없이 손자녀와 재미있게 지내는 것(Hebblethwaite & Norris, 2011)

조부모-손자녀 관계 손자녀와 관계를 맺는 조부모 형태는 그들이 새로운 역할에 대해 부여하는 의미만큼 다양하다. 조부모와 손자녀의 연령과 성별이 차이를 가져온다. 손녀가 어릴 때, 트리샤와 데빈은 손녀와 애정 어리고 쾌활한 관계를 즐겼다. 나이가 들어 가면서, 손녀는 조부모에게 온정과 보

살핌 외에 정보와 조언을 구했다. 손녀가 사춘기에 다다랐을 때, 트리샤와 데빈은 역할 모델, 가족 사학자, 그리고 사회적·직업적·종교적 가치의 전달자가 되었다.

손자녀와 가까운 곳에 사는 것은 어린 손자녀들과의 대면 상호작용의 가장 강력한 예측 변인이며, 나이 든 손자녀들과의 친밀감을 느끼는 것의 주된 요인이다. 서구 산업화된 국가들에서 가족 기동력이 높음에도 불구하고, 대부분의 조부모들은 적어도 손자녀 한 명이 규칙적인 방문을 하는 것이 가능할 만큼의 가까운 곳에 산다. 그러나 시간과 자원이 한정돼 있어 '손자녀 집단'(손자녀들이 있는 가정집)의 수가 많을수록 조부모들의 방문이 줄어든다(Bangerter & Waldron, 2014; Uhlenberg & Hammill, 1998). 손자녀의 발달에 영향을 주고 싶은 강한 욕구는 조부모들이 손자녀의 인생에 관여하도록 동기화한다. 손자녀들이 성장하면서, 조부모와의 물리적 거리는 영향력이 줄고 손자녀와의 관계의 질은 높아진다. 청소년기 또는 젊은 성인기 손자녀들이 자신의 조부모가 손자녀와의 접촉에 가치를 둔다고 믿는 정도가 조부모-손자녀 간 가까운 유대감의 좋은 예측 변인이다(Brussoni & Boon, 1998).

외할머니는 친할머니보다 손자녀를 더 자주 방문하며, 할머니들은 할아버지들보다 손자녀들과의 관계가 더욱 가깝다(Uhlenberg & Hammill, 1998). 전형적으로 같은 성의 조부모와 손자녀의 관계가 더 가깝고, 특히 외할머니와 손녀의 관계가 더욱 가깝다. 이것은 많은 국가들에서 나타나는 형태이다(Brown & Rodin, 2004). 할머니들은 또한 할아버지들보다 조부모의 역할에 더 만족하는데, 이것은 아마도 할머니들이 취미, 종교, 가족 활동에 손자녀와 더 참여하기 때문인 것 같다(Reitzes & Mutran, 2004; Silverstein & Marenco, 2001). 조부모 역할은 여성들이 그들의 가족 지킴이 기능을 만족시키는 중요한 수단일 것이다.

사회경제적 지위와 인종 또한 조부모-손자녀 유대에 영향을 준다. 조부모의 역할이 가족 유지와 생존에 핵심적이지 않은 높은 수입의 가족에서는, 조부모 관계는 사실상 일정한 체계가 없고 다양한 형태를 띤다. 반대로 낮은 수입의 가정에서는 조부모는 핵심적인 활동을 한다. 예를 들어 많은 한부모들은 자신의 원래 가족들과 함께 살고, 빈곤의 충격을 줄이기 위해 조부모의 양육 지원에 의존한다(Masten, 2013). 자녀들이 가족 스트레스를 경험할 때, 조부모와의 유대는 탄력성의 중요한 원천으로 더욱더 중요해진다.

많은 조부모들은 어린 손자녀들과의 애정 어리고 즐거운 관계로부터 큰 기쁨을 얻는다. 이 손자는 나이가 들면서 조언, 역할 모델, 그리고 가족 역사를 위해 그의 할아버지를 찾을 것이다.

가족 구성원 세대 간 상호의존성을 강조하는 문화에서는, 조부모들이 확대가족 가정으로 흡수되어서 자녀 양육에 적극적으로 관여하게 된다. 중국, 한국 혹은 멕시코계 미국인 할머니들이 가정주부일 때, 그들은 젊은 성인 부모들이 직장에 나가 있는 동안 우선적 양육자가 된다(Low & Goh, 2015; Williams & Torrez, 1998). 이와 유사하게, 아메리카 원주민과 캐나다 토착민 조부모들도 자녀 양육에 많이 관여한다. 생물학적 조부모가 없을 때, 자녀들의 멘토와 훈육자가 되기 위해 관련이 없는 연장자가 가족 내에 흡수될 수 있다(Werner, 1991).

심각한 가족 문제에 직면해서 일차 양육자로서 조부모가 참가하는 일이 점점 많아지고 있다. 뒤에 나올 '사회적 이슈: 건강' 글상자에서처럼, 점점 많은 수의 미국 어린이들이 부모와 떨어져서 조부모가 꾸리는 세대에서 산다. 조부모가 도움을 주려는 의향이 있고 자녀 양육 능력이 있음에도 불구하고, 젊은 손자녀들에 대해 완전한 책임을 맡은 조부모들은 상당한 정서적 부담과 재정적 부담을 느낀다. 그들은 지역사회나 정부기관으로부터 현재 가능한 것보다 훨씬 더 많은 지원을 필요로 한다.

대개 부모들이 조부모와 손자녀 간 접촉의 문지기 역할

을 하므로, 조부모와 며느리나 사위와의 관계가 조부모-손자녀 유대의 친밀도에 큰 영향을 준다. 며느리와의 긍정적인 유대가 조부모와 손자녀 사이의 관계에 특히 중요하다(Fingerman, 2004; Sims & Rofail, 2013). 그리고 결혼이 깨어진 후에는, 보호를 하고 있는 부모(전형적으로 엄마) 쪽의 조부모들이 손자녀와 더 자주 접촉을 가진다.

가족관계가 긍정적일 때, 조부모 역할은 중년과 그 이후에 개인적 욕구와 사회적 욕구를 충족시키는 데 중요한 의미를 제공한다. 전형적으로 조부모들은 아동, 청소년, 그리고 젊은 성인들에게 즐거움, 지원, 지식의 원천이다. 또한 조부모들은 젊은 사람들에게 나이 든 사람들이 어떻게 생각하고 기능하는지에 대해 직접 체험한 경험을 제공한다. 그 답례로, 손자녀는 조부모들에게 깊은 애착을 형성하고 조부모가 사회적 변화에 뒤떨어지지 않도록 해준다. 분명한 것은, 조부모관계는 세대 간 공유의 중요한 맥락이라는 것이다.

중년기 자녀와 그들의 나이 든 부모들

적어도 부모 중 한 명과 함께 살고 있는 북미 중년기 사람들의 비율이 극적으로 증가해 왔다. 1900년에는 10%에서 현재는 60%이다(Wiemers & Bianchi, 2015). 길어진 기대 수명은 성인 자녀와 그들의 부모들이 점점 함께 나이 들어 갈 것임을 의미한다. 중년기 자녀들과 나이 든 부모들의 관계는 어떠한가? 그리고 나이 든 부모의 건강이 나빠지면 성인 자녀들의 인생은 어떻게 바뀌는가?

접촉 빈도와 질 널리 퍼져 있는 신화는 과거 세대의 성인들은 지금의 성인들보다 그들의 나이 든 부모에게 더 헌신적이었다는 것이다. 비록 성인 자녀들이 그들의 부모들과 물리적으로 가까이 있는 시간은 더 적지만, 그 이유는 무관심이나 고립이 아니다. 나이 든 성인들의 건강과 경제적 안정성이 더 좋아져서 따로 살기를 원하기 때문에 과거에 비해 지금은 젊은 세대와 함께 사는 노인의 수가 적다. 그럼에도 불구하고 미국 노인의 약 2/3는 적어도 자녀 중 한 명과 가깝게 살고 있고 방문과 전화 통화를 통한 접촉의 빈도는 높다(U.S. Department of Health and Human Services, 2016b). 나이와 함께 근접성은 증가한다. 이사를 하는 노인들은 대개 자녀들이 사는 쪽으로 가고, 젊은 사람들은 나이 든 부모 쪽으로 이사가는 경향이 있다.

중년 나이는 그들이 다른 가까운 유대들을 다시 생각해

보는 것과 마찬가지로 그들의 부모들과의 관계도 재평가하는 시기이다. 많은 성인 자녀들은 자신의 부모의 힘과 관용에 더욱 감사하게 되고, 부모가 신체적인 감퇴를 보인 후에도 관계의 질에서 긍정적인 변화를 언급한다. 온정적이고 즐거운 관계는 부모와 성인 자녀 양쪽의 안녕감에 기여한다(Fingerman et al., 2007, 2008; Pudrovska, 2009). 예를 들어 트리샤는 부모와 가까워짐을 느끼면서 종종 부모님에게 그들의 젊은 시절의 삶에 대해 이야기해달라고 했다.

중년의 딸들은 중년의 아들보다 나이 든 부모(특히 엄마)와 가깝고 더 지지적인 관계를 형성한다(Suitor, Gilligan, & Pillemer, 2015). 하지만 이러한 성차는 감소한다. 아들들은 이전 연구들보다 최근 연구들에서 나이 든 부모에게 더 긴밀한 유대감을 느끼고 더 큰 도움을 주는 것으로 보고한다. 변화하는 성역할이 이러한 결과를 이끌었을 것이다. 왜냐하면 현대의 많은 중년기 여성들이 직장에서 일을 하고, 그들은 시간과 에너지에서 많은 경쟁적인 요구들에 부딪힌다. 결과적으로, 나이 든 부모를 보살피는 것을 포함하여, 남성들은 가족의 책임에 더 많이 관여하고 있다(Fingerman & Birditt, 2011; Pew Research Center, 2013c). 이러한 변화에도 불구하고, 여성들이 남성들보다 부모에게 더 많은 시간과 에너지를 투자한다.

상호의존성을 강조하는 문화에서는, 부모가 그들의 결혼한 자녀들과 함께 사는 경우가 매우 많다. 예를 들어 전통적으로 중국, 일본, 한국의 나이 든 부모는 아들과 며느리와 함께 살았고, 며느리는 시댁 식구들의 요구를 들어주었다. 오늘날 딸들 가족과 함께 사는 부모도 많다. 그러나 점점 더 많은 아시아와 아시아계 미국인 노인들이 혼자 사는 것을 선택함에 따라 아시아와 미국의 일부 지역에서 이러한 함께 사는 전통은 감소하고 있다. 그리고 점점 더 많은 가정에서, 남편과 부인 양쪽 모두의 부모가 다 지원을 받지만, 남편의 부모 쪽으로 더 많은 실질적이고 경제적인 도움을 주는 것으로 편향되어 있다(Davey & Takagi, 2013; Kim et al., 2015; Zhang, Gu, & Luo, 2014). 아프리카계 미국인과 히스패닉 가정에서도 나이 든 부모와 함께 사는 것은 흔하다. 함께 거주하는 것과 일상적 접촉이 전형적 형태이든 그렇지 않든, 대체로 관계의 질은 그 이전에 형성된 패턴을 반영한다. 일반적으로 긍정적 부모-자녀 유대는 그대로 유지되고, 마찬가지로 갈등이 많은 상호관계도 유지된다.

성인 자녀와 그들의 나이 든 부모 사이에 교환되는 도움은

사회적 이슈 : 건강

손자녀를 양육하는 조부모들 : 조손가정

거의 270만 명의 미국 조부모가 손자녀와 **조손가정**(skipped generation families), 즉 자신의 부모와 떨어져 조부와 사는 가정에서 함께 산다(Ellis & Simmons, 2014). 일차적 양육자로서 손자녀를 키우는 조부모의 수는 과거 20년 동안 증가해 왔으며, 특히 2007~2009년 사이 미국 경기침체 동안 급격히 증가했다. 모든 인종집단에서 나타나지만, 유럽계 미국 가족보다는 아프리카계 미국인, 히스패닉, 아메리카 원주민 가족에서 더 빈번하게 나타난다. 비록 남성보다는 여성이 조부모 양육자가 될 가능성이 더 크지만, 많은 할아버지들도 양육에 참여한다(Fuller-Thomson & Minkler, 2005, 2007). 조손가정에서는 일반적으로 부모들의 문제적 생활(심각한 경제적 어려움, 약물 중독, 자녀 학대, 방치, 가정 폭력, 또는 신체적 질병이나 정신적 질환)이 자녀들의 안전과 안정을 위협하기 때문에 조부모들이 양육에 관여한다(Smith, 2016). 흔히 이런 가정들은 둘 혹은 그 이상의 자녀를 맡고 있다.

그 결과로, 부모 역할을 하는 조부모들은 매우 스트레스가 심한 생활 조건에 부딪힌다. 나빴던 양육 경험은 아이들에게 상처를 남겨서, 아동들은 높은 비율의 학습장애, 우울, 반사회적 행동을 보인다. 아이의 부모들이 갖고 있는 적응장애가 가족관계에 긴장을 주곤 한다. 설상가상으로, 어떤 부모들은 조부모의 행동 제한을 어기고, 허락 없이 아이들을 데려가거나, 아이들에게 그들이 지켜주지 않을 것이라는 언질을 줌으로써 방해를 한다. 또한 이 아이들은 이미 낮은 수입을 가진 가족에게 경제적인 부담을 지운다(Hayslip, Blumenthal, & Garner, 2014; Henderson & Bailey, 2015). 이러한 모든 요인이 조부모의 정서적 고통을 증가시킨다.

조부모들은 매일 딜레마(부모가 아닌 조부모가 되기를 원하는 것과 아이의 인생에서 부모가 있어 주기를 원하지만 만약 부모가 돌아와서 양육을 잘할 수 없을 때 아이들의 안녕감에 대해 걱정하는 것)로 고심한다(Templeton, 2011). 배우자, 친구들, 여가를 위한 시간이 더 많아질 것이라 기대했던 조부모들에게 양육은 이러한 시간이 부족해짐을 뜻한다. 많은 조부모들은 정서적으로 쇠진되고, 우울하다고 느끼며, 자신의 건강이 나빠졌을 때 아이들에게 어떤 일이 생길지에 대해 걱정한다고 보고했다(Henderson & Bailey, 2015). 어떤 가정들은 극심한 부담을 진다. 양육을 하는 아메리카 원주민 조부모들은 일자리가 없으며, 장애를 가지고 있고, 여러 명의 손자녀를 돌보고, 극심하게 가난한 생활을 할 가능성이 매우 크다(Fuller-Thomson, 2005; Fuller-Thomson & Minkler, 2005).

비록 손자녀를 양육하는 조부모들이 스트레스가 심한 조건에서 양육의 역할을 맡지만, 대부분은 손자녀를 양육할 때 보상을 얻는다는 것을 발견한다.

큰 어려움에도 불구하고, 이들 조부모들은 가끔 손자녀들과 가까운 정서적 유대를 맺고 효과적인 자녀 양육 방법을 사용하면서 '조용한 구세주'로서의 전형적인 이미지를 보여주는 것 같다(Gibson, 2005). 이혼, 한부모, 다인종 가정, 양부모 가정에 비해 조부모들이 양육한 아동들이 여러 면에서 적응이 더 뛰어난 것으로 나타났다(Rubin et al., 2008; Solomon & Marx, 1995).

조손가정은 사회적, 경제적 지원과 문제가 있는 아동들을 위한 개입 서비스를 매우 필요로 한다. 양육권을 가진 조부모는 친척과 친구에게 신체적, 정신적 건강 혜택을 기대할 수 있다(Hayslip, Blumenthal, & Garner, 2015). 다른 조부모들은 지원 단체(자신과 손자들을 위해)가 특히 도움이 되지만 소수만이 이러한 개입 서비스를 이용하고 있다고 말한다(Smith, Rodriguez, & Palmieri, 2010). 이것은 조부모들이 지원 서비스에 대해 알아보고 접근하는 데 특별한 도움이 필요하다는 것을 제안한다.

비록 일상에서 손자녀들의 존재는 종종 스트레스를 주지만, 많은 조부모 양육자들은 ─심지어 심각한 문제를 가진 아이들과 생활을 함께 할지라도─ 전형적인 조부모들과 마찬가지로 조부모의 역할에 만족을 느낀다고 보고한다(Hayslip & Kaminski, 2005). 조부모-손자녀 유대가 온정적일수록 조부모의 장기간 삶의 만족도가 커진다(Goodman, 2012). 많은 조부모들은 아이들과 생활을 함께함으로써 기쁨을 느끼고, 손자녀들이 성장하는 것을 도움으로써 자부심을 느낀다고 보고한다. 이러한 느낌은 어려운 주변 조건들을 보상하도록 해준다. 그리고 어떤 조부모들은 손자녀 양육을 그들이 잘하지 못했던 첫 번째 부모 경험을 벌충하고, 부모 역할을 제대로 할 수 있는 '두 번째 기회'로 본다(Dolbin-MacNab, 2006).

과거와 현재 가족 상황에 민감하다. 부모-자녀 유대의 역사가 긍정적일수록 주고받는 도움이 더 많다. 또한 나이 든 부모는 결혼하지 않은 자녀와 장애를 가진 자녀에게 더 많은 것을 준다. 이와 유사하게, 자녀는 사별한 부모와 건강이 나쁜 부모에게 더 많은 실질적 도움과 정서적 지지를 제공한다(Suitor et al., 2016). 동시에, 중년기 성인들은 필요한 도움의 전반적인 양을 최대화하기 위해 할 수 있는 모든 노력을 다한다. 부모-자녀 유대의 우선순위가 부여되었기 때문에 자녀들에게도 후한 지원을 계속하는 반면, 중년들은 부모의 건강 문제가 증가함에 따라 부모들에게 주는 도움을 늘린다(Stephens et al., 2009).

부모-자녀 관계가 정서적으로 먼 경우라도, 부모가 나이 들어 감에 따라 성인 자녀는 이타주의와 가족 의무로 인해서 더 많은 지원을 제공한다. 그리고 부모-자녀 유대는 부모가 나이가 들수록 더 깊어지는 경우가 많다(Fingerman et al., 2011a; Ward, Spitz, & Deane, 2009).

요약하면, 다양한 역할들을 관리할 수 있고 각 역할 내에서의 경험이 대체적으로 긍정적인 한, 가족 구성원들(나이 든 부모)이 필요한 도움을 늘릴수록 중년의 세대 간 지원은 피할 수 없게 에너지를 고갈시키고 심리적 안녕감을 손상시키는 상충되는 요구라기보다는 **자원** 확장으로 가장 잘 특징지어진다(Pew Research Center, 2013c; Stephens et al., 2009). 220~221쪽 '생물학적 영향과 환경적 영향' 글상자에서 중년들이 다양한 역할을 성공적으로 처리하는 것이 큰 개인적 혜택을 가져온다는 것을 기억하라. 그들의 향상된 자존감, 통제감, 의미감과 목표가 추가된 가족-역할 요구들(개인적 보람을 추가로 얻는)을 다룰 수 있도록 그들의 동기와 에너지를 증가시킨다.

나이 든 부모 보살피기 미국 성인 자녀의 약 1/4이 아프거나 장애가 있는 나이 든 부모를 무급으로 돌본다(Stepler, 2015). 나이 든 부모를 보살피는 부담이 클 수 있다. 출산율이 감소하면서, 살아 있는 세대는 점점 많아지지만 새로운 젊은 구성원은 적어져서 점점 '머리가 큰' 형태로 가족 구조가 변해 가고 있다. 이것은 1명 이상의 나이 든 가족 구성원이 도움을 필요로 하고, 그것을 제공할 수 있는 젊은 성인의 수가 적게 된다는 것을 의미한다.

샌드위치 세대(sandwich generation)라는 용어는 중년 나이의 성인들이 윗세대와 아랫세대들을 동시에 보살펴야 함을

중년기에 많은 성인들이 자신의 나이 든 부모와 더 온정적이고 지지적인 관계를 발전시킨다. 이 딸은 엄마 생일파티에서 그녀의 정신적인 힘과 관대함에 감사와 사랑을 표현하고 있다.

언급하기 위해 널리 사용된다. 비록 노인 부모를 모시는 중년 나이의 성인들이 18세 이하의 어린 자녀와 한 집에 사는 경우는 드물지만, 많은 중년기 성인들은 젊은 성인 자녀와 손자녀에게 도움을 주고 있는데, 이러한 의무는 중년 성인들이 나이 든 세대와 젊은 세대의 중간에서 '샌드위치가 된' 혹은 쥐어 짜이는 것과 같은 느낌을 들게 한다. 더 많은 베이비부머들이 노년기로 옮겨 가면서, 그들의 자녀들이 자녀출산을 계속 연기함에 따라 일하고, 자녀를 키우고, 나이 든 부모를 보살피는 중년의 수는 증가할 것이다.

건강이 나쁜 나이 든 부모와 멀리 떨어져 사는 중년기 성인은 만약 그들이 재력이 된다면, 종종 간병을 위한 경제적 도움을 준다. 하지만 부모가 가까운 곳에 살고 그들의 요구를 충족시켜줄 배우자가 없다면, 대개 성인 자녀는 직접적으로 간병을 한다. 가족 수입 수준에 관계없이, 아프리카계 미국인, 아시아계 미국인과 히스패닉 성인들은 백인 미국 성인들보다 나이 든 부모에게 더 많은 경제적 보조와 직접 간병을 제공한다. 백인 미국인들과 비교하여, 아프리카계 미국인들과 라틴계 성인들은 나이 든 부모를 돕는 것에 대해 더 강한 의무감과 개인적 보람을 느끼는 것으로 보고한다(Fingerman et al., 2011b; Roth et al., 2015; Shuey & Hardy, 2003). 아프리카계 미국인들은 간병 원조를 위해 친구나 이웃들과 친밀하고 가족 같은 관계를 만든다.

모든 인종집단에서, 나이 든 부모를 보살필 책임은 아들보다는 딸들에게 더 많이 지워진다. 왜 여성들이 대체로 보살핌의 주요 제공자인가? 가족들은 가장 가능해 보이는—가까이 살거나 부모를 도와줄 수 있는 것에 방해가 될 것으로 여

겨지는 제약들이 적은-사람에게 도움을 청한다. 말로 하는 것은 아니지만 이러한 규칙들로 인해 부모는 같은 성별의 간병인을 선호(나이 든 엄마들이 더 오래 산다)하고 또 여성들이 더 많이 간병인 역할을 맡게 된다(그림 6.4 참조). 딸들은 또한 아들들보다 나이 든 부모를 보살필 책임을 더 느낀다(MetLife, 2011a; Pillemer & Suitor, 2013; Suitor et al., 2015). 그리고 부부가 남편과 부인 양쪽 모두의 부모에게 공평하려고 애쓴다 하더라도, 아내의 부모에게 직접적 간병을 더 많이 하는 경향이 있다. 하지만 이러한 편향은 소수민족 가족에서는 약화되고 아시아 국가들에서는 이러한 편향은 존재하지 않는다. 아시아 국가들은 며느리가 남편의 부모들을 간병할 것을 기대한다(Chu, Xie, & Yu, 2011; Shuey & Hardy, 2003).

그림 6.4가 보여주듯이, 북미 직장 여성들의 약 25%는 부모를 간병하고, 부모 간병을 위해 일을 그만두는 여성들도 있다. 그리고 장애를 가진 노인 부모를 간병하는 데 쏟는 시간은 상당하여 일주일에 평균 20시간이다(AARP, 2015; MetLife, 2011a). 한 연구에서 직장 남성들이 자신의 부모나 배우자의 부모를 일주일에 평균 7.5시간 간병하는 것으로 나타났다(Neal & Hammer, 2007). 예를 들어 팀은 최근에 뇌졸

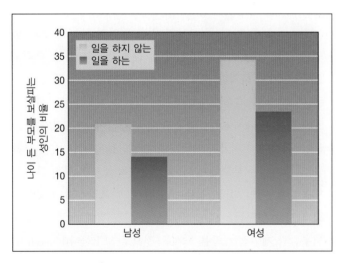

그림 6.4 직업 현황과 성별에 따른 건강이 나빠진 나이 든 부모에게 기본적 간병을 제공하는 베이비 부머들 적어도 한 명의 부모와 함께 살고 있는 50세 이상의 미국 남성과 여성 1,100명의 대표 표본을 조사한 결과, 일하는 성인보다 일을 하지 않는 성인이 기본적 간병(입히기, 먹이기, 목욕시키기 같은 보조)에 대한 도움을 더 많이 제공했다. 직장 유무에 상관없이 남성보다 여성이 부모를 더 보살핀다(*The MetLife Study of Caregiving Costs to Working Caregivers: Double Jeopardy for Baby Boomers Caring for Their Parents*, June 2011, Figure 3. The MetLife Mature Market Institute, New York, NY에서 재사용 허가).

중을 일으킨 자기 아버지를 매일 저녁 들러 들여다보고, 책을 읽어 주고, 심부름을 해주고, 집안 수리를 하고, 경제적인 도움을 준다. 하지만 여동생은 그녀 자신의 집에서 손이 많이 가는 도움(요리하기, 먹이기, 약 챙기기, 빨래하기)을 제공한다. 아들과 딸이 제공하는 보살핌은 성역할에 따라 나뉘는 경향이 있다. 아들은 약 10%의 시간(대개 그것을 할 수 있는 다른 가족 구성원이 없을 때) 동안만 일차 간병인이 되고, 기본적 간병 과제를 맡는다(Pinquart & Sörensen, 2006).

젊은 성인기에서 중년 나이로 가면서, 부모 돌보기의 성차는 감소한다. 아마도 남성들이 직업에 덜 몰두하게 되고 '남성적' 성역할을 따라야 할 필요성을 덜 느끼게 됨에 따라, 남성들은 기본적 보살핌을 제공할 수 있게 되고 또 기꺼이 하려는 마음을 더 갖게 된다(Marks, 1996; MetLife, 2011a). 동시에, 부모를 보살피는 것은 남성들이 자기 성격의 '여성적' 측면에 더 개방적이 되는 데 영향을 준다. 알츠하이머로 심각한 손상을 입은 어머니를 간병했던 한 남자는 그 경험이 자기 관점을 어떻게 변화시켰는지를 말했다. "이 간호가 시작되었을 때, 나는 두렵고 준비가 되어 있지 않았다. 지금 나는 매우 감사하고 자랑스럽다. 어머니를 꼭 안아주고 입맞춤해줄 수 있어서 다행이라 느낀다… 어머니는 계속해서 매일 나에게 가르침을 주신다"(Colbert, 2014).

대부분의 성인 자녀들이 자발적으로 부모를 보살피고, 개인적으로 얻는 이득도 많다(Brown & Brown, 2014). 이와 동시에, 만성적으로 아프거나 거동이 불편한 부모를 보살피는 것은 매우 스트레스가 많다. 시간이 지나면서, 부모는 대체로 상태가 나빠지고, 간병 업무는 급격히 증가한다. "가장 어려운 것 중 하나는 아버지의 신체적, 정신적 감퇴를 그렇게 가까이에서 지켜보는 정서적 부담이라네." 팀은 데빈과 트리샤에게 말했다

아픈 부모와 한 집에 사는 성인들(미국의 자녀 간병인들의 약 23%)이 가장 스트레스가 많다. 다년간 떨어져 살았던 부모와 자녀는 합치는 것을 대체로 싫어하여, 일상적인 일과와 생활방식에서 갈등이 일어나기 쉽다. 하지만 특히 정신적으로 악화된 부모를 간병하는 사람에게 있어서 가장 큰 스트레스의 원인은 문제행동이다(Bastawrous et al., 2015). 팀의 여동생은 아버지가 밤중에 깨어나고, 똑같은 질문을 반복해서 하고, 집 안에서 그녀를 따라다니고, 흥분하고 호전적이 된다고 말했다.

부모를 간병하는 것은 종종 정서적·신체적·재정적 상

중년을 보내면서, 더 많은 남성들이 만성 질환이나 장애를 가진 나이 든 부모를 보살피는 데 관여하게 된다. 비록 그 경험이 스트레스를 주지만, 대부분은 자발적으로 돕고, 개인적으로 보람을 얻는데, 이것은 아마도 남성들이 자기 성격의 '여성적' 측면에 더 개방적이 되기 때문일 것이다.

태에 영향을 미친다. 부모 간병은 역할 과중, 잦은 장기 결근, 정신쇠약, 집중 곤란, 적대감, 노화에 대한 두려움, 높은 우울을 가져오며, 여성이 남성들보다 더 큰 영향을 받는다(Pinquart & Sörensen, 2006; Wang & Shi, 2016). 자녀 간병인들(대부분 여성의 경우)은 보살핌을 제공하기 위해 근무 시간을 줄이거나 직업을 그만둬야 한다. 아픈 부모를 간병하기 위해 직장을 그만둔 여성들은 아픈 부모를 간병할 시간은 많아지지만, 대체로 사회적 고립과 경제적 부담 때문에 어렵게 지낸다(Bookman & Kimbrel, 2011). 직장에서의 긍정적인 경험은 집으로 돌아갈 때 우호적인 자기평가와 긍정적인 기분을 함께 가지고 가게 만들어주므로 부모 간병의 스트레스를 실제로 감소시켜 줄 수 있다.

특히 성인 자녀가 나이 든 부모를 보살펴야 하는 의무감을 강하게 느끼는 문화와 하위문화에서 정신적 희생은 더 커지는 경향이 있다(Knight & Sayegh, 2010). 정신적 장애를 가지고 있는 한국인, 한국계 미국인, 그리고 유럽계 미국인 부모 간병인의 연구에서, 한국인과 한국계 미국인이 가장 높은 수준의 가족 의무와 간병 부담을 보고했고 또한 가장 높은 수준의 불안과 우울을 보고했다(Lee & Farran, 2004; Youn et al., 1999). 그리고 아프리카계 미국인 부모 간병인 중에, 보살핌을 제공하는 것에 대한 문화적 이유를 강하게 인정하는("그건 내 가족들이 항상 해 왔던 일이야.") 여성들은 문화적 이유를 중간 정도로 받아들이는 여성들보다 2년 후 정신건강이 덜 좋았다(Dilworth-Anderson, Goodwin, & Williams, 2004).

사회적 지지는 간병 스트레스를 감소시키는 데 아주 효과적이다. 팀은 여동생을 격려 · 원조해주고 자진해서 이야기를 들어 주었는데, 이것은 여동생이 가족 내에서 아버지를 간병할 때 그녀의 대처를 도움으로써 그녀는 간병에서 만족과 보람을 찾을 수 있었다. 간병이 여러 가족 구성원이 서로 교환하면서 팀 노력이 될 때, 간병인들은 더 효과적으로 대처한다. 이러한 조건하에서, 간병은 힘들고 스트레스를 주지만, 심리적 안녕감을 증가시킬 수 있다(Roberto & Jarrott, 2008; Roth et al., 2015). 성인 자녀들은 돕는 것과 자기이해, 문제 해결, 자신감, 삶의 의미에 대한 감사함의 증가에 만족감을 느낀다.

살펴보기

중년기 성인에게 건강이 악화된 나이 든 부모 간병이 주는 스트레스와 보람을 말하게 해보라. 그 중년 성인이 스트레스를 줄이기 위해 어떤 전략을 사용하는가? 부모를 보살피는 중년기 성인은 어느 정도로 가족 구성원과 간병 부담을 나누고 지역사회 기관의 지원을 받는가?

덴마크, 스웨덴, 일본에서 정부가 지원하는 가정 도우미 제도는 노인의 욕구에 기반하여 특별히 훈련받은 가족이 아닌 간병인을 이용하게 함으로써 부모 간병의 짐을 수월하게 한다(Saito, Auestad, & Waerness, 2010). 미국에서 가족이 아닌 간병인의 가정 내 간병은 대부분의 가구에게는 너무 비용이 많이 든다. 급여를 받지 않은 가족 간병인의 1/3 미만이 다른 사람들로부터 보조 급여를 받는다고 보고했다(AARP, 2015). 그리고 꼭 해야만 하는 것이 아니라면, 소수의 사람들은 부모를 요양소와 같은 공식 간병기관에 두기를 원하지만 그것도 역시 비싸다. 뒤페이지의 '배운 것 적용하기' 글상자에는 나이 든 부모를 보살피는 스트레스를 개인, 가족, 지역사회, 그리고 사회 수준에서 경감시키는 방법이 요약되어 있다. 제7장에서 간병인에 대한 개입과 함께, 노인 간병의 추가적인 선택권에 대해 이야기할 것이다.

형제자매 관계

팀과 그의 여동생의 관계가 보여주듯이, 형제는 사회적 지지를 제공하는 이상적 관계이다. 그럼에도 불구하고 다양한 인종의 미국인 표본을 조사한 것에 따르면, 형제 접촉과 지지는 성인 초기와 중년기 사이에 감소하고 서로 가까이 살고 있는 70세 이후의 형제들에게서만 비로소 다시 증가한다(White, 2001). 중년기에 접촉이 감소하는 것은 아마도 중년

배운 것 적용하기

나이 든 부모를 돌보는 스트레스를 줄이기

전략	설명
효과적인 대처 전략 사용	부모의 행동과 보살피는 과제를 다루기 위해 문제 중심 대처를 사용하라. 다른 가족구성원들에게 책임을 위임하고, 친구와 이웃의 도움을 구하고, 부모가 할 수 있는 것은 요구하면서 또한 부모의 한계를 인식하라. 상황을 긍정적인 방향으로 재해석하기 위해 정서 중심 대처를 사용하라. 즉 그 상황을 개인적 성장의 기회로 또 부모의 남은 생의 마지막 몇 년 동안 베풀 수 있는 기회라고 강조하는 것이다. 보살피는 일의 부담으로 인한 분노, 우울, 불안을 부인하지 말라. 그러면 스트레스가 커진다.
사회적 지지 추구	가족 구성원들과 친구들에게 보살피는 것의 스트레스에 대해 털어놓고 그들의 격려와 도움을 구하라. 가능한 한 병든 부모님을 돌보기 위해 직장을 그만두지 말라. 그렇게 하는 것은 사회적 고립과 재정적 손해를 가져온다.
지역사회 자원 이용	간병인 지원 그룹, 집에서 할 수 있는 임시 간호, 가정배달 음식, 수송, 성인 데이케어와 같은 형태의 정보와 도움을 얻기 위해 지역사회기관과 접촉하라.
작업장과 공공정책에 요청하여 나이 든 부모를 보살피는 것의 정서적·재정적 부담을 경감시키기	유연한 노동 시간과 간병인 휴가와 같은 노인 간병 혜택을 제공하도록 여러분의 고용주를 촉구하라. 노인 간병 비용을 원조하기 위한 공공정책의 필요성에 대해 입법자와 다른 시민들과 의견을 교환하라. 중간 소득층과 저소득층에서 노인 부모 간병의 재정적 부담을 감소시키기 위한 개선된 건강 보험 정책의 필요성을 강조하라.

기 성인들의 다양한 역할 요구 때문이다. 하지만 대부분의 성인 형제자매들은 적어도 한 달에 한 번씩 함께 모이거나 전화 통화를 한다고 보고한다(Antonucci, Akiyama, & Merline, 2002).

접촉이 감소함에도 불구하고, 중년기에는 많은 형제자매들이 주요한 인생 사건들에 대한 반응에서 종종 더 가깝다고 느낀다(Stewart et al., 2001). 자녀가 사회에 진출하고 결혼하는 것이 형제들이 서로에 대한 생각을 더 많이 하도록 촉진시키는 것으로 보인다. 팀은 "여동생의 자녀들이 집을 떠나 결혼했을 때 그것이 우리 관계에 도움을 주었죠. 여동생은 정말로 나에게 마음을 쓰고 있었지만 단지 시간이 없었다고 생각해요"라고 말했다. 부모의 병이 위중해지면, 그전에는 서로 관계를 별로 가지지 않았던 오빠와 여동생이 부모를 간병하는 것에 관해 서로 접촉하게 된다. 그리고 부모가 사망하면, 성인 자녀들은 자신들이 가장 나이 많은 세대가 되었고 가족 유대를 유지하기 위해서 서로를 돌보아야 한다는 것을 깨닫는다.

물론 모든 형제자매 유대가 좋아지는 것은 아니다. 어린 시절 부모의 편애와 아버지의 현재 편애가 성인 형제자매

들 사이의 부정적 관계와 관련이 있다(Gilligan et al., 2013; Suitor et al., 2009). 어머니의 현재 편애 효과는 복잡하다. 한 연구에서, 중년기 자녀들은 자신의 어머니가 선호한다고 생각하는 형제자매들에게 더 큰 친밀감을 나타냈고, 자신의 어머니가 싫어하는 형제자매들에 대한 친밀감을 감소시켰다(Gilligan, Suitor, & Nam, 2015). 아마도 성인 자녀들은 자신

이 중년기 자매들은 가족모임에서 서로의 애정을 표현한다. 접촉이 감소했음에도 불구하고, 중년기에는 형제자매들, 특히 자매들은 종종 더 가깝다고 느낀다.

의 어머니에게 영향을 준 동일한 특질에 의해 특정 형제자매들에게 끌리거나 멀어지게 되었을 것이다. 혹은 그들은 자신의 어머니가 편애하는 형제자매들과 유대를 맺고 덜 좋아하는 형제자매들을 피함으로써 어머니와의 관계를 개선하려고 했을 수도 있다. 또한 부모 간병에서의 큰 불평등은 형제 간의 긴장을 촉발할 수 있다(Silverstein & Giarrusso, 2010; Suitor et al., 2013). 그리고 나이 든 부모들이 보살핌을 필요로 할 때, 부모의 편애에 대한 인식이 존재한다면 형제자매 간의 갈등이 심해진다.

젊은 성인기에 자매 관계가 남매 혹은 형제 간 유대보다 더 가까운 것은 많은 산업화된 국가들에서 분명하게 나타난다(Cicirelli, 1995; Fowler, 2009). 그러나 베이비부머의 중년기 남성들과 이전 동년배 집단의 남성들을 비교했을 때 베이비붐 형제들이 더 따뜻하고 더 표현적인 관계를 맺고 있다(Bedford & Avioli, 2006). 이러한 현상에 기여하는 요인은 베이비붐 세대들의 좀 더 유연한 성역할 태도일 것이다.

산업화된 국가에서 형제자매 관계는 자발적이다. 촌락 사회에서 형제자매 관계는 일반적으로 비자발적이며 가족 기능의 기본이다. 예를 들어 아시아 태평양 섬 주민들 가족의 사회적 삶은 강한 남매 애착을 중심으로 조직화된다. 남매 쌍은 다른 가족들과의 교환 결혼에 있어서 종종 하나의 단위로 취급된다. 결혼한 후에, 남자 형제들이 여자 형제들을 보호할 것이 기대되고, 여자 형제들은 남자 형제들에게 정신적인 멘토로서 기능한다. 가족 구성원은 단지 생물학적인 형제자매만을 포함하는 것이 아니라 남자 형제 혹은 여자 형제의 지위인 사촌과 같은 다른 친척도 인정하여 보통 긴 생애 동안 넓은 형제자매 지원망을 만들어낸다(Cicirelli, 1995). 문화적 규범은 형제자매 갈등을 감소시키고 그것에 의해 가족 협동을 확실하게 한다.

친구관계

가족 책임이 중년기에 감소하면서, 데빈은 친구들과 더 많은 시간을 보냄을 발견했다. 금요일 저녁에, 그는 커피숍에서 몇 명의 남자 친구들과 만났고, 몇 시간 동안 수다를 떨었다. 하지만 데빈의 친구관계는 대부분 부부에 기반을 둔 것이어서 트리샤와 함께하는 관계였다. 데빈과 비교했을 때, 트리샤는 그녀 자신의 친구들과 더 자주 어울렸다.

중년기 우정은 제4장에서 논의된 것과 같은 경향을 반영한다. 모든 연령에서, 남성들은 여성들보다 친구들과 있을 때 친밀감을 덜 표현한다. 남성들은 스포츠, 정치, 사업에 대해 이야기를 하는 경향이 있는 반면, 여성들은 느낌과 인생 문제들에 초점을 맞춘다. 이 여성들은 가까운 친구의 수가 많다고 보고하고 친구들과 서로 많은 정서적 지지를 주고받는다고 말한다(Fiori & Denckla, 2015).

그들의 힘든 일상생활 때문에, 많은 중년들은 소셜미디어를 통해 친구들과 연락하는 편리함을 환영한다. 젊은 성인들의 이용률보다는 적지만, 페이스북이나 다른 소셜미디어 사이트를 통해 정기적으로 친구들과 연락하는 미국 중년기 성인들의 수가 빠르게 늘고 있다(그림 6.5 참조)(Perrin, 2015). 성인 초기와 마찬가지로, 중년기 여성들은 더 활발한 소셜미디어 이용자들이다. 그리고 여성 이용자들은 오프라인에서 더 친밀한 관계를 맺고, 때때로 페이스북을 사용하여 '휴면' 우정을 회복하기도 한다.

그럼에도 불구하고 두 성 모두 친구의 수는 나이와 함께 감소하는데, 아마도 사람들은 친구들이 큰 보상을 주지 않는다면 가족이 아닌 유대들에 투자를 덜하려고 하기 때문인 것 같다. 나이 든 성인들은 친구관계를 맺는 데 더 선택적이 되

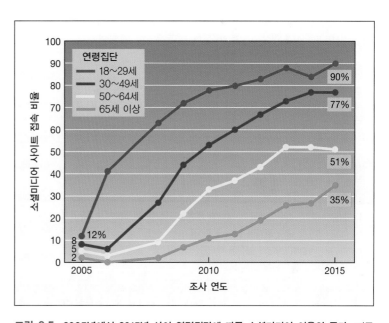

그림 6.5 2005년에서 2015년 사이 연령집단에 따른 소셜미디어 이용의 증가 미국 성인들을 대표하는 광범위한 표본을 대상으로 한 반복 조사는 소셜미디어 사이트 사용이 모든 연령집단에서 상당히 증가했음을 보여준다. 젊은 성인들만큼 열심인 이용자는 아니지만, 대부분의 중년기 성인들은 소셜미디어 사이트, 주로 페이스북을 사용하는 것으로 나타났다(A. Perrin, 2015, "Social Media Usage: 2005–2015." Pew Research Center's Internet & American Life Project, Washington, D.C., October 8, 2015, www.pewinternet.org. 허락하에 재인쇄).

면서, 친구들과 사이 좋게 지내려고 더욱더 노력한다 (Antonucci & Akiyama, 1995). 친구를 선택하면서, 중년기 사람들은 관계에 큰 가치를 부여하고 그것을 보호하기 위해 특별한 방법을 사용한다.

살펴보기

> 여러분이 잘 아는 중년 커플에게 그들의 성인 초기 친구관계와 비교하여 현재의 친구관계의 수와 특징을 묘사하라고 해보라. 그들이 보고하는 것은 연구 결과와 일치하는가? 설명해보라.

중년기에, 가족관계와 친구관계는 심리적 안녕감의 다른 면을 지원한다. 가족 유대는 심각한 위협과 상실로부터 보호하여 장시간의 틀 내에서 안전을 제공한다. 반대로 친구관계는 현재의 즐거움과 만족의 원천으로 작용하는데, 여성들이 남성들보다 다소 많은 이득을 본다(Levitt & Cici-Gokaltun, 2011). 중년기 부부들이 친밀감을 다시 회복하게 됨에 따라, 그들은 가장 좋은 가족이자 친구가 된다.

묻고 대답하기

연관지어보기 젊은 시절의 가족관계가 중년기 성인들이 자신들의 성인 자녀, 나이 든 부모, 형제들과 맺는 유대에 영향을 준다는 증거를 들라.

적용해보기 레일린과 그녀의 오빠 월터는 그들의 노모인 엘시와 같은 도시에 산다. 엘시가 더 이상 혼자 살 수 없게 되었을 때, 레일린은 어머니를 보살피는 일차적 책임을 졌다. 레일린이 어머니를 보살피는 데 관여하고 월터는 역할을 덜 하는 것은 어떤 요인들 때문인가?

생각해보기 여러분의 부모 중 한 명에게 여러분이 새로운 성인 역할로 옮겨 갈 때 부모-자녀 관계가 어떻게 변했는지 그분의 생각을 물어보라. 여러분은 동의하는가?

직업 생활

6.8 성별 차이와 소수민족들의 경험에 특별한 주의를 기울이면서, 중년기 직업 만족과 경력 발달에 대해 논의한다.

6.9 중년기 직업의 변화와 실직에 대해 논의한다.

6.10 은퇴계획의 중요성에 대해 논의한다.

이전 시기와 마찬가지로 직업은 중년기 정체감과 자존감의 두드러진 면이다. 초기 젊은 시절이나 이후 노년기보다 훨씬 더 그러해서, 사람들은 자신의 직업적 삶의 개인적 의미와 자기주도력을 높이고자 시도한다. 동시에 직업 수행의 어떤 측면들은 향상된다. 나이 든 근로자들은 무단결근, 이직, 사고율이 낮다. 또한 보다 효율적인 직장 시민으로서, 더 자주

동료들을 돕고 그룹 성과를 개선하려고 노력하며 사소한 문제에 대해 불평하는 횟수가 줄어든다. 그리고 그들의 지식과 경험이 풍부하기 때문에, 그들의 업무 생산성은 일반적으로 젊은 노동자들과 같거나 그 이상이다(Ng & Feldman, 2008). 그 결과, 나이 든 근로자의 진가는 젊은 근로자들의 가치와 동일하거나 심지어 더 높다.

현재 중년기를 거치는 대세인 베이비부머들(제8장 참조)과 이전 세대보다 더 오래 일하고자 하는 욕구는 나이 든 노동자들의 수가 다음 몇십 년 동안 극적으로 증가할 것임을 의미한다(Leonesio et al., 2012). 하지만 성인 노동자로부터 노인 노동자로의 순조로운 전이는 노화의 부정적 고정관념(제한된 학습 역량, 느린 의사 결정, 변화와 감독에 대한 저항과 같은 잘못된 신념)으로 인해 방해를 받는다(Posthuma & Campion, 2009). 게다가 성차별은 많은 여성들의 경력 성취를 계속해서 제한한다. 중년기 직업생활을 자세하게 살펴보자.

직업 만족

직업 만족은 심리적이고 경제적인 만족이다. 만약 사람들이 일에 불만이라면, 그 결과는 장기결근, 이직, 노동불만, 그리고 파업으로 이어질 수 있는데 이 모두는 고용주에게 비용 부담이 된다.

연구들은 임원직에서부터 시간제 노동자까지 모든 직업 수준에서 직업 만족이 중년기에 증가함을 보여준다(그림 6.6 참조). 직업의 다른 면들을 고려할 때, 내적 만족(직무 자체에 대한 행복감)은 나이와 강하게 관련되어 나이가 들수록 높아진다(Barnes-Farrell & Matthews, 2007). 외적 만족(감독에 대한 만족, 임금, 승진)의 변화는 매우 작다.

그러나 나이와 관련된 직업 만족의 증가는 남성보다 여성에게서 약하게 나타난다. 아마도 더 많은 여성들이 직장에서 휴가를 내고, 가족의 의무를 충족시키기 위해 혹은 파트타임으로 일하거나 유연한 작업 스케줄을 사용하면서, 미국의 '이상적인 직장인'으로서 기대되는 장시간의 노동을 통한 직업에 대한 완전한 헌신의 모습에서 벗어나기 때문일 것이다. 이에 대해 고용주는 여성에게 불리하게 만들어 불평등한 대우를 받는 느낌을 불러일으킬 수 있다(Kmec, O'Connor, & Schieman, 2014). 여성의 승진 기회가 적은 것은 직업생활의 만족을 떨어뜨릴 수 있다. 중년기 직업 만족도 상승은 또한 사무직 노동자보다 육체 노동자의 경우에 약한데, 아마도 육

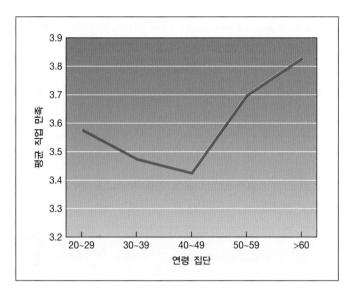

그림 6.6 성인 초기에서 중년 직업 만족의 연령 관련 증가 비서에서부터 대학 총장에 이르기까지 모든 수준의 대학 피고용자들 2,000명 이상을 대상으로 한 이 연구에서, 그들을 좌절시키는 경험과 부딪히는 성인 초기에 직업 만족은 약간 떨어진다(제4장 참조). 중년기에 직업 만족은 꾸준히 증가한다(W. A. Hochwarter et al., 2001, "A Note on the Nonlinearity of the Age-Job-Satisfaction Relationship," *Journal of Applied Social Psychology*, 31, p. 1232. Copyright © 2001, John Wiley and Sons. Reproduced with permission of Wiley Inc.).

체 근로자는 자신의 직무 계획과 직무 활동을 덜 통제하기 때문일 것이다(Avolio & Sosik, 1999).

중년기 동안의 직업 만족을 설명할 수 있는 것은 무엇인가? 어려운 상황에 효과적으로 대처하는 능력의 향상과 시간에 대한 관점이 넓어진 것이 여기에 기여할 것이다. "내가 처음으로 가르치는 일을 시작했을 때, 나는 많은 것에 대해 불평했어요." 데빈이 말했다. "현재 나의 관점에서 보면, 나는 사소한 것에서 중요한 문제점을 말할 수 있죠." 트리샤처럼 큰 법률 회사에서 작은 회사로 옮기면서 보상이 없는 직업 역할로부터 벗어나는 것도 그곳에서 인정받는 느낌을 받으면서 사기를 높일 수 있다. 직업 안녕감을 예언하는 핵심 특징은 의사결정, 합리적인 작업 부하, 좋은 물리적 작업 조건 등을 포함한다. 나이 든 사람들은 이런 면에서 매력적인 직업에 접근할 가능성이 더 클 것이다. 게다가 옮겨 갈 수 있는 대안이 더 적기 때문에 대체로 나이 든 노동자들의 직업적 포부가 감소한다(Warr, 2001, 2007). 실제 성취와 가능한 성취의 지각된 차이가 감소하면서 직업 관여(자존감에서 일의 중요성)는 증가한다.

비록 일에 대한 정서적 부담이 대개는 심리적으로 건강한 것으로 보이지만, 그것은 또한 극도의 **소진**(burnout)—장기

간의 직무 스트레스가 정신적 소진, 개인적 통제감의 상실, 그리고 성취감 감소를 가져오는 상태—을 가져올 수 있다. 소진은 피고용자들의 정서적 압력이 높은 직업 분야인 건강 관리, 인간 서비스, 교육을 포함하여 다른 사람에게 도움을 주는 직종에서 더 자주 나타난다. 비록 대인관계의 큰 노력을 요하는 이와 같은 직업의 사람들도 다른 사람들만큼 심리적으로 건강하지만, 가끔은 특히 지지적이지 않은 작업환경에서, 근무자들의 책임이 그 사람의 대처기술을 능가한다(Schmidt, Neubach, & Heuer, 2007). 소진은 가능한 시간 동안의 직업 할당을 넘어서는 것, 사기 저하와 감독관으로부터의 피드백 부족과 관련이 있다.

소진은 심각한 직업적 위험요소로 주의와 기억의 손상, 심각한 우울, 근무 중 상해, 신체적 질병, 낮은 직무 수행, 장기결근, 그리고 이직과 관련된다(Ahola & Hakanen, 2014; Sandström et al., 2005). 소진을 방지하기 위해서, 고용주들은 작업 부하가 적당한지 확인하고, 근로자들이 스트레스를 주는 상황으로부터 벗어날 시간을 가질 기회를 제공하고, 스트레스를 주는 직무 시간을 제한하고, 사회적 지지를 제공할 수 있다. 가족 및 개인 생활에 대한 근로자 통제 및 감독자 지원을 강화하는 개입은 직업 관여와 효과성을 증가시키고 소진을 감소시킬 가능성이 있다(Kelly et al., 2014; Margolis, Matthews, & Lapierre, 2014; Moen et al., 2011). 야간 수면 증가 및 일-가정 균형의 향상 등 향상된 근로자 건강 행동들은 이러한 긍정적인 결과를 설명할 수 있다.

경력 발달

이전 장에서 첫째 아이가 집을 떠한 후 아냐는 대학 학위를 땄고 처음으로 직장에 취직을 한 것을 기억하라. 교구 간호사로 몇 년을 보낸 후, 그녀의 직업 성취를 더 높이기 위해 추가적 훈련이 필요하다고 느꼈다. 트리샤는 워크숍과 대학원 과정에 출석할 수 있도록 해준 회사의 관대한 지원에 감사했는데 이것은 그녀가 새로운 법률 발전에 뒤떨어지지 않도록 도움을 주었다. 대학 학장으로서 데빈은 경영 효율성에 관한 세미나에 참가했다. 이러한 경험들은 경력 발달이 직업 생애 전반에 걸쳐 중요함을 보여준다.

직업 훈련 아냐의 35살 된 감독인 로이는 그녀가 기술을 향상시키기 위해 쉬겠다고 했을 때 깜짝 놀랐다. "당신은 50대 예요." "지금 당신의 인생에서 그렇게 많은 새로운 정보들을

배워 어쩌겠다는 거죠?"라고 말했다.

로이의 무감각하고 편협한 반응은, 대개는 말로 표현하지는 않지만 유감스럽게도 경영자들 사이에서 너무나도 보편적인 것인데, 심지어 나이가 많은 경영자들조차도 그러하다! 연구들은 나이 든 근무자들은 훈련과 직장 경력 상담을 이용하는 것이 더 힘들다고 제안한다. 그리고 경력 발달 활동이 제공될 때도, 나이 든 피고용인들은 그것에 덜 자원하는 것 같다(Barnes-Farrell & Matthews, 2007; Cappelli & Novelli, 2010). 직업 훈련과 향상에 기꺼이 참여하도록 영향을 주는 것은 무엇인가?

개인적 특징이 중요하다. 나이가 들면, 안전 욕구에 밀려 성장 욕구는 다소 꺾이게 된다. 결과적으로, 많은 나이 든 근로자들에게 학습과 도전은 내재적인 가치로서의 힘이 약해진다. 아마도 이러한 이유 때문에, 나이 든 근로자들은 직업 발달에 대한 동료와 상관의 더 많은 격려에 의존한다(Claes & Heymans, 2008). 하지만 우리가 보아 왔듯이, 나이 든 사람들은 지지를 해주는 상관을 가지기가 쉽지 않다. 게다가 노화에 대한 부정적 고정관념은 나이 든 근로자들의 기술을 보완할 수 있는 자기효능감을 감소시킨다(Maurer, Wrenn, & Weiss, 2003). 자기효능감은 직업과 관련된 기술을 향상시키고 확장시키려는 피고용인들의 노력을 가장 강력하게 예언한다.

작업장 특징도 또한 중요하다. 새로운 학습을 요구하는 직무를 부여받은 피고용인들은 할당된 일을 성공적으로 해내기 위해서는 배워야만 한다. 아쉽게도, 때때로 나이 든 근로자들에게는 젊은 근로자들에게보다 틀에 박힌 일상적 업무가 더 많이 주어진다. 따라서 직업과 관련된 학습에 참여하고자 하는 동기의 감소는 어느 정도는 그들에게 주어진 업무의 형태 때문일 것이다. **연령 친화적 분위기**(나이 든 근로자의 관점)를 가진 회사에서는 나이 든 근로자들이 추가 교육에 자주 참여하며, 높은 자기효능감, 직무 전념 및 직업 만족도를 보고한다(Bowen, Noack, & Staudinger, 2011; MacDonald & Levy, 2016).

성별과 인종 : 유리 천장

쥬얼은 30대 때 자신의 사업을 시작하면서 회사 사장이 되었다. 그녀는 여성으로서 대기업의 최고경영자로 승진하는 기회는 너무 좁다고 결론 내리고 시도조차 하지 않았다. 여성과 소수민족이 관리직이 될 가능성이 높아지고 있지만, 여전히 이들은 불평등을 겪고 있다.

직업 진입기부터, 남성과 여성, 백인과 흑인 사이의 불공평은 시간이 지날수록 뚜렷해진다 ─ 이러한 결과는 교육, 직업기술과 직업 생산성 요인들을 통제한 후에도 여전하다(Barreto, Ryan, & Schmitt, 2009; Huffman, 2012). 승진한 여성들은 보통 중진급에서 멈추게 되는 경우가 많다. 가장 명성 있는 높은 지위의 경영직을 보면, 백인 남성은 더욱더 유리하다 ─ 대기업 최고 경영 책임자의 72%와 포춘지 선정 500대 기업의 96%를 남성들이 차지한다(U.S. Department of Labor, 2016a).

여성과 소수 인종은 **유리 천장**(glass ceiling) 혹은 조직 지위 사다리에서 승진하는 데 보이지 않는 벽에 직면한다. 왜 그러한가? 경영은 가르침을 받아야만 하는 예술이고 기술이다. 하지만 여성과 소수 인종들은 멘토, 역할 모델, 그리고 훈련 경로로 작용하는 비정규적인 네트워크에 접근하기 어렵다(Baumgartner & Schneider, 2010). 그리고 여성들의 직업 헌신과 강한 관리자(특히 자녀가 있는 여성)가 될 수 있는 능력에 대한 고정관념적인 불신 때문에, 상관들은 여성 피고용인들의 역량을 과소평가하고 정규적으로 훈련하는 프로그램에 여성들을 추천하지 않는다(Hoobler, Lemmon, & Wayne, 2011). 게다가 벤처 사업의 시작, 국제적 경험, 그리고 분쟁 조정과 같이 리더십을 필요로 하고 승진으로 가는 기회가 되는 도전적이고, 위험이 높으며, 매우 가시적인 업무 할당은 여성과 소수 인종에게는 거의 주어지지 않는다.

마지막으로, 리더십과 출세와 관련된 자질(주장성, 자신감, 강한 설득력, 야망)을 보이는 여성은, 비록 그들이 남성들보다 더 자주 이러한 자질들을 민주적이고 협력적인 스타일의 리더십과 결합한다 할지라도, 전통적인 성역할에서 벗어나 있기 때문에 편견에 부딪힌다. 그들은 같은 자질을 가진 남성들보다 더 부정적으로 평가받는다(Carli, 2015; Cheung & Halpern, 2010). 이러한 편견을 극복하기 위해서, 고위직에 줄을 서 있는 여성들은 남성들보다 더 큰 능력을 보여주어야 한다. 한 다국적 금융 서비스 회사의 수백 명의 고위 경영자들을 대상으로 한 조사에서, 승진한 여성 관리자들은 승진한 남성 관리자들보다 더 높은 성과 평가를 받았다(Lyness & Heilman, 2006). 반면 승진 대상이 아닌 관리자들의 성과에는 성별 차이가 없었다.

쥬얼처럼, 많은 여성들은 우회적으로 돌아가는 것으로 유리 천장에 대처한다. 대개는 출세의 기회가 적기 때문에, 남성 중간관리자의 거의 2배의 여성 중간관리자가 대기업을 그

피비 노바코빅(Phebe Novakovic)은 55세에 제너럴 다이내믹사의 CEO가 되었다. 그녀는 대기업에서 최고경영자 지위에 오른 소수의 여성들 중 한 명이다.

만두고, 대부분은 자기 자신의 사업을 시작한다. 지난 20년 간 여성이 소유하고 운영하는 미국의 창업 사업은 국가 평균의 1.5배로 성장했다. 그리고 오늘날, 여성이 소유한 회사의 1/3은 소수민족이 소유하는 것이다. 창업의 반 이상은 여성이 소유한 것이거나 운영하는 것이다. 여성 기업가들의 대부분이 성공적이고, 그들의 수익 목표를 달성하거나 초과 달성한다(American Express Open, 2014). 하지만 여성과 소수 인종이 더 나은 경력을 위해 기업을 떠난다면, 회사는 귀중한 인재를 잃어버릴 뿐만 아니라 점점 증가하는 다양한 작업장의 리더십 요구를 다루는 데 실패하는 것이다.

중년기 경력 변화

비록 대부분의 사람들이 중년기 동안 같은 직업에 머무르지만, 신문잡지 관련 일에서 가르치고 창작하는 일로 옮겨 간 엘레나처럼 경력 변화도 일어난다. 가정과 직장에서의 환경이 새로운 직업을 찾도록 엘레나를 자극했다는 것을 기억하라. 직업을 바꾼 다른 사람들처럼, 엘레나도 더 만족스러운 삶을 원했고, 불행한 결혼을 끝내고 동시에 대망의 직업 이동을 시작함으로써 그녀는 이 목적을 달성했다.

앞서 설명했듯이, 중년기 직업 변화는 급진적이지 않다. 그것은 전형적으로 관련된 직업 선상에서 옮겨 가는 식으로 전개된다. 엘레나는 보다 자극을 줄 수 있고, 몰두할 수 있는 직업, 남성보다 중년 전문직 여성들이 추구하는 방향을 찾았다. 하지만 다른 사람들은 반대 방향(편안하고, 힘든 결정을 하지 않아도 되고, 다른 사람들에 대한 책임이 요구되지 않는)으로 이동한다(Juntunen, Wegner, & Matthews, 2002). 변

화를 결정하는 것은 어렵다. 개인은 일련의 기술들, 현재 수입, 직업 안정에 투자한 햇수와 현재의 좌절과 새로운 직업으로부터 기대되는 이득들을 비교 검토해야 한다.

반면, 극단적인 경력 이동은 대개 개인적 위기의 신호이다(Young & Rodgers, 1997). 관례적으로는 보수가 좋고 일류 직장인 전문직을 그만둔 사람들을 대상으로 한 연구에서, 박봉, 반 숙련된 직무, 직무 외 문제가 안정된 직장을 떠나는 것에 영향을 주었다. 저명한 55세의 TV 프로듀서는 통학 버스 운전사가 되었고, 뉴욕 은행원은 스키장의 종업원이 되었다(Sarason, 1977). 그 사람들 각각은 가족 갈등, 동료들과의 힘든 관계, 그리고 불만족스러워진 업무에서 덜 부담스러운 생활로 도피하는 것으로써 개인적 무의미함을 해결했다.

건설, 제조, 광업, 유지 보수 또는 식품 서비스 업무에 종사하는 노동자들에서는 중년의 직업 변화는 좀처럼 자유롭지 않다. 한 조사에서, 연구원들이 세계 최대의 알루미늄 생산업체 알코아가 고용한 50대의 대규모 블루칼라 남성 표본을 7년 동안 추적했다. 이들 중 1/3은 육체적으로 매우 힘든 일을 하고 있었다. 육체적으로 부담이 덜한 일로 전환한 소수의 노동자의 경우, 대개 직업 변화가 있기 전에 부상이 발생하는 것으로 나타났다(Modrek & Cullen, 2012). 직업을 바꾼 사람들은 장애 때문에 일찍 은퇴하도록 강요받는 대신 전체 연금 혜택보다 적은 보수를 받으며 노동을 계속하기 위해 직업을 바꾸는 것처럼 보였다.

아베 쇠너 교수는 40대 중반에 고대 그리스 철학의 교수로서 오래 재직한 후 와인 만들기에 대한 열정을 와인 제작자라는 새로운 직업으로 바꾸었다. 이러한 급격한 변화는 그의 결혼생활을 종결시켰지만 궁극적으로 더 만족스러운 삶을 살게 했다.

그러나 육체적으로 덜 힘든 일로 전환할 기회는 대개 제한되어 있다. 중년 근로자들의 일자리 전환의 적격성을 강하게 예측해주는 요인은 교육(적어도 고등학교 졸업)이다(Blau & Goldstein, 2007). 신체적 장애를 가진 교육을 덜 받은 근로자들은 노동력으로 남아 있을 가능성이 낮았다.

실직

기업이 일자리를 없애면서 인원을 축소할 때, 타격을 입는 사람의 대부분은 중년기와 그 이상의 나이를 가진 사람들이다. 실직은 어느 시기에나 힘든 일이지만, 중년기 노동자들은 젊은 실직자들에 비해 신체적 건강과 정신적 건강이 더 급격하게 나빠진다. 기업의 해고 절차를 불공정하고 사려 깊지 못한 것으로 인식하는 사람들은, 예를 들어 준비할 시간을 거의 주지 않는 것처럼, 종종 그 사건을 매우 충격적인 사건으로 경험한다. 나이 든 구직자들은 일자리 제의를 받는 기회가 더 적고 더 오래 실업 상태로 남는다(McKee-Ryan et al., 2009; Wanberg et al., 2016). 게다가 직업적 안정을 새로이 구축해야만 하는 40세가 넘는 사람들은 사회적 시계에서 보면 자신이 '정지기'에 있음을 발견한다. 마지막으로, 직업에 더 오래 종사했고 더 헌신하여 왔기 때문에, 나이 든 실업자들은 큰 가치의 어떤 것을 잃어버린다.

중년기에 직장을 잃은 사람들은 여간해서는 전에 가졌던 직장의 직위와 수입을 되풀이할 수 없다. 직장을 구할 때, 그들은 나이 차별에 부딪히고 많은 빈자리에는 자신들이 자격 과잉이라는 것을 발견하게 된다—이런 경험들은 구직에 대한 그들의 동기를 감소시킨다. 경제적 어려움에 직면한 사람들은 시간이 지나면서 깊은 우울증과 신체적 건강 악화의 위험에 처한다. 재정 계획을 도와주고, 실직의 낙인으로 인한 모욕감을 감소시켜 주고, 소셜 네트워킹과 소셜미디어 사용을 포함한 효과적인 구직 전략 훈련에 초점을 두는 상담은 사람들이 문제 중심 대처 전략을 효과적으로 실행하여 대안적인 직업 역할을 찾도록 도와준다.

은퇴 계획

어느 날 저녁, 데빈과 트리샤는 아냐와 그녀의 남편인 조지와 저녁을 먹었다. 식사를 반쯤 했을 때, 데빈이 물었다. "조지, 자네와 아냐가 은퇴하면 어떻게 할 것인지 말해주게. 사업을 그만둘 계획인가, 아니면 시간제로 일할 건가? 여기에 계속 남을 건가, 아니면 다른 도시로 이사 갈 생각이 있는가?"

3세대나 4세대 이전에, 두 커플은 이런 대화를 하지 않았을 것임에 틀림없다. 왜냐하면 정부가 지원하는 연금수당(미국에서는 1935년에 시작) 덕분에 은퇴는 더 이상 돈이 많은 사람들이 누리는 특권이 아니다. 연방정부는 대부분의 노인

배운 것 적용하기

효과적인 은퇴 계획의 구성요소

주제	설명
재정	이상적으로, 은퇴를 위한 재정 계획인 첫 번째 급여와 함께 시작해야 한다. 최소한 10~15년 전에는 시작해야 한다.
체력	중년에 체력 프로그램을 시작하는 것이 중요한데 좋은 건강은 은퇴 안녕감에 핵심적이다.
역할 적응	자신들의 직업 역할에 강하게 동일시하는 사람들에게 은퇴는 더 힘들다. 급진적인 역할 조절을 미리 준비하는 것이 스트레스를 감소시킨다.
거주지	이사 가는 것의 장단점을 신중하게 고려해야 하는데, 사는 곳이 건강관리, 친구, 가족, 여가, 오락, 시간제 고용을 이용하는 것에 영향을 준다.
여가 활동	은퇴자는 전형적으로 주당 50시간의 자유시간을 갖게 된다. 그 시간에 무엇을 할 것인지를 신중하게 계획하는 것은 심리적 안녕감에 중요한 영향을 준다.
건강보험	정부 지원의 건강보험을 찾아내는 것이 은퇴 후 삶의 질을 보호하도록 돕는다.
법률 업무	은퇴 전 시기는 유언장을 작성하고 부동산 계획을 시작하는 아주 좋은 시기이다.

들에게 사회보장을 제공하고, 나머지는 고용주 출자 사적 연금 계획에 의해 보호받는다.

앞에서 언급했던 경향이 제안하듯이 은퇴의 평균 연령은 20세기 동안 감소했으나, 과거 20년 동안 미국에서는 57세에서 62세로 상승했다. 비슷한 증가는 다른 서구 국가들에서도 일어났는데 평균 은퇴 연령은 60~63세 사이다. 많은 미국 베이비부머들은 은퇴를 연기할 것이라고 말한다(Gallup, 2014; Kojola & Moen, 2016). 하지만 2007~2009년 사이의 경기침체의 부정적인 영향에도 불구하고 대부분의 사람들은 은퇴를 앞두고 재정상 준비를 위해 단지 몇 년만 더 일하면 될 것이다(Munnell et al., 2012). 건강하고, 활동적이며, 장수하는 베이비부머에게는 직장을 떠난 후에도 그들의 삶의 최대 1/4이 남아 있다.

은퇴는 중년기 사람들이 그것에 대해 처음 생각하자마자 곧 시작되는 길고 복잡한 과정이다. 은퇴는 일과 관련된 2개의 중요한 보상(수입과 지위)의 상실과 인생의 다른 많은 측면의 변화를 가져오기 때문에 은퇴 계획은 중요하다. 인생의 다른 전환처럼 은퇴도 많은 경우에 스트레스를 준다. 미래에 대한 목표를 명확히 하고 재무 계획 지식을 습득하는 것은 더 나은 은퇴 비용 절감, 조정 및 만족도를 일관되게 예측한다(Hershey et al., 2007; Mauratore & Earl, 2015). 그러나 50세 이상 미국 성인의 절반 이상이 구체적인 은퇴 계획을 하고 있지 않은 것으로 나타났다(Brucker & Leppel, 2013).

'배운 것 적용하기'는 전형적인 은퇴 준비 프로그램에서 강조하는 다양한 주제를 열거하고 있다. 서유럽 국가와 달리 연방정부가 적절한 생활 수준을 보장하는 연금제도를 제공하지 않는 미국에서는 재정 계획이 특히 중요하다. 이런 이유로 미국 은퇴자들의 수입은 일반적으로 거의 50%까지 감소한다. 하지만 심지어 금융 교육 프로그램에 참가하는 사람들조차도 종종 자신의 재정상 안녕감을 면밀히 살피고 현명한 결정을 내리는 데 실패한다(Keller & Lusardi, 2012). 많은 사람들이 전문가의 재정 분석과 상담을 통해 도움을 받을 수 있다.

은퇴로 인해 의무가 아닌 자신이 흥미를 가지고 있는 일에 시간을 보내게 된다. 이 시간을 어떻게 채울 것인지에 대해 신중하게 생각하지 않은 사람들은 인생에서 목표감이 심각하게 위협받는다고 생각한다. 연구 결과는 재정 계획보다도 활동적인 삶을 계획하는 것이 은퇴 후 행복에 훨씬 더 큰 영향을 미친다는 것을 보여준다(Mauratore & Earl, 2015). 활동 참여는 구조화된 시간 계획, 사회적 접촉, 그리고 자존감을 포함하는 심리적 안녕감에 필수적인 많은 요인을 촉진한다. 은퇴의 시점에서 이동을 할 것인가 말 것인가를 신중하게 고려하는 것은 활동적 생활과 관련되어 있는데, 그것이 가족, 친구, 여가활동, 오락 그리고 시간제 직장에 참여하는 것에 영향을 미치기 때문이다.

데빈은 62세에, 조지는 66세에 은퇴를 했다. 비록 몇 살 젊기는 하지만, 트리샤와 아냐(대부분의 기혼 여성들처럼)는 자신들의 은퇴를 남편의 은퇴에 조정했다(Ruhm, 1996). 반면에, 쥬얼(건강상태는 좋지만 그녀와 인생을 함께할 친밀한 파트너가 없는)은 75세가 될 때까지 그녀의 컨설팅 사업을 계속했다. 팀은 이른 은퇴를 하고 엘레나 가까이로 이사하여, 그곳에서 사회봉사(공립학교의 2학년을 개인 교습하기, 저소득층 아동들을 박물관에 태워다 주기, 방과 후와 주말에 청년 스포츠의 코치 역할하기)에 전념했다. 팀에게 있어서 은퇴는 그의 지역사회에 관대해질 새로운 기회를 제공했다.

애석하게도, 낮은 교육 수준과 낮은 평생 소득을 가진 사람들은 은퇴 준비 프로그램에 가장 적게 참가하지만, 그들이 가장 많은 이득을 보는 입장이다. 그리고 남성과 비교했을 때, 여성이 은퇴 계획을 덜하고, 일반적으로 남편의 준비에 의존한다. 이 성차는 여성들이 점점 가족의 보조생활 책임자가 아닌 동등한 책임자가 되어 감에 따라 변할 것이다(Adams & Rau, 2011; Wöhrman, Deller, & Wang, 2013). 고용주들은 낮은 임금 노동자들과 여성들이 은퇴 계획 활동에 참가하도록 고무하기 위해 특별 조치를 취해야 한다. 게다가 경제적으로 불리한 조건에 있는 사람들의 은퇴 적응을 향상시키는

살펴보기

지역사회에 있는 회사나 기관의 인사부에 연락해서 그곳에서 제공하는 은퇴 계획 서비스에 대해 물어보라. 이러한 서비스는 얼마나 포괄적이며, 최근 은퇴자 중 몇 퍼센트가 이러한 서비스를 이용했는가?

묻고 대답하기

연관지어보기 상관들은 나이 많은 근무자들이 더 이상 복잡한 업무를 처리할 수 없다고 생각하여 때때로 그들에게 틀에 박힌 일상적인 업무를 더 많이 할당한다. 이 장과 앞의 장에서 이러한 가정이 틀렸다는 증거를 예로 들어보라.

적용해보기 임원들은 자신의 대기업이 여성과 소수 인종이 고위 관리직으로 승진하는 것을 어떻게 촉진할 수 있는지 알고 싶어 한다. 여러분이 제시할 수 있는 전략은 어떤 것인가?

것은 직업 훈련, 직업, 젊은 나이에 건강관리를 하는 것에 달려 있다. 분명한 것은 평생의 기회와 경험들이 은퇴로의 전환에 영향을 준다는 것이다. 제8장에서 우리는 은퇴 결정과 은퇴 적응에 대해 더 자세하게 다룰 것이다.

요약

에릭슨의 이론 : 생성감 대 침체감

6.1 에릭슨에 따르면, 중년기에 성격이 어떻게 변화하는가?

■ 생성감은 중년기 성인이 에릭슨의 심리적 갈등인 **생성감 대 침체감**에 직면하면서 확장된다. 개인적 욕구와 문화적 요구가 함께 성인의 생성적 활동을 형성한다.

■ 매우 생성적인 사람은 직장에서 리더십을 보이고 다른 사람들의 복지에 대한 깊은 관심을 가지며, 지역사회와 사회에 참여하고, 특히 잘 적응하는 것처럼 보인다. 침체감은 사람들이 중년에 자기 중심적이고 제멋대로 되어 갈 때 발생한다.

중년기 심리사회적 발달에 대한 기타 이론들

6.2 레빈슨과 베일런트의 중년기 심리사회적 발달에 대한 관점을 설명하고, 남성과 여성의 유사점과 차이점을 논의한다.

■ 레빈슨에 따르면, 중년기 성인은 자기 안에 있는 2개의 대립된 경향을 화해시키는 것을 요구하는 4개의 발달 과제에 직면한다 : 젊음–늙음, 파괴–창조, 남성성–여성성, 그리고 참여–분리이다.

■ 중년기 남성들은 양육과 보살핌의 '여성적' 특질들을 더 많이 수용함을 보이며, 여성은 자율성과 주장성 같은 '남성적' 특질들에 더 개방적이 된다. 남성과 성공적인 경력의 여성들은 성취에 대한 관심을 줄이지만, 자녀 양육에 전념해 온 여성 혹은 만족스럽지 않은 직업을 가진 여성은 오랫동안 바라던 야망을 추구하기도 한다.

■ 베일런트는 50대 후반과 60대 성인들이 자기 문화의 '의미 유지자'가 된다는 것을 발견했다.

6.3 '중년기 위기(midlife crisis)'라는 용어가 전형적인 중년의 경험을 반영하고, 중년기를 하나의 단계로 정확하게 특징짓는가?

■ 대부분의 중년들은 '전환점'으로 가장 잘 묘사되는 변화를 경험한다. 단지 소수의 중년이 중년기 위기(극단적인 삶의 변화를 야기하는 강한 자기의심과 스트레스)를 경험한다.

■ 인생의 후회는 낮은 심리적 안녕감과 관련되어 있지만, 후회는 또한 바로잡기 위한 행동을 유도한다.

■ 중년기 주요한 재구성이 드물기 때문에, 대부분의 전문가들이 중년기 전환이 단계가 아니라고 본다.

자기개념과 성격의 안정성과 변화

6.4 중년기 자기개념, 성격, 성 정체감의 변화를 기술한다.

■ 중년기 개인은 자신의 **가능자기**를 수정하는 것에 의해 동기화된 상태와 자존감을 유지한다. 나이가 들면서 가능자기의 수가 적어지고 보다 겸손하고 구체적으로 된다. 자신이 되기를 희망하는 것과 두려워하는 결과 사이에서 균형 잡힌 가능자기는 자기 관련 목표를 달성하기 위해 동기를 부여하는 것 같다.

■ 중년기는 일반적으로 자기수용, 자율성, 환경통제의 특질이 증가하면서 높은 심리적 안녕감을 가져온다.

■ 일상적 스트레스원은 성인 초기에서 중년기 사이에는 정체되다가, 직장과 가정에서의 책임감이 줄어들면서 감소한다. 중년기에 정서적 안정감과 삶의 문제를 다루는 데 있어서 자신감의 증가는 스트레스원을 다루는 데 효과적인 대처를 증가시킨다. 그러나 일부 중년들은 미국 중년 성인들의 자살이 증가한 것에서 알 수 있듯이 극심한 스트레스에 압도된다.

■ 초기 연구에서, 남성과 여성 모두 중년기에 더 양성적으로 되어 가는데, 이는 사회적 역할과 삶의 조건의 조합의 결과이다. 중년기 양성성의 증가는 성평등을 선호하는 문화적 변화에 반응하여 다른 연령대로 퍼져나간 것 같다.

6.5 성인기 '5요인' 성격 특질의 안정성과 변화를 논의한다.

■ **'5요인' 성격 특질** 중에서 우호성과 성실성은 중년으로 가면서 증가하는 반면, 신경증 성향은 감소하고, 외향성과 경험에 대한 개방성은 변하지 않거나 조금 감소한다는 것을 보여준다. 성인들의 성격이 전반적인 조직과 통합에서 변화하지만, 그러한 변화는 기본적이고 지속적인 성향의 토대 위에서 이루어진다.

중년기 관계

6.6 결혼, 이혼, 부모–자녀 관계, 조부모를 포함하는 가족인생주기의 중년기 성인 단계에 대해 기술한다.

■ 가족인생주기의 중년기 성인 단계는 흔히 '자녀를 세상에 내보내고 옮겨 가는' 단계이

다. 성인들은 자신의 자녀를 내보내기-자녀의 돌아옴-자녀를 다시 내보내기, 결혼, 손자녀의 생김, 그리고 자신의 부모의 나이 들어감과 죽음에 적응해야만 한다.

- 결혼만족은 중년기 심리적 안녕감의 강력한 예언자이다. 중년기 성인들은 젊은 성인들보다 이혼에 더 수월하게 적응하는 것 같다. 여성들에게 결혼 와해는 종종 생활 수준을 심각하게 떨어뜨려, **빈곤의 여성화**에 기여한다.
- 대부분의 부모들이 성인 자녀를 세상에 내보내는 것에, 특히 긍정적인 부모-자녀 관계가 유지된다면, 잘 적응한다. 하지만, 발달의 '정지기'에 있는 젊은 성인기 자녀는 양육 부담을 유발할 수 있다. 사회경제적 지위가 낮은 부모들은 자녀들에게 유형/무형의 지원을 덜 줄 수밖에 없을 뿐만 아니라, 자신의 지원 자원을 더 많은 자손들에게 분배해야 한다. 자녀들이 결혼함에 따라, 중년의 부모들(특히 어머니들)은 흔히 **가족 지킴이**가 된다.
- 조부모-손자녀 관계는 손자녀와 가까운 곳에 사는 것, 손자녀의 수, 조부모와 손자녀의 성, 사돈관계에 달려 있다. 낮은 수입의 가정과 소수민족 그룹에서 조부모는 핵심적인 자녀 양육의 도움을 제공한다. 심각한 가족 문제에 직면해서, 조부모는 **조손가정**에서 일차 양육자가 된다.
- 중년기 성인들은 그들의 나이 든 부모들과의 관계를 재평가하며, 부모에게 감사하게 된다. 딸과 엄마와의 관계는 다른 부모-자녀 관계보다 더 가까워지는 경향이 있다. 부모-자

녀 유대의 역사가 긍정적일수록 주고받는 도움이 더 많다.
- 종종 나이 든 부모와 젊은 성인 자녀와 손자녀를 동시에 보살펴야 하며, 직업과 사회적 책임을 충족시켜야 하는 중년기 성인들을 **샌드위치 세대**라고 부른다. 병들고 허약한 부모를 보살필 책임은, 중년기 후반에 이러한 성차가 감소하기는 하지만, 아들보다는 딸들에게 더 많이 지워진다.
- 부모를 간병하는 것은 정서적·신체적 건강에 영향을 미치는데, 특히 부모를 보살펴야 하는 의무감을 강하게 느끼는 문화와 하위문화에서 그렇다. 사회적 지지는 간병 스트레스를 감소시키는 데 아주 효과적이며, 성인 자녀들이 간병으로부터 이득을 얻도록 돕는다.

6.7 중년의 형제관계와 우정을 기술한다.

- 형제 접촉과 지지는 성인 초기에서 중년기 사이에 감소하지만, 중년기에 많은 형제자매들이 주요한 인생 사건들에 대한 반응에서 종종 더 가깝다고 느낀다. 과거와 현재 부모의 편애는 형제자매들 관계의 질에 영향을 준다.
- 중년기에 친구관계는 감소하고, 더 선택적이 되며, 더 큰 가치를 부여한다. 남성들은 가까운 친구의 수를 더 많이 가진 여성들보다 친구들과 있을 때 친밀감을 덜 표현한다.

직업 생활

6.8 성별 차이와 소수민족들의 경험에 특별한 주의를 기울이면서, 중년기 직업 만족과 경력 발달에 대해 논의한다.

- 중년기 성인들이 자신의 직업적 삶의 개인적 의미와 자기 주도력을 높이고자 시도하면서 직업 재적응은 흔하다. 직업 수행의 어떤 측면들은 향상된다. 직업 만족은 모든 직업 수준에서 증가하며, 이는 여성보다 남성에게서 강하게 나타난다.
- **소진**은 심각한 직업적 위험요소로 다른 사람에게 도움을 주는 직종에서 더 자주 나타난다. 소진은 합리적인 작업량, 스트레스를 주는 직무 시간을 제한하고, 사회적 지지를 제

공함으로써 예방할 수 있다.

- 개인적 특징과 작업장 특징은 나이 든 근로자의 경력 발달 참여에 영향을 준다. 연령 친화적 분위기를 가진 회사에서는 나이 든 근로자들이 높은 자기효능감, 직무 전념 및 직업 만족도를 보고한다.
- 여성과 소수 인종은 경영 훈련에 접근이 제한되어 있고 관리자가 될 수 있는 능력에 대한 편견으로 인해 **유리 천장**에 직면한다. 소수 인종을 포함한 많은 여성들이 대기업을 그만두고, 대부분은 자기 자신의 사업을 시작하는 것으로 경력을 지속한다.

6.9 중년기 직업의 변화와 실직에 대해 논의한다.

- 중년기 직업 변화는 전형적으로 관련된 직업 선상에서 옮겨 가는 식으로 전개된다. 극단적인 경력 이동은 대개 개인적 위기의 신호이다. 블루 칼라 노동자들에서는 중년의 직업 변화는 좀처럼 자유롭지 않다.
- 기업이 해고할 때, 타격을 입는 사람의 대부분인 중년기 성인에게 실직은 특히 힘들다. 상담은 대안적인 직업을 찾도록 도와주지만, 여간해서는 전에 가졌던 직장의 직위와 수입을 되풀이할 수 없다.

6.10 은퇴계획의 중요성에 대해 논의한다.

- 은퇴는 수입과 지위의 상실과 자유 시간의 증가를 포함한 삶의 주요 변화를 가져온다. 재무 계획뿐만 아니라 활동적인 삶을 계획하는 것이 은퇴 후 행복에 중요하다. 낮은 임금 노동자들과 여성들이 은퇴 계획 활동에 참여하려면 더 많은 격려가 필요하다.

주요 용어 및 개념

가능자기	샌드위치 세대	유리 천장	5요인 성격 특질
가족 지킴이	생성감 대 침체감	조손가정	
빈곤의 여성화	소진	중년기 위기	

이정표

중년기 발달

40~50세

신체 발달

- 눈 수정체의 조절 능력, 희미한 불빛에서 보는 능력, 색채 구별 능력이 감퇴한다. 눈부심에 대한 민감성이 증가한다.
- 고음 영역에서 청력 감소가 일어나며, 연달아 되풀이되는 소리를 구분하는 능력이 약해진다.
- 머리카락이 희고 가늘어진다.
- 얼굴 주름이 더 뚜렷해지고, 피부는 탄력을 잃고 처지기 시작한다.
- 몸통 부분에 지방 축적이 늘어남과 더불어 체중이 계속해서 증가한다. 반면에 피하지방은 감소한다.
- 체질량(근육과 뼈) 감소가 일어난다.

- 여성은 에스트로겐 분비가 줄어들어 월경주기가 짧아지고 불규칙해진다.
- 남성은 정액과 정자의 양이 감소한다.
- 성적 반응 강도가 감퇴한다. 하지만 성행위 빈도는 약간만 감소한다.
- 암과 심혈관 질환 비율이 증가한다.

인지발달

- 노화에 대한 자각이 증가한다.
- 결정지능은 증가하고 유동지능은 감퇴한다.

- 인지처리 속도가 감소하지만 경험과 연습으로 보상할 수 있다.
- 집행 기능(작업기억 능력, 억제, 주의 전환의 유연성)이 감퇴하지만, 경험과 연습으로 보상한다.
- 학습한 정보 회상이 감퇴하는데, 이는 기억술의 사용이 감소하기 때문이다.
- 장기기억으로부터 정보를 인출하는 것이 더 어려워진다.
- 의미기억(일반 지식기반), 절차기억('how-to'

지식), 자신의 직업과 관련된 기억, 상위인지적 지식은 변하지 않거나 증가한다.
- 실제적 문제 해결과 전문성이 증가한다.
- 창조성은 좀 더 신중하게 생각하고, 통합적 개념을 강조하게 되고 자기표현에서 좀 더 이타적인 목표로 옮겨 간다.

정서 · 사회성 발달

- 생성감이 증가한다.

- 개인적으로 의미 있는 삶에 더 초점을 둔다.
- 가능자기의 수는 더 적어지고 더 겸손하고 구체적이고, 실현에 가까워진다.

- 자기수용, 자율성, 환경 숙달이 증가한다.
- 스트레스 대처 전략이 더 효과적이 된다.
- 성 정체감이 더 양성적으로 된다. 즉 여성은 '남성적' 특질이 증가하고 남성은 '여성적' 특질이 증가한다.
- 우호성과 성실성은 증가하는 반면 신경증 성향은 감소한다.
- 자녀들을 세상으로 떠나보낸다.
- 가족 지킴이가 되어 간다. 특히 엄마라면 더욱 그러하다.
- 시부모나 장인·장모가 되고 조부모가 된다.
- 부모의 강점과 관대함에 더 감사하게 되고, 부모와의 관계의 질이 증가한다.
- 장애나 만성적 질병을 가진 부모를 돌보게 된다.
- 형제자매가 더 가깝게 느껴진다.

- 대개 친구의 수가 감소한다.
- 전형적으로 내적인 직업 만족(자신의 직업에 대한 행복감)은 증가한다.

50~65세

신체 발달
- 눈의 수정체는 다양한 거리에 있는 물체에 적응하는 조절 능력을 완전히 상실한다.
- 청력의 상실이 모든 주파수대로 확대되지만, 가장 높은 톤은 잘 알아들을 수 있다.
- 피부는 계속해서 주름이 생기고 처지며 '검버섯'이 증가하고, 피부 아래 혈관이 더 눈에 띈다.
- 여성의 경우 폐경이 발생한다. 에스트로겐이 더 많이 감소함에 따라 생식기가 덜 자극을 받고, 흥분하는 동안 질은 점점 느리게 윤활된다.
- 남성의 경우 원하는 때에 발기할 수 없는 것이 더 흔하게 된다.
- 골다공증의 감소는 계속되고, 골다공증의 비율은 증가한다.

- 척추 뼈에 있는 디스크가 무너져서 신장이 2.5센티미터 정도 줄어든다.
- 암과 심혈관 질환의 발병률이 계속해서 증가한다.

인지발달
- 앞에서 열거한 인지적 변화가 계속된다.

정서·사회성 발달
- 앞에서 열거된 정서적, 사회적 변화들이 계속된다.

- 나이 든 부모에게 주는 정서적 지지와 실제적 도움이 증가한다.

- 은퇴를 한다.

노년기의 신체 및 인지 발달

모든 문화에서 나이는 지혜와 연결된다. 대부분의 사회에서 노인들은 지도자 역할을 수행하는데, 노인의 인생 경험은 인간의 문제를 해결하는 노인의 능력을 고양시킨다. 이 사진은 라이베리아 대통령이자 노벨 평화상 수상자인 엘렌 존슨 설리프가 에볼라 감염자들이 격리에 항의하다가 치명적인 총상을 입은 한 10대 민간인의 가족을 만나는 장면이다.

67세가 되었을 때 월트는 사진 사업을 접고, 같은 시기에 사회복지사 직에서 은퇴한 64세의 아내 루스와 함께 여가시간을 보낼 것을 즐겁게 기대했다. 이 인생의 절정기에 월트와 루스는 봉사활동을 하고, 매주 3번 골프를 치고, 월트의 형인 딕과 그의 아내 골디와 함께 여름휴가를 즐기며 시간을 보냈다. 월트는 또한 항상 하고 싶었지만 그동안 시간이 없어서 하지 못했던 일들을 했다. 그가 하고 싶었던 일들은 시와 단편소설을 쓰고, 연극을 관람하고, 세계 정치에 관한 강의를 듣고, 정원을 가꾸는 것이었는데, 정원을 너무 잘 가꾸어서 이웃 사람들이 부러워할 정도가 되었다. 루스는 독서를 엄청나게 많이 했고, 입양기관의 이사회에서 일했으며, 가까운 도시에 사는 자매 아이다를 방문할 시간도 많아졌다.

그 후 20년 동안, 월트와 루스의 에너지와 활력은 그들을 만나는 모든 사람에게 격려가 되었다. 그들의 따스함과 타인을 배려하는 마음은 대가족 구성원들과 친구들이 그들을 찾게 했다. 주말이면 그들의 집은 찾아온 사람들로 북적거렸다.

그런데 그들이 80대 초반으로 접어들면서 이 부부의 삶은 큰 전환점을 맞게 되었다. 월트는 전립선암 수술을 받았는데 그로부터 3개월 만에 심장발작으로 재입원했다가, 6주 뒤 세상을 떠났다. 루스는 남편의 죽음을 미처 슬퍼할 겨를도 없이 아이다를 보살펴 주어야 했다. 아이다는 78세에는 정신이 맑고 활발했는데, 79세가 되자 신체건강은 양호했으나 정신건강이 저하되었다. 한편 루스의 관절염은 악화되었고, 시력과 청력도 점점 더 나빠졌다.

루스가 85세가 되자 특정한 일들이 불가능한 것까지는 아니더라도 이전처럼 하기엔 더 힘들어졌다. "조금만 적응하면 되는 걸요!" 루스는 평상시처럼 쾌활하게 큰 소리로 말했다. 그녀는 읽는 게 더 힘들어져서 그녀의 스마트폰에서 오디오 책을 다운받았다. 그녀의 걸음걸이가 느려졌고 시력은 못 미더워져서 혼자서 밖에 나가기를 꺼렸다. 딸의 가족과 함께 소란스러운 식당에서 저녁식사를 할 때면, 루스는 완전히 압도당하는 느낌을 받았으며 빨리 진행되는 대화에 거의 끼어들지 못했다. 하지만 조용한 곳에서 일대일로 대화를 할 때에 그녀는 그동안 살아오면서 보여준 지성과 재치 그리고 빈틈없는 통찰력을 유감없이 보여주었다.

노년기는 65세부터 수명이 다하는 날까지다. 안타깝게도 노년에 대한 대중적인 이미지는 이 마지막 기간의 특성을 포착하지 못하고 있다. 대신에 잘못된 오해가 많다. 말하자면, 노인은 건강이 악화되고 의존적인 단계에 있고, 더 이상 학습할 수 없으며, 자신을 양로병원에 입원시킨 가족과 거의 접촉이 없다라는 것이다.

노년의 신체 발달과 인지발달을 살펴보면서 우리는 죽음이 가까워짐에 따라 증진과 쇠퇴의 균형이 변하는 것을 보게 될 것이다. 하지만 산업화된 나라들에서는 보통 65세 노인은 이런 변화가 일상생활에 지장을 주게 될 때까지 거의 20년 정도는 충분히 건강하고 보람 있게 살 수 있다. 루스가 보여주듯이, 많은 노인들은 쇠약해진 후에도 신체적·인지적 어려움을 극복하는 방법을 찾아낸다.

노년기는 앞선 시기와의 단절이 아니라 그것과 연속선상에 있는 것으로 보아야 한다. 사회적, 문화적으로 노인들을 지지하고, 존경하고, 인생의 목적을 제공하는 환경이 조성된다면 노년기는 계속해서 가능성으로 가득 찬 시기가 될 것이다. ●

신체 발달

주위에 나이보다 '젊어 보이는' 또는 '나이 들어 보이는' 노인분들이 있는가? 우리는 생활 연령이 **기능 연령**(functional age) 혹은 실제 능력과 수행을 제대로 반영하지 못한다는 것을 알 수 있다. 사람들은 생물학적으로 서로 다른 속도로 노화하기 때문에, 소수의 80세 노인들은 대다수의 65세 노인들보다 젊어 보인다. 이런 총체적인 비교 외에도, 제3장의 내용을 회상해보면 한 사람의 신체 내에서도 각 부분이 다른 변화 과정을 겪는다는 것을 알 수 있다. 예를 들어 루스는 신체적으로는 쇠약해졌으나 정신은 맑았다. 한편 아이다는 나이에 비해 몸은 건강했으나, 대화를 이어가기 힘들었고, 약속을 지키기 어려웠으며, 익숙한 과제를 완수하는 것이 어려웠다.

개인과 개인 사이에, 그리고 개인 내에 많은 다양성이 존재하기 때문에 연구자들은 노인이 노화하는 전반적인 속도를 예측할 수 있는 어떤 생물학적 측정도 아직까지 밝혀내지 못하고 있다. 하지만 우리는 분명 노인이 얼마나 더 살 수 있을지 추정할 수 있고, 노년기의 장수에 영향을 주는 요인들에 대한 지식을 빠르게 알아가고 있다.

기대 수명

7.1 생활 연령과 기능 연령을 구분하고 20세기 초부터 기대 수명의 변화를 논의한다.

특정 연도에 태어난 개인이 앞으로 살 수 있을 것으로 예상되는 햇수인 **평균 기대 수명**(average life expectancy)이 크게 증가한 것은, 앞 장들에서 살펴보았던 생물학적 노화를 지연시키는 다양한 요인, 즉 영양, 의학 치료, 위생, 그리고 안전성의 개선 덕분이다. 앞에서 1900년대에 기대 수명이 50세 이하였다고 배운 것을 기억하라. 오늘날 이 수치는 미국에서는 78.8세가 되었다(남자는 76세, 여자는 81세). 지속적인 영아 사망률의 감소가 기대 수명의 연장에 기여한 바가 크다. 하지만 성인들의 사망률 또한 감소했다. 예를 들어 북미 성인의 주요 사망원인인 심장병은 지난 40년 동안 거의 70%가 감소했는데, 이것은 위험요인(고혈압과 흡연 같은)이 줄어들었고, 그리고 무엇보다도 의료기술이 발달한 덕분이다(Wilmot et al., 2016).

기대 수명의 차이

기대 수명에서 일관되게 나타나는 집단 차이는 생물학적 노화에 유전과 환경이 합동으로 영향을 미치기 때문이다. 전 세계 국가들에서 여성이 남성보다 평균 5년 정도 더 산다(Rochelle et al., 2015). 여성의 기대 수명이 더 긴 것은 대부분의 동물 종에서도 비슷한 현상이다. 여성만이 추가로 갖는 X 염색체의 보호적인 특성과 위험감오나 신체적 공격을 덜하는 경향성이 이에 기여하는 바가 크다고 여겨진다. 하지만 1990년대 이후부터 기대 수명의 성차가 산업화된 나라들에서 좁혀지고 있다(Deeg, 2016). 남자들은 질병과 조기사망의 위험성이 더 높기 때문에, 긍정적인 생활방식의 변화와 새로운 의학적 발견으로부터 세대에 걸쳐 다소 더 큰 이득을 얻게 되었다.

기대 수명은 사회경제적 지위에 따라 상당히 다르다. 교육 수준과 수입이 증가함에 따라 수명도 길어진다(Chetty et al., 2016; Whitfield, Thorpe, & Szanton, 2011). 미국에서 가장 부유한 사람들과 가장 가난한 사람들의 출생 시 기대 수명의 차이는 남성의 경우 14.5년, 여성의 경우 10년이다. 사회경제적 지위는 또한 65세 이상의 아프리카계 미국인보다 유럽계 미국인의 평균 수명이 2~3년 더 긴 것을 설명한다(Centers for Disease Control and Prevention, 2016b). 제3장에서 보았듯이, 스트레스성 생활사건, 광범위한 비건강 행동, 건강을 위협하는 직업, 약한 사회적 지지는 낮은 사회경제적 지위와 연관된다.

사람들은 생물학적으로 다른 속도로 고령화되어, 그들을 동년배들보다 더 어리거나 나이가 들어 보이게 한다. 이 노인들은 제2차 세계대전의 참전용사들인데, 왼쪽의 참전용사가 오른쪽의 참전용사보다 더 나이 들어 보인다.

일본의 한 해안 도시에서, 원기 왕성한 부부가 그들의 지역 전통인 그물낚시를 연습하고 있다. 일본의 낮은 비만과 심장병 발병률, 그리고 좋은 건강관리 정책은 건강 기대 수명에서 일본을 세계 선두로 이끈다.

수명과 그보다 더 중요한 노년기 삶의 질은 생활양식 요인들에 더하여 국가의 건강관리 방법, 주택공급, 사회복지 사업으로 예측할 수 있다. 연구자들이 특정 연도에 태어난 개인이 앞으로 질병이나 부상 없이 건강하게 살 수 있을 것으로 예상되는 햇수인 **평균 건강 기대 수명**(average healthy life expectancy)을 측정한 결과, 일본이 1위이고, 미국은 다수의 산업화된 국가들 중 압도적인 하위를 차지하고 있다(그림 7.1 참조). 이러한 국가 인구의 전반적인 건강 척도에서 일본이 선두를 달리는 것은 저지방 식단과 관련된 비만과 심장 질환의 수치가 낮고 노인들을 위한 좋은 건강관리와 기타 정책들 덕분이다. 미국은 이러한 모든 면에서 다른 산업화된 국가들에 못 미치는 수준이기 때문에, 미국인들은 다른 선진국의 노인들에 비해 다소 더 오랫동안 장애인으로 살고 더 일찍 죽게 된다.

빈곤, 영양실조, 질병, 무장전투가 만연한 개발도상국가들에서는 평균 기대 수명이 55년 정도이며, 건강 기대 수명은 산업화된 국가들과 비교해 30~40년 정도 짧다. 남자들의 경우, 일본은 69년, 스웨덴은 67년, 미국은 65년인 반면, 아프가니스탄은 48년, 시에라리온은 47년, 아이티는 2010년 대지진으로 인해 전반적인 건강이 악화되어 28년이다(Salomon et al., 2012).

노년기 기대 수명

비록 빈곤집단이 경제적으로 부유한 집단보다 뒤떨어지기는 하지만, 산업화된 세계에서 노인의 수는 급격하게 증가했다.

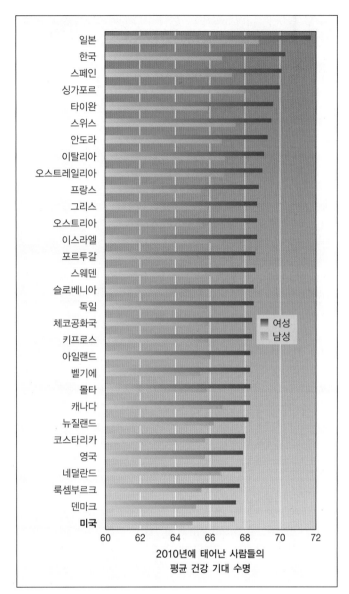

그림 7.1 여성의 순위로 나열된 30개국의 평균 건강 기대 수명 일본이 1위, 미국은 유감스럽게도 30위이다. 각 국가에서 여성의 평균 수명은 남성의 평균 수명보다 약 2~3년 더 길다(Salomon et al., 2012).

1900년부터 2004년까지 65세 이상 노인의 수는 북미 인구의 4%에서 거의 15%까지 증가했다. 고령화되는 베이비부머 때문에 2030년까지 노인 인구는 20%까지 증가할 것으로 예상된다. 미국 노인 인구 중 가장 빠른 속도로 증가하는 연령층은 85세 이상 집단으로, 지난 10년 동안 30% 가까이 증가했으며 현재 미국 인구의 약 2%를 차지한다. 2050년까지 85세이상 노인의 비율은 현재의 2배로 증가할 것으로 예상된다(U.S. Department of Health and Human Services, 2015e).

21세기 초에 65세가 되는 사람들은 평균적으로 미국에서는 19년 이상 더 살 수 있을 것으로 예상된다. 좀 더 젊은 나

생물학적 영향과 환경적 영향

백세인들로부터 우리는 노화에 관해서 무엇을 배울 수 있을까?

《기네스 세계 기록(Guinness World Records)》에 가장 오래 산 사람으로 실린 잔느 루이즈 깔망은 1875년 프랑스 아를에서 태어났고, 122년 후인 1997년에 그곳에서 사망했다. 유전이 그녀의 장수에 기여했을 것이다. 그녀의 아버지는 94세까지 살았고, 어머니는 86세까지 살았다. 그녀 가족의 사회경제적 지위는 중간이었고, 그녀는 20대에 부유한 상인과 결혼했다(Robine & Allard, 1999). 젊은 시절에 그녀는 건강하고 활동적이었다. 자전거를 탔고, 수영을 했고, 롤러스케이트를 탔고, 테니스를 쳤으며, 매일 미사를 드리기 위해서 성당의 계단을 달려 올라갔다.

잔느는 자신의 장수가 올리브 오일이 듬뿍 들어간 식사와 이따금씩 마시는 포트와인 덕분이라고 했다. 다른 사람들은 그녀의 친화적 성향과 스트레스를 받지 않는 기질 덕분이라고 했다. "어떤 일에 관해서 여러분이 할 수 있는 일이 없다면," 그녀는 이렇게 말했다. "그냥 걱정하지 마세요." 그녀는 85세에 펜싱을 배웠고 100세까지 자전거를 탔다. 그 후 얼마 되지 않아 그녀는 보조생활 주거로 옮겼는데, 그곳에서 그녀는 신체적·정신적으로 여전히 건강한 상태로 전성기를 맞이했다. 그녀의 나이와 매력적인 성격 덕분에 곧 유명인사가 되었다. 그녀는 종종 언론에 출연했고 생일에는 국영 텔레비전에서 축하를 받았다. 그녀는 사망하던 해까지 정신이 맑고 재치가 있었으며, 장수의 비결이 웃음이라고 권했다. 한번은 노화의 효과에 대한 질문을 받았을 때, 그녀는 "난 주름살이 겨우 하나밖에 없는데, 감추고 있어요"라고 재치 있게 받아쳤다.

지난 25년 동안 백세인의 수는 거의 5배로 증가했는데, 여자 백세인의 수는 남자보다 5 대 1의 비율로 더 많다. 현재 미국의 백세인 수는, 비록 아직 드물지만(인구의 1%의 일부), 약 72,000명이다(Stepler, 2016). 미국의 백세인 비율은 대부분의 선진국에 비해 적다.

96명의 미국 백세인을 대상으로 한 연구에서, 1/4은 큰 만성질환 없이 백세에 도달했고, 거의 많은 백세인들이 신체적 장애가 없었으며, 55%는 인지장애가 없었다(Alishaire, Beltrán-sánchez, & Crimmins, 2015). 그들은 일반적으로 백세 생일 전에 죽은 초고령 비교집단보다 더 건강했다.

이러한 튼튼한 백세인들은 인간의 궁극적인 잠재성을 대표하므로 특히 흥미롭다. 그들은 어떤 사람들인가? 이것을 알아내기 위해 백세인

잔느 루이즈 깔망은 85세에 펜싱을 시작하고, 100세까지 자전거를 타고, 말년까지 재치를 유지했다. 공식 기록에서 최장수 노인인 그녀는 122세로 사망했다.

들에 관한 몇 개의 종단연구가 시행되었다. 연구 결과는 그들의 교육 기간(무학에서부터 대학

이부터 여자의 기대 수명은 남자보다 지속적으로 더 길어지고 있다. 오늘날 65~69세의 연령집단은 남자 100명당 여자 114명이고, 85세 이상의 집단에서는 이 수치가 195명까지 올라간다(U.S. Census Bureau, 2016c). 모든 선진국이 보이고 있는 이러한 성별 간 불일치는 출산 시 산모의 사망률이 높거나 여성이 심한 차별과 박탈을 당하는 일부 개발도상국들에서는 볼 수 없는 일이다.

노인이 나이가 들수록 여자의 수가 남자보다 더 많아지지만, 평균 기대 수명에서의 성별 간 차이는 감소하는 추세다. 북미에서는 65세가 되면 이러한 차이는 대략 3년 반 정도로 감소하며, 85세에는 겨우 1년으로 감소한다. 100세가 넘으면, 기대 수명에서의 성별 간 차이는 사라진다(Arias, 2015). 비슷한 맥락에서, 유럽계 미국인과 아프리카계 미국인 사이의 만성 질병 비율의 차이와 기대 수명의 차이는 나이가 들어 감에 따라 감소한다. 80세 이후, 기대 수명의 교차(life expectancy crossover)가 일어난다. 즉 아프리카계 미국인에서 살아남은 사람들이 백인 주류집단의 사람들보다 더 오래 산다(Masters, 2012; Roth et al., 2016; Sautter et al., 2012). 연구자들은 남자들과 낮은 사회경제적 집단의 사람들 중 오직 생물학적으로 가장 튼튼한 사람들만 아주 오래 산다고 추측한다.

이 책에서는 계속 유전요인과 환경요인이 함께 노화에 영향을 주는 것을 살펴보았다. 유전에 관해서, 일란성 쌍생아는 보통 한쪽이 죽은 지 3년 안에 다른 쪽이 죽지만, 동성의 이란성 쌍생아는 6년 이상의 차이를 보인다. 또한 장수는 가족의 내력이다. 장수한 조상을 가진 사람들은 더 오래 살고

원까지), 경제적 여건(극빈에서부터 매우 부유함까지), 그리고 인종이 다양하다는 것을 보여준다. 동시에, 그들의 신체 상태와 삶의 내력은 공통점이 있음을 보여준다.

건강

백세인들은 보통 아주 오래 산 조부모와 부모와 형제자매가 있다. 이것은 유전에 기반을 둔 생존이 유리함을 시사한다. 그리고 그들의 자녀는 대부분 70대 또는 80대인데, 나이에 비해서 신체적으로 젊어 보인다(Cosentino et al., 2013; Perls et al., 2002). 어떤 백세인들은 그들의 형제자매와 4번 염색체에 동일한 DNA를 공유하는데, 이것은 특정 유전자 또는 여러 유전자가 이례적으로 장수의 가능성을 증가시킬 수 있음을 시사한다(Perls & Terry, 2003).

대부분의 튼튼한 백세인들은 면역결핍 장애, 암, 알츠하이머 병과 관련된 유전자의 빈도가 낮다. 이러한 발견과 일치해서, 튼튼한 백세인들은 전형적으로 면역체계가 효율적으로 기능하고 있고, 사후 검시에서 뇌의 이상이 드물다(Silver & Perls, 2000). 다른 백세인들은 전형적으로 동맥경화증과 그 외의 심혈관 문제, 뇌 병리와 같은 만성 질병을 갖고 있더라도 기능이 좋다(Berzlanovich et al., 2005; Evert et al., 2003). 백세인 여자가 40세 이후에 건강한 아이를 낳은 비율은 일반 인구와 비교해서 약

4배였다(Perls et al., 2000). 늦은 출산은 여자의 생식 체계가 느리게 노화한다는 것과 나머지 신체 부분도 마찬가지라는 것을 나타낼 수 있다.

튼튼한 백세인 집단은 평균 또는 마른 체격이고 식사 시 절제를 한다. 이들 중 많은 사람들이 치아를 대부분 또는 모두 간직하고 있는데, 이 역시 이들의 신체 건강이 특별하다는 것을 보여준다. 이들의 절대 다수는 담배를 전혀 피우지 않았으며, 적당한 와인 소비를 했다. 그리고 대부분은 100세가 넘어서도 평생 해 오던 신체활동을 한다고 보고한다(Hagberg & Samuelson, 2008; Kropf & Pugh, 1995).

성격

이러한 고령의 노인들은 성격이 매우 낙천적인 것으로 보인다(Jopp & rott, 2006). 튼튼한 백세인들에게 18개월 후에 성격 검사를 재실시한 연구에서 그들은 피로와 우울을 더 많이 보고했는데, 이것은 아마도 말년에 점점 더 쇠약해지는 것에 대한 반응일 것이다. 하지만 그들은 또한 강인성, 독립성, 정서적 안정, 경험에 대한 개방성에서 더 높은 점수를 보였는데, 이러한 특성들은 100세가 넘도록 살아가는 데 필수적일 것이다(Martin, Long, & Poon, 2002). 가족 간의 가까운 유대와 오래되고 행복한 결혼생활이 이들의 좋은 정신건강과 장수에 중요한

기여를 한다(Margrett et al., 2011). 백세인 남자들의 약 1/4이 결혼생활을 계속하고 있는데, 이는 대단히 높은 비율이다.

활동

튼튼한 백세인들은 지역사회 활동에 참여한 경력이 있다. 즉 그들의 성장과 행복에 중심이 되는 대의를 위해서 일했다. 그들이 현재 하고 있는 활동은 주로 격려하는 일, 여가 활동 추구, 학습 등을 포함하는데, 이것은 그들이 좋은 인지력과 인생의 만족감을 유지하는 데 도움을 줄 것이다(Antonini et al., 2008; Weiss-Numeroff, 2013). 편지, 시, 희곡, 회고록 쓰기, 연설하기, 음악 수업과 주일학교에서 가르치기, 환자 돌보기, 장작 패기, 상품·채권·보험 판매, 그림 그리기, 개업의로 활동하기, 설교하기 등이 튼튼한 백세인들이 하는 다양한 활동에 포함된다. 몇몇 사례에서 문맹이었던 백세인들은 읽고 쓰는 것을 학습했다.

요약하면, 튼튼한 백세인들은 전형적인 발달과정에서 최고의 상태에 있는 사람들로 여겨진다. 이렇게 독립적이고 정신이 또렷하고 만족스러운 백세인들은 건전한 생활양식, 풍부한 개인적 자산, 가족과 지역사회에 대한 친밀한 유대감이 어떻게 생물학적 내구력을 높여서 활동적이고 성취감을 주는 수명의 한계를 확장시키는지를 예시해준다.

나이가 들어서도 신체적으로 더 건강한 경향을 보인다. 그리고 양쪽 부모가 모두 70세 이상 산다면 그 자녀들이 90세 또는 100세까지 살 확률은 보통 사람들의 2배이다(Cevenini et al., 2008; Hayflick, 1994; Mitchell et al., 2001). 동시에, 쌍생아 연구 결과에 따르면 일단 75~80세를 넘기면 수명에 대한 유전의 영향은 환경요인, 즉 건강한 식사, 정상 체중, 규칙적인 운동, 흡연·음주·마약을 하지 않기, 긍정적 사고방식, 낮은 심리적 스트레스, 그리고 사회적 지원 등에 비해 감소한다(Yates et al., 2008; Zaretsky, 2003). '생물학적 영향과 환경적 영향' 글상자에서 보여주듯이, 100세 이상 사는 사람들에 관한 연구는 길고도 만족스러운 삶을 증진시키기 위해 어떻게 생물학적, 심리적, 그리고 사회적 영향력이 함께 작용하는지에 관한 특별한 통찰을 제공한다.

최대 수명

마지막으로, 아마 이런 점이 궁금할 수도 있을 것이다. 인간의 **최대 수명**(maximum lifespan)은 얼마인가? 혹은 가장 늦게 사망한 것으로 알려진 개인의 연령에 해당하는 종 특유의 생물학적 제한 길이는(연 단위로)? 현재 추정되는 바로는, '생물학적 영향과 환경적 영향' 글상자에서 볼 수 있듯이, 개인이 가장 오래 산 것으로 확인된 나이는 122세이다.

이러한 수치는 인간 수명의 최고 범위를 나타내는 것일까, 아니면 우리의 수명은 더 연장될 수 있는 것일까? 몇몇 과학자들은 대부분의 인간은 85세 또는 90세 정도, 최대 122세까지 살 수 있다고 믿는다. 왜냐하면 평균 기대 수명이 증가한 것은 주로 20세나 30세까지의 건강 위험요인, 특히 빈곤, 제한된 교육, 그리고 건강 관리에 대한 약한 접근과 관련된 해

로운 행동과 환경 조건을 줄인 결과이기 때문이다. 65세 이상인 사람들의 기대 수명은 지난 15년간 겨우 1.5년 정도밖에 증가하지 않았다. 그리고 백세인(centenarian) 노인의 수가 증가하고 있지만('생물학적 영향과 환경적 영향' 글상자 참조) 백세인이 될 확률은 인류 역사를 통틀어 매우 낮았고, 오늘날 미국 인구 1만 명당 5명에 불과하며, 대부분의 백세인이 103세에 사망한다(Arias, 2015). 그럼에도 불구하고, 다른 연구자들은 우리가 인간의 최대 수명을 늘릴 수 있다고 확신한다.

인간에게서 이와 비슷한 수명 연장의 가능성은 다른 질문을 던져준다. 수명은 될 수 있는 한 반드시 많이 연장되어야만 하는가? 이 질문과 관련하여 많은 사람들이 단순히 양이 아니라 삶의 질이 가장 중요하다고 대답한다. 즉 활동 수명을 연장하기 위해서라면 가능한 모든 것을 해야 한다는 것이다. 대부분의 전문가들은 사회경제적 지위가 낮은 사람들이 겪는 예방 가능한 질병과 장애를 줄이고 노화와 관련한 질병을 없앤 다음에 최대 수명을 연장하기 위해 노력하는 것이 옳다는 것에 동의한다.

신체 변화

7.2 노년기의 신체적 쇠퇴와 신경 및 감각 체계의 변화를 설명한다.

7.3 노년기의 심혈관계, 호흡기계, 면역체계의 변화와 수면장애를 설명한다.

7.4 노년기의 신체적 외관과 기동성 변화를 이러한 변화에 효과적인 적응과 함께 설명한다.

생물학적 노화의 기초가 되는 것으로 믿어지는, 특정 유전자의 프로그램된 효과와 무선적으로 세포에서 일어나는 사건들은(제3장 참조) 성인기 후반에 신체의 쇠퇴가 더욱 분명하게 나타나도록 한다. 65세 이상인 대다수의 사람들이 활동적이고 독립적인 삶을 살 수 있지만, 나이가 들면서 점점 더 많은 도움이 필요하게 된다. 75세 이후, 미국인의 약 9%가 목욕, 옷 입기, 침대나 의자에서 움직이는 것, 먹는 것과 같이 스스로 생활하는 데 필요한 기본적인 자기관리 관련 과제인 **일상생활활동**(activities of daily living, ADLs)을 수행하는 데 어려움을 겪는다. 그리고 약 17%는 전화, 쇼핑, 음식 준비, 집 정리, 청구서 지불과 같은 일상 업무를 수행하는 데 필요한 과제들이면서 일부 인지 능력을 요구하는 **도구적 일상생활활동**(instrumental activities of daily living, IADLs)을 수행할 수

없다. 이러한 제약을 가진 노인의 비율은 연령에 따라 급격히 증가한다(U.S. Department of Health and Human Services, 2015d). 그럼에도 불구하고 대부분의 몸의 구조들은 잘만 돌본다면 80대와 그 이상까지 오래 쓸 수 있다. 우리가 이제 논의할 신체 변화의 개관을 보려면 제3장의 표 3.1로 다시 돌아가라.

신경계

정기검진에서 의사가 80세의 루스에게 어떻게 지내고 있는지 물어보자, 그녀는 "내 마음을 잃어 가고 있는 것 같아요" 하며 걱정스럽게 대답했다. "지난 이틀 동안 난 바로 옆집으로 이사 온 가족의 이름을 잊어버렸어요. 택배회사 직원에게 내 집으로 오는 길을 설명하는 데 필요한 단어를 생각해내는 데도 어려움을 겪었어요"

"루스, 모든 사람들이 이따금씩 그런 종류의 것들을 잊어버려요"라고 와일리 박사는 그녀를 안심시켰다. 우리가 젊었을 때는 기억이 흐트러졌을 때, 산만한 자신을 질책하고, 그것에 대해 더 이상 생각하지 않아요. 나이가 들어 같은 행동을 할 때, 우리는 그것을 나이 든 사람이 보이는 건망증 현상인 '깜빡함'으로 간주하고 걱정합니다."

루스는 또한 어째서 아주 덥거나 아주 추운 날씨를 예전같이 잘 견디지 못하는지 의아해했다. 그리고 그녀는 몸을 움직이는 데 시간이 더 오래 걸렸고, 자신의 균형 감각에 대해 점점 더 자신감을 잃어 갔다.

중추신경계의 노화는 복잡한 활동에 광범위하게 영향을 준다. 성인기에 걸쳐서 뇌의 무게가 계속 줄어들지만, 뇌 영상 연구와 사후 검시에 따르면 50대부터 그 손실이 커져서 80세가 되면 5~10%에 이른다고 한다. 그 원인은 뇌 속에서 신경섬유를 감싸고 있는 미엘린 막의 수축과 시냅스 연결의 손실, 그리고 뉴런의 사망, 뇌 속에서 뉴런이 죽고 뇌실(공간)이 확장되기 때문이다(Fiocco, Peck, & Mallya, 2016; Rodrigue & Kennedy, 2011).

뉴런의 손실은 대뇌피질 전체에서 발생하지만 그 속도는 영역들에 따라 다르며 종종 영역들 내의 부분에서도 그 속도가 다르다. 종단연구에서는 전두엽, 특히 전전두엽(실행 기능과 전략적 사고를 담당)과 뇌량(좌우 반구를 연결)이 두정엽, 측두엽, 후두엽보다 더 큰 위축을 보이는 경향이 있었다(Fabiani, 2012; Lockhart & DeCarli, 2014). 소뇌(균형과 협응을 통제)와 해마(기억과 공간 이해에 관여)에서도 뉴런 손

실이 발생한다(Fiocco, Peck, & Mallya, 2016). 그리고 EEG 측정은 뇌파가 점진적으로 느려지고 강도가 감소하는 것을 보여준다 ─ 이는 중추신경계의 저하된 효율성의 신호이다 (Kramer, Fabiani, & Colombe, 2006).

그러나 뇌영상 연구는 이러한 손실의 정도에서 광범위한 개인차를 보여주는데, 이는 인지 기능의 저하와 중간 정도의 관련이 있다(Ritchie et al., 2015). 뇌는 이러한 쇠퇴의 일부는 극복할 수 있다. 여러 연구에서 질병에 걸리지 않은 노인의 뇌 속 신경 섬유는 중년인 사람과 같은 비율로 성장했다. 노화하는 뉴런은 다른 뉴런들이 퇴화한 후에 새로운 시냅스를 만들었다(Flood & Coleman, 1988). 게다가 노화하는 대뇌피질이 어느 정도는 새로운 뉴런을 생성할 수 있다(Snyder & Cameron, 2012). 그리고 fMRI 증거에 의하면, 젊은 성인들과 비교하여 기억 과제와 그 외의 인지 과제를 잘 수행하는 노인들은 대뇌피질 영역들에 더 넓게 분포된 활동을 보여주는데, 특히 전두엽 피질과 인지과제 시 일반적으로 활성화된 위치를 미러링하는 반대쪽 반구에 있는 영역에서 이러한 활동이 발견된다(Fabiani, 2012; Reuter-Lorenz & Cappell, 2008). 이것은 노인이 뉴런의 손실을 보완하는 하나의 방법으로 인지적 처리를 위해 부가적인 뇌 영역들의 지원을 받는다는 것을 시사한다.

많은 생명유지 기능에 관여하는 자율신경계 역시 나이가 들면 덜 효율적으로 작동해서 노인들은 장기간의 더위 및 추위 동안 위험에 처한다. 예를 들어 루스가 더운 날씨를 예전만큼 잘 견디지 못하는 것은 그녀가 땀을 더 적게 흘리기 때문이었다. 그리고 추위에 노출되어 있는 동안 그녀의 몸은 체온을 유지하기가 더 힘들어졌다. 하지만 질병이 없고 신체적으로 건강한 노인들에게는 이러한 쇠퇴는 큰 문제가 아니다(Blatteis, 2012). 자율신경계는 또한 예전보다 더 높은 수준의 스트레스 호르몬을 혈류로 방출하는데, 이것은 아마도 세월이 흐르면서 이러한 호르몬에 덜 반응하게 된 체세포를 자극하기 위해서일 것이다(Whitbourne, 2002). 나중에 우리는 이러한 변화가 노인의 면역체계를 약하게 하고 수면에 문제를 일으킬 수 있다는 것을 살펴보게 될 것이다.

감각 체계

인생의 후기에는 감각 기능의 변화가 점점 더 눈에 띄게 된다. 노인은 잘 보지 못하고 잘 듣지 못하며, 미각과 후각과 촉각의 민감성 역시 쇠퇴할 것이다. 그림 7.2가 보여주듯이, 인생의 후기에는 청각장애가 시각장애보다 더 흔하다. 중년기의 추세를 연장하면서, 남자보다 여자가 시각장애를 더 많이 보고하고, 여자보다 남자가 청각장애를 더 많이 보고한다.

시력 제5장에서 우리는 눈의 구조적 변화 때문에 가까운 사물에 초점 맞추기와 희미한 빛에서 보기와 색채를 지각하기가 어려워진다는 것을 보았다. 노년기에 시력은 더 나빠진다. 각막(눈의 투명한 덮개)은 점점 덜 투명해지고 빛을 분산시킨다. 이로 인해 상이 흐릿해지고 눈부심이 증가한다. 수정체는 지속적으로 노랗게 되어서 색깔을 구별하기가 더 힘들어진다. 중년부터 노년까지 **백내장**(cataracts)이라 불리는 수정체의 탁한 부분이 증가하는데 이 때문에 앞이 흐릿하게 보이고 (수술을 받지 않으면) 결국에는 시력을 잃게 된다. 백내장 환자의 숫자는 중년기에서 노년기로 감에 따라 10배로 증가한다. 70대의 25%와 80대의 50%가 백내장에 걸린다(Owsley, 2011; Sörensen, White, & Ramchandran, 2016). 생물학적 노화 이외에 유전, 햇빛에의 노출, 흡연, 그리고 당뇨병과 같은 특정 질병도 백내장의 위험률을 높인다(Thompson & Lakhani, 2015). 다행히도, 수정체를 제거하고 인공 수정체를 심는다든가 또는 보정 안경을 쓰게 되면 시력을 회복할 가능성이 높다.

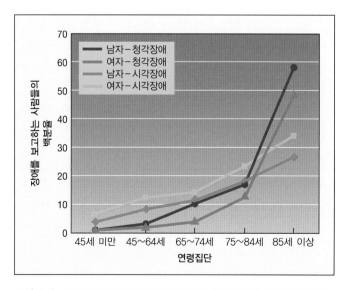

그림 7.2 미국 남자와 여자의 연령에 따른 시각장애와 청각장애의 비율 대규모 전국적인 대표 표본 가운데서, 안경이나 콘택트렌즈를 끼고도 보는 것이 어려운 사람들을 시각장애로 판단했다. 듣는 것이 '매우 어렵다'고 보고하는 사람들을 청각장애로 판단했다. 여자는 시각장애를 더 많이 보고하고, 남자는 청각장애를 더 많이 보고하는데, 그 차이는 노년기에 상당히 커진다. 인생 후반부에 청각장애가 시각장애보다 더 흔하게 된다(U.S. Census Bureau, 2014에서 인용).

노년기에 시력이 손상되는 것은 대체로 망막에 도달하는 빛이 감소하고(수정체의 황화현상, 동공의 축소, 초자체의 흐려짐 등으로 인해서), 망막세포와 시신경세포가 손실되기 때문이다(제5장을 다시 보라). 밝은 곳에서 어두운 곳으로 이동할 때의 암순응이 더 어려워지므로, 영화가 시작한 후에 영화관에 입장하는 일이 어려운 과제가 되어 버린다. 양쪽 눈에서 받아들인 상을 결합하는 뇌의 능력인 양안시력이 쇠퇴함에 따라 깊이 지각의 신뢰성이 떨어진다. 그리고 식별의 정밀함을 나타내는 시각 예민성이 악화하는데, 이는 70세 이후에 급격히 나빠진다(Owsley, 2011).

망막의 중심부인 황반에 있는 빛을 감지하는 세포가 파괴되면, 노인들은 **황반 변성**(macular degeneration), 즉 중심 시력이 흐려지면서 점진적으로 시력을 잃는 증상을 겪게 될 수 있다. 황반 변성은 노인들의 시력 상실의 주요 원인이다. 약 65~74세 노인의 10%, 75~85세 노인의 30%에게 이 증상이 나타난다. 만일 조기진단을 받으면, 때로는 레이저로 치료될 수도 있다. 백내장의 경우와 같이 유전(몇 개의 확인된 유전자 포함)은, 특히 흡연이나 비만과 결합할 때 위험을 증가시킨다(Schwartz et al., 2016; Wysong, Lee, & Sloan, 2009). 동맥경화증도 망막으로 흐르는 혈류를 막기 때문에 위험률을 높인다. 보호요인에는 규칙적인 신체활동과 심혈관 건강을 증진시키는 오메가 3 지방산이 풍부한 생선이 있는 식단, 그리고 황반 세포를 유리기(free-radical)에 의한 손상으로부터 보호함으로써 시력에 도움을 주는 비타민 A, C, E와 카로틴(황색과 적색의 식물 색소)이 포함된다(Broadhead et al., 2015).

시력 감퇴는 노인들의 자신감과 일상생활의 행동에 심각한 영향을 끼친다. 루스는 80대에 운전을 포기했고, 그녀는 월트가 도로와 계기판을 번갈아 보는 것과 흐린 날과 밤에는 보행자를 판별하는 것을 어려워하는 것을 걱정했다. 걸어다닐 때 노인들은 깊이 지각과 암순응이 어렵기 때문에 발을 헛디딜 위험이 크다.

시력 손실이 커지게 되면, 그것은 여가 활동에 영향을 주고 사람을 매우 고립시킬 수 있다. 루스는 더 이상 박물관, 영화, 브리지 카드놀이, 십자말풀이를 즐길 수 없었다. 시력이 많이 나빠졌기 때문에 그녀는 집안일과 쇼핑을 하는 데 다른 사람들의 도움에 의존할 수밖에 없었다. 85세 이상 노인 중 30% 정도는 일상생활을 하는 데 지장을 겪을 만큼 심각한 시력 손상을 경험한다(U.S. Census Bureau, 2014). 하지만 많은

사람들이 시력이 저하된 것을 감지하지 못한다. 그들이 삶의 질을 유지하는 것을 돕기 위해서는 치료가 아주 중요하다.

청력 "엄마, 이 사람은 레오나인데 조의 사촌이에요. 엄마가 그녀를 만나보면 좋겠어요"라고 루스의 딸 시빌이 추수감사절 모임에서 말했다. 와자지껄 떠드는 아이들 소리, 접시 부딪치는 소리, 텔레비전 소리, 근처에서 대화하는 소리 가운데서, 85세 루스는 레오나의 이름이나 그녀가 시빌의 남편인 조와 어떤 관계인지를 들을 수 없었다.

"이름을 다시 한 번 말해줄래?" 루스는 물어보면서 이렇게 덧붙였다. "좀 더 조용한 옆방으로 들어가서 이야기하자."

제5장에서 논의했듯이, 내이와 청각피질에 혈액 공급이 잘 안 되고 세포가 자연스럽게 죽는 현상은, 고막과 같은 막이 딱딱하게 굳어지는 현상과 함께 노년기의 청력을 감퇴시키는 원인이 된다. 비록 작은 소리를 탐지하는 능력은 주파수 전체에 걸쳐서 감소하지만, 특히 높은 주파수 음에 대한 감퇴가 가장 크다. 게다가 깜짝 놀라게 하는 소리에 대한 반응성이 줄어들고, 복잡한 음의 패턴을 식별하는 것이 더욱 어려워진다(Wettstein & Wahl, 2016).

비록 청력 손실이 시력 손실에 비해 자기관리에 미치는 영향이 덜하지만, 청력 손실은 생활의 안전성과 즐거움에 영향을 준다. 도시 차도의 교통 소음 속에서 80세 루스는 경고가 "조심하세요, 아직 발을 내딛지 마세요" 같이 언어로 표현되거나, 경적 소리나 사이렌 같이 비언어적으로 표현되거나 항상 옳게 해석할 수 있는 것은 아니었다. 그리고 그녀는 라디

청력 감소, 특히 사람의 말을 인지하는 청력의 감소는 노인의 삶의 즐거움을 크게 저하한다. 청각보조장치의 활용은 이 부부가 영화를 보는 경험을 최대한 누릴 수 있도록 도와준다.

오나 텔레비전 볼륨을 높이면 때때로 전화벨 소리나 방문 노크 소리를 못 듣곤 했다.

청력이 감퇴하는 노인들은 정상 청력의 또래 노인들에 비해서 더 낮은 자기효능감, 더 많은 외로움과 우울 증상, 그리고 더 좁은 사회적 연결망을 보고한다(Kramer et al., 2002; Mikkola et al., 2015). 청력 감퇴에 따른 문제들 중에서 연령에 따른 언어 지각의 쇠퇴가 삶의 만족도에 가장 큰 영향을 준다. 70세가 넘으면 대화의 내용과 그에 실린 정서를 탐지하는 능력이 감소하는데, 이것은 시끄러운 환경에서 더욱 악화된다(Gosselin & Gagne, 2011).

루스는 대화를 잘 듣기 위해서 문제 중심적 대처방법을 썼음에도 불구하고 항상 성공하는 것은 아니었다. 가족들이 추수감사절에 다 모였을 때 루스에게 이야기하는 친척의 수가 줄어들었고, 그녀는 외로움의 고통을 느꼈다. 그리고 때때로 사람들은 사려 깊지 못했다. 어느 저녁 산책 때, 루스가 조에게 반복해서 말해 달라고 했을 때 그는 조급하게 목소리를 높였고, 루스 앞에서 시빌에게 "여보, 솔직하게 말해. 할머니는 귀가 먹어 가잖아, 안 그래?"라고 말했다. 청각장애가 있는 노인들은 언어적 의사소통을 자주 오해하기 때문에, 다른 사람들은 이들이 지적능력이 손상된 것으로 결론지을 수도 있다. 청각과 시각장애를 가진 사람들은 집행 기능과 기억 과제에서 낮은 점수를 받는다(Li & Bruce, 2016). 노인들이 정보를 지각하는 데 쏟아야 하는 노력은 과제 수행에 필요한 다른 인지처리의 효율성을 떨어뜨린다.

그러나 15년간 수천 명의 노인을 추적조사한 조사에서 일단 인지능력과 관련된 다른 요인(예 : 연령, 교육적 성취, 만성질환)을 통제한 후에는 청력이나 시력장애가 인지 저하를 예측하지 못한다는 것이 밝혀졌다(Hong et al., 2016). 잘 듣지 못하거나 보지 못하는 노인들이 정신적으로 부족하다고 가정하는 것은 노화에 대한 잘못된 부정적 고정관념이라 볼 수 있다.

대부분의 노인들은 85세 이후까지 그들의 일상생활에 지장을 줄 정도로 큰 청력 손실을 겪지 않는다. 청력이 감퇴하는 노인들은 보청기 사용을 통해 보상하고 강의, 영화, 연극 공연에서 보조 청취 장치를 사용하는 것이 도움이 된다. 태어날 때부터 우리의 지각은 통합(하나 이상의 감각기관으로부터 정보를 통합)적이다. 얼굴표정과 몸짓과 입술의 움직임을 살펴봄으로써 노인들은 그들의 시력을 활용하여 발화를 해석할 수 있다. 가족과 다른 사람들이 조용한 환경에서 이

야기하면, 노인들은 주변 환경에 대한 감수성이 낮아진 모습을 보여주기보다는 훨씬 더 조심성 있고 유능한 모습을 보여줄 것이다.

미각과 후각   월트의 형 딕은 심한 흡연자였다. 그는 60대에는 음식에 소금과 후추를 부어댔고, 커피에는 설탕을 추가로 넣고, 멕시코와 인도 음식점에서는 음식을 '특별히 맵게' 할 것을 주문했다.

딕처럼 달고, 짜고, 시고, 쓴 네 가지 기본미각이 감퇴하는 것은 60세 이후 성인의 절반 이상, 80세 이후에는 80% 이상의 많은 성인들에게 분명하게 나타난다. 노인들은 또한 미각만으로 익숙한 음식을 알아내는 것이 매우 어렵다(Correia et al., 2016; Methven et al., 2012). 흡연, 틀니, 복용 약, 환경오염물질이 맛의 지각에 영향을 줄 수 있다. 맛을 감지하기가 더 어려울 때, 음식을 먹는 것이 덜 즐겁고, 이것은 노인들의 식사 결핍을 초래할 수 있다. 양념을 첨가하여 노인들이 식사를 더 즐기도록 만들 수 있다.

음식을 더 즐기도록 하는 것 이외에, 후각은 자신을 보호하는 기능을 한다. 고약한 냄새가 나는 음식이나 가스 냄새 또는 연기 냄새를 잘 맡을 수 없는 노인은 생명을 위협하는 상황에 처할 수도 있다. 냄새 처리에 관련된 뇌 영역의 뉴런과 함께 후각 수용기의 숫자가 줄어들면서, 60세 이후에 냄새 민감도가 저하되고 70세 이상 인구의 1/4이 영향을 받는다. 연구자들은 냄새 지각이 감퇴할 뿐만 아니라 왜곡된다고 믿는데, 이러한 변화가 '음식의 냄새와 맛이 더 이상 제대로 느껴지지 않는다'는 불평을 하게끔 할 수 있다. 그러나 냄새 명칭의 인출을 포함하여 언어 회상에 큰 어려움을 겪는 노인들은 냄새 인식 과제를 매우 어려워한다(Larsson, Öberg, & Bäckman, 2005). 따라서 인지적 변화는 냄새 지각의 감소를 실제보다 더 크게 보이게 할 수 있다.

촉각   촉각을 통한 사물 인식은 매일 여러 번 발생한다. 성인은 열쇠나 주머니 속의 신용카드, 서랍 뒤에 있는 코르크 마개 뽑는 기구 등 흔한 사물을 수동으로 탐색한 후 2~3초 이내에 인식한다. 시력이 심각하게 손상되어서 점자를 읽어야 하는 사람, 그리고 예술이나 수공예와 같은 직종에 종사하거나 사물의 결에 대한 섬세한 판단을 하는 사람에게 촉각의 예민성은 특별히 중요하다.

노년기에 촉각으로 자세한 표면 특성을 구별하고 낯선 물

체를 식별할 수 있는 능력이 감퇴한다. 손의 촉각, 특히 손가락 끝의 촉각이 무뎌지는 것은 피부의 특정 부위에 있는 촉각 수용기의 손실에 기인할 수도 있고, 사지로 가는 혈액순환이 느려지는 것에 기인할 수도 있다(Stevens & Cruz, 1996). 또한 유동지능의 감소, 특히 공간 지향이 영향을 미치는데(제5장 참조) (Kalisch et al., 2012), 유동지능은 노인의 촉각 능력과 밀접한 상관관계가 있다.

눈이 보이는 사람에 비해, 점자를 읽는 눈이 보이지 않는 사람들은 노년기에도 높은 촉각을 유지한다(Legge et al., 2008). 세부적인 촉각 정보를 익히는 데 들인 수년간의 경험은 이들의 촉각 예민성을 보호하는 것 같다.

촉각 민감도는 일반적으로 성인기에 감소하지만, 정서적으로 기분 좋은 느낌을 주는 푹신하고, 부드럽게 쓰다듬을 수 있는 재질에 대한 반응성은 예외다. 노인들은 이러한 재질을 젊은 사람들보다 더 즐거운 것으로 평가한다(Sehlstedt et al., 2016). 아마도 노년기에 다른 사람들과의 접촉이 감소하면서 민감한 촉각의 즐거움이 증대되는 것 같다.

심혈관계와 호흡기계

심혈관계와 호흡기계의 노화는 서서히 진행되며 보통 성인 초기와 중년기에는 인식되지 않는다. 노년기에 변화의 신호가 분명해지면서, 이러한 기관들이 삶의 질과 수명에 중요하다는 것을 아는 노인들에게 걱정을 불러일으킨다. 60대가 되어서 루스와 월트는 버스를 잡으려고 또는 신호가 바뀌기 전에 길을 건너려고 뛴 후에 더욱 신체적으로 스트레스를 느낀다는 것을 깨달았다.

시간이 지남에 따라, 심장 근육은 더욱 경직되고 세포의 일부는 죽거나 확장되어서 좌심실(심장의 가장 큰 방으로, 이곳에서 혈액이 몸으로 펌프질된다)의 벽을 두껍게 한다. 게다가 정상 노화로 인하여 혈관 벽은 굳어지고 콜레스테롤, 지방과 같은 불순물이 축적된다(동맥경화증이 있다면 더욱 그렇다). 마침내 심장 근육은 심장 내의 심장박동 조절세포가 각각 수축을 시작하도록 보내는 신호에 덜 반응적이게 된다(Larsen, 2009).

이러한 변화들이 결합된 결과로 심장은 덜 힘차게 박동하고, 최대 심장박동 수는 감소하며, 순환계를 통하는 혈액의 흐름이 느려진다. 이것은 고도의 신체활동을 하는 동안 산소가 충분히 신체 조직으로 운반되지 않을 수도 있다는 것을 의미한다(건강한 심장은 나이가 들어서도 힘든 작업을 견뎌 낼

이 산악인들은 숨을 쉬고 기운을 되찾기 위해 자주 휴식을 취해야 한다. 심혈관계와 호흡기계의 노화로, 격렬한 신체운동을 하는 동안 충분한 산소가 신체 조직에 전달되지 않을 수 있다.

수 있다는 제3장의 내용을 상기하라).

호흡기계의 변화는 방금 기술한 산소공급의 감소를 더욱 심화시킨다. 폐 세포는 점진적으로 탄력성을 잃어가기 때문에, 25~80세 사이에 폐활량(폐에 가득 들어갔다가 나올 수 있는 공기의 양)은 절반으로 줄어든다. 그 결과, 폐를 채우고 비우는 것이 덜 효율적으로 되어서, 혈액이 산소를 더 적게 흡수하고 탄산가스를 더 적게 배출하게 된다. 왜 노인들이 운동을 하는 동안 숨을 더 많이 쉬면서도 숨이 차다고 느끼는 것인지가 이것으로 설명이 된다.

심장혈관계와 호흡기계의 결함은 평생 흡연을 해 온 사람들과 식단 조절에 실패한 사람들 그리고 환경오염물질에 오랫동안 노출된 사람들에게 더욱 심각하다. 앞 장에서 살펴보았듯이, 심장혈관의 노화를 늦추는 데는 운동이 아주 좋다(Galetta et al., 2012). 운동은 또한 호흡 기능도 촉진한다. 이것은 우리가 후에 건강과 건강관리를 논의할 때 다시 살펴볼 것이다.

면역체계

면역체계가 노화함에 따라서 항원(이물질)을 직접적으로 공격하는 T세포의 숫자가 줄고 덜 효과적이 된다(제3장 참조). 게다가 면역체계는 **자동면역 반응**(autoimmune response)으로 인해 정상적인 체세포를 공격함으로써 역기능을 하기 쉽다. 면역체계가 제대로 기능하지 못함에 따라 다양한 질병에

대한 노인의 위험률이 증가한다. 독감과 같은 전염병, 심혈관 질환, 몇몇 종류의 암, 그리고 류머티즘 관절염과 당뇨병과 같은 다양한 자동면역 질환이 여기에 포함된다(Herndler-Brandstetter, 2014). 그러나 연령에 따른 면역 기능의 쇠퇴가 노인들이 겪는 대부분의 질병의 원인은 아니다. 그것은 단지 질병이 진행되도록 허용할 뿐이다. 면역 반응이 더 강하다면 질병을 일으키는 인자를 근절시킬 수 있을 것이다.

노인들 사이에서도 면역체계가 제각기 다르다. 일부 노인은 성인 초기와 거의 비슷한 정도로 강한 면역체계를 유지한다. 그러나 대부분의 노인들은 일부분에서부터 심각한 범위에 이르기까지 기능의 손실을 경험한다(Pawelec et al., 1999). 노화하는 사람의 면역체계 강도는 그 사람의 전반적인 신체적 활력을 나타내는 지표가 될 수 있다. T세포의 높은 활동성과 같은 특정한 면역 지표는 고령의 노인들이 향후 2년 동안 생존할 것인지를 예측하게 해준다(Moro-García et al., 2012; Wikby et al., 1998).

제3장에서 우리는 다른 신체 변화들이 면역 기능의 손상에 영향을 줄 수 있음을 강조했다. 스트레스 호르몬이 면역을 서서히 해친다는 것을 상기하라. 나이가 들면 자율신경계는 높은 수준의 스트레스 호르몬을 혈류에 방출한다. 나이가 들면서 면역 반응이 감퇴함에 따라, 스트레스로 인한 감염의 취약성이 급격히 증가한다(Archer et al., 2011). 건강한 식사와 운동은 노년기 면역 반응을 보호하는 데 도움을 준다. 반면 비만은 연령에 따른 쇠퇴를 악화시킨다.

수면

월트는 밤에 잠들기 전에 보통 30분에서 1시간 정도 깨어 있는 채로 누워 있었다. 즉 젊었을 때보다 더 오랫동안 졸린 상태에 머물렀다. 잠자는 동안에는 NREM 수면의 가장 깊은 단계에 있는 시간이 줄어들었고 여러 번 깼다. 그리고 때때로 다시 잠이 들기까지 30분 이상 깨서 누워 있었다.

노인도 거의 젊은이와 비슷한 정도의 전체 수면시간이 필요하다. 즉 하루 7시간 정도 자야 한다. 하지만 사람이 나이가 들면서 잠이 드는 것, 깨지 않고 계속 자는 것, 그리고 깊이 자는 것이 모두 어려워진다. 노인의 절반가량은 불면증을 경험한다. 잠자는 시간도 역시 변하는 경향이 있다. 더 일찍 자고 아침에 더 일찍 일어나게 된다(McCrae et al., 2015). 이 것은 수면을 관장하는 뇌 구조의 변화와 중추신경계에 대해 경보 효과를 갖는 혈류 속 높은 수준의 스트레스 호르몬 때문

인 것으로 알려져 있다.

70세 또는 80세까지 남자는 여러 가지 이유로 인해 여자보다 수면에 더 어려움을 겪는다. 첫째로, 거의 모든 남자 노인은 전립선이 커지게 되는데, 이로 인해 요도(방광을 비우는 관)가 수축되어서 밤에도 소변을 자주 봐야 한다. 둘째로, 특히 과체중에 술을 많이 마시는 남자는 **수면 중 호흡정지**(sleep apnea)의 위험에 더 많이 노출되어 있다. 이것은 수면 중 10초 또는 그 이상으로 호흡이 멈추는 현상으로, 이로 인해 잠에서 자주 깨게 된다. 노인의 45%가 이것을 경험한다고 추정된다(Okuro & Morimoto, 2014).

잠을 제대로 못 자면 점점 더 그렇게 된다. 예를 들어 월트는 밤잠을 설쳐서 낮 시간에 피곤했고 낮잠을 자게 되었는데, 그로 인해 그날 밤에는 잠드는 것이 더 힘들게 되었다. 게다가 월트는 잠자는 것이 어려울 것을 예상해서 걱정을 했는데, 이것 또한 수면을 방해했다. 노인들의 불면증은 낙상과 인지장애의 위험을 증가시키기 때문에 특별한 관심을 받는다(Crowley, 2011). 잠을 잘 자지 못하는 사람들은 자주 느려진 반응 시간과 주의력 및 기억력의 어려움을 호소한다.

다행히도 숙면을 취하도록 할 수 있는 방법은 여러 가지가 있다. 가령, 잠자는 시간과 일어나는 시간을 일정하게 확립하고, 규칙적으로 운동하고, 침실은 오로지 잠만 자는 곳으로(먹거나, 책을 읽거나, TV를 보는 곳이 아니라) 사용하는 것 등이다. 노인들은 60세 미만의 사람들보다 수면 문제 때문에 안정제 처방을 더 많이 받는다. 이러한 약들은 단기적으로 사용하면 불면증을 일시적으로 완화하는 데 도움이 될 수 있다. 하지만 장기적으로 약물을 사용하면 사태를 더욱 악화시킬 수 있다. 왜냐하면 이로 인해 수면 중 호흡정지의 빈도와 강도가 증가하며 약을 끊은 후에는 다시 불면증이 찾아오기 때문이다(Wennberg et al., 2013). 마지막으로, 전립선이 비대해지면서 밤에도 소변을 자주 보아야 하는 것과 같은 불편함은 새로운 레이저 외과수술로 부작용 없이 증상을 완화할 수 있다(Zhang et al., 2012).

신체의 외관과 기동성

앞의 장에서 우리는 외모의 노화에 이르게 하는 변화들이 이미 20대와 30대에 진행 중인 것을 보았다. 이러한 변화는 점진적으로 일어나기 때문에 노인들은 그것이 분명해질 때까지 그들의 나이 든 모습을 잘 알아차리지 못할 수도 있다. 매년 여름 여행을 갔을 때 월트와 루스는 딕과 골디의 피부가

전 미국 대통령 지미 카터의 52세, 63세, 91세 사진에서 노화로 인한 분명한 변화를 볼 수 있다. 피부는 주름지고 처지고, '노인 반점'은 늘어나고, 코와 귀는 넓어지고, 머리숱은 적어진다.

예전보다 주름이 더 많이 졌다는 것을 알게 되었다. 머리카락은 색소가 없어짐에 따라 회색에서 하얗게 변했으며, 체격은 더 둥그스름해지고 팔다리는 더 가늘어졌다. 집에 돌아왔을 때 월트와 루스는 자기네들도 역시 늙었다는 것을 더 깨닫게 되었다.

제5장에 기술되었듯이, 나이가 들면 피부가 주름살이 지고 축 처진다. 게다가 피부를 윤택하게 하는 지방 분비선의 활동이 줄어들어서 피부는 건조하고 거칠어진다. '노인 반점'이 증가해서, 일부 노인들의 팔과 손등과 얼굴은 이러한 반점으로 뒤덮일 수 있다. 사마귀와 그 외의 작은 피부 종양도 생길 수 있다. 피부의 지방층이 많이 손실되면서 피부가 더 투명해져서 그 아래의 혈관이 보일 수도 있다(Robert, Labat-Robert, & Robert, 2009). 더 나아가 이러한 손실은 노인들이 덥거나 추운 온도에 적응하는 능력을 제한한다.

이런 현상은 특히 얼굴에 나타나기 쉬운데, 태양에 자주 노출되어서 노화가 촉진되기 때문이다. 얼굴 주름과 노인 반점의 증가에 기여하는 다른 요인으로는 장기적인 알코올 섭취, 흡연, 심리적 스트레스를 들 수 있다. 그 외의 얼굴 변화도 나타나는데, 두개골의 외층에 새로운 세포들이 쌓이면서 코와 귀가 넓어진다. 그리고 특히 치과 치료를 제대로 받지 못한 노인들의 경우 치아가 누렇게 되고, 금이 가고, 쪼개지기도 하며 잇몸이 줄어들 수도 있다(Whitbourne, 2002). 피부 표면 아래의 모낭이 죽기 때문에 남녀 모두 머리카락이 줄어들어서 두피가 보일 수도 있다.

체격 역시 바뀐다. 키가 계속 작아지며, 특히 여자의 경우 뼈의 무기물 성분의 손실로 척추가 내려앉게 된다. 60세 이후에는 보통 몸무게가 감소하는데, 이것은 우리 몸통에 쌓인 지방보다 더 무거운 제지방체중(lean body mass, 골밀도와 근육)의 부가적인 손실 때문이다.

여러 요인이 기동성에 영향을 준다. 첫째는 근육의 강도인데, 일반적으로 중년기보다 노년기에 더 빠른 속도로 감퇴한다. 평균적으로 60~70세에 이르면 근육의 힘을 10~20% 잃고, 이 수치는 70~80세 이후에는 30~50%까지 증가한다(Reid & Fielding, 2012). 둘째, 골밀도가 감소하면서 뼈의 강도가 저하된다. 그리고 스트레스로 인해 뼈에 금이 생겨서 뼈가 더 약해진다. 셋째, 관절과 힘줄과 인대(근육을 뼈에 연결시킴)의 강도와 유연성이 떨어진다. 루스는 80대에 접어들면서 몸을 바로 하고 팔다리를 구부리고 고관절을 돌리는 능력이 감소해서, 안정되게 보통 속도로 걷고 계단을 오르고 의자에서 일어나는 것이 힘들었다.

제3장에서 우리는 성인기 동안 꾸준히 훈련을 해 온 지구력 강한 운동선수들은 60대와 70대까지도 근육질의 체격을 유지하고 그 힘의 대부분을 유지하는 것을 살펴보았다. 이렇게 특별히 활동적인 사람들도 다른 노화하는 사람들과 마찬가지로 속근섬유를 잃어 간다. 그러나 그들은 남아 있는 지근섬유를 강화시킴으로써 이를 보충하여 더 효율적으로 활동하기 때문에 40세 아래의 활동적인 사람들과 유사한 근육 기능을 유지한다(Sandri et al., 2014). 운동선수가 아닌 사람

들 사이에서도 여가시간에 규칙적으로 신체활동을 한 역사는 인생 후반에 큰 기동성으로 나타난다(McGregor, Cameron-Smith, & Poppitt, 2014). 동시에, 조심스럽게 계획된 운동 프로그램 또한 관절의 유연성과 운동의 범위를 증진시킬 수 있다.

노년기의 신체 변화에 적응하기

노인들은 노화에 따른 신체 변화에 적응하는 방식에서 많은 차이를 보인다. 나이 드는 것에 대해 더 걱정하는 사람들은 자신의 신체 상태를 더 면밀히 관찰하고 외모에 대해 더 많이 걱정한다(Montepare, 2006). 딕과 골디는 노년의 모습을 피하기 위해 고안된 거대 산업을 활용했다. 즉 화장품, 가발, 성형 수술, 그리고 다양한 '노화방지' 보조식품, 약초로 만든 제품, '장수' 클리닉에서 제공하는 호르몬제 등인데, 이 중 아무것도 광고한 대로 효과를 보지 못했고, 심지어 몇 가지는 해롭기까지 했다(Olshansky, Hayflick, & Perls, 2004). 반면 루스와 월트는 얇아져 가는 백발과 주름진 피부에 별 신경을 쓰지 않았다. 그들의 정체성은 외모보다는 주위 환경에 계속해서 활동적으로 참여할 수 있는 능력과 더 밀접히 관련되었다.

대부분의 노인들은 보기보다 젊다고 느끼고 실제 연령보다 더 젊게 느끼는 호의적인 **주관적 연령**을 유지한다(Kleinspehn-Ammerlahn, Kotter-Grühn, & Smith, 2008; Westerhof, 2008). 몇몇 조사에서 75세의 노인들이 15살이나 더 젊게 느낀다고 보고했다! 몇 년에서 20년 후까지 추적한 연구에서, 자신을 젊게 느끼는 자기평가는 더 나은 심리적 행복, 육체적 건강과 건강 행동, 그리고 약간 더 긴 수명을 예측했다(Keyes & Westerhof, 2012; Westerhof et al., 2014).

노인들이 가장 중요시하는 신체적 노화의 측면이 많이 다르다. 실제 나이보다 젊어지길 바라는 것(젊게 느끼는 것과 반대로)은 웰빙과 부적인 관련이 있다(Keyes & Westerhof, 2012). 딕과 골디와 비교해볼 때, 루스와 월트는 더욱 긍정적인 사고와 마음의 평화를 가지고 노화에 접근했다. 젊음의 정체성에 집착하는 대신에, 그들은 노화의 변화시킬 수 있는 측면은 중재하여 해결했고 변화시킬 수 없는 것은 받아들였다.

연구에 의하면 백발, 얼굴의 주름, 대머리와 같이 가장 분명하고 겉으로 드러나는 노화 신호는 감각, 인지, 운동 기능이나 수명과 아무런 관련이 없다고 한다(Schnohr et al., 1998). 반면에 신경계, 감각체계, 심혈관계, 호흡기계, 면역체계와 골격과 근육의 건강상태는 인지 수행과 노년기 삶의

질과 수명 모두를 강하게 예언해준다(Bergman, Blomberg, & Almkvist, 2007; Garcia-Pinillos et al., 2016; Herghelegiu & Prada, 2014; Qui, 2014). 게다가 백발이 되는 것이나 머리가 벗겨지는 것을 방지하기 위해서 할 수 있는 것보다, 몸의 내부 기능의 쇠퇴를 저지하기 위해서 할 수 있는 방법이 더 많은 것이다!

효과적인 대처 전략 제5장에서 보았던 문제 중심 대처와 정서 중심 대처에 관한 논의를 상기해보자. 그것은 여기에도 적용된다. 월트와 루스는 식사, 운동, 환경 적응, 활동적이고 자극을 주는 생활방식을 통해서 노화와 관련된 변화를 저지하고 보충했다. 이를 통해 그들은 자신의 운명에 대한 개인적인 통제감을 느꼈다. 이것은 긍정적 대처와 신체 기능의 향상을 더욱 촉진했다.

높은 개인적 통제감을 보고한 노인들은 대개 신체적 변화를 문제 중심적 대처 전략을 통해 다룬다. 한쪽 눈의 시력을 잃은 75세의 한 노인은 직업 치료사에게 조언을 구하고, 감소한 깊이 지각과 좁아진 시야에 대한 보상으로 머리를 좌우로 많이 움직이는 훈련을 받았다. 반면에 노화에 따른 쇠퇴를 직시하기를 피하려는 노인들, 즉 이런 손상들이 필연적이고 통제할 수 없다고 생각하고 해로운 효과에 대해서 반추하는 노인들은 이런 문제에 직면했을 때 수동적인 경향을 보이고 신체적·심리적 적응의 어려움을 더 보고하는 경향이 있으며, 생애 후반에 급격한 건강 악화를 경험한다(Gerstorf et al., 2014; Lachman, Neupert, & Agrigoroaei, 2011; Ward, 2013).

통제감은 문화에 따라 다양하다. 미국의 개인주의적 가치는 개인의 행동과 선택의 힘을 강조한다. 결과적으로, 미국인들은 아시아 국가와 멕시코의 성인들보다 개인적 통제감에서 더 높은 점수를 받는다(Angel, Angel, & Hill, 2009; Yamaguchi et al., 2005). 게다가 우리는 미국이 정부가 지원하는 의료 및 사회보장이 다른 선진국들보다 혜택이 적다는 것을 배웠다. 한 연구에서, 개인적 통제감은 영국보다 미국에서 노인의 건강 상태에 대한 더 강력한 예측 변인인 반면, 영국에서는 정부 정책이 전 생애 동안 좋은 건강을 유지하는 데 더 많은 역할을 하는 것으로 나타났다(Clarke & Smith, 2011).

신체적 장애가 심각해지면 통제감이 주는 이점이 줄어들면서 더 이상 건강 상태에 큰 영향을 미치지 않게 된다. 상당

한 신체적 장애를 가진 노인들은 감소된 통제감을 인정하고 보호자 또는 장비 지원의 필요성을 받아들일 때 보다 효과적으로 대처한다(Clarke & Smith, 2011; Slagsvold & Sørensen, 2013). 그러나 그렇게 하는 것은 세계 다른 곳의 노인들보다 '개인적 통제감의 문화'에 익숙한 많은 미국 노인들에게 더 어려울 수 있다.

보조 공학 장애인의 기능을 향상시키는 기구 혹은 **보조 공학**(assistive technology)이 급속히 확산 보급되면서 노인들이 신체적 쇠퇴에 대처하는 데 도움을 줄 수 있게 되었다. 컴퓨터와 스마트 장치들이 이러한 혁신적인 제품들을 가능하게 했다(Czaja, 2016). 음성 명령에 응답하여 전화를 걸고 응답하는 스마트폰은 시각과 운동 능력에 결함이 있는 사람들을 도울 수 있다. 여러 종류의 약을 먹고 있는 노인들에게는 '똑똑한 뚜껑'이라 불리는 작은 컴퓨터 칩을 약병에 배치할 수 있다. 그것은 노인에게 약 먹을 시간을 알려주기 위해 계획된 시간표에 따라서 삑 소리를 내고, 언제 몇 개의 약을 먹었는지 추적해준다. 스마트 손목시계나 스마트 의류는 다양한 건강지표를 추적 관찰하여 예방, 조기 감지, 치료 등을 개선할 수 있다. 이러한 장치들은 낙상과 같은 비상 상황을 인식하고 자동으로 도움을 요청할 수 있다. 로봇들은 노인들이 물건을 찾고, 문서를 읽고, 일상적인 집안일을 하는 것과 같은 다양한 일을 하도록 도울 수 있다.

건축가들 또한 안전성과 이동성을 증진시키는 다양한 특징을 가지고 있는 '스마트 홈'을 디자인한다. 예를 들어 노인

로봇이 신체적 장애가 있는 노인에게 약을 건네준다. 로봇은 이 노인이 독립적인 생활을 유지하면서 자신의 집에서 계속 살 수 있도록 돕는다.

이 밤에 일어나면 바닥에 장착된 센서가 그것을 감지해서 방의 불을 저절로 켜는 장치, 난로가 켜져 있는지 감지하는 온도센서, 그리고 낙상을 감지하는 경보장치 등이다. 또 다른 주목할 만한 장치는 화장실 체중계로 건강상태를 모니터하는 것으로, 사람의 체중을 소리 내어 읽어주게끔 신호를 보낸다. 이전에 기록된 체중과 현재 체중을 비교한 후, 그 장치는 "평소보다 피곤하십니까?", "수면에 어려움을 겪고 있습니까?"라는 관련 질문을 한다. 사용자는 '예' 또는 '아니요' 버튼을 눌러 응답할 수 있다. 이 장치는 또한 혈압, 활동 수준 및 다른 건강 지표들을 측정하는 장치와 함께 작동한다. 수집된 데이터는 노인 사용자와 접근 가능한 사람들에게 전자방식으로 전송된다.

보조 기구를 사용하는 장애 노인들은 개인적으로 보살핌을 받는 시간을 덜 필요로 한다(Agree, 2014; Wilson et al., 2009). 장애가 있는 노인들은 일부 기술을 사생활 침해로 간주하는가? 대다수의 사람들은 이러한 기술이 주는 잠재적 편익과 개인정보 보호 문제를 비교하여, 예를 들면 "만약 이 기기가 내가 더 오래 독립적 생활을 하는 것을 도와준다면, 나는 개의치 않을 것이다"라고 말한다(Brown, Rowles, & McIlwain, 2016). 노인의 현재 역량과 생활환경의 요구 사이에서 조화를 이루는 것과 효과적인 개인-환경 적합성을 유지하는 것은 심리적인 웰빙을 증진한다(Lin & Wu, 2014).

현재 미국 정부가 지원하는 건강관리 적용 범위는 필수적인 의료 기구에만 제한되어 있다. 스마트 홈 기술은 대부분의 노인들에게 너무 비싸다. 반면에 스웨덴의 건강관리체계는 기능과 안전성을 증진시키는 많은 보조 기구에 적용된다(Swedish Institute, 2016). 이런 방식으로 스웨덴은 노인들이 최대한 독립적인 생활을 할 수 있도록 도와준다.

노화에 대한 고정관념 극복하기 노인에 대한 고정관념, 즉 약하고, 지루하고, 쇠약하고, '건강 악화는 필연적'이라는 견해가 서구 국가들에서 지배적이다. 사람들이 노년기 신체 변화에 호의적으로 적응하도록 돕기 위해서는 이런 비관적인 심상을 극복하는 것이 중요하다. 많은 노인들이 편견과 차별을 경험했다고 보고했다(Perdue, 2016). 예를 들어 무시당했거나, 폄하당했거나, 잘 듣거나 이해하지 못할 것이라는 취급을 당했다거나, 노인에 대한 비하적인 농담에 노출되었다.

성별에 대한 고정관념처럼 연령에 대한 고정관념도 종종 자동적으로 작동한다. 사람들은 심지어 노인들이 그렇게 '보

이지' 않을 때조차 고정관념적인 방식으로 그들을 본다(Kite et al., 2005). 노인들은 이러한 부정적인 메시지를 자꾸 받게 됨에 따라 고정관념에 따른 위협을 경험하는데, 이로 인해 그들은 고정관념과 관련된 과제들에 대한 수행이 떨어지게 된다. 많은 연구들에서 노인들이 노화에 관한 부정적인 고정관념('늙어 빠진', '혼란스러운')이나 아니면 긍정적인 고정관념('현명한', '사리에 밝은')을 접하게 했다. 부정적인 고정관념 조건의 노인들은 더 큰 도움 추구와 외로움을 나타냈고, 낮은 자기효능감, 기억 수행, 그리고 자신의 건강과 기억 능력에 대한 평가가 더 빈약할 뿐만 아니라 스트레스에 대해서 더 강한 생리적 반응을 보였다(Bouazzaoui et al., 2015; Coudin & Alexopoulos, 2010; Levy & Leifheit-Limson, 2009; Mazerolle et al., 2015). 고정관념에 따른 위협은 자신의 능력에 대한 걱정을 유발하고, 당면한 업무에서 잘 수행하는 데 필요한 인지 자원을 감소시킨다.

수십 년간 지속되고 있는 종단연구에서, 많은 부정적인 고정관념을 지닌 노인들은 그렇지 않은 노인들보다 30% 더 기억력 저하를 보였다(Levy et al., 2012). 기억 감퇴는 특히 자신을 늙었다고 생각하는 사람들, 즉 부정적인 고정관념이 개인적으로 관련이 있다고 생각하는 사람들에게 크게 나타났다.

반면 노화에 대한 긍정적인 고정관념은 스트레스를 줄이고 신체적 · 정신적 능력을 촉진한다(Bolkan & Hooker, 2012). 또 다른 종단연구에서는, 자기지각을 하는 사람들, 예를 들어 "내가 나이가 들어 보니, 내가 생각했던 것보다 괜찮다"라는 진술에 동의하는 사람들은 부정적인 자기 지각을 하는 사람들보다 평균적으로 7년 반을 더 오래 사는 것으로 나타났다. 이러한 생존의 유리함은 성별, 사회경제적 지위, 외로움, 신체 건강 상태 변인들을 통제한 후에도 유지되었다(Levy et al., 2002). 교육을 적게 받은 성인들이 특히 연령 고정관념의 악영향에 취약한데, 아마도 그들이 이러한 메시지를 무비판적으로 받아들이는 경향이 있기 때문일 것이다(Andreoletti & Lachman, 2004). 교육을 적게 받은 성인들이 특히 연령 고정관념의 악영향에 취약한데, 아마도 이들이 이러한 메시지를 무비판적으로 받아들이는 경향이 있기 때문일 것이다(Andreoletti & Lachman, 2004).

노인은 텔레비전 프로그램에 출연하는 경우가 거의 없고, 만약 있다고 해도 보통 중요하지 않은 역할을 맡거나 약하고, 병들거나 또는 의존적으로 묘사된다. 노인 관련 상품을 판매하기 위한 TV 광고는 보통 노인에 대한 긍정적인 고정

캐나다 이누이트족의 나이 든 여성이 그녀의 손녀가 지켜보는 가운데 북극의 기후에서 온기와 빛의 상징인 전통적인 오일 램프를 밝히고 있다. 이누이트 문화는 젊은 세대들에게 문화적 지식의 중요한 원천을 제공하는 역할을 하는 노인에게 높은 지위를 부여한다.

관념을 전달한다. '모험을 즐기는 초로의 노인(생기 있고, 재미있고, 애정이 깊고, 사교적이고, 활동적인)', '완벽한 조부모(가족적이고, 친절하고, 관대한)' 또는 '생산적인 초로의 노인(지적이고, 유능하고, 성공적인)'으로 가장 흔하게 묘사되었다(Kotter-Grühn, 2015). 그럼에도 불구하고, 그러한 광고에서 홍보하는 제품들은 대부분 의약품과 의료 서비스, 그리고 '노화 방지' 화장품과 치료 제품인데, 이러한 제품들과 연관된 이미지들은 노인들의 신체적 감퇴를 부각시키고 노인들이 외모에 만족하지 못하는 부정적인 관점을 강화시켜준다.

노인들을 존경하고 공경하는 문화에서는 나이 든 외모가 자부심의 원천이 될 수 있다. 캐나다 이누이트족의 언어에서 '노인'과 가장 가까운 뜻을 지니는 단어는 '이수마타크' 혹은 '모든 것을 아는 이'로서, 부부가 확대가족 단위의 우두머리가 되었을 때 시작되는 높은 지위를 의미한다. 빅토리아 섬의 작은 이누이트 공동체의 노인들에게 잘 늙는 것에 대한 그들의 생각에 대해서 질문했을 때, 신체건강보다 태도에 대해 거의 2배 정도 많이 언급했다. 즉 삶에 대해 긍정적으로 접근하고, 문화의 지식을 젊은이들에게 전수하는 데 흥미를 가지고, 공동체에 기여하는 태도를 이야기했다(Collings, 2001).

일본은 매년 '노인 존경의 날'을 축하하며 노인들에게 경

묻고 대답하기

의를 표한다. 또한 칸레키(환갑을 기념하는 의식)라는 의식은 노인이 이제 중년의 책임으로부터 벗어나서 새로운 자유와 권한을 가지고, 가족과 사회에서 연장자의 위치를 차지하는 것을 승인한다. 미국에 있는 일본인 확대가족들은 종종 60세 생일 파티로 칸레키를 계획하는데, 이때 전통 의식(의복과 같은)과 서구식 생일파티(생일 케이크)의 요소들을 혼합한다. 나이 드는 것을 긍정적으로 바라보는 태도는 신체 변화의 일부를 포함하여 노년기로 진입하는 것을 환영하게 한다.

쇠퇴는 불가피하지만, 신체의 노화를 낙관적으로 볼 수도 있고 비관적으로 볼 수도 있을 것이다. 월트는 "컵의 물이 절반 찼다고 생각할 수도 있고, 절반 비었다고 생각할 수도 있어요"라고 말했다. 노인을 가치 있게 여기는 문화는 '절반 찼다'는 관점의 채택을 증가시킨다.

건강, 건강관리, 그리고 장애

7.5 영양, 운동, 성에 특별한 주의를 기울이면서, 인생 후기의 건강과 체력에 대해 논의한다.
7.6 노년기와 연관된 신체장애를 논의한다.
7.7 노년기와 연관된 정신장애를 논의한다.
7.8 노인들에게 영향을 미치는 건강관리 문제에 대해 논의한다.

월트와 루스의 결혼 50주년 기념일에 77세의 월트는 방을 가득 채운 축하객들에게 와주셔서 고맙다는 인사를 했다. 그리고 그는 감격해서 이야기했다. "루스와 내가 건강하고, 아직까지 우리가 가족과 친구들과 지역사회에 뭔가를 줄 수 있다는 사실에 정말 감사합니다."

월트의 말이 확인해주듯이, 건강은 인생 후기의 심리적 안녕에 중심이 된다. 연구자들이 노인들에게 가능자기(제6장 참조)에 대해 질문했을 때, 희망하는 신체적 자기의 수는 나이가 듦에 따라 감소한 반면 두려워하는 신체적 자기의 수는 증가했다. 그럼에도 불구하고 일반적으로 노인은 자신의 건강에 대해서 낙관적이다. 그리고 나이 드는 성인들의 건강에 대한 주관적인 평가는 객관적인 평가에 근거하여 예상되는 만큼 낮아지지 않는다(French, Sargent-Cox, & Luszcz, 2012; U.S. Department of Health and Human Services, 2015d). 그리고 건강을 지키는 것과 관련해서는, 노인들의 자기효능감이 젊은 사람들만큼이나 높았고 심지어 중년층보다는 더 높았다(Frazier, 2002).

자신의 건강에 대한 자기효능감과 낙관성은 건강증진 행동을 계속하게 하고 만성질환의 발병을 줄인다(Kubzansky & Boehm, 2016). 게다가 장애가 있다고 해서 꼭 더 큰 장애가 따르거나 의존적이 되는 것은 아니다. 종단연구에서 장애를 가진 노인들의 10~50%가 2~6년 후에 건강상태가 호전됨을 보여주었다(Johnston et al., 2004; Ostir et al., 1999).

사회경제적 지위는 계속해서 신체 기능을 예측한다. 아프리카계와 라틴 아메리카계 미국 노인들(1/5이 가난하게 살아감)은 심혈관 질환, 당뇨병, 특정 암을 포함한 건강 문제에서 더 큰 위험에 처해 있다. 미국 원주민 노인들은 지내기가 더욱 어렵다(Cubanski, Casillas, & Damico, 2015; Mehta, Sudharsanan, & Elo, 2014). 대다수가 가난하고 만성 건강 상태(당뇨, 신장 질환, 간 질환, 결핵, 청각 및 시력 손상을 포함)가 만연해 있어서, 미국에서는 연방정부가 미국 원주민 특별 건강 연금을 수여한다. 이 연금은 빠를 경우 45세부터 시작되는데, 이것은 건강하지 못하고 수명이 짧음을 반영해준다.

불행하게도 낮은 사회경제적 지위 및 소수민족의 노인들은 높은 사회경제적 지위 및 노인 주류 백인들보다 특히 처방약을 복용하고 복잡한 수술 절차를 거치는 등의 의료 치료를 연기하거나 포기할 가능성이 높다(Weech-Maldonado, Pradhan, & Powell, 2014). 한 가지 이유는 비용이다. 평균적으로 미국 의료보장 수혜자들은 수입의 18%를 현금지불 의료비에 투자한다—이는 최저 소득층에게 엄청나게 큰 수치다(Noel-Miller, 2015). 또 다른 이유는 소수민족 환자의 신뢰를 저하시키는 의료인에 의해 차별적인 대우를 받는다는 인식 때문이다(Guerrero, Mendes de Leon, & Evans, 2015). 게다가, 낮은 사회경제적 지위를 가진 그리고 소수민족 노인들은 그들은 자신의 건강을 통제할 수 있고 그 치료가 효과가 있을 것이라고 믿을 가능성이 더 낮기 때문에 의사의 지시에 잘 따

르지 않는다. 왜냐하면 그들은 그들의 건강을
덜 통제하고 치료가 효과가 있을 것이라고 덜
낙관하기 때문이다. 이 노인들의 낮은 자기효
능감이 그들의 건강상태를 더욱 악화시킨다.

제5장에서 언급한 성 차이는 노년기에도
지속된다. 남자는 불치병에 걸릴 가능성이 더
높고, 여자는 생명에 지장을 주지 않는 불구
(특히 골다공증과 관절염으로 인한 이동의 제
한)의 상태가 되기 쉽다. 매우 고령(80~85세
이상)이 되면 여자가 남자보다 더 장애를 보
이는데 그 이유는 오직 건장한 남자들만 그
나이까지 살아남기 때문이다(Deeg, 2016). 게
다가 신체적인 한계가 더 적은 남자 노인들은
독립성을 더 잘 유지할 수 있고, 운동, 취미,
사회 참여 등을 더 잘할 수 있는데, 이 모든
것이 건강을 더욱 증진시킨다.

노인들 사이에 널리 퍼진 건강에 대한 낙
관주의는 인생의 마지막 몇십 년 동안에도 장
애를 예방하는 것이 상당히 가능하다는 것을

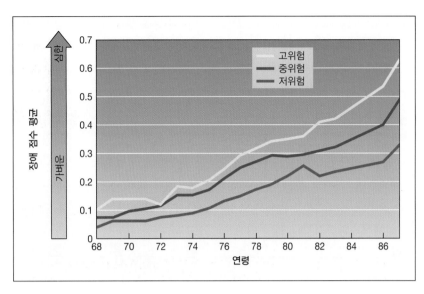

그림 7.3   저·중·고 위험요인을 가진 노인의 장애 발생 2,300명 이상의 대학 동창생들을 60대 후반부터 20년간 추적했다. 저위험군 노인들은 비만, 운동 부족, 또는 흡연과 같은 위험요인을 가지고 있지 않았다. 중위험군 노인들은 한 가지 위험요인 그리고 고위험군에 속한 노인들은 둘 이상의 위험요인을 가지고 있었다. 저위험군에서의 장애 발생(0.1 수준)은 중위험군 대비 거의 5년, 고위험군 대비 8년 이상 지연되었다. 모든 참가자들이 사회경제적으로 혜택을 받았음에도 불구하고, 와병기간의 단축은 고위험군 노인들과 비교하여 저위험군 노인들에서만 나타났다(E. F. Chakravarty et al., 2012, "Lifestyle Risk Factors Predict Disability and Death in Healthy Aging Adults," *American Journal of Medicine, 125*, p. 193. Copyright © 2012, Elsevier. Elsevier, Inc.에서 허락하에 인용).

제시한다. 이상적으로, 기대 수명이 연장되면 우리
는 죽기 전에 활력이 줄어드는 평균 기간, 특히 질병과 고통
으로 보내는 시간을 감소시키기를 원한다. 이것이 공중보건
의 목표로서, **와병기간의 단축**(compression of morbidity)이라
고 일컫는다. 몇몇 대규모 연구에서 산업화된 나라들에서 와
병기간의 단축이 이루어진 것으로 나타났다(Fries, Bruce, &
Chakravarty, 2011; Taylor & Lynch, 2011). 의학의 진보와 사
회경제적 상태의 개선이 주원인이 되는 것으로 보인다.

좋은 건강습관은 장애를 늦추는 효과가 크다. 60대 후반부
터 대학 동창생들을 20년간 추적한 종단연구에서, 비만, 운
동 부족, 또는 흡연과 같은 위험요인을 갖지 않은 저위험군
노인들은 한 가지 이상의 위험요인을 가진 노인들보다 거의
5년이나 장애를 늦출 수 있었다. 저위험군 노인들은 둘 이상
의 위험요인을 가진 고위험군 노인들보다 거의 8년이나 장애
를 늦출 수 있었다(그림 7.3 참조)(Chakravarty et al., 2012).
좋은 건강 습관은 수명을 약 3.5년 연장시켰지만, 이것의 기
능적 능력에 대한 영향력은 더 컸다.

결과적으로, 연구자들은 선진국들에서 와병기간을 더 단
축시키기 위해 가장 유망한 방법은 부정적인 생활양식 요인
들을 줄이는 것이라고 믿는다. 그러나 이 점에서의 발전은

실망스럽다. 고지방 식단, 과체중, 비만, 그리고 앉아서 생활
하는 생활방식과 같은 건강하지 못한 조건들이 증가하고 있
다. 이러한 요인들을 개선하지 않으면, 향후 와병기간의 단
축에서 이득을 얻기는 힘들 것이다. 오히려 발전된 의학 치
료로 인해 쇠약하게 만드는 질병으로 더 오래 사는 사람들이
증가하는 역현상이 나타날 것이다(Utz & Tabler, 2016). 노년
기의 건강과 건강관리와 장애를 자세히 살펴보면서, 우리는
앞에서 언급했던 건강증진 논의에 덧붙여 건강증진 목표를
향한 부가적인 경로들을 제시하고자 한다.

노인의 70%가 2025년까지 살게 될 것으로 추정되는 개발
도상국에서는 보다 포괄적인 전략이 필요하다. 이런 국가들
에서는 빈곤이 만연해 있고, 만성질환이 더 일찍 나타나며,
일상적인 보건 중재도 부재하거나 소수를 제외한 모든 이에
게 너무 비싸고, 대부분의 공중보건 프로그램은 노인들에게
초점이 맞춰져 있지 않다(Rinaldo & Ferraro, 2012). 결과적으
로 노인들의 장애 비율이 매우 높지만, 아직까지 와병기간을
단축하기 위한 진보가 이루어지지 않고 있다.

영양과 운동

노년기의 신체적 변화로 인해 특정 영양소가 더 많이 필요하

게 된다. 뼈를 보호하기 위해서 칼슘과 비타민 D가 필요하고, 면역체계를 보호하기 위해서 아연과 비타민 B6, C, E가 필요하고, 유리기를 예방하기 위해서 비타민 A, C, E가 필요하다. 그러나 신체활동이 감소하고, 미각과 후각이 무뎌지고, (이가 나빠져서) 씹기가 어려워지므로, 섭취하는 음식의 양과 질이 저하될 수 있다. 더욱이 소화기관의 노화로 단백질, 칼슘, 비타민 D와 같은 특정 영양소를 흡수하는 것이 더 어려워진다. 그리고 혼자 사는 노인들은 장보기나 요리하는 것이 어려울 수도 있고, 혼자 먹고 싶지 않을 수도 있다. 이러한 신체적 · 환경적 조건들이 함께 영양실조의 위험성을 높인다.

칼슘과 비타민 D를 제외하고 매일 비타민과 무기질 보충제를 먹는 것은 영양실조로 고생하는 노인들에게만 권장된다. 비타민과 무기질 보충제는 심장병의 발병률을 감소시키지 못하며, 암 예방에 관한 효능도 불확실하다(Neuhouser et al., 2009). 더욱이 '인지 능력 증진제'라고 알려진 영양 보충제와 허브들, 즉 비타민 B와 E, 엽산, 그리고 은행잎 등은 노인들의 인지 기능을 향상시키지도 못하고, 알츠하이머병을 예방하거나 진행을 느리게 해주지도 못한다(DeKosky et al., 2008; McDaniel, Maier, & Einstein, 2002). 오히려, 영양분이 높은 식단이 노년기에 신체적 · 인지적 건강을 증진하는 데 가장 효과적이다. 그리고 오메가 3 지방산이 풍부한 생선을 정기적으로 먹는 것은 정신장애를 어느 정도 예방한다(Cederholm, Salem, & Palmblad, 2013; Morris et al., 2016).

70세의 노인이 달리기를 한 후 복부 운동을 하고 있다. 이전에 주로 앉아 있었지만 규칙적인, 중간, 격렬한 운동을 시작한 노인들은 근육의 크기와 힘이 증가하고, 집행 기능과 기억력이 향상되었다.

건강한 식사에 더하여, 운동도 계속 강력하게 건강을 중재한다. 주로 앉아서 생활하는 건강한 최고 80세까지의 노인들이 지구력 훈련(걷기, 자전거 타기, 에어로빅)을 시작하면, 훨씬 더 젊은 사람들의 경우와 비교해서 폐활량이 더 증가한다. 그리고 노년기에 시작한 (심지어 90세에 시작한 경우도 있음) 근력운동은 근육의 크기와 강도, 근육으로 가는 혈류, 그리고 혈액으로부터 산소를 공급받는 근육의 능력을 향상시킨다(deJong & Franklin, 2004; Pyka et al., 1994). 이것은 걷는 속도, 균형, 자세, 그리고 꽉 닫힌 병뚜껑을 열거나, 한 팔 가득 식료품을 들거나, 13kg이 넘는 손자를 들어 올리는 등의 일상생활활동을 향상시키게 된다.

운동은 또한 뇌로 가는 혈액순환을 증진시킴으로써 뇌의 구조와 행동 능력을 보존하는 데 도움을 준다. 뇌 촬영에서 항상 앉아 있는 노인보다 신체가 건강한 노인이 대뇌피질의 다양한 영역에 있는 뇌세포(뉴런과 교세포 모두)의 손실을 더 적게 경험하는 것으로 밝혀졌다(Erickson et al., 2010; Miller et al., 2012). 그리고 신체적으로 비활동적인 동년배집단과 비교했을 때, 이전에 주로 앉아 있었지만 규칙적인, 중간, 격렬한 운동을 시작한 노인들은 전전두엽 피질과 해마등 다양한 피질 영역의 크기가 증가하여 집행 기능과 기억력에 혜택을 본 것으로 나타났다(Erickson, Leckie, & Weinstein, 2014). 이러한 결과는 중추신경계 건강 유지에 있어 후기 성인기 신체활동의 역할에 대한 명백한 생물학적 증거를 제공한다.

운동의 본질적인 이점, 즉 더 강하고, 건강하고, 활기차게 느끼게 되는 것에 가치를 두는 노인들은 규칙적으로 운동할 가능성이 높다. 그러나 65~74세 미국 노인의 60%와 75세 이상 미국 노인의 75%가 규칙적으로 운동을 하지 않는다(U.S. Department of Health and Human Services, 2015d). 더욱이 만성질환의 증상을 보이는 많은 노인들은 운동이 실제로 해로울 것이라고 생각한다. 노인들을 위한 운동 프로그램을 짤 때, 신체활동의 건강 증진 효과를 강조하고 지속적인 노력을 방해하는 부정적인 믿음을 변화시킴으로써, 노화과정에 대한 통제감을 주입시키는 것이 중요하다(Lachman, Neupert, & Agrigoroaei, 2011). 활동적인 노인들이 긍정적인 역할 모델이 될 수 있으며 용기를 줄 수 있다.

성

월트가 60세가 되었을 때, 그는 90세의 삼촌 루이에게 성적 욕구와 활동이 멈춘다면 몇 살에 그렇게 되는지를 물어보았다. 월트의 질문은 노인이 되면 성적 욕구가 사라진다는 널리 퍼진 속설에 기인한 것이다. "섹스를 할 때는 상당한 휴식과 인내가 특히 중요하지." 루이가 월트에게 설명했다. "나는 자주 할 수는 없고, 젊었을 때보다 조용히 경험하기는 하지만, 성적 흥미가 사라진 적은 없었어. 레이첼라와 나는 행복하고 친밀한 생활을 해 왔고, 지금도 여전히 그렇단다."

국민사회생활, 보건 및 노화 프로젝트(National Social Life Health, and Aging Project)와 같은 미국 노인들을 대표하는 샘플을 대상으로 한 전국 규모의 조사들에서도 연령과 관련된 성적 활동 빈도의 감소가—특히 남성들보다 결혼이나 다른 친밀한 관계에 있을 가능성이 낮은 여성들에게서—나타났다. 같은 조사에서 대부분의 노인들은 성에 대해 적어도 약간의 중요성을 인정했고, 전년도에 성적으로 활발했던 노인들은 '매우' 혹은 '대단히' 중요하다고 생각했다. 이러한 발견과 일치해, 대부분의 결혼한 노인 부부들이 지속적이고 정기적인 성적 즐거움을 보고한다. 중년에 대해 우리가 논의했던 것과 같은 일반화가 노년에도 적용된다. 과거의 좋은 성경험이 미래의 좋은 성경험을 낳는다. 최고령에 해당하는 75~85세 노인 참가자 거의 절반이 성관계를 가졌으며, 20% 이상이 어떤 유형의 성관계(일반적으로 성교)를 매달 최소 2~3회 하는 것으로 나타났다(그림 7.4 참조)(Karraker & DeLamater, 2013). 이러한 경향은 동년배 효과에 의해 과장

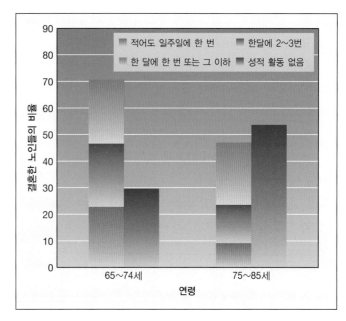

그림 7.4 미국 결혼한 노인들의 연령과 관련된 성관계 변화 1,500명의 미국 기혼 노인들을 포함한 국민사회생활과 건강노화 프로젝트에서 대부분의 응답자들이 한 달에 적어도 2~3번 성행위를 하는 것으로 보고했다. 성행위는 나이가 들면서 줄어들었다. 75~85세 노인들의 절반 가까이가 성행위를 하고 있었다(Karraker & DeLamater, 2013에서 인용).

된 것일 수 있다. 성을 긍정적으로 보는 데 익숙한 새로운 노인 세대는, 아마도 더욱 성적으로 활발할 것이다.

중년에 대해 우리가 논의했던 것과 같은 일반화가 노년기에도 적용된다. 과거의 좋은 성경험이 미래의 좋은 성경험을 낳고, 지속적인 성적 활동은 관계 만족도와 관련이 있다. 더욱이 성교가 성적 활동의 유일한 척도로 사용되는데, 이런 상황은 즐거운 성에 대한 좁은 관점을 조장한다. 최고령에서도 성에는 성행위 이상의 것이 있다. 즉 관능적으로 느끼는 것, 가까운 동료애를 즐기는 것, 그리고 사랑받고 요구받는 것 등이 있다. 남자 노인과 여자 노인 모두 보통 남성 파트너가 성적인 교류를 그만둔다고 보고한다(DeLamater, 2012; Karraker & DeLamater, 2013). 성에서 발기가 꼭 필요하다고 강조하는 문화에서는, 남자가 발기하기가 더 힘들어지고 다시 발기하기까지 더 많은 시간이 필요해짐을 깨닫게 될 때 모든 성적인 활동을 멀리하게 될 수 있다.

음경에 혈액 공급을 방해하는 장애들, 가장 흔하게는 자율신경계 장애, 심혈관 질환, 그리고 당뇨병은 남자 노인의 성을 저하시키는 요인이다. 그러나 제5장에서 언급했듯이, 비아그라와 같은 약물치료 가능성은 의사와 발기부전 문제를 기꺼이 상담하려는 남성들을 증가시켰다. 흡연, 지나친 알코올 섭취, 다양한 처방약 또한 성행위를 감소시킨다. 여자들

대부분의 건강한 노인들은 지속적이고 정기적인 성적 즐거움을 보고한다. 그리고 최고령에서도 성은 성교보다 더 많은 것을 포함한다. 관능적으로 느끼는 것, 가까운 동료애를 즐기는 것, 그리고 사랑받고 요구받는 것, 이 모두가 성을 구성하는 부분이다.

은 건강 문제와 파트너의 부재가 성적 활동을 감소시키는 주요 요인이다(DeLamater, 2012; DeLamater & Koepsel, 2014). 여성의 비율이 점점 더 높아지기 때문에 이성애의 여자 노인들은 성적 접촉의 기회가 점점 더 줄어든다. 오랜 시간 동안 파트너가 없는 노인들은 점점 성적 무관심의 상태가 된다.

레즈비언과 게이 노인들도 이성애자들의 결과와 흡사하다 — 결혼했거나 헌신적인 관계에 있는 동성애자들은 더 성적으로 활발하다. 그리고 성 소수 커플들이 나이가 들면서 그들의 관심은 성행위의 절정에서 키스, 포옹, 애무, 함께 자는 것 같은 깊은 애정을 표현하는 행위로 바뀌게 된다(Slevin & Mowery, 2012).

서구 국가들에서 노년의 성행위는 부정적으로 받아들여진다. 노인들에게 정상적인 노화로 인한 성 기능의 변화에 대해 알려주고 성을 성인기 전체로 확장해서 보는 관점을 육성하는 교육 프로그램이 성에 대한 긍정적인 태도를 촉진할 것이다. 양로원에서는 거주자의 사생활 권리와 성적 표현을 허용하는 기타 주거 조건들을 보장하기 위해서 간병인들을 교육하는 것이 필수적이다(DeLamater & Koepsel, 2014). 레즈비언과 게이 커플 사이의 성적 접촉에 대한 직원들의 이해를 증진시키기 위해서도 특별 교육이 필요하다.

신체장애

그림 7.5와 제5장 그림 5.3의 사망률을 비교해보면, 인생의 마지막이 다가옴에 따라 질병과 장애는 점점 더 증가함을 알 수 있다. 심혈관 질환과 암이 중년기에서 노년기로 가면서 극적으로 증가하며 지속적으로 사망의 주된 원인임을 알 수 있다. 전처럼, 심혈관 질환과 암에 의한 사망률은 여자보다 남자가 더 높다(Heron, 2015).

호흡기 질환 역시 노년기에 급격하게 증가하며, 이는 노인들 사이에 세 번째로 흔한 사망 원인이다. 그중에는 폐 세포의 탄력성이 극도로 손실되어서 발생하는 폐기종이 있다. 폐기종은 심각한 호흡곤란을 일으킨다. 소수의 폐기종 사례는 유전되기도 하지만, 대부분은 장기간의 흡연으로 발병한다. 뇌졸중과 알츠하이머병이 다음으로 흔한 사망 원인이다. 이 두 질병은 일반적으로 여성의 수명이 남성보다 길기 때문에 여성들에게 더 흔하다는 점에서 독특하다. 뇌졸중은 혈전이 혈관을 막거나 뇌출혈로 뇌 조직이 손상을 입을 때 발생하는데, 이는 노년기에 장애를 발생시키는 주요 원인이며 75세 이후에는 사망의 원인이 된다. 치매의 주범인 알츠하이머병

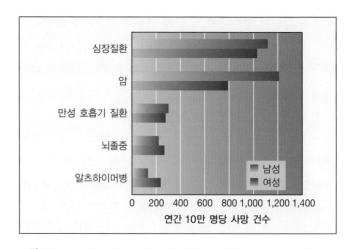

그림 7.5 미국에서 65세 이상 노인들의 주요 사망 원인 노년기에 심장질환과 암이 남녀 노인들의 주요 사망 원인이다. 뇌졸중, 만성 호흡기 질환과 알츠하이머병 또한 많은 노인들의 목숨을 앗아간다. 뇌졸중과 알츠하이머병으로 인한 사망률은 남성보다 여성에서 더 높다(Heron, 2015에서 인용).

도 나이가 들면서 급격히 증가한다. 다음 절에서 이것에 대해 심도 있게 알아볼 것이다.

다른 질병들은 사망의 원인이 되는 경우는 드물지만, 노인들이 완전히 독립적으로 살아가는 능력을 제한한다. 우리는 이미 65세 이후에 시력을 심각하게 악화시키고 실명을 초래할 수 있는 황반변성에 대해 언급했다. 제5장에서 논의한 골다공증은 노년기까지 발병률이 계속 상승한다. 골다공증이 대다수의 70세 이상 남자와 여자에게 영향을 미친다는 점을 상기하라. 뼈와 관련된 다른 장애인 관절염 또한 다수의 노인들에게 신체적 제약을 준다. 2형 당뇨병 및 사고로 인한 부상 역시 노년기에 부쩍 증가한다. 다음 절들에서 우리는 이 마지막 세 가지 상태(관절염, 당뇨병, 부상)에 대해 알아볼 것이다.

마지막으로, 우리가 노년기 신체장애와 정신장애에 대해 논의할 때 명심해야 할 중요한 점은 이러한 질환들이 연령과 관련이 있다고 해서 전적으로 노화에 의해서만 일어나는 것은 아니라는 점이다. 이러한 구분을 분명히 하기 위해 일부 전문가들은 **1차 노화**(primary aging)(생물학적 노화의 다른 용어)와 **2차 노화**(secondary aging)를 구별한다. 1차 노화는 우리 인간의 모든 구성원에게 영향을 주며 전반적으로 좋은 건강의 맥락에서도 일어나는, 유전의 영향을 받는 쇠퇴이다. 2차 노화는 유전적 결함 및 좋지 못한 식사, 운동부족, 질병, 약물남용, 환경오염, 심리적 스트레스 같은 부정적인 환경의 영향에 기인하는 쇠퇴이다.

이 책에서 우리는 1차 노화와 2차 노화를 구별하는 것이

왼쪽의 연로한 노인은 거동의 제한으로 일상생활 능력에 방해를 받는다. 비록 생물학적 노화가 연로하게 하는 데 기여하기는 하나, 2차 노화가 더 큰 역할을 한다.

힘들다는 것을 보아 왔다. 틀림없이 여러분은 한두 번 정도는 연로한 노인, 즉 근육의 부피와 강도의 쇠퇴, 체중 감소, 심한 거동의 어려움, 그리고 아마도 인지적 손상을 보이는 극도로 허약한 사람을 만난 적이 있을 것이다. **연로함**(frailty)은 다양한 기관과 신체 체계의 기능이 약화되는 것을 포함하며, 따라서 의도치 않은 체중 감소, 주관적 피로, 근육 약화, 느린 걸음걸이 및 저조한 신체활동과 같은 일상생활 능력을 심하게 방해한다. 연로함은 감염, 심한 더위나 추위, 혹은 부상에 대해서 매우 취약한 상태가 되게 한다(Moorehouse & Mallery, 2016). 비록 1차 노화가 연로하게 하는 데 기여하기는 하나, 연구자들은 2차 노화가 유전적 장애와 불건전한 생활양식과 만성질병 등을 통해 훨씬 더 큰 역할을 한다는 데 동의한다(Fried et al., 2009; Song et al., 2015). 우리가 논의할 심각한 질환들이 노인을 연로하게 하는 주요 원천이다.

관절염 50대 초반에 루스는 아침마다 그녀의 목, 등, 엉덩이, 무릎이 약간 뻣뻣함을 느꼈다. 60대에 그녀는 손가락의 마지막 관절이 부어올랐다. 세월이 흐르면서, 그녀는 주기적으로 관절이 부어올랐고 유연성을 조금씩 잃어 갔다. 이러한 변화는 빠르고 쉽게 움직이는 그녀의 능력에 영향을 주었다.

염증을 일으키고, 고통스럽고, 뻣뻣하고, 때때로 관절과 근육이 부풀기도 하는 관절염은 노년기에 점점 더 흔해진다. 그것은 다양한 형태로 나타난다. 루스의 경우는 가장 흔한 유형인 **골관절염**(osteoarthritis)이었는데, 그것은 자주 사용하는 관절의 뼈끝 연골을 퇴화시키는 것이다. '마모성 관절염'

혹은 '퇴행성 관절질환'이라고 알려진 골관절염은 연령과 관련된 소수의 장애 중 하나인데, 사용한 햇수에 따라 차이가 난다. 비록 유전적인 경향성이 있는 것으로 보이지만, 이 질병은 보통 40대나 50대 이전에는 나타나지 않는다. 자주 사용하는 관절들에서, 움직일 때 마찰을 줄여주는 뼈의 끝에 있는 연골이 점점 퇴화한다. 혹은 비만으로 인해 관절에 비정상적인 압력이 가해지면 연골이 손상된다. 거의 모든 노인들이 X선 사진에서 약간의 골관절염을 보이는데, 그 심각성에는 커다란 개인차가 있다(Baker & Mingo, 2016). 이 질병은 노인들의 거동 문제와 고관절 및 무릎 치환 수술의 가장 흔한 원인이다.

특정 관절에서만 발생하는 골관절염과 달리 **류머티즘 관절염**(rheumatoid arthritis)은 몸 전체에서 일어날 수 있다. 자동면역 반응이 연결 조직, 특히 관절을 둘러싸는 막에 염증을 일으켜서, 결과적으로 전반적인 뻣뻣함과 염증과 통증을 유발한다. 연골 조직은 성장하는 경향이 있어서 주위의 인대, 근육, 뼈에 손상을 입힌다. 그 결과 관절이 기형이 되고 자주 심각한 운동 능력 상실로 이어진다. 때로는 심장, 폐와 같은 다른 장기들이 영향을 받기도 한다(Goronzy, Shao, & Weyand, 2010). 전 세계적으로 노인의 약 0.5~1%가 류머티즘 관절염을 앓고 있다.

전반적으로, 65세 이상 미국 남성의 45%가 관절염으로 인한 장애를 가지고 있으며 이들 중 약 20%는 질병으로 장애를 경험한다. 65세 이상 여성들의 경우 발병률이 55%로 더 높고, 진단받은 개인들의 장애 발생률도 25%에 달한다(Hootman et al., 2016). 비록 류머티즘 관절염은 어느 연령에서도 발병할 수 있지만, 60세 이후에 발병률이 상승한다. 쌍생아 연구는 강한 유전의 영향을 보여준다. 인생 후기에 나타나는 면역체계의 유전적 결함이 발병 위험을 높일 수 있다(Frisell, Saevarsdottir, & Askling, 2016; Yarwood et al., 2015). 그러나 일란성 쌍생아들도 질병의 심각성에서는 크게 차이를 보이는데, 이것은 환경적 요소가 작용한다는 것을 나타낸다. 지금까지 흡연이 확인된 유일한 생활양식 영향 요인으로, 가족력이 없는 사람들의 위험성을 크게 증가시킨다(Di Giuseppe et al., 2014). 강력한 항염증 약을 이용한 조기치료는 류머티즘 관절염의 진행을 늦출 수 있도록 돕는다.

관절염을 관리하기 위해서는 증상이 심할 때 휴식을 취하고, 통증을 완화하고, 신체활동을 하는 것 사이에 균형을 맞추는 것이 필요하다. 규칙적인 유산소 운동과 근력 운동은 통증을 줄이고 신체 기능을 향상시킨다(Semanik, Chang, & Dunlop, 2012). 비만인 경우에는 체중 감량이 필수적이다. 비록 골관절염이 류머티즘 관절염보다 이런 중재에 더 쉽게 반응을 보이기는 하지만, 각각의 진행 과정은 매우 다양하다. 적절한 진통제 치료, 관절 보호, 생활양식의 변화, 수술을 통한 고관절 혹은 무릎 관절 대체술로 두 관절염 중 하나를 앓는 많은 사람들이 길고 생산적인 삶을 살고 있다.

당뇨병 식사 후 몸은 음식물을 분해해서, 세포 활동을 위한 첫 번째 에너지원인 포도당을 만들어 혈류에 방출한다. 췌장에서 만들어지는 인슐린이 근육과 지방세포를 자극해서 포도당을 흡수하도록 만들어 혈당 농도를 일정 수준 이내로 조절한다. 충분한 인슐린이 만들어지지 못했거나 몸의 세포가 인슐린에 반응하지 않게 되어 이러한 균형체계가 무너질 때 2형 당뇨병(혹은 진성 당뇨병)이 발생한다. 시간이 흐르면서 비정상적으로 높은 혈당은 혈관을 손상시켜 뇌졸중, 심장마비, 균형과 보행을 손상시키는 다리의 혈액순환 문제, 그리고 눈, 신장, 신경의 상해를 증가시킨다.

또한 포도당 내성이 손상되면 뉴런과 시냅스의 변형을 촉진한다(Petrofsky, Berk, & Al-Nakhli, 2012). 몇 개의 종단연구에서는 당뇨가 노인의 인지적 쇠퇴를 더 빠르게 하고 알츠하이머병의 위험성을 더 높이는 것과 관련이 있었다. 이러한 관련성에 대해서는 나중에 알츠하이머병에 대해서 다룰 때 다시 보기로 한다(Baglietto-Vargas et al., 2016; Cheng et al., 2012). 인지적 결손은 당뇨 진단을 받기 전 단계에서 이미 시작되었을 수도 있다.

중년기에서 노년기까지 성인 당뇨병의 발병률은 2배로 증가한다. 65세 이상 미국 노인들 중 25%가 이에 해당한다(Centers for Disease Control and Prevention, 2014c). 당뇨병은 가계로 전달되는데 이는 유전이 관련된다는 것을 시사한다. 2형 당뇨병은 아프리카계 미국인, 멕시코계 미국인, 미국 원주민 등에서 유전적 이유와 환경적 이유 모두로 인해 더 높은 발병률을 보인다. 이러한 이유들에는 고지방 식사와 빈곤과 관련된 비만이 포함된다.

2형 당뇨를 치료하기 위해서는, 체중 감량과 포도당 재흡수를 촉진하는 면밀히 통제된 식사와 규칙적인 운동을 하는 생활양식의 변화가 필수적이다. 신체활동은 포도당의 흡수를 향상시키고 복부 지방을 감소시켜서 질병의 증상을 완화한다. 최근 당뇨가 발생한 많은 사람들의 경우(1년 미만) 이

러한 생활양식의 변화가 질병의 진행을 부분적으로 또는 완전히 역전시킨다(Ades, 2015).

사고로 인한 부상 사고로 인한 사망률은 65세 이상에서 최고로 높아서, 청소년기와 성인 초기의 2배 이상이다. 자동차 충돌 사고와 낙상 사고가 주요 원인이다.

자동차 사고 자동차 충돌에 의한 사고사 비율은 중년기의 50%에 비해 노년기에는 겨우 15%밖에 되지 않는다. 그러나 운전자들을 개별적으로 보면 이야기가 달라진다. 25세 이하의 운전자들을 제외하면, 다른 어떤 연령집단보다도 노인들의 마일당 교통법규 위반 비율, 교통사고율, 교통사고 사망률이 더 높다. 많은 노인들(특히 여성들)이 안전하게 운전할 능력이 떨어진다는 것을 깨달은 후에 운전을 제한적으로 함에도 불구하고, 이러한 높은 사고율은 여전히 지속된다(Heron, 2015). 노년기에 자동차와 그 외의 사고로 인한 사망률은 여성보다 남성이 훨씬 더 높다.

월트가 시력 감퇴로 인해서 계기판 보기가 힘들어지고 밤에 보행자를 잘 분간하지 못하게 된 것을 상기하라. 노인의 시각적 처리가 더 어려워질수록 교통법규 위반과 충돌 확률이 더 높아진다(Friedman et al., 2013). 젊은 운전자들에 비해 노인들이 빠르고 무모하게 운전할 가능성은 더 낮지만, 표지판을 보고, 순서를 지키고, 적절하게 회전하는 데 실패할 가능성은 더 높다. 노인들은 더욱 조심스러워짐으로써 그들의 어려움을 보완하려고 자주 노력한다. 느린 반응속도와 우유부단함 역시 위험요소다. 제5장에서 나이가 들어 감에 따라

시각 처리의 어려움, 느린 반응 시간, 그리고 집행 기능의 감퇴는 노년기의 높은 마일당 교통법규 위반 비율, 교통사고율, 교통사고 사망률에 기여한다. 여전히, 노인들은 가급적이면 오래 운전하려고 한다.

집행 기능이 쇠퇴한다는 것을 배웠다. 즉 나이가 들면서 공간 작업 기억, 관련 없는 정보 및 충동 억제, 활동 간의 유연한 주의 전환을 필요로 하는 과제가 점점 더 어려워진다. 이러한 능력들은 안전한 운전을 위해서 필수적이기 때문에, 노인들은 번잡한 교차로와 기타 복잡한 교통 상황에서 충돌사고의 위험성이 높다.

그럼에도 불구하고 노인들은 가급적이면 오래 운전하려고 한다. 운전을 포기하는 것은 자신의 삶에 대한 통제력의 상실과 유급 노동과 자원봉사 같은 생산적 역할의 감소를 초래한다(Curl et al., 2014). 병원, 운전면허기관, 혹은 미국 노인 담당 지역기관들과 제휴된, 특수훈련을 받은 운전자 재활 상담원들은 노인들이 운전을 계속할 수 있는 능력이 있는지를 평가하거나, 운전자 재교육을 제공하거나, 노인들이 운전을 그만두고 새로운 이동수단을 마련하도록 조언해줄 수 있다.

노인들은 또한 모든 보행자 사망의 거의 20%를 차지한다(Centers for Disease Control and Prevention, 2016f). 혼란스러운 교차로, 특히 노인이 길 건너편에 도달할 수 있도록 충분한 시간을 주지 않는 횡단신호등 같은 곳에서 자주 사고가 일어난다.

낙상 사고 어느 날 루스는 지하실 계단에서 넘어져서 월트가 한 시간 후 집에 도착할 때까지 그곳에 발목이 부러진 채로 누워 있었다. 루스와 같은 사고는 노인들 사이에 가장 많이 일어나는 사고 유형이다. 65세 이상 노인의 약 1/3, 80세 이상 노인의 50%가 지난 1년 동안 낙상 사고를 경험한 적이 있다(Centers for Disease Control and Prevention, 2016c). 시력, 청력, 기동력, 근력, 인지 기능의 쇠퇴, 우울감, 정신 과정에 영향을 미치는 약물의 사용, 관절염 같은 특정한 만성 질환의 발병으로 인해, 위험을 피하고 균형을 유지하는 것이 더욱 어렵게 되어서 노년기에 낙상 사고의 위험성을 증가시킨다(Rubenstein, Stevens, & Scott, 2008). 이러한 요인들이 많이 존재할수록 낙상의 위험이 더 커진다.

뼈가 약하고 넘어지는 것을 멈추는 것이 어렵기 때문에 낙상 사고 중 20%는 심각한 부상을 초래한다. 가장 일반적인 것이 고관절 골절이다. 이는 65~85세 사이에 10배로 증가하며 기동성 감소, 약함 증가, 심각한 건강 합병증으로 이어지는 경우가 많다. 노인 고관절 환자 5명 중 1명이 부상 후 1년 이내에 사망한다(Centers for Disease Control and Prevention, 2015f). 살아남은 사람들 중에서도 반은 도움 받지 않고 걷는

능력을 되찾지 못한다.

낙상 사고는 넘어지는 것에 대한 공포를 일으켜서 건강에 간접적으로 해를 끼칠 수 있다. 넘어진 경험이 있는 노인의 거의 절반이 다시 넘어지는 것이 무서워서 의도적으로 활동하는 것을 피한다고 인정한다. 이렇게 낙상 사고는 기동성과 사회적 접촉을 제한할 수 있고, 신체적 안녕과 정신적 안녕을 모두 해칠 수 있다(Painter et al., 2012). 비록 활동적인 생활양식이 노인들을 낙상 사고가 일어날 수 있는 상황에 더 많이 처하도록 할 수 있지만, 활동함으로써 얻는 건강상 이득이 낙상 사고로 인한 심한 부상의 위험성보다 훨씬 더 크다.

사고의 예방 노년기에 사고를 줄이기 위해서 많은 조치를 취할 수 있다. 노인들의 시력을 감안한 자동차와 표지판을 디자인하는 것이 미래의 목표다. 한편, 안전 운전을 위해서 필수적인 시각 기술과 인지 기술을 증진시키는 훈련과 노인들이 위험한 상황(예 : 혼잡한 교차로나 교통 혼잡시간)을 피하도록 도와주는 훈련이 생명을 구할 수 있다.

이와 유사하게, 낙상 사고 예방을 위한 노력 역시 개인과 환경 내의 위험성을 중요하게 다루어야 한다. 즉 교정용 안경, 힘과 균형 훈련, 가정과 지역사회의 안전성 향상 등이 필요하다. 노년기 안전에 대한 자세한 내용은 안전 노화를 위한 국가 자원센터 웹사이트(www.safeaging.org)를 참조하면 된다.

정신장애

앞에서 기술한 대로, 정상적인 연령에 따른 뇌세포의 사멸은 일상생활의 활동을 수행하는 능력을 잃게 하지 않는다. 그러나 세포의 죽음과 구조적·화학적 이상의 정도가 심해지면, 정신 기능과 운동 기능에 심각한 퇴화가 일어난다.

치매(dementia)는 사고와 행동의 많은 측면이 너무 손상되어서 일상적인 활동이 붕괴되는, 거의 전적으로 노년에 일어나는 일군의 장애들을 말한다. 65세 이상 노인의 13%가 치매이다. 65~69세의 약 2~3%가 발병하며, 5~6년마다 발병률은 2배로 증가하다가 85~89세 사이에 22%까지 상승하며, 90세 이상이 되면 약 50%에 달한다. 이러한 추세는 미국과 다른 서구 국가들에 적용된다(Prince et al., 2013). 80세 이상에서는 남성보다 여성의 발병률이 더 높은데 그 이유는 생물학적으로 강한 남성들만 그 나이까지 살아남기 때문일 것이다. 비록 치매의 발병률은 대부분의 인종집단 간에 비슷하지

만, 아프리카계 미국인들의 위험률이 2배, 라틴 아메리카계 사람들은 약 1.5배나 백인보다 높다(Alzheimer's Association, 2016a). 우리가 곧 보게 될 것처럼 인종이 아닌 다른 위험요인들에 책임이 있다.

약 12가지 유형의 치매가 확인되었다. 몇 가지는 적절한 치료를 통해 회복이 가능하지만, 대부분의 경우 회복과 치료가 불가능하다. 파킨슨병[1]처럼 몇 가지 형태는 뇌의 피질하 영역(피질 아래에 있는 원시 구조)이 퇴화되어서 종종 대뇌피질까지 확장되며, 많은 경우에 알츠하이머병과 유사한 뇌의 이상을 초래한다. 연구자들은 파킨슨병과 알츠하이머병이 서로 관련되어 있다고 제안한다(Goedert, 2015). 그러나 대다수의 치매 사례에서 뇌의 피질하 영역은 손상되지 않으며, 점진적인 손상이 오직 대뇌피질에서만 일어난다. 피질 관련 치매는 두 가지가 있는데, 알츠하이머병과 대뇌혈관 치매다.

알츠하이머병 루스가 79세의 아이다를—이 두 자매가 해마다 열심히 손꼽아 기다리던—발레공연에 데려갔을 때 그녀는 아이다의 행동이 변한 것을 깨달았다. 약속했다는 사실을 잊어버린 아이다는 루스가 연락 없이 방문하자 화를 냈다. 마을의 친숙한 곳에 있는 극장으로 운전해 갈 때, 아이다는 길을 완벽하게 잘 알고 있다고 주장했지만 정작 길을 잃었다. 불이 꺼지고 음악이 시작되었는데도 아이다는 큰 소리로 말하고 부스럭거리며 지갑을 뒤졌다.

"쉬이이이." 주위의 관중들이 주의를 주었다.

"겨우 음악일 뿐이잖아요!" 아이다는 큰 소리로 찰칵 닫았다. "무용이 시작될 때까지는 마음껏 말할 수 있어요." 루스는 과거에 예의 바르던 아이다의 이런 행동에 놀라고 당황했다.

6개월 후, 아이다는 가장 흔한 형태의 치매인 **알츠하이머병**(Alzheimer's disease) 진단을 받았다. 이것은 뇌의 구조적, 화학적 퇴화로 인해 점진적으로 사고와 행동의 많은 측면을 상실하게 되는 병이다. 알츠하이머병은 모든 치매 사례의 70%를 차지한다. 65세 이상 사람들의 대략 11%가 이 장애를 가지고 있다. 85세가 넘은 사람들은 거의 1/3이 이 장애를 보인다. 모든 베이비부머 세대가 노년기에 접어드는 2030년에는 알츠하이머를 앓는 미국인의 수가 770만 명으로 늘

어나 50퍼센트 이상이 될 것으로 예상된다. 해마다 노인 사망의 약 5~15%가 알츠하이머병과 관련된다. 이러한 이유로, 알츠하이머병은 노년기 사망의 주된 원인이다(Alzheimer's Association, 2016a).

치매의 증상과 진행 가장 먼저 나타나는 증상은 종종 심각한 기억 문제인데, 이름, 날짜, 약속, 친숙하게 왕래하는 길, 부엌의 가스 불 끄는 것 등을 잊어버린다. 처음에는 최근의 기억이 가장 손상되지만(Bilgel et al., 2014), 심각한 지남력 상실이 일어나면서 과거의 사건과 시간, 날짜, 장소 같은 기본적인 사실에 대한 회상이 증발해 버린다. 잘못된 판단은 사람을 위험에 처하게 한다. 예를 들어 아이다는 더 이상 운전을 할 수 없게 된 후에도 운전을 하겠다고 우겼다. 성격의 변화도 일어나서, 자발성과 생기를 잃고, 정신적인 문제로 인해 생긴 불확실성에 대한 반응으로 불안하고, 공격성이 폭발하고, 주도성이 감소하고, 사회적으로 위축된다. 우울증은 알츠하이머 및 다른 형태의 치매 초기 단계에 자주 나타나며 질병 과정의 일부인 것으로 보인다(Serra et al., 2010). 그러나 노인이 혼란스러운 정신적 변화에 반응하면서 우울증이 더 악화될 수 있다.

병이 진행되면서, 숙련되고 목적 있는 동작들이 붕괴한다. 루스가 아이다를 집으로 데리고 갔을 때, 그녀는 옷을 입고, 목욕하고, 먹고, 이를 닦는 것, 그리고 결국에는 화장실 가는 것까지 도와주어야 했다. 아이다는 망상과 상상 속의 공포 때문에 잠을 잘 수 없었다. 그녀는 종종 밤중에 일어나 저녁식사 시간이라고 주장하면서 벽을 쾅쾅 치거나, 누군가가 자신의 목을 조르고 있다고 소리쳤다. 시간이 흐르면서 아이다는 말을 이해하는 능력과 말하는 능력을 상실했다. 그리고 그녀의 뇌가 정보를 처리하는 것을 중지했을 때, 그녀는 더 이상 사물들과 친숙한 사람들을 알아볼 수 없었다. 마지막 한 달 동안 아이다는 감염에 취약했고, 혼수상태에 빠진 후 사망했다.

알츠하이머병의 진행은 매우 다양해서, 1년부터 길게는 20년까지 간다. 60대나 70대 초반에 진단받은 사람들은 보통 이후에 진단받은 사람들보다 더 오래 생존한다(Brodaty, Seeher, & Gibson, 2012). 알츠하이머인 70세 남성의 평균 예상 수명은 약 4년 반이고, 70세 여성의 경우 약 8년이다.

뇌의 퇴화 알츠하이머병의 진단은 신체검사와 심리검사를

---

[1] 파킨슨병은 근육운동을 통제하는 뇌 영역의 뉴런이 퇴화한다. 증상으로는 떨림, 지척거리는 걸음걸이, 얼굴표정의 상실, 경직된 사지, 균형 유지의 어려움, 구부정한 자세 등이 있다. 시간이 흐르면서, 이 병은 흔히 치매가 된다.

통해 치매의 다른 원인들을 하나씩 배제해 나가는 방법으로 한다. 이 접근 방법은 90% 이상의 정확도를 자랑한다. 알츠하이머를 확인하기 위해서는 의사들은 죽은 사람의 뇌를 검사해 질병의 원인이거나 결과라고 생각되는 뇌의 이상 부위를 찾아내야 한다(Hyman et al., 2012). 그러나 거의 90%의 사례에서, 뇌의 크기와 활동에 대한 그림을 제공하는 뇌영상 기법(MRI와 PET)으로 노인이 사망 후 알츠하이머 확인을 받을 것인지를 예측할 수 있다(Vitali et al., 2008). 혈액과 뇌척수액의 화학성분 평가도 알츠하이머 확인을 강하게 예측한다(Mattsson et al., 2015; Olsson et al., 2016). 이러한 방법들은 조기진단의 희망을 제공하고, 더욱 성공적인 중재를 향한 문을 열어준다.

대뇌피질, 특히 기억과 추리 영역에서의 두 가지 주요한 구조적 변화가 알츠하이머와 관련이 있다. 뉴런의 안쪽에는, 와해된 신경 구조들의 산물인 꼬인 섬유다발인 **신경섬유의 매듭**(neurofibrillary tangles)이 나타난다. 뉴런의 바깥에는 아밀로이드라고 불리는 퇴화된 단백질이 압축되어 죽은 뇌세포와 교세포의 덩어리로 둘러싸인 **아밀로이드 판**(amyloid plaques)이 형성된다. 비록 정상적인 중년과 노년의 사람들에게도 신경섬유의 매듭과 아밀로이드 판이 존재하며 나이가 들수록 증가하지만, 알츠하이머 환자에게는 훨씬 더 많다. 현재 연구의 주요 취지는 어떻게 비정상적 아밀로이드와 타우 뉴런을 손상시키는지 정확히 이해하는 것이며, 이를 통해 이러한 과정을 늦추거나 막기 위한 치료법이 개발될 수 있다.

연구자들은 한때 아밀로이드 판이 알츠하이머의 뉴런 손상의 원인이라고 생각한 적이 있다. 그러나 새로운 발견들은

알츠하이머의 뇌 조직 영상은 신경섬유 혼선이 들어 있는 신경섬유의 매듭이 나타난 사멸했거나 죽어가는 뉴런과 뉴런 사이에 생긴 아밀로이드 판을 보여준다. 이러한 세포의 변화를 건강한 뇌세포와 비교해보라.

그것이 실제로 해로운 아밀로이드로부터 뉴런을 보호하기 위한 뇌의 노력을 반영한다는 것을 시사한다. 대신, 주요 원인은 뉴런 안에 남아 있는 아밀로이드의 비정상적인 붕괴에 있을 수 있다(National Institute on Aging, 2016). 알츠하이머병과 파킨슨병 모두에서 비정상적인 단백질을 처리하고 제거하는 뉴런의 주요 구조가 붕괴된다(Sagare et al., 2013). 아밀로이드를 포함해서 이러한 손상된 단백질이 쌓여 유독한 수준이 된다(Kopeikina et al., 2011). 결국 손상된 아밀로이드는 뇌 전체에 걸쳐 강하고 비정상적인 전기 활동을 유발하여 광범위한 신경 네트워크의 문제를 일으킨다.

신경섬유 엉킴에서 비정상적인 타우 또한 신경을 파괴한다. 엉킴은 뉴런에서 결합섬유로 영양분과 신호를 전달하는 데 지장을 주고, 아밀로이드와 결합하여 시냅스 통신을 차단한다. 게다가 이상 타우 단백질은 근처에 있는 정상 타우를 파괴한다(de Calignon et al., 2012; Liu et al., 2012). 점차, 타우 병리는 시냅스를 가로질러 이동하며 뉴런에서 뉴런으로 퍼져나간다.

시냅스가 손상되고 신경전달물질의 수준이 감소하면서, 대량의 뉴런이 사멸하고 뇌의 크기가 줄어든다. 뇌의 멀리 떨어져 있는 영역들 사이에 정보를 전달하는 역할을 하는 아세틸콜린이라는 신경전달물질을 분비하는 뉴런의 파괴는 신경 네트워크를 더욱 손상시킨다. 각성과 기분을 조절해주는 신경전달물질인 세로토닌의 감소는 수면장애, 공격적인 분노 폭발, 그리고 우울증을 일으킬 수 있다(Rothman & Mattson, 2012). 이러한 문제들은 인지 및 운동 증상을 심화

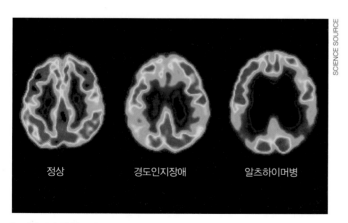

정상인의 뇌(왼쪽)와 구조적, 화학적 퇴화를 보이는 뇌(오른쪽)의 PET 영상 이미지 비교. 알츠하이머 뇌는 광범위한 뉴런의 퇴화와 사멸로 인해 작아져 있다. 대량의 시냅스 손상과 뉴런의 사망과 함께 뇌의 크기가 줄어들면서 뇌실이 확장된다. 경도인지장애(가운데)는 흔히 뇌의 크기가 훨씬 더 극적으로 줄어들기 전(오른쪽)에 나타나며, 이는 사망 후 알츠하이머 확인을 받을 것인지를 잘 예측할 수 있다.

시킬 수 있다.

위험요인 알츠하이머병에는 두 가지 유형이 있다. 가계에 유전되는 가족형과 분명한 가계의 역사가 없는 산발형이다. 1% 이하의 발병률을 가진 가족형 알츠하이머는 일반적으로 일찍 발병하고(30~60세 사이), 대개 65세 이후에 발병하는 산발형보다 더 빠르게 진행한다. 연구자들은 1, 14, 21번 염색체에서 가족형 알츠하이머와 연관된 유해한 아밀로이드의 발생과 관련 있는 유전자를 발견했다. 각 사례에서 비정상적인 유전자는 우성이다. 만일 부모로부터 물려받은 유전자 쌍 중 하나만 존재하면, 일찍 알츠하이머가 발생하게 된다(National Institute on Aging, 2016). 21번 염색체가 다운증후군과 관련이 있음을 상기하라. 이러한 염색체 이상이 있는 사람들은 40세가 넘으면 거의 항상 뇌에 이상이 오고 알츠하이머의 증상이 나타난다.

유전은 또한 신체의 돌연변이를 통해서 산발형 알츠하이머에도 영향을 준다. 이 유형의 질병에 걸린 사람 중 약 50%가 19번 염색체에 비정상적 유전자를 갖는데, 그 결과 몸 전체에 콜레스테롤을 운반해주는 혈액 단백질인 APOE ε4의 수준이 지나치게 높아진다. 연구자들은 혈액에 APOE ε4의 농도가 높으면 인슐린의 조절에 관여하는 유전자의 표현에 영향을 준다고 믿는다. 인슐린의 부족으로 인한 혈당의 증가는 (심한 경우 당뇨병으로 진행됨) 뇌손상, 특히 기억을 담당하는 영역의 손상과 관련되고, 뇌 조직 속의 비정상적으로 높은 아밀로이드의 증가와 관련된다(Liu et al., 2013; National Institute on Aging, 2016). 이러한 발견과 일치하여, 당뇨를 가진 노인들은 알츠하이머가 발병할 위험률이 증가한다.

현재로서는, 비정상적인 APOE ε4 유전자가 산발성 알츠하이머의 가장 널리 알려진 위험요인이다. 하나의 APOE ε4 유전자를 물려받은 사람들은 3배나 더 큰 위험을 가진다(Loy et al., 2014). 그러나 유전자 검사에 의하면 아직까지 확인되지 않은 유전자들이 있는 게놈의 다른 영역들이 이 질병에 같은 정도로 혹은 더 크게 기여하는 것으로 보인다. 예를 들어 알츠하이머를 앓고 있는 노인들의 경우, 뉴런에서 비정상적인 단백질을 제거하는 데 관여하는 유전자가 종종 변화하여 과도한 아밀로이드와 타우 단백질 축적을 가능하게 한다. 그리고 어떤 유전자들은 아밀로이드에 영향을 주지 않고 뉴런에서 결합섬유로 영양소와 신호 전달을 방해한다(National Institute on Aging, 2016).

그럼에도 불구하고 다수의 산발성 알츠하이머 환자들이 현재 알려진 유전적 지표를 보이지 않고, APOE ε4 유전자를 가진 사람들 중 일부는 발병하지 않는다. 지나친 지방의 섭취, 신체적 비활동, 과체중 및 비만, 흡연, 만성 우울증, 심혈관 질환, 뇌졸중, 당뇨병 등 대부분 치료 가능한 위험요인의 역할에 대한 증거가 늘고 있다(Baumgart et al., 2015; Institute of Medicine, 2015). 중간에서 심각한 정도의 머리 부상은, 아밀로이드의 악화를 촉진시킴으로써, 특히 APOE ε4 유전자를 가진 사람들에게 알츠하이머의 위험률을 증가시킬 수 있다(Mckee & Daneshvar, 2015). 비록 한 번의 부상이 장기적으로 쇠약해지는 결과를 낳기에는 충분하지만, 권투 선수, 축구 선수, 그리고 전쟁 참전용사와 같이 반복된 부상에 시달리는 개인들은 특히 영향을 받을 가능성이 높다.

그럼에도 불구하고, 뇌에 아밀로이드 판을 많이 가지고 있는 일부 노인들은 알츠하이머병에 걸리지 않는다. 알츠하이머병은 아마도 유전요인과 환경요인의 상이한 조합의 결과로 발병하며, 각기 다소 다르게 진행한다. 아프리카계 미국 노인들에게 알츠하이머나 다른 형태의 치매 발병률이 높은 것은 잠재적인 원인의 복잡성을 예시한다.

아프리카계 미국인들과 비교해서, 나이지리아의 요루바 마을 주민들은 훨씬 낮은 알츠하이머 발병률을 보이고, APOE ε4 유전자와 질병 사이에 어떠한 연관성도 보이지 않는다(Hendrie et al., 2014). 몇몇 연구자들은 유럽계 미국인과의 혼혈 결혼이 아프리카계 미국인의 유전적 위험성을 높였으며, 환경적 요인들이 유전적 위험성을 현실로 나타나게 만들었다고 추정한다. 나이지리아의 요루바 주민은 저지방 식사를 하는 반면에, 아프리카계 미국인들은 고지방 식사를 한다. 지방이 많은 음식을 먹는 것은 APOE ε4 유전자가 알츠하이머를 발병시킬 가능성을 증가시킨다. 그리고 APOE ε4 유전자를 가지고 있지 않은 요루바 주민과 아프리카계 미국인에게도 고지방 식사는 위험하다(Hall et al., 2006). 지방을 더 많이 섭취하고 혈액에 '나쁜' 콜레스테롤(저밀도 지방단백질) 수준이 높을수록 알츠하이머 발병률이 더 높아진다.

산발성 알츠하이머 환자들의 상당수가 환경에 의해 유전자 발현이 변형시키는 후생유전 때문이라는 새로운 연구 결과들이 있다. 한 연구에서 연구자들은 700개 이상의 사망한 노인들의 기증된 뇌를 조사했다. 알츠하이머병에 걸린 많은 뇌에서, 비정상적 유전자의 영향을 줄이거나 억제시키는, 높아진 메틸화 수치가 이 병의 유전적 지표와 관련이 있었고 아밀로이드 판의 축적 정도를 예측하는 것으로 나타났다(De Jager et al., 2014). 다음 단계는 알츠하이머병과 관련된 유전자 메틸화를 유발하는 요인들을 확인하는 것이다.

보호요인 연구자들은 알츠하이머의 진행을 예방하거나 속도를 느리게 하기 위해서 약물을 사용하는 방법과 사용하지 않는 방법을 모두 시험하고 있다. 유망한 약물 치료법들 중에는 아밀로이드와 타우 손상을 간섭하는 화합물들과 독성 단백질에 의한 뇌 염증을 억제하는 것들이 있다(Bachstetter, Watterson, & Van Eldik, 2014; Lou et al., 2014). 비강 스프레이를 통해 뇌에 전달하는 인슐린 치료는 신경의 혈당 사용을 조절하는 데 도움이 된다(Ribarič, 2016). 연구들은 이 치료법이 **경도인지장애**—흔히 알츠하이머 이전 단계에서 나타나며 친구와 가족들에게 정신적 능력 감퇴가 눈에 띄지만 일상생활을 수행하는 능력은 보존되어 있는 상태—를 가진 노인들의, 적어도 단기간 동안, 기억에 도움이 되며 인지 감퇴를 늦춘다고 보고한다.

생선을 강조하는 '지중해 식사', 불포화 지방(올리브유), 야채 그리고 적절한 붉은 포도주의 섭취가 알츠하이머병의 발병률을 30~50% 감소시키고, 병의 진행을 지연시키며, 또한 뇌혈관 치매(다음에 다룰 예정)를 감소시키는 것으로 밝혀졌다(Lourida et al., 2013; Morris et al., 2015). 이 음식들은 심장혈관과 중추신경계의 건강을 증진시키는 항산화제와 기타 물질을 포함한다.

교육과 활동적인 생활양식 역시 도움이 되는 것으로 보인다. 고학력 노인들에서 알츠하이머의 발병률은 저학력 노인들의 절반에 못 미친다(Beydoun et al., 2014). 그러나 교육의 영향은 APOE ε4 유전자를 가진 사람들에게는 감소한다. 몇몇 연구자들은 교육이 시냅스 연결을 많이 형성하도록 함으로써 **인지 예비능**(cognitive reserve)을 제공하여, 노화하는 뇌가 역치를 넘어 정신장애가 되지 않도록 손상을 더 잘 견뎌내게 만들어준다고 추측한다. 이러한 관점을 뒷받침하는 결과로, 저학력 사람들과 비교했을 때, 고학력자들은 알츠하이머나 다른 치매 진단을 받은 후 더 빠른 감퇴를 보이는데, 이는 고학력자들이 뇌질환이 상당히 진행된 이후에만 그 증상을 보인다는 것을 말해준다(Karbach & Küper, 2016). 노후에 사회활동과 여가활동에 활발히 참여하는 것 역시 알츠하이머나 다른 치매를 예방하는 데 도움이 된다(Bennett et al., 2006; Hall et al., 2009; Sattler et al., 2012).

마지막으로, 신체활동의 지속성, 강도, 그리고 다양성이 알츠하이머와 대뇌혈관성 치매 위험성의 감소와 관련이 있으며, APOE ε4 유전자를 가진 노인에게 그 효과가 크다. 종단연구에서, 중년기에 규칙적으로 운동하는 것은 치매와 연관된 많은 다른 생활양식 요소들을 통제한 후에, 노년기 치매의 감소를 예측했다(Blondell, Hammersley-Mather, & Veerman, 2014; Smith et al., 2013). 노년에 규칙적인 운동을 시작하는 것 또한 보호 요인이다. 한 조사에서, 경도인지장애를 가진 노인들은 알츠하이머에 걸릴 위험이 있는 것으로 판단되어 24주 동안 가정용 신체활동 프로그램 또는 일반적인 가정관리 통제그룹에 무작위로 할당되었다(Lautenschlager et al., 2008). 6개월 후 사후평가에서, 신체활동 프로그램을 경험한 노인들은 계속해서 규칙적인 운동에 참여했고 약간의 인지 향상을 보인 반면, 통제그룹의 노인들은 인지 기능의 감퇴를 보였다.

알츠하이머 환자와 그 간병인 돕기 아이다의 알츠하이머가 악화됨에 따라 의사는 그녀를 조절하기 위해 약한 진정제와 항우울제를 처방했다. 신경전달물질인 아세틸콜린과 세로토닌의 수치를 증가시키는 약물들은 특히 간병인에게 스트레스를 많이 주는 힘든 치매 증상인 초조와 분열 증상을 완화해 줄 가능성을 보여준다(National Institute on Aging, 2016). 참여 활동, 운동, 감각 체험(접촉, 음악, 비디오)을 통한 자극 제공도 부적절한 행동을 줄이는 데 도움이 된다(Camp, Cohen-Mansfield, & Capezuti, 2002).

그러나 치료 방법이 없기 때문에 가족의 중재가 알츠하이머 환자, 배우자, 그리고 다른 친척들의 최선의 적응을 가능하게 해준다. 치매 간병인들은 신체적 장애 노인들을 돌보는 사람들보다 보살피는 데 훨씬 더 많은 시간을 할애해야 하고 더 많은 스트레스를 경험한다(Alzheimer's Association, 2016a). 그들은 가족, 친구 그리고 지역사회기관으로부터 도움과 격려가 필요하다. '사회적 이슈 : 건강' 글상자는 가족 간병인들

살펴보기

여러분의 지역사회에서 치매에 걸린 노인들의 간병인들에게 일시적 구호를 제공하는 공식적인 임시 돌봄 서비스에 대해 조사해보라. 임시 돌봄 프로그램을 방문하고, 그것이 환자와 가족 간병인의 적응에 미치는 영향에 대해 몇몇 가족 보호자와 이야기를 나눠 보라.

사회적 이슈 : 건강

치매 노인의 간병인을 위한 중재

71세 알츠하이머 환자의 아내이자 간병인인 마거릿은 지역 신문의 칼럼니스트에게 절망적으로 조언을 간청하는 편지를 보냈다. "제 남편은 혼자서는 먹을 수도 없고, 목욕을 할 수도 없어요. 누구에게 말을 하지도 않고 도움을 청하지도 않아요. 저는 끊임없이 남편이 필요한 것을 예상하고 그것을 충족시켜 주려고 노력해야 합니다. 절 좀 도와주세요. 저는 곤경에 처해 있어요."

알츠하이머병의 결과는 노인 환자뿐만 아니라 외부의 도움 없이 간호를 맡고 있는 가족 구성원에게도 굉장히 힘겨운 일이다. 이런 상황에서의 보살핌은 끊임없는 벅찬 요구 때문에 '하루 36시간'이라고 일컬어져 왔다. 집에서 간병하는 사람들의 대다수는 중년층이지만, 1/3로 추정되는 사람들이 배우자나 연로한 부모를 간호하는 노인층이다. 노인 간병인은 스스로도 건강이 좋지 않은데, 간병하는 데 바치는 시간은 간병인의 나이가 들어 가면서 더욱 늘어나게 되며, 특히 문화적으로 가족의 의미로서 간병을 강조하는 소수민족 노인들 사이에서 특히 더 그렇다(Alzheimer's Association, 2016a).

보살필 수 있는 능력이 초과된 가족 구성원들은 신체건강과 정신건강 문제에 크게 시달리며, 조기사망의 위험에 처한다(Sörensen & Pinquart, 2005). 환자의 인지적 손상과 행동 문제의 심각성이 간병인의 건강을 약화시키는 강력한 예측지표가 된다(AARP, 2015). 그리고 간병인과 고통 받는 당사자의 긴밀한 관계(공유된 기억, 경험, 감정 포함)는 간병인의 신체적, 심리적 문제의 위험을 높이는 것으로 보인다(Monin & Schulz, 2009).

대다수 지역사회는 가족 간병인을 지원하기 위해 고안된 중재를 제공하지만 이들은 확대될 필요가 있으며 비용이 더 효율적이 되어야 한다. 가장 효율적인 중재는 지식, 대처 전략, 간병 기술, 휴식 등 간병인에게 필요한 여러 가지 것들을 중점적으로 다룬다.

지식

실제로 모든 중재는 질병, 힘든 간병과제들, 이용 가능한 지역사회의 도움에 관한 지식을 증진시키려는 것이다. 지식은 대체로 수업을 통해 전달된다. 그러나 간병에 관한 광범위한 정보가 들어 있는 웹사이트들과 간병인이 정보를 얻고 공유할 수 있는 온라인 통신 기술을 통해서도 지식 전달이 가능하다(Czaja, 2016). 하지만 지식의 획득은 반드시 간병인의 안녕을 증진시키기 위한 다른 접근법들과 결합되어야 한다.

이 딸은 알츠하이머병을 앓는 아버지를 간호한다. 비록 이 과제가 보상이 있다고 할지라도, 신체적으로 힘들고 정서적으로 지친다. 간병인을 지원할 중재 프로그램이 절실하다.

대처 전략

많은 중재가 간병인에게 의존적인 노인의 행동을 관리하는 데 필요한 일상적인 문제 해결 전략을 가르친다. 이와 함께 지속적으로 간호를 제공해야 하는 것에 대한 분노와 같은 부정적인 생각과 감정을 다루는 기술도 가르친다. 전달양식은 지지집단, 개인 치료, 효과적인 대처 전략을 훈련시키는 수업 등을 포함한다(Roche, MacCann, & Croot, 2016;

을 위해 도움이 되는 다양한 중재를 기술한다. 이러한 방법들에 더해 이사를 하거나, 가구를 바꾸거나, 하루의 일과를 변경하는 등의 생활 조건의 급격한 변화를 피하는 것이 알츠하이머 노인들로 하여금 서서히 붕괴하는 인지적 세계에서 가능한 한 안전하게 느끼도록 도와주는 것이다.

혈관성 치매   **혈관성 치매**(vascular dementia)에서는 일련의 뇌졸중으로 인해 죽은 뇌세포들의 영역들이 남게 되고, 단계적으로 정신능력의 퇴화가 일어나는데, 퇴화의 각 단계는 뇌졸중 후 급격하게 일어난다. 서구 국가들에서 치매의 모든 사례 중 약 15%가 혈관성 치매이다. 65세 이상의 미국인들의 1.5%가 혈관성 치매의 영향을 받는다(Sullivan & Elias, 2016). 동시에 많은 알츠하이머병 환자들도 혈관 손상을 보이며, 어떤 경우에는 이 두 가지 유형의 치매를 구분하기가 어렵다.

혈관성 치매는 유전 요인과 환경 요인의 조합으로부터 발생한다. 유전의 효과는 간접적이어서 고혈압, 심장혈관 질환, 그리고 당뇨병 등을 통해서 영향을 주는데, 이들 각각은 뇌졸중의 위험을 증가시킨다. 그리고 흡연, 알코올 과다 사

Selwood et al., 2007). 이와 같은 중재기법들을 실시한 직후에 간병인의 적응과 환자들의 혼란스러운 행동이 개선되었으며, 중재 후 1년이 지나서도 효과가 있었다.

간병 기술

일상생활의 과제들을 더 이상 처리할 수 없는 노인들과 의사소통하는 방법을 학습하는 것이 간병인들에게 도움이 된다. 예를 들어 관심과 보살핌을 전달하기 위해 적절한 눈 맞춤, 짧게 단순한 단어로 천천히 말하는 것, 몸짓을 사용하여 의미를 강화하기, 인내심 있게 반응하기, 노인을 무시하는 것처럼 방해하거나 정정하거나 비난하는 말을 삼가는 것, 음악이나 느린 속도의 아동 TV 프로그램 같이 흥분을 경감시키는 즐거운 활동을 소개하는 것 등이 도움이 된다(Alzheimer's Association, 2016b). 적극적 연습을 통한 의사소통기술을 가르치는 중재는 노인의 문제행동을 감소시키고, 결과적으로 간병인의 괴로움이 감소하고 자기효능감이 증가할 수 있다(Eggenberger, Heimerl, & Bennett, 2013; Irvine, Ary, & Bourgeois, 2003).

휴식

흔히 간병인은 보살핌을 제공하는 것에서 벗어나는 시간, 즉 휴식이 가장 절실하게 원하는 도움이라고 말한다. 하지만 간병인들은 친구나 친척의 비공식적인 도움을 제안할 때 죄책감 때문에 꺼리거나, 지역사회가 성인주간 보호 혹은 일시적인 보호시설 입주와 같은 공식적인 서비스를 제공할 때조차도 비용이나 노인의 적응에 대한 염려 때문에 서비스의 이용을 꺼린다. 하지만 일주일에 적어도 두 번 정도 몇 시간 동안의 휴식은 간병인이 친구관계를 유지하고, 즐거운 활동에 참가하고, 균형 잡힌 생활을 계속할 수 있게 함으로써 신체건강과 정신건강을 향상시킨다(Lund et al., 2010b).

휴식이 가장 효과적이기 위해서는, 간병인들이 압도되기 전에 서비스를 이용하기 시작해야 한다. 일단 보람 있고 즐거운 삶이 사라지면 회복하기가 힘들다. 게다가, 규칙적인 휴식을 자주 가지는 것은 불규칙한 휴식을 자주 갖는 것보다 훨씬 더 도움이 된다. 그리고 휴식 시간을 어떻게 가장 잘 사용할지를 계획하는 것은 중요하다. 집안일, 쇼핑, 또는 일을 하면서 휴식 시간을 보내는 간병인들은 대개 불만족스러운 상태로 남게 된다(Lund et al., 2009). 자신들이 원했던 활동들에 참여하고 그런 활동을 할 계획을 세운 간병인들은 심리적 안녕감이 증진된다.

간병의 상황에서 벗어나 있는 시간 외에도 계속되는 재택 간호의 시달림으로부터 짧은 휴식은 간병인에게 이롭다. 한 집단의 연구자들이 비디오 휴식이라는 독특한 도구를 고안했다. 이것은 알츠하이머 환자의 관심에 적합한 일련의 비디오테이프로서, 간병인에게 반 시간 내지 한 시간 정도 휴식을 제공한다. 각 테이프에서 전문적인 배우가 친숙한 경험, 사람, 대상에 관해서 느리고, 단순한 대화를 연기하며, 가끔 멈춰서 장애 노인이 반응을 하도록 한다(Caserta & Lund, 2002). 이런 비디오를 평가한 결과는 비디오가 알츠하이머 환자의 관심을 끌 뿐만 아니라 배회, 흥분, 공격성과 같은 문제행동을 감소시키는 것으로 나타났다.

중재 프로그램

간병 과정의 초기에 시작해서 수 주일 혹은 수개월 동안 계속하고, 간병인의 개인적인 필요에 맞추어 만들어진 다면적 중재는 간병인의 스트레스를 크게 줄이면서 쇠퇴하는 사랑하는 사람을 돌보는 데 만족감을 찾도록 돕는다. 이런 개입은 대개 치매 환자의 시설 입소도 늦춘다.

알츠하이머 간병인 건강 증진을 위한 자원(REACH) 발의는 '적극적인' 중재 프로그램을 평가하는데, 방금 기술한 요소들의 일부 혹은 전부를 포함하는 각 프로그램을, 오직 정보 제공과 지역사회기관에 보내기만 하는 '수동적인' 중재와 대비시키고 있다. 1,200명 이상의 간병인이 참여한 가운데, 6개월의 적극적인 중재를 받은 간병인의 자기보고에서 부담감이 더 감소했다. 그리고 치료사, 간병인, 가족 구성원, 그리고 다른 지원 체계들 사이의 빈번한 의사소통을 촉진하는 전화 체계를 통해서 가정에서 가족치료를 제공한 한 프로그램은 간병인의 우울 증상을 상당히 감소시켰다(Gitlin et al., 2003; Schultz et al., 2003). 간호의 책임이 더 큰 간병인들, 즉 남자보다 여자, 높은 사회경제적 지위보다 낮은 사회경제적 지위, 비배우자보다 배우자가 적극적인 중재로 인해 가장 많은 혜택을 받았다. 추가 평가에서, REACH 적극적 중재 프로그램은 아프리카계 미국인, 유럽계 미국인, 히스패닉계 등 다양한 인종의 간병인들의 신체적, 정신적 건강을 증진시켰다(Basu, Hochhalter, & Stevens, 2015; Belle et al., 2006; Elliott, Burgio, & DeCoster, 2010).

용, 염분 과다 섭취, 단백질 부족, 비만, 비활동성, 그리고 심리적인 스트레스를 포함하는 환경적인 영향 또한 뇌졸중의 위험을 가중시킨다(Sahathevan, Brodtmann, & Donnan, 2011).

심혈관 질환에 대한 취약성 때문에, 혈관성 치매는 여자보다 남자에게서 더 많다. 이 질병은 또한 나라마다 다르게 나타난다. 예를 들어 혈관성 치매는 일본에서 특히 높게 발생한다. 비록 저지방 식사가 일본 성인들의 심혈관 질환 발병률을 낮춰주지만, 알코올과 염분의 지나친 섭취와 동물성 단백질이 매우 적은 식사가 뇌졸중의 위험을 증가시킨다. 최근 몇십 년 동안 일본인들의 알코올과 염분의 소비가 감소하고 고기의 섭취가 증가하면서 혈관성 치매와 뇌졸중으로 인한 사망률이 낮아졌다(Ikejima et al., 2014; Sekita et al., 2010). 그러나 다른 선진국들보다는 여전히 높다.

비록 일본이 독특하고 모순되는 현상을 보이고 있지만(심혈관 질환은 낮은데 뇌졸중은 높은 것), 대부분의 경우에 혈관성 치매는 동맥경화증으로 인해 발생한다. 이 질병은 예방 말고는 별다른 도리가 없다. 혈관성 치매의 발병률은 지난 20

년간 감소했는데, 주로 심장질환이 감소하고 더욱 효과적인 뇌졸중 예방법들이 개발되었기 때문이다(U.S. Department of Health and Human Services, 2015d). 뇌졸중을 예측할 수 있는 증상은 팔, 다리, 혹은 얼굴이 힘이 없어지거나, 따끔거리거나, 무감각해지는 것, 갑자기 시력을 잃거나 이중으로 보이는 것, 말하는 데 어려움이 있는 것, 심한 현기증과 균형감각의 상실 등이다. 의사들은 혈액의 응고를 감소시키는 약물을 처방할 수도 있다. 일단 뇌졸중이 일어나면 마비와 함께 언어, 시력, 협응, 기억, 기타 정신 능력의 상실이 보통 일어난다.

진단상의 오류나 회복 가능한 치매 치매는 다른 장애들과 혼동될 수 있기 때문에 조심스러운 진단이 중요하다. 그리고 치매의 일부 형태는 치료될 수 있고 몇 가지는 회복이 가능하다.

우울증은 치매로 가장 빈번히 오진된다. 65세 이상인 사람의 1~5%가 심한 우울증인데, 이 비율은 젊은 성인과 중년의 성인보다 낮다. 우리가 제8장에서 다룰 예정인 우울증은 나이가 들면서 증가하며, 그것은 종종 신체의 질병 및 고통과 관련되고 인지 능력의 퇴화로 이어질 수 있다. 젊을 때는 가족과 친구들의 지원, 항우울증 약, 그리고 개인치료, 가족치료, 집단치료가 우울증을 해소하는 데 도움이 될 수 있다. 그러나 미국 노인들은 종종 그들에게 필요한 정신건강 서비스를 받지 못한다. 이는 부분적으로는 미국의 의료보장제도(메디케어)가 정신건강 문제 치료비에 대한 보장이 낮고, 의사들이 노인들에게 정신건강 서비스에 대해 거의 알려주지 않기 때문이다(Hinrichsen, 2016; Robinson, 2010). 이런 상황들이 우울증이 심화되고 치매와 혼동될 가능성을 높인다.

종종 신체적 질병 및 고통과 관련된 우울증은 치매로 오진될 수 있다. 치료사의 도움으로 이 노인은 어깨 부상으로부터 천천히 회복되는 동안 우울증을 피할 수 있는 좋은 기회를 갖게 되었다.

나이가 들수록 치매와 비슷한 부작용을 나타낼 수 있는 약을 섭취할 가능성이 더 많아진다. 예를 들어 일부 감기약, 설사약, 멀미약은 신경전달물질인 아세틸콜린을 억제하는데, 이는 알츠하이머와 비슷한 증상을 보이게 한다. 게다가 특히 아플 때 자주 혼란되고 위축되는 노인들의 경우, 어떤 질병은 일시적인 기억상실과 정신적 증상을 일으킬 수 있다(Grande et al., 2016; Tveito et al., 2016). 기본적인 질병의 치료가 이를 해결하는 방법이다. 마지막으로 환경의 변화와 사회적 고립이 정신적 쇠퇴를 일으킬 수 있다(Hawton et al., 2011). 지지해주는 유대관계가 회복되면, 인지 기능은 보통 되돌아온다.

건강관리

산업화된 국가에서 건강관리 전문가들과 입안자들은 노령 인구의 빠른 증가로 인한 경제적 결과를 걱정한다. 정부지원 건강관리 비용과 특정한 건강관리 서비스, 특히 장기 관리의 요구가 증가하는 것에 대한 우려가 가장 크다.

노인들의 건강관리 비용 65세 이상의 성인들은 북미 인구의 불과 14%만 차지하고 있지만, 미국에서는 정부 건강관리 경비의 30%를 차지한다. 현재의 추정에 따르면, 노인을 위한 정부지원 건강보험 혹은 의료보장제도의 비용은, 베이비붐 세대가 노년기에 도달하고 평균 기대 수명이 더욱 늘어나게 되면서, 2023년이면 2배가 된다(Centers for Medicare and Medicaid Services, 2016).

의료보장제도 비용은 나이에 따라 가파르게 증가한다. 75세 이상 노인들이 보다 젊은 노인들에 비해 평균적으로 70% 더 혜택을 받는다. 이런 증가의 대부분은 병원과 양로원에서의 장기 간호 필요성을 반영하며, 불구로 만드는 만성질환과 급성 질병이 연령에 따라 상승함에 의한 것이다. 미국의 의료보장제도는 노년층 의료 요구의 절반 정도만을 기금으로 충당하고 있으므로, 미국 노인들은 그들의 연간 수입에 대한 비율로 볼 때 다른 산업화된 국가들의 노인들보다 몇 배의 비용을 건강관리에 소비하게 된다(OECD, 2015a). 그리고 미국의 의료보장제도는 심각한 장애를 가진 노인들보다 장기 간호를 훨씬 더 적게 지원하고 있다.

장기 간호 아이다가 루스의 집으로 이사를 갔을 때, 루스는 아이다를 절대 시설에 입소시키지 않겠다고 약속했다. 하지만 아이다의 상태는 악화되었고, 루스는 자기 자신의 건강 문제와 직면하게 되어서 그 약속을 지킬 수가 없었다. 마지 못해서 루스는 아이다를 양로원에 보냈다.

고령화는 장기 간호 서비스, 특히 양로원의 사용과 강하게 연관된다. 미국 양로원 거주자의 거의 절반이 85세 이상 노인이다. 노화 관련 장애 중에서 치매, 특히 알츠하이머병으로 가장 자주 양로원에 입소하고, 노쇠가 그 뒤를 따르는 강력한 예측지표이다(Harris-Kojetin et al., 2016; Kojima, 2016). 주로 여성들에게 영향을 미치는 것으로 사별하는 것과 성인 자녀와 다른 친척이 노화하는 것으로 인해서 비공식적인 보살핌의 지원이 없어지는 것 또한 양로원 이용을 증가시키고 있다.

전반적으로 65세 이상 미국인의 3%만 시설에 수용된다. 이것은 시설 간호에 공적 자금을 후하게 제공하는 호주, 벨기에, 네덜란드, 스위스와 같은 다른 산업화된 국가들에 비해 절반가량의 비율이다(OECD, 2016). 미국에서는 급성 질병으로 입원한 뒤에 양로원에 입소하게 되지 않는 한, 노인들은 자신들의 재산이 고갈될 때까지 비용을 지불해야 한다. 바로 그 지점에서 의료보장제도(빈곤층을 위한 건강보험)로 넘어가게 된다. 결과적으로 미국과 캐나다에서 최대의 양로원 이용자들은 수입이 매우 낮거나 아니면 높은 사람들이다. 중산층 노인들과 그 가족들은 높은 양로원 비용 때문에 그들의 저축이 고갈되지 않도록 보호하려고 더욱 노력한다.

양로원 이용은 또한 민족집단에 따라 다양하다. 예를 들어 백인 미국인들이 시설에 들어가는 비율이 아프리카계와 히스패닉 미국인보다 크게 높은 편이다. 이는 아프리카계와 히스패닉 미국 노인의 크고 긴밀하게 맺어진 확대가족이 가족을 보살펴야 한다는 강한 의무감을 가졌기 때문이다. 이와 유사하게, 아시아계, 미국 원주민 노인들도 백인 미국인들에 비해 양로원을 덜 이용한다(Centers for Medicare and Medicaid Services, 2013; Thomeer, Mudrazija, & Angel, 2014). 호주, 캐나다, 뉴질랜드, 미국, 서유럽에서 대체로 가족이 적어도 60~80%의 장기 간호를 제공한다. 우리가 보았듯이, 다양한 민족 배경과 사회경제적 지위 배경을 가진 가족들이 필요시에는 기꺼이 노인을 돌보려고 한다.

노인들의 시설 간호와 그것과 연합된 고비용을 줄이기 위해, 일부 전문가들은 가족 간병인을 위한 가정 도우미의 공적 기금과 같은 대안을 옹호한다(제6장 참조). 지난 20년 동안 극적으로 증가한 또 다른 선택은 **보조생활 주거**(assisted

네덜란드의 한 요양원에서 환자가 기차칸과 비슷한 구역의 스크린에 전시된 풍경들이 움직이는 것을 즐기고 있다. 시설 간호는 공공자금 조달이 더 넉넉한 다른 서구 국가들에 비해 미국에서 훨씬 덜 흔하다.

living)인데, 이것은 가정에서 제공할 수 있는 것보다 더 많은 것이 필요한 노인들을 위한 가정과 유사한 거주 제도로서, 양로원보다는 보통 제공해주는 것이 적다. 보조생활 주거는 양로원에 대한 비용효과적인 대안으로, 불필요한 시설 입원을 예방한다. 이것은 또한 거주자의 자율성, 사회생활, 지역사회 참여, 생활만족도를 증진시킬 수 있는데, 이러한 잠재적인 혜택에 관해서는 제8장에서 다룰 것이다.

덴마크에서는 정부가 후원하는 가정 도우미 시스템과 생활보조 주택의 확대가 결합해 양로원의 필요를 상당히 감소시켰다(Hastrup, 2007; Rostgaard, 2012). 미국의 보조생활 주거에서 간병 및 건강관리 서비스를 강화하면 비슷하게 좋은 결과를 얻을 수 있을 뿐만 아니라 노인들의 행복도 향상될 수 있다. 압도적으로 많은 보조생활 주거 거주자들이 양로원으로 옮기기보다는 보조생활을 유지하기를 원한다.

양로원 입소가 최선의 선택일 때, 서비스의 질을 향상시키는 조치를 취할 수 있다. 예를 들어 네덜란드는 정신장애와

묻고 대답하기

연관지어보기 생태학적 체계 이론의 각 수준이 어떻게 간병인의 안녕과 치매 노인을 위한 가정 간호의 질에 기여하는지 설명해보라.

적용해보기 마리사는 남편인 웬델이 68세에 더 이상 성관계를 주도하거나 그녀를 껴안지 않는다고 상담사에게 불평을 했다. 왜 웬델은 성적으로 상호작용하는 것을 중단했을까? 의학과 교육 모두에서 어떤 중재가 마리사와 웬델 부부에게 도움이 될 수 있겠는가?

생각해보기 여러분 가족 중 도움이 필요한 노인에게 어떤 보살핌과 생활의 계획이 이루어졌는가? 문화, 개인적 가치, 재정적 수단, 건강, 기타 요인들이 어떻게 그 결정에 영향을 미쳤는가?

신체장애를 가진 환자들의 각기 다른 요구들을 충족시킬 수 있는 분리된 편의시설을 설계하여 설립해 왔다. 그리고 모든 노인은 장애가 어느 정도건 현재의 힘을 유지하고 쇠퇴를 보완할 수 있는 새로운 기술을 습득할 기회를 가짐으로써 도움을 받는다. 어디서건 시설에 입소한 노인들은 개인적 통제감, 만족스러운 사회적 관계, 의미 있고 즐거운 일상 활동을 원한다(Alkema, Wilber, & Enguidanos, 2007). 제8장에서 밝혀지겠지만, 이러한 요구를 충족시키는 양로원을 설계하는 것은 신체적, 심리적 안녕을 촉진한다.

인지발달

7.9   노년기 인지 기능의 전반적인 변화를 설명한다.

루스가 의사에게 기억과 언어 표현이 어렵다고 불평한 것은 노년기의 인지 기능에 관한 공통된 관심사를 반영한다. 성인기를 거치면서 처리 속도의 감퇴는 노년기 인지의 많은 측면에 영향을 미친다고 믿어졌다. 제5장에서 우리는 사고의 효율성이 감소하면서 실행 기능, 특히 작업기억의 용량과 작업기억 갱신의 감소에 기여하는 것에 주목했다(완전히 설명하지는 않을 수 있음). 무관한 정보와 충동에 대한 억제, 과제와 정신 조작 간의 유연한 이동, 기억 전략의 사용, 그리고 장기기억으로부터의 인출 감소는 마지막 수십 년 동안 계속되어 인지 노화의 많은 측면에 영향을 미친다.

제5장의 그림 5.7로 돌아가보자. 정신 능력이 유동지능(생물학에 기반을 둔 정보처리 기술)에 더 많이 의존할수록, 그것은 더 일찍 쇠퇴하기 시작한다. 이와는 대조적으로 결정지능(문화에 기반을 둔 지식)은 더 오래 유지된다. 하지만 결정지능을 유지하려면 인지 기술을 사용하고 향상시키는 기회가 계속되어야 한다. 이러한 기회가 있을 때 어휘, 일반적인 정보와 특수한 노력으로 전문화된 결정지능은 유동지능에서의 손실을 상쇄할 수 있다.

그림 5.7을 다시 보라. 고령에서 유동지능의 감퇴는 결국에는 사람들이 풍부한 경험 배경, 기억하고 문제를 해결하는 방법에 대한 지식, 자극을 주는 일상생활 등을 포함한 문화적 지원의 도움을 받아서 성취할 수 있는 것을 제한한다. 결과적으로, 결정지능은 완만한 감퇴를 보여준다.

전반적으로, 사람들이 인생의 마지막에 접근하면서 상실이 향상과 유지를 초과하게 된다. 하지만 가소성은 여전

히 가능하다 ― 어떤 사람들은 매우 고령의 나이에도 높은 유지 보수와 최소한의 손실을 보인다(Baltes & Smith, 2003; Schaie, 2013). 연구에 의하면, 인생의 다른 어느 때보다도 노년기에 인지 기능의 개인차가 훨씬 더 크다(Riediger, Li, & Lindenberger, 2006). 유전적 영향과 생활양식의 영향이 더 많이 표현되는 것 외에도, 인지 기술을 증진시키거나 손상시키는 활동 경로를 스스로 선택해서 추구할 수 있는 자유가 증가한 것이 이런 현상의 원인이 될 수 있다.

노인들이 자신의 인지적 자원을 어떻게 하면 가장 잘 활용할 수 있을까? 하나의 관점에 따르면, 높은 수준의 인지 기능을 유지하는 노인들은 **선택적 최적화와 보상**(selective optimization with compensation)에 집중한다. 목표의 범위를 좁히고, 그들의 감소하는 에너지로부터의 회복을 최적화(최대화)하기 위해서 개인적으로 가치 있는 활동을 선택한다. 그들은 또한 상실을 보상하는 새로운 방법을 찾는다(Baltes, Lindenberger, & Staudinger, 2006; Napolitano & Freund, 2016). 유명한 피아노 연주가인 아르투르 루빈슈타인은 그처럼 고령에 어떻게 그렇게 탁월한 피아노 연주 실력을 유지할 수 있는지에 대한 질문을 받았다. 루빈슈타인은 선택적으로 현재 그의 기술과 체력의 범위 내에서 신중하게 고른 소수의 작품만을 연주한다고 대답했다. 이렇게 해서 그는 에너지를 최적화할 수 있었고, 각각의 작품을 더 연습할 수 있었다. 마지막으로, 그는 연주 속도가 감퇴하는 것을 보상할 수 있는

이 음악가들은, 성인들의 삶의 대부분과 같이, 보상을 수반한 선택적 최적화를 통해 노년기에도 공연을 계속한다. 그들은 현재 기술 범위 내에서 조심스럽게 작품을 선택하고, 제한된 에너지를 최적화하기 위해 연주 세션의 길이를 줄이며, 연습이 잘된 빠른 몇 개의 악절만 포함시킴으로써 연주 속도의 감소를 보상한다.

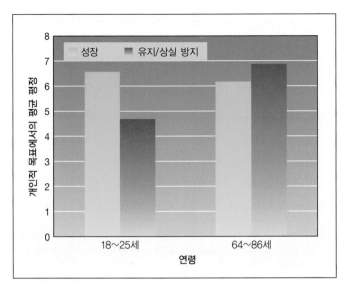

그림 7.6 성장 및 유지/상실 방지에 대한 젊은이 및 노인의 개인적 목표 지향성 참가자에게 두 가지 신체적 목표와 두 가지 인지적 목표를 열거한 다음 8점 척도를 사용하여 각각의 목표에 대해 성장, 유지 또는 상실 방지에 중점을 두고 평정하도록 했다. 노인들은 성장을 계속 추구하면서, 젊은이들보다 유지와 상실 방지에 훨씬 더 중점을 두었다(N. C. Ebner, A. M. Freund, & P. B. Baltes, 2006, "Developmental Changes in Personal Goal Orientation from Young to Late Adulthood: From Striving for Gains to Maintenance and Prevention of Losses," *Psychology and Aging, 21*, p. 671. Psychological Association 허락하에 인용).

기법들을 개발했다. 예를 들어 빠른 악장 앞에서는 극도로 느리게 연주함으로써, 빠른 부분이 청중들에게 보다 빠른 것처럼 느껴지도록 했다.

노년기에 개인적 목표(여전히 이득을 포함)는 능력 유지와 상실 방지에 점점 더 초점을 두게 된다. 한 연구에서, 연구자들은 성장("이 목표로 뭔가 향상시키거나 새로운 것을 이루고 싶다")과 유지 및 상실의 방지("이 목표로 뭔가 유지하거나 상실을 막고 싶다")에 중점을 두고 가장 중요한 신체적, 인지적 목표를 평가하도록 사람들에게 요청했다(Ebner, Freund, & Baltes, 2006). 그림 7.6에서 보이듯이, 젊은 성인들과 비교했을 때, 노인들은 유지와 상실 방지를 강조했다.

기억, 언어 처리, 문제 해결에서의 주요한 변화를 검토하면서, 우리는 노인이 쇠퇴에 직면해서 최적화하고 보상할 수 있는 방법을 숙고할 것이다. 우리는 또한 처리 과정의 효율

살펴보기

기억과 다른 인지적 도전에 대해 노인을 인터뷰하고 그 예를 물어보라. 각 사례에 대해, 인지 자원을 최적화하고 상실을 보상하기 위한 노력을 노인들로 하여금 설명하도록 초대해보라.

성이 아니라 광범위한 생활 경험에 의존하는 특정 능력들은 고령이 되어도 유지되거나 증가한다는 것을 보게 될 것이다. 마지막으로, 우리는 노인을 발달의 이전 시기에서와 마찬가지로 새로운 지식에 의해 힘을 얻게 되는 평생의 학습자로서 인정하는 프로그램들을 다룰 것이다.

기억

7.10 노년에 기억은 어떻게 변할까?

노인이 정보를 받아들이는 것이 느려지고, 작업기억에 보유하는 정보가 줄어들고, 억제하기가 어렵게 되고, 책략을 적용하고, 장기기억으로부터 적절한 지식을 인출하기가 보다 어려워지면서 기억 실패의 확률이 증가한다(Naveh-Benjamin, 2012; Verhaeghen, 2012). 일화기억(일상적 경험의 인출)의 어려움은 상당히 증가한다. 그에 비해 의미기억(처음 학습된 맥락에서 제거된 일반적 지식)은 더 잘 보존된다.

외현기억 대 암묵기억

"루스, 우리가 봤던 영화 당신 알지? 다섯 살짜리 꼬마 소년이 그처럼 연기를 잘했던 영화 말이오. 그걸 딕과 골디에게 보라고 하고 싶은데. 그런데 영화 제목이 뭐였지?" 월트가 물었다.

"그게 생각나지가 않아요, 월트. 근래에 우리가 영화를 여러 개 봤지요. 어느 극장에서 봤죠? 누구랑 함께? 그 꼬마 소년에 대해서 더 말해봐요. 그러면 생각이 떠오를 수 있을 거예요."

우리 모두 때때로 이처럼 기억의 실패를 경험하지만, 노년에는 일화적 회상의 다양한 측면의 어려움이 점점 더 증가한다. 루스와 월트가 영화를 볼 때, 그들의 인지 처리가 더 느리다는 것은 세부사항을 더 적게 보존한다는 것을 의미한다. 노인들의 작업기억은 한꺼번에 많은 것을 보존하지 못하므로, 어디서 영화를 보았는지, 누구와 함께 보았는지 등의 맥락에 제대로 주의하지 못한다(Zacks & Hasher, 2006). 우리가 기억하려고 노력할 때, 맥락은 중요한 인출단서가 되어 도움을 준다.

노인들은 자극과 맥락에 대해서 더 적게 받아들이므로, 그들의 회상은 더 젊은 사람들의 회상에 비해서 감소된다. 예를 들어 노인들은 가끔 경험한 사건과 상상한 사건을 구별하

지 못한다(Rybash & Hrubi-Bopp, 2000). 그들은 또한 정보의 원천을 기억하는 데 어려움이 있으며, 브리지 클럽의 회원 중 누가 그 말을 했다든가 누구에게 그리고 어떤 경우에 그들이 이전에 특정 농담이나 이야기를 했는가, 그리고 실험실 연구에서 그들이 방금 학습한 2개의 10단어 목록 중 어떤 단어가 등장했는가와 같이, 특히 잠재적인 원천이 유사할 때 더욱 그렇다(Wahlheim & Huff, 2015). 사건이 발생한 순서 혹은 얼마나 최근에 사건이 발생했는지에 대한 회상 같은 시간기억 또한 마찬가지로 어렵다(Hartman & Warren, 2005; Rotblatt et al., 2015).

노인들의 제한된 작업기억은 다른 유형의 일화기억 어려움을 일으킬 가능성을 증가시킨다―예를 들어 무언가를 가지러 갈 의도로 서재에서 주방으로 이동했으나 무엇을 가지러 가려고 했는지 기억하지 못할 수도 있다. 기억의 의도(서재)를 형성한 맥락이 인출의 맥락(주방)과 다를 때, 노인들은 종종 기억의 착오를 경험한다. 일단 노인들이 첫 맥락(서재)으로 돌아가면, 그것은 그들의 기억 의도에 대한 강력한 단서로 작용한다. 왜냐하면 그곳이 그들이 처음 부호화한 곳이

한 할머니와 그녀의 손녀가 스리랑카에서 열리는 축제에 참석하고 있다. 처리속도와 작업기억 능력의 저하로 인해 노인들은 그 자극과 맥락에 대해 덜 받아들이게 된다. 그 결과, 이 할머니는 이 이벤트의 세부사항을 기억하기 어려울지도 모른다.

기 때문이다. 그리고 그들은 그제야 "아, 이제 내가 왜 주방에 갔는지 기억난다!"라고 말한다.

며칠 후 루스가 TV에서 제목을 기억 못했던 그 영화에 대한 광고를 보았을 때, 그녀는 즉시 영화의 제목을 알아보았다. 재인(정신적 노력이 거의 필요 없는 상당히 자동적인 기억)은 기억하는 데 도움이 되는 다수의 환경적인 지원이 존재하기 때문에 회상보다 노년기에 덜 어렵다. 연령과 관련된 기억 감퇴는 의도적이고 전략적인 처리를 요구하는 **외현기억**(explicit memory) 과제에서 가장 크다(Hoyer & Verhaeghen, 2006).

또 다른 자동적 형태의 기억을 고려해보자. 그것은 **암묵기억**(implicit memory) 혹은 의식적 인식이 없는 기억이다. 전형적인 암묵기억 과제에서, 단어 목록을 보여준 다음 빈칸에 단어의 부분(예 : t_k)을 채워 넣으라고 요구한다. 다른 단어들(took 혹은 teak)보다는 방금 전에 본 단어(task)로 완성하기 쉬울 것이다. 노력하지 않고 회상을 하게 될 것이다.

암묵기억에서 연령 차이는 명시적 기억 혹은 외현기억에서보다 훨씬 적다. 의식적으로 통제된 책략 사용보다 친숙성에 의존하는 기억은 노령에도 대부분 남아 있다(Koen & Yonelinas, 2013; Ward, Berry, & Shanks, 2013). 이것은 의미기억(대부분 잘 학습되고 매우 친숙한 어휘와 일반 정보의 회상)이 일상적 경험의 회상보다 훨씬 덜 감퇴하는 이유를 설명하는 데 도움이 된다(Small et al., 2012). 노인들이 보고하는 일화기억 문제, 즉 사람의 이름, 중요한 물건을 놓아둔 장소, 한 장소에서 다른 장소로 이동하기 위한 방향, 그리고 (앞으로 보게 될 것이지만) 약속과 투약 시간표 등 이 모든 것은 그들의 제한된 작업기억과 다른 실행적 처리에 상당한 부담을 준다.

연상기억

방금 기술한 기억 결함은 정보를 복잡한 기억에 연결시키는 능력의 일반적이고 연령에 따른 쇠퇴의 일부다(Smyth & Naveh-Benjamin, 2016). 연구자들은 이것을 **연상기억 결함**(associative memory deficit) 혹은 정보들―예를 들어 두 항목 혹은 하나의 항목과 그것의 맥락―사이의 연결을 창조하고 인출하는 데 어려움을 겪는 것이라고 부른다. 즉 루스가 영화 제목을 아역 배우나 그녀가 그 영화를 보았던 곳과 함께 기억하려고 애쓰는 것을 말한다.

노인들이 젊은이들보다 연상기억에 더 큰 어려움을 갖는

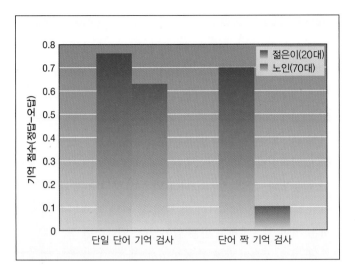

그림 7.7 노년기 연상기억 결함을 뒷받침하는, 단일 단어 기억 검사와 단어 짝 기억 검사에서의 젊은이와 노인의 수행 항목 짝을 공부한 뒤에(이 경우 대상의 사진들), 일부 참가자들은 그들이 공부한 단일 항목들을 확인하라는 요구를 받았다. 나머지 성인들은 그들이 공부한 항목 짝들을 확인하라는 요구를 받았다. 단일 항목 기억 검사에서는 노인도 거의 젊은이만큼 잘 수행했다. 그러나 항목 짝 기억 검사에서는 노인이 수행을 훨씬 더 못했다(Guez & Lev, 2016에서 인용).

지 알아내기 위해, 연구자들은 서로 관련이 없는 단어 짝 혹은 사물 그림의 짝을 보여주고(예 : '책상-외투' 혹은 '샌드위치-라디오'), 앞으로 할 기억 검사를 위해 이것들을 공부하라고 요구했다. 검사를 하는 동안, 한 집단의 참가자들에게 일부는 공부시간에 보여주었던 것들이고 일부는 보여주지 않았던 단일 항목들을 보여주고, 공부했던 것들에 표시를 하라고 했다. 다른 집단에게는 일부는 공부할 때와 같게 연결되고('책상-외투') 일부는 다르게 연결된('외투-라디오') 항목의 짝들을 보여주고, 공부했던 짝에 표시를 하라고 했다. 그림 7.7에서 보듯이, 노인들은 단일 항목 기억 검사에서는 젊은이들과 거의 마찬가지로 잘했다(Guez & Lev, 2016; Old & Naveh-Benjamin, 2008; Ratcliff & McKoon, 2015). 하지만 항목의 짝들로 된 검사에서는 훨씬 더 못했다. 이런 결과는 연상기억 결함을 지지하는 것이다.

방금 기술한 위 연구에서 기억 과제는 재인에 의존한 것이다. 재인기억은 단일 정보들만 재인하도록 요구하므로 노인들도 잘 수행한다. 연구자들이 연상기억에 의존하도록 함으로써 재인 과제를 복잡하게 만들 때, 노인들은 어려움을 겪는다. 노인들은 얼굴-이름, 얼굴-얼굴, 단어-음성, 사람-행동 쌍을 포함한 다양한 연상기억에서 어려움을 보인다(Naveh-Benjamin, 2012). 기억 전략 사용의 감소 외에도, 감

각 능력의 쇠퇴는 연상기억을 더 어렵게 만든다. 잘 보거나 잘 듣지 못하는 노인들은 정보를 인지하는 데 추가적인 노력을 기울여야 한다(Naveh-Benjamin & Kilb, 2014). 이는 항목 간 연결을 처리하는 데 사용할 수 있는 작업기억의 자원을 차감한다.

노인들에게 유용한 기억 단서를 제공하여 과제의 요구를 완화함으로써 그들의 연상기억을 향상시킬 수 있다. 예를 들어 이름을 얼굴과 연결시키기 위해서, 그 사람에 관한 적절한 사실을 언급해주면 노인들은 도움을 받는다. 이름이 지닌 의미의 정도가 높아지면 회상이 향상된다. 그리고 노인들이 정교화 기억 전략(단어 쌍의 관계를 말로 표현하거나 그들의 관계에 대한 심적 이미지를 만들어냄으로써 관련짓는 것)을 사용하도록 지시받았을 때 연소-노인과의 기억의 차이는 크게 줄어든다(Bastin et al., 2013; Naveh-Benjamin, Brav, & Levy, 2007). 분명히, 연상기억의 결함은 정보를 통합된 전체로 묶는 데 도움이 되는 전략 사용의 부족에 의해 크게 영향을 받는다.

먼 기억

비록 노인들은 그들의 **먼 기억**(remote memory) 혹은 매우 오래된 회상이 최근의 사건에 대한 기억보다 더 선명하다고 자주 말하지만, 연구는 이런 결론을 뒷받침해주지 않는다. 먼 기억을 검사하기 위해서 연구자들은, '첫 번째 데이트에서 여러분은 무엇을 했는가? 대학 졸업을 어떻게 축하했는가?'와 같은 자서전적 기억 혹은 개인적으로 의미 있는 사건들에 대한 기억을 조사한다. 때때로 다양한 연령대의 참가자들에게 일련의 단어(예 : 책, 기계, 미안한, 놀란)를 주고, 각 단어를 단서로 해서 떠오르는 개인적인 기억을 보고하도록 한다. 혹은 중요한 생활사건들을 회상하고 각 사건이 일어난 연령을 말해보라고 한다.

노인들은 먼 사건과 최근의 사건을 그 사이의 사건들보다 더 많이 회상하고, 단어-단서 연구에서는 최근의 사건들이 가장 자주 언급된다. 중요한 기억을 회상하는 방법은 사람들이 그들의 기억을 철저히 검색하도록 유도하여 많은 수의 먼 사건을 회상하게끔 유도한다(그림 7.8 참조). 회상된 먼 사건 중에서 대부분은 10~30세 사이-**회고 절정**(reminiscence bump)이라 불리는 자서전적 기억이 고조된 시기-에 일어난 것이었다(Janssen, Rubin, & St. Jacques, 2011; Koppel & Berntsen, 2014; Koppel & Rubin, 2016).

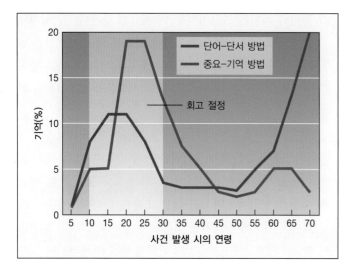

그림 7.8 단어-단서와 중요-기억 방법을 사용하여 사건이 일어난 연령의 보고에 따른 자서전적 기억의 분포 여기 제시된 분포는 많은 연구의 전반적인 결과를 반영한다. 회상된 대부분의 초기 사건들은 회고 절정으로 알려진 10~30세 사이에 일어났다. 단어-단서 방법은 최근의 사건들을 더 많이 떠올리게 하며, 중요-기억 방법은 더 많은 먼 사건들의 기억을 떠올리게 한다(Koppel & Berntsen, 2014에서 인용).

회고 절정은 방글라데시, 중국, 일본, 터키, 미국 등 다양한 문화권에 속한 노인들의 자서전적 회상에서 두드러진다 (Conway et al., 2005; Demiray, Gülgöz, & Bluck, 2009). 청소년기와 성인 초기 경험을 중년기 삶보다 더 쉽게 회상하는 이유는 무엇일까? 아마도 어린 시절 사건은 단조로운 일상생활에서 눈에 띄는 새로운 경험으로 가득 찬 급격한 생활변화의 시기 동안 일어났기 때문에 잘 기억될 것이다. 청소년기와 성인 초기는 또한 정체성 발달의 시기로서 개인적으로 중요한 경험들이 많이 발생하는 시기이다. 게다가 회고절정은 정서적으로 긍정적이지만 부정적이지는 않은 기억들을 특징짓는다. 문화적으로 공유되고 중요한 인생 사건(고등학교 졸업 무도회, 졸업, 결혼, 자녀 출산)들은 대개 긍정적이며 삶의 초기에 군집해 있다(Dickson, Pillemer, & Bruehl, 2011). 반대로, 심각한 질병, 자동차 사고 등 부정적인 사건들은 일반적으로 예상치 못한 것이며 어떤 생애 기간에 과도하게 나타나지 않는다.

마지막으로, 노인들의 먼 자서전적 기억의 풍부함(사람, 사물, 장소, 시간, 감정, 기타 세부사항)은 젊은이들의 기억력을 다소 능가한다(Gardner, Mainetti, & Ascoli, 2015). 중요한 삶의 초기 사건들은 대개 일생 동안, 스스로, 그리고 타인과의 정교한 대화에서 반복 회상되어 강화된다.

예상기억

이제까지 우리는 회상기억, 즉 과거의 일들에 대한 기억의 다양한 측면을 고려해 왔다. **예상기억**(prospective memory)은 미래에 계획된 활동을 할 것을 기억하는 것을 지칭한다. 필요한 정신적 노력의 양에 따라 노인들이 예상기억에 어려움을 가질 것인지 여부가 결정된다. 루스와 월트는 그들이 약속을 잘 잊어버린다는 것을 알기 때문에 약속에 대해서 반복적으로 질문했다. "시빌, 우리 저녁 약속이 몇 시지?" 월트는 약속한 날 이틀 전부터 여러 번 물었다. 저녁 약속 날짜를 기억하는 것이 월트에게는 힘든 일이었다. 왜냐하면 평소에는 딸과의 저녁 약속이 목요일 저녁 6시였는데, 이번에는 화요일 저녁 7시 15분으로 정했기 때문이다. 그의 질문은 치매의 징후는 아니었다. 그는 단지 중요한 날짜를 확실히 기억하기를 원했을 뿐이다.

실험실에서, 노인들은 시간중심 예상기억 과제보다 사건중심 예상기억 과제를 더 잘한다. 사건중심 과제에서 참가자들이 현재 진행 중인 활동(예 : 문단을 읽는 것)을 하는 동안, 사건(특정 단어가 컴퓨터 스크린에 나타나는 것)은 어떤 일을 하는 것(키를 누르는 것)을 기억하기 위한 단서로 작용한다. 사건중심 과제가 복잡하지 않은 한, 노인들은 젊은이들만큼 잘한다. 하지만 연구자들이 추가적인 주의와 작업기억을 요구할 때(예를 들어 4개의 단서 중 어떤 것이라도 화면에 나타나면 키를 누르는 것), 노인들의 수행은 떨어진다(Kliegel, Jäger, & Phillips, 2008). 시간중심 과제에서는 분명한 외부 단서가 전혀 없이 특정 시간 간격이 지난 후에 활동을 해야 한다(예를 들어 매 10분마다 키를 누르는 것). 시간중심 예상기억은 계획된 활동을 기억하고 진행 중인 활동을 수행하는 동안 시간의 경과를 점검하기 위해 상당한 주도성을 요구한다(Einstein, McDaniel, & Scullin, 2012). 결과적으로, 노년기에 상당히 쇠퇴한다.

그러나 실험실에서 나타나는 예상기억의 어려움은 실제 생활에서는 나타나지 않는다. 실제 생활에서 성인은 기억하려는 동기가 높고, 약 먹을 시간을 알리기 위해 부엌에서 버저 울리기, 당일 만남 시간을 적은 쪽지를 눈에 띄는 데다 압정으로 꽂아 놓기 등과 같이 스스로 기억하기 위한 장치를 설치하는 데 능숙하기 때문이다(Schnitzspahn et al., 2011, 2016). 미래의 활동을 기억하려고 할 때 젊은이가 시연과 같은 전략에 의존한다면, 노인은 외부적인 기억 보조수단에 의존한다(Dixon, de Frias, & Bäckman, 2001). 이런 방식으로 노인은 감퇴한 작업기억 능력을 보상하며, 지금 그가 하는 것과 장차 해야 할 것 사이에 주의를 분할하는 것의 어려움을 보상한다.

언어 처리

7.11 노년기 언어 처리에서 나타나는 변화를 설명한다.

언어 기술과 기억 기술은 밀접하게 관련되어 있다. 언어 이해(구어나 산문의 의미를 이해하는 것)에서 우리는 의식하지 않고도 우리가 들었던 것이나 읽었던 것을 회상할 수 있다. 암묵기억과 유사하게, 대화의 상대방이 너무 빠르게 말하지 않는 한, 그리고 감소한 작업기억의 기능을 보상할 수 있도록 필기된 본문을 정확하게 처리할 충분한 시간이 노인에게 주어질 때, 언어 이해는 노년에 거의 변하지 않는다. 노인 독자들은 젊은 독자보다 새로운 개념 처리에 더 많은 시간을 할애하고, 정보를 통합하기 위해 더 자주 멈추며, 주요 아이디어와 세부 내용을 기억하기 위해 스토리 구성을 잘 활용하는 등 글 이해를 돕기 위해 다양한 적응적 전략을 사용한다. 일생 동안 독서와 읽고 쓰는 문해 활동에 더 많은 시간을 투자했던 사람들은 더 빠르고 더 정확한 읽기 이해력을 보인다(Payne et al., 2012; Stine-Morrow & Payne, 2016). 그들은 수년간의 이러한 고도로 숙련된 활동으로부터 이득을 얻는다.

언어 산출의 두 가지 측면은 연령에 따른 상실을 보여준다. 첫 번째는 장기기억으로부터 단어를 인출하는 것이다. 타인들과 대화를 할 때, 루스와 월트는 그들의 생각을 전달하기 위해 맞는 단어를 선택하는 데 가끔 어려움을 겪었다. 과거에 여러 번 사용했던 잘 아는 단어들조차도 그랬다. 결과적으로 그들의 말은 젊었을 때보다 대명사와 기타 불명료한 언급을 더 많이 포함하게 되었다. 그들은 또한 보다 느리게 말을 했고 더 자주 말을 중단했는데, 특정 단어에 대한 기억을 더듬어야 할 시간이 필요했기 때문이다(Kemper, 2015). 그리고 젊은이들에 비해서 그들은 혀끝에서 맴도는 상태(tip-of-the-tongue state), 즉 단어를 알고는 있지만 그것을 말할 수 없음을 확신하는 상태를 더 자주 보고했다.

둘째, 일상의 대화에서 무엇을 말하고 어떻게 말할 것인가를 계획하는 것이 노년기에는 보다 어려워진다. 결과적으

캐나다 앨버타주에서 캐나다 원주민 노인이 석유산업이 초래한 환경파괴에 대해 공개발언을 하고 있다. 언어 산출 문제를 보상하기 위해 노인들은 천천히 말하고 간단한 문법 구조를 사용한다. 하지만 노인들은 젊은 사람들보다 더 나은 이야기꾼인 경향이 있다.

로 월트와 루스는 나이가 들어 갈수록 더욱 주저하고, 잘못 시작하고, 단어를 반복하고, 단편적인 문장을 말하는 경우가 많았다. 그들의 진술 또한 이전에 비해서 문법적으로 단순하고 잘 조직화되지 않았다(Kemper, 2016).

이런 변화를 어떻게 설명해야 하는가? 노인들이 전달하고자 하는 의미들은 다른 의미들과 많은 '정신적 연결'을 가지고 있는 반면, 단어의 소리들은 그 단어의 기초가 되는 개념과 오직 하나의 정신적 연결을 갖는다. 결과적으로, 나이가 들어 가면서 연상기억이 쇠퇴함에 따라, 일상생활의 대화에서 기억 곤란은 특히 단어 인출에서 분명히 나타난다(Burke & Shafto, 2004). 또한 작업기억 능력의 감소도 이 문제와 관련이 있다. 한 번에 수용할 수 있는 정보가 줄어들면서, 노인들은 복잡하고 조리 있는 말을 하는 데 필요한 여러 가지 과제들을 통합하는 데 어려움을 겪기 때문이다.

기억에서와 마찬가지로, 노인들은 언어 산출 문제를 보상하는 기법을 발달시킨다. 예를 들어 그들은 문법구조를 단순화함으로써 단어를 인출하고 사고를 조직화하는 데 좀 더 노력을 들일 수 있게 된다. 더 나은 명료함을 위해서 효율성을

희생함으로써, 그들은 메시지를 전달하기 위해 보다 많은 문장들을 사용한다(Griffin & Spieler, 2006). 노인들이 단어 인출의 실패를 감시하고 그런 실패를 극복하려고 노력함으로써 단어가 입안에서 맴도는 상태를 대단히 자주 경험하지만, 젊은 사람들보다 이런 상태를 더 잘 해결한다(Schwartz & Frazier, 2005).

내용, 문법적 정확성, 그리고 실용성을 포함한 언어 산출의 대부분 측면은 노화에 의해 영향을 받지 않는다. 그리고 노인들은 이야기 서술에서 능숙함의 장점을 보인다. 이야기를 할 때, 노인들은 그들의 폭넓은 인생 경험을 바탕으로 주인공의 목적, 행동, 동기들에 대한 풍부한 정보와 이야기의 현대적 의미에 대한 요약과 함께 정교하고 위계적으로 조직된 에피소드를 구성한다(Kemper et al., 1990). 결과적으로, 청취자들은 젊은 사람들의 이야기보다 노인들의 이야기를 더 선호하는 경향이 있다.

그럼에도 불구하고, 대화 상대자들이 노인의 느린 말투와 짧고, 때때로 단편적인 문장을 감지할 때, 노화에 대한 부정적인 고정관념은 종종 그들로 하여금 노인어(elderspeak) — 제한된 어휘, 단순한 표현, 그리고 높은 음조의 과장된 표현으로 구성된 유아에게 사용하는 의사소통의 형태 — 를 사용하게 한다. 이와 같은 문장 간의 일관성과 연결성이 결여된 왜곡된 말투는 실제로 노인들의 이해와 대화 참여에 손상을 준다. 게다가 노인들은 노인어의 아랫사람 다루듯 하는 숨은 뜻을 쉽게 알아차린다(Williams et al., 2008). 인지적 장애가 있거나 요양원에 있는 노인들조차도 분노를 표현하거나 철회함으로써 노인어에 반응한다.

문제 해결

7.12 노년에 문제 해결은 어떻게 변할까?

문제 해결은 어떻게 노화가 쇠퇴를 초래할 뿐만 아니라 중요한 적응적 변화를 가져오는지를 보여주는 또 다른 인지 기술이다. 연구자에 의해 설정된 목표를 가진 과제가 주어지는 실험실에서의 문제 해결은 노년기에 감퇴한다(Finucane et al., 2005). 기억력의 한계로 인해 노인들은 복잡한 가설적인 문제를 다룰 때 문제에 관련된 모든 사실들을 생각해내는 것이 어렵다. 이와 유사한 이유로, 재정적 의사결정(대출 및 투자 옵션 평가)은 중년기에서 보다 효과적이지 않은 경향이

있다(제5장 참조).

그러나 노인들이 당면하고 마음을 쓰는 일상생활의 문제 상황은 연구자들이 고안한 가설적인 문제들과도 다르고, 그들이 더 젊을 때 경험한 문제들과도 다르다. 퇴직을 했으므로 노인들은 직장에서의 문제들을 다룰 필요가 없다. 자녀들은 대체로 장성했고 독립해서 살고 있다. 결혼생활은 충분히 오랫동안 지속되었으므로 어려움이 거의 없다. 그 대신 주요 관심사는 확대가족 관계(손주들을 돌봐 주기를 바라는 성인 자녀들의 기대)를 다루는 것과 일상생활의 도구적 활동(IADLs), 즉 영양가 있는 식사를 준비하고, 청구서를 지불하고, 건강 관심사에 주의하는 등의 활동을 관리하는 것을 포함한다.

노인들은 일상생활의 문제를 어떻게 해결하는가? 그들의 전략은 중년의 적응 문제 해결을 연장한 것이다. 그들이 문제를 통제할 수 있다고 지각하고 중요하다고 지각하는 한, 노인들은 문제를 해결하는 데 적극적이고 효과적이다(Berg & Strough, 2011). 노인들은 그들의 긴 인생 경험에 근거하여 이전에 도움이 되었다고 판단된 전략만 포함하기 때문에 젊은이나 중년 성인에 비해 적은 수의 전략을 생성해낸다(Strough et al., 2008). 동시에, 노인들은 특히 가정, 친척, 친구 등 문제 상황에 맞는 전략을 잘 조정한다(Skinner, Berg, & Uchino, 2014). 그리고 그들은 특히 긍정적인 관계를 유지하는 것에 관심이 있기 때문에, 제8장에서 보게 되겠지만, 보통 대인 간 갈등을 피하는 방식으로 해결하고자 한다.

건강 문제는 노년의 일상적인 문제 해결이 적응적임을 보여준다. 노인들은 그들이 병이 난 것인지 여부에 대해서 신속하게 결정하고 의료기관을 빨리 찾고, 의학적 치료를 더 빨리 시도한다. 이와는 대조적으로, 젊은층과 중년층은 건강 문제가 심각할 때라도 사실들을 더 수집하기를 선호하면서, '기다리면서 두고 보자'는 접근 방법을 채택할 가능성이 더 크다(Meyer, Russo, & Talbot, 1995). 노인들의 이런 신속한 반응은 그들의 더 느린 인지 과정에 비추어볼 때 흥미롭다. 연구에 따르면 노인들은 건강 관련 지식을 축적해 왔으며, 이는 그들이 더욱 확실하게 조처할 수 있게 한다(Meyer, Talbot, & Ranalli, 2007). 건강의 위험이 닥쳤을 때 단호하게 대처하는 것은 노년에 현명한 일이다.

마지막으로, 노인들은 남들에게 일상적인 문제에 관해 자주 조언을 구한다고 보고한다. 일반적으로 배우자, 성인 자녀가 그 대상이며 친구, 이웃, 종교집단의 구성원도 대상이

된다(Strough et al., 2003). 그리고 젊은 부부들에 비해서 나이 든 부부들은 더 자주 협력해서 문제를 해결한다. 연구자들은 그들이 공동으로 만들어내는 전략이—복잡한 기억과 추론을 요구하는 까다로운 일에서도—대단히 효과적이라고 판단한다(Peter-Wight & Martin, 2011; Rauers et al., 2011). 공동으로 문제를 해결할 때, 노인들은 인지적으로 어려운 순간들을 보완해 성취를 증진시키는 것으로 보인다.

지혜

7.13 어떤 능력이 지혜를 구성하고, 나이와 인생 경험에 의해 어떻게 영향을 받는가?

풍부한 인생 경험이 노인의 이야기하기와 문제 해결을 증진한다는 것을 우리는 보았다. 그것은 또한 노년에 최고조에 이른다고 믿어지는 또 다른 능력인 **지혜**(wisdom)의 기초가된다. 연구자들이 사람들에게 지혜를 묘사해보라고 요구할 때, 대부분이 실용적인 지식의 폭과 깊이, 삶을 더욱 견딜 만하고 가치 있게 해주는 방식으로 그 지식을 성찰해보고 적용하는 능력, 경청하고, 평가하고, 충고해주는 능력을 포함하는 정서적 성숙, 인본주의에 기여하고 타인의 삶을 풍요롭게

영국 태생의 신경학자인 올리버 색스는 지난 2015년 82세의 나이로 세상을 떠났다. 신경 질환을 앓고 있는 환자들을 대상으로 한 연구를 통해 색스는 지혜를 구성하는 인지적, 반성적, 정서적 자질을 예시했다. 색스는 "질환을 검사할 때 해부학, 생리학, 생물학에 대한 지혜를 얻는다. "병에 걸린 사람을 진찰할 때, 우리는 삶에 대한 지혜를 얻는다"고 썼다.

해주는 것과 관련된, 제5장에서 논의한 이타적인 창의성을 언급한다. 한 연구자 집단은 지혜를 구성하는 다중적인 인지적 특성과 성격 특성을 '인생의 행위와 의미에서의 전문성'이라고 요약했다(Baltes & Smith, 2008; Baltes & Staudinger, 2000, p. 124; Kunzmann, 2016).

대학 시절 동안, 루스와 월트의 손녀인 마시는 개인적으로 절박한 딜레마에 빠져 전화를 걸었다. 루스의 조언은 방금 언급했던 지혜의 특성을 반영했다. 남자친구인 켄에 대한 사랑을 지속할 수 있을지 불확실해서, 마시는 켄이 의대에 진학하기 위해 다른 도시로 떠나고 난 뒤 다른 남학생과 데이트를 시작했다. "이렇게 양다리 걸치는 게 견딜 수 없어요." 마시가 외쳤다. "켄에게 전화를 해서 스티브에 관한 이야기를 털어놓으려고요."

"시기가 좋지 않아, 마시." 루스가 충고했다. "스티브가 너의 마음을 사로잡기도 전에, 넌 켄의 가슴부터 찢어 놓을 거잖니. 2주 안에 켄은 중요한 시험이 있다고 네가 말하지 않았니. 지금 그 사실을 털어놓으면 켄은 미칠 노릇일 테고, 그럼 그의 나머지 인생에 그 일이 영향을 미칠 수도 있을 텐데."

지혜는, 개인적인 문제에 적용하든 지역사회, 국가, 국제적 관심사에 적용하든 간에 '인간의 상태에 대한 통찰의 절정'을 필요로 한다(Baltes & Staudinger, 2000; Birren, 2009). 전 세계의 문화에서 연령과 지혜가 함께 간다고 가정하는 것도 놀랄 일이 아니다. 마을과 부족사회에서, 추장이나 샤먼(종교적인 지도자) 같이 가장 중요한 사회적 위치는 노인들의 몫이다. 이와 유사하게, 산업화된 나라에서도 노인들이 큰 회사의 중역, 고위 성직자, 입법부 의원, 대법원 판사들이다. 이처럼 널리 확산되어 있는 추세가 무엇을 설명해주는가? 진화론의 관점에 따르면, 인간 종의 유전적 프로그램에서 건강, 신체 단련과 힘은 젊은이들에게 부여한다. 문화는 이러한 젊은이들의 신체적인 힘의 이점을 노인들의 통찰로 길들인다(Csikszentmihalyi & Nakamura, 2005). 지혜로운 노인들이 젊은 사람들에게 전달할 유용한 지식과 성찰을 밝혀 세대 간의 균형과 상호의존성을 확보하는 것이다.

지금까지의 지혜 발달에 관한 가장 광범위한 연구에서, 20~89세 범위의 성인들에게 불확실한 실생활의 상황에 대한 반응을 물어보았다. 예를 들어 친한 친구가 자살을 하려고 한다면, 혹은 여러분 인생을 돌이켜 보고 여러분의 목표를 성취하지 못했다는 것을 발견하게 된다면 무엇을 고려하고 무엇을 할 것인가(Staudinger, 2008; Staudinger, Dörner, &

Mickler, 2005). 반응은 지혜의 다섯 가지 구성요소로 평가되었다.

- 인간 본성, 사회적 관계, 정서를 포함하는 인생의 근본적인 관심에 관한 지식
- 인생을 결정하고, 갈등을 다루고, 충고를 해주는 데 그 지식을 적용하기 위한 효과적인 전략
- 인간 생활 맥락의 다중적인 요구를 고려하는 인간관
- 공동의 선, 가치관의 개인차에 대한 존중 등 궁극적인 인간의 가치관에 대한 관심
- 많은 문제가 완벽한 해결책이 없다는 인생의 불확실성에 대한 각성과 관리

연구 결과는 나이가 지혜를 보장해주는 것은 아니라는 것을 보여주었다. 다양한 연령대에서 소수의 사람들만이 지혜로운 사람들로 분류되었다. 그러나 생활 경험의 유형은 차이를 가져왔다. 인간 문제를 다루는 훈련과 연습을 광범위하게 했던 인적 서비스 경력을 가진 사람들은 지혜의 점수가 높은 경향이 있었다. 지혜의 점수가 높았던 다른 사람들은 지도자의 위치에 있는 사람들이었다(Staudinger, 1996; Staudinger & Glück, 2011). 연령과 적절한 생활 경험을 함께 고려했을 때, 젊은 사람들보다는 나이 든 사람들이 상위 20%에 더 많이 포함되었다.

연령과 생활 경험에 덧붙여서, 역경에 직면해서 극복하는 것이 노년기 지혜에 중요하게 기여하는 것으로 보인다(Ardelt & Ferrari, 2015). 한 연구에서, 고령 서비스 제공업체에 의해 지혜롭다고 선정된 저소득 및 중산층 노인들은 인내, 끈기, 용서, 타인의 조언과 지원을 기꺼이 받아들이는 등 고난에 대처함으로써 귀중한 삶의 교훈을 얻는 것을 보고했다. 한 참가자는 30대에 남편을 암으로 잃고 4명의 자녀를 둔 한 부모 가장이 되어 간호학과 대학 학위를 받는 동안 낮은 임금을 받으며 간호조무사로 일했는데, "힘들었다… 급우들에게 많은 도움을 받았다… 간호사가 되었을 때, 나는 이미 고통이 무엇인지 이해했고, 이것이 내가 환자들과 관계를 잘 맺을 수 있도록 만들었다. 사람들이 고통과 죄책감에 시달릴 때 공감하고 경청할 줄 알아야 한다"(p. 606)고 말했다.

동년배와 비교해볼 때, 지혜를 구성하는 인지적·성찰적·정서적(인정이 있는) 특질을 가진 노인들은 보다 좋은 교육을 받고, 남들과 보다 긍정적인 관계를 형성하고,

경험에 대한 개방성의 성격 차원에서 높은 점수를 받았다(Kramer, 2003). 지혜는 또한 개인적 성장(사람으로서 계속 확장하고자 하는 욕구), 삶의 목적과 자율감(특정한 방식으로 생각하고 행동하라는 사회적 압력에 대해 저항하도록 하는 것), 생산성, 그리고 노화에 대한 긍정적인 적응과 연관된다(Ardelt & Ferrari, 2015; Wink & Staudinger, 2016). 지혜로운 노인들은 심지어 신체적·인지적 어려움에 직면할 때에도 잘 지내는 것으로 보인다. 이것은 지혜를 증진시키는 방법을 발견하는 것이 인간의 복지에 기여하고 만족스러운 노년을 육성하는 강력한 수단이 될 것임을 시사한다.

인지 변화와 관련된 요인

7.14 노년기의 인지 유지 및 변화와 관련된 주요 요인들의 예를 들어보라.

유전 가능성 연구는 노년기 인지 변화에서 개인차에 대한 약간의 유전적 기여를 시사한다(Deary et al., 2012). 동시에, 중년기와 마찬가지로, 정신적으로 적극적인 생활은 인지 자원을 보존하기 위해 필수적이다. 평균 이상의 교육, 가족 구성원과 친구와의 빈번한 접촉, 자극을 주는 일, 여가 활동 및 지역사회 참여, 그리고 유연한 성격 등이 고령이 될 때까지 높은 지능 검사 점수와 인지 감퇴를 줄이는 것을 예측한다(Schaie, 2013; Wang et al., 2013). 오늘날 산업화된 나라의 노인들은 이전의 어느 세대보다도 교육을 잘 받은 세대이다. 더 많은 베이비부머가 노년이 되면서 이런 추세는 지속될 것이며, 과거보다는 노인들의 인지 기능이 향상되어 보전될 것으로 전망된다.

앞에서 주목했듯이, 건강 상태는 노인들의 인지 기능을 강력하게 예측한다. 종단연구에서, 최초의 건강상태, 사회경제적 지위, 지능검사 수행이 통제된 후에도, 흡연자는 비흡연자에 비해, 과체중과 비만인 사람들처럼, 인지 능력이 더 빠르게 감퇴했다(Dahl et al., 2010; Smith et al., 2013). 심혈관 질환, 당뇨, 골다공증, 관절염을 포함한 다양한 만성적인 상태는 인지적 감퇴와 강하게 연합되어 있다(O'Connor & Kraft, 2013). 그러나 우리는 신체적 쇠퇴와 인지적 쇠퇴 사이의 이런 연관을 해석할 때 조심해야 한다. 똑똑한 성인들이 건강을 보호하는 행동을 할 가능성이 더 높아서 심각한 질병의 발병을 늦추므로 그 관계는 과장될 수 있다.

사람들이 나이가 들어 가면서 인지과제 점수는 검사할 때

마다 변동이 심해진다. 이렇게 수행의 비일관성이 높아지는 것은 특히 반응 속도에서 두드러지며, 70대에 가속화되고 전두엽의 수축과 뇌 기능 결핍의 신경생물학적 신호와 함께 인지적 쇠퇴와 연관된다(Bielak et al., 2010; Lövdén et al., 2012; MacDonald, Li, & Bäckman, 2009). 이것은 생의 최종 단계에서의 뇌의 퇴화 신호로 보인다.

월트가 죽기 전 그와 가까운 사람들은 그가 점점 활동이 줄어들면서 위축되는 것(친구들 사이에서도)을 보게 되었다. **말기 쇠퇴**(terminal decline)는 죽음에 앞서 인지 기능의 황폐화가 현저하게 가속화되는 현상을 지칭한다. 일부 연구에서는 이런 현상이 지능의 일부 측면에 한정된다는 것을 보여주는 반면, 또 다른 연구에서는 이것이 일반적인 황폐화를 의미하며 많은 영역에 걸쳐서 전체적으로 진행된다는 것을 보여준다. 그것의 추정된 길이도 결과가 크게 다르다. 일부 연구에서는 단지 1~3년 걸린다고 보는 반면, 다른 연구에서는 14년까지도 연장된다. 평균 기간은 4~5년이다(Lövdén et al., 2005; MacDonald, Hultsch, & Dixon, 2011; Rabbitt, Lunn, & Wong, 2008). 여러 연구에서 심리적 안녕감의 급격한 감소(개인적 통제감과 사회적 참여 감소 및 부정 정서의 증가와 같은)는 사망률을 예측했다(Gerstorf & Ram, 2013; Schilling, Wahl, & Wiegering, 2013). 이러한 하락은 특히 85세 이상 고령자의 경우 가파르고 정신력 퇴화나 만성질환과는 관련이 약하다.

아마도 다른 종류의 말기 쇠퇴가 존재하기 때문일 것이다. 한 가지 유형은 질병 과정에서 일어나는 것이며, 또 다른 유형은 정상적인 노화로 인해 일반적인 생물학적 붕괴의 일부로 일어나는 것이다. 우리가 알 수 있는 것은 인지적 수행과 삶에서 정서적 투자가 급격하게 쇠퇴하는 것이 생명력의 상실과 임박한 죽음의 신호가 된다는 것이다.

인지 중재

7.15 노인들이 인지 능력을 유지하도록 돕는 것을 목표로 하는 중재의 결과를 논의하라.

노년기 대부분의 기간에 인지적 쇠퇴가 점진적으로 진행된다. 비록 뇌의 노화가 인지적 쇠퇴에 기여하지만, 뇌는 새로운 신경세포를 성장시키고 추가 영역을 모집함으로써 인지 기능을 보완할 수 있다고 앞에서 우리가 논의한 것을 회상하라. 게다가 일부 인지적 감퇴는 생물학적인 노화라기보다는

특정 기술을 사용하지 않는 데 기인할 수도 있다. 만일 발달의 가소성이 노년에 가능하다면, 노인들을 인지적 전략으로 훈련시키는 중재가 우리가 논의했던 연령과 관련된 퇴화를 적어도 부분적으로는 되돌려놓을 수 있어야 한다.

노인들의 비교적 잘 보존된 상위인지(metacognition)는 훈련 노력에 있어 강력한 자산이다. 예를 들어 대부분의 노인들은 기억력이 감소한다는 것을 알고 있고, 어려운 기억 상황에 직면했을 때 성가신 불안을 보고하며, 중요한 정보를 확실히 회상하기 위해서 추가적인 점검을 해야 한다는 것을 알고 있다(Blake & Castel, 2016). 노인들의 이러한 인상적인 메타인지적 이해는 그들이 보상하기 위해 고안한 광범위한 기법이나 일상적인 인지적 도전 상황에서도 잘 드러난다.

성인 발달과 향상 프로젝트(ADEPT)는 이제까지 실행된 것 중 가장 포괄적인 인지적 중재 프로그램이다(Schaie, 2005). 시애틀 종단연구의 참가자들을 대상으로(제5장 참조), 연구자들은 다른 연구에서 한 적이 없는 것, 즉 장기적인 발달에 미치는 인지훈련의 효과를 측정할 수 있었다.

중재는 64세가 넘은 성인들을 대상으로 시작되었다. 그들 중 일부는 과거 14년에 걸쳐 두 가지 정신 능력(귀납적 추론과 공간 지각)에서 점수를 그대로 유지했고, 다른 사람들은 쇠퇴를 보여주었다. 정신검사 항목의 두 가지 유형 중 하나에 대해 한 시간 걸리는 훈련을 단지 다섯 번 받은 후, 참가자의 2/3에서 훈련받은 기술의 수행이 향상되었다. 정신 능력 쇠퇴자들의 경우에는 극적인 향상을 보였다. 40%가 14년 전의 기능 수준으로 회복되었다! 7년 후의 추후조사에서 비록 점수가 다소 떨어지기는 했지만, 노인들은 훈련받았던 기술에서 다른 정신 능력을 훈련받았던 동년배들에 비해 유리했다. 마지막으로, 이번에는 '증폭' 훈련을 통해 더욱 향상되었지만, 그 효과는 처음의 향상보다는 적었다.

독립적이고 활기찬 노인들을 위한 고급인지훈련(ACTIVE)이라고 불리는 또 다른 대규모 중재연구에서 2,800명 이상의 65~84세 노인들을 세 가지 능력(처리 속도, 기억, 추론) 중 한 가지에 초점을 맞춘, 10회에 걸친 훈련 프로그램 집단 혹은 중재가 없는 통제집단에 무선적으로 배치했다. 또다시 훈련받은 노인들이 훈련받은 기술에서 통제집단에 비해 즉시적으로 유리함을 보였고, 5년 후와 10년 후 추후조사에서 처리 속도와 추론에서 비록 그 크기가 작아지기는 했지만 여전히 차이가 있었다. 또한, 5년 및 10년 후 인지 훈련은 IADL 수행 능력 감퇴의 감소와 관련이 있었다 ─ 처리 속도 그룹

에서 가장 강력한 효과가 나타났으며, 두 번째로 추론 그룹에서 효과가 나타났다(Rebok et al., 2014; Wolinsky et al., 2006). 처리 속도의 향상은 또한 더 나은 자기보고에 의한 건강 상태, 우울 증상 감소, 더 적은 자동차 사고 과실, 운전을 포기하는 시간 연장 등 일상적인 기능의 다른 측면들도 예측했다(Tennstedt & Unverzagt, 2013). 조사자들은 처리 속도의 훈련이 광범위한 뇌 활성화 패턴을 유도하여 많은 영역에 영향을 미친다고 추측했다.

분명히 노년에 많은 인지 기술들이 향상될 수 있다. 실행 기능 향상을 목표로 수 주에 걸쳐 작업기억 과제에서의 집중적인 훈련을 제공하는 소규모 연구들은 유망한 향상을 보여준다. 일부 연구에서는, 중재 후 몇 달 동안 향상이 지속되었고 지속적 주의와 일화기억과 같은 다른 인지 기술로 그 효과가 전이되었다(Brehmer, Westerberg, & Bäckman, 2012; Grönholm-Nyman, 2015). 중요한 목표는 실험실에서 지역사회로 중재를 옮겨 노인들의 반복적인 경험으로 만드는 것이다. 댄스, 음악, 연극 훈련을 포함한 참여 예술과 같은 커뮤니티 프로그램은 광범위한 인지적 측정에서 이득을 가져온다(Noice, Noice, & Kramer, 2014). 뒤페이지의 '사회적 이슈 : 교육' 글상자의 '인상적인' 예시를 참조하라.

지속적인 노력을 촉진하는 신념을 포함하도록 훈련의 초점을 확장하는 것이 도움이 될 수 있다. 훈련 프로그램에서 노년의 인지적 잠재력을 강조하는 자기효능감의 목표를 포함하는 것은 자기효능감과 인지적 이득을 모두 증폭시킨다(West, Bagwell, & Dark-Freudeman, 2008). 게다가, 집단으로 작업하는 것은 훈련 지속에 대한 사회적 지원과 함께 자기효능감을 강화할 수 있는("그들이 할 수 있다면, 나 또한 할 수 있다") 독특한 기회를 제공할 수 있다(Hastings & West, 2009). 다음 절에서 알게 되겠지만, 또 다른 유망한 접근방식은 사회적으로 풍부한 맥락에서 인지 훈련이 필수적인, 잘 설계되고 매우 자극적인 교육 경험을 노인에게 제공하는 것이다.

평생 학습

7.16 평생교육의 유형과 노년에서 이러한 프로그램의 혜택을 논의한다.

노인이 복잡하고 변화하는 세계에서 살아가는 데 필요한 능력은 젊은 사람들에게 필요한 능력과 다를 바 없다. 즉 구어

와 문자 체계를 통해 효과적으로 의사소통하기, 정보를 찾아내고, 그것을 분류하고, 필요한 것을 선택하기, 추정과 같은 수학 전략을 사용하기, 시간과 자원을 잘 이용하는 것을 포함하여 활동을 계획하고 조직하기, 새로운 과학기술을 숙달하기, 과거와 현재의 사건을 이해하고, 자기 삶과의 관련성을 이해하기 등이 필요하다. 노인들 또한 건강을 유지하고 가사일을 효율적이고 안전하게 하는 방법, 즉 새로운 문제 중심적 대처 전략을 발전시킬 필요가 있고, 일을 계속해야만 하는 사람들을 위해서는 자기고용기술을 발전시킬 필요가 있다.

65세 이상 노인들의 평생 교육 참여가 과거 몇십 년 동안 상당히 증가했다. 성공적인 프로그램은 노인들의 다양성에 부응하는 폭넓고 다양한 강의과목과 노인들의 발달적 욕구에 알맞은 교수법을 포함하고 있다.

프로그램 유형

어느 해 여름, 월트와 루스는 근처 대학의 노인호스텔 프로그램에 참가했다. 기숙사 방에 입소한 후, 30명의 다른 노인들과 합류하여 2주 동안 오전에는 셰익스피어 강의를 듣고, 오후에는 흥미로운 곳을 방문하고, 저녁에는 근처 셰익스피어 축제에서 연극공연을 보았다.

가장 최근에 보고된 해에, 노인호스텔 캠퍼스 기반 프로그램과 최근에 확대한 세계여행 경험 프로그램은 10만 명 이상의 미국과 캐나다 노인들을 불러 모았다. 일부 프로그램은

활발하고 모험심이 강한 이 노인들은 아일랜드로 가는 노인호스텔 여행 프로그램에 참여하여 더블린의 작가, 시인, 극작가의 풍경, 소리, 거리, 기념물을 탐험한다.

사회적 이슈 : 교육

노인의 인지 기능을 향상시키는 연기 예술

배우들은 벅찬 과제에 직면한다. 그들은 엄청난 양의 대화를 외우고 나서 진심으로 하는 말인 양 정확하고 자발적으로 그것을 재현해야 한다. 배우들에게 가장 흔한 질문이 "어떻게 그 많은 대사를 다 외웠나?"라는 것은 놀랄 일이 아니다.

전문 배우들과의 인터뷰는 대부분의 사람들이 추측하는 것처럼 그들이 기계적으로 암기하거나 여러 번 대사를 리허설하는 것으로 대사를 기억하지 않는다는 것을 보여준다. 대신 그들은 단어의 의미에 초점을 맞춘다. 첫째, 그들은 등장인물의 의도에 대한 대본을 분석하여, 그들이 말하는 소위 '박자', 즉 작고 목표를 지향하는 대화의 덩어리로 세분화한다. 그리고 배우들은 그 역할을 하나의 목표는 다음 목표로 이끄는 일련의 목표들로 표현하고, 이들이 이 목표의 사슬을 떠올리면 대사들은 기억하기 쉬워진다(Noice & Noice, 2006; Noice, Noice, & Kramer, 2014). 예를 들어 한 배우는 반쪽 분량의 대화를 3박자로 나눴다. "[상대편 인물]을 안심시키기 위해", "그와의 대화를 시작하기 위해", "그 사람을 치켜세우기/끌어내기 위해."

박자 순서를 만들기 위해 배우들은 대화를 여러 부분으로 나누고 각각에 대한 광범위한 세부 묘사를 만들어 낸다. 예를 들어, "아마도 그는 나를 사랑하고 있지만 그것을 모르고 있을 거야"라는 대사에 대해, 배우는 불확실한 연인의 시각적 이미지를 만들어내고, 그 이미지를 그녀 자신의 과거 연애와 연관시키고, 자신의 기분을 그 대사의 감정적 어조에 맞춘다. 대화 부분들에 대한 심층적인 정교한 처리와 대화 박자에 대한 목표 분석은 암기하지 않고 대본을 그대로 회상하게 한다.

배우들의 대본 학습은 매우 성공적이어서 무대에서는 대사를 말하면서 자유롭게 '순간을 살며' 행위, 감정, 말투를 통해 진정한 의미를 전달하는 데 초점을 맞춘다. 구어와 얼굴표정, 목소리 톤 및 몸짓 언어 간의 감각 간 통합은 대사를 기억하는 데 더 기여한다.

노인들은 연기의 본질을 가르치는 훈련, 즉 대본의 철저한 숙달, 연기에 완전히 몰입할 수 있는 훈련으로부터 혜택을 얻을 수 있을까? 일련의 연구에서, 다양한 인구통계학적 배경과 연령대에 속하는 성인 수백 명이 무선적으로 연극-예술 훈련, 노래 수업 또는 중재 없는 통제 그룹에 배정되었다.

연극-예술 훈련은 한 달간 매주 두 번 그룹 세션으로 구성되어 참가자들에게 인지적으로 연기 연습을 할 것을 요구하였다. 참가자들은 자신의 의미를 행동으로 옮기는 데 완전히 몰두할 수 있도록 짧은 장면의 목표를 분석하고, 암기 반복에 의해 대본을 외우지 말 것을 명시적으로 지시받았다(Noice & Noice, 2006, 2013; Noice, Noice, & Staines, 2004). 노래 수업 및 통제 그룹과 비교했을 때, 연극 훈련 참가자들은 작업 기억 능력, 단어와 산문 회상, 언어 유창성, 문제 해결, 도구적 일상생활활동(IADL) 검사에서 더 큰 향상을 보였다. 후속

이 지역 연극배우들은 등장인물의 대사의 의미에 초점을 두고 목표 지향 덩어리로 대사를 마스터한다. 이러한 대본 학습 기법을 고령화 성인에게 가르치는 것은 훈련이 끝난 후에도 그 효과가 최소한 몇 달 동안 지속되는 다양한 인지적 혜택을 가져온다.

조사에서, 인지적 향상은 중재가 종료된 지 4개월 후에도 여전히 나타났다. 연극 훈련은 많은 노력이 드는 감각 간 통합을 요구하는데 이는 연극 훈련의 인지적 이점을 설명할 수 있다. fMRI 연구는 언어적 의미를 깊이 처리하면 노인의 대뇌피질 전두엽의 특정 부위가 강하게 활성화되어 젊은 사람들의 신경 활동 수준에 가까운 활동이 발생한다는 것을 보여준다(Park, 2002). 이러한 발견은 인간의 기억을 향상시키기 위해 의미의 감각 간 처리라는 도전을 요구하는 연기의 힘에 대한 신경생물학적 지지를 제공한다.

지역 생태학 혹은 민속 생활 수업을 통해 지역사회 자원을 활용한다. 또 다른 프로그램은 혁신적인 주제와 경험에 초점을 맞춘다. 여기에는 자기 인생이야기 쓰기, 시나리오 작가와 더불어 현대 영화 논의하기, 급류에서 뗏목 타기, 동양화와 서예, 프랑스어 배우기 등이 포함된다. 여행 프로그램은 깊은 수준의 강의와 전문가가 주도하는 견학으로 한층 더 풍요롭다.

다른 유사한 교육 프로그램이 북미와 기타 지역에 생겨났다. 버나드 오셔 재단은 120개 이상의 미국 대학들과 협력하여 오셔평생학습기관을 대학 내에 설립했다. 각 기관은 노인들에게 정규 강좌의 청강에서부터 공통의 관심사를 다루는 학습 공동체를 형성하는 것, 지역사회 문제 해결을 돕는 것

노인 교육 경험의 효율성을 증가시키기

기법	설명
긍정적 학습 환경 제공하기	많은 노인들은 자신들의 능력에 대한 부정적인 고정관념을 내면화하여 낮은 자기존중감을 가지고 학습에 임한다. 지지적인 집단 분위기가 노인들에게 학습할 수 있다는 확신을 심어 주는 데 도움을 줄 수 있다.
새로운 정보를 학습하는 데 충분한 시간을 허용하기	학습 속도는 노인들 사이에 매우 다양하다. 정보를 여러 회에 걸쳐서 제시하거나 혹은 자기 보조에 맞는 지시를 허용하는 것이 습득에 도움이 된다.
정보를 잘 조직화된 형태로 제시하기	노인들은 정보를 젊은이들만큼 효과적으로 조직하지 못한다. 개요, 제시, 요약된 자료는 기억력과 이해를 증진시킨다. 여담은 발표를 이해하기 어렵게 만든다.
정보를 노인의 지식 및 경험과 관련지어 제공하기	노인들의 경험을 이용하고 많은 생생한 사례들을 제시함으로써 새로운 자료를 노인들이 이미 학습했던 것과 연결시키는 것은 회상을 증진시킨다.
감각 체계의 변화에 맞게 학습 환경 조정하기	적절한 조명, 크게 인쇄된 읽기 자료, 적절한 소리 증폭, 감소된 배경 소음, 명확하고 잘 조직화된 시각적 보조기구의 사용을 통해 언어적 교육을 보완하여 정보 처리를 용이하게 해준다.

에 이르기까지 광범위하고 자극이 풍부한 학습 경험을 제공한다. 원래 프랑스에서 유래된 제3인생기[2] 대학은 서유럽, 영국, 오스트레일리아 노인들에게 대학과 지역사회가 후원하는 강좌, 특별한 주제에 관한 워크숍, 답사 등을 제공한다. 노인들이 종종 가르치기도 한다.

살펴보기

여러분의 대학에서 평생 학습 프로그램을 운영하는지 알아보고 캠퍼스 내 세션에 참석해보라. 노인들의 복잡한 학습 능력에 대해 무엇을 관찰했는가?

방금 언급한 프로그램 참가자들은 활동적이고, 교육을 잘 받고, 재정적으로 넉넉한 사람들인 경향이 있다. 교육을 못 받고 수입이 제한된 노인들에게 이런 프로그램은 제공되기 힘들다. 노인호스텔과 같은 프로그램보다는 일상생활과 관련된 비싸지 않은 강의를 제공하는 지역사회 노인 센터가 사회경제적 지위가 낮은 사람들을 끌어들인다(Formosa, 2014). 강좌 내용과 어떤 노인들이 참석하는지와 상관없이, '배운 것

[2] 제3인생기라는 용어는 중년의 '제2인생기' 이후의 기간을 지칭하는 것으로서, 노인들이 직장일과 자녀 양육의 책임에서 벗어나서 평생학습에 더 많은 시간을 투자할 수 있는 시기다.

적용하기'에 요약된 기법들은 교육의 효과를 증진한다.

평생교육의 이점

평생교육에 참가한 노인들은 많은 이점을 보고한다. 많은 학문 분야의 흥미 있는 사실을 학습하기, 자신의 삶을 풍성하게 만들어줄 새로운 기술을 배우기, 새로운 친구 사귀기, 세계에 대한 폭넓은 관점을 발전시키기 등이 포함된다(Preece & Findsen, 2007). 게다가 노인들은 자신들을 다르게 보게 된다. 많은 사람들이 노화에 대한 뿌리 깊은 고정관념을, 노년에도 아직 복잡한 학습을 할 수 있다는 것을 깨달을 때 그런 생각을 버리게 된다.

새로운 지식과 기술을 습득하려는 노인들의 의지는 컴퓨터와 인터넷의 사용이 빠르게 증가하고 있는 최근에 와서 명백히 드러난다. 그들은 이제 쇼핑, 은행, 건강관리 방법 및 커뮤니케이션에 대한 지원을 포함하여 온라인 기술의 많은 실질적인 이점을 발견함에 따라 온라인 기술을 받아들이는 데 있어 가장 빠르게 성장하는 연령층이 되었다. 현재 65세 이상 성인의 약 60%가 인터넷에 접속하고 있으며, 이들 중 대다수는 매일 인터넷에 접속하고 있다. 제6장에서 언급한 바와 같이, 노인의 35%는 소셜미디어 사이트, 주로 페이스북 사용자들이다(Charness & Boot, 2016; Perrin, 2015). 하지만 노인들은 젊은 사람들보다 컴퓨터 사용과 인터넷 커뮤니티

가입이 덜하다. 교육을 잘 받지 못하고 소득이 낮은 사람들과 75세 이상의 사람들은 특히 꺼리는데, 이들 중 많은 사람들은 이 기술이 너무 복잡하다고 인식한다. 이는 평생 교육을 통해 극복할 수 있는 태도다(Smith, 2014). 참을성 있는 훈련과 지원 그리고 신체적·인지적 필요에 맞게 수정된 장비와 소프트웨어로 노인들은 온라인 세계에 쉽게 진입하며, 종종 젊은 사용자들만큼 헌신적이고 숙련되게 된다.

노인들의 수가 증가하고 노인들이 평생 학습의 권리를 주장하게 되면, 앞으로 노인들의 교육에 대한 욕구가 더욱 관심의 대상이 될 것이다. 일단 이런 일이 일어나면, 그릇된 고정관념, 즉 '노인들은 너무 늙어서 학습할 수 없다' 혹은 '교육은 젊은이들을 위한 것이다' 등의 고정관념이 약화되고 아마도 사라지게 될 것이다.

묻고 대답하기

연관지어보기 노년기에 그대로 유지되거나 향상되는 인지 기능을 기술하라. 노화의 어떤 측면이 그것에 기여하는가?

적용해보기 에스텔은 최근에 정기적으로 격주로 가는 미용실 약속을 두 번 잊어버렸으며, 가끔 자기 생각을 제대로 전달하기 위해 적절한 단어를 생각해내는 것이 어렵다고 불평했다. 어떤 인지 변화가 에스텔의 어려움에 책임이 있는가? 이것을 보완하기 위해 그녀는 무엇을 할 수 있는가?

생각해보기 여러분의 가족 중 노인을 인터뷰하라. 그 사람이 쇠퇴하는 인지적 자원을 최대한 활용하기 위해서 선택적 최적화와 보상의 어떤 방법을 사용하는지 물어보라. 몇 가지 예를 기술하라.

요약

신체 발달

기대 수명

7.1 생활 연령과 기능 연령을 구분하고 20세기 초부터 기대 수명의 변화를 논의한다.

- 사람들은 생물학적으로 서로 다른 속도로 노화하기 때문에 생활 연령을 **기능 연령**(functional age)의 불완전한 지표로 만든다. **평균 기대 수명**(average life expectancy)이 크게 증가한 것은 생물학적 노화가 환경적 요인들(향상된 영양, 의학 치료, 위생, 그리고 안전성을 포함하는)에 의해 수정될 수 있음을 확인해준다.
- 수명의 길이, 특히 **평균 건강 기대 수명**은 생활양식과 더불어 국가의 건강관리, 주거, 사회적 서비스에 의해 예측될 수 있다. 빈곤, 영양실조, 질병, 무장전투가 만연한 개발도상국가들에서는 수명의 길이와 평균 건강 기대 수명이 짧다.
- 노인이 나이가 들수록, 평균 기대 수명에서

의 성별 간 차이와 유럽계 미국인과 아프리카계 미국인 간 차이는 감소한다.
- 장수는 가족의 내력이지만, 일단 75~80세를 넘기면 환경요인의 영향이 점점 더 중요해진다. 과학자들은 **최대 수명**이 가장 오래 산 것으로 확인된 나이인 122년 이상으로 연장될 수 있는지에 대해 의견이 다르다.

신체 변화

7.2 노년기의 신체적 쇠퇴와 신경 및 감각 체계의 변화를 설명한다.

- 나이가 들면서, 많은 수의 노인들이 신체적 쇠퇴를 겪는데, 이는 스스로 생활하는 데 필요한 기본적인 자기관리 관련 과제인 **일상생활활동**(ADLs)과 일상 업무를 수행하는 데 필요한 **도구적 일상생활활동**(IADLs) 수행하는 데 어려움을 보이는 데서 명백히 나타난다.
- 뉴런 손실은 대뇌피질 전체에서 발생하며, 전두엽, 특히 전전두엽과 뇌량에서 수축이 더 크게 발생한다. 소뇌와 해마도 뉴런을 잃는다. 뇌는 새로운 시냅스를 형성하고 제한적으로 새로운 뉴런을 생성함으로써 보상한다. 자율신경계는 기능이 떨어지고 스트레스 호르몬이 더 많이 분비된다.
- 노인들은 **백내장, 황반 변성**과 같은 시각장애를 겪을 수 있다. 청각장애는 시각장애보다 더 흔하며, 말소리 지각의 감퇴는 삶의 만

족도에 가장 큰 영향을 미친다.

- 미각과 후각의 민감성이 떨어져 음식이 덜 매력적이 된다. 촉각은 특히 손가락 끝의 촉각이 무뎌진다.

7.3 노년기의 심혈관계, 호흡기계, 면역체계의 변화와 수면장애를 설명한다.

- 심혈관계와 호흡기계의 능력 감소는 후기 성인기, 특히 평생 흡연을 해 온 사람들과 식단 조절에 실패한 사람들 그리고 환경오염물질에 오랫동안 노출된 사람들에게 더욱 심각하다. 운동은 심혈관 노화를 늦출 수 있고 호흡 기능도 촉진한다.
- 면역체계의 기능은 노년에 질병이 진행되도록 허용하고 **자동면역 반응**과 스트레스성 감염을 유발하는 등 덜 효과적으로 기능한다.
- 노인이 되면 잠이 드는 것, 깨지 않고 계속 자는 것, 그리고 깊이 자는 것이 모두 어려워

진다. 70세 또는 80세까지 남자들은 전립선 확대(자주 소변을 보게 됨)와 **수면 중 호흡정지** 때문에 여자보다 수면에 더 어려움을 겪는다.

7.4 노년기의 신체적 외관과 기동성 변화를 이러한 변화에 효과적인 적응과 함께 설명한다.

■ 흰 머리카락, 주름지고 처진 피부, 노인 반점, 그리고 키와 몸무게의 감소와 같은 노화의 외적인 징후들이 더 눈에 띄게 된다. 이 동성은 근육과 뼈의 강도와 관절의 유연성이 감소함에 따라 감소한다.

■ 실제 나이보다 젊어지길 바라는 것은 웰빙과 부적인 관련이 있다. 문제중심적 대처 전략과 연관된 높은 개인적 통제감은 신체적 기능을 향상시킨다.

■ **보조 공학**은 노인들이 효과적인 개인-환경 적합성을 유지하면서 신체적 쇠퇴에 대처하도록 도와 심리적인 웰빙을 증진시킨다.

■ 노화에 대한 부정적인 고정관념은 노인들의 기능에 스트레스가 많고 파괴적인 영향을 미치는 반면, 긍정적인 고정관념은 스트레스를 줄이고 신체적·정신적 능력을 촉진한다.

건강, 건강관리, 그리고 장애

7.5 영양, 운동, 성에 특별한 주의를 기울이면서, 인생 후기의 건강과 체력에 대해 논의한다.

■ 대부분의 노인들은 자신의 건강에 대해 낙관적으로 평가하고 건강을 지키는 것과 관련해 자기효능감이 높다. 사회경제적 지위가 낮은 소수민족 노인들은 특정한 건강 문제에서 더 큰 위험에 처해 있으며, 의료인에 대한 신뢰도가 낮고, 자신의 건강을 통제할 수 있다고 믿을 가능성이 더 낮다.

■ 노년에 남자는 불치병에 걸릴 가능성이 더 높고, 여자는 불구의 상태가 되기 쉽다. 산업화된 나라들에서 의학의 진보와 사회경제적 상태의 개선으로 **와병기간의 단축**이 이루어진 것으로 나타났다. 와병기간을 더 단축시키는 방법은 부정적인 생활양식 요인들을 줄이는 것이다. 개발도상국에서는 보다 포괄적인 전략이 필요하다.

■ 노년에 영양실조의 위험성이 증가하지만, 칼슘과 비타민 D를 제외하고, 영양실조로 고통받는 사람들에게만 매일 비타민-미네랄 보충제를 권한다. 운동은 노년기에 시작하더라도 강력하게 건강을 중재한다.

■ 비록, 특히 여성 사이에서, 성적 활동이 감소하지만, 대부분의 기혼 노인들은 지속적이고 정기적인 성적 즐거움을 보고한다.

JONATHAN KIRN/GETT Y IMAGES

7.6 노년기와 연관된 신체장애를 논의한다.

■ 인생의 마지막이 다가옴에 따라 질병과 장애는 증가한다. 심장질환과 암이 사망의 주된 원인이며, 호흡기 질환이 그다음 원인이다. **1차 노화**가 **연로**하게 하는 데 기여하기는 하나, **2차 노화**가 유전적 장애와 불건전한 생활양식을 통해 더 큰 역할을 한다.

■ **골관절염**과 **류머티즘 관절염**은 노인들, 특히 여성들 사이에서 널리 퍼져 있다. 성인 당뇨병도 증가한다.

■ 사고로 인한 사망률은 65세 이상에서 최고로 높으며, 자동차 충돌 사고와 낙상 사고가 주요 원인이다. 시력 감퇴와 느려진 반응 시간도 잦은 원인이다.

7.7 노년기와 연관된 정신장애를 논의한다.

■ 가장 흔한 형태의 **치매**인 **알츠하이머병**은 종종 심각한 기억 문제에서 시작하여 성격의 변화, 우울, 목적 있는 동작들이 붕괴, 말을 이해하는 능력과 말하는 능력을 상실하며 사망에 이른다. 많은 신경섬유의 매듭 아밀로이드 판이 이러한 변화와 관련되어 있다.

■ 가족형 알츠하이머는 유해한 아밀로이드의 발생과 관련 있는 유전자와 관련되며 일반적으로 일찍 발병하고 빠르게 진행한다. 산발형 알츠하이머에 걸린 사람의 절반 가까이가 인슐린 부족으로 인한 뇌손상을 낳는 비정상적인 유전자를 가진다.

■ 고지방 식단, 신체적 비활동, 과체중 및 비만, 흡연, 만성 우울증, 심혈관 질환, 뇌졸중, 당뇨병, 머리 부상 등 다양한 환경요인이 알츠하이머의 위험을 증가시킨다. '지중해 식사'와

교육 그리고 활동적인 생활방식은 낮은 발병률과 관련이 있다. 교육을 더 잘 받은 사람들은 노화된 뇌의 손상에 대한 내성을 증가시키는 **인지 예비능**을 만들어낼 수 있다.

■ 유전요인은 고혈압, 심혈관 질환, 당뇨 등을 통해 간접적으로 **혈관성 치매**에 영향을 준다. 심혈관 질환에 대한 취약성 때문에, 혈관성 치매는 여자보다 남자에게서 더 많다.

■ 우울증, 약물 부작용, 사회적 고립에 대한 반응과 같은 치료 가능한 문제는 치매로 오인될 수 있다.

7.8 노인들에게 영향을 미치는 건강관리 문제에 대해 논의한다.

■ 미국 노인들 중 소수만이 시설에 수용되는데, 이는 시설 간호에 공적 자금을 후하게 제공하는 다른 서구 국가들에 비해 절반가량의 비율이다. 인종 차이는 있지만, 서구 국가들에서 가족이 장기 간호를 제공한다. 재택 도움의 공적 기금과 보조생활 주거는 시설 간호의 높은 비용을 줄이고 노인들의 삶의 만족도를 높일 수 있다.

7.9 노년기 인지 기능의 전반적인 변화를 설명한다.

■ 인생의 다른 어느 때보다도 노년기에 인지 기능의 개인차가 훨씬 더 크다. 노인들은 **선택적 최적화**와 **보상**을 통해 인지적 자원을 가장 잘 활용할 수 있다. 개인적 목표는 능력 유지와 상실 방지에 점점 더 초점을 두게 된다.

기억

7.10 노년에 기억은 어떻게 변할까?

■ 연령 증가와 함께 기억 실패, 특히 통제되고 전략적인 처리가 필요한 **외현기억** 과제의 확률이 증가한다. 맥락, 정보의 원천, 일화적 사건의 시간 순서 회상이 감퇴한다. 재인과 **암묵기억**과 같은 자동적 형태의 기억은 감퇴가 적다. 일반적으로 **연상기억 결함**은 노인이 갖는 기억 어려움의 특징이다.

■ 노인들은 **먼 기억**이 최근의 사건에 대한 기억보다 더 선명하다고 자주 말한다. 먼 기억 중에서 10~30세 사이에 발생한 사건의 기억이 가장 좋았는데, 이는 **회고 절정**이라 불

리는 자서전적 기억이 고조된 시기이다.

- 실험실에서, 노인들은 시간중심 **예상기억** 과제보다 사건중심 예상기억 과제를 더 잘한다. 일상생활에서 노인은 외부적인 기억 보조수단을 사용하여 예상기억의 감퇴를 보상한다.

언어 처리

7.11 노년기 언어 처리에서 나타나는 변화를 설명한다.

- 언어 이해는 노년에 거의 변하지 않는다. 언어 산출의 두 가지 측면은 연령에 따른 상실을 보여준다 — 장기기억으로부터 단어를 인출하는 것과 일상의 대화에서 무엇을 말하고

ASHLEY COOPER/ALAMY

어떻게 말할 것인가를 계획하는 것이다. 노인들은 더 천천히 말하고 짧은 문장을 사용하여 이를 보상한다. 노인들은 이야기 서술에서 장점을 보인다.

문제 해결

7.12 노년에 문제 해결은 어떻게 변할까?

- 노년기에 가설적인 문제 해결 능력은 감퇴한다. 그들이 문제를 통제할 수 있다고 지각하고 중요하다고 지각하는 한, 노인들은 문제를 해결하는 데 효과적이다. 건강 문제에 있어 노인은 젊은 층보다 신속하게 결정하고 다른 사람들에게 일상적인 문제에 관해 자주 조언을 구한다.

지혜

7.13 어떤 능력이 지혜를 구성하고, 나이와 인생 경험에 의해 어떻게 영향을 받는가?

- **지혜**는 실용적 지식, 삶을 더욱 견딜 만하고 가치 있게 해주는 방식으로 그 지식을 성찰해보고 적용하는 능력, 정서적 성숙, 이타적인 창의성을 포함한다. 연령과 적절한 생활 경험을 함께 고려했을 때, 젊은 사람들보다는 나이 든 사람들이 상위 지혜 점수에 더 많이 위치했다. 역경에 직면하고 극복한 것이 노년의 지혜에 기여하는 것으로 보인다.

인지 변화와 관련된 요인

7.14 노년기의 인지 유지 및 변화와 관련된 주요 요인들의 예를 들어보라.

- 건강하고 정신적으로 활동적인 사람들은 그들의 인지 능력을 매우 고령의 나이에도 유지할 가능성이 높다. 다양한 만성적인 상태는 인지적 감퇴와 연합되어 있다. 만성질환의 광범위한 배열이 인지 감소와 관련이 있다.

- 사람들은 나이가 들어 가면서 인지 과제 점수가 불안정하다. 죽음에 앞서 대체로 **말기 쇠퇴**가 일어난다.

인지 중재

7.15 노인들이 인지 능력을 유지하도록 돕는 것을 목표로 하는 중재의 결과를 논의하라.

- 인지 능력 훈련은 인지력 쇠퇴를 경험한 노인에게 크고 지속되는 이점을 제공할 수 있다. 자기효능을 목표로 하는 것은 인지적 이득을 증진시킨다.

평생 학습

7.16 평생교육의 유형과 노년에서 이러한 프로그램의 혜택을 논의한다.

- 점점 더 많은 노인들이 대학 과정, 지역사회 제공, 그리고 다른 프로그램들을 통해 그들의 교육을 계속한다. 참가자들은 새로운 지식과 기술, 새로운 친구, 세계에 대한 넓은 시야, 그리고 자신이 더 유능하다는 이미지를 얻는다. 불행히도 낮은 사회경제적 지위의 노인들이 이용할 수 있는 평생 학습 기회는 더 적다.

주요 용어 및 개념

골관절염	선택적 최적화와 보상	와병기간의 단축	평균 기대 수명
기능 연령	수면 중 호흡정지	외현기억	혈관성 치매
도구적 일상생활활동	신경섬유의 매듭	인지 예비능	황반 변성
류머티즘 관절염	아밀로이드 판	일상생활활동	회고 절정
말기 쇠퇴	알츠하이머병	자동면역 반응	1차 노화
먼 기억	암묵기억	지혜	2차 노화
백내장	연로함	최대 수명	
보조 공학	연상기억 결함	치매	
보조생활 주거	예상기억	평균 건강 기대 수명	

CHAPTER 8

AMY SANCETTA/AP IMAGES

노년기의 정서 및 사회성 발달

친숙한 자원봉사자가 미리 만들어진, 영양가 있는 음식을 가지고 방문하는데, 이것은 86세의 이 여성 노인이 자신의 집에서 계속 거주할 수 있도록 돕는다. 노인들이 필요로 하는 것과 원하는 것을 제공하는 사회 지원이 노인들의 신체 건강과 심리적 안녕감을 높인다.

루스와 나란히 앉아서, 월트는 그들의 결혼 60주년 파티에 참석한 손님들에게 이야기했다. "힘든 시기에도 나는 내 인생의 순간순간을 항상 사랑했어요. 내가 어린아이였을 때는 야구하는 것을 좋아했어요. 20대에는 사진 일을 배우는 걸 정말 좋아했고요. 그리고," 월트는 루스를 다정하게 바라보며 계속했다. "물론 우리 결혼식이 그중에서 가장 기억할 만한 날이었지요."

그는 계속 이야기했다. "한 번도 호화로운 생활을 할 만한 돈을 가져본 적은 없었죠. 하지만 우리는 돈 없이도 즐길 수 있는 방법을 찾아냈어요. 교회 성가대에서 노래하고 지역사회 극장에서 연극을 했지요. 그리고 시빌이 태어났답니다. 아버지가 되는 것, 그리고 이제 할아버지와 증조할아버지가 되는 것은 나에게 너무나 큰 의미예요. 나의 부모님과 조부모님을 생각해보고, 시빌, 마시, 그리고 마시의 아들 제이멜을 보니, 내가 과거와 미래 세대를 이어주고 있다는 느낌이 들어요."

PAUL BURNS/LIFESIZE/GETTY IMAGES

월트와 루스는 장수하는 것과 사랑하는 사람들이 있다는 것에 감사하며 차분하게 노년기를 맞았다. 하지만 모든 노인들이 이렇게 마음이 평화로운 것은 아니다. 월트의 형 딕은 다투기 좋아했고, 사소한 문제든 큰 실망이든 마찬가지로 불평했다. 이를테면 "골디, 왜 치즈케이크를 준비했어? 생일날 치즈케이크를 먹는 사람은 없어"에서부터 "우리가 왜 이렇게 경제적으로 힘든지 알아? 루이 삼촌이 제과점을 계속할 수 있도록 돈을 빌려주지 않아서 그래. 그래서 내가 은퇴할 수밖에 없었다고" 등이다.

생의 초기에 시작되는 발달의 중다 방향성이 계속되면서, 인생의 황혼기에는 얻는 것도 있고 잃는 것도 있다. 한편으로 노년은 즐겁고 평온한 시기이다. 자녀들은 장성하고, 인생에서 할 일은 거의 끝났으며, 책임도 가벼워진다. 다른 한편으로는 노년은 걱정이 시작되는 시기이다. 신체 기능이 쇠퇴하고, 달갑지 않은 외로움이 찾아오고, 임박한 죽음의 망령이 자란다.

이 장에서 우리는 노인들이 이러한 상반되는 힘들을 어떻게 조화시키는지를 살펴볼 것이다. 비록 일부 노인들은 침울해하고 불안스러워하지만, 대부분은 이 단계를 균형 있고 침착하게 통과한다. 그들은 삶에 더 깊은 의미를 부여하고, 가족의 유대와 우정, 여가 활동, 지역사회 참여를 통해 많은 것을 거둬들인다. 우리는 이제 개인의 특성과 살아온 역사가 가정, 이웃, 지역사회, 사회의 조건과 함께 작용하여 어떻게 노년의 정서 발달과 사회 발달을 만드는지 살펴볼 것이다. ●

에릭슨 이론 : 자아통합감 대 절망

8.1   에릭슨에 따르면, 노년기에 성격은 어떻게 변하는가?

에릭슨(Erikson, 1950) 이론의 마지막 심리적 갈등인 **자아통합감 대 절망**(ego integrity vs. despair)은 자신의 삶을 받아들이는 것과 관련된다. 통합감에 도달한 성인은 자신의 성취를 완전하고 완벽하고 만족스럽게 느낀다. 그들은 연인 관계, 육아, 일, 친구관계, 지역사회 참여에서 필연적 부분인 성취와 실망의 뒤섞임에 적응해 왔다. 그들은 자신들이 추구했던 길, 단념했던 길, 선택하지 않았던 길 모두가 의미 있는 삶의 진로를 형성하는 데 필요했다는 것을 깨닫는다.

한 사람의 삶을 모든 인류라는 더 큰 맥락에서 보는 능력, 즉 한 사람과 역사의 한 부분의 우연한 결합으로 보는 능력은 통합감에 수반하여 일어나는 평온함과 만족감에 기여한다. "지난 몇십 년간이 가장 행복했어요." 월트는 루스의 손을 꽉 잡으며 중얼거렸다. 이것은 그가 심장마비로 죽기 불과 몇

에릭 에릭슨과 그의 아내 조안은 에릭슨의 마지막 단계의 이상적인 예를 보여준다. 그들은 우아하게 나이 들어 갔고, 자신들의 성취에 대해 만족해했고, 종종 함께 모습들 드러냈고, 만족스럽고 깊게 사랑했다.

주 전이었다. 월트는 자기 자신을 좋아했고, 아내 그리고 자녀와 사이가 좋았으며, 자신의 인생행로를 있는 그대로 당연한 것으로 받아들였다.

다양한 사회경제적 지위에 있는 여성들을 성인기 동안 추적한 연구에서, 중년기 생성감은 노년기의 자아통합감을 예측했고 다음으로 자아통합감은 더 나은 심리적 안녕감—더 낙관적인 기분, 더 큰 자기수용, 더 높은 결혼만족, 성인 자녀와의 더 친밀한 관계, 더 큰 지역사회 참여, 그리고 필요할 때 다른 사람들로부터 받는 도움을 더 편안하게 느끼는 것—과 관련이 있었다(James & Zarrett, 2007). 에릭슨의 이론이 지적하듯이, 노년기의 심리사회적 성숙은 만족감, 애정, 다른 사람들과의 즐거운 유대, 그리고 지속적인 사회봉사로 이어진다.

월트는 신문을 훑어보면서 깊이 생각했다. "다섯 사람 중 하나는 심장병을 앓게 될 것이고, 세 사람 중 하나는 암을 앓게 될 것이라는 등의 확률에 대해 읽고 있어. 그러나 진실은 모든 사람이 죽게 될 것이라는 사실이지. 우리는 모두 죽을 수밖에 없고 이런 운명을 받아들여야 해." 지난해에 월트는 소중히 수집한 사진들을 손녀 마시에게 주었다. 그것은 그가 반세기 이상 열중해 온 것이었다. 자신의 삶은 일련의 확장된 인간 존재의 일부라는 통합의 깨달음과 함께, 에릭슨이 주장했듯이, 죽음의 고통은 사라진다(Vaillant, 2002, 2012). 이러한 견해를 뒷받침하여 내적(개인적으로 만족을 주는) 인생 목표를 달성한 노인들은 전형적으로 자신의 죽음에 대한 수용을 표현한다(Van Hiel & Vansteenkiste, 2009). 외적 목표(돈이나 명성)의 달성을 강조하는 사람들은 인생 마지막을 더 두려워한다.

이 단계의 부정적인 결과인 절망은, 노인들이 많은 잘못된 결정을 내렸는데 통합감에 이르는 다른 길을 찾기에는 시간이 너무 짧다고 느낄 때 생긴다. 더 이상 기회가 없이 절망하는 사람은 죽음이 가까이 있다는 사실을 받아들이기 힘들어하고, 괴로움과 패배감과 희망 없음에 압도된다. 에릭슨에 의하면, 이러한 태도는 종종 타인을 향한 분노와 혐오로 표현되는데, 이것은 자신에 대한 혐오가 위장된 것이다. 딕의 논쟁하기 좋아하고 헐뜯는 행동, 자신의 실패에 대해 타인을 비난하는 경향성, 그리고 자신의 삶에 대해 후회하는 관점은 이러한 깊은 절망감을 반영한다.

노년기 심리사회적 발달에 대한 기타 이론들

8.2   로버트 펙과 조안 에릭슨의 노년기 심리사회적 발달 관점과 더불어 노인들의 삶에서 긍정성 효과와 회상의 의미에 대해 논하라.

성인 초기와 중년기에 대한 에릭슨의 단계와 마찬가지로, 다른 이론가들은 나이 들어 가는 성인들의 자아통합감과 심리적 안녕감에 기여하는 과제, 사고 과정, 그리고 행동을 구체화함으로써 노년기에 대한 에릭슨의 견해를 명료하게 다듬었다.

펙의 자아통합감 과제와 조안 에릭슨의 노년기 초월

로버트 펙(Robert Peck, 1968)에 의하면, 자아통합감의 획득은 세 가지 구별되는 과제를 포함한다.

- **자아 분화** : 자신의 경력에 크게 투자했던 노인들이 가족, 친구관계, 지역사회 생활을 통해 자기 가치를 확인하기 위한 다른 방법을 찾는 것
- **신체 초월** : 인지적, 정서적, 사회적 힘의 보완적 보상을 강조함으로써 신체적 한계를 극복하는 것
- **자아 초월** : 동년배들이 죽어감에 따라, 젊은 세대들을 위해 삶을 더 안전하고, 의미 있고, 만족스러운 것으로 만들려는 노력을 통해 죽음이라는 현실에 건설적으로 직면하는 것

펙의 이론에서 자아통합감은 노인들이 자기 자신의 수명을 넘어서서 미래에 투자함으로써 그들 일생의 직업과 그들의 신체와 그들의 분리된 정체감 이상으로 나아갈 것을 요구한다. 연구는 사람들이 나이 들어 가면서, 신체 초월(심리적인 힘에 초점을 둠)과 **자아 초월**(후세대를 위해 더 나은 사람을 지향함)이 증가한다는 것을 보여준다. 여성들을 대상으로 한 연구에서 80대와 90대 여성들은 60대 여성들보다 '노화가 가져오는 변화들을 수용하고', '죽음에 대한 두려움에서 벗어났으며', '삶의 의미에 대해 더욱 분명하게 알고 있고', '탐색해야 할 새롭고 긍정적인 영적 재능을 발견했다'고 더 확실하게 진술했다(Brown & Lowis, 2003).

에릭슨의 미망인 조안 에릭슨(Joan Erikson)은 이러한 것을 달성하는 것이 자아통합감(자신의 과거 삶에 대한 만족을 요구하는 것)을 넘어서서 그녀가 노년기 초월이라고 부르는 추가적인 심리사회적 단계로의 발달을 나타낸다고 제안했다. **노년기 초월**(gerotranscendence)은 자기를 넘어서 과거 세대와 미래 세대와의 연결감, 우주와의 일체감으로 향하는 우주적이고 초월적인 관점이다. 그녀 자신의 노화 경험과 남편의 마지막 몇 년 동안 그녀가 관찰한 것과 다른 사람들의 연구에 근거하여, 조안 에릭슨은 노년기 초월의 달성에 성공하는 것은 내적 고요함과 만족감의 증가와 조용히 성찰하는 데 더욱 시간을 보내는 것에서 분명히 드러난다고 분석했다(Erikson, 1998; Tornstam, 2000, 2011).

그러나 뚜렷이 구별되는 초월적인 인생 후기 단계가 존재한다는 것을 증명하기 위해서는 더 많은 연구가 필요하다. 나이 들어 가는 것 외에, 건강의 쇠퇴 혹은 재정적 어려움 등과 같은 중요한 부정적인 인생 사건들도 우주적이고 노년기 초월적 심사숙고를 보고하는 것과 관련이 있다. 이것은 내적 명상이 스트레스를 주는 변화할 수 없는 환경에 적응하기 위해 노인들이 사용하는 한 가지 방법임을 시사한다(Read et al., 2014). 게다가 삶의 의미에 집중적으로 초점을 맞추는 것 외에, 대부분의 노인들은 계속해서 현실 세계 — 친밀한 파트너와의 유대를 강화하고, 시사 문제에 뒤처지지 않고, 여가, 자원봉사 그리고 경력 추구에 참여하는 것 — 에 투자한다. 남자 대학생들에 대한 베일런트(Vaillant, 2012)의 종단연구(제4장 참조)에 참여했던 한 사람은 80대 중반이 되어 다시 인터뷰를 했을 때, 오랫동안 알아왔던 파트너와 최근에 결혼을 하고 정기적으로 자신의 분야에서 보수를 받는 공개 강의를 한다고 보고했다. 베일런트가 전화를 걸었을 때, 자신이 쉬는 날이라 전화를 받을 수 있어 베일런트가 운이 좋았다고 이야기했다.

긍정성 효과

제3장에서 성인기 정서추론 발달에 관한 연구에 대해 이야기했다. 인지정서적 복잡성(긍정적인 감정과 부정적인 감정을 인식하고 종합하여 조직화된 자기를 기술하는 것)은 사춘기부터 중년기까지 증가하고, 그 후 노년기에 기본적인 정보 처리 기술이 감소함에 따라 쇠퇴한다는 것을 상기해보자.

그러나 노인들은 **긍정성 효과**(positivity effect)라고 부르는 보완적인 정서적 강점을 보여준다. 젊은 사람들과 비교했을 때, 노인들은 정서적으로 부정적인 정보보다 긍정적인 정보에 선택적으로 주의를 기울이고 더 잘 회상한다(Hilimire et al., 2014; Mather & Carstensen, 2005). 정서적으로 부정적

중국 리장에서 한 노인이 딸과 함께 길거리 공연을 보고 있다. 노인들은 부정적 정보보다 정서적으로 긍정적인 것에 선택적으로 주의를 기울이는데, 이것이 노인들의 놀라운 적응유연성에 기여한다.

인 자극보다 긍정적인 것에 반응할 때 더 빠른 ERP 뇌파를 보여주는 것에서도 명백하게 나타나는, 이러한 긍정성 편파는 노인들의 놀라운 적응유연성에 도움이 된다. 신체적 쇠퇴, 건강 문제의 증가, 제한된 미래, 사랑하는 이들의 죽음 등에도 불구하고, 대부분의 노인들은 나이가 들어도 낙관성, 즐거움, 행복, 그리고 전반적인 심리적 안녕을 유지한다 (Carstensen et al., 2011; Murray & Isaacowitz, 2016).

노년기에 긍정성이 증가하는 것을 무엇으로 설명할 수 있을까? 한 관점에 따르면, 노인들의 풍부한 인생 경험이 그들이 정서적인 자기조절의 전문가가 되도록 만들어주었다 (Blanchard-Fields, 2007). 예를 들어 대인 간 갈등을 묘사할 때, 젊은 사람들에 비해 노인들은 건설적인 전략들을 사용한다고 더 자주 보고한다. 이것은 애정을 표현하거나 그 상황이 지나가도록 피하는 것으로, 부정적 감정이 지속되는 것을 방지한다(Birditt & Fingerman, 2005; Charles et al., 2009; Luong, Charles, & Fingerman, 2011). 그리고 부정적인 경험을 피할 수 없을 때, 노인들은 (괴로움을 내적으로 통제함으로써) 특히 정서초점적 대처에 유능하다. 한 연구에서 최근 대장암 진단을 받은 20대 후반에서 80대 후반의 환자들이 정서조절 측정도구에 답했다. 젊은 환자들과 비교하여 60세 이상의 환자들은 그 상황을 덜 위협적으로 또한 보다 긍정적인 도전으로 평가했다(Hart & Charles, 2013). 이러한 보다 적응적인 해석이 이후 18개월 동안의 보다 빠른 고통 감소를 예측했다.

뛰어난 정서조절 능력에 덧붙여 살 수 있는 시간이 얼마 없다는 인식은 노인들이 긍정적인 감정을 강조하도록 동기화한다(Schiebe & Carstensen, 2010). 짧아진 시간 전망이 사람들로 하여금 현재의 만족을 주고 의미 있는 경험에 초점을 두도록 유도한다.

물론 정서를 조절하는 데 있어서 그들의 강점을 활용할 수 없는 상황이 일어난다. 인지적 감퇴 혹은 만성적 스트레스원은 부정적 경험을 관리할 수 있는 그들의 역량을 압도할 수 있다(Charles & Carstensen, 2014; Charles & Luong, 2013). 그리고 제7장에서 언급했듯이 강력하고 지속적인 스트레스가 발생하면, 그것은 노인들에게 더 부담이 된다―심혈관계와 내분비계 기능에서 연령과 관련된 변화들은 혈압과 코르티솔 수준이 오랜 기간 동안 높은 수준으로 지속되도록 이끌어 신체적, 정신적 건강에 부정적 영향을 주는데 이것은 스트레스를 더 높인다.

그럼에도 불구하고, 긍정성 효과는 인생 후반의 중요한 심리사회적 달성이다. 많은 연구들이 적어도 70대나 80대 초반의 노인들 사이에서 높은 수준의 정서적 안정성과 안녕감은 예외적인 것이 아니라 평균적인 것이라고 확신한다.

회상

우리는 종종 노인들은 **회상**(reminiscence)―과거의 사람들과 사건들에 대해 이야기하고 그와 관련된 생각과 느낌을 보고하는 것―에 잠긴다고 생각한다. 사실 회상하는 노인에 대한 널리 퍼져 있는 이미지는 노화의 부정적인 고정관념 중 하나이다. 이런 일반적인 견해에서, 노인들은 단축된 미래라는 현실과 임박한 죽음으로부터 도피하기 위해 과거 속에서 산다. 그러나 연구에 의하면 회상의 전체 양에서는 연령차가 없다! 그보다는 젊은 사람들과 노인들은 다른 목적으로 회상을 한다(Westerhof, Bohlmeijer, & Webster, 2010). 그리고 어떤 유형의 회상은 긍정적이고 적응적이다.

이 장의 시작 부분에서 월트가 자기 인생의 주요 사건들을 언급할 때, 그는 특별한 형태의 회상, 즉 인생 회고(life review) ―자기이해를 더 잘하려는 목표를 가지고 과거 경험을 불러일으키는 것―를 하고 있었다. 로버트 버틀러(Robert Butler, 1968)에 따르면, 대부분의 노인들은 자아통합감을 획득하는 일환으로 인생 회고를 한다―이 견해는 많은 치료자들이 인생 회고를 장려하도록 만들었다. 모든 인생 시기의 긍정적이고 부정적인 기억들을 통합하는 것을 목적으로 하는, 상담가가 주도하는 인생 회고 프로그램에 참가한 노인들은 자존감의 증가, 삶의 목적 의식 증가, 우울의 감소를 보고한다 (Latorre et al., 2015; O'Rourke, Cappeliez, & Claxton, 2011). 인생 회고 중재는 또한 사별한 성인들이 그들의 정서적 삶에서 사별한 사랑하는 사람의 자리를 마련할 수 있게 해주고, 다른 관계에 에너지를 재투자하도록 해주며, 계속해서 인생을 살아가도록 도와줄 수 있다(Worden, 2009).

비록 젊은 사람들보다 노인들이 더 자주 인생 회고를 하지만, 자기수용과 삶의 만족이 높은 나이 든 사람들은 자신의 과거를 평가하는 데 더 적은 시간을 보낸다(Wink, 2007). 몇몇 연구에서 언제가 자기 인생의 최고 시기였는지를 물었을 때, 10~30%의 노인들이 노년기의 어느 한 기간이라고 대답했다. 아동기와 청소년기는 덜 만족스러운 것으로 평가된 반면에, 성인 초기와 중년기는 특히 높은 점수를 받았다(Field, 1997; Mehlson, Platz, & Fromholt, 2003). 이러한 결과는 노인들이 반드시 과거에 초점을 두고 다시 젊어지기를 바란다는 일반적인 믿음과는 상반된다. 이와는 상반되게, 산업화된 국가의 현대 노인들은 대개 현재와 미래 지향적이다—그들은 개인적 성장과 성취를 위한 방법을 찾는다(다음 페이지의 '문화적 영향' 글상자 참조).

인생 회고가 노년기에 잘 적응하기 위해 필수적인 것은 아님은 분명하다. 실제로 자기 초점적 회상, 즉 지루함을 줄이고 쓰라린 사건들을 되살리기 위한 회상은 적응 문제와 연관된다. 젊은 성인과 비교했을 때, 노인들은 이러한 반추적인 유형의 회상을 덜하고, 반추회상을 하는 노인들은 과거의 가슴 아픈 경험들을 곰곰이 생각함으로써 자주 불안하거나 우울해진다(O'Rourke, Cappeliez, & Claxton, 2011). 긍정적인 기억에 초점을 두도록 돕는 것을 목표로 하는 인생 회고 치료는 심리적 안녕감을 향상시킨다(Lamers et al., 2015; Pinquart & Forstmeier, 2012).

반면에 외향적인 노인들은 가족과 친구들과의 유대를 공고히 하고, 지금은 없는 사랑하는 사람들과의 관계를 되새기는 것과 같은 사회적 목표를 겨냥한 **타인 초점적 회상**을 선호한다. 그리고 때때로 노인들, 특히 경험에 대한 개방성 점수가 높은 노인들은 **지식기반 회상**, 즉 효과적인 문제 해결 전략을 위해, 그리고 젊은 사람들을 가르치기 위해 그들의 과거 경험을 이용한다. 이렇게 사회와 관계하며 정신적으로 자극을 주는 형태의 회상은 삶을 풍요롭고 가치 있게 만들어준

다(Cappeliez, Rivard, & Guindon, 2007). 아프리카계 미국인과 중국 이민자 노인들은 아마도 이야기를 하는 강한 전통 때문에, 백인 노인들보다 타인을 가르치는 데 과거에 대한 회상을 더 사용하는 경향이 있다(Shellman, Ennis, & Bailey-Addison, 2011; Webster, 2002).

젊은이나 노인이나 똑같이, 회상은 인생 전환기에 자주 일어난다. 최근에 은퇴했거나, 배우자를 잃었거나, 이사를 한 노인은 개인적인 연속성의 느낌을 유지하기 위해서 과거에 의지할 수 있다(Westerhof & Bohlmeijer, 2014). 노인들이 해결되지 않은 문제를 곰곰이 생각하는 데서 헤어나지 못하는 것이 아니라면, 회상은 아마도 그들이 의미를 되찾는 것을 도와줄 것이다.

자기개념과 성격의 안정성과 변화

8.3 자기개념과 성격의 안정적인 면과 변화하는 면의 예를 들고 노년기의 영성과 종교성에 대해 논하라.

종단연구는 인생의 중반에서부터 후반까지 '성격 5요인'이 지속적으로 안정적이라는 것을 보여준다(제6장 참조). 하지만 자아통합감의 중요한 요소들(완전성, 만족감, 더 큰 세계 질서의 일부로서 자기상)이 자기개념과 성격에서 나타나는 몇 가지 중요한 노년기 변화에 반영된다.

안정적이고 다면적인 자기개념

노인들은 일생 동안 자기지식을 축적해 왔고 이것은 젊었을 때보다 자신에 대해 더 안정되고 복합적인 개념들을 갖도록 만든다(Diehl et al., 2011). 예를 들어 루스는 자신이 독립적이고, 질서정연하며, 공감적이고, 예산을 세우는 것, 다른 사람을 상담해주는 것, 저녁식사 파티를 여는 것, 그리고 믿을 만한 사람과 그렇지 못한 사람을 가려내는 일을 잘한다는 것을 확실하게 알고 있다. 게다가 젊은 성인과 노인들에게 인생을 결정지은 몇몇 기억들에 대해 질문을 했을 때, 65~85세의 성인들은 관계 혹은 개인 독립의 중요성 같은 공통적인 주제에 대한 사건을 언급하고, 또한 그 사건들이 어떻게 서로 관련이 있는지를 설명하는 경향이 있다(McLean, 2008). 그들의 자서전적 자기는 신체적, 인지적, 직업적 변화에도 불구하고 일관성과 조화를 강조했다. 루스는 재치 있게 말했다. "나는 내가 누군지 알아요. 그것을 이해할 시간이 많았거든요!"

문화적 영향

새로운 노년

은퇴 후에, 소아과 의사인 잭 맥코넬은 호수와 골프장이 가까운 곳에서 느긋하게 살려고 생각했지만, 에너지가 넘치는 64세에게는 유효하지 않았다. 보다 만족스러운 은퇴에 대한 열망이 커지면서, 그는 편안하고 문이 닫힌 이웃 밖에는 정원사, 노동자 등 지역사회의 요구를 충족시키는 많은 사람들이 가난하게 살고 있다는 것에 주목했다. 그러한 현저한 차이에 자극을 받은 잭은 건강보험이 없는 저임금 노동자와 그들의 가족들을 위한 무료 클리닉인 Volunteers in Medicine을 설립했다(Croker, 2007). 5년 후 69세 때, 잭은 매년 6,000명의 환자를 치료하는 200명의 은퇴한 의사들, 간호사들, 일반 자원봉사자들이 참여하는 매우 비용 효율적인 사업을 감독했다.

잭은 문화적 의미가 포함된 인생 후반기에 대한 새로운 관점의 예를 보여준다 — 점점 더 많은 노인들이 직장과 육아의 책임으로부터 자유로워진 것을 활용하여 개인적인 관심과 목표를 추구한다. 그렇게 함으로써, 그들은 중요한 방식으로 공동체에 기여하고, 젊은 세대에 대한 역할 모델이 되고, 윤리적이고 가치 있는 삶을 사는 자신의 이미지로 자아통합감을 강화한다.

수명 연장과 건강 및 재정의 안정성으로 인해 현대의 많은 노인들은 이와 같은 적극적이고 가능성을 가진 삶의 시간을 가지게 되었는데, 전문가들은 인생 후반기의 단계가 **제3연령기**(Third Age)로 발전해 왔다고 생각한다. 제3연령기는 수십 년 전에 처음 프랑스에서 시작된 용어로 이후 서구 유럽, 최근에는 북미로 확산되었다. 이 관점에 따르면, 제1연령기는 아동기, 제2연령기는 돈을 벌고 자녀를 양육하는 성인 시기, 그리고 제3연령기는 65~79세, 때로는 더 길게 연장되는 시기로 개인적 실현의 시기이다(Gilleard & Higgs, 2011). 제4연령기에는 신체적으로 쇠퇴하고 보살핌을 필요로 한다.

베이비부머 — 이전의 노인 세대들보다 건강과 재정이 더 나은 — 들이 지속적인 열망과 성취에 대한 기대를 가지고 인생의 후반기로 들어서고 있다. 이것은 제3연령기를 자기실현과 높은 삶의 만족의 시간으로 정의하는 데 도움이 되었다.

하지만 가장 나이 많은 베이비부머 세대보다 10, 20년 앞서 있는 사람들조차 쇠퇴를 예상하는 연장된 휴가가 아니라 새로운 목표 설정과 목적의 단계로 제3시대를 경험하고 있다(Winter et al., 2007). 이 장의 후반부에서 보게 되겠지만, 은퇴는 더 이상 일방적인, 연령 구분적 사건이 아니다. 그보다는 많은 노인들이 혼합된 인생을 만들어가고 있다 — 자신의 기술을 활용하고 자신이 떠나온 일보다 더 의미 있는 것을 경험할 수 있는 다른 직업 분야에서 일하기 위해 평생 경력을 쌓은 직업을 떠난다. 아이일 때 작가가 되기를 꿈꿨으나 결혼한 후에는 세 자녀를 기르는 선생님이 된 루실 슐클라퍼를 생각해보라. 50대 후반에 은퇴한 루실은 6개의 시집과 소설을 출판했으며 80세에는 첫 번째 아동 도서를 출간했다. 그녀는 "내가 꿈꿔왔던 것 이상으로 살고 있다"고 표현했다(Ellin, 2015, p. B5).

비록 정책 입안자들은 종종 베이비부머가 사회보장제도와 의료보험에 미칠 막대한 부담이 임박했다고 걱정하지만, 활기차고 공적인 것에 관심이 있는 대규모의 미래 노인들은 엄청난 경제적, 사회적 기여를 할 수 있는 잠재력을 가지고 있다. 오늘날의 제3연령기는 자원봉사 활동으로 세계 경제에 수십억 달러를 기부하고, 많은 수가 노동시장에 계속해서 참여하고, 창조적인 기여를 하고, 금전적인 지원과 다른 형태

루실 슐클라퍼는 작가가 되는 꿈을 가지고 성장했고, 교사직에서 은퇴한 후 마침내 60세에 목표를 이루었다. 그 후 20년 동안 그녀는 6권의 시집과 소설을 출판했고, 80세 때는 첫 번째 아동 도서를 출간했다.

의 도움을 통해 자신들이 받은 것보다 더 많은 것을 가족들에게 관대하게 베푼다.

하지만 중년기의 역할이 줄어들거나 끝나면서, 변화를 열망하는 많은 노인들에게는 적은 대안만이 있다(Bass, 2011). 사회는 자원봉사, 국가 봉사 및 기타 공익 기회를 충분히 제공하여, 긴급한 문제를 해결하는 데 풍부한 노인 자원을 활용할 필요가 있다. 55세 이상의 성인들에게 서비스 인센티브와 선택권을 확대하는 미국의 노인 봉사단(U.S. Senior Corps.) — 아동들을 개인교습하고, 이민자에게 영어를 가르치고, 재해 희생자들을 원조하고, 다양한 방식으로 지역사회에 참여하는 — 은 그러한 방향으로 나아가는 중요한 단계이다.

마지막으로, 비록 60대와 70대의 대다수 미국 성인들은 이전 세대들보다 더 많은 능력과 선택권을 가지고 있지만, 어떤 노인들은 — 흔히 여성들과 소수민족들 — 재정난과 빈곤으로 힘들어하고 새로운 시작을 위한 기회가 거의 없다(Cubanski, Casillas, & Damico, 2015). 사회보장, 의료보험, 거주 정책들이 모든 노인에게 안락한 제3연령기를 보장할 때, 전체 국가에 이익이 발생한다.

루스의 견고하고 다면적인 자기개념은 그녀가 시도한 적이 없거나, 숙달하지 못했거나, 또는 예전만큼 잘 수행할 수 없는 영역들에서의 기술을 보완할 수 있게 해주었다. 결과적

으로 이로 인해 자기를 수용할 수 있게 되었는데, 이것은 통합감의 중요한 특징이다. 독일의 노인(70~84세)과 고령 노인(85~103세)을 대상으로 한 연구에서 "나는 누구입니까?"

라는 질문에 응답하도록 했을 때, 참가자들은 취미, 관심사, 사회 참여, 가족, 건강, 성격 특성을 포함하는 광범한 삶의 영역을 언급했다. 두 집단 모두 부정적인 자기평가보다는 긍정적인 자기평가를 더 많이 표현했다(Freund & Smith, 1999). 긍정적이고 다면적인 자기에 대한 정의는 심리적 안녕감을 예언했다.

미래가 단축되는 80대와 90대에 접어드는 대부분의 노인들은 신체적 건강, 인지적 기능, 개인적 특질, 관계, 사회적 책임과 여가 영역에서 자기에 대한 희망을 계속해서 언급하고 적극적으로 추구한다(Frazier, 2002; Markus & Herzog, 1991). 두려워하는 자기에 관해서는 신체적 건강이 중년기보다 더 두드러졌다.

동시에 가능자기는 노년에도 계속 재조직된다. 방금 언급한 70~103세의 독일 노인들을 4년간 종단적으로 추적했을 때, 대다수는 가능한 자기의 일부를 지워 버리고 새로운 것으로 교체했다(Smith & Freund, 2002). 비록 나이가 들어 가면서 미래에 대한 기대는 보다 겸손하고 현실적이 되지만('더 멋진 몸매를 갖는 것'보다는 '매일 30분씩 걷는 것'), 노인들은 대개 그들의 목표를 달성하기 위한 조치를 취한다. 또한 희망과 관련된 활동에 참여하는 것은 삶의 만족과 긴 수명과 관련이 있다(Brown, 2016b; Hoppmann et al., 2007). 분명한 것은 노년기는 미래 계획으로부터 물러나는 시기가 아니라는 것이다!

우호성, 변화의 수용, 경험에 대한 개방성

노년기 동안 또다시 노화에 관한 고정관념에 도전하는 세 가지 성격 특성에서 변화가 일어난다. 노년은 반드시 성격이 완고해지고 의욕이 쇠퇴하는 시기가 아니다. 오히려 삶에 대해 융통성 있고 낙관적으로 접근하여 역경에 직면해서 적응유연성을 증진하는 것이 일반적이다.

종단연구는 노인들이 70대에 보다 관대해지고, 순응적이 되고, 온후해지면서 우호성이 약간 높아진다는 것을 보여주었다. 하지만 많은 사람들이 신체적, 인지적 어려움에 직면하게 되는 80대 이후에는 우호성이 감소하는 경향이 있다(Allemand, Zimprich, & Martin, 2008; Mõtus, Johnson, & Deary, 2012; Weiss et al., 2005; Wortman, Lucas, & Donellan, 2012). 우호성은 삶이 불완전함에도 불구하고 긍정적인 것을 강조하는 건강한 노인들의 특징인 것으로 보인다.

동시에 노인들은 외향성에서 나이와 관련된 하락을 보였는데, 아마도 이것은 사람들이 인간관계에 대해 더욱 선택적이 되어서—이런 경향성에 대해서는 이후 절에서 다시 이야기할 것이다—사회적 접촉의 범위가 좁아지는 것을 반영하는 것이다. 노인들은 또한 경험에 대한 개방성이 감소하는 경향이 있는데 이것은 인지적 변화에 대한 인식 때문이다(Allemand, Zimprich, & Martin, 2008; Donnellan & Lucas, 2008). 하지만 인지적으로 도전적인 활동에 참여하는 것은 경험에 대한 개방성을 증진시킬 수 있다! 한 연구에서 60~94세의 참가자들이 추론에 대한 16주의 인지 훈련 프로그램에 참여했는데, 이것은 어렵지만 재미있는 퍼즐을 푸는 경험을 포함하고 있다. 프로그램 동안, 훈련받은 집단은 추론과 경험에 대한 개방성에서 꾸준한 진전을 보였지만 훈련받지 않은 집단은 그렇지 않았다. 지속적인 지적 참여가 노인들이 자기 자신을 좀 더 개방적으로 보도록 유도하는 것처럼 보였다(Jackson et al., 2012). 또한 개방성은 지적 자극 추구를 예측하고 그로 인해 인지적 기능 향상에 도움이 된다.

또 다른 노년기 발달은 변화에 대한 수용이 더 커지는 것인데 이것은 노인들의 심리적 안녕에 중요하다고 자주 언급되는 특성이다(Rossen, Knafl, & Flood, 2008). 그들의 삶에서 불만족스러운 것에 대한 질문을 받으면, 많은 노인들이 어느 것에 대해서도 불만이 없다고 대답한다! 변화의 수용은 또한 대부분의 노인들이 배우자의 죽음을 포함하여 사랑하는 사람의 상실에 대해 효과적으로 대처하는 것에서 분명히 나타난다. 많은 경우에 통제가 불가능한 인생의 우여곡절을 수용할 수 있는 능력은 노년기에 긍정적으로 기능하기 위해서 아주 중요하다.

대부분의 노인들은 적응유연성이 있어서 역경을 딛고 일어선다. 그들이 더 젊었을 때부터 그래 왔다면 특히 그렇다. 그리고 일반적으로 긍정적 태도가 노인들이 스트레스로부터 자신을 보호하고 효과적인 대처를 위해 필요한 신체적·정신적 자원을 보존할 수 있도록 만듦으로써 적응유연성에 기여한다(Ong, Mroczek, & Riffin, 2011). 신경증 성향이 높은 소수의 사람들은 스트레스 사건에 잘 대처하지 못하는 경향이 있고 건강 문제와 조기사망의 위험에 처한다(Mroczek, Spiro, & Turiano, 2009).

영성과 종교성

어떻게 노인들은 쇠퇴와 상실을 받아들이면서, 위축된 미래에 직면해서도 여전히 완전하고 완벽하며 냉정하게 침착할 수 있을까? 하나의 가능성은 영성—인생의 의미에 대해 영감을 받는 것—에 대한 더욱 성숙한 감각의 발달이다. 이것은 펙과 에릭슨이 노인들의 초월적 전망을 강조한 것과 일치한다. 영성은 종교와 동일하지 않다. 인생의 의미에 대한 영감은 예술, 자연, 사회적 관계에서 찾을 수 있다. 그러나 많은 사람들에게는 종교가 이러한 의미의 탐구를 안내해주는 신념, 상징, 의식을 제공해준다.

노인들은 종교적 신념과 행동에 많은 가치를 부여한다. 최근의 대규모 전국적인 미국인 대표 표집 조사에 따르면, 65세 이상 미국인의 65%가 자신의 인생에서 종교가 매우 중요하다고 말했고, 거의 절반이 적어도 일주일에 한 번은 매주 종교 의식에 참석한다고 보고했는데, 이러한 비율은 모든 연령집단에서 가장 높은 것이었다(Pew Research Center, 2016c). 브라질, 독일, 인도, 러시아, 토고 등 다양한 국가에서도 이와 유사한 횡단연구 경향이 있다(Deaton, 2009). 비록 더 고령이 되면 건강 및 교통 문제 때문에 조직적 종교 행사에 참여하는 것이 줄어들지만, 그럼에도 노인들은 일반적으로 나이가 들어 감에 따라 더욱 종교적이거나 영적으로 된다.

하지만 노년기 종교성의 향상은 대개 크지 않고, 보편적이지도 않다. 종단연구에 따르면 많은 사람들은 성인기 동안 종교성에서 안정성을 보이지만 나머지 사람들은 다양한 변화 경로를 따르는데, 다양한 수준으로 종교성이 향상되거나 감퇴한다(Ai, Wink, & Ardelt, 2010; Kashdan & Nezleck, 2012; Krause & Hayward, 2016; Wang et al., 2014). 예를 들어 20년 동안 성인들을 추적 조사한 영국 연구에서, 노인들의 1/4은 덜 종교적이 되었다고 말했고, 그중 일부는 (사별과 같은) 스트레스가 심한 시기에 그들의 종교기관으로부터 받은 지원에 대한 실망감을 그 이유로 들었다(Coleman, Ivani-Chalian, & Robinson, 2004).

이러한 다양성에도 불구하고, 인생 말년에 영성과 믿음은 더 높은 수준으로 진보한다. 이것은 규정된 신념에서 벗어나서 타인에 대한 유대를 강조하고 불가사의와 불확실성에 대해 마음 편안해하는 보다 숙고하는 방법으로 나아가는 것이다. 제임스 파울러(James Fowler)의 신앙 발달 이론에 따르면, 성숙한 성인은 새로운 신앙 역량이 발달한다. 이것은 자신의 신념체계가 여러 가능한 세계관 중 하나라는 것을 인식하고, 종교적 상징과 의식의 더 깊은 의미를 잘 생각해보고, 그리고 영감의 원천으로서 다른 종교적 관점들에 대해 자신을 개방하고, (특히 노년기에) 모든 인간의 요구를 충족시키는

공익에 대한 확장된 통찰력을 갖는 것을 포함한다(Fowler & Dell, 2006). 예를 들어 자신의 천주교를 보완하는 의미에서, 월트는 불교에 관심을 가지게 되었는데, 특히 사고와 감정을 지배하고, 남을 해치지 않고, 세속적인 물건들에 대한 애착에 저항함으로써 완전한 평화와 행복에 도달하는 것에 초점을 두는 것에 관심을 가졌다.

아프리카계 미국인, 라틴계 미국인, 미국 원주민을 포함하여 사회경제적 지위가 낮은 소수민족에서 조직화된 종교 활동과 비공식적인 종교 활동 모두에 대한 참여가 특별히 높다. 아프리카계 미국인 공동체에서 교회는 삶의 의미를 찾게 해주는 맥락을 제공할 뿐만 아니라 삶의 조건을 개선하는 것에 목표를 두는 교육, 건강, 사회복지, 그리고 정치 활동을 위한 센터이다. 아프리카계 미국 노인들은 가족 이상의 사회적 지지의 강력한 원천으로서 그리고 일상의 스트레스와 신체장애를 이겨낼 수 있는 내적 힘의 원천으로서 종교에 의지한다(Armstrong & Crowther, 2002). 백인 노인들과 비교해서, 더 많은 아프리카계 미국 노인들이 신과 가깝다고 느끼고 삶의 문제를 극복하기 위한 수단으로 기도를 한다고 보고한다(Krause & Hayward, 2016).

노년기 초기에 여성들은 남성들보다 자신에게 종교가 매우 중요하다고 말하고, 종교 활동에 참여하고, 높은 곳에 있는 신과의 연결을 개인적으로 추구할 가능성이 더 크다(Pew Research Center, 2016c; Wang et al., 2014). 여성의 높은 빈곤 비율, 배우자 사별, 만성질환을 앓는 가족 구성원 등을 돌보는 일 등으로 인해, 여성들은 높은 수준의 스트레스와 불안에 노출된다. 소수민족의 경우에서와 같이, 그들은 사회적 지원을 받기 위해서 그리고 삶의 도전을 전체적 균형감을 가지고 바라보는 보다 큰 공동체의 시각을 얻기 위해서 종교에 귀의한다.

종교에 참여해서 얻는 이점은 다양하다. 신체적 안녕과 심리적 안녕이 증가하고, 운동하는 데 더 많은 시간을 보내고, 그리고 가족과 친구들과 더 가깝게 느끼게 되고, 생성감(다른 사람에 대한 관심), 삶에 대한 더 깊은 의미감(혹은 목적)을 느낀다(Boswell, Kahana, & Dilworth-Anderson, 2006; Krause, 2012; Krause et al., 2013; Wink, 2006, 2007). 종단연구에서, 사망률에 영향을 준다고 알려진 가족 배경, 건강, 사회적·심리적 요인들을 통제한 후에도 조직화된 종교 참여와 비공식적인 종교 참여 모두가 더 긴 수명을 예측했다(Helm et al., 2000; Sullivan 2010).

노인 신자가 교회 목사에게 조언을 구한다. 인생 후반기에 있는 많은 사람들에게 종교성은 인생의 어려움에 대처하는 능력을 강화시켜 고통을 줄이고 삶의 질을 향상시킨다.

그러나 노인들의 삶의 차이를 만드는 종교적 측면이 항상 분명한 것은 아니다. 어떤 연구에서, 신앙심이나 교회 소속 여부가 아니라 종교 활동이 배우자 사별이나 삶을 위협하는 질병 등 부정적 인생 사건 후의 괴로움의 감소와 관련이 있었다(Kidwai et al., 2014; Lund, Caserta, & Dimond, 1993). 종교 참여로 인한 사회적 참여의 증가와 사회적 지지가 원인인 것으로 생각된다. 하지만 다른 증거는 종교적인 노인들 중에서 신의 능력에 대한 믿음이 노년기 동안 강해지고 특히 사회경제적 지위가 낮은 소수민족 노인들의 괴로움 감소와 자기존중감, 낙관성, 생활 만족도에 크게 기여한다는 것을 보여준다(Hayward & Krause, 2013b; Schieman, Bierman, & Ellison, 2010, 2013). 신과의 개인적인 관계가 노인들이 삶의 어려움에 대처하도록 돕는 것으로 보인다.

심리적 안녕감에 맥락이 미치는 영향

8.4 통제 대 의존, 신체적 건강, 부정적 생활 변화, 사회적 지지가 노년기 심리적 안녕감에 미치는 영향에 대해 논하라.

우리가 이 장과 앞 장에서 보았듯이, 대부분의 성인은 노년에 잘 적응한다. 하지만 일부는 노년기에 의존적이고 무능력하고 무가치하다고 느낀다. 노년의 심리적 안녕에 영향을 주는 개인적이고 상황적인 요인들이 결합하여 노년기 심리적 안녕감에 영향을 준다. 이들 맥락적 영향을 확인하는 것이 긍정적인 적응을 촉진하는 중재를 설계하는 데 매우 중요하다.

통제 대 의존

루스가 80대가 되어 시력과 청력이 감퇴하고 이동하는 것도 여의치 않게 되자, 딸 시빌은 루스의 자기관리를 도와주고 집안일을 거들기 위해 매일 방문했다. 모녀가 함께 있는 시간 동안, 시빌은 루스가 일상생활활동을 도와 달라고 요청할 때 그녀와 가장 자주 상호작용했다. 루스가 스스로 할 때는 시빌은 보통 물러나 있었다.

개인 가정과 시설에서 노인들과 상호작용하는 사람들을 관찰해보면 두 가지 매우 예측가능하고 보완적인 행동 양식이 나타난다. 첫 번째는 **의존성 지원 각본**(dependency-support script)으로, 의존적인 행동은 바로 시중드는 것이다. 두 번째는 **독립성 무시 각본**(independence-ignore script)으로, 독립적인 행동은 대부분 무시하는 것이다. 이러한 행동의 연속이 노인의 능력과 관계없이 어떻게 독립적인 행동을 희생하면서 의존적인 행동을 강화하는지를 주목하라(Baltes, 1995, 1996). 루스처럼 자립적인 노인도 시빌의 불필요한 도움을 항상 거절하지는 않았다. 왜냐하면 그것을 통해 사회적 접촉을 할 수 있었기 때문이다.

일상적인 활동을 하는 데 어려움이 없는 노인들에게 다른 사람과 교류할 수 있는 기회는 일상생활의 높은 만족도와 관련된다. 반면에 일상적인 활동을 하는 것이 힘든 노인들에게는 사회적 접촉이 종종 덜 긍정적인 일상생활과 관련이 있다(Lang & Baltes, 1997). 이것은 신체적으로 돌보고, 집안일을 거들고, 심부름을 하는 등 노인들을 지원하는 동안의 사회적 상호작용은 종종 의미 있고 보상적인 일이 아니라 오히려 천하고 불쾌한 일이라는 것을 시사한다. 보살핌에 대한 노인들의 부정적인 반응은 지속적인 우울증을 초래할 수 있다(Newsom & Schultz, 1998). 하지만 타인의 도움을 받는 것이 안녕감을 해치는지 여부는 도움의 질, 돌보는 이와 노인의 관계, 도움이 일어나는 사회적·문화적 맥락 등 여러 요인에 의존한다.

어째서 가족과 다른 돌보는 이들은 종종 노년의 과도한 의존성을 장려하는 방식으로 반응하는 것일까? 그것은 노인을 수동적이고 무능하다고 보는 고정관념 때문일 것이다. 이러한 고정관념을 활성화하는 글(노인들을 능력이 없는 것으로 묘사한)을 읽은 후에 노인들은 더 자주 도움을 추구하는 행동을 보였다(Coudin & Alexopoulos, 2010).

독립성에 높은 가치를 두는 서구 사회에서는 많은 노인

들이 통제력을 포기하고 타인에게 의존하게 되는 것을 두려워한다. 자기결정 욕구가 높은 사람들은 특히 그러하다(Curtiss, Hayslip, & Dolan, 2007). 신체적·인지적 한계가 발생하면, 노인들에게 자신이 원하는 활동들을 선택할 수 있는 자유를 부여하는 것이 그들의 자율성을 유지하도록 돕는다(Lachman, Neupert, & Agrigoroaei, 2011). 이런 방식으로 제7장에서 말한 선택적 최적화와 보상 전략을 사용하여 자기가 선택한 매우 가치 있는 활동들에 투자함으로써 노인들은 자신의 강점을 보존할 수 있다.

많은 연구들이 개인적 통제감이 노년기에 감소한다는 것을 확인했다(Kandler et al., 2015; Lachman, Neupert, & Agrigoroaei, 2011). 그러나 할 수 있는 한 통제감을 유지하는 것이 노인들이 가능한 오랫동안 안녕감을 보호하도록 돕는다. 전국적인 대표 표본을 대상으로 한 종단연구에서 높은 통제감(자신에게 일어난 것의 대부분을 결정할 수 있는 것)을 보고한 1,600명의 독일 성인들은 사망하기 전 3년 동안에 더 큰 삶의 만족을 보고했다(Gerstorf et al., 2014). 그러나 전형적으로 인생의 마지막 몇 년 동안에 안녕감은 급격하게 떨어진다.

아들이 식료품 쇼핑을 도우면 80세의 이 멕시코 노인이 너무 의존하게 될까? 반드시 그런 것은 아니다. 노인들이 의존적인 영역에서 개인적 통제감을 가지고 있을 때, 그들은 매우 중요한 활동들을 위한 힘을 절약할 수 있다.

나이 들어 가는 노인들이 감퇴를 보상하면서 자신의 기능을 최적화하는 다양한 방식에 대해 생각해보자. 그들이 어떻게 자신의 개인적 목표를 적절하게 수정하는지에 주목하라—여전히 활동적이고 자기결정적일 수 있도록 만들어주는 목표에 투자하고, 변화하는 역량에 맞도록 목표를 조절하고, 역량을 넘어서는 목표들로부터 철수하여 다른 성취가 가능한 목표로 방향을 돌린다(Heckhausen, Wrosch, & Schultz, 2010). 그렇게 함으로써 노인들은 자신의 삶의 방향에서 여전히 능동적 주체자로 남으려고 노력한다. 가족과 돌봄 환경이 그들의 노력을 지지해줄 때, 대부분의 노인들은 인생의 아주 늦은 시기까지 탄력적이고, 장애물을 극복하는 데 있어서 낙관성, 자기효능감, 목적감, 노력을 지속한다.

목표를 추구하기 위해 자신의 역량을 완전히 사용하도록 하는 것을 목표로 하는 지원은 효과적인 **개인-환경 적합성**(person-environment fit)(능력과 생활 환경의 요구 사이의 조화)을 만들어내는데, 이것은 적응행동과 심리적 안녕감을 촉진한다(Fry & Debats, 2010). 자신의 역량을 최대한으로 사용할 수 없을 때(과도하게 의존적이 되었을 때) 사람들은 지루해하고 수동적이 된다. 환경적 요구가 지나치게 클 때(지나치게 적은 도움을 받는 것), 사람들은 견디기 어려운 스트레스를 경험한다.

신체적 건강

제6장에서 보았듯이, 건강은 노년기 심리적 안녕감의 강력한 예측변인이다. 신체적 쇠퇴와 만성 질병은 노년기 우울의 가장 강력한 위험요인이다(Whitbourne & Meeks, 2011). 젊은이와 중년 성인에 비해서 우울한 노인은 더 소수지만(제7장 참조), 신체장애가 개인적 통제감의 상실과 사회적 고립을 가져옴으로써 나이가 들면서 깊은 무망감이 증가한다. 그러나 실질적인 신체적 제약이 아니라 **지각된 부정적인 신체 건강**이 우울 증상을 예측한다(Verhaak et al., 2014; Weinberger & Whitbourne, 2010). 이것은 신체장애와 우울 간의 관계가 높은 사회경제적 지위의 노인들에게서 더 강력한 이유를 설명한다(Schieman & Pickert, 2007). 그들은 평생 신체건강이 좋았기 때문에, 신체적 제약을 예상치 못한 힘든 것으로 경험할 수 있다.

신체건강 문제와 정신건강 문제 사이의 관계는 서로를 더욱 심화시키는 악순환이 될 수 있다. 15개국에서 수행된 조사 연구에서, 모든 연령대의 성인들은 정신건강 문제가 신체적 장애보다 집단 관리와 사회생활을 포함하여 일상생활 수행에 더 많이 지장을 준다고 보고했다(Ormel et al., 2008). 때때로 아픈 노인이 급격히 쇠약해지는 것은 낙담하고 '포기하기' 때문이다. 이러한 악순환은 요양시설에 입소함으로써 앞당겨질 수 있는데, 요양시설 입소로 일상생활에 대한 통제가 감소하고 가족과 친구들로부터 멀리 떨어지게 되기 때문이다. 입소한 다음 달에 많은 노인들이 자신의 삶의 질이 상당히 나빠졌다고 판단하고, 심각하게 불안하고 우울해지고, 급격하게 악화된다. 시설 입소와 함께 질병의 스트레스는 신체적·정신적 건강 문제와 사망률의 증가와 관련이 있다(Miu & Chan, 2011; Scocco, Rapattoni & Fantoni, 2006).

노년기 우울증은 종종 치명적이다. 모든 연령집단 중에서 85세 이상의 사람들이 가장 높은 자살률을 보인다(다음 페이지의 '사회적 이슈 : 건강' 글상자 참조). 어떤 요인이 루스와 같은 노인들로 하여금 신체적 장애와 우울의 관계를 극복하고, 만족감을 유지하도록 만드는가? 앞 장들에서 논의한 개인적 특성들, 즉 낙관성, 자기효능감과 효과적인 대처가 매우 중요하다(Morrison, 2008). 하지만 이러한 특성들을 발휘하기에 너무 쇠약한 노인들에게 가족과 돌보는 이들은 의존성 지원 각본을 피하고 대신 그들의 자율성을 인정해주어야 한다.

안타깝게도 노인들은 대부분 그들에게 필요한 정신건강 관리를 받지 않는다 — 심지어 우울과 다른 정신건강 문제들이 만연한 요양원에서조차도 그러하다(Hoeft et al., 2016; Karel, Gatz, & Smyer, 2012). 미국 요양원 거주자들의 절반 이상이 정기적인 정신건강 개입을 받지 않고 있다.

부정적 생활 변화

루스는 월트를 심장마비로 잃었고, 아이다의 알츠하이머 증세가 악화되자 그녀를 간호했고, 그리고 루스 자신의 건강 문제에 직면했는데, 이 모든 일이 몇 년 사이에 일어났다. 노인은 사랑하는 사람의 죽음, 질병과 신체장애, 수입의 감소, 의존성의 증가 등 다양한 부정적인 생활 변화의 위험에 처해 있다. 부정적인 생활 변화는 누구에게나 힘들지만, 젊은이에 비해 노인에게 실제로 스트레스와 우울증을 덜 일으킬 수 있다(Charles, 2011). 많은 노인들이 힘든 시기에 대처하는 것과 부정적인 변화를 노년기에 보편적이고 예상할 수 있는 것으로 평가하고, 상실을 인간 존재의 일부로 받아들이는 것을 학습해 왔다.

하지만 부정적인 변화들이 축적되면 그것들은 노인의 대처기술을 시험한다. 아주 고령이 되면, 남자보다 여자에게 그러한 변화가 더 크다. 75세 이상의 여자는 결혼 상태일 가능성이 훨씬 적고, 많은 경우에 수입이 더 적고, 질병에 더 많이 시달리는데, 특히 기동성을 제한하는 질병에 시달린다. 게다가 여자 노인들은 젊었을 때와 마찬가지로 다른 사람들이 자신에게 부양이나 정서적 지원을 기대한다고 자주 말한다. 결과적으로 그들의 사회적 관계는 심지어 아주 고령이 되어서도 자주 스트레스의 원천이 된다(Antonucci, Ajrouch, & Birditt, 2008). 그리고 건강이 나빠지기 때문에, 여자 노인들은 만성적인 큰 고통을 겪는 상황에 있는 다른 사람을 보살필 여력이 안 되는 경우가 많다(Charles, 2010). 따라서 고령의 여자 노인이 남자 노인보다 더 낮은 심리적 안녕감을 보고하는 것은 놀라운 일이 아니다(Henning-Smith, 2016).

사회적 지지

노년기에 사회적 지원이 스트레스를 지속적으로 감소시키고, 이로 인해 신체적 건강과 심리적 안녕이 증진된다. 사회적 지원을 받는 것은 장수의 가능성을 높여준다(Fry & Debats, 2006, 2010). 그리고 이것이 앞에서 이야기했던 생존과 종교 참여의 관계를 설명하는 데 도움을 줄 것이다. 보통 노인들은 가족들로부터 일상생활 과제와 관련된 비공식적인 도움을 받는다. 처음에는 배우자로부터, 혹은 배우자가 없는 경우에는 자식들로부터, 그다음에는 형제자매로부터 도움을 받는다. 만일 이러한 가족이 없다면, 다른 친척들과 친구들이 그 역할을 하게 될 것이다.

그렇지만 많은 노인들이 독립성에 높은 가치를 두기 때문에 그들이 갚을 수 있는 경우가 아니라면 가까운 사람들로부터 큰 지원을 받는 것을 꺼린다. 한 조사에서는 친구나 친척에게 무형의 도움(예 : 심부름, 교통지원 혹은 아동 돌보기)을 제공하거나 혹은 배우자에게 정서적 지원을 제공하는 것이 사회적 지지를 받는 것보다 사망률 감소를 더 잘 예측했다(Brown et al., 2003). 도움이 과도하거나 보답할 수 없을 때, 그것은 종종 자기효능감을 손상시키고 심리적 스트레스를 높인다(Warner et al., 2011). 아마도 이러한 이유 때문에, 성인 자녀들은 늙어 가는 부모에 대해서 부모가 그들에게 기대하는 것보다 더 깊은 의무감을 표현한다(제6장 참조). 비공식적인 도움을 보충하는 의미에서, 유급 가정도우미 또는 기관 제공 서비스 등의 공식적인 지원은 부양 부담을 완화하는 데

사회적 이슈 : 건강

노인 자살

에이브의 부인이 사망하자, 에이브의 생활은 위축되어 대부분의 시간을 혼자 보냈다. 손자녀가 태어나자 에이브는 때때로 딸들의 집을 방문했는데, 그는 여전히 의기소침했다. 한번은 손자 토니가 "할아버지, 새로 산 제 파자마를 보세요!"라고 외쳤지만, 에이브는 응답하지 않았다.

80대에 에이브는 소화불량으로 고통 받게 되었다. 그의 우울증은 깊어졌지만, 병원에 가기를 거부했다. 그의 딸이 그에게 병원 치료를 받을 것을 간청했을 때, 그는 "필요없다"고 퉁명스럽게 답했다. 토니의 열 번째 생일 파티에 초대받았을 때, 에이브는 다음과 같이 답장을 썼다. "아마도, 내가 다음 달까지 살아 있다면 가겠지." 2주 후에 그는 장 경색으로 사망했다. 시신은 그가 늘 시간을 보냈던 거실 의자에서 발견되었다. 의외로 보일 수도 있겠지만, 에이브의 자기파괴적인 행위는 일종의 자살이다.

노인 자살에 관련된 요인들

전 세계 대부분의 국가에서, 자살은 전 생애에 걸쳐서 증가하고 비록 지역에 따라 차이가 있지만, 노인들이 가장 큰 위험군이다. 제6장에서 언급한 것처럼, 미국은 중년기에 자살이 급격하게 증가하는 것으로 유명하다. 그러고 나서, 자살률은 그대로 유지되거나 조금 떨어지다가 75세부터 다시 증가하여 85세에는 중년기 자살률을 약간 상회하는 수준이 된다(American Foundation for Suicide Prevention, 2016).

미국 초고령 노인의 자살은 지난 몇 년 동안 15% 증가했다—중년 성인과 마찬가지로 백인 남성이 대부분을 차지하는 경향을 보인다. 게다가 자살의 성차는 노년기에 더 커진다—미국 노인 남성이 여성보다 거의 10배 더 많이 자살한다(Centers for Disease Control and Prevention, 2016d). 백인 주류에 비해서, 대부분의 소수민족 노인은 낮은 자살률을 보인다.

이러한 현상을 어떻게 설명할 수 있을까? 비록 평생 동안 여성들의 우울증 비율이 더 높지만, 여자 노인은 가족 및 친구들과 더 가까운 유대를 맺고, 사회적 지원을 더 기꺼이 추구하고, 그리고 신앙심을 갖기 때문에 많은 경우 자살이 예방된다. 확대가족과 종교단체를 통한 높은 수준의 사회적 지원은 또한 소수민족의 자살을 예방할 수 있다(Conwell, Van Orden, & Caine, 2011). 그리고 알래스카 원주민과 같은 특정 집단 내에서는 노인들이 문화적 전통을 가르치며 깊은 존경과 신뢰를 받기 때문에 자기존중감과 사회적 통합감이 증진된다. 이것으로 인해 노인 자살이 감소하여, 80세 이후에는 자살이 거의 일어나지 않는다(Herne, Bartholomew, & Weahkee, 2014; Kettl, 1998).

노년기에 자살 미수는 드물다. 청소년과 청년들의 자살시도 대 자살성공 비율은 200:1 정도지만, 노인들의 경우 4:1 또는 그 이하이다(Conwell & O'Reilly, 2013). 노인들이 죽기로 결정하면, 특히 성공을 결심한다.

아마도 모든 연령에서 보고되지 않은 자살이 있겠지만, 노년기에는 그것이 더 흔하다. 많은 노인들이 에이브처럼 자살로 거의 분류되지 않는 간접적인 방식으로 자기파괴적 행위를 한다—즉 아플 때 의사에게 가지 않기로 결정하거나, 식사를 거부하거나, 처방된 약을 먹지 않는 것 등이다. 시설에 수용된 노인들 사이에서는 죽음을 앞당기려 하는 이러한 시도가 널리 퍼져 있다(Reiss & Tishler, 2008b). 결과적으로, 노인 자살은 공식적인 통계로 나타나는 것보다 훨씬 심각한 문제이다.

두 가지 유형의 사건이 노년기의 자살을 촉발한다. 상실(소중하게 여겼던 직업에서 은퇴하거나, 배우자를 잃거나, 사회적으로 고립되는 것 등)은 변화에 대처하는 것을 힘들어하는 노인들을 지속적인 우울의 위험에 놓이게 한다. 그러나 대부분의 자살은 만성 질병과 불치병이 신체 기능을 심하게 감퇴시키거나 극심한 고통을 유발할 때 일어난다(Conwell et al., 2010).

도움을 줄 뿐만 아니라 노인들이 가까운 사람들에게 지나치게 의존한다는 느낌을 받지 않도록 해준다.

그러나 소수민족 노인들은 공식적인 도움을 선뜻 수용하지 않는다. 하지만 그들은 가정도우미가, 특히 종교 공동체와 같이 친숙한 이웃기관과 관련된 사람이라면 더욱 기꺼이 받아들인다. 비록 아프리카계 미국 노인들은 교회보다 가족의 도움에 더 의존한다고 말하지만, 교회와 가족 모두에게서 지원을 받고 의미 있는 역할을 하고 있는 사람들이 정신건강 점수가 가장 높다(Chatters et al., 2015). 백인들과 비교했을 때, 정기적으로 교회에 참석하는 아프리카계 미국 노인들이 다양한 형태의 사회적 지원을 더 많이 주고받는데, 이러한 차이는 흑인들의 강력한 사회적 관계망과 그들이 공유하는 가치와 목표로 설명된다(Hayward & Krause, 2013a). 하지만 종교 모임으로부터의 지원은 모든 배경의 노인들에게 심리적인 도움을 준다. 아마도 종교단체의 따뜻한 분위기가 사회적으로 수용되는 느낌을 촉진하기 때문일 것이다.

종합적으로, 사회적 지원이 행복을 증진하기 위해서는 노인들이 그것을 개인적으로 통제할 수 있어야 한다. 원치 않는 도움, 필요하지 않은 도움, 또는 노인들의 약점을 과장하는 도움은 개인-환경 적합성을 나쁘게 하고, 정신건강을 해치며, 또한 기존에 사용하던 기술을 못 쓰게 된다면 신체적 장애를 가속화한다. 반대로, 개인적인 만족을 주고 성장에 이르게 하는 시도를 위해 에너지를 쓸 수 있도록 하는 자율성을 높이는 도움은 노인들의 삶의 질을 향상시킨다. 이러한 안락함과 삶의 질이 하락함에 따라 절망감과 무력함이 깊어진다.

경미한 인지 감퇴, 특히 집행 기능의 감퇴가 충동성, 서투른 문제 해결 등에 취약하게 만들어서, 상실이나 질병이 발생하면 자살 위험을 높인다(Dombrovski et al., 2008). 치매 또한 자살과 관련이 있는데, 특히 진단 직후가 위험하다(Haw, Harwood, & Hawton, 2009).

매우 고령의 노인, 특히 남자 노인은 이러한 상황에서 자살할 가능성이 특별히 높다. 아픈 노인이 사회적으로 고립될 때—혼자 살거나 직원의 이직이 잦고, 돌보는 이의 지원이 아주 적으며, 일상생활에서 개인적 통제감을 가질 기회가 거의 없는 요양시설에서 자살할 가능성은 더 높아진다. 노인들이 가족과 사는 경우가 많은 유럽 국가들에서는 자살률이 더 낮다(Yur'yev et al., 2010). 한편 아픈 노인들이 자신이 가족에게 짐이 된다고 인식하면 자살의 위험이 증가한다(Yip et al., 2010).

예방과 치료

젊을 때와 마찬가지로 노년기 자살의 위험 신호는 죽는 것에 대한 이야기, 의기소침함, 수면과 식욕의 변화를 포함한다. 하지만 가족, 친구와 돌보는 이는 음식이나 치료의 거부와 같은 노년기 특유의 간접적인 자기파괴 행위들도 잘 주시해야 한다.

자살하려는 노인이 우울해할 때 가장 효과적인 치료는 은퇴, 배우자 상실, 질병으로 인한 의존 등과 같은 역할 변화에 대처하도록 도움을 주는 치료와 함께 항우울제의 처방을 병행하는 것이다. 왜곡된 사고방식("나는 늙어서 내 문제를 해결할 수 있는 길은 하나도 없어.", "나는 자녀들에게 짐이 되고 있어.")은 반박되고 수정되어야 한다. 외로움과 절망을 감소시키는 방법을 찾기 위해 가족을 만나는 것도 도움이 된다.

지역사회는 지역사회 전반에 걸친 위험요인들에 대한 스크리닝, 노인들이 삶의 전환기에 대처하도록 돕는 프로그램, 정서적 지원을 제공하는 전문 자원봉사자와의 위기 전화상담, 정기적인 가정 방문자나 '2인 1조 방식'의 전화통화를 주선하는 기관과 같은 예방 단계들의 중요성을 깨닫기 시작했다(Draper, 2014). 하지만 지금까지 이러한 대부분의 노력들은 남성보다는 여성들에게 더 이득이 되었는데, 왜냐하면 여성들은 불안과 같은 고위험 증상이 있을 때 건강 전문가를 더 많이 찾아가고 사회적 자원을 더 많이 활용하는 경향이 있기 때문이다.

마지막으로, 노인 자살은 논쟁이 될 만한 윤리적 문제를 제기한다. 말기 불치병 환자는 자신의 목숨을 끊을 권리가 있는가? 이 주제는 제9장에서 다룰 것이다.

미국의 고령 노인, 특히 백인 남성들의 자살률이 최근 증가해왔다. 인생 후반기에 일어나는 대부분의 자살은 편안함과 삶의 질을 심각하게 훼손하는 질병 때문이다. 사회적 고립은 자살 위험을 더욱 증가시킨다.

발견은 왜 지각된 사회적 지원(노인들이 필요할 때 가족이나 친구들에게 의지할 수 있다고 느낌)이 장애를 가진 노인들의 긍정적인 사고방식과 관련되는 반면에 가족과 친구들이 제공하는 도움의 단순한 양은 거의 영향이 없는지를 분명하게 보여준다(Uchino, 2009).

마지막으로, 다양한 형태의 도움 외에, 노인들은 애정, 자기가치에 대한 확신, 소속감을 제공하는 사회적 지원으로부터 이득을 얻는다. 외향적인 노인들은 다른 사람들과 교류하는 기회를 이용할 가능성이 높고, 따라서 외로움과 우울을 덜 느끼며 자기존중감과 생활만족도가 더 높다(Mroczek & Spiro, 2005). 하지만 다음 절에서 보게 될 텐데, 노년기의 만족을 주는 사회적 유대는 접촉의 양과는 별로 상관이 없다.

대신, 친절, 격려, 존경과 정서적 친밀감을 표현하는 높은 질의 관계가 노년의 정신건강에 큰 영향을 준다.

묻고 대답하기

연관지어보기 자신의 상황(신체적 변화, 건강, 부정적 생활 변화, 사회적 지원)에 대한 노인들의 인식을 이해하는 것이 왜 중요한가? 대부분 노인들의 인식이 어떻게 심리적 안녕감을 높이는가?

적용해보기 85세인 미리엄은 옷을 입는 데 시간이 오래 걸렸다. 그녀의 집안일을 도와주는 조앤은 "지금부터는 내가 올 때까지 옷 입지 말고 기다리세요. 내가 도와주면 시간이 오래 걸리지 않을 거예요"라고 말했다. 조앤의 접근방법이 미리엄의 성격에 어떤 영향을 줄 것 같은가? 여러분이 추천할 수 있는 다른 접근방법은 무엇인가?

생각해보기 여러분이 아는 노인들 중에, 제3연령기의 설명에 잘 들어맞는 사람이 있는가? 이야기해보라.

변화하는 사회적 세계

8.5   유리 이론과 활동 이론의 한계를 논하고 보다 최신의 관점인 연속 이
       론과 사회정서적 선택 이론을 설명하라.

8.6   지역사회, 이웃, 그리고 주거 배치가 노인들의 사회적 삶과 적응에 어
       떤 영향을 주는가?

월트와 루스는 외향적 성격이어서 많은 가족 구성원들과 친
구들이 그들을 찾았고, 그들은 자주 거기에 보답했다. 반면
에 딕은 고집이 세서 그와 골디는 여러 해 동안 사회적 관계
망이 훨씬 더 제한되어 있었다.

앞에서도 주목했듯이, (월트와 루스처럼) 외향적인 사람
들은 (딕과 같이) 사회적 기술이 부족한 내향적인 사람들보
다 더욱 넓은 범위의 사람들과 지속적으로 교류한다. 그럼에
도 불구하고 횡단연구와 종단연구 모두에서 사회적 관계망
의 크기와 그에 따른 사회적 교류의 양은 사실상 모든 사람
에게서 감소함을 확인했다(Antonucci, Akiyama, & Takahashi,
2004; Charles & Carstensen, 2009). 이러한 발견은 흥미로운
역설을 보여준다. 사회적 교류와 사회적 지원이 정신건강에
중요하다면, 어떻게 노인들이 젊은 사람들에 비해 교류를 더
적게 하면서도 일반적으로 삶에 만족해하고 덜 우울해할 수
있는가?

노화의 사회적 이론

노화의 사회적 이론들은 노인들의 사회적 활동 변화를 설명
해준다. 두 가지 오래된 이론은 사회적 교류의 감소를 상반
된 방식으로 해석한다.

유리 이론(disengagement theory)에 따르면, 노인들은 그들
의 활동 수준을 낮추고 교류를 덜 하며, 죽음을 예상하면서
자신의 내면생활에 더 열중하게 된다(Cumming & Henry,
1961). 하지만 모든 사람이 유리되는 것은 아님은 분명하다!
다양한 문화에서 많은 노인들이 명성과 권력을 가진 새로운
지위로 이동하면서 자신의 일을 지속한다(제7장 참조). 또 다
른 사람들은 그들의 지역사회에서 새롭고 보람 있는 역할을
개발한다.

유리 이론의 문제점을 극복하기 위한 시도로서, 활동 이론
(activity theory)은 노인들이 원해서가 아니라 참여에 대한 사
회적 장벽 때문에 사회교류의 비율이 감소한다고 주장한다.
어떤 역할이나 관계를 상실했을 때(예 : 은퇴나 배우자 상실
등), 여전히 활동적이기 위해서 다른 역할을 찾으려고 노력

한다(Maddox, 1963). 하지만 건강상태를 통제하면, 더 큰 사
회적 관계망을 가지고 더 많은 활동에 참여하는 노인들이 반
드시 더 행복한 것은 아니다(Charles & Carstensen, 2009). 노
년의 심리적 안녕을 예측하는 것은 관계의 양이 아니라 질이
라는 것을 기억하자.

보다 최근의 접근들 — 연속 이론과 사회정서적 선택 이론
— 은 노인들의 사회적 참여가 노년기 심리적 변화와 사회적
맥락 모두에 영향을 받는 것으로 본다. 결과적으로, 이 이론
들은 더 광범위한 결과들을 설명한다.

연속 이론   연속 이론(continuity theory)에 따르면, 대부분의
노인들은 개인의 체계, 즉 정체성과 성격 성향, 관심사, 역
할, 기술을 유지하려고 노력하는데 이것은 과거와 예상되는
미래 사이에 일관성을 확보함으로써 삶에 대한 만족감을 높
인다. 이렇게 연속성을 위해 노력하는 것이 노인들의 삶이
정적이라는 것을 의미하지는 않는다. 반대로, 노화는 필연적
으로 변화를 일으키지만 대부분의 노인들은 일생에 걸쳐 터
득한 잘 훈련된 전략들에 의지하여 이러한 변화들을 하나의
통일되고 일관된 삶의 경로로 통합함으로써 스트레스와 나
쁜 결과를 최소화하려고 노력한다. 그들은 가능하면 익숙한
기술을 사용하고 익숙한 사람들과 익숙한 활동을 하는 것을
선택한다. 이러한 선호는 삶의 일정과 방향에 대한 안정감을
제공해준다.

연구에 의하면 노인들은 일상의 일과 관계에서 높은 정도
의 연속성을 보인다. 대부분의 경우 그들이 교류하는 친구들

이들 직업 음악가들은 은퇴 후 지역사회 밴드의 일원으로 활동한다 — 이것은 그들
의 정체감을 확인시켜주고, 보람 있는 관계와 관심사를 유지하고, 자존감과 삶의
만족을 증진시키는 연속성이다.

과 가족들은 거의 변함없고, 일, 봉사활동, 여가, 사회적 활동도 마찬가지다. 심지어 (은퇴와 같은) 변화 후에도, 사람들은 대개 새롭지만 친숙한 영역에 참여함으로써 이전 삶의 방향의 연장선에서 선택을 한다. 예를 들어 어린이 서점에서 퇴직한 지배인은 그의 친구들과 함께 어린이 도서관을 지어서 그것을 해외 고아원에 기증했다. 관절염 때문에 더 이상 바이올린을 연주하지 못하게 된 음악가는 음악을 좋아하는 친구들과 함께 음악을 듣고 음악에 대해 이야기하는 정기 모임을 마련했다. 연속 이론의 창시자인 로버트 애칠리(Robert Atchley, 1989)는 "대부분의 노인들에게 일상생활은 마치 장기 공연하는 즉흥 연극과 같다… 즉흥 연극에서의 변화는 완전히 새로운 연극이 아니라 대개 새로운 에피소드의 형태이다"(p. 185)라고 했다.

노인들이 연속성에 의지하는 것은 많은 이점을 지닌다. 익숙한 사람들과 익숙한 활동에 참여하는 것은 반복 행위를 통해 신체 기능과 인지 기능을 유지하는 것을 돕고, 자기존중감과 숙달감을 증진하고, 정체성을 확인하도록 한다(Finchum & Weber, 2000; Vacha-Haase, Hill, & Bermingham, 2012). 오래 계속되는 가까운 관계에 투자하는 것은 편안함과 즐거움, 사회적 지원의 관계망을 제공해준다. 마지막으로, 연속성을 추구하는 것은 개인의 역사에 대한 의미를 보존해야 얻을 수 있는 에릭슨의 자아통합감을 얻는 데 필수적이다(Atchley, 1999).

노화의 사회적 맥락과 관계에 대해 탐색하면서, 노인들이 노화를 '완만한 경사'로서 긍정적으로 경험하기 위해서 어떻게 연속성을 이용하는지에 관한 많은 사례를 보게 될 것이다. 또한 노인들이 그렇게 하도록 지역사회가 도울 수 있는 방법을 제시할 것이다. 논의에서 이야기하겠지만, 활동과 생활양식에서 연속성을 얻는 데 많은 지장이 있는 사람들이 노화에 적응하는 데 가장 큰 어려움을 겪는다.

사회정서적 선택 이론 나이 들어 가면서 사람들의 사회적 관계망이 연속성을 유지하면서도 어떻게 사회적 관계망이 좁아지는가? **사회정서적 선택 이론**(socioemotional selectivity theory)에 의하면, 노년기의 사회적 교류는 일생에 걸친 선택 과정의 연장이다. 중년기에는 부부관계가 깊어지고 형제자매가 가까워지며 친구관계의 수는 감소한다. 노년기에는 가족과 오래된 친구들과의 접촉이 80대까지 지속되다가, 점차 소수의 매우 가까운 관계들만으로 줄어든다. 반면에 그림 8.1

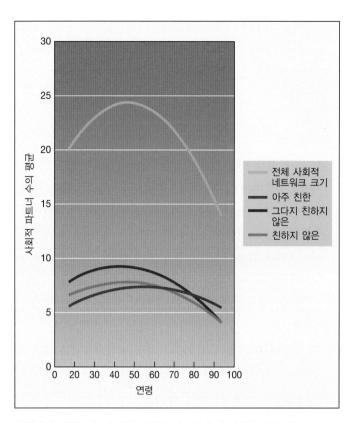

그림 8.1 친한 정도가 다른 사회적 파트너 수의 연령에 따른 변화 성인 초기부터 노년기까지의 약 200명의 성인들을 10년 동안 추적 조사했는데, 그 기간 동안 주기적으로 자신의 사회적 관계망에서 '아주 친한', '그다지 친하지 않은', 그리고 '친하지 않은'으로 느끼는 사람들을 나열하도록 했다. 전체 사회적 관계망 크기는 중년기부터 노년기까지 급격하게 감소했다. 그와 같은 감소는 대개 '그다지 친하지 않은'과 '친하지 않은' 사회적 파트너에 의한 것이었다. '아주 친한' 파트너는 최소한으로 감소했다(T. English & L. L. Carstensen, 2014, "Selective Narrowing of Social Networks Across Adulthood Is Associated with Improved Emotional Experience in Daily Life," *International Journal of Behavioral Development, 38,* p. 199. Adapted by permission of Sage Publications).

에서 볼 수 있듯이, 덜 친밀한 사람들과의 관계는 중년기부터 노년기까지 급격히 감소한다(Carstensen, 2006; English & Carstensen, 2014; Wrzus et al., 2013).

이러한 변화를 어떻게 설명할 수 있을까? 사회정서적 선택 이론은 노화가 사회적 교류의 기능에 변화를 가져온다고 설명한다. 여러분이 자신의 사회적 관계망에 있는 구성원들과 교류하는 이유를 생각해보자. 때때로 여러분은 정보를 얻기 위해 그들에게 다가간다. 때로는 한 개인으로서 여러분의 가치를 확인하기 위해서 그리 한다. 여러분은 또한 긍정적인 감정을 유발하는 사람들에게 다가가고, 여러분을 슬프거나 화나거나 불편하게 하는 사람들을 피하면서, 정서를 조절하기 위해 사회적 대상을 선택한다. 일생 동안 정보를 수집해온 노인들에게 정보 수집의 기능은 덜 중요해진다. 그리고 노인들은 자기확인을 위해 모르는 사람에게 접근하는 것은 위험하다는 것을 안다—노화에 대한 고정관념으로 인해서, 친절한 척하거나, 적대적이거나, 또는 무관심한 반응을 받게 될 확률이 높다.

대신, 노인들은 교류의 정서조절 기능을 강조한다. 한 연구에서 젊은이들과 노인들에게 그들의 사회적 대상들을 분류하도록 요청했다. 젊은 사람들은 정보 추구와 미래 접촉을 기준으로 분류한 경우가 많은 반면에, 노인들은 예상되는 감정을 강조했다(Frederickson & Carstensen, 1990). 노인들은 즐거운 관계를 가까이하고 불쾌한 관계를 피하려는 동기가 높은 것으로 나타났다. 주로 친척, 친구들과 교류함으로써 노인들이 일종의 예기적인 정서조절을 한다는 것에 주목하라—이것은 정서적 평정상태를 유지할 수 있는 가능성을 높여준다.

친밀한 유대 속에서 노인들은 자신의 정서적 전문성을 적극적으로 활용하여 조화를 이루어 나간다. 노인들은 젊은 사람들보다 대인 간 갈등을 건설적으로 해결하는 경향이 있다는 긍정성 효과에 대한 논의를 떠올려보라(295쪽 참조). 또한 노인들은 그 상황에서 자주 긍정적인 것을 인지함으로

93세와 89세인 두 자매는 열정적으로 서로 반갑게 맞이한다. 오른쪽에 있는 동생은 이 재회를 위해 폴란드에서 뉴욕까지 왔다. 정서적 평정심을 유지하고 스트레스를 줄이기 위해 노인들은 점점 더 친숙하고, 정서적으로 가치가 있는 관계를 중요하게 생각한다.

써, 갈등을 스트레스를 덜 받는 쪽으로 재해석한다(Labouvie-Vief, 2003). 결과적으로, 노인들은 더 작은 사회적 관계망에도 불구하고, 젊은 사람들보다 친구들과 더 행복해하고, 문제가 있는 관계를 더 적게 보고하고 대인 간 갈등에 부딪혔을 때 괴로움을 더 적게 느낀다(Blanchard-Fields & Coats, 2008; Fingerman & Birditt, 2003).

대규모 연구는 사람들의 시간 지각이 그들의 사회적 목표와 강하게 연관되어 있음을 확인했다. 만약 여러분에게 미래의 시간이 별로 없다면, 여러분은 누구와 시간을 보내기를 선택할 것인가? 남아 있는 시간이 제한되어 있을 때, 모든 연령대의 성인은 그들의 사회 경험의 정서적인 질을 더 강조한다. 장기 목표에 초점을 두기보다는 지금 여기에서의 관계를 정서적으로 만족시키는 것을 강조하는 쪽으로 옮겨 간다(Charles & Carstensen, 2010). 이와 유사하게, 시간이 '다 되었음'을 깨닫게 된 노인들은 가망이 없는 미래의 이익에 시간을 낭비하지 않고 대신 가까운 친구들과 가족에게 몰두한다. 게다가 일반적으로 제한된 시간을 가진 자신에게 소중한 사람들과 긍정적인 교류를 촉진할 수 있는 특별한 행동을 취한다. 예를 들면 노인인 친구들과 친척들을 젊은 사람들보다 친절하게 대하고, 그들의 사회적 침범을 쉽게 참아주거나 용서한다(Luong, Charles, & Fingerman, 2011). 이런 방식으로, 사회적 파트너들은 노인들이 만족스러운 관계 경험을 하도록 돕는다.

노인들이 관계의 질을 중요하게 여긴다는 사실은 방금 기술한 제한된 사회적 관계의 문화적 예외를 설명하는 데 도움이 된다. 상호의존적 자기에 가치를 두고 자신의 사회적 집단에 변함없이 소속되는 것을 중요하게 생각하는 집단주의 사회에서, 노인들은 모든 파트너들과 높은 질의 유대를 유지하려는 동기를 가질 수 있다! 이러한 예측과 비슷하게, 홍콩에서 수행된 연구에서 상호 의존성에서 높은 점수를 얻은 노인들은 정서적으로 가까운 사회적 파트너의 수가 많았고 아주 고령까지도 친밀하지 않은 주변적 사회적 파트너의 수를 동일하게 유지했다(Yeung, Fung, & Lang, 2008). 반대로 상호 의존성을 낮게 평정한 홍콩 노인들은 서구 노인들과 비슷했다—그들은 사회적 유대를 몇몇 친밀한 관계로 점차적으로 줄여나갔다.

요약하면, 사회정서적 선택 이론은 노인들이 높은 질의 정서적으로 만족감을 주는 관계를 선호하는 것이 주로 그들의 축소된 미래와 시간의 귀중함에 기인한다고 본다. 하지만 관

계 질의 의미 그리고 노인들이 즐거운 교류와 자기확인을 위해 만나는 사람들의 수와 다양성은 문화에 따라 다르다.

노화의 사회적 맥락 : 지역사회, 이웃, 주거

노인들이 처해 있는 신체적 맥락과 사회적 맥락은 그들의 사회적 경험에 영향을 주고, 결과적으로 그들의 발달과 적응에 영향을 준다. 지역사회, 이웃, 그리고 주거 배치에 따라 노인들의 사회적 욕구가 충족되는 정도는 다르다.

지역사회와 이웃 백인 노인의 1/3만 도시에 사는 데 비해서, 미국의 소수민족 노인의 약 절반 정도와 캐나다의 소수민족 노인의 3/4 정도가 도시에 산다. 대부분의 노인들은 교외에 거주하는데, 그들은 젊은 시절에 이사를 와서 보통 은퇴한 후에도 계속 남아 있다. 교외에 사는 노인들은 도심에 사는 노인들보다 수입이 더 많으며, 건강이 더 좋다고 보고한다. 하지만 도심에 사는 노인들은 대중교통의 면에서는 형편이 더 좋다. 신체적 기능 저하로 인해 집 밖에서의 기동성이 손상되므로, 편리한 버스, 트램, 열차노선이 삶 만족과 심리적 안녕감에서 점점 더 중요해진다(Eibich et al., 2016; Mollenkopf, Hieber, & Wahl, 2011). 게다가 대도시에 사는 노인들은 건강, 수입, 문화 활동과 사회적 서비스의 이용가능성 측면에서 소도시나 시골에 사는 미국 노인의 1/5에 비해 더 낫다(U.S. Department of Health and Human Services, 2015e). 또한 작은 마을과 시골에 사는 노인들은 자녀들과 가까이 사는 경우가 더 드문데, 자녀들이 성인 초기에 지역사회를 떠나기 때문이다.

하지만 작은 마을과 시골에 사는 노인들은 가까이 사는 확

그림과 같이 마음이 맞는 노인 주민들이 많은 이웃 환경에서 살 때, 활기차고 즐거운 대화를 하는 자발적 모임이 더 자주 일어난다.

대가족과 친밀한 관계를 맺고 이웃, 친구들과 더 많이 교류함으로써 자녀와 사회 서비스로부터 멀리 있는 단점을 보완한다(Hooyman, Kawamoto, & Kiyak, 2015; Shaw, 2005). 작은 지역사회는 만족스러운 관계를 촉진하는 특징을 갖는데, 즉 주민의 이동이 없고, 가치와 생활양식을 공유하고, 기꺼이 사회적 지원을 주고받으며, 사회적 방문이 빈번하여 시골 사람들은 서로 예고 없이 방문한다. 그리고 많은 교외와 시골 지역사회는 노인들을 보건소, 사회복지기관, 노인복지관, 쇼핑센터에 태워다 주는 (전용 버스와 승합차 같은) 교통 프로그램을 개발함으로써 노인 주민들의 요구에 대처해 왔다.

도시와 시골의 노인들 모두 이웃에 노인들이 많이 살아서 마음이 맞는 동료 역할을 할 때 더 큰 생활 만족을 보고한다. 이웃과 가까이 사는 친구가 사회적 지원을 할 때, 가족의 존재는 덜 중요하다(Gabriel & Bowling, 2004). 이것은 이웃이 가족관계를 대신한다는 의미는 아니다. 하지만 노인들은 멀리 떨어져 사는 그들의 자녀들과 친척들이 이따금씩 방문하거나 전화나 SNS를 통해 연락을 하며 지내는 한 만족해한다(Hooyman, Kawamoto, & Kiyak, 2015).

도시지역의 노인들과 비교해서, 작거나 중간 크기 지역사회의 조용한 동네에 사는 노인들이 생활에 더욱 만족한다. 더 우호적이고 지지적인 분위기 외에도, 작은 지역사회는 범죄율이 더 낮기 때문이다(Eibich et al., 2016; Krause, 2004). 앞으로 보게 되겠지만, 범죄에 대한 두려움은 노인의 안전감과 편안감에 심각한 부정적인 영향을 미친다.

범죄의 피해와 공포 월트와 루스의 단독가구 주택은 도시에 있었고, 은퇴하기 전에 월트의 사진관이 있었던 상업지역으로부터 다섯 블록 떨어져 있었다. 이웃들이 나이가 들어 가면서 몇 집은 황폐해졌고, 인구는 점점 더 유동적이 되었다. 비록 피해를 당하지는 않았지만 월트와 루스는 범죄가 마음에 걸렸고, 그것은 그들의 행동에 영향을 주었다 — 그들은 해가 지고 나면 인근 거리를 피했다.

언론 보도는 노인을 대상으로 하는 범죄가 흔하다는 믿음을 널리 확산시켜 왔다. 실제로는 노인들이 범죄, 특히 폭력 범죄의 대상이 될 확률은 다른 연령집단보다 낮다. 하지만 도시지역에서 날치기와 소매치기는 젊은이들보다 노인들(특히 여성들)을 대상으로 더 자주 저질러진다(U.S. Department of Justice, 2015). 단 한 번의 사고라도 신체 부상의 가능성과 저소득 노인의 경우 재정적 타격을 줄 수 있기 때문에 노인들

의 마음에 강한 불안을 심어줄 수 있다.

도심지역에서 혼자 사는 쇠약한 노인들에게, 가끔 수입, 건강, 주거에 관한 걱정보다 더 큰 범죄의 공포가 활동을 제한하고 사기를 저하시킨다(Beaulieu, Leclerc, & Dube, 2003). 한 연구에서 폭력 범죄를 경험한 노인들이 신체나 인지장애를 가진 노인들보다 요양원에 입소할 가능성이 더 높았다(Lachs et al., 2006). 주민들이 서로를 돌보도록 권장하는 이웃 파수꾼과 기타 프로그램들이 이웃 내의 소통을 증진하고 이웃 응집력을 강화하며, 공포를 줄여준다(Oh & Kim, 2009).

주거 배치 노인들이 선호하는 거주 형태를 보면, 자신이 일상생활을 통제해 왔던 익숙한 장소에 머무르는 지역사회 **계속 거주**(aging in place)에 대한 강한 희망을 보여준다. 서구의 산업화된 국가들에서 노인들은 그들이 성인이 되어 살아왔던 동네에 머물러 살기를 압도적으로 원한다. 사실 90%의 사람들이 그들의 오래된 집이나 그 근처에 머물러 산다. 미국에서는 단지 약 4%만이 다른 지역으로 이사한다(U.S. Department of Health and Human Services, 2015e). 이러한 이사의 동기는 보통 자녀들과 가까이 살기 위한 것이고, 좀 더 경제적으로 부유하고 건강한 사람들의 경우는 보다 온화한 날씨와 관심 있는 여가활동을 추구할 수 있는 장소를 원하기 때문이다.

대부분의 노인 이사는 같은 마을이나 도시 안에서 이루어지고, 건강의 쇠퇴, 배우자 사별, 혹은 장애로 인해 촉발된다(Bekhet, 2016). 노인들을 위한 주거 배치를 살펴보면서, 우리는 환경이 자기 집에서의 생활과 많이 달라질수록 노인들이 적응하기가 더 힘들어지는 것을 보게 될 것이다.

일반 가정 신체장애가 없는 대다수 노인들의 경우 자기 집에서 사는 것이 개인적인 통제력을 최대한 발휘할 수 있게 해주는데, 즉 공간 배치를 자유롭게 할 수 있고, 자신이 선택한 대로 일과를 계획할 수 있다. 서구 국가들에서는 이전 어느 때보다도 오늘날 더 많은 노인들이 혼자 살고 있는데 이러한 추세는 건강과 경제적 복지 향상에 기인한다(U.S. Department of Health and Human Services, 2015e). 그러나 건강과 기동성에 문제가 생기면, 독립적인 생활은 효과적인 개인-환경 적합성에 위협요소가 된다. 대부분의 집은 젊은이들을 위해 설계된다. 노인 거주자의 신체 능력에 맞춰서 수정되는 것은

매우 드물다.

루스가 80대 중반이 되었을 때, 시빌은 자기 집으로 이사오라고 사정했다. 남유럽, 중부유럽, 동유럽(그리스, 이탈리아, 폴란드 등)계의 많은 성인 자녀들과 마찬가지로, 시빌은 노쇠한 어머니를 모셔야 한다는 특별히 강한 의무감을 느꼈다. 아프리카계 미국인, 아시아계 미국인, 라틴 아메리카계 미국인, 미국 원주민들처럼 이런 문화적 배경을 가진 노인들은 종종 대가족으로 생활하는 경우가 많다(제6장 참조).

그러나 가난 때문에 그렇게 못하는 경우가 많기는 하지만, 소수민족 노인들도 점점 더 많은 수가 독립적인 생활을 원한다. 예를 들어 20년 전에는 대부분의 아시아계 미국 노인들이 자녀와 함께 살았지만 오늘날은 65%가 독립적으로 사는데, 이러한 추세는 일본과 같은 특정 아시아 국가에서도 분명하게 나타난다(Federal Interagency Forum on Aging Related Statistics, 2012; Takagi & Silverstein, 2011). 자기 집을 유지할 만한 충분한 수입이 있으므로, 루스는 시빌의 집으로 들어가는 것을 거절했다. 연속 이론은 많은 노인들이 건강 문제가 심각해진 후조차도 왜 이런 식으로 반응하는지를 이해하는 데 도움을 준다. 기억할 만한 생활 사건들이 일어난 장소로서, 집은 과거와의 연속성을 강화하는데, 노인들이 신체적 쇠퇴와 사회적 상실에 직면해서도 정체감을 유지하도록 해준다. 그리고 그것은 노인들이 주위 환경에 익숙하고 편안하게 적응하도록 해준다. 노인들은 또한 자신의 독립성, 사생활, 가까이 사는 친구와 이웃의 관계망을 소중하게 여긴다.

과거 반세기 동안 비혼, 이혼, 배우자 사별로 혼자 사는 노인들의 숫자가 급격히 증가했다. 거의 30%의 미국 노인들이 홀로 살고 있으며, 이 수치는 85세 이상 노인의 경우 거의 50%로 증가한다(U.S. Department of Health and Human Services, 2015e). 이런 추세는 모든 노인인구에서 분명하지만 남자들 사이에서는 덜 뚜렷하다. 여자들에 비해서 남자들은 고령이 될 때까지 배우자와 함께 살 가능성이 훨씬 더 높기 때문이다.

혼자 사는 미국 노인의 35% 이상은 매우 가난하다. 이 비율은 노인 부부의 경우보다 몇 배나 높다. 이 중 70% 이상이 배우자를 잃은 여성이다. 일부는 젊은 시절부터 저소득층이었으므로, 나이가 들어서도 마찬가지로 가난하다. 나머지는 종종 배우자가 의료비가 많이 드는 질병을 장기간 앓다가 죽은 후 홀로 남아서 처음으로 가난을 경험하게 된다. 나이가 들수록, 재산이 줄어들고 자신의 건강관리 비용이 증가

해서 재정 상태가 악화된다(National Institute on Retirement Security, 2016). 이런 조건에서 고립, 외로움, 우울함이 쌓이게 된다. 다른 서구 국가들보다 미국에서 혼자 사는 여성 노인들의 가난이 더 심각한데, 그 이유는 미국의 정부지원 수입과 건강보험금이 덜 후하기 때문이다. 결과적으로, 빈곤의 여성화가 노년기에 더 심화된다.

주거 공동체 65세 이상 미국 노인들의 약 12%가 주거 공동체에서 생활하는데, 나이가 들수록 기능적 제한이 증가하기 때문에 이 비율은 증가한다. 85세 이상에서는 27%가 공동체에 사는데 그런 공동체는 매우 다양하다(Freedman & Spillman, 2014). 노인들을 위해 개발된 주택은, 단독주택이든 아파트 단지든 노인들의 능력에 맞춰서 개량되었다는 점에서 일반 가정과 다르다(예 : 단층의 생활공간, 욕실의 손잡이 바 등). 일부는 빈곤 노인을 위한 연방정부 보조금 지원 시설일 수도 있지만, 대부분의 경우는 오락 시설과 인접해 있고 사립으로 개발한 은퇴 마을이다.

일상생활 과제에 보다 도움이 필요한 노인들은 **생활지원시설**(assisted living)을 이용할 수 있다(제7장 참조). **독립 주거 공동체**(independent living community)—점점 일반적이 되어 가고 있다—는 공동 식당에서의 식사, 가사일, 세탁 서비스, 교통지원, 여가활동을 포함하여 호텔과 같은 다양한 지원 서비스를 제공한다. **연속적 돌봄 공동체**(life-care community)는 폭넓은 주거 대안들을 제공한다—독립 주거, 신체장애와 정신장애를 가진 노인들을 돌보기 위해 개인적인 건강 관련 서비스를 제공하는 주거, 완전한 요양시설 간호. 처음에 목돈을 지불하고 부가적으로 매달 요금을 지불함으로써, 평생 간호는 나이가 들어 가면서 변화하는 요구가 한 시설 내에서 충족되도록 보장한다.

자기 집에서 계속 살았던 루스와 월트와는 달리, 딕과 골디는 60대 후반에 가까이 있는 연속적 돌봄 공동체로 들어가기로 결정했다. 딕에게 이러한 이주는 긍정적인 전환점이 되었는데, 바깥 세계에서의 과거 실패를 제쳐두고, 현재 함께하는 생활에서 동년배들과 관계를 맺도록 해주었다. 딕은 만족스러운 여가활동을 찾았다—딕은 운동 수업을 이끌고, 골디와 함께 자선활동을 조직하고, 제빵사로서 자신의 기술을 활용하여 생일과 기념일 축하 케이크를 만들어주었다.

노인들의 역량이 변하는 것에 따라 효율적인 개인-환경 적합성을 유지함으로써, 연속적 돌봄 공동체는 신체적·정

연속적 돌봄 공동체 거주자들은 식사를 하기 위해 공동 식당에 모인다. 다양한 주거 대안과 함께 개인적인 서비스와 건강 관련 서비스 및 간호를 제공함으로써, 연속적 돌봄 공동체는 같은 시설 내에서 나이 들어 가면서 변화하는 노인들의 욕구를 충족시킨다.

신적 건강에 긍정적인 효과를 가진다. 특별히 설계된 물리적 공간과 필요에 따른 개인적인 건강 관련 지원은 노인들이 기동성과 자기관리의 제약을 극복하도록 도와줌으로써 사회 참여를 더 많이 할 수 있게 하고 보다 적극적인 생활 방식을 가능하게 해준다(Croucher, Hicks, & Jackson, 2006; Jenkins, Pienta, & Horgas, 2002). 그리고 노인의 지위가 낮아지는 사회에서 비슷한 연령의 사람들끼리 생활하는 것은 그런 생활을 선택한 대부분의 노인들에게 만족을 준다. 그런 생활은 유용한 역할을 하고 지도력을 발휘할 기회를 제공할 수 있다. 노인들이 환경을 사회적 지원이 많은 것으로 지각할수록, 노인들은 서로 협력해서 노화가 주는 스트레스에 대처하고 다른 거주자들에게 도움을 제공한다(Lawrence & Schigelone, 2002). 집단 주거는 노인 거주자들 사이에 상호 지원 관계를 증진시키는 데 적합한 것으로 보인다.

그럼에도 불구하고, 특성에 있어서 매우 다양한 생활지원시설을 관리하는 미국 연방정부 규제가 없다. 수입이 낮은 소수민족 노인들은 생활지원시설을 이용할 가능성이 적다. 재정적 자원이 제한적인 노인들이 생활지원시설로 들어갈 때는 대개 언제, 어디로 갈지에 대한 주도권이 부족하여 낮은 질의 시설로 들어가게 되는데 이러한 시설은 높은 스트레스를 준다. 생활지원시설에 있는 거주자의 거의 42%는 지난 한 달 동안 욕구가 충족되지 않은 경험을 했다고 보고했는데, 이것은 대부분 자기관리와 관련되어 있지만 또한 시설 내에서 돌아다니거나 밖으로 나가는 것과도 관련이 있다(Ball et al., 2009; Freedman & Spillman, 2014). 그리고 어떤 주에

서는, 생활지원시설이 요양 간호와 의료 관리를 하는 것이
금지되어 있어서 거주자들이 건강이 나빠지면 시설을 떠나
야 한다(National Center for Assisted Living, 2013).

하지만 지역사회 계속 거주를 가능하게 하는 물리적 설계
와 지원 서비스가 노인들의 안녕감에 핵심적이다. 집과 같
은 주변 환경, 의미 있는 활동, 광역 단위를 사회적 역할과 관
계를 촉진하는 작은 단위로 나누는 것, 변해가는 건강 문제
에 적응하도록 돕는 최신의 보조공학 등이 여기에 포함된다
(Oswald & Wahl, 2013).

비슷한 배경을 가진 거주자들이 가치와 목표를 공유하는
것도 삶의 만족을 높인다. 주변 환경에 사회적으로 통합되어
있다고 느끼는 노인들이 그곳을 집처럼 편안하게 생각할 가
능성이 더 높다. 마음이 맞는 동료들이 부족한 사람들은 자
신의 집처럼 생각하지 않고, 외로움과 우울증을 경험할 위험
이 높다(Adams, Sanders, & Auth, 2004; Cutchin, 2013).

요양시설 65세 이상의 북미 노인들 중 약 3%와 85세 이상
의 약 절반이 요양시설에서 거주한다(Bern-Klug & Manthai,
2016). 그들은 자율성과 사회적 통합이 극도로 제약받고 있
음을 경험한다. 요양시설에서는 잠재적인 친구는 많지만 교
류는 적다. 사회적 교류에서 정서를 조절하기 위해서는(노인
들에게 매우 중요함), 사회적 경험에 대한 개인적인 통제가
지극히 중요하다. 하지만 요양시설 거주자들이 자신들의 사
회적 대상을 선택할 수 있는 기회는 거의 없으며, 접촉의 시
기는 노인들의 선호에 의해서라기보다는 직원들에 의해서
보통 결정된다. 사회적 철회는 전형적으로 거주자들이 자신
의 능력을 활용할 수 있는 소수의 방식만이 있는 이렇게 혼
잡하고 병원 같은 상황에 대한 적응 반응이다. 외부세계 사
람들과의 교류가 요양시설 거주자들의 생활 만족도를 예측
하지만, 시설 안에서의 교류는 그렇지 않다(Baltes, Wahl, &
Reichert, 1992). 정신장애는 없지만 신체장애가 있는 요양
시설 거주자들이 공동체 거주자들에 비해 훨씬 더 우울하고
불안하고 외로운 것은 놀라운 일이 아니다(Guildner et al.,
2001).

좀 더 집과 같은 분위기의 요양시설을 고안하는 것은 거
주자들의 안전감과 통제감을 증가시키는 데 도움을 줄 수 있
다. 보통 이윤을 위해 운영되는 미국의 요양시설들은 종종
거주자들을 무리하게 채우고 획일적인 운영을 한다. 이와는
대조적으로, 유럽의 시설들은 공적 자금의 지원을 후하게 받

THE GREEN HOUSE® 모델은 요양원, 생활지원시설, '독립' 주거 간 구별을 흐리
게 만든다. 집과 같은 이 세팅에서, 거주자들은 자신의 일상 스케줄을 결정하고 가
사를 돕는다. Green House 주거 환경은 이제 미국 30개 이상의 주에 존재한다.

아서 높은 수준의 생활지원시설과 유사하다.

THE GREEN HOUSE® 모델이라고 불리는 획기적으로
변화된 미국의 요양시설 설계 계획은 미시시피의 크고 오래
된 한 요양시설을 10개의 작은 자급자족의 집으로 바꾸었다
(Rabig et al., 2006). 각 집은 10명 이하의 거주자로 제한되고,
각자는 개인 침실과 욕실이 갖추어진 방에서 살고 방들 중
앙에는 가족 형태의 공용 공간이 있다. 개인적 돌봄을 제공
하는 것 이외에도 요양시설의 정규 직원이 노인들의 통제감
과 독립성을 촉진한다. 거주자들은 자신의 일상 스케줄을 스
스로 결정하고 여가활동과 식사를 계획하고 준비하는 것, 청
소, 정원 돌보기, 반려동물 돌보기 등의 가사일 모두에 공동
으로 참여한다. 간호사, 치료자, 사회복지사, 의사, 약사 자
격 등을 갖춘 전문적인 지원팀이 정기적으로 거주자들의 건
강을 돌보기 위해 방문한다. Green House 거주자들을 전통적
인 요양시설 거주자들과 비교했을 때, Green House 노인들이
더 나은 삶의 질을 보고했고 시간이 지나도 일상생활을 수행
하는 능력의 감퇴가 더 적었다(Kane et al., 2007).

Green House 모델에서는 요양시설, 생활지원시설, '독립'
주거 사이의 구분이 모호하다. 집을 중심으로 만드는 창립
이념에 의해 Green House 접근은 노년기 안녕감을 보장하는
지역사회 계속 거주와 효율적인 개인-환경 적합성 모두를
포함한다─신체적·정서적 편안함, 거주자들이 자신의 능

묻고 대답하기

연관지어보기 사회정서적 선택 이론에 따르면, 시간이 제한적일 때, 사람들은 자신의 사회적 관계의 정서적 질에 초점을 둔다. 이러한 목표를 달성하기 위해 노인들은 자신의 정서적 전문성을 어떻게 활용하는가?

적용해보기 샘은 30년 넘게 살아온 집에서 혼자 산다. 성인이 된 그의 자녀들은 왜 그가 건너편 마을의 현대적인 아파트로 이사하려고 하지 않는지 이해하지 못한다. 샘이 왜 현재 살고 있는 곳에 그대로 머무르려 하는지 연속 이론으로 설명해보라.

생각해보기 여러분이 생활지원시설에 거주하고 있다고 상상해보라. 여러분이 생활하는 환경이 갖추기를 원하는 특징들을 모두 열거하고, 각각이 어떻게 효과적인 개인-환경 적합성과 긍정적인 심리적 안녕감의 보장을 도울 수 있는지를 설명하라.

력을 최대한 활용할 수 있도록 해주는 즐거운 일상 업무, 의미 있는 사회적 관계.

노년기 관계

8.7 결혼, 동성애 관계, 이혼, 재혼, 사별, 그리고 비혼의 자녀가 없는 노인들을 포함하여 노년기 관계 변화를 설명하라.

8.8 형제관계와 친구관계가 노년기에 어떻게 변하는가?

8.9 노년기에 성인 자녀와 성인 손자녀와의 관계를 설명하라.

8.10 노인 학대의 위험요인, 결과, 예방 전략에 대해 논하라.

사회적 호위대(social convoy)는 우리가 평생을 살아가는 동안 우리의 사회적 관계망 속에 일어나는 변화에 대한 영향력 있는 모델이다. 서로를 보호하고 지원하면서, 함께 여행을 하고 있는 한 무리의 배들 속에 있는 여러분을 한번 상상해보라. 안쪽 가까이 있는 배들은 여러분에게 가까운 사람들, 즉 배우자, 친한 친구, 부모 혹은 자녀 등을 상징한다. 덜 가깝지만 여전히 중요한 배들은 바깥쪽에서 여행한다. 연령에 따라 배들은 호위대 속에서 위치를 바꾸게 되는데, 어떤 배들은 떠내려가 버리는 반면에, 다른 배들이 행렬에 합류한다(Antonucci, Birditt, & Ajrouch, 2011; Antonucci, Birditt, Akiyama, 2009). 하지만 호위대가 여전히 존재하는 한 여러분은 긍정적으로 적응한다.

다음 절에서 우리는 다양한 생활양식의 노인들이 가족 구성원들과 친구들의 사회적 관계망을 유지하는 방식을 검토할 것이다. 관계가 느슨해지면, 비록 젊을 때만큼은 아니더라도, 노인들은 다른 사람들을 보다 가까이 끌어들이고 때로는 새로운 관계를 만들기도 한다(Cornwell & Laumann, 2015). 동년배들이 사망하면서, 비록 호위대의 크기가 줄어들긴 하지만, 자신의 안녕감에 기여하는 핵심집단에 속한 사람이 없는 노인은 거의 없다. 이것은 효과적인 사회적 관계망을 유지하는 데 있어서 노인들이 탄력적이라는 증거다(Fiori, Smith, & Antonucci, 2007). 그러나 슬프게도, 어떤 노인들에게는 사회적 호위대가 와해되기도 한다. 우리는 또한 노인들이 가까운 사람들에 의해 학대와 무시를 경험하는 상황을 살펴볼 것이다.

결혼

횡단연구에 기초해서 오랫동안 중년기부터 노년기까지 결혼만족이 증가한다고 여겨져 왔다. 그러나 종단연구 결과 결혼 행복에서 이와 같은 외관상의 상승세는 동년배 효과인 것으로 드러났다(Proulx, 2016; VanLaningham, Johnson, & Amato, 2001). '마지막 몇십 년 동안이 가장 행복했다'고 월트가 루스에게 한 말은 부분적으로는 그들이 결혼했던 1950년대라는 시대의 결과일 수 있다. 1980년대에 이르러, 여러 가지 사회적 변화는 결혼 만족에 상당한 위협이 되었다. 미국 가정이 겪는 재정적 어려움의 증가, 많은 결혼한 여성들이 직장으로 돌아감에 따라 역할 과중이 증가함, 결혼생활 내 역할과 관련되어 성역할 기대에 대한 불일치가 커짐, 결혼에 대해 개인주의적 태도가 커짐 등이다(제4장과 제6장 참조).

성인 초기, 중년기와 마찬가지로 노년기 결혼만족의 궤도도 다양하다(Proulx, 2016). 한 연구에서 결혼생활을 유지하고 있는 700명을 1980년에 처음으로 인터뷰하고, 이후 20년 동안 주기적으로 인터뷰해 40~50년 동안의 결혼만족을 추적했다. 그림 8.2에서 보는 것과 같이, 참여자들은 5개의 유형 중 하나였는데, 높고 안정적인 결혼만족 두 유형, 낮고 안정적인 한 유형, 감소 후 노년기에 상승하는 한 유형, 성인 초기부터 계속 감소하는 한 유형이다(Anderson, Van Ryzin, & Doherty, 2010). 결혼 문제와 함께 하는 활동에 보낸 시간이 이러한 궤도와 일치하는 경향이 있었다. 게다가 계속해서 감소하는 유형은 경제적 어려움을 가진 사람들의 비율이 가장 높았다.

그림 8.2에서 참여자들의 2/3가 성인기 동안 안정적이고 행복한 결혼을 유지한다는 것에 주목하라. 또한 낮은 결혼의 질이 노년기에 역전되는 것도 초기에 보람 있는 결혼을 경험했던 사람들만이 가능하다. 아마도 이전의 행복했던 시간에 대한 기억이 자녀 양육, 직업과 가족의 요구 사이에 균형을 맞추는 것과 같은 한때 스트레스를 주었던 책임에 대한 노력을 줄이려는 목표를 세우도록 만들었을 것이다.

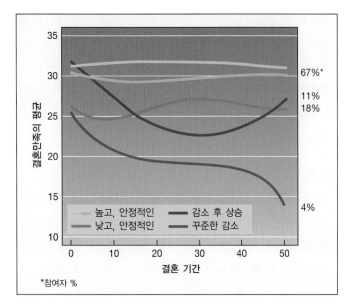

그림 8.2 결혼 행복감의 궤적 결혼생활을 지속적으로 하고 있는 700명을 20년 동안 추적 조사한 연구에서, 참가자들은 다섯 가지의 패턴으로 구분되었다. 2/3은 안정적으로 높은 결혼만족을 보인 반면, 1/5 미만의 사람들은 낮은 결혼만족 상태가 계속되었다. 극소수는 낮으면서 꾸준히 감소하는 패턴을 보였다. 젊은 시절에 행복한 결혼을 경험한 사람들만이 노년기에 결혼생활의 질이 향상되었다(J. R. Anderson, M. J. Van Ryzin, & W. J. Doherty, 2010, "Developmental Trajectories of Marital Happiness in Continuously Married Individuals: A Group-Based Modeling Approach," *Developmental Psychology*, 5, p. 591. Copyright © 2010 by the American Psychological Association. Adapted by permission).

대다수의 노인들이 어떻게 매우 만족한 결혼을 유지하는 것일까? 관계에서의 정서조절을 매우 강조하는 것이 배우자 간의 보다 긍정적인 상호작용을 이끌어낸다. 더 젊은 부부와 비교할 때, 노인 부부들은 보다 건설적인 방식으로 의견 차이를 해결한다(Hatch & Bulcroft, 2004). 심지어 불행한 결혼생활에서도 노인들은 의견 불일치가 분노와 원망을 표현하는 것으로 확대되는 것을 방지하려고 시도한다(Hatch & Bulcroft, 2004). 예를 들어 딕이 골디의 요리에 대해 불평했을 때, 골디는 그를 달래려고 노력했다. "좋아요, 딕. 다음 생일에는 치즈케이크를 만들지 않을게요." 그리고 골디가 딕이 언쟁하는 것과 비난하는 것에 대해 거론했을 때, 딕은 보통 "알았어, 여보"라고 하면서 다른 방으로 물러났다. 다른 관계에서와 마찬가지로, 노인들은 결혼 유대를 가능하면 즐거운 것으로 만들어 스트레스로부터 스스로를 보호하려고 노력한다.

나이 든 부부는 성인 자녀 혹은 친한 친구보다 배우자가 그들의 신경을 건드리거나 너무 많은 요구를 하는 때가 더 많다는 것을 인정한다(Birditt, Jackey, & Antonucci, 2009). 하지만 이러한 표현은 대개 심하지 않은데, 잦은 접촉으로 인해 사소한 짜증을 내는 경우가 더 많기 때문이다.

마지막으로 혼자 사는 동년배와 비교했을 때, 결혼생활을 하는 노인들은 대부분 가족과 친구의 사회적 관계망이 더 크고 그들과 더 자주 교류한다. 노인들이 대체로 높은 수준의 유대를 보고하는 한, 이러한 관계는 사회 참여와 다양한 출처로부터의 지원을 제공하는데, 이것은 높은 심리적 안녕감으로 연결된다(Birditt & Antonucci, 2007). 친밀한 파트너로부터 보살핌과 관심을 받은 긴 역사와 결합하여, 이러한 이점들은 노년기에 결혼과 좋은 건강의 관계가 더 강해지는 것을 설명할 수 있다(Holt-Lunstad, Smith, & Layton, 2010; Yorgason & Stott, 2016). 노년기 결혼은 낮은 만성질환과 장애, 그리고 긴 수명과 관련이 있다.

하지만 결혼 불만족이 있을 때는, 가깝고 높은 질의 우정이 있더라도 결혼 불만족이 안녕감에 미치는 매우 부정적인 영향을 줄일 수 없다(Birditt & Antonucci, 2007; Boerner et al., 2014). 제4장에서 여자들이 더 자주 고통스러운 관계를 개선하려고 노력한다고 한 것을 상기하라. 노년에 이런 방식으로 에너지를 소비하는 것은 신체적 · 정신적으로 특히 부담이 크다. 이와 대조적으로, 남자들은 논쟁을 피하거나 철회함으로써 종종 스스로를 보호한다.

동성 배우자 관계

오랜 동반자 관계의 게이와 레즈비언 노인들은 동성애자에 대한 적개심과 차별이라는 역사적 시기를 견디면서 그들의 관계를 유지해 왔고, 마침내 2015년, 미국에서 결혼 권리를 획득했다. 그럼에도 대다수는 자신의 동성 배우자를 사회적 지원의 가장 중요한 원천으로 지목하면서, 행복하고 매우 만족스러운 관계를 보고한다. 이성애 부부들과 마찬가지로 성적 소수자인 노인 커플들이 혼자 사는 동성애 동년배들과 비교했을 때, 자신의 신체건강과 정신건강을 더 우호적으로 평가한다(Williams & Fredriksen-Goldsen, 2014).

평생 동안 억압적인 사회 분위기에 효과적으로 대처해 온 경험이 노년의 신체 변화와 사회 변화를 다루는 동성애자의 기술을 강화했을 수 있고, 따라서 만족스러운 커플 관계에 기여했을 수 있다(Gabbay & Wahler, 2002). 그리고 젊은 세대들이 자신의 성 소수적 정체감을 받아들이고 '커밍아웃(동성애자임을 공식적으로 밝히는 일)' 하는 것을 편하게 여기는 것 등의 변화하는 사회적 분위기가 노인들도 그렇게 하도

동성애 커플을 포함하여 결혼이나 장기적 파트너십 관계에 있는 대부분의 노인들은 매우 만족스러운 관계를 유지하는데, 이것은 좋은 건강 및 긴 수명과 관련이 있다.

록 격려했을 것이다. 법적으로 인정받지 못한 동성애 커플들과 비교했을 때, 결혼한 동성애 커플들은 신체적 · 심리적 안녕감에 이점이 있다(Wight, LeBlanc, & Lee Badget, 2013). 결혼한 동성애 커플의 정신건강은 장기적인 이성애 결혼생활을 하는 노인 커플들과 동등한 정도로 양호하다.

자신들의 성적 지향에 대해 타인들에게 말했을 때 생긴 가족관계의 갈등 때문에, 게이와 레즈비언 노인들은 노년에 가족들이 지원을 해줄 것으로 그다지 기대하지 않는다. 결과적으로, 다수가 가족의 유대를 대신하거나 보충하기 위해 강한 우정을 형성한다(Richard & Brown, 2006). 만족스러운 우정 관계망을 가진 동성애 커플들은 높은 생활만족도와 노화에 대한 낮은 두려움을 보고한다(Slusher, Mayer, & Dunkle, 1996).

그럼에도 불구하고 지속적인 편견 때문에, 나이 든 게이와 레즈비언들은 특유의 어려움에 직면한다. 건강관리 체계는 종종 그들의 독특한 욕구에 둔감하다. 실제적인 혹은 인식하는 차별 때문에 건강이 나쁜 파트너를 돌보는 사람들이 공식적 지원 서비스를 제공하는 지역사회기관에 도움을 요청할 가능성이 더 적다(Zdaniuk & Smith, 2016). 이런 환경은 노년의 쇠퇴와 상실을 특히 고통스럽게 할 수 있다.

이혼, 재혼, 동거

월트의 삼촌인 루이는 65세였을 때, 32년의 결혼생활을 마감하고 아내인 샌드라와 이혼했다. 비록 샌드라는 결혼생활이 완벽하지 않다는 것은 알았지만, 루이와 오래 함께 살았으므로 막상 이혼은 충격이었다. 1년 후 루이는 운동과 댄스에

대한 열정을 공유하는 이혼녀인 레이첼라와 결혼했다.

노년기에 이혼하는 부부는 한 해의 전체 이혼 중 5%에 미치지 않는다. 하지만 지난 30년 동안 65세 이상의 이혼은 4배로 늘어나서 현재는 여성의 13%와 남성의 11%를 차지한다(Mather, Jacobsen, & Pollard, 2015). 새로운 노인 세대—특히 베이비부머—는 자기실현을 달성하는 수단으로 노년기 결혼을 깨는 것을 더 많이 수용하게 되었고, 이혼 위험은 두 번째 및 그 이후의 결혼일수록 증가한다.

비록 노년기에 결혼을 깨는 것의 1/5은 10년 미만의 결혼생활을 한 사람이지만, 절반은 30년 이상의 결혼생활을 한 사람들이다(Brown & Lin, 2012). 젊은 성인들과 비교해서, 오랫동안 결혼생활을 한 노인들은 그들의 성인기 생활을 그 관계 속에서 보냈다. 이혼 후, 그들은 자신의 정체성을 과거 배우자의 것과 분리하는 것이 더욱 어렵다는 것을 발견하고, 개인적으로 실패했다는 느낌으로 더욱 고통 받는다. 가까운 유대가 심리적 안녕을 위해 매우 중요할 때에 가족과 친구와의 관계가 한꺼번에 바뀌게 된다.

중년기와 마찬가지로, 노인 여성들이 남성들보다 이혼을 더 주도하는 경향이 있다. 대체로 재정적 타격이 여성에게 더 심각함에도 불구하고—배우자와 사별한 미망인보다 더 큰데, 축적한 자산의 많은 부분을 재산 분할 과정에서 손해를 보게 되기 때문이다—이것은 사실이다(Sharma, 2015). 하지만 남녀 모두 불행한 결혼을 끝내는 것에 대해 후회를 하는 일은 드물다(Bair, 2007). 대개 그들은 안도감을 느낀다.

어림잡아 미국 노인의 14%가 데이트를 하는데 남자가 여자보다 더 많고, 나이가 많을수록 이 비율은 낮아진다(Brown & Shinohara, 2013). 여러 가지 목적으로 인터넷을 이용하는데 익숙한 베이비부머 세대들은 노인이 되면 비록 젊은 세대들만큼 자주는 아니지만 새로운 파트너를 찾기 위해 온라인 데이트 서비스와 개인 광고를 활용한다(Pew Research Center, 2013b). 노인들의 개인 광고를 보면 노인들이 잠재적인 데이트 파트너의 나이, 인종, 종교, 수입에 대해 더 까다로움을 알 수 있다(McIntosh et al., 2011). 그림 8.3을 보면, 그들은 중년들에 비해 자신의 건강 문제와 외로움에 대해 많이 언급하는 반면 로맨스, 성행위, 마음이 통하는 애인에 대한 욕구, 가슴 떨리는 경험 등에 대해서는 덜 언급한다(Alterovitz & Mendelsohn, 2013). 적합한 사람을 찾을 때, 그들은 솔직하고 현실적으로 다가간다!

사별한 노인들이 이혼한 노인들보다 더 많이 재혼을 하

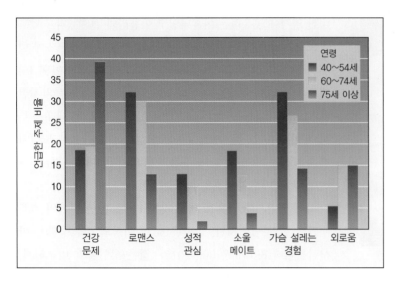

그림 8.3   데이트 상대를 찾는 중년기와 노년기 성인들의 온라인 개인 광고의 주제   450개의 광고 주제를 분석한 결과 노인들은 건강 문제와 외로움을 더 자주 언급하는 반면, 중년 성인들은 로맨스, 성적 관심, 소울메이트 찾기, 가슴 설레는 경험을 더 강조했다. 노인들은 파트너를 찾는 데 있어서 실용적이고 직접적인 것처럼 보인다(S. S. R. Alterovitz and G. A. Mendelsohn, 2013, "Relationship Goals of Middle-Aged, Young-Old, and Old-Old Internet Daters: An Analysis of Online Personal Ads," *Journal of Aging Studies, 27*, p. 163. Copyright © 2013, Elsevier. Reprinted by permission of Elsevier, Inc).

지만, 노년기의 재혼 비율은 낮다(Brown & Lee, 2012). 여자 노인보다 남자 노인이 파트너를 찾는 데 더 성공적인데, 그럴 기회가 훨씬 더 많기 때문이다. 그럼에도 불구하고 나이가 많아질수록 남녀 모두 재혼을 덜 하는 경향이 있는데, 그들은 다시 결혼하기를 원하지 않는다고 말한다(Mahay & Lewin, 2007). 일반적인 이유는 나쁜 건강, 남은 미래가 짧음(이것은 급격한 생활 변화를 정당화하기 어렵게 만든다), 성인 자녀들이 새로운 상대를 받아들일지에 대한 걱정, 일생 동안 모아온 재산을 지키려는 욕구, 특히 여성에게는 결혼으로 인해 생길 수 있는 간병 부담에 대한 염려 등이다(Wu & Schimmele, 2007). 그러나 전처의 가족 지킴이 역할로부터 더 이상 도움을 받을 수 없는 이혼 후 혼자 사는 남성들은 성인 자녀들과의 접촉과 지원이 감소하는 경향이 있고 친구나 이웃들로부터도 멀어진다(Daatland, 2007). 이러한 이유들 때문에 남성들은 적응 문제의 위험이 더 크다.

재혼하는 젊은이들과 비교해서, 재혼하는 노인들은 더욱 안정된 관계를 형성하고, 그들의 이혼율은 훨씬 낮다. 루이와 레이첼라의 경우, 재혼 기간은 28년 동안 지속되었다! 아마도 노년의 재혼이 보다 성공적인 이유는, 노인들의 성숙과 인내심, 그리고 낭만적 관심과 실제적 관심의 균형을 더 잘 이루기 때문일 것이다. 좋은 건강과 경제적 안정 또한 중요하다 — 건강하고, 경제적으로 유리한 노인들이 건강이 안 좋고 재정적 어려움을 가진 노인들보다 재혼할 가능성이 더 높다(Brwon, Bulanda, & Lee, 2012; Vespa, 2012). 재혼한 노인 부부들은 일반적으로 새로운 관계에 매우 만족하며, 남자가 여자보다 더 만족하는 경향이 있다(Connidis, 2010). 아마도 노년에 재혼하는 여성들은 잠재적인 상대가 더 적기 때문에 덜 만족스러운 상대를 감수한다.

새로운 관계를 시작하기 위해 재혼 대신에 동거를 선택하는 노인들이 점점 더 많아지고, 이러한 추세는 베이비부머 — 젊었을 때 동거를 한 비율이 높았던 첫 번째 세대 — 가 노인이 되면서 계속될 것으로 예상된다. 재혼과 마찬가지로, 노년기의 동거는 젊은 나이의 동거보다 더욱 안정된 관계와 더 높은 관계의 질을 가져온다. 그리고 동거하는 노인들은 결혼한 노인들만큼 파트너와 함께하는 삶에 만족한다(Brown, Bulanda, & Lee, 2012; Brown & Kawamura, 2010). 이것은 노년기의 동거가 일반적으로 결혼에 대한 장기적 대안의 역할을 함을 의미한다.

마지막으로 새로 짝을 찾은 노인들의 점점 더 많은 수가 따로 또 함께 살기(living apart together) — 각자의 집에서 따로 살지만 친밀하고 헌신적인 유대 — 라는 새로운 관계를 만든다. 왜 이런 형태를 선택했냐고 물으면, 노인들은 자신의 독립성에 대한 욕구, 재정적으로 혹은 그 밖의 것(특히 여성의 경우 또다시 만성적 질환을 가진 파트너를 간병하는 것을 피하고 싶은 것)을 언급한다. 또 어떤 사람들은 결혼이나 동거가 만족스러운 정서적 관계를 변화시킬까 걱정하여 현재의 상황을 지속한다(Koren, 2014; Malta & Farquharson, 2014). 이러한 커플들의 고민은 적어도 커플 중 한 명이 물리적 거리가 정서적 친밀을 유지하는 데 중요하다고 느끼고 있음을 나타낸다.

배우자 사별

월트는 루스가 여든이 된 직후에 사망했다. 홀로 된 대다수의 노인들과 마찬가지로, 루스는 배우자의 상실을 자기 인생에서 가장 힘든 스트레스 사건이라고 말했다. 배우자 사별은 아마도 인생에서 '가장 광범위하고, 강렬하고, 친밀하고, 개인적인 역할 중 하나인 배우자로서의 역할과 정체성(결혼생활과 부부로서 하던 일들)을 상실하는 것'을 의미한다(Lund & Caserta, 2004a, p. 29). 루스는 장례식 후 몇 달 동안 외로움, 불안과 우울을 느꼈다.

여자가 남자보다 더 오래 살고 재혼할 가능성이 더 낮기 때문에, 65세 이상의 미국 여성 노인의 34%가 사별한 반면, 남성은 단지 12%이다. 한편 노인의 이혼율이 증가하면서 사별하는 비율이 지난 몇십 년 동안 감소했다(Mather, Jacobsen, & Pollard, 2015). 높은 비율의 빈곤과 만성 질병에 시달리는 소수민족 노인들이 사별할 가능성이 더 크다.

앞에서 우리는 대다수의 홀로 된 노인들이 확대가족에서 살기보다는 혼자 산다고 언급했는데, 이런 추세는 소수민족보다 백인들에서 더 강하다. 결혼생활을 하고 있는 노인들보다 재정적으로 덜 풍족하기는 하지만, 대다수는 자신의 시간과 생활공간에 대한 통제력을 유지하고 성인이 된 자녀들과의 마찰을 피하고 싶어 한다. 홀로 된 노인들이 가족과 가까운 곳으로 옮겨 가더라도 같은 주거 공간으로 들어가지는 않는다.

최근에 홀로 된 노인들의 가장 큰 문제는 깊은 외로움이다(Connidis, 2010). 하지만 적응하는 것에는 큰 차이가 있다. 노인들은 젊어서 홀로 된 사람들에 비해 오래 지속되는 문제를 더 적게 보이는데, 아마도 노년의 죽음이 덜 억울하게 생각되기 때문일 것이다(Bennett & Soulsby, 2012). 그리고 대부분의 사별한 노인들, 특히 외향적인 성격과 높은 자기존중감을 가진 노인들은 외로움에 직면해서 유연하게 적응한다

ICTOR/GETTY IMAGES

남성들은 사별 후의 어려움에 대해 여성들보다 준비가 덜 되어 있는데, 부분적으로는 그들 대부분이 가사를 아내에게 의존했기 때문이다. 사진의 사별한 남자 노인은 요리를 배웠는데 이것은 그를 사회와 연결해주고 극적으로 바뀐 생활 환경에 잘 적응하도록 도와주는 기술이다.

(Moore & Stratton, 2002; van Baarsen, 2002). 과거와 연속성을 유지하기 위해서, 그들은 배우자의 사망 전에 중요했던 사회적 관계를 유지하려고 노력한다. 사회적 지지는 잘 적응하는 데 매우 중요하다 — 가족, 친구와의 접촉이 용이하고, 그들이 제공하는 지원에 만족하는 것이 비탄이나 우울 증상의 감소, 일상생활 과제의 해결에 대한 높은 자기효능감과 관련이 있다(de Vries et al., 2014).

사별하여 홀로 된 개인들은 죽은 배우자와 분리된 정체성을 재구성하여 자신의 삶을 재조직해야 한다. 가정 유지와 경제적 의사결정을 남편에게 의존했던 아내들이 의존적이지 않았던 여성들보다 전형적으로 이것이 더 어렵다는 것을 알게 된다(Carr et al., 2000). 하지만 전반적으로, 남자들이 신체건강과 정신건강의 문제를 더 많이 보이고 사망 위험성 또한 더 큰데, 특히 죽음이 예상하지 못한 것일 때 그러하다(Shor et al., 2012; Sullivan & Fenelon, 2014). 첫째, 대부분의 남자들은 사회적 유대, 가사일, 건강 증진, 스트레스 요인들에 대한 대처 등을 아내에게 의존했기 때문에, 홀로 사는 데 수반되는 어려움에 여자들보다 준비가 덜 되어 있다. 둘째, 성역할 기대 때문에 남자들은 정서를 표현하는 것과 식사, 가사일, 사회적 관계에 대해 도움을 청하는 것에 대해서 자유롭지 못하다(Bennett, 2007). 마지막으로, 남자들은 사회적 지원과 내면적 힘의 지극히 중요한 원천인 종교 활동에 덜 적극적인 편이다.

그러나 사별한 아프리카계 미국인 남성들은 결혼생활을 하고 있는 동년배에 비해 사망 위험이 높지 않고 사별한 백인 남성들보다 우울을 적게 보고한다(Elwert & Christakis, 2006). 아마도 이는 확대가족과 종교단체로부터 많은 지원을 받기 때문일 것이다.

배우자 사별 경험의 성차가 남자들의 높은 재혼 비율의 원인이 된다. 여성들은 친족을 지키는 역할(제6장 참조)과 친한 친구를 만드는 능력으로 인해 재혼의 필요성을 덜 느낀다. 여기에 덧붙여, 많은 여자 노인들이 홀로 된 상태를 함께 나누기 때문인데, 그들은 아마도 서로에게 도움이 되는 조언을 하고 공감할 것이다. 이와는 대조적으로, 남자들은 종종 가족관계를 유지하고, 결혼 외에 정서적으로 만족스러운 유대를 형성하고, 사별한 아내가 하던 가사일을 다루는 기술들이 부족하다.

그러나 대부분의 홀로 된 노인들은 몇 년 이내에 잘 지내게 되어서, 심리적 안녕감에서 결혼한 사람들과 유사하게 된

배운 것 적용하기

노년기 배우자 상실에 대한 적응을 촉진하기

제안	설명
자기 자신 일상생활에서 새로운 기술의 숙달	특히 남성들의 경우는 쇼핑이나 요리와 같은 집안일을 어떻게 하는지, 현재의 가족과 친구들과의 유대를 어떻게 유지하고, 어떻게 새로운 관계를 만드는지를 배우는 것이 긍정적 적응에 매우 중요하다.
가족과 친구들 사회적 지원과 교류	사회적 지원과 교류는 애도 기간을 지나서도 계속되는 도움과 보살핌 관계로 연장되어야 한다. 가족 구성원들과 친구들은 사별한 노인이 효과적인 대처 전략을 사용하도록 격려하면서 가능한 지원을 해줌으로써 대부분 도움이 될 수 있다.
공동체 노인센터	노인센터는 공동 식사와 기타 사회 활동을 제공하여, 사별한 사람들과 다른 노인들이 비슷한 상황에 있는 사람들과 연결되고 다른 지역사회 자원을 이용하도록 해준다.
지원 집단	지원 집단은 노인센터, 종교단체, 다른 기관들에서 찾을 수 있다. 새로운 관계 이외에도, 지원 집단은 상실을 받아들일 수 있는 수용적인 분위기, 효과적인 역할 모델을 제공하고, 일상생활을 위한 기술 개발에 대한 도움을 준다.
종교 활동	종교단체에 참여하는 것은 배우자 상실에 따른 외로움을 완화하는 데 도움이 되고, 사회적 지원, 새로운 관계와 의미 있는 역할을 제공한다.
자원봉사 활동	사별한 노인들이 의미 있는 역할을 찾을 수 있는 최선의 방법 중 하나는 자원봉사 활동이다. 어떤 자원봉사 활동들은 적십자나 미국 노인 봉사단과 같은 공식적인 봉사 조직의 후원을 받는다. 병원, 노인센터, 학교, 자선단체 등에도 자원봉사 프로그램들이 있다.

다. 일상생활의 기술을 습득하도록 정보와 지원을 제공해주는 수업에 몇 개월 동안 참여한 사별한 노인들은 사별 후 생활에서 겪는 어려움을 처리할 준비가 더 잘되었다고 느꼈다(Caserta, Lund, & Obray, 2004). 삶의 목적 의식과 일상의 도전들을 해결할 수 있는 자신의 능력에 대한 자신감을 가지고 이런 외상적 사건에서 벗어난 사람들은 종종 스트레스와 관련된 개인적 성장을 경험한다(Caserta et al., 2009). 많은 이들이 내면의 힘, 가까운 관계에 대한 큰 고마움, 삶의 우선순위에 대한 재평가의 느낌 등을 새로 발견한다고 보고한다. '배운 것 적용하기'는 노년의 배우자 사별에 적응하도록 돕는 다양한 방식을 제시한다.

비혼의 자녀가 없는 노인

미국 노인들 중 약 5%가 평생 독신으로 살면서 자녀가 없다(Mather, Jacobsen, & Pollard, 2015). 거의 모두가 규범과 다르다는 것을 의식하지만, 대다수는 대안이 되는 의미 있는 관계를 개발한다. 예를 들어 루스의 자매인 아이다는 이웃의 아들과 강한 유대를 형성했다. 그의 아동기 동안 그녀는 정서적 지원과 재정적 도움을 주었는데, 그것은 소년이 어려

운 가정생활을 극복하는 데 도움이 되었다. 그는 아이다를 가족 행사에 포함시켰고 그녀가 죽을 때까지 정기적으로 방문했다. 다른 비혼 노인들도 종종 확대가족과 조카 등의 젊은이들이 그들의 사회적 관계망의 중심에 있고 지속적으로 그들에게 영향을 준다고 이야기한다(Wenger, 2009). 여기에 덧붙여, 비혼 여성 노인의 경우 동성 친구관계가 중요하다(McDill, Hall, & Turell, 2006). 이들은 대단히 친해서 종종 함께 여행을 하고 함께 거주하기도 하면서 서로의 확대가족과 왕래하기도 한다.

비혼의 자녀가 없는 여성보다 소수지만 비혼의 자녀가 없는 남자들은 외로움과 우울의 위험이 더 높다. 그리고 배우자로부터 건강한 생활양식에 대한 압박을 받지 않아, 이들 남성들은 건강하지 않은 행동을 더 많이 한다. 따라서 그들의 신체 및 정신건강은 결혼한 사람들보다 덜 좋다(Kendig et al., 2007). 하지만 전반적으로 비혼 노인들은 결혼한 노인들과 비슷한 수준의 사회적 유대감과 심리적 안녕감을 보고한다(Hank & Wagner, 2013). 이와 같은 결과는 서구의 여러 국가와 다양한 동년배 집단에서 일관적이다.

돌봄에 있어서 친구관계는 혈연관계와 같지 않기 때문

지역사회 봉사 프로젝트의 일환으로, 한 여성 노인이 조카와 함께 동네 공원에서 꽃을 심고 있다. 결혼한 적이 없고 자녀가 없는 노인, 특히 여성들은 대개 사회적으로 만족스러운 삶을 산다.

에, 매우 고령에 비혼의, 자녀가 없는 것은 비공식적인 개인 돌봄의 가능성을 감소시킨다(Chang, Wilber, & Silverstein, 2010; Wenger, 2009). 가까운 유대가 친구에게 기울어져 있어서, 비혼의 자녀가 없는 노인들은 나이가 많아지면서 관계망 내의 다른 구성원들을 잃는다(Dykstra, 2006). 하지만 여전히 대부분은 비공식적 지원이 유용하다고 말한다.

형제자매 관계

65세가 넘은 북미 노인들의 대부분은 적어도 한 명의 생존하는 형제자매가 있다. 일반적으로 대부분의 형제자매인 노인들은 서로 160km 이내에 살고 있고, 정기적으로 소식을 전하며, 적어도 1년에 몇 차례 방문을 한다. 남녀 모두 남자 형제와의 유대보다 여자 형제와의 유대를 더 가깝다고 지각한다. 아마도 여자들이 정서 표현이 더 풍부하고 양육적이기 때문에, 여자 형제와의 유대가 더 가까울수록 노인들의 심리적 안녕감도 더 높다(Van Volkom, 2006).

산업화된 국가에서 대부분의 노인들은 우선적으로 자기 배우자와 자녀들에게 의존하기 때문에 노인 형제자매들은 서로에게 직접적인 도움을 제공하기보다는 그냥 사이 좋게 지내는 경우가 더 많다. 그럼에도 불구하고 노년기에 형제자매는 중요한 '보험증권'인 것으로 보인다. 70세 이후에 관계가 친한 형제자매 간에 지원의 교환이 증가한다(Bedford & Avioli, 2016). 미혼의 자녀가 없는 노인들은 경쟁하는 가족관계가 적기 때문에 형제자매와 더 많이 접촉하고, 또한 병이 났을 때 형제자매의 지원을 받을 가능성이 더 많다(Connidis, 2010). 예를 들어 아이다의 알츠하이머 증상이 악화되었을

때, 루스가 그녀를 도와주었다. 비록 아이다에게는 많은 친구들이 있었지만, 루스가 그녀의 유일하게 생존한 혈육이었다.

친구관계

가족의 의무와 직장의 압력이 줄어들면서 친구관계가 점점 더 중요해진다. 친구가 있다는 것은 특히 노년기의 긍정적 정서와 삶의 만족의 강력한 예측변인이다. 노인들은 가족 구성원보다 친구와 더욱 우호적인 경험을 보고하는데, 이것은 부분적으로 그들이 친구들과 함께 하는 즐거운 여가활동 때문이다(Huxhold, Miche, & Schüz, 2014; Rawlins, 2004). 친구관계 교류의 독특한 특성, 즉 개방성, 자발성, 상호 보살핌, 공통 관심사 또한 영향을 미친다.

노년기 친구관계의 기능   노년기 친구관계의 다양한 기능은 그것이 매우 중요함을 명백하게 보여준다.

- 친밀감과 동료애는 노년기의 의미 있는 친구관계의 기본이 된다. 아이다와 그녀의 가장 친한 친구인 로지는 산책을 하거나, 쇼핑을 하거나, 서로를 방문하면서 그들의 행복과 걱정의 가장 깊은 속내를 서로에게 드러내고, 즐거운 대화를 함께 나누고, 웃고, 즐겼다. 노인들이 친한 친구관계의 특징을 묘사한 것을 보면, 상호 관심사, 소속감, 서로 비밀을 털어놓을 기회 등이 오랫동안 이러한 유대를 지속시킨다는 것을 보여준다(Field, 1999).

- 노년기 친구는 노화에 대한 고정관념에 기인한 부정적인 평가로부터 서로를 보호해준다. "로지, 네 지팡이 어디 있어?" 두 사람이 식당으로 막 출발하려고 할 때 아이다가 물었다. "자, 남을 너무 의식하지 마!" 아이다는 자기 어머니가 자랐던 그리스 마을에서는 세대 간에 분리가 없어서, 젊은이들이 주름진 피부와 무릎이 약해서 잘 못 걷는 것에 익숙했다고 알려주었다. 실제로 할머니들(예 : 산파, 중매쟁이, 약초 의술의 전문가로)은 지혜로운 사람으로 인정받았다(Deveson, 1994).

- 친구관계는 노인들을 보다 큰 지역사회와 연결해준다. 바깥으로 자주 외출할 수 없는 노인들에게 친구들과의 교류는 보다 넓은 세계에서 일어나는 일들에 뒤처지지 않고 따라갈 수 있도록 해 준다. "로지," 아이다가 들려주었다. "기차역에 공공도서관의 새 지점이 들어올 거라는

거 알아? 시의회가 오늘밤에 최저생활임금법 투표를 한 대." 친구는 또한 여행이나 지역사회 활동 참여와 같은 새로운 경험을 열어줄 수도 있다.

- 친구관계는 상실의 심리적인 영향으로부터 노인들을 보호해준다. 전화를 하거나 방문을 하면서 계속 친구와 접촉하는, 건강이 쇠약해진 노인은 심리적 안녕이 향상된다(Fiori, Smith, & Antonucci, 2007). 이와 유사하게, 가까운 친척이 죽으면 친구들이 보완적인 사회적 지원을 제공한다.

노인 친구관계의 특징 비록 노인들이 새로운 관계보다는 친숙한 기존의 관계를 선호하기는 하지만, 친구관계의 형성은 평생 동안 지속된다. 멀리 떨어져 사는 오래되고 소중한 친구와의 유대관계는 유지되지만, 이메일이나 페이스북과 같은 사회관계망서비스의 도움으로 연락을 하는 노인들이 점점 더 많아지고 있다(제7장 참조). 나이가 들어 감에 따라 가장 많이 교류하고 가장 가깝게 느끼는 친구들은 한 지역사회에 사는 친구들이다. 이와 유사하게, 페이스북 사회관계망은 줄어들어 이들 중 많은 비율이 실제 친구(노인들이 단단한 오프라인 연결을 하고 있는 사람들)이다(Chang et al., 2015). 이러한 변화는 사회정서적 선택 이론과 일치한다.

더 젊었을 때와 마찬가지로, 노인들은 연령, 성별, 인종, 민족, 가치가 자신과 유사한 사람들을 친구로 선택하는 경향이 있다. 이성 친구관계를 보고하는 노인들의 수는 젊은 사람들보다 적다. 하지만 일부는 이성 친구관계를 갖는데, 보통 몇십 년 전부터 시작된 오래된 관계이다. 노인들은 계속해서 이런 유대관계에서 독특한 이익을 얻는데, 이성 구성원들의 사고, 감정, 행동에 대해 내부인의 관점을 갖게 되기 때문이다(Monsour, 2002). 동년배들의 죽음으로, 고령의 노인들은 동성이든 이성이든 세대가 다른 친구를 더 많이 보고한다(Johnson & Troll, 1994). 루스는 80대에 입양기관의 이사회에서 봉사하는 동안에 만난 55세의 미망인인 마가렛과 함께 시간을 보냈다. 한 달에 두세 번씩 마가렛은 루스의 집으로 와서 차를 마시면서 활기찬 대화를 나눴다.

친구관계에서의 성차는 노년기까지 이어진다. 여자들은 절친한 친구를 가질 가능성이 높은 반면, 남자들은 아내에게 의존하고, 더 적기는 하지만 여자 형제와 따뜻하고 열린 대화를 한다(Waite & Das, 2013). 또한 여자 노인들은 더 많은 **이차적 친구**(secondary friends) — 절친한 친구는 아니지만, 점

키프로스의 한 마을 거리에서, 노인들은 주사위놀이를 즐기기 위해 자주 만난다. 같은 지역사회에 사는 잘 아는 친구들과 시간을 보내는 것이 특히 즐겁다.

심식사, 브리지 게임, 미술관 순례 등을 하기 위해 집단으로 만나서 가끔 함께 시간을 보내는 사람—를 가진다(Blieszner & Roberto, 2012). 이런 모임들을 통해서 노인들은 새로운 사람을 만나고, 사회적 참여를 계속하고, 심리적 안녕감이 향상된다.

노년의 친구관계에서는 애정과 정서적 지원을 주고받음으로써 관계의 균형이 유지된다. 비록 친구들은 일상생활의 과제를 하는 데 서로 도움을 청하기는 하지만, 일반적으로 비상시에만 그렇게 하거나, 이따금씩 제한된 도움만을 청한다. 신체적 제약 때문에 주로 친구들과만 사회적 관계를 맺고 도움을 얻기 위해 그들에게 자주 의존하는 노인들은 낮은 심리적 안녕감을 보고한다(Fiori, Smith, & Antonucci, 2007). 아마도 과도한 의존성과 보답할 수 없다는 느낌 때문일 것이다.

성인 자녀와의 관계

서구 국가에서 노인 인구의 약 80%는 생존해 있는 자녀들을 둔 부모들이고, 이들 자녀들 대부분은 중년층이다. 제6장에서 우리는 도움의 교환이 부모-자녀 유대의 친밀함과 부모와 성인 자녀의 요구에 따라 다양하다는 점에 주목했다. 또한 세월이 흐르면서 부모가 자식에게 주는 도움은 감소하는 반면에, 자식이 부모에게 도움을 주는 경우가 증가한다는 것을 떠올려보라.

노인과 그들의 성인 자녀는 서로 멀리 떨어져 살 때에도 자주 접촉한다. 하지만 다른 유대관계와 마찬가지로, 교류의 양보다는 질이 노인의 삶 만족에 영향을 미친다. 다양한

인종집단과 문화에서, 성인 자녀와의 따뜻한 유대는 신체 장애나 배우자의 죽음과 같은 상실이 심리적 안녕감에 미치는 부정적 영향을 감소시킨다. 또한 가까이 살고 있어서 대면 접촉을 더 많이 하는 성인 자녀들은 노인들, 특히 혼자 사는 노인들의 삶 만족에 상당한 도움을 준다(Ajrouch, 2007; Milkie, Bierman, & Schieman, 2018; van der Pers, Mulder, & Steverink, 2015). 하지만 성인 자녀와의 갈등이나 불행한 관계는 나쁜 신체건강과 정신건강에 기여한다.

서구 국가에서 노인인 부모와 성인 자녀들은 서로 다양한 형태의 도움을 주고받지만, 도움의 수준은 일반적으로 보통 정도이다. 특히 자기 집을 소유하고 있고, 결혼생활을 하거나, 이혼이 아니라 배우자와 사별한 60대와 70대의 노인들은 도움을 받기보다는 도움을 제공하는 경우가 더 많은데, 이것은 사회경제적 지위에 따라 지원의 균형이 달라지는 것을 시사한다(Grundy, 2005). 이런 균형은 노인이 더 나이가 들어가면서 변동이 있지만, 더 늦게까지도 계속되어 노인들은 받는 것보다 주는 것이 더 많다. 특히 경제적 지원에서 그러하지만 실제적 도움에서도 마찬가지인데, 이런 상황은 노인들이 젊은 세대에게 '부담'이 된다는 고정관념과는 모순된다.

5개 서구 국가의 75세 이상 부모에 대한 인터뷰에서, 모든 국가에서 노인들은 성인 자녀로부터의 도움이 정서적인 지원의 형태로 이루어지는 것이 가장 흔하다고 보고했다. 자녀들이 가사일과 심부름을 해준 경우는 1/3보다 적었다. 자녀에게 도움을 받는 것보다 자녀들에게 다양한 종류의 도움을 많이 주는 노인 부모가 삶 만족에서 가장 높은 점수를 받았고, 교환이 균등한 부모가 중간이었다(Lowenstein, Katz, & Gur-Yaish, 2007). 의존성을 피하기 위해서, 노인 부모들은 실제적인 도움보다는 정서적인 지원을 더 기대하고, 보통 절박하게 필요한 것이 아니라면 자녀들에게 실제적인 도움을 요청하지 않으며, 자녀들이 과잉보호하거나 불필요한 도움을 줄 때 성가시게 여긴다고 했다(Spitze & Gallant, 2004). 보답할 기회가 있는 적당한 지원이 자존감과 가족 연결감을 높임으로써 유익하다.

노인 부모와 성인 자녀의 교류에서 분명하게 성차가 존재한다. 아버지와 어머니 모두 삶에 문제가 있는 자녀들—재정적으로 요구하거나, 정서적 어려움이 있거나, 결혼 문제가 있는—에 대해 양가적인 감정을 느낀다. 하지만 어머니의 경우 자녀들도 똑같이 어머니에 대해 양가적 감정을 느낄 가능성이 더 크다(Fingerman et al., 2006). 아마도 어머니들이

자신의 복잡한 느낌을 더 자주 표현하기 때문일 수 있다.

문화적 기대 또한 양가적 감정을 불러일으킨다. 예를 들어 세대 간 상호의존에 대해 높은 가치를 부여하는 것이 새로운 사회에서의 도전과 부딪히기 때문에, 미국으로 이민 온 캄보디아 노인들은 성인 자녀에 대해 더 자주 양가적인 느낌을 보고한다(Lewis, 2008). 또한 아들이 노인이 된 부모를 부양해야 한다는 기대가 여전히 강하게 남아 있는 중국의 시골에서는 부모들이 딸보다는 시골에 거주하는 아들에게 더 양가적인 감정을 품는다. 시골에 사는 아들이 부모와 더 자주 접촉하고 더 많이 지원하지만, 이것은 동시에 부모의 기대에 부응하지 못하는 것일 가능성이 많다! 아들이 도시로 이사를 가면, 부모의 양가적 감정이 감소한다(Guo, Chi, & Silverstein, 2013). 도시 거주는 신임할 만한 안정적 직업과 관련이 있어서, 아마도 아들의 성공에 대한 시골 부모의 높은 기대를 충족시키기 때문에 보살핌의 불충분함을 극복할 수 있다.

양가적 느낌은 성인 자녀와 노인 부모 모두의 심리적 안녕감을 손상시킨다(Fingerman et al., 2008). 자녀에 대한 노인 부모의 양가적 감정은 보통은 심하지 않다. 사회적 선택 이론과 일관되게, 노인 부모들은 긍정 정서를 강조하기 위해 최선을 다한다.

사회적 관계망의 크기가 줄어들면서, 성인 자녀와의 관계는 가족 활동에서 점점 더 중요한 원천이 된다. 자녀가 있는 85세 이상의 노인들은 자녀가 없는 노인들에 비해 친족들과 실제로 더 많은 접촉을 한다(Hooyman, Kawamoto, & Kiyak, 2015). 왜 그럴까? 루스를 예로 들어보자. 루스의 딸인 시빌은 루스를 손자녀, 증손자녀, 그리고 시가 친척들과 연결시켜주었다. 자녀가 없는 노인이 80대에 이르면, 형제자매, 동년배의 다른 친척들, 그리고 친한 친구들이 쇠약해졌거나 죽었을 수도 있으므로, 더 이상 동료로서 기능을 하지 못할 수 있다.

성인 손자녀와의 관계

성인인 손자녀와 증손자녀를 둔 노인들은 더 넓은 잠재적 지지망으로부터 혜택을 받는다. 루스와 월트는 가족모임에서 손녀인 마시와 증손자인 제이멜을 보았다. 그 사이에는 스카이프로 영상통화를 하고 마시와 제이멜이 어떻게 지내는지 알기 위해 정기적으로 페이스북을 이용했다. 노인들은 SNS를 사용하는 첫 번째 이유가 손자녀나 다른 가족 구성원들

신랑과 신부가 결혼식 날 신부의 할머니에게 애정을 표현하고 있다. 조부모는 성인 손자녀를 자신과 미래 사이의 중요한 연결 고리로 생각한다.

과 연락을 계속하기 위해서라고 말한다(Zickuhr & Madden, 2012).

선진국의 65세 이상 노인 중 절반이 조금 넘는 사람들이 적어도 18세 이상의 손자녀가 있다. 조부모와 성인 손자녀의 관계에 대한 몇 안 되는 연구에서, 절대 다수의 손자녀들은 조부모가 자신의 가치관과 행동에 긍정적인 영향을 주었다고 말하고, 또한 대부분은 필요시에 조부모를 도와야 한다는 의무감을 표현했다(Even-Zohar, 2011; Fruhauf, Jarrott, & Allen, 2006). 조부모는 손자녀로부터 (실제적인 도움이 아닌) 애정을 기대했고, 대부분의 경우 그들은 손자녀로부터 애정을 받고 있었다. 그들은 성인 손자녀와의 유대를 자신과 미래와의 지극히 중요한 연결고리로서 매우 만족스럽게 여겼다.

하지만 조부모와 성인 손자녀의 관계는 매우 다양하다. 아동기 동안 조부모가 관여한 정도가 현재 관계의 질을 강하게 예측한다. 종종 유독 한 손자녀와의 유대가 '특별'해서, 더 잦은 접촉을 하고, 애정을 갖고 함께 즐거운 시간을 보내는데, 이런 요인들은 노인의 심리적 안녕을 높여준다(Mahne & Huxhold, 2015). 할머니와의 관계가 더 가까운 경향이 있고, 특히 외할머니와 손녀와의 유대가 가장 가까운데 손자녀가 어릴 때는 더욱 그렇다(Sheehan & Petrovic, 2008). 하지만 조부모와 손자녀의 접촉은 살아가면서 줄어든다. 많은 손자녀

살펴보기

성인 손자녀가 있는 노인 한 명 혹은 두 명에게 손자녀와의 관계의 질과 개인적 의미에 대해 인터뷰해보라.

들이 멀리서 가정을 이루고 살면서 직장과 가족, 친구 역할에 몰두하게 되면서 시간을 내기 어렵게 된다.

하지만 접촉이 줄어드는데도 불구하고, 성인 손자녀에 대한 조부모의 애정은 나이가 들어 감에 따라 강화되며, 보통 손자녀가 조부모에 대해 표현하는 친밀감을 능가한다(물론 이것도 여전히 강하다)(Harwood, 2001). 정서적 투자에서 이와 같은 차이는 각 세대의 서로 다른 요구와 목표 ― 성인 손자녀는 독립적인 생활을 확립하는 것, 조부모는 가족관계와 세대를 통한 가치의 연속성을 유지하는 것 ― 를 반영한다. 손자녀들은 노인들에게 인생의 마지막 10년 내지 20년 동안 점점 더 정서적 의미의 중요한 원천이 된다.

노인 학대

노인의 대다수가 가족 구성원, 친구, 전문 간병인들과 긍정적인 관계를 맺고 있지만, 일부는 이들로부터 학대를 당하고 있다. 최근에 대중매체의 관심집중을 통해서, 노인 학대는 심각한 공적 관심사가 되었다.

많은 산업화된 국가들의 보고서를 보면, 일반 모집단을 대상으로 한 연구에서 학대의 비율은 3~28%로 다양하다. 적어도 미국 노인의 10%는 지난 한 해 동안 자신이 그 대상이었다고 말하는데, 이것은 400만 명이 넘는 희생자이다. 미국에서 노인 학대의 비율은 인종집단에 관계없이 비슷하다(Hernandez-Tejada et al., 2013; Roberto, 2016b). 모든 수치는 상당히 과소평가되어 있는데, 왜냐하면 대부분의 학대 행위는 사적으로 일어나며, 피해자는 종종 고통을 호소할 수 없거나 호소하고 싶어 하지 않기 때문이다.

노인 학대는 보통 다음과 같은 형태로 일어난다.

- **신체적 학대.** 때리기, 베기, 지지기, 완력 사용, 구속, 기타 신체적 공격행동을 통해 의도적으로 고통, 불편, 상해를 가하는 것
- **신체적 방치.** 의도적 혹은 비의도적으로 보살핌의 의무를 이행하지 않아, 음식이나 약이나 건강 서비스가 충분치 않거나 혹은 노인을 혼자 두거나 고립시키는 것
- **심리적 학대.** 언어폭력(욕하기), 모욕(어린아이 취급하기), 협박(격리시키거나 요양시설에 넣겠다고 위협하기)
- **성적 학대.** 모든 종류의 원치 않는 성적 접촉
- **경제적 학대.** 훔치거나 노인의 동의 없이 노인의 재산이나 재정자원을 불법적으로 혹은 부적절하게 착취하는 것

노쇠한 나이 든 사람들은 노인 학대의 위험에 처해 있다. 이 간호사 같이 가정을 정기적으로 방문하는 사람들은 고립을 완화하고 노인들이 더 이상의 해를 피하기 위한 조치를 취하도록 도울 수 있다.

심리적 학대, 경제적 학대, 그리고 방치가 가장 흔히 보고되는 유형이다. 종종 몇 가지 형태가 복합적으로 일어나기도 한다(Kaplan & Pillemer, 2015). 가해자는 보통 노인이 보살핌과 도움을 위해 믿고 의지하는 사람이다.

대다수의 학대 가해자는 가족 구성원으로서, 배우자(보통 남자), 자녀(아들과 딸 모두), 그리고 다른 친척이다. 어떤 경우에는 친구, 이웃, 그리고 입주 간병인이나 투자 상담자처럼 노인이 도움과 서비스를 의지하는 사람들이다(Roberto, 2016a). 요양시설에서의 학대가 심각하게 우려된다 — 요양시설에서 노인을 돌보는 사람들 중 6~40%가 지난해에 적어도 한 번의 학대 행위를 저질렀다고 인정했다(Schiamberg et al., 2011).

지난 몇십 년에 걸쳐서, 대중매체에서 '할머니 내다버리기'라고 지칭하는, 또 다른 형태의 방치가 증가했다. 간병하는 가족들이 장애가 심한 노인들을 주로 병원 응급실에 유기한다(Phelan, 2013). 가족 간병인들은 너무 견디기 힘들어서, 이런 극단적인 조치를 취하는 것 외에는 달리 선택할 방법이 없다는 결론을 내린 것으로 보인다(관련 연구를 보려면 제6장과 제7장 참조).

위험요인 피해자, 학대 가해자, 그들의 관계, 그리고 학대의 사회적 맥락 각각의 특징들은 노인 학대의 발생률과 가혹성과 관련된다. 다음의 위험요인들이 더 많이 존재할수록 학대와 방치가 발생할 가능성이 더 커진다.

피해자의 의존성 매우 고령이고, 노쇠하고, 정신장애와 신체

장애가 있는 노인들이 학대에 더욱 취약하여, 25%가 영향을 받는다(Dong et al., 2011; Selwood & Cooper, 2009). 이것은 기능의 감퇴가 학대를 야기한다는 의미가 아니다. 그보다는 학대를 위한 다른 조건들이 무르익었을 때, 심각한 장애가 있는 노인은 스스로를 보호할 능력이 거의 없다. 신체장애나 인지장애가 있는 노인들은 또한 자신을 취약하게 만드는 성격 특성을 가질 수 있다 — 화가 나거나 좌절했을 때 폭언을 퍼붓고, 수동적이거나 회피적인 접근방법으로 문제를 다루고, 자기효능감이 낮은 경향이 있다(Salari, 2011). 부양자와 피부양자의 관계가 부정적일수록, 모든 종류의 노인 학대의 위험성이 커지는데, 오랜 세월 동안 관계가 나빴을 때 특히 그러하다.

가해자의 의존성 특히 노년기 부모와 자녀의 관계에서 학대자들은 종종 경제적으로 혹은 정서적으로 희생자에게 의존한다. 무력함으로 경험되는 이런 의존성은 공격행동이나 착취행동을 일으킬 수 있다. 종종 가해자-피해자 관계는 상호의존적인 경우가 있다(Jackson & Hafemeister, 2012). 성인 자녀인 학대 가해자는 돈이나 주거 혹은 정서적 지지를 위해 노인을 필요로 하고, 노인은 일상생활 과제에 도움을 받거나 외로움을 덜기 위해서 학대 가해자가 필요하다.

가해자의 심리적 혼란과 다른 특징들 학대하는 성인 자녀들의 의존성 밑바탕에 있는 두드러진 요인들은 정신 질환, 술이나 다른 약물 중독이다(Jogerst et al., 2012). 흔히 가해자들은 사회적으로 고립되거나, 직장에서 문제가 있거나, 실직 등으로 인해 재정적인 근심이 있다. 이런 요인들 때문에 보살피는 것이 매우 힘들거나 치매 노인의 행동이 성가시거나 다루기 어려울 때 참지 못하고 폭발할 가능성이 높아진다.

임금을 받는 간병인이나 기타 서비스를 제공하는 전문가인 학대자들은 대개 상냥하지만 노인을 기만하는데, 이들은 특히 인지적 감퇴를 가진 노인을 이용할 기회를 찾는다(Lichtenberg, 2016). 가해자들은 과한 비용을 청구하거나, 사기를 치거나, 금융계좌나 귀중품에 접근한다. 기회가 되면 피해자의 것을 도둑질한다.

가정 폭력의 내력 가족 구성원들에 의한 노인 학대는 가정 폭력의 오랜 내력의 일부인 경우가 종종 있다. 어린 시절 학대당한 경험이 있는 성인은 노인에게 해를 입힐 위험이 높아진

다(Reay & Browne, 2008). 앞선 장에서 본 것처럼, 가족 구성원들 사이의 공격적인 악순환은 스스로 쉽게 유지되어, 타인에 대한 적개심을 통해 분노에 대처하는 개인이 되도록 만든다. 많은 사례에서, 노인 학대는 수년간의 배우자 학대의 연장이다(Walsh et al., 2007).

시설의 환경 노인 학대는 시설이 황폐하고, 수용인원이 과도하며, 직원이 부족하고, 직원에 대한 감독이 최저 수준이며, 직원의 이동이 많고, 방문자가 거의 없는 요양시설에서 일어날 가능성이 많다(Schiamberg et al., 2011). 스트레스가 심한 노동 조건이 보살핌의 질에 대한 최소한의 감시와 맞물려서 학대와 방치를 일으킨다.

노인 학대의 결과 모든 형태의 노인 학대는 희생자의 건강과 적응에 심각하고 지속되는 결과를 초래한다. 계속되는 불안, 우울, 외상 후 스트레스 증상, 그리고 신체적·인지적 장애가 심해지는 것이 흔한 현상이다(Roberto, 2016a). 결과적으로 희생자들은 더 일찍 시설에 입소하거나 생존 기간이 짧아질 위험에 처한다.

경제적 착취로 인해 미국 노인들은 매해 어림잡아 30억 달러를 빼앗긴다(MetLife, 2011b). 그것은 가족 파탄, 건강관리의 선택 축소, 정신건강의 쇠퇴를 일으킬 수 있다.

노인 학대를 방지하기 가족 구성원에 의한 노인 학대를 방지하는 것은 특히 힘들다. 피해자는 보복을 두려워하거나, 가해자인 배우자나 아들이나 딸을 보호하려고 하거나, 자신이 상황을 통제할 수 없는 것을 난처하게 여길 수 있다. 그리고 피해자는 말하지 말라는 협박을 받거나, 어디에 도움을 청해야 할지 알지 못할 수도 있다(Roberto et al., 2015). 일단 학대가 발견되면, 중재 프로그램은 즉각적인 보호, 노인을 위해 필요한 것 제공, 그리고 배우자나 부양자를 위한 정신건강 서비스와 사회적 지원을 한다.

예방 프로그램은 부양자 상담, 교육, 그리고 노인 주간보호와 입주 도우미 같은 휴식 서비스를 제공한다. 훈련받은 자원봉사자인 '친구들'은 가정을 방문하여 노인들의 사회적 고립을 완화하고 더 이상의 피해를 막기 위한 문제 해결에 도움을 준다. 지원 집단은 노인들이 학대 행위를 인식하고, 적절한 반응을 연습하고, 새로운 관계를 형성하도록 돕는다. 그리고 독자적으로 관리할 수 없는 노인들에게 수표를 쓰고

현금을 찾고 귀중품을 금고에 보관하는 것과 같은 비공식적인 재무 서비스를 제공하는 기관들은 재정적인 학대를 감소시킬 수 있다.

노인 학대가 극심할 때는 법적인 조치가 노인에게 최상의 보호를 제공하지만 아직은 드물다. 많은 피해자들이 법적 절차를 시작하는 것을 꺼리거나, 혹은 정신장애 때문에 그렇게 할 수 없다. 이런 경우, 사회복지 전문가들은 부양자들이 자신의 역할에 대해 다시 생각해보도록 설득하고 대안을 찾는 것을 도와야만 한다. 요양시설에서는 직원 선발, 직원 훈련과 근무조건을 개선함으로써 학대와 방치를 크게 줄일 수 있다.

살펴보기

> 노인과 관련된 정부 기관에 연락해보라. 노인 학대를 예방하는 정책과 프로그램에 대해 알아보라.

또한 노인 학대에 대응하는 것은 의심스러운 사례를 보고하고 노인의 욕구를 더 잘 이해하도록 권고하는 공적 교육을 포함해 보다 큰 사회적 수준에서의 노력을 필요로 한다. 이런 노력의 일환으로, 노인들은 어디에 가서 도움을 청해야 하는지에 대한 정보들로부터 도움을 받는다(National Center on Elder Abuse, 2016). 마지막으로, 노화에 대한 부정적인 고정관념에 반대하는 것은 학대를 감소시킨다. 노인의 권위, 개성, 자율성을 인지하는 것과 신체적·심리적 위해 행위를 하는 것은 서로 모순되기 때문이다.

묻고 대답하기

연관지어보기 왜 노년기의 이혼에 적응하는 데는 여자들이 보통 더 어려움을 겪고, 사별에 적응하는 데는 남자들이 더 어려움을 겪는가?

적용해보기 51세인 메이는 실직을 하고 집세를 낼 수 없어서, 78세의 홀로 된 어머니 베릴의 집으로 옮겨 갔다. 비록 베릴은 메이와 함께 사는 것을 환영했지만, 메이는 점점 더 우울해져서, 술을 많이 마시고, 더 이상 일자리를 찾지 않았다. 베릴이 메이의 행동에 대해 불만을 말했을 때, 메이는 베릴을 공격하고 때렸다. 이 어머니와 딸의 관계가 노인 학대로 가게 된 이유를 설명해보라.

생각해보기 만약 여러분이 조부모와 함께 산다면, 조부모와의 관계에 대해 설명해보라. 여러분과 조부모는 서로의 발달에 어떻게 기여하는가?

은퇴

8.11 은퇴 결정, 은퇴 적응, 여가와 자원봉사 활동 참여에 대해 논하라.

제6장에서 우리는 기대 수명의 증가가 20세기 동안 은퇴 기

간을 연장시켰다는 것에 주목했다. 하지만 최근 몇십 년 동안 미국과 서구 국가들에서 은퇴 연령이 높아졌다. 2007년에서 2009년 사이의 경기 침체는 이런 추세를 확대시켜, 베이비부머의 은퇴 연령은 약간 증가했다. 그러나 경제적 필요와는 무관하게, 대부분의 베이비부머들은 더 오래 일하기를 원하는데, 1/3은 일정 시간을 일에 전념하는 것이 행복한 은퇴를 위해 중요하다고 말한다(Mather, Jacobsen, & Pollard, 2015). 일과 은퇴 사이의 구분이 모호해졌다—65~69세의 미국 노인의 거의 40%, 70대 노인들의 거의 20%는 어떤 자격으로든 여전히 일을 하고 있는데, 이 비율은 이후 10년 동안 두드러지게 증가할 것으로 기대된다.

이런 현상이 보여주듯이, 현재의 은퇴 과정은 매우 다양하다—은퇴 과정이란 은퇴를 계획하는 시기, 은퇴 결정 자체, 다양한 은퇴 활동, 그리고 나머지 인생 과정을 위한 지속적인 적응과 재적응 활동들을 포함한다. 직업을 가진 대다수의 미국 노인들은 시간과 책임감을 줄여 감으로써 점진적으로 은퇴를 한다. 많은 사람들이 전일제 직업과 은퇴 사이의 과도기로 가교 직업(새로운 시간제 직업 혹은 단기간의 전일제 직업)을 가진다(Rudolph & Toomey, 2016). 자신의 삶에서 흥미와 도전을 경험하고 한정된 재정적 자원을 보충하기를 원해서 약 15%는 직장을 떠났다가 다시 유급직으로 되돌아오거나 심지어는 새로운 직업 활동을 시작한다(Sterns & McQuown, 2015). 오늘날, 은퇴는 단일 사건이 아니라 오히려 여러 가지 목적을 위해 다양한 전환이 일어나는 역동적인 과정이다.

다음 절들에서 우리는 은퇴 결정, 은퇴 기간의 행복, 그리고 여가와 자원봉사 활동에 영향을 주는 요인들을 검토한다. 우리는 은퇴 과정과 은퇴 생활이 점점 더 다양해지고 있음을 보게 될 것이다.

은퇴 결정

월트와 루스의 은퇴는 직장을 떠날 예상 날짜와 안정된 수입을 대체할 수당을 보장하는 재정 계획을 포함한 상세한 계획 후에 이루어졌다(제6장 참조). 대조적으로 월트의 형인 딕은 고객은 줄어드는 반면 제과점의 운영비용은 상승함으로써 은퇴하지 않을 수가 없었다. 딕은 임시 판매직을 찾는 반면 아내인 골디는 생계비용을 감당하기 위해서 부기 계원으로 시간제 일을 계속했다.

은퇴를 감당할 수 있는지가 보통 은퇴 결정에서 첫 번째로

고려된다. 그러나 경제적 문제에도 불구하고, 많은 조기은퇴자들은 대안적이고 개인적으로 의미 있는 일이나 여가활동을 하기 위해서 안정된 직장생활을 그만두기로 결정한다. "나는 열 살 때부터 줄곧 일했어요." 은퇴한 자동차 회사 노동자는 말했다. "나는 휴식이 필요해요." 이런 긍정적인 전망에 대해 예외적인 경우는 딕과 같은 사람들—은퇴를 강요받거나 매우 낮은 임금을 받는—로 어떻게든 살아가기 위해 마지못해 다른 분야에서 가교 직업(bridge job)을 가져야 한다. 자신의 이전 경력과 관련이 있는 일에 종사할 때만 가교 직업이 심리적 안녕감에 좋은 영향을 주는 것으로 보인다(Wang & Shultz, 2010). 노인들이 은퇴를 단계적으로 맞이하는 데 있어서 직업적 관심, 역할, 전문성을 유지하는 것이 핵심이다.

그림 8.4는 수입 이외에 은퇴를 결정하는 데 영향을 미치는 개인적 요인들과 직장 요인들을 요약하고 있다. 직장생활이 자기존중감의 중심이 되며 유쾌하고 자극이 풍부한 작업환경에 있는 건강한 사람들은 계속해서 일할 가능성이 있다. 이러한 이유로, 높은 수입의 전문직 종사자들은 대체로 생산직이나 사무직 노동자들에 비해서 늦게 은퇴한다. 또한 이들은 은퇴할 때, 흥미로운 가교 직업으로 옮겨가는 경우가 더 많고, 은퇴했다가 되돌아오기를 여러 번 반복한다(Feldman & Beehr, 2011; Wang, Olson, & Shultz, 2013). 자영업을 하는 노인들 또한 더 오래 일을 하는데, 아마도 자신의 역량과 욕구의 변화에 맞추어 유연하게 일을 조절할 수 있기 때문일 것이다(Feldman & Vogel, 2009). 이와는 대조적으로, 건강이 악화된 사람들, 판에 박힌 지루한 일을 하는 사람들, 만족을 주는 여가나 가족 활동을 하는 사람, 자신의 기술이나 관심사에 대한 직무 적합성이 떨어진다고 지각하는 사람들은 종종 은퇴를 선택한다.

사회적 요인 또한 은퇴를 결정하는 데 영향을 미친다. 나이 든 노동자들을 대체할 수 있는 젊고 덜 비싼 노동 인력이 많이 있을 때, 기업은 퇴직자들에게 연금계획의 증액과 조기퇴직금과 같은 가산된 유인물을 제공할 가능성이 있다. 이런 추세는 최근까지 서구 국가들에서 많은 조기은퇴의 원인이었다. 그러나 은퇴인구의 확대에 따른 젊은 세대의 부담에 대한 걱정이 커지면서, 퇴직금을 받을 자격이 더 늦은 연령으로 연기될 수 있다. 예를 들어 미국에서 현재는 완전한 사회보장 혜택을 받을 수 있는 은퇴연령이 66세지만 1960년 이후 출생자들은 67세로 늘어날 것이다.

은퇴 결정은 성과 인종에 따라 다양하다. 평균적으로 여자

은퇴

- 적절한 은퇴 연금
- 여가에 대한 강한 흥미 혹은 가족 활동
- 일에 대한 낮은 관여
- 나빠지는 건강
- 배우자의 은퇴
- 판에 박힌 지루한 직업

최근에 은퇴한 이 사람은 성인을 위한 제본 교육과정을 즐기고 있다.

일을 계속하기

- 은퇴 연금이 제한적이거나 없음
- 여가에 대한 흥미나 가족 활동이 없음
- 일에 대한 높은 관여
- 좋은 건강
- 배우자가 일하고 있음
- 융통성 있는 직업 요구와 작업 스케줄
- 유쾌하고 활기를 주는 작업 환경

60대인 이 여성 의사는 계속해서 자신의 직업성취감을 누리고 있다.

그림 8.4   은퇴 결정에 영향을 주는 개인적 요인과 직장 요인

가 남자보다 일찍 은퇴하는데, 주로 가족의 사건들, 즉 남편의 은퇴 혹은 병든 배우자나 부모를 보살필 필요성 등이 여성의 은퇴 결정에 주된 역할을 한다. 하지만 빈곤 상태 혹은 빈곤에 가까운 상태의 노인들의 다수를 차지하는 혼자 사는 여성, 소수 인종들은 많은 경우에 은퇴할 수 있는 재정적인 자원이 없다(Griffin, Loh, & Hesketh, 2013). 이들 중 많은 사람들이 고령이 될 때까지 계속 일한다.

많은 서구 국가들에서, 관대한 사회보장연금이 경제적으로 불리한 사람들의 은퇴를 가능하게 해주고, 대부분의 노동자들이 은퇴 후에도 생활 수준을 유지할 수 있게 해준다. 미국은 예외이다 — 많은 미국 은퇴자들, 특히 복지수당이 없는 낮은 임금의 직업을 가졌던 사람들은 생활 수준이 떨어지는 것을 경험한다. 덴마크, 프랑스, 독일, 핀란드, 스웨덴은 나이 든 피고용인들이 노동시간을 줄이고, 수입 손실을 보충할 만한 부분 연금을 받으며, 연금급여를 계속 축적하는 점진적인 은퇴 프로그램을 가지고 있다. 재정적 안전성을 강화하는 것 외에, 이런 접근방법은 은퇴 계획과 안녕감을 촉진하는 이행 단계를 도입하고 있다(Peiró, Tordera, & Potocnik, 2012). 그리고 일부 국가들의 은퇴 정책은 여성들의 경력단절에 보다 민감하게 대처한다. 예를 들면 캐나다, 프랑스, 독일에서는 육아에 헌신한 기간을 퇴직금을 산정할 때 포함시킨다.

요약하면, 개인적 선호가 은퇴 결정을 하도록 한다. 동시에, 노인들의 기회와 제약이 그들의 선택에 크게 영향을 미친다.

은퇴 적응

은퇴는 정체감과 자기존중감의 핵심적인 부분을 차지하는 역할을 포기하는 것이므로, 은퇴는 보통 신체건강과 정신건강의 약화를 가져오는 스트레스가 많은 과정이라고 추측된다. 제과점 문을 닫는 것에 대해 불안과 우울 반응을 보인 딕을 생각해보라. 그의 적응 어려움은 실직을 경험하는 젊은 사람들의 적응 문제와 유사했다(제6장 참조). 그러나 그가 까다롭고 불유쾌한 성격을 가졌다는 점을 상기하라. 이런 점에서, 은퇴 후 그의 심리적 안녕은 그 이전과 유사했다!

우리는 은퇴가 불유쾌한 반응과 짝지어질 때마다 인과관계를 가정하지 않도록 조심해야 한다. 예를 들어 노인들은 신체건강 문제로 은퇴를 한 것이며 그 역은 아니라는 것을 확인해주는 풍부한 증거들이 있다(Shultz & Wang, 2007). 그리고 대부분의 사람들에게 정신건강은 은퇴 전부터 은퇴 후까지 상당히 안정적이며, 은퇴 자체에 의해 촉발된 변화는 거의 없다. 은퇴가 필연적으로 적응 문제를 야기한다는 널리 퍼진 신념은 대부분의 사람들이 잘 적응한다는 것을 보여주는 수많은 연구 결과와 상충된다. 오늘날의 노인들은 은퇴를 기회와 개인적 성장의 시기로 보고, 자기 자신을 활동적이고 사회 참여적이라고 표현하는데, 이것은 은퇴 만족도의 주요한 결정요인이다(Salami, 2010; Wang & Shultz, 2010). 그러나 약 10~30%는 약간의 적응 문제를 언급한다.

직장 요인들, 특히 경제적인 걱정과 직업을 포기해야 한다는 것은 은퇴에 뒤따라올 스트레스를 예측하게 해준다. 직장에서의 압력 또한 차이를 가져온다. 높은 스트레스를 주는 직업을 떠나는 것은 은퇴 후 심리적 안녕감을 얻는 것과 관련이 있는 반면, 준비가 되기 전에 즐겁고 스트레스가 적은 직업이나 고도로 만족을 주는 직업을 떠나는 것은 은퇴 이행기 동안의 더 많은 어려움과 관련된다(Wang, 2007). 그리고 특히 돌봄에 대해 더 큰 책임을 갖는 여성들에게 은퇴는 가족 부담감의 스트레스를 완화해주지 못할 것이다(Coursolle et al., 2010). 오히려 직업에 기반한 개인적 만족을 얻을 수 있는 방법이 줄어듦으로써 우울 증상과 낮은 심리적 안녕감을 촉발한다.

심리적 요인들 중에서 (다른 일을 하기 위한) 내적으로 동기화된 이유들로 은퇴를 결정하는 것을 포함하여, 인생 사건들에 대한 개인적 통제감은 은퇴 후 만족과 강하게 관련된다(Kubicek et al., 2011; van Solinge, 2013). 동시에, 직장의 예측가능한 스케줄과 사회적 접촉을 포기하기 힘든 사람들이나 직장 이외의 사회적 유대관계가 거의 없는 사람들은 불편함을 경험한다. 하지만 대체로 복잡한 직업을 가진 좋은 교육을 받은 사람들이 더 잘 적응한다(Kim & Moen, 2002). 아마도 도전적이고 의미 있는 일에서 얻은 만족이 일 이외의 것을 추구하는 방향으로 쉽게 전이되기 때문일 것이다.

다른 중요한 인생 사건들에서와 마찬가지로, 사회적 지원은 은퇴와 관련된 스트레스를 감소시킨다. 비록 직장동료들과의 관계가 감소함에 따라 사회적 관계망의 크기가 줄어들지만, 대부분의 사람들에게 관계의 질은 상당히 안정적으로 유지된다. 또한 많은 사람들은 여가나 자원봉사 활동을 통해 사회적 관계망을 추가한다(Kloep & Hendry, 2007). 딕의 경우, 집단 주거단지로 들어감으로써 힘든 은퇴 후 생활이 편해졌는데, 새로운 친구들과 보람 있는 여가활동을 하게 되었기 때문이며, 그중 일부는 골디와 함께 했다.

마지막으로, 행복한 결혼생활은 대체로 더 나은 은퇴 이행기를 촉진한다. 부부관계가 긍정적일 때 은퇴의 불확실성을 완화할 수 있다. 그리고 은퇴는 행복한 결혼생활을 하는 부부가 더 많은 시간을 함께 보내게 함으로써 결혼만족도를 높일 수 있다(van Solinge & Henkens, 2008; Wang, 2007). 반대로 결혼 불만족은 은퇴 적응을 방해하는데 이는 부분적으로는 불행한 관계에 더 많이 노출되게 만들기 때문이다.

연속 이론에 따르면, 사람들은 은퇴 후에도 만족을 주는 생활양식, 자기존중감, 가치관을 유지하려고 노력하며, 유리한 경제적·사회적 맥락 속에서는 보통 그렇게 하는 데 성공한다. 제6장으로 돌아가서, 성인들이 유리한 은퇴로의 이행 기회를 증가시키기 위해서 미리 계획할 수 있는 방법들을 보라.

여가와 자원봉사 활동

은퇴와 더불어, 대다수 노인들은 여가와 자원봉사 활동을 할 시간이 이전보다 더 많아진다. 새로운 활동을 시험해보는 '밀월 기간' 이후, 많은 사람들은 여가의 흥미와 기술이 갑자기 발달하는 것이 아니라는 점을 발견한다. 대신에, 의미 있는 여가활동을 하는 것은 보통 더 일찍 형성되고 은퇴 기간에 유지되거나 확장된다(Pinquart & Schindler, 2009). 예를 들어 월트의 글쓰기, 연극, 정원 가꾸기 취미는 그의 젊은 시절로 거슬러 올라갔다. 그리고 루스의 천직인 사회복지에 대한 강한 집중은 지역사회 자원봉사를 열심히 하도록 했다.

여가활동의 참여, 특히 자원봉사는 더 나은 신체건강, 정신건강과 더 낮은 사망률과 관련된다(Cutler, Hendricks, & O'Neill, 2011). 하지만 단순히 참여만으로 이 관계를 설명할 수는 없다. 그 대신에, 노인들이 여가활동을 선택하는 것은 자기표현, 새로운 성취, 타인을 돕는 데서 느끼는 보람, 즐거운 사회적 교류, 구조화된 일상생활을 가능하게 하기 때문이다(Diehl & Berg, 2007). 이런 요인들이 안녕감의 증가를 설명한다.

기동성의 제약이 커짐에 따라 여가활동의 빈도와 다양성이 감소하는 경향이 있고, 활동은 점점 덜 격렬해진다(Dorfman, 2016). 주거 공동체에 사는 노인들이 일반 가정에서 사는 노인들보다 활동에 편리하게 참여할 수 있기 때문에 참여율이 높다. 하지만 어디에 사는지와 상관없이, 노인들은 단지 용이하기 때문이 아닌 개인적으로 만족스러운지 여부에 따라 활동을 선택한다.

노인들은 자원봉사를 통해 사회에 지극히 중요한 공헌을 하는데, 이러한 경향은 더 강해지고 있다. 산업화된 국가에서 60대와 70대의 약 1/3이 자원봉사를 한다고 보고한다. 자원봉사를 하는 사람들 중 절반 이상은 매년 200시간 이상을 쓴다(HSBC & Oxford Institute of Ageing, 2007; U.S. Bureau of Labor Statistics, 2016). 보다 젊고, 좋은 교육을 받고, 재정적으로 안정되어 있고, 사회적인 관심이 있는 노인들이 자원봉사를 할 가능성이 더 많고, 남자보다 여자가 더 많다. 대부분은 젊은 시절에 했던 시민 참여의 연장이지만, 비자원봉사자들도 직업 역할의 상실을 대체할 수 있는 방법을 찾게 됨에 따라, 은퇴 후 처음 몇 년 동안 자원봉사 활동에 특히 수용적이다(Mutchler, Burr, & Caro, 2003). 따라서 은퇴 이행기가

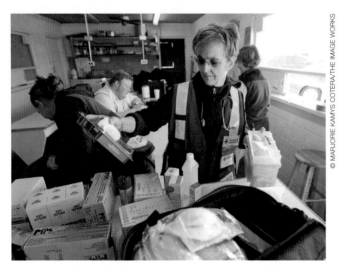

자원봉사에 쓰는 시간은 인생 어느 시기보다 노년기에 더 많다. 적십자 재난 구호 자원봉사자들이 비료 공장 폭발사고 희생자들에게 의료지원을 하기 위해 텍사스로 갔다.

개인적으로 보람 있고 사회적으로 유용한 이런 활동에 그들을 끌어들일 수 있는 적기이다.

살펴보기

> 중요한 지역사회 봉사 역할에 참여하고 있는 노인들에게 인생의 이 시기에 경험하는 것의 개인적 의미에 대해 인터뷰해보라.

자원봉사는 노인들로 하여금 사회에 가치 있는 공헌을 하고 있다는 느낌을 계속 갖도록 하는데, 많은 노인들이 70대까지 지속적으로 열심히 참여한다. 미국의 전국적인 대규모 표본 조사에서, 자원봉사에 소비하는 시간은 성인기 동안 꾸준히 증가하고, 80대까지도 감소하지 않았다(Hendricks & Cutler, 2004). 심지어 그 후에도 자원봉사 시간은 인생의 다른 어느 때보다 높게 유지되었다! 사회정서적 선택 이론과 일관되게, 고령의 노인들은 결국에는 자신들에게 가장 의미 있는 하나나 둘에 집중해서 자원봉사 활동을 소수의 역할로 범위를 좁혔다(Windsor, Anstey, & Rodgers, 2008). 그들은 과도한 자원봉사 활동이 정서적 만족을 떨어뜨리고, 자원봉사의 이점이 줄어든다는 것을 인식하는 것으로 보인다. '생물학적 영향과 환경적 영향' 글상자에서 혁신적인 서비스 프로그램이 노인들의 신체적, 인지적, 사회적 기능에 놀라운 효과를 가지는 한편 어린이들의 학업 성과를 높인다는 것을 확인할 수 있다.

마지막으로, 월트와 루스가 딕과 골디와 함께할 때, 두 부부는 종종 정치에 대해 이야기했다. 노인들은 다른 어느 연령집단보다도 공적인 일에 대한 의식이 높고 관심이 많으며 투표율이 높다. 심지어 아주 고령에도 그들의 정치 지식은 쇠퇴할 조짐을 보이지 않는다. 은퇴한 후 노인들은 시사에 뒤지지 않고 따라갈 시간이 많아진다. 그들은 또한 자신들의 복지에 중심이 되는 정책을 두고 벌이는 정치토론에 주된 이해관계를 갖는다. 하지만 노인들의 정치적 관심은 자신의 연령집단에게 도움이 되는 정치에 국한되지 않고 관심의 폭이 훨씬 넓으며, 그들의 투표행동은 자기 이익을 위한 것은 아니다(Campbell & Binstock, 2011). 오히려 그들의 정치 참여는 미래 세대를 위해 보다 안전하고 안정적인 세상을 원하는 깊은 갈망에서 유래된 것일 수 있다.

성공적 노화

8.12 성공적 노화의 의미에 대해 논하라.

월트, 루스, 딕, 골디, 아이다의 사례로 볼 수 있듯이 연구 결과는 인생의 마지막 몇십 년 동안 발달이 매우 다양하다는 것을 보여준다. 월트와 루스는 성공적 노화에 대한 현대 전문가들의 관점에 적합하다. **성공적 노화**(successful aging)는 이익을 최대화하고 상실을 최소화하여 개인의 잠재력을 깨달을 수 있게 해준다. 월트와 루스는 가족과 지역공동체에 적극적으로 참여했으며, 부정적인 생활 변화에 잘 대처했고, 행복하고 친밀한 부부관계와 다른 가까운 관계들을 즐겼으며, 만족스러운 활동들로 가득 찬 일상생활을 즐겼다. 아이다 역시 알츠하이머 증상이 발병하여 삶의 문제들을 다루는 그녀의 능력을 압도할 때까지는 성공적인 노인이었다. 독신 성인으로서 노년에까지 지속된 풍부한 사회적 관계망을 구축했다. 이와는 대조적으로, 딕과 골디는 신체적 노화와 (딕의 강제 은퇴와 같은) 다른 상실에 대해서 낙심하는 반응을 보였다. 그리고 딕의 분노 폭발은 그들의 사회적 접촉을 제한했지만, 이들 부부가 집단 주거지로 이주하게 됨으로써 마침내 더 나은 사회생활을 하게 되었다.

성장, 활력과 노력으로 신체적·인지적·사회적 쇠퇴를 제한하고, 때때로 극복할 때 성공적으로 노화한다. 연구자들은 성공적인 노화에 기여하는 요인들에 대해 더 많이 알기

생물학적 영향과 환경적 영향

Experience Corps : 은퇴한 성인들의 신체적, 정신적 건강과 아동들의 학업 성취를 향상시키기

Experience Corps는 은퇴한 성인들의 생물학적 노화를 늦추고 안녕감을 향상시키는 동시에 유치원생에서부터 3학년 아동들의 학업 성취를 강화하는 것을 목표로 하는 혁신적이고 지역사회에 기반한 세대 간 개입 활동이다(Rebok et al., 2014). 최대 효과를 얻기 위해서, 이 프로그램은 강도가 높으며, 은퇴자와 아동 모두를 격려한다.

자원봉사자들은 30시간의 엄격한 훈련 프로그램 동안 7~10개의 팀에 참여하여 아동들을 가르치는 기술과 행동 관리 기술을 습득한다. 그런 다음 각 팀들은 저소득의 도심 지역 학교들에 배치되고, 각 자원봉사자들은 교사들에 의해 학업 지원이 필요하다고 선별된 학생들을 돕기 위해 학년 동안 매주 최소 15시간을 헌신한다. 팀원들은 문제 해결과 보충 훈련을 위해 적어도 2주마다 한 번씩 만나는데, 이는 자원봉사자들의 공동체 의식을 고양시킬 뿐만 아니라 아동들에게 미치는 영향을 향상시키기 위해서이다.

현재 Experience Corps는 22개 미국 도시에서 활동하는 자원봉사자들이 거의 3,000명이다. 이것이 세대 간 목표를 달성하는 데 얼마나 효과적일까?

그것을 알아내기 위해, 60세 이상의 성인 수백 명을 볼티모어, 뉴욕, 텍사스주의 포트 아더 공립학교의 프로그램 혹은 대기 통제 집단에 무작위로 배정했다. 결과는 놀라웠다. Experience Corps 개인지도와 멘토링을 받은

학교들은 비슷한 학생 수를 가진 다른 학교들에 비해 높은 학년 말 읽기 성적을 받았고, 수업 시간에 지장을 주는 행동들은 감소했다(Gattis et al., 2010; Lee et al., 2012).

동시에, 노인들도 다양한 방식으로 혜택을 보았는데, 볼티모어에서 그리고 미국 17개 도시로 확대되어 평가가 실시되었다. 서비스 이후 4~8개월 후에, 자원봉사자들은 신체 활동과 체력이 향상된 반면, 통제집단은 감퇴했다(Fried et al., 2004). 그리고 서비스 2년 이후, 프로그램 참가자들은 통제집단에 비해 신체적 제약과 우울 증상이 더 적었다(Hong & Morrill-Howell, 2010). 팀에서 일하는 것과 학교 직원들과의 접촉을 통해 자원봉사자들은 또한 더 많은 사회적 지지를 받았다고 보고했다.

더 나아가, 신경생물학적 결과를 강조하는 연구에서, Experience Corps 자원봉사자들은 한 학년 동안 집행 기능의 이득과 동시에 fMRI 상의 뇌 활동에서 변화를 보였지만 통제집단은 그렇지 않았다. 그리고 2년간의 프로그램 참가는 대뇌피질과 해마(기억에 중점적으로 관여하는) 크기의 약한 증가와 관련이 있었으나, 통제집단은 감소했다(Carlson et al., 2009; 2015).

Experience Corps는 저소득 도심지역 학교에 다니는 아동들에게 학업 지원을 하는 팀에 참여하는 자원봉사자 노인들에게 집중 훈련을 제공한다. 세대 간 이점은 놀랍다─아동들은 학업과 행동이 향상되고 자원봉사자들은 신체적 · 인지적 · 사회적 안녕감을 얻는다.

지속되는 신체적으로 활동적이고 인지적으로 도전적인 자원봉사는 노년기 인지 기술에 중요한 뇌 영역의 가소성을 증가시키는 것으로 보인다.

Experience Corps는 노인들의 신체적 · 인지적 · 사회적 안녕감에 영향을 미치는 '고용량' 자원봉사 프로그램의 강력한 영향력을 입증하는 동시에 인생 성공을 예측하는 방식으로 아동들의 학업 기능을 향상시킨다. 최근 Experience Corps는 미국 노인들을 위한 가장 큰 조직인 AARP(미국은퇴자협회)와 힘을 합쳐 도움을 필요로 하는 더 많은 미국 노인과 아동들에게 프로그램을 확대할 계획이다.

를 원하는데 그렇게 함으로써 보다 많은 노인들이 성공적으로 노화하도록 도울 수 있다. 하지만 이론가들이 말하는 만족스러운 노년의 정확한 요소들은 서로 일치하지 않는다. 어떤 이론가들은 뛰어난 심혈관 기능, 장애의 부재, 탁월한 인지적 수행, 창의적 성취와 같이 쉽게 측정할 수 있는 결과에 초점을 맞춘다. 하지만 이런 견해는 크게 비판을 받아 왔다(Brown, 2016a). 모든 사람이 뛰어난 운동선수나 혁신적인 과학자나 재능 있는 예술가가 될 수 있는 것은 아니다. 그리고 많은 노인들은 계속해서 성취하고 생산하는 것─성취와 생

산은 서구 국가들에서 성공의 주요한 지표이다─을 원하지 않는다. 우리들 각자는 유전적 잠재력에 의해서 제약을 받는데, 유전적 잠재력이 우리가 평생 동안 직면하고 스스로 선택하는 환경과 결합하기 때문이다. 게다가 한 문화에서 존중받는 결과가 다른 문화에서는 존중받지 못할 수도 있다.

성공적 노화에 대한 관점은 특정 성취에 대한 관심으로부터 방향을 전환해서 사람들이 개인적으로 가치를 두는 목표에 도달하는 과정에 관심을 두게 되었다(Freund & Baltes, 1998; Kahana et al., 2005; Lang, Rohr, & Williger, 2011). '성

공적'에 대한 한 벌의 기준들을 밝혀내는 대신에, 이 관점은 어떻게 사람들이 상실을 최소화하면서 이익을 최대화하는지에 초점을 맞춘다. 이런 관점에서 볼 때, 흔히 사용되는 성공적 노화라는 용어보다 바람직한, 최적 노화(optimal aging)가 더 나은 표현일 수 있다. 바람직한 노화는 노화가 원하는 결과의 성취뿐만 아니라 인생의 어려움과 상실에 대한 효과적인 대처를 포함한다는 점을 잘 반영한다.

다양한 성인 표본을 평생에 걸쳐 추적한 연구에서, 조지 베일런트는 다양한 인생 경로 요인들이 노년기의 신체적·심리적 안녕에 어떻게 기여하는지를 보았다(Vaillant & Mukamal, 2001). 연구 결과, 어느 정도 사람들이 통제할 수 있는 요인들(예 : 건강 습관, 대처 전략, 결혼의 안정성, 교육 기간)이 자신이 통제할 수 없는 요인들(예 : 부모의 사회경제적 지위, 아동기 동안의 따뜻한 가족애, 초기의 신체 건강, 가족 구성원들의 수명)보다 행복하고 활동적인 노년을 예측하는 데 훨씬 더 중요한 것으로 드러났다.

아동기에 낮은 사회경제적 지위, 부모의 불화, 우울증 어머니, 일곱 형제자매가 작은 아파트에서 혼잡하게 지낸 생활을 경험한 한 참여자를 보자. 이러한 초기 위험요인들이 있었지만, 그는 행복한 결혼을 하게 되었고 미군 원호지원금으로 회계사 학위를 받았다. 70세에 그는 성공적으로 노화했다.

> 앤서니 피렐리는 심장발작과 심장 절개수술을 감안한다면 건강이 좋지 않았을 것이나 스스로 아프다고 느끼지 않았다. 그는 신체적으로 예전과 다름없이 활동적이었고 계속해서 테니스를 쳤다. 일하던 시절의 어떤 것이 그리운지 물어보았을 때, 그는 쾌활하게 대답했다. "다른 일을 하느라 너무 바빠서 일을 그리워할 시간이 없어요. … 내게 인생은 지루하지 않아요." 그는 담배를 피거나 술을 마시지 않았다. 그는 아내를 사랑했다. 그는 성숙한 대처전략을 사용했다. 그는 14년의 교육을 받았다. 그는 자기 허리 둘레를 관찰하고, 규칙적으로 운동을 했다(Vaillant, 2002, pp. 12, 305에서 인용).

베일런트는 다음과 같이 결론을 내렸다. "과거는 종종 우리의 노년을 예측은 하지만 결코 결정하지는 않는다"(p. 12). 성공적 노화란 인생의 마지막 단계 동안의 대단한 적응유연성을 표현하는 것이다.

이 장과 앞 장에서 우리는 노인들이 자신의 목표를 실현하는 많은 방식들을 검토했다. 잠시 되돌아보고 가장 중요한 것들을 복습해보라.

- 낙관주의와 자기효능감. 건강과 신체 기능을 향상시킨다.
- 선택적 최적화와 보상. 제한된 신체 에너지와 인지 자원을 활용하기 위함이다.
- 자기개념의 강화. 자기수용과 희망하는 가능자기의 추구를 증진시킨다.
- 증가된 정서적 자기조절과 정서 긍정성. 의미 있고 보람 있는 사회적 유대를 지원한다.
- 변화의 수용. 효과적인 대처와 생활만족에 기여한다.
- 성숙한 영성과 신앙심. 고요하고 평온한 죽음을 예상할 수 있게 해준다.
- 의존성과 독립성 영역에 대한 개인적 통제력. 스스로 선택한 매우 가치 있는 활동에 투자하도록 만든다.
- 좋은 질의 관계. 사회적 지원과 유쾌한 동료애를 제공한다.
- 개인적으로 의미 있는 여가와 자원봉사 활동. 신체적, 인지적, 사회적 안녕감에 기여한다.

성공적으로 노화하는 것은 노인들이 생활 변화를 관리하도록 해주는 효과적인 개인-환경 적합성을 증진시키는 사회의 맥락에 의해 용이해진다. 노인들은 기금이 충분한 사회보장계획, 좋은 건강관리, 안전한 주거, 그리고 다양한 사회적 서비스를 필요로 한다. 하지만 부족한 자금과 농촌 지역사회의 접근성 문제 때문에 많은 노인들의 욕구가 충족되지 못하고 있다. 교육을 거의 받지 못한 고립된 노인들은 어떻게 도움을 구할 수 있는지 모를 수 있다. 게다가 건강관리 비용을 노인들과 공동 부담하는 미국 의료보장제도는 노인들의 재정 자원을 압박한다. 그리고 미국과 캐나다에서 노인들을 혼란스럽고 정신없게 만드는 이사를 하지 않고 지역사회에서 계속 거주할 수 있도록, 노인들의 능력 변화에 따라 조절될 수 있는 주거지는 오직 경제적으로 풍족한 노인들에게나 허용된다.

노인들의 기본적인 욕구를 충족시키는 정책들을 개선하는 것 외에, 새롭고 미래지향적인 접근으로 증가하는 고령인구에 대비해야 한다. 모든 연령의 노동자를 위한 평생 교육을 더욱 강조함으로써, 사람들이 나이가 들어 가면서 기술을 유지하고 더 나아가 향상시키도록 도울 수 있을 것이다. 또한 가족 부양자들을 위한 적절한 도움, 개조된 주택, 민감하게 보살피는 요양시설 등을 포함하여, 예상되는 노쇠한 노인 수의 증가에 대비하는 개혁이 지극히 중요하다.

이 모든 변화에는 현재의 노인과 미래의 노인 모두가 사회에 공헌하는 것을 인정하고, 지원하고, 증진시키는 것이 포함된다. 노인들을 보살펴주고 노인들이 개인적으로 성장할 수 있도록 많은 기회를 부여하는 국가는, 우리들 모두가 또한 노인이 되었을 때 바람직하게 노화할 수 있는 가능성을 최대화한다.

묻고 대답하기

연관지어보기 여가와 자원봉사에 대한 관심과 기술은 보통 일찍 형성되어 평생 동안 지속된다. 은퇴 이후 의미 있는 일의 추구를 촉진할 것 같은 아동기, 청소년기, 성인 초기 경험의 예를 들어보라.

적용해보기 은퇴를 고려하고 있는 커플에게 긍정적인 은퇴 적응을 촉진하기 위해 취할 수 있는 조치들에 대해 연구에 기반하여 조언을 해보라.

생각해보기 여러분이 아는 사람 중 성공적 노화를 하고 있는 사람을 생각해보라. 어떤 개인적 특성들 때문에 그 사람을 선택하게 되었는가?

요약

에릭슨 이론 : 자아통합감 대 절망

8.1 에릭슨에 따르면, 노년기에 성격은 어떻게 변하는가?

■ 에릭슨의 마지막 심리적 갈등인 **자아통합감 대 절망**은 자신의 삶을 받아들이는 것을 포함한다. 통합에 도달한 성인은 완전감을 느끼고 자신의 성취에 대해 만족한다. 노인들이 통합에 도달할 다른 방법을 찾기에는 시간이 너무 짧다고 느낄 때 절망이 발생한다.

노년기 심리사회적 발달에 대한 기타 이론들

8.2 로버트 펙과 조안 에릭슨의 노년기 심리사회적 발달 관점과 더불어 노인들의 삶에서 긍정성 효과와 회상의 의미에 대해 논하라.

■ 로버트 펙에 따르면, 자아통합을 성취하는 것은 세 가지의 구분되는 과제를 포함한다 ─ 자아 분화, 신체 초월, 자아 초월.

■ 조안 에릭슨은 이러한 성취가 내적 고요함과 조용한 성찰에서 분명하게 드러나는 추가적인 심리사회적 단계인 **노년기 초월**을 나타낸다고 생각했다.

■ 대부분의 노인들은 **긍정성 효과** ─ 정서적으로 긍정적인 정보에 편향된 ─ 를 보이는데 이는 노인들이 정서적인 자기조절에서 전문가가 되었기 때문인 것 같다.

■ 자신의 과거에 대한 **회상**이 노인들에게 긍정적이고 적응적일 수 있다. 하지만 잘 적응하고 있는 많은 노인들은 자신을 더 잘 이해하기 위해 인생 회고를 하는 데 많은 시간을 보내지 않는다. 그보다는 **제3연령**기라는 용어가 의미하듯이, 그들은 대개 현재와 미래 지향적이어서 개인적 실현을 위한 기회를

추구한다.

자기개념과 성격의 안정성과 변화

8.3 자기개념과 성격의 안정적인 면과 변화하는 면의 예를 들고 노년기의 영성과 종교성에 대해 논하라.

■ '5요인' 성격 특질은 중년기에서 노년기까지 안정적으로 유지된다. 일생에 걸친 자기지식의 누적은 노인들이 보다 안정되고 다면적인 자기개념을 갖도록 만든다. 희망하는 가능 자기를 적극적으로 계속해서 추구하는 노인들은 삶의 만족을 얻는다. 인생에 대한 유연하고 낙관적인 접근은 탄력성을 증진시키고 인지적으로 도전적인 활동에 참여하는 것은 경험에 대한 개방성을 촉진한다.

HILL STREET STUDIOS/GETTY IMAGES

■ 노인들은 대개 나이가 들어 가면서 더 탄력적이 되거나 영적이 되지만 이러한 향상의 정도는 크지 않고, 보편적이지도 않다. 많은 사람들의 경우 종교성은 성인기 동안 안정적이다. 신앙과 영성은 더 성찰적이 되어, 불확실성을 받아들이고, 다른 사람들과의 연결을 강조하게 될 수 있다. 낮은 사회경제적 지위의 소수민족 노인과 여성들의 종교적 관여가 특히 높고 이것은 이들의 더 나은 신체적 ·

심리적 안녕감과 더 오래 생존하는 것과 관련이 있다.

심리적 안녕감에 맥락이 미치는 영향

8.4 통제 대 의존, 신체적 건강, 부정적 생활 변화, 사회적 지지가 노년기 심리적 안녕감에 미치는 영향에 대해 논하라.

■ **의존성 지원 각본**과 **독립성 무시 각본**이라고 불리는 행동 패턴에서, 노인들의 의존적인 행동은 즉각적으로 주목을 받는 한편 독립적인 행동은 무시된다. 하지만 노인이 도움을 원하는 영역을 선택할 수 있게 허용하면, 노인들이 목표를 추구할 때 자신의 역량을 충분히 사용할 수 있으며, 효과적인 **개인-환경 적합성**을 창출할 수 있다. 이것은 심리적 안녕감을 촉진한다.

■ 신체적 건강은 노년기 심리적 안녕감의 강력한 예측변인이다. 신체적 건강 문제와 정신적 건강 문제 사이의 관계는 악순환이 되어 각각 서로를 더 심하게 만들 수 있다. 모든 연령집단 중 85세 이상 노인들의 자살률이 가장 높다.

■ 비록 나이 든 성인은 여러 가지 부정적인 생활 변화의 위험에 처해 있지만, 이러한 사건들은 젊은 사람들보다 노인들의 스트레스와 우울을 덜 유발한다. 하지만 부정적인 변화들이 쌓이면 그것이 노인들의 대처 자원을 시험한다.

■ 사회적 지지는 신체적 건강과 심리적 안녕감을 증진시키지만 되갚을 수 없는 과도한 지원이나 도움은 종종 자기효능감을 해치고 심리적 스트레스를 증폭시킨다. 따라서 단순한 도움의 양보다는 지각된 사회적 지지가 긍정적 결과와 더 관련이 있다.

변화하는 사회적 세계

8.5 유리 이론과 활동 이론의 한계를 논하고 보다 최신의 관점인 연속 이론과 사회정서적 선택 이론을 설명하라.

■ 유리 이론은 죽음을 앞두고 노인과 사회 간 상호 철회가 일어난다고 간주한다. 하지만 대부분의 노인들은 유리되지 않는다. 활동 이론은 참여에 대한 사회적 장벽이 상호작용을 낮춘다고 주장한다. 하지만 사회적 접촉이 더 많은 노인들이 반드시 더 행복하지는 않다.

■ **연속 이론**은 대부분의 노인들은 자신의 과거와 예상되는 미래 사이에 일관성을 유지하기 위해 애쓴다고 제안한다. 익숙한 기술을 활용하고 친숙한 사람들과 익숙한 활동에 참여함으로써 노인들은 인생 후반기 삶의 변화를 일관되고 지속적인 삶의 경로로 통합한다.

■ **사회정서적 선택 이론**은 나이 들면서 사회적 네트워크가 더 선택적으로 된다고 주장한다. 미래가 얼마 남지 않았음을 직면하는 노인들은 상호작용의 정서조절 기능을 중요하게 생각하여, 높은 수준의 정서적으로 충족되는 관계를 선호한다.

8.6 지역사회, 이웃, 그리고 주거 배치가 노인들의 사회적 삶과 적응에 어떤 영향을 주는가?

■ 교외에 사는 노인들이 도심에 사는 노인들보다 수입이 더 많고 건강상태도 더 좋다고 보고하지만 도심의 노인들은 대중교통을 이용하는 데 있어서 더 유리하다. 자녀들과 가까운 곳에서 살 가능성이 낮은 소도시와 시골에 사는 노인들은 가까이 사는 친척들, 이웃들, 친구들과 상호작용하여 이를 보완한다. 마음이 잘 맞는 노인 이웃들과 가까이 사는 것이 삶의 만족을 증가시킨다.

■ 대부분의 노인들은 자신의 집에 **계속 거주하**는 것을 선호하지만 건강이나 기동성에 문제가 있는 사람들의 경우 자립생활은 위험을 초래하고, 혼자 사는 많은 노인이 가난에 시달린다.

■ 생활지원이 필요한 노인들을 위한 거주 환경은 호텔과 같은 다양한 지원 서비스를 제공

하는 **독립 주거 공동체**와 나이 들면서 변해가는 거주자들의 욕구가 충족될 수 있도록 광범위한 거주 대안을 제공하는 **연속적 돌봄 공동체**를 포함한다.

■ 요양시설에 거주하고 있는 소수의 미국 노인들은 자율성이 극도로 제한되어 있고 사회적 상호작용을 거의 하지 않는다. 효과적인 개인-환경 적합성을 달성하는 집과 같은 분위기의 요양시설은 인생 후반기 안녕감을 높인다.

노년기 관계

8.7 결혼, 동성애 관계, 이혼, 재혼, 사별, 그리고 비혼의 자녀가 없는 노인들을 포함하여 노년기 관계 변화를 설명하라.

■ **사회적 호위대** 모델은 평생을 살아가는 동안 사회적 관계망 속에 일어나는 변화에 대한 영향력 있는 모델이다. 유대가 느슨해지면 젊었을 때만큼은 아니지만 노인들은 만족을 주는 관계를 유지하고 새로운 관계를 만들어낼 수 있는 방법을 찾는다.

■ 인생 후반기 결혼만족의 경로는 다양한데 부부가 함께 하는 활동들과 재정적 어려움과 같은 요인들에 달려 있다. 결혼생활을 하는 노인들은 대개 사회적 관계망이 더 넓은데 이것은 심리적 안녕감, 그리고 좋은 건강 상태와 관련이 있다.

■ 대부분의 레즈비언과 게이 노인 또한 행복하고 매우 만족스러운 관계를 맺고 있다고 보고한다. 법적으로 인정받지 못한 관계에 비해 결혼한 커플들이 신체적·심리적 안녕감이 더 좋다.

■ 인생 후반기의 이혼은 젊은 사람들의 이혼에 비해 더 큰 스트레스가 된다. 노인들의 재혼율이 낮긴 하지만, 재혼하는 노인들은 더 안정적인 관계를 맺는다. 새로운 관계를 맺는 노인들 중 결혼의 대안으로 동거 혹은 '따로 또 함께 살기(따로 살지만 같이 지내는)'를 선택하는 경우가 점점 더 많아지고 있다.

■ 사별 후 적응은 매우 다양하다. 젊은 사람들

보다는 노인들이, 남성보다는 여성들이 더 잘 살아나간다. 사회적 유대를 유지하려는 노력, 외향적인 성격, 높은 자존감, 일상생활 과제를 처리할 수 있다는 자기효능감이 탄력성을 높인다.

■ 평생 동안 결혼을 하지 않았고 자녀가 없는 노인들의 대부분은 의미 있는 다른 관계를 발달시킨다. 결혼을 하지 않은, 자녀가 없는 노인 남성과 여성 모두 사회적 지지를 추구하지만 여성 노인들이 남성들보다 더 잘 적응한다.

8.8 형제관계와 친구관계가 노년기에 어떻게 변하는가?

■ 인생 후반기에, 나이 든 형제자매들은 대개 가까이 살고, 정기적으로 대화를 하고, 적어도 1년에 몇 번은 왕래를 한다. 특히 사별했거나 한 번도 결혼한 적이 없는 노인들에게 형제자매는 중요한 '보험 증권'이 된다.

■ 인생 후반기 우정은 다양한 기능을 한다 — 친밀감과 친교, 부정적 평가에 대한 방패막, 상실로 인한 심리적 결과로부터의 보호. 노인들은 이미 자리 잡은 동성과의 우정을 더 선호하고, 여성들은 남성들보다 친밀한 관계뿐 아니라 때때로 시간을 함께 보내는 **이차적 친구**를 더 많이 가지고 있다.

8.9 노년기에 성인 자녀와 성인 손자녀와의 관계를 설명하라.

■ 노인들은 자주 성인 자녀와 접촉을 하는데, 성인 자녀들은 직접적 도움보다는 정서적 지지를 제공한다. 받기보다 도움을 더 많이 주는 노인 부모들의 삶의 만족 점수도 더 높다. 일반적으로 성인 자녀에 대한 심하지 않은 양가적 감정이 심리적 안녕감을 손상시킬 수 있다.

■ 성인이 된 손자녀가 있는 노인들은 잠재적인 지원 네트워크가 더 넓어 득이 된다. 조부모는 손자녀로부터 대개 실제적 도움이 아닌 애정을 기대한다. 조부모와 손자녀의 접촉은 시간이 지나면서 줄어들지만, 조부모의 정서적 투자는 종종 더 견고해진다.

8.10 노인 학대의 위험요인, 결과, 예방 전략에 대해 논하라.

■ 몇몇 노인들은 가족 구성원, 친구 혹은 돌봄 전문가의 학대로 인해 고통을 받는다. 위험 요인에는 의존적인 가해자-피해자 관계, 가해자의 심리적 장애, 가족 폭력 내력, 부적절한 시설 환경이 포함된다. 모든 형태의 노인 학대는 피해자의 신체적·정신적 건강에 심각하고 지속적인 영향을 미친다.

■ 노인 학대 예방 프로그램은 상담, 교육, 부양

자를 위한 휴식 서비스를 제공한다. 훈련받은 자원봉사자들과 지지 집단은 피해자들이 추가적인 피해를 입지 않도록 도울 수 있다. 또한 의심이 되는 경우에 신고를 하도록 분위기를 조성하고, 노인들의 욕구를 더 잘 이해하려는 사회적 노력이 중요하다.

은퇴

8.11 은퇴 결정, 은퇴 적응, 여가와 자원봉사 활동 참여에 대해 논하라.

■ 은퇴에 대한 결정은 다양한 요인에 의해 좌우된다—은퇴를 감당할 수 있는 재정 상태, 건강상태, 직업 환경의 특징, 다른 의미 있는 활동을 찾을 수 있는 기회, 성별, 인종, 사회적 은퇴 정책들.

© TOM GRILL/CORBIS

■ 은퇴 적응에 영향을 주는 요인들은 은퇴 이전 직업 만족감, 부양에 대한 책임, 인생 사건들에 대한 개인적 통제감, 사회적 지원, 결혼 행복감 등이다.

■ 의미 있는 여가와 자원봉사 활동은 은퇴 기간 동안 지속되거나 확대된다. 이러한 활동에 참여하는 것은 더 나은 신체적·정신적 건강, 낮은 사망률과 관련이 있다.

성공적 노화

8.12 성공적 노화의 의미에 대해 논하라.

■ **성공적 노화**를 경험하는 노인들은 상실을 최소화하고 이득을 최대화하여 개인적 잠재력을 실현할 수 있다. 노인들이 삶의 변화를 다룰 수 있도록 허용하는 사회적 맥락—재정 지원이 잘된 사회보장계획, 믿을 만한 의료 보험, 안전한 주거, 다양한 사회복지 및 평생 학습 기회—이 성공적으로 나이 들어 가는 것을 돕는다.

주요 용어 및 개념

개인-환경 적합성	사회적 호위대	연속적 돌봄 공동체	자아통합감 대 절망
긍정성 효과	사회정서적 선택 이론	의존성 지원 각본	제3연령기
노년기 초월	성공적 노화	이차적 친구	지역사회 계속 거주
독립성 무시 각본	연속 이론	독립 주거 공동체	회상

노년기 발달

- 면역체계의 노화로 감염 질환, 심혈관 질환, 특정 종류의 암, 자가면역 질환을 포함하여 다양한 질병의 위험이 증가한다.
- 일찍 취침하고 아침 일찍 깨는 수면시간의 변동이 있고, 수면 어려움이 증가한다.
- 머리카락이 계속해서 희어지고 가늘어진다. 피부 주름이 깊어지고 지지하는 지방층이 상실되므로 피부가 투명하게 된다. '검버섯'이 증가한다.
- 체질량의 감소로 신장과 체중이 감소한다.

65~80세

신체 발달

- 자율신경계의 수행이 감퇴하여 덥거나 추운 날씨에 대한 적응이 손상을 입는다.
- 시력 감퇴가 계속되어 번쩍이는 불빛에 대한 민감성이 증가하고 색채 구별, 암순응, 깊이 지각, 시각 선명도가 손상된다.
- 전 주파수 범위에서 청력 감퇴가 계속된다.
- 미각과 후각 예민성이 감퇴한다.
- 손의 촉각 예민성이 감퇴하는데, 특히 손가락 끝부분이 심하다.
- 심장혈관과 호흡 기능의 감퇴로 운동 중 신체 스트레스가 커진다.

- 작업기억 용량, 억제, 유연한 주의 전환을 포함하여 집행 기능은 계속해서 감퇴한다.
- 장기기억으로부터 정보 인출의 실패가 증가한다. 일화기억(일상 경험에 대한 기억), 연합기억과 외현기억(기억 전략을 요하는 과제들)에서 가장 문제가 크다.
- 의미 있는 먼 자서전적 경험에 대한 기억은 대개 유지된다.
- 시간에 기반한 예상기억이 감퇴한다. 이것을 보상하기 위해 기억신호로서 외부적인 기억 보조 수단을 점점 더 많이 활용한다.

- 골량의 감소로 골다공증의 비율이 증가한다.
- 비록 대다수의 결혼 상태에 있는 부부들은 규칙적으로 성행위를 즐긴다고 보고하지만, 성행위의 빈도와 성반응의 강도가 감소한다.

인지발달

- 처리 속도와 유동지능이 감소한다. 결정화된 능력(의미기억, 혹은 일반 상식을 포함한)은 대개 그대로 유지된다.

- 일상 대화에서 장기기억으로부터 단어들을 인출하는 것과 무엇을 말하고 어떻게 말할지를 계획하는 것이 더 어려워진다. 언어 이해와 이야기하기 역량은 대개 유지된다.

- 가설적인 문제 해결 능력이 감퇴한다. 일상 문제 해결 능력은 적응적으로 남아 있다.
- 회사 중역, 종교 지도자, 대법원 판사와 같은 사회 지도자로서의 중요한 위치를 유지한다.

- 지혜가 발달한다.
- 훈련을 통해 광범위한 인지기술을 향상시킬 수 있다.

정서 · 사회성 발달
- 자아통합감이 발달하면서 인생과 타협이 이루어진다.
- 기본적 정보 처리 기술이 줄어들면서 인지적 · 정서적 복잡성이 감소한다.
- 부정적인 정보보다 정서적으로 긍정적인 것에 선택적으로 더 주의를 기울이고 더 잘 회상하는 긍정성 효과가 나타난다.
- 인생 회고적 회상에 잠기지만 계속해서 개인적 성장과 만족을 얻는 방법을 찾는다.

- 자기개념이 강화되어 더 안정적이고 다면적으로 된다.
- 우호성과 변화의 수용이 증가하는 반면, 외향성과 개방성은 감소한다.

- 신앙심과 영성이 높은 수준으로 향상되어, 규정된 신념에서 벗어나 반성적인 접근을 향해 나아간다.

- 사회적 관계망의 크기가 감소하고, 정서적으로 긍정적이고 가까운 관계를 강조한다.
- 배우자와 사별할 수 있다.
- 가까이 사는 형제자매에 대한 방문과 지원이 증가한다.
- 더 많은 시간을 쏟아부음으로써 친구관계는 점점 더 중요해진다.
- 은퇴한다.
- 여가와 자원봉사 활동 참여가 증가하는 경향이 있다.
- 정치에 대해 잘 알고 투표율이 높다.

80세 이후

신체 발달
- 앞에서 열거된 신체 변화들이 계속된다.

- 근육과 뼈 강도의 감소와 관절 유연성의 감소로 이동성이 감소한다.

인지발달
- 앞에서 열거된 인지 변화가 계속된다.
- 유동 지능이 더욱 감소한다. 결정지능도 감소하지만 약한 수준이다.

정서 · 사회성 발달
- 앞에서 열거된 정서, 사회성 변화들이 계속된다.
- 자기를 넘어서서 우주적 관점을 향하는 노년기 초월이 발달한다.

- 성인 자녀와의 관계가 더 중요해진다.
- 여가활동의 빈도와 다양성이 감소한다.

CHAPTER **9**

죽음, 죽음과정, 그리고 사별

인도 마니푸르의 힌두 장례 행렬에서, 여성들은 슬픔을 표현하기 위해 흰색과 연한 핑크색을 입는다. 모든 문화는 인생의 마지막을 기리고 유족이 깊은 상실에 대처할 수 있도록 돕는 풍습과 의식을 가지고 있다.

DINODIA PHOTO/GETTY IMAGES

모든 삶이 특별하듯이, 모든 죽음도 특별하다. 인간 정신의 마지막 에너지는 다양한 방법으로 육체로부터 자기 자신을 분리한다.

나의 어머니 소피의 죽음은 암과의 5년간 투쟁의 정점이었다. 마지막 한 달 동안, 병은 그녀의 몸 전체 기관에 퍼져서 마지막 맹위를 떨치며 폐를 공격했다. 그녀는 죽음이 바로 눈앞에 다가왔다는 것을 알고 죽음에 대해 준비할 수 있는 시간을 갖는 절반의 축복을 누리면서 서서히 죽어갔다. 나의 아버지 필립은 이보다 18년을 더 사셨다. 80세 때, 심장 발작이 갑자기 그의 생명을 앗아가 버렸을 때 아버지는 외견상 건강하고, 활동적이고, 오랫동안 기다려왔던 휴가를 막 떠나려던 참이어서, 한 마디 유언이나 임종 화해의 시간도 가지지 못했다.

내가 이 장의 작업을 시작할 때, 나의 이웃인 65세의 니콜라스는 더 나은 삶을 위해 모험을 했다. 신장 이식을 하기에 적합한 상태를 만들기 위해서, 그는 심장을 강화하는 절제수술을 선택했다. 의사는 그의 몸이 그 수술을 견딜 수 없을지도 모른다고 경고했다. 하지만 니콜라스는 위험을 무릅쓰지 않으면 쇠약해진 상태로 단지 몇 년 더 살 수 있다는 것을 알고 있었다. 수술 직후에 감염이 일어났고 곧 몸 전체로 퍼져 나가 그의 몸은 극도로 쇠약해져서, 단지 극단적인 조치 — 호흡을 유지시키는 인공호흡장치와 희미해져 가는 혈압을 높이는 강력한 약물 — 만이 그의 생명을 지탱해주고 있었다.

"아빠, 아빠는 해낼 수 있어요." 니콜라스의 딸인 사샤는 침대 옆에 서서 그의 손을 어루만지며 용기를 북돋아주었다. 하지만 니콜라스는 해내지 못했다. 두 달의 집중치료 후, 그는 뇌발작을 일으켰고 혼수상태에 빠졌다. 3명의 의사가 그의 아내인 지젤을 만나 더 이상 희망이 없다고 말했다. 그녀는 인공호흡장치를 제거해달라고 요구했고 30분 만에 니콜라스는 사망했다.

죽음은 우리 종의 생존을 위해서 필수적이다. 우리가 죽음으로써 우리의 자녀와 다른 사람의 자녀들이 살 것이다. 죽음에 있어서, 자연은 많은 독특한 능력을 가진 인간을 다른 모든 생명체들과 똑같이 취급한다. 우리도 역시 죽게 될 것이라는 현실을 받아들이기가 어려운 만큼, 가장 큰 위안은 죽음 역시 진행되는 삶의 일부라는 사실이다.

이 장에서는 생애 발달의 정점에 초점을 맞출 것이다. 20세기와 21세기 초반에 걸쳐 의료적 진보는 죽음을 막을 수 있는 많은 방법을 우리에게 제공해주어, 대부분의 사람들은 죽음을 금지된 주제로 여긴다. 하지만 기대 수명이 극적으로 증가함에 따라 생겨난 부산물인 긴급한 사회적·경제적 딜레마는 우리가 인생의 마지막 — 죽음의 질, 죽음의 시점, 자기 자신과 다른 사람의 마지막 작별에 순응하도록 사람들을 돕는 방법들 — 에 관심을 가지도록 강요하고 있다. 죽음과 죽어가는 과정의 연구에 전념하는 다학제적 분야인 **죽음학**(thanatology)이 과거 20년 동안 엄청나게 성장했다.

우리는 죽어가는 것의 신체적 변화와 아동기, 사춘기, 성인기 죽음의 이해와 죽음에 대한 태도, 죽음에 가까워졌을 때 죽음에 대한 사고와 느낌, 어디서 죽는가, 그리고 희망이 없는 아픈 환자들의 죽을 권리, 사랑하는 사람의 죽음에 대처하는 것, 죽음 교육에 대해 논의할 것이다. 소피, 필립, 니콜라스, 그들의 가족들, 다른 사람들의 경험은 각자의 인생 역사가 사회적·문화적 맥락과 연합하여, 죽음이라는 보편적인 경험에 큰 다양성을 부여하면서 어떻게 죽음과 죽어가는 과정을 형성하는지를 설명한다. ●

우리는 어떻게 죽는가?

9.1   죽어가는 과정의 신체적 변화와 죽음을 정의하는 것의 함의와 존엄한 죽음의 의미에 대해 기술하라.

산업화된 국가에서, 이전 세대들에 비해 오늘날은 죽음의 신체적 측면을 목격할 기회가 적다. 오늘날 발전한 국가의 대부분의 사람들은 병원에서 사망하는데, 그곳에는 사랑하는 사람들이 아닌 의사와 간호사가 그들의 마지막 순간을 지켜본다. 그럼에도 불구하고 많은 사람들은 자기 자신의 마지막을 예견하거나 죽어가고 있는 사랑하는 사람에게 무슨 일이 일어나고 있는지를 이해하기 위해 우리가 어떻게 죽는지를 알고 싶어 한다. 신체적 죽음에서 간략하게 보듯이, 우리는 죽어가는 사람은 보살핌과 몸의 기능에 대한 주의를 필요로 하는 신체적 존재 이상이라는 점을 명심해야 한다. 그들은 마지막 며칠, 몇 시간 동안 정서적·영적 종결을 위해 그들이 요구하는 것에 민감하게 반응하는 사회적 지지로부터 크게 도움을 얻는다.

신체 변화

아버지가 한밤중에 갑자기 심장발작을 일으켰다. 그 소식을 듣고, 나는 아버지가 오래 시간을 끌지 않고 고통 없이 돌아가시기를 간절히 원했다.

사람들에게 어떻게 죽고 싶은지를 물어보면, 대부분의 사람들은 '존엄한 죽음'—자는 동안에 빨리 고통 없이 죽거나 혹은 마지막 순간에 맑은 정신으로 작별인사를 하고 자신의 삶을 되돌아보는 것—을 원한다고 말한다. 사실 죽음은 정직한 생물학적 과정의 정점이다. 20%의 사람들에게 그것은 차분하게 일어난다. 마치 약물이 고통을 덜어주고 현재 일어나고 있는 나쁜 상황을 감출 때 특히 그러하다(Nuland, 1993). 하지만 대부분은 그렇지 않다.

아동기와 사춘기 죽음의 주요 원인은 의도적이지 않은 상해이고, 성인기에는 심혈관 질환과 암이 주요 원인이라는 것을 상기하라. 산업화된 국가에서 사람들의 1/4이 갑작스럽게 죽음을 맞이하는데, 이 중 65~85%는 심장마비 희생자이다(Mozaffarian et al., 2015; Sanchis-Gomar et al., 2016). 아버지가 고통 없이 돌아가셨으면 하는 나의 간절한 바람은 아마 이루어지지 않을 것이다. 아버지는 심장의 산소 부족으로 예리하고 쥐어 짜는 느낌을 가졌다. 그의 심장이 통제할 수 없

는 불규칙한 경련을 일으키다가(섬유성 연축이라 불림) 완전히 멈추게 되었을 때, 혈액 순환이 느려지다가 마침내 정지했다. 그리고 의식이 없는 상태로 들어갔다. 2~4분 이상 산소가 결핍된 뇌는 회복될 수 없는 손상—눈의 동공이 빛에 반응하지 않고 검고 크게 변하면서 넓어진다—을 입는다. 마찬가지로 산소가 결핍된 다른 기관들도 기능을 멈춘다.

3/4의 사람들에게 죽음은 길고 오랜 시간을 끄는 과정이다. 수명을 연장시키는 의학기술 때문에 과거보다 훨씬 많은 사람들이 그러하다. 그들은 다양한 이유로 쓰러진다. 심장 질환을 가진 사람들 중 대부분은 니콜라스의 사망 원인인 울혈성 심부전을 가지고 있다(Murray & McLoughlin, 2012). 상처가 난 그의 심장은 신체 조직에 충분한 산소를 공급하기 위한 수축을 더 이상 하지 못했다. 심장이 시도를 하면 할수록, 근육은 더 약해졌다. 혈압이 충분히 높지 않아, 액체가 니콜라스의 폐로 역류했다. 이것이 호흡을 방해했고, 흡입된 박테리아가 증식하여 혈류로 들어가서, 몸속에 널리 퍼져 많은 기관들을 망가지게 했다.

암 또한 다양한 경로를 통해 손상을 입힌다. 암이 전이되면, 종양 덩어리는 혈류를 타고 이동하여 몸의 주요 기관에 자리 잡고 자라면서 그 기관의 기능을 손상시킨다. 약물치료는 나의 어머니의 마지막 며칠 동안을 가능한 한 편안하게 만들어줌으로써 비교적 수월한 죽음을 맞게 해주었다. 하지만 그전 몇 주 동안은 호흡 및 소화 장애와 침대에서 편안한 자세를 찾기 위해 몸을 뒤집고 좌우로 몸을 꼬는 등의 신체적 고통을 겪었다.

죽기 전 며칠 혹은 몇 시간 전부터는 활동이 감소한다. 덜 움직이고 의사소통을 덜 하고 음식, 물, 그리고 주변의 것들에 관심을 덜 보이게 된다. 동시에 체온, 혈압, 그리고 팔다리로의 혈액 순환이 떨어져서, 손과 발이 차갑고 피부색이 우중충하고 회색빛으로 변하게 된다(Hospice Foundation of America, 2011). 삶에서 죽음으로의 변화가 눈앞에 닥쳤을 때, 사람들은 대개 세 단계를 거친다.

1. **죽음의 고통기**(agonal phase). 그리스어인 *agon*은 '몸부림 치다'를 의미한다. 여기서 'agonal'이라는 것은 목구멍에 유동 액체의 증가 때문에 그르렁거리는 숨소리를 내고, 정상적인 심장박동이 무너지는 초반 동안 숨을 헐떡거리고 근육 경련이 일어나는 것을 의미한다(Manole & Hickey, 2006).

2. **임상사**(clinical death). 그다음 짧은 순간 심장박동, 순환, 호흡, 뇌 기능이 정지하지만 아직은 소생이 가능한 기간이다.
3. **임종기**(mortality). 한 개인이 영원한 죽음으로 들어간다. 몇 시간 내에, 생명을 잃어버린 존재는 쪼그라든 것처럼 보이고, 더 이상 살아 있을 때의 그 사람이 아니다.

죽음의 정의

지금까지 우리가 말했던 것에 대해 생각해보고, 언제 죽음이 일어나는지를 정의하는 것의 딜레마에 주목하라. 죽음은 한 시점에서 일어나는 사건이 아니며, 그보다는, 기관들이 연속적으로 기능을 멈추는 과정으로, 사람에 따라 다르다. 삶과 죽음 사이의 구분이 애매하기 때문에, 언제 생명 연장 조치들을 그만두어야 하는지 의사들이 결정하는 것을 돕고, 남은 사람들에게 죽은 사람에 대해 슬퍼하고 자신들의 삶을 재조직하게 돕고, 기증된 장기를 언제 적출할지를 결정하기 위해 사회는 죽음의 정의를 필요로 한다.

수십 년 전에는, 심장박동과 호흡이 멈추는 것이 죽음을 의미했다. 하지만 이러한 기준은 더 이상 적절하지 않은데, 왜냐하면 소생법 기술이 종종 생명 신호들이 회복될 기회를 주기 때문이다. 오늘날 대부분의 산업화된 국가들에서는 **뇌사**(brain death)—반사를 통제하는 뇌와 뇌간의 모든 활동의 되돌릴 수 없는 정지 상태—를 사망의 정의로 사용한다.

중국 공동묘지에서, 가족들이 죽은 조상에게 존경의 표시로 기도를 하고 제물을 바친다. 조상 숭배와 영혼이 시체를 떠날 때를 강조하는 불교, 유교, 신도의 신앙은 중국에서 뇌사가 법적으로 인정되지 않는 이유를 부분적으로 설명할 수 있다.

하지만 모든 국가들이 이 기준을 받아들이는 것은 아니다. 예를 들어 중국과 일본에서는 의사들이 전통적인 기준(심장박동과 호흡이 사라짐)을 따른다. 이러한 관점은 국가 장기 이식 프로그램의 발전을 방해했는데, 왜냐하면 몇몇 장기들은 인위적으로 생명 신호들을 유지시키지 않고 몸으로부터 적출될 수 있기 때문이다. 뇌사와 장기 기증에 대해 불쾌하게 느끼는 것은 부분적으로는 조상 숭배와 육체를 떠난 혼백을 위한 시간을 강조하는 불교, 유교, 그리고 신도의 죽음에 대한 신념 때문이다(Yang & Miller, 2015). 오늘날 일본 법률은 죽어가는 사람이 장기 기증의 가능성이 있을 때에만 뇌사 기준을 사용한다(Kumaido, Sugiyama, & Tsutsumi, 2015). 그렇지 않다면, 심장이 뛰는 것을 멈출 때까지는 여전히 살아 있는 것으로 여겨진다. 중국에서는 여전히 뇌사가 법적으로 인정되지 않는다.

하지만 뇌사 기준이 언제 처치를 멈출 것인가의 딜레마를 항상 해결해주는 것은 아니다. 니콜라스의 경우를 생각해보자. 비록 그는 뇌사는 아니지만 **식물인간 상태**(persistent vegetative state)가 되어 피질이 더 이상 뇌파 활동을 보이지 않지만, 뇌간은 여전히 활동한다. 의사들은 의식이나 신체 움직임이 회복될 수 없음을 확신한다. 미국과 다른 국가들에서 수천 명의 사람이 식물인간 상태에 있고 그로 인한 건강관리 비용 총액이 매년 수백만 달러이기 때문에, 몇몇 전문가들은 뇌 피질 활동의 정지가 사람이 사망했음을 선언하기에 충분하다고 믿고 있다. 하지만 다른 사람들은 수개월 동안 식물인간 상태로 있었던 환자가 비록 대개는 매우 제한된 기능만을 하기는 하지만, 대뇌피질 반응과 의식을 회복한 몇몇 사례를 지적한다(Laureys & Boly, 2007). 일부 다른 질병의 예에서, 의식이 있지만 고통을 겪고 있는 환자는 생명 연장 처치를 거부한다. 죽을 권리에 대해 이야기할 때 이 주제를 다룰 것이다.

존엄하게 죽기

자연은 대부분의 사람들이 원하는 이상적이고 편안한 종말을 허락하지 않고, 의학도 그것을 보장해주지 못한다. 따라서 죽음에 있어서 가장 큰 존엄은 그것에 앞서는 인생 통합에 있다. 우리는 죽어가는 사람과 의사소통을 하고 보살피는 과정에서 그들의 자아통합을 촉진할 수 있다.

첫째, 우리는 점차적으로 스러져 가는 죽어가는 사람들을 안심시킴으로써 그들의 신체적·심리적 고통 모두에 대해 도움을 줄 것이다. 우리는 그들이 가장 가치를 두고 있는 삶의 측면들에 관심을 보이고 그들의 가장 큰 걱정에 초점을 맞춤으로써 그들을 존중할 수 있다(Keegan & Drick, 2011). 우리는 그들의 마지막 몇 달, 몇 주, 심지어 마지막 몇 시간 동안 최고의 온정 어린 보살핌을 하기 위해 가능한 모든 것(평안을 주는 물리적 환경, 부드러운 정서적 · 사회적 지지, 사랑하는 사람들과의 친밀감, 그리고 자기 인생의 가치, 중요한 관계, 죽음에 대한 걱정을 덜어주는 데 도움을 주는 종교적 조언)을 할 수 있다.

둘째, 우리는 죽음의 필연성에 관해 솔직해질 수 있다. 자신이 죽어가고 있다는 것을 깨닫지 못하고 자기 죽음의 주변 환경을 이해하지 못하면, 임종간호와 의사결정에 대한 계획을 할 수 없고 그들에게 가장 소중한 사람과 마지막의 감정을 함께 나눌 수 없다. 소피는 자신의 죽음이 언제 어떻게 일어날지를 알았기 때문에, 자신과 필립의 삶이 서로에게 어떤 의미였는지를 표현할 수 있는 시간을 가질 수 있었다. 침대 옆에서 나눈 그와 같은 귀중한 상호교환 가운데서, 가장 인상적인 소피의 마지막 소원은 자신이 죽고 나서 필립이 재혼을 하여 남은 생애를 홀로 지내지 않았으면 하는 것이었다. 임박한 죽음에 대해 솔직했기 때문에 소피는 마지막 생성적 행위를 할 수 있었고, 자신과 가장 가까운 사람들의 손을 놓고 죽음이 닥쳤을 때 편안할 수 있었다.

마지막으로, 의사와 간호사들은 죽어가는 환자가 병과 더 싸울지 아니면 더 이상의 처치를 거부할 것인지에 대해 합리

죽어가는 환자인 딕 워너의 아내 낸시는 의료적 · 정서적 보호자로서 그녀의 이중 역할을 상징하기 위해 종이로 만든 간호사 모자를 쓰고 있다. 이 사진을 찍은 저녁, 낸시는 딕의 호흡이 가빠지는 것을 들었다. 낸시는 그에게 키스하고 "이제 가야 할 때야"라고 속삭였다. 딕은 소원대로 사랑하는 아내가 침대 옆에서 지켜보는 중에 세상을 떠났다.

적인 선택을 할 수 있도록, 환자가 자신의 상태에 대해 충분히 알도록 도울 수 있다. 정상적인 신체가 어떻게 작동하는지를 이해하면, 질병이 신체에 어떻게 영향을 미치는지를 이해하는 것이 쉬워진다. 이러한 교육은 가능한 일찍 아동기부터 시작할 수 있다.

요약하면, 비록 질병으로 인한 몸의 상태가 평온한 죽음을 허락하지 않는다 하더라도, 우리는 죽어가는 사람에게 보살핌, 애정, 친밀함, 그리고 존중을 보임으로써, 진단에 대한 신뢰를 줌으로써, 인생의 마지막 단계에 대해 최대한의 개인적 통제감을 줌으로써 가능한 가장 존엄한 퇴장을 하도록 지켜줄 수 있다(American Hospice Foundation, 2013). 이것들이 '좋은 죽음'의 핵심 요소들이고, 우리는 이 장 전반에서 그것에 대해 반복적으로 다룰 것이다.

죽음에 대한 이해와 태도

9.2 죽음 개념과 죽음에 대한 태도가 나이에 따라 어떻게 변하는지 토론해보고, 죽음 불안에 영향을 주는 요인들의 예를 들어보라.

100년 전, 대부분의 죽음은 가정에서 이루어졌고, 어린아이들을 포함한 모든 연령의 사람들이 죽어가는 가족 구성원을 돌보았고 죽음의 순간에 함께했다. 그들은 자신들이 사랑하는 사람이 정기적으로 찾아갈 수 있는 가족 묘지나 지역의 공동묘지에 묻히는 것을 지켜보았다. 영아와 아동기 사망률이 높았기 때문에, 모든 사람은 자신의 또래 나이나 심지어 더 어린 나이에 죽은 누군가를 알고 있었을 것이다. 그리고 아동이 부모의 죽음을 경험하는 것도 흔한 일이었다.

이전 세대들과 비교할 때, 오늘날은 많은 젊은 사람들이 자신이 잘 아는 사람들의 죽음을 경험해보지 않은 채로 성인이 된다(Morgan, Laungani, & Palmer, 2009). 죽음이 발생하면, 병원과 장례식장의 전문가들이 죽음을 직접적으로 직면하는 것을 포함한 모든 업무를 처리한다.

이와 같이 죽음과 거리를 두는 것이 죽음에 대해 거북한 느낌을 갖게 했다는 것은 의심할 여지가 없다. 텔레비전 방송, 영화, 그리고 사고, 살인, 전쟁, 자연재해에 대한 뉴스 보도에서 죽음이 자주 비춰짐에도 불구하고, 미국인들은 죽음을 거부하는 문화에 살고 있다. 성인들은 아동이나 청소년들과 죽음에 대해 이야기하기를 꺼린다. 그리고 다양한 대리적 표현들—'유명을 달리하다', '작고하시다', '세상을 떠나다'를 사용함으로써 죽음을 솔직하게 인정하기를 회피한다. 다음 절

에서, 죽음에 대한 개념 및 태도의 발달과 함께 죽음에 대한 이해와 수용을 촉진하는 방법에 대해 살펴볼 것이다.

아동기

네 살인 미리엄이 자신의 강아지 페퍼가 죽은 다음 날 유치원에 왔다. 미리엄이 다른 아이들과 어울리지 않고 선생님인 레슬리 옆에 계속 붙어 있었으므로, 선생님은 미리엄이 불안하다는 것을 알아차렸다. "무슨 일이니?" 레슬리가 물었다.

"아빠가 그러는데 페퍼가 너무 아파서 수의사 선생님이 잠재우러 데려갔대요." 순간, 미리엄은 희망을 품은 것처럼 보였다. "내가 집에 가면, 페퍼는 아마 깨어나 있을 거예요."

레슬리는 솔직하게 대답했다. "아니야, 페퍼는 다시는 일어날 수 없어. 페퍼는 잠든 게 아니야. 죽은 거야. 그건 다시는 잠잘 수도, 먹을 수도, 뛸 수도, 놀 수도 없다는 뜻이야."

미리엄은 의아해했지만 나중에 다시 레슬리에게 돌아와서 눈물을 주르르 흘리며 고백했다. "내가 페퍼를 너무 귀찮게 쫓아다녔어요."

레슬리는 미리엄을 안아주었다. "네가 쫓아다녀서 페퍼가 죽은 게 아니야. 페퍼는 나이가 너무 많이 들었고 아팠어"라고 설명해주었다.

그다음 며칠 동안, 미리엄은 많은 질문을 했다. "내가 잠들면, 내가 죽을까요?" "선생님이 배가 아프면 죽나요?" "이제 페퍼는 나았을까요?" "엄마와 아빠도 죽나요?"

죽음 개념의 발달 죽음에 대한 정확한 생물학적 이해는 다섯 가지 하위 개념에 근거를 두고 있다.

1. **비기능성.** 생각, 느낌, 움직임, 신체 과정을 포함한 모든 생명 기능이 정지된다.
2. **최종성.** 살아 있는 것이 일단 죽으면, 다시 살아날 수 없다.
3. **보편성.** 모든 살아 있는 것은 결국에는 죽는다.
4. **적용.** 죽음이란 살아 있는 것에만 적용된다.
5. **인과성.** 죽음은 생체 기능의 쇠약 때문인데, 이것은 다양한 내적·외적 원인들에 의해 발생할 수 있다.

이러한 죽음의 하위개념을 이해하기 위해서 아동은 몇 가지 기본적인 생물학적 개념 — 동물과 식물은 생명 유지에 필수적인 신체 부분들(뇌, 심장, 위, 잎, 줄기, 뿌리)을 가지고 있다 — 을 습득해야만 한다. 또한 '살아 있지 않은'의 포괄적인 범주를 '죽은, 무생물의, 상상의, 존재하지 않는'으로 분류해야만 한다. 아동이 이러한 개념을 이해하기 전에는 죽음을 친숙한 경험들 — 행동에서의 변화처럼 — 과 마찬가지 방식으로 해석한다(Slaughter, Jaakkola, Carey, 1999; Slaughter & Lyons, 2003). 결과적으로, 아동들은 정확하지 않은 생각 — 예를 들어 자신이 친척이나 애완동물을 죽게 만들었고, 죽음이 잠자는 것과 같은 것 — 을 가지기 쉽다.

아동들은 적극적으로 죽음의 뜻을 이해하려고 하고, 3세 반부터 죽음의 하위 개념들을 이해하는 데 극적인 진보를 보여, 6세 때까지는 대부분의 아동들이 정교한 이해를 한다. 죽음에 대한 생물학적 지식의 습득은 죽음에 대한 불안 감소와 관련이 있다(Slaughter & Griffiths, 2007). 이러한 결과는 레슬리가 미리엄에게 한 것처럼 죽음에 대해 아동과 솔직하게 대화하는 것을 지지한다.

대개 비기능성(특히 생체 과정의 비기능성)과 최종성에 대해 일찍 이해하는데, 친척이나 애완동물의 죽음에 노출된 적이 거의 없는 아동들조차도 그러하다. 아마도 취학 전 아동들도 일상에서 이들 하위 개념의 증거들을 목격 — 예를 들어 야외에서 노는 중에 죽은 나비나 딱정벌레를 집어서 관찰하는 것 — 하기 때문일 것이다. 그다음으로는 보편성을 이해하게 된다. 처음에는 많은 취학 전 아동들이 어떤 사람들 — 자기 자신, 자신과 비슷한 사람들(다른 친구들), 자신과 정서적 유대가 친밀한 사람들 — 은 죽지 않는다고 생각한다. 적용, 그리고 인과성은 보다 이해하기 어려운 개념이다(Kenyon, 2001; Panagiotaki et al., 2015; Rosengren, Gutiérrez, & Schein, 2014). 취학 전 아동들의 생물과 무생물의 구분이 분명해짐에 따라 인형, 로봇, 다른 살아 있는 듯한 사물들이 죽을 수 없다는 것을 깨닫는다. 6세가 되면 죽음의 내적(질병, 많은 나이), 외적(사고) 원인에 대한 이해가 상당해진다(Lazar & Torney-Purta, 1991).

종교적 배경과 관계없이, 미국인의 거의 65%는 죽은 이후에 어떤 형태로든지 영혼 혹은 혼백이 존재한다고 믿는다(Harris Poll, 2013). 연구자들이 취학 전 아동들에게 살아 있는 것이 죽은 후에 어떤 것이 남는지를 물었더니, 대부분이 생물학적인 것을 답했는데, 신체, 신체 부분, 혹은 유골 등을 언급했다. 하지만 어떤 아동들은 영혼이 '천국으로 들어간다'고 답했다(Nguyen & Rosengren, 2004; Rosengren, Gutiérrez, & Schein, 2014). 사후에 대한 이 같은 믿음은 초

© RICHARD ELLIS/ALAMY

어린이들은 매년 열리는 '죽은 자의 날' 축제 행사에서 사망한 가족 구성원을 기념하여 촛불을 켠다. 부모들이 솔직한 토론을 중요하게 여기므로, 멕시코계 미국 어린이들은 생물학과 죽음과 관련된 문화적 전통에 대해 자유롭게 질문을 한다.

기와 중기 아동기에 더 강해져서, 10~12세 아동의 대부분은 영혼이 살아남아 죽은 사람이 지각하고, 생각하고, 느낄 수 있게 해준다는 믿음을 표현한다(Bering & Bjorklund, 2004; Harris & Giménez, 2005). 많은 성인들 역시 죽은 후에도 정신적 활동과 의식이 존재한다고 믿기 때문에, 아마도 이들이 아동들의 이 같은 생각을 독려할지 모른다(Harris, 2011). 따라서 대부분의 나이 든 아동들이 심지어 생물학적 기능이 멈춘 후에도 사고와 느낌이 어떠한 형태로든지 계속된다고 결론 내리는 것은 놀랍지 않다.

문화적 차이와 개인적 차이   비록 일반적으로 초기 아동기의 마지막쯤이 되면 성인과 같은 방식으로 생물학적 죽음을 이해하게 되지만, 여기에는 큰 개인차가 존재한다. 문화적·종교적 관념이 아동이 가지는 지식의 정도와 아동이 정보를 습득하는 방식에 영향을 준다.

취학 전 아동을 둔 유럽계 미국인 부모를 인터뷰한 결과, 부모들이 죽음에 대해 이야기하는 방식이 흔히 간접적이고 회피적이라는 것을 발견했다. 예를 들어 한 아이가 자신의 애완용 쥐가 죽어서 어디로 갔는지 물으면, 엄마는 '행복한 어딘가'라고 답했다(Miller et al., 2014). 대부분의 부모들은 죽음을 보여주는 영화나 TV 프로그램으로부터 자신의 아동을 보호했다고 답했다. 부모들은 이러한 자신의 방어적 태도에 대해 아동들이 죽음에 대처하는 것을 이해하기에는 인지적·정서적 역량이 부족하기 때문이라고 주장했는데 이것은

연구 결과와는 상충되는 선택이다. 그럼에도 불구하고 아동들은 형제나 또래 친구들과의 대화를 통해서 또 라디오와 TV 방송으로부터 우연히 듣고 정보를 얻었다. 부모들은 아동들을 완벽하게 보호할 수 없었다.

반대로 멕시코계 미국인 이민자 부모들은 어린 나이부터 죽음에 대한 교육적이고 솔직한 이야기를 하는 것과 미디어를 이용하는 것(내용이 폭력적인 것을 제외하고)의 중요성을 강조했다. 그들은 죽음이 자연스럽고 불가피한 것이고, 사랑하는 죽은 사람을 회상하고 그들과의 정서적·정신적 연결을 기억하는 것이 위로가 된다고 설명했다. 멕시코의 문화적 전통에 따라, 대부분의 부모들은 연중행사인 '죽은 자의 날(Dia de los Muertos)' 기념일에 참여한다고 했는데, 이 축제에는 많은 죽음에 대한 상징들이 전시된다. 한 가지 전통은 사진, 음식, 장식, 해골이나 유골의 이미지를 가지고 제단을 만들어 죽은 친척의 영혼을 환영하는 것이다(Gutiérrez, Rosengren, & Miller, 2014). 유럽계 미국인 부모들과 비교했을 때, 멕시코계 미국인 부모들은 취학 전인 자신의 아이가 죽음에 대해 질문을 더 많이 하고, 그것의 대부분은 생물학적 하위 개념과 문화적 전통에 관한 것이라고 보고했다.

또 다른 연구는 종교적 가르침이 아동들의 이해에 영향을 주는 방식을 강조한다. 이스라엘에 있는 4개의 민족집단 비교에서, 드루즈파와 무슬림 아동들의 죽음 개념은 기독교나 유대교 아동들의 죽음 개념과 달랐다(Florian & Kravetz, 1985). 드루즈파의 환생에 대한 강조와 드루즈와 무슬림의 깊은 신앙심이, 그 문화의 많은 아동들이 죽음이 영구적이고 신체 기능이 정지하는 것임을 부인하도록 만들었을 수 있다.

말기의 위독한 여섯 살이 안 된 아동들의 경우 대개 죽음에 대한 생물학적 이해가 잘 발달되어 있다(Linebarger, Sahler, & Egan, 2009; Nielson, 2012). 만약 부모와 건강 전문가가 솔직하게 얘기하지 않았다면, 아동들은 다른 방식—비언어적 의사소통, 엿듣기, 다른 어린이 환자들과 이야기하기, 자기 몸의 생리적 변화를 인지하기—으로 자신이 죽을 수 있는 병에 걸렸다는 것을 알게 된다. 테러리스트의 공격, 가족 구성원이 군대로 떠나는 것, 안전에 대해 부모가 불안해하는 것을 보아 온 이스라엘의 키부츠(집단 농장)에서 자란 아동들은 여섯 살에 이미 죽음에 대해 완전한 이해를 보인다(Mahon, Goldberg, & Washington, 1999).

죽음에 대한 아동의 이해 높이기   우리는 죽음의 사실에 대해

잘 이해하는 아동이 죽음에 대한 불안이 덜하다는 것을 보았다. 레슬리처럼 아동의 이해 능력에 맞추어 솔직하게 설명하는 것이 가장 효과적이다. 가끔 아이들은 "나는 죽나요? 엄마 아빠도 죽어요?"와 같은 어려운 질문을 한다. 부모들은 시간에 대한 아이들의 판단력을 이용하여 위안을 주면서도 솔직해질 수 있다. "엄마도 언젠가는 죽지, 하지만 아주 오래오래 있다가, 먼저 네가 어른이 되고 할머니가 되는 것을 봐야지"라고 말할 수 있다.

죽음에 대한 정확한 이해를 높이는 또 다른 방법은 아동에게 인간 몸의 생물학에 대해 가르치는 것이다. 심장, 뇌, 폐, 위와 기타 생명 유지 기관들의 역할에 대한 교육을 받은 3∼5세 아동들은 그러한 교육을 받지 않은 아동들보다 더 나은 죽음 개념을 갖고 있다(Slaughter & Lyons, 2003).

또한 성인-아동 토론은 문화적으로 민감해야 한다. 과학적 증거를 제시하여 종교적 신념을 무시하기보다는, 부모와 선생님들은 아동이 두 가지 지식 근원을 융합하도록 도와줄 수 있다. 앞서 언급했듯이, 취학 전 아동들과 학령기 아동들은 죽음에 대한 자신의 생물학적 이해와 종교적·영적 관점을 결합시켜, 애도를 할 때 위로를 한다(Talwar, 2011). 나중에 보게 되겠지만, 아동들과의 개방되고 정직한 대화는 아동이 죽음에 대해 현실적 이해를 하는 데 기여할 뿐만 아니라 아동이 상실 이후 느낄 비탄의 어려움을 수월하게 해줄 수 있다.

청소년기

10대들은 죽음의 비기능성과 최종성의 하위 개념에 대해 쉽게 설명할 수 있지만, 다른 것들에 끌린다. 예를 들어 청소년들은 죽음을 종종 영구적인 추상적 상태―'어둠', '영원한 빛', '이행' 혹은 '무(無)'―로 묘사한다(Brent et al., 1996). 또한 그들은 죽은 후의 세상에 대해 개인적인 이론을 만들어낸다. 종교적 배경에 의해 영향을 받은 천국과 지옥의 이미지 외에도, 환생, 영혼의 윤회, 그리고 이승에서 혹은 다른 수준에서의 영혼의 생존에 대해 깊이 생각한다(Noppe & Noppe, 1997; Yang & Chen, 2002).

비록 청소년기 사망은 유아기나 성인기에 비해 낮지만, 10대의 죽음은 일반적으로 갑작스럽고 인간에 의한 것이 대부분이다. 의도하지 않은 상해, 살인, 자살이 손꼽히는 이유이다. 청소년은 죽음이 모두에게 일어나고 언제라도 일어날 수 있다는 것을 분명히 알고 있다. 하지만 그들의 고위험 활동

이 영국 젊은이들은 갱 공격 중에 죽은 16세 아이의 관을 옮기고 있다. 비록 10대들은 죽음의 최종성과 비기능성을 파악하고 있지만, 그들은 죽음 이후의 삶의 대안적 가능성도 예상할 수 있다.

이 보여주듯이, 청소년들은 죽음을 자신의 것으로 여기지는 않는다.

10대들이 죽음의 영역에서 논리와 현실을 통합하는 데 어려움을 겪는 것을 무엇으로 설명할 수 있는가? 첫째, 청소년기는 빠른 성장과 재생산 능력이 시작되는 시기인데 이것은 죽음과는 반대인 것이다! 둘째, 청소년기 뇌 발달에서 전두엽의 인지적 통제망은 아직 스트레스 반응과 뇌의 정서/사회 네트워크로부터 발생한 감각추구 충동을 다룰 능력이 없다는 점을 떠올려보라―이러한 불균형이 10대들이 불필요하게 자신의 생명의 위험을 무릅쓰도록 만든다. 그들이 무모하게 운전을 하거나 과속하는 열차와 담력을 겨룰 때, 그들은 죽음에 대한 통제 환상을 경험할 것이고, 이것은 죽음에 도전하는 추가적인 위험을 하도록 자극할 것이다. 마지막으로, 청소년기의 개인적 우화(자신은 특별하고 독특하다는 10대들의 신념)가 자신에게는 죽음이 미치지 않는다고 확신하도록 만들 수 있다.

청소년들이 죽음에 대한 관심을 이야기하도록 고무시킴으로써, 성인들은 그들이 논리적 가능성으로서의 죽음과 그들의 일상 행동들 간을 연결하도록 도울 수 있다. 뉴스 기사나 아는 사람의 죽음을 발단으로, 청소년이 죽음에 대해 자신의 생각과 느낌을 이야기하는 것이 일상 대화의 한 부분이 될 수 있다. 부모들은 자신의 관점을 표현하고, 주의 깊게 듣고, 10대들의 느낌을 수용하고, 잘못된 개념을 바로잡아 주기 위해 이 시간을 이용할 수 있다. 그러한 상호 참여는 애정

적 유대를 깊어지게 하고, 필요한 경우에 한 걸음 더 나아간 탐색을 할 수 있는 기초를 제공한다. 아래에 있는 '배운 것 적용하기'에서는 아동, 청소년과 함께 죽음에 대한 관심사를 이야기할 수 있는 방법을 제안한다.

성인기

성인 초기에, 많은 사람들은 죽음에 대한 생각을 하지 않고 털어내 버린다(Corr & Corr, 2013). 이러한 회피는 다음에서 다루게 될 죽음 불안에 의해 촉진되는 것 같다. 한편으로는 젊은 성인들은 대개 죽은 사람을 많이 알고 있지 못하고, 청소년들과 마찬가지로 자신의 죽음을 멀리 떨어진 일로 생각하기 때문에, 젊은 성인들의 죽음 회피는 죽음 관련 주제들에 대한 관심 부족 때문일 수도 있다.

제5장과 제6장에서, 중년기를 '사람들이 앞으로 남은 시간의 관점에서 생애를 바라보기 시작하고 완성되어야 할 과제들에 초점을 맞추기 시작하는 점검의 시기'로 묘사했다. 중년기 사람들은 자기 자신의 죽음에 대해 더 이상 모호한 개념을 갖지 않는다. 그들은 멀지 않은 미래에, 자신의 차례가 되어 자신 또한 늙고 죽을 것임을 안다.

노년기 성인들은 죽음에 대해 더 많이 생각하고 말하는데 이것은 죽음이 더 가까워졌기 때문이다. 신체적 변화들, 높은 질병률과 장애율, 친척과 친구를 잃는 것(제7장 참조) 등으로부터 점점 더 많은 죽음의 징후를 본다. 중년기 사람들과 비교했을 때, 노년기 성인들은 죽음의 상태보다는 죽어가는 과정과 죽음이 발생하는 주변 환경들에 대해 곰곰이 생각하는 데 더 많은 시간을 보낸다(Kastenbaum, 2012). 죽음에 가까워지는 것이 죽음이 언제 어떻게 일어날 것인가에 대한 현실적인 관심을 가지게 만드는 것 같다.

마지막으로, 비록 우리가 전반적으로 나이와 관련된 변화들을 추적해 왔지만, 여전히 큰 개인차가 존재한다. 어떤 사람들은 일찍부터 삶과 죽음에 관한 주제들에 초점을 두는 반면 어떤 사람들은 숙고하는 경향이 덜해, 이러한 문제들에 관심을 갖지 않은 채로 노인이 된다.

죽음 불안

다음의 문장을 읽으면서, 여러분 자신이 그것에 동의하는지,

배운 것 적용하기

아동, 청소년과 죽음과 관련한 불안에 대해 이야기하기

제안	설명
먼저 시작하기	아동과 청소년의 비언어적 행동들에 주의를 기울이는 것을 게을리하지 않고, 특히 죽음과 관련된 사건이 발생한 후에는 공감하면서 그 얘기를 꺼낸다.
민감하게 들어 주기	아동이나 청소년, 그리고 그들이 말하는 내용의 밑바탕에 있는 느낌에 완전히 주목하라. 성인들이 다른 것을 생각하면서 듣고 있는 척할 때, 아동이나 청소년은 무관심의 신호를 재빨리 알아차리고 신뢰를 거두어들인다.
느낌을 알아차리기	아동이나 청소년의 정서를 실재하는 중요한 것으로 받아들여라. 비판적이 되지 말라. 예를 들어 여러분이 감지한 감정을 다음과 같은 방식으로 바꾸어 말하라. "내가 보기에는 네가 그것에 대해 매우 혼란스러워하는 것 같아. 그것에 대해 좀 더 이야기해보자."
자연스럽고 문화적으로 조심스러운 방식으로 실제적 정보를 제공하기	죽음에 대해 아직 현실적으로 이해하지 못하는 아동들에게 단순하고 직접적이고 정확한 설명을 해주라. '휴식을 떠났다' 혹은 '잠들었다'와 같은 잘못된 표현을 피하라. 어린 사람들의 종교적 신념을 반박하지 말라. 그보다는 지식의 과학적 근거와 종교적 근거를 조화시킬 수 있도록 도와주라.
공동으로 문제 해결에 참여하기	"죽으면 영혼은 어디로 가나요?"와 같이 질문의 답이 쉽지 않을 때, 생각을 강요하기보다는 그들이 스스로 만족해하는 결론에 이를 수 있도록 여러분이 돕기를 원한다는 것을 보여줌으로써 아동이나 청소년의 가치에 믿음을 가지고 있다는 것을 전달하라. 답할 수 없는 질문에 대해서는 "난 모르겠어"라고 답하라. 그러한 솔직함은 여러분이 기꺼이 공동으로 해결방법을 생각해내고 평가하려는 마음이 있다는 것을 보여준다.

동의하지 않는지, 혹은 중립적인지를 알아보자.

> "내가 죽은 후에는 다시는 아무것도 느끼지 못할 것이라는
> 사실이 나를 당혹스럽게 한다."
> "내가 죽은 후에는 무기력해진다는 것이 싫다."
> "나는 죽음이 완전한 고립이라는 것이 겁난다."
> "내가 죽은 후에는 많은 것을 경험하지 못할 것이라는 느
> 낌이 나를 불안하게 한다."(Thorson & Powell, 1994, pp. 38-39)

이와 같은 질문지 항목들이 **죽음 불안**(death anxiety)—죽음에 대한 공포와 걱정—을 측정하기 위해 사용된다. 죽음의 현실을 매우 잘 받아들이는 사람조차도 그것을 두려워한다.

자신의 죽음에 대해 생각하는 것이 강렬한 고통을 불러일으키는지, 비교적 평온하게 만드는지, 혹은 고통과 평온의 어떤 중간 상태를 가져올 것인지를 예측하는 것은 무엇인가? 이 질문에 답하기 위해, 연구자들은 전반적인 죽음 불안과 특정 요소들—더 이상 존재하지 않는 것, 통제감의 상실, 고통스럽게 죽는 것, 몸이 썩는 것, 사랑하는 사람들과 헤어지는 것, 미지의 세계—에 대한 불안을 측정한다(Neimeyer, 1994). 연구 결과들은 공포를 유발하는 죽음의 측면에서 개인차와 문화차가 크다는 것을 보여준다. 예를 들어 믿음이 깊은 이슬람교도인 사우디아라비아인들은 서구사회 사람들에게서는 반복적으로 나타나는 요소들인 신체의 부식과 미지의 세계에 대한 공포가 거의 없다(Long, 1985).

서구사회 사람들의 죽음 불안을 줄이는 데는 영성성—인생 의미감—이 종교적 참여보다 더 중요한 것으로 보인다(Ardelt, 2003; Routledge & Juhl, 2010). 또한 두 연구에서, 종교적 믿음과 행동이 모순적인 기독교인 노인들—사후 세계에 대해 믿지만 기도나 예배에 참석하는 것은 거의 하지 않는 사람, 혹은 정기적으로 기도나 예배에 참석하지만 사후 세계의 존재에 대해 의심하는 사람—이 죽음 불안이 더 높았다(Wink, 2006; Wink & Scott, 2005). 종합하면, 이러한 결과들은 종교성 그 자체보다는 믿음의 확고함과 믿음과 실행 간의 일치성이 죽음 공포를 감소시킴을 의미한다. 죽음 불안은 높은 힘과 존재에 대한 믿음이 깊은 성인들에게서 특히 낮은데, 이러한 믿음은 종교에 의해 영향을 받은 것일 수도 있고 아닐 수도 있다(Cicirelli, 2002; Neimeyer et al., 2011).

죽음에 대한 잘 발달된 긍정적인 개인적 철학을 가진 사람들 또한 공포를 덜 느낀다. 한 연구에서 연구자들은 2개의 철학을 구분했는데, 참여 관점에서는 죽음과 죽어가는 과정을 자연스럽고 삶을 촉진하는 것으로, 인생 목표의 이행으로, 자신의 경험을 다른 사람들과 나눌 수 있는 시간으로 바라본다. 극복 관점에서는 죽음을 사람들에게 강요되는 것으로, 패배와 실패로, 자신의 목표를 성취할 기회를 앗아가는 것으로 바라본다(Petty et al., 2015). 18~83세 참여자들 중에서 '참여' 관점의 사람들이 '극복' 관점의 사람들보다 죽음 공포가 더 낮았다.

성인의 심리사회적 발달에 대해 배운 것으로 볼 때, 죽음 불안이 나이와 함께 어떻게 변할 것이라고 생각하는가? 만약 나이가 들면서 감소하여 노년기에 가장 낮은 수준에 이를 것이라고 예측한다면, 여러분은 옳다(그림 9.1 참조)(Russac et al., 2007; Tomer, Eliason, & Smith, 2000). 나이를 먹으면서 죽음 불안이 감소하는 것은 많은 문화와 인종 집단에서 발견된다. 노인들이 부적 정서를 조절하는 데 특히 효과적이라는 제8장의 내용을 떠올려보라. 그 결과, 대부분의 사람들은 죽음에 대한 공포를 포함한 불안에 효과적으로 대처한다. 게다가 자아통합의 획득은 죽음 불안을 감소시킨다. 나이 든 사람들은 상징적 영원불멸—자신의 자녀를 통해서 혹은 자신의 업적이나 개인적 영향력을 통해서 계속 살아갈 수 있다는 믿음—을 발달시킬 시간을 더 많이 가져 왔다(제6장 참조).

지나치게 심하지 않다면, 죽음 불안은 내면화된 문화적 가치에 따라서 살려고 노력하도록 사람들을 동기화시킬 수 있다. 예를 들어 다른 사람들에게 친절하고, 자신의 목표를 달성하기 위해 열심히 일하도록 동기화시킨다. 이러한 노력들은 성인의 자존감, 자기효능감, 그리고 삶의 목표감—사물들에 대한 총체적인 인식에서, '우리가 한 개의 감자, 파인애플 혹은 호저보다 더 중요하거나 영속적이지 않다'는 공포스러운 생각에 대한 강력한 해독제—을 향상시킨다(Fry, 2003; Pyszczynski et al., 2004, p. 436). 이스라엘 성인의 연구에서, 상징적 영원불멸은 죽음 공포의 감소를 예측했는데, 특히 안정 애착을 가진 사람들에게서 그러했다(Florian & Mikulincer, 1998). 만족을 주는 가까운 대인 간 유대는 사람들이 가치 있다고 느끼고 상징적 영원불멸의 느낌을 갖도록 돕는 것처럼 보인다. 그리고 죽음을 미래 세대에 유산을 전할 기회로 보는 사람은 죽음에 대해 공포를 덜 느끼는 것 같다(Cicirelli, 2001; Mikulincer, Florian, & Hirschberger, 2003).

나이에 관계없이 동양 문화와 서양 문화 모두에서, 여성

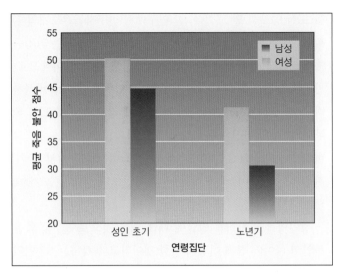

그림 9.1 연령, 성별과 죽음 불안의 관계 젊은 성인과 나이 든 성인을 비교한 이 연구에서, 죽음 불안은 나이와 함께 감소했다. 여성은 남성보다 더 큰 죽음 불안을 보였다. 다른 많은 연구들도 비슷한 결과를 보여준다(Tomer, Eliason, & Smith, 2000에서 인용).

들이 남성보다 죽음에 대해 더 불안한 것으로 보인다(그림 9.1 재참조)(Madnawat & Kachhawa, 2007; Tomer, Eliason, & Smith, 2000). 아마도 죽음의 필연성에 대한 불안한 느낌을 여성은 더 인정하는 것 같고 남성은 더 회피하는 것 같은데, 이것은 전 생애를 통해 여성들의 정서적 표현성이 더 크다는 것과도 일치하는 설명이다. 게다가 한 연구에서, 여성은 50대 초반에 죽음 불안의 일시적 상승을 보였지만 남성은 그렇지 않았다(Russac et al., 2007). 아마도 재생산 능력의 끝을 의미하는 폐경이 여성에게 죽음을 뚜렷하게 상기시키기 때문일 것이다.

죽음에 대해 약간의 불안을 경험하는 것은 정상이며 적응적이다. 하지만 다른 공포들과 마찬가지로, 너무 강렬한 죽음 불안은 효과적인 적응을 손상시킨다. 비록 성인기의 신체적 건강은 죽음 불안과 관계가 없지만, 정신건강은 죽음 불안과 관계가 있다. 중국과 미국과 같은 다양한 문화에서, 우울하거나 혹은 전반적으로 불안한 사람들이 더 심하게 죽음에 대해 걱정한다(Neimeyer & Van Brunt, 1995; Wu, Tang, & Kwok, 2002). 반대로 억제에 능한 사람들과 (적절하지 않은 생각에 빠지지 않는) 정서적 자기조절이 잘되는 사람들은 죽음 불안을 덜 경험한다(Bodner et al., 2015; Gailliot, Schmeichel, & Baumeister, 2006). 그들은 죽음에 대한 걱정을 더 잘 관리한다.

죽음 불안은 대체로 사춘기와 성인기에 한정된다. 끊임없

죽음 불안은 노년기에 감소하는데, 81세인 이 뉴질랜드 할머니는 죽음 불안이 거의 없는 것처럼 보인다! 그녀는 이 맞춤 관을 책장으로 만들었는데, 그 이유에 대해 "묻어 버리기 위해서만 관을 사용하는 것은 낭비예요"라고 말했다. 꼭대기에 있는 베개는 그녀가 죽은 다음 그녀의 머리를 받쳐줄 것이다.

이 위험이 존재하는 범죄율이 높은 환경이나 전쟁으로 파괴된 지역에 살고 있지 않는 한, 아동은 죽음 불안을 거의 보이지 않는다. 말기의 위독한 아동은 높은 죽음 불안의 위험에 놓여 있다. 같은 연령대의 다른 환자들과 비교할 때, 암에 걸린 아동 환자는 죽음에 대해 더 파괴적인 사고와 부정적인 느낌을 표현한다(Malone, 1982). 그 아동의 부모가 아이가 죽

묻고 대답하기

연관지어보기 인지 향상이 청소년의 죽음 이해에 어떻게 영향을 주는가?(제1장을 참조하라)

적용해보기 네 살 클로에의 숙모가 죽었을 때, 클로에는 물었다. "수지 숙모는 어디 있어요?" 클로에의 엄마는 "수지 숙모는 길고, 평화로운 잠을 자고 있단다"라고 설명했다. 그 후 2주 동안 클로에는 자지 않으려고 했고, 마침내 구슬려서 방으로 데려갔지만, 몇 시간 동안이나 잠들지 않고 누워 있었다. 클로에가 이렇게 행동하는 이유는 무엇인 것 같은가? 그녀의 질문에 대한 더 나은 대답은 무엇이었을까?

생각해보기 여러분 가족의 윗세대에게 죽음에 대한 그들의 아동기 경험에 대해 물어보라. 이것을 여러분 자신의 경험과 비교해보라. 어떤 차이점들을 발견했으며 여러분은 그것을 어떻게 설명할 것인가?

을 것이라는 것을 말해주지 않는 실수를 범하기 때문에, 아동의 외로움과 죽음 불안은 극심해질 수 있다(O'Halloran & Altmaier, 1996).

죽어가는 사람의 생각과 정서

9.3 죽어가는 것의 전형적 반응 이론인 퀴블러-로스의 이론에 대해 설명하고 평가하라. 또 죽어가는 환자의 반응에 영향을 주는 요인들의 예를 들라.

소피는 죽기 전 1년 동안, 질병을 극복할 수 있는 가능한 모든 것을 다했다. 암을 통제하기 위한 치료를 받는 중간에도, 그녀는 자신의 힘을 테스트했다. 그녀는 계속해서 고등학생들을 가르쳤고, 자녀들을 방문하기 위해 여행을 했고, 정원을 가꾸었고, 필립과 주말여행을 했다. 소피는 자신의 치명적인 상태에 대해 희망을 가지고 접근했고, 자신의 질병에 대해 자주 이야기했기 때문에 그녀의 친구들은 소피가 어떻게 그것을 그토록 솔직하게 직면할 수 있는지 의아해했다.

소피가 신체적으로 더 악화되면서, 그녀의 정신과 정서는 여러 상태를 왔다 갔다 했다. 더 이상 계속해서 싸울 힘이 없다는 것에 대해 그녀는 좌절했고, 그리고 때로는 화를 내고 우울해했다. 고통을 느끼던 어느 날에 "나는 아파, 너무 아파! 나는 열심히 노력하고 있지만, 더 이상 계속할 수 없어"라며 그녀가 절망해 울부짖던 것을 기억한다. 언젠가 그녀는 갓 결혼한 나와 남편에게 언제 아이를 가질 것인지 물었다. "그 아이들을 내 팔에 안을 수 있을 만큼만 더 살 수 있으면 좋으련만!" 그녀는 울었다. 생의 마지막 주에, 그녀는 지쳤으나 몸부림으로부터 벗어난 것처럼 보였다. 가끔 그녀는 자신이 우리를 얼마나 사랑하는지에 대해 말했고, 창문 밖 언덕의 아름다움에 대해 말했다. 하지만 대부분 그녀는 적극적으로 대화에 참여하기보다는 바라보고 있거나 듣고 있었다. 어느 날 오후, 그녀는 영원히 의식이 없는 상태가 되었다.

죽음의 단계는 존재하는가?

죽어가는 사람들이 죽음에 가까워질 때, 모든 사람들은 똑같은 일련의 변화를 겪는가, 아니면 사람들마다 다른 독특한 생각과 느낌을 갖는가?

퀴블러-로스 이론 비록 그녀의 이론은 많은 비판을 받았지만, 엘리자베스 퀴블러-로스(Elisabeth Kübler-Ross, 1969)는

죽어가는 환자들의 심리적 욕구에 대한 사회적 민감성을 각성시켰다는 공로를 인정받았다. 200명이 넘는 말기의 위독한 사람들을 면접하여, 그녀는 죽음에 대한 예상과 죽어가는 과정의 고난에 대한 5개의 전형적인 반응 이론—초기에는 단계로 제안했다—을 만들어냈다—(1) 부정. 죽음의 가능성으로부터 도피하기 위해 진단을 받아들이길 거부하고 의사나 가족과 이야기하기를 피하는 것, (2) 분노. 시간이 얼마 없음, 목표를 달성할 수 없음, 죽음의 불공평성에 대한 분노와 적의, (3) 타협. 시간을 벌기 위해 의사, 간호사, 가족, 친구 혹은 신과 타협을 하는 것, (4) 우울. 죽음의 불가피성에 대한 깨달음, 자신의 삶의 상실이 임박했다는 것에 대한 낙담, (5) 수용. 쇠약해진 환자는 대개 생의 마지막 며칠을 남겨두고 평온한 상태에 도달하고, 몇몇 가족, 친구, 그리고 간병인을 제외한 모든 사람들과의 관계를 끊는다.

비록 퀴블러-로스는 그녀의 다섯 단계를 고정된 순서로 보아서는 안 되며, 모든 사람이 각각의 반응을 보이는 것이 아니라고 주의를 주었지만, 단계라는 용어의 선택이 그녀의 이론을 '정상적인' 죽어가는 사람들에게 일어나는 단계로 극도로 단순하게 해석하기 쉽게 만들었다. 수십 년 동안의 연구들은 죽어가는 사람들이 보편적이고 직선적인 단계적 순서를 경험한다는 증거를 찾지 못했다(Corr, 2015b). 하지만 죽어가는 과정의 경험이 다양하다는 것을 모르는 어떤 건강 전문가들은 아주 둔감하게도 환자들을 퀴블러-로스의 단계로 억지로 밀어 넣고자 시도해 왔다. 그리고 간병인들도 냉담함과 무지 때문에, 죽어가는 환자가 처치에 대해 보이는 진정한 불평들을 '단지 2단계에서 예상할 수 있는 것'으로 너무 쉽게 무시해 버린다(Corr & Corr, 2013; Kastenbaum, 2012).

퀴블러-로스가 관찰한 5개의 반응은 단계라기보다는 위협에 직면했을 때 누구나 보일 수 있는 대처 전략의 관점으로 보는 것이 가장 좋다. 게다가 죽어가는 사람들은 그 외의 다른 많은 방식으로 반응한다—예를 들어 소피가 보였던 것처럼 질병을 정복하려는 노력을 하거나, 죽어가는 과정 동안 자신의 몸에 일어나는 것을 통제하려는 과도한 욕심을 내거나, 관용과 보살핌의 행동을 하거나, 시간이 조금밖에 남지 않았으므로 '지금을 즐기기' 위해서 만족스러운 방식으로 사는 것으로 초점을 옮기는 것, 슬픔, 안심, 고립, 희망, 그 외 다른 정서적 반응들(Silverman, 2004; Wright, 2003).

백혈병에 걸린 열다섯 살 토니를 생각해보자. 토니는 엄

마에게 이야기했다. "나는 아직 죽고 싶지 않아요. 게리(동생)는 겨우 세 살이어서 아직 이해할 나이가 아니에요. 내가 딱 1년만 더 살 수 있다면, 내가 직접 설명할 수 있을 것이고 그럼 게리는 이해할 거예요. 세 살은 너무 어려요"(Komp, 1996. p. 69-70). 토니의 적응은 연민과 이타성을 강조한다. '타협'은 그것을 포착하지 못한다. 말기 폐암 진단을 받고, 폴은 가능한 대부분의 시간을 새로운 책을 구상하는 데 보냈다. 그가 죽어가는 것에 대처하는 방식은 자신이 생각하는 가장 만족스러운 일에 몰입하는 것으로, 그는 죽기 몇 주 전에 그 프로젝트를 거의 완성시켰다. 이러한 예들이 보여주듯이, 퀴블러-로스 이론의 가장 심각한 약점은 죽어 가는 사람의 사고와 느낌을 당사자에게 의미 있는 맥락이 아니라 밖에서 바라본다는 것이다.

퀴블러-로스의 업적은 죽어가는 주체는 대개 해결하기를 원하는 '마무리되지 않은 욕구'를 가진 살아 있는 사람임을 전문가와 일반대중에게 납득시킨 것에 있다. 우리가 다음에서 보게 될 것처럼, 임박한 죽음에 대한 사람들의 적응은 그들의 인생 여정에 영향을 주었고 또한 마지막 인생 단계를 형성하는 데 영향을 준 다차원적 요인들과의 관계에 의해서만 이해될 수 있다.

죽음 적응에 대한 맥락의 영향

진단을 받은 순간부터, 소피는 자신의 병이 치명적이라는 것을 부인하지 않았다. 대신에, 그녀가 인생의 다른 도전들을 다루었던 것처럼 질병과 정면으로 부딪쳤다. 손자녀를 안아 보고 싶은 그녀의 간절한 기원은 운명과의 타협이 아니라, 바야흐로 노년기가 시작되는 시점에서 그 보상을 누리며 살지 못할 것이라는 깊은 좌절의 표현이었다. 마지막에 보여준 그녀의 조용하고 철회적인 행동은 수용이 아닌 체념이었을 것이다. 생애 동안, 그녀는 도전에 굴복하지 않는 투지를 지닌 사람이었다.

최근 이론들에 따르면, 수용과 같은 단 하나의 전략만이 모든 죽어가는 환자들에게 최선인 것은 아니다. 오히려 **적절한 죽음**(appropriate death)이란 개인의 삶의 패턴과 가치에서 볼 때 타당하고, 동시에 의미 있는 관계들을 유지하거나 회복시키며, 가능한 고통으로부터 자유로운 것이다(Worden, 2000). '좋은 죽음'에 대해 질문했을 때, 대부분의 환자들은 이상적으로 원하는 죽음에 대해 분명한 생각을 가지고 있었고, 다음의 목표들을 이야기한다.

사진에서 아내 루시, 딸 케이디와 함께 있는 폴 칼라니티는 의사이고 36세 때 말기 폐암으로 진단받았다. 그는 가능한 오래 신경외과 수술을 했고, 아버지가 되었고, 자서전인 *숨결이 바람 될 때*(When Breath Becomes Air)를 저술했는데 거기서 사람들에게 자신의 인생과 시간을 소중히 여겨야 한다고 강조했다. 채 2년이 지나지 않아, 그는 자신의 삶의 패턴과 마음 깊은 곳의 가치에 잘 들어맞는 방식으로 죽음을 맞이했다.

- 정체감 혹은 자신의 과거와의 내적 연속성을 유지하는 것
- 자신의 삶과 죽음의 의미를 분명히 하는 것
- 친밀한 관계를 유지하고 향상시키는 것
- 남은 시간에 대해 통제감을 획득하는 것
- 죽음에 직면하고 죽음을 준비하는 것(Goldsteen et al., 2006; Kleespies, 2004; Proulx & Jacelon, 2004; Reinke et al., 2013)

연구 결과 생물학적, 심리적, 그리고 사회문화적 요인들이 사람들이 죽어가는 과정에 대처하는 방식에 영향을 미치고, 따라서 그들이 위의 목표를 얼마나 달성할 수 있는지에 영향을 미친다. 사람들이 죽음을 통과해 가는 데 영향을 미치는 중요한 것들을 살펴보자.

질병의 특징 질병의 과정과 질병의 증상들이 죽어가는 사람의 반응에 영향을 준다. 예를 들어 소피의 질병이 오랜 기간에 걸쳐 진행되어 온 것과 초반에 그녀의 주치의가 완쾌할 수 있다고 낙관적인 반응을 보였던 것이 그녀가 질병을 극복하려고 노력하게끔 만들었다는 것은 의심할 여지가 없다. 마지막 한 달 동안, 암이 소피의 폐로 전이되어 숨을 쉬기가 힘들

었고, 산소와 약물치료가 숨을 쉴 수 있을지에 대한 의심을 완화시켜 줄 때까지 그녀는 동요되었고 두려워했다. 반대로, 니콜라스의 약해진 심장과 쇠잔해진 신장은 그의 체력을 너무나 고갈시켜서 그는 단지 수동적으로 반응했다.

질병의 부작용으로, 암 환자의 약 25%가 심각한 우울을 경험하는데, 이것은 죽어가는 과정에 전형적으로 수반되는 슬픔, 비탄, 그리고 걱정과는 구별되는 반응이다(Walker et al., 2014). 깊은 우울은 통증을 더욱 증폭시키고, 면역 반응을 손상시키고, 즐거움, 의미, 관계에 대한 환자의 역량을 방해하고, 낮은 생존율과 관련된다(Stain, Linden, & Phillips, 2009; Willians & Dale, 2006). 이러한 경우에는 즉각적인 처치가 필요하다. 가장 성공적인 접근법들은 의미 초점적 인생 회고(제8장 참조), 의학적 통증 조절, 환자의 생의 마지막 소원을 알리고 존중하는 사전의료계획이다(Rosenstein, 2011).

성격과 대처 양식 한 개인이 과거에 스트레스를 주었던 인생 사건을 바라보고 그것에 대처했던 방식을 이해하는 것은 그들이 죽어가는 과정을 다루는 방식을 이해하도록 해준다. 한 연구에서는 말기 환자들이 죽어가는 것에 대한 자신들의 생각을 이야기했는데, 반응이 매우 다양했다. 예를 들면 다음과 같다.

- 베스는 죽음을 감금으로 예상했다 : "시계가 종을 치기 시작한 것 같은 느낌이다… 마치 나의 미래가 갑자기 습격당한 것 같다. … 어떻게 보면, 나는 이미 죽은 것 같은 느낌이다."
- 신앙적으로 볼 때, 죽음은 완전히 영원토록 살 수 있는 권한이다 : "'여러분이 죽을 준비가 되어 있지 않는 한, 살아갈 준비가 되어 있지 않은 것이다'라는 속담이 있다… 이전에는 이 말이 내게 별 의미가 없었는데, 내가 죽음을 똑바로 보게 되고 나서야 이제 나는 진정으로 살고 있다. … 지금의 삶이 이전의 삶보다 훨씬 낫다."
- 던은 죽음을 인생 여정의 한 부분으로 본다 : "나는 내 병에 대해 모두 알았다. … 나는 읽고 읽고 또 읽을 것이다. … 그것에 대해 내가 알 수 있는 한 모든 것을 알기를 원하고, 문 뒤에서… 숨기는 것…은 나에게 전혀 도움이 되지 않는다고 생각한다. 그리고 나는 내 인생에서 처음으로 깨달았다. 내가 아무것도 바꿀 수 없다는 것을 진정으로, 진정으로, 진정으로 깨달았다."

- 패티는 죽음을 보다 견딜 수 있는 것으로 만들기 위해서 **변형되어야 하는 경험**으로 바라보았다 : "나는 엄청나게 열광적인 〈스타트렉〉의 팬이다. 그 이전에는 한 번도 없었을 것 같은 열렬한 〈스타트렉〉의 팬이다. 나는 외울 수 있을 때까지 그것을 보았다. … [마음속으로, 나는 다양한 역할들을 연기한다] 나는 암이나 죽음에 대해 [항상] 생각하지는 않는다. … 그것이 내가 죽음을 극복하는 방법이라고 생각한다."(Wright, 2003, pp. 442-444, 447)

각각의 환자가 죽음을 바라보는 관점을 보면, 악화되고 있는 질병에 대한 그들의 반응을 설명할 수 있다. 적응이 나쁜 사람들—삶에서 갈등을 겪는 관계와 많은 불만을 가진 사람들—이 대체로 더 고통을 받는다(Kastenbaum, 2012).

가족 구성원과 건강 전문가들의 행동 앞서 우리는 죽어가는 사람과 가까이 있으면서 환자를 돌보는 사람들은 모두 그 불치병에 대해 인정하는 숨김 없는 접근이 최선이라고 말했다. 하지만 이러한 접근은 환자와 함께 죽어가는 과정의 작업—관계를 정리하고, 인생을 되돌아보고, 두려움과 후회를 다루는—에 참여해야 하는 부담을 준다.

이러한 일에 참여하는 것이 어렵다는 것을 아는 사람은 질병이 실제보다 그리 나쁘지 않은 체한다. 부정 상태에 있는 환자들에게서 '게임'이 진행될 수 있는데, 이 게임의 참가자들은 환자가 죽어가고 있지만 마치 그렇지 않은 것처럼 행동한다는 것을 알고 있다. 비록 이 게임이 순간적으로는 심리적 고통을 완화할지라도, 그것은 죽어가는 것을 더 어렵게 만든다. 게다가 그것은 대화를 방해하여, 자주 쓸모없는 의료 개입을 하게 만든다. 그러면서 환자는 무엇이 일어나고 있는지와 자신이 엄청난 신체적·정서적 고통을 당한다는 것을 이해하지 못한다. 한 내과 주치의는 어떤 암 환자의 죽음에 대해 다음과 같이 평가한다.

문제는 그 여자 환자의 젊은 남편과 부모가 완벽하게 부정을 하고 있다는 것이었다. 우리는 마지막까지 적극적으로 노력했다. 그녀가 죽기 전 실제로 약 네 시간 동안 새로운 형태의 화학치료에 매달렸다. 비록 그녀의 직계가족들을 제외하고는 그녀가 앞으로 4~8시간 내에 죽을 것이라는 것을 모두 알고 있음에도 불구하고 말이다(Jackson et al., 2005, p. 653).

평소에, 환자는 자신에게 이야기를 해주지 않는 것이 아닌지 의심한다. 한 예에서, 불치병을 가진 한 아이는 의사와 간호사가 자신은 더 이상 자라지 않고, 성인이 되지 못할 것이라는 사실을 부정하는 식으로 말하는 것에 대해서 분노를 터트렸다. 아이가 의료 절차에 협조하도록 노력하면서, 의사는 말했다.

"난 네가 이해할 거라고 생각해, 샌디. 넌 한때 의사가 되고 싶다고 나에게 말했잖아."

그 아이는 비명을 지르며 뒤로 물러서서, "난 아무것도 되지 않을 거예요!"라고 말하며 빈 주사기를 그녀에게 던졌다.

가까이 서 있던 간호사가 물었다. "넌 무엇이 될 거니?"

샌디는 "유령이요"라고 말하고 그들을 외면했다(Bluebond-Langner, 1977, p. 59).

건강 전문가의 행동은 현실적인 시간 전망을 가지려는 샌디의 노력을 방해했고 불공평한 자신의 이른 죽음에 대한 그의 분노를 더 강하게 만들었다.

의사들은 환자에게 그들의 예후에 대해 알려주고자 할 때 가족들의 반대에 부딪치는데, 특히 특정 민족집단에서는 더욱 그러하다. 남유럽과 동유럽, 중앙아메리카와 남아메리카, 대부분의 아시아, 그리고 중앙아시아에서는 정보를 알려주지 않는 것이 보편적이다. 중국, 한국, 일본에서는 말기 환자에게 종종 진실을 말하지 않는데, 이것이 가족관계를 와해하고 환자의 안녕감을 해칠까 우려해서다(Mo et al., 2011; Seki et al., 2009). 비록 미국 이민자 집단 사이에서는 이러한 태도가 변하고 있지만, 상당수의 한국계 미국인과 멕시코계 미국인들은 환자에게 사실을 알려주는 것은 바람직하지 않으며, 건강관리 결정은 가족이 대신해야 한다고 여전히 믿고 있다(Ko et al., 2014; Mead et al., 2013). 이런 경우, 정보를 제공하는 것은 복잡한 일이다. 가족이 환자에게 말하지 않아야 한다고 주장할 때, 의사는 환자에게 정보를 제공할 수 있는데, 만약 환자가 거부한다면, 누가 정보를 듣고 건강관리 결정을 할 것인지 물어볼 수 있다. 환자의 우선권이 존중될 수 있으며 정기적 간격으로 재평가될 수 있다.

말기 환자를 보살피는 것은 힘들고 스트레스를 주는 일이다. 죽어가는 환자와 환자 가족들의 심리적 욕구에 효과적으로 응대하는 간호사들은 대인 간 기술, 직원들 사이의 매

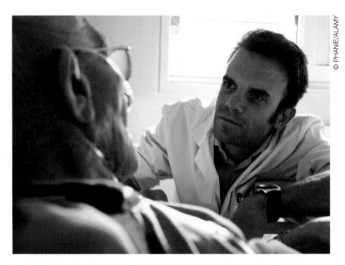

의사가 말기 환자가 걱정하는 것을 공감하면서 듣고 있다. 민감하고 개방적인 의사소통을 통해, 건강 전문가들은 관계를 종결하고, 인생을 되돌아보고, 공포와 후회에 대처함으로써 죽어가는 환자들이 죽음을 준비할 수 있도록 돕는다.

일매일의 상호 지지, 사는 것과 죽는 것에 대한 개인적 철학의 발달을 강화하는 것을 목표로 하는 현직연수로부터 도움을 받는다(Efstathiou & Clifford, 2011; Hebert, Moore, & Rooney, 2011; Morris, 2011). 민감하고 지지적인 환경에서 죽어가는 환자들을 돌보는 광범위한 경험은 낮은 죽음 불안과 관련이 있는데, 아마도 그런 사람들은 자기가 돌보는 환자의 고통이 감소하는 것을 관찰하게 되고, 따라서 자신이 그전에 가졌던 두려움이 근거가 없다는 것을 점차적으로 알게 되기 때문일 것이다(Bluck et al., 2008; Peters et al., 2013).

가족 구성원들로부터의 사회적 지지를 받는 것 역시 죽음에 대한 적응에 영향을 준다. 죽어가는 환자들 중 자신이 수행해야 할 끝내지 못한 일들이 많다고 느끼는 사람이 임박한 죽음에 대해 더 불안해한다. 하지만 가족과의 접촉은 삶의 연장에 대한 절박감을 감소시키는데, 아마도 적어도 몇몇 완성하지 못한 과업의 해결을 위해 노력할 기회를 제공해주기 때문인 것 같다(Mutran et al., 1997; Zimmerman, 2012). 과거의 상처를 인정하고 용서하는 것은 위중한 사람들이 고통을 완화시키고 삶을 마무리할 수 있도록 하는 강력한 수단이다. 반대로 해결하지 못한 용서는 분노와 불안을 높이고, 인생 완성감이 떨어지는 것과 관련된다(Baker, 2005; Prince-Paul, Zyzanski, & Exline, 2013). 상담가가 가족들이 인생 마지막의 용서를 표현하도록 도울 때, 위독한 환자는 심리적 안녕감을 얻는다.

죽어가는 사람과의 효과적인 대화란 진실하고, 신뢰관계를 촉진하고, 또한 희망 유지를 지향하는 것이다. 죽어가는

배운 것 적용하기

죽어가는 사람과 대화하기

제안	설명
질병의 진단과 진행 과정에 대해 솔직하기	미래에 일어날 일들에 대해 솔직하게 이야기해줌으로써 죽어가는 사람이 자신의 감정과 소망을 표현하고 치료 결정에 참여함으로써 자신의 생명을 마감할 수 있는 기회를 주라.
민감하게 들어 주고 느낌을 알아차리기	죽어가는 사람이 말하는 것에 완전히 주의를 기울이고, 환자의 느낌을 수용하면서 진심으로 옆에 있어 주라. 다른 사람의 존재와 관심을 느끼는 환자들은 신체적·정신적으로 더 이완되고 자신을 표현하기 쉬워진다.
현실적인 희망을 유지하기	죽어가는 사람이 아직 성취하지 못한 현실적 목표, 예를 들어 갈등 관계의 해결이나 사랑하는 사람과의 특별한 순간에 초점을 두도록 격려함으로써 희망을 유지할 수 있게 도와주라. 죽어가는 사람의 소망을 알아냄으로써 가족 구성원들과 건강 전문가들은 그것을 충족시키도록 도울 수 있다.
마지막 이행을 도와주기	공감해주고 염려해주거나 혹은 그냥 조용히 있어 줌으로써 죽어가는 사람이 혼자가 아님을 확신시켜주라. 고통으로 몸부림치고 있는 어떤 환자들에게는 죽을 수 있는 기회가 주어진 것 ─ 단념하고 손을 놓아도 된다는 메시지 ─ 이 위안이 될지도 모른다.

출처 : Lugton, 2002.

많은 환자들의 희망은 변해 가는데, 처음에는 치료에 대한 희망을, 나중에는 수명을 연장하는 것에 대한 희망을, 마지막으로는 가능한 큰 고생 없이 평화롭게 죽는 것에 대한 희망을 가진다(Fanslow, 1981). 죽음에 가까워진 환자가 일단 더 이상 희망을 표현하지 않으면, 가까이에 있는 사람들은 이것을 받아들여야만 한다. 환자를 떠나보내는 것이 너무 힘든 가족 구성원들은 전문가로부터 도움을 받을 수 있다. 위에 있는 '배운 것 적용하기'는 죽어가는 사람과의 대화에 대한 조언을 제공한다.

영성성, 종교, 문화 앞서 우리는 강한 영성성이 죽음의 공포를 감소시켜준다는 것을 보았다. 건강 전문가들의 비공식적 보고에 따르면, 이것은 일반적인 사람들뿐만 아니라 죽어가는 환자에게도 사실이다. 위독한 환자 중 영적 안녕감(인생 의미에 대한 신념)이 높은 사람은 내적인 평온감(이완되고, 긍정적이고, 자신과 타인을 용서하고, 자신의 상황을 받아들이는)이 더 크고, 인생 마지막 절망감(죽음을 앞당기고 싶은 희망과 자살적 사고)이 낮다(McClain, Rosenfeld, & Breitbart, 2003;McClain-Jacobson et al., 2004; Selman et al., 2013). 경험이 많은 한 간호사는 말한다.

마지막에, 신앙을 가진 환자 ─ 신앙이 무엇인지는 정말로

문제가 되지 않으며 무엇이든지 신앙이 있으면 ─ 는 수월해요. 항상 그런 것은 아니지만 일반적으로 그렇죠. 신앙을 가진 사람이 공황상태가 되는 경우도 있고, 신앙이 없는 사람이 죽음을 받아들이는 경우도 있지만, 대개 신앙을 가진 사람들이 훨씬 더 수월해요(Samarel, 1991, pp. 64-65).

종교적 신념을 토대로 하는 다양한 문화적 신념들 또한 상당한 정도로 죽어가는 경험을 결정한다.

● 중국, 인도, 그리고 동남아시아에 널리 퍼져 있는 불교는 모든 신체적·정신적 상태는 잠깐 머무르는 것임을 강조하는데 이것은 죽음 수용을 촉진한다. 죽어가는 사람의 마음을 진정시키기 위해서 수트라(부처의 가르침)를 읽어주고, 죽으면 환생(깨달음을 향한 여정에서 다양한 삶을 거쳐 옮겨다니는 것)한다는 것을 강조함으로써, 불교 신자들은 죽어가는 사람이 열반, 즉 고통도 욕망도 자아도 없는 상태에 이르는 것이 가능하다고 믿는다(Goin, 2015; Kubotera, 2004).

● 많은 아메리카 원주민 집단에서, 죽음은 금욕적 자기통제와 일치한다. 이것은 어린 시절에 삶과 죽음의 직선적 관계보다는 순환적 관계를, 그리고 후세를 위해 길을 열어주는 것이 중요하다는 것을 강조하는 이야기를 통해

서 배우는 것이다(Sharp et al., 2015).

- 아프리카계 미국인들에게, 죽어가고 있는 사랑하는 사람은 위기의 신호가 되어 보살핌을 제공하도록 가족 구성원들을 결속시킨다(Jenkins et al., 2005). 말기 환자는 자신이 더 이상 역할을 할 수 없을 때까지 가족 내에서 적극적이고 활기 찬 존재로 남는데, 존중의 태도는 의심할 바 없이 죽어가는 과정을 덜 힘들게 한다.

- 뉴질랜드의 마오리족 사이에서는, 영적 힘과 위안을 주기 위해 친족들과 친구들이 죽어가는 사람 주변에 모인다. 연장자, 성직자, 그리고 부족 풍습의 전문가들이 카라키아(*karakia*) 의식을 치르는데, 이 의식에서 그들은 창조주에게 평화, 은총, 안내를 구하는 기도를 암송한다. 의식이 끝난 후, 환자는 가장 가까운 사람들과 중요한 사안들―개인의 소유물을 증여하는 것, 매장 방법, 그 외 끝내지 못한 일들의 완결―에 대해 이야기하도록 격려받는다(Nagata, 2004; Oetzel et al., 2015).

요약하면, 죽음은 다양한 사고, 정서, 대처 방략들을 유발한다. 그중 어떤 것이 강조되는지는 다양한 맥락적 영향에 달려 있다. 생애 관점의 핵심 가정들―발달은 다차원적이고 다방향적이다―은 인생의 이전 시기들과 마찬가지로 이 마지막 단계와도 관련이 있다.

죽는 장소

9.4 자택, 병원, 요양원, 호스피스 접근이 죽어가는 사람과 그 가족의 욕구를 충족시키는 정도에 대해 평가하라.

과거에는 대부분의 죽음이 집에서 이루어졌지만, 오늘날 미국에서 약 40%는 병원에서 사망하고, 20%는 다른 장기 요양 시설, 주로 요양원에서 사망한다. 65세 이상의 약 30%는 인생의 마지막 한 달을 병원의 중환자실(ICU)에서 보내는데, 이들 대부분은 그곳에서 사망한다(Centers for Disease Control and Prevention, 2016e; Teno et al., 2013). 대형 규모의 비인간적인 병원 환경에서는 죽어가는 환자와 그 가족들의 인간적 욕구를 충족시키는 것은 부차적인 것인데, 이것은 전문가들의 관심 부족 때문이 아니라 그들의 일이 생명을 구하는 것에 초점이 맞추어져 있기 때문이다. 전문가들에게 환자의 죽음은 실패를 의미한다.

1960년대에, 병원의 죽음 회피 처치―생존의 기회가 없는

채로 복잡한 기계에 연결되어 있고, 죽어가는 환자와의 대화를 피하는―에 반대하여 죽음 자각 운동이 일어났다. 이 운동은 죽어가는 사람의 욕구에 더 잘 맞는 의료, 호스피스 프로그램으로 이어졌고 이것은 산업화된 많은 국가에 확산되었다. 죽음을 위한 각각의 환경을 살펴보자.

자택

소피와 니콜라스는 어디에서 죽기를 원하느냐는 질문을 받으면, 두말할 것도 없이 둘 다 '집'이라고 대답했다. 미국인의 약 80%는 자택을 선호한다(NHPCO, 2013). 이유는 명백하다―집은 친밀감과 애정 어린 보살핌의 분위기를 제공하여, 말기 환자가 신체적 쇠퇴 혹은 다른 사람들에게 의존해야만 하는 것 때문에 버림받는 느낌이나 모욕감을 느끼지 않을 것이다.

비록 미국에서 자택 사망이 지난 20년 동안 증가해 왔지만, 자택에서 사망하는 것은 여전히 많은 사람에게는 먼 이야기이다―미국인들의 약 1/4만 경험하는 것으로 이들은 흔히 경제적 형편이 좋은 사람들이다(Centers for Disease Control and Prevention, 2016e). 그리고 집에서 죽는 것을 낭만적으로 생각하지 않는 것이 중요하다. 극적인 의학 발달로, 과거보다 죽어가는 사람들은 더 아프거나 더 나이가 많은 경향이 있다. 결과적으로, 그들의 육체는 극단적으로 쇠약해져서, 일상적인 활동들(먹기, 자기, 약 먹기, 화장실 가기, 목욕하기)조차 비공식적 간병인들에게 큰 어려움이 된다(Milligan et al., 2016). 나이 든 배우자의 건강 문제, 가족 구성원들의 직업과 다른 해야 할 일들, 그리고 가정 내 보살핌을 제공하는 데 걸림돌이 되는 신체적·심리적·재정적 제약들이 집에서 사망하고자 하는 말기 환자들의 소망을 존중하기 어렵게 만든다.

많은 사람들에게, 마지막 순간까지 죽어가는 사람과 함께할 수 있는 기회는 간병에 대한 엄청난 요구를 대가로 교환되는 것이다. 하지만 집에서 사망하는 것을 실현가능하게 만들기 위해서는 간병인에 대한 적절한 지원이 필수적이다(Karlsson & Berggren, 2011). 대개 특별히 훈련받은 가정 간병인이 필요한데, 이것은 우리가 곧 보게 될 호스피스 프로그램으로 더 이용가능해진 서비스이다. 게다가 전문적인 도움이 있더라도 대부분의 가정은 죽어가는 사람에게 의료적인 편안한 간병 요구를 처리할 장비가 부족하다. 종종 병원 장비와 기술적 지원들을 가정으로 옮겨와야만 한다.

전체적으로 집에서 사망을 하는 것이 병원에서 사망하는 것보다 환자의 통증을 줄이고 만족을 높이며 가족 간병인들의 고통을 줄이는 것과 관련이 있는지에 대한 증거는 일관적이지 않다(Higginson et al., 2013; Shepperd et al., 2016). 이러한 혼재된 결과를 만들어내면서, 많은 수의 노인들은 자신의 집이 아닌 가족 구성원의 집에서 죽음을 맞이하는데 주로 성인 자녀의 집이다. 간병 과제의 어려움과 더불어 죽어가는 사람의 요구를 고려하여 집 안의 물리적 구조를 변경하고 부가적 장치를 하는 것이 간병인들이 자신의 집에 대한 느낌을 혼란스럽게 만들 수 있고 심리적 안녕감에 부정적인 결과를 가져온다(Milligan et al., 2016). 그리고 노인들은 자신의 집에서 가졌던 정체감, 안전감, 사생활, 개인적 통제감을 잃어버리게 되고 또한 그들의 자녀에게 부담이 되는 것을 염려하는데, 이것은 불안과 불만족을 불러일으킨다.

병원

병원 사망은 다양한 형태로 일어난다. 각각은 죽어가는 사람의 신체적 상태, 사망하는 병원 시설, 그리고 간병의 목표와 질에 의해 영향을 받는다.

상해나 혹은 치명적 질병 때문에 발생하는 갑작스러운 사망은 대체로 응급실에서 일어난다. 의사와 간호사들은 문제를 판단하고 재빨리 행동을 취해야 한다. 가족들과 접촉할 수 있는 시간은 아주 잠깐이다. 직원들이 동정 어린 태도로 사망 소식을 전하고 설명하면, 가족들은 고마워한다. 그렇지 않다면, 가족들은 큰 슬픔, 분노, 좌절 이외에도 혼란스러운 느낌을 받을 것이다(Walsh & McGoldrick, 2004). 갑작스러운 사망에 유족들이 대처하도록 돕기 위해 위기 개입 서비스가 필요하다.

니콜라스는 중환자실—상태가 급속하게 나빠질 수 있는 환자들이 사망하는 것을 방지하는 것에 초점을 두는 곳—에서 사망했다. 환자의 상태를 관찰하기 위해서 사생활과 가족과의 대화는 중요하지 않았다. 간호사들의 움직임에 혼란을 주지 않기 위해서, 지젤과 사샤는 정해진 시간에만 니콜라스의 곁에 있을 수 있었다. 중환자실—산업적으로 발달된 사회의 독특한 경험이다—에서 사망하는 것은 특히 수 주 혹은 수개월 동안 기계에 매달려 있으면서 삶과 죽음 사이에 머물러 있는 니콜라스와 같은 환자들의 인격을 박탈하는 것이다.

시간을 오래 끄는 사망 사례의 대부분을 차지하는 암 환자들은 대개 일반적인 혹은 특화된 암 관리 병원 시설에서 사망

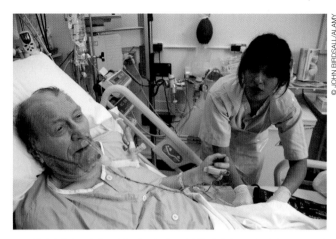

중환자실에서 죽어가는 것은 기술이 매우 발달한 사회의 독특한 현상으로, 비인격적인 경험이다. 이러한 상황에서, 의료적 대응은 개인적 자유와 환자와 가족의 의사소통을 빼앗아간다.

한다. 오랜 시간 동안 입원해 있으면, 환자들은 신체적·정서적 욕구에 대한 도움을 얻으려고 애쓰는데, 이러한 노력은 성공하기도 하고 실패하기도 한다. 이러한 병원 환경에서는 중환자실에서와 마찬가지로 가치의 갈등이 명백하게 드러난다(Hillman 2011). 사망과 관련된 업무들은 효율적으로 수행되어야 하고 그렇게 함으로써 모든 환자들이 서비스를 받을 수 있고 건강 전문가들은 반복되는 애착과 분리에도 정서적으로 진이 빠지지 않는다.

삶의 마지막 순간의 신체적·정서적·정신적 고통을 줄여주는 것을 목표로 하는 포괄적인 처치 프로그램이 지난 10년 동안 꾸준히 증가해 왔음에도 불구하고 미국 병원의 1/3은 여전히 그러한 프로그램을 갖추고 있지 않다(Dumanovsky et al., 2016). 또한 미국과 캐나다의 대부분 의대에서는 심지어 고통에 초점을 둔 과정을 단 하나도 제공하고 있지 않으므로(대개는 선택과목이다), 말기 환자와 죽어가는 사람들의 고통 관리에 대해 특별한 훈련을 받은 의사나 간호사가 거의 없다(Horowitz, Gramling, & Quill, 2014). 현재 많은 사람들은 자신들의 바람이 충족되지 않은 채로 고통스럽고, 겁나고, 몰인격화되는 병원 환경에서 사망한다.

요양원

미국 요양원에서는 죽음—대부분은 매우 나이 많은 환자들이다—이 보편적임에도 불구하고, 간병은 높은 수준의 말기 간호가 아닌 사회복귀를 중요시한다. 요양원 거주자들이 어떤 삶의 마지막을 원하는지에 대한 정보는 수집되지도, 진료 차트에 기록되지도 않는다. 요양원에서 죽는 것이 어떤 기분

인지를 이야기한 몇몇 연구들은 많은 환자들이 정서적·영적 욕구에 대한 무관심, 치료되지 않는 높은 수준의 통증, 공격적인 말기 의료 개입 등으로 고통을 겪는다는 것에 의견이 일치한다(Miller, Lima, & Thompson, 2015).

호스피스 접근—다음에서 볼 것이다—은 병원과 요양원에서의 심각한 간병 실패를 감소시키는 것을 목표로 한다. 호스피스와 결합되었을 때 요양원 죽음을 앞둔 사람에 대한 간병은 통증 관리, 입원 방지, 정서적·영적 지원, 가족 만족감을 크게 향상시킨다(Zheng et al., 2012, 2015). 하지만 죽음을 앞둔 요양원 거주자들을 호스피스에 위탁하는 것이 비록 늘어나고는 있지만 자주 이루어지지는 않거나 혹은 도움이 되기에는 너무 늦게 일어난다.

호스피스 접근

중세 시대에, 호스피스란 여행자들이 휴식을 취하고 비바람을 피하는 곳이었다. 19세기와 20세기에는 이 단어가 죽어 가는 환자들을 위한 집을 의미했다. 오늘날 **호스피스**(hospice)는 장소가 아니라, 마지막을 앞둔 환자들과 그들의 가족들을 위한 지원 서비스의 종합적 프로그램을 의미한다. 이 프로그램은 죽어가는 사람의 욕구에 민감한 간병 집단을 제공하여 환자들과 가족들이 그들이 만족할 만한 방식으로 죽음을 준비할 수 있도록 하는 것을 목표로 한다. 호스피스 접근의 핵심은 삶의 질이며, 이것은 다음과 같은 주요 특징들을 포함하고 있다.

- 보살핌의 단위가 환자와 가족들이다.
- 환자의 신체적, 정서적, 사회적, 정신적 욕구를 만족시키는 것을 강조한다. 이것은 통증을 조절하고, 계속해서 존엄과 자기가치감을 유지하고, 보살핌을 받고 사랑받는다고 느끼는 것을 포함한다.
- 여러 분야로 구성된 팀이 보살핌을 제공한다. 즉 환자의 주치의, 간호사 혹은 가정 간호사, 목사, 상담자 혹은 사회복지사, 그리고 훈련받은 자원봉사자들이다.
- 환자는 간병 협조가 가능한 자택이나 혹은 가정과 같은 분위기를 가진 입원 환경에 머무른다.
- 삶을 연장하는 것보다는 환자들의 통증과 그 외 다른 증상들(호흡곤란, 불면증, 우울증)을 경감시켜 주는 **완화 치료**(palliative care, comfort care)로서, 남아 있는 삶의 질을 보호하는 데 초점을 둔다.

- 정규적으로 계획된 자택 간병 방문 이외에, 하루 24시간, 일주일 내내 전화 서비스가 가능하다.
- 환자 사망 후 1년 동안 가족들에게 추가적인 애도 서비스가 제공된다.

호스피스 케어는 시설이 아니라 철학이기 때문에 다양한 방식으로 적용될 수 있다. 영국에서는, 병원과 연계되는 특별 입원 시설에서의 간병이 보편적이다. 미국에서는 자택과 호스피스 입원시설에 머무는 것이 강조된다—호스피스 환자의 약 36%는 자택, 32%는 호스피스 입원시설, 14%는 요양원, 9%는 다른 유형의 주거지에서, 9%는 전형적인 호스피스 시설에서 사망한다(NHPCO, 2013).

하지만 호스피스 프로그램은 자택에서부터 병원, 요양원을 포함하는 입원시설들까지 연속적인 간병 활동을 포함하는 것으로 확대되어 왔다. 호스피스 접근의 핵심은 죽어가는 사람과 그의 가족들에게 적절한 죽음을 보증하는 선택의 기회들을 제공한다는 것이다. 불치병을 앓고 있는 또 다른 사람들과 접촉하는 것은 많은 호스피스 제도의 부차적 결과로 환자들은 서로 격려가 된다. 그리고 죽음에 가까워진 환자들에게 위안을 주는 완화 치료에 대해 알아보려면, '생물학적 영향과 환경적 영향' 글상자를 참조하라.

현재 미국에서는 매년 6,000개 이상의 호스피스 프로그램들이 대략 120만 명의 말기 환자들에게 서비스를 제공하

아들이 죽어가는 어머니에게 오래된 그녀의 졸업 사진을 보여주며 기억을 나눈다. 강요되지 않은 친밀감과 연결감의 기회를 만들어줌으로써, 호스피스는 삶을 연장하기보다는 환자의 삶의 질을 높인다.

생물학적 영향과 환경적 영향

죽어가는 환자를 위한 완화치료로서 음악

피터가 82세의 스튜어트를 방문하여 하프를 연주해주었을 때, 스튜어트는 물, 어린이, 나무가 있는 목가적인 장소─곧 그녀의 생명을 앗아갈 폐종양과는 거리가 먼─로 이동한 것 같다고 말한다. "피터가 나를 위해 연주해주었을 때… 나는 더 이상 무섭지 않았어요"라고 스튜어트는 말한다.

피터는 음악 임종학─죽어가는 사람에게 음악을 통해 완화치료를 제공하는 데 초점을 두는 것으로, 음악치료 분야에서 최근에 생겨난 전공─의 전문가이다. 그는 죽어가는 사람, 그들의 가족, 간병인들에게 평안과 위안을 주기 위해 하프를 사용하는데 가끔은 노래를 하기도 한다. 피터는 음악을 체계적으로 적용하는데, 환자의 순간순간의 요구에 대한 자신의 판단에 따라 음악을 각 환자의 호흡 패턴이나 다른 반응들에 맞추고, 감정을 고조시키거나 위안을 주기 위해 다른 소리를 낸다.

연구들은 음악이 다양한 이점이 있음을 보여준다. 한 조사에서 임종기 고통과 다른 증상 관리를 위해 병원의 완화치료시설에 입원한 진행되는 암으로부터 고통을 받고 있는 노인들이 두 집단 중 하나에 할당되었는데, 음악치료를 포함한 치료 집단과 일반 치료 집단이었다. 음악치료에 참여한 사람들은 8~10일에 걸쳐 4번의 음악치료 시간을 경험했다. 통제집단과 비교했을 때, 음악치료 집단의 환자들은 이완과 심리적 안녕감을 더 보고했고, 불안, 우울, 불면, 메스꺼움, 호흡곤란을 포함하여 정서적 증상과 신체적 증상이 감소했다(Domingo et al., 2015).

또 다른 증거에 의하면 음악치료는 죽어가는 환자들의 통증을 감소시킬 수 있는데, 한 실험에서는 단 한 번만으로도 효과가 있음을 보여준다(Gutgsell et al., 2013; Horne-Thompson & Grocke, 2008). 어떻게 음악이 임종기의 신체적·정서적 고통을 완화하는 데 도움이 되는가? 죽음에 가까워진 환자들은 다른 감각들보다 청각 기능을 더 오래 유지하고 있다. 따라서 한 개인의 마지막 며칠 혹은 마지막 몇 시간까지 음악에 대한 반응은 유지될 것이다(Berry & Griffie, 2016). 이러한 이유들 때문에 음악 철야기도는 인생 마지막의 효과적인 치료가 될 것이다.

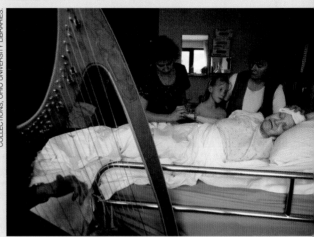

LYNN JOHNSON. A SONG FOR THE DYING, 1994. LYNN JOHNSON COLLECTION, MAHN CENTER FOR ARCHIVES AND SPECIAL COLLECTIONS, OHIO UNIVERSITY LIBRARIES.

음악 임종학은 음악으로 죽어가는 사람을 위한 완화치료를 하는 것에 초점을 둔다. 이 연주자는 평온함과 위안을 주기 위해 하프를 연주하거나 가끔은 노래를 한다.

살펴보기

> 가까이 있는 호스피스 프로그램과 연락해서 죽어가는 환자와 그들의 가족의 욕구를 충족시키는 통합적인 서비스를 제공하는 다양한 방식에 대해 알아보라.

고 있다. 호스피스 환자의 약 37%는 암 환자이다. 암이 아닌 것으로 진단받은 것은 치매(15%), 심장 질환(15%), 폐 질환(9%)이다(NHPCO, 2013). 호스피스 케어는 비싼 연명치료에 비해 비용 효율적인 대안이기 때문에, 미국 정부의 건강관리보험제도(메디케어와 메디케이드)가 그것을 맡고 있고, 대부분의 개인 의료보험제도도 마찬가지다. 게다가 보험에 들지 않아 지불 능력이 없는 사람들에게는 지역사회와 사회사업재단을 통해 많은 호스피스들이 무료 서비스를 제공해준다(Hospice Foundation of America, 2016). 따라서 대부분의 환자와 그 가족들은 그 비용을 감당할 수 있다. 호스피스는 또한 죽어가는 어린이들에게도 도움이 되는데, 어린이 사망은 충격적인 비극으로, 사회적 지원과 애도 치료가 꼭 필요하다.

호스피스 케어는 환자의 신체적 고통을 경감시키는 것 외에, 가족 기능의 향상에도 기여한다. 대다수의 환자와 가족들은 호스피스 케어의 질에 매우 만족한다고 보고한다. 다른 형태의 죽어가는 환자들과 비교했을 때, 호스피스 케어를 받은 환자들은 통증 관리가 더 잘 되고, 사회적 지지감이 더 높고, 삶의 질이 높고, 생존기간이 더 길고, 자신이 원하는 사망 장소와 실제 사망 장소의 일치가 더 높고, 의료비 지출이 더 적었다(Candy et al., 2011; Churchman et al., 2014; Connor et al., 2007). 호스피스를 경험한 가족 구성원들이 호

묻고 대답하기

연관지어보기 죽음에 대한 소피의 정신적·정서적 반응에 대해 묘사한 것을 다시 읽어보라. 제장에서 소피의 인생 이야기를 다시 훑어보라. 소피의 성격과 일생에 걸친 역경에 대한 대처 스타일이 어떻게 일관적인가?

적용해보기 다섯 살인 티미의 신부전이 가망이 없다는 진단을 받았을 때, 그의 부모는 그 비극적인 소식을 받아들일 수가 없었다. 그들의 병원 방문은 점점 짧아졌고, 그들은 불안해하는 티미의 질문을 피했고, 결국 티미는 자기 자신을 탓하게 되었다. 티미는 신체적 고통은 거의 없었으나 외롭게 죽어갔고, 부모는 오랫동안 죄책감으로 고통 받았다. 호스피스 케어가 티미와 그의 가족을 어떻게 도울 수 있었을까?

생각해보기 만약 여러분이 말기 환자라면, 여러분은 어디에서 죽고 싶은가? 이야기해보라.

스피스를 경험하지 않은 가족 구성원들에 비해 사랑하는 사람이 죽은 6개월에서 2년 후의 심리적 안녕감 점수가 더 높았다(Ragow-O'Brien, Hayslip, & Guarnaccia, 2000; Wright et al., 2008).

호스피스 기관들은 장기적 목표인 환자와 가족 중심의 접근 방법을 많은 사람들이 받아들이도록 하기 위해 고군분투하고 있다. 소수인종 환자들은 백인 환자들보다 호스피스에 참여하는 경향이 훨씬 낮으므로, 이들에게 영향을 미치기 위해서는 문화적으로 민감한 접근이 요구된다(NHPCO, 2013). 캐나다는 정보와 자원을 제공하고 같은 관심을 가진 다른 사람들과 연결시켜 줌으로써 환자들, 가족들, 그리고 간병인들 — 그들이 호스피스 프로그램에 참여하고 있는지와 관계없이 — 을 지원하는 웹 기반의 호스피스 봉사 서비스인 Canadian Virtual Hospice(www.virtualhospice.ca)를 제공하고 있다.

매년 수백만 명의 아동과 성인이 암과 다른 지독한 질병으로 사망하는 개발도상국에서는 건강 전문가의 감독을 받는 지역사회를 기반으로 운영되는 조직이 호스피스와 고통 완화 간병을 수행하는 것이 확장되고 있다. 하지만 그들은 자금, 고통 완화 약물들, 전문 정부기관의 호스피스 교육 부족 등 많은 장애물에 부딪힌다(WPCA, 2014). 그 결과, 그들은 소수의 환자와 가족들만이 이용할 수 있는 '훌륭하지만 작은 섬들'일 뿐이다.

죽을 권리

9.5   생애 말기 의료행위와 그를 둘러싼 윤리적 논쟁에 대해 토론하라.

1976년에, 파티에서 약물을 복용한 뒤 회복될 수 없는 혼수상태에 빠진 젊은 여성인 캐런 앤 퀸란의 부모들은 그녀에게서 인공호흡장치를 제거해 달라는 소송을 제기했다. 뉴저지 대법원은 캐런의 사적 자유의 권리와 보호자로서 부모의 위임된 권리에 따라 이 요구를 받아들였다. 캐런은 곧 사망할 것으로 예상되었음에도 불구하고, 그녀는 독립적으로 호흡했고, 정맥주사를 통해 계속해서 영양을 공급받으며, 식물인간 상태로 10년을 더 살았다.

1990년, 26세인 테리 샤이보의 심장이 잠시 동안 멈추었고, 일시적으로 뇌로 가는 산소 공급이 중단되었다. 캐런처럼 테리도 식물인간 상태로 누워 있었다. 그녀의 남편과 후견인인 마이클은 그녀가 이전에 '자신은 인위적으로 살고 싶지 않다'고 말했다고 주장했지만, 테리의 부모님은 동의하지 않았다. 1998년에, 플로리다 순회 재판소는 테리의 급식관을 떼자는 마이클의 탄원서를 받아들였다. 그녀의 부모의 항소절차가 모두 끝난 뒤인 2001년에 급식관이 제거되었다. 하지만 반대되는 의학적 진술에 근거하여, 테리의 부모는 순회 재판소가 급식관을 다시 삽입할 것을 지시하는 판결을 내리도록 설득했고, 법적 논쟁은 계속되었다. 2002년, 마이클은 급식관을 제거하기 위한 두 번째 재판에서 승소했다.

그 당시, 그 사건의 명성과 그것의 핵심 질문 — 환자의 바람이 분명하지 않을 때 누가 생명을 끝낼 결정을 할 것인가 — 이 테리를 정치적 이슈로 만들었다. 2003년, 플로리다 주의회는 테리의 생명을 유지시키려는 순회 재판소의 명령을 장관이 지지하도록 허락하는 법률을 통과시켰으나, 항소에서 그 법은 위헌으로 판결이 났다. 2005년, 미 국회가 싸움에 끼어들었고, 테리의 운명을 미국 지방법원으로 옮겨 가도록 하는 법안을 통과시켰다. 판사가 중재를 거부하자, 세 번째로 급식관이 제거되었다. 의식을 잃은 지 15년 후인 2005년에 테리 샤이보는 사망했다. 부검 결과 확실하게 영원한 식물인간 상태로 진단되었다 — 그녀의 뇌는 정상인 뇌의 절반 크기였다.

1950년대 이전에는 의학이 말기 환자의 생명을 연장하기 위해 할 수 있는 것이 거의 없었기 때문에 죽을 권리는 관심의 대상이 아니었다. 오늘날, 의학적 진보는 인간의 생명을 유지시키는 동일한 절차들이 피할 수 없는 죽음을 지연시키고 동시에 인간의 삶의 질과 개인적 존엄성을 떨어뜨릴 수 있음을 의미한다.

퀸란과 샤이보의 사례와 이와 유사한 다른 사례들로 인해 죽을 권리에 대한 이슈가 일반 대중의 중요한 관심사가 되었

표 9.1 윤리적으로 논쟁이 있는 말기 의료행위들

종류	설명
연명치료를 끝내기	말기 환자의 허락 혹은 환자의 대리 의사결정자의 허락을 받아, 의사는 연명치료를 보류하거나 철회하여 환자가 자연스럽게 죽음을 맞이할 기회를 준다. 예를 들어 의사는 수술을 하지 않거나, 급식관을 삽입하지 않거나, 생명을 연장시킬 수 있는 약을 투여하지 않거나, 자발적으로 호흡할 수 없는 환자에게서 호흡기를 제거한다.
의료 협조사	불치병을 앓고 있는 환자의 요청에 따라, 의사는 치사량의 약물을 처방하여 환자가 스스로 생명을 끝낼 수 있는 약물을 투여하도록 한다.
자발적 안락사	환자의 요청에 따라, 의사는 고통스럽지 않은 방법으로 환자의 생명을 끝낸다. 예를 들어 의사는 치사량의 약물을 투여한다.
비자발적 안락사	의사가 환자의 동의 없이 예를 들어 치사량의 약물과 같은 의료적 방법으로 고통 받는 환자의 생명을 끝낸다.

다. 오늘날 모든 미국 주 연방들은 불치병의 경우와 때로는 영구적 식물인간 상태의 경우에 연명치료의 철회에 관하여 환자의 소망을 존중하여 환자들이 자연스럽게 죽을 수 있도록 허용하는 법률을 가지고 있다. 하지만 모든 상황을 다룰 수 있는 단 하나의 통일된 죽을 권리에 대한 정책이 없어, 환자와 가족들이 요구하는 다양한 상황을 어떻게 다룰 것인지에 대해 뜨거운 논쟁이 계속되고 있다. 죽을 권리의 윤리적 논쟁의 초점이 되는 다양한 행위들이 표 9.1에 요약되어 있다. 하나씩 차례로 살펴보자.

연명치료를 끝내기

테리 샤이보는 좀 더 일찍 죽을 수 있도록 허용되었어야 했는가? 지젤의 요청에 따라 니콜라스의 주치의는 호흡기를 뗐는데, 이것이 주치의의 권리인가? 알츠하이머 환자들이 모든 자각과 신체 기능을 잃어버리게 되면, 생명 유지 조치를 하지 않아야 하는가?

여론조사에서 미국 성인의 70% 이상과 의사들의 95%는 회복의 희망이 없을 때 의료적 처치를 끝내는 것에 대한 환자 혹은 가족 구성원의 권리를 지지하는 것으로 나타났다(Curlin et al., 2008; Pew Research Center, 2006). 1986년, 미국의학협회는 죽음이 임박한 말기 환자와 영구적 식물인간 상태인 환자에게서 모든 형태의 처치를 철회하는 것을 인정했다. 그 결과, 방금 기술한 것과 같은 상황에서 치료를 끝내는 것은

정상적인 의학 절차의 한 부분으로서 널리 실행되게 되었으며, 이때 의사들이 전문적인 판단을 한다.

하지만 소수의 미국인들은 그러한 행위에 반대한다. 놀랍게도 종교적 종파는 사람들의 의견에 거의 영향을 주지 못한다. 예를 들어 치료를 끝내는 것이 정부가 안락사를 승인하는 첫 번째 단계가 될 것이라는 공포 때문에 교회의 공식적인 수락은 더딘 반면, 대부분의 가톨릭교도들은 우호적인 입장을 취한다. 하지만 인종에 따른 차이가 존재한다. 백인계 미국인들에 비해 많은 아프리카계 미국인들은 환자의 상태에 관계없이 모든 가능한 의료 수단을 원하고, 더 자주 급식관과 같은 생명 연장 개입을 받아들인다(Haley, 2013; Wicher & Meeker, 2012). 그들이 의료적 처치를 그만두는 것을 꺼리는 것은 치유를 돕는 신의 능력에 대한 믿음, 의료제도에 대한 불신, 임종 처치에 대한 선호를 어떻게 표명하는지에 대한 지식 부족을 반영한다.

테리 샤이보와 같은 논쟁적인 사법 사례들 때문에, 몇몇 의사들과 건강관리기관들은 법적 보호 없이는 처치를 그만두지 않으려고 한다. 그 행위에 대한 국가적 합의가 없는 경우에는 **사전 의료 지시**(advance medical directive) — 치료할 수 없는 질병에 걸렸을 때 행해져야 하는, 원하는 의료 처치에 대한 문서 — 를 준비해둠으로써 환자는 자신의 희망대로 따라 줄 것이라고 확신할 수 있다. 미국 주 연방들은 두 가지 유형의 사전 의료 지시를 인정하는데, 사망 선택 유언(생전 유언, 사전의료의향서)과 의료 법정 대리인, 건강관리에 대한 영구적 위임(durable power of attorney for health care)이 그것이다. 가끔 두 가지를 하나의 문서로 합치기도 한다.

사망 선택 유언(living will)에서, 사람들은 가망이 없는 질병, 혼수상태, 혹은 기타 죽음에 가까운 상태인 경우에 원하는 처치와 원하지 않는 처치를 구체화한다(그림 9.2 참조). 예를 들어 회복될 수 있다는 합리적인 기대가 없다면, 어떤 종류이건 의료적 개입을 통해 생명을 유지하지는 않을 것이라는 것을 문서로 분명하게 나타낼 수 있다. 게다가 사망 선택 유언은 종종 비록 생명을 단축시킨다고 하더라도, 통증 완화 약물을 줄 것을 구체화할 수 있다. 소피의 경우, 그녀의 주치의는 호흡 고통을 완화시키고 질식의 공포를 달래 주기 위해서 강력한 마취제를 투여했다. 마취제가 의식불명을 야기하고 호흡작용을 억제해 그 약물이 처방되지 않았을 경우와 비교하여, 몇 시간 혹은 며칠 더 일찍 사망하도록 만들었다. 그러한 고통 완화는 적절하고 윤리적인 의료 처치로 인정된다.

사망 선택 유언

이 진술은 _____ 년 _____ 월 _____ 일에 한 것이다.

나 _____ 는 온전한 정신상태로, 나의 의지에 의해 자발적으로 나의 죽음의 순간이 인위적으로 지연되어서는 안 된다는 나의 소망을 공표한다. 내가 치료될 수 없고 되돌릴 수 없는 상해를 입거나, 혹은 나를 진찰한 주치의가 나의 질병이 말기 상태여서 죽음을 지연시키는 처치가 없다면 얼마 지나지 않아 사망할 것이라고 판단하여 죽음이 임박하게 되면, 나는 단지 죽음의 과정을 연장할 뿐인 그러한 절차들을 보류하거나 철회하고, 오직 약물 투여, 영양 공급, 그리고 주치의가 나를 편안하게 해주기 위해 필요하다고 간주하는 최소한의 의료적 절차만으로 자연스럽게 죽을 것을 허용하도록 지시한다.

만약 내가 죽음을 지연시키는 절차의 사용과 관련된 지시를 할 수 있는 능력이 없는 상태라면, 이 진술이 나의 뜻이니, 가족과 의료진은 의료적 처치나 수술을 거부하고 그것의 자연스러운 결과를 받아들이고자 하는 나의 법적 권리의 마지막 표현으로 이 진술을 존중해주기 바란다.

서명 : _____

주소 : _____

_____

위의 진술인은 나와 개인적으로 잘 아는 사람으로, 나는 이 사람이 온전한 정신상태라고 생각한다. 나는 진술인이 내 앞에서 사망 선택 유언에 서명하는 것을 보았고 (혹은 진술인이 내 앞에서 사망 선택 유언에 서명했다는 것을 인지하고 있다), 나 또한 증인으로서 진술인 앞에서 서명했다. 이 문서의 작성 시에, 나는 상속법에 의해서나 혹은 내가 알거나 믿고 있는 바로는, 진술인의 유언이나 진술인의 사망 시 효력이 발생되는 다른 문서에 의해서 진술인 재산의 어떤 부분에 대해서도 권리가 없고, 또한 진술인의 의료비용에 대한 직접적인 재정적 책임이 없다.

증인 : _____

증인 : _____

그림 9.2 사망 선택 유언의 예 이 문서는 일리노이주에서 법적으로 인정되는 것이다. 주마다 법이 매우 다르기 때문에, 사망 선택 유언을 작성하는 사람들은 자신이 거주하고 있는 미국 혹은 캐나다 지역의 특정 양식을 사용해야만 한다(Courtesy of Office of the Attorney General, State of Illinois).

이다. 심지어 불치병 환자가 사망 선택 유언서를 가지고 있더라도, 종종 주치의는 여러 가지 이유로 그것을 따르지 않는다(Saitta & Hodge, 2013). 이것은 법적 소송에 대한 두려움, 자기 자신의 도덕적 신념, 환자의 사전 지시에 대해 물어보지 않음, 사전 의료 지시를 알 수 없음—예를 들어 사전 의료 지시가 가족 금고에 있거나 가족 구성원들이 그것을 알지 못할 때—등을 포함한다.

사망 선택 유언은 미래의 모든 의학적 상태를 예측할 수 없고, 쉽게 무시될 수 있기 때문에, 두 번째 형태인 사전 의료 지시가 더 보편적인 것이 되었다. **의료 법정 대리인**(durable power of attorney for health care)은 그 사람을 대신해서 건강 보호 결정을 하도록 다른 사람(항상 그런 것은 아니지만 보통은 가족 구성원)을 지명해 위임한다. 그것은 대체로 아래와 같이 서명과 증인이 있는 짧은 문장이다.

> 나는 이것으로써 나를 대신하여 나의 명의로 (내가 직접 행할 수 있는 어떠한 것이라도) 내 개인적 간병, 의료 처치, 입원, 그리고 건강관리에 관련하여 나를 위해 어떠한 것이든 모든 결정을 내리고, 비록 그 결과, 내가 죽는다고 하더라도 의료적 처치나 절차를 요구하거나, 허락하지 않거나, 철회하는 행위를 취하도록 [사람 이름]을 나의 위임 대리인으로 지명한다(Courtesy of Office of the Attorney General, State of Illinois).

비록 사망 선택 유언이 개인적 통제를 보장하도록 도울 수는 있지만, 그것을 보증해 주지는 않는다. 사망 선택 유언의 인정은 대개 불치의 병을 앓고 있는 환자나 혹은 다른 상태로 곧 사망할 것으로 예상되는 환자로 제한된다. 미국에서 단지 소수의 연방정부만이 영구적 식물인간 상태에 있는 사람과 알츠하이머를 포함하여 많은 만성적 문제를 가지고 근근이 목숨을 이어가고 있는 사람에게 사망 선택 유언을 적용하고 있는데, 왜냐하면 이러한 상태가 불치로 분류되지 않기 때문

의료 환경이 더 발전하면 신뢰받고 있는 대변인이 의사와 의논하는 것을 허용하기 때문에 의료 법정 대리인은 사망 선택 유언보다 유연하다. 또한 환자를 대신해 의견을 말할 권한이 불치의 환자에게만 제한된 것이 아니기 때문에, 예기치 않은 상황을 다루는 데 보다 허용범위가 넓다. 또 법으로 인정되지 않는 커플의 경우, 의료 법정 대리인은 환자의 건강관리 요구를 지지하고 의사결정을 하는 것에 있어서 파트너의 역할을 보장해줄 수 있다.

말기 환자가 아들, 딸과 함께 의료 법정 대리인에 대해 이야기하고 있다. 사전 의료 지시는 신뢰할 만한 대변인에게 건강관리 결정을 내릴 권한을 부여하고, 그 사람의 요구가 받아들여질 것을 보장한다.

죽음이 임박했을 때 한 개인이 임종 치료를 지지하든 지지하지 않든, 대부분의 사망이 병원이나 장기 요양 시설에서 일어나기 때문에 사망 선택 유언, 의료 법정 대리인, 혹은 두 가지 모두를 작성하는 것은 중요하다. 하지만 40세 이상 미국인의 단지 45%만이 그러한 문서를 작성하는데, 아마도 이것은 죽음에 관해서 특히 친족과 이야기하는 것을 일반적으로 거북해하기 때문이다. 사전 의료 지시를 하는 비율은 나이가 많아질수록 증가한다. 65세 이상 성인에서는 거의 55%이다(Government Accountability Office, 2015). 사람들이 능력을 가지고 있는 동안, 잠재적인 처치들에 대해 의사결정을 하도록 장려하기 위해서, 이제 미국 연방법은 연방준비금을 받고 있는 모든 의료시설들이 환자의 권리와 사전 의료 지시에 관한 주 연방법과 기관 정책의 허용사항에 대한 정보를 제공할 것을 요구하고 있다.

캐런 퀸란과 테리 샤이보의 경우처럼, 환자의 의도가 명확하지 않을 때 법적 책임을 두려워하여 비용 문제나 환자가 사전에 구두로 한 주장에 관계없이 건강관리 전문가들은 아마도 처치를 계속하기로 결정할 것이다. 이러한 이유 때문에, 몇몇 미국 주 연방들은 환자가 할 수 있을 때 사전 의료 지시를 하지 못했다면, 건강관리 대리권 혹은 대리 의사결정자의 임명을 허용한다. 대리권은 법적으로 사전 의료 지시를 할 수 없는 아동이나 청소년을 보호하는 중요한 수단이다.

의료 협조사

2012년 결혼식 이후 얼마 지나지 않아, 브리타니 메이너드는 두통이 생겼고 점점 심해졌다. 2014년 초, 29세의 나이에 그녀는 악성 뇌종양 진단을 받았다. 처음에 의사는 브리타니가 몇 년을 더 살 수 있다고 예상했는데, 29세의 사람에게는 너무 짧은 시간이었다. 하지만 추가적 검사 결과 암은 빠른 속도로 전이가 되어서 의료팀은 그녀에게 단지 6개월밖에 남지 않았다고 예상을 바꿨다.

어떤 치료도 브리타니의 생명을 구할 수 없었고, 생명을 연장시키기 위해 의사가 권하는 치료는 그녀의 삶의 질을 파괴할 것이라고 브리타니는 결론 내렸다. 그래서 브리타니는 할 수 있는 만큼 오래 산 다음 고통이 참을 수 없는 상태가 되기 전에 수면약물 처방의 도움을 받아 합법적으로 품위 있게 삶을 끝내기로 결정했고 이 선택을 남편인 댄과 의논했으며 그는 이를 존중했다.

의료 협조사(medical aid-in-dying)에서는 불치병인 환자의 요청으로, 의사가 치명적 용량의 약물을 처방하고 환자는 자신의 생명을 끝내기 위해 스스로 약물을 투약한다. 브리타니와 댄은 캘리포니아에 살았었는데 그 당시 캘리포니아에서는 그러한 행위가 불법이어서 오리건주로 이주했다. 오리건주에서는 의사가 말기 환자가 자신의 삶을 존엄하게 끝내도록 돕는 약물을 처방하는 것이 법적으로 가능했다. 그녀는 가장 좋아하는 것들—가장 가까운 사람들과 함께 여러 국립공원에 가는 것을 포함하여 야외활동을 하는 것—을 하면서 남은 날들을 보냈다. 또한 말기 환자들이 언제 죽을 것인지를 선택할 권리를 옹호했는데, 그러한 선택지를 갖는 것이 자신에게 평온함을 줌으로써 삶을 충실하게 살 수 있도록 해준다고 설명했다.

브리타니의 뇌 발작이 격렬해지고 불면, 메스꺼움, 약물 내성 통증을 경험하게 되면서, 그녀는 너무 오래 기다려 점점 커진 종양으로 인해 감각, 인지, 언어, 운동 상실이 일어나고 그녀에게서 자율성을 앗아가는 것이 아닐까 걱정했다. 2014년 11월 1일, 그녀는 약물을 복용하고 가족과 가장 사랑하는 친구들에 둘러싸여 30분 만에 평화롭게 사망했다.

미국에서는 5개 주에서 의료 협조사가 합법이다—2016년 기준으로 오리건, 워싱턴, 몬태나, 버몬트, 캘리포니아에서 합법이다. 1998년에 법안을 통과시킨 첫 번째 주인 오리건은 의료 협조사의 실행을 참을 수 없는 통증 상태에 있을 필요가 없는 불치병의 환자에게로 제한한다. 환자는 2명의 의사로부터 환자가 6개월을 넘기지 못한다는 동의를 받아야 하며, 약물을 받기 전에 구두 요청 후 15일, 서명 요청 후 48시간

© RICH PEDRONCELLI/AP IMAGES

캘리포니아 새크라멘토의 죽을 권리 시위에서, 댄 디아즈는 한 손에 세상을 떠난 그의 부인 브리타니 메이너드의 사진을 들고 행사에서 연설을 한 말기 암 환자를 안아주고 있다. 댄의 지지는 캘리포니아의 존엄사 선택법 통과에 도움이 되어, 2016년에 의료 협조사를 합법화하고 발효했다.

을 기다려야만 한다. 워싱턴, 버몬트, 캘리포니아에서의 법적 요건도 오리건과 비슷하다(Emanuel et al., 2016). 몬태나는 특별한 요건이 없는데, 이는 실행 인가가 입법이 아닌 법원판결의 결과이기 때문이다.

6개의 다른 국가─벨기에, 네덜란드, 룩셈부르크, 스위스, 콜롬비아, 캐나다─가 의료 협조사 법안을 통과시켰다. 비록 이들 국가에서 환자들은 말기의 위독한 환자일 필요가 없지만, 나아질 전망이 없이 '참을 수 없는' 신체적 혹은 정신적 고통을 경험하고 있어야만 한다.

과거 10년 동안, 미국인의 약 55%가 말기 질병을 가진 환자들에 대한 의료 협조사에 대한 찬성을 표명해 왔고, 브리타니 메이너드의 이야기가 널리 알려진 후에는 그 비율이 68%로 높아졌다(Dugan, 2015). 미국, 캐나다, 그리고 서구 유럽의 조사에서 말기 환자들의 의료 협조사 지지 수준도 일반 대중과 거의 같은데, 환자의 1/3은 자기 스스로 그것을 고려할 것이라고 말했다(Hendry et al., 2012). 의료 협조사를 요청한 사람들과 그것을 지지하는 사람들은 사회경제적 지위가 높고, 백인이며, 덜 종교적인 경향이 있다.

오리건은 합법의, 의사가 처방한 용량의 약물을 먹고 자신의 생명을 끝낸 환자들에 대한 가장 장기간에 걸친 자세한 기록을 가지고 있다. 비록 그들은 전체 사망의 0.5% 미만을 차지하지만, 시간이 흐르면서 그 수가 늘어나고 있다. 대

부분(68%)은 65세 이상이었고, 압도적인 다수(90%)가 호스피스에 등록되어 있고 자택에서 사망했다. 그들의 가장 흔한 진단(78%)은 암이었다. 그림 9.3에서 보여주듯이, 환자들이 가장 많이 말하는 의료 협조사의 요청 이유는 자율성의 상실, 삶을 즐겁게 만들어주는 활동에 참여할 수 있는 능력의 감소, 존엄의 상실, 신체 기능에 대한 통제감 상실이었다(Oregon Public Health Division, 2016). 불충분한 통증 조절은 훨씬 덜 중요한 문제였는데, 대부분은 호스피스를 통해 고통 완화 처치를 할 수 있음을 알고 있었다.

의료 협조사에서 마지막 행위는 오로지 환자의 몫으로 강압의 가능성을 줄여준다. 그러나 의료 협조사를 둘러싼 강렬한 반대가 있다. 최근까지 그것은 의사조력 자살로 널리 불렸다. 하지만 합법화의 지지자들은 현재의 미국 주 법률하에서 의료 협조사의 기회를 얻은 말기 환자는 자살이 아니라고 지적한다. 그들은 죽기를 원치 않고, 정서적 고통이나 정신적 질환에 의한 것도 아니다. 각 주정부 법령에서는 의료 협조사가 자살에 해당하지 않아야 하며, 환자의 불치병이 사망 진단서에 사망 원인으로 기록되어야만 한다는 것을 구체적으로 명기하고 있다.

합법화를 반대하는 사람들은 가족 간병의 부담이 높고 치료비용 부담에 대한 압력이 있는 분위기에서(제7장 참조), 의

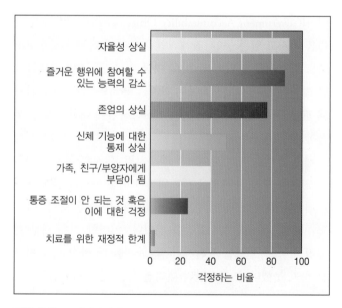

그림 9.3 **오리건에서 환자들이 의료 협조사를 요청하는 이유** 1988~ 2014년까지 오리건주의 존엄사법하에서 자신의 생명을 마감한 850명의 환자들로부터 얻은 응답은 다수가 자율성의 상실, 삶을 즐겁게 만드는 활동에 참여할 수 있는 능력의 감소, 존엄의 상실에 대해 걱정했음을 보여준다(Oregon Public health Division, 2016).

료 협조사를 합법화하는 것은 위험하다고 주장한다. 예를 들어 환자들은 점점 많아지고 있는 건강관리 비용으로부터 벗어나기 위해 혹은 가족에게 부담이 될까 두려워하여 그것을 시도할 수 있다. 치료자로 훈련을 받았기 때문에 미국 의사들은 일반 대중들보다 의료 협조사를 덜 선호하지만, 점점 더 개방적이 되고 있다. 28개의 의학 전공분야를 대표하는 17,000명 이상의 의사들에 대한 최근 설문조사에서, 54%가 불치의 말기 환자들이 자신의 생명을 끝내겠다고 결정하는 것을 지지할 것이고, 의사들 자신에 대해서도 동일한 선택을 원한다고 답했다(Kane, 2014).

비록 미국 호스피스 완화의학회(American Academy of Hospice and Palliative Medicine, 2016)는 합법화에 대해 중립적 입장을 취하고 있지만, 협조사가 정상적인 의료적 행위의 일부분이 되어 가고 있는 것에 대해 우려를 표명해 왔다. 의료 협조사가 합법인 지역에서 그것을 실행하고 있는 의사들에 대해 신중하게 주의를 기울일 것을 권고하는데, 의료 협조사를 실행하기 전에 다음 조건들이 충족되는지를 확실하게 하는 것을 포함하고 있다.

- 환자는 최선의 완화치료를 받아 왔고, 죽어가는 과정 내내 계속해서 그러한 치료를 받을 것이다.
- 환자는 의사결정을 할 수 있는 온전한 능력을 가지고 있고, 자발적으로 의료 협조사를 요청하며, 살 수 있는 날이 얼마 남지 않았다. 건강관리에 대한 재정적 압력, 가족 구성원이나 다른 사람들로부터 강압의 영향이 없다.
- 환자가 받아들일 수 있는 합리적인 모든 대안을 고려하고 실행했다.
- 그 시행이 의사의 근본적 가치와 일치하고, 의사가 기꺼이 참여한다(그렇지 않다면, 포기하지 않아야 한다는 전문가의 의무를 고려하여 의사는 치료를 다른 사람에게 넘길 것을 추천한다).

하지만 증거에 의하면 완화치료가 모든 경우에 통증을 경감시키는 것이 아님이 확실한데, 브리타니의 경우에도 통증을 경감시키는 데 실패했다. 또한 완화치료는 일단 고통이 강렬해지고 나면 완화적 진정상태가 길어지는 것을 피하려는 욕구를 포함하여, 자율성과 존엄 상실에 대한 죽어가는 환자들의 걱정을 다루지 않는다(Kon, 2011). 마지막으로, 생을 끝내는 행위는 오로지 환자의 것이므로, 의료 협조사를

지지하는 많은 사람들은 그것을 합법화하는 것이 다음에 보게 될 자발적 안락사를 합법화하는 것보다 낫다고 믿는다.

자발적 안락사

자발적 안락사(voluntary euthanasia)에서는 환자의 요청으로 의사가 환자를 고통으로부터 해방시킬 목적으로 통증이 없는 방식으로 환자의 생명을 적극적으로 끝낸다. 자비로운 살인의 한 형태인 그러한 처치는 모든 미국 연방 주와 대부분의 국가들에서 위법 행위이다. 하지만 1980년대와 1990년대를 거치면서 자발적 안락사에 대한 대중의 지지가 커져서, 미국 인구의 2/3가 찬성하게 되었고 그 비율은 안정적이다(Emanuel et al., 2016; McCarthy, 2014). 자발적 안락사가 합법인 벨기에, 네덜란드, 룩셈부르크, 캐나다에서, 찬성하는 대중의 비율은 미국과 유사하거나 높다. 대부분의 국민이 종교를 믿는 동유럽국가들에서는 찬성률이 낮아서 보통 45% 정도이다(Cohen et al., 2014).

자발적 안락사가 불법인 미국과 서구 유럽에서는 죽음에 임박하여 극심한 고통을 경험하는 환자들에게 그것을 시행한 의사들에 대해 관대하여, 보통 집행유예나 보호관찰 판결을 내린다. 그럼에도 불구하고, 자발적 안락사를 합법화하려는 시도는 열띤 논쟁을 불러일으켰다. 지지자들은 그것이 극심한 통증 상태에 있는 불치병 환자들을 위한 가장 동정 어린 선택이라고 믿는다. 반대자들은 '죽게 내버려 두는 것'과 '죽이는 것' 사이의 도덕적 차이를 강조하고 의사가 환자의 생명을 빼앗는 것을 허용하는 것은 건강 전문가들에 대한 사람들의 신뢰를 손상시킬 것이라고 주장한다. 마지막으로, 이러한 행위를 합법화하는 것은―혹시 우울, 외로움, 강압, 혹은 질병 때문에 다른 사람들이 겪는 부담을 줄여주기 위해서 자발적 안락사가 행해지는 것은 아닌지를 엄격히 감시한다 하더라도―안락사를 확대시키게 될 것이라는 공포가 존재한다. 초기에는 불치병에만 제한되었던 것이 허약하거나, 장애자들에게 모르는 사이에 적용될 수 있는데, 이것은 대부분의 사람들이 용인할 수 없고 비도덕적이라고 생각하는 것이다.

자발적 안락사를 합법화하는 것이 죽기를 요청하지 않은 혹은 그러한 결정을 내리기에 정신적으로 적합하지 않은 취약한 사람을 살해하는 '위험한 비탈길'로 우리를 유혹할 것인가? 캐나다와 서구 유럽에서는 그와 같은 죽음을 방지하기 위한 안전장치들이 있다. 예를 들어 네덜란드에서는 법적으로 안락사를 시행하기 위해서는 나아질 가망이 없이 신체

묻고 대답하기

연관지어보기 죽을 날을 미리 생각하면서, 노린은 사랑하는 사람들에게 마지막 인사를 하는 평화로운 장면을 상상한다. 어떤 사회적인 의료적 행위들이 그녀가 언급하는 방식으로 죽을 기회를 높여줄 것 같은가?

적용해보기 라몬은 자신이 절대 치료될 수 없는 병에 걸린다면, 의사에게 연명치료를 중지하도록 요청할 것이라고 확신한다. 그의 바람이 꼭 받아들여지게 하기 위해서는 라몬이 무엇을 해야 할 것인가?

생각해보기 불치의 병에 걸린다면, 여러분은 의료 협조사 혹은 자발적 안락사를 고려할 것인가? 만약 그렇다면 어떤 조건에서인가? 설명해보라.

적 혹은 정신적 고통이 극심하고, 환자의 결정이 문서로 잘 정리되어 있고 오랜 시간 동안 유지되어 온 것이어야 하며, 치료의 다른 대안들을 다 시도해보았거나 거부당했고, 두 번째 다른 의사의 상담을 받아야 한다. 이러한 제약은 **비자발적 안락사**(환자의 동의 없는)를 뚜렷하게 감소시키는 것으로 나타났다. 합법화 전에는 죽음의 거의 1% 정도에서, 네덜란드 의사들이 환자의 승인 없이 치사량의 약물을 투여했다고 보고했지만, 합법화 이후에는 그 비율이 4배나 감소했다. 벨기에에서도 상당히 감소했는데, 합법화 전에는 비자발적 안락사를 실행했다고 보고한 의사가 거의 3% 수준으로 높았다 (Chambaere et al., 2015; Onwuteaka-Philipsen et al., 2012).

하지만 자발적 안락사에 대한 강한 의견차이가 존재한다. 네덜란드 의사들에 대한 설문조사에서 86%가 그것을 수행하는 것에 정서적 부담을 크게 염려한다고 보고했다(Van der Heide & Onwuteaka-Philipsen, 2012, Emanuel et al., 2016에서 재인용). 치매나 정신질환 환자, 말기질환을 앓는 소수자, '삶에 지쳤다'고 말하는 노인들은 특별한 관심의 대상이다. 제한된 조건 아래에서 자발적 안락사가 합법인 곳에서도, 그것을 감시하고 규제하는 문제가 여전히 남아 있다. 죽음을 갈망하는 고통 받고 있는 환자를 돕는 것은 복잡한 윤리적·법적 딜레마를 제기한다.

사별 : 사랑하는 사람의 죽음에 대처하기

9.6 비탄의 과정, 개인차를 가져오는 요인들, 사별 개입에 대해 기술하라.

상실이란 전 생애 동안 존재의 피할 수 없는 부분이다. 비록 더 나은 쪽으로의 변화라 하더라도 경험의 어떤 부분들을 손에서 놓아야만 다른 것들을 껴안을 수 있다. 이런 방식으로 발달은 깊은 상실에 대해서 우리를 준비시킨다.

사별(bereavement)은 죽음으로 사랑하는 사람을 잃는 경험이다. 이 단어의 근원은 '도난을 당하는 것'을 의미하는데, 중요한 어떤 것을 부당하고 나쁘게 도둑맞는 것을 의미한다. 이러한 이미지와, 일관되게, 우리는 상실에 대해 **비탄**(grief) —강렬한 신체적·심리적 고통— 으로 반응한다. 우리가 어떤 사람이 비탄에 잠겼다고 말할 때, 그 사람의 존재 방식 전체가 영향을 받았다는 것을 의미한다.

비탄으로 인해 압도당할 수 있기 때문에, 각 문화들은 그 문화 구성원들이 사랑하는 사람의 죽음으로 생기는 인생 변화들을 다룰 수 있도록, 비탄을 극복해 나갈 수 있도록 돕는 방법들을 고안해냈다. **애도**(mourning)는 사별한 사람이 보이는 사고와 느낌의 표현으로, 이는 문화적으로 독특하게 표현된다. 관습(가족과 친구들이 모이고, 검은 옷을 입고, 장례식에 참여하고, 특별한 의식과 함께 미리 규정된 애도 기간을 지키는 것 등)은 사회와 민족집단에 따라 매우 다양하다. 하지만 모든 관습은 공통적으로 사람들이 비탄에서 벗어나 사망한 사람이 더 이상 존재하지 않는 세상에서 살아가는 것을 배우도록 돕는다는 목표를 가진다.

비탄과 애도가 밀접하게 연관되어 있음은 명백하다. 일상 언어에서 우리는 자주 두 단어를 맞바꾸어 사용한다. 사람들이 사랑하는 사람의 죽음에 어떻게 반응하는지 자세히 살펴보자.

비탄 과정

이전에는 이론가들이 사별한 사람들—아동과 성인 모두—이 회피, 직면, 회복의 세 단계를 거친다고 믿었는데, 각각의 단계는 상이한 반응들의 세트로 특징지어진다(Bowlby, 1980; Rando, 1995). 하지만 현실에서는 정서적 반응, 행동, 그리고 그것이 나타나는 시기가 사람들마다 매우 다양하다. 약 60~70%의 사람들은 경미한 고통을 경험하고 몇 달 안에 사라진다. 또 다른 15~25%의 사람들은 중간 정도의 고통, 우울, 일상적 기능의 어려움을 경험하고 대개는 1년에 걸쳐 점차적으로 회복된다. 단지 5~15%의 사람들만이 수년 동안 심한 지속적인 고통, 우울을 경험하고, 죽음을 수용하지 못하는데, 이것—**복합성 비애**(complicated grief)라고 불린다— 은 신체적, 정신적 건강을 해친다(Bonanno, 2004; Bonanno, Westphal, & Mancini, 2011; Newson et al., 2011). 이러한 결과들은 사랑하는 사람의 상실에 대한 전형적인 반응이 탄력성임을 보여준다.

비탄을 경험하는 사람들은 대개 수없이 오르내림을 하면서 정서적 반응들 사이를 오락가락한다. 비탄 과정은 단계라기보다는 일련의 과제, 즉 사람들이 비탄으로부터 회복하여 충실한 삶으로 되돌아가기 위해 취해야 하는 행동들로 이해될 수 있다—(1) 상실의 현실을 수용하고, (2) 비탄의 고통에서 벗어나고, (3) 사랑하는 사람 없는 세상에 적응하고, (4) 사망한 사람과의 내적 유대를 발전시키고 삶을 발전시킨다(Worden, 2009). 이 관점에 따르면, 사람들은 비탄을 극복하기 위해 적극적 단계를 취할 수 있는데, 이것은 사별한 사람이 자주 경험하는 압도적인 고통을 치료하는 강력한 방법이다.

회피와 직면 사망 소식을 듣고, 생존자는 믿으려 하지 않다가 뒤이어 충격을 경험하는데, 상실을 인식하고 직면하게 되는 비탄의 첫 번째 과제를 시작하는 동안, 마비된 듯한 느낌은 '정서적 무감각'의 역할을 한다. 회피는 보통 단기적이어서 몇 시간에서 몇 주 동안 지속된다. 그것에 갇혀 있는 사람들은—예를 들어 죽음의 현실에서 벗어나기 위한 방법으로 상실과 관련된 자신의 문제들에 대해 곰곰이 생각함으로써—회복을 방해하는 강력하고 오랫동안 지속되는 비탄 반응의 위험이 있다(Eisma et al., 2013).

애도자가 죽음의 현실에 직면할 때, 그들은 폭포와 같은 엄청난 정서적 반응들을 경험할 수 있는데, 이것은 불안, 슬픔, 항의, 분노, 무기력, 좌절, 유기, 그리고 사랑하는 사람에 대한 열망 등을 포함한다. 전형적인 반응들은 집요하게 죽음의 주변 상황들을 돌이켜보고, 어떻게 하면 그것을 방지할 수 있었을지 질문하고, 그것에서 의미를 찾는 것 등이다(Neimeyer, 2001b). 게다가 비탄에 잠긴 사람은 멍해져서, 집중할 수 없고, 죽은 사람에 대한 생각에 몰두하고, 수면과 식욕이 상실된다. 약물 복용이나 과속 운전 같은 자기파괴적인 행동들이 나타날 수 있다. 대부분의 이러한 반응들은 우울의 증상으로, 비탄의 필연적인 요소이다.

비록 직면하는 것은 어렵지만, 이것은 애도자가 두 번째 과제(비탄의 고통에서 벗어나는 것)를 해결하기 위해 노력하도록 만든다. 죽은 사람과 재결합하고자 하는 채워지지 않는 소망의 결과로 비통이 고조되고, 이러한 비통의 고조는 애도자가 사랑하는 사람이 떠났다는 것과 소중한 관계가 물리적 존재에서 내적 표상으로 바뀌어야만 한다는 것을 받아들이도록 한다. 그 결과, 그들은 세상에 적응하고 그 안에서 죽은 사람을 그리워하는 세 번째 과제로 나아가게 된다.

회복 상실에 적응하는 것은 정신적이고 정서적인 과제 이상의 것이다. 사별한 사람은 죽음의 부수적 결과물인 스트레스원 또한 처리해야 하는데, 다른 사람들에게 다가감으로써 외로움을 극복하고, 죽은 사람이 담당해 왔던 재정 관리나 요리 같은 기술을 익히고, 사랑하는 사람 없이 일상생활을 재조직하고, '배우자'에서 '미망인'으로, 혹은 '부모'에서 '죽은 자녀의 부모'로 자신의 정체성을 수정하는 것이다.

상실에 대처하는 이중 과정 모델(dual-process model of coping with loss)로 불리는 관점에 따르면, 효과적인 대처를 위해서 사람들은 상실의 정서적 결과를 다루는 것과 생활 변화를 따라가는 것 사이를 왔다 갔다 해야 하는데, 이것을 성공적으로 처리하면 회복 혹은 치료의 효과를 가진다(Hansson & Stroebe, 2007; Stroebe & Schut, 1999, 2010). 이 둘 사이를 왕복하는 것은 고통스러운 비탄으로부터 일시적 기분전환이나 위안을 가져온다. 많은 연구는 위안 없이 비탄에 직면하는 것은 신체적·정신적 건강에 심각한 부정적 결과를 가져온다는 것을 보여준다(Corr & Corr, 2007). 이중 과정 모델과 일맥상통하게, 배우자 사망 후 6개월, 18개월, 48개월에 있는 노인 여성을 측정한 한 연구에서, 사별 기간 내내 상실 지향 활동과 회복 지향 활동이 모두 나타났다. 예측한 대로, 회복 지향 활동들 예를 들어 친구를 방문하고, 종교 활동에 참석하고, 자원봉사를 하는 것이 고통을 감소시켰다(Richardson, 2007). 이중 과정 모델을 활용하여, 상실로 슬퍼하는 사람들을 위해 만들어진 개입절차에서는 정서적인 것과 생활 변화 주제 모두를 번갈아 가며 강조한다.

비탄이 가라앉으면, 정서적 에너지는 네 번째 과제—죽은 사람과 상징적 유대를 맺고, 일상의 책임을 다함으로써 삶을 이어나가고, 새로운 활동과 목표에 투자하고, 오래된 유대를 강화시키고, 새로운 관계를 만들고—를 향해 점차 이동한다. 가족 기념일이나 제삿날 같은 특별한 날들에, 비탄 반응은 다시 표면화되고 주목을 끌지만, 그것이 삶에 대한 건강하고 긍정적인 접근을 해치지는 않는다.

사실, 비탄 과정 동안, 탄력적인 사람들은 긍정적인 정서와 부정적인 정서를 모두 경험한다고 보고하는데, 행복감과 유머가 비탄에 대처하는 것을 돕는다(Ong, Bergeman, & Bisconti, 2004). 6개월 이내에 배우자나 파트너가 사망한 50세 이상의 성인 수백 명을 조사했는데, 90%가 일상생활에서 긍정적인 정서가 중요하다는 것에 동의했고, 75% 이상은 지난 한 주 동안 자신이 유머, 웃음, 혹은 행복감을 경험했다고 말했다. 참여자들이 긍정적인 정서를 더 높이 평가하고 더 많이 경험할수록, 사별에 더 잘 적응했다(Lund et al., 2008-2009). 행복의 표현은 비탄으로부터 벗어나고 다른 사람들과의 유대를 강화하도록 해주므로 회복 지향적 활동으로 간주될 수 있다.

개인차와 상황 차이

죽음과 마찬가지로, 비탄도 성격, 대처 양식, 종교와 문화적 배경을 포함하여 많은 요인에 의해 영향을 받는다. 또한 성차도 분명하다. 여성과 비교했을 때, 남성은 대개 고통이나 우울을 덜 직접적으로 표현하고 사회적 지원을 요청할 준비가 덜 되어 있다(Doka & Martin, 2010).

게다가 죽은 사람과의 관계의 질이 중요하다. 애정 어리고 만족감을 주는 유대와의 이별은 고뇌에 찬 슬픔을 가져오지만, 이것은 곧 해결된다. 반대로 갈등이 많은 양가적 유대를 끝내는 것은 오랫동안 분노, 죄책감과 후회 같은 잔재가 남는 경향이 있다(Abakoumkin, Stroebe, & Stroebe, 2010; Bonanno et al., 2002; Mikulincer & Shaver, 2008). 그리고 생애 말기의 돌봄(end of life care)이 차이를 만들어낸다—배우자가 고통스러운 죽음을 맞이한 여성 노인이 사망 후 6개월 뒤에 불안, 침습적 사고, 사랑하는 사람에 대한 갈망이 더 크다고 보고했다(Carr, 2013).

또한 죽음을 둘러싼 주위 상황—죽음이 갑작스럽고 예기치 않은 것인지 혹은 오래 끈 질병 뒤에 온 것인지—도 애도자의 반응을 형성한다. 상실한 관계의 특징과 인생 과정에서 어느 시점에 사망이 일어났는가에 따라서도 차이가 발생한다.

갑작스럽고, 예기치 않은 죽음 대 오래 끈, 예상된 죽음 갑작스럽고 예기치 않은 죽음의 경우에—보통 살인, 자살, 전쟁, 사고, 자연재해의 결과—충격과 불신이 극단적이기 때문에, 회피가 가장 뚜렷하게 나타나고 직면하는 것은 매우 큰 정신적 충격을 줄 것이다. 디트로이트의 18~45세 성인들의 대표적 표본을 대상으로 실시한 대규모 조사에서, 강렬하고 탈진하게 만드는 스트레스 반응을 일으키는 외상으로 가장 자주 보고된 것은 갑작스럽고 예기치 않은 사랑하는 사람의 죽음이었다(Breslau et al., 1998). 반대로, 죽음의 과정이 오래 지

속되는 동안, 사별한 사람은 **예기적 슬픔**(anticipatory grieving)—상실은 피할 수 없는 것임을 인식하고 그것에 대해 정서적으로 준비하는 것—을 경험할 시간을 가졌다. 생존자들은 죽음 직후에는 충격에 사로잡히는 느낌이 덜하다(Johansson & Grimby, 2013). 하지만 그들은 오랜 기간 동안 높은 간병 부담을 져 왔고 사랑하는 사람이 질병과 싸우면서 점점 더 악화되는 것을 지켜봐 왔기 때문에 이런 스트레스 원인들로 인해 불안에 취약할 수 있다.

생존자가 죽음의 원인을 이해하면, 죽음에 적응하는 것이 더 수월하다. 상실을 직면하는 데 있어서의 장애물은 안타깝게도 영아돌연사증후군(SIDS)의 경우에 뚜렷한데, 이 경우에 의사는 아기가 왜 죽었는지를 정확하게 부모에게 이야기해주지 못한다. 죽음이 '무의미해' 보이는 것 또한 자살, 테러 공격, 학교와 도로 총격, 자연재해, 교통 사고로 인한 죽음에 대한 슬픔을 복잡하게 만든다. 서구 사회에서 사람들은 중대한 사건은 이해할 수 있고 임의적이지 않아야 한다고 믿는 경향이 있다(Lukas & Seiden, 2007). 갑작스럽고 예기치 않은 죽음은 공정하고, 선의의, 통제할 수 있는 세상에 대한 기본 가정을 위협할 수 있다.

자살, 특히 젊은 사람의 자살은 견디기 힘들다. 다른 돌연사들의 생존자들과 비교해볼 때, 자살로 인한 상실을 슬퍼하는 사람들은 자신이 그 자살의 원인이었거나 그것을 막을 수도 있었다고 결론짓는 경향이 큰데, 이러한 자기비난은 심한 죄책감과 수치심을 불러일으킬 수 있다. 이러한 반응은 애도자의 문화나 종교가 자살을 부도덕한 것으로 비난할 때 더 강렬하고 오래 지속된다(Dunne & Dunne-Maxim, 2004). 한 연구에서, 자살을 경험한 생존자들이 다른 종류의 상실을 경험한 생존자들보다 죄책감, 수치심, 사망자로부터 거부당한 느낌, 사망 원인을 숨기고 싶은 욕구에서 더 높은 점수를 받았다(Dyregrov et al., 2014; Sveen & Walby, 2008). 보통 자살 후에 슬픔으로부터 회복되는 것은 시간이 오래 걸린다.

자녀의 상실을 슬퍼하는 부모들 예기치 못한 것이든 예상된 것이든, 자녀의 죽음은 성인들이 부딪힐 수 있는 가장 힘든 상실이다. 자녀들은 부모들이 자신에 대해 가지는 느낌—부모의 정체감의 핵심 부분이며 영원불멸의 느낌을 포함하여 부모의 희망과 꿈의 핵심이다—의 연장이기 때문이다(Price & Jones, 2015). 또 자녀들이 매우 기분 좋은 방식으로 자신들에게 의지하고, 경애하고, 감사하기 때문에, 자녀들은 비

AP IMAGES/MANU BRABO

시리아 무장 충돌로 사망한 아들의 시신을 붙잡고 아버지가 흐느끼고 있다. 예상하지 못한 갑작스러운 자녀의 죽음은 성인이 부딪힐 수 있는 가장 힘든 상실이다.

길 데 없는 사랑의 원천이다. 마지막으로, 자녀의 죽음은 자연법칙에 어긋난다—자녀들이 그들의 부모들보다 먼저 죽을 것으로 기대되지 않는다.

자녀를 잃은 부모는 종종 수년이 지난 뒤에도 매우 큰 고통과 슬픔이 되살아난다고 보고한다. 자녀보다 더 오래 살고 있는 것 때문에 생긴 죄책감과 불공평하다는 느낌은 종종 지독한 부담이 된다. 아버지와 비교했을 때, 어머니가 좀 더 강렬한 고통을 보고하는데 특히 배우자와 생각과 느낌을 공유할 기회가 부족한 경우에 더 그러하다(Lang, Gottlieb, & Amsel, 1996; Moriarty, Carroll, & Cotroneo, 1996). (남성이 여성보다 보통 슬픔을 덜 개방한다는 것을 떠올려보라.) 이러한 정서적 문제는 부모의 삶에 부정적으로 영향을 미쳐서 다른 부모들보다 자녀를 잃은 부모들의 높은 이혼율의 원인이 되는 경향이 있다(Lyngstad, 2013; Wheeler, 2001). 결혼 파탄의 위험은 시간이 지나면서 커지고 자녀의 사망 이전에 결혼관계에 문제가 있었던 부부의 경우 더 크다.

만약 부모가 가족 체계를 재편성하고, 잃어버린 자녀가 자신들의 삶에 미친 영향을 소중하게 여겨 남은 자녀들과 다른 활동들에 투자함으로써 삶의 의미를 회복할 수 있다면, 그 결과 가족에 대한 헌신이 더 커지고 개인적 성장을 이룰 것이다. 길어질 수도 있는 그러한 과정은 신체적 건강과 정신적 건강의 향상, 결혼만족의 증가와 관련이 있다(Murphy, 2008; Price et al., 2011). 아들이 죽고 5년 후에 한 부모는 그들이 거

쳐온 과정을 곰곰이 생각했다.

나는 고통을 내려놓는 것이 두려웠다. 그것이 그 아이를 사랑하는 방법이었는데. … 마침내 그 아이의 삶이 고통 이상의 의미였으며, 그것이 또한 기쁨과 행복, 그리고 즐거움을 의미했다는 것을 인정해야만 했다. 우리가 고통에서 해방되었을 때 우리는 삶에서 행복을 위한 공간을 내주었다. 아들에 대한 내 기억은 점점 가벼워졌고 더 자연스러워졌다. 나의 기억은 고통스러운 것 대신에 위안, 심지어는 웃음을 가져다주었고. … 나는 아들이 여전히 나에게 깨달음을 준다는 것을 알게 되었다(Klass, 2004, p. 87).

부모 혹은 형제의 상실을 슬퍼하는 아동과 청소년 애착 대상의 상실은 자녀들에게 오랫동안 영향을 미친다. 부모가 사망하면 자녀들은 기본적인 안정감과 보살핌을 받고 있다는 느낌을 위협받는다. 그리고 형제의 죽음은 아동들의 친밀한 정서적 유대를 빼앗아갈 뿐만 아니라 자신의 위험성에 대해 처음으로 알려준다.

가족의 상실을 슬퍼하는 아동들은 잦은 울음, 학교에서 집중의 어려움, 수면의 어려움, 두통, 다른 신체적 증상들을 가족이 사망한 후 수개월에서 수년 동안 보인다. 그리고 임상 연구들은 우울증, 불안, 분노 폭발, 사회적 철회, 외로움, 자신의 죽음에 대한 걱정이 지속적으로 나타나는 것이 보편적임을 보여준다(Luecken, 2008; Marshall & Davies, 2011). 동시에 많은 아동들은 정기적으로 꿈을 꾸거나 그들과 대화를 하면서, 자신의 죽은 부모 혹은 형제와 정신적 접촉을 적극적으로 유지해 왔다고 이야기한다(Martinson, Davies, & McClowry, 1987; Silverman & Nickman, 1996). 이러한 표현들은 때때로 사별한 성인들에게서도 마찬가지로 보고되는데, 이것이 상실에 대한 대처를 촉진하는 것으로 보인다.

슬퍼하는 능력에는 인지발달이 관여한다. 예를 들어 아직 죽음에 대한 생물학적 이해를 하지 못하는 아동들은 죽은 부모는 아마도 화가 나서 자의적으로 떠난 것이며, 나머지 한 명의 부모도 또한 사라질 것이라고 믿을 수 있다. 이러한 이유들 때문에, 어린 아동에게 부모가 죽기를 원한 것이 아니며 그들에게 화가 난 것도 아니라는 것을 확신시켜 주기 위해서는 조심스럽고 반복적인 설명이 필요하다(Christ, Siegel, & Christ, 2002). 아동에게 임박한 죽음에 대한 진실을 숨기는 것은 심각한 후회를 가져올 수 있다. 아픈 형제가 죽어가고

있다는 것을 30분 전에 알았던 여덟 살 된 아이는 '만약 내가 알았더라면, 작별 인사를 할 수 있었을 텐데'라고 생각했다.

아동들의 이해 수준에 관계없이 정직, 애정, 그리고 안심시켜 주는 것은 상실의 고통스러운 느낌을 견디도록 돕는다. 비탄에 잠긴 학령기 아동은 보통 사춘기 소년·소녀보다 부모에게 비밀을 털어놓으려는 경향이 있다. 10대들은 정상으로 보이기 위해서, 그들의 슬픔을 어른과 또래 모두에게 숨기는 경향이 있다(Barrera et al., 2013). 결과적으로, 그들은 아동들보다 더 우울해지거나 혹은 몸으로 하는 활동을 통해 슬픔으로부터 도피하는 경향이 있다.

전반적으로 효과적인 양육—온정적이고, 공감적 지지와 합리적인 훈육—은 아동과 청소년 모두의 적응적인 대처와 긍정적인 장기 적응을 촉진한다(Luecken, 2008). 또한 또래 지지도 도움이 된다. 또래지지는 소년들보다 소녀들이 더 많이 경험하는데, 소녀들의 친구관계에서 나타나는 큰 친밀감과 자기개방 때문이다(LaFreniere & Cain, 2015).

배우자, 친밀한 파트너의 상실을 슬퍼하는 성인들   제8장에서 배우자의 사망 후에 미망인으로 적응하는 것은 연령, 성별, 사회적 지지, 성격에 따라 크게 달라진다고 했던 것을 떠올려보라. 서구 국가에서 미망인(홀아비)이 된 노인들 대부분은 강렬한 슬픔의 시기가 지난 후 잘 지내는 반면, 젊은 사람들은 더 부정적인 결과를 보인다. 나이 든 과부나 홀아비들은 주변에 같은 처지에 있는 동년배들이 많다. 그리고 대부분은 이미 중요한 인생 목표를 성취했거나 어떤 목표는 이루어질 수 없는 것이라는 사실을 받아들였다.

이와는 달리, 성인 초기나 중년기에 배우자나 파트너를 잃는 것은 일반적이지 않은 사건이어서 그들의 인생 계획을 심각하게 혼란시킨다. 1년 미만에서부터 64년 전(보통은 중년기에 사별)에 파트너와 사별한 미국의 대표적 성인 표본을 대상으로 한 대규모 인터뷰에서, 사별 후 처음 1년 내에는 사별한 배우자에 대한 생각이나 대화를 하고 점차적으로 감소하는 것으로 나타났다(Carnelley et al., 2006). 하지만 그들은 수십 년 동안 가장 낮은 수준에 도달하지 못했는데, 가장 일반적인 응답자들은 여전히 일주일에 한두 번 사망한 파트너에 대해 생각하고 한 달에 한 번 대화를 했다.

상실감을 다루는 것뿐 아니라, 젊거나 중년기 나이의 미망인과 홀아비들은 종종 다른 사람들, 특히 자녀들을 위로하는 큰 역할을 맡아야 한다. 또한 그들은 한 부모 역할이 주는 스

트레스에 부딪히게 되며 커플로 사는 동안 만들어 왔던 사회적 네트워크는 급속하게 줄어들게 된다.

동성 간 결혼이 위법인 국가들에서, 게이나 레즈비언 파트너의 사망은 특별한 시련을 준다. 친척들이 장례식에 남은 파트너가 참석하는 것을 금지하거나 제한한다면, 생존한 파트너는 **박탈된 슬픔**(disenfranchised grief)—공공연하게 애도할 수 있는 기회가 없어 다른 사람들의 지지를 받을 수 없는 상실감—을 경험하고 이것은 비탄 과정을 심각하게 방해한다(Doka, 2008; Jenkins et al., 2014). 다행스럽게도, 게이와 레즈비언 공동체가 추모식과 다른 의례의 형태로 도움이 되는 대안적 지원을 제공한다.

사별 과부하   한 사람이 한 번에 혹은 가까운 시일 안에 연달아 몇 명의 죽음을 경험하면, 사별 과부하가 일어날 수 있다. 여러 번의 상실은 아무리 심리적으로 건강한 사람이라 할지라도 대처 자원을 고갈시켜, 정서적으로 충격을 받고, 심한 우울에 빠지고, 외상 후 스트레스 증상과 복합성 비애에 취약해진다.

종종 나이가 많아지면 배우자, 형제들, 친구들이 짧은 간격을 두고 연속적으로 사망하기 때문에, 노인들 또한 사별 과부하의 위험에 놓여 있다(Kastenbaum, 2012). 하지만 제8장에서, 젊은 사람들과 비교했을 때, 나이 든 성인들이 종종 이와 같은 상실을 다룰 준비가 더 잘 갖추어져 있다고 했던 것을 기억하라. 그들은 노년기에 감퇴와 죽음이 나타날 것이라는 것을 알고 있고 일생의 경험을 통해 효과적인 대처 전략들을 발전시켜 왔기 때문이다.

장례식에서, 중부 이탈리아 마을을 강타한 엄청난 지진으로 가족과 친구를 잃고 살아남은 아버지와 어린아이들이 애도하고 있다. 공공 비극은 사별 과부하를 가져올 수 있고, 애도자들은 오래 지속되는 압도되는 비탄의 위험에 놓인다.

ALBERTO PIZZOLI/AFP/GETTY IMAGES

사회 공공적인 비극들(테러 공격, 자연 재해, 학교 내 무차별 살인, 널리 알려진 납치들)이 사별 과부하를 야기할 수 있다(Kristensen, Weisaeth, & Heir, 2012; Rynearson & Salloum, 2011). 예를 들어 2001년 9월 11일의 테러 공격에서 사랑하는 사람들, 동료들, 친구들을 잃은 많은 생존자들(약 3,000명의 부모를 잃은 아이들을 포함하여)은 반복되는 공포와 파괴 현장의 이미지를 경험하는데, 이것은 상실을 받아들이는 것을 방해했다. 아동들과 사춘기 청소년들은 강렬한 충격, 오랫동안 지속되는 슬픔, 잔인한 공격과 소름끼치는 결과들의 빈번한 정신적 재생, 그 사건이 일어났던 장소에 대한 공포로 인해 심각한 고통을 겪는다(Nader, 2002; Webb, 2002). 사별한 사람들이 파국적 사망 장면에 노출될수록 이러한 반응은 더 심각하게 나타난다.

뒤에 나올 '문화적 영향' 글상자는 장례식과 기타 애도 의식들에 대해 설명하고 있는데, 이 의식들은 모든 연령대의 애도자가 가족과 친구의 도움으로 슬픔을 해결하는 데 도움을 준다. 상실에 집착한 채로 일상생활에서 흥미를 되찾는 데 어려움이 있는 사람들은 그들의 적응을 돕기 위해 고안된 특별한 개입 프로그램의 도움을 받을 수 있다.

사별 개입

많은 사람들이 비탄으로부터 회복하기 위해 필요한 과제들에 착수하도록 하는 데 공감과 이해를 해주는 것만으로 충분하다(369쪽 '배운 것 적용하기' 참조). 하지만 종종 효과적인 지지를 하는 것은 어려운 일이므로, 주변에 있는 친척들과 친구들은 사별한 사람에게 어떻게 반응해야 하는지에 대한 교육을 받음으로써 도움을 받을 수 있다. 그들은 가끔 빠른 회복을 위한 조언을 하거나 자기 자신의 불안을 해결하기 위한 질문을 하는데("그가 죽을 것이라고 예상했나요?" "그녀가 많이 아파했어요?") 이러한 접근은 대부분의 사별한 사람들이 싫어하는 것이다(Kastenbaum, 2012). 신중하게 귀 기울이고 '단지 함께 있어 주는 것'—"네가 이야기하고 싶다면 난 여기 있을게." "내가 무엇을 할 수 있을지 알려줘."—이 도움을 주는 가장 좋은 방법이다.

보통 사별 개입은 집단 상담이나 개별 상담을 통해 사람들에게 그들이 가지고 있는 기존의 사회적 네트워크에 의지하도록 격려하는 동시에 추가적인 사회적 지원을 제공한다. 사별한 사람들 중 상실과 싸워 극복한 사람들은 종종 스트레스와 관련된 개인적 성장을 경험하는데, 이것은 자신의 강점에 대해 더 잘 깨닫게 되고, 가까운 관계에 대해 더 많이 감사하게 되고, 새로운 정신적인 통찰을 얻는 것을 포함한다(Calhoun et al., 2010).

같은 종류의 상실을 경험한 애도자들이 함께 모이는 지지 집단은 회복을 촉진하는 데 매우 효과적으로 보인다. 최근 과부나 홀아비가 된 노인들을 대상으로 한 상실에 대처하는 이중 과정 모델에 기반을 둔 프로그램에서, 집단 구성원들은 슬픔을 해소하고 일상생활활동을 자유로이 잘할 수 있도록 서로서로 도왔는데, 참가자들은 서슴없이 서로 유대관계를 맺고, 자신의 인생을 관리하는 데 있어서 자기효능감을 얻었다(Caserta, Lund, & Rice, 1999). 한 미망인은 많은 지속적인 이점들에 대해 이야기했다.

> 우리는 혼자 남겨진 것에 대한 분노, … 혼자라는 것에 대한 두려움을 함께 나누었어요. 좋아하는 사진들을 나누어 보았고, 그래서 우리들 각각은 다른 사람들의 가족과 우리가 경험했던 즐거웠던 시간들에 대해 잘 알 수 있었죠. 우리는 우리가 즐거웠을 때 느꼈던 죄책감을 함께 이야기했고… 그리고 목숨을 이어가는 것도 나쁘지 않다는 것을 발견했어요! … 우리 중 한 사람이 새로운 일을 해냈을 때 응원을 했죠. 또 좋지 않았던 날에는 도움의 손길과 관심을 주려고 노력했어요! … 이 모임은 나를 위해 항상 이 자리에 있을 것이고 나도 그들을 위해 항상 여기에 있을 거예요. 나는 여러분들 모두를 사랑해요!(Lund, 2005)

후속연구는 집단 회기는 상실 지향적 대처(슬픔을 직면하고 해결하는 것)를 증진시키는 데 가장 적합한 반면 개인에 맞춘 접근방법은 회복 지향적 대처(일상생활을 재조직화하는 것)에 가장 유용하다고 제안했다(Lund et al., 2010a). 사별한 성인들은 그들이 가장 필요로 하는 새로운 역할, 관계, 삶의 기술과 그것을 획득하기에 가장 적합한 방식이나 계획에서 매우 다르다.

살펴보기

지역의 호스피스 프로그램이나 병원이 지원하는 사별 자조 집단에 참가하여, 집단 구성원들이 말하는 정서적 그리고 일상생활의 어려움에 귀 기울여보라. 참가자들에게 자조 집단이 그들에게 어떻게 도움이 되었는지를 물어보라.

폭력에 의한 사망 사건 후, 아동들과 청소년들을 위한 개

문화적 영향

애도 행위의 문화적 다양성

유대교인 소피와 퀘이커교인 니콜라스의 죽음을 기리는 의례는 매우 달랐다. 하지만 같은 목표를 가진다―사망을 알리고, 사회적 지지를 확실하게 하고, 고인의 삶을 기리고, 사후 세계에 관한 철학을 전달하는 것이다.

장례식장에서 소피의 시신을 깨끗하게 씻기고 수의를 입혔는데, 이것은 순수의 상태로 되돌아감을 의미하는 유대교의 의식이다. 그런 다음 금속이 아닌, 장식이 없는 나무로 만든 관에 넣는데, 이것은 부패의 자연스러운 과정을 방해하지 않도록 하기 위해서이다. 죽음이 종말이라는 것을 분명하게 하기 위해 유대 전통은 닫힌 관 안에 시신을 넣은 다음, 시신을 보는 것을 허락하지 않는다. 전통적으로 매장될 때까지는 관을 따로 고립된 장소에 두는 것이 아니라 가까이 두고 죽은 사람에 대해 경의를 표하며, 구성원들이 밤낮으로 불침번을 선다.

시신이 원래 생명을 주었던 흙으로 빨리 되돌아가도록 하기 위해서, 소피의 장례는 친척들이 모이는 대로 가능한 빨리, 죽은 후 3일 후로 계획되었다. 장례식이 시작되자 소피의 남편과 자녀들은 검은색 리본을 잘라 옷에 다는 것으로 자신들의 비통함을 표현했다. 랍비가 위로의 성시를 낭독하고 뒤이어 찬송을 했다. 장례식은 무덤 옆에서 거행되었다. 관이 땅속으로 내려가자 친척들과 친구들은 차례로 삽으로 흙을 떠 관 위에 뿌림으로써, 사람들 각각은 되돌릴 수 없는 매장의 행위에 참여했다. 장례식은 *카디쉬*(Kaddish)라 불리는 죽은 자를 위한 유대교식 귀향기도를 하는 것으로 끝이 났는데, 이것은 죽음을 받아들이면서 삶을 확인하는 것이다.

집에서는 가족이 추도의 촛불을 밝혔는데, 이것은 *시바*(shiva, 7일간의 애도 기간) 동안 계속된다. 다음으로 다른 사람들이 준비한 위로의 음식을 먹음으로써 공동체의 따뜻한 느낌을 갖는다. 유대 관습에서는 생활이 점차적으로 정상으로 돌아와야 하는 기간으로 장례 후 30일을 규정한다. 하지만 부모가 사망했을 때는 애도 기간이 12개월로 연장된다.

소박한 퀘이커 전통에서, 니콜라스는 즉시 화장된다. 그다음 일주일 동안, 친척들과 가까운 친구들은 지젤과 사샤의 집에 모였다. 그들은 함께 니콜라스의 생을 기념하는 추도식을 계획했다.

약속된 날에 사람들이 도착하자, 니콜라스를 알았던 사람들이 둥그렇게 준비된 의자에 앉았다. 퀘이커교도 예배회 목사가 그들을 환영하고 새로 온 사람들에게 퀘이커교의 예배 관습을 조용히 설명했다. 그 자리에 참여한 다른 사람들은 언제라도 자리에서 일어나 자신의 생각과 느낌을 함께 나누려는 사람들이었다. 많은 애도자들이 니콜라스와의 개인적 경험을 이야기하거나 시와 성서에서 고른 구절을 낭독했다. 지젤과 사샤가 의례를 끝맺는 말을 한 다음, 모든 사람이 손을 맞잡는 것으로 추도식은 끝이 나고, 가족들을 위한 리셉션이 이어졌다.

애도 행위의 차이는 한 사회 내에서 또 사회들 간에 매우 크다. 예를 들어 아프리카계 미국인의 장례식에서 슬픔은 자유롭게 표출되는데, 설교, 추도문, 음악은 깊은 감정의 방출을 이끌어내기 위한 것이다. '아멘'을 포함한 활발한 회중 참여는 남은 가족들에게 전체 공동체가 그들에게 공감하고 있다는 것을 전달한다(Collins & Doolittle, 2006). 반면 인도네시아 발리 사람들은 신이 자신들의 기도를 들을 수 있도록 죽음에 직면해서도 차분해야만 한다고 믿는다. 마음 깊숙한 곳의 슬픔을 인정하지만, 발리 애도자들은 평정을 유지하기 위해 열심히 노력한다(Rosenblatt, 2008).

또한 종교는 죽음 이후에 대해 설명함으로써 죽어가는 사람과 사별한 사람 모두를 위안한다. 부족과 마을 문화의 신념에는 일반적으로 죽은 사람이 사후 세계로 가는 여행을 용이하게 해주기 위해 고안된 조상 영혼과 관습의 복잡한 것들이 포함되어 있다. 고대 종교의 의식을 지키는 파키스탄 시골의 칼라쉬족은 시신을 죽은 사람의 침대에 눕혀서 묘지로 옮긴다. 일단 무덤이 채워지면, 애도자들은 침대를 뒤집어 다음 세계에서 죽은 사람이 사용할 수 있도록 남겨둔다(Sheikh et al., 2014). 유대교 전통은 다른 사람들에 대해 삶과 보살핌을 제공함으로써 이루어지는 개인적인 생존을 강조한다. 다른 기독교 신앙과는 달리 퀘이커교는 천국에 대한 희망이나 지옥에 대한 공포에는 거의 관심을 기울이지 않고 평화, 정의, 그리고 사랑의 공동체를 위해 일하는 '인격에 의한 구원'에 초점을 둔다.

최근 몇 년 동안, 인터넷에서 '가상의 공동묘지'가 생겨났는데, 사별한 사람들이 자신의 생각과 느낌을 전달할 준비가 될 때는 언제든지 공지를 할 수 있고, 비용이 들지 않거나 혹은 적은 비용으로 애정 표시를 할 수 있고, 지속적으로 그리고 쉽게 추도를 할 수 있다. 대부분의 인터넷 참배객들은 개인적인 이야기를 하고, 웃음, 유쾌한 농담, 감동적 순간을 강조한다. 어떤 사람은 죽은 사랑하는 사람에게 직접 말한다. 방명록은 방문자들이 다른 애도자들과 연결되는 공간을 제공한다(de Vries & Moldaw, 2012). 인터넷 참배는 또한 전통적인 사망 의례에서 배제된 사람들이 공적인 애도에 참여하도록 하는 수단이 된다. 다음에 나오는 '묘지' 메시지는 애도에 있어서 인터넷 매체의 독특한 특징인 유연함을 잘 보여준다.

> 나는 당신이 내 인생에 미친 영향력에 대한 살아 있는 생생한 기억들을 간직함으로써 당신과의 접촉을 유지하기를 원해요. … 내가 당신의 무덤을 매일 찾아갈 수 없으니, 당신이 얼마나 사랑받고 있는지 알려주기 위해 나는 이 방법을 사용해요.

MUHKAMUDDIN/EXPRESS TRIBUNE

파키스탄 시골 마을의 칼라쉬 애도자들이 자신의 침대로 묘지까지 운반되고 있는 지역사회 구성원의 시신 주변을 둘러싸고 있다. 남자를 위한 칼라쉬 장례식에서는 북을 치고 춤을 추는데 이것은 죽은 자가 마지막 여행에서 부딪힐 수 있는 곤경을 물리치려는 것이다.

배운 것 적용하기

사랑하는 사람이 사망한 후 비탄을 해결하기 위한 제안

제안	설명
자기 스스로에게 상실감을 느끼는 것을 허락하기	죽음과 관련된 모든 사고와 감정에 직면할 기회를 주라. 여러분의 슬픔을 극복하기 위해 이성적인 결정을 내리고 이것은 시간이 걸릴 것임을 깨달으라.
사회적 지원을 받아들이기	비탄의 초기에, 다른 사람들이 식사를 준비하고, 심부름을 해주고 여러분과 함께 있으면서 여러분과 접촉할 수 있게 하라. 주장하라. 여러분이 원하는 것을 요구하라. 그러면 여러분을 도와주고 싶어 하는 사람들은 그것이 무엇인지 알 수 있을 것이다.
비탄의 과정에 대해 현실적으로 바라보기	고뇌, 슬픔, 분노와 같은 부정적이고 강렬한 반응이 몇 주에서 몇 달 동안 지속되고, 1년 후에도 가끔씩 떠오를 것이라고 예상하라. 비탄의 방식은 한 가지가 아니다. 여러분에게 가장 좋은 방법을 찾으라.
고인을 기억하기	죽은 사람과 여러분의 관계, 그리고 그 사람과의 경험을 상기하고 더 이상 예전처럼 그 사람과 함께 있을 수 없음을 받아들이도록 하라. 추억을 바탕으로 그 사람과 새로운 관계를 형성하고, 사진, 기념 기부, 추도식, 다른 상징과 행동들을 통해 고인을 기리자.
준비가 되면, 새로운 활동과 관계에 투자하고, 일상생활의 새로운 과제를 숙달하기	고인의 죽음의 결과, 여러분이 어떤 역할은 포기해야만 하고 어떤 역할은 새로 맡아야 하는지를 결정하라. 그리고 이것들을 여러분 인생에 결합시키기 위해 신중한 단계적 조처를 취하라. 처음에는 심야영화 보기, 친구와의 저녁 약속, 요리교실이나 가구수리교실 혹은 주중 휴가와 같은 작은 목표를 세우라.

입은 불필요하게 그때의 경험에 다시 노출되지 않도록 그들을 보호해야만 하고, 부모와 선생님들의 고통을 도와주어서 그들이 아동과 청소년들을 효과적으로 위로할 수 있도록 해야 한다(Dowd, 2013). 2012년에 코네티컷주 뉴타운의 샌디훅 초등학교와 2015년 캘리포니아 샌버너디노의 보건복지부 총기난사 사건과 같은 끔찍한 비극 이후에는 어른들과의 보살피고 양육하는 관계가 아동들이 트라우마로부터 회복하도록 돕는 가장 강력한 방법이다.

갑작스러운, 폭력적인, 설명할 수 없는 죽음, 자녀의 죽음, 애도자가 자신이 막을 수 있었다고 생각하는 죽음, 혹은 죽은 사람과의 관계가 양가적이거나 의존적인 경우에는 사별한 사람이 자신의 상실을 극복하는 것이 더 어렵다. 복합성 비애의 경우에, 비탄 치료 혹은 특별하게 훈련받은 전문가와의 개인 상담이 가끔은 도움이 된다(Stroebe, Schut, & van den Bout, 2013). 사별한 사람들이 비탄 경험으로부터 무언가 가치를 찾는 것을 돕는 것이 특히 효과적인데, 예를 들어 역경에 대처할 수 있는 자신의 역량을 발견하는 것, 관계의 의미에 대한 통찰을 얻는 것, 인생의 목적의식을 구체화하는 것이다(Neimeyer et al., 2010).

매우 슬픈 사람들은 비탄 개입에 참여하지 않는다. 몇몇 연구에서, 돌보는 환자들이 사망한 경우, 전화 지원, 자조 집단, 위탁 상담과 같은 비탄 서비스를 호스피스, 병원, 다른 지역사회기관들을 통해 쉽게 이용할 수 있음에도 불구하고 부양자들의 25~50%만이 이것을 이용했다(Bergman, Haley, & Small, 2011; Ghesquiere, Thomas, & Bruce, 2016). 서비스를 거부한 많은 사람들은 심하게 고통을 받았지만 개입이 도움이 될 것임을 깨닫지 못했다.

죽음 교육

9.7 죽음 교육이 사람들이 죽음에 보다 효과적으로 대처하도록 어떻게 도울 수 있는지 설명하라.

준비 단계는 모든 연령의 사람들이 보다 효과적으로 죽음에 대처할 수 있도록 돕는다. 죽어가는 환자의 욕구에 더욱 세심해지도록 만드는 죽음 인식 운동이 대학에서 죽음, 죽어가는 과정과 사별에 대한 강좌를 개설하도록 이끌었다. 호스피스 프로그램에서 자원봉사를 하는 사람들뿐만 아니라 학생들이나 현재 상담, 교육, 장례 서비스, 요양, 의료, 목회 분야에서 일하고 있는 사람들의 교육과정에 이것이 포함되었다. 어떤 기관들은 죽음에 대한 전공 과정이나 부전공 과정을 개설하는데, 이 과정에서 학생들은 죽음과 관련된 다양한 주제들을 다루는 강좌 프로그램을 이수한다(Corr, 2015a). 죽음 교육은 또한 많은 지역사회의 성인 교육 프로그램에도 포함되어 있다.

모든 수준의 죽음 교육은 다음과 같은 목표를 갖는다.

- 죽음에 수반되는 신체적 변화와 심리적 변화에 대한 학생들의 이해를 증가시키는 것
- 임종 치료, 장례 서비스와 제례의 선택권에 대한 학생들의 인식을 향상시키는 것
- 사전 의료 지시, 의료 협조사, 안락사와 장기 기증을 포함하여 중요한 사회적·윤리적 이슈에 대한 이해를 촉진하는 것
- 죽음과 관련된 걱정들에 대해 다른 사람들과 효과적으로 의사소통할 수 있는 학생들의 능력을 향상시키는 것
- 학생들이 죽어가는 사람을 돌보고 사별한 사람들을 지원하는 전문적인 역할을 준비하도록 돕는 것
- 생애 발달이 죽음, 죽어가는 과정, 사별 이슈와 어떻게 상호작용하는지에 대한 학생들의 이해를 증진시키는 것 (Corr & Corr, 2013; Kastenbaum, 2012)

교육 형태는 매우 다양하다. 어떤 프로그램들은 단순히 정보를 전달하는 것이고, 어떤 프로그램들은 체험적인 것으로 역할 연습, 말기 환자와 이야기 나누기, 영안실이나 공동묘지에 가보는 것, 개인적 인식 훈련과 같은 활동들을 포함하고 있다. 연구에 따르면 비록 강의 형식의 교육은 지식을 습득하게 해주지만, 직접 참여하는 경우보다 학생들을 죽음에 대

해 거북한 상태에 머무르게 한다(Hurtig & Stewin, 2006). 반대로, 사람들에게 자기 자신의 죽음을 직면하고 삶과 죽음의 기본적 가치를 분명하게 하도록 돕는 체험적 프로그램이 긍정적인 더 오래 지속되는 효과를 가지는 경향이 있다.

교실에서 배우게 된 것이든 우리의 일상생활에서 알게 된 것이든, 죽음에 대한 우리의 생각과 느낌은 다른 사람들과의 상호작용을 통해서 만들어진다. 우리가 어떻게 죽는지에 대해 또 우리 자신의 죽음에 대해 더 잘 알게 되면서, 우리는 가장 큰 상실에 부딪히지만, 동시에 얻기도 한다. 죽어가는 사람들은 때때로 가까운 사람들에게 '자기 인생의 한계를 인식하는 것이 피상적인 주의분산과 에너지 낭비를 하지 않게 하고 자신의 삶에서 정말로 중요한 것에 초점을 맞추는 것을 가능하게 해준다'고 털어놓는다. 한 말기 환자는 "그것은 사는 것과 마찬가지다. 다만 속도가 빨라졌을 뿐이다"라고 말했다. 몇 주나 몇 달 동안의 가속화된 과정으로, 그동안 사람들은 보통은 몇 년이나 몇십 년이 걸릴 문제들을 해결하려고 노력한다(Selwyn, 1996, p. 36). 이러한 교훈들을 우리 자신에게 적용해보면, 우리는 죽음과 죽어가는 과정과의 접촉을 유지함으로써, 완전하게 영원히 살 수 있다는 것을 알게 된다.

묻고 대답하기

연관지어보기 비탄에 빠진 사람들의 반응과 말기 불치병 환자가 죽음에 가까워질 때의 느낌과 사고를 비교해보라. 죽어가는 사람의 반응은 비탄의 한 형태로 보이는가? 설명해보라.

적용해보기 사랑하는 사람의 상실에 대처하도록 도울 때, 도움의 효과성에 기여하는 자조 집단의 특징을 열거하라.

생각해보기 가상 추도식(www.virtualmemorials.com) 같은 인터넷 공동묘지를 방문해보라. 가상의 공동묘지가 사람들이 죽음에 대처하도록 하는 독특한 방식임을 보여주는 인터넷에 있는 추모의 글, 방명록, 회원들의 평가를 읽어보라. 이것은 가상의 공동묘지가 사람들이 죽음에 대처하도록 돕는 독특한 방식임을 보여준다.

요약

우리는 어떻게 죽는가?

9.1 죽어가는 과정의 신체적 변화와 죽음을 정의하는 것의 함의와 존엄한 죽음의 의미에 대해 기술하라.

- **죽음학**, 즉 죽음과 죽어가는 과정에 대한 연구는 지난 30년 동안 극적으로 증가해 왔다. 생명을 구하는 기술의 결과로, 죽음은 과거보다 훨씬 많은 사람들에게 길고 오래 끄는 것이 되었다. 갑자기 사망하는 사람들의 65~85%는 심장발작의 희생자이다.
- 일반적으로, 죽음은 세 단계로 발생한다 — 정상적인 심장박동이 무너지는 **죽음의 고통기**, 아직은 소생이 가능한 짧은 순간인 **임상사**, 그리고 영원한 죽음인 **임종기**.
- 대부분의 개인화된 국가에서는 죽음의 정의로 **뇌사**를 인정한다. 하지만 계속 **식물인간 상태**에 있는 치료될 수 없는 환자의 경우, 뇌사의 기준은 언제 치료를 멈출 것인가의 문제를 해결할 수 없다.

- 우리는 신체적·심리적 고통을 끝내도록 죽어가는 환자를 지원하고, 죽음의 불가피성에 대해 솔직해지고, 치료에 대한 합리적인 선택을 할 수 있도록 자신의 상태에 대해 충분히 알도록 도와줌으로써 존엄사를 가장 잘 보장할 수 있다.

죽음에 대한 이해와 태도

9.2 죽음 개념과 죽음에 대한 태도가 나이에 따라 어떻게 변하는지 토론해보고, 죽음 불안에 영향을 주는 요인들의 예를 들어보라.

- 이전 세대들과 비교하여, 젊은 사람들은 죽음을 접해볼 기회가 거의 없는 상태로 성인이 되고 이로 인해 이들은 죽음에 대해 불편감을 느낀다.
- 죽음을 이해하기 위해, 아동들은 기초적인 생물학적 개념을 가지고 있어야 하고, 죽은

것, 무생물, 가공의 것, 실재하지 않는 것을 구분할 수 있어야 한다. 대부분의 아동은 6세가 되면 죽음에 대해 정교하게 이해하게 되고, 학령전기 동안 점차적으로 비가역성, 최종성, 보편성, 적용, 인과성을 터득하게 된다. 문화적·종교적 가르침은 개방적이고 솔직한 토론을 하게 함으로써 죽음에 대한 아동의 이해에 영향을 준다.

© RICHARD ELLIS/ALAMY

- 사춘기 청소년들은 죽음은 모든 사람에게 발생하고 언제라도 일어날 수 있음을 인식하지만, 그들의 고위험 행동들은 그들이 죽음을 자신의 일로 받아들이지 않는다는 것을 의미한다. 솔직한 대화가 10대들이 논리적인 가능성으로서의 죽음과 그들의 일상 행동 사이에 다리를 놓는 것을 도울 수 있다.
- 성인 초기에, 많은 사람들은 죽음에 대해 생각하기를 회피하지만, 중년기가 되면 자신의 삶이 유한하다는 것을 보다 자각하게 된다. 죽음이 가까워지는 노년기에는 죽음의 상태보다는 죽어가는 과정에 대해 더 많이 생각하는 경향이 있다.
- **죽음 불안**에 있어서 큰 개인차와 문화적 차이가 존재한다. 영성 혹은 죽음에 대해 개인적 철학이 잘 발달된 사람들은 더 높은 힘이나 존재에 대해 깊은 믿음을 가지고 있으므로 죽음에 대해 공포를 덜 느낀다. 노인들이 보이는 부정적 정서를 조절할 수 있는 능력과 상징적 영원불멸의 느낌이 죽음 불안을 감소시킨다. 여성들이 남성들보다 더 큰 죽음 불안을 보인다.

죽어가는 사람의 생각과 정서

9.3 죽어가는 것의 전형적 반응 이론인 퀴블러-로스의 이론에 대해 설명하고 평가하라. 또 죽어가는 환자의 반응에 영향을 주는 요인들의 예를 들라.

- 엘리자베스 퀴블러-로스는 죽어가는 사람은 전형적으로 다섯 가지 반응을 보인다고 제안했다 — 부정, 분노, 타협, 우울, 그리고 수용. 이러한 반응들은 고정된 순서로 일어나는 것이 아니고, 죽어가는 사람은 종종 다른 대처 전략들을 보인다. 하지만 퀴블러-로스는 죽어가는 사람은 대개 해결하기를 원하는 '아직 끝나지 않은' 욕구가 있는, 살아있는 사람들임을 전문가와 일반대중에게 확신시켰다.
- 사람들이 **적절한 죽음**을 맞이하는 정도는 질병의 특성, 성격과 대처 방식, 가족 및 건강 전문가의 행동, 그리고 영성, 종교, 문화적 배경 등의 다양한 맥락 변수에 달려 있다.

죽는 장소

9.4 자택, 병원, 요양원, 호스피스 접근이 죽어가는 사람과 그 가족의 욕구를 충족시키는 정도에 대해 평가하라.

- 비록 대부분의 사람들은 자신의 집에서 죽고 싶다고 말하지만, 미국인의 약 1/4 정도만이 집에서 사망한다. 전문적 도움이나 병원이 제공하는 장비를 갖추더라도 집에서 환자를 돌보는 것은 매우 까다롭다.
- 갑작스러운 죽음은 일반적으로 병원 응급실에서 발생하는데, 직원의 체계적인 설명이 가족의 분노, 좌절, 혼란을 감소시켜줄 수 있다. 중환자실 치료는 특히 기계에 매달려 삶과 죽음 사이를 서성대고 있는 환자들의 인격을 박탈한다. 비록 인생 마지막의 고통을 수월하게 해주는 것을 목표로 한 종합치료 프로그램들이 지난 10년 동안 증가해 왔지만, 병원의 1/3은 여전히 그런 프로그램들을 가지고 있지 않다.
- 미국 요양원에서의 죽음이 보편적이지만, 거주자의 생애 말기에 대한 선호를 따르지 않는 일이 매우 잦다.
- **호스피스** 접근은 죽어가는 사람의 신체적·정서적·사회적·영적 욕구를 충족시키고, 생명을 연장시키기 보다는 **완화치료**에 초점을 둔 서비스를 제공하는 종합 프로그램이다. 또한 호스피스는 유족들의 가족 기능을 향상시키고, 심리적 안녕감을 높이는 데 기여한다.

죽을 권리

9.5 생애 말기 의료행위와 그를 둘러싼 윤리적 논쟁에 대해 토론하라.

■ 현대의 의료 절차는 피할 수 없는 죽음을 늦출 수 있는데, 이것은 삶의 질과 개인의 존엄성을 떨어뜨린다. 말기 환자의 연명치료를 끝내는 것이 널리 받아들여지고 있으며 시행되고 있다. 사람들은 사전 의료 지시를 준비함으로써 자신의 소망이 충족될 수 있도록 최선을 다할 수 있다. **사망 선택 유언**은 치료에 대한 지시를 포함하는 반면, **의료 법정 대리인**(건강관리에 대한 영구적 위임)은 자신을 대신해서 건강관리 결정을 할 수 있는 다른 사람을 지명한다.

KATARZYNA BIALASIEWICZ/ISTOCK/GETTY IMAGES PLUS

■ **의료 협조사**는 미국의 5개 주에서 합법이며, 이에 대한 대중과 의사들의 지지가 최근 증가하고 있다. 반대자들은 건강관리의 재정 압박 혹은 다른 사람들의 강압이 환자의 의료 협조사 요청에 영향을 줄 수 있다고 걱정한다. 마지막 행동은 전적으로 환자가 해야 하는 것이므로, 많은 지지자들은 의료 협조사를 합법화하는 것이 자발적 안락사를 합법화하는 것보다 오히려 더 낫다고 믿는다.

■ 비록 북미와 서구 유럽에서의 **자발적 안락사**에 대한 대중의 지지에도 불구하고 대부분의 국가들에서 그러한 행위는 여전히 형사적 범죄이며, 취약한 사람들에게 비자발적으로 적용될 것이라는 두려움 때문에 격렬한 논쟁을 불러일으켰다.

사별 : 사랑하는 사람의 죽음에 대처하기

9.6 비탄의 과정, 개인차를 가져오는 요인들, 사별 개입에 대해 기술하라.

■ **사별**은 죽음으로 사랑하는 사람을 잃는 경험을 의미하고 **비탄**은 상실에 동반되는 강렬한 신체적·심리적 고통을 의미한다. **애도**는 사별한 사람이 보이는 사고와 느낌의 문화적으로 규정된 표현이다.

■ 대부분의 사별한 사람들은 몇 달에서 1년 내에 회복한다. 약 5~15%는 심각하고 오래 지속되는 고통, 우울, 죽음을 받아들이지 못하는 **복합성 비애**를 경험한다.

■ 비탄 과정은 순서대로 진행되는 단계라기보다는 극복하기 위한 일련의 과제로 가장 잘 이해된다.

■ **상실에 대처하는 이중 과정 모델**에 따르면, 효과적인 대처는 상실의 정서적 결과를 다루는 것과 생활 변화를 따라가는 것 사이를 왔다 갔다 하는 것을 필요로 하는데, 이것은 회복 효과를 가질 수 있다. 사별한 사람들이 부정적 감정뿐 아니라 긍정적 감정을 경험할 때 더 효과적으로 대처한다.

■ 비탄은 많은 개인적·상황적 요인들에 영향을 받는다. 사별한 남자는 사별한 여자들에 비해 직접적으로 슬픔을 덜 표현한다. 갑작스러운, 예기치 못한 죽음 이후에는 회피가 특히 두드러지며 직면은 매우 외상적일 수 있다. 반대로 오랫동안 끌어온 예상된 죽음은 **예기적 슬픔**의 시간을 허용한다.

■ 자녀를 잃은 부모 혹은 부모나 형제를 잃은 아동의 경우, 흔히 비탄은 강렬하고 오랫동안 지속된다. 파트너를 일찍 잃는 것은 인생 계획에 중요한 영향을 미치는 비규범적인 사건이므로, 대체로 배우자를 잃은 젊은 사람들은 나이 든 사람들만큼 잘 지내지 못한다. 박탈된 슬픔은 슬픔의 과정을 심각하게 방해할 수 있다.

■ 한 번에 혹은 가까운 시일 안에 연달아 몇 명의 죽음을 경험하는 사람들은 사별 과부하로 고통을 받을 수 있다. 노인, 공공 비극으로 사랑하는 사람들을 잃은 사람들, 예상하지 않았던 폭력적 죽음을 목격한 사람들이 그러한 위험에 있다.

AP IMAGES/MANU BRABO

■ 대부분의 경우 비탄으로부터 회복하도록 돕는 데는 공감과 이해를 해주는 것으로 충분하다. 회복을 돕는 데 지지 집단이 매우 효과적인 반면 개인적으로 맞춘 접근은 애도자들이 자신의 일상생활을 재조직화하도록 돕는다. 폭력적 죽음을 목격한 아동과 청소년을 위한 개입은 그들을 불필요한 재노출로부터 보호해야 하고, 부모와 교사가 위안을 제공할 수 있도록 도와야 한다.

죽음 교육

9.7 죽음 교육이 사람들이 죽음에 보다 효과적으로 대처하도록 어떻게 도울 수 있는지 설명하라.

■ 죽음 교육은 다양한 분야의 학생과 현장 전문가, 호스피스 자원봉사자들을 위한 훈련 프로그램에 통합되어 왔다. 또한 그것은 성인 교육 프로그램에서도 발견될 수 있다. 죽음 교육의 목표는 인생 말기 치료 선택, 중요한 사회적·윤리적 문제들(사전 의료 지시나 안락사 같은), 생애 발달이 어떻게 죽음, 죽어가는 과정, 사별과 상호작용을 하는지에 대한 이해를 높이는 것을 포함하고 있다.

주요 용어 및 개념

뇌사	사전 의료 지시	의료 협조사	죽음 불안
박탈된 슬픔	상실에 대처하는 이중 과정 모델	의료 법정 대리인	죽음의 고통기
복합성 비애	식물인간 상태	임상사	죽음학
비탄	애도	임종기	호스피스
사망 선택 유언	예기적 슬픔	자발적 안락사	
사별	완화치료	적절한 죽음	

용어해설

가능자기(possible selves) 무엇이 되기를 희망하는지, 무엇이 되는 것을 두려워하는지에 대한 미래 지향적 표상. 자기 개념의 시간적 차원.

가설 연역적 추론(hypothetico-deductive reasoning) 결과에 영향을 미칠 가능성이 있는 변인에 대한 가설 또는 예측으로 시작하는 청년들의 형식적 조작기의 문제 해결 책략. 청년들은 그 가설로부터 논리적이고 검증할 수 있는 것을 연역적으로 추론하여, 실제 세계에서 어떤 추론이 검증되는지를 보기 위해 변인들을 체계적으로 구별하고 결합한다.

가족인생주기(family life cycle) 대부분의 가정에서 일어나는 발달적 변화 단계이다. 성인 초기에는 자신의 가정을 꾸미게 되고 자녀를 낳고 양육한다. 중년기에는 양육의 책임이 줄어든다. 노년기에는 은퇴하게 되고, 노화하고 또 (대부분 여성의 경우) 배우자의 죽음을 경험하게 된다.

가족 지킴이(kinkeeper) 중년 세대 구성원들, 특히 행사를 위해 가족을 모으고 모든 사람들의 접촉을 유지하도록 할 책임을 가진 어머니들의 역할.

강인성(hardiness) 사람들이 스트레스에 적응적으로 대처하여 질병과 죽음에 미치는 영향력을 감소시키도록 돕는 세 가지 개인적 자질인 통제, 전념, 도전.

개인적 우화(personal fable) 청소년들의 특별하고 독특한 믿음. 다른 사람들은 자기 생각이나 감정을 이해할 수 없고 자신은 위험에 처하지 않을 것이라는 생각을 증진시킨다.

갱년기(climacteric) 생식력이 감퇴하는 중년의 전환기이다. 여성은 생산할 수 있는 시기가 끝나고 남성은 생식력이 감퇴한다.

결정 지능(crystallized intelligence) 축적된 지식과 경험, 훌륭한 판단, 사회적 관습—한 개인의 문화에서 가치 있는 것으로 여겨지기 때문에 습득하는 능력들—의 숙달에 의존하는 지식 기술들. 유동 지능과는 구별된다.

고독감(loneliness) 자신이 바라는 사회적 관계와 실제 간의 괴리로 인하여 갖게 되는 불행감.

고통 완화 의료 시설(palliative care, comport care) 고통을 겪고 있는 말기 환자들의 통증과 다른 증상들(호흡 곤란, 불면증, 우울증)을 경감시켜주는 의료로, 삶을 연장하는 것보다는 환자의 삶의 질을 보호하는 것을 목적으로 한다.

골관절염(osteoarthritis) 자주 사용하는 관절의 뼈 끝에 있는 연골이 약화되는 특징이 있는 관절염의 한 형태. 부어오르고, 경직되고, 유연성을 잃게 된다. 일명 '마모' 관절염으로 알려짐. *류머티즘 관절염*과 구별된다.

골다공증(osteoporosis) 골절 위험을 크게 증가시키는, 연령과 관련된 골감소.

공상의 시기(fantasy period) 직업 선택의 발달에서 어린 아동이 자신에 대해 환상을 가지고 장래 희망에 대해 생각하는 단계이다. *시험적 시기*, *현실적 시기*와 구별된다.

기능 연령(functional age) 노인의 실제 능력과 수행(생활 연령과 구별).

기초대사율(basal metabolic rate, BMR) 완전한 휴식 상태에서 신체가 사용하는 에너지양.

노년기 초월(gerotranscendence) 조안 에릭슨에 따르면, 자아통합감을 지난 다음의 심리사회적 단계. 자기를 넘어서 과거 세대와 미래 세대와의 연결감, 우주와의 일체감으로 향하는 우주적이고 초월적인 관점.

노안(presbyopia) 약 60세경에 생기는 노화 상태로 눈의 수정체가 대상의 거리가 변할 때 원근 조절을 하는 능력이 감퇴한다.

노인성 난청(presbycusis) 나이와 관련된 청각 손상으로 약 50세경에 고주파의 소리에 급격한 손실이 생기고 점차로 모든 주파수 영역으로 확대된다.

노화의 교차결합이론(cross-linkage theory of aging) 정상적으로는 분리된 단백질 섬유들 간에 연결이 형성되어 시간이 지나면서 점차 신체의 연접 조직이 덜 유연해짐에 따라 여러 부정적인 신체적 결과를 초래하게 된다고 주장하는 생물학적 노화 이론.

녹내장(glaucoma) 유체의 배수가 나빠져 눈 내부의 압력을 높이게 되어 시신경에 손상을 입히는 질병. 나이 든 사람들이 실명하는 주된 원인이다.

뇌사(brain death) 뇌와 뇌간의 모든 활동의 되돌릴 수 없는 정지 상태. 대부분의 산업 국가에서 사망으로 인정하는 정의이다.

도구적 일상생활활동(instrumental activities of daily living, IADLs) 일상생활의 일을 수행하는 데 필요하고, 또한 전화, 쇼핑, 음식 준비, 집정리, 청구서 지불과 같은 약간의 인지 능력을 요구하는 과제.

독립성 무시 각본(independence-ignore script) 노인의 독립적 행동들 대부분이 무시됨으로써 그것들이 덜 자주 일어나게 되는 전형적인 상호작용 패턴. *의존성 지원 각본*과 구별됨.

동거(cohabitation) 주거를 함께하면서 친밀하고 성적인 관계를 가지나 결혼하지 않는 남녀의 라이프스타일.

동반자적 사랑(companionate love) 상대방에 대한 따뜻하고 신뢰할 수 있는 애정과 관심에 기초한 사랑. *열정적 사랑*과 구별되는 것.

류머티즘 관절염(rheumatoid arthritis) 자동면역 반응으로 연결조직, 특히 관절의 안을 대는 막에 염증을 일으키는 관절염의 한 형태. 경직, 염증, 통증, 관절의 기형, 기동력의 심각한 손상을 초래함. *골관절염*과 구별됨.

말기 쇠퇴(terminal decline) 사망 전 인지 기능의 황폐화가 현저하게 가속화됨.

먼 기억(remote memory) 오래전에 일어난 사건을 회상함.

명제적 사고(propositional thought) 형식적 조작기의 추론의 유형으로, 청소년들은 실제 상황을 지시하지 않고 언어적 진술에 대한 논리를 평가한다.

무리(clique) 친한 친구 5~7명 정도가 모여서 된 집단. 가정환경, 태도, 가치관이 서로 비슷하다.

민족 정체감(ethnic identity) 민족 집단의 구성원으로서 자신에 대해 갖는 영속적인 요소와 그 구성원들과 연합된 태도나 감정.

백내장(cataracts) 중년에서 노년으로 갈수록 증가하는 눈의 수정체의 흐린 부분. 흐린 시력을 초래하며 수술하지 않으면 결국 시력을 잃게 됨.

보조 공학(assistive technology) 노인을 포함하여 장애가 있는 사람들의 기능을 개선하도록 돕는 설비들.

비탄(grief) 사랑하는 사람을 잃은 다음에 신체적, 심리적으로 경험하는 강렬한 고통.

빈곤의 여성화(feminization of poverty) 연령이나 인종에 관계없이, 자기 자신이나 가족들을 부양하는 여성이 빈곤층 성인 인구의 대다수가 되어 가고 있는 경향성.

사랑의 삼각형 이론(triangular theory of love) 사랑은 친밀감, 열정 그리고 전념의 세 요소로 구성되며, 낭만적 관계가 발달함에 따라 세 요소의 강조점이 변화된다고 보는 스턴버그의 견해.

사망 선택 유언(living well) 가망이 없는 질병, 혼수상태, 혹은 다른 죽음에 가까운 상태에 있는 경우에 원하거나 원하지 않는 처치를 구체화한 문서.

사별(bereavement) 죽음으로 사랑하는 사람을 잃는 경험.

사전 의료 지시(advance medical directive) 치료할 수 없는 질병에 걸렸을 때 행해져야 하는, 원하는 의료 처치에 대한 문서.

사춘기(puberty) 성인처럼 신체가 성장하고 성적으로 성숙될 수 있게 해주는 청년기의 생물학적 변화.

사회적 시계(social clock) 첫 직장을 시작하는 나이, 결혼하는 나이, 첫아이를 출산하는 나이, 집을 사는 나이, 은퇴하는 나이와 같이 연령에 따른 주요한 인생 사건에 대한 기대.

사회적 호위대(social convoy) 사회적 연결망의 연령과 관련된 변화 모델. 일군의 관계들 속에서 개인이 일생 동안 이동한다고 봄. 가까운 관계는 내부 집단에 속하고, 덜 가까운 관계는 외부 집단에 속한다. 나이가 들면서 사람들은 호위대 내에서 위치를 바꾸고, 새로운 관계가 추가되고, 어떤 관계는 완전히 잃어버린다.

사회정서적 선택 이론(socioemotional selectivity theory) 노년기에 사회적 상호작용이 감소하는 것은 신체적 변화와 심리적 변화 때문이며, 노인이 상호작용의 정서조절 기능을 강조하도록 한다고 주장하는 노화의 사회적 이론. 결과적으로, 노인은 즐거운 관계로 발전된 친숙한 상대를 선호한다.

상대적 사고(relativistic thinking) 페리의 이론에서 보다 나이 든 대학생의 인지적 접근방식으로 평가해야 하는 맥락에 따라 상대적으로 여러 개의 진리가 있음을 인정하는 사고방식이다. *이분법적 사고*와 구별된다.

상대적 사고 전념(commitment within relativistic thinking) 페리의 이론에서 가장 성숙한 성인의 사고 방식을 의미하는 것이다. 두 개의 대립되는 견해 중 하나를 선택하는 것을 거부하고 대신 둘을 통합하여 보다 납득할 만한 견해를 만든다.

상상적 청중(imaginary audience) 자신이 모든 사람의 주의와 관심의 초점이 된다는 청년들의 믿음.

상실에 대처하는 이중 과정 모델(dual-process model of coping with loss) 상실에 대한 효과적인 대처란 상실의 정서적 결과를 다루는 것과 생활 변화를 따라가는 것 사이를 왔다 갔다 하는 것이 요구된다는 가정의 관점으로 성공적으로 이루어진다면, 회복 혹은 치료의 효과를 가진다.

샌드위치 세대(sandwich generation) 병들고 허약한 부모와 경제적으로 의존적인 자녀 사이에 '끼어 있는' 혹은 죄여 있는 오늘날의 중년 성인들.

생물학적 노화(biological aging, senescence) 연령이 증가함에 따라 유기체와 체계의 기능이 저하되는 것으로 유전적인 영향을 받으며, 모든 인종에서 보편적으로 나타난다. 일차적 노화라고도 한다.

생성감 대 침체감(generativity versus stagnation) 에릭슨의 이론에 따르면, 중년기의 심리적 갈등으로 성인이 개인적 목표를 보다 큰 사회 환경의 복지와 통합할 수 있다면 긍정적으로 해결된다. 이것의 결과로 생기는 강점은 다음 세대에게 전하고 안내하는 역량이다.

선택적 최적화와 보상(selective optimization with compensation) 노인이 높은 기능 수준을 유지할 수 있도록 하는 한 세트의 책략들. 노인은 감소하는 에너지를 최적화하여 되돌리는 방법으로서 개인적으로 가치 있는 활동을 선택하고 손실을 보상하는 새로운 방법을 찾아낸다.

성공적 노화(successful aging) 이익이 최대화되고 손실이 최소화되는 노화.

성인기 진입 단계(emerging adulthood) 10대 후반부터 20대 중반까지의 새로운 발달 국면으로, 이 시기에 대부분의 사람들은 청년기를 졸업하나 아직 성인으로서의 책임을 갖는 것으로 생각하지 않는 시기이다. 성인으로서의 책임을 갖기보다는 10대에 했던 것보다 더 열정적으로 진로선택에 대해 탐색한다.

성장 급등(growth spurt) 청년기 동안에 키와 몸무게가 빠르게 성장하는 것.

세대에 따른 경향(secular trend) 세대가 다음 세대로 바뀌면서 신체 크기, 사춘기 시기, 또는 발달의 다른 요인들이 변화하는 것.

소진(burnout) 장기간의 직무 스트레스가 정신적 소진, 개인적 통제감의 상실, 그리고 성취감 감소를 가져오는 상태.

수면 중 호흡정지(sleep apnea) 수면 동안 호흡이 10초 또는 그 이상 정지되는 상태. 그 결과 여러 번 짧게 깬다.

시험적 시기(tentative period) 청소년들이 직업에 관하여 복잡하게 생각하는 직업 발달 기간이다. 처음에는 자신의 흥미에 의해 직업을 고려하나, 점차 다양한 직업에 요구되는 개인의 교육적 조건을 알게 되면서, 능력과 가치에 의해 직업을 선택한다.

식물인간 상태(persistent vegetative state) 피질의 뇌파 활동이 없어서 생기는 상태로, 의식이 없으며, 수의적 운동을 나타내지 않고, 회복의 희망이 없다.

신경섬유의 매듭(neurofibrillary tangles) 와해된 신경 구조들의 산물인 꼬인 섬유다발이 나타나는 알츠하이머와 관련된 뇌의 구조적 변화.

신경성 식욕부진증(anorexia nervosa) 뚱뚱해지는 것에 대한 강박적인 두려움 때문에 먹는 것을 거부하는 섭식장애.

신경성 폭식증(bulimia nervosa) 사람들이(주로 여성) 지나치게 많이 먹고 나서 극심한 다이어트를 하거나 과도하게 운동을 하는 섭식장애. 종종 의도적으로 토하거나 설사약으로 장을 비운다.

신체 이미지(body image) 사람의 신체 외모에 대한 개념과 태도.

실용적 문제 해결(practical problem solving) 사람들이 불확실성이 높은 실제 세계의 상황을 판단하고 어떻게 하면 목표를 가장 잘 성취할 수 있는지를 분석할 것을 요구하는 문제 해결.

실용적 사고(pragmatic thought) 라부비-비에의 이론에서 성인의 사고 특징으로, 사고의 논리가 현실 세계의 문제를 해결하기 위한 도구가 되며, 비일관성과 불완전성을 인정한다.

아밀로이드 판(amyloid plaques) 아밀로이드라고 불리는 퇴화된 단백질이 밀집한 침전물이 죽은 신경세포와 교세포의 덩어리로 둘러싸인, 알츠하이머 병과 연관된 뇌의 구조적 변화.

알츠하이머병(Alzheimer's disease) 뇌의 구조적이고 화학적인 퇴화로 기억, 능숙하고 의도적인 동작, 언어의 이해와 생성을 포함하는 사고와 행동의 많은 측면을 서서히 잃게 되는 치매의 가장 흔한 형태.

암묵기억(implicit memory) 의식적으로 자각하지 않는 기억.

양문화적 정체감(bicultural identity) 하위 문화와 지배 문화가 허용하는 가치를 탐색하고 받아들이는 청소년들이 구성하는 정체감.

애도(mourning) 장례식과 다른 의례들을 통해 사별한 사람들이 생각과 느낌을 문화적으로 구체화된 방식으로 표현함.

연로함(frailty) 다양한 기관과 신체 체계의 약해진 기능. 일상생활의 능력을 심하게 방해하고, 노인을 감염, 심한 더위나 추위, 또는 부상 등에 매우 취약하게 함.

연상기억 결함(associative memory deficit) 정보의 단편들 — 예를 들면 두 항목 또는 한 항목과 그것의 맥락 — 사이의 연결을 창조하고 인출하는 것이 어려움.

연속 이론(continuity theory) 노인들은 일상적인 활동과 사회적 관계를 선택할 때, 그들의 과거와 예상된 미래 사이에 일관성을 확인하여 생활 만족도를 증진시키는 개인적 체계 — 정체성과 성격 성향, 관심사, 역할, 기술 — 를 유지하기 위해서 노력한다고 주장하는 노화의 사회적 이론.

연속적 돌봄 공동체(life care communities) 독립 주거, 신체장애와 정신장애를 가진 노인들을 돌보기 위해 개인적인 건강 관련 서비스를 제공하는 주거, 완전한 요양시설 간호. 처음에 목돈을 지불하고 부가적으로 매달 요금을 지불함으로써, 나이가 들어 가면서 변화하는 요구가 한 시설 내에서 충족되도록 보장한다.

열정적 사랑(passionate love) 강렬한 성적 매력에 기초한 사랑. *동반자적 사랑*과 구별됨.

예기적 슬픔(anticipatory grieving) 오랫동안 끌어와서 사망이 예상되기 전에, 상실은 피할 수 없는 것이고 그것에 대해 정서적으로 준비를 해야 한다는 깨달음.

예상 기억(prospective memory) 미래의 적절한 시간에 계획된 행동을 할 것을 기억하는 것을 포함하는 회상.

와병기간의 단축(compression of morbidity) 기대 수명이 연장되면서 사망 전에 활력이 감소되는 평균 기간을 줄이려는 공중보건의 목표. 의학의 진보와 사회경제적 상태의 개선이 주원인이다.

유동지능(fluid intelligence) 기초적인 정보처리기술 — 시각 자극 사이의 관계를 알아차리는 능력, 정보 분석 속도, 작업기억의 용량 — 에 의존하는 지적 기술들. 대체로 뇌의 상태와 개인의 독특한 학습에 의해 영향을 받는다. *결정지능*과는 구별된다.

유리기(free radicals) 산소가 있을 때 형성되는 화학물질로 자연적으로 발생하고 매우 반응적이며, DNA, 단백질 그리고 세포기능에 필수적인 지방을 포함한 세포 물질을 파괴한다.

유리 천장(glass ceiling) 조직 지위 사다리에서 승진하는 데 있어서 여성과 소수 인종들이 부딪히는 보이지 않는 장벽.

의료 법정 대리인(durable power of attorney for health care) 능력이 없는 경우에 그 사람을 대신해서 건강 보호 결정을 히도록 다른 사람(항상 그런 것은 아니지만 보통은 가족 구성원)을 지명해 위임한다는 문서.

의존성 지원 각본(dependency-support script) 노인의 의존적 행동들이 즉시 시중을 받아서, 그러한 행동들이 강화되는 전형적인 상호작용 패턴. *독립성 무시 각본*과 구별됨.

이원적 사고(dualistic thinking) 페리의 이론에서 보다 어린 대학생의 사고방식을 의미하는 것이다. 절대적인 진실을 추구하려 하며, 따라서 정보나 가치, 또 권위를 옳은 것과 그른 것으로, 선한 것과 악한 것으로, 나와 너로 구분한다. *상대적 사고*와 구별되는 것.

이차적 친구(secondary friends) 친밀하지는 않지만, 점심식사, 브리지 게임, 미술관 순례에서 만나는 집단과 같이 가끔 시간을 같이 보내는 사람들.

인습적 수준(conventional level) 콜버그의 도덕 발달의 두 번째 수준. 도덕적 이해는 긍정적인 인간관계와 사회관습적 질서를 함양하도록 사회적 규칙에 순응하는 것에 기반을 둔다.

인식적 인지(epistemic cognition) 우리가 어떻게 사실, 신념, 생각을 가지게 되었는지에 대한 생각을 가리킨다.

인지정서적 복잡성(cognitive-affective complexity) 청년기부터 점진적으로 증가하여 초기 성인기를 거쳐서 중년기에 정점에 달하는 형태의 사고로, 긍정적·부정적 느낌을 인식하고 이들을 복잡하고 조직화된 구조로 통합하는 것을 의미한다.

일상생활활동(activities of daily living, ADLs) 목욕, 옷 입기, 침대나 의자에서 움직이는 것, 식사 등과 같이 스스로 생활하는 데 필요한 기본적인 자기관리 과제.

임상사(clinical death) 심장박동, 순환, 호흡, 뇌 기능이 정지하지만 아직 소생이 가능한 죽음의 단계.

임종기(mortality) 한 개인이 영원한 죽음으로 들어가는 단계.

자동면역 반응(autoimmune response) 정상적인 체세포를 공격하는 면역체계의 비정상적 반응.

자발적 안락사(voluntary euthanasia) 환자의 요청에 의해 생명이 자연스럽게 끝나기 전에 환자의 고통을 끝내는 것.

자아정체감 대 역할 혼란(identity versus role confusion) 에릭슨 이론에서 청소년기에 겪는 심리적 갈등. 청소년들이 정체감을 찾으며 내적 정신세계를 탐색하는 시간을 가진 후에 정체감을 얻게 된다면 이 갈등은 긍정적으로 해결된다.

자아정체감 성취(identity achievement) 인생의 가치와 목표를 탐색하고 자기가 선택한 가치와 목표를 실천해보는 개인의 정체감 상태. *정체감 유예, 정체감 폐쇄, 정체감 혼미와* 구별된다.

자아정체감 유예(identity moratorium) 인생의 가치나 목표를 스스로 탐색해보고 있지만 아직 그것을 실천해보지 않은 정체감 상태. *자아정체감 성취, 정체감 폐쇄, 자아정체감 혼미와* 구별된다.

자아정체감 폐쇄(identity foreclosure) 인생의 가치나 목표를 스스로 탐색해보지 않고, 권위 있는 사람이 선택해준 가치나 목표를 그대로 갖는 정체감 상태. *자아정체감 성취, 자아정체감 유예, 자아정체감 혼미와* 구별된다.

자아정체감 혼미(identity diffusion) 인생의 가치나 목표를 찾아보지도 않고 실행에 옮겨 보지도 않은 정체감 상태. *자아정체감 성취, 자아정체감 유예, 자아정체감 폐쇄와* 구별된다.

자아통합감 대 절망(ego integrity versus despair) 에릭슨의 이론에서 노년기의 심리적 갈등. 노인이 자신의 생애를 가치 있는 것으로 받아들이면서 자신의 성취를 완전하다고 느끼고 만족할 때 긍정적으로 해결된다.

자율성(autonomy) 청소년기에 자신을 독립적이고 자제할 수 있는 존재로 보는 것. 앞으로 나아갈 방향이나 지도에 대해 부모에게 덜 의존하고 자신에게 더 많이 의존하고, 신중하고 합리적인 의사결정을 한다.

적절한 죽음(appropriate death) 개인의 삶의 패턴과 가치에서 볼 때 타당하고, 동시에 의미 있는 관계들을 유지하거나 회복시키며, 가능한 고통으로부터 자유로운 사망.

전문성(expertise) 어떤 분야나 시도에서 확장된 지식을 획득하는 것.

전통적인 결혼(traditional marriage) 남편과 부인의 역할이 분명하게 나뉘어 있는 혼인 형태. 남자는 가족의 우두머리이자 경제수단의 제공자이다. 여자는 남편과 아이를 돌보고, 안락하고 양육적인 가정을 만드는 것에 전념한다.

정체감(identity) 개인이 굳게 갖고 있는 가치, 믿음, 목표로 이루어진, 잘 구조화된 자기 개념.

조손가정(skipped-generation family) 아동이 조부모와 함께 살고 부모와는 떨어져 사는 가족 구조.

죽음 불안(death anxiety) 죽음에 대한 공포와 걱정.

죽음의 고통기(agonal phase) 숨을 헐떡거리고 근육 경련이 일어나고 신체가 더 이상 생명을 유지할 수 없는 죽음의 단계. 이것은 *임상사나 사망*과는 구별된다.

중년기 위기(midlife crisis) 중년기로 전환하는 시기 동안 내적인 혼란, 자기 의심, 주요 성격의 재구성을 경험하는 것. 성인들 중 단지 소수만이 경험하는 특징임.

지혜(wisdom) 실용적 지식의 폭과 깊이를 겸비한 인지의 한 형태. 삶을 더욱 견딜 만하고 가치 있게 해주는 방식으로 그 지식을 성찰해보고 적용하는 능력. 경청하고, 평가하고, 충고해주는 능력을 포함하는 정서적 성숙. 그리고 인본주의에 기여하고 타인의 생활을 풍요롭게 해주는 이타적 창의성.

첫 사정(spermarche) 정액의 첫 번째 사정.

청소년기(adolescence) 아동기에서 성인기로의 전환 시기. 사춘기부터 시작되는 시기로, 성숙한 신체를 받아들이고, 어른이 생각하는 방식을 습득하고, 가족으로부터 더 독립적이 되고, 보다 성숙한 방식으로 동성 및 이성 친구를 사귀고, 자아정체감을 구성한다.

초경(menarche) 첫 번째 월경.

최대 수명(maximum lifespan) 외적 위험요인이 없는 사람의 수명에 대한 유전적 제한. *평균 기대 수명과 평균 건강 기대 수명과* 구별됨.

치매(dementia) 사고와 행동의 많은 측면이 매우 손상되어 일상적인 활동이 붕괴된, 거의 전적으로 노년기에 일어나는 일군의 장애들.

친밀감 대 고립감(intimacy versus isolation) 에릭슨의 이론에서 성인 초기의 심리적 갈등을 말하는 것으로, 어린 성인이 새롭게 형성한 독립성을 포기하고 친밀한 파트너에게 지속적으로 책임을 지기로 결정함으로써 긍정적으로 해결된다.

큰 무리(crowd) 비슷한 규준을 가지는 몇 개의 무리가 모여서 된 큰 규모의 다소 엉성하게 구조화된 집단.

평균 건강 기대 수명(active lifespan) 활기차고 건강한 생활을 하는 햇수. 평균 기대 수명과 최대 수명과 구별됨.

평균 기대 수명(average life expectancy) 특정 해에 태어난 개인이 어느 주어진 연령에서 시작해서 생존할 것으로 기대할 수 있는 햇수. *최대 수명과 평균 건강 기대 수명과* 구별됨.

평등적인 결혼(egalitarian marriage) 남편과 부인이 힘과 권위를 함께 공유하는 형태의 결혼. 남편과 부인이 모두 자신의 직업 활동, 자녀양육, 그리고 배우자와의 관계에 쏟는 시간과 에너지의 균형을 서로 맞추려고 한다. *전통적인 결혼과* 구별된다.

현실적 시기(realistic period) 직업 선택의 발달에서 후기 청소년이나 젊은 성인은 일반적인 직업 종류들에 더 집중하다가 얼마 후 그중 하나의 직업으로 정한다. *공상의 시기 또는 시험적 시기와* 구별된다.

형식적 조작기(formal operational stage) 피아제의 마지막 단계로, 청소년들은 추상적이고, 체계적이고, 과학적인 사고 능력을 발달시킨다. 11세 이후에 시작된다.

호르몬 요법(hormone therapy) 폐경으로 인한 불편함을 줄이기 위해 매일 소량의 에스트로겐을 투여하는 것.

황반 변성(macular degeneration) 황반 또는 망막 중심부의 빛에 민감한 세포들이 와해되어서 중심 시력이 희미해지다가 결국 잃게 됨.

회상(reminiscence) 과거의 사람들과 사건들에 대해서 이야기하고 연상되는 생각과 감정을 보고하는 과정.

후인습적 수준(postconventional level) 콜버그 이론에서 가장 높은 도덕 발달 수준이다. 도덕성을 모든 상황과 사회에 적용하는 추상적 원리와 가치에 근거하여 판단한다.

후형식적 사고(postformal thought) 피아제의 형식적 조작 단계를 넘어서는 인지발달이다.

1차 노화(primary aging) 유전의 영향을 받는 연령과 관련된 기관과 체계의 기능 쇠퇴. 우리 종의 모든 구성원들에게 영향을 주며 전반적으로 좋은 건강의 맥락에서조차도 일어남. 생물학적 노화라고도 불린다. *2차 노화*와 구별됨.

1차 성징(primary sexual characteristics) 생식 기관을 직접적으로 포함하는 물리적 특질(여성의 난소, 자궁, 질/남성의 남근, 음낭, 고환). *2차 성징*과 구별된다.

2차 노화(secondary aging) 유전적 결함과 빈약한 식사, 운동부족, 약물남용, 환경오염, 심리적 스트레스와 같은 환경적 영향에 기인하는 쇠퇴. *1차 노화*와 구별됨.

2차 성징(secondary sexual characteristics) 성적 성숙의 신호이지만 생산 기관이 아닌 신체 외부에서 나타나는 특질(예 : 여성의 가슴 발달, 남성과 여성에서 겨드랑이 털과 음부의 털의 모습). *1차 성징*과 구별된다.

5요인 성격 특질(big five personality traits) 수백 개의 성격 특질들이 5개의 기본 요소로 조직화된 것. 신경증 성향, 외향성, 경험에 대한 개방성, 우호성, 그리고 성실성임.

참고문헌

A

Aalsma, M., Lapsley, D. K., & Flannery, D. J. (2006). Personal fables, narcissism, and adolescent adjustment. *Psychology in the Schools, 43,* 481–491.

Aarhus, L., Tambs, K., Kvestad, E., & Engdahl, B. (2015). Childhood otitis media: A cohort study with 30-year follow-up of hearing (the Hunt Study). *Ear and Hearing, 36,* 302–308.

AARP. (2015). *Caregiving in the U.S.* Washington, DC: AARP Public Policy Institute. Retrieved from www.aarp.org/content/dam/aarp/ppi/2015/caregiving-in-the-united-states-2015-report-revised.pdf

Abakoumkin, G., Stroebe, W., & Stroebe, M. (2010). Does relationship quality moderate the impact of marital bereavement on depressive symptoms? *Journal of Social and Clinical Psychology, 29,* 510–526.

Abbey, A., & Jacques-Tiura, A. J. (2011). Sexual assault perpetrators' tactics: Associations with their personal characteristics and aspects of the incident. *Journal of Interpersonal Violence, 26,* 2866–2889.

Abele, A. E. (2014). How gender influences objective career success and subjective career satisfaction: The impact of self-concept and of parenthood. In I. Schoon & J. S. Eccles (Eds.), *Gender differences in aspirations and attainment: A life course perspective* (pp. 412–426). New York: Cambridge University Press.

Abele, A. E., & Spurk, D. (2011). The dual impact of gender and the influence of timing of parenthood on men's and women's career development: Longitudinal findings. *International Journal of Behavioral Development, 35,* 225–232.

Aber, L., Brown, J. L., Jones, S. M., Berg, J., & Torrente, C. (2011). School-based strategies to prevent violence, trauma, and psychopathology: The challenges of going to scale. *Development and Psychopathology, 23,* 411–421.

Abner, K. S., Gordon, R. A., Kaestner, R., & Korenman, S. (2013). Does child-care quality mediate associations between type of care and development? *Journal of Marriage and Family, 75,* 1203–1217.

Aboud, F. E. (2008). A social-cognitive developmental theory of prejudice. In S. M. Quintana & C. McKown (Eds.), *Handbook of race, racism, and the developing child* (pp. 55–71). Hoboken, NJ: Wiley.

Aboud, F. E., & Brown, C. S. (2013). Positive and negative intergroup contact among children and its effect on attitudes. In G. Hodson & M. Hewstone

of inactivity. In E. O. Acevedo (Ed.), *Oxford handbook of exercise psychology* (pp. 3–8). New York: Oxford University Press.

Achenbach, T. M., Howell, C. T., & Aoki, M. F. (1993). Nine-year outcome of the Vermont Intervention Program for low birth weight infants. *Pediatrics, 91,* 45–55.

Acker, M. M., & O'Leary, S. G. (1996). Inconsistency of mothers' feedback and toddlers' misbehavior and negative affect. *Journal of Abnormal Child Psychology, 24,* 703–714.

Ackerman, J. P., Riggins, T., & Black, M. M. (2010). A review of the effects of prenatal cocaine exposure among school-aged children. *Pediatrics, 125,* 554–565.

Adams, G. A., & Rau, B. L. (2011). Putting off tomorrow to do what you want today: Planning for retirement. *American Psychologist, 66,* 180–192.

Adams, K. B., Sanders, S., & Auth, E. A. (2004). Loneliness and depression in independent living retirement communities: Risk and resilience factors. *Aging and Mental Health, 8,* 475–485.

Adams, R. G., & Laursen, B. (2001). The organization and dynamics of adolescent conflict with parents and friends. *Journal of Marriage and the Family, 63,* 97–110.

Addati, L., Cassirer, N., & Gilchrist, K. (2014). *Maternity and paternity at work: Law and practice across the world.* Geneva, Switzerland: International Labour Organization.

Adelson, S. L. (2012). Practice parameter on gay, lesbian, or bisexual sexual orientation, gender nonconformity, and gender discordance in children and adolescents. *Journal of the American Academy of Child and Adolescent Psychiatry, 51,* 957–974.

Adelstein, S. J. (2014). Radiation risk. In S. T. Treves (Ed.), *Pediatric nuclear medicine and molecular imaging* (pp. 675–682). New York: Springer Science + Business.

Ades, P. A. (2015). A lifestyle program of exercise and weight loss is effective in preventing and treating type 2 diabetes mellitus: Why are programs not more available? *Preventive Medicine, 80,* 50–52.

Adhikari, B., Kahende, J., Malarcher, A., Pechacek, T., & Tong, V. (2009). Smoking-attributable mortality, years of potential life lost, and productivity losses. *Oncology Times, 31,* 40–43.

Adolph, K. E. (2008). Learning to move. *Current Directions in Psychological Science, 17,* 213–218.

Adolph, K. E., Cole, W. G., Komati, M., Garciaguirre, J. S., Badaly, D., Lingeman, J. M., et al. (2012). How do you learn to walk? Thousands of steps and hundreds of falls per day. *Psychological Science, 23,* 1387–1394.

Adolph, K. E., & Robinson, S. R. (2013). The road to walking: What learning to walk tells us about development. In P. Zelazo (Ed.), *Oxford handbook of developmental psychology* (pp. 403–443). New York: Oxford University Press.

Adolph, K. E., & Robinson, S. R. (2015). Perceptual development. In L. S. Liben & U. Müller (Eds.), *Handbook of child psychology and developmental science: Vol. 2. Cognitive processes* (7th ed., pp. 113–157). Hoboken, NJ: Wiley.

Adolph, K. E., Tamis-LeMonda, C. S., Ishak, S., Karasik, L. B., & Lobo, S. A. (2008). Locomotor experience and use of social information are posture specific. *Developmental Psychology, 44,* 1705–1714.

Adolphs, R. (2010). What does the amygdala contribute to social cognition? *Annals of the New York Academy of Sciences, 119,* 42–61.

Afifi, T. O., Mota, M., MacMillan, H. L., & Sareen, J. (2013). Harsh physical punishment in childhood and adult physical health. *Pediatrics, 132,* e333–e340.

Agarwal, S., Driscoll, J. C., Gabaix, X., & Laibson, D. (2007). *The age of reason: Financial decisions over the lifecycle* (NBER Working Paper No. 13191). Cambridge, MA: National Bureau of Economic Research. Retrieved from www.nber.org/papers/w13191

Agigoroaei, S. (2016). Physical health and social class. In S. K. Whitbourne (Ed.), *Encyclopedia of adulthood and aging* (Vol. 3, pp. 1085–1088). Malden, MA: Wiley Blackwell.

Agree, E. M. (2014). The potential for technology to enhance independence for those aging with a disability. *Disability and Health Journal, 7,* S33–S39.

Agronick, G., Stueve, A., Vargo, S., & O'Donnell, L. (2007). New York City young adults' psychological reactions to 9/11: Findings from the Reach for Health longitudinal study. *American Journal of Community Psychology, 39,* 79–90.

Aguiar, A., & Baillargeon, R. (2002). Developments in young infants' reasoning about occluded objects. *Cognitive Psychology, 45,* 267–336.

Ahmadlou, M., Gharib, M., Hemmti, S., Vameghi, R., & Sajedi, F. (2013). Disrupted small-world brain network in children with Down syndrome. *Clinical Neurophysiology, 124,* 1755–1764.

Ahola, K., & Hakanen, J. (2014). Burnout and health. In M. P. Leiter, A. B. Bakker, & C. Maslach (Eds.), *Burnout at work: A psychological perspective* (pp. 10–31). New York: Psychology Press.

Ahrens, C. J. C., & Ryff, C. D. (2006). Multiple roles and well-being: Sociodemographic and psychological moderators. *Sex Roles, 55,*

찾아보기

저자 소개

로라 E. 버크는 일리노이주립대학교 심리학과의 저명한 교수로서 30년 이상 학부와 대학원에서 인간 발달을 강의해 왔다. 그녀는 버클리대학교에서 학사 학위를 받았고 시카고대학에서 아동 발달과 교육심리로 석사와 박사 학위를 받았다. 또한 코넬대학교, UCLA, 스탠퍼드대학교, 사우스오스트레일리아대학의 방문 연구원을 지냈다.

버크는 학교 환경이 아동 발달에 미치는 영향, 사적 언어의 발달과 최근에는 발달에서 가장놀이의 역할에 관한 많은 논문을 내놓았다. 그녀의 경험적 연구들은 일반 대중의 관심을 끌어 왔고, *Psychology Today*와 *Scientific American*에 주도적 기여를 하였다.

또한 *Young Children*의 편집장과 *Early Childhood Research Quarterly*와 *Journal of Cognitive Education and Psychology*의 자문 편집위원을 지냈다. 그녀는 초기 아동 발달에 관한 편집본에 자주 기여하였으며, 최근에는 양육의 중요성, 가장놀이와 자기 조절, 유치원 아동에 관한 부분을 쓰고 있다. 주요 저서로는 『Private Speech : From Social Interaction to Self-Regulation』, 『Scaffolding Children's Learning: Vygotsky and Early Childhood Education』, 그리고 『Landscapes of Development: An Anthology of Readings』 등이 있다. 이 책 외에도 『Child Development』와 『Infants, Children, and Adolescents』와 같은 베스트셀러 교과서도 저술하였다. 부모와 교사를 위한 책으로는 『Awakening Children's Minds: How Parents and Teachers Can Make a Difference』가 있다.

역자 소개

김민희

서울대학교 심리학과 석사
서울대학교 심리학과 박사
한국상담대학원대학교 교수

김연수

서울대학교 심리학과 석사
서울대학교 심리학과 박사
전주대학교 상담심리학과 교수

김지연

서울대학교 심리학과 박사
서울대학교 심리과학연구소 연구원

노수림

미국 일리노이대학교(어바나–샴페인) 교육심리학과 석사
미국 일리노이대학교(어바나–샴페인) 교육심리학과 박사
충남대학교 심리학과 교수

맹세호

가톨릭대학교 심리학과 석사
가톨릭대학교 심리학과 박사
가톨릭대학교 상담심리대학원

이승진

서울대학교 심리학과 석사
미국 노스캐롤라이나대학교(채플힐) 심리학과 박사
건국대학교 상허교양대학 교수

이정윤

서울대학교 심리학과 석사
서울대학교 심리학과 박사
연세대학교 소셜오믹스연구센터 박사후연구원